21世纪法学系列教材配套辅导用书

刑法练习题集

（第八版）

主　编　王作富　黄京平
撰稿人　王作富　黄京平　胡云腾
　　　　廖万里　喻海松　钱叶六
　　　　左袖阳　司绍寒

中国人民大学出版社
·北京·

出版说明

法学练习题集系列自2006年出版以来，已经发行了15年。在这15年中，这套书受到了广大法学师生的喜爱，屡屡登上法学畅销书的排行榜。作为编者，我们备受鼓舞，为能够为中国法学教育事业的发展贡献一点微薄的力量而感到由衷的喜悦，同时也深感自己身上的担子更重了。

这套书的设计初衷是帮助学生通过做练习的方式来检测、巩固所学知识，并通过案例分析、论述等题型的设计，进一步提高解决实务问题的能力和开阔学术研究的视野，通过"应试"的方式提高学习能力。从广大读者的反馈来看，这一设计初衷较好地实现了：学生通过精心设计的同步练习，更好地掌握了本学科的知识，加深了对司法实务问题的理解，并对一些法学学术前沿问题有所涉猎。

具体来讲，这套书有如下一些特点：

第一，帮助学生系统掌握本门学科知识。这套书参照法学课程通用教材设计章节体系，每本练习题集的每章下设"知识逻辑图"栏目，提纲挈领地勾画了一章的内容中不同知识点之间的逻辑关系，能帮助学生更好地理解知识体系、结构、逻辑关系，快速记忆本章的核心知识点。其后设计了名词解释、单项选择题、多项选择题、简答题、案例分析题、论述题等常见题型的自测题，突出了本章的重点、难点知识点，并提供了详细的答案分析，从而不仅可以开阔学生的眼界，帮助学生了解不同类型考题的不同形态，掌握其解题方法，而且可以培养和增强学生的综合实战能力。除每章的自测题外，全书还专门设计了三套综合测试题，学生可以在学完本门课程后自己测验一下对这门课程总的学习效果。

第二，帮助学生通过国家统一法律职业资格考试。法学专业的学生在经过系统学习之后，通过法律职业资格考试应当是顺理成章的事情，然而，法律职业资格考试在大多数法学院校学生中的通过率并不高。这套书从历年法律职业资格考试（司法考试）的试题中精选了部分经典的试题，帮助学生在上学期间了解法律职业资格考试的难度、考查的角度和形式，并进行有针对性的学习和准备。

第三，帮助学生准备考研。一方面，这套书从一些法学名校（如中国人民大学、北京大学、中国政法大学等）的历年考研试题中精选了部分试题；另一方面，这套书专门设计了"论述题与深度思考题"栏目，以拓宽学生学术视野，同时，对考研的学生掌握论述题的答题方法和技巧亦有较大帮助。

我们的思路可归纳为：通过似乎回到"应试教育"模式、进行同步练习这样一种"俗"的方式，来达到我们强化"专业教育"的大而不俗的目的。

法学教育进入了新时代，更加强调法学专业学生对国家全面依法治国方略的学习和理解，更加强调法律职业伦理的塑造，更加强调法治人才对法治理论的实际运用能力。原来的"司法考试"升级为"国家统一法律职业资格考试"，无论是客观题还是主观题，都更加强调对案例分析能力的考查。作为一门实践性、应用性很强的学科，法学案例教学的重要性日益凸显。

为了回应新时代法学教育的需求，我们对这套书进行了全新的改版升级。一方面，我们适当增大了各类案例题型（案例型选择题、案例型分析题、案例型论述题）的比例。另一方面，我们力图运用新的出版技术手段，更好地为广大读者服务。在保留原有优势和特色的基础上，我们为每本书增加了相配套的视频讲解，选择书中的重点和难点题目，由作者进行更详细的分析和讲解。每本书附数字学习卡，扫码即可观看全部视频。除此之外，为方便读者学习，在有视频解析的题目下也配有二维码，读者扫码即可观看相关的讲解视频。

此外，为了更好地为广大读者服务，我们计划建立读者答疑群。购买正版图书的读者可以凭所附的数字学习卡，一书一码，扫码进微信答疑群，我们会请相关书的作者不定期地进行集中的答疑。在这里，您既可以跟全国的读者进行交流，又可以得到专家学者的指导，从而能在学习上获得更多的帮助和支持。

最后，推荐大家关注中国人民大学出版社法律分社的微信公众号“人大社法律出版”。这里不仅有大量的出版资讯，还有不少的数字资源，是跟我们联系的另一条渠道。

您的喜爱是我们前行的动力，衷心希望这套练习题集能够做得越来越好，在您的前进道路上略尽绵薄之力。

2021 年 11 月

扫码关注“人大社法律出版”

目 录

第一章 刑法概说 …… 1
第二章 刑法的基本原则 …… 8
第三章 刑法的效力 …… 15
第四章 犯罪概念与犯罪构成 …… 24
第五章 犯罪客体 …… 29
第六章 犯罪客观方面 …… 33
第七章 犯罪主体 …… 49
第八章 犯罪主观方面 …… 61
第九章 正当行为 …… 79
第十章 故意犯罪的停止形态 …… 95
第十一章 共同犯罪 …… 112
第十二章 罪 数 …… 127
第十三章 刑事责任 …… 143
第十四章 刑罚概说 …… 148
第十五章 刑罚的体系和种类 …… 155
第十六章 刑罚裁量 …… 167
第十七章 刑罚裁量制度 …… 173
第十八章 刑罚执行制度 …… 195
第十九章 刑罚消灭制度 …… 205
第二十章 刑法各论概述 …… 211
第二十一章 危害国家安全罪 …… 216
第二十二章 危害公共安全罪 …… 226
第二十三章 破坏社会主义市场经济秩序罪 …… 243
第二十四章 侵犯人身权利、民主权利罪 …… 290
第二十五章 侵犯财产罪 …… 319
第二十六章 妨害社会管理秩序罪 …… 354
第二十七章 危害国防利益罪 …… 380
第二十八章 贪污贿赂罪 …… 385
第二十九章 渎职罪 …… 410
第三十章 军人违反职责罪 …… 424

综合测试题（一） …… 430
综合测试题（二） …… 439
综合测试题（三） …… 447

第一章　刑法概说

知识逻辑图

- 刑法概说
  - 刑法的含义
    - 广义刑法：刑法典、单行刑法、附属刑法
    - 狭义刑法：刑法典
  - 刑法的性质
    - 阶级性质：维护统治阶级利益，作为统治阶级专政工具而存在
    - 法律性质：调控范围的广泛性与强制手段的严厉性
  - 刑法的任务
    - 保卫国家安全、人民民主专政政权和社会主义制度
    - 保护社会主义的经济基础
    - 维护良好的社会秩序与安定的政治局面
    - 保护公民的各项权利
  - 刑法的体系
    - 总则
      - 刑法的任务、基本原则和适用范围
      - 犯罪
      - 刑罚
      - 刑罚的具体运用
      - 其他规定
    - 分则
      - 危害国家安全罪
      - 危害公共安全罪
      - 破坏社会主义市场经济秩序罪
      - 侵犯公民人身权利、民主权利罪
      - 侵犯财产罪
      - 妨害社会管理秩序罪
      - 危害国防利益罪
      - 贪污贿赂罪
      - 渎职罪
      - 军人违反职责罪
    - 附则
  - 刑法的解释
    - 依刑法解释效力而论，刑法的解释可分为
      - 正式的刑法解释
        - 立法解释
        - 司法解释
      - 非正式的刑法解释：学理解释
    - 依解释的方法而论，刑法的解释可分为
      - 文理解释
      - 论理解释
        - 当然解释
        - 历史解释
        - 比较解释
        - 体系解释
        - 目的解释

名词解释

1. 刑法（考研）
2. 立法解释
3. 司法解释
4. 论理解释
5. 限制解释（考研）
6. 扩张解释
7. 目的解释

选择题

（一）单项选择题

1. 我国于1997年修订的《刑法》的生效方式是（　　）。

A. 从公布之日起生效

B. 公布之日后经过一段时间再施行

C. 全国人大批准后生效

D. 全国人大常委会批准后生效

2. 1998年12月29日全国人大常委会通过的《关于惩治骗购外汇、逃汇和非法买卖外汇犯罪的决定》属于下列哪种刑事法律？（　　）

A. 刑法立法解释　　B. 单行刑法

C. 刑法修正案　　D. 附属刑法

3. 我国《刑法》第8条规定：外国人在中华人民共和国领域外对中华人民共和国国家或者公民犯罪，而按本法规定的最低刑为3年以上有期徒刑的，可以适用本法，但是按照犯罪地的法律不受处罚的除外。这一刑法条文中的“但书”所表述的情况是（　　）。

A. 对前段的补充　　B. 前段的递进

C. 前段的例外　　D. 对前段的限制

4. 立法解释是（　　）对刑法的含义所作的解释。

A. 全国人大　　B. 全国人大常委会

C. 最高人民法院　　D. 全国人大及其常委会

5. 对于1997年《刑法》第116条中的“汽车”一词，学理上往往解释为包括作为交通工具使用的大型拖拉机。这一解释属于（　　）。

A. 历史解释　　B. 当然解释

C. 限制解释　　D. 扩张解释

视频讲题

6. ①立法解释是由立法机关作出的解释，既然立法机关在制定法律时可以规定“携带凶器抢夺的”以抢劫罪论处，那么，立法解释也可以规定“携带凶器盗窃的，以抢劫罪论处”。②立法解释毕竟是解释，所以，立法解释不得进行类推解释。③司法解释也具有法律效力，当司法解释与立法解释相抵触时，应适用新解释优于旧解释的原则。④司法解释的效力低于立法解释的效力，所以，立法解释可以进行扩大解释，司法解释不得进行扩大解释。关于上述四句话正误的判断，下列哪一选项是正确的？（　　）

A. 第①句正确，其他错误

B. 第②句正确，其他错误

C. 第③句正确，其他错误

D. 第④句正确，其他错误

视频讲题

7. 根据解释的效力，可以把刑法解释分为（　　）。（考研）

A. 立法解释、司法解释和学理解释

B. 当然解释、文理解释和论理解释

C. 当然解释、扩张解释和限制解释

D. 文理解释、论理解释和学理解释

视频讲题

8. 关于刑法用语的解释，下列哪一选项是正确的？（　　）（司考）

A. 按照体系解释，刑法分则中的“买卖”一词，均指购买并卖出；单纯的购买或者出售，不属于“买卖”

B. 按照同类解释规则，对于刑法分则条文在列举具体要素后使用的“等”“其他”用语，应按照所列举的内容、性质进行同类解释

C. 将明知是捏造的损害他人名誉的事实，在信息网络上散布的行为，认定为“捏造事实诽谤他人”，属于当然解释

D. 将盗窃骨灰的行为认定为盗窃“尸体”，属于扩张解释

视频讲题

9. 关于罪刑法定原则与刑法解释，下列哪一选项是正确的？（　　）

A. 立法解释是由立法机关所作出的解释，因此可以作出不利于被告的类推解释

B. 刑法解释是一种以刑法规范为基础而进行的解释性活动，目标是探寻立法者制定刑法规范时的主观意思或者立法原意的活动

C. 扩张解释是对刑法条文通常含义的扩张，其解释结论可能不利于被告人，但并不违反罪刑法定原则

D. 由于当然解释是根据当然道理来解释刑法的方法，因此不会违背罪刑法定原则

视频讲题

（二）多项选择题

1. 广义上的刑法包括（　　）。

A. 刑法典（刑法修正案）

B. 单行刑法

C. 附属刑法

D. 刑法立法解释

视频讲题

2. 有权进行司法解释的主体包括（　　）。

A. 最高人民法院　　B. 公安部

C. 最高人民检察院　　D. 司法部

3. 刑法与其他部门法相比有两个显著的特点（　　）。

A. 调控范围的广泛性　　B. 鲜明的阶级性

C. 强制手段的严厉性　　D. 稳定性

视频讲题

4. 关于刑法解释，下列哪些选项是错误的？（　　）（司考）

A.《刑法》规定，“以暴力、胁迫或者其他手段强奸妇女的”构成强奸罪。按照文理解释，可将丈夫强行与妻子性交的行为解释为“强奸妇女”

B.《刑法》对抢劫罪与强奸罪的手段行为均使用了“暴力、胁迫”的表述，且二罪的法定刑相同，故对二罪中的“暴力、胁迫”应作相同解释

C. 既然将为了自己饲养而抢劫他人宠物的行为认定为抢劫罪，那么，根据当然解释，更应将为了自己收养而抢劫他人婴儿的行为认定为抢劫罪，否则会导致罪刑不均衡

D. 对中止犯中的“自动有效地防止犯罪结果发生”，既可解释为自动采取措施使犯罪结果未发生，也可解释为自动采取防止犯罪结果发生的有效措施，而不管犯罪结果是否发生

视频讲题

5. 我国对刑法的立法解释的方式有（　　）。

A. 刑法中用条文明确规定的解释

B. 国家立法机关在法律的起草说明中所作的解释

C. 全国人大常委会对刑法实施中发生的歧义所进行的解释

D. 国家立法机关工作人员撰写的刑法释义

6. 全国人大常委会有关解释规定："刑法第二百二十八条、第三百四十二条、第四百一十条规定的'违反土地管理法规'，是指违反土地管理法、森林法、草原法等法律以及有关行政法规中关于土地管理的规定。"这一解释属于（　　）。（考研）

A. 立法解释　　B. 有权解释

C. 学理解释　　D. 类推解释

视频讲题

简答题

简述刑法解释的必要性。

论述题与深度思考题

论述刑法的性质。

参考答案

名词解释

1. 刑法，是指规定犯罪及其法律后果（主要是刑罚）的法律规范。

2. 立法解释，是指国家最高立法机关对刑法的含义所作的解释。通常认为它包括三种情况：一是在刑法中用条文对有关刑法术语所作的解释；二是在法律的起草说明或者修订说明中所作的解释；三是在刑法施行过程中，立法机关对发生歧义的规定所作的解释。严格说来，只有第三种解释才是立法解释。

3. 司法解释，是指国家最高司法机关对刑法规定的含义的阐明。我国有权进行司法解释的是最高人民法院和最高人民检察院。

4. 论理解释，是指按照立法精神，联系刑法产生的缘由、沿革及其他相关事项，对刑法规定作逻辑分析，从而阐明其真实含义的解释方法。论理解释又分为当然解释、历史解释、比较解释、体系解释、目的解释。

5. 限制解释，是指当刑法条文的含义过于宽泛时，限制条文的文义，使之符合刑法规定真实含义的解释方法。

6. 扩张解释，是指刑法条文的字面通常含义比刑法条文的真实含义窄，于是扩张字面含义，使其符合刑法条文的真实含义的解释方法。

7. 目的解释，是指根据刑法规范的目的，阐明刑法条文真实含义的解释方法。

选择题

（一）单项选择题

1. B。我国刑法生效的时间，一般存在两种规定方式：一是从公布之日起生效。此种方式通常为单行刑法施行所采用。二是公布之后经过一段时间再施行。这样规定主要是考虑到人们对新法的学习与掌握需要一段时间的宣传、教育。我国1997年3月14日颁布的《刑法》，开始施行的时间是1997年10月1日。因此，选项B是正确答案。

2. B。单行刑法是以决定、规定、补充规定、条例等名称颁布的，规定某一类犯罪及其法律后果或者刑法的某一事项的法律。附属刑法是指附带规定于民法、经济法、行政法等非刑事法律中的罪刑规范。我国还没有真正意义上的附属刑法。《关于惩治骗购外汇、逃汇和非法买卖外汇犯罪的决定》是1997年《刑法》生效后由全国人大常委会颁布、施行的单行刑法，它既不属于刑法典，也非其他非刑事法律中有关犯罪、刑事责任和刑罚的条款。因而，本题的正确答案为选项B。

3. C。我国刑法规范中的"但书"与前段内容主要有以下几种关系：(1) 与前段构成例外关系。我国《刑法》第8条规定的"但是按照犯罪地的法律不受处罚的除外"即是适例。(2) 与前段构成补充关系。如

《刑法》第37条规定："对于犯罪情节轻微不需要判处刑罚的，可以免予刑事处罚，但是可以根据案件的不同情况，予以训诫或者责令具结悔过、赔礼道歉、赔偿损失，或者由主管部门予以行政处罚或者行政处分。"其中的"但书"与前段就构成补充关系。(3)与前段构成限制关系。如《刑法》第73条第1款规定："拘役的缓刑考验期限为原判刑期以上一年以下，但是不能少于二个月。"这里的"但书"就是对前段内容的限制。

4. D。从刑法的解释是否具有法律效力的角度，可将刑法解释分为正式的刑法解释和非正式的刑法解释。正式的解释主要是指立法解释与司法解释。其中，立法解释是指国家最高立法机关即全国人大及其常委会对刑法规范的含义所作的阐明，而司法解释是指国家最高司法机关对刑法规范的含义所作的阐明。在我国具有普遍效力的司法解释，只能是最高人民法院和最高人民检察院就审判和检察工作中如何具体应用法律的问题所作的解释。非正式的刑法解释主要是指学理解释，即国家宣传机构、社会组织、教学科研单位或者专家学者，从学理上对刑法规范的含义所作的阐明。学理解释无法律效力，但对刑事立法与司法具有一定的参考价值。因此，选项D是正确的。

5. D。将汽车解释为包括作为交通工具使用的大型拖拉机，属于超出了刑法条文的字面含义的扩张解释。所以，D选项是正确答案。

6. B。立法解释，即由立法机关所作的解释，是由全国人大常委会对刑法实施过程中发生的歧义进行的解释。任何刑法解释都不得进行类推解释。因此，①错误，②正确。立法解释的效力高于司法解释的效力，当司法解释与立法解释相抵触时，应适用立法解释优于司法解释的原则，因此，③错误。罪刑法定原则并不禁止扩张解释，因此，无论是立法解释还是司法解释，都不禁止扩张解释，故④错误。本题的正确答案是B项。

7. A。刑法解释是指对刑法条文含义的阐明。而根据效力不同，刑法解释可分为由立法机关对刑法进行的立法解释，由最高司法机关对刑法进行的司法解释，以及除有权对刑法进行解释的立法、司法机关之外的其他机关、团体、个人对刑法条文含义的阐释，即学理解释，亦称无权解释。所以，本题答案选A项。

8. B。体系解释是指将被解释的法律条文或者法律概念放在整个法律体系中来理解，根据此法条与其他法条的相互关系来解释法律。按照体系解释，刑法分则中的"买卖"一词包括购买与出卖两种行为，只要实施了购买和出卖两种行为中的一种就属于买卖，而不要求既实施了购买行为又实施了出卖行为。因为先购进然后卖出是一种倒卖行为，刑法中对倒卖类的犯罪，是有专门规定的，如倒卖车票、船票罪，伪造、倒卖伪造的有价票证罪，倒卖文物罪，等等。既然有些犯罪将买和卖并列，就意味着买、卖两个行为中，行为人实施其中一个就构成犯罪。所以，选项A表述错误。同类解释是指当刑法既列举了相关事项又设置了概括性规定时，对于附随于确定性词语之后的概括性词语，应当根据确定性词语所涉及的同类事项确定其含义及范围。例如，《刑法》第114条所规定的以危险方法危害公共安全罪中的"其他危险方法"，属于对《刑法》第114条的兜底规定，因而就必须根据行为的危险性质，结合放火罪等罪的程度加以解释，而不能随意扩大解释，否则，会造成处罚范围的不当扩大。所以，选项B说法正确，当选。当然解释，属于论理解释的一种，是指虽刑法规定未明示某一事项，但依形式逻辑、规范目的及事物属性的当然道理，将该事项解释为包括在该规定的适用范围之内。如"出罪时举重以明轻，入罪时举轻以明重"：关于是否构成犯罪，如果按照法条规定，重度的危害行为尚不构成犯罪，与此同类的轻度行为也应当理解为不构成犯罪；如果法条明文规定轻度的危害行为已构成犯罪，与此同类的更为严重的危害行为，也应当合乎逻辑地、当然地解释为构成犯罪。而"捏造事实诽谤他人"，本来就包括"捏造"和"散布"两个行为，"明知是捏造的损害他人名誉的事实，在信息网络上散布"只包括"散布"一个行为，因此，将该种行为认定为"捏造事实诽谤他人"，应属于扩张解释，而非当然解释。因而，选项C表述错误。扩张解释，是指刑法条文的字面通常含义比刑法条文的真实含义窄，于是扩张字面含义，使其符合刑法条文的真实含义。扩张解释所得出的结论，不应超出刑法用语可能具有的含义范围，应在公民的预测可能性之内，否则就违反了罪刑法定原则的要求。"尸体"是人或动物死后的身体，即肉体，而"骨灰"是尸体焚烧以后留下的灰烬，将"骨灰"解释为"尸体"，完全超出了"尸体"的字面含义，不属于扩张解释，而属于类推解释。故选项D表述错误。

9. C。立法解释只是一种有权解释，所以同样不得作不利于被告的类推解释，否则违背罪刑法定原则。因此A项错误。刑法解释的目标是揭示刑法条文的客观含义，而非探寻立法原意。因此B项错误。扩张解释的结论可能扩大犯罪圈而不利于被告人，但只要未超过文字的可能含义，也为罪刑法定原则所允许。因此C项正确。当然解释是根据当然道理来解释刑法的方法，但也可能超出文字的可能含义，同样可能违背罪刑法定原则。因此D项错误。

（二）多项选择题

1. ABC。广义上的刑法是指一切规定犯罪、刑事责任和刑罚的法律规范的总和。它包括刑法典（刑法修正案）、单行刑法以及非刑事法律中的刑事责任条款（又称附属刑法、附属刑法规范）。而狭义刑法是指把规定犯罪与刑罚的一般原则和各种具体犯罪与刑罚的法律规范加以条理化、系统化的刑法典，在我国，即指1979年通过、1997年修订的《中华人民共和国刑法》。因而本题的正确答案为选项ABC。

2. AC。司法解释是国家最高司法机关对刑法规定的含义所作的阐明。在我国，最高司法机关主要是指最高人民法院、最高人民检察院，因而司法解释的主体只能是最高人民法院和最高人民检察院。本题正确答案为选项AC。

3. AC。刑法作为法律的一个部门，同其他法律部门相比，具有下列特点：（1）调整范围的广泛性。其他部门法都只调整和保护某一方面的社会关系，而刑法调整的范围是所有受到犯罪侵害的社会关系，这些社会关系涉及社会生活的方方面面。（2）强制力程度较其他法律的强制力程度高得多。至于鲜明的阶级性和稳定性，也是其他部门法所具有的特点。因此，选项AC是正确答案。

4. BCD。本题主要考查对刑法解释的理解与适用。刑法理论一般将刑法解释分为文理解释和论理解释。文理解释，就是对法律条文的文字，包括单词、概念、术语，从文理上所作的解释。论理解释，就是按照立法精神，从逻辑上所作的解释。关于A项：《刑法》第236条规定强奸罪的构成要件是“以暴力、胁迫或者其他手段强奸妇女的”。按照文理解释，妻子当然属于“妇女”，因此，可以将丈夫强行与妻子性交的行为解释为“强奸妇女”。因此，A项的表述正确。关于B项：抢劫罪的“暴力”主要是指对被害人不法使用有形力，使其不能反抗的方法。该“暴力”的内容甚至可以包括杀人。“胁迫”是指以当场实施暴力相威胁，即所谓的“当场的暴力”。强奸罪中的“暴力”是指行为人直接对妇女采用殴打、捆绑、卡脖子、按倒等危害人身安全或者人身自由，使妇女不能抗拒的手段，其内容不能包括杀人；杀人后强奸的，成立故意杀人罪和侮辱尸体罪，数罪并罚。强奸罪中的“胁迫”，是指犯罪分子对被害妇女威胁、恫吓，以达到精神上的强制的手段。该胁迫不限于暴力胁迫，采用非暴力进行威胁，如以揭发隐私、毁坏名誉相胁迫，亦能构成强奸罪。可见，抢劫罪的暴力与强奸罪的暴力含义有所不同。因此，B项的表述错误。关于C项：当然解释的本质是根据刑法精神，对刑法适用所作的“举轻以明重”或“举重以明轻”的逻辑解释。为了自己饲养而抢劫他人宠物的行为，由于具有非法占有的目的，当然成立抢劫罪。但婴儿并非财物，故无法适用抢劫罪。所以，C项的表述错误。关于D项：中止犯的成立要求具有有效性，即自动有效地防止犯罪结果发生。这里的有效性，必须是客观、真正的有效性，即必须没有发生行为人原本所希望或者放任的、行为性质所决定的犯罪结果（侵害结果）。换言之，依然发生了行为人原本希望或者放任的、行为性质所决定的犯罪结果的，就不能认定为犯罪中止。因此，D项的表述错误。

5. ABC。立法解释是国家最高立法机关对刑法规范的含义所作的阐明。传统刑法理论认为，立法解释可分为三种情况：（1）在刑法中用条文对有关刑法术语所作的解释；（2）在法律的起草说明或修订说明中所作的解释；（3）在刑法施行过程中，立法机关对发生歧义的规定所作的解释。因而，本题应选选项ABC。但理论上也有见解认为，只有第三种解释才是真正意义上的立法解释。（参见张明楷：《刑法学》，6版，35～36页，北京，法律出版社，2021。）

6. AB。有权解释（也称正式解释、法定解释）与无权解释（也称非正式解释）相对，是指有解释权的国家机关对法律所作的具有法律约束力的解释。有权解释，根据解释的机关不同，可以分为立法解释和司法解释。在我国，所谓立法解释，是指全国人大常委会对法律所作的解释。故本题应选AB项。学理解释是国家宣传机构、社会组织、教学科研单位或专家学者从学理上对刑法规范含义所作的解释，如刑法教科书、专著、论文、案例分析中对刑法规范的含义所作的解释。所谓类推解释是指使用类推方法对法律条文含义进行的扩大性解释。本题并无此种解释。

简答题

刑法解释，是指对刑法规定意义的阐释和说明。刑法需要加以解释的主要理由在于：

（1）刑法规范由文字表达，以普通用语为基础，因而需要解释。

（2）法律用语具有抽象性、概括性和规范性，而现实案件是具体的，要将刑法规定适用于具体个案，必须解释刑法的规定。

（3）刑法一经制定，就具有相对的稳定性，要使稳定的刑法适应不断发展、变化的社会生活，就必须依赖解释。

（4）刑法不可避免地存在缺陷，有的是文字表述的缺陷，有的是立法原意的缺陷，要克服刑法的缺陷就必须进行解释。

论述题与深度思考题

刑法的性质可以包括以下两个层面的含义。

一是刑法的阶级性质。刑法是由掌握政权的统治阶级根据自己的意志和利益制定的，是作为统治阶级维护其阶级专政的工具而存在的。我国刑法反映了广大人民群众的意志，其旨在维护社会主义国家和广大人民群众的根本利益。

二是刑法的法律性质。刑法作为法律体系的重要组成部分，与其他部门法相比有三个显著的特点。

（1）刑法调控范围的广泛性。刑法调整的范围是所有受到犯罪侵害的社会关系，这些社会关系涉及社会生活的方方面面，如政治、经济、婚姻家庭、人身、社会秩序等各个领域。而民法、经济法等部门法所保护的、调整的只能是某种特定的社会关系。需要说明的是，其他所有部门法所保护和调整的社会关系，都需借助于刑法的保护和调整。从这个意义上讲，刑法是其他部门法得以贯彻实施的后盾和保证。

（2）刑法强制手段的严厉性。任何法律都有强制性，任何侵犯法律所保护的社会关系的行为人，都必须承担相应的法律后果，受到国家强制力的干预。但是，所有其他部门法的强制方法都不及刑法对犯罪分子适用刑罚这种强制方法严厉。刑罚不仅可以剥夺犯罪分子的财产，限制或剥夺犯罪分子的人身自由，剥夺犯罪分子的政治权利，而且在最严重的情况下可以剥夺犯罪分子的生命。其他任何法律都没有，也不可能有这样严厉的强制性。

（3）刑法的谦抑性和补充性。调整社会关系的部门法是各种各样的，除刑法之外，还有民法、行政法等。由于刑罚具有严厉的强制性，在客观上可谓对犯罪人利益的一种“损害”，用之得当，国家和个人两受其益；用之不当，国家和个人两受其害，因而，如果能用刑法以外的方法调整就无须动用刑法。换言之，只有在其他调整方法不能奏效时，才可动用刑法。由此可知，刑法是解决社会纷争的最后的手段，具有谦抑性和补充性的特点。

第二章　刑法的基本原则

知识逻辑图

- 刑法的基本原则
  - 罪刑法定原则
    - 罪刑法定原则：法无明文规定不为罪，法无明文规定不处罚
    - 罪刑法定原则的立法体现
      - 犯罪的法定化和刑罚的法定化
      - 废除类推制度
      - 在刑法溯及力问题上采用从旧兼从轻原则
      - 在分则罪名规定上相当详备
      - 在个罪的构成要件以及法定刑上增强了可操作性
  - 适用刑法人人平等原则
    - 适用刑法人人平等原则：刑法规范在根据其内容应当得到适用的所有场合，都平等地严格适用
    - 适用刑法人人平等原则的立法体现
      - 平等地定罪
      - 平等地量刑
      - 平等地行刑
  - 罪责刑相适应原则
    - 罪责刑相适应原则：犯多大的罪，便应承担多大的刑事责任，法院也应判处其轻重相当的刑罚；做到重罪重罚，轻罪轻罚，罪刑相称，罚当其罪
    - 罪责刑相适应原则的立法体现
      - 严密科学的刑罚体系
      - 区别对待的处罚原则
      - 轻重不同的量刑幅度

名词解释

1. 罪刑法定原则（考研）
2. 罪责刑相适应原则（考研）
3. 适用刑法人人平等原则

选择题

（一）单项选择题

1. 我国刑法规定了（　　）法定原则，（　　）法定原则的经典表述是，“法无明文规定不为罪”“法无明文规定不处罚”。刑法同时规定了（　　）相适应原则，即刑罚的轻重，应当与犯罪分子所犯（　　）和承担的（　　）相适应；死刑只适用于（　　）极其严重的犯罪分子。在这段话的空格中，（　　）。（司考）

A. 2 处填写“罪刑”，4 处填写“罪行”

B. 3 处填写“罪刑”，3 处填写“罪行”

C. 4 处填写“罪刑”，2 处填写“罪行”

D. 3 处填写“罪刑”，2 处填写“罪行”

2. 关于罪刑法定原则及其内容，下列哪一选项是正确的？（　　）（司考）

A. 罪刑法定原则禁止类推解释与扩张解释，但不禁止有利于被告人的类推解释

B. 罪刑法定原则禁止司法机关进行类推解释，但不禁止立法机关进行类推解释

C. 罪刑法定原则禁止适用不利于行为人的事后法，但不禁止适用有利于行为人的事后法

D. 罪刑法定原则要求刑法规范的明确性，但排斥规范的构成要件要素

3. 关于罪刑法定原则有以下观点：

①罪刑法定只约束立法者，不约束司法者

②罪刑法定只约束法官，不约束侦查人员

③罪刑法定只禁止类推适用刑法，不禁止适用习惯法

④罪刑法定只禁止不利于被告人的事后法，不禁止有利于被告人的事后法

下列哪一选项是正确的？（　　）（司考）

A. 第①句正确，第②③④句错误

B. 第①②句正确，第③④句错误

C. 第④句正确，第①②③句错误

D. 第①③句正确，第②④句错误

4. 对于甲在新刑法生效以前实施的某一行为，新刑法认为是犯罪，而旧刑法不认为是犯罪。法院宣告甲无罪。这在本质上坚持了（　　）。

A. 罪刑法定原则

B. 罪责刑相适应原则

C. 罪责自负原则

D. 适用刑法人人平等原则

视频讲题

5. 我国《刑法》第 28 条规定："对于被胁迫参加犯罪的，应当按照他的犯罪情节减轻处罚或者免除处罚。"这一规定体现了刑法哪一项基本原则？（　　）

A. 罪刑法定原则

B. 适用刑法人人平等原则

C. 罪责自负，反对株连原则

D. 罪责刑相适应原则

6. 关于罪刑法定原则，下列哪一选项是正确的？（　　）（司考）

A. 罪刑法定原则的思想基础之一是民主主义，而习惯最能反映民意，所以，将习惯作为刑法的渊源并不违反罪刑法定原则

B. 罪刑法定原则中的"法"不仅包括国家立法机关制定的法，而且包括国家最高行政机关制定的法

C. 罪刑法定原则禁止不利于行为人的溯及既往，但允许有利于行为人的溯及既往

D. 刑法分则的部分条文对犯罪的状况不作具体描述，只是表述该罪的罪名。这种立法体例违反了罪刑法定原则

视频讲题

7. 罪刑法定原则的要求是：(1) 禁止溯及既往［（　　）的罪刑法定］；(2) 排斥习惯［（　　）的罪刑法定］；(3) 禁止类推解释［（　　）的罪刑法定］；(4) 刑罚法规的适当［（　　）的罪刑法定］。下列哪一选项与题干空格内容相匹配？（　　）（司考）

A. 事前——成文——确定——严格

B. 事前——确定——成文——严格

C. 事前——严格——成文——确定

D. 事前——成文——严格——确定

8. 下列选项中，体现罪责刑相适应的是（　　）。（考研）

A. 刑法关于空间效力范围的规定

B. 刑法关于怀孕的妇女不适用死刑的规定

C. 刑法关于享有外交豁免特权的外国人的刑事责任的规定

D. 刑法关于放火罪与失火罪的构成要件及法定刑的不同规定

视频讲题

(二) 多项选择题

1. 我国刑法明确规定的基本原则包括（　　）。

A. 罪刑法定原则

B. 罪责刑相适应原则

C. 罪责自负原则

D. 适用刑法人人平等原则

2. 关于罪刑法定原则，下列哪些说法是正确的？（　　）

A. 刑法应当采取成文的形式，禁止习惯法

B. 禁止绝对不定期刑

C. 禁止重法溯及既往

D. 在中国刑法中，罪刑法定原则还包括“法律规定为犯罪的应当定罪处罚”的内容

3. 下列关于罪责刑相适应原则的说法哪些是正确的？（　　）（司考）

A. 罪责刑相适应原则要求刑法不溯及既往

B. 罪责刑相适应原则要求刑事立法制定合理的刑罚体系

C. 罪责刑相适应原则要求刑罚与犯罪性质、犯罪情节和罪犯的人身危险性相适应

D. 罪责刑相适应原则要求在行刑中合理地运用减刑、假释等制度

4. 我国《刑法》第 4 条规定：“对任何人犯罪，在适用法律上一律平等。不允许任何人有超越法律的特权。”其基本内容包括以下哪几个方面？（　　）

A. 平等地保护法益，反对地方保护主义

B. 平等地认定犯罪，不因当事人地位、身份、职业、金钱的不同而区别对待

C. 对犯罪危害程度和人身危险性相同的犯罪行为，应依据行为人财产状况的不同而判处不同的罚金

D. 平等地裁量刑罚，对实施了相同犯罪的人必须判处相同的法定刑

5. 下列哪些情形体现出罪责刑相适应原则？（　　）

A. 对累犯从重处罚

B. 对自首、立功的从宽处罚

C. 对中止犯的处罚要宽大于对未遂犯、预备犯的处罚

D. 对不满 18 周岁的人犯罪，应当从轻或者减轻处罚

视频讲题

简答题

1. 简述我国刑法的基本原则。

2. 简述适用刑法人人平等原则的基本含义。

案例分析题

2017 年 10 月间，肖某某通过新闻得知炭疽杆菌是一种白色粉末的病菌，国外已经发生因接触夹有炭疽杆菌的邮件而致人死亡的事件，因此认为社会公众对收到类似的邮件会产生恐慌心理。同年 10 月 18 日，肖某某将家中粉末状的食品干燥剂装入两只信封内，分别邮寄给上海市人民政府某领导和上海市东方电视台新闻中心陈某。同年 10 月 19 日、20 日，上海市人民政府信访办公室工作人员陆某等人及东方电视台陈某在拆阅上述夹带有白色粉末的信件后，产生了精神上的高度紧张，同时引起周围人们的恐慌。经相关部门采取大量措施后，人们的恐慌心理才逐渐消除。人民法院经审理认为，被告人肖某某通过向政府及新闻单位投寄装有虚假炭疽杆菌信件的方式制造恐怖气氛，造成公众心理恐慌，危害了公共安全，其行为触犯了《刑法》第 114 条的规定，构成了以危险方法危害公共安全罪，遂判处有期徒刑 4 年。一审宣判后，被告人肖某某未提起上诉，公诉机关亦未提出抗诉，判决发生法律效力。

问：法院将肖某某的行为认定为以危险方法危害公共安全罪是否符合罪刑法定原则？为什么？

论述题与深度思考题

1. 试论罪刑法定原则的含义以及其在我国刑法立法中的体现。（考研）

2. 试论罪责刑相适应原则在我国刑法立法中的体现。（考研）

参考答案

名词解释

1. 罪刑法定原则是刑法明文规定的基本原则之一，是指何种行为构成犯罪、成立犯罪需要哪些条件、对罪犯应当如何处罚，都必须由刑法明文规定。对于刑法没有明文规定为犯罪的行为，不得定罪处罚。概而言之，就是“法无明文不为罪，法无明文不处罚”。

2. 罪责刑相适应原则是刑法明文规定的基本原则之一，是指“刑罚的轻重，应当与犯罪分子所犯罪行和承担的刑事责任相适应”，即刑罚的轻重不仅应与客观的犯罪行为及其危害结果相适应，也必须同犯罪人主观恶性的大小、再犯可能性的大小相适应，也即重罪重罚，轻罪轻罚，罪刑相称，罚当其罪。

3. 适用刑法人人平等原则是我国刑法明确规定的刑法基本原则之一，是指对任何人犯罪，不论犯罪人的家庭出身、社会地位、职业性质、财产状况、政治面貌、才能业绩等情况如何，一律平等地适用刑法，依法定罪、量刑和行刑。不允许任何人有超越法律的特权。任何人受到犯罪侵害，都应受到刑法同等的保护。

选择题

(一) 单项选择题

1. D。本题考查罪刑法定原则和罪责刑相适应原则两大基本原则的表述。罪刑与罪行是两个比较容易混淆的概念。罪刑一般包括犯罪和刑罚两部分，罪行一般是指犯罪行为。本题 6 处空格中应分别填写“罪刑”“罪刑”“罪刑”“罪行”“刑事责任”“罪行”。因而，D 选项是正确答案。

2. C。现代罪刑法定原则禁止不利于被告人的类推解释，但不禁止扩张解释，因而选项 A 是错误的。罪刑法定原则不仅禁止司法机关进行类推解释，还禁止立法机关进行类推解释，因而选项 B 显然是错误的。犯罪的构成要件要素包括规范的构成要件要素和记述的构成要件要素。所谓记述的构成要件要素是指法官不需要运用特别的价值判断，只需要根据对事实的认识就能确定的构成要件。规范的构成要件要素是指法官仅根据其对事实的认识还不能确定，只有在根据特定社会的某种公认的价值判断标准进行价值判断以后才能确定的构成要件。如“14 周岁”就属于记述的构成要件要素；“猥亵”“淫秽物品”等就属于规范的构成要件要素。据此，罪刑法定原则并不排斥规范的构成要件要素。所以选项 D 错误。罪刑法定原则禁止重法溯及既往，亦即禁止适用不利于行为人的事后法，但不禁止有利于行为人的事后法。因此，选项 C 是正确答案。

3. C。本题主要考查罪刑法定原则的含义、价值和适用。罪刑法定原则作为刑法的一项基本原则，贯彻在刑事立法和刑事司法的过程中，不仅约束司法者（形式层面），也约束立法者（实质层面）。在司法中，整个刑事诉讼阶段和刑罚执行阶段的所有人员都应遵循罪刑法定原则。罪刑法定不仅禁止类推适用不利于被告人的刑法，也禁止适用不成文的习惯法；罪刑法定不禁止类推适用有利于被告人的事后法（有条件地从新或者从轻原则）。可见，本题的答案是 C 选项。

4. A。根据《刑法》第 3 条的规定，罪刑法定原则的派生原则之一就是禁止重法溯及既往。因此，对于新刑法生效前的未经审理或未作出判决的，新刑法认为是犯罪而旧刑法不认为是犯罪的，适用旧法。这无疑贯彻了重法不得溯及既往的原则，体现了罪刑法定原则。所以 A 选项是正确答案。

5. D。罪责刑相适应原则要求刑罚既要与犯罪的性质相适应，又要与犯罪人的主观恶性和人身危险性相适应。“对于被胁迫参加犯罪的，应当按照他的犯罪情节减轻处罚或者免除处罚”的规定体现了罪责刑相适应的原则。

6. C。罪刑法定原则要求刑法应以制定法为依据，排斥习惯法，故 A 项错误。根据《立法法》第 11 条第 4 项，关于犯罪和刑罚的事项只能制定法律，故 B 项错误。刑法只禁止犯罪化、强化惩罚或对行为人不利的法律追溯既往，对非犯罪化、弱化惩罚或有利于行为人的规定，法律则允许其有溯及既往的效力，故 C 项正确。刑法分则中部分条文没有具体描述犯罪的特征，只是表述该罪的罪名。之所以采取这种简单罪状的方式，往往是因为这些犯罪的特征为众人所知，无须具体描述，所以并不违反罪刑法定原则。故 D 项错误。

7. D。罪刑法定原则的具体要求为：(1) 溯及既往的禁止，即事前的罪刑法定。对犯罪及其刑罚必须在行为前预先规定，刑法不得对在其公布、施行前的行为追溯适用。(2) 排斥习惯法，即成文的罪刑法定。犯罪与刑罚必须由立法者通过特定程序以文字的形式记载下来，刑事司法应以成文法为准，而不能适用习惯法。(3) 合理解释刑法、禁止类推，即严格的罪刑法定。类推解释是对事先在法律上没有规定予以处罚的行为进行处罚，属于司法恣意对国民的行为进行压制，是不允许的。(4) 刑罚法规的适当，即确定的罪刑法定。刑罚法规的适当包括刑法的明确性、禁止处罚不当罚的行为、禁止不确定刑三方面内容。

8. D。所谓罪责刑相适应原则，是指“刑罚的轻重，应当与犯罪分子所犯罪行和承担的刑事责任相适应”，即刑罚的轻重不仅应与客观的犯罪行为及其危害结果相适应，也必须同犯罪人主观恶性的大小、再犯可能性的大小相适应。D 选项中“刑法关于放火罪与失火罪构成要件及法定刑的不同规定”，体现了刑法中对过失犯的处罚明显宽大于对故意犯的处罚，最能够体现罪责刑相适应的原则。

（二）多项选择题

1. ABD。要区分刑法规定的基本原则和学理意义上的基本原则，不可混淆。我国刑法明文规定的基本原则包括三个：罪刑法定原则、罪责刑相适应原则和适用刑法人人平等原则。理论上还包括法益保护原则、责任主义原则等。

2. ABCD。罪刑法定原则的派生原则有排斥习惯法、禁止有罪类推、禁止绝对不定期刑和禁止重法溯及既往。根据我国《刑法》第 3 条，选项 D 的表述是正确的。综上，本题应选选项 ABCD。

3. BCD。刑法不溯及既往是罪刑法定原则的要求，而不是罪责刑相适应原则的体现，故 A 选项不正确。选项 BCD 是罪责刑相适应原则在刑罚的制定、适用和执行三个环节的具体要求的体现。

4. AB。平等地裁量刑罚，并不意味着对同一性质犯罪的犯罪人必须判相同的刑罚。对同一性质犯罪的犯罪人可能由于犯罪情节或者人身危险性不同而适用不同的刑罚。而对于犯罪危害程度和人身危险性相同的犯罪，行为人的财产状况不能成为量刑的出发点，否则，违背了适用刑法人人平等原则，可能造成实际上的不平等。

5. ABCD。我国《刑法》第 5 条规定：刑罚的轻重，应当与犯罪分子所犯罪行和承担的刑事责任相适应。题中所有选项都体现了刑罚的轻重与刑事责任相适应方面的内容。

简答题

1. 刑法的基本原则，是指刑法本身具有的，贯穿于全部刑法规范，体现我国刑事立法与刑事司法的基本精神，指导和制约全部刑事立法和刑事司法过程的基本准则。我国刑法明文规定的基本原则有：罪刑法定原则、罪责刑相适应原则和适用刑法人人平等原则。

罪刑法定原则的基本含义是：何种行为构成犯罪、成立犯罪需要哪些条件、对犯罪应当如何处罚，都必须由刑法明文规定。对于刑法没有明文规定为犯罪的行为，不得定罪处罚。概言之，就是“法无明文不为罪，法无明文不处罚”。

罪责刑相适应原则的基本含义是：犯多大的罪，便应承担多大的刑事责任，法院也应判处轻重相当的刑罚；做到重罪重罚，轻罪轻罚，罪刑相称，罚当其罪。

适用刑法人人平等原则的基本含义是：对任何人犯罪，不论犯罪人的家庭出身、社会地位、职业性质、财产状况、政治面貌、才能业绩等情况如何，一律平等地适用刑法，依法定罪、量刑和行刑。不允许任何人有超越法律的特权。任何人受到犯罪侵害，都应受到刑法同等的保护。

此外，法益保护原则、责任主义原则、惩罚与教育相结合原则，尽管刑法未予以明文规定，但由于其符合我国刑法基本原则的标准，因而也属于我国刑法的基本原则。

2. 我国《刑法》第 4 条明确规定：对任何人犯罪，在适用法律上一律平等。不允许任何人有超越法律的特权。此即适用刑法人人平等原则。适用刑法人人平等原则的基本含义是：（1）任何人犯罪，都应当受到刑法的追究；（2）任何人不得享有超越刑法规定的特权；（3）对于一切犯罪行为，应一律平等地适用刑法，定罪量刑时不得因犯罪人的社会地位、家庭出身、职业状况、财产状况、政治面貌、才能业绩的差异而有所区别；（4）任何人受到犯罪侵害，都应受到刑法的保护；（5）不同被害人的同等权益，应受到刑法的同样保护。

当然，适用刑法人人平等原则并不否定犯罪人或被害人特定的个人情况在立法上、司法上对定罪量刑的合理影响。在刑事立法、司法上，犯罪分子的主体情况以及被害人的个人情况，如果对犯罪的客观社会危害性程度及犯罪人的主观恶性大小有影响，则允许乃至要求在适用刑法上有所区别和体现。所以，适用刑法人人平等原则不是孤立、机械、单一的刑法准则，它必须和罪责刑相适应等刑法基本原则相互配合，共同指导刑法适用。

案例分析题

虽然投寄虚假炭疽杆菌的行为具有引起社会恐惧心理等严重后果，但这种行为在客观上根本不具有危害公共安全的性质，亦即，不可能现实地危害到不特定多数人的人身和财产安全，因此，它与投寄炭疽杆菌行为在性质上根本不同。在刑法没有对此种行为作出明文规定的情况下，对其按照以危险方法危害公共安全罪定罪处罚，完全违背了罪刑法定原则。

论述题与深度思考题

1. 罪刑法定原则的基本含义是“法无明文规定不为罪，法无明文规定不处罚”。具体而言，什么是犯罪、有哪些犯罪、各种犯罪的构成条件是什么、有哪些刑种、各个刑种如何适用，以及各种具体罪的具体量刑幅度如何等，均由刑法加以明文规定。

罪刑法定原则符合现代刑事法治与人权保障的发展趋势，已成为采不同社会制度的世界各国的刑法中最普遍、最重要的一项原则。我国《刑法》第 3 条也明确规定，“法律明文规定为犯罪行为的，依照法律定罪处刑；法律没有明文规定为犯罪行为的，不得定罪处刑”，从而实现了罪刑法定原则的立法化。这在我国刑法立法史上具有里程碑的意义。

罪刑法定原则的价值内涵和内在要求，在我国刑法中得到了较为全面、系统的体现：

(1) 1997 年《刑法》实现了犯罪的法定化和刑罚的法定化。犯罪的法定化具体体现在：明确规定了犯罪的概念，明确规定了犯罪构成的共同要件，认为一切犯罪的成立都必须符合犯罪主体、犯罪主观方面、犯罪客观方面和犯罪客体共四个方面的要件，明确规定了各种具体犯罪的构成要件。刑罚的法定化具体表现在：明确规定了刑罚的种类包括主刑和附加刑，明确规定了量刑原则是以犯罪事实为根据、以法律为准绳，明确规定了各种具体犯罪的法定刑种与刑度。

(2) 1997 年《刑法》取消了 1979 年《刑法》第 79 条规定的有罪类推制度，为罪刑法定原则得到彻底贯彻实施扫除了障碍。

(3) 1997 年《刑法》重申在溯及力问题上采取从旧兼从轻的原则，反对重法溯及既往，即原则上对行为人依据行为时的法律处理，只有在对其有利时才适用新法。

(4) 1997 年《刑法》在分则罪名的规定方面，已相当详备。罪名个数由 1979 年《刑法》的 100 多个增加至 400 多个。

(5) 在具体犯罪的构成要件或罪状以及各种犯罪的法定刑设置方面，1997 年《刑法》亦增强了法条的可操作性。1997 年《刑法》对犯罪构成要件、罪状的表述尽量使用叙明罪状；在法定刑的设置上，注重量刑情节的具体化，使立法更趋细密化、明确化。

2. 我国《刑法》第 5 条规定：刑罚的轻重，应当与犯罪分子所犯罪行和承担的刑事责任相适应。此即罪责刑相适应原则，是我国刑法明确规定的基本原则之一。其基本含义是指犯多大的罪，便应承担多大的刑事责任，法院也应判处轻重相当的刑罚；做到重罪重罚，轻罪轻罚，罪刑相称，罚当其罪。

这一原则的价值内涵和基本要求在我国刑法中的具体体现是：

(1) 刑法确立了科学、严密的刑罚体系。我国刑法总则确定了一个较为科学的刑罚体系，此一刑罚体系按照刑罚方法的轻重次序排列，各种刑罚方法既相互区别又互相衔接，能够根据犯罪的各种情况灵活地运用，从而为刑事司法实现罪责刑相适应奠定了基础。

(2) 刑法规定了区别对待的处罚原则，我国刑法总则根据各种行为的社会危害程度和人身危险性的大小，规定了轻重有别的处罚原则，例如，对于防卫过当、避险过当而构成犯罪者应当减轻或者免除处罚。在共同犯罪中，对于组织、领导犯罪集团的首要分子应当按照集团所犯的全部罪行处罚；对于其他主犯应当按照其所参与的或者组织、指挥的全部犯罪处罚；对从犯应当从轻、减轻或者免除处罚；对胁从犯应当按照他的犯罪情节减轻处罚或者免除处罚；对教唆犯应当按照他在共同犯罪中所起的作用处罚。对于预备犯可以比照既遂犯从轻、减轻或者免除处罚；对于未遂犯可以比照既遂犯从轻或者减轻处罚；对于中止犯，没有造成损害的应当免除处罚，造成损害的应当减轻处罚。凡此种种，都体现了罪责刑相适应原则。此外，基于刑罚个别化的要求，刑法总则还规定了一系列刑罚裁量与执行制度，例如，累犯制度、自首制度、立功制度、缓刑制度、减刑制度、假释制度等。

（3）刑法设立了轻重不同的量刑幅度。我国刑法分则不仅根据犯罪的性质和危害程度，建立了一套比较严密的罪名体系，而且为各种具体个罪规定了可以分割、能够伸缩、有一定幅度的法定刑。这就使司法机关可以根据犯罪的性质、罪行的轻重、犯罪人主观恶性的大小，对犯罪人判处适当的刑罚。

第三章　刑法的效力

知识逻辑图

- 刑法的效力
  - 刑法的空间效力原则
    - 属地管辖原则
    - 属人管辖原则
    - 保护管辖原则
    - 普遍管辖原则
    - 综合原则，即以属地管辖原则为基础、以其他管辖原则为补充的原则
  - 刑法的时间效力
    - 刑法的生效时间
      - 从公布之日起生效
      - 公布之后经过一段时间再施行
    - 刑法的失效时间
      - 由国家立法机关明确宣布某些法律失效
      - 自然失效
    - 刑法的溯及力原则
      - 从旧原则
      - 从新原则
      - 从新兼从轻原则
      - 从旧兼从轻原则

名词解释

1. 刑法的效力范围（考研）
2. 刑法的空间效力（考研）
3. 刑法的时间效力
4. 刑法的溯及力（考研）
5. 从旧兼从轻原则（考研）
6. 属地管辖原则与属人管辖原则
7. 保护管辖原则
8. 普遍管辖原则（考研）

选择题

（一）单项选择题

1. 中华人民共和国公民在中华人民共和国领域外犯罪的，可以适用我国刑法，但是可以不予追究的是情形（　　）。（考研）

A. 法定最高刑为 3 年以下有期徒刑的

B. 法定最低刑为 3 年以下有期徒刑的

C. 法定最低刑为 3 年以上有期徒刑的

D. 法定最高刑为 3 年以上有期徒刑的

2. 外国人在我国领域外对我国国家或者公民犯罪，适用我国刑法，但必须是（　　）。

A. 按照我国刑法规定最低刑为 3 年以上有期徒刑的

B. 按照犯罪地法律应受处罚的

C. 按照我国刑法规定最低刑为 3 年以上有期徒刑，并按照犯罪地法律应受处罚的

D. 犯罪地国家未对其予以处罚的

3. 我国刑法规定，凡在我国领域内犯罪的（　　）。

A. 一律适用我国刑法

B. 除法律有特别规定的以外，都适用我国刑法

C. 我国公民适用我国刑法，外国人不适用

D. 我国公民适用我国刑法，外国人通过外交途径解决

4. 我国《刑法》第 12 条关于溯及力的规定采取的

是（　　）。（考研）

A. 从旧原则　　B. 从新原则

C. 从新兼从轻原则　　D. 从旧兼从轻原则

5. 某国驻华使馆一等秘书甲，参与了我国国内某犯罪集团的绑架、抢劫犯罪。对甲的刑事责任应如何解决？（　　）

A. 适用我国刑法追究甲的刑事责任

B. 通过外交途径解决

C. 适用其本国法律追究其刑事责任

D. 直接驱逐出境

6. 李某因倒卖外汇于 1995 年 9 月被法院以投机倒把罪判处有期徒刑 5 年。1997 年修订后的《刑法》实施以后，李某提出申诉，理由是现行《刑法》无此罪名，要求改判无罪。法院应当如何处理？（　　）（考研）

A. 驳回申诉，维持原判

B. 释放并给予国家赔偿

C. 撤销原判，改为无罪

D. 考虑李某已服刑 2 年，改判有期徒刑 2 年并予释放

视频讲题

7. 甲实施犯罪在 1997 年 9 月 30 日之前，但至 1997 年《刑法》施行后才被审判。根据新旧刑法的规定，处刑相同。对甲应适用（　　）审判。

A. 新刑法

B. 旧刑法

C. 新刑法和旧刑法

D. 新刑法或旧刑法都可以

8. 甲系巴西公民，因多次组织在本国实施恐怖活动，被巴西有关当局通缉。甲于 2016 年到中国旅游。巴西方面通过国际刑警组织通报中国警方，请求中国警方逮捕甲。经查，甲从未针对中国公民实施过犯罪活动，也从未在中国实施过犯罪。我国警方对甲采取的下列措施中错误的是（　　）。

A. 将甲驱逐出境

B. 在本国对甲进行起诉和审判

C. 将其引渡至巴西

D. 将甲逮捕

9. 外国人在我国领域外对我国国家或者公民实施犯罪，我国有条件地依法对犯罪的外国人行使管辖权。其根据的原则是（　　）。

A. 属地管辖原则　　B. 属人管辖原则

C. 保护管辖原则　　D. 普遍管辖原则

10. 虽然某犯罪案件不是发生在中国领域，且该案犯罪人不是中国公民，被害人也不是中国国家或者中国公民，但中国对此案仍能行使刑事管辖权，是基于（　　）。（考研）

A. 属地管辖原则　　B. 普遍管辖原则

C. 保护管辖原则　　D. 属人管辖原则

视频讲题

11. 当我国客轮停靠在美国纽约港时，德国人甲在轮船上窃取了我国公民乙价值 4 000 元人民币的财物。对于本案确立我国刑法效力的依据是（　　）。（考研）

A. 属人管辖　　B. 保护管辖

C. 普遍管辖　　D. 属地管辖

12. 甲国公民比尔等人，在乙国领海劫持了一艘悬挂丙国国旗的货轮后，驾驶该货轮途经我国领海回甲国时，被我国警方抓获。我国参加了惩治海盗行为的国际公约。据此，对于比尔等人的海盗行为，我国司法机关（　　）。（考研）

A. 应按国际条约的规定追究其刑事责任

B. 可按照我国刑法的规定追究其刑事责任

C. 应将犯罪嫌疑人引渡给有关国家追究其刑事责任

D. 可适用甲国、乙国或者丙国刑法追究其刑事责任

视频讲题

13. 对于中华人民共和国缔结或者参加的国际条约

所规定的罪行，中华人民共和国在所承担条约义务的范围内行使刑事管辖权的，适用（　　）。（考研）

A. 犯罪地国家的刑法

B. 犯罪人国籍国的刑法

C. 中华人民共和国刑法

D. 国际条约缔约地国家的刑法

（二）多项选择题

1. 中国（　　）在我国领域外犯我国刑法规定之罪，不论罪行轻重、法定刑高低，均适用我国刑法。

A. 公民　　B. 军人

C. 国家工作人员　　D. 公派出国人员

2. 下列选项中哪些情况属于在我国领域内犯罪？（　　）

A. 行为地在我国，结果地不在我国

B. 行为地和结果地都在我国

C. 行为地不在我国，但结果地在我国

D. 行为地和结果地都不在我国

3. 下列关于中国刑法适用范围的说法哪些是错误的？（　　）（司考）

A. 甲国公民汤姆教唆乙国公民约翰进入中国境内发展黑社会组织。即使约翰果真进入中国境内实施犯罪行为，也不能适用中国刑法对仅仅实施教唆行为的汤姆追究刑事责任

B. 中国公民赵某从甲国贩卖毒品到乙国后回到中国。由于赵某的犯罪行为地不在中国境内，行为也没有危害中国的国家利益或者国民的利益，所以，不能适用中国刑法

C. A国公民丙在中国留学期间利用暑期外出旅游，途中为勒索财物，将在中国的B国留学生丁从东北某市绑架到C国。中国刑法可以依据保护管辖原则对丙追究刑事责任

D. 中国公民在中华人民共和国领域外实施的犯罪行为，按照刑法规定的最高刑为3年以下有期徒刑的，可以适用中国刑法追究刑事责任

视频讲题

4. 中国公民李某在美国强奸了中国公民黄某（女），被美国法院以强奸罪追究刑事责任。李某回到中国后，依中国刑法该如何处理？（　　）

A. 不受该外国判决约束，仍然可以依照我国刑法追究

B. 鉴于李某在外国已受过刑罚处罚，应当免除处罚

C. 受一事不再理原则的约束，不能依照中国刑法再行追究

D. 鉴于李某在外国已受刑罚处罚，可以免除或者减轻处罚

5. 关于刑事管辖权，下列哪些选项是正确的？（　　）（司考）

A. 甲在国外教唆陈某到中国境内实施绑架行为，中国司法机关对甲的教唆犯罪有刑事管辖权

B. 隶属于中国某边境城市旅游公司的长途汽车在从中国进入E国境内之后，因争抢座位，F国的汤姆一怒之下杀死了G国的杰瑞。对汤姆的杀人行为不适用中国刑法

C. 中国法院适用普遍管辖原则对劫持航空器的丙行使管辖权时，定罪量刑的依据是中国缔结或者参加的国际条约

D. 外国人丁在中国领域外对中国公民犯罪的，即使按照中国刑法的规定，该罪的最低刑为3年以上有期徒刑，也可能不适用中国刑法

视频讲题

（三）不定项选择题

1. 我国公民甲在A国犯下列哪些罪，无论依犯罪地的法律是否处罚，都可以不予追究？（　　）

A. 受贿罪　　B. 重婚罪

C. 强奸罪　　D. 绑架罪

2. 下列情形中，可适用属地管辖原则确立我国刑法对案件的效力的是（　　）。

A. 甲为杀害乙，从韩国将投放了毒药的月饼寄给住在北京市的乙，乙收到后发现糕点霉变未吃

B. 德国人甲在悬挂我国国旗的客轮上用刀将法国乘客刺死

C. 英国公民甲潜入我国驻美大使馆抢劫了大量财物

D. 某国驻华使馆参赞甲策划、参与了我国国内某犯罪集团的绑架活动

视频讲题

3. 某国驻华商社工作人员阿姆杜拉策划、参与了国内犯罪分子走私犯罪活动。对阿姆杜拉的刑事责任问题，应当如何处理？（　　）（司考）

A. 适用我国法律追究其走私罪的刑事责任

B. 通过外交途径解决

C. 适用其本国的法律追究其走私罪的刑事责任

D. 直接驱逐出境

视频讲题

简答题

1. 简述我国刑法属地管辖的例外情况。（考研）

2. 简述外国刑事判决的效力。（考研）

案例分析题

1. 20××年7月12日，外国人甲与朋友来中国旅游。7月21日，甲在一饭店就餐时与另一来中国旅游的外国人乙发生冲突，引起斗殴，被人及时劝开，但甲怀恨在心。次日晚7时双方在该饭店再次相遇时，又相互对骂、殴打起来。甲手持事先买好的尖刀冲向乙，乙被刺中，立即倒地。乙立即被送往医院抢救，但终因伤势过重，抢救无效死亡。

问：对被告人甲是否可以适用我国刑法处理？其法律依据是什么？请说明理由。

2. 20××年10月6日晚，我国公民黄某携带菜刀偷越国境到朝鲜民主主义人民共和国某市，将该国公民甲强奸。同年11月5日，黄某又携带菜刀窜到朝鲜境内，持刀威逼小学生乙欲行强奸，被过路群众发现后逃回我国。同年12月21日凌晨，黄某再次携带菜刀偷越国境窜入朝鲜某地一菜市场，欲行强奸时，遭到丙的反抗，并被人当场抓获。后黄某被引渡回国归案。

问：对于黄某在朝鲜民主主义人民共和国实施的犯罪行为可否适用我国刑法？为什么？

3. 我国公民周某某，系我国某远洋运输公司一远洋货轮上的船员。20××年11月1日，该轮船停泊于A国的一港口内。当日傍晚，周某某因小事将同船船员李某打成重伤，经抢救无效死亡。周某某被A国认定为伤害致死罪，判处有期徒刑5年，在当地监狱执行。周某某在该国服刑3年半后被遣送回国，到达中国后被逮捕、起诉。后法院以故意伤害罪判处周某某有期徒刑6年。

问：周某某在国外被追究刑事责任后，我国司法机关还能依我国刑法追究其刑事责任吗？我国是否承认外国法院对周某某的刑事判决的效力？

论述题与深度思考题

1. 结合我国刑法的相关规定论述刑法的空间效力。

2. 试述刑法溯及力的概念及我国刑法关于溯及力问题的规定。（考研）

参考答案

名词解释

1. 刑法的效力范围，又称刑法的适用范围，是指刑法在什么地方、对什么人和在什么时间内具有法律效力。刑法的效力范围包括刑法的空间效力和刑法的时间效力。

2. 刑法的空间效力是指刑法对地域和人的效力。它解决的是刑事管辖权的范围问题。各国在解决刑事管辖权问题上主张的原则有：属地管辖原则、属人管辖原则、保护管辖原则、普遍管辖原则和综合管辖原则。

3. 刑法的时间效力是指刑法的生效时间、失效时间以及对刑法生效前的行为是否具有溯及力。

4. 刑法的溯及力是指刑法生效后，对于其生效以前未经审判或者判决尚未确定的行为是否适用的问题。如果适用，就是有溯及力；如果不适用，就是没有溯及力。我国刑法在溯及力问题上采用从旧兼从轻原则。

5. 从旧兼从轻原则是刑法溯及力的一项原则，指新法原则上没有溯及既往的效力，但如果对于既往的行为，新法不认为是犯罪或者处罚较轻，则按照新法处理，即新法具有溯及力。

6. 属地管辖原则是指以地域为标准，凡是在本国领域内犯罪，无论是本国人还是外国人，都适用本国刑法；反之，在本国领域外犯罪，都不适用本国刑法。而属人管辖原则，是以人的国籍为标准，凡是本国人犯罪，不论是在本国领域内犯罪还是在本国领域外犯罪，都适用本国刑法。

7. 保护管辖原则是指以保护本国利益为标准，凡侵害本国国家或公民利益的，不论犯罪人是本国人还是外国人，也不论犯罪地是在本国领域内还是在本国领域外，都适用本国刑法。

8. 普遍管辖原则是指以保护国际社会的共同利益为标准，凡发生国际公约、条约所规定的侵害国际社会共同利益的犯罪，不论犯罪人是本国人还是外国人，也不论犯罪地是在本国领域内还是在本国领域外，都适用本国刑法。

选择题

（一）单项选择题

1. A。我国《刑法》第7条第1款规定：中华人民共和国公民在中华人民共和国领域外犯本法规定之罪的，适用本法，但是按本法规定的最高刑为3年以下有期徒刑的，可以不予追究。

2. C。我国《刑法》第8条规定，外国人在中国领域外对中国国家或者公民犯罪，而按本法规定的最低刑为3年以上有期徒刑的，可以适用本法，但是按照犯罪地的法律不受处罚的除外。可见，外国人在我国领域外侵犯我国国家或公民利益的行为构成犯罪是有条件的：(1) 罪行严重，法定最低刑为3年以上有期徒刑；(2) 犯罪地法律也认为是犯罪。据此，选项C是正确答案。

3. B。我国《刑法》第6条第1款规定：凡在中华人民共和国领域内犯罪的，除法律有特别规定的以外，都适用本法。这里的所谓的“特别规定”是指以下几种情形：(1) 享有外交特权和豁免权的外国人的刑事责任，通过外交途径解决；(2) 民族自治地方制定的变通或补充的规定；(3) 刑法施行后由国家立法机关制定的特别刑法的规定；(4) 香港特别行政区基本法、澳门特别行政区基本法作出的例外规定。

4. D。我国《刑法》第12条第1款规定：中华人民共和国成立以后本法施行以前的行为，如果当时的法律不认为是犯罪的，适用当时的法律；如果当时的法律认为是犯罪的，依照本法总则第四章第八节的规定应当追诉的，按照当时的法律追究刑事责任，但是如果本法不认为是犯罪或者处刑较轻的，适用本法。据此规定，刑法关于溯及力问题采取的是从旧兼从轻原则，因而选项D是正确答案。

5. B。甲系享有外交特权和豁免权的人员，根据《刑法》第11条的规定，此类人员的刑事责任应通过外交途径解决。所以，选项B是正确答案。

6. A。根据我国《刑法》第12条第1款的规定，我国刑法在溯及力问题上采取从旧兼从轻的原则。但我国《刑法》第12条第2款规定：本法施行以前，依照当时的法律已经作出的生效判决，继续有效。可见，从旧兼从轻原则只适用于“未决案”，即法律生效前发生的未经审判或者判决尚未确定的案件。《刑法》施行前按照当时的法律已经作出的有效判决继续有效，不涉及刑法溯及力的问题。因此，对于“已决案”，以法律发生变化为由申诉的，申诉不能成立。对“已决案”提起“再审”的，仍适用行为当时有效的法律，不适用事后法。

7. B。根据我国《刑法》第12条第1款的规定，我国刑法在溯及力的问题上采用从旧兼从轻原则，亦即对于法律生效前发生的未经审判或者判决尚未确定的案件，原则上适用旧法。只有在新法不认为是犯罪或处罚较轻时，才适用新法。由此，新、旧法规定的处刑相同的，应适用旧法。所以，本题应选B选项。

8. A。我国《刑法》第9条规定：对于中华人民共和国缔结或者参加的国际条约所规定的罪行，中华人民共和国在所承担条约义务的范围内行使刑事管辖权的，适用本法。根据我国参加的有关国际条约，恐怖活动犯罪、毒品活动犯罪、劫机以及海盗犯罪等国际犯罪，我国都可以对之行使刑事管辖权。对于国际犯罪，奉行“或起诉或引渡”原则，因而我国可对甲予以逮捕、起诉和审判，也可将其引渡到巴西。所以，本题正确答案为选项A。

9. C。我国《刑法》第8条是我国刑法关于保护管辖原则的规定。

10. B。本题考查的是普遍管辖原则的适用问题。《刑法》第9条是我国刑法对普遍管辖原则的规定。在刑法空间效力原则中，普遍管辖原则处于补充地位，只针对少数国际犯罪。在不能适用属地管辖原则、属人管辖原则、保护管辖原则时，才能适用普遍管辖原则。本题中，题干所给条件“虽然某犯罪案件不是发生在中国领域，且该案犯罪人不是中国公民，被害人也不是中国国家或者中国公民”，显然排除了属地管辖原则、属人管辖原则、保护管辖原则的适用。在这种情况下，我国在行使刑事管辖权时，只能适用普遍管辖原则。所以，本题的正确答案是选项B。

11. D。我国《刑法》第6条第2款规定：“凡在中华人民共和国船舶或者航空器内犯罪的，也适用本法。”根据这一规定，在我国船舶上犯罪被认为是在我国领域内犯罪，根据属地管辖原则，应当适用我国刑法。本题中，在我国客轮上外国人针对我国公民犯罪，是在我国领域内犯罪，因此，确立我国刑法空间效力的不能是属人管辖原则，也不能是保护管辖原则，更不能是普遍管辖原则，只能是属地管辖原则。所以，本题的正确答案是选项D。

12. B。对于中国缔结或参加的国际条约所规定的罪行，中国在承担条约义务的范围内行使刑事管辖权。本题中，虽然比尔等人并非我国公民，但由于其所犯的为国际公约所定的罪行，并在我国领域内被司法机关抓获，因而根据普遍管辖原则，要么适用我国刑法定罪处刑，要么按照我国参加缔结的国际条约实行引渡。所以，本题应选B项。

13. C。《刑法》第9条规定：对于中华人民共和国缔结或者参加的国际条约所规定的罪行，中华人民共和国在所承担条约义务的范围内行使刑事管辖权的，适用本法。

（二）多项选择题

1. BC。我国《刑法》第7条第1款规定：中华人民共和国公民在中华人民共和国领域外犯本法规定之罪的，适用本法，但是按本法规定的最高刑为3年以下有期徒刑的，可以不予追究。第2款规定：中华人民共和国国家工作人员和军人在中华人民共和国领域外犯本法规定之罪的，适用本法。需要注意的是，属人管辖原则对国家工作人员、军人的适用条件与对一般公民的适用条件不同，对前者更为严格。

2. ABC。我国《刑法》第6条第3款规定：犯罪的行为或者结果有一项发生在中华人民共和国领域内的，就认为是在中华人民共和国领域内犯罪。这在理论上被称为行为地兼结果地原则。因而本题的正确答案为选项ABC。

3. ABC。在共同犯罪的场合，只要共同犯罪行为有一部分发生在我国领域内或者共同犯罪结果有一部分发生在我国领域内，就认为是在我国领域内犯罪。因此，如果约翰果真进入中国境内实施犯罪行为，那么可以适用中国刑法对仅仅实施教唆行为的汤姆追究刑事责任。所以选项A的说法是错误的。根据《刑法》第7条第1款，可以根据属人管辖原则对赵某行使刑事管辖权。所以，选项B是错误的。选项C是根据属地管辖原则而不是保护管辖原则行使管辖权。保护管辖原则是指外国人在中华人民共和国领域外对中华人民共和国国家或者公民犯罪，而按我国《刑法》规定最低刑为3年以上有期徒刑的，可以适用我国《刑法》的情形。所以选项C也是错误的。《刑法》第7条第1款规定的“可以不予追究”，从另一个角度看就是指“可以追究”，因而选项D的表述是正确的。综上，本题应选选项ABC。

4. AD。我国《刑法》第10条规定：凡在中华人民共和国领域外犯罪，依照本法应当负刑事责任的，虽然经过外国审判，仍然可以依照本法追究，但是在外国已经受过刑罚处罚的，可以免除或者减轻处罚。可见，我国作为独立自主的社会主义国家，从维护国家主权出发，规定外国法院的刑事判决对我国没有约束力，我国司法机关仍可以依照我国刑法对行为人追究刑事责任。不过，考虑到被告人在外国已经受到过刑事处罚，可以对其免除或者减轻处罚。

5. ABD。《刑法》第6条第1款规定，凡在中华人民共和国领域内犯罪的，除法律有特别规定的以外，都适用本法。《刑法》第6条第3款规定，犯罪的行为或者结果有一项发生在中华人民共和国领域内的，就认为是在中华人民共和国领域内犯罪。犯罪行为包括预备行为、实行行为、共同犯罪的部分行为。犯罪结果包括实际发生的结果、可能发生的结果（预备、未遂的场合）、共同犯罪的部分结果。A选项中甲的教唆行为尽管发生在国外，但是最终可能发生的犯罪结果是在中国境内，中国的司法机关有管辖权，所以A选项是正确的。《刑法》第6条第2款规定，凡在中华人民共和国船舶或者航空器内犯罪的，也适用本法。可见，这是不包括国际列车或者长途汽车的，所以，尽管B选项所说的情形发生在我国的长途汽车中，但是不适用中国刑法。故B选项是正确的。《刑法》第9条规定，对于中华人民共和国缔结或者参加的国际条约所规定的罪行，中华人民共和国在所承担条约义务的范围内行使刑事管辖权的，适用本法。故对于C选项中的情形要适用中国刑法。所以C选项是错误的。《刑法》第8条规定，外国人在中华人民共和国领域外对中华人民共和国国家或者公民犯罪，而按本法规定的最低刑为3年以上有期徒刑的，可以适用本法，但是按照犯罪地的法律不受处罚的除外。D选项的表述是"也可能不适用中国刑法"。根据《刑法》第8条的规定，如果丁对中国公民的犯罪行为在犯罪地是不受处罚的，那么就不适用中国刑法。所以D选项的说法是正确的。综上，本题的正确选项是ABD。

（三）不定项选择题

1. B。我国《刑法》第7条第1款规定：中华人民共和国公民在中华人民共和国领域外犯本法规定之罪的，适用本法，但是按本法规定的最高刑为3年以下有期徒刑的，可以不予追究。本题选项中只有重婚罪的最高法定刑为3年以下有期徒刑，因而选项B是正确的。

2. ABC。属地管辖包括行为地和结果地，所以A选项正确。我国《刑法》第6条第2款规定：凡在中华人民共和国船舶或者航空器内犯罪的，也适用本法。因而选项B是正确的。根据我国承认的1961年《维也纳外交关系公约》的规定，各国驻外大使馆、领事馆不受驻在国的司法管辖而受本国的司法管辖。但亦有观点认为，根据《维也纳外交关系公约》的规定，使馆、领馆馆舍绝对不可侵犯，但这并非表明使馆、领馆是本国领土的延伸，因而，在使馆内发生的犯罪，在法律上被认为是在驻在国境内发生的，由驻在国管辖，除非犯罪人享有豁免权。所以，对于发生在我国驻外使领馆内的刑事案件，不应看作发生在我国领域内的犯罪而适用我国刑法。当然，如若驻在国放弃管辖，可以适用中国刑法。因而选项C是正确的。D选项中的甲系外交人员，根据《刑法》第11条的规定，此类人员的刑事责任应通过外交途径解决，而不能适用我国刑法追究其刑事责任，亦即不能根据属地管辖原则确立我国刑法对案件的效力。因而选项D是错误的。

3. A。我国《刑法》第6条第1款规定，凡在中华人民共和国领域内犯罪的，除法律有特别规定的以外，都适用本法。依据该法第11条的规定，享有外交特权和豁免权的外国人的刑事责任，通过外交途径解决。由于阿姆杜拉是驻华商社的工作人员，不享有外交特权和豁免权，因而对其罪行应当适用我国刑法追究刑事责任。所以选项BC是错误的。驱逐出境，是强迫犯罪的外国人离开中国国（边）境的刑罚方法。既然是一种刑罚方法，就必须依法判处，而不能直接适用。因而选项D是错误的。综上，只有选项A是正确答案。

简答题

1. 属地管辖是确立我国刑法空间效力的基本原则，我国《刑法》第6条第1、2款规定：凡在中华人民共和国领域内犯罪的，除法律有特别规定的以外，都适用本法。凡在中华人民共和国船舶或者航空器内犯罪的，也适用本法。一般认为，这里规定的因"法律有特别规定"而例外的情况有以下几种。

（1）对享有外交特权和豁免权的外国人的刑事责任的特别规定。我国《刑法》第11条规定："享有外交特权和豁免权的外国人的刑事责任，通过外交途径解决。"

（2）民族自治地方的特别规定。《刑法》第90条规定："民族自治地方不能全部适用本法规定的，可以由自治区或者省的人民代表大会根据当地民族的政治、经济、文化的特点和本法规定的基本原则，制定变通或者补充的规定，报请全国人民代表大会常务委员会批准施行。"

（3）现行《刑法》施行后由国家立法机关制定的特别刑法的规定。现行《刑法》施行后，国家立法机关仍有必要根据实际需要制定单行刑法、附属刑法规范，或以修正案的形式对刑法典作修改、补充。如果这些特别刑法、刑法修正案的规定与刑法典的规定发生法条竞合或冲突，那么应按“特别法优于普通法”的原则处理。

（4）我国香港特别行政区和澳门特别行政区基本法作出的例外规定。除外交和国防事务由中央人民政府统一管辖外，我国香港、澳门地区依法享有行政管理权、立法权、独立司法权和终审权。因此，我国刑法的效力无法及于港澳地区。此是对刑法属地管辖权的事实限制。

2. 对于我国公民或者外国人在我国领域外的犯罪，虽然都可以适用我国刑法，但犯罪地所在国家依据领土原则亦享有管辖权。如果我国公民或外国人在我国领域外犯罪，触犯了外国刑法并经过外国审判，还能否适用我国刑法呢？这就涉及我国对外国刑事判决的效力是否承认的问题。

我国《刑法》第10条规定：凡在中华人民共和国领域外犯罪，依照本法应当负刑事责任的，虽然经过外国审判，仍然可以依照本法追究，但是在外国已经受过刑罚处罚的，可以免除或者减轻处罚。可见，我国作为独立自主的社会主义国家，从维护国家主权出发，规定外国法院的刑事判决对我国没有约束力，我国司法机关仍可以依照我国刑法对行为人追究刑事责任。不过，考虑到被告人在外国已经受到过刑事处罚，为了避免其受到双重处罚，可以对被告人免除或者减轻处罚。

案例分析题

1. 对被告人甲应适用我国刑法。

被告人甲是来我国旅游的外国游客，他持刀刺死另一外国游客的行为发生在我国领域内。我国《刑法》第6条第1款规定：“凡在中华人民共和国领域内犯罪的，除法律有特别规定的以外，都适用本法。”“法律有特别规定”的情形有：（1）《刑法》第11条关于“享有外交特权和豁免权的外国人的刑事责任，通过外交途径解决”的特别规定；（2）《刑法》第90条规定的民族自治地方所制定的变通或者补充规定的特别规定；（3）《刑法》施行以后国家立法机关制定的特别刑法的规定；（4）我国香港、澳门特别行政区基本法所作出的例外规定。除这些法律特别规定的情况之外，不论是我国的公民还是外国人、无国籍的人，只要在我国领域内犯罪，都适用我国刑法。故而对甲应适用我国刑法。

2. 本案中，被告人黄某三次潜入朝鲜民主主义人民共和国实施犯罪行为应否适用我国刑法的问题，实际上是我国刑法的属人管辖权问题。根据我国《刑法》第7条，虽然本案中的被告人黄某不属于国家工作人员、军人，但其在朝鲜民主主义人民共和国所犯之罪——强奸罪，依我国《刑法》之规定，其法定最低刑是3年有期徒刑，故当然可以适用我国刑法追究黄某的刑事责任。

3. 我国《刑法》第6条为我国属地管辖原则的规定，根据这一规定，由于周某某的犯罪行为发生在我国船舶上，因而应当适用我国刑法。实际上，即使周某某的犯罪行为不是发生在我国船舶上而是发生在A国陆地上，按照我国《刑法》第7条关于属人管辖之规定，因周某某是我国公民，也应当适用我国刑法。

我国《刑法》第10条规定：凡在中华人民共和国领域外犯罪，依照本法应当负刑事责任的，虽然经过外国审判，仍然可以依照本法追究，但是在外国已经受过刑罚处罚的，可以免除或者减轻处罚。尽管A国已依属地管辖原则对周某某予以刑罚处罚，但我国仍可以依我国刑法追究周某某的刑事责任，亦即我国不承认外国法院对周某某的刑事判决的法律效力，但基于周某某在外国已受到过刑事处罚的事实，可以免除或者减轻对其的处罚。

论述题与深度思考题

1. 刑法的空间效力，是指刑法对地和人的效力，也就是解决一个国家的刑事管辖权的范围问题。一般说来，刑法的空间效力有属地管辖、属人管辖、保护管辖、普遍管辖这几项原则。我国刑法采用以属地管辖原则为基础、以其他管辖原则为补充的结合型刑事管辖权体制。其具体内容如下。

（1）我国刑法的属地管辖权。

我国《刑法》第6条规定：凡在中华人民共和国领域内犯罪的，除法律有特别规定的以外，都适用本法。凡在中华人民共和国船舶或者航空器内犯罪的，也适用本法。犯罪的行为或者结果有一项发生在中华人民共和国领域内的，就认为是在中华人民共和国领域内犯罪。

根据这一规定，凡是发生在我国领域内的犯罪，除法律有特别规定的以外，都适用我国刑法。这里所说的我国领域应当包括领陆、领水、领空及我国的船舶与航空器。属于在我国领域内犯罪的情形有：1）犯罪的行为与结果都发生在我国领域内；2）犯罪的行为发生在我国领域内，而犯罪的结果发生在我国领域外；3）犯罪的行为发生在我国领域外，而犯罪的结果发生在我国领域内。这里所说的“法律有特别规定的除外”，是指即使是发生在我国领域内的犯罪，但如果法律有特别规定，则不适用我国刑法。一般认为，“法律有特别规定”的情形有：1）《刑法》第11条关于“享有外交特权和豁免权的外国人的刑事责任，通过外交途径解决”的特别规定；2）《刑法》第90条关于民族自治地方可以制定变通或者补充规定的特别规定；3）《刑法》施行以后国家立法机关制定的特别刑法的规定；4）我国香港、澳门特别行政区基本法所作出的例外规定。

（2）我国刑法的属人管辖权。

我国《刑法》第7条第1款规定：中华人民共和国公民在中华人民共和国领域外犯本法规定之罪的，适用本法，但是按本法规定的最高刑为3年以下有期徒刑的，可以不予追究。第7条第2款规定：中华人民共和国国家工作人员和军人在中华人民共和国领域外犯本法规定之罪的，适用本法。

（3）我国刑法的保护管辖权。

我国《刑法》第8条规定：外国人在中华人民共和国领域外对中华人民共和国国家或者公民犯罪，而按本法规定的最低刑为3年以上有期徒刑的，可以适用本法，但是按照犯罪地的法律不受处罚的除外。

（4）我国刑法的普遍管辖权。

我国《刑法》第9条规定：对于中华人民共和国缔结或者参加的国际条约所规定的罪行，中华人民共和国在所承担条约义务的范围内行使刑事管辖权的，适用本法。根据这一规定，凡是我国缔结或者参加的国际条约中规定的罪行，不论罪犯是中国人还是外国人，也不论其罪行是发生在我国领域内还是发生在我国领域外，在我国所承担条约义务的范围内，如不引渡给有关国家，我国就应当行使刑事管辖权，依照我国刑法的有关规定依法追究刑事责任。

2. 所谓刑法的溯及力，也称刑法溯及既往的效力，是指一部新的刑法生效后，对它生效以前发生的未经审判或者判决尚未确定的行为是否适用的问题。如果能够适用，则新法有溯及力；如果不能适用，新法就没有溯及力。

我国于1997年修订的《刑法》根据罪刑法定原则的要求，将溯及力的原则统一确定为从旧兼从轻原则。

（1）行为时的法律不认为是犯罪，而修订后的刑法认为是犯罪的，适用行为时的法律，即刑法没有溯及力。

（2）行为时的法律认为是犯罪，而修订后的刑法不认为是犯罪的，如果未经审判或者判决尚未确定，那么应该适用修订后的刑法，即刑法具有溯及力。

（3）行为时的法律和修订后的刑法都认为是犯罪，并按《刑法》总则第四章第八节关于时效的规定应当追诉的，通常按照行为时的法律追究刑事责任，在这种情况下刑法就没有溯及力。但如果修订后的刑法规定的处刑较轻，则应适用修订后的刑法，在这种情况下刑法就有溯及力。

此外，新刑法具有溯及力只是针对新刑法生效时未经审判或者判决尚未确定的行为，在新刑法施行以前依照当时的法律已经作出的生效的判决继续有效。

第四章　犯罪概念与犯罪构成

知识逻辑图

- 犯罪概念与犯罪构成
  - 犯罪的概念类型
    - 形式概念：仅从犯罪的法律特征上给予定义，而未涉及犯罪的本质特征
    - 实质概念：仅揭示犯罪的本质特征而不涉及其法律特征
    - 实质与形式相统一的概念：从犯罪的本质特征和法律特征两个角度对犯罪进行界定，我国《刑法》第13条关于犯罪概念的规定即属此种类型
  - 犯罪的基本特征
    - 严重的社会危害性
    - 刑事违法性
    - 应受刑罚惩罚性
  - 犯罪构成的共同要件
    - 犯罪客体
    - 犯罪客观方面
    - 犯罪主体
    - 犯罪主观方面

名词解释

1. 犯罪的形式概念与犯罪的实质概念
2. 犯罪
3. 犯罪构成（考研）

选择题

（一）单项选择题

1. 我国《刑法》第13条规定的“但书”，即“但是情节显著轻微危害不大的，不认为是犯罪”，应理解为（　　）。

A. 是犯罪不以犯罪论处
B. 是犯罪不以犯罪处罚
C. 不构成犯罪
D. 是缩小打击面的特殊策略

2. 在罪刑法定基本原则的支配下，犯罪的基本法律特征是（　　）。

A. 严重的社会危害性
B. 刑事违法性
C. 应受刑罚惩罚性
D. 一定程度的社会危害性

3. 犯罪的刑事违法性是指行为人的行为（　　）。

A. 损害了国家利益　　B. 危害了社会
C. 违反了刑法　　D. 触犯了法律

4. 犯罪行为的最本质特征是（　　）。

A. 刑事违法性　　B. 严重的社会危害性
C. 应受刑罚惩罚性　　D. 主观罪过性

5. 我国《刑法》第13条规定的犯罪概念是（　　）。

A. 实质概念
B. 形式概念
C. 形式与实质相统一的概念
D. 法律特征概念

6. 甲教唆乙在某学校食堂的面粉中投放“毒鼠强”一包，造成数十人中毒死亡的结果。法院认定甲构成投放危险物质罪。甲的行为具备（　　）。（考研）

A. 标准的犯罪构成
B. 复杂的犯罪构成
C. 基本的犯罪构成
D. 修正的犯罪构成

视频讲题

7. 成立犯罪不可缺少的要素是（　　）。（考研）

A. 犯罪行为　　B. 犯罪结果

C. 犯罪目的　　D. 犯罪动机

视频讲题

8. 我国《刑法》第 303 条第 1 款规定："以营利为目的，聚众赌博或者以赌博为业的，处三年以下有期徒刑、拘役或者管制，并处罚金。"甲长期通过网络纠集他人进行赌博，人民法院认定其聚众赌博，对其单独定赌博罪。甲的罪行符合赌博罪的（　　）。（考研）

A. 基本的犯罪构成

B. 修正的犯罪构成

C. 加重的犯罪构成

D. 派生的犯罪构成

视频讲题

（二）多项选择题

1. 犯罪的基本特征有（　　）。

A. 严重的社会危害性　　B. 人身危险性

C. 刑事违法性　　D. 应受刑罚惩罚性

2. 犯罪构成必须具备的要件是（　　）。

A. 犯罪客体　　B. 犯罪客观方面

C. 犯罪主体　　D. 犯罪主观方面

3. 下列表述正确的有（　　）。

A. 犯罪概念是区分罪与非罪界限的总标准

B. 犯罪构成是划分罪与非罪的具体标准

C. 犯罪概念是犯罪构成的基础

D. 犯罪构成是犯罪概念的具体化

4. 下列有关刑事违法性的说法正确的是（　　）。

A. 刑事违法性不仅指违反刑法典，而且包括违反国家立法机关颁布的单行刑事法律的规定和行政、经济等非刑事法律中规定的刑事责任条款

B. 刑事违法性既是犯罪的本质特征，也是划分犯罪行为与一般违法行为的基本界限

C. 刑事违法性作为犯罪的本质特征，体现了刑法的限制和保障机能

D. 刑事违法性是社会危害性在刑法上的体现

视频讲题

5. 犯罪构成回答的问题是（　　）。

A. 什么是犯罪

B. 成立犯罪要具备哪些法定要件

C. 犯罪有哪些基本属性

D. 犯罪是怎样成立的

6. 犯罪的形式概念从（　　）方面界定犯罪。

A. 刑事违法性　　B. 应受刑罚惩罚性

C. 阶级性　　D. 主观恶性

视频讲题

7. 犯罪的社会危害性大小取决于（　　）。

A. 犯罪客体

B. 犯罪客观方面

C. 犯罪主观方面

D. 行为人的贫富程度

简答题

1. 简述犯罪的基本特征。

2. 简述犯罪构成的概念和特征。（考研）

3. 简述犯罪概念与犯罪构成的关系。（考研）

论述题与深度思考题

刑法学界关于犯罪构成的共同要件内容有哪些争论？

参考答案

名词解释

1. 犯罪的形式概念是指仅从犯罪的法律特征上给犯罪下定义，而不揭示法律何以将该行为规定为犯罪，即未涉及犯罪的本质特征。犯罪的实质概念是指仅揭示犯罪的本质特征，即仅揭示法律为什么将某种行为规定为犯罪，而不涉及其法律特征。

2. 根据我国《刑法》第 13 条的规定，所谓犯罪，简而言之，是指违反我国刑法应当受到刑罚惩罚的严重危害社会的行为。我国刑法中的犯罪概念是形式与实质相统一的概念。

3. 犯罪构成是依照我国刑法的规定，决定某一具体行为的社会危害性及其程度而为该行为构成犯罪所必需的一切主客观要件的有机统一。

选择题

（一）单项选择题

1. C。情节显著轻微危害不大的行为，由于其危害性没有达到犯罪的程度，所以法律认为其不构成犯罪。

2. B。刑事违法性是犯罪的基本法律特征，是划分犯罪行为与一般违法行为的基本界限，因而选项 B 正确。

3. C。刑事违法性是犯罪构成不可缺少的法律特征，是犯罪行为的社会危害性在法律上的具体表现，指行为的社会危害性超出了一般的程度，已触犯了刑法。也就是说，犯罪行为不是一般意义上的违法行为，而是刑事违法行为，即触犯刑法的行为。

4. B。严重的社会危害性是犯罪的最本质、最基本特征。所谓严重的社会危害性，是指行为对刑法所保护的社会关系造成损害的特性。行为没有社会危害性，就不构成犯罪。社会危害性未达到严重程度的，也不构成犯罪。

5. C。我国《刑法》第 13 条规定：一切危害国家主权、领土完整和安全，分裂国家、颠覆人民民主专政的政权和推翻社会主义制度，破坏社会秩序和经济秩序，侵犯国有财产或者劳动群众集体所有的财产，侵犯公民私人所有的财产，侵犯公民的人身权利、民主权利和其他权利，以及其他危害社会的行为，依照法律应当受刑罚处罚的，都是犯罪，但是情节显著轻微危害不大的，不认为是犯罪。这是我国刑法关于犯罪概念的规定，它既揭示了犯罪的实质，也概括了犯罪的法律特征，因而属于形式与实质相统一的概念类型，即从犯罪的本质特征和法律特征两个方面对犯罪下定义，所以，本题的正确答案为选项 C。

6. D。根据犯罪构成的形态特点，犯罪构成可以分为基本的犯罪构成和修正的犯罪构成。基本的犯罪构成，是指符合刑法条文关于某种犯罪的完成形态规定的犯罪构成。修正的犯罪构成，是指以基本的犯罪构成为标准，根据故意犯罪在行为发展阶段可能出现的预备、中止、未遂等不同表现形态，以及在共同犯罪中具体共同犯罪人的不同情况，对基本犯罪构成中个别要件的具体要求作相应的修改或者变更后形成的犯罪构成。也就是说，修正的犯罪构成，是指预备犯、中止犯、未遂犯等故意犯罪未完成形态的犯罪构成，以及共同犯罪中组织犯、教唆犯、帮助犯等共同犯罪人的犯罪构成。本题中，甲作为教唆犯，构成投放危险物质罪所符合的犯罪构成就是修正的犯罪构成。所以，本题的正确答案是 D 选项。

7. A。任何犯罪都必须具备的构成要件包括犯罪客体、犯罪客观方面、犯罪主体和犯罪主观方面。犯罪客观方面一般包括危害行为、行为对象、行为的危害结果以及犯罪的时间、地点和方法等要素。其中，危害行为是一切犯罪构成客观方面的必要性要素，其余的则是选择性要素。故本题应选 A 选项。

8. A。本题考查的是犯罪构成的分类。甲通过网络纠集人员进行赌博，属于《刑法》第 303 条赌博罪所规制的情形之一即“聚众赌博”，符合赌博罪的基本犯罪构成，而不能将它解释为作为修正的犯罪构成的共犯情形。所以，本题选 A 项。

（二）多项选择题

1. ACD。根据我国《刑法》第 13 条的规定，犯罪的基本特征有以下三个方面：（1）犯罪是严重危害社会的行为，具有严重的社会危害性；（2）犯罪是触犯刑律的行为，即具有刑事违法性；（3）犯罪是应受刑罚惩罚的行为，即具有应受刑罚惩罚性。所以，本题的正确答案为选项 ACD。

2. ABCD。犯罪构成是依据我国刑法的规定，决定某一具体行为的社会危害性及其程度，而为该行为构成犯罪所必需的一切主观要件和客观要件的有机统一。其要件有犯罪客体、犯罪客观方面、犯罪主体和犯罪主观方面。

3. ABCD。犯罪构成与犯罪概念是两个既有联系又有区别的概念。其联系在于：犯罪概念是犯罪构成的基础，犯罪构成是犯罪概念的具体化。两者的最主要区别在于它们的功能相异：犯罪概念的功能是从整体上回答什么是犯罪，犯罪有哪些基本特征，揭示犯罪行为的社会、政治本质，从而使我们从原则上区分罪与非罪；而犯罪构成的功能是解决构成犯罪的具体规格和标准问题，进一步明确回答犯罪是怎样成立的、构成犯罪需要具备哪些要件，从而为我们区分罪与非罪、此罪与彼罪提供了具体的标准。据此，本题正确答案为选项 ABCD。

4. AD。只有触犯刑律的行为才以犯罪论处。这里的刑法是指广义的刑法，包括刑法典、单行刑法、附属刑法以及刑法修正案，因而选项 A 是正确的。刑事违法性是犯罪的基本法律特征，但不是犯罪的本质特征，只有严重的社会危害性才是犯罪的本质特征，因而选项 BC 不正确。刑事违法性是社会危害性在刑法上的体现，因而选项 D 正确。

5. BD。犯罪构成是依据我国刑法的规定，决定某一具体行为的社会危害性及其程度，而为该行为构成犯罪所必需的一切主观要件和客观要件的有机统一。它主要回答的是犯罪是怎样成立的、构成犯罪需要具备哪些要件，从而为区分罪与非罪、此罪与彼罪提供了具体的标准。所以，本题正确答案为选项 BD。

6. AB。犯罪的形式概念，是指仅从法律特征上对犯罪下定义。犯罪的形式概念仅从形式上说明犯罪的刑事违法性和应受刑罚惩罚性，并未涉及犯罪的本质特性，如为什么某种行为会被刑法规定为犯罪，为什么这种行为应受刑罚惩罚，规定犯罪的法律代表谁的利益。所以本题应选选项 AB。

7. ABC。犯罪的社会危害性大小取决于以下因素：（1）行为侵犯的客体。（2）行为的手段、后果以及时间、地点。犯罪的手段是否残酷、是否具有暴力性，在很大程度上决定着犯罪的社会危害性。犯罪造成的后果，发生犯罪的时间、地点，同样影响犯罪的社会危害性的大小。（3）行为人的情况及主观因素，如是否为未成年人，行为人的罪过形式、犯罪动机、目的的卑劣程度等。

简答题

1. 犯罪具有以下三个基本特征。

（1）严重的社会危害性，即犯罪是严重危害社会的行为。严重的社会危害性是犯罪最本质、最基本的特征。所谓严重的社会危害性，是指行为对刑法所保护的社会关系造成这样或那样的损害的特性。如果某种行为根本不可能给社会带来危害，法律就没有必要把它规定为犯罪，也不会对它进行惩罚。某种行为虽然具有社会危害性，但是情节显著轻微危害不大的，也不认为是犯罪。由此可见，只有具备相当程度的社会危害性的行为才可能构成犯罪。

（2）刑事违法性，即犯罪是触犯刑法的行为。犯罪是一种违法行为，但不是一般的违法行为，而是刑事违法行为，即触犯刑法的行为。违法行为并非都是犯罪，只有违反刑法的才构成犯罪。

（3）应受刑罚惩罚性，即犯罪是应受刑罚处罚的行为。犯罪是适用刑罚的前提，刑罚是犯罪的法律后果，因此，应受刑罚惩罚性也是犯罪的一个基本特征。如果一个行为不应当受刑罚惩罚，就意味着它不是犯罪。不应受惩罚和不需要惩罚并非一回事：不应受惩罚，是指行为人的行为根本不构成犯罪，当然就不存在应受惩罚的问题；而不需要惩罚，是指行为人的行为已经构成了犯罪，本应受到惩罚，但考虑到具体情况，例如，犯罪情节轻微，或者有自首、立功、悔改等表现，免予刑事处罚。

犯罪的以上三个基本特征是紧密结合的。严重的社会危害性是犯罪最基本的属性，是刑事违法性和应受刑罚惩罚性的基础。刑事违法性是社会危害性在刑法上的表现，它与应受刑罚惩罚性一起构成社会危害性的度量。只要行为的社会危害性未达到违反刑法、应受刑罚惩罚的程度，该行为就不成立犯罪。因此，这三个基本特征是任何犯罪所不可或缺的，是区分罪与非罪的根本标准。

2. 所谓犯罪构成是指依照我国刑法的规定，决定某一具体行为的社会危害性及其程度，而为该行为构成犯罪所必需的一切主客观要件的有机统一。它具有以下三个特征。

（1）犯罪构成是一系列主观要件和客观要件的有机统一。任何一种犯罪，都有许多要件。这些要件，既包含犯罪主体方面的要件和反映行为人主观方面特征的主观要件，又包含犯罪客体方面的要件和反映行为客观方面的客观要件，它们有机地统一，形成某种罪的犯罪构成。

（2）犯罪构成要件是行为的社会危害性的法律标志。任何一种犯罪，都可以用很多事实特征来表明，但并非每一个事实特征都可以成为犯罪构成的要件，只有对行为的社会危害性及其程度具有决定意义而为该行为成立犯罪所必需的那些事实特征，才是犯罪构成的要件。

（3）犯罪构成要件具有法定性。换言之，行为成立犯罪所必需的构成要件，必须由我国刑法加以规定。诸多案件事实特征只有经过法律的选择，才能成为犯罪构成的要件。刑法对犯罪构成的规定，由刑法总则和刑法分则共同实现。

3. 犯罪，简而言之，就是指违反我国刑法，应受刑罚惩罚的严重危害社会的行为。犯罪构成是指依照我国刑法的规定，决定某一具体行为的社会危害性及其程度而为该行为构成犯罪所必需的一切主客观要件的有机统一。

犯罪构成与犯罪概念是两个既有联系又有区别的范畴。其联系在于：犯罪概念是犯罪构成的基础，犯罪构成是犯罪概念的具体化。首先，作为犯罪概念的基本特征的行为的严重社会危害性与刑事违法性，也是犯罪构成的基本特征。其次，犯罪构成又是犯罪概念及其基本特征的具体化，它通过一系列的主客观要件具体而明确地体现犯罪的严重社会危害性，同时使犯罪概念的法律特征具体化，反映出犯罪行为的刑事违法性和应受刑罚惩罚性。

二者的区别主要在于它们的功能相异：犯罪概念的功能是从整体上回答什么是犯罪，犯罪有哪些基本特征，揭示犯罪行为的社会、政治本质，从而使我们从原则上区分罪与非罪；而犯罪构成的功能是解决构成犯罪的具体规格和标准问题，进一步明确回答犯罪是怎样成立的、构成犯罪需要具备哪些条件。

论述题与深度思考题

对于犯罪构成的共同要件或者说犯罪成立的要件有哪些，通说主张四要件说，即任何犯罪的成立必须具备四个要件：犯罪客体、犯罪客观方面、犯罪主体和犯罪主观方面。但是，随着犯罪构成理论研究的深入发展，通说的观点逐渐受到挑战，主要出现了阶层式的“客观构成要件（不法）和主观构成要件（责任）”之二要件说、“构成要件符合性、违法和责任”之三要件说等等。在犯罪构成要件体系的选择上，该作何取舍，亦即，究竟是要继续维持传统的体系，还是采用阶层式的体系，无疑是一个需要认真探讨、深入研究的重大理论课题。（参见高铭暄主编：《刑法专论》，134 页以下，北京，高等教育出版社，2006；张明楷：《刑法学》，6 版，100 页以下，北京，法律出版社，2021。）

第五章　犯罪客体

知识逻辑图

- 犯罪客体
  - 犯罪的一般客体
  - 犯罪的同类客体
  - 犯罪的直接客体
    - 以具体犯罪行为侵害的具体社会关系的单复为标准
      - 简单客体
      - 复杂客体
        - 主要客体
        - 次要客体
        - 随机客体
    - 以具体犯罪行为侵害的社会关系是否为物质性的为标准
      - 物质性犯罪客体
      - 非物质性犯罪客体

名词解释

1. 犯罪客体（考研）
2. 犯罪的一般客体
3. 犯罪的同类客体
4. 犯罪的直接客体
5. 简单客体与复杂客体
6. 主要客体与次要客体（考研）

选择题

（一）单项选择题

1. 犯罪的直接客体是指（　　）。

A. 某一种犯罪所直接侵犯的对象

B. 某一种犯罪所直接侵犯的具体人或物

C. 某一种犯罪所直接侵犯的社会关系的某一部分

D. 某一种犯罪所直接侵犯的某种具体的社会关系

2. 建立我国刑法分则体系的重要依据是（　　）。（考研）

A. 犯罪对象

B. 犯罪的同类客体

C. 犯罪的一般客体

D. 犯罪的直接客体

视频讲题

3. 下列犯罪中，犯罪客体属于简单客体的是（　　）。

A. 盗窃罪

B. 绑架罪

C. 医疗事故罪

D. 生产、销售伪劣产品罪

4. 王某盗窃正在使用中的汽车零部件，数额不大，可能构成破坏交通工具罪。刘某盗窃汽车零部件制造厂准备出厂的汽车零部件，数额较大，构成盗窃罪。王某、刘某的行为所侵犯的对象相同，但罪名不同，原因是（　　）。

A. 犯罪对象数额大小不同

B. 犯罪行为所侵害的客体不同

C. 犯罪对象可能造成的危害不同

D. 犯罪对象本身性质不同

5. 下列关于犯罪对象的说法中正确的是（　　）。（考研）

A. 犯罪对象是犯罪客体的载体

B. 犯罪对象的功能是区分此罪与彼罪
C. 犯罪对象是一切犯罪都必须具备的构成要件
D. 犯罪对象是刑法所保护的、为犯罪行为所侵犯的社会关系

视频讲题

（二）多项选择题

1. 关于犯罪客体与犯罪对象的表述，正确的有（　　）。
A. 犯罪对象是犯罪分类的基础
B. 犯罪客体一定受到犯罪的侵害，但犯罪对象未必
C. 犯罪客体决定犯罪的性质，但犯罪对象未必
D. 犯罪对象是某些犯罪的必要构成要件

视频讲题

2. 下列犯罪中，犯罪客体是复杂客体的有（　　）。
A. 抢劫罪
B. 生产、销售有毒、有害食品罪
C. 贪污罪
D. 刑讯逼供罪

视频讲题

简答题

简述犯罪客体和犯罪对象的联系与区别。（考研）

案例分析题

被告人张某与陈某恋爱，后来陈某中断与张某的恋爱关系。张某认为这是陈某的大舅王某从中挑拨所致，遂对王某产生不满。为了报复王某，张某于某日夜深无人之际，拿着镰刀进入王某的责任地乱砍苹果树、梨树，共毁坏苹果树80余株、梨树60余株，价值5 000余元。在本案审理中，法院对张某之行为性质的认定有两种意见：一是认为构成故意毁坏财物罪，二是认为构成破坏生产经营罪。

问：被告人张某的行为究竟构成何罪？请说明理由。

论述题与深度思考题

论述犯罪客体的概念和分类。

参考答案

名词解释

1. 犯罪客体，是指我国刑法所保护而为犯罪行为所侵犯的社会关系。在我国刑法理论上，通常从层次上将犯罪客体分为三种，即一般客体、同类客体和直接客体。

2. 犯罪的一般客体，是指一切犯罪所共同侵犯的客体，亦即我国刑法所保护的社会关系的全部。

3. 犯罪的同类客体，是指某一类犯罪行为所共同侵犯的我国刑法所保护的社会关系的某一部分或某一方面。

4. 犯罪的直接客体，是指某一犯罪行为所直接侵犯的我国刑法所保护的社会关系，即我国刑法所保护的某种具体的社会关系。

5. 根据具体犯罪行为侵害具体社会关系的数量多少，犯罪的直接客体可分为简单客体和复杂客体。简单客体，亦称单一客体，指某一种犯罪只直接侵犯一种具体社会关系。复杂客体，是指犯罪行为所直接侵害的客体包括两种以上的具体社会关系。

6. 根据直接客体在犯罪中受危害的程度以及刑法保护的状况，复杂客体可分为主要客体和次要客体以

及随机客体。主要客体是指某一具体犯罪所侵害的复杂客体中程度较严重的、刑法予以重点保护的社会关系。主要客体决定该具体犯罪的性质，从而也决定该犯罪在刑法分则中的归属。次要客体亦称辅助客体，指某一具体犯罪所侵害的复杂客体中程度较轻的、刑法予以一般保护的社会关系。随机客体指犯罪所侵害的复杂客体中由于某种机遇而出现的客体。

选择题

（一）单项选择题

1. D。犯罪的直接客体是指某一犯罪行为所直接侵犯的我国刑法所保护的社会关系，即我国刑法所保护的某种具体的社会关系。犯罪的直接客体揭示了具体犯罪所侵害的社会关系的性质以及该犯罪的社会危害性的程度。

2. B。犯罪的同类客体，是指某一类犯罪行为所共同侵犯的我国刑法所保护的社会关系的某一部分或某一方面。我国刑法分则根据犯罪的同类客体，将犯罪分为十大类。所以说，犯罪的同类客体是我国刑法分则体系建立的重要依据。

3. A。《刑法》第 264 条规定的盗窃罪侵犯的客体是公私财产所有权，是单一的客体；《刑法》第 239 条规定的绑架罪侵犯的客体是他人的人身自由和财产以及其他个人、社会利益；《刑法》第 335 条规定的医疗事故罪侵犯的客体是国家医疗管理秩序和就诊人的生命、健康权利；《刑法》第 140 条规定的生产、销售伪劣产品罪侵犯的客体是国家对产品质量的管理制度和消费者的合法权益。本题选项中，只有盗窃罪侵犯的客体是简单客体，所以应选选项 A。

4. B。盗窃正在使用中的汽车零部件和制造厂准备出厂的零部件，前者构成破坏交通工具罪，后者构成盗窃罪，其原因就在于犯罪对象体现的社会关系不同：前者是公共安全，后者是公私财产所有权。

5. A。犯罪对象是指刑法规定的犯罪行为所侵犯或直接指向的具体人、物或信息，而犯罪客体是法律所保护的为犯罪所侵害的社会利益，二者是现象和本质的关系：犯罪客体寓于犯罪对象中，揭示犯罪的本质；而犯罪对象是犯罪客体的载体。故 A 选项正确，而 BCD 选项都是犯罪客体的特征。

（二）多项选择题

1. BCD。犯罪客体与犯罪对象的区别主要表现在：(1) 犯罪客体决定犯罪性质，犯罪对象则未必；(2) 犯罪客体是任何犯罪构成的要件，犯罪对象并不是任何犯罪都不可缺少的，它仅仅是某些犯罪的要件；(3) 任何犯罪都会使犯罪客体受到危害，而犯罪对象不一定受到损害；(4) 犯罪客体是犯罪分类的基础，犯罪对象则不是。

2. ABCD。《刑法》第 263 条规定的抢劫罪侵犯的客体是公民的财产权利和公民的人身权利；《刑法》第 144 条规定的生产、销售有毒、有害食品罪侵犯的客体是国家对食品的管理秩序和广大消费者的身体健康权利；《刑法》第 382 条规定的贪污罪侵犯的客体是国家工作人员职务行为的廉洁性和公共财产所有权；《刑法》第 247 条规定的刑讯逼供罪侵犯的客体是公民的人身权利和国家司法机关的正常活动。所以，ABCD 选项所列罪的客体都是复杂客体。

简答题

(1) 犯罪客体与犯罪对象是两个既有联系又有区别的概念。犯罪客体与犯罪对象的联系在于：作为犯罪对象的具体的人或者物是具体社会关系的载体。犯罪分子的行为作用于犯罪对象，就是通过犯罪对象即具体物或者具体人来侵害一定的社会关系。

(2) 犯罪客体与犯罪对象的区别则主要表现在以下几个方面：

其一，犯罪客体决定犯罪性质，犯罪对象则未必。分析某一案件，单从犯罪对象去看，并不能辨明犯罪性质，只有通过犯罪对象所体现的社会关系即犯罪客体，才能确定某种行为构成什么罪。

其二，犯罪客体是任何犯罪构成的要件，犯罪对象并不是任何犯罪都不可缺少的，它仅仅是某些犯罪的要件。

其三，任何犯罪都会使犯罪客体受到危害，而犯罪对象不一定受到损害。

其四，犯罪客体是犯罪分类的基础，犯罪对象则不是。犯罪客体是犯罪构成的要件，其性质和范围是确定的，故而它可以成为犯罪分类的基础。我国刑法分则规定的十类犯罪，正是主要以犯罪的同类客体为标准进行划分的。而犯罪对象则无法进行分类。

案例分析题

被告人张某构成破坏生产经营罪。故意毁坏财物罪和破坏生产经营罪均是侵犯财产犯罪，但两者侵犯的直接客体不同：故意毁坏财物罪侵犯的直接客体是他人财物的所有权，破坏生产经营罪侵犯的直接客体是国家、集体、其他社会组织或个人的生产经营活动。本案中被告人张某为报复王某，毁坏王某责任地的苹果树、梨树，已不是纯粹的毁坏他人财物的行为了，而是破坏生产经营活动的行为，所以应以破坏生产经营罪对张某定罪处罚。

论述题与深度思考题

犯罪客体是指我国刑法所保护的，为犯罪行为所侵犯的社会关系。犯罪客体是构成犯罪的要件之一。某种行为，如果没有或者不可能危害任何一种刑法所保护的社会关系，那就不可能构成犯罪。

刑法理论按照犯罪行为所侵害的社会关系的范围，对犯罪客体作不同层次的概括，从而把犯罪客体划分为三类或者三个层次：犯罪的一般客体、犯罪的同类客体、犯罪的直接客体。犯罪的上述三类客体是三个不同的层次，它们之间是一般与特殊、共性与个性的关系。

（1）犯罪的一般客体，是指一切犯罪所共同侵犯的客体，即我国刑法所保护的社会主义社会关系的整体。我国《刑法》在第 2、13 条中对刑法所保护的各类社会关系的规定，是犯罪的一般客体的主要内容。犯罪的一般客体是刑法所保护客体的最高层次，反映了一切犯罪客体的共性。

（2）犯罪的同类客体，是指某一类犯罪行为所共同侵犯的客体，即我国刑法所保护的社会主义社会关系的某一部分或某一方面。犯罪的同类客体是我国刑法分则体系建立的基本依据。

（3）犯罪的直接客体，是指某一犯罪行为所直接侵犯的具体的社会主义社会关系，即我国刑法所保护的某种具体的社会关系。

在理论上可以对犯罪的直接客体作进一步分类：第一，根据具体犯罪行为所直接侵犯的具体社会关系的数量多少，将犯罪的直接客体划分为简单客体和复杂客体。简单客体，又称单一客体，是指一种犯罪行为只直接侵犯一种具体的社会关系，如盗窃罪只侵犯公私财产所有权。复杂客体，是指犯罪行为直接侵犯两种以上的具体社会关系。例如抢劫罪，不仅直接侵犯公私财产权，也直接侵犯他人的人身权利。第二，在复杂客体中，各个客体有主有次，不能等量齐观。根据犯罪的直接客体在犯罪中受危害的程度、机遇以及受刑法保护的状况，可对复杂客体进行再分类，主要包括主要客体、次要客体和随机客体三种。主要客体是指某一具体犯罪所侵害的复杂客体中程度较严重的，刑法予以重点保护的社会关系。主要客体决定该具体犯罪的性质，从而也决定该犯罪在刑法分则中的归属。次要客体是某一具体犯罪所侵害的复杂客体中程度较轻的，刑法予以一般保护的社会关系。随机客体是指某一具体犯罪所侵害的复杂客体中由于某种机遇而出现的客体，也称随意客体。第三，物质性犯罪客体与非物质性犯罪客体的区分标准为具体犯罪侵害的社会关系是否具有有形的、可以测量的物质形式为标准。对物质性犯罪客体侵害的标志是产生可以具体测量的、有形的损害，如财产上的损失，生命、健康的损害等。对非物质性犯罪客体的侵害往往是无形的、难以测量的，如政治制度、社会秩序、人格、名誉等。由于侵犯物质性的犯罪客体的犯罪所造成的损害具有有形性和可测性，所以立法对于此类犯罪既遂的成立通常都设定了较为明确的损害结果标准，如构成故意伤害罪要达到轻伤以上程度，成立盗窃罪、抢夺罪、诈骗罪、故意毁坏财物罪须达特定的数额等；而对于侵犯非物质性犯罪客体的犯罪，由于所造成的危害难以精确测量，因而立法对于成立此类犯罪的既遂一般均未明确设定具体的损害结果标准，而往往使用“情节严重”“情节恶劣”等较为笼统的用于表示成立犯罪既遂所要达到的程度，对于此类犯罪既遂的判断需要综合犯罪构成的其他要件进行整体考量。

第六章　犯罪客观方面

知识逻辑图

- 犯罪客观方面
  - 危害行为
    - 基本特征
      - 有体性
      - 有意性
      - 有害性
    - 基本形态
      - 作为：不当为而为之
      - 不作为：当为且有能力为而不为
  - 危害结果
    - 危害结果可以是实际损害或现实危险状态
    - 危害结果产生的原因只能是危害行为
    - 具有客观性
    - 具有法定性
  - 刑法因果关系
    - 因果关系的客观性
    - 因果关系的相对性
    - 因果关系的时间序列性
    - 因果关系的条件性和具体性
    - 因果关系的复杂性
  - 犯罪的时间、地点、方法

名词解释

1. 犯罪客观方面
2. 作为与不作为（考研）
3. 危害行为
4. 危害结果
5. 刑法因果关系

选择题

（一）单项选择题

1. 关于不作为犯罪，以下哪一表述是正确的？（　）（司考）

A. 路人甲看见某商场发生火灾而不报警，导致商场全部被烧毁。甲构成不作为犯罪

B. 成年人乙主动带邻居小孩出去游泳，小孩掉入水里，乙能够救助而不及时拉小孩出水，致使小孩被淹死。乙不构成不作为犯罪

C. 丙路遇一弃婴，将其抱到附近的儿童福利院门后匆匆离开，弃婴因为天冷而被冻死。丙构成不作为犯罪

D. 路人丁意外撞倒刘某后没有立即将刘某送往医院，导致刘某流血过多而亡。事后查明，即使丁将刘某及时送往医院，也不可能挽救其生命。丁不构成不作为犯罪

视频讲题

2. 关于因果关系的认定，下列哪一选项是正确的？

（　　）（司考）

A. 甲重伤王某致其昏迷。一乞丐目睹一切，在甲离开后取走王某财物。甲的行为与王某的财产损失有因果关系

B. 乙纠集他人持凶器砍杀李某，将李某逼至江边，李某无奈跳江被淹死。乙的行为与李某的死亡无因果关系

C. 丙酒后开车被查。交警指挥丙停车不当，致石某的车撞上丙的车，石某身亡。丙的行为与石某死亡无因果关系

D. 丁敲诈勒索陈某。陈某给丁汇款时，误将 3 万元汇到另一诈骗犯账户中。丁的行为与陈某的财产损失无因果关系

视频讲题

3. 铁路扳道工因和恋人分手饮酒喝醉，未能及时扳道，致使火车相撞，构成犯罪。其义务来源于（　　）。

A. 法律规定

B. 法律行为

C. 先行行为

D. 职务上或者业务上的要求

4. 甲、乙积怨较深。一日甲见乙被人砍伤在路边，奄奄一息，但未死亡。甲未采取任何措施而走开，后乙因失血过多而死亡。下列说法中正确的是（　　）。

A. 甲的行为构成作为犯罪

B. 甲构成见危不救罪

C. 甲仅违反了道德义务，不构成不作为犯罪

D. 甲的行为构成不作为犯罪

5. 关于因果关系的判断，下列哪一选项是正确的？（　　）（司考）

A. 甲伤害乙后，警察赶到。在警察将乙送医途中，车辆出现故障，致乙长时间得不到救助而亡。甲的行为与乙的死亡具有因果关系

B. 甲违法将行人丙撞成轻伤，丙昏倒在路中央，甲驾车逃窜。1 分钟后，超速驾驶的乙发现丙时已来不及刹车，将丙轧死。甲的行为与丙的死亡没有因果关系

C. 甲以杀人故意向乙开枪，但由于不可预见的原因丙中弹身亡。甲的行为与丙的死亡没有因果关系

D. 甲向乙的茶水投毒，重病的乙喝了茶水后感觉更加难受，自杀身亡。甲的行为与乙的死亡没有因果关系

视频讲题

6. 关于不作为犯，下列说法错误的是（　　）。（司考）

A. 民警甲下班后在自己辖区酒吧喝酒，遇到乙使用暴力强迫他人卖淫，没有制止，甲构成不作为犯罪

B. 甲、乙经常在乙家吸毒。某次吸毒过后，乙口吐白沫生命垂危，甲没有进行救助。甲构成不作为犯

C. 甲、乙一见如故，相约一起登山，结果发生雪崩，甲能带乙逃离而没有，乙被砸死。甲构成不作为犯

D. 乙欲前往某山区探险，被村民甲告知危险，劝乙不要去。乙执意前往。次日，甲在山区偶然发现奄奄一息的乙，没有救助，最终乙死亡。甲构成不作为犯

7. 关于危害结果的相关说法，下列哪一选项是错误的？（　　）（司考）

A. 甲男（25 岁）明知孙某（女）只有 13 岁而追求她，在征得孙某同意后，与其发生性行为。甲的行为没有造成危害后果

B. 警察乙丢失枪支后未及时报告，清洁工王某捡拾该枪支后立即上交。乙的行为没有造成严重后果

C. 丙诱骗 5 岁的孤儿离开福利院后，将其作为养子，使之过上了丰衣足食的生活。丙的行为造成了危害后果

D. 丁恶意透支 10 万元，但经发卡银行催收后立即归还。丁的行为没有造成危害后果

视频讲题

8. 关于因果关系，下列哪一选项是错误的？（　　）（司考）

A. 甲故意伤害乙并致其重伤，乙被送到医院救治。当晚，医院发生火灾，乙被烧死。甲的伤害行为与乙的死亡之间不存在因果关系

B. 甲以杀人故意对乙实施暴力，造成乙重伤休克。甲以为乙已经死亡，为隐匿罪迹，将乙扔人湖中，导致乙溺水而亡。甲的杀人行为与乙的死亡之间存在因果关系

C. 甲因琐事与乙发生争执，向乙的胸部猛推一把，导致乙心脏病发作，救治无效而死亡。甲的行为与乙的死亡之间存在因果关系，是否承担刑事责任应视甲主观上有无罪过而定

D. 甲与乙都对丙有仇，甲见乙向丙的食物中投放了5毫克毒物，且知道5毫克毒物不能致丙死亡，遂在乙不知情的情况下又添加了5毫克毒物，丙吃下食物后死亡。甲投放的5毫克毒物本身不足以致丙死亡，故甲的投毒行为与丙的死亡之间不存在因果关系

9. 甲与素不相识的崔某发生口角，推了他肩部一下，踢了他屁股一脚。崔某忽觉胸部不适，继而倒地，在医院就医时死亡。经鉴定，崔某因患冠状粥样硬化性心脏病，致急性心力衰竭死亡。关于本案，下列哪一选项是正确的？（　　）（司考）

A. 甲成立故意伤害罪，属于故意伤害致人死亡

B. 甲的行为既不能认定为故意犯罪，也不能认定为意外事件

C. 甲的行为与崔某死亡结果之间有因果关系，这是客观事实

D. 甲主观上对崔某死亡具有预见可能性，成立过失致人死亡罪

视频讲题

10. 关于不作为犯罪的判断，下列哪一选项是错误的？（　　）（司考）

A. 小偷翻墙入院行窃，被护院的藏獒围攻。主人甲认为小偷活该，任凭藏獒撕咬，小偷被咬死。甲成立不作为犯罪

B. 乙杀丙，见丙痛苦不堪，心生悔意，欲将丙送医。路人甲劝阻乙救助丙，乙遂离开，丙死亡。甲成立不作为犯罪的教唆犯

C. 甲看见儿子乙（8周岁）正掐住丙（3周岁）的脖子，因忙于炒菜，便未理会。等炒完菜，甲发现丙已窒息死亡。甲不成立不作为犯罪

D. 甲见有人掉入偏僻之地的深井，找来绳子救人，将绳子的一头扔至井底后，发现井下的是仇人乙，便放弃拉绳子，乙因无人救助死亡。甲不成立不作为犯罪

11. 下列犯罪行为中，属于不作为行为方式的是（　　）。（考研）

A. 甲因高兴将3岁儿子抛接但因失手致其死亡

B. 乙分娩婴儿后为掩盖未婚先孕真相将婴儿扔出窗外致婴儿死亡

C. 丙分娩女婴后不愿抚养，遂以2万元价格将其卖给他人

D. 丁分娩婴儿后将婴儿弃置于火车站，致其冻成重伤

12. 甲离婚后嫌才3个月大的女儿乙累赘，某日将乙一人留在家中，锁门后自己外出。甲5天后回家，乙已经死在摇篮里。法院判决甲构成故意杀人罪，甲构成（　　）。（考研）

A. 纯正的不作为犯

B. 不纯正的不作为犯

C. 纯正的作为犯

D. 结果加重犯

视频讲题

13. 关于刑法上的因果关系，下列哪一判断是正确的？（　　）（司考）

A. 甲开枪射击乙，乙迅速躲闪，子弹击中乙身后的丙。甲的行为与丙的死亡之间不具有因果关系

B. 甲追赶小偷乙，乙慌忙中撞上疾驶中的汽车身亡。甲的行为与乙的死亡之间具有因果关系

C. 甲、乙没有意思联络，碰巧同时向丙开枪，且均打中了丙的心脏。甲、乙的行为与丙的死亡之间不具有因果关系

D. 甲以杀人故意向乙的食物中投放了足以致死的毒药，但在该毒药起作用前，丙开枪杀死了乙。甲的行为与乙的死亡之间不具有因果关系

14. 关于构成要件要素，下列哪一选项是错误的？（　　）（司考）

A. 传播淫秽物品罪中的“淫秽物品”是规范的构成要件要素、客观的构成要件要素

B. 签订、履行合同失职被骗罪中的“签订、履行”是记述的构成要件要素、积极的构成要件要素

C. “被害人基于认识错误处分财产”是诈骗罪中的客观的构成要件要素、不成文的构成要件要素

D. “国家工作人员”是受贿罪的主体要素、规范的构成要件要素、主观的构成要件要素

视频讲题

15. 关于不作为犯罪，下列哪一选项是正确的？（　　）（司考）

A. “法无明文规定不为罪”的原则当然适用于不作为犯罪，不真正不作为犯的作为义务必须源于法律的明文规定

B. 在特殊情况下，不真正不作为犯的成立不需要行为人具有作为可能性

C. 不真正不作为犯属于行为犯，危害结果并非不真正不作为犯的构成要件要素

D. 危害公共安全罪、侵犯公民人身权利罪、侵犯财产罪中均存在不作为犯

16. 关于危害结果，下列哪一选项是正确的？（　　）（司考）

A. 危害结果是所有具体犯罪的构成要件要素

B. 抽象危险是具体犯罪构成要件的危害结果

C. 以杀死被害人的方法当场劫取财物的，构成抢劫罪的结果加重犯

D. 骗取他人财物致使被害人自杀身亡的，成立诈骗罪的结果加重犯

（二）多项选择题

1. 下列关于刑法上因果关系的说法哪些是正确的？（　　）（司考）

A. 甲欲杀害其女友，某日故意破坏其汽车的刹车装置。女友如驾车外出，15 分钟后遇一陡坡，必定会坠下山崖死亡。但是，女友将汽车开出 5 分钟后，即遇山洪暴发，泥石流将其冲下山摔死。死亡结果的发生和甲的杀害行为之间没有因果关系

B. 乙欲杀其仇人苏某，在山崖边对其砍了 7 刀，被害人重伤昏迷。乙以为苏某已经死亡，遂离去。但苏某自己醒来后，刚迈了两步即跌下山崖摔死。苏某的死亡和乙的危害行为之间存在因果关系

C. 丙追杀情敌赵某，赵狂奔逃命。赵的仇人赫某早就想杀赵，偶然见赵慌不择路，在丙尚未赶到时，即向赵开枪射击，致赵死亡。赵的死亡和丙的追杀之间没有因果关系

D. 丁持上膛的手枪闯入其前妻钟某的住所，意图杀死钟某。在两人厮打时，钟某自己不小心触发扳机遭枪击死亡。钟某的死亡和丁的杀人行为之间存在因果关系，即使丁对因果关系存在认识错误，也构成故意杀人罪既遂

视频讲题

2. 关于不作为犯罪，下列哪些选项是正确的？（　　）（司考）

A. 儿童在公共游泳池溺水时，其父甲、救生员乙均故意不救助。甲、乙均成立不作为犯罪

B. 在离婚诉讼期间，丈夫误认为自己无义务救助落水的妻子，致妻子溺水身亡的，成立过失的不作为犯罪

C. 甲在火灾之际，能救出母亲，但为救出女友而未救出母亲。如无排除犯罪的事由，甲构成不作为犯罪

D. 甲向乙的咖啡投毒，看到乙喝了几口后将咖啡递给丙，因担心罪行败露，甲未阻止丙喝咖啡，导致乙、丙均死亡。甲对乙是作为犯罪，对丙是不作为犯罪

视频讲题

3. 以发生某种特定的现实危险状态作为犯罪既遂标志的犯罪有（　　）。

A. 破坏交通设施罪

B. 放火罪

C. 交通肇事罪

D. 破坏电力设备罪

4. 关于不作为犯的因果关系，下列说法正确的是（　　）。

A. 不作为是人的消极身体静止的行为，对外界事物不起任何变更作用，因此在不作为犯罪中不存在因果关系问题

B. 不作为因果关系中的原因在于行为人应该阻止而没有阻止事物向危险方向发展，从而引起危害结果的发生

C. 不作为因果关系的特殊性体现在以行为人负有特定的义务为前提

D. 铁路扳道工人不按时扳道而引起列车出轨或相撞，就构成不作为的因果关系

视频讲题

5. 下列哪些犯罪是以造成某种有形的物质性危害结果作为犯罪既遂的标准？（　　）

A. 故意杀人罪　　B. 抢劫罪

C. 破坏交通工具罪　　D. 诬告陷害罪

6. 甲、乙二人在市场买菜发生纠纷，甲推了乙一下，乙倒地而亡。尸体解剖表明，乙患有心脏病，受惊吓而死亡。下列说法错误的是（　　）。

A. 甲的行为与乙的死亡之间不存在因果关系

B. 甲的行为与乙的死亡之间存在因果关系

C. 甲构成故意伤害（致人死亡）罪

D. 因甲不能预见乙患有心脏病，属于意外事件

视频讲题

7. 关于不作为，下列说法正确的有（　　）。

A. 行为人以消极的身体动作违反命令性刑法规范而构成犯罪的，属于纯正的不作为犯

B. 行为人因不履行扶养义务而构成遗弃罪，属于纯正的不作为犯

C. 区别作为犯与不作为犯的根本标准并不在于行为人的身体动作是消极的还是积极的，而在于其是否负有特定的法律义务。因此，行为人使用暴力方法拒不履行法院判决、裁定的，仍然是不作为犯

D. 行为人以消极的身体动作违反刑法的禁止性规范而构成犯罪的，属于不纯正的不作为犯

8. 关于因果关系，下列哪些选项是正确的？（　　）（司考）

A. 甲驾车经过十字路口右拐时，被行人乙扔出的烟头击中面部，导致车辆失控撞死丙。只要肯定甲的行为与丙的死亡之间有因果关系，甲就应当承担交通肇事罪的刑事责任

B. 甲强奸乙后，威胁乙不得报警，否则杀害乙。乙报警后担心被甲杀害，便自杀身亡。如无甲的威胁乙就不会自杀，故甲的威胁行为与乙的死亡之间有因果关系

C. 甲夜晚驾车经过无照明路段时，不小心撞倒丙后继续前行，随后的乙未注意，驾车从丙身上轧过致丙死亡。即使不能证明是甲直接轧死丙，也必须肯定甲的行为与丙的死亡之间有因果关系

D. 甲、乙等人因琐事与丙发生争执，进而在电梯口相互厮打，电梯门受外力挤压变形开启，致丙掉入电梯通道内摔死。虽然介入了电梯门非正常开启这一因素，也应肯定甲、乙等人的行

为与丙的死亡之间有因果关系

视频讲题

9. 关于因果关系，下列哪些选项是错误的？（　　）（司考）

A. 甲乘坐公交车时和司机章某发生争吵，狠狠踹了章某后背一脚。章某返身打甲时，公交车失控，冲向自行车道，撞死了骑车人程某。甲的行为与程某的死亡之间存在因果关系

B. 乙以杀人故意瞄准李某的头部开枪，但打中了李某的胸部（未打中心脏）。由于李某是血友病患者，最后流血不止而死亡。乙的行为与李某的死亡之间没有因果关系

C. 丙与同伙经预谋后同时向王某开枪，同伙射击的子弹打中王某的心脏，致王某死亡。由于丙射击的子弹没有打中王某，故丙的行为与王某的死亡之间没有因果关系

D. 丁以杀人故意对赵某实施暴力，导致赵某重伤濒临死亡。赵某在医院接受治疗时，医生存在一定过失，未能挽救赵某的生命。丁的行为与赵某的死亡之间没有因果关系

视频讲题

10. 关于不作为犯罪，下列哪些选项是正确的？（　　）（司考）

A. 甲在车间工作时，不小心使一根铁钻刺入乙的心脏，甲没有立即将乙送往医院而是逃往外地。医院证明，即使将乙送往医院，乙也不可能得到救治。甲不送乙就医的行为构成不作为犯罪

B. 甲盗伐树木时砸中他人，明知不立即救治将致人死亡，仍有意不救。甲不救助伤者的行为构成不作为犯罪

C. 甲带邻居小孩出门，小孩失足跌入粪坑，甲嫌脏不愿施救，就大声呼救，待乙闻声赶来救出小孩时，小孩已死亡。甲不及时救助的行为构成不作为犯罪

D. 甲乱扔烟头导致所看仓库起火，甲能够扑救而不救，迅速逃离现场，导致火势蔓延，财产损失巨大。甲不扑救的行为构成不作为犯罪

视频讲题

11. 下列关于刑法上的因果关系的说法正确的是（　　）。

A. 甲持刀入室强奸妇女乙，乙为逃避强暴，开窗跳楼，摔成重伤。乙受重伤的结果与甲的行为存在因果关系

B. 丙在公交车上扒窃丁的手机被发现后逃跑，丁紧追，丙在逃跑过程中被车子撞死。丙的死亡和丁的追赶之间存在刑法上的因果关系

C. A用刀刺伤B的胳膊后后悔，送B到医院救治。护士在给B注射青霉素时忘了做皮试，B因青霉素过敏而死亡。B的死亡和A的行为之间存在刑法上的因果关系

D. X强奸Y女之后，Y女感到无脸见人，自杀身亡。X的强奸行为与Y女死亡之间不存在刑法上的因果关系，故而不成立强奸罪的结果加重犯

12. 关于因果关系，下列哪些选项是正确的？（　　）

A. 贾某酗酒之后在公路上驾车行驶，将水泥地上的井盖等杂物撞飞致行人重伤，其醉酒行为与重伤结果之间有因果关系

B. 甲、乙发生口角，甲把瘦小的乙踢伤致乙心脏病发作死亡，甲的行为与乙的死亡结果之间有因果关系

C. 甲和乙是行政机关执法人员，在扣留丙的过程中，丙中途以要上厕所为由逃跑，甲、乙的过失行为（疏于管理）与丙的脱逃之间有因果关系

D. 甲为了杀乙，在饭中下毒药，乙中毒，家人送乙去医院，途中偶遇丙驾驶车辆在道路上横冲直撞报复社会，乙被当场撞死，甲的杀人行为与乙的死亡存在因果关系

13. 下列哪些选项成立不作为犯罪？(　　)（司考）

A. 过路人甲看见某公寓发生火灾而不报警，导致公寓全部被烧毁

B. 成年人乙带邻居小孩出去游泳，小孩溺水，乙发现后能够救助而不及时抢救，致使小孩被淹死

C. 丙重男轻女，认为女儿不能延续香火，将年仅1岁的女儿抱到火车站，放在长椅上后匆匆离开。因为天冷，等警察发现女孩并将其送到医院时，女孩已经死亡

D. 司机丁意外撞倒负事故完全责任的行人刘某后，没有立即将刘某送往医院，刘某死亡。事后查明，即使司机丁将刘某送往医院，也不可能挽救刘某的生命

14. 关于因果关系，下列哪些选项是正确的？(　　)（司考）

A. 甲以杀人故意用铁棒将刘某打昏后，以为刘某已死亡，为隐藏尸体将刘某埋入雪沟，致其被冻死。甲的前行为与刘某的死亡有因果关系

B. 乙夜间驾车撞倒李某后逃逸，李某被随后驶过的多辆汽车碾轧，但不能查明是哪辆车造成李某死亡。乙的行为与李某的死亡有因果关系

C. 丙将海洛因送给13周岁的王某吸食，造成王某吸毒过量身亡。丙的行为与王某的死亡有因果关系

D. 丁以杀害故意开车撞向周某，周某为避免被撞跳入河中，不幸溺亡。丁的行为与周某的死亡有因果关系

简答题

1. 简述危害行为的概念和特征。
2. 简述危害结果的概念和特征。
3. 如何理解不作为犯罪的因果关系？（考研）

案例分析题

1. 某日上午10时，某市幼儿园教师王某带4名幼儿外出游玩。其中一幼儿李某（男，5岁）失足掉入路旁粪坑。王某见状惊慌失措，但不肯跳入粪坑中救人，只是向行人大声呼救。此时，有一学生张某（男，16岁）路过此处，闻声后立即跑到粪坑边察看，并同王某在附近找到一根小竹竿，探测粪坑深浅，测得粪水深约68厘米，但王、张二人嫌粪水太臭，不肯跳入粪坑内抢救幼儿，只是一起高声呼救。最后，农民吴某闻声赶来跳下粪坑抢救，但为时已晚，幼儿被救上来时，已经停止呼吸。

问：王某、张某的行为是否构成犯罪？为什么？

2. 2016年冬，张甲的女婿赵丙因强奸张乙的女儿被批捕后逃跑。2017年3月10日10时许，被告人张乙等人为追查赵丙的去向找到了张甲家，为此双方发生口角，引起厮打。被告人张乙用拳头朝张甲的胸部打了两下，随后张甲身感不适，在被送往医院的途中死亡。经法医鉴定，张甲系轻微外伤，情绪激动诱发冠心病心肌梗死而死亡。后查明，张乙对张甲患有冠心病这一点并不知情。

请问：

(1) 被告人张乙的行为与张甲的死亡结果之间是否存在因果关系？为什么？

(2) 被告人张乙的行为是否构成犯罪？为什么？

3. 被告人赵某某与被害人马某某之间曾有矛盾。赵某某听说马某某要把自己砍掉，决定先下手为强。2019年8月14日晚7时许，赵某某在汉川城区得知马某某在紫云街出现后，邀约被告人李某及其余5人（均另案处理）前往帮忙，并在租住处拿一尺多长的砍刀7把，一行人乘车到紫云街。在车上赵某某发给每人砍刀一把。车行至紫云街看到马某某后，被告人赵某某等人下车持刀向马某某逼近，距离马某某四五米时被马某某发现。马某某见势不妙立即朝街西头向涵闸河河堤奔跑，被告人赵某某持刀带头追赶，被告人李某及同伙跟随追赶。当赵某某一行人追赶四十余米后，马某某从河堤上跳到堤下的水泥台阶上，摔倒在地后又爬起来扑到河里，并往河心方向游。赵某某等人看马某某游了几下，因怕警察来，就一起跑到附近棉花田里躲藏，后逃离现场。数日后，马某某的尸体在涵闸河内被发现。经法医鉴定，马某某系溺水死亡。

请问：

(1) 赵某某等人的行为与被害人死亡之间是否存在因果关系？

（2）赵某某等人构成何罪？

4. 2014年6月3日10时40分左右，刘某某携带“冰水”（一种毒品），和情人徐某某一起至某宾馆房间内。在该房间内，刘某某和徐某某各喝了一半“冰水”，二人均出现皮肤变黑、发热等症状。

后徐某某因身体不适躺在床上休息，中毒症状逐步严重。至6月4日7时许，徐某某昏迷。刘某某因害怕与徐某某的奸情暴露和吸食冰毒被公安机关处理而没有拨打“120”急救电话或“110”报警电话，最终导致徐某某死亡。

请问：刘某某的行为是否构成不作为犯罪？为什么？

论述题与深度思考题

1. 论述不作为犯的概念和成立条件。（考研）
2. 述评刑法中的因果关系理论。

参考答案

名词解释

1. 犯罪客观方面，又称犯罪客观要件，是指刑法规定的构成犯罪的客观外在表现。说明犯罪客观方面的事实特征有危害行为、危害结果、行为对象以及犯罪的时间、地点和方法等。

2. 作为与不作为是危害行为的基本形态。所谓作为，是指犯罪人以积极的行为所实施的为我国刑法所禁止的危害社会的行为，即“不当为而为之”。所谓不作为，是指犯罪人有义务实施并且能够实施某种积极的行为而未实施，即“当为且有能力为而不为”。

3. 我国刑法中的危害行为是指犯罪构成客观方面的行为，即由行为人的意识、意志支配的违反刑法规定的危害社会的身体动作。

4. 刑法意义上的危害结果，在理论上有广义与狭义之分。所谓广义的危害结果，是指由行为人的危害行为所引起的一切对社会的损害事实，包括危害行为的直接结果和间接结果、属于犯罪构成要件的结果和不属于犯罪构成要件的结果。所谓狭义的危害结果，是指作为犯罪构成要件的结果，也就是危害行为对犯罪直接客体造成的法定的实际损害或现实的危险状态。

5. 刑法因果关系是指犯罪构成客观方面要件中的危害行为和法益侵害结果之间存在的引起与被引起的关系，具体表现为犯罪实行行为的危险的现实化。

选择题

（一）单项选择题

1. D。路人甲看见某商场发生火灾而不报警，导致商场全部被烧毁，甲与脆弱法益之间并无特定的依赖关系，故不具有作为义务，不构成不作为犯罪。因此A项错误。B项的错误在于，成年人乙主动带邻居小孩出去游泳，小孩掉入水里，乙能够救助而不及时拉小孩出水，致使小孩被淹死，乙有作为义务，也有履行作为义务的能力，故构成不作为犯罪。C项的错误在于丙系一路人，并未给弃婴生命增加风险，故无作为义务，不构成不作为犯罪。D项中的路人丁因为缺乏结果避免可能性，不构成不作为犯罪。因此D项正确。

2. C。刑法上的“因果关系”是实行行为之危险的现实化，显而易见，甲故意伤害王某行为的现实化结果是人身伤害，而不可能包括财产损害，换言之，王某财产损失的结果不在甲故意伤害行为的“射程”内，因而不能归责于甲的行为，而只能归责于随后的乞丐的盗窃行为。所以，A选项表述错误。B选项中，李某遭遇乙等人的凶器砍杀，被逼至江边，无奈跳江。表面上看，介入因素对引起结果具有直接影响力，但由于能认定乙等人的行为具有引起这一介入因素的危险性，或者说被害人所作出的反应行为是对行为人行为的合理反应而非异常的反应，因而应肯定因果关系的存在。故B选项错误。C选项中，交警依职权接管了丙的驾驶活动，对此后丙在其支配下的驾驶行为及结果负责。所以，C选项表述正确。D选项中，陈某汇款是丁的敲诈勒索行为所引起的，且陈某因此遭受财产损失，所以，丁的行为与陈某的财产损失之间具有因果关系。故D选项表述错误。

3. D。职务上或业务上要求履行的义务，以行为人具有某种职务身份或者从事某种业务并且正在执行为前提，否则，不发生履行该类义务的问题。这种义务一般由有关法规、规章制度加以规定。职务或业务上要求履行的义务与法律明文规定的义务不同，其区别在于：职务上或业务上要求履行的义务，是以行为人所担任的职务或从事的职业为前提的，行为人只有在履行职务或从事业务期间才谈得上对这种义务的违反；行为人在非执行职务或者从事业务期间，谈不上对这种义务的违反。法律明文规定的义务，如婚姻法规定的父母子女及夫妻之间相互扶养的义务，保密法规定的保护国家秘密的义务，税法规定的纳税人向国家依法纳税的义务，这些一般都以某种特定的身份为前提，具备此种特定的身份者在任何时候都必须履行义务，否则就构成不作为犯罪。

4. C。构成刑法上的不作为必须具备的条件之一就是行为人负有特定的法律义务。一般而言，不作为犯的法义务来源于法律规定、职务或者业务上的要求、先前行为、法律行为等（形式的四分说存）。实质的法义务根据说认为，不作为犯的义务来源有：一是基于对危险源的支配产生的监督义务。具体包括对危险物的管理义务、对他人危险行为的监督义务和对自己的先前行为造成的法益侵害紧迫危险的防止义务。二是基于与法益的无助（脆弱）状态的特殊关系产生的保护义务。具体包括基于法规范产生的保护义务、基于制度或者体制产生的保护义务和基于自愿承担而产生的保护义务。三是基于对法益的危险发生领域的支配产生的阻止义务。具体包括对自己的建筑物、汽车等场所内的危险的阻止义务和对发生在自己身体上的危险行为的阻止义务。本案中，甲在道德上负有救人的义务，但无救乙的特定的法律义务，因而其不救人的行为不构成刑法中的不作为。

5. D。选项A错误：乙在被伤害后被警察送往医院，结果出现了介入因素（途中车辆遭遇故障），导致乙未能及时得到救助死亡。很显然，该介入因素对结果的贡献大，是导致乙死亡的决定性原因，因而不能认为甲的行为和乙死亡之间存在因果关系。选项B错误：在公路上，车辆往来属于正常现象，倒在路中央的丙被过路车辆碾压的可能性极高。而丙昏倒在路中央是甲造成的，因此，是甲的行为导致丙处于高度危险中，即使乙不超速，丙也会死亡，因此，甲的行为与丙的死亡结果之间具有因果关系。选项C错误：因果关系是对危害行为与危害结果之间客观上是否存在引起与被引起关系的判断，与行为人主观上是否预见、能否预见没有关系，只要实行行为的危险在因果关系的进程中得以现实化，即使是由行为人无法预见的原因引起的，也应当认为存在因果关系。选项C中，甲以杀人故意开枪，客观上导致丙中弹身亡，即使是由不可预见的原因引起的，也应当认为存在因果关系。D选项中，乙的死亡结果是乙的自杀行为直接所致，而非甲的投毒行为直接所致，相反，是乙自杀行为的介入现实地惹起了死亡结果。因此，甲的投毒行为与乙的死亡结果之间没有因果关系。故D选项表述正确。

6. D。基于职务或者业务可以产生作为义务。原则上，行为人只有在担任此职务或从事此行业的工作期间才负有相应的义务，但也有例外。根据《人民警察法》第19条的规定，人民警察在非工作时间，遇有其职责范围内的紧急情况，应当履行职责。因此，警察在下班后，遇有职责范围内的紧急情况，依然具有作为义务。在本案中，民警甲下班后，在其辖区内遇到他人使用暴力强迫卖淫，应当负有制止义务。甲能够制止而不制止的，成立不作为犯。所以，A选项正确。刑法理论认为，行为人只有对在自己所支配的领域内发生的危险才能够产生作为的义务。B选项中，乙吸毒过量发生生命危险是在乙自己家中，所以，不存在适用对自己支配领域的危险产生作为义务因而不构成不作为犯的余地。但是，与法益的无助状态之间的特殊关系可以产生作为义务。如果基于一定事实形成了某种共同体，不论这种关系是合法的（如一起登山、游泳）还是非法的（共同滥用毒品），共同体的成员之间都具有相互救助的义务。B选项中，甲、乙二人经常在一起吸毒，已经形成了特殊的危险共同体，甲、乙对于相互之间吸毒产生的风险具有救助义务。在乙吸毒后发生生命危险时，甲没有履行救助义务致其死亡的，成立不作为犯罪。基于同样的逻辑，在C选项中，甲与乙一起约定登山，二人具有相互保护对方的作为义务。在发生雪崩时，甲能够保护乙而未保护的，成立不作为犯罪。因而，B、C选项正确。村民甲没有制造危险，仅仅发现乙遭遇危险，因而自然没有救助义务。同时，山区并非村民甲的支配领域，村民对于发生在该领域的危险，没有消除的义务，故不以不作为犯罪论处。D选项错误。

7. A。危害结果是危害行为对社会造成的一切损害事实，或者说是对法益所造成的实际侵害。行为人明知是不满14周岁的幼女而与其发生性关系，不论幼女是否自愿，均应依照《刑法》第236条第2款的规定，以强奸罪定罪处罚。《刑法》第236条第2款规定，奸淫不满14周岁的幼女的，以强奸论，从重处罚。A

项所述的甲的行为侵害了孙某的合法权益，已经造成了实际损害，所以A项是错误的。《刑法》第129条规定，依法配备公务用枪的人员，丢失枪支不及时报告，造成严重后果的，处3年以下有期徒刑或者拘役。而B项中虽然警察乙在其枪支丢失后没有及时报告，但是清洁工捡到枪支后立即上交，没有造成重大人身伤亡后果，没有对法益造成实际侵害，所以B项的说法是正确的。《刑法》第262条规定，拐骗不满14周岁的未成年人，脱离家庭或者监护人的，处5年以下有期徒刑或者拘役。C项中丙诱拐5岁孤儿离开其监护场所（孤儿院），尽管该孤儿在丙的养育下过上丰衣足食的生活，但丙的行为仍然触犯了《刑法》第262条的规定，造成严重后果，所以C项的说法是正确的。根据《刑法》第196条及相关司法解释的规定，恶意透支型的信用卡诈骗犯罪中的"恶意透支"，是指持卡人以非法占有为目的，超过规定限额或者规定期限透支，经发卡银行两次有效催收后超过3个月仍不归还的行为。D项中丁经催收后及时归还，并没有构成对法益的实际侵害，没有造成危害后果，所以D项的说法是正确的。综上，本题答案应选A项。

8. D。A项中虽甲的伤害行为与乙的死亡存在条件关系，但乙的死亡并非甲的伤害行为之危险的现实化，而是异常因素（火灾）的介入所致，所以，应否定其间存在因果关系。B项中应该把甲的犯罪行为看成一个完整的过程，包括其杀人后的抛尸行为。整个行为都是在一个杀人故意下实施的，甲的杀人行为与被害人的死亡之间有因果关系。刑法中的因果关系是危害行为与危害结果之间的一种客观联系，因果关系的有无与行为人主观上能否预见无关。同时，对结果负刑事责任除需要因果关系之外，还需要行为人主观上有罪过。由此可见C项的说法正确。D项中甲的毒药投放量原本不足以导致丙的死亡，但与乙事先投放的毒药重叠在一起，共同作用，导致了结果的发生。这在理论上称为重叠的因果关系。此种情况下，由于甲、乙二人的行为分别都对丙的死亡发挥作用，所以，应肯定甲、乙的行为与丙的死亡之间均存在因果关系。

9. C。甲与崔某素不相识，不可能主观上对后者患冠状粥样硬化性心脏病有明知，因此排除犯罪故意。所以A项不选。《刑法》第16条规定：行为在客观上虽然造成了损害结果，但是不是出于故意或者过失，而是由于不能抗拒或者不能预见的原因所引起的，不是犯罪。因此，甲的行为有可能属于意外事件。所以B项不选。因果关系是危害行为与危害结果之间客观上存在的引起与被引起关系，其存在与否与行为人主观上是否有认识无关，因此，C项正确，当选。甲主观上对崔某死亡不一定具有预见可能性，也就不一定成立过失致人死亡罪。能否成立过失致人死亡罪，关键看甲对崔某的患病事实是否负有注意义务。所以D项不选。

10. C。小偷翻墙入院行窃，主人有权进行正当防卫，包括利用宠物撕咬进行阻止。但是，正当防卫不得超过必要的限度，对于只是意图侵犯财产的小偷，显然不能放任宠物将其咬死。甲作为藏獒的主人，能够制止藏獒的撕咬而不制止，导致小偷被咬死，成立不作为犯罪。故选项A说法正确。由于乙的先行行为，丙的生命安全处于危险状态，此时乙对丙负有救助义务。乙能够救助而不救助，导致丙死亡，成立不作为犯罪。因之前乙已实施积极的杀人行为，故只需定一个故意杀人罪，无须数罪并罚。乙之所以放弃救助丙，是因为路人甲的劝阻，因而，就乙的不作为而言，甲与其构成共同犯罪，甲属教唆犯。故选项B说法正确。8周岁的乙是无民事行为能力人，监护人甲对其具有法律上的监护义务，对其实施的危害行为具有阻止的义务。甲看见乙掐住丙的脖子，本应阻止乙的危害行为，但却未予理会，致使丙窒息而亡，因此甲成立不作为犯罪。故选项C说法错误。乙掉落于深井，此时甲对乙并无法律上的救助义务，因此甲不成立不作为犯罪。另外，如果甲在拉绳子过程中发现是仇人乙而放手致其从高处坠落而死，则成立作为的故意杀人罪。故选项D说法正确。

11. D。不作为的危害行为，是指行为人消极地不履行特定法律义务而危害社会的行为。从表现形式看，不作为通常是消极的行动；从违反法律规范的性质来看，不作为直接违反了某种命令性规范。选项A属于作为的过失致人死亡行为，选项B属于作为的故意杀人行为，选项C的出卖行为也是作为行为。选项D中丁的行为属于拒绝履行抚养义务，构成遗弃罪，属于不作为。

12. B。本题考查的知识点是纯正不作为犯罪的认定。所谓纯正不作为犯罪，是指只能以不作为形式构成的犯罪。与纯正不作为犯罪相对的是不纯正不作为犯罪，即既可以以作为形式构成犯罪，也可以以不作为形式构成犯罪，当以不作为形式构成犯罪时，就是不纯正不作为犯罪。在本题中，甲将才3个月大的女儿乙留在家中，5天后才回家，致乙死亡。甲的行为性质显然是故意杀人罪，不属于遗弃罪，而故意杀人罪既可以以作为形式实施，也可以以不作为形式实施。在本案中，甲实施故意杀人罪的基本行为方式是不作为，所以，甲构成不纯正不作为犯，本题的正确答案是选项B。

13. D。选项A错误：因果关系讨论的是危害行为与法益侵害之间存在的引起与被引起的关系，具体地说是指实行行为的危险现实化为具体的法益侵害结果。选项A中，甲开枪射击乙，乙躲闪及时而子弹击中乙身后的丙，很显然，是甲的开枪行为导致丙的死亡，因而不能否定甲的行为与丙的死亡之间存在因果关系。选项B错误：作为原因的行为必须具有导致危害结果发生的现实可能性，即某种行为存在是危害结果发生的客观依据，这是行为与结果之间存在因果关系的前提条件。选项B中，甲追赶小偷乙，甲的行为具备正当性，乙的不当逃跑行为导致结果的发生。选项C错误：一个危害结果是由数个危害行为造成的，在认定某个行为是某种危害结果的原因时，不能轻易否认其他行为也是该结果发生的原因。选项C中，甲、乙的行为均可导致丙的死亡，因此，甲、乙的行为与丙的死亡之间都具有因果关系。选项D正确：根据因果关系认定的条件说，在与前“条件”无关的后条件直接导致结果发生，而且即使没有前“条件”也将发生结果时，前“条件”与结果之间没有因果关系。选项D中，丙开枪射击这一“条件”的介入直接导致乙的死亡，因此，甲的行为与乙的死亡之间不存在因果关系。

14. D。记述的构成要件要素，是指在解释构成要件要素和认定是否存在符合构成要件要素的事实时，只需要法官的认识活动即可确定的构成要件要素；而规范的构成要件要素，则是指在解释构成要件要素和认定是否存在符合构成要件要素的事实时，需要法官的规范的、评价的价值判断才能认定的构成要件要素，如国家工作人员、司法工作人员、猥亵、淫秽物品等即属于规范的构成要件要素。积极的构成要件要素，是指积极地、正面地表明犯罪成立的要素；而消极的构成要件要素，是指消极地、反面地否定犯罪成立的要素。由于刑法规定什么行为构成犯罪，因而刑法中大多数构成要件要素都是积极的构成要件要素，消极的构成要件要素极为罕见。客观的构成要件要素，是指表明行为外在的、客观面的要素，例如行为、对象、结果、构成身份等；而主观的构成要件要素，是指表明行为人内心的、主观面的要素，例如故意或过失、目的、动机等。成文的构成要件要素，是指刑法条文明文规定的要素，绝大多数的构成要件要素都是成文的构成要件要素；而不成文的构成要件要素，是指刑法条文表面上没有规定，但实质上必须具备的要素，如“以非法占有为目的”就是盗窃罪的不成文的构成要件要素。很显然，作为受贿罪主体的“国家工作人员”属于构成身份，只有具备该身份，才能侵犯受贿罪所要保护的法益，所以，其属于客观的构成要件要素。据此，D项表述错误，当选。

15. D。不作为犯的义务来源并非必须是法律规定，还包括行为人自愿承担而产生的保护义务等。所以，A选项说法不正确。具有作为可能性是不作为犯的成立条件之一，所以，B选项错误。因不作为而未导致危害结果发生的，通常不成立犯罪，所以C选项说法错误。D选项正确：《刑法》分则第二章“危害公共安全罪”中至少有不报安全事故罪、丢失枪支不报罪，第四章“侵犯公民人身权利、民主权利罪”中至少有遗弃罪，第五章“侵犯财产罪”中有拒不支付劳动报酬罪，均系不作为犯罪。因此对“不作为犯”无论理解为不真正不作为犯还是真正不作为犯，D选项表述都正确。

16. C。“危害结果”有广义和狭义之分。广义的危害结果包括对法益造成实际侵害或者危险（具体危险和抽象危险）。狭义的危害结果则仅指对法益造成实际侵害。如果采用广义说，从“法益侵害说”的犯罪本质观来说，任何犯罪或者对法益造成了实害，或者具有造成危害的危险，因此，危害结果就是所有具体犯罪的构成要件要素。如果采用狭义说，则危害结果并非所有具体犯罪的构成要件要素。我国刑法理论采用狭义说，因此，A选项和B选项错误。C选项正确：以故意杀人的方法来实施抢劫，导致被害人死亡的，只需认定为抢劫致人死亡，构成抢劫罪的结果加重犯。D选项中，被害人的死亡系自杀所致，与诈骗行为并不存在直接的因果关系，不能将自杀身亡的后果归属于诈骗行为人，不构成诈骗罪的结果加重犯。故D选项错误。所以，本题只有C选项正确。

（二）多项选择题

1. ABCD。因果关系讨论的是危害行为与法益侵害之间存在的引起与被引起的关系，具体地说是指实行行为的危险现实化为具体的法益侵害结果。选项A中，被害人系因被泥石流冲下山摔死，而非甲的行为所导致，因此应否定甲的行为与被害人死亡之间存在因果关系。选项B中，乙将被害人砍成重伤，才导致被害人醒来后跌下山崖摔死，因而两者存在刑法上的因果关系。选项C中，赫某早就想枪杀被害人，丙追赶被害人只是偶然为赫某创造了机会，故丙的追赶行为并非被害人死亡的刑法意义上的原因。选项D中，丁持上膛的手枪闯入被害人住所并与其对打，致被害人触发扳机，遭枪击死亡，应认为其间存在因果关系。而丁对于有可能触发扳机造成被害人死亡这一点有预见，因而应肯定其主观上具有故意（间接故意）。

2. ACD。A选项中，儿童在公共游泳池溺水时，生命法益处于危险状态。此时，其父甲基于法律的规定负有救助义务，救生员乙基于其所担任的职责而负有法益保护义务。甲和乙在都具有救助义务的前提下，能够履行救助义务而不履行造成儿童溺水身亡，故而，成立不作为犯罪。因此，A选项表述正确。B选项中，在离婚诉讼期间，婚姻关系并未解除，因此，基于法规范，夫妻之间具有相互救助的义务。所以，在妻子因落水而出现法益处于危险状态之际，丈夫负有救助义务。丈夫能施救而故意不施救，放任妻子的死亡，应当承担不作为的故意杀人的刑事责任。至于丈夫误认其没有救助义务，不影响对结果的故意责任。因此，B选项表述错误。C选项中，当女朋友和母亲身处同一火灾时，行为人基于法规范具有救助母亲的法律义务，而对女朋友并无救助的法律义务，因此，如无排除犯罪的事由，本案中的甲能救助而没有救助构成不作为犯罪。因此，C选项说法正确。D选项中，甲对乙成立作为的（直接）故意杀人罪（直接故意），自当不存在疑问。另外，有毒的咖啡（危险物）系甲提供，因此，甲就具有管理义务，在乙将毒咖啡递给丙时，甲存在阻止丙继续喝该咖啡的义务。因此，甲对丙成立不作为的故意杀人罪（间接故意）。最终，对甲认定为一个故意杀人罪即可。因此，D选项表述正确。

3. ABD。C选项中的交通肇事罪属于过失犯罪，构成交通肇事罪以造成人员的重大伤亡或者公私财产的重大损失为前提。而破坏交通设施罪、放火罪、破坏电力设备罪属于危险犯，犯罪既遂以某种特定的现实危险状态出现为标志。因而，本题的正确答案为选项ABD。

4. BCD。不作为的危害行为与危害结果之间的因果关系是客观存在的，其因果关系在于：行为人负有特定的法律义务且有能力履行而不履行，从而未能阻止事物向危险方向发展，最终导致危害结果的发生。所以A选项不正确。

5. AB。故意杀人罪与抢劫罪是结果犯，其既遂以发生法定的结果为标志。具体而言，故意杀人罪的既遂要求被害人被杀害，抢劫罪的既遂要求行为人抢到财物。破坏交通工具罪是危险犯，其既遂只要求特定的现实危险状态出现。诬告陷害罪属于行为犯，其既遂既不要求结果发生，也不要求特定的现实危险状态出现，而只要求行为人的行为达到一定的程度。具体说来，只要行为人捏造了事实并且进行了告发，而不论他人是否受到刑事追究，都构成犯罪的既遂。所以本题的正确答案为选项AB。

6. AC。因果关系讨论的是危害行为与法益侵害之间存在的引起与被引起的关系，具体地说是指实行行为的危险现实化为具体的法益侵害结果。它是客观、具体存在的，不以人们的主观认识为转移。因此，对刑事案件中的因果关系存在与否应进行客观的判断和认定。本案中，甲推乙，乙因心脏病倒地而亡。此种情况下，不能将乙抽象为一般的人，即不能认为，一般情况下，这种“推”的行为不可能导致人的死亡结果发生，因而不存在因果关系；而应认为，客观上，甲的“推搡”行为导致患有心脏病的乙的死亡，所以，应肯定因果关系的存在。所以，A选项是错误的。但应注意的是，甲的行为与乙的死亡虽有因果关系，但乙患有心脏病通常情况下难以为一般人所预见，因而甲的行为引起乙死亡结果发生，应认定为意外事件，所以C选项错误。

7. ABCD。区别作为犯与不作为犯的标准不在于行为人的身体动作是消极的还是积极的，而在于行为人是否负有特定的法律义务，且是否因未履行该义务而导致危害结果的发生。亦即不作为犯的关键在于行为人违反了法律的命令性规范，没有实施法律要求的行为。不作为并不是没有任何行动，而是没有实施法律所要求的行为。纯正的不作为犯以法律规定命令性义务为标志。不纯正的不作为犯以法律规定禁止性义务，而行为以不作为方式为标志。

8. CD。A选项中，虽然甲的行为与丙的死亡之间具有因果关系，但甲对车辆失控、导致丙死亡结果的发生根本无法预见，因而甲不具有责任。因此，A选项的表述错误。B选项中，乙系死于自杀行为，即出现了被害人行为这一介入因素。甲的强奸与威胁行为对乙的死亡不具有紧迫的危险性，也无法得知乙因为甲的行为而陷入不得不或者通常会自杀的情形，故而被害人的行为介入具有异常性，乙的死亡结果与甲不具有因果关系。因此，B选项表述错误。C选项中，虽然介入因素是第三方乙的行为，但由于案发于夜晚，且该路段无照明，因而被甲撞倒后的丙再次被撞或者碾压的可能性或者概率较大，随后介入的乙的碾压行为并不能阻断甲的行为与丙死亡的因果关系。因此，C选项表述正确。至于D选项，虽然介入了电梯门非正常开启这一因素，但该因素毕竟是由甲、乙等人先前的厮打行为引发的，故甲、乙等人的行为与丙的死亡之间具有因果关系。因此，D选项的表述正确。

9. BCD。因果关系讨论的是危害行为与法益侵害之间存在的引起与被引起的关系，具体地说是指实行行为的危险现实化为具体的法益侵害结果。对于因果关系存在与否应进行客观的判断，即判断某一行为是否具有导致某种法益侵害结果的类型性和现实性。A项中，甲在乘车的过程中，与司机发生争吵，并踹了司机一脚，导致公交车失控撞死骑车人程某，甲的行为与程某的死亡结果之间的关系是一般的、正常的，具有现实性，而不是特殊的、异常的，因此，甲的行为与程某的死亡之间存在因果关系。故而，A项说法正确。B项中，虽然李某的死亡不是乙枪击的直接结果，但是，李某患有血友病，乙的枪击行为导致李某的血友病发作致死，因此，乙的行为与李某的死亡之间存有因果关系。所以，B项说法错误。C项中，丙与同伙共谋枪击王某，因此，丙与其同伙之间属于共同正犯，根据“部分行为，全部责任”之归责原则，虽然丙没有打中王某，但是，丙仍然要承担故意杀人罪既遂的刑事责任，由此，丙的行为与王某的死亡之间存有因果关系。所以，C项说法错误。D项中说“医生存在一定过失，未能挽救赵某的生命”，由此可以断定，医生仅有一般的过失，该过失行为只是没有“挽救”赵某的生命，而非可以独立导致赵某的死亡。因此，医生的行为不能阻断丁的行为与赵某伤害之间的因果关系，丁的行为与赵某的死亡之间存在因果关系。所以，D项说法错误。综上，本题应选BCD项。

10. BCD。不作为犯的成立条件之一是具有回避结果的可能性。A选项中，即使将乙送往医院，乙也不可能得到救治，所以不成立不作为犯。B选项中，行为人基于先前行为而负有救助义务，“明知不立即救治将致人死亡，仍有意不救”的表述意味着具有结果回避的可能性，具有救助义务且可能履行义务但不予以救助，导致死亡结果发生，应认定为不作为犯罪。C选项中，甲带小孩出门，负有保护小孩安全的义务，在小孩遇到危险时负有救助的义务。其不履行作为义务，成立不作为犯。D选项中，甲负有看护仓库的职责，且火灾是甲乱扔烟头引起的，无论从哪个角度考虑，甲都有救火的义务。甲在起火后能够扑救时，不履行救火义务，反而逃跑，构成不作为犯的放火罪。

11. AD。因果关系讨论的是危害行为与法益侵害之间存在的引起与被引起的关系，具体地说是指实行行为的危险现实化为具体的法益侵害结果。A选项中，乙的跳楼由甲的暴力危及人身安全的行为所引起，换言之，此种情况下的跳楼行为是人实施自救的合理反应，所以，二者之间存在刑法上的因果关系。B选项中，丁的追赶行为是正当防卫行为，不是危害行为，因而与丙的死亡之间没有因果关系。C选项中，刺伤他人胳膊一般不会导致他人死亡，B的死亡系护士违反医疗法规即未进行皮试所导致，所以，该死亡结果不能归责于A。相反，是护士忘记做皮试这一介入因素惹起了死亡结果，其对B的死亡结果贡献大，所以，A的行为与B的死亡之间没有刑法上的因果关系。D选项中，Y女的死亡与X的强奸行为之间并无直接的因果关系，从而不构成强奸罪的结果加重犯，但可以认定为符合“造成其他严重后果”的情形。

12. BC。A项中，刑法禁止醉酒开车这一规范的目的在于，醉酒状态下人的辨认、控制能力减弱而导致车辆失控，并非为了防止水泥地上的井盖被撞飞而砸中他人。换句话说，即便贾某没有醉酒驾驶，正常驾驶也会导致井盖被撞飞。从这一意义上看，醉酒驾驶行为本身与重伤结果之间不存在因果关系。B项中。特殊体质属于行为人自身的情况，而非介入因素，应纳入因果关系的判断资料当中。甲所实施的刑法所禁止的殴打行为具有导致有特殊体质的乙的死亡的危险性，并且该行为的危险性在结果中得以实现，因此，甲的行为与被害人乙的死亡结果之间存在因果关系。故B项正确。C项中，丙脱逃的行为系甲、乙疏于管理或监督所致，两者之间存在因果关系。故C项正确。D项中，“偶遇丙驾驶车辆在道路上横冲直撞报复社会”这一介入因素超越了当初实行行为的范围，独立地引起了结果的发生，故应认为甲的行为与被害人乙的死亡结果之间没有因果关系，故D项错误。

13. BC。不作为，是指行为人在能够履行自己应尽义务的情况下不履行该义务。成立不作为犯在客观上必须具备以下条件：第一，行为人负有实施特定积极行为的具有法律性质的义务等；第二，行为人能够履行该特定义务；第三，行为人不履行该特定义务，造成或者可能造成危害结果。A选项中，虽然甲看到公寓发生火灾，但是他没有报警的义务，因此不可能成立不作为犯。B选项中，乙带小孩去游泳，负有保护该小孩生命安全的义务，小孩溺水，乙发现且能够救助而不及时救助，成立不作为犯。C选项中，丙作为父母，有抚养子女的义务，且有能力履行却不履行，成立不作为犯。D选项中，不作为犯的成立要求有回避结果的现实可能性。既然即使肇事者丁将被害人刘某送往医院，也不可能救活刘某，那么，丁当时逃逸而不救助的行为，显然不可能成立不作为犯。

14. ABCD。本题主要考查因果关系的认定和判断。A项中甲的行为属于因果关系错误中的事前的故意，因果关系的错误并不阻却故意的成立，第一个行为已经导致被害人死亡的重大危险，第二个行为的介入并不异常，所以应该肯定第一个行为与结果之间有因果关系，能够将刘某死亡的结果归属于第一个行为，认定甲构成故意杀人罪既遂。B项中，乙撞倒李某之后逃逸，其不采取避免危险措施反而逃逸的行为蕴含着李某被其他汽车碾轧的危险，所以，不能否定乙的逃逸行为与李某的死亡之间因果关系的存在。C项中，由于王某才13周岁，不能认定为自我陷入危险而导致因果关系的中断，丙的行为构成引诱他人吸毒罪，应从重处罚。D项中，周某跳河这一介入因素属于对丁的行为的正常反应，因而其溺水死亡结果与丁的故意杀人行为之间有因果关系。所以，本题答案为ABCD。

简答题

1. 我国刑法中的危害行为是指犯罪构成客观方面的行为，即由行为人的意识、意志支配的违反刑法规定的危害社会的身体动作。

危害行为具有以下基本特征：

（1）有体性。危害行为必须是人（包括法人）的身体活动。野生动物的攻击、风雨雷电及单纯的思想活动等自然现象不是危害行为。

（2）有意性。我国刑法中的危害行为，必须受人的意识和意志支配。非受人的意识或意志支配的身体动静，如反射动作、睡梦中或精神错乱状态下的举动等，不是刑法意义上的危害行为。

（3）有害性。危害行为是对社会有危害的行为。无害于社会的行为不是危害行为。因此，行为人的某种行为是否属于犯罪客观方面的要件所研究的行为，关键在于其是否对社会有危害。

2. 所谓危害结果，是指危害行为对犯罪直接客体造成的法定的实际损害或者现实的危险状态。

危害结果具有以下几个特征：

（1）危害结果可以是实际损害，也可以是现实危险状态。

（2）产生危害结果的原因只能是危害行为。

（3）危害结果具有客观性，它是一种客观存在的事实。

（4）危害结果具有法定性。

3. 对于不作为犯罪的因果关系问题，理论上存有不同学说：

（1）否定说。此说认为，不作为是人的消极静止行为，对外界事物不起任何变更作用，因此，在不作为犯罪中不存在因果关系问题。

（2）准因果关系说。此说主张，不作为犯罪在客观事实上不存在因果关系问题，但法律将不作为看作引起危害结果的原因，与作为犯罪同样看待，是一种法律拟制的因果关系。

（3）肯定说。该说认为，不作为的危害行为与危害结果的因果关系是客观存在的，并非法律拟制。

我们赞同肯定说，认为不作为犯罪的危害行为与危害结果之间的引起与被引起关系是一种客观存在。不作为的原因力在于，行为人应该阻止而没有阻止事物向危险方向发展，从而引起危害结果的发生。不作为犯罪的因果关系的特殊性在于：它以行为人负有特定的义务为前提。除此之外，它的因果关系问题应与作为犯罪的因果关系问题一样解决。例如，铁路扳道工人不按时扳道引起列车出轨或相撞，锅炉工不按时加水致使锅炉爆炸，保育员疏忽大意致使幼儿从楼上掉下去摔死等，这些负有特定作为义务的行为人的不作为行为，都在客观上引起了危害结果的发生，二者之间的因果关系是不可否定的。否认不作为犯罪的因果关系，实质上也就否认了不作为犯罪负刑事责任的客观基础。

案例分析题

1. 王某的行为构成犯罪，张某的行为不构成犯罪，理由是：王某作为幼儿园教师带领幼儿外出，负有保护幼儿生命安全的义务。在幼儿掉入粪坑、生命有危险之际，王某基于职业、业务上的要求负有对幼儿实施救助的义务。王某有能力救助，却不予救助，故构成不作为犯。而张某不负有救助的特定义务，故不构成犯罪。

2. (1) 任何人都是特定的、具体的人，每个人都有不同的健康状况。被害人的特殊体质是行为时已经存在的条件，应纳入因果关系的判断材料之中，而非作为介入因素。亦即，在客观上判断是否具有因果关系时不能建立抽象的“标准人”，并认为特殊体质会导致因果关系的中断。据此，被告人张乙的殴打行为引发被害人心肌梗死发作进而死亡的情形，在客观上总是具有引起与被引起的关系，因而，应肯定因果关系的存在。

(2) 虽然张乙的行为客观上引起了被害人死亡的结果，但张乙是否因此负刑事责任，应根据张乙对被害人具有特殊体质这一点是否具有认识的可能性而定。本案中，由于张乙对被害人之特殊体质不存在预见的可能性，因而宜认定为意外事件。

3. (1) 本案中，被告人赵某某伙同多人持刀追砍被害人马某某，使马某某的身体健康与生命面临严重威胁。此时马某某不得已而跳河（属于介入因素），最终溺水而亡。很显然，被害人跳河并非异常反应，因而应当认为被告人赵某某等人的行为对马某某的死亡结果具有原因力或者支配作用，即应肯定因果关系的存在。

(2) 赵某某等人基于伤害的故意拿刀追赶被害人，致其跳河溺水而亡。对此，赵某某存在预见可能性，故应认定构成故意伤害（致人死亡）罪。

4. 刑法理论认为，基于与法益的无助状态之间的特殊关系可以产生作为义务。如果基于一定的事实形成了社会通常观念认为的特殊危险共同体，其间就存在相互救助的作为义务。这种共同体的关系不论是合法的，如一起登山、探险，还是非法的，如共同滥用毒品，在所不问。在本案中，徐某某和刘某某在一起吸毒，已经形成了特殊的危险共同体，因此，彼此之间存在相互救助的义务。在徐某某因吸毒发生生命危险时，刘某某没有履行救助义务致其死亡的，构成不作为犯罪。

论述题与深度思考题

1. 所谓不作为犯，是指行为人负有特定的法律义务且有能力履行而不履行，造成法益侵害结果的发生。

不作为犯的成立条件如下：

(1) 行为人负有实施某种积极行为的特定义务，即具有保证人的地位。这是构成不作为犯的前提条件。一般而言，不作为犯的法义务来源于法律规定、职务或者业务上的要求、先前行为、法律行为等（形式的四分说存）。但形式的四分说存在缺陷。实质的法义务根据说认为，不作为犯的义务来源有：一是基于对危险源的支配产生的监督义务。具体包括对危险物的管理义务、对他人危险行为的监督义务和对自己的先前行为造成的法益侵害紧迫危险的防止义务。二是基于与法益的无助（脆弱）状态的特殊关系产生的保护义务。具体包括基于法规范产生的保护义务、基于制度或者体制产生的保护义务和基于自愿承担而产生的保护义务。三是基于对法益的危险发生领域的支配产生的阻止义务。具体包括对自己的建筑物、汽车等场所内的危险的阻止义务和对发生在自己身体上的危险行为的阻止义务。

(2) 行为人有履行特定义务的实际可能性。如果行为人根本没有履行特定义务的能力，那就不可能成立不作为犯。在存在履行特定义务实际可能的情况下，行为人未实施刑法规范所要求的作为，致使刑法所保护的社会关系受到侵犯的，自然应负刑事责任。至于行为人能否履行义务，应从行为当时行为人履行义务的主观能力与客观条件两方面进行判断。

(3) 行为人具有回避结果的可能性。即使行为人能够履行义务，但客观上不可能避免结果发生时，也不得以不作为犯论处。

(4) 行为人未履行特定义务，造成了法益侵害的危险或者实际后果。

2. 因果关系讨论的是危害行为与法益侵害之间存在的引起与被引起的关系。理论上主要有条件说、原因说、相当因果关系说、实行行为危险的现实化说等学说之争议。

（1）条件说认为，实行行为与结果之间存在“没有前者就没有后者”的条件关系时，前者就是后者的原因。条件说存在最大的缺陷是，会导致处罚范围的不当扩大。

（2）原因说主张以某种规则为标准，从导致结果发生的条件中挑选出来作为原因的条件，只有这种原因与结果之间才存在因果关系。原因说具体又可分为最后条件说、有力条件说、决定条件说。但是，要从对结果起作用的诸多条件中挑选出一个条件作为原因，不仅是极为困难和不现实的，而且会导致因果关系认定的随意性。况且，结果的发生，并不总是依赖于一个单纯的条件。在有些场合，应当承认复数条件竞合为共同原因。

（3）相当因果关系说。该说是基于条件说过于扩大因果关系的范围而被提出的，认为，根据一般社会生活经验，在通常情况下，某种行为产生某种结果被认为是相当的场合，行为与结果之间具有因果关系。所谓“相当性”，是指该行为产生结果在日常生活中是一般、正常的，而不是特殊的。关于相当性的判断基础，理论上有客观说、主观说和折中说之分。客观说主张以行为时的一切客观事实作为基础进行判断；主观说主张以行为人认识到或可能认识到的事实为基础进行判断；折中说主张以一般人认识到的以及行为人特别认识到的事实为基础进行判断。

（4）实行行为危险的现实化说。该说主张因果关系讨论的是实行行为与法益侵害之间的因果关系。对因果关系应先立足于条件说进行判断，如果某一行为与结果之间不存在条件关系，就可以直接否定因果关系。在存在条件关系的场合，需要进一步地判断，结果是不是实行行为的危险之现实化。在作因果关系的判断时，需要注意以下几点。

1）条件关系是一种客观的联系，一般应进行客观的判断。行为人是否认识到特定的条件，一般不影响因果关系的认定。

2）在判断有无条件关系的时候，不得附加“现实并不存在的假定条件”。

3）在有介入因素的案件中，仅有条件关系，有时还不能直接肯定因果关系，而是需要考察：A. 实行行为导致结果发生的概率的大小，即是否极有可能引起危害结果的发生；B. 行为后的介入因素是否异常（是否完全有可能出现的事态）；C. 中途介入的行为是否危险性高，即对结果的贡献是否很大；D. 介入因素是否属于行为人管辖的范围等因素。

4）被害人的特殊体质，并非介入因素，而是行为时已经存在的条件，应被纳入因果关系的判断材料之中（受害对象的属性属于因果关系判断的前提）。

第七章　犯罪主体

知识逻辑图

- 犯罪主体
  - 犯罪主体的分类
    - 单位犯罪主体
    - 自然人犯罪主体
      - 一般主体：刑法规定不以特殊身份作为构成要件要素的主体
      - 特殊主体：刑法规定以特殊身份作为构成要件要素的主体
  - 刑事责任能力的程度
    - 完全刑事责任能力人：已满 18 周岁、精神和生理功能健全且智力与知识发展正常的人
    - 完全无刑事责任能力人：不满 12 周岁的人和行为时因精神疾病而不能辨认或者不能控制自己行为的人
    - 相对有刑事责任能力：已满 12 周岁不满 16 周岁的人
    - 减轻刑事责任能力：因年龄、精神状况、生理功能缺陷等而使责任能力减弱、降低的情况
  - 影响刑事责任能力的因素
    - 刑事责任年龄
      - 完全不负刑事责任年龄阶段：不满 12 周岁
      - 相对负刑事责任年龄阶段：已满 12 周岁不满 16 周岁的人
      - 完全负刑事责任年龄阶段：已满 16 周岁的人
    - 精神障碍
      - 完全无刑事责任能力的精神病人：不负刑事责任
      - 限制刑事责任能力的精神病人：可以从轻或者减轻处罚
      - 完全刑事责任能力的精神病人：负刑事责任
        - 精神正常时期的“间歇性精神病人”
        - 大多数非间歇性精神病人
  - 生理功能丧失：又聋又哑的人、盲人，可以从轻、减轻或者免除处罚
  - 生理醉酒：醉酒的人犯罪，应当负刑事责任

名词解释

1. 犯罪主体
2. 刑事责任年龄
3. 刑事责任能力（考研）
4. 限制责任能力
5. 犯罪主体的特殊身份
6. 一般主体与特殊主体（考研）
7. 单位犯罪

选择题

（一）单项选择题

1. 张某，15 周岁，在绑架他人之后将人质残忍地杀害。张某的行为（　　）。

A. 构成绑架罪

B. 构成故意杀人罪

C. 以绑架罪和故意杀人罪并罚

D. 不负刑事责任

2. 甲醉酒后对与其一同吃饭的女同事实施了强奸。事后，他对此事一无所知。甲对此结果（　　）。

A. 应当负刑事责任

B. 应当从轻或者减轻处罚

C. 不负刑事责任

D. 可以从轻、减轻或者免除处罚

3. 关于责任年龄与责任能力，下列哪一选项是正确的？（　　）（司考）

A. 甲在不满 14 周岁时安放定时炸弹，炸弹于甲已满 14 周岁后爆炸，导致多人伤亡。甲对此不负刑事责任

B. 乙在精神正常时着手实行故意伤害犯罪，伤害过程中精神病突然发作，在丧失责任能力时抢走被害人财物。对乙应以抢劫罪论处

C. 丙将毒药投入丁的茶杯后精神病突然发作，丁在丙丧失责任能力时喝下毒药死亡。对丙应以故意杀人罪既遂论处

D. 戊为给自己杀人壮胆而喝酒，大醉后杀害他人。戊不承担故意杀人罪的刑事责任

视频讲题

4. 关于刑事责任能力的认定，下列哪一选项是正确的？（　　）（司考）

A. 甲先天双目失明，在大学读书期间因琐事致室友重伤。甲具有限定刑事责任能力

B. 乙是聋哑人，长期组织数名聋哑人在公共场所扒窃。乙属于相对有刑事责任能力

C. 丙服用安眠药陷入熟睡，致同床的婴儿被压迫窒息死亡。丙不具有刑事责任能力

D. 丁大醉后步行回家，嫌他人的小汽车挡路，将车砸坏，事后毫无记忆。丁具有完全刑事责任能力

5. 我国刑法规定，又聋又哑的人或者盲人犯罪，（　　）。（司考）

A. 可以从轻处罚

B. 可以从轻或者减轻处罚

C. 应当减轻或者免除处罚

D. 可以从轻、减轻或者免除处罚

6. 关于刑事责任能力，下列哪一选项是正确的？（　　）

A. 甲第一次吸毒产生幻觉，误以为伍某在追杀自己，用木棒将伍某打成重伤。甲的行为成立过失致人重伤罪

B. 乙以杀人故意用刀砍死陆某后精神病发作，乙的行为不构成故意杀人罪

C. 丙因实施爆炸被抓，相关证据足以证明丙已满 15 周岁，但无法查明具体出生日期。不能追究丙的刑事责任

D. 丁在 14 周岁生日当晚故意砍杀张某，后心生悔意将其送往医院抢救，张某仍于次日死亡。应追究丁的刑事责任

7. 甲于 2004 年 3 月 5 日出生，到（　　）才算已满 14 周岁。

A. 2018 年 3 月 4 日

B. 2018 年 3 月 5 日

C. 2018 年 3 月 6 日

D. 2017 年 3 月 5 日

8. 路某（15 岁）先后唆使张某（15 岁）盗窃他人财物折价 1 万余元，唆使李某（19 岁）绑架他人勒索财物计 2 000 余元，唆使王某（15 岁）抢劫他人财物计 1 500 元。路某的行为构成何罪？（　　）（司考）

A. 盗窃罪　　B. 抢劫罪

C. 绑架罪　　D. 抢劫罪、绑架罪

视频讲题

9. 甲 15 周岁，系我国某边镇中学生。甲和乙一起上学，在路上捡到一手提包。打开后，发现内有 1 000 元钱和 4 小袋白色粉末。甲说："这袋上有中文'海洛因'和英文'heroin'及'50g'的字样。我在电视上看过，这东西就是白粉，我们把它卖了，还能发一笔财。"二人遂将 4 袋白粉均分。甲先将一袋白粉卖与他人，后在学校组织去邻国旅游时，携带另一袋白粉并在境外出售。甲的行为（　　）。（司考）

A. 构成走私毒品罪

B. 构成非法持有毒品罪

C. 构成贩卖毒品罪

D. 构成走私、贩卖毒品罪

视频讲题

10. 甲是间歇性精神病人。某日，甲喝醉了酒，把某公司老板打成重伤。在群众抓捕他时，甲因惊恐而精神病发作。甲（　　）。

A. 应当负刑事责任，但可以减轻处罚

B. 应当负刑事责任，但可以从轻处罚

C. 不负刑事责任，因其是精神病人

D. 应当负刑事责任

11. 关于单位犯罪的主体，下列哪一选项是错误的？（　　）（司考）

A. 不具有法人资格的私营企业，也可以成为单位犯罪的主体

B. 刑法分则规定的只能由单位构成的犯罪，不可能由自然人单独实施

C. 单位的分支机构或者内设机构，可以成为单位犯罪的主体

D. 为进行违法犯罪活动而设立的公司、企业、事业单位，或者公司、企业、事业单位设立后，以实施犯罪为主要活动的，不能成为单位犯罪的主体

12. 尚未完全丧失辨认或者控制能力的精神病人，实施严重危害社会行为的，（　　）。（考研）

A. 不负刑事责任

B. 应当负刑事责任，但应当减轻或者免除处罚

C. 应当负完全的刑事责任

D. 应当负刑事责任，但可以从轻或者减轻处罚

13. 甲在家中吸毒后产生幻觉，快递员乙前来甲家中送快递，甲以为前来送快递的快递员乙要杀害自己，将乙打成重伤。关于甲的行为，下列哪一说法是正确的？（　　）

A. 甲的行为构成故意伤害罪，不需要从轻或者减轻处罚

B. 甲产生了幻觉，没有意志自由，缺乏辨认和控制自己行为的能力，不构成犯罪

C. 甲产生了幻觉，但这是其自己吸毒导致的，可以从轻或者减轻处罚

D. 甲虽然有吸毒的故意，但没有伤害的故意，仅成立过失致人重伤罪

14. 甲（15周岁）的下列哪一行为成立犯罪？（　　）（司考）

A. 春节期间放鞭炮，导致邻居家失火，造成十多万元财产损失

B. 骗取他人数额巨大财物，为抗拒抓捕，当场使用暴力将他人打成重伤

C. 受意图骗取保险金的张某指使，将张某的汽车推到悬崖下毁坏

D. 因偷拿苹果遭摊主喝骂，遂掏出水果刀将其刺成轻伤

15. ①特殊身份是指行为人在身份上的特殊资格，以及其他与一定的犯罪行为有关的、行为人在社会关系上的特殊地位或者状态。②由于特殊身份必须与一定的犯罪行为有关，所以，性别、国籍等不可能成为特殊身份，首要分子则属于特殊身份。③挪用公款罪是真正身份犯，只有国家工作人员可以构成挪用公款罪，但非国家工作人员可以成为挪用公款罪的共犯。④根据《刑法》第307条的规定，司法工作人员犯帮助毁灭、伪造证据罪的，从重处罚。这种情形称为不真正身份犯。

关于上段话正误的判断，下列哪一选项是正确的？（　　）（司考）

A. 第①句错误，其他正确

B. 第②句错误，其他正确

C. 第③句错误，其他正确

D. 第④句错误，其他正确

视频讲题

（二）多项选择题

1. 对下列哪些情形应当追究刑事责任？（　　）（司考）

A. 15周岁的甲在聚众斗殴中致人死亡
B. 15周岁的乙非法拘禁他人使用暴力致人伤残
C. 15周岁的丙贩卖海洛因8 000克
D. 15周岁的丁使用暴力奸淫幼女

视频讲题

2. 陈某（15周岁）因喜好计算机，于某日深夜潜入一公司内盗窃价值3万余元的计算机元器件（事发后均被追回）。现问：对陈某应当如何处理？（　　）（司考）
A. 追究刑事责任
B. 不追究刑事责任
C. 从轻、减轻处罚
D. 责令他的家长加以管教

3. 刑事责任年龄的计算应当是指（　　）。
A. 实足年龄（周岁）
B. 从过生日的当天起才认为已满周岁
C. 从过生日的第二天起才认为已满周岁
D. 以公历为计算的标准

4. 下列属于不真正身份犯的是（　　）。
A. 国家机关工作人员犯诬告陷害罪
B. 国家机关工作人员参与生产、销售伪劣商品罪
C. 国家机关工作人员犯报复陷害罪
D. 国家机关工作人员犯重婚罪

视频讲题

5. 我国刑法对未成年人违法犯罪的处理及处遇有以下哪些特殊规定？（　　）
A. 已满14周岁不满18周岁的人犯罪，应当从轻或者减轻处罚
B. 犯罪时不满18周岁的人不适用死刑，但可以判处死刑缓期2年执行
C. 已满12周岁不满14周岁的人，犯故意杀人、故意伤害罪，致人死亡或者以特别残忍手段致人重伤造成严重残疾，情节恶劣，经最高人民检察院核准追诉的，应当负刑事责任
D. 因不满16周岁不处罚的，在必要的时候，依法进行专门矫治教育

6. 关于单位犯罪，下列哪些选项是正确的？（　　）（司考）
A. 就同一犯罪而言，单位犯罪与自然人犯罪的既遂标准完全相同
B.《刑法》第170条未将单位规定为伪造货币罪的主体，故单位伪造货币的，相关自然人不构成犯罪
C. 某公司经理赵某为维护公司利益，召集单位员工殴打法院执行工作人员，拒不执行生效判决的，成立单位犯罪
D. 某公司被吊销营业执照后，发现其曾销售伪劣产品20万元。对此，应追究相关自然人销售伪劣产品罪的刑事责任

视频讲题

7. 已满14周岁不满16周岁的人实施下列哪些行为应当承担刑事责任？（　　）
A. 参与运送他人偷越国（边）境，造成被运送人死亡的
B. 参与绑架他人，致使被绑架人死亡的
C. 参与强迫卖淫集团，为迫使妇女卖淫，对妇女实施了强奸行为的
D. 参与走私，并在走私过程中暴力抗拒缉私，造成缉私人员重伤的

8. 关于特殊主体，下列说法正确的是（　　）。
A. 贪污罪的主体与职务侵占罪的主体各自利用了本人的职务上的便利，共同侵吞国有资产的，根据主犯的身份认定犯罪的性质
B. 贪污罪的成立要求主体必须具有国家工作人员的身份，不具有该身份的人虽然不能成立该罪的正犯，但可以构成该罪的教唆犯和帮助犯
C. 组织、领导、参加恐怖组织罪的组织者，属于

特殊主体的身份

D. 境外黑社会组织成员入境发展黑社会组织罪属于特殊主体的犯罪

视频讲题

9. 关于单位犯罪，下列哪些选项是错误的？（　　）（司考）

A. 单位只能成为故意犯罪的主体，不能成为过失犯罪的主体

B. 单位犯罪时，单位本身与直接负责的主管人员、直接责任人员构成共同犯罪

C. 对单位犯罪一般实行双罚制，但在实行单罚制时，只对单位处以罚金，不处罚直接负责的主管人员与直接责任人员

D. 对单位犯罪只能适用财产刑，既可能判处罚金，也可能判处没收财产

视频讲题

10. 关于老年人的刑事责任，下列说法正确的是（　　）。（司考）

A. 已满 75 周岁的人犯罪的，应当从轻或者减轻处罚

B. 已满 75 周岁的人犯罪的，不适用死刑

C. 已满 75 周岁的人过失犯罪的，应当从轻或者减轻处罚

D. 审判的时候已满 75 周岁的人，不适用死刑，但以特别残忍的手段致人死亡的除外

简答题

1. 简述犯罪主体的概念和分类。

2. 简述我国刑法关于刑事责任年龄的规定。（考研）

3. 简述我国刑法对刑事责任能力的划分。

案例分析题

1. 王某在 14 周岁之前盗窃各类财物总计 7 万余元。14 周岁生日那天，王某邀请几个朋友到一饭馆吃饭。饭后回家途中，王某看到一行人手拿一提包，即掏出随身携带的弹簧刀将持包人刺伤并把包抢走，包内有手机一部、现金 5 万余元。第二天王某出门游逛，见路边停着一辆轿车，即设法打开车门，将车开走。行驶途中，因操作生疏，将车站候车的 3 人撞倒，造成二死一伤。王某不但未停车，反而加大油门逃走。当日下午，王某将汽车以 2 万元的价格卖出，后被抓获。

问：根据刑法的规定，对王某的行为应如何处理？

2. 张某，15 周岁，一日骑自行车上学，行至一下坡路时，因车速过快，撞倒同方向行走的一位老人。张某从自行车上摔下，将老人压倒在身下。张某随即叫了一辆出租车，将老人送往医院。当日老人因颅脑损伤，经抢救无效死亡。

问：张某的行为是否构成犯罪？为什么？

论述题与深度思考题

1. 试论单位犯罪的概念、特征及处罚原则。（考研）

2. 试论对未成年人犯罪案件的处理原则及刑事责任年龄的把握问题。

3. 试述《刑法修正案（十一）》关于降低负刑事责任年龄的规定。

参考答案

名词解释

1. 我国刑法中的犯罪主体是指实施危害社会的行为，依法应当负刑事责任的自然人和单位。

2. 刑事责任年龄，是指法律所规定的行为人对自己实施的刑法所禁止的危害社会行为负刑事责任必须达到的年龄。

3. 刑事责任能力，是指行为人构成犯罪和承担刑事责任所必须具备的刑法意义上的辨认和控制自己行为的能力。简言之，刑事责任能力就是指行为人辨认

和控制自己行为的能力。

4. 限制责任能力又称减轻责任能力、限定刑事责任能力、部分刑事责任能力，是完全刑事责任能力和完全无刑事责任能力的中间状态，指因年龄、精神状况、生理功能缺陷等原因，行为人在实施刑法所禁止的危害行为时，虽然具有责任能力，但其辨认或者控制自己行为的能力较完全责任能力有一定程度的减弱、降低的情况。

5. 犯罪主体的特殊身份是指刑法规定的影响行为人刑事责任能力的、行为人人身方面的特定的资格、地位或状态。犯罪主体的特殊身份可以划分为法定身份和自然身份、定罪身份和量刑身份。

6. 依据是否要求主体具备特定的身份，自然人犯罪主体可分为一般主体和特殊主体。刑法规定，仅要求达到法定的年龄、具备刑事责任能力的条件，而不以特殊身份作为要件的犯罪主体为一般主体；除要求达到法定的年龄、具备刑事责任能力的条件之外，还要求具有一定的特殊身份的人才能构成犯罪的犯罪主体为特殊主体。

7. 单位犯罪是指由公司、企业、事业单位、机关、团体实施的，依法应当承担刑事责任的危害社会的行为。

选择题

（一）单项选择题

1. B。已满 14 周岁不满 16 周岁的人故意杀人、故意伤害致人重伤或者死亡、强奸、抢劫、贩卖毒品、放火、爆炸、投放危险物质的，应当负刑事责任。需要注意的是，相对有刑事责任年龄段的人承担刑事责任的范围是 8 种犯罪行为，而不是 8 种罪名。15 周岁的人对绑架行为不承担刑事责任，但对杀害人质的行为应承担刑事责任。所以，本题应选选项 B。

2. A。我国《刑法》第 18 条第 4 款规定：“醉酒的人犯罪，应当负刑事责任。”所以 A 选项是正确的。

3. C。A 选项中，甲埋炸弹导致爆炸结果发生，客观上具有违法性。虽然甲在埋炸弹时未达刑事责任年龄，但是发生爆炸结果时已满 14 周岁，其有义务防止自己先前行为造成的结果而未防止，因此，需要承担刑事责任。所以，A 选项表述错误。B 选项中，乙抢劫被害人财物时缺乏责任能力，所以，无须对抢劫罪承担刑事责任，仅需承担故意伤害的未遂之刑事责任。所以，B 选项表述错误。C 选项中，丁在行为时具有责任能力，其结果与行为之间存在因果联系，即使是在丁丧失责任能力时危害结果发生，丁也应当负既遂的责任。故 C 选项表述正确。根据《刑法》第 18 条中的规定，醉酒的人犯罪，应当负刑事责任。所以，为杀人而喝酒壮胆，事后杀人的，当然要追究其故意杀人罪的刑事责任。所以 D 选项表述错误。

4. D。本题主要考查刑事责任能力的认定问题。我国刑法中的限制责任能力人虽然包括盲人，但甲实施伤害他人的行为时其辨认和控制能力并未受到失明的影响，不应将其认定为具有限定刑事责任能力。所以，A 选项错误。聋哑人属于限制刑事责任能力人，但乙长期组织聋哑人在公共场所实施扒窃活动，对自身行为的违法性具有充分认识，应认定其具有完全刑事责任能力。所以，B 选项错误。根据原因自由行为理论，丙在是否服用安眠药时，应该注意到自己会陷入熟睡，从而导致没有能力看护婴儿，故丙有刑事责任能力，其行为构成了过失致人死亡罪。所以，C 选项错误。丁属于生理性醉酒的人犯罪，根据《刑法》第 18 条第 4 款的规定，丁应当负刑事责任。因而，D 选项正确。

5. D。我国《刑法》第 19 条规定，又聋又哑的人或者盲人犯罪，可以从轻、减轻或者免除处罚。

6. A。A 选项中，吸毒后产生幻觉，误以为他人追杀自己而进行所谓的“反击”他人，属于假想防卫。甲在吸毒后陷入幻觉而伤害了他人，属于原因自由行为，不影响刑事责任的承担，但由于甲主观上没有伤害他人的故意，应当认定为过失致人重伤罪。所以该选项正确。B 选项中，由于乙以杀人故意用刀砍陆某时精神正常，构成故意杀人罪，至于杀人后精神病发作的，不影响其行为成立犯罪。B 选项错误。C 选项中，现有证据足以证明丙已满 15 周岁，根据我国刑法，丙应当对包括爆炸罪在内的 8 种犯罪承担刑事责任，不需要查明丙的具体出生日期，C 选项错误。D 选项中，丁在 14 周岁生日当晚已实施完毕故意杀人行为，尽管结果发生时丁已满 14 周岁，根据行为与责任同时存在原则，丁也不应当承担故意杀人罪的刑事责任。D 选项错误。

7. C。刑法所规定的年龄为实足年龄（周岁），而不是指虚岁。周岁一律按照公历的年、月、日计算。从生日第二天起才认为已满某周岁。据此，甲满 14 周岁的时间应是 2018 年 3 月 6 日。所以本题应选选项 C。

8. B。15 岁为相对有刑事责任年龄，此时行为人对盗窃罪和绑架罪都不负刑事责任。需要注意的是，绑架并故意伤害或者致人重伤的，已满 14 周岁不满 16 周岁者要对故意杀害或者重伤行为负刑事责任，但如果没有此种后果，则对单纯的绑架行为不负刑事责任。

9. C。根据刑法的规定，已满 14 周岁不满 16 周岁的人故意杀人、故意伤害致人重伤或者死亡、强奸、抢劫、贩卖毒品、放火、爆炸、投放危险物质的，应当负刑事责任。可见，涉及毒品犯罪的，相对有刑事责任年龄人仅对贩卖毒品罪负刑事责任。所以，选项 C 是正确答案。

10. D。我国《刑法》第 18 条第 2 款规定：间歇性的精神病人在精神正常的时候犯罪，应当负刑事责任。是否属于精神病人应以其在实施犯罪行为时的精神状态为准。在犯罪后精神病发作的，对其刑事责任没有影响。对此种情况下的刑事责任的追究，应当按照刑事诉讼法的有关规定进行。

11. A。根据最高人民法院《关于审理单位犯罪案件具体应用法律有关问题的解释》第 1 条的规定，《刑法》第 30 条规定的“公司、企业、事业单位”，既包括国有、集体所有的公司、企业、事业单位，也包括依法设立的合资经营、合作经营企业和具有法人资格的独资、私营等公司、企业、事业单位。故 A 项关于“不具有法人资格的私营企业，也可以成为单位犯罪的主体”的说法不正确。该解释第 2 条规定，个人为进行违法犯罪活动而设立的公司、企业、事业单位实施犯罪的，或者公司、企业、事业单位设立后，以实施犯罪为主要活动的，不以单位犯罪论处。故 D 项说法正确。刑法分则规定的只能由单位构成的犯罪，不可能由自然人单独实施，所以 B 项说法正确。2001 年 1 月 21 日《全国法院审理金融犯罪案件工作座谈会纪要》明确指出：以单位的分支机构或者内设机构、部门的名义实施犯罪，违法所得亦归分支机构或者内设机构、部门所有的，应认定为单位犯罪。可见，单位的分支机构或内设机构在某些情况下也可能成为犯罪主体，故 C 项的说法正确。本题为选非题，故应选 A 选项。

12. D。《刑法》第 18 条第 3 款规定，尚未完全丧失辨认或者控制自己行为能力的精神病人犯罪的，应当负刑事责任，但是可以从轻或者减轻处罚。据此，应选选项 D。

13. D。吸毒后陷入幻觉，误以为快递员要杀害自己而进行所谓的“反击”的，属于假想防卫。甲在吸毒后陷入幻觉而伤害了他人，属于原因自由行为，不影响刑事责任的承担，但由于甲主观上没有伤害他人的主观故意，应当认定为过失致人重伤罪。

14. B。《刑法》第 17 条第 2 款规定，已满 14 周岁不满 16 周岁的人，犯故意杀人、故意伤害致人重伤或者死亡、强奸、抢劫、贩卖毒品、放火、爆炸、投放危险物质罪的，应当负刑事责任。上述选项中，选项 A 属于失火行为，选项 C 属于故意毁坏财物的行为，选项 D 属于仅仅造成被害人轻伤的行为。故而，15 周岁的未成年人甲对于上述三种行为均不承担刑事责任。选项 B 中，甲犯诈骗罪之后，为抗拒抓捕当场实施暴力并致人重伤，构成转化型抢劫，所以，甲应当负刑事责任。

15. B。特殊身份是指行为人在身份上的特殊资格，以及其他与一定的犯罪行为有关的、行为人在社会关系上的特殊地位或者状态。第①③④句正确，第②句错误。性别、国籍也能成为特殊身份。例如，妇女单独不能成为强奸罪的正犯，外国人不能成为中国刑法上背叛国家罪的正犯。犯罪集团、聚众犯罪的组织者（首要分子）并非特殊身份，而是在集团犯罪或者聚众犯罪中作为共犯类型的组织者的角色的分工或者分担。任何人都可以成为犯罪集团的首要分子，与构成该罪的主体资格要求无关。

（二）多项选择题

1. ABCD。依照《刑法》第 292 条第 2 款、第 238 条第 2 款的规定，聚众斗殴过程中致人死亡和非法拘禁过程中使用暴力致人伤残的，属于转化犯，应分别以故意杀人罪和故意伤害（致人重伤）罪定罪处刑。依照《刑法》第 236 条第 2 款的规定，奸淫不满 14 周岁幼女的，以强奸论，从重处罚。根据《刑法》第 17 条第 2 款关于相对有刑事责任年龄段承担刑事责任的范围的规定，选项 ABCD 都是正确的。

2. BD。盗窃罪不属于相对有刑事责任年龄人承担刑事责任的范围。因此，对于陈某的盗窃行为，不可追究刑事责任。但是，不追究刑事责任并不意味着放任不管。根据我国《刑法》第17条第5款的规定，因不满16周岁不予刑事处罚的，责令其父母或者其他监护人加以管教；在必要的时候，依法进行专门矫治教育。所以，本题应选选项BD。

3. ACD。关于刑事责任年龄的计算要注意以下几点：(1) 刑事责任年龄是指周岁，即实足年龄，而非指虚岁；(2) 周岁一律按照公历的年、月、日计算；(3) 应从生日的第二天起，才认为已满几周岁。因此，本题应选ACD项。

4. AB。刑法理论上将以特殊身份作为主体构成要件或者作为刑罚加减根据的犯罪称为身份犯。身份犯又可分为真正身份犯和不真正身份犯。真正身份犯是指以特殊身份作为主体要件，无此特殊身份，则犯罪根本不会成立。不真正身份犯，是指特殊身份不影响定罪但影响量刑的犯罪：如果行为人不具备该身份，那么犯罪也成立；如果行为人具备该身份，则刑罚的科处比不具有该身份的人犯此罪时要加重或者减轻。根据刑法和相关司法解释的规定，国家机关工作人员犯诬告陷害罪和生产、销售伪劣商品罪的，应予以从重处罚；报复陷害罪的主体必须是国家机关工作人员，因而该罪属于真正身份犯；对于国家机关工作人员犯重婚罪，刑法并没有从重处罚的规定。所以，本题的答案是选项AB。

5. ACD。未成年人承担刑事责任应遵循两个原则：一是不适用死刑。需要注意的是，死缓是死刑的一种执行方法，而非独立的刑种。因此，对于犯罪时不满18周岁的人也不能适用死缓。二是未成年人犯罪的，应当从轻或者减轻处罚。需要注意的是，《刑法修正案(十一)》(《刑法》第17条第3款)修改了有条件的刑事责任年龄的规定，即已满12周岁不满14周岁的人，犯故意杀人、故意伤害罪，致人死亡或者以特别残忍手段致人重伤造成严重残疾，情节恶劣，经最高人民检察院核准追诉的，应当负刑事责任。另外，《刑法》第17条第5款规定，因不满16周岁不予刑事处罚的，责令其父母或者其他监护人加以管教；在必要的时候，依法进行专门矫治教育。因此，本题的正确答案是选项ACD。

6. AD。犯罪的既遂与未遂的界分均以是否齐备犯罪的构成要件为标准，并不因犯罪主体的不同而不同，因此，就同一犯罪而言，单位犯罪与自然人犯罪的既遂标准完全相同，故A选项说法正确。单位犯罪以刑法分则的明文规定为限，在单位实施了仅自然人才能构成的犯罪的场合，不能追究单位的刑事责任。但2014年4月24日全国人大常委会作出立法解释：“公司、企业、事业单位、机关、团体等单位实施刑法规定的危害社会的行为，刑法分则和其他法律未规定追究单位的刑事责任的，对组织、策划、实施该危害社会行为的人依法追究刑事责任。”也即单位实施非单位犯罪的，应当追究直接责任人员的刑事责任。故B选项中“相关自然人不构成犯罪”的表述不符合立法解释的精神。C选项中，某公司经理赵某虽然是为了维护公司利益，但其行为并非基于单位意志的单位行为，而是赵某的个人行为，因而仅仅属于自然人犯罪而不成立单位犯罪。故C选项说法不正确。虽然公司营业执照被吊销，但公司未被注销，因此其仍要对此前的销售伪劣产品的行为承担刑事责任，同时也要追究公司的相关责任人的责任。故D选项说法正确。综上，本题选项AD正确。

7. CD。本题考查的是相对有刑事责任年龄人(14～16周岁)承担刑事责任的范围。对于《刑法》第17条第2款的规定，应当解释为8种行为，只要实施了故意杀人、故意伤害致人重伤或者死亡、强奸、抢劫、贩卖毒品、放火、爆炸、投放危险物质这8种行为的，相对有刑事责任能力人就应当承担刑事责任。但是，请注意，所定的罪名也只能是故意杀人罪、故意伤害罪、强奸罪、抢劫罪、贩卖毒品罪、放火罪、爆炸罪、投放危险物质罪。举个例子，15周岁的行为人绑架他人，并杀害被绑架人的，只能定故意杀人罪。这与《刑法》第239条所规定的，绑架并杀害被绑架人定绑架罪，是不矛盾的。因为《刑法》第239条绑架罪规定的主体是16周岁以上的人。14～16周岁的人绑架并杀害被害人的，在刑法上是不予评价的，刑法仅评价他的故意杀人行为，当然只能定故意杀人罪。选项A中是过失造成被运送人死亡，故行为人不承担刑事责任。选项B中“致使被绑架人死亡”的情形，行为人主观上对被绑架人死亡结果是过失，由于该年龄段的人无须对过失致人死亡行为负刑事责任，所以不能当选。C项中属于强奸行为，定强奸罪。对于行为人的强迫卖淫行为，由于没有达到相应的刑事责任年龄，故行为人不用承担刑事责任。D项中的走私行为并不受刑法评价，并且妨害公务行为本身也不受评价，但行为人在妨害公务过程中造成被害人重伤，这显然是故意的（包括直接故意、间接故意），因为妨害公务罪的手段行为是暴力，所以，应定故意伤害罪。故 CD 项当选。

8. ABD。A 选项说法正确：根据最高人民法院《关于审理贪污、职务侵占案件如何认定共同犯罪几个问题的解释》第 3 条的规定，公司、企业或者其他单位中，不具有国家工作人员身份的人与国家工作人员勾结，分别利用各自的职务便利，共同将本单位财物非法占为己有的，按照主犯的犯罪性质定罪。B 选项说法正确：对于身份犯而言，身份是犯罪的构成要件要素，因而无特殊主体身份的人就不能构成身份犯的实行犯（正犯），但可以构成该罪的教唆犯或者帮助犯。C 选项说法错误：犯罪集团、聚众犯罪的组织者（首要分子）并非特殊身份，而是在集团犯罪或者聚众犯罪中作为共犯类型的组织者的角色的分工或者分担。任何人都可以成为犯罪集团的首要分子，与构成该罪的主体资格要求无关。D 选项是正确的：入境发展黑社会组织罪的主体是特殊主体。

9. ABCD。选项 A 说法错误：单位不仅可以成为故意犯罪的主体，也可以成为过失犯罪的主体，如《刑法》第 137 条规定的工程重大安全事故罪就是单位过失犯罪。选项 B 说法错误：单位犯罪不同于共同犯罪，单位犯罪是指单位本身犯罪，不是单位与直接负责的主管人员、直接责任人员的共同犯罪，直接负责的主管人员、直接责任人员的犯罪行为实际就是单位的行为。选项 C 说法错误：单位犯罪的单罚制是只处罚直接负责的主管人员与直接责任人员（有时只处罚直接责任人员），不处罚单位。选项 D 说法错误：《刑法》第 31 条规定，单位犯罪的，对单位判处罚金，并对其直接负责的主管人员和其他直接责任人员判处刑罚。本法分则和其他法律另有规定的，依照规定。据此可知，对于单位只能适用罚金刑，不能适用没收财产。

10. CD。《刑法》第 17 条之一规定，已满 75 周岁的人故意犯罪的，可以从轻或者减轻处罚；过失犯罪的，应当从轻或者减轻处罚。《刑法》第 49 条第 2 款规定，审判的时候已满 75 周岁的人，不适用死刑，但以特别残忍手段致人死亡的除外。

简答题

1. 我国刑法中的犯罪主体，是指实施危害社会的行为，依法应当承担刑事责任的自然人和单位。

从主体的法律性质上分，犯罪主体包括自然人犯罪主体和单位犯罪主体。自然人犯罪主体是我国刑法中最基本的、具有普遍意义的犯罪主体。单位犯罪主体以法律有规定者为限。自然人主体是指具备刑事责任能力，实施危害社会的行为并且依法应当承担刑事责任的自然人。而自然人主体可以再分为一般主体与特殊主体，只要达到刑事责任年龄和具备刑事责任能力的自然人即可构成的犯罪主体是一般主体。除了具备上述两个条件，还要求具有特殊身份的人才能构成的犯罪主体是特殊主体。

2. 刑事责任年龄，是指法律所规定的行为人对自己实施的刑法所禁止的危害社会的行为负刑事责任必须达到的年龄。根据我国《刑法》第 17 条的规定，刑事责任年龄分为完全不负刑事责任年龄、相对负刑事责任年龄与完全负刑事责任年龄三个年龄阶段。

（1）完全不负刑事责任年龄阶段。根据我国《刑法》第 17 条的规定，不满 12 周岁，是完全不负刑事责任年龄的阶段。不满 12 周岁的人尚处于幼年时期，还不具备刑法意义上的辨认和控制自己行为的能力，因而不具备责任能力。因此，对于不满 12 周岁的人所实施的危害社会的行为，都不认为是犯罪行为。

（2）相对负刑事责任年龄阶段。根据我国《刑法》第 17 条第 2 款的规定，已满 14 周岁不满 16 周岁，是相对负刑事责任年龄阶段，也称相对无刑事责任年龄阶段。达到这个年龄阶段的人，已经具备了一定的辨认和控制能力，即对某些严重危害社会的行为具备一定的辨认和控制能力。因此，法律要求他们对自己实施的严重危害社会的行为即“故意杀人、故意伤害致人重伤或者死亡、强奸、抢劫、贩卖毒品、放火、爆炸、投放危险物质”负刑事责任。

（3）完全负刑事责任年龄阶段。根据我国《刑法》第 17 条第 1 款的明文规定，已满 16 周岁的人进入完全负刑事责任年龄阶段。已满 16 周岁的未成年人的体力和智力已有相当的发展，具有一定的社会知识，是非观念和法治观念的增长已经达到一定的程度，一般已能够根据国家法律和社会道德规范的要求来约束自己，因而他们已经具备了基本的刑法意义上的辨认和控制自己行为的能力。因此，我国刑法规定，已满 16 周岁的人对自己实施的违反刑法的一切危害行为承担刑事责任。

（4）刑事责任年龄的特殊规定。根据我国《刑法》第17条第3款的规定，已满12周岁不满14周岁的人，犯故意杀人、故意伤害罪，致人死亡或者以特别残忍手段致人重伤造成严重残疾，情节恶劣，经最高人民检察院核准追诉的，应当负刑事责任，但应当从轻或者减轻处罚。

3. 我国刑法将刑事责任能力划分为四种情况。

（1）完全刑事责任能力。根据我国刑法的规定，凡年满16周岁、精神和生理功能健全而智力与智识发展正常的人，都是完全刑事责任能力人。完全刑事责任能力人实施犯罪行为的，应当依法负全部的刑事责任。其不能因责任能力因素而不负刑事责任或者减轻刑事责任。

（2）完全无刑事责任能力，指行为人没有刑法意义上的辨认或者控制自己行为的能力。根据我国《刑法》第17、18条的规定，完全无刑事责任能力人，为不满12周岁的人和行为时因精神疾病而不能辨认或者不能控制自己行为的人。

（3）相对无刑事责任能力，也可称为相对有刑事责任能力，指行为人仅对刑法所明确限定的某些严重犯罪具有刑事责任能力，而对未明确限定的其他危害行为无刑事责任能力的情况。根据我国《刑法》第17条第2、3款的规定，已满12周岁不满16周岁的人为相对无刑事责任能力人。

（4）减轻刑事责任能力，又称限定刑事责任能力、限制刑事责任能力、部分刑事责任能力，是完全刑事责任能力和完全无刑事责任能力的中间状态，指因年龄、精神状况、生理功能缺陷等，行为人在实施刑法所禁止的危害行为时，虽然具有责任能力，但其辨认或者控制自己行为的能力较完全刑事责任能力有一定程度的减弱、降低的情况。我国刑法明文规定的限制责任能力有四种情况：1）已满12周岁不满18周岁的未成年人因其年龄因素的影响而不具备完全的刑事责任能力。2）又聋又哑的人。3）盲人。需要注意的是，根据我国《刑法》第19条的规定，又聋又哑的人或者盲人犯罪的，可以从轻、减轻或者免除处罚。据此，又聋又哑的人或者盲人，如果生理机能丧失没有导致其对具体犯罪行为的辨认或者控制能力有影响时，则可以不从轻、减轻或者免除处罚。4）尚未完全丧失辨认或者控制自己行为的能力的精神病人。同样需要注意的是，对于责任能力减弱的精神病人，如果所实施的犯罪与辨认、控制能力减弱不存在联系，则可以不从轻或者减轻处罚。

案例分析题

1.（1）王某对不满14周岁时的盗窃行为不负刑事责任。根据《刑法》第17条的规定，不满12周岁的人属于无刑事责任能力人，对于其所实施的危害社会的行为，犯故意杀人等严重犯罪，并经最高检核准追诉外一律不追究刑事责任。

（2）王某对14周岁生日当日的抢劫行为也不负刑事责任。根据《刑法》第17条第2款的规定，已满14周岁不满16周岁的人实施抢劫行为的应当负刑事责任。但是，刑事责任年龄从周岁生日的第二天起算。由于王某的抢劫行为发生在14周岁生日当天，尚未满14周岁，故而不负刑事责任。

（3）王某对盗窃轿车和交通肇事的行为也不负刑事责任。根据《刑法》第17条第2款的规定，已满14周岁不满16周岁的人实施盗窃、交通肇事行为的不成立犯罪。

值得注意的是，虽王某实施一系列危害社会的行为不构成犯罪，但不意味着对其可以放任不管。根据刑法的规定，应责令其家长或者其他监护人加以管教；必要的时候，依法进行专门矫治教育。

2. 张某的行为不构成犯罪。这是因为，张某未满16周岁，属相对有刑事责任年龄人。根据刑法的规定，已满14周岁不满16周岁的人，仅对故意杀人、故意伤害致人重伤或者死亡、强奸、抢劫、贩卖毒品、放火、爆炸、投放危险物质，负刑事责任。张某的行为系过失致人死亡，因而张某不负刑事责任。

论述题与深度思考题

1. 根据我国《刑法》第30条的规定，所谓单位犯罪，是指由公司、企业、事业单位、机关、团体实施的，依法应当承担刑事责任的危害社会的行为。

单位犯罪具有以下基本特征。

（1）单位犯罪的主体包括公司、企业、事业单位、机关、团体。根据有关司法解释，这里的“公司、企业、事业单位”，既包括国有、集体所有的公司、企业、事业单位，也包括依法设立的合资经营、合作经营企业和具有法人资格的独资、私营等公司、企业、事业单位。“机关”是指国家各级权力机关、行政机关、审判机关、检察机关、监察机关。“团体”主要是指人民团体和社会团体。

（2）单位犯罪必须是在单位意志支配下由单位内部成员实施的犯罪。单位犯罪必须经单位集体研究决定或由其负责人员决定实施。单位集体研究决定或由其负责人员决定是单位整体犯罪意志的表现形式。所谓“单位集体研究决定”，是指经过法律或章程规定的有权代表单位的机构研究决定，如职工代表大会、董事会、股东大会等；“负责人员决定”，是指经过法律或章程规定有权代表单位的个人决定，如企业的厂长、公司的董事长或经理。

（3）单位犯罪必须由刑法分则性条文明确规定。刑法分则性条文，包括刑法分则及其颁行后国家最高立法机关又根据实际需要制定的单行刑法及有关附属刑法规范。从我国刑法分则的规定来看，单位犯罪广泛存在于危害公共安全罪，破坏社会主义市场经济秩序罪，侵犯公民人身权利、民主权利罪，妨害社会管理秩序罪，危害国防利益罪和贪污贿赂罪等中。这些单位犯罪多数是故意犯罪，但也有少数属于过失犯罪。

我国《刑法》第 31 条规定：“单位犯罪的，对单位判处罚金，并对其直接负责的主管人员和其他直接责任人员判处刑罚。本法分则和其他法律另有规定的，依照规定。”这是我国刑法关于单位犯罪处罚原则的规定。根据这一规定，对单位犯罪，一般采取双罚制的原则，即单位犯罪的，对单位判处罚金，同时对单位直接负责的主管人员和其他直接责任人员判处刑罚。但是，刑法分则和其他法律（单行刑法和附属刑法规范）另有规定不采取双罚制而采取单罚制的，属例外情况。

2. 基于未成年人的生理、心理特征——既有容易被影响、被引诱走上犯罪道路的一面，又有可塑性强、容易接受教育和改造的一面——我国刑法从刑罚根本目的出发并结合未成年人违法犯罪的特点，对未成年人犯罪案件采取以下两种原则。

（1）从宽处理的原则。首先，我国《刑法》第 17 条第 4 款规定：对依照前三款规定追究刑事责任的不满 18 周岁的人，应当从轻或者减轻处罚。此即为对未成年人犯罪从宽处罚原则的规定。此原则基于未成年人责任能力不完备的特点而确立，反映了罪责刑相适应的刑法基本原则及刑罚目的的要求。这里所谓的“应当”，是指凡是未成年人犯罪都必须予以从宽处罚。其次，有关应当适用缓刑的特别规定。《刑法》第 72 条第 1 款规定：“对于被判处拘役、三年以下有期徒刑的犯罪分子，同时符合下列条件的，可以宣告缓刑，对其中不满十八周岁的人、怀孕的妇女和已满七十五周岁的人，应当宣告缓刑：（一）犯罪情节较轻；（二）有悔罪表现；（三）没有再犯罪的危险；（四）宣告缓刑对所居住社区没有重大不良影响。”再次，不适用一般累犯的规定。《刑法》第 65 条第 1 款规定：被判处有期徒刑以上刑罚的犯罪分子，刑罚执行完毕或者赦免以后，在 5 年以内再犯应当判处有期徒刑以上刑罚之罪的，是累犯，应当从重处罚，但是过失犯罪和不满 18 周岁的人犯罪的除外。最后，对符合一定条件的未成年犯规定了刑事处罚报告义务免除制度。《刑法》第 100 条第 2 款规定：犯罪的时候不满 18 周岁被判处 5 年有期徒刑以下刑罚的人，免除前款规定的报告义务。

（2）排除死刑适用的原则。我国《刑法》第 49 条第 1 款规定：“犯罪的时候不满十八周岁的人和审判的时候怀孕的妇女，不适用死刑。”这里所说的“不适用死刑”是一个原则性的要求，指不允许判处死刑（包括不允许判处死刑宣告缓期 2 年执行），而不是说“不执行死刑”，也不是说等满 18 周岁再判决、执行死刑。

根据司法实践情况，切实贯彻刑事责任年龄制度，正确处理未成年人违法犯罪案件，还应当注意以下四个问题。

其一，关于刑事责任年龄的计算。首先，刑事责任年龄应当是指实足年龄即周岁。对此，我国《刑法》第 17 条已明确作了规定。其次，周岁的计算方法：一是周岁应当一律按照公历的年、月、日计算，1 周岁以 12 个月计，每满 12 个月即为满 1 周岁；二是每满 12 个月即满 1 周岁应以日计算，从生日第二天起，才认为已满某周岁。因此，对于 14 周岁生日当天实施危害行为的，应视为不满 14 周岁，不能追究刑事责任；对于 16 周岁生日当天实施危害行为的，只能令其对法定的 8 种犯罪行为负刑事责任；对于 18 周岁生日当天犯罪的，应视为不满 18 周岁，对其适用“从轻或者减轻处罚”和排除死刑适用原则。

其二，未成年人犯罪和处罚的法定年龄界限不能突破。例如，即将满 12 周岁，甚至差几天就满 12 周岁的人实施了故意杀人、故意伤害致人重伤或者死亡等行为，甚至造成了非常严重的危害结果的，也不能将其作为罪犯追究刑事责任；即将满18周岁的人所犯罪行即使极其严重，也不能处以死刑。这是我国刑法罪刑法定原则的必然要求。

其三，关于跨年龄段的危害行为的刑事责任问题。主要包括：第一，行为人已满16周岁后实施了某种犯罪，并在已满14周岁不满16周岁期间也实施过相同的行为，应否一并追究刑事责任，应当作具体分析。如果在已满14周岁不满16周岁期间所实施的是《刑法》第17条第2款规定的特定严重犯罪，则应一并追究刑事责任，否则，就只能追究已满16周岁以后犯罪的刑事责任。已满14周岁不满16周岁期间所实施的行为，如果与已满16周岁后实施的犯罪行为具有密切联系，则说明行为人的人身危险性较大，可以作为量刑情节予以考虑。第二，行为人在已满14周岁不满16周岁期间实施了《刑法》第17条第2款规定的8种特定的严重犯罪行为，并在未满14周岁时也实施过相同行为，对此不能一并追究刑事责任，而只能追究已满14周岁后实施的特定严重犯罪行为的刑事责任。同样，如果未满14周岁时实施的行为与已满14周岁后实施的犯罪行为具有密切联系，则表明行为人的人身危险性较大，量刑时应予以考虑。

其四，关于已满12周岁不满14周岁刑事责任年龄的特别规定。《刑法》第17条第3款规定，已满12周岁不满14周岁的人，犯故意杀人、故意伤害罪，致人死亡或者以特别残忍手段致人重伤造成严重残疾，情节恶劣，经最高人民检察院核准追诉的，应当负刑事责任。

3. 近年来，低龄未成年人严重犯罪现象较为突出，引发社会广泛关切。如何应对这些严重的未成年人犯罪是摆在立法者面前的重要课题。各界对此能够达成共识的是应当管起来，这既是教育和矫正犯罪人的需要，也是保护受害人正当诉求和利益的需要。但对于如何去管，立法者的意见不尽一致。有人主张普遍降低刑事责任年龄，将实施严重犯罪的未成年人投入监狱；而另有一些人主张，针对未成年人犯罪矫正的特点去完善矫治教育制度。综合考量我国犯罪低龄化的趋势和我国未成年人的身心发育、受教育状况，从总体上来看，关于坚持教育、感化、挽救的方针和坚持教育为主、惩罚为辅的原则没有变。对低龄未成年人犯罪，既不能简单地“一关了之”，也不能“一放了之”。《刑法修正案（十一）》对于刑事责任年龄条款做了修改和完善，主要是增加了第17条第3款，即已满12周岁不满14周岁的人犯故意杀人罪、故意伤害罪，符合《刑法》第17条第3款所规定的条件的，经最高人民检察院核准追诉的，应当负刑事责任。

（1）必须是犯故意杀人、故意伤害罪，致人死亡或者以特别残忍手段致人重伤造成严重残疾。这里的“故意杀人、故意伤害罪”，指的是故意实施了杀人、伤害行为，并且造成了致人死亡或者以特别残忍手段致人重伤造成严重残疾后果的，情节恶劣的，负刑事责任，而不是指行为人的行为只有构成故意杀人罪、故意伤害罪才负刑事责任。这一点和《刑法》第17条第2款中的故意杀人罪、故意伤害罪的理解是一致的。

“以特别残忍手段”，同《刑法》第234条的规定一样，是指故意要造成他人严重残疾而采用毁容、挖人眼睛、砍掉人双脚等特别残忍的手段伤害他人的行为。

（2）对必须是“情节恶劣”的理解。是否情节恶劣，需要结合犯罪的动机、手段、危害、造成的后果、悔罪表现等犯罪情节综合进行判断，包括行为人主观恶性大、有预谋有组织地实施、采用残忍手段、多次实施、致多人死亡或者重伤造成严重残疾、造成恶劣的社会影响等。

（3）程序的适用。涉及已满12周岁不满14周岁的人实施的犯罪可能需要追究刑事责任的案件，应由公安机关报请核准追诉，即由同级人民检察院受理并层报最高人民检察院审查决定。最高人民检察院决定不予核准追诉的，公安机关应当及时撤销案件，犯罪嫌疑人在押的，应当立即释放，并依照有关法律采取相应法律措施。但需要注意的是，任何案件的行为人要承担刑事责任，都需要通过刑事诉讼程序，人民检察院提起公诉，人民法院作出有效判决后，行为人才能依法承担刑事责任。所以，这里的“经最高人民检察院核准追诉的，应当负刑事责任”也并不是指核准追诉的，就一定追究其刑事责任，还需要经过人民法院依法审判，确定行为人是否承担刑事责任。

第八章　犯罪主观方面

知识逻辑图

- 犯罪主观方面
  - 犯罪主观方面的具体要件
    - 犯罪故意
      - 直接故意
      - 间接故意
    - 犯罪过失
      - 疏忽大意的过失
      - 过于自信的过失
    - 犯罪目的与动机
  - 刑法中的认识错误
    - 法律认识错误
      - 假想的犯罪
      - 假想的无罪
      - 对具体罪名及刑罚轻重的认识错误
    - 事实的认识错误
      - 具体的事实认识错误（同一犯罪构成内错误）
        - 对象错误
        - 打击错误
        - 因果关系的错误
          - 狭义的因果关系错误
          - 结果的推迟发生（事前的故意）
          - 结果的提前发生
      - 抽象的事实认识错误（不同犯罪构成间的错误）
        - 对象错误
        - 打击错误

名词解释

1. 犯罪主观方面
2. 直接故意与间接故意（考研）
3. 过于自信的过失与疏忽大意的过失（考研）
4. 意外事件
5. 刑法中的认识错误（考研）
6. 期待可能性

选择题

（一）单项选择题

1. 某医院妇产科护士甲值夜班时，一新生婴儿啼哭不止。甲为了止住其哭闹，遂将仰卧的婴儿翻转成俯卧，并将棉被盖住婴儿头部。半小时后，甲再查看时，发现该婴儿已无呼吸，后经抢救无效死亡。经医疗事故鉴定委员会鉴定，该婴儿系俯卧使口、鼻受压迫，窒息而亡。甲对婴儿的死亡结果有何种主观罪过？（　）（司考）

A. 间接故意　　　　B. 直接故意

C. 疏忽大意的过失　　　　D. 过于自信的过失

视频讲题

2. 胡某，27 岁，非常喜欢邻居家 4 岁的男孩小强。一日，胡某带小强到一座桥上玩。胡某提着小强的双手将其悬于桥栏处，开玩笑说要把他扔到河里去，小强边喊“害怕”边挣扎。胡某手一滑，小强掉入河中。胡某急忙下河去救，但小强已溺水而死。从刑法

理论上看，胡某对小强的死亡结果在主观要件上所持的心理态度是什么？（　　）（司考）

A. 间接故意　　B. 疏忽大意的过失

C. 过于自信的过失　　D. 意外事件

3. 朱某因婚外恋产生杀害妻子李某之念。某日晨，朱某在给李某炸油饼时投放了可以致死的“毒鼠强”。朱某为防止其 6 岁的儿子吃饼中毒，将其子送到幼儿园，并嘱咐其子等他来接。不料李某当日提前下班后将其子接回，并与其子一起吃油饼。朱某得知后，赶忙回到家中，其妻、子已中毒身亡。关于本案，下列哪一说法是正确的？（　　）（司考）

A. 朱某对其妻、子的死亡具有直接故意

B. 朱某对其子的死亡具有间接故意

C. 朱某对其子的死亡具有过失

D. 朱某对其子的死亡属于意外事件

4. 养花专业户李某为防止他人偷花，在花房周围私拉电网。一日晚，白某偷花时不慎触电，经送医院抢救，不治身亡。李某对这种结果的主观心理态度是什么？（　　）（司考）

A. 直接故意　　B. 间接故意

C. 过于自信的过失　　D. 疏忽大意的过失

5. 甲为上厕所，将不满 1 岁的女儿放在外边靠着篱笆站立。刚进入厕所，甲就听到女儿的哭声，急忙出来，发现女儿倒地，疑是站在女儿身边的 4 岁男孩乙所为。甲一手扶起自己的女儿，一手用力推乙，导致乙倒地，乙头部刚好碰在一块石头上，流出鲜血，并一动不动。甲认为乙可能死了，就将其抱进一个山洞，用稻草盖好，正要出山洞，发现稻草动了一下，以为乙没死，于是拾起一块石头猛砸乙的头部，之后用一块磨盘压在乙的身上后离去。案发后，经法医鉴定，甲在用石头砸乙之前，乙已经死亡。依此情况，甲的行为构成何罪？（　　）（司考）

A. 过失致人死亡罪

B. 过失致人死亡罪与故意杀人罪（既遂）数罪

C. 过失致人死亡罪与故意杀人罪（未遂）数罪

D. 故意杀人罪

视频讲题

6. 关于事实认识错误，下列哪一选项是正确的？（　　）（司考改编）

A. 甲本欲电话诈骗乙，但拨错了号码，对接听电话的丙实施了诈骗，骗取丙大量财物。甲的行为属于对象错误，成立诈骗既遂

B. 甲本欲枪杀乙，但由于未能瞄准，将乙身旁的丙杀死。无论根据什么学说，甲的行为都成立故意杀人既遂

C. 事前的故意属于抽象的事实认识错误，按照法定符合说，应按犯罪既遂处理

D. 甲将吴某的照片交给乙，让乙杀吴，但乙误将王某当成吴某予以杀害。乙是对象错误，按照教唆犯从属于实行犯的原理，甲也是对象错误

视频讲题

7. 甲准备杀死自己患有精神病的妻子乙。甲打算先给乙吃安眠药，等乙熟睡后，用绳子将乙勒死。还未等甲实施绞杀行为，乙就因吃了过量的安眠药而死亡。对于甲的行为性质的认定，下列哪一选项是正确的？（　　）（司考）

A. 构成故意杀人罪未遂

B. 构成故意杀人罪既遂

C. 构成故意杀人罪（未遂）和过失致人死亡罪，想象竞合犯，从一重罪处罚

D. 构成故意杀人罪（未遂）和过失致人死亡罪，数罪并罚

8. 甲贩运假烟，驾车路过一检查站时，被市场监管部门拦住检查。检查人员朱某正登车检查时，甲突然发动汽车夺路而逃，朱某抓住汽车的把手不放。甲为摆脱朱某，在疾驶后突然急刹车，朱某被摔在地，头部着地死亡。甲对朱某的死亡的心理态度是（　　）。（司考）

A. 直接故意　　B. 间接故意

C. 过于自信的过失　　D. 疏忽大意的过失

9. 甲意图杀害乙，某日趁乙不备将乙从桥上推下，企图将乙淹死。不料乙却因头部碰到石头而摔死，并

不是被淹死的。甲的行为构成（　　）。

A. 故意杀人罪（既遂）

B. 故意杀人罪（未遂）

C. 过失致人死亡

D. 故意伤害致人死亡

10. 关于故意的认识内容，下列哪一选项是错误的？（　　）（司考）

A. 成立故意犯罪，不要求行为人认识到自己行为的违法性

B. 成立贩卖淫秽物品牟利罪，要求行为人认识到物品的淫秽性

C. 成立奸淫幼女型的强奸罪，要求行为人认识到与其发生性关系的是幼女

D. 成立为境外非法机构提供国家秘密罪，要求行为人认识到对方是境外的机构、组织或者个人，没有认识到而非法提供国家秘密的，不成立任何犯罪

11. 大学生甲男在火车站候车时邂逅乙女，二人开始攀谈起来。乙女称自己也在候车，并称自己最崇拜大学生并建议去车站附近公园逛逛。至公园僻静处，二人即拥抱、接吻，随后发生了两性关系。经查，乙是个精神病患者，甲对此并不知情。甲的行为（　　）。

A. 不构成犯罪

B. 构成强奸罪

C. 构成犯罪但应从轻处罚

D. 构成犯罪，但可以免除处罚

12. 吴某被甲、乙合法追捕。吴某的枪中只有一发子弹，认识到开枪既可能打死甲也可能打死乙。设定吴某对甲、乙均有杀人故意，下列哪一分析是正确的？（　　）（司考）

A. 如吴某一枪没有打中甲和乙，子弹从甲与乙的中间穿过，则对甲、乙均成立故意杀人罪未遂

B. 如吴某一枪打中了甲，致甲死亡，则对甲成立故意杀人罪既遂，对乙成立故意杀人罪未遂，实行数罪并罚

C. 如吴某一枪同时打中甲和乙，致甲死亡、乙重伤，则对甲成立故意杀人罪既遂，对乙仅成立故意伤害罪

D. 如吴某一枪同时打中甲和乙，致甲、乙死亡，则对甲、乙均成立故意杀人罪既遂，实行数罪并罚

视频讲题

13. 张某和赵某长期一起赌博。某日两人在工地发生争执，张某推了赵某一把，赵某倒地后后脑勺正好碰到石头上，导致颅脑损伤，经抢救无效死亡。关于张某的行为，下列哪一选项是正确的？（　　）（司考）

A. 构成故意杀人罪

B. 构成过失致人死亡罪

C. 构成故意伤害罪

D. 属于意外事件

14. 甲在从事生产经营的过程中，不知道某种行为是否违法，于是以书面形式向法院咨询，法院正式书面答复该行为合法。于是，甲实施该行为。但该行为实际上违反刑法。关于本案，下列哪一选项是正确的？（　　）（司考）

A. 由于违法性认识不是故意的认识内容，所以，甲仍然构成故意犯罪

B. 甲没有违法性认识的可能性，所以不成立犯罪

C. 甲虽然不成立故意犯罪，但成立过失犯罪

D. 甲既可能成立故意犯罪，也可能成立过失犯罪

视频讲题

15. 关于故意的认识内容，下列哪一选项是正确的？（　　）（司考）

A. 甲明知自己的财物处于国家机关管理之中，但不知此时的个人财物应以公共财产论而窃回。甲缺乏成立盗窃罪所必需的对客观事实的认识，故不成立盗窃罪

B. 乙以非法占有财物的目的窃取军人的手提包时，明知手提包内可能有枪支仍然窃取，该手提包中果然有一支手枪。乙没有非法占有枪支的目的，故不成立盗窃枪支罪

C. 成立猥亵儿童罪，要求行为人知道被害人是或

者可能是不满 14 周岁的儿童

D. 成立贩卖毒品罪，不仅要求行为人认识到自己贩卖的是毒品，而且要求行为人认识到所贩卖的毒品种类

视频讲题

16. 农民甲醉酒在道路上驾驶拖拉机，其认为拖拉机不属于《刑法》第 133 条之一规定的机动车。关于本案的分析，下列哪一选项是正确的？（　　）（司考）

A. 甲未能正确评价自身的行为，存在事实认识错误

B. 甲欠缺违法性认识的可能性，其行为不构成犯罪

C. 甲对危险驾驶事实有认识，具有危险驾驶的故意

D. 甲受认识水平所限，不能要求其对自身行为负责

17. 甲明知自己的枪法很差，但为了杀乙，也顾不了那么多了，遂从 100 米外向乙开枪，没想到居然打中了乙，致乙死亡。此案中甲杀害乙的罪过形式是（　　）。（考研）

A. 直接故意　　B. 间接故意

C. 疏忽大意的过失　　D. 过于自信的过失

18. 甲、乙上山去打猎，在一茅屋旁的草丛中，见有动静，以为是兔子，于是一起开枪，不料将在此玩耍的小孩打死。在小孩身上，只有一个弹孔，甲、乙所使用的枪支、弹药型号完全一样，无法区分到底是谁所为。对于甲、乙的行为，应当如何定性？（　　）（司考）

A. 甲、乙分别构成过失致人死亡罪

B. 甲、乙构成过失致人死亡罪的共同犯罪

C. 甲、乙构成故意杀人罪的共同犯罪

D. 甲、乙不构成犯罪

视频讲题

19. 甲想杀害身材高大的乙，打算先用安眠药使乙昏迷，然后勒乙的脖子，致其窒息死亡。由于甲投放的安眠药较多，乙吞服安眠药后死亡。对此，下列哪一选项是正确的？（　　）（司考）

A. 甲的预备行为导致了乙死亡，仅成立故意杀人预备

B. 甲虽已着手实行杀人行为，但所预定的实行行为（勒乙的脖子）并未实施完毕，故只能认定为未实行终了的未遂

C. 甲已着手实行杀人行为，应认定为故意杀人既遂

D. 甲的行为是故意杀人预备与过失致人死亡罪的想象竞合犯，应从一重罪论处

20. 甲意图勒死乙，将乙勒昏后，误以为乙已经死亡。为毁灭证据，又用利刃将所谓的“尸体”分尸。事实上，乙并非死于甲的勒杀行为，而是死于甲的分尸行为。关于本案，下列哪一选项是正确的？（　　）（司考）

A. 甲的行为构成故意杀人罪（未遂）和过失致人死亡罪

B. 甲的行为构成故意杀人罪（未遂）、过失致人死亡罪和侮辱尸体罪

C. 甲的行为构成故意杀人罪（既遂）和侮辱尸体罪

D. 甲的行为构成故意杀人罪（既遂）

视频讲题

21. 下列哪一行为构成故意犯罪？（　　）（司考）

A. 他人欲跳楼自杀，围观者大喊“怎么还不跳”，他人跳楼而亡

B. 司机急于回家，行驶时闯红灯，把马路上的行人撞死

C. 误将熟睡的孪生妹妹当成妻子，与其发生性关系

D. 做客的朋友在家中吸毒，主人装作没看见

22. 肖某（女）是某幼儿园教师。在上室外课时，见儿童王某一直追打儿童周某。肖某多次训斥王某，

王某仍然追打周某，肖某恼怒中顺手将王某扯开，王某打了个趔趄摔倒，头部恰好撞到石阶的破口锐角上，致使头破血流，因神经受压而死亡。关于肖某的行为，下列哪一选项是正确的？（ ）（司考）

A. 属于意外事件，不构成犯罪

B. 构成故意伤害罪，属于间接故意

C. 构成过失致人死亡罪，属于疏忽大意的过失

D. 构成过失致人死亡罪，属于过于自信的过失

视频讲题

23. 一日，甲在睡梦中听见有人扯开窗户的塑料布并从玻璃缺口处伸进手开门闩，急忙起身，打了此人手一下，该小偷立即逃走。甲拿刀追出一阵后发现小偷走远而回家。甲远远看见自家窗口处有两个人影，因天黑视线不好，甲以为是小偷回来了，一刀捅死其中一个人影，另一个人影抱住甲，叫了甲名字，甲方知是同村的人乙、丙来串门。甲发现自己捅错人时，乙已经因流血过多而死。关于甲行为性质的认定，下列哪一选项是正确的？（ ）

A. 甲的行为属于正当防卫，应阻却违法

B. 甲属于对象错误。无论依照具体符合说还是法定符合说，都应认定为故意杀人既遂

C. 甲没有认识到二人是朋友的可能性，属于意外事件

D. 甲对乙的死亡具有过失，应认定为过失致人死亡罪

视频讲题

24. 甲见自己的弟弟遭一个流氓毒打，前去制止，而反遭流氓进攻，被迫自卫还击。正在这时，便衣民警乙赶到，未及表明自己的身份即迅速抓住甲以制止殴打。甲以为乙是流氓的同伙，随即捡起一块砖头将乙砸成重伤。甲砸伤便衣民警乙的行为在性质上属于下列哪种情况？（ ）

A. 正当防卫　　B. 过失致人重伤罪

C. 意外事件　　D. 故意伤害罪

（二）多项选择题

1. 赵某杀死了作恶多端的儿子，认为自己是大义灭亲。其行为（ ）。

A. 不构成犯罪

B. 正当防卫

C. 构成故意杀人罪

D. 是对法律的认识错误

2. 关于故意与违法性的认识，下列哪些选项是正确的？（ ）（司考）

A. 甲误以为买卖黄金的行为构成非法经营罪，仍买卖黄金，但事实上该行为不违反《刑法》。甲有犯罪故意，成立犯罪未遂

B. 甲误以为自己盗窃枪支的行为仅成立盗窃罪。甲对《刑法》规定存在认识错误，因而无盗窃枪支罪的犯罪故意，对甲的量刑不能重于盗窃罪

C. 甲拘禁吸毒的陈某数日。甲认识到其行为剥夺了陈某的自由，但误以为《刑法》不禁止普通公民实施强制戒毒行为。甲有犯罪故意，应以非法拘禁罪追究刑事责任

D. 甲知道自己的行为有害，但不知是否违反《刑法》，遂请教中学语文教师乙，被告知不违法后，甲实施了该行为。但事实上《刑法》禁止该行为。乙的回答不影响甲成立故意犯罪

视频讲题

3. 甲酒后看到邻居乙与自己的父亲发生争吵，于是拿起一块大石头，朝乙砸过去，不料没有击中乙，反而击中自己的父亲，导致其父死亡。对甲的行为的性质认定，下列说法中正确的是（ ）。

A. 按照法定符合说，应成立故意伤害（致死）罪

B. 根据具体符合说，对其父构成过失致人死亡罪，对乙构成故意伤害罪未遂

C. 属于打击错误

D. 属于抽象事实的认识错误

4. 甲欲毒死妻子，便在妻子的饭碗中放置了剧毒药物。不料妻子吃饭时，其 3 岁幼子突然抢要母亲的饭吃。甲害怕事情败露，没有阻止，致其幼子与妻子一起死亡。下列说法中正确的是（　　）。

A. 甲对妻子的死亡持直接故意的心理态度

B. 甲对妻子的死亡持间接故意的心理态度

C. 甲对儿子的死亡持间接故意的心理态度

D. 甲对儿子的死亡持直接故意的心理态度

5. 关于罪过，下列哪些选项是错误的？（　　）（司考）

A. 甲的玩忽职守行为虽然造成了公共财产损失，但在甲未认识到自己是国家机关工作人员时，就不存在罪过

B. 甲故意举枪射击仇人乙，但因为没有瞄准，将乙的名车毁坏。甲构成故意杀人未遂

C. 甲翻墙入院欲毒杀乙的名犬以泄愤，不料该犬对甲扔出的含毒肉块不予理会，直扑甲身，情急之下甲拔刀刺杀该犬。甲不构成故意毁坏财物罪，而属于意外事件

D. 甲因疏忽大意而致人死亡，甲应当预见而没有预见的危害结果，既可能是发生他人死亡的危害结果，也可能只是发生他人重伤的危害结果

视频讲题

6. 对犯罪故意的特征可作如下哪些表述？（　　）

A. 明知危害结果可能发生，希望这一结果发生

B. 明知危害结果必然发生，希望这一结果发生

C. 明知危害结果可能发生，放任这一结果发生

D. 已经预见危害结果必然发生，放任这一结果发生

7. 甲欲杀乙，便向乙开枪，但开枪的结果是将乙和丙都杀死。关于本案，下列哪些选项是正确的？（　　）

A. 根据具体符合说，甲对乙成立故意杀人既遂，对丙成立过失致人死亡罪

B. 根据法定符合说，甲对乙与丙均成立故意杀人既遂

C. 不管是根据具体符合说还是根据法定符合说，甲对乙与丙均成立故意杀人既遂

D. 不管是根据具体符合说还是根据法定符合说，甲对乙成立故意杀人既遂，对丙成立过失致人死亡罪

视频讲题

8. 甲在乙骑摩托车必经的偏僻路段精心设置路障，欲让乙摔死。丙得知甲的杀人计划后，诱骗仇人丁骑车经过该路段，丁果真摔死。关于本案，下列哪些选项是正确的？（　　）（司考）

A. 甲的行为和丁死亡之间有因果关系，甲有罪

B. 甲的行为属对象错误，构成故意杀人罪既遂

C. 丙对自己的行为无认识错误，构成故意杀人罪既遂

D. 丙利用甲的行为造成丁死亡，可能成立间接正犯

视频讲题

（三）不定项选择题

1. 司机甲开车时打了个喷嚏，使方向盘失去控制，于是车冲向路边，将电线杆撞倒，电线被拉断，供电中断 30 余小时。甲的行为是（　　）。

A. 过失破坏电力设备罪

B. 不负刑事责任

C. 意外事件

D. 交通肇事罪

2. 甲、乙共同对丙实施严重伤害行为时，甲误打中乙致乙重伤，丙乘机逃走。关于本案，下列哪些选项是正确的？（　　）（司考）

A. 甲的行为属打击错误，按照具体符合说，成立故意伤害罪既遂

B. 甲的行为属对象错误，按照法定符合说，成立故意伤害罪既遂

C. 甲误打中乙属偶然防卫，但对丙成立故意伤害罪未遂

D. 不管甲是打击错误、对象错误还是偶然防卫，乙都不可能成立故意伤害罪既遂

视频讲题

3. 无认识（预见）的罪过形式包括（　　）。

A. 直接故意　　B. 间接故意

C. 疏忽大意的过失　　D. 过于自信的过失

4. 吴某因憎恨自己所在学校的校长将自己开除，意欲夜晚潜入学校将其杀死，后来在情急之中误将校长的秘书当作校长杀死。吴某该行为应属于（　　）。

A. 行为对象错误　　B. 故意杀人既遂

C. 故意杀人未遂　　D. 因果关系认识错误

5. 某种行为在刑法上不认为是犯罪，但行为人误以为法律认为是犯罪。此种认识错误（　　）。

A. 不构成犯罪

B. 构成过失犯罪

C. 属于事实认识错误

D. 属于法律认识错误

6. 刘某基于杀害潘某的意思将潘某勒昏，误以为其已死亡，为毁灭证据而将潘某扔下悬崖。事后查明，潘某不是被勒死而是从悬崖坠落致死。关于本案，下列哪些选项是正确的？（　　）（司考）

A. 刘某在本案中存在因果关系的认识错误

B. 刘某在本案中存在打击错误

C. 刘某构成故意杀人罪未遂与过失致人死亡罪

D. 刘某构成故意杀人罪既遂

视频讲题

7. 甲与乙因情生仇。一日黄昏，甲持锄头路过乙家院子，见甲妻正在院内与一男子说话，以为该男子是乙，举锄就打，对方重伤倒地后遂发现是乙的哥哥。甲心想，打伤乙的哥哥也算解恨。关于甲的行为，下列哪些选项是错误的？（　　）（司考）

A. 甲的行为属于对象错误，成立过失致人重伤罪

B. 甲的行为属于方法错误，成立故意伤害罪

C. 根据法定符合说，甲对乙成立故意伤害（未遂）罪，对乙的哥哥成立过失致人重伤罪

D. 甲的行为不存在任何认识错误，理所当然成立故意伤害罪

视频讲题

8. 关于期待可能性，下列哪一些选项是正确的？（　　）（司考）

A. 行为人是否具有故意、过失，与是否具有期待可能性，是两个不同的问题。换言之，具有故意、过失的人，也可能没有期待可能性

B. 行为人犯罪后毁灭自己犯罪的证据的行为之所以不构成犯罪，是因为缺乏期待可能性

C. 在司法实践中，对于因遭受自然灾害外流谋生而重婚的，之所以不以重婚罪论处，是因为缺乏期待可能性

D. 身无分文的乞丐盗窃他人财物得以维持生存的，因为缺乏期待可能性，不应认定为盗窃罪

视频讲题

9. 看守所值班武警甲擅离职守，在押的犯罪嫌疑人乙趁机逃走，但刚跑到监狱外的树林即被抓回。关于本案，下列哪一选项是正确的？（　　）（司考）

A. 甲主观上是过失，乙是故意

B. 甲、乙是事前无通谋的共犯

C. 甲构成私放在押人员罪

D. 乙不构成脱逃罪

视频讲题

10. 下列哪些案件不构成过失犯罪？（　　）（司考）

A. 老师因学生不守课堂纪律，将其赶出教室，学生跳楼自杀

B. 汽车修理工恶作剧，将高压气泵塞入同事肛门充气，致其肠道、内脏严重破损

C. 路人见义勇为追赶小偷，小偷跳河游往对岸，路人见状离去，小偷突然抽筋溺毙

D. 邻居看见 6 楼儿童马上要从阳台摔下，遂伸手去接，因未能接牢，儿童摔成重伤

11. 甲、乙合谋杀害丙，计划由甲对丙实施砍杀，乙持枪埋伏于远方暗处，若丙逃跑则伺机射杀。案发时，丙不知道乙的存在。为防止甲的不法侵害，丙开枪射杀甲，子弹与甲擦肩而过，击中远处的乙，致乙死亡。关于本案，下列哪些选项是正确的？（　　）（司考）

A. 丙的行为属于打击错误，依具体符合说，丙对乙的死亡结果没有故意

B. 丙的行为属于对象错误，依法定符合说，丙对乙的死亡结果具有故意

C. 不论采取何种学说，丙对乙都不能构成正当防卫

D. 不论采用何种学说，丙对甲都不构成故意杀人罪未遂

视频讲题

简答题

1. 简述我国刑法中间接故意与过于自信的过失的相同点与不同点。（考研）

2. 简述间接故意的特征及表现形式。

3. 简述行为人在法律上的认识错误及其处理原则。

案例分析题

1. 某晚，被告人某市中恒塑钢有限公司临时工张某和工友李某等 5 人想进入公司财务室玩电脑。因财务室门已锁，张某就拿出随身携带的平口起子，欲撬门入室。李某见张某撬不开门，就想抢过起子自己来撬，于是拽住起子一拉，结果张某因没防备往前一冲，起子刺进了李某的腹部，其主动脉血管被刺破，当场血如泉涌，后因急性大失血休克而死亡。后经审理，某市中级人民法院对张某以过失致人死亡罪判处有期徒刑 3 年。

问：某市中级人民法院的判决是否正确？为什么？（考研）

2. 甲与乙是一起长大的朋友。甲是出租车司机，乙是教师。后来乙想学开车，找甲借车，甲答应和乙一起练车。起初两人在空地上练车，后来乙认为自己的技术已经很熟练了，便自作主张开到了公路上，结果乙驾驶的车不慎与迎面驶来的客车相撞，造成车损和甲的死亡，乙也受了重伤。

问：乙在此案中的心理态度如何？

3. 被告人李某于某日深夜窜入某大学校园内，企图伺机强奸女生。李某摸到该校学生公寓 2 号楼，用随身携带的螺丝刀将第三间房门撬开。李某进入宿舍后，见床上睡着一个人（王某，男，18 岁），就上前用双手掐住王某的脖子。王某被掐后，剧烈反抗、挣扎，但李某仍不松手。待王某停止挣扎后，李某便将王某的裤子褪掉，正欲行奸时，发现王某原来是个男生，于是急忙将被子盖到王某的身上，仓皇离去。

问：对本案中李某的行为应当如何处理？

4. 某日晚 11 时 40 分，某县公安局干部朱某已睡下，忽然听到自家门外有响动，便起身持手枪出门察看，发现对门李家院内大树下有个人影晃动。朱某上前问道："谁？干什么的？"那人转身就跑。朱某认为是有人偷东西，便追赶，一面追，一面喊"站住"。当追到邻居家房屋后门附近时，朱某看人影像是往右拐，随即在相距一百多米处朝人影开了一枪，王某（男，19 岁）当即中弹倒地，在送医院途中死亡。

问：朱某对王某的死亡是何种心理态度？应否负

刑事责任？

5. 某日上午 9 时 46 分，消防部门接到南京某大学的火警报告，迅速赶到现场。该大学第二学生食堂的二楼发生了火灾。经 17 辆消防车、百余名消防救援人员 1 小时的奋战，大火才被扑灭。火灾使整个二楼化为灰烬，所幸无人员伤亡，但造成了较大的经济损失。经调查，该食堂的二楼是私人承包的，刚装修不久。当天该餐厅某厨师将油锅置于火上后，因接听电话而忘记关火，导致锅里腾起的火焰将锅上方的抽油烟管道烧着后，火势向四周蔓延，致引发灾情。

问：该厨师的行为是否构成犯罪？试分析此案的主观方面。

6. 某日，甲开车执行任务途中，乙突然从右边路旁树林疾步冲出抢过马路。甲见状向左猛打方向盘，并紧急制动，仍躲避不及，车右前轮将乙左腿轧断。事故发生后，甲见天色已晚，此地荒僻，又没有人，便将昏迷不醒的乙拖至路旁小树林，自己开车逃走。第二天早晨，乙的尸体被人发现。经法医鉴定：乙左腿膝盖处粉碎性骨折，因抢救不及时，导致失血性休克死亡。

问：对被告人甲的行为如何认定？

7. 孙某是某县农民，在某集贸市场内以卖熟食为业，专做油鸡，生意兴隆。某日上午 8 时左右，孙某将成批油鸡煎好后，因为急于出摊，便将煎鸡的大号油锅端下放在店铺门口的地上。家人提醒他这样不妥，他说没关系，现在市场内人不算多，然后在锅上盖了一块布。孙某正与其家人在店内忙着整理油鸡时，突然听见门外小孩发出撕心裂肺般的尖叫，出去看时，发现一个 3 岁左右的小男孩坐在了油锅里，正在挣扎。孙某急忙将小男孩从油锅里抱出，并送医院抢救，但孩子因为下半身皮肤高度灼伤而受到严重伤害。

问：孙某的行为是否构成犯罪？试分析此案的主观方面。

8. 某日下午自然小测验课，老师甘某改完试卷后，气冲冲地跑进教室，指责该班的学生没有考好，对学生进行辱骂。后又走到受害人刘某（男，9 岁）面前，一边骂他，一边用左手在他的脸上连扇了 5 个耳光，然后，指着试卷上的错误让他看，看完后，仍不解气，又打了他 3 个耳光，导致刘某耳朵出血，造成耳膜穿孔，以致丧失听觉。

问：老师甘某的行为是否构成犯罪？试分析此案的主观方面。

9. 某日凌晨，海淀区香山派出所的民警巡逻至香山门头村幼儿园门前时，发现有四名男子抬着一个可疑的编织袋。盘查后，警方获悉，该四名男子编织袋中为其偷来的 47 斤葡萄。该葡萄是北京农业科学院林业果树研究所葡萄研究园投资 40 万元、历经 10 年培育研制的科研新品种。该四位男子的“馋嘴”之举令其中的 20 余株试验链中断，损失无法计量。后北京市物价局价格认证中心对被偷的葡萄进行估价，直接经济损失为 1.122 万元。在香山派出所，面对白色编织袋内紫红晶莹的葡萄，四名男子一脸沮丧：“要知道那么贵重，说啥也不敢吃啊。”

问：该四名男子的行为是否构成盗窃罪？为什么？

论述题与深度思考题

1. 试述直接故意与间接故意的区别。

2. 关于违法性认识与犯罪故意的关系问题，学界存在哪些争论？试对各种观点加以评述。

3. 试论具体的认识错误及处理原则。

参考答案

名词解释

1. 犯罪主观方面是指犯罪主体对自己的危害行为及其危害社会的结果所持的心理态度。它包括犯罪故意和犯罪过失、犯罪的目的和动机等因素。

2. 犯罪故意可以分为直接故意和间接故意。直接故意是指行为人明知自己的行为必然或者可能发生危害社会的结果，并且希望这种结果发生的心理态度。间接故意是指行为人明知自己的行为可能发生危害社会的结果，并且放任这种结果发生的心理态度。

3. 犯罪过失可以分为过于自信的过失和疏忽大意的过失。过于自信的过失是指行为人已经预见到自己的行为可能发生危害社会的结果，但轻信能够避免，以致发生这种结果的心理态度。疏忽大意的过失是指行为人应当预见自己的行为可能发生危害社会的结果，因为疏忽大意没有预见，以致发生了这种结果的心理态度。

4. 所谓意外事件，是指行为虽然在客观上造成了损害结果，但不是出于行为人的故意或者过失，而是由不能预见的原因所引起的情况。

5. 刑法中的认识错误是指行为人对自己的行为在法律上的意义或者对有关客观事实存在的不正确认识。理论上通常将这种认识错误分为两种情况：一是行为人对法律的认识错误，二是行为人对事实的认识错误。

6. 期待可能性，是指根据具体情况，有可能期待行为人不实施违法行为而实施其他适法行为。如果不能期待行为人实施其他适法行为，就不能对其进行法的非难。

选择题

（一）单项选择题

1. D。区分过于自信的过失与疏忽大意的过失，要点是看有无事先预见：已经预见而轻信能够避免的，是过于自信的过失，所以过于自信的过失又称有认识的过失。应当预见而没有预见的，是疏忽大意的过失，又称无认识的过失。就本题而言，甲作为职业护士是知道新生婴儿不可俯卧的。从案情介绍来看，该护士半小时后又来查看，这表明其已经认识到危险的存在。据此可判断其事先已经预见行为的危险性，因此可以认定为过于自信的过失。

2. C。胡某已经认识到自己的行为可能发生的结果，但自信能够避免，属于过于自信的过失。

3. C。本案中，朱某对其妻的死亡持希望、积极追求的态度，成立直接故意自无问题。而朱某对其子的死亡结果发生已有所认识，并为此采取了一定的措施，因而是一种过于自信的过失。

4. B。从司法实践的角度来考察，间接故意的表现形式主要有以下三种情形：（1）行为人追求某一个犯罪目的，而放任另一个危害结果的发生；（2）行为人追求一个非犯罪目的，而放任某种危害结果的发生；（3）在突发性事件中，行为人不计后果，放任了严重危害结果的发生。本案中，行为人为了防止他人偷花而私拉电网，且未采取有效、可靠的措施，置众人生命安全于不顾并造成人身伤亡，应是一种间接故意的心理态度。

5. C。本案中，首先，需要分析甲致乙死亡的行为是故意杀人还是过失致人死亡。一般认为，这种情况属于有意推人但无意致死的情况，成立过失致人死亡罪。其次，甲在乙死亡后，又实施了“误把尸体当活人”杀害的行为。这在理论上被认为属于客体的认识错误，是对象不能犯未遂，应以故意杀人罪（未遂）论处。所以，选项C是正确答案。但需要注意的是，现在有一种有力的观点认为，故意杀人罪的对象必须是“活着的人”，所以，“杀害”尸体的行为不属于杀人行为，不构成故意杀人罪（未遂）。

6. A。选项A中，甲打错电话误将丙当作乙实施了诈骗，并骗取了大量财物，虽然该行为对象错误，但是仍然在同一犯罪构成要件内，应认定为诈骗罪既遂。故A选项正确。选项B中，甲欲枪杀乙，因未瞄准而将丙杀死，属于打击错误。对于打击错误：法定符合说认为，甲在主观上有杀人故意，客观上也导致他人死亡，成立故意杀人罪既遂；具体符合说认为，客观事实与行为人的主观认识没有形成具体的符合。因此，甲对乙承担杀人未遂的责任，对丙承担过失致人死亡的责任，二者属想象竞合犯，择一重罪处罚。关于选项C，抽象的事实认识错误是指行为人所认识的事实与现实所发生的事实，分别属于不同的犯罪构成。所谓事前的故意，是指行为人误认为第一个行为已经造成结果，出于其他目的实施第二个行为，实际上是第二个行为导致预期的结果的情况。就事前的故意而言，行为人主观意图实施的犯罪与实际实施的犯罪罪名相同，并未超出同一个犯罪构成，因此是具体的事实认识错误，而非抽象的事实认识错误。选项D中，乙属于对象认识错误，而甲属于打击错误。

7. B。本题考点是因果关系认识错误中的犯罪构成的提前实现，即行为人本来想实施两个行为来达到犯罪目的，但在其实施第一个行为后，就提前实现了自己所预想的犯罪结果。要认定这种行为是否成立故意犯罪既遂，关键在于判断行为人在实施第一行为时，是否已经着手实行，如果能得出肯定结论，则应认定为故意犯罪既遂。在本题中，对于故意杀人行为而言，甲给乙吃药的行为，显然已经是着手，故应认定为故意杀人既遂。故B项当选。

8. B。甲为逃避检查，不顾抓着车门的朱某，在疾驶中突然刹车，致朱某被摔倒在地，并头部着地死亡。甲明知其行为会发生危害后果，并且放任这种结果的发生，是典型的间接故意。根据题中条件，甲只为摆脱朱某，并不具有杀人的直接故意，只是采用了不计后果的方法。故正确答案为B选项。

9. A。本案中，甲对其行为的因果关系进程有着错误认识，但这种对因果关系进程的错误认识不影响对其行为的定性，甲仍然要负故意杀人罪（既遂）的刑事责任。

10. D。我国《刑法》第14条第1款规定，明知自己的行为会发生危害社会的结果，并且希望或者放任这种结果发生，因而构成犯罪的，是故意犯罪。犯罪故意包括认识因素和意志因素两方面的内容。犯罪故意的认识因素是指对犯罪构成客观事实的认识，具体包括对犯罪对象的认识、对行为性质的认识和对危害结果的认识等。选项A正确：违法性认识并非故意的内容，行为人是否认识到自己的行为的违法性，不影响故意的成立。一般而言，不知法不免责，但是，如果行为人对自己的行为具有违法性这一点欠缺认识可能性时，应阻却责任。选项B、C说法正确：行为对象属于客观构成要件情况，如果行为人对之缺乏认识或明知，就不可能具有犯罪故意。成立贩卖淫秽物品牟利罪，要求行为人必须认识到自己贩卖的是淫秽物品，否则不成立本罪；要成立奸淫幼女型强奸罪，则要求行为人明知与其发生性关系的是不满14周岁的幼女。选项D说法错误：为境外非法提供国家秘密罪，要求行为人必须明知自己是在向境外机构、组织、个人提供。如果不知道对方为境外机构、组织、个人而提供的，可能成立故意或者过失泄露国家秘密罪，而不是不成立任何犯罪。

11. A。强奸罪，是指违背妇女意志，以暴力、胁迫或者其他手段，强行与妇女发生性关系的行为。强奸罪的主观方面是直接故意。在本案中，由于甲对乙女系精神病患者的事实并不知情，因而其主观上不存在罪过，也就不能以强奸罪定罪处罚。所以选项A是正确的。

12. A。A选项中，吴某基于杀人的故意而实施杀人行为，但未发生危害结果，因而成立（间接）故意杀人未遂。吴某只有一个开枪行为，所以不可能成立数罪，所以，B、D选项均说法错误。C选项关于吴某对乙成立故意伤害罪的说法违反责任主义，因为吴某主观上仅具有杀人的故意，而不具有伤害的故意。故C选项错误。本题答案为选项A。

13. B。根据我国刑法的规定，意外事件有三个特征：一是行为在客观上造成了损害结果。行为人的行为是造成损害结果的原因。如果虽然出现了损害结果，但不是由行为人的行为造成的，而是由自然现象、动物等造成的，则不能称为意外事件。二是行为人没有故意与过失。行为人主观上对于自己的行为及所造成的损害结果，既不存在故意心理，也不存在过失态度。三是损害结果由不能预见的原因所引起。行为人没有预见自己的行为可能造成损害结果，而且根据当时各方面的情况他不可能预见、不应当预见。本案中，张某和赵某在工地发生争执，工地属于有较高危险性的场所，行为人在这里应小心谨慎。张某把赵某推倒，致使赵某头碰石头死亡。张某虽没有杀害或者伤害赵某的故意，但是没有尽到应尽的注意义务，具有疏忽大意的过失。所以正确答案是B选项。

14. B。违法性认识是指行为人认识到自己的行为是违法的。违法性认识的可能性是指行为人在实施符合构成要件的行为时，能够认识到自己的行为是违法的。本题中，甲不知某种行为是否违法，以书面形式向法院咨询，法院正式书面答复该行为合法。由此，鉴于司法权威，甲对此行为不再具有违法性认识的可能性（不可避免的禁止错误），阻却责任，故不成立犯罪。所以正确答案应是B选项。

15. C。一般情况下，盗窃自己的财物不成立盗窃罪，但是，如果盗窃本人已经被依法扣押的财物，或偷回本人已经交付他人合法持有或保管的财物，也构成盗窃罪。A项中，甲明知自己的财物处于国家机关管理之中，采取秘密窃取的方式取回，仍然可以成立盗窃罪。因此，A项说法错误。亦有观点认为，甲偷回自己财产的行为不成立盗窃罪，而仅仅构成非法处置查封、扣押、冻结的财产罪。B项中，乙已经认识到自己的行为及其结果可能是盗窃枪支，而希望或放任该结果的发生，属于直接故意或间接故意，因此，依然成立盗窃枪支的犯罪。所以，B项说法错误。猥亵儿童罪，是针对儿童实施的猥亵行为，主观上要求行为人对于猥亵的对象是儿童必须有明知（包括知道和可能知道）。故C项说法正确。贩卖毒品罪的主观方面是故意，即明知是毒品而非法销售，或者以贩卖为目的而非法收买毒品。因此，贩卖毒品的犯罪故意要求行为人明知自己贩卖的是毒品，但是不要求行为人明知自己贩卖的毒品种类。所以，D项说法错误。综上，本题应选C项。

16. C。本题中，农民甲误以为驾驶拖拉机的行为不属于驾驶机动车而不成立犯罪，属于法律认识错误，而非事实认识错误；同时，甲也有违法性认识的可能性，因而不阻却故意的成立。所正确答案为C选项。

17. A。所谓直接故意，是指行为人明知自己的行为会发生危害社会的结果，而希望结果发生的主观心理态度。本题题干中，甲“为了杀乙”一语，其实已经十分明确地表明了甲的主观心理态度中的意志因素，即希望通过自己的行为造成乙死亡的结果。而题干中所给出的“甲明知自己的枪法很差”“从100米外向乙开枪”等，都是主观心理态度的认识因素，只是表明甲明知自己的行为可能会发生危害社会的结果，而并非表明甲明知自己的行为必然发生危害社会的结果。区分直接故意、间接故意、过于自信的过失和疏忽大意的过失，关键在于行为人的意志因素而非其认识因素。所以，本题的正确答案是选项A。

18. D。本题考查的是打击错误和刑事诉讼法中的疑罪从无的原则。甲、乙误把小孩当作兔子打死的行为属于打击错误，在处理上存在两种情况：一是有过失的成立过失犯罪，二是无过失的成立意外事件。很显然，小孩之死系甲、乙二人共同的过失行为所导致的，根据我国《刑法》第25条第2款，二人以上共同过失犯罪的，不构成共同犯罪；需要负刑事责任的，分别定罪处罚。由于无法查清是谁的子弹打中了小孩，据疑罪从无和有利于被告人的原则，甲、乙二人终无须对该结果负责，只能认定甲、乙都无罪。因此，D选项说法正确。但从一般国民的处罚感情来看，甲、乙均无罪的解释结论实质上造成了法益保护的漏洞，因而，有必要在立法上承认共同过失正犯。

19. C。本案属于结果的过早发生或者构成要件提前实现的情形。因为行为人之前实施的投放安眠药的行为已属于故意杀人罪的着手行为，且又发生了行为人意欲实现的具体危害结果，所以，应成立故意杀人罪的既遂。

20. D。本题考查的是事前的故意。所谓事前的故意，是指行为人误认为第一个行为已经造成结果，出于其他目的实施第二个行为，实际上是第二个行为导致预期的结果的情况。一般而言，由于因果关系的错误不阻却故意的成立，所以，事前的故意属于客观的因果关系的认定的问题。在本案中，介入的第二个行为并不异常，应肯定第一个行为与结果之间的因果关系，而且，现实所发生的结果与行为人意欲实现的结果完全一致，故应以故意杀人罪的既遂论处。所以，应选D项。

21. D。他人欲跳楼自杀，围观者大喊“怎么还不跳”，他人跳楼而亡。很显然，围观者的行为并不必然引起被害人的跳楼死亡结果，相反，跳楼行为是被害人自己决定的结果，因而不能将该结果归责于行为人。故A项不选。司机急于回家，行驶时闯红灯，把马路上的行人撞死，其缺乏故意，构成交通肇事罪。故B项不选。误将熟睡的孪生妻妹当成妻子，与其发生性关系，欠缺强奸的犯罪故意，不构成强奸罪。故C项不选。做客的朋友在家中吸毒，主人装作没看见，主人构成容留他人吸毒罪，属间接故意犯罪。故D项当选。

22. C。肖某作为幼儿园的教师，对王某的安全负有注意义务，所以存在过失，不属于意外事件。疏忽大意过失与过于自信过失的区别点在于行为人事先对于行为的结果有无预见。有预见而轻信能够避免的，是过于自信的过失。肖某只是想把王某扯开，没有预料到王某会摔倒，因此属于疏忽大意的过失。故C项当选。

23. D。甲的行为系假想防卫，应视情况认定为过失犯罪或者意外事件。甲的主观心态是应当预见而没有预见的疏忽大意的过失，故成立过失致人死亡罪。

24. C。甲对实施不法侵害的流氓予以反击的行为构成正当防卫。在防卫过程中，甲误以为便衣民警乙是流氓的同伙而进行反击，致其重伤的，属于假想防卫。在假想防卫的场合，不可能成立故意犯罪，而仅可能成立过失犯罪或者意外事件。本题中，由于当时情况紧急，便衣民警又未亮明身份，甲不可能认识到乙是民警，因而其对民警重伤的后果是一种意外。故C选项正确。

（二）多项选择题

1. CD。赵某将自己的有罪行为误认为无罪，属于法律认识错误。对法律认识错误，一般不影响对行为的定性。所以，选项CD是正确答案。

2. CD。关于A选项：根据我国《刑法》的规定，买卖黄金的行为客观上不具有违法性，至于甲误将买卖黄金的无罪行为认为是犯罪行为，属于违法性认识错误，不能因此认定甲有罪。所以，A选项表述错误。B项中，甲客观上盗窃了枪支，主观上对所盗窃的对象为枪支存在认识，故具有盗窃枪支的故意，据此可直接认定成立盗窃枪支罪。至于甲认为自己的行为不成立犯罪，属于违法性认识错误，不影响以盗窃枪支罪定罪处罚。所以，B选项错误。C项与D项中，甲均具有实施犯罪的故意，只不过对于各自行为的法律性质产生了法律上认识的错误，即存在违法性认识错误，二者均不阻却责任，故不影响故意犯罪的成立。其中，D项中甲的违法性认识属于可以避免的错误，不阻却故意的成立。所以，本题应选CD。

3. ABC。甲的行为属于目标打击错误，又称行为误差，属于具体认识错误的一种情形。所谓目标打击错误是指行为人的侵害行为，由于失误而使实际侵害的对象与行为人意图侵害的对象不一致。根据法定符合说，尽管因伤害导致死亡的人和自己欲伤害的人不一致，但是乙与甲的父亲都属于“人”的范围，因此这种不一致不影响对行为人罪责的认定，即应成立故意伤害（致死）罪。但根据具体符合说，只有实际发生的结果与行为人认识的事实具体相一致时，才成立故意犯罪的既遂犯，所以，甲应构成故意伤害罪的未遂（对乙）和过失致人死亡罪（对甲的父亲）。

4. AC。在本案中，行为人甲明知自己的行为会导致其妻被毒死的结果，而希望、积极追求这种结果的发生，是直接故意。行为人甲明知自己的行为会导致其子被毒死的结果发生，而未采取有效的避免措施，放任这种结果发生，符合间接故意的特征。因此，选项AC是正确答案。

5. ACD。国家机关工作人员身份是客观存在的，与主观罪过没有关系，无论行为人是否认识到自己是国家机关工作人员，都不影响罪过的认定。所以，A选项错误。B选项中，甲本想杀人却射中名车，属于具体事实认识错误中的打击错误。甲的一个行为同时触犯了故意杀人罪（未遂）和故意毁坏财物罪，属于想象竞合，择一重罪进行定罪处罚。因故意杀人未遂重于故意毁坏财物既遂，所以应认定为故意杀人未遂。故B选项正确。C选项错误：因果关系的错误，是指侵害的对象没有错误，但造成侵害的因果关系的发展过程与行为人所预想的发展过程不一致，以及侵害结果推后或者提前发生的情况。甲的侵害对象没有变化，都是针对“乙的名犬”，只是由原来的毒害变为最后的拔刀刺杀，造成的结果是一样的，故属于因果关系的错误。因果关系的错误一般不影响犯罪的认定，甲依然构成故意毁坏财物罪。选项D说法错误：疏忽大意的过失应预见的结果是法定的危害结果，在过失致人死亡时，行为人所应当预见的是自己的行为可能导致他人死亡的结果，而不能是其他结果。

6. ABC。我国刑法中的犯罪故意分为直接故意和间接故意。直接故意是指行为人认识到自己的行为必然或者可能发生危害社会的结果而希望这种结果发生的心理态度。间接故意是指行为人认识到自己的行为可能会发生危害社会的结果而放任这种结果发生的心理态度。据此，选项ABC是正确的。

7. AB。刑法理论一般认为，行为人主观上对事实的认识错误分为具体的事实认识错误和抽象的事实认识错误。具体的事实认识错误是指行为人认识的事实与实际发生的事实虽然不一致，但没有超出同一犯罪构成的范围，即行为人只是在某个犯罪构成的范围内发生了对事实的认识错误，因而也被称为同一犯罪构成内的错误。对于具体的事实认识错误，理论上存有具体符合说和法定符合说的争论。具体符合说认为，只有在行为人所认识的事实与实际发生的事实具体地相一致时，才成立故意的既遂犯；而法定符合说则认为，行为人所认识的事实与实际发生的事实，只要在犯罪构成范围内是一致的，就成立故意的既遂犯。本题中，甲欲杀乙，却将乙、丙全部杀死。此时，根据具体符合说，甲只是对乙成立故意杀人罪既遂，至于丙，因为行为人所认识的事实与实际发生的事实没有具体地相一致，所以甲对丙成立过失致人死亡罪；但是根据法定符合说，甲将乙打死和将丙打死在同一犯罪构成的范围之内，均成立故意杀人罪的既遂。所以本题正确答案是AB项。

8. ABCD。甲意欲杀乙，却出现了丁被杀的结果。由于丁死亡是甲的杀人实行行为的危险的现实化，所以，肯定存在因果关系。甲原本计划通过设置路障杀乙，结果丁经过该路障处，导致其死亡。这本质上属于甲误将丁当作乙予以杀死，属于对象认识错误。在对象认识错误的情况下，无论是根据具体符合说还是根据法定符合说，都应认定为犯罪既遂。C项与D项中，丙既有杀丁的犯罪故意，又有借助不知情的甲原来设置好的路障杀丁的客观行为，最后导致了丁的死亡结果的发生。可见丙具有支配整个犯罪过程的意思，故丙构成故意杀人罪的间接正犯，且是既遂。相对于甲而言，丙属于故意杀人罪的片面共犯。据此，选项

ABCD 均正确。

（三）不定项选择题

1. BC。《刑法》第 16 条规定：行为在客观上虽然造成了损害结果，但是不是出于故意或者过失，而是由于不能抗拒或者不能预见的原因所引起的，不是犯罪。甲在驾驶过程中打喷嚏导致严重后果的行为，属于无罪过事件，不负刑事责任。

2. CD。甲属于“打击错误”，按照具体符合说，对于欲打击的对象丙没有造成重伤结果，成立故意伤害罪未遂；对于错误打击的乙成立过失致人重伤罪。故 A、B 选项错误。选项 C 中，甲以犯罪故意客观上打击了不法侵害人乙救助了丙，属于偶然防卫。偶然防卫客观上达到了制止不法侵害、保护法益的防卫效果，即客观上没有造成损害结果，故对乙不构成故意伤害罪；对丙具有重伤的现实危险，但客观上未造成其重伤，因而仅仅成立故意伤害罪未遂。故选项 C 正确。关于 D 选项，甲、乙基于重伤的故意伤害丙，未造成丙重伤的结果，显而易见，于丙而言，不可能成立故意伤害罪的既遂，而只能构成故意伤害罪的未遂。故选项 D 正确。

3. C。根据《刑法》第 14 条第 1 款的规定，犯罪故意是指行为人认识到自己的行为会发生危害社会的结果，并且希望或者放任这种结果发生的心理态度。其中，持希望的心理态度的是直接故意，持放任的心理态度的是间接故意。根据《刑法》第 15 条第 1 款的规定，犯罪过失是指行为人应当预见自己的行为可能发生危害社会的结果，因为疏忽大意而没有预见，或者已经预见而轻信能够避免，导致危害结果发生的心理态度。其中，没有预见的为疏忽大意的过失，已经预见而轻信能够避免的是过于自信的过失。因而，选项 C 是正确答案。

4. AB。吴某本想杀害校长，却将校长的秘书当成校长。这属于对象的认识错误。对于对象错误，不论是按照法定符合说还是按照具体符合说，都应当认定为既遂。

5. AD。行为人的行为依照法律不构成犯罪，而行为人误认为构成犯罪的，这种认识错误是法律认识错误的情形之一，属于误认无罪为有罪。此种认识错误不影响将该行为认定为无罪。

6. AD。刑法上的因果关系是危害行为与危害结果之间存在的一种引起与被引起的关系。行为人误认为第一个行为造成了危害结果的发生，但实际上危害结果是他的第二个行为造成的，这就是因果关系认识错误。所以 A 项是正确的。刑法理论一般将错误分为法律错误与事实错误，打击错误是事实错误的一种。所谓打击错误，也称打击失误、行为偏差、方法错误，是指行为人对自己意欲侵害的某一对象实施侵害行为，由于失误而导致实际侵害对象与其本欲侵害的对象不一致。本案中刘某基于杀害潘某的故意对潘某本人实行打击行为，刘某并不存在打击错误，所以 B 项的说法是错误的。犯罪的既遂是指行为人所实施的行为已经齐备了刑法分则对某一具体犯罪所规定的全部构成要件。故意杀人罪是指故意非法剥夺他人生命的行为。故意杀人罪的行为人在主观上须有非法剥夺他人生命的故意，并在客观上实行了非法剥夺他人生命的行为，导致被害人的死亡。本案中，刘某有杀害潘某的故意，并且实行了杀害潘某的行为，造成潘某的死亡，所以刘某的行为构成故意杀人罪的既遂。所以 D 项是正确的。本题的正确答案是 AD。

7. ABCD。本题考核的是具体事实认识错误中的对象错误。甲将乙的哥哥当作乙进行打击，甲的行为属于对象认识错误。按照法定符合说，甲基于伤害乙的故意伤害了乙的哥哥，成立故意伤害罪；按照具体符合说，甲对乙成立故意伤害罪（未遂），对乙的哥哥成立过失致人重伤罪。

8. ABC。期待可能性是指根据具体情况，有可能期待行为人不实施违法行为而实施其他适法行为。期待可能性理论认为，如果不能期待行为人实施其他适法的行为，就不能对其进行法的非难，因而不存在刑法上的责任。期待可能性不仅存在有无的问题（是否排除责任），而且存在程度问题（是否减轻责任）。选项 A 正确地表达了期待可能性与故意或过失之间的关系，即有故意或过失未必具有期待可能性。选项 B 属于事后不可罚行为，之所以不可罚，是因为缺乏期待可能性。选项 C 也属于缺乏期待可能性的适例。至于乞丐盗窃、抢夺他人财物的行为，原则上“贫穷”并不是免责的正当事由，即使不认定为犯罪，也只能从紧急避险的角度来考虑，而非欠缺期待可能性。

9. A。选项 A 正确：看守所值班武警甲擅离职守，导致乙趁机逃走，并非甲故意将乙放走，因此，甲主观上是过失；在押的犯罪嫌疑人乙出于脱逃的故意，实施脱逃的行为，因此，乙主观上是故意。选项B错误：共同犯罪的成立要求行为人之间存在共同的犯罪故意，其中一人为过失的，不构成共犯，因此，甲、乙不成立共同犯罪。选项C错误：私放在押人员罪的主观方面为故意，过失不构成此罪，本题中甲主观上是过失，不是故意，因此不构成私放在押人员罪。选项D错误：只要实施脱逃的行为即成立既遂，本题中，乙虽然最终被抓回，但仍然构成脱逃罪。

10. ABCD。本题主要考查过失犯罪的判断。A项中，客观上，老师将学生赶出教室的行为不具有过失致人死亡的实行行为性，主观上老师对学生跳楼自杀也不存在预见可能性，学生应对自己的死亡后果负责，所以，难以认定老师构成过失犯罪。B项中，修理工的行为已经构成故意伤害罪。C项中，路人的行为是正当行为，小偷要对自己的死亡自我答责，路人的行为不构成犯罪。D项中，邻居的行为是见义勇为行为，主观上不存在过失，尽管未能接牢，造成儿童摔成重伤，邻居也不承担刑事责任。所以，本题答案为选项ABCD。

11. AD。丙的行为是一种防卫行为，也是一种打击错误。其对乙的死亡没有故意，只有过失；对甲是一种正当防卫行为，不构成犯罪。本题答案为选项AD。

简答题

1. 间接故意与过于自信的过失的相同点是：(1) 二者在认识因素上都预见到自己的行为可能发生危害社会的结果；(2) 在意志因素上都不希望危害结果发生。

间接故意与过于自信的过失的不同点在于：(1) 在认识因素上，间接故意对实际发生危害结果的现实性并未产生错误的认识。而过于自信的过失虽然也认识到危害结果发生的可能性，但主观上认为存在避免危害结果发生的有利条件，认为发生危害结果的可能性不会成为现实性，也就是存在错误认识。(2) 在意志因素上，间接故意的行为人虽不希望危害结果发生，但也并不反对、不排斥危害结果的发生，而是听之任之，有意放任危害结果的发生。而过于自信的过失的行为人不仅不希望危害结果的发生，也不放任危害结果的发生，而是希望危害结果不要发生，希望避免危害结果的发生，即排斥、反对危害结果的发生。

2. 间接故意是指行为人明知自己的行为可能发生危害社会的结果，并且放任这种结果发生的主观心理态度。其主要特征有以下两个方面：(1) 从其认识因素来看，间接故意是明知自己的行为可能发生危害社会的结果；(2) 从其意志因素来看，间接故意是行为人放任了危害结果的发生。在这里，所谓放任就是指行为人有意听任危害结果的发生，发生了危害结果并不违背行为人的本意。

从司法实践的角度来考察，间接故意的表现形式主要有以下三个方面：(1) 行为人追求某一个犯罪目的，而放任另一个危害结果的发生；(2) 行为人追求一个非犯罪目的，而放任某种危害结果的发生；(3) 在突发性事件中，行为人不计后果，放任了严重危害结果的发生。

3. 法律认识错误，即行为人在法律上认识的错误，是指行为人对于自己的行为在法律上是否构成犯罪、构成何种犯罪或者应当受到什么样的刑事处罚的不正确的理解。

这类认识错误，通常表现为三种情况：

(1) 假想的犯罪，即行为人的行为依照法律并不构成犯罪，行为人误认为构成了犯罪。在这种情况下，判断和认定行为性质的依据是法律而不是行为人对法律的错误认识，行为本来的非犯罪性质并不因为行为人的错误认识而发生变化，故不能构成犯罪。

(2) 假想的不犯罪，即行为在法律上规定为犯罪而行为人误认为不构成犯罪。处理所谓“假想的不犯罪”的情况，原则上不能因为行为人对自己行为的法律性质的误解而不追究其应负的刑事责任，以防止犯罪分子借口不知法律而实施犯罪并逃避罪责。但是，在某些特殊情况下，如果行为人确实不了解国家法律的某种禁令，从而不具有违法性认识的可能性，阻却责任，因此不承担刑事责任。

(3) 行为人对自己行为构成的罪名和罪刑轻重的误解，即行为人认识到自己的行为已经构成犯罪，但对于其行为触犯了刑法规定的何种罪名、应当被处什么样的刑罚，存在不正确的理解。在这种情况下，行为人对法律的这种错误认识，并不影响其犯罪的性质和危害程度，应当按照他的行为实际构成的犯罪及危害程度定罪量刑。

案例分析题

1. 某市中级人民法院对张某以过失致人死亡罪判

处有期徒刑 3 年的判决是不正确的，因为李某的死亡属于意外事件，张某的行为不构成犯罪。理由如下：

（1）《刑法》第 16 条规定：行为在客观上虽然造成了损害结果，但不是出于故意或者过失，而是由不能抗拒或者不能预见的原因所引起的，不是犯罪。理论上称这种情况为意外事件。可见，构成意外事件，须具备两个条件：客观上造成实际损害；主观上不是出于故意或者过失，损害由不能抗拒或者不可预见的原因所引起。

（2）本案中，对于李某的死亡结果，张某不是出于故意或者过失。该结果是不能预见的原因所致：首先，张某没有杀害李某的故意。这一点无须证明。其次，张某对李某之死也不存在过失。根据刑法的规定，犯罪过失是指行为人应当预见自己的行为可能发生危害社会的结果，因为疏忽大意没有预见，或者已经预见而轻信能够避免，以致发生危害结果的心理态度。前者为疏忽大意的过失或无认识过失，后者为过于自信的过失或有认识过失。就本案而言，李某见张某撬不开门，想抢过起子自己来撬。但是，他的这一动作没有事先与张某打招呼，也就是说，张某不可能预见李某有此举动，更不可能预见到自己的撬门行为会导致李某的死亡。结果李某的一拉，使没有任何防备的张某向前一冲，起子刺进了李某自己的腹部，造成李某自己失血休克死亡。因此，对于李某的死亡，张某没有预见，也不可能预见。张某对李某的死亡不存在犯罪过失，李某的死亡是个意外事件。因此，张某没有罪过，其行为不是犯罪，不承担刑事责任。

2. 乙的心理态度属于过于自信的过失。乙初学驾车，已经预见到可能撞到他人或车辆，但由于自信技术过硬，能够避免危害结果，从而造成交通肇事。故乙的心理态度属于过于自信的过失。

3. 本案被告人李某将男生误作女生而进行强奸，在刑法理论上，属于对象的认识错误，构成对象不能犯未遂，应按照强奸罪（未遂）处理。亦有观点认为，强奸的对象只能是女性，而不能是男性，因此，行为时现场只有男性，而无女性的，构成强奸罪的不能犯。

4. 朱某对王某的死亡的心理态度是间接故意，朱某应当依法负刑事责任。朱某身为公安干警，在没有查明事实真相的情况下，开枪向人射击，其行为性质是故意伤害。尽管在当时的条件下，朱某对于能否击中王某并无确切的把握，但击中与击不中都在其意志范围之内，即对于击中王某，朱某在主观上持一种放任的态度，对于击中后王某是死是伤也持放任的心理态度，属于间接故意。在朱某开枪时：一是无不法侵害的存在，不具备正当防卫的条件；二是仅凭他人形迹可疑就开枪射击，没有依法履行职务的依据。因此，朱某对自己的行为应当依法承担刑事责任。

5. 该厨师的行为构成犯罪。该厨师应当预见到将油锅置放在火上（不关火）会造成发生火灾的严重后果，但忙着接电话而忘记关火，从而酿成火灾，因此，其主观方面是疏忽大意的过失。

6. 此案起先是由被害人乙的过错而引起的交通事故，对甲而言，这属于无法预见的意外事件，甲对此不负刑事责任。但从甲将昏迷的乙拖向路旁小树林的时候起，行为的性质发生了根本变化。甲明知乙身受重伤，生命处于极度危险之中，如不及时救助就会导致死亡的后果发生，但甲不仅不救助乙，反而将其拖到小树林里，使其失去了被发现、抢救的机会，所以甲对乙死亡的结果采取了放任的心理态度，其应当承担间接故意杀人的刑事责任。

7. 孙某的行为构成过失致人重伤罪，这是因为在孙某将滚烫的大号油锅放在店铺门口时，他家人提醒他这样做不妥，即表明他已预见这样做可能发生将人烫伤的严重危害结果，但由于他轻信当时市场人少、不会出事，故而没有听取家人的提醒，最终导致烫伤小男孩的后果。因此，其行为构成过失致人重伤罪，其主观方面是过于自信的过失。

8. 甘某的行为构成故意伤害罪。这是因为行为人明知对被害人连扇耳光的行为会导致严重的伤害后果，但其为了发泄心中的愤怒，对年仅 9 岁的被害人刘某相继扇了 8 个耳光，放任危害结果的发生，最终导致刘某耳膜穿孔，并因此丧失听觉，因而其主观方面是间接故意。

9. 刑法中的故意，是指行为人明知自己的行为会发生刑法分则所规定的某种犯罪的危害结果，并希望或者放任这种危害结果发生的心理状态。如果行为人对实际发生的危害程度根本缺乏认识，应否定对该结果的故意。从本案看，虽然四名男子（违法者）明知自己的行为是在盗窃，但考虑到研究所未采取有效的防范措施，一般人都不会认识到该葡萄的实际价值，因而要求该四位男子认识到该葡萄的重要价值（达到刑法分则规定的危害结果）显然是一种过高的要求。

对该四名男子来说，他们所明知的只是偷窃了几十斤的葡萄而已，而非科学试验用的所谓的“天价葡萄”。由此，让其承担盗窃“天价葡萄”的后果，显然是结果责任、客观归罪，有违我国刑法中的主客观相统一原则。本案中，行为人对葡萄的价值这一点存在的重大认知错误，影响其责任的承担范围（故意内容影响结果的归责范围），应仅仅在一般人所认知的范围内使其承担责任。由此，本案该四名男子仅对其所能认识到的财物价值（未达到“数额较大”的标准）存在盗窃的故意，故应依法认定不构成犯罪。

论述题与深度思考题

1. 犯罪的直接故意与间接故意同属犯罪故意的范畴。从认识因素上看，二者都明确认识到自己的行为会发生危害社会的结果；从意志因素上看，二者都不排斥危害结果的发生。这些相同点，说明和决定了这两种故意形式的共同性质。但是，犯罪的直接故意与间接故意又有着重要的区别。

（1）从认识因素上看，二者对于行为导致危害结果发生的认识程度有所不同。犯罪的直接故意既可以是行为人明知自己的行为必然发生危害结果，也可以是行为人明知其行为可能发生危害结果。而犯罪的间接故意只能是行为人明知自己的行为可能发生危害结果。

（2）从意志因素上看，二者对危害结果发生的心理态度显然不同。直接故意是希望即积极追求危害结果的发生。在这种心理支配下，行为人就会想方设法、克服困难、创造条件、排除障碍，积极地甚至顽强地实现犯罪目的，造成犯罪结果。间接故意对危害结果的发生不是持希望的心理态度，而是持放任的心理态度。“放任”就是对结果的发生与否采取听之任之、满不在乎、无所谓的态度：不发生结果行为人不懊悔，发生结果也不违背行为人的本意。在放任心理的支配下，行为人就不会想方设法排除障碍，积极追求或努力阻止特定危害结果的发生。意志因素的不同，是两种故意区别的关键所在。

（3）特定危害结果的发生与否，对这两种故意及其支配下的行为定罪的意义也不相同。对直接故意来说，其行为性质与结果性质是同一的，其结果也是特定的。根据主客观相统一的定罪原则，只要行为人主观上有犯罪的直接故意，客观上有相应的行为，即构成特定的故意犯罪。危害结果发生与否不影响定罪，只是在那些以结果为既遂要件的犯罪中作为区分既遂与未遂形态的标志。对间接故意而言，特定的危害结果可能发生，也可能不发生，结果发生与否都不违背行为人的意志，都包含在其本意中，因而根据主客观相统一的原则，在仅有行为而无危害结果时，尚不能认定行为人构成此种犯罪，只有发生了特定危害结果才能认定构成特定的犯罪，即特定危害结果的发生与否，决定了间接故意犯罪的成立与否。

2. 对于犯罪故意的成立是否要求具有违法性认识这一问题，刑法理论界意见不一，主要有以下五种见解：（1）社会危害性认识应是犯罪故意的认识内容，违法性认识不是犯罪故意的认识内容。但也不能绝对化，不能排除个别例外的情况。此种见解在我国目前处于通说地位。（2）违法性认识不必要说。犯罪故意的认识内容中应包括社会危害性认识，而不包括违法性认识。（3）社会危害性认识与违法性认识必要说。违法性认识和社会危害性认识都是犯罪故意的内容，二者必须同时具备。（4）违法性认识必要说。违法性认识是犯罪故意成立的要件，而社会危害性认识不应作为犯罪故意成立的要件。（5）社会危害性认识和违法性认识择一说。亦即犯罪故意的成立不是仅包括社会危害性认识，也不是仅包括违法性认识，更不是要求两者同时具备，而是两者具有其一即可，即行为人主观上不论是具有社会危害性认识还是具有违法性认识，犯罪故意都可成立。（参见高铭暄主编：《刑法专论》，263～270页，北京，高等教育出版社，2006。）

3. 具体的认识错误，也称具体的事实错误、同一犯罪构成内的错误，是指行为人认识的事实与实际发生的事实虽然不一致，但没有超出同一犯罪构成的范围。具体的事实错误主要包括对象错误、打击错误与因果关系错误。对于具体的事实错误，主要存在具体符合说和法定符合说的对立：前者认为，行为人所认识的事实与实际发生的事实具体地相一致时，才成立故意的既遂犯；后者认为，行为人所认识的事实与实际发生的事实，只要在犯罪构成范围内一致，就成立故意的既遂犯。

（1）对象错误。

对象错误，是指行为人误将甲对象当作乙对象加以侵害，而甲对象与乙对象在同一犯罪构成内，从而行为人认识的内容与客观事实仍在同一犯罪构成范围。例如，行为人误将乙当作甲加以杀害。根据法定符合说，由于甲和乙均系故意杀人罪保护的对象，即在同一犯罪构成范围内，因而，行为人的行为成立故意杀人罪的既遂。根据具体符合说，行为人当时想杀的是“那个人”，且事实上也杀了“那个人”，因而，属于具体的符合，构成故意杀人罪的既遂。

（2）打击错误。

打击错误，也称方法错误、目标打击错误，是指由于行为人本身的误差，行为人所欲攻击的对象与实际受害的对象不一致，但这种不一致没有超出同一犯罪构成的范围。例如，A举枪射击B，却因没有瞄准而击中了C，导致C死亡。对此，具体符合说认为，由于客观行为与行为人的主观认识没有形成具体的符合，所以，A对B承担故意杀人罪的责任，对C一般承担过失致人死亡罪的责任，而由于只有一个行为，故属于想象竞合犯，择一重罪处罚；法定符合说认为，在存在方法错误的情况下，行为人客观上的杀人行为导致了他人死亡，主观上也具有杀人故意，二者在故意杀人罪的犯罪构成范围内是完全一致的，因而成立故意杀人罪的既遂。

（3）因果关系错误。

因果关系错误，是指侵害的对象没有错误，但造成侵害的因果关系的发展过程与行为人所预想的发展过程不一致，以及侵害结果推后或者提前发生的情况。

因果关系错误主要有以下三种情况。

1）狭义的因果关系错误。

狭义的因果关系错误，是指结果的发生没有按照行为人对因果关系的发展所预见的进程来实现的情况。例如，甲以杀人故意向乙开枪射击，乙为了避免子弹打中自己而后退，结果坠入悬崖死亡。这种情况下的因果关系错误，一般不影响故意犯罪既遂的成立。

2）事前故意。

事前故意，是指行为人误认为第一个行为已经造成了结果，出于其他目的实施第二个行为，实际上是第二个行为才导致预期结果发生的情况。如甲以杀人故意对乙施加暴力，造成乙休克。甲以为乙已经死亡，为了隐匿罪证，将乙扔至河里，结果乙溺水而亡。此种情况下，第一个行为具有导致结果发生的重大危险，介入的第二个行为也不异常，因此，应肯定第一个行为与第二个行为之间的因果关系，即应认定故意犯罪的既遂。

3）结果的提前发生。

结果的提前发生，是指提前实现了行为人所预想的结果。例如，甲准备用麻醉药使乙陷入无意识状态（前一行为），然后再将其绞死（后一行为），但由于麻醉药使用过量，乙提前死亡。此种情况下，行为人的前后行为均具有导致法益侵害的现实危险性，因此，应将这两个行为当作一个整体来把握，从而肯定故意犯罪的既遂的成立。当然，如果前一行为不具有侵害法益的现实危险性，那么，前一行为应被认定为预备行为，与后一过失行为成立想象竞合。例如，妻子为了杀害丈夫，准备了有毒咖啡，打算等丈夫回家后给丈夫喝。不料丈夫提前回家，喝了有毒咖啡而死亡。此种场合下，由于妻子尚未着手实行犯罪，因而应成立故意杀人罪的预备与过失致人死亡罪的竞合，择一重罪处罚。（参见张明楷：《刑法学》，6版，362页以下，北京，法律出版社，2021。）

第九章　正当行为

知识逻辑图

- 正当行为
  - 概念
  - 特征
  - 种类
    - 正当防卫
      - 前提条件
      - 时机条件
      - 主观条件
      - 对象条件
      - （以上条件）→ 防卫过当
      - 结果限度条件 —— 超过必要限度造成重大损害 → 防卫过当
    - 紧急避险
      - 前提条件
      - 时机条件
      - 限制条件
      - 对象条件
      - 主观条件
      - （以上条件）→ 避险过当
      - 结果限度条件 —— 超过必要限度造成不应有的损害 → 避险过当
    - 执行命令的行为
    - 正当业务行为
    - 科学研究和自然探险行为
    - 受害人承诺的行为和推定受害人承诺的行为

名词解释

1. 正当防卫
2. 紧急避险
3. 特殊防卫

选择题

（一）单项选择题

1. 甲外出时在自己的住宅内安放了防卫装置。某日晚，乙撬门进入甲的住宅后，被防卫装置击为轻伤。甲的行为是什么性质？（　　）（司考）

A. 故意伤害罪

B. 正当防卫

C. 防卫不适时

D. 民事侵权行为，不构成犯罪

2. 某日，黄某牵着狗在山坡上闲逛，恰遇平日与己不和的刘某，黄某即唆使其带的狗扑咬刘某。刘某警告黄某，黄某继续唆使狗扑咬刘某。刘某边抵挡边冲到黄某面前，捡起石块将其头部砸伤，黄某见头上流血，慌忙逃走。从刑法理论上看，刘某的行为属于哪种情况？（　　）（司考）

A. 紧急避险

B. 正当防卫

C. 防卫过当

D. 对象错误

视频讲题

3. 乙基于强奸故意正在对妇女实施暴力，甲出于义愤对乙进行攻击，客观上阻止了乙的强奸行为。

观点：

①正当防卫不需要有防卫认识。

②正当防卫只需要防卫认识，即只要求防卫人认识到不法侵害正在进行。

③正当防卫只需要防卫意志，即只要求防卫人具有保护合法权益的意图。

④正当防卫既需要有防卫认识，也需要有防卫意志。

结论：

a. 甲成立正当防卫。

b. 甲不成立正当防卫。

就上述案情，观点与结论对应正确的是哪一选项？（　　）（司考）

A. 观点①观点②与 a 结论对应，观点③观点④与 b 结论对应

B. 观点①观点③与 a 结论对应，观点②观点④与 b 结论对应

C. 观点②观点③与 a 结论对应，观点①观点④与 b 结论对应

D. 观点①观点④与 a 结论对应，观点②观点③与 b 结论对应

4. 张某的次子乙，平时经常因琐事滋事生非，无端打骂张某。一日，乙与其妻发生争吵，张某过来劝说。乙转而辱骂张某并将其踢倒在地，并掏出身上的水果刀欲刺张某。张某起身逃跑，乙随后紧追。张某的长子甲见状，随手从门口拿起扁担朝乙的颈部打了一下，将乙打昏在地上。张某顺手拿起地上的石头转身回来朝乙的头部猛砸数下，致乙死亡。对本案中张某、甲的行为应当如何定性？（　　）（司考）

A. 张某的行为构成故意杀人罪，甲的行为属于正当防卫

B. 张某的行为构成故意杀人罪，甲的行为属于防卫过当

C. 张某的行为属于防卫过当，构成故意杀人罪，甲的行为属于正当防卫

D. 张某和甲的行为均构成故意杀人罪

视频讲题

5. 根据《刑法》第 20 条前两款的规定，（　　）行为不负刑事责任；但（　　）必须符合一定条件，否则就会造成新的不法侵害。误认为存在不法侵害，进行“防卫”的，属于（　　）；不法侵害已经结束后，进行“防卫”的，属于（　　）。防卫行为明显超过必要限度造成重大损害的，属于（　　）；关于（　　）的罪过形式，刑法理论上存在争议，但可以肯定的是，（　　）不是独立罪名，应根据其符合的犯罪构成确定罪名；对于（　　），应当酌情减轻或者免除处罚。在这段话的空格中，（　　）。（司考）

A. 2 空填写“正当防卫”，5 空填写“防卫过当”，1 空填写“假想防卫”

B. 2 空填写“正当防卫”，4 空填写“防卫过当”，1 空填写“假想防卫”

C. 3 空填写“正当防卫”，5 空填写“防卫过当”

D. 3 空填写“正当防卫”，4 空填写“防卫过当”，1 空填写“假想防卫”

6. 甲与乙因琐事发生争执后，甲扬言要把乙杀死，并去商店买了一把匕首。乙怕甲杀死自己，就在甲从商店回来的路上，用猎枪将甲打死。乙的行为属于（　　）。

A. 正当防卫　　B. 防卫过当

C. 故意犯罪　　D. 假想防卫

视频讲题

7. 防卫过当是指防卫行为（　　）。

A. 明显超过必要限度

B. 造成了不法侵害者重伤或者死亡

C. 给第三者造成了损害

D. 明显超过必要限度造成重大损害

8. 避险过当的主观罪过是（　　）。

A. 过失

B. 故意

C. 既可以是直接故意、间接故意，也可以是过失

D. 既可以是间接故意，也可以是过失

9. 根据刑法规定，避险过当的，（　　）。

A. 应当从轻处罚

B. 应当减轻或者免除处罚

C. 可以从轻处罚

D. 可以减轻或者免除处罚

10. 下列关于正当防卫与紧急避险的认识正确的是（　　）。

A. 正当防卫明显超过必要限度造成重大损害的，应当以防卫过当罪定罪处罚

B. 紧急避险用于解决紧迫情况下合法利益之间的冲突

C. 防卫过当的罪过形式通常是直接故意

D. 事后防卫属于防卫过当的一种形式

11. 关于正当防卫与紧急避险，下列哪一选项是正确的？（　　）（司考）

A. 为保护国家利益实施的防卫行为，只有当防卫人是国家工作人员时，才成立正当防卫

B. 为制止正在进行的不法侵害，使用第三者的财物反击不法侵害人，导致该财物被毁坏的，对不法侵害人不可能成立正当防卫

C. 为摆脱合法追捕而侵入他人住宅的，考虑到人性弱点，可认定为紧急避险

D. 为保护个人利益免受正在发生的危险，不得已也可通过损害公共利益的方法进行紧急避险

12. 故意挑逗、引诱对方实施不法侵害然后以正当防卫为借口，加害对方的行为是（　　）。

A. 防卫挑拨　　B. 假想防卫

C. 事先防卫　　D. 正当防卫

13. 不法侵害人为多人时，正当防卫的防卫对象不包括（　　）。

A. 实施了最严重侵害行为的人

B. 实施了一般侵害行为的人

C. 在现场助威的侵害者一方的人

D. 现场的旁观者

14. 甲、乙两家有仇。某晚，两拨人在歌厅发生斗殴，甲、乙恰巧在场并各属一方。打斗中乙持刀砍伤甲小臂，甲用木棒击中乙头部，致乙死亡。关于甲的行为，下列哪一选项是正确的？（　　）（司考）

A. 属于正当防卫

B. 属于紧急避险

C. 属于防卫过当

D. 属于故意杀人

15. 防卫过当不同于正当防卫的特点在于（　　）。

A. 限度条件　　B. 时机条件

C. 主观条件　　D. 对象条件

16. 1997 年《刑法》第 20 条第 3 款是关于特殊防卫的规定。下列对这一规定的认识中正确的是（　　）。

A. 这一规定是关于无限防卫权的规定

B. 这一规定是关于无过当防卫权的规定

C. 特殊防卫不存在防卫过当的情形

D. 这一规定只是将正当防卫的限度条件有条件地放宽

17. 关于正当防卫，下列哪一选项是错误的？（　　）（司考）

A. 制伏不法侵害人后，又对其实施加害行为，成立故意犯罪

B. 抢劫犯使用暴力取得财物后，对抢劫犯立即进行追击的，由于不法侵害尚未结束，属于合法行为

C. 动物被饲主唆使侵害他人的，其侵害属于不法侵害；但动物对人的自发侵害，不是不法侵害

D. 基于过失而实施的侵害行为，不是不法侵害

18. 陈某抢劫出租车司机甲，用匕首刺甲一刀，强行抢走财物后下车逃跑。甲发动汽车追赶，在陈某往前跑了 40 米处将其撞成重伤并夺回财物。关于甲的行为性质，下列哪一选项是正确的？（　　）（司考）

A. 法令行为　　B. 紧急避险

C. 正当防卫　　D. 自救行为

19. 甲遭乙追杀，情急之下夺过丙的摩托车骑上就跑，丙被摔骨折。乙开车继续追杀，甲为逃命飞身跳下疾驶的摩托车奔入树林，丙 1 万元的摩托车被毁。关于甲行为的说法，下列哪一选项是正确的？（　　）（司考）

A. 属于正当防卫

B. 属于紧急避险

C. 构成抢夺罪

D. 构成故意伤害罪、故意毁坏财物罪

20. 经被害人承诺的行为要排除犯罪的成立，至少符合下列四个条件：

①被害人对被侵害的（　　）具有处分权限；

②被害人对所承诺的（　　）的意义、范围具有理解能力；

③承诺出于被害人的（　　）意志；

④被害人必须有（　　）的承诺；

下列哪一选项与题干括号内容相匹配？（　　）（司考）

A. 法益——事项——现实——真实

B. 事项——法益——现实——真实

C. 事项——法益——真实——现实

D. 法益——事项——真实——现实

21. 关于正当防卫的论述，下列哪一选项是正确的？（　　）（司考）

A. 甲将罪犯顾某扭送派出所途中，在汽车后座上死死摁住激烈反抗的顾某的头部，到派出所时发现其已窒息死亡。甲成立正当防卫

B. 乙发现齐某驾驶摩托车抢劫财物即驾车追赶，两车并行时摩托车撞到护栏，弹回与乙车碰撞后侧翻，齐某死亡。乙不成立正当防卫

C. 丙发现邻居刘某（女）正在家中卖淫，即将刘家价值 6 000 元的防盗门砸坏，阻止其卖淫。丙成立正当防卫

D. 丁开枪将正在偷越国境的何某打成重伤。丁成立正当防卫

22. 甲深夜盗窃 5 万元财物，在离现场 1 千米的偏僻路段遇到乙。乙见甲形迹可疑，紧拽住甲，要甲给 5 000 元才能走，否则就报警。甲见无法脱身，顺手一拳打中乙左眼，致其眼部受到轻伤，甲乘机离去。关于甲伤害乙的行为定性，下列哪一选项是正确的？（　　）（司考）

A. 构成转化型抢劫罪

B. 构成故意伤害罪

C. 属于正当防卫，不构成犯罪

D. 系过失致人轻伤，不构成犯罪

23. 鱼塘边工厂仓库着火，甲用水泵从乙的鱼塘抽水救火，致鱼塘中价值 2 万元的鱼苗死亡。仓库中价值 2 万元的商品因灭火及时未被烧毁。甲承认仓库边还有其他几家鱼塘，为报复才从乙的鱼塘抽水。关于本案，下列哪一选项是正确的？（　　）（司考）

A. 甲出于报复动机损害乙的财产，缺乏避险意图

B. 甲从乙的鱼塘抽水，是不得已采取的避险行为

C. 甲未能保全更大的权益，不符合避险限度要件

D. 对 2 万元鱼苗的死亡，甲成立故意毁坏财物罪

视频讲题

24. 关于正当防卫与紧急避险的比较，下列哪一选项是正确的？（　　）（司考）

A. 正当防卫中的不法“侵害”的范围，与紧急避险中的“危险”相同

B. 对正当防卫中不法侵害是否“正在进行”的认定，与紧急避险中危险是否“正在发生”的认定相同

C. 对正当防卫中防卫行为“必要限度”的认定，与紧急避险中避险行为“必要限度”的认定相同

D. 若正当防卫需具有防卫意图，则紧急避险也须具有避险意图

（二）多项选择题

1. 下列属于排除社会危害性的行为的有（　　）。

A. 执行命令行为　　B. 受害人承诺的行为

C. 正当业务行为　　D. 自然探险行为

2. 甲手持砖头追赶正在逃跑的窃贼，突然被别人拉住。甲回头看，以为是窃贼的同伙，便用砖头猛砸过去，致使该人重伤。经查，该人系欲上前帮助甲的群众，并非窃贼的同伙。甲的行为不属于（　　）。

A. 防卫不适时　　B. 故意犯罪

C. 假想防卫　　D. 正当防卫

3. 甲发现有人盗窃后逃跑，便手持砖头追赶，并用砖头投掷该窃贼，结果砸到了旁边的群众，致人重伤。甲的行为（　　）。

A. 是正当防卫　　B. 是过失犯罪

C. 不是正当防卫　　D. 是意外事件

4. 下列不属于正当防卫的情形有（　　）。

A. 防卫过当　　　　B. 假想防卫
C. 挑拨防卫　　　　D. 事后防卫

5. 甲误认为乙正在对其实施不法侵害，便对乙实行防卫行为，致乙重伤。经查，乙并未实施不法侵害行为。甲的行为（　　）。

A. 可能构成故意杀人罪
B. 可能构成过失致人死亡罪
C. 可能属于意外事件
D. 可能属于防卫过当

6. 甲持刀抢劫乙的财物，乙夺下甲的刀，并将甲推倒在地上。甲头部着地，当即昏迷。乙随后持刀向甲连扎三刀。对于乙的行为应当如何定性？（　　）

A. 乙的行为属于特殊防卫，不负刑事责任
B. 乙的行为属于防卫过当
C. 乙夺下甲的刀，并将甲推倒在地上的行为是正当防卫
D. 乙持刀向乙连扎三刀的行为是故意杀人

7. 甲、乙共同对丙实施严重伤害行为时，甲误打中乙致乙重伤，丙乘机逃走。关于本案，下列哪些选项是正确的？（　　）（司考）

A. 甲的行为属打击错误，按照具体符合说，成立故意伤害罪既遂
B. 甲的行为属对象错误，按照法定符合说，成立故意伤害罪既遂
C. 甲误打中乙属偶然防卫，但对丙成立故意伤害罪未遂
D. 不管甲是打击错误、对象错误还是偶然防卫，乙都不可能成立故意伤害罪既遂

8. 紧急避险与正当防卫的相同点包括（　　）。

A. 目的相同
B. 行为的对象相同
C. 前提条件都包含不法侵害
D. 危害的来源相同

9. 正当防卫与紧急避险的区别是（　　）。

A. 行为对象不同
B. 危险的来源不同
C. 对损害程度的限度不同
D. 紧急避险是别无选择的一种选择，而正当防卫无此要求

10. 紧急避险的危险的来源有（　　）。

A. 自然力量产生的危险
B. 机械、能源设备产生的危险
C. 动物侵袭造成的危险
D. 不法侵害

11. 下列对防卫过当的认识正确的有（　　）。

A. 防卫过当具有正当性的一面
B. 防卫过当不同于防卫对象认识错误
C. 防卫过当不是一个独立的罪名
D. 对于防卫过当应当减轻或者免除处罚

12. 严重精神病患者乙正在对多名儿童实施重大暴力侵害。甲明知乙是严重精神病患者，仍使用暴力制止了乙的侵害行为，虽然造成乙重伤，但保护了多名儿童的生命。

观点：

①正当防卫针对的“不法侵害”不以侵害者具有责任能力为前提

②正当防卫针对的“不法侵害”以侵害者具有责任能力为前提

③正当防卫针对的“不法侵害”不以防卫人是否明知侵害者具有责任能力为前提

④正当防卫针对的“不法侵害”以防卫人明知侵害者具有责任能力为前提

结论：

a. 甲成立正当防卫

b. 甲不成立正当防卫

就上述案情，观点与结论对应错误的是下列哪些选项？（　　）

A. 观点①②与 a 结论对应；观点③④与 b 结论对应
B. 观点①③与 a 结论对应；观点②④与 b 结论对应
C. 观点②③与 a 结论对应；观点①④与 b 结论对应
D. 观点①④与 a 结论对应；观点②③与 b 结论对应

（三）不定项选择题

1. 下列属于排除社会危害性行为的特征的有（　　）。

A. 正当性　　　　B. 善意性
C. 私力性　　　　D. 损害性

2. “避险不适时”是指（　　）。

A. 事前避险　　B. 事中避险
C. 事后避险　　D. 避险过当

3. 防卫过当的罪过形式包括（　　）。
A. 直接故意　　B. 间接故意
C. 疏忽大意的过失　　D. 过于自信的过失

4. 下列不适用紧急避险的情形有（　　）。
A. 职务上、业务上负有特定责任的人
B. 尚有其他方法可以避免危险
C. 危险不具有现实性
D. 来自自然界的危险

5. 下列对避险过当的认识正确的有（　　）。
A. 避险过当不是一个独立的罪名
B. 避险过当具备了紧急避险的成立条件
C. 避险过当造成了不应有的损害
D. 对避险过当应当减轻或者免除处罚

6. 甲手持匕首寻找抢劫目标时，突遇精神病人丙持刀袭击。丙追赶甲至一死胡同，甲迫于无奈，与丙搏斗，将其打成重伤。关于甲将精神病人丙打成重伤的行为，下列选项正确的是（　　）。（司考）
A. 甲的行为属于正当防卫，因为对精神病人的不法侵害也可以进行正当防卫
B. 甲的行为属于紧急避险，因为“不法”必须是主客观相统一的行为，而精神病人没有责任能力，其客观侵害行为不属于“不法”侵害，故只能进行紧急避险
C. 甲的行为属于自救行为，因为甲当时只能依靠自己的力量救济自己的法益
D. 甲的行为既不是正当防卫，也不是紧急避险，因为甲当时正在进行不法侵害，精神病人丙的行为客观上阻止了甲的不法行为，甲不得针对丙再进行正当防卫与紧急避险

视频讲题

简答题

1. 排除社会危害性的行为包括哪些？
2. 我国刑法中正当防卫成立的条件是什么？（考研）
3. 简述防卫过当及其刑事责任。（考研）
4. 简述紧急避险的本质及意义。（考研）
5. 我国刑法中紧急避险的成立条件是什么？

案例分析题

1. 某日下午，陈某因曾揭发他人的违法行为，被两名加害人报复砍伤。在陈某逃跑过程中，两加害人仍不罢休，持刀追赶陈某。途中，陈某多次拦车欲乘，均遭出租车司机拒载。当两加害人即将追上时，适逢一中年妇女丁某骑摩托车（价值 9 000 元）缓速行驶，陈某当即哀求丁某将自己带走，但也遭拒绝。眼见两加害人已经逼近，情急之下，陈某一手抓住摩托车，一手将丁某推下摩托车（丁某倒地，但未受伤害），骑车逃走。陈某骑车至安全地方（离原地约 2 千米）停歇一会儿后，才想到摩托车怎么处理。陈某将摩托车尾部工具箱的锁撬开，发现内有现金 3 000 元和一张未到期的定期存单（面额 12 万元）。陈某顿生贪念，将 3 000 元现金和存单据为己有，并将摩托车推至山下摔坏。几日后，陈某使用伪造的身份证在存单到期之前将存单中的 12 万元取出，并逃往外地。

问：试分析陈某上述各行为的性质，并说明理由。（司考）

2. 某日，甲到酒楼与朋友一起饮酒。其间，甲与邻座的乙因为琐事发生了争执，并且互相有推拉行为。在场人将甲、乙二人劝开。不久，乙抄起两个空啤酒瓶，将酒瓶砸碎后即寻找甲。当甲从酒楼走出时，乙嘴里说“扎死你”，并手持碎酒瓶向甲扎去。甲躲闪不及，被扎伤面部。后甲双手抱住乙的腰部将乙摔倒在地，致乙被自持的碎酒瓶刺伤，造成失血性休克，经医院抢救无效死亡。

问：甲的行为能否成立正当防卫？为什么？

论述题与深度思考题

1. 论避险过当的特征。
2. 如何把握正当防卫的限度？
3. 围绕于某故意伤害案（最高人民法院指导案例 93 号），谈谈如何把握防卫过当的成立条件和量刑问题。

基本案情：2014年于某的母亲苏某（源大公司负责人）及其丈夫于某某向吴某、赵某借款100万元，双方口头约定月息为10%。至2015年10月20日，苏某共计还款154万元。2016年4月赵某纠集杜某、程某、严某、郭某讨债。其间，杜某用污言秽语辱骂苏某、于某及其家人，将烟头弹到苏某胸前的衣服上，将裤子褪至大腿处裸露下体，朝坐在沙发上的苏某等人左右转动身体。在劝阻下，杜某穿好裤子，又脱下于某的鞋让苏某闻，被苏某打掉。杜某还用手拍打于某的面颊。其他讨债人员实施了揪抓于某头发或按压于某肩部不准其起身等行为。源大公司员工刘某报警。民警朱某带领辅警到达源大公司接待室了解情况，于某、苏某想随民警离开接待室，杜某等人阻拦，并强迫于某坐下，于某拒绝。杜某等人卡于某颈部，将于某推拉至接待室东南角。于某持刃长15.3厘米的单刃尖刀，警告杜某等人不要靠近。杜某出言挑衅并逼近于某，于某遂捅刺杜某腹部一刀，又捅刺围逼在其身边的程某胸部、严某腹部、郭某背部各一刀。辅警闻声返回接待室。经辅警连续责令，于某交出尖刀。杜某等四人受伤后，被送至医院救治。次日杜某经抢救无效，失血性休克死亡。严某、郭某的损伤均构成重伤二级，程某的损伤构成轻伤二级。

裁判结果：一审判决认定被告人于某犯故意伤害罪，判处无期徒刑。二审判决撤销原判刑事部分，以故意伤害罪改判于某有期徒刑5年。

参考答案

名词解释

1. 正当防卫，是指为了使国家、公共利益、本人或者他人的人身、财产和其他权利免受正在进行的不法侵害，而采取的制止不法侵害并对不法侵害人造成损害的行为。根据刑法的规定，正当防卫对不法侵害人造成损害的，不负刑事责任。

2. 紧急避险，是指为了使国家、公共利益、本人或者他人的人身、财产和其他权利免受正在发生的危险，不得已采取的损害较小权益以保护较大权益免遭侵害的行为。根据刑法的规定，紧急避险造成损害的，不负刑事责任。

3. 特殊防卫，是指对于正在进行的行凶、杀人、抢劫、强奸、绑架以及其他严重危及人身安全的暴力犯罪采取的，制止不法侵害并对不法侵害人造成损害的行为。特殊防卫属正当防卫的一种形式，对正当防卫的限度条件有条件地放宽。特殊防卫造成不法侵害人伤亡的，不属于防卫过当，不负刑事责任。

选择题

（一）单项选择题

1. B。《刑法》第20条第1款规定：为了使国家、公共利益、本人或者他人的人身、财产和其他权利免受正在进行的不法侵害，而采取的制止不法侵害的行为，对不法侵害人造成损害的，属于正当防卫，不负刑事责任。本案中，甲为保护自己的住宅而设置防卫装置，在乙实施不法侵害行为时对其造成轻伤，符合正当防卫的成立条件。因此，选项B符合要求。

2. B。对于动物能否实施正当防卫，刑法学界看法不一。但是，当动物成为不法侵害人实施不法侵害的工具时，制止不法侵害并对不法侵害人造成损害的行为，完全可以成立正当防卫。

3. A。就正当防卫理论而言，正当防卫必须是为了使国家、公共利益、本人或者他人的人身、财产和其他权利免受不法侵害，即具有正当的防卫意图。它包括两个方面的内容：其一，对于正在进行的不法侵害的认识，即防卫意图的认识因素；其二，制止不法侵害的决意，即防卫意图的意志因素。但是，本题所测试的并非理论判断的正确与否，而是逻辑推理判断。就本题所涉案情而言，如果认为正当防卫不需要有防卫认识，或者正当防卫只需要防卫认识，即只要求防卫人认识到不法侵害正在进行，就能得出甲成立正当防卫的结论；而如果认为正当防卫只需要防卫意志，即只要求防卫人具有保护合法权益的意图，或者正当防卫既需要有防卫认识，也需要有防卫意志，则会得出甲不成立正当防卫的结论。因此，选项A符合要求。

4. A。甲的行为符合正当防卫的成立要件，属正当防卫。而张某的行为属于防卫不适时。防卫不适时有两种情况：一是事前防卫，二是事后防卫。防卫不适时构成犯罪的，行为人应当负刑事责任。本案中，乙被打昏后，不法侵害已经结束。张某继续实施的侵害行为构成故意杀人罪。

5. B。根据《刑法》第 20 条前两款的规定，正当防卫行为不负刑事责任；但正当防卫必须符合一定条件，否则就会造成新的不法侵害。误认为存在不法侵害，进行“防卫”的，属于假想防卫；不法侵害已经结束后，进行“防卫”的，属于事后防卫。防卫行为明显超过必要限度造成重大损害的，属于防卫过当。关于防卫过当的罪过形式，刑法理论上存在争议，但可以肯定的是，防卫过当不是独立罪名，应根据其符合的犯罪构成确定罪名；对于防卫过当，应当酌情减轻或者免除处罚。

6. C。防卫不适时有两种情况：一是事前防卫，二是事后防卫。防卫不适时构成犯罪的，应当负刑事责任。乙的行为不构成正当防卫，而属于事前防卫。对于事前防卫造成损害，符合具体犯罪构成的，按犯罪处理。本案中，乙的行为构成故意杀人罪。

7. D。《刑法》第 20 条第 1、2 款规定：为了使国家、公共利益、本人或者他人的人身、财产和其他权利免受正在进行的不法侵害，而采取的制止不法侵害的行为，对不法侵害人造成损害的，属于正当防卫，不负刑事责任。正当防卫明显超过必要限度造成重大损害的，应当负刑事责任，但是应当减轻或者免除处罚。可见，防卫过当是指防卫行为明显超过必要限度造成重大损害。

8. D。避险过当的罪过形式不可能是直接故意，只能是间接故意和过失，疏忽大意的过失和过于自信的过失都可以成立。

9. B。《刑法》第 21 条第 2 款规定：紧急避险超过必要限度造成不应有的损害的，应当负刑事责任，但是应当减轻或者免除处罚。

10. B。紧急避险是指为了使国家、公共利益、本人或者他人的人身、财产和其他权利免受正在发生的危险，不得已采取的损害较小权益以保护较大权益免遭侵害的行为。因此，紧急避险用于解决紧迫情况下合法利益之间的冲突，选项 B 正确。正当防卫不是独立的罪名，因此，选项 A 错误。防卫过当的罪过形式不可能是直接故意，只可能是间接故意和过失，故选项 C 也错误。事后防卫不同于防卫过当，故选项 D 也错误。

11. D。紧急避险是指为了使国家、公共利益、本人或者他人的人身、财产和其他权利免受正在发生的危险，不得已采取的损害较小权益以保护较大权益免遭侵害的行为。据此，为保护个人利益免受正在发生的危险，不得已通过损害公共利益的方法以保护个人利益免遭侵害的，也可以成立紧急避险。故选项 D 正确。

12. A。防卫挑拨是指故意挑逗、引诱对方实施不法侵害，然后以正当防卫为借口，加害对方的行为。

13. D。防卫必须是针对不法侵害者本人，而不能针对第三者。所以，当不法侵害人为多人时，正当防卫的防卫对象既可以是实施了最严重侵害行为的人，也可以是实施了一般侵害行为的人，还可以是在现场助威的侵害者一方的人，但不能是现场的旁观者。

14. D。正当防卫必须是为了使国家、公共利益、本人或者他人的人身、财产和其他权利免受不法侵害，即有正当的防卫意图。这是正当防卫成立的主观条件。不具有防卫意图而实施的貌似正当防卫的行为，不是正当防卫行为。互相斗殴，是指双方出于侵害对方的故意而进行的殴打、伤害对方的行为。由于欠缺防卫意图，其不能成立正当防卫。本案中，甲、乙基于侵害对方的故意实施互相斗殴行为，不能成立正当防卫。而根据《刑法》第 292 条第 2 款的规定，聚众斗殴，致人重伤、死亡的，依照《刑法》第 234、232 条的规定定罪处罚。因此，甲用木棒击中乙头部，致乙死亡，不成立正当防卫，而属于故意杀人。

15. A。《刑法》第 21 条中规定：为了使国家、公共利益、本人或者他人的人身、财产和其他权利免受正在发生的危险，不得已采取的紧急避险行为，造成损害的，不负刑事责任。紧急避险超过必要限度造成不应有的损害的，应当负刑事责任，但是应当减轻或者免除处罚。可见，防卫过当不同于正当防卫的特点在于超过必要限度造成不应有的损害，即不符合正当防卫的限度条件。

16. D。特殊防卫是指对于正在进行的行凶、杀人、抢劫、强奸、绑架以及其他严重危及人身安全的暴力犯罪，采取的制止不法侵害并对不法侵害人造成损害的行为。特殊防卫并非关于无限防卫权的规定或无过当防卫权的规定，而是属于正当防卫的一种形式，只是将正当防卫的限度条件有条件地放宽。

17. D。所谓不法侵害，是指违反法律并具有社会危害性的行为，既包括构成犯罪的严重不法行为，也包括尚未构成犯罪的违反治安管理处罚法之类的不法行为；既包括基于故意而实施的侵害行为，也包括基于过失而实施的侵害行为。因此，基于过失而实施的侵害行为，也是不法侵害。故选项D的判断有误，属于应选项。

18. C。《刑法》第20条第3款规定：对正在进行行凶、杀人、抢劫、强奸、绑架以及其他严重危及人身安全的暴力犯罪，采取防卫行为，造成不法侵害人伤亡的，不属于防卫过当，不负刑事责任。陈某抢劫出租车司机甲，用匕首刺甲一刀，强行抢走财物后下车逃跑，符合该法条规定的情形。因此，甲发动汽车追赶，在陈某往前跑了40米处将其撞成重伤并夺回财物的行为应当被认定为正当防卫，甲不负刑事责任。所以，选项C是正确的。

19. B。所谓紧急避险，是指为了使国家、公共利益、本人或者他人的人身、财产和其他权利免受正在发生的危险，不得已损害另一较小合法利益的行为。本案中，甲遇乙追杀，系遭遇正在发生的现实危险，出于保护自己生命这一合法目的，在不得已的情况下夺过丙的摩托车骑上就跑。最终的结果是，丙被摔骨折，且丙1万元的摩托车被毁。但甲的行为所损害的这些合法权益明显小于所保护的甲的生命。因此，甲的行为成立紧急避险，也就不构成抢夺罪等犯罪了。因此，选项B是正确的。

20. D。行为给被害人的人身或财产造成一定损害，但被害人事前有承诺的，排除其社会危害性。此类行为被称为经被害人承诺的行为。经被害人承诺的行为要排除犯罪的成立，至少须符合下列四个条件：(1) 被害人对被侵害的法益具有处分权限；(2) 被害人对所承诺的事项的意义、范围具有理解能力；(3) 承诺出于被害人的真实意志；(4) 被害人必须有现实的承诺。因此，选项D是正确的。

21. B。B选项中，乙并未实际对齐某实施防卫行为，故不成立正当防卫。A选项中，甲实施扭送行为，也是正当防卫的一种行为，但“死死摁住激烈反抗的顾某的头部”致其窒息死亡的行为明显超过了必要的限度，不成立正当防卫。C选项中，邻居刘某在家中卖淫并未构成正当防卫所要求的不法侵害，丙砸坏刘某家防盗门的行为不构成正当防卫。D选项中，何某偷越国境同样不构成不法侵害，丁将何某打成重伤的行为不构成正当防卫。综上，选项ACD为错误选项。

22. C。乙向甲索要5 000元的行为是不法侵害，甲为制止正在进行的不法侵害而致乙轻伤，在必要的限度内，属于正当防卫。所以，选项C正确。

23. B。甲既有避免工厂仓库中的商品免于烧毁的避险意图，又有报复乙的动机，但不能因为甲有报复的动机就否定其避险的意图。故选项A错误。甲用水泵从乙的鱼塘抽水救火，致鱼塘中价值2万元的鱼苗死亡。仓库中价值2万元的商品因灭火及时未被烧毁，所避免的损失与造成的损失价值相等，因此不属于《刑法》第21条第2款规定的“超过必要限度造成不应有的损害”。故选项C、D错误。选项B为正确答案。

24. D。正当防卫针对的“不法侵害”，与紧急避险针对的“危险”，明显存在不同，如紧急避险可以针对意外事件，但正当防卫不可能。故A项错误。不法侵害“正在进行”，与危险“正在发生”，二者的判断标准也会存在差异，前者重在行为已着手或者具有现实威胁，后者重在危险发生。故B项错误。紧急避险造成的损害必须小于保护的利益，而正当防卫造成的损害可以大于不法侵害，故二者“必要限度”的认定也不相同。故C项错误。

（二）多项选择题

1. ABCD。排除社会危害性的行为，是指自然人直接针对危害现象或加害人实施的，旨在排除或减少某种危害发生的自救行为。根据刑法理论及有关法律规定，排除社会危害性的行为通常有以下几种：正当防卫、紧急避险、正当的业务行为、执行命令的行为、科学研究和自然探险行为、受害人承诺的行为和推定受害人承诺的行为。可见，选项ABCD都符合要求。

2. ABD。正当防卫的前提条件是必须有实际的不法侵害存在，这是正当防卫得以成立的客观基础和根据。所谓实际的不法侵害存在，是指不法侵害是客观的、现实的。不法侵害实际上并不存在，但是行为人自以为不法侵害存在而实施防卫行为的，属于假想防卫。甲的行为就属于假想防卫，而且其主观罪过形式是过失。选项ABD符合题干要求。

3. BC。正当防卫必须针对不法侵害人实施，而不能针对第三者，所以甲砸伤第三者的行为不属于正当防卫，而是过失行为。因此，选项BC符合要求。

4. ABCD。必须有实际的不法侵害存在，这是正当防卫得以成立的客观基础和根据。所谓实际的不法侵害存在，是指不法侵害是客观的、现实的。不法侵害实际上并不存在，但是行为人自以为不法侵害存在而实施防卫行为的，属于假想防卫。不法侵害必须正在进行，即不法侵害人已经着手实施侵害行为且侵害行为尚未结束，否则，就属于防卫不适时。正当防卫不能超过必要限度，造成重大损害，否则，可能构成防卫过当。防卫挑拨是指故意挑逗、引诱对方实施不法侵害，然后以正当防卫为借口，加害对方的行为。因此，防卫过当、假想防卫、挑拨防卫、事后防卫都不属于正当防卫的情形。

5. BC。必须有实际的不法侵害存在，是正当防卫得以成立的客观基础和根据。所谓实际的不法侵害存在，是指不法侵害是客观的、现实的。不法侵害实际上并不存在，但是行为人自以为不法侵害存在而实施防卫行为的，属于假想防卫。对于假想防卫，行为人有过失且刑法有规定的，为过失犯罪；行为人没有过失的，属于意外事件。因此，选项BC正确。

6. CD。正当防卫要求不法侵害必须正在进行，即不法侵害人已经着手实施侵害行为且侵害行为尚未结束，否则属于防卫不适时。防卫不适时有两种情况：一是事前防卫，二是事后防卫。防卫不适时构成犯罪的，应当负刑事责任。乙持刀向甲连扎三刀的行为属于事后防卫，是故意杀人，乙需要承担刑事责任。而之前的行为符合正当防卫的要件，是正当防卫。

7. CD。甲误打中乙致乙重伤，主观上并非出于正当的防卫意图，但客观上使丙乘机逃走，成立偶然防卫。偶然防卫不是正当防卫。甲意图伤害丙，但由于意志以外的原因造成乙重伤，成立故意伤害罪未遂。故选项C正确。由于意图伤害的对象丙已经逃走，故乙不可能成立故意伤害罪既遂。故选项D正确。选项A、B错误。

8. AC。紧急避险与正当防卫都是为了保护国家、公共利益、本人或者他人的人身、财产和其他权利，目的相同，故选项A正确；前提都可以是不法侵害存在，故选项C也正确。

9. ABCD。正当防卫与紧急避险的区别在于：(1) 行为对象不同。正当防卫的对象是不法侵害人，而紧急避险针对第三者。(2) 危险的来源不同。正当防卫的危险来源只能是不法侵害，而紧急避险的危险来源较为广泛。(3) 对损害程度的限度要求不同。正当防卫的限度条件是不超过必要限度造成重大损害，而紧急避险的限度条件是不超过必要限度造成不应有的损害。(4) 紧急避险是别无选择的一种选择，而正当防卫无此要求。

10. ABCD。紧急避险的危险的来源有自然力量产生的危险，机械、能源设备产生的危险，动物侵袭造成的危险，不法侵害。因此，选项ABCD都符合要求。

11. ABCD。防卫过当只是不符合正当防卫的限度条件，其他条件都符合，具有正当性的一面。防卫过当与防卫对象认识错误不同。防卫过当不是一个独立的罪名，对于防卫过当行为，需要根据主客观情况确定罪名。根据《刑法》第20条第2款的规定，对于防卫过当应当减轻或者免除处罚。因此，选项ABCD都符合要求。

12. ACD。如果认为正当防卫针对的“不法侵害”不以侵害者具有责任能力和防卫人是否明知侵害者具有责任能力为前提，则甲可以成立正当防卫；反之，则甲不能成立正当防卫。选项B正确；选项ACD错误，为应选项。

（三）不定项选择题

1. ABCD。排除社会危害性行为的特征有引领性、正当性、善意性、私力性、损害性和功利性。因此，选项ABCD都符合要求。

2. AC。避险不适时有两种情况：一是事前避险，二是事后避险。选项A和C符合要求，选项B不符合要求。而避险过当是指行为人的避险行为超过必要限度，造成不应有的损害的情形，不同于避险不适时，所以选项D也不符合要求。

3. BCD。对于防卫过当的罪过形式，刑法学界存在争议。根据通说，防卫过当的罪过形式包括直接故意以外的所有罪过形式，包括间接故意、疏忽大意的过失和过于自信的过失。

4. BC。尚有其他方法可以避免危险，则不符合紧急避险的限制条件；危险不具有现实性，则不符合紧急避险的时间条件。在这两种情形下都不能采取紧急避险。所以，正确答案为选项BC。职务上、业务上负有特定责任的人，只是不适用关于避免本人危险的规定，并非不能采取任何紧急避险行为，所以选项A错误。来自自然界的危险是危险的来源形式之一，可以对其实施紧急避险，所以选项D错误。

5. ACD。避险过当不是一个独立的罪名，故选项A正确。避险过当欠缺紧急避险成立的限度条件，所以选项B错误。避险过当超过了必要限度，造成了不应有的损害，所以选项C正确。根据《刑法》第21条第2款的规定，紧急避险超过必要限度造成不应有的损害的，应当负刑事责任，但是应当减轻或者免除处罚，因此选项D正确。

6. A。正当防卫的对象只能是不法侵害人，这里的不法侵害人应该包括无责任能力人在内，如精神病人。但是，对无责任能力人的侵害行为实施正当防卫，应当受到一定的限制。这既是刑法精神的要求，也是社会道义的要求。在遇到无责任能力人的不法侵害时，如果明知侵害者是无责任能力人且可以用逃跑等方法避免侵害，则不得实施正当防卫；只有在不知道侵害者是无责任能力人或者不能用其他方法避免不法侵害时，才可以实施正当防卫。本案中，精神病人丙持刀袭击并追赶甲，将其追至一死胡同。甲已无其他方法避免不法侵害。因此，甲迫于无奈，与丙搏斗，将其打成重伤的行为属于正当防卫。故选项A正确。甲的行为明显不属于紧急避险，故选项B错误。与正当防卫不同，自救行为针对的是已经发生的不法侵害行为，故选项C错误。甲在手持匕首寻找抢劫目标时，不法侵害尚未开始，认为“甲当时正在进行不法侵害”是错误的，故选项D错误。

简答题

1. 排除社会危害性的行为是指自然人直接针对危害现象或加害人实施的，旨在排除或减少某种危害发生的自救行为。根据刑法理论及有关法律规定，排除社会危害性的行为通常有以下几种：

（1）正当防卫。正当防卫是指为了使国家、公共利益、本人或者他人的人身、财产和其他权利免受正在进行的不法侵害，而采取的制止不法侵害并对不法侵害人造成损害的行为。

（2）紧急避险。紧急避险是指为了使国家、公共利益、本人或者他人的人身、财产和其他权利免受正在发生的危险，不得已采取的损害较小权益以保护较大权益免遭侵害的行为。

（3）正当的业务行为。正当的业务行为是指具有特定身份的人依照法律和职业规定所实施的行为。

（4）执行命令的行为。部属在执行上级命令时，造成某种危害后果的，通说认为属于排除社会危害性的行为。

（5）科学研究和自然探险行为。为了促进科学和社会的进步，在科学研究、自然探险的过程中，付出必要的人员伤亡和财产损失代价，排除其社会危害性。

（6）受害人承诺的行为和推定受害人承诺的行为。行为人给受害人的人身和财产造成了一定损害，但受害人事先有承诺或推定受害人事先会承诺的，排除其社会危害性。

2. 正当防卫是指为了使国家、公共利益、本人或者他人的人身、财产和其他权利免受正在进行的不法侵害，而采取的制止不法侵害并对不法侵害人造成损害的行为。

正当防卫的成立条件包括：

（1）前提条件。必须有实际的不法侵害存在，是正当防卫得以成立的客观基础和根据。所谓实际的不法侵害存在，是指不法侵害是客观的、现实的。实际上并不存在，但是行为人自以为不法侵害存在而实施防卫行为的，属于假想防卫。

（2）时机条件。不法侵害必须正在进行，即不法侵害人已经着手实施侵害行为且侵害行为尚未结束。

（3）主观条件。防卫人的主观目的必须是使国家、公共利益、本人或者他人的人身、财产和其他权利免受正在进行的不法侵害。

（4）对象条件。防卫必须是针对不法侵害者本人，而不能针对第三者。

（5）限度条件。正当防卫不能超过必要限度造成重大损害，否则就可能构成防卫过当。对于正当防卫的限度的判断，存在基本适应说、必要说和折中说等多种观点。

3. 防卫过当是指防卫行为明显超过必要限度，造成重大损害的行为。防卫过当是防卫行为的正当性和损害结果的非正当性的对立统一。防卫行为的正当性是指实施防卫行为时确有不法侵害存在（不同于假想防卫）；不法侵害正在进行（不同于防卫不适时）；防卫的目的是保护合法权益不受非法侵害（不同于防卫挑拨等）；防卫行为是针对不法侵害者本人实施（不同于防卫对象错误）；防卫的强度是没有明显超过必要限度，造成重大损害。可见，在正当防卫的五个正当性要件中，防卫过当具备了四个。但是，防卫行为的强度和力度超过了不法侵害的强度和力度，对不法侵害造成了重大损害，从而使合法的防卫行为变成了不法侵害行为，也使正当的防卫行为转化为非正当的侵害行为。

防卫过当应当负刑事责任，但是应当减轻或者免除处罚。关于防卫过当的刑事责任，首先需要确定防卫过当的罪过形式：在一定的情况下，防卫过当的罪过形式有可能是间接故意。此外，防卫过当的罪过形式当然包括过失。在司法实践中，对防卫过当的处理，主要考虑重大损害的性质和程度，同时考虑防卫过当的原因和条件、防卫过当所保护的法益和其侵害的权益、行为人对重大损害的罪过形式及社会舆论等，按照行为触犯的具体罪名酌情减轻或者免除处罚。

4. 紧急避险是指为了使国家、公共利益、本人或者他人的人身、财产和其他权利免受正在发生的危险，不得已采取的损害较小权益以保护较大权益免遭侵害的行为。紧急避险的本质在于：当多种权益或者一种重大合法权益遭遇现实危险时，在无法全部保全的情况下，通过损害较小的合法权益的方法，来最大限度地保护较大的合法权益。紧急避险以损害合法权益为代价，但这是别无选择的，行为人的目的是保护较大的合法权益。由于在主观上行为人没有危害社会的罪过，在客观上避险行为对社会有益，因而紧急避险行为通常被各国的法律规定为合法、正当的行为。

紧急避险具有积极意义：一方面，紧急避险鼓励公民面临危险发生时，在必要的情况下，通过损害较小合法权益的方法来保全较大的合法权益，以最大限度地维护国家、公共利益、本人或者他人的人身、财产和其他权利；另一方面，紧急避险有利于公民树立在社会生活中的责任心和义务感，在同危害作斗争的过程中进一步增强公共利益、整体利益的观念。

5. 紧急避险是指为了使国家、公共利益、本人或者他人的人身、财产和其他权利免受正在发生的危险，不得已采取的损害较小权益以保护较大权益免遭侵害的行为。

紧急避险的成立条件包括：

（1）前提条件。必须存在现实的危险，即作为损害结果发生的前兆的危险信号已经存在。如果本来没有现实的危险而误认为有现实的危险，实施避险行为的，则属于假想避险。

（2）时机条件。必须危险是正在发生的现实危险，即危险已经开始或者迫在眉睫，合法权益正处在危险之中。

（3）主观条件。避险人在损害某一合法权益实施紧急避险时，必须是出于避免合法权益或者较大的合法权益不受损失的正当目的。

（4）限制条件。必须是不损害某种合法权益就无法避免危险，紧急避险是别无选择的一种选择。

（5）限度条件。紧急避险通常是牺牲较小的利益保护较大的利益，紧急避险不能超过必要限度造成不应有的损害，否则就可能构成避险过当。

案例分析题

1.（1）陈某将丁某推下摩托车，然后骑车逃走的行为属于紧急避险。陈某为了使本人的人身权利免受正在发生的危险，不得已给丁某造成损害，同时该损害没有超过必要限度，因此，成立紧急避险。

（2）陈某将丁某的 3 000 元现金和存单据为己有，以及使用伪造的身份证冒领存单中存款的行为构成盗窃罪。理由是：从主观上看，陈某见财起意，产生了非法占有的目的，具备盗窃罪的主观要件。从客观上看，陈某撬开工具箱获取财物的行为，具备秘密窃取数额较大财物的客观要件，侵犯了他人的财产权。虽然陈某夺取摩托车的行为属于紧急避险，不构成犯罪，但是这不排斥他窃取工具箱内财物的行为具有犯罪的性质。虽然摩托车在陈某的控制下，但工具箱内的财物仍在车主丁某的控制之下，不能认为陈某对工具箱内的财物也合法占有，因此，陈某撬开工具箱获取财物的行为并不构成侵占罪。陈某使用伪造的身份证冒领存单中存款的行为为其盗窃行为的后续行为，不需要独立定罪。综上，陈某将丁某的 3 000 元现金和存单据为己有，以及使用伪造的身份证冒领存单中存款的行为构成盗窃罪。

（3）陈某将摩托车故意推下山崖的行为构成故意毁坏财物罪。故意毁坏财物罪是指故意毁灭或者损坏公私财物，数额较大或者有其他严重情节的行为。案例中，陈某故意将丁某的摩托车推下山崖致其毁损的行为符合故意毁坏财物罪的构成要件，因而构成故意毁坏财物罪。

2. 甲的行为成立正当防卫，理由如下：互殴双方的行为均属于不法侵害，而非正当防卫。因此，甲、乙两人先前的互相推打的行为属于斗殴，不能成立正当防卫。但是，双方停止斗殴后，一方受他人鼓动或出于报复侵害的目的又突然袭击对方的，互殴便转变为一方殴打另一方，被殴打方已从互殴时的侵害者转变为被侵害者。根据我国《刑法》第20条的规定，被侵害人为维护合法权益不受侵害而实施的制止不法侵害的行为属于正当防卫。因此，在甲、乙双方停止互相推打行为之后，乙继续持碎酒瓶对甲进行伤害，就不再属于斗殴，而属于不法侵害，甲具有进行正当防卫的权利。甲的行为符合正当防卫的各项成立条件，因此，甲的行为构成正当防卫。

论述题与深度思考题

1. 根据《刑法》第21条的规定，紧急避险是指为了使国家、公共利益、本人或者他人的人身、财产和其他权利免受正在发生的危险，不得已采取的损害较小权益以保护较大权益免遭侵害的行为。紧急避险超过必要限度，造成不应有的损害的，是避险过当，行为人应负法律责任。避险过当是在具备紧急避险的前提条件、时机条件、主观条件、限制条件这四个条件的前提下，缺少了限度条件，即超过了法律规定的限度，造成了不应有的损害，使本来正当的、对社会有利的行为转化为非正当的、对社会有害的行为，构成了犯罪。因此，根据刑法的规定，避险过当具有如下特征。

（1）必须遭遇现实的危险。这是避险过当的前提条件。所谓现实的危险，是指作为损害结果发生的前兆的危险信号已经存在。本来没有现实的危险而误认为有现实的危险，实施避险行为的，属于假想避险。

（2）危险是正在发生的现实危险。这是避险过当的时机条件。所谓正在发生的现实危险，是指危险已经开始或者迫在眉睫，合法权益正处在危险之中。如果不立即实行紧急避险，危险就会转化为现实危害，有关的合法权益将遭受不可挽回的损失。危险尚未成为现实的危险，或者现实的危险已经消除或者消失，损害合法权益进行所谓的紧急避险的，属于避险不适时。

（3）必须出于保护合法权益的目的。这是避险过当的主观条件。避险人在损害某一合法权益实施紧急避险时，必须是出于避免合法权益或者较大的合法权益不受损失的正当目的。行为人正在损害他人合法权益而巧遇紧急避险的，是巧合避险，也应当被追究法律责任。

（4）不损害某种合法权益就无法避免危险。这是避险过当的限制条件。紧急避险是别无选择的一种选择，这一点与正当防卫有本质区别。如果在当时的条件下，行为人本可以采用不损害合法权益的方法来避免危险而没有选择，实施所谓的紧急避险，则行为人就要对损失负法律责任。但是，需要注意的是，由于危险的突发性和紧急性，行为人受时间、能力和有关条件所限，往往难以准确判断其采取的避险方法是否为最适当和最有效的方法，其没有采用其他损害更小的避险方法而实施了避险行为的，也成立紧急避险。

（5）超过必要的限度造成不应有的损害。所谓必要限度，是指为有效避免危险而损害的合法权益的代价。必要限度主要根据危险的大小、危险对合法权益威胁的程度、避免危险的难易和损害的合法权益的性质等因素综合衡量。危险越大、越紧急，保护的合法权益越重要，必要限度就越宽松。紧急避险通常是牺牲较小的利益保护较大的利益，只有紧急避险超过必要限度，造成不应有的损害，才能构成避险过当。

2.《刑法》第20条第2款规定：正当防卫明显超过必要限度造成重大损害的，应当负刑事责任，但是应当减轻或者免除处罚。据此，正当防卫具有限度条件，即正当防卫不能明显超过必要限度且对不法侵害人造成重大损害。是否明显超过必要限度并造成重大损害，成为区分正当防卫与防卫过当的标准。

然而，如何把握正当防卫的限度，是一个十分复杂的问题。由于我国刑法并未规定具体的标准，因而如何具体把握正当防卫的限度成为刑法理论需要解决的问题。这也是一个充满争议的问题，理论界曾经提出了基本适应说、必要说和折中说等多种观点：（1）基本适应说。该说主张对防卫行为与不法侵害行为在方式、强度和后果等方面进行对比，判断是否相适应，从而判断正当防卫是否超过必要限度。（2）必要说。该说认为如果防卫强度是制止不法侵害所必要的，那么即使在强度和后果方面超过了不法侵害的强度和可能的后果，也不能认为超过了必要的限度。（3）折中说。在综合基本适应说和必要说的基础上，折中说认为正当防卫的限度原则上应以制止不法侵害所必要为标准，同时要求防卫行为与不法侵害行为在方式、强度和后果方面不存在悬殊差距。这就既有利于鼓励公民行使正当防卫权，制止不法侵害，又对防卫人进行了必要的约束，防止权利滥用。故而，折中说实际上为司法实务所采纳。最高人民法院、最高人民检察院、公安部《关于依法适用正当防卫制度的指导意见》（法发〔2020〕31号，以下简称《正当防卫指导意见》）第12条规定："防卫是否'明显超过必要限度'，应当综合不法侵害的性质、手段、强度、危害程度和防卫的时机、手段、强度、损害后果等情节，考虑双方力量对比，立足防卫人防卫时所处情境，结合社会公众的一般认知作出判断。"

鉴于严重危及人身安全的暴力犯罪的严重社会危害性和对被害人可能造成的严重后果，针对过去司法实务中将那些为制止正在进行的行凶、杀人、抢劫、强奸、绑架以及其他严重危及人身安全的暴力犯罪而造成不法侵害人死亡的情形按防卫过当处理的情况，《刑法》第20条第3款规定：对正在进行行凶、杀人、抢劫、强奸、绑架以及其他严重危及人身安全的暴力犯罪，采取防卫行为，造成不法侵害人伤亡的，不属于防卫过当，不负刑事责任。这就是特殊防卫。这种防卫权的行使也是受严格限制的，主要包括如下条件：（1）特殊防卫是正当防卫的一种形式，必须符合正当防卫的基本条件；（2）具体的不法侵害必须是正在进行的行凶、杀人、抢劫、强奸、绑架以及其他严重危及人身安全的暴力犯罪，而不能是其他一般的不法侵害。根据《正当防卫指导意见》第17条的规定，"其他严重危及人身安全的暴力犯罪"应当是与杀人、抢劫、强奸、绑架行为相当，并具有致人重伤或者死亡的紧迫危险和现实可能的暴力犯罪。

需要注意的是，对于正当防卫的限度，不仅需要从理论上加以阐释，更需要司法工作人员在司法实践中具体问题具体分析，予以正确把握。唯有如此，才能准确适用刑法规定，合理认定正当防卫的限度，准确界分正当防卫和防卫过当。

3. 于某故意伤害案在法律适用方面的争议焦点主要有两个方面：一是于某的捅刺行为的性质，即是否具有防卫性、是否属于特殊防卫、是否属于防卫过当；二是如何定罪处罚。

（1）关于于某的捅刺行为的性质。《刑法》第20条第1款规定：为了使国家、公共利益、本人或者他人的人身、财产和其他权利免受正在进行的不法侵害，而采取的制止不法侵害的行为，对不法侵害人造成损害的，属于正当防卫，不负刑事责任。由此可见，成立正当防卫必须同时具备以下五项条件：一是防卫起因，即不法侵害现实存在。不法侵害是指违背法律的侵袭和损害，既包括犯罪行为，又包括一般违法行为；既包括侵害人身权利的行为，又包括侵犯财产及其他权利的行为。二是防卫时间，即不法侵害正在进行。正在进行是指不法侵害已经开始并且尚未结束的这段时期。对尚未开始或已经结束的不法侵害，不能进行防卫，否则是防卫不适时。三是防卫对象，即针对不法侵害者本人。正当防卫的对象只能是不法侵害人本人，不能对不法侵害人之外的人实施防卫行为。在共同实施不法侵害的场合，共同侵害具有整体性，可对每一个共同侵害人进行正当防卫。四是防卫意图，即出于制止不法侵害的目的，有防卫认识和意志。五是防卫限度，即尚未明显超过必要限度造成重大损害。这就是说正当防卫的成立条件包括客观条件、主观条件和限度条件。客观条件和主观条件是定性条件，确定了正当防卫"正"的性质和前提条件，不符合这些条件的不是正当防卫；限度条件是定量条件，确定了正当防卫"当"的要求和合理限度，不符合该条件的虽然有防卫性质，但不是正当防卫，属于防卫过当。防卫过当行为具有防卫的前提条件和制止不法侵害的目的，只是在制止不法侵害过程中，没有合理控制防卫行为的强度，明显超过正当防卫的必要限度，并造成了不应有的重大损害后果，从而转化为有害于社会的违法犯罪行为。根据本案认定的事实、证据和我国刑法有关规定，于某的捅刺行为虽然具有防卫性，但属于防卫过当。

首先，于某的捅刺行为具有防卫性。案发当时杜某等人对于某、苏某持续实施着限制人身自由的非法拘禁行为，并伴有侮辱人格和对于某推搡、拍打等行为；民警到达现场后，于某和苏某想随民警走出接待室时，杜某等人阻止二人离开，并对于某实施推拉、围堵等行为，在于某持刀警告时仍出言挑衅并逼近，实施正当防卫所要求的不法侵害客观存在并正在进行。于某是在人身自由受到违法侵害、人身安全面临现实威胁的情况下持刀捅刺，且捅刺的对象都是在其发出警告后仍向其靠近、围逼的人。因此，可以认定其是为了使本人和其母亲的人身权利免受正在进行的不法侵害，而采取了制止不法侵害的行为。该行为具备正当防卫的客观和主观条件，具有防卫性质。

其次，于某的捅刺行为不属于特殊防卫。《刑法》第20条第3款规定：对正在进行行凶、杀人、抢劫、强奸、绑架以及其他严重危及人身安全的暴力犯罪，采取防卫行为，造成不法侵害人伤亡的，不属于防卫过当，不负刑事责任。根据这一规定，特殊防卫适用的前提条件是存在严重危及本人或他人人身安全的暴力犯罪。本案中，虽然杜某等人对于某母子实施了非法限制人身自由、侮辱、轻微殴打等人身侵害行为，但这些不法侵害不是严重危及人身安全的暴力犯罪。理由在于：其一，杜某等人实施的非法限制人身自由、侮辱等不法侵害行为，虽然侵犯了于某母子的人身自由、人格尊严等合法权益，但并不具有严重危及于某母子人身安全的性质。其二，杜某等人按肩膀、推拉等强制或者殴打行为，虽然让于某母子的人身安全、身体健康权遭受了侵害，但这种不法侵害只是轻微的暴力侵犯，既不是针对生命权的不法侵害，也没有发生严重侵害于某母子身体健康权的情形，因而不属于严重危及人身安全的暴力犯罪。其三，苏某、于某某系主动通过他人协调、担保，向吴某借贷，自愿接受吴某所提10%的月息，即不存在苏某、于某某被强迫向吴某高息借贷的事实，与相关司法解释关于以借贷为名采用暴力、胁迫手段获取他人财物以抢劫罪论处的规定明显不符。可见杜某等人实施的多种不法侵害行为，符合可以实施一般防卫行为的前提条件，但不具备实施特殊防卫的前提条件，故于某的捅刺行为不属于特殊防卫。

最后，于某的捅刺行为属于防卫过当。《刑法》第20条第2款规定：正当防卫明显超过必要限度造成重大损害的，应当负刑事责任，但是应当减轻或者免除处罚。由此可见，防卫过当是在具备正当防卫客观和主观前提条件时，防卫反击明显超过必要限度，并造成致人重伤或死亡的过当结果。认定防卫是否“明显超过必要限度”，应当从不法侵害的性质、手段、强度、危害程度，以及防卫行为的性质、时机、手段、强度、所处环境和损害后果等方面综合分析判定。本案中，虽然杜某一方人数较多，但其实施不法侵害的意图是给苏某夫妇施加压力以催讨债务，在催债过程中未携带、使用任何器械；在民警朱某等进入接待室前，杜某一方对于某母子实施的是非法限制人身自由、侮辱和对于某拍打面颊、揪抓头发等行为，其目的仍是逼迫苏某夫妇尽快还款；在民警进入接待室时，双方没有发生激烈对峙和肢体冲突，当民警警告不能打架后，杜某一方并无打架的言行；在民警走出接待室寻找报警人期间，于某和讨债人员均可透过接待室的玻璃清晰看见停在院内的警车警灯闪烁，应当知道民警并未离开；在于某持刀警告不要逼过来时，杜某等人虽有出言挑衅并向于某围逼的行为，但并未实施强烈的攻击行为。因此，于某面临的不法侵害并不紧迫和严重，其却持长15.3厘米的单刃尖刀连续捅刺四人，致一人死亡、二人重伤、一人轻伤，且其中一人系从背后被捅伤，故应当认定于某的防卫行为明显超过必要限度造成重大损害，属于防卫过当。

(2) 关于定罪量刑。本案中，于某连续捅刺四人，但捅刺对象都是当时围逼在其身边的人。于某未对离其较远的其他不法侵害人进行捅刺，对不法侵害人每人捅刺一刀，未对同一不法侵害人连续捅刺。可见，于某的目的在于制止不法侵害并离开接待室，在案证据不能证实其具有追求或放任致人死亡危害结果发生的故意，故于某的行为不构成故意杀人罪。但他为了追求防卫效果的实现，对致多人伤亡的过当结果的发生持听之任之的态度，已构成防卫过当情形下的故意伤害罪。《刑法》第20条第2款规定：正当防卫明显超过必要限度造成重大损害的，应当负刑事责任，但是应当减轻或者免除处罚。综合考虑本案防卫权益的性质、防卫方法、防卫强度、防卫起因、损害后果、过当程度、所处环境等情节，对于某应当减轻处罚。

被害方对本案的发生具有严重过错。本案发生前，吴某、赵某指使杜某等人实施侮辱苏某、干扰源大公司生产经营等逼债行为，苏某多次报警，但吴某等人的不法逼债行为并未收敛。案发当日，杜某等人对于某、苏某实施非法限制人身自由、侮辱，对于某间有推搡、拍打、卡颈部等行为，于某及其母亲苏某连日来多次遭受催逼、骚扰、侮辱，导致于某实施防卫行为时难免带有恐惧、愤怒等因素。尤其是杜某裸露下体侮辱苏某对本案的发生有重大过错。案发当日，杜某当着于某之面公然以裸露下体的方式侮辱其母亲苏某。虽然于某实施防卫行为之时距其已有约二十分钟，但于某捅刺杜某等人时难免带有报复杜某辱母的情绪，故杜某裸露下体侮辱苏某的行为是引发本案的重要因素，在刑罚裁量上应当作为对于某有利的情节予以重点考虑。

杜某的辱母行为严重违法、亵渎人伦，应当受到惩罚和谴责，但于某在民警尚在现场调查、警车仍在现场、警灯闪烁的情形下，为离开接待室、摆脱围堵而持刀连续捅刺四人，致一人死亡、二人重伤、一人轻伤，且其中一重伤者系于某从背部捅刺，损害后果严重，且除杜某以外，其他三人并未实施侮辱于某母亲的行为。可见，其防卫行为造成的损害远远大于其保护的合法权益，防卫明显过当。于某及其母亲的人身自由和人格尊严应当受到法律保护，但于某的防卫行为明显超过必要限度并造成多人伤亡的严重后果，超出法律所容许的限度，故于某依法也应当承担刑事责任。

根据我国刑法规定，故意伤害致人死亡的，处 10 年以上有期徒刑、无期徒刑或者死刑；防卫过当的，应当减轻或者免除处罚。如上所述，于某的防卫行为明显超过必要限度造成重大伤亡后果，减轻处罚依法应当在 3～10 年有期徒刑的法定刑幅度内量刑。鉴于于某归案后如实供述主要罪行，且被害方有以恶劣手段侮辱于某之母的严重过错等可以从轻处罚的情节，综合考虑于某犯罪的事实、性质、情节和危害后果，二审法院判处于某 5 年有期徒刑，是妥当的。

第十章　故意犯罪的停止形态

知识逻辑图

- 故意犯罪的停止形态
  - 犯罪既遂
    - 概念
      - 目的论
      - 结果论
      - 构成要件论
    - 类型
      - 行为犯
      - 举动犯
      - 结果犯
      - 危险犯
  - 犯罪预备
    - 特征
      - 为了实行犯罪
      - 实施了准备工具、制造条件的行为
      - 没有实行犯罪
      - 行为人不能控制的原因所致
    - 刑事责任
  - 犯罪未遂
    - 特征
      - 着手实行犯罪
      - 犯罪没有得逞
      - 意志以外的原因所致
    - 类型
      - 实行终了的未遂与未实行终了的未遂
      - 能犯未遂与不能犯未遂
    - 刑事责任
  - 犯罪中止
    - 特征
      - 中止犯罪的决意
      - 中止犯罪的行为
      - 犯罪过程中
      - 阻止出现既遂
    - 类型
      - 预备行为的中止与实行行为的中止
      - 实行终了的中止与未实行终了的中止
      - 个犯的中止与共犯的中止
    - 刑事责任

名词解释

1. 犯罪停止形态
2. 犯罪预备（考研）
3. 犯罪未遂（考研）
4. 不能犯未遂（考研）
5. 犯罪中止（考研）

选择题

（一）单项选择题

1.《刑法》第 23 条第 1 款规定："已经着手实行犯罪，由于犯罪分子意志以外的原因而未得逞的，是犯罪未遂。""犯罪未得逞"是指（　　）。

A. 犯罪结果没有发生

B. 犯罪行为没有实施完毕

C. 犯罪目的没有达到

D. 行为没有具备某种犯罪构成的全部要件

2. 甲、乙合谋盗窃国家珍贵文物，二人准备了盗窃用的工具。之后，乙因害怕受到刑罚惩罚而没有与甲一同盗窃，甲单独完成盗窃行为，乙的行为属于（　　）。（考研）

A. 犯罪既遂　　B. 犯罪预备

C. 犯罪中止　　D. 犯罪未遂

视频讲题

3. 药店营业员李某与王某有仇。某日，王某之妻到药店买药为王某治病，李某将一包砒霜混在药中交给王妻。后李某后悔，于第二天到王家欲取回砒霜，而王某谎称已服完。李某见王某没有什么异常，就没有将真相告诉王某。几天后，王某因服用李某提供的砒霜而死亡。李某的行为属于（　　）。（司考）

A. 犯罪中止　　B. 犯罪既遂

C. 犯罪未遂　　D. 犯罪预备

4. 甲携带凶器拦路抢劫，黑夜中遇到乙便实施暴力。乙发现是自己的熟人甲，便喊甲的名字。甲一听便住手，还向乙道歉说："对不起，认错人了。"甲的行为属于下列哪一种情形？（　　）（司考）

A. 实行终了的犯罪未遂

B. 预备阶段的犯罪中止

C. 未实行终了的犯罪未遂

D. 实行阶段的犯罪中止

视频讲题

5. 甲深夜潜入乙家行窃，发现留长发穿花布睡衣的乙正在睡觉，意图奸淫，便扑在乙身上强脱其衣。乙惊醒后大声喝问，甲发现乙是男人，慌忙逃跑被抓获。甲的行为（　　）。（司考）

A. 属于强奸预备　　B. 属于强奸未遂

C. 属于强奸中止　　D. 不构成强奸罪

6. 李某系 A 市建设银行某储蓄所记账员。某日下午下班时，李某发现本所出纳员陈某将 2 万元营业款遗忘在办公桌抽屉内（未锁）。当日下班后，李某趁所内无人之机，返回所内将该 2 万元取出，用报纸包好后藏到自己办公桌下面的垃圾袋中，并用纸箱遮住垃圾袋。次日上午案发，赃款被他人找出。对此，下列哪一说法是正确的？（　　）（司考）

A. 李某的行为属于贪污既遂

B. 李某的行为属于贪污未遂

C. 李某的行为属于盗窃既遂

D. 李某的行为属于盗窃未遂

7. 甲预谋拍摄乙与卖淫女的裸照，迫使乙交付财物。一日，甲请乙吃饭，叫卖淫女丙相陪。饭后，甲将乙、丙送上车。乙、丙刚到乙宅，乙便被老板电话叫走，丙亦离开。半小时后，甲持相机闯入乙宅发现无人，遂拿走了乙的 3 万元现金。关于甲的行为性质，下列哪一选项是正确的？（　　）（司考）

A. 抢劫未遂与盗窃既遂

B. 抢劫既遂与盗窃既遂的想象竞合

C. 敲诈勒索未遂与盗窃既遂

D. 敲诈勒索未遂与盗窃既遂的想象竞合

视频讲题

8. 甲参加了一黑社会性质组织，还未来得及实施其他犯罪活动就被公安机关抓获。甲的行为属于

(　　)。

A. 预备犯　　B. 实行犯
C. 帮助犯　　D. 未遂犯

9. 甲因为丈夫乙与别的女人有染而产生了怨恨，决定杀乙。某日，甲将一瓶安眠药（50 片）掺入茶水中让乙喝下。乙喝下茶水后，逐渐昏迷过去。甲看到乙昏迷在地，逐渐产生了悔恨之意，于是找来邻居将乙送往医院抢救，结果乙通过抢救脱离了生命危险。对甲应当如何处理？(　　)

A. 按既遂犯处罚
B. 可以比照既遂犯从轻、减轻或者免除处罚
C. 可以比照既遂犯从轻或者减轻处罚
D. 应当免除处罚

10. 甲与乙结有仇怨。一日，甲携带猎枪前往乙的居住地，准备枪杀乙。然而，甲到达乙居住地附近，发现乙家楼下有多位警察正在处理一刑事案件，感到无法下手，遂返回。甲的行为属于(　　)。

A. 犯罪预备　　B. 犯罪中止
C. 犯罪未遂　　D. 没有犯罪行为

视频讲题

11. 某日傍晚，甲在一偏僻小道上抢劫了一行人的钱包。抢到钱包后，甲突然发现该行人是自己的邻居，于是甲将钱包当面送还给该行人，并声称刚才的行为是开玩笑。甲的行为是(　　)。

A. 犯罪预备　　B. 犯罪中止
C. 犯罪未遂　　D. 犯罪既遂

12. 派出所民警甲因私仇蓄意杀害乙。一日，甲潜伏在乙回家必经的小道上，向乙连开两枪，由于光线较暗，未击中。此时，甲的枪里面尚有子弹 5 颗，但是甲并没有继续开枪。甲的行为是(　　)。

A. 犯罪未遂　　B. 犯罪中止
C. 一般违法行为　　D. 意外事件

13. 甲意图杀害乙。一日晚，甲携带猎枪藏于乙家院内，从虚掩的门缝中见一黑影在移动，即认为是乙，遂举枪射击，并击中该目标。次日早晨，甲才知打死的不是乙，而是乙的妻子丙。对甲的行为应当如何处理？(　　)

A. 应负故意杀人未遂的刑事责任
B. 因未造成乙受损害不负刑事责任
C. 应负过失致死的刑事责任
D. 应负故意杀人既遂的刑事责任

14. 国家机关工作人员甲因为家人需要一大笔医疗费，利用职务上的便利，收受了下属单位领导的贿赂 20 万元。一周后，甲的哥哥通过其他途径筹集到了医疗费。于是，甲将这 20 万元退回了下属单位的领导。甲的行为构成(　　)。

A. 犯罪预备　　B. 犯罪未遂
C. 犯罪中止　　D. 犯罪既遂

15. 甲与乙结有仇恨，准备了猎枪杀害乙。一日，二人在路上相遇，甲对乙扬言说："你等着，我迟早要收拾你。"由于甲未将猎枪带在身上，当日甲并未对乙有任何伤害行为。甲的扬言行为属于(　　)。

A. 犯意表示　　B. 犯罪未遂
C. 犯罪预备　　D. 犯罪行为

16. 甲与同事乙结有仇恨。一日，甲准备报复乙，持手榴弹一枚前往乙家，欲将乙炸死。结果，乙刚好到外地出差，不在家中。甲见乙不在家，便没有向乙家投掷手榴弹。甲的行为属于(　　)。

A. 犯意表示　　B. 犯罪预备
C. 犯罪未遂　　D. 犯罪中止

17. 甲在深夜进入了乙家盗窃。正在甲翻箱倒柜时，在里屋睡觉的乙听到外屋有动静，大喊"抓贼"，甲只好仓皇逃走。甲的行为属于(　　)。

A. 犯罪预备　　B. 犯罪未遂
C. 犯罪中止　　D. 犯罪既遂

18. 下列对犯罪停止形态的认识错误的是(　　)。

A. 犯罪既遂与犯罪未遂区别的关键在于是否实现了预期的目的
B. 犯罪未遂与犯罪预备区别的关键在于是否着手实行犯罪
C. 在犯罪过程中，可以成立犯罪预备、犯罪未遂，也可以成立犯罪中止
D. 犯罪停止形态只存在于直接故意犯罪过程中

19. 根据刑法规定，对于未遂犯，可以(　　)。

A. 比照既遂犯从轻或者减轻处罚
B. 比照中止犯从轻或者减轻处罚
C. 免除处罚

D. 比照预备犯从轻或者减轻处罚

20. 犯罪中止发生的时空范围是（　　）。

A. 犯罪的预备阶段

B. 犯罪的实行阶段

C. 犯罪预备阶段和犯罪实行阶段

D. 犯罪既遂以前

21. 甲与一女子有染，其妻乙生怨。某日，乙将毒药拌入菜中意图杀甲。因久等甲未归且又惧怕法律制裁，乙遂打消杀人恶念，将菜倒掉。关于乙的行为，下列哪一选项是正确的？（　　）（司考）

A. 犯罪预备

B. 犯罪预备阶段的犯罪中止

C. 犯罪未遂

D. 犯罪实行阶段的犯罪中止

22. 甲因父仇欲重伤乙，将乙推倒在地举刀便砍。乙慌忙抵挡喊着说："是丙逼我把你家老汉推下粪池的，不信去问丁。"甲信以为真，遂松开乙，乙趁机逃走。关于本案，下列哪一选项是正确的？（　　）（司考）

A. 甲不成立故意伤害罪

B. 甲成立故意伤害罪中止

C. 甲的行为具有正当性

D. 甲成立故意伤害罪未遂（不能犯）

23. 根据刑法规定，在犯罪过程中，自动放弃犯罪或者自动有效地防止犯罪结果发生的，是（　　）。对于中止犯，没有造成损害的，应当（　　）处罚；造成损害的，应当（　　）处罚。

A. 犯罪中止、免除、减轻

B. 犯罪中止、减轻、从轻

C. 犯罪未遂、免除、减轻

D. 犯罪未遂、减轻、从轻

24. 甲为杀害仇人林某在偏僻处埋伏，见一黑影过来，以为是林某，便开枪射击。黑影倒地后，甲发现死者竟然是自己的父亲。事后查明，甲的子弹并未击中父亲，其父亲患有严重心脏病，因听到枪声后过度惊吓死亡。关于甲的行为，下列哪一选项是正确的？（　　）（司考）

A. 甲构成故意杀人罪既遂

B. 甲构成故意杀人罪未遂

C. 甲构成过失致人死亡罪

D. 甲对林某构成故意杀人罪未遂，对自己的父亲构成过失致人死亡，应择一重罪处罚

25. 甲想杀害身材高大的乙，打算先用安眠药使乙昏迷，然后勒乙的脖子，致其窒息死亡。由于甲投放的安眠药较多，乙吞服安眠药后死亡。对此，下列哪一选项是正确的？（　　）（司考）

A. 甲的预备行为导致了乙死亡，仅成立故意杀人预备

B. 甲虽已着手实行杀人行为，但所预定的实行行为（勒乙的脖子）并未实施完毕，故只能认定为未实行终了的未遂

C. 甲已着手实行杀人行为，应认定为故意杀人既遂

D. 甲的行为是故意杀人预备与过失致人死亡罪的想象竞合犯，应从一重罪论处

26. 甲（15周岁）求乙（16周岁）为其抢夺作接应，乙同意。某夜，甲抢夺被害人的手提包（内有1万元现金），将包扔给乙，然后吸引被害人跑开。乙害怕坐牢，将包扔在草丛中，独自离去。关于本案，下列哪一选项是错误的？（　　）（司考）

A. 甲不满16周岁，不构成抢夺罪

B. 甲与乙构成抢夺罪的共犯

C. 乙不构成抢夺罪的间接正犯

D. 乙成立抢夺罪的中止犯

27. 甲架好枪支准备杀乙，见已患绝症的乙踉跄走来，顿觉可怜，认为已无杀害必要。甲收起枪支，但不小心触动扳机，乙中弹死亡。关于甲的行为定性，下列哪一选项是正确的？（　　）

A. 仅构成故意杀人罪（既遂）

B. 仅构成过失致人死亡罪

C. 构成故意杀人罪（中止）、过失致人死亡罪

D. 构成故意杀人罪（未遂）、过失致人死亡罪

28. 甲欲杀乙，将乙打倒在地，掐住脖子致乙深度昏迷。30分钟后，甲发现乙未死，便举刀刺乙，第一刀刺中乙腹，第二刀扎在乙的皮带上，刺第三刀时刀柄折断。甲长叹"你命太大，整不死你，我服气了"，遂将乙送医，乙得以保命。经查，第一刀已致乙重伤。关于甲犯罪形态的认定，下列哪一选项是正确的？（　　）（司考）

A. 故意杀人罪的未遂犯

B. 故意杀人罪的中止犯

C. 故意伤害罪的既遂犯

D. 故意杀人罪的不能犯

29. 某日，甲到乙家，发现乙家家徒四壁。见桌上一块玉坠，断定是不值钱的仿制品，甲便顺手拿走。后甲对丙谎称玉坠乃秦代文物，值 5 万元，丙以 3 万元买下。经鉴定乃清代玉坠，市值 5 000 元。关于本案的分析，下列哪一选项是错误的？（　　）（司考）

A. 甲断定玉坠为不值钱的仿制品具有一定根据，对“数额较大”没有认识，缺乏盗窃犯罪故意，不构成盗窃罪

B. 甲将所盗玉坠卖给丙，具有可罚性，不属于不可罚的事后行为

C. 不应追究甲盗窃玉坠的刑事责任，但应追究甲诈骗丙的刑事责任

D. 甲诈骗丙的诈骗数额为 5 万元，其中 3 万元既遂，2 万元未遂

30. 甲深夜进入小超市，持枪胁迫正在椅子上睡觉的店员乙交出现金，乙说：“钱在收款机里，只有购买商品才能打开收款机。”甲掏出 100 元钱给乙，说“给你，随便买什么”。乙打开收款机，交出所有现金，甲一把抓了就跑。事实上，乙给甲的现金只有 88 元，甲“亏了” 12 元。关于本案，下列哪一说法是正确的？（　　）（司考）

A. 甲进入的虽是小超市，但乙已在椅子上睡觉，甲属于入户抢劫

B. 只要持枪抢劫，即使分文未取，也构成抢劫既遂

C. 对于持枪抢劫，不需要区分既遂与未遂，直接依照分则条文规定的法定刑量刑即可

D. 甲虽“亏了” 12 元，未能获利，但不属于因意志以外的原因未得逞，构成抢劫罪既遂

31. 下列哪一行为成立犯罪未遂？（　　）（司考）

A. 以贩卖为目的，在网上订购毒品，付款后尚未取得毒品即被查获

B. 国家工作人员非法收受他人给予的现金支票后，未到银行提取现金即被查获

C. 为谋取不正当利益，将价值 5 万元的财物送给国家工作人员，但第二天被退回

D. 发送诈骗短信，受骗人上当后汇出 5 万元，但因误操作汇到无关第三人的账户

32. 甲以杀人故意放毒蛇咬乙，后见乙痛苦不堪，心生悔意，便开车送乙前往医院。途中等红灯时，乙声称其实自己一直想死，突然跳车逃走，三小时后死亡。后查明，只要当时送医院乙就不会死亡。关于本案，下列哪一选项是正确的？（　　）（司考）

A. 甲不对乙的死亡负责，成立犯罪中止

B. 甲未能有效防止死亡结果发生，成立犯罪既遂

C. 死亡结果不能归责于甲的行为，甲成立犯罪未遂

D. 甲未能阻止乙跳车逃走，应以不作为的故意杀人罪论处

33. 甲冒充房主王某与乙签订商品房买卖合同，约定将王某的住房以 220 万元卖给乙，乙首付 100 万元给甲，待过户后再支付剩余的 120 万元。办理过户手续时，房管局工作人员识破甲的骗局并报警。根据司法解释，关于甲的刑事责任的认定，下列哪一选项是正确的？（　　）（司考）

A. 以合同诈骗罪 220 万元未遂论处，酌情从重处罚

B. 以合同诈骗罪 100 万元既遂论处，合同诈骗 120 万元作为未遂情节加以考虑

C. 以合同诈骗罪 120 万元未遂论处，合同诈骗 100 万元既遂的情节不再单独处罚

D. 以合同诈骗罪 100 万元既遂与合同诈骗罪 120 万元未遂并罚

（二）多项选择题

1. 根据刑法规定，犯罪预备是指为了犯罪而（　　）的行为。

A. 排除犯罪障碍　　B. 准备工具

C. 制造条件　　D. 消除犯罪痕迹

2. 我国刑法分则对各种直接故意犯罪规定的既遂形态具体包括（　　）。

A. 结果犯　　B. 危险犯

C. 行为犯　　D. 举动犯

3. 下列选项中属于危险犯的犯罪有（　　）。

A. 破坏交通设施罪　　B. 爆炸罪

C. 参加恐怖组织罪　　D. 故意杀人罪

4. 犯罪中止可以发生在（　　）。（司考）

A. 犯罪的预备阶段

B. 犯罪的实行阶段

C. 犯罪行为尚未实行完毕的情况下

D. 犯罪行为已经实行完毕的情况下

5. 下列情形属于犯罪中止的有（　　）。

A. 盗窃他人财物之后，又返还财物的

B. 强奸犯罪人发现被害人正来月经而停止犯罪的

C. 主动停止犯罪预备行为

D. 客观上有可能将犯罪进行到底，而犯罪人误以为不能进行而被迫中断犯罪的

6. 根据犯罪主观要件、犯罪形态的理论分析，下列关于犯罪中止的表述哪些是错误的？（　　）（司考）

A. 甲为杀人而与李某商量并委托购买毒药，李某果然为其买来了剧毒药品。但10天后甲放弃了杀人意图，将毒药抛入河中。甲成立犯罪中止，而李某不应成立犯罪中止

B. 乙基于杀人的意图对他人实施暴力，见被害人流血不止而心生怜悯，将其送到医院，被害人经治疗后仍鉴定为重伤。乙不是犯罪中止

C. 丙对仇人王某猛砍20刀后离开现场。2小时后，丙为寻找、销毁犯罪工具回到现场，见王某仍然没有死亡，但极其可怜，即将其送到医院治疗。丙的行为属于犯罪中止

D. 丁为了杀害李四而对其投毒，李四服毒后极端痛苦，于是丁将李四送往医院抢救脱险。经查明，毒物只达到致死量的50%，即使不送到医院，李四也不会死。丁将被害人送到医院的行为和被害人的没有死亡之间并无因果关系，所以丁不能成立犯罪中止

7. 甲与乙共谋次日杀丙，但次日甲因腹泻未能前往犯罪地点，乙独自一人杀死丙。关于本案，下列哪些说法是正确的？（　　）（司考）

A. 甲与乙构成故意杀人罪的共犯

B. 甲与乙不构成故意杀人罪的共犯

C. 甲承担故意杀人预备的刑事责任，乙承担故意杀人既遂的刑事责任

D. 甲与乙均承担故意杀人既遂的刑事责任

8. 关于对未遂犯的处罚，下列理解正确的有（　　）。

A. 对于未遂犯，可以比照既遂犯从轻或者减轻处罚

B. 对未遂犯的处罚一般要比既遂犯轻

C. 对未遂犯的处罚可以不比既遂犯轻

D. 对于未遂犯，没有造成损害的，可以免除处罚

9. 陈某趁珠宝柜台的售货员接待其他顾客时，伸手从柜台内拿出一个价值2 300元的戒指，握在手中。然后继续在柜台边假装观看。几分钟后，售货员发现少了一个戒指并怀疑陈某，便立即报告保安人员。陈某见状，速将戒指扔回柜台内后逃离。关于本案，下列哪些说法是正确的？（　　）（司考）

A. 陈某的盗窃行为已经既遂

B. 陈某的盗窃行为属于未遂

C. 陈某将戒指扔回柜台内不属于中止行为

D. 陈某将戒指扔回柜台内属于犯罪既遂后返还财物的行为

视频讲题

10. 甲为了替乙说情，送给正在审理乙涉嫌非法拘禁一案的合议庭审判员丙5万元。在审判委员会上，丙试图为乙开脱罪责，但未能得逞。于是丙将收受的5万元返还给甲。甲经过思想斗争，到司法机关主动交代了自己向丙行贿的行为。关于本案的处理，下列哪些说法是正确的？（　　）（司考）

A. 对甲的行为应以行贿罪论处

B. 对丙的行为应当认定为受贿中止

C. 对甲应当适用刑法总则关于自首的处罚规定

D. 对甲可以减轻处罚或免除处罚

11. 下列哪些选项是错误的？（　　）（司考）

A. 甲、乙二人合谋抢劫出租车，准备凶器和绳索后拦住一辆出租车，谎称去郊区某地。出租车行驶到检查站，检查人员见甲、乙二人神色慌张便进一步检查，在检查时甲、乙意图逃离出租车被抓获。甲、乙二人的行为构成抢劫（未遂）罪

B. 甲深夜潜入某银行储蓄所行窃，正在撬保险柜时，听到窗外有响动，以为有人来了，因害怕被抓就悄悄逃离。甲的行为构成盗窃（未遂）罪

C. 甲意图杀害乙，经过跟踪，掌握了乙每天上下班的路线。某日，甲准备了凶器，来到乙必经的路口等候。在乙经过的时间快要到时，甲因口渴到旁边的小卖部买饮料。待甲返回时，乙因提前下班已经过了路口。甲等了一阵儿不见

乙经过，就准备回家，在回家路上因凶器暴露被抓获。甲的行为构成故意杀人（未遂）罪

D. 甲意图陷害乙，遂捏造了乙受贿 10 万元并与他人通奸的所谓犯罪事实，写了一封匿名信给监察机关。监察机关经初查发现根本不存在受贿事实，对乙未追究刑事责任。甲欲使乙受到刑事追究的意图未能得逞。甲的行为构成诬告陷害（未遂）罪

12. 关于犯罪未遂的认定，下列哪些选项是正确的？（　　）（司考）

A. 甲以杀人故意将郝某推下过街天桥，见郝某十分痛苦，便拦下出租车将郝某送往医院。但郝某未受致命伤，即便不送医院也不会死亡。甲属于犯罪未遂

B. 乙持刀拦路抢劫周某。周某说："把刀放下，我给你钱"。乙信以为真，收起刀子，伸手要钱。周某趁乙不备，一脚踢倒乙后逃跑。乙属于犯罪未遂

C. 丙见商场橱柜展示有几枚金锭（30 万元/枚），打开玻璃门拿起一枚就跑。其实是值 300 元的仿制品，真金锭仍在。丙属于犯罪未遂

D. 丁资助林某从事危害国家安全的犯罪活动，但林某尚未实施相关犯罪活动即被抓获。丁属于资助危害国家安全犯罪活动罪未遂

13. 下列哪些选项不构成犯罪中止？（　　）（司考）

A. 甲收买 1 名儿童打算日后卖出。次日，看到拐卖儿童犯罪分子被判处死刑的新闻，偷偷将儿童送回家

B. 乙使用暴力绑架被害人后，被害人反复向乙求情，乙释放了被害人

C. 丙加入某恐怖组织并参与了一次恐怖活动，后经家人规劝退出该组织

D. 丁为国家工作人员，挪用公款 3 万元用于孩子学费，4 个月后主动归还

14. 甲欲枪杀仇人乙，但早有防备的乙当天穿着防弹背心，甲的子弹刚好打在防弹背心上，乙毫发无损。甲见状一边逃离现场，一边气呼呼地大声说："我就不信你天天穿防弹背心，看我改天不收拾你！"关于本案，下列哪些选项是正确的？（　　）（司考）

A. 甲构成故意杀人中止

B. 甲构成故意杀人未遂

C. 甲的行为具有导致乙死亡的危险，应当成立犯罪

D. 甲不构成犯罪

视频讲题

15. 关于犯罪中止，下列哪些选项是正确的？（　　）（司考）

A. 甲欲杀乙，埋伏在路旁开枪射击但未打中乙。甲枪内尚有子弹，但担心杀人后被判处死刑，遂停止射击。甲成立犯罪中止

B. 甲入户抢劫时，看到客厅电视正在播放庭审纪实片，意识到犯罪要受刑罚处罚，于是向被害人赔礼道歉后离开。甲成立犯罪中止

C. 甲潜入乙家原打算盗窃巨额现金，入室后发现大量珠宝，便放弃盗窃现金的意思，仅窃取了珠宝。对于盗窃现金，甲成立犯罪中止

D. 甲向乙的饮食投放毒药后，乙呕吐不止，甲顿生悔意，急忙开车送乙去医院，但由于交通事故耽误一小时，乙被送往医院时死亡。医生证明，早半小时送到医院乙就不会死亡。甲的行为仍然成立犯罪中止

16. 关于犯罪停止形态的论述，下列哪些选项是正确的？（　　）（司考）

A. 甲（总经理）召开公司会议，商定逃税。甲指使财务人员黄某将一笔 500 万元的收入在申报时予以隐瞒，但后来黄某又向税务机关如实申报，缴纳应缴税款。单位属于犯罪未遂，黄某属于犯罪中止

B. 乙抢夺邹某现金 20 万元，后发现全部是假币。乙构成抢夺罪既遂

C. 丙以出卖为目的，偷盗婴儿后，惧怕承担刑事责任，又将婴儿送回原处。丙构成拐卖儿童罪既遂，不构成犯罪中止

D. 丁对仇人胡某连开数枪均未打中，胡某受惊心脏病突发死亡。丁成立故意杀人罪既遂

17. 关于故意犯罪形态的认定，下列哪些选项是正确的？（　　）（司考）

A. 甲绑架幼女乙后，向其父勒索财物。乙父佯装不管乙安危，甲只好将乙送回。甲虽未能成功勒索财物，但仍成立绑架罪既遂

B. 甲抢夺乙价值 1 万元的项链时，乙紧抓不放，甲只抢得半条项链。甲逃走 60 余米后，觉得半条项链无用而扔掉。甲的行为未得逞，成立抢夺罪未遂

C. 乙欲盗汽车，向甲借得盗车钥匙。乙盗车时发现该钥匙不管用，遂用其他工具盗得汽车。乙属于盗窃罪既遂，甲属于盗窃罪未遂

D. 甲在珠宝柜台偷拿一枚钻戒后迅速逃离，慌乱中在商场内摔倒。保安扶起甲后发现其盗窃行为并将其控制。甲未能离开商场，属于盗窃罪未遂

18. 甲为杀乙，对乙下毒。甲见乙中毒后极度痛苦，顿生怜意，开车带乙前往医院。但因车速过快，车右侧撞上电线杆，坐在副驾驶位的乙被撞死。关于本案的分析，下列哪些选项是正确的？（　　）（司考）

A. 如认为乙的死亡结果应归责于驾车行为，则甲的行为成立故意杀人中止

B. 如认为乙的死亡结果应归责于投毒行为，则甲的行为成立故意杀人既遂

C. 只要发生了构成要件的结果，无论如何都不可能成立中止犯，故甲不成立中止犯

D. 只要行为人真挚地防止结果发生，即使未能防止犯罪结果发生的，也应认定为中止犯，故甲成立中止犯

19. 下列哪些选项中的甲属于犯罪未遂？（　　）（司考）

A. 甲让行贿人乙以乙的名义办理银行卡，存入 50 万元，乙将银行卡及密码交给甲。甲用该卡时，忘记密码，不好意思再问乙。后乙得知甲被免职，将该卡挂失取回 50 万元

B. 甲、乙共谋傍晚杀丙，甲向乙讲解了杀害丙的具体方法。傍晚乙如约到达现场，但甲未去。乙按照甲所述的方法杀死丙

C. 乙欲盗窃汽车，让甲将用于盗窃汽车的钥匙放在乙的信箱。甲同意，但错将钥匙放入丙的信箱，后乙用其他方法将车盗走

D. 甲、乙共同杀害丙，以为丙已死，甲随即离开现场。一个小时后，乙在清理现场时发现丙未死，持刀杀死丙

（三）不定项选择题

1. 下列选项中，属于犯罪预备行为的是（　　）。

A. 持刀在酒楼里寻找仇人的

B. 为了盗窃某户人家而将其看门狗毒死的

C. 将毒药投放在被害人的酒杯中的

D. 守候在被害人的住处附近意图杀害被害人的

2. 王某怀疑其妻与其表兄刘某有不正当关系，遂于某晚跟踪其妻至刘某住所。进屋后，王某发现其妻披头散发，正在哭泣，刘某站在旁边，王某大怒，遂殴打其妻，并与刘某发生争吵。王某知道刘某有百万家财，决定抓住这个机会狠狠敲诈他一笔，于是谎称到其父母家中解决问题，将刘某骗至其姘妇叶某的住所（当时叶某不在家），并对刘某进行殴打、捆绑，反锁屋门将刘某拘禁达一天之久。刘某在不堪忍受的情况下，承认与王妻有不正当关系，提出用金钱补偿，并在王某的胁迫下，先后三次给刘某家人打电话，要其家人将 30 万元放在某公园指定场所，刘某的家人并未照办。不久，叶某返回住所，王某以实情相告，叶某未加制止，并与王某一起致信刘妻，信中称：刘某系卑鄙小人，现在我等控制之中，为示惩戒，速送 30 万元至某公园指定地点，钱到放人，不得报警；否则，后果自负。刘妻害怕，将钱放至指定地点，并通知王某。王某叫叶某去公园取钱，叶某不敢去。于是，王某留下叶某看管刘某，自己去取赃款。在王某外出取钱之时，刘某哀求叶某将自己放掉，并称王某心狠手辣，钱到手后，绝不会放过叶某。叶某恐惧，将刘某放掉，并和刘某一起去派出所报警，带领公安人员去公园捉拿王某。人们赶到公园时，王某早已携款逃走。

请问：叶某的行为属于（　　）。（司考）

A. 犯罪预备　　B. 犯罪未遂

C. 犯罪中止　　D. 犯罪既遂

3. 下列选项属于结果犯的犯罪有（　　）。

A. 盗窃罪　　B. 伪证罪

C. 侮辱罪　　D. 诈骗罪

4. 在犯罪过程中，由于行为人意志以外的原因而使犯罪停止下来，可能构成（　　）。

A. 犯罪预备　　B. 犯罪未遂

C. 犯罪中止　　D. 犯罪既遂

5. 在刑法理论上，根据不同标准对犯罪未遂分类，

其种类有（ ）。

A. 实施终了的未遂　　B. 未实施终了的未遂

C. 能犯未遂　　D. 不能犯未遂

简答题

1. 简述犯罪既遂的类型。（考研）
2. 犯罪未遂的构成特征有哪些？
3. 犯罪中止的概念及构成特征是什么？（考研）

案例分析题

1. 甲，男，26 岁，曾因盗窃罪被判处拘役 6 个月，2023 年 12 月刑满释放。乙，男，18 岁。2024 年 4 月底，甲与乙多次密谋共同实施抢劫，并为此准备了凶器。2024 年 5 月上旬，甲、乙携带凶器多次于夜间在偏僻小路旁守候，欲抢劫行人财物，但均未遇见行人。2024 年 6 月，甲和乙在公安机关例行检查中，因没有身份证和暂住证而受到盘问。经公安人员教育，两人将上述情况如实供述。

问：对甲、乙应当如何定罪处罚？（法硕）

2. 某天傍晚，甲窜入某居民区，对该居民区的情况进行观察，发现很多人家都没亮灯，推断可能是没有人在内，遂产生盗窃意图。等到深夜，甲潜入了一户人家进行盗窃，正在翻箱倒柜之时，发现床上睡着一位“女性”（甲发生了认识错误，实际上是一位男性），便产生奸淫之念。甲上床用双手掐住被害人的脖子，企图掐昏使其不能反抗时强奸。被害人反抗挣扎激烈，此时甲发现被害人系男性，便立即逃跑，数日后被抓获。

问：对甲应如何定罪？请简要说明理由。

3. 某日下午，某工厂工人李某因为琐事与同事刘某发生了争执，并有互相推打行为，后被在场的同事劝开。回家后，李某便产生杀害刘某的念头，于是携带了一把猎枪前往工厂寻找刘某。到了工厂以后，李某手持猎枪四处寻找刘某，并在刘某工作的车间内找到了刘某。李某用枪口对着刘某，准备枪杀刘某。此时，周围的同事开始劝说李某放弃对刘某的伤害，刘某自己也向李某求饶。经过激烈的思想斗争，李某放走了刘某，并持枪返回了家中。第二天，李某被公安机关抓捕归案。

问：对李某应如何定罪处罚？请简要说明理由。

4. 被告人赵某与被害人钱某曾合伙做生意（双方没有债权债务关系）。20××年 5 月 23 日，赵某通过技术手段，将钱某银行存折上的 9 万元存款划转到自己的账户上（没有取出现金）。钱某经向银行查询知道真相后，让赵某还给自己 9 万元。

同年 6 月 26 日，赵某将钱某约至某大桥西侧泵房后，二人发生争执。赵某顿生杀意，突然勒钱某的颈部、捂钱某的口鼻，致钱某昏迷。赵某以为钱某已死亡，便将钱某“尸体”缚重扔入河中。

6 月 28 日凌晨，赵某将恐吓信置于钱某家门口，谎称钱某被绑架，让钱某之妻孙某（某国有企业出纳）拿 20 万元到某大桥赎人，如报警将杀死钱某。孙某不敢报警，但手中只有 3 万元，于是在上班之前从本单位保险柜拿出 17 万元，急忙将 20 万元送至某大桥处。赵某蒙面接收 20 万元后，声称 2 小时后孙某即可见到其丈夫。

28 日下午，钱某的尸体被人发现（经鉴定，钱某系溺水死亡）。赵某觉得罪行迟早会败露，于 29 日向公安机关投案，如实交代了上述全部犯罪事实，并将勒索的 20 万元交给公安人员（公安人员将 20 万元退还孙某，孙某于 8 月 3 日将 17 万元还给公司）。公安人员李某听了赵某的交代后随口说了一句“你罪行不轻啊”，赵某担心被判死刑，逃跑至外地。在被通缉的过程中，赵某身患重病无钱治疗，向当地公安机关投案，再次如实交代了自己的全部罪行。（司考）

问：

（1）赵某将钱某的 9 万元存款划转到自己账户的行为是什么性质？为什么？

（2）赵某致钱某死亡的事实，在刑法理论上称为什么？刑法理论对这种情况有哪几种处理意见？你认为应当如何处理？为什么？

（3）赵某向孙某索要 20 万元的行为是什么性质？为什么？

（4）赵某的行为是否成立自首？为什么？

（5）孙某从公司拿出 17 万元的行为是否成立犯罪？为什么？

论述题与深度思考题

1. 谈谈你对犯罪预备的认识。

2. 如何确定犯罪既遂的标准？

参考答案

名词解释

1. 犯罪停止形态是指直接故意犯罪的危害行为由于主客观原因停止下来，不再向前发展的形态，包括犯罪预备、犯罪未遂、犯罪中止、犯罪既遂。犯罪停止形态与犯罪阶段不同：犯罪阶段表现的是犯罪行为的时间顺序，而犯罪停止形态体现的是犯罪行为停止在不同阶段所具有的特征。

2. 犯罪预备是指行为人为了实行犯罪，准备工具、制造条件，但由于行为人意志以外的原因尚未着手实行的犯罪形态。对于预备犯，可以比照既遂犯从轻、减轻或者免除处罚。

3. 已经着手实行犯罪，由于犯罪分子意志以外的原因而未得逞的，是犯罪未遂。犯罪未遂只能发生在犯罪实行阶段，不是行为人自动放弃犯罪或者自动有效地防止犯罪结果发生。对于未遂犯，可以比照既遂犯从轻或者减轻处罚。

4. 不能犯未遂是指由于行为人主观认识或行为手段、行为对象等原因，犯罪不具备得逞的客观可能性，包括手段不能犯未遂和对象不能犯未遂。

5. 在犯罪过程中，自动放弃犯罪或者自动有效地防止犯罪结果发生的，是犯罪中止。成立犯罪中止，要求行为人主观上具有中止犯罪的决意，客观上实施了中止犯罪的行为，且必须发生在犯罪过程中，并有效地阻止了犯罪既遂的出现。对于中止犯，没有造成损害的，应当免除处罚；造成损害的，应当减轻处罚。

选择题

（一）单项选择题

1. D。根据通说，犯罪未得逞，是指犯罪构成的要件没有齐备。这是主观和客观两个方面的统一：从主观上看，犯罪未得逞是指犯罪的直接故意的内容没有完全实现；从客观上看，行为人实施的犯罪是不完整的。因此，正确答案为选项 D。

2. A。共同犯罪人中止犯罪，不仅需要行为人中止自己的犯罪行为，而且需要行为人制止其他共同犯罪人的行为。因此，乙因害怕受到刑罚惩罚而没有与甲一同盗窃，甲单独完成盗窃行为的，乙虽然中止了自己的犯罪行为，但是未能阻止其他共犯的行为，仍然成立犯罪既遂。

3. B。在犯罪过程中，自动放弃犯罪或者自动有效地防止犯罪结果发生的，是犯罪中止。李某虽然采取了制止犯罪结果发生的行动，但是未能有效地防止犯罪结果发生，因此，不能成立犯罪中止。

4. D。在犯罪过程中，自动放弃犯罪或者自动有效地防止犯罪结果发生的，是犯罪中止。甲的抢劫行为已经实行，发现是熟人并不足以阻止甲继续实施犯罪，所以甲停止犯罪是自动的，成立犯罪中止。

5. B。不能犯未遂是指由于行为人主观认识上的原因或行为手段、行为对象等原因，犯罪不具备得逞的客观可能性，包括手段不能犯未遂和对象不能犯未遂。甲意图强奸的行为属于对象不能犯未遂。

6. C。李某趁所内无人之机，返回所内将出纳员陈某遗忘在办公桌抽屉内的 2 万元取出，用报纸包好后藏到自己办公桌下面的垃圾袋中，并用纸箱遮住垃圾袋，已经使被害人失去了对财物的控制，属于盗窃既遂。

7. C。本案中，甲已经着手实行对乙的敲诈勒索，只是由于乙被老板电话叫走这一意志以外的原因未能得逞，故成立敲诈勒索的未遂。但是，甲拿走乙的 3 万元现金的行为与敲诈勒索行为没有关系，应当单独评价，且已经具备了盗窃罪的全部构成要件，故成立盗窃既遂。因此，选项 C 为正确答案。

8. B。参加黑社会性质组织罪属于行为犯，只要实施了参加行为，即构成犯罪。因此，甲的行为构成实行犯。

9. D。甲的行为属于犯罪中止。对于犯罪中止，没有造成损害的，应当免除处罚；造成损害的，应当减轻处罚。对于甲的行为，应当免除处罚。

10. A。为了犯罪，准备工具、制造条件的，是犯罪预备。甲前往乙之居住地的行为属于犯罪预备行为。尚未实行犯罪，由于意志以外的原因未实行犯罪的，成立犯罪预备。

11. D。犯罪既遂是指犯罪行为具备了刑法所规定的构成要件。甲抢劫了自己邻居的钱包，已经构成了既遂。犯罪停止以后就不能再有发展，事后返还的行为不能改变既遂成立的事实。

12. B。本题考查停止重复侵害行为的性质。甲的行为是故意杀人罪的犯罪中止。杀人行为是一个连续的过程，甲开两枪后在有可能继续开枪将乙杀死的情况下，停止射击，应视为犯罪中止。

13. D。甲意图杀害乙，由于发生了认识错误，结果将丙打死。但是，人的生命的价值是一样的，因此，甲的行为同样成立犯罪既遂。

14. D。犯罪既遂是指犯罪行为具备了刑法所规定的构成要件。甲收受他人贿赂，已经构成了受贿罪既遂，事后返还的行为不能改变既遂成立的事实。

15. A。虽然甲已经为杀害乙在准备工具，进入了犯罪预备阶段，但是，甲向乙的扬言并未对刑法所保护的社会关系造成现实危险，因此应认定为犯意表示行为。

16. B。为了犯罪，准备工具、制造条件的，是犯罪预备。甲携带手榴弹前往乙家的行为属于犯罪预备行为，由于乙未在家这一意志以外的原因未能实施杀人行为，成立犯罪预备。

17. B。已经着手实行犯罪，由于犯罪分子意志以外的原因而未得逞的，是犯罪未遂。甲在深夜进入乙家盗窃并翻箱倒柜，属于实行行为。由于主人发现而逃走，属于因意志以外的原因未能得逞，故甲的行为属于犯罪未遂。

18. A。根据通说，犯罪未得逞，是指犯罪构成的要件没有齐备。这是主观和客观两个方面的统一：从主观上看，犯罪未得逞是指犯罪的直接故意的内容没有完全实现；从客观上看，行为人实施的犯罪是不完整的。因此，犯罪既遂与犯罪未遂的区别不在于是否实现了预期的目的，而在于是否齐备了犯罪构成的要件。

19. A。《刑法》第 23 条第 2 款规定："对于未遂犯，可以比照既遂犯从轻或者减轻处罚。"

20. C。在犯罪预备阶段和犯罪实行阶段，都可能成立犯罪中止。

21. B。犯罪中止既可以发生在犯罪实行阶段，也可以发生在犯罪预备阶段。行为人在犯罪预备的过程中、着手实行犯罪之前，停止实施犯罪行为的，属于预备形态的中止。本案中，乙将毒药拌入菜中意图杀甲，因久等甲未归且又惧怕法律制裁，遂打消杀人恶念，将菜倒掉。乙的行为尚发生在故意杀人的预备阶段，未实行犯罪，因此属于犯罪预备阶段的犯罪中止。

22. B。行为人中止犯罪的主观原因是多种多样的，但犯罪中止的主观原因一般并不影响犯罪中止的成立。本案中，虽然甲是因为对乙所编造的话信以为真而中止犯罪的，但甲仍然能够继续实施故意伤害行为，故甲中止犯罪的决定具有自动性，成立故意伤害罪中止。因此，选项 B 为正确答案。

23. A。《刑法》第 24 条规定："在犯罪过程中，自动放弃犯罪或者自动有效地防止犯罪结果发生的，是犯罪中止。对于中止犯，没有造成损害的，应当免除处罚；造成损害的，应当减轻处罚。"

24. A。犯罪形态的认定有时候也牵涉到认识错误的问题。甲将自己的父亲误认为仇人对其开枪，属于犯罪对象认识错误，而且属于具体目标认识错误。根据刑法理论，具体目标认识错误对行为人的刑事责任不发生任何影响。选项 D 错误：甲积极追求杀人的结果，因此不存在过失的问题。选项 C 错误：虽然甲的子弹没有击中被害人，被害人是因听到枪声过度惊吓死亡，但是这种死亡结果仍然应当包含在甲所追求的结果中。故甲构成故意杀人既遂。选项 A 为正确答案。

25. C。犯罪既遂是指行为人故意实施的行为已经具备了某种犯罪构成的全部要件的形态。犯罪是否既遂，不以行为人的主观认识为标准，而应以行为是否具备了刑法所规定的某一犯罪的全部构成要件为标准。故意杀人罪是指故意非法剥夺他人生命的行为。甲实施的行为符合了故意杀人罪的构成要件，应当认定为故意杀人既遂。因此，选项 C 正确。

26. D。《刑法》第 17 条第 2 款规定："已满十四周岁不满十六周岁的人，犯故意杀人、故意伤害致人重伤或者死亡、强奸、抢劫、贩卖毒品、放火、爆炸、投放危险物质罪的，应当负刑事责任。"甲不满 16 周岁，不构成抢夺罪，故选项 A 正确。共同犯罪系违法形态，乙帮助甲犯罪，属于共同犯罪，但乙在共同犯罪中起帮助作用，而非间接正犯，故选项 BC 正确。乙将包丢弃系在抢夺既遂之后，不再成立中止，故选项 D 错误，为应选项。

27. C。甲实施了两个行为：前一行为属于在犯罪过程中自动放弃故意杀人行为，构成故意杀人罪（中止）；后一行为构成过失致人死亡罪。故选项 C 正确。

28. A。"甲欲杀乙，将乙打倒在地，掐住脖子致乙深度昏迷"，即构成故意杀人罪的未遂。甲对乙的连续扎刺和将乙送医的后续行为，由于与前一行为有 30 分钟的间隔，不宜作统一评价。在前一犯罪停止形态已经确定的情况下，无须考虑后续行为对犯罪停止形态的影响（后续行为改变了前一行为停止形态的除外，如甲后续的扎刺行为致乙死亡的情形）。

29. D。甲对丙谎称玉坠乃秦代文物，值 5 万元，并以 3 万元卖给丙的行为，属于诈骗。一个行为的犯罪停止形态是单一的，甲的行为属于诈骗既遂，诈骗金额应当认定为 3 万元，故选项 D 错误，为应选项。选项 ABC 正确。

30. D。判断抢劫罪既遂与否不能以行为人是否实际赢利为标准。本案中，甲为抢劫所支出的 100 元成本不是刑法评价的内容，故甲抢劫到现金 88 元，即成立犯罪既遂。故选项 D 正确。选项 ABC 错误。

31. D。以贩卖为目的购买毒品的行为通常理解为预备行为，贩卖行为尚未着手即被查获，属于犯罪预备而非犯罪未遂，故选项 A 错误。国家工作人员非法收受他人给予的现金支票后，即属受贿犯罪既遂，故选项 B 错误。为谋取不正当利益，将价值 5 万元的财物送给国家工作人员，即属行贿犯罪既遂，故选项 C 错误。发送诈骗短信，即着手诈骗实行行为，因为意志以外的原因未能得逞的，属于犯罪未遂，故选项 D 正确。

32. A。所谓犯罪中止，是指在犯罪过程中，自动放弃犯罪或者自动有效防止犯罪结果发生的故意犯罪未完成形态。甲在放毒蛇咬伤乙后，心生悔意，开车送乙前往医院。只要当时送医院抢救乙就不会死亡，故甲的行为在正常的情况下是足以防止危害结果发生的，应认为是有效的中止行为。乙突然跳车逃走这一行为的介入，导致乙死亡。这一结果不能归责于甲的行为。故选项 A 正确。

33. B。最高人民法院、最高人民检察院《关于办理诈骗刑事案件具体应用法律若干问题的解释》（法释〔2011〕7 号）第 6 条规定："诈骗既有既遂，又有未遂，分别达到不同量刑幅度的，依照处罚较重的规定处罚；达到同一量刑幅度的，以诈骗罪既遂处罚。"依照这一规定，本案无疑应当以合同诈骗罪 100 万元既遂论处，合同诈骗 120 万元作为未遂情节加以考虑。

（二）多项选择题

1. ABC。为了犯罪，准备工具、制造条件的，是犯罪预备。排除犯罪障碍的行为也应当属于犯罪预备行为。

2. ABCD。结果犯、危险犯、行为犯和举动犯都是我国刑法分则对各种直接故意犯罪规定的既遂形态。

3. AB。破坏交通设施罪和爆炸罪是危险犯，参加恐怖组织罪是行为犯，故意杀人罪是结果犯。

4. ABC。犯罪中止必须发生在犯罪过程之中。犯罪行为的实施有一个过程，中止行为必须发生在过程之中，而不能发生在过程之外。这里的犯罪过程，包括预备犯罪的过程、实行犯罪的过程与犯罪结果发生的过程。选项 ABC 都符合要求。

5. BC。盗窃他人财物之后，又返还财物的，属于既遂；客观上有可能将犯罪进行到底，而犯罪人误以为不能进行而被迫中断犯罪的，属于犯罪未遂。

6. BCD。犯罪中止，指在犯罪过程中，自动放弃犯罪或者自动有效地防止犯罪结果发生。选项 B 中，乙实施的是故意杀人罪，虽然造成了他人重伤，但是仍然成立故意杀人罪的中止。选项 C 中，从案例介绍的情况来看，丙是以杀人的意图实施砍杀他人的行为，在被害人死亡之前，丙将其送往医院治疗，符合犯罪中止的成立条件（这是以被害人经抢救没有死亡作为前提的）。选项 D 中，虽然丁的行为和被害人没有死亡之间没有因果联系，但是，其行为仍然符合犯罪中止的成立要件，因而成立犯罪中止。所以选项 BCD 都错误，从而符合题干要求。选项 A 中，甲在犯罪预备阶段自动放弃杀人意图，成立犯罪中止。但是共同犯罪人李某不成立犯罪中止，因为李某并不是自动放弃杀人，而是实行者的放弃行为使其不能达到杀人的目的，成立犯罪预备。所以选项 A 正确，不符合题干要求。

7. AD。我国刑法理论认为，共同犯罪中只要部分共同犯罪人的行为达到既遂，整个共同犯罪就是既遂。共同预谋是共同犯罪的组成部分，甲、乙的行为构成共同犯罪。因此，虽然甲因腹泻未能前往犯罪地点，但是共同犯罪人乙的行为造成了既遂，仍然应当认定整个共同犯罪达到了既遂。故选项 AD 符合题干要求。

8. ABC。《刑法》第 23 条第 2 款规定："对于未遂犯，可以比照既遂犯从轻或者减轻处罚。"对未遂犯的处罚一般要比既遂犯轻，但是，在极个别情况下，对未遂犯的处罚可以不比既遂犯轻。因此，选项 ABC 正确。对于未遂犯，不存在"没有造成损害的，可以免除处罚"的规定，所以选项 D 错误。

9. ACD。陈某的行为已经使戒指脱离了营业员的控制，故成立盗窃的既遂。陈某将戒指扔回柜台内不属于中止行为，只是犯罪既遂后返还财物的行为。

10. AD。甲向他人行贿的行为已经成立了行贿罪既遂。根据《刑法》第390条第3款的规定，行贿人在被追诉前主动交代行贿行为的，可以从轻或者减轻处罚。因此，对甲应直接适用刑法分则的规定，而不适用刑法总则关于自首的处罚规定。因此，选项AD正确。

11. ACD。《刑法》第23条第1款规定："已经着手实行犯罪，由于犯罪分子意志以外的原因而未得逞的，是犯罪未遂。"犯罪预备与犯罪未遂的界分在于是否着手实行了犯罪。根据刑法理论通说，前往犯罪途中，尾随、跟踪被害人或者埋伏守候被害人，都属于未着手实行犯罪。选项A、C中的情形都属于未实行犯罪的情形，应属于犯罪预备。故选项AC错误。选项B中行为人正在撬保险柜，已经着手实行盗窃，由于意志以外的原因而未得逞，构成盗窃（未遂）罪，故选项B正确。诬告陷害罪属于行为犯，被害人受到刑事处分不属于构成要件，因此，甲的行为构成诬告陷害（既遂）罪，故选项D错误。

12. BC。甲以杀人故意将郝某推下过街天桥，在看见郝某十分痛苦的情况下，甲将郝某送往医院。即使郝某未受到致命伤，但甲是在认识到能够既遂的情况下自行采取有效措施的，符合犯罪中止的本质特征，属于犯罪中止。故选项A错误。乙持刀拦路抢劫周某，已经实施了实行行为，其收起刀子的行为是基于其内心对其行为足以压制周某反抗的确信，由于意志以外的原因，即周某乘乙不备，踢倒乙后逃跑而使犯罪未得逞，属于犯罪未遂。故选项B正确。丙主观上有抢夺真金锭的故意，客观上实施了实行行为，但由于橱柜展示的是仿制品而未能得逞，属于犯罪未遂。故选项C正确。资助危害国家安全犯罪活动罪是指境内外机构、组织或者个人资助他人实施背叛国家罪、分裂国家罪、煽动分裂国家罪等的行为。该罪属于帮助行为独立入罪，是否既遂不需要考虑资助对象是否已经实施相关犯罪活动。故选项D错误。

13. ABCD。犯罪行为的实施有一个过程，中止行为必须发生在犯罪过程之中，而不能发生在犯罪过程之外。不在犯罪过程之中的行为，不属于犯罪中止行为。在犯罪行为已经实施完毕，犯罪已达既遂，或者犯罪结果已经出现时，行为人即使在一定情况下恢复了犯罪对象的原状，也不成立犯罪中止。甲收买1名儿童打算日后卖出，乙使用暴力绑架被害人，丙加入某恐怖组织并参与了一次恐怖活动，丁挪用公款3万元用于孩子学费超过3个月未归还，甲、乙、丙、丁的行为均构成相应犯罪的既遂，不构成犯罪中止。因此，ABCD均为应选项。

14. BC。甲欲枪杀仇人乙，并朝乙开枪，其行为成立故意杀人罪。但是早有防备的乙当天穿着防弹背心，甲的子弹刚好打在防弹背心上，甲由于意志以外的原因未能杀死乙，成立故意杀人罪（未遂）。因此，选项BC为正确答案。

15. AB。选项A中，甲欲杀乙，埋伏在路旁开枪射击但未打中乙，在枪内尚有子弹的情况下，由于担心杀人后被判处死刑，遂停止射击。甲属于实行行为的中止，成立犯罪中止。选项B中，甲入户抢劫时，看到客厅电视正在播放庭审纪实片，意识到犯罪要受刑罚处罚，于是向被害人赔礼道歉后离开。乙同样属于实行行为的中止，成立犯罪中止。选项C中，甲基于盗窃的故意入室盗窃，窃取珠宝已经成立盗窃既遂，不能再成立犯罪中止。选项D中，甲的中止行为未能有效阻止犯罪既遂的出现，故不能成立犯罪中止。因此，选项AB为应选项。

16. ABCD。甲代表单位指使黄某逃税，黄某后续实施的向税务机关如实申报，缴纳应缴税款的行为是由于单位意志以外的因素出现的，故黄某成立犯罪中止，而单位属于犯罪未遂，选项A正确。假币虽然是违禁品，但不影响乙成立抢夺罪既遂，故选项B正确。丙在拐卖儿童行为既遂后将婴儿送回原处，不能再成立犯罪中止，故选项C正确。丁基于枪杀胡某的意图连开数枪未中，但胡某因受惊心脏病突发死亡，胡某死亡的结果仍然在丁的追求范围内，故丁成立故意杀人既遂，选项D正确。

17. AC。绑架罪的既遂不要求实际勒索到财物，甲在绑架既遂后将乙送回的行为，不影响犯罪既遂的成立，故选项A正确。甲扔掉抢夺到手的半条项链的行为系抢夺既遂之后的处分财物行为，不影响犯罪既遂的成立，故选项B错误。乙向甲借得盗车钥匙，乙与甲成立盗窃的共同犯罪，但乙最终用其他工具盗得汽车。甲的帮助行为与盗窃结果之间没有因果关系，故乙成立盗窃罪既遂，甲成立盗窃罪未遂，选项C正确。甲偷拿钻戒，即实现了对钻戒的实际控制，成立犯罪既遂。其在逃离过程中被保安控制的行为不影响犯罪既遂的成立，故选项D错误。

18. AB。如认为乙的死亡结果归责于投毒行为，则甲的行为未能有效防止犯罪结果的发生，不能成立犯罪中止，而应当是既遂；如认为乙的死亡结果应归责于驾车行为，则乙的死亡并非甲的投毒行为造成的，甲的行为可以成立故意杀人中止。故选项AB正确，选项CD错误。

19. CD。甲收受行贿人银行卡及密码的行为即构成受贿既遂，故选项A不选。共同犯罪不需要所有的共犯均实行具体犯罪行为，故甲、乙共谋杀人，甲虽然未实行犯罪，但乙按照甲教授的方法杀死丙，故甲构成故意杀人既遂，选项B不选。乙盗窃汽车的结果与甲的行为无直接联系，甲成立犯罪未遂。选项C应选。甲、乙共同杀害丙，由于认识错误，成立故意杀人未遂。一个小时后，乙清理现场发现丙未死，单独持刀杀死丙，乙单独成立故意杀人既遂。故选项D应选。

（三）不定项选择题

1. ABD。犯罪预备是指已经实施犯罪的预备行为，由于行为人意志以外的原因而未能着手实行犯罪的犯罪停止形态。犯罪预备的一个重要特征是行为人没有实施实行行为。选项ABD都是没有实行各罪的实行行为，所以都属于犯罪预备。而选项C中将毒药投放到被害人的酒杯中，是实施了故意杀人罪的实行行为，故应当排除选项C。

2. D。绑架罪以控制了被绑架人作为犯罪既遂的标准，不以勒索财物成功为标准。因此，本案的犯罪行为已经既遂。在既遂后，不能再成立犯罪中止、犯罪未遂和犯罪预备。因此，叶某的行为已是既遂。

3. AD。盗窃罪和诈骗罪都以一定的犯罪结果的发生作为既遂的标准，因此是结果犯。

4. AB。在犯罪预备阶段中，行为人意志以外的原因使犯罪停止下来的，构成犯罪预备；在犯罪实行阶段中，行为人意志以外的原因使犯罪停止下来，构成犯罪未遂。

5. ABCD。根据实行行为是否完成，可以把犯罪未遂分为实行终了的未遂和未实行终了的未遂；根据犯罪是否可能得逞，将犯罪未遂分为能犯未遂和不能犯未遂。

简答题

1. 所谓犯罪既遂，是指已经成立直接故意的犯罪行为，其客观方面齐备刑法分则规定的具体构成要件的犯罪形态。由于刑法分则规定的要件因罪而异，所以犯罪既遂也表现为不同的类型。

（1）行为犯的既遂。行为犯是危害行为符合犯罪客观要件齐备标准的犯罪。只要行为人着手实施并完成了刑法规定的犯罪行为，犯罪的客观方面即告完备，犯罪即成为既遂形态。

（2）举动犯的既遂。举动犯是指犯罪一经着手实施，其客观方面的要件即告完整或齐备的犯罪。在我国刑法中，举动犯主要分为两类：一类是刑法将预备性质的行为提升为实行行为的犯罪，如参加恐怖活动组织罪；另一类是教唆、煽动性质的犯罪行为，如煽动分裂国家罪。

（3）结果犯的既遂。结果犯是以危害结果发生作为犯罪既遂要件的犯罪。对于结果犯而言，缺少危害结果，犯罪的客观方面就不具有完整性或者说犯罪客观方面的要件就不齐备，不能成立犯罪既遂。

（4）危险犯的既遂。危险犯是指以危害行为造成法律规定的能发生某种危害结果的危险状态作为既遂标准的犯罪。在实践中，危险犯的危险具体可分为两种：一种是实害危险，另一种是危险状态。

2. 根据刑法规定，已经着手实行犯罪，由于犯罪分子意志以外的原因而未得逞的，是犯罪未遂。根据这一规定，犯罪未遂具有以下特征。

（1）行为人已经着手实行犯罪。犯罪的着手，是指行为人开始实行犯罪的行为起点。犯罪的实行行为是指刑法分则规定的体现犯罪本质特点的行为。行为人已经着手实行犯罪，就是指行为人开始实行刑法分则规定的体现犯罪本质特点的行为。

（2）犯罪没有得逞。根据通说，犯罪未得逞，是指犯罪构成的要件没有齐备。这是主观和客观两个方面的统一：从主观上看，犯罪未得逞是指犯罪的直接故意的内容没有完全实现；从客观上看，行为人实施的犯罪是不完整的。

（3）犯罪没有得逞是由于行为人意志以外的原因。这是犯罪未遂区别于犯罪中止的本质特征。所谓行为人意志以外的原因，是指行为人没有预料到或者不能控制的主、客观原因。

3. 根据刑法规定，在犯罪过程中，自动放弃犯罪或者自动有效地防止犯罪结果发生的，是犯罪中止。根据这一定义，犯罪中止具有如下构成特征。

(1) 行为人在主观上具有中止犯罪的决意。中止犯罪的决意，是指行为人在客观上能够继续犯罪和实现犯罪结果的情况下，自动作出不继续犯罪或不使犯罪结果发生的选择。

(2) 行为人在客观上实施了中止犯罪的行为。行为人在客观上实施了中止犯罪的行为，既是认定其主观上有中止犯罪的意识的根据，也是犯罪中止成立的根据。

(3) 犯罪中止必须发生在犯罪过程之中。犯罪行为的实施有一个过程，中止行为必须发生在犯罪过程之中，而不能发生在犯罪过程之外。这里的犯罪过程，包括预备犯罪的过程、实行犯罪的过程与犯罪结果发生的过程。

(4) 犯罪中止必须有效地阻止了犯罪出现既遂。犯罪中止是行为人主动停止犯罪或者避免犯罪既遂的行为，所以，衡量中止行为是否成立的标准就是，在案发时行为人是否停止了犯罪行为或者有效地避免了犯罪既遂。

案例分析题

1. 甲、乙构成抢劫罪（预备），同时具有自首情节。

为了犯罪，准备工具、制造条件的，是犯罪预备。构成犯罪预备应具备如下四个条件：(1) 客观上实施了准备工具、制造条件的行为；(2) 行为人准备工具、制造条件的行为，主观上是为了实施犯罪；(3) 行为人没有着手实行犯罪；(4) 犯罪行为停留在预备阶段是由于行为人不能控制的原因。从案例的情况来看，甲和乙的行为符合犯罪预备的上述条件：第一，甲和乙实施了犯罪预备行为，如他们进行了犯罪的密谋，准备了犯罪时用的凶器，并且多次在小路边守候。第二，甲、乙的上述行为是为了实施抢劫行为。第三，甲和乙的行为在着手实行犯罪前停止下来。抢劫罪的犯罪着手行为应当是开始实施暴力、胁迫或者其他方法的行为。而甲和乙只实施了准备工具、密谋和守候的行为，这些行为尚不是抢劫罪的着手行为，不具备抢劫罪的着手行为的性质。第四，使甲和乙的预备行为停止在犯罪预备的原因是甲和乙意志以外的原因。甲、乙携带凶器多次于夜间在偏僻小路旁守候，欲抢劫行人财物，但由于未遇见行人这一行为人意志以外的原因，他们未能实行犯罪；随后，又在公安人员例行检查的时候，由于没有身份证和暂住证而受到盘问，经公安人员教育后如实供述。

在决定甲和乙的刑罚处罚的时候，应当注意案件中的量刑情节：(1) 犯罪预备的量刑情节。对此，刑法规定，对于预备犯，可以比照既遂犯从轻、减轻处罚或者免除处罚。(2) 自首情节。甲和乙在公安人员的盘问中，如实供述司法机关还未掌握的本人犯罪行为，根据《刑法》第 67 条第 1 款的规定，应当按照自首论处。对于自首犯，可以从轻或者减轻处罚；犯罪较轻的，可以免除处罚。

2. 甲构成盗窃罪（未遂）和强奸罪（未遂）。

根据刑法规定，已经着手实行犯罪，由于犯罪分子意志以外的原因而未得逞的，是犯罪未遂。所谓行为人意志以外的原因，是指行为人没有预料到或者不能控制的主客观原因。从案例的情况来看，甲的盗窃行为和强奸行为都已经着手实施，但是由于被害人发现和反抗这一行为人意志以外的原因而未能得逞，因而构成盗窃未遂和强奸未遂。甲的强奸未遂属于不能犯未遂。不能犯未遂，是指由于行为人主观认识上的原因或行为手段、行为对象等原因，犯罪不具备得逞的客观可能性。

3. 李某犯故意杀人罪，但是属于犯罪中止，且未造成严重后果，应免除处罚。

根据刑法规定，在犯罪过程中，自动放弃犯罪或者自动有效地防止犯罪结果发生的，是犯罪中止。李某用枪口对着刘某，准备枪杀刘某，已经着手实行了犯罪，但是在可以将犯罪继续实施下去的场合，李某自动中止了犯罪，成立犯罪中止。虽然此时有刘某的求饶和旁边同事的劝说，但这并不足以阻止李某继续实施犯罪，因此，李某停止犯罪在主观上具有中止犯罪的决意。

根据刑法规定，对于中止犯，没有造成损害的，应当免除处罚；造成损害的，应当减轻处罚。因此，对于李某应当免除处罚。

4. (1) 赵某将钱某的 9 万元存款划转到自己账户的行为，构成盗窃罪。根据《刑法》第 264 条的规定，盗窃公私财物，数额较大的，构成盗窃罪。存款属于公私财物的范畴，能够成为盗窃罪的犯罪对象。因此，赵某的行为完全符合盗窃罪的构成要件，属于盗窃既遂。

（2）赵某致钱某死亡的行为，在刑法理论上被称为事前的故意。刑法理论对这种情况有如下几种处理意见：1）勒钱某的颈部、捂钱某的口鼻的行为成立故意杀人未遂，将钱某的“尸体”缚重扔入河中的行为成立过失致人死亡罪；2）赵某如果在为后一行为时对钱某的死亡具有间接故意，则前后行为整体成立故意杀人既遂，否则，成立故意杀人未遂与过失致人死亡罪；3）将前后两个行为视为一个整体行为，将支配行为的故意视为杀害钱某的概括故意，成立故意杀人既遂。（说明：本案应当如何处理及理由，答题者可以根据自己的判断，选择任一处理意见阐释自己的看法，只要自圆其说即可。）

（3）赵某向孙某索要20万元的行为系敲诈勒索罪与诈骗罪的想象竞合犯。赵某将恐吓信置于钱某家门口，谎称钱某被绑架，让钱某之妻孙某（某国有企业出纳）拿20万元到某大桥赎人，符合敲诈勒索罪的犯罪构成。但是，钱某已经死亡，赵某实际上是虚构了钱某被绑架的事实，使孙某产生了错误认识，并自愿交出20万元，故同时符合诈骗罪的犯罪构成。可见，赵某的此行为明显系一行为同时触犯了敲诈勒索罪与诈骗罪的犯罪构成，成立想象竞合犯，应当从一重罪处断。

（4）赵某的行为成立自首。本案中，赵某有两次自动投案行为，虽然前一次投案后又逃跑，不能认定为自首，但是后一次自动投案后如实交代了自己的全部罪行，成立自首。

（5）孙某从公司拿出17万元的行为不构成犯罪。国家工作人员利用职务上的便利，挪用公款归个人使用，进行非法活动的，或者挪用公款数额较大、进行营利活动的，或者挪用数额较大、超过3个月未还的行为，构成挪用公款罪。本案中，孙某虽然将公款17万元挪用给个人使用，且数额较大，但并没有超过3个月未还，故不构成犯罪。

论述题与深度思考题

1. 我国《刑法》第22条第1款规定：“为了犯罪，准备工具、制造条件的，是犯罪预备。”这一规定从主、客观两个方面概括了犯罪预备的主要特征，可以认为是犯罪预备的法定概念。但是，这一规定不是对犯罪预备概念的完整表述。犯罪预备的概念应当是：行为人为了实行犯罪，准备工具、制造条件，但是由于行为人意志以外的原因尚未着手实行的犯罪形态。

犯罪预备具有如下特征：（1）行为人在客观上实施了准备工具、制造条件的行为。行为人实施了准备工具、制造条件的行为，是构成犯罪预备的客观基础。所谓准备工具的行为，包括购买工具、变造工具、转借工具等。需要注意的是，准备工具的行为如果是刑法规定的独立的犯罪行为，该行为就属于犯罪实行行为，构成独立的犯罪。制造条件，是指为实行犯罪而制造各种有利条件。（2）行为人在主观上是为了实行犯罪。行为人准备工具、制造条件的行为的目的是实行犯罪。为了实行犯罪，首先是为了自己实行犯罪。为了他人实行犯罪的，如果他人尚没有实行犯罪，则一般构成共同预备；如果他人实行了犯罪行为，则构成帮助犯，不构成犯罪预备。其次必须是为了实施某种具体的犯罪，即对要实施的犯罪的性质有明确的认识。（3）行为人没有着手实行犯罪。犯罪预备就是在行为人正在准备工具或者制造条件时，或者已经实施完毕预备行为，但着手实行犯罪之前，犯罪由于行为人意志以外的原因而停止下来。所以，凡是构成犯罪预备的犯罪行为，必须是没有进入犯罪实行阶段的行为。（4）犯罪行为停留在预备阶段是由于行为人不能控制的原因。只有行为人主观上不能控制和避免的原因使犯罪处于预备形态的，才属于犯罪预备。

犯罪预备与犯意表示不同。犯意表示是指行为人将自己的犯罪意图流露于外并为他人知悉的行为。犯罪预备与犯意表示的区分主要表现在以下几方面：（1）犯罪预备是为了实行犯罪，准备工具、制造条件，表现为一种主观意识影响客观世界的积极行为。而犯意表示只是以语言、文字等形式单纯流露其犯罪意图，它是表达行为人心理状态的一种活动。（2）犯罪预备旨在促成或实现犯罪，而犯意表示不会对犯罪的着手实行起促进作用，对犯罪预备也不会起促成作用。（3）犯罪预备本身即独立地具有社会危害性，具有现实的社会危害性，而犯意表示不具有实际的社会危害性。（4）犯罪预备是犯罪意图或计划的付诸实施，而犯意表示没有以任何形式开始实施犯罪。

《刑法》第22条第2款规定："对于预备犯，可以比照既遂犯从轻、减轻处罚或者免除处罚。"根据该款规定，对预备犯的处罚原则是：（1）预备犯应当受到处罚；（2）对预备犯比照既遂犯处罚；（3）可以从轻、减轻处罚或者免除处罚。从量刑的角度来看，预备犯是量刑的情节之一，行为人是预备犯的，可以比照既遂犯从轻、减轻处罚或者免除处罚。

2. 同大多数国家一样，我国刑法没有对犯罪既遂的概念和特征作出明确规定，而是将这一问题留给学术界解决。但是，学术界对犯罪既遂的看法至今尚有较大分歧，形成了不同的学说和主张。概括说来，关于犯罪既遂的标准，大体上可以区分为如下三种主张：（1）结果说。该说认为，犯罪既遂是指故意实施犯罪行为并造成了法律规定的犯罪结果的形态。这样一来，既遂与未遂的区分标准就在于是否出现了法律规定的犯罪结果：出现犯罪结果的是犯罪既遂，未出现犯罪结果的是犯罪未遂。（2）目的说。该说认为，犯罪既遂是指行为人故意实施犯罪行为并实现其犯罪目的的形态。因此，既遂与未遂的区分标准在于行为人是否实现其犯罪目的：实现犯罪目的的是既遂，没有实现犯罪目的的是未遂。（3）构成要件说。该说认为，犯罪既遂是指行为人故意实施犯罪行为并具备了具体犯罪构成全部要件的形态。因此，犯罪既遂与否的标准在于犯罪实行行为是否具备了具体犯罪构成的全部要件：具备具体犯罪构成全部要件的是既遂，反之则是未遂。该说是中外刑法理论中认定犯罪既遂的通说。

综观上述几种学说，可以发现，构成要件说是合理的，能够准确判断犯罪既遂与否。其他几种学说则具有片面性，难以将犯罪既遂与未遂准确区分开来。我国刑法对各种直接故意犯罪的构成要件作出了不同规定，主要有结果犯、行为犯、危险犯和举动犯，因此，仅仅运用结果说或者目的说，尚不能认定所有犯罪的既遂。刑法分则规定诬告陷害罪是行为犯，只要捏造事实诬告陷害他人，意图使他人受刑事追究，情节严重的，即是犯罪既遂，而不需要行为人实现了使被害人被追究刑事责任的目的。因此，目的说是不妥当的。同样，结果说也是不妥当的：刑法分则规定的脱逃罪以依法被关押的罪犯、被告人、犯罪嫌疑人脱逃羁押场所为既遂标志，并不要求发生具体的物质结果。对于这类犯罪无法利用结果说区分既遂与否。而构成要件说以行为是否符合刑法分则的具体犯罪的全部构成要件为标准，能够适用于一切犯罪的既遂与否的认定，并具有明确的法律规定可供司法实践予以遵循。因此，犯罪既遂是指行为人所故意实施的犯罪行为符合某种具体犯罪构成全部要件的形态，应以行为人所实施的行为是否具备刑法分则所规定的某一犯罪的全部构成要件为标准，而不能以犯罪目的是否实现或者犯罪结果是否发生为标准。

因此，我国刑法理论应当坚持构成要件说，在具体司法实践中也应当适用这一标准，以行为人所实施的行为是否具备刑法分则所规定的某一犯罪的全部构成要件为标准，准确认定犯罪既遂与否。

第十一章　共同犯罪

知识逻辑图

- 共同犯罪
  - 概念
  - 成立要件
    - 二人以上
    - 共同的犯罪行为
    - 共同的犯罪故意
  - 认定——→不构成共同犯罪的情形
    - 共同过失犯罪
    - 单方故意与单方过失行为
    - 故意内容不同
    - 同时犯、先后犯
    - 超出共同故意范围
    - 事前未通谋窝藏行为、包庇行为
  - 类型
    - 任意的共同犯罪与必要的共同犯罪
    - 事前有通谋的共同犯罪与事前无通谋的共同犯罪
    - 简单共同犯罪与复杂共同犯罪
    - 一般共同犯罪与特殊共同犯罪
  - 共同犯罪人的种类和刑事责任
    - 主犯
      - 概念
      - 种类
        - 犯罪集团的首要分子
        - 在共同犯罪中起主要作用的犯罪分子
      - 刑事责任
    - 从犯
      - 概念
      - 种类
        - 起次要作用的犯罪分子
        - 起辅助作用的犯罪分子
      - 刑事责任
    - 胁从犯
      - 概念
      - 刑事责任
    - 教唆犯
      - 概念
      - 刑事责任

名词解释

1. 共同犯罪
2. 犯罪集团
3. 必要的共同犯罪
4. 从犯（考研）
5. 主犯（考研）

选择题

（一）单项选择题

1. 下列情形中构成共同犯罪的情况是（　　）。

A. 二人以上共同故意不作为

B. 二人以上共同过失行为

C. 同时犯

D. 事先未通谋的窝藏行为、包庇行为

2. 事先有约定的事后帮助销售赃物行为是（　　）。

A. 共同犯罪

B. 不是共同犯罪

C. 必要共同犯罪

D. 超出共同故意范围的犯罪

3. 关于共同犯罪，下列哪一选项是正确的？（　　）（司考）

A. 甲、乙应当预见但没有预见山下有人，共同推下山上一块石头砸死丙。只有认定甲、乙成立共同过失犯罪，才能对甲、乙以过失致人死亡罪论处

B. 甲明知乙犯故意杀人罪而为乙提供隐藏处和财物。甲、乙构成共同犯罪

C. 交警甲故意为乙实施保险诈骗提供虚假鉴定意见。甲、乙构成共同犯罪

D. 公安人员甲向犯罪分子乙通风报信助其逃避处罚。甲、乙成立共同犯罪

4. 甲、乙共谋行抢。甲在偏僻巷道的出口望风，乙将路人丙的书包（内有现金1万元）一把夺下转身奔逃，丙随后追赶，欲夺回书包。甲在丙跑过巷道口时突然伸腿将丙绊倒，丙倒地后摔成轻伤，甲、乙乘机逃脱。甲、乙的行为构成何罪？（　　）（司考）

A. 甲、乙均构成抢夺罪

B. 甲、乙均构成抢劫罪

C. 甲构成抢劫罪，乙构成抢夺罪

D. 甲构成故意伤害罪，乙构成抢夺罪

视频讲题

5. 三人以上为共同实施犯罪而组成的较为固定的犯罪组织，是（　　）。

A. 犯罪集团　　B. 黑社会性质组织

C. 恐怖组织　　D. 复杂共同犯罪

6. 甲、乙、丙三人共同盗窃某文物机构的文物。甲负责放风，乙负责窃取文物，丙负责运输、销售赃物。甲、乙、丙三人的共同犯罪属于（　　）。

A. 犯罪集团

B. 复杂的共同犯罪

C. 必要的共同犯罪

D. 简单的共同犯罪

7. 根据在共同犯罪中的作用进行分类，可以将共同犯罪人分为（　　）。

A. 主犯、从犯、胁从犯

B. 首犯、教唆犯、帮助犯

C. 组织犯、教唆犯、实行犯、帮助犯

D. 教唆犯、主犯、从犯

8. 我国对共同犯罪人的分类，采取的标准是（　　）。

A. 分工分类法

B. 作用分类法

C. 兼采分工分类法和作用分类法

D. 以上都不正确

9. 下列情况属于共同犯罪中的主犯的是（　　）。

A. 在共同犯罪中起主要作用的人

B. 犯罪集团中的组织、领导者以外的人

C. 在共同犯罪中实施实行行为的人

D. 教唆犯

10. 根据我国刑法规定，下列关于首要分子的表述哪一项是正确的？（　　）（司考）

A. 首要分子只能是组织、领导犯罪集团的人

B. 首要分子只能是在聚众犯罪中起组织、策划、指挥作用的犯罪分子

C. 首要分子都是主犯

D. 首要分子既可以是主犯，也可以不是主犯

11. 甲、乙共谋杀害在博物馆工作的丙。两人潜入博物馆同时向丙各开一枪，甲击中丙身边的国家重点保护的珍贵文物，造成文物毁损的严重后果；乙未击中任何对象。关于甲、乙的行为，下列哪一选项是正确的？（　　）（司考）

A. 甲成立故意毁损文物罪，因为毁损文物的结果

是甲故意开枪的行为造成的

B. 甲、乙成立故意杀人罪的共犯

C. 对甲应以故意杀人罪和过失损毁文物罪实行数罪并罚

D. 甲的行为属于一行为触犯数罪名，成立牵连犯

视频讲题

12. 甲、乙共谋伤害丙，进而共同对丙实施伤害行为，导致丙身受一处重伤，但不能查明该重伤由谁的行为引起。对此，下列哪项说法是正确的？（　　）（司考）

A. 由于证据不足，甲、乙均无罪

B. 由于证据不足，甲、乙成立故意伤害（轻伤）罪的共犯，但都不对丙的重伤负责

C. 由于证据不足，认定甲、乙成立过失致人重伤罪较为合适

D. 甲、乙成立故意伤害（重伤）罪的共犯

13. 在共同犯罪中，主犯和从犯的数量是（　　）。

A. 共同犯罪人可能都是主犯

B. 共同犯罪人可能都是从犯

C. 共同犯罪人可能都是胁从犯

D. 主犯只能是一个

14. 甲教唆精神病人乙犯罪，对甲的处理不正确的是（　　）。

A. 与乙构成共同犯罪

B. 应单独承担刑事责任

C. 是教唆犯

D. 是间接实行犯

15. 关于教唆犯，下列哪一选项是正确的？（　　）（司考）

A. 甲唆使不满 16 周岁的乙强奸妇女丙，但乙只是抢夺了丙的财物 1 万元后即离开现场，甲应成立强奸罪、抢夺罪的教唆犯

B. 教唆犯不可能是实行犯，但可能是帮助犯

C. 教唆他人吸食、注射毒品的，成立吸食、注射毒品罪的教唆犯

D. 有的教唆犯是主犯，但所有的帮助犯都是从犯

视频讲题

16.《刑法》第 26 条第 3 款规定：对组织、领导犯罪集团的首要分子，按照集团所犯的全部罪行处罚。“集团所犯的全部罪行”是指（　　）。

A. 组织、领导犯罪集团的首要分子所参与的全部罪行

B. 组织、领导犯罪集团的首要分子所指挥的全部罪行

C. 组织、领导犯罪集团的首要分子所组织的全部罪行

D. 犯罪集团在预谋犯罪的范围内所犯的全部罪行

17. 我国刑法对从犯的刑事责任的规定是（　　）。

A. 应当比照主犯从轻、减轻处罚或者免除处罚

B. 应当从轻、减轻处罚或者免除处罚

C. 可以从轻、减轻处罚或者免除处罚

D. 可以比照主犯从轻、减轻处罚或者免除处罚

18. 我国刑法对胁从犯的刑事责任的规定是（　　）。

A. 应当减轻处罚或者免除处罚

B. 可以减轻处罚或者免除处罚

C. 可以从轻处罚或者减轻处罚

D. 应当从轻处罚或者减轻处罚

19. 关于共犯，下列哪一选项是正确的？（　　）（司考）

A. 为他人组织卖淫提供帮助的，以组织卖淫罪的帮助犯论处

B. 以出卖为目的，为拐卖妇女的犯罪分子接送、中转被拐卖的妇女的，以拐卖妇女罪的帮助犯论处

C. 应走私罪犯的要求，为其提供资金、账号的，以走私罪的共犯论处

D. 为他人偷越国（边）境提供伪造的护照的，以偷越国（边）境罪的共犯论处

20. 关于共同犯罪的论述，下列哪一选项是正确的？（　　）（司考）

A. 甲为劫财将陶某打成重伤，陶某拼死反抗。张某路过，帮甲掏出陶某随身财物。二人构成共

犯，均须对陶某的重伤结果负责

B. 乙明知黄某非法种植毒品原植物，仍按黄某要求为其收取毒品原植物的种子。二人构成非法种植毒品原植物罪的共犯

C. 丙明知李某低价销售的汽车系盗窃所得，仍向李某购买该汽车。二人之间存在共犯关系

D. 丁系国家机关负责人，召集领导层开会，决定以单位名义将国有资产私分给全体职工。丁和职工之间存在共犯关系

21. 关于共同犯罪的论述，下列哪一选项是正确的？（　　）（司考）

A. 无责任能力者与有责任能力者共同实施危害行为的，有责任能力者均为间接正犯

B. 持不同犯罪故意的人共同实施危害行为的，不可能成立共同犯罪

C. 在片面的对向犯中，双方都成立共同犯罪

D. 共同犯罪是指二人以上共同故意犯罪，但不能据此否认片面的共犯

22. 甲、乙、丙共同故意伤害丁，丁死亡。经查明，甲、乙都使用铁棒，丙未使用任何凶器；尸体上除一处致命伤外，再无其他伤害；可以肯定致命伤不是丙造成的，但不能确定是甲造成还是乙造成的。关于本案，下列哪一选项是正确的？（　　）（司考）

A. 因致命伤不是丙造成的，尸体上也没有其他伤害，故丙不成立故意伤害罪

B. 对甲与乙虽能认定为故意伤害罪，但不能认定为故意伤害（致死）罪

C. 甲、乙成立故意伤害（致死）罪，丙成立故意伤害罪但不属于伤害致死

D. 认定甲、乙、丙均成立故意伤害（致死）罪，与存疑时有利于被告的原则并不矛盾

23. 15 周岁的甲非法侵入某尖端科技研究所的计算机信息系统，18 周岁的乙对此知情，仍应甲的要求为其编写侵入程序。关于本案，下列哪一选项是错误的？（　　）（司考）

A. 如认为责任年龄、责任能力不是共同犯罪的成立条件，则甲、乙成立共犯

B. 如认为甲、乙成立共犯，则乙成立非法侵入计算机信息系统罪的从犯

C. 不管甲、乙是否成立共犯，都不能认为乙成立非法侵入计算机信息系统罪的间接正犯

D. 由于甲不负刑事责任，对乙应按非法侵入计算机信息系统罪的片面共犯论处

24. 甲欲前往张某家中盗窃。乙送甲一把擅自配制的张家房门钥匙，并告诉甲说，张家装有防盗设备，若钥匙打不开就必须放弃盗窃，不可入室。甲用钥匙开张家房门，无法打开，本欲依乙之告诫离去，但又不甘心，思量后破窗进入张家窃走数额巨大的财物。关于本案的分析，下列哪一选项是正确的？（　　）（司考）

A. 乙提供钥匙的行为对甲成功实施盗窃起到了促进作用，构成盗窃罪既遂的帮助犯

B. 乙提供的钥匙虽未起作用，但对甲实施了心理上的帮助，构成盗窃罪既遂的帮助犯

C. 乙欲帮助甲实施盗窃行为，因意志以外的原因未能得逞，构成盗窃罪的帮助犯未遂

D. 乙的帮助行为的影响仅延续至甲着手开门盗窃时，故乙成立盗窃罪未遂的帮助犯

25. 甲欲杀丙，假意与乙商议去丙家“盗窃”，由乙在室外望风，乙照办。甲进入丙家将丙杀害，出来后骗乙说未窃得财物。乙信以为真，悻然离去。关于本案的分析，下列哪一选项是正确的？（　　）（司考）

A. 甲欺骗乙望风，构成间接正犯。间接正犯不影响对共同犯罪的认定，甲、乙构成故意杀人罪的共犯

B. 乙企图帮助甲实施盗窃行为，却因意志以外的原因未能得逞，故对乙应以盗窃罪的帮助犯未遂论处

C. 对甲应以故意杀人罪论处，对乙以非法侵入住宅罪论处。两人虽然罪名不同，但仍然构成共同犯罪

D. 乙客观上构成故意杀人罪的帮助犯，但因其仅有盗窃故意，故应在盗窃罪法定刑的范围内对其量刑

（二）多项选择题

1. 甲唆使乙盗窃丙（女）的财物，乙却将丙强奸。对此，下列说法正确的是（　　）。

A. 甲、乙构成强奸罪的共犯

B. 甲构成盗窃罪

C. 乙构成强奸罪

D. 对甲可以从轻或者减轻处罚

视频讲题

2. 甲对乙（女）实施强奸，乙奋起反抗。恰遇甲之友丙经过，甲请丙帮忙，二人共同将乙强奸。甲、丙的共同犯罪属于（　　）。

A. 事先有通谋的共同犯罪

B. 事先无通谋的共同犯罪

C. 简单共同犯罪

D. 必要共同犯罪

3. 甲（21 岁）伙同其弟（15 岁）共同实施诈骗行为，骗得钱财共计 3 万余元，并一起强奸了一妇女。对于本案的处理正确的有（　　）。

A. 二人构成强奸罪和诈骗罪的共犯

B. 甲单独构成诈骗罪

C. 甲的弟弟不构成犯罪

D. 甲与其弟构成强奸罪的共犯

4. 犯罪集团属于（　　）。

A. 复杂的共同犯罪

B. 特殊的共同犯罪

C. 有组织的共同犯罪

D. 必要的共同犯罪

5. 犯罪集团的成立条件是（　　）。

A. 主体必须是三人以上

B. 犯罪目的的明确性

C. 犯罪活动的组织性

D. 犯罪成员的稳定性

6. 下列不属于共同犯罪中的主犯的是（　　）。

A. 在共同犯罪中起次要作用的人

B. 在共同犯罪中起辅助作用的人

C. 犯罪集团中的组织、领导者以外的人

D. 教唆他人犯罪的人

7. 下列情况属于共同犯罪中的从犯的是（　　）。（考研）

A. 在共同犯罪中起次要作用的人

B. 在犯罪集团中的非组织、领导者

C. 在共同犯罪中起辅助作用的人

D. 被教唆实施犯罪的人

8. 甲将头痛粉冒充海洛因欺骗乙，让乙出卖“海洛因”，然后二人均分所得款项。乙出卖后获款 4 000 元，但在未来得及分赃时，被公安机关查获。关于本案，下列哪些说法是正确的？（　　）（司考）

A. 甲与乙构成贩卖毒品罪的共犯

B. 甲的行为构成诈骗罪

C. 甲属于间接正犯

D. 甲的行为属于犯罪未遂

视频讲题

9. 下列帮助、教唆行为中，能独立构成犯罪，不按共犯处理的有哪些？（　　）（司考）

A. 协助他人实施组织卖淫犯罪

B. 煽动他人颠覆国家政权

C. 有查禁犯罪活动职责的国家机关工作人员，向犯罪分子通风报信、提供便利，帮助犯罪分子逃避处罚

D. 帮助当事人毁灭、伪造证据，情节严重

10. 我国刑法对教唆犯的刑事责任的规定有（　　）。

A. 应当按照他在共同犯罪中所起的作用处罚

B. 教唆不满 18 周岁的人犯罪的，应当从重处罚

C. 教唆不满 18 周岁的人犯罪的，应当加重处罚

D. 如被教唆的人没有犯被教唆的罪，对教唆犯可以从轻或者减轻处罚

11. 甲、乙、丙三人预谋要揍丁一顿。一日，甲、乙、丙三人来到丁家。按照分工，丙在楼下放风，甲、乙进屋揍丁。结果由于丁实施了激烈的反抗行为，甲、乙二人当场将丁打死。应当如何认定甲、乙、丙的行为？（　　）

A. 甲、乙、丙都构成故意伤害罪

B. 甲、乙、丙都构成故意杀人罪

C. 甲、乙构成故意杀人罪

D. 丙构成故意伤害罪

12. 下列对胁从犯的理解正确的是（　　）。

A. 胁从犯在主观上不愿意或者不完全愿意参加犯罪

B. 胁从犯参与犯罪是自己的意志所无法抗拒的

C. 胁从犯在客观方面表现得比较消极

D. 胁从犯可以转化为主犯

13.《刑法》第 26 条第 1 款规定：组织、领导犯罪集团进行犯罪活动的或者在共同犯罪中起主要作用的，是主犯。下列哪些属于该条规定的“在共同犯罪中起主要作用”的犯罪分子？（　　）

A. 犯罪集团的首要分子

B. 全部具有可罚性的犯罪中的首要分子

C. 部分具有可罚性的犯罪中的首要分子

D. 一般共同犯罪活动中起主要作用的犯罪分子

14. 医生甲与患者乙结有仇恨。一日，医生甲故意在患者乙所需注射的药剂中加入了毒物，交给不知情的护士丙。护士丙按照正常的操作规则给患者乙注射完药剂后，患者乙死亡。甲和丙的行为（　　）。

A. 构成共同犯罪

B. 不构成共同犯罪

C. 甲构成故意杀人罪

D. 甲构成医疗事故罪

15. 下列对教唆犯的认识正确的有（　　）。

A. 对教唆犯是否认定为主犯，应当综合考虑教唆犯在犯罪中所起的作用

B. 如果被教唆的人听从教唆，实施了被教唆的犯罪行为，则与教唆犯一起成立共同犯罪

C. 教唆犯在共同犯罪中通常是起主要作用者，应按主犯的处罚原则处理

D. 教唆犯在少数情况下也可能起次要作用，应按从犯的处罚原则处理

16. 周某为抢劫财物在某昏暗场所将王某打昏。周某的朋友高某正好经过此地，高某得知真相后应周某的要求提供照明，使周某顺利地将王某的钱包拿走。关于本案，下列哪些选项是正确的？（　　）（司考）

A. 高某与周某构成抢劫罪的共同犯罪

B. 周某构成抢劫罪，高某构成盗窃罪，属于共同犯罪

C. 周某是共同犯罪中的主犯

D. 高某是共同犯罪中的从犯

视频讲题

17. 关于共同犯罪的判断，下列哪些选项是正确的？（　　）（司考）

A. 甲教唆赵某入户抢劫，但赵某接受教唆后实施拦路抢劫。甲是抢劫罪的共犯

B. 乙为吴某入户盗窃望风，但吴某入户后实施抢劫行为。乙是盗窃罪的共犯

C. 丙以为钱某要杀害他人为其提供了杀人凶器，但钱某仅欲伤害他人而使用了丙提供的凶器。丙对钱某造成的伤害结果不承担责任

D. 丁知道孙某想偷车，便将盗车钥匙给孙某，后又在孙某盗车前要回钥匙，但孙某用其他方法盗窃了轿车。丁对孙某的盗车结果不承担责任

18. 甲欲去乙的别墅盗窃，担心乙的别墅结构复杂难以找到贵重财物，就请熟悉乙家的丙为其标图。甲入室后未使用丙提供的图纸就找到乙价值 100 万元的珠宝，即携珠宝逃离现场。关于本案，下列哪些说法是正确的？（　　）（司考）

A. 甲构成盗窃罪，入户盗窃是法定的从重处罚情节

B. 丙不构成犯罪，因为客观上没能为甲提供实质的帮助

C. 即便甲未使用丙提供的图纸，丙也构成盗窃罪的共犯

D. 甲、丙构成盗窃罪的共犯，甲是主犯，丙是帮助犯

视频讲题

19. 下列哪些选项中的双方行为人构成共同犯罪？（　　）（司考）

A. 甲见卖淫秽影碟的小贩可怜，给小贩 1 000 元，买下 200 张淫秽影碟

B. 乙明知赵某已结婚，仍与其领取结婚证

C. 丙送给国家工作人员 10 万元钱，托其将儿子录用为公务员

D. 丁帮助组织卖淫的王某招募、运送卖淫女

20. 关于共同犯罪，下列哪些选项是正确的？（　　）（司考）

A. 乙因妻丙外遇而决意杀之。甲对此不知晓，出于其他原因怂恿乙杀丙。后乙杀害丙。甲不构成故意杀人罪的教唆犯

B. 乙基于敲诈勒索的故意恐吓丙，在丙交付财物时，知情的甲中途加入帮乙取得财物。甲构成敲诈勒索罪的共犯

C. 乙、丙在五金店门前互殴，店员甲旁观。乙边打边掏钱向甲买一羊角锤。甲递锤时对乙说“你打伤人可与我无关”。乙用该锤将丙打成重伤。卖羊角锤是甲的正常经营行为，甲不构成故意伤害罪的共犯

D. 甲极力劝说丈夫乙（国家工作人员）接受丙的贿赂，乙坚决反对，甲自作主张接受该笔贿赂。甲构成受贿罪的间接正犯

21. 甲知道乙计划前往丙家抢劫，为帮助乙取得财物，便暗中先赶到丙家，将丙打昏后离去（丙受轻伤）。乙来到丙家时，发现丙已昏迷，以为是丙疾病发作晕倒，遂从丙家取走价值5万元的财物。关于本案的分析，下列哪些选项是正确的？（　　）（司考）

A. 若承认片面共同正犯，甲对乙的行为负责，对甲应以抢劫罪论处，对乙以盗窃罪论处

B. 若承认片面共同正犯，根据部分实行全部责任原则，对甲、乙二人均应以抢劫罪论处

C. 若否定片面共同正犯，甲既构成故意伤害罪，又构成盗窃罪，对甲应从一重罪论处

D. 若否定片面共同正犯，乙无须对甲的故意伤害行为负责，对乙应以盗窃罪论处

视频讲题

（三）不定项选择题

1. 甲、乙二人系某厂锅炉工。一天，甲的朋友多次打电话催其赴约，但离交班时间还有15分钟。甲心想，乙一直以来都是提前15分钟左右来接班，今天也快来了。于是，在乙到来之前，甲就离开了岗位。恰巧乙这天也有要事。乙心想，平时都是我去后甲才离开，今天迟去15分钟左右，甲不会有什么意见的。于是，乙过了正常交接班时间15分钟左右才赶到岗位。结果，由于无人看管，锅炉发生爆炸，损失惨重。甲、乙的行为（　　）。（司考）

A. 属共同犯罪

B. 属共同过失犯罪

C. 各自构成故意犯罪

D. 应按照甲、乙所犯的罪分别处罚

2. 某日深夜，甲与乙共同前往丙的住处实施盗窃行为。根据分工，乙在丙家楼下望风，甲入室窃取财物。甲进入丙家后，见丙的妻子在床上熟睡，便对其实施了强奸。对本案应如何处理？（　　）

A. 甲、乙构成强奸罪的共犯

B. 甲、乙在盗窃范围内成为共犯

C. 甲、乙构成强奸罪和盗窃犯的共犯

D. 甲单独构成强奸罪

3. 四位学生在课堂上讨论共同犯罪时先后发表了以下观点，其中正确的选项是（　　）。（司考）

A. 甲：对于犯罪集团的首要分子，应当按照集团所犯的全部罪行处罚，即应当对集团成员所实施的全部犯罪承担刑事责任

B. 乙：在共同犯罪中起主要作用的是主犯，对于犯罪集团首要分子以外的主犯，应当按照其所参与的或者组织、指挥的全部犯罪处罚；对从犯的处罚应当轻于主犯，所以，对于从犯，不得按照其所参与的全部犯罪处罚

C. 丙：犯罪集团的首要分子都是主犯，但聚众犯罪的首要分子不一定是主犯，因为聚众犯罪不一定成立共同犯罪

D. 丁：一开始被犯罪集团胁迫参加犯罪，但在着手实行后，非常积极，成为主要的实行人之一，在共同犯罪中起主要作用的，应认定为主犯

简答题

1. 如何理解共同犯罪的主体要件？（考研）
2. 简述共同犯罪的认定。（考研）
3. 教唆犯的特点及处罚原则是什么？（考研）

案例分析题

1. 甲、乙、丙经事先商议，欲前往某办公大楼盗

窃42寸彩电一台。某日在该大楼人员下班后，三人一起前往。盗得彩电后，由甲、乙两人装入纸箱，一人一边用手抬下楼。丙因空手，便抢先下楼。丙走至大楼门口，恰逢大楼值班员老头丁从旁边厕所走出准备打扫卫生。见丙形迹可疑，丁大吃一惊，欲用拖把上前阻拦。丙见状抢过拖把，将丁推倒在地，并用拖把塞住了丁的嘴，不让其叫喊。此时，甲、乙抬着彩电从楼上走下，见此状，两人边说“快走，快走”，边从丙、丁身旁走过。见甲、乙两人走远，丙扔掉拖把，随后赶上，三人一起逃离现场。事后，此案被公安机关及时侦破，三人一并归案。

问：请你就本案甲、乙、丙三人的行为性质作出评析。(法硕)

2. 甲于2024年4月因侮辱罪被判处有期徒刑2年，缓刑3年。2024年12月，甲教唆乙（2010年10月生）与一名痴呆女性强行发生性关系，甲在一旁观看取乐，但其本身并未与该痴呆女子发生性关系。乙回家后，被其父发现异常，随后被追问出实情。乙父将乙捆绑后送至当地公安机关。乙到案后说出行为的前因后果，公安机关遂将甲抓获归案。

问：请你就本案应如何处理表明观点，并陈述理由。(法硕)

3. 某日，王某、李某、张某在某公园售票处商定，由李某负责望风，王某、张某混入购票的人群行窃。后王某、张某挤入购票人群，王某窃得一游客钱包（内有人民币2 000余元），欲逃离现场时，被发现。民警胡某与几名群众即上前抓捕王某、张某。王某向东逃离两百余米后，掏出随身携带的尖刀刺破胡某的主动脉，致胡某因急性失血性休克死亡，王某逃走。张某向西逃离一百余米后，被群众抓获。李某则乘乱逃走。后王某、李某均被抓获。

问：(1) 王某、李某、张某的行为是否构成共同犯罪？

(2) 王某、李某、张某的行为构成什么罪？为什么？(法硕)

论述题与深度思考题

1. 论共同犯罪的构成要件和形式。
2. 在共同犯罪中如何正确认定主犯？

参考答案

名词解释

1. 共同犯罪简称共犯，是相对于单独犯罪的一种特殊的犯罪形式，即二人以上共同故意犯罪。共同犯罪的成立必须符合以下条件：二人以上，共同的犯罪行为，共同的犯罪故意。

2. 犯罪集团，是指三人以上为共同实施犯罪而组成的较为固定的犯罪组织。构成犯罪集团，必须具备如下条件：主体为三人以上，犯罪目的的明确性，犯罪活动的组织性，犯罪成员的稳定性。

3. 以共同犯罪能否任意形成作为标准，可以将共同犯罪分为任意的共同犯罪与必要的共同犯罪。必要的共同犯罪，是指二人以上共同故意实施刑法分则规定的必须由数人实施的犯罪。

4. 从犯是指在共同犯罪中起次要或者辅助作用的犯罪分子。它包括两种情况：相对于主犯的主要作用而言，在共同犯罪中起次要作用的犯罪分子；在共同犯罪中起辅助作用的犯罪分子，即刑法理论上所说的帮助犯。

5. 组织、领导犯罪集团进行犯罪活动的或者在共同犯罪中起主要作用的，是主犯。从理论上而言，主犯包括：(1) 犯罪集团的首要分子；(2) 在某些聚众犯罪中起组织、策划、指挥作用的犯罪分子；(3) 在犯罪集团与聚众犯罪以外的一般共同犯罪中起主要作用的犯罪分子。

选择题

(一) 单项选择题

1. A。共同犯罪是指二人以上共同故意犯罪。因此，二人以上共同过失行为，同时犯，事先未通谋的窝藏行为、包庇行为都不能成立共同犯罪。共同犯罪的行为可以是共同作为，也可以是共同不作为，还可以是作为与不作为的结合。因此，选项A正确。

2. A。事先有约定的事后帮助销售赃物行为符合共同犯罪的特征，构成共同犯罪。

3. C。根据《刑法》第25条第2款的规定，二人以上共同过失犯罪，不以共同犯罪论处；应当负刑事责任的，按照他们所犯的罪分别处罚。所以对于选项A中的共同过失犯罪，应当对甲、乙分别以过失致人死亡罪论处，而不应认定为共同过失犯罪。事先未通谋的窝藏行为、包庇行为不成立共同犯罪，而应当直接按照窝藏、包庇罪论处。故选项B、D中甲、乙不构成共同犯罪。根据《刑法》第198条第4款的规定，保险事故的鉴定人、证明人、财产评估人故意提供虚假的证明文件，为他人诈骗提供条件的，以保险诈骗的共犯论处。选项C中，交警甲故意为乙实施保险诈骗提供虚假鉴定意见，根据上述规定，甲、乙构成共同犯罪。因此，选项C为正确答案。

4. C。甲、乙共谋行抢。甲在偏僻巷道的出口望风，乙将路人丙的书包（内有现金1万元）一把夺下转身奔逃，丙随后追赶，欲夺回书包。此时的犯罪属于甲、乙共谋的，成立抢夺罪的共同犯罪。但是，甲在丙跑过巷道口时突然伸腿将丙绊倒的行为属于超出共同犯罪故意的行为，应当由甲独自承担责任，故甲的行为属于转化型抢劫，成立抢劫罪。因此，选项C为正确答案。

5. A。《刑法》第26条第2款规定：三人以上为共同实施犯罪而组成的较为固定的犯罪组织，是犯罪集团。

6. B。依共同犯罪行为人之间有无分工，可以把共同犯罪分为简单的共同犯罪和复杂的共同犯罪。犯罪集团是指三人以上为共同实施犯罪而组成的较为固定的犯罪组织。以共同犯罪能否任意形成作为标准，可以将共同犯罪分为任意的共同犯罪与必要的共同犯罪。任意的共同犯罪是指依照刑法分则的规定能够由一人单独实施的犯罪，而由二人共同实施的犯罪情况；必要的共同犯罪是指二人以上共同故意实施刑法分则规定的必须由数人实施的犯罪。可见，甲、乙、丙三人的共同犯罪属于复杂的共同犯罪。

7. A。共同犯罪人按照作用可以分为主犯、从犯、胁从犯，根据分工的不同可以分为组织犯、教唆犯、实行犯和帮助犯。故正确答案为选项A。

8. C。我国对共同犯罪人的分类，兼采分工分类法和作用分类法：根据作用分类法，将共同犯罪人分为主犯、从犯、胁从犯；而同时规定的教唆犯属于采分工分类法的结果。

9. A。组织、领导犯罪集团进行犯罪活动的或者在共同犯罪中起主要作用的，是主犯。因此，选项A正确。犯罪集团中的组织、领导者以外的人和在共同犯罪中实施实行行为的人可能是主犯，也可能是从犯，还可能是胁从犯。故选项BC错误。对于教唆犯是否被认定为主犯，应当综合考虑教唆犯在犯罪中所起的作用。教唆犯不一定是主犯。故选项D错误。

10. D。《刑法》第97条规定："本法所称首要分子，是指在犯罪集团或者聚众犯罪中起组织、策划、指挥作用的犯罪分子。"因此，选项AB错误。在只具有个别可罚性的聚众犯罪中，只有首要分子构成犯罪，不存在主、从犯的问题。因此，选项C也错误。

11. B。共同犯罪不同于单独犯罪，也不是单独犯罪的总和。因此，对于共同犯罪行为所造成的损害结果，共同犯罪人均应承担刑事责任。甲、乙共谋杀害在博物馆工作的丙，两人潜入博物馆同时向丙各开一枪，甲击中丙身边的国家重点保护的珍贵文物，造成文物毁损的严重后果；乙未击中任何对象。这时，甲、乙二人的共同犯罪行为共同导致了故意杀人未遂和过失毁坏文物的结果，应当认为二人均对结果负有责任。但是，由于本案符合了想象竞合犯的构成特征，因而应当从一重处断。所以，正确答案应该为选项B。

12. D。共同犯罪人对于共同犯罪行为所导致的危害结果都负有责任。甲、乙共同的伤害行为导致丙身受一处重伤，因此，甲、乙成立故意伤害罪的共犯。

13. A。在共同犯罪中，主犯可能是一个，也可能是多个，甚至所有的共同犯罪人都是主犯，但是不可能都是从犯或胁从犯。

14. A。共同犯罪要求主体都具有刑事责任能力。教唆未达到刑事责任年龄的人或精神病患者犯罪的，对教唆者应当按单独犯论处，教唆者应单独承担刑事责任。这种情况在刑法理论上被称为"间接正犯"。

15. D。根据《刑法》第29条第1款的规定，教唆他人犯罪的，应当按照他在共同犯罪中所起的作用处罚，故教唆犯可以成为主犯。而根据通行的刑法理论，帮助犯在共同犯罪中是起辅助作用的，只能是从犯。因此，选项D是正确的。选项A中，甲唆使不满16周岁的乙强奸妇女丙，乙没有犯被教唆的罪，乙抢夺丙的财物的行为属于实行犯过限，故甲不成立抢夺罪的教唆犯，选项A错误。教唆犯也可以是实行犯，如教唆他人并共同实施犯罪的情形，故选项B错误。教唆他人吸食、注射毒品的，成立《刑法》第353条规定的教唆他人吸毒罪，不再作为教唆犯处理，故选项C错误。因此，选项D为应选项。

16. D。集团所犯的全部罪行可以是组织、领导犯罪集团的首要分子所参与的罪行，也可以是组织、领导犯罪集团的首要分子未直接参与的罪行。只要是犯罪集团在预谋犯罪的范围内所犯的全部罪行，就是集团所犯的全部罪行。

17. B。《刑法》第27条第2款规定："对于从犯，应当从轻、减轻处罚或者免除处罚。"

18. A。《刑法》第28条规定："对于被胁迫参加犯罪的，应当按照他的犯罪情节减轻处罚或者免除处罚。"

19. C。《刑法》第358条第4款规定："为组织卖淫的人招募、运送人员或者有其他协助组织他人卖淫行为的，处……"因此，协助组织他人卖淫的，应当单独定协助组织卖淫罪，而不是以组织卖淫罪的帮助犯论处。故选项A错误。《刑法》第240条第2款规定："拐卖妇女、儿童是指以出卖为目的，有拐骗、绑架、收买、贩卖、接送、中转妇女、儿童的行为之一的。"因此，以出卖为目的，为拐卖妇女的犯罪分子接送、中转被拐卖的妇女的，应当以拐卖妇女罪的实行犯论处。故选项B错误。《刑法》第156条规定：与走私罪犯通谋，为其提供贷款、资金、账号、发票、证明，或者为其提供运输、保管、邮寄或者其他方便的，以走私罪的共犯论处。故选项C正确。《刑法》第320条规定：为他人提供伪造、变造的护照、签证等出入境证件，或者出售护照、签证等出入境证件的，处……因此，为他人偷越国（边）境提供伪造的护照的，构成提供伪造的出入境证件罪，而不是以偷越国（边）境罪的共犯论处。故选项D错误。

20. B。张某帮甲掏出陶某财物，但并未参与之前将陶某打成重伤的行为，故对故意伤害的行为不应当负责。故选项A错误。乙明知黄某非法种植毒品原植物，仍按黄某要求为其收取毒品原植物的种子，构成非法种植毒品原植物罪的共犯。故选项B正确。丙明知李某低价销售的汽车系盗窃所得，仍向李某购买该汽车，由于二人并未事先通谋，不成立共同犯罪。故选项C错误。根据《刑法》第396条第1款的规定，私分国有资产罪的主体是国家机关、国有公司、企业、事业单位、人民团体，处罚对象是直接负责的主管人员和其他直接责任人员。国家机关负责人丁召集领导层开会决定私分国有资产，丁和职工之间不存在共同犯罪关系。故选项D错误。

21. D。《刑法》第25条第1款规定："共同犯罪是指二人以上共同故意犯罪。"而片面共犯是指只有片面合意的共犯。根据我国刑法关于共同犯罪的界定，至少片面帮助犯还是有存在空间的。故选项D正确。选项ABC错误。

22. D。甲、乙、丙共同故意伤害丁，致丁死亡。在共同犯罪中，各参加人的行为形成一个有机整体，各参加人应当对共同犯罪造成的后果承担责任。故而，甲、乙、丙三人均构成意伤害罪（致人死亡）。故选项ABC错误，选项D正确。

23. D。如认为责任年龄、责任能力不是共同犯罪的成立条件，则甲、乙成立非法侵入计算机信息系统罪的共同犯罪，根据在共同犯罪中的作用，乙可以被认定为从犯。故选项AB正确。间接正犯是指把他人作为工具利用的情形。乙对非法侵入计算机信息系统犯罪不起支配作用，不会成立间接正犯。故选项C正确。乙是应甲的要求提供帮助，双方对非法侵入计算机信息系统的犯罪有认识，不构成片面共犯。故选项D错误，为应选项。

24. D。本案中，虽然乙提供了钥匙，但甲并没有最终打开门，故不能认为乙是盗窃罪既遂的帮助犯，只能认定乙成立盗窃罪未遂的帮助犯。

25. C。乙只有盗窃的故意，并意图为甲实行盗窃提供帮助。但甲其实并无盗窃的故意，只有杀人的犯意，且甲也没有实施盗窃行为。从共犯从属性角度来说，没有盗窃的正犯（实行犯），就没有盗窃的共犯（帮助犯），所以乙不成立盗窃罪，选项BD错误。甲成立故意杀人罪。乙因为没有杀人的共同故意，不成立故意杀人罪的共犯。所以选项A错误。根据部分犯罪共同说，甲入户杀人，乙意图入户盗窃，乙与甲在非法侵入住宅范围内成立共犯。故选项C正确。

（二）多项选择题

1. BCD。《刑法》第29条规定："教唆他人犯罪的，应当按照他在共同犯罪中所起的作用处罚。教唆不满十八周岁的人犯罪的，应当从重处罚。如果被教唆的人没有犯被教唆的罪，对于教唆犯，可以从轻或者减轻处罚。"因此，甲构成盗窃罪，可以从轻或者减轻处罚。乙构成强奸罪。

2. BC。甲、丙的共同犯罪事先未通谋，属于事先无通谋的共同犯罪。依共同犯罪行为人之间有无分工，可以把共同犯罪分为简单共同犯罪和复杂共同犯罪。甲、丙的共同犯罪属于简单共同犯罪。必要的共同犯罪，是指二人以上共同故意实施刑法分则规定的必须由数人实施的犯罪。强奸罪显然不是必须由数人实施的犯罪。

3. BD。共同犯罪人必须具有刑事责任能力。甲的弟弟处于相对负刑事责任年龄段，只对其所实施的强奸行为具有刑事责任能力，对诈骗罪不具有刑事责任能力。因此，正确答案是选项 BD。

4. ABC。犯罪集团是指三人以上为共同实施犯罪而组成的较为固定的犯罪组织。犯罪集团存在分工，属于复杂的共同犯罪；是有组织的共同犯罪，属于特殊的共同犯罪。因此，选项 ABC 正确。犯罪集团可以实施必须由数人实施的犯罪，也可以实施可单独实施的犯罪，故选项 D 不正确。

5. ABCD。犯罪集团是指三人以上为共同实施犯罪而组成的较为固定的犯罪组织。其成立必须具备下述条件：主体为三人以上，犯罪目的的明确性，犯罪活动的组织性，犯罪成员的稳定性。

6. AB。根据《刑法》第 26 条第 1 款的规定，组织、领导犯罪集团进行犯罪活动的或者在共同犯罪中起主要作用的，是主犯。犯罪集团中的组织、领导者以外的人可能是主犯，也可能不是主犯；教唆犯在共同犯罪中通常是起主要作用者，应按主犯的处罚原则处理，但在少数情况下，也可能起次要作用，应按从犯的处罚原则处理。因此，正确答案为选项 AB。

7. AC。根据《刑法》第 27 条第 1 款的规定，在共同犯罪中起次要或者辅助作用的，是从犯。因此，选项 AC 符合要求。犯罪集团中的非组织、领导者可能是主犯，也可能是从犯，还可能是胁从犯。被教唆犯罪的人也可能在共同犯罪中起主要作用，是主犯。

8. BC。甲实施的行为是诈骗罪，利用了不知情的乙，属于间接正犯的情形。而诈骗罪既遂的标准是诈骗到财物，乙已出卖财物并获款 4 000 元，属于犯罪既遂。所以选项 BC 正确。

9. ABCD。《刑法》第 105 条第 2 款规定：“以造谣、诽谤或者其他方式煽动颠覆国家政权、推翻社会主义制度的，处五年以下有期徒刑、拘役、管制或者剥夺政治权利；首要分子或者罪行重大的，处五年以上有期徒刑。”第 307 条第 2 款规定：“帮助当事人毁灭、伪造证据，情节严重的，处三年以下有期徒刑或者拘役。”第 358 条第 4 款规定：“为组织卖淫的人招募、运送人员或者有其他协助组织他人卖淫行为的，处五年以下有期徒刑，并处罚金；情节严重的，处五年以上十年以下有期徒刑，并处罚金。”第 417 条规定：“有查禁犯罪活动职责的国家机关工作人员，向犯罪分子通风报信、提供便利，帮助犯罪分子逃避处罚的，处三年以下有期徒刑或者拘役；情节严重的，处三年以上十年以下有期徒刑。”可见，选项 ABCD 都能独立构成犯罪，不按共犯处理。

10. ABD。《刑法》第 29 条规定：教唆他人犯罪的，应当按照他在共同犯罪中所起的作用处罚。教唆不满 18 周岁的人犯罪的，应当从重处罚。如果被教唆的人没有犯被教唆的罪，对于教唆犯，可以从轻或者减轻处罚。

11. CD。超出共同故意犯罪内容的犯罪，不构成共同犯罪，因此，甲、乙构成故意杀人罪，而丙构成故意伤害罪。

12. ACD。在主观特征上，胁从犯不愿意或者不完全愿意参加犯罪，但是参加犯罪仍然是其自由选择的，并非其自己的意志所无法抗拒的。在客观特征上，胁从犯通常表现为比较消极。有些胁从犯在被胁迫参加犯罪后，可能变得非常主动积极，从而转化为主犯。

13. BCD。根据《刑法》第 26 条的规定，全部具有可罚性的犯罪中的首要分子，部分具有可罚性的犯罪中的首要分子，一般共同犯罪活动中起主要作用的犯罪分子，都是在共同犯罪中起主要作用的犯罪分子，构成主犯。

14. BC。护士丙不知情，不具有犯罪的故意，所以不能与医生甲一起构成共犯。而甲的行为是故意非法剥夺他人生命的行为，构成故意杀人罪，而不是医疗事故罪。所以，正确答案为选项 BC。

15. ABCD。故意引起他人实施犯罪意图的人是教唆犯。对教唆犯是否认定为主犯，应当综合考虑教唆犯在犯罪中所起的作用。由于教唆犯是犯意的发动者，因而其在共同犯罪中通常是起主要作用者，对其应按主犯的处罚原则处理，但在少数情况下，其也可能起次要作用，对其应按从犯的处罚原则处理。如果被教唆人没有产生犯罪的决意，或者虽然产生了犯罪决意而没有实施犯罪，或者被教唆人实施的犯罪不是教唆人教唆的犯罪，则根本不存在共同犯罪的问题，教唆犯也就没有主犯与从犯之分。因此，选项ABCD都正确。

16. ACD。如果先行为人已实施一部分实行行为，后行为人以共同犯罪的意思参与犯罪，则成立承继的共同犯罪。本案即属于这种情形。周某为抢劫财物在某昏暗场所将王某打昏，后高某以共同抢劫的意思提供照明，构成承继的共同抢劫犯罪。因此，选项A正确，选项B错误。主犯和从犯的区分以行为人在共同犯罪中的作用为标准。本案中，周某起主要作用，是主犯；高某起次要作用，是从犯。因此，选项CD正确。

17. ABD。甲教唆赵某入户抢劫，但赵某接受教唆后实施拦路抢劫。由于被教唆人犯了被教唆的罪，故甲成立抢劫罪的共犯。故选项A正确。乙为吴某入户盗窃望风，但吴某入户后实施抢劫行为，乙和吴某在共同犯罪故意的范围内承担刑事责任，故乙成为盗窃罪的共犯，而不对超出共同犯罪故意范围的抢劫行为承担责任。故选项B正确。丙以为钱某要杀害他人而为其提供了杀人凶器，但钱某仅欲伤害他人而使用了丙提供的凶器，丙和钱某的共同犯罪故意在故意伤害他人的范围内具有重合性，故丙对钱某造成的伤害结果应承担责任。故选项C错误。丁知道孙某想偷车，便将盗车钥匙给孙某，后又在孙某盗车前要回钥匙，故丁不再与孙某具有共同盗窃故意，其对于孙某用其他方法盗窃了轿车的结果不承担责任。故选项D正确。因此，选项ABD正确。

18. CD。甲入室后未使用丙提供的图纸就找到乙价值100万元的珠宝，即携珠宝逃离现场。由于甲、丙之前具有共谋盗窃的故意，丙为甲提供了帮助，且所帮助的犯罪被实际实施，因而即便甲未使用丙提供的图纸，丙也构成盗窃罪的共犯，且是帮助犯。因此，选项CD正确，选项B错误。而入户盗窃并非法定的从重处罚情节，故选项A错误。

19. BCD。甲购买淫秽影碟的行为不构成犯罪，故其与小贩之间自然不成立共同犯罪。故选项A错误。乙明知赵某已结婚，仍与其领取结婚证，双方成立重婚罪的共同犯罪。故选项B正确。丙向国家工作人员行贿，双方成立对合犯，属于特殊的共同犯罪，故选项C正确。丁帮助组织卖淫的王某招募、运送卖淫女，王某成立组织卖淫罪，丁成立协助组织卖淫罪，二人之间属于共同犯罪（尽管《刑法》第358条对此种帮助行为规定了独立的罪名），故选项D正确。

20. AB。对已有犯意的人进行教唆的，不能成立教唆犯，但可以成立帮助犯。故选项A正确。甲明知乙对丙实施敲诈勒索而中途加入，帮助乙取得财物，成立承继的共同犯罪，构成敲诈勒索罪的共犯。故选项B正确。甲明知乙买锤伤害他人仍然卖锤给乙，成立故意伤害罪的帮助犯。故选项C错误。非身份者不能成立身份犯的正犯，包括直接正犯和间接正犯。选项D错误。

21. ACD。若承认片面共同正犯，由于乙并没有和甲达成合意，因而二人不成立共同犯罪，而是各自定罪。乙虽然开始有抢劫的故意，但最终只实施了盗窃的行为，成立盗窃罪。而甲是抢劫罪的片面正犯。故选项A正确，选项B错误。若否定片面共同正犯，则甲、乙在盗窃罪范围内成立共犯，甲既构成故意伤害罪，又和乙成立盗窃罪的共犯（乙为实行犯，甲为帮助犯），为牵连犯，对其应从一重论处。故选项C正确。无论是肯定还是否定片面共同正犯，乙都无须对甲的故意伤害行为负责，乙成立盗窃罪，而非抢劫罪或故意伤害罪的共犯。故选项D正确。

（三）不定项选择题

1. BD。《刑法》第25条规定：共同犯罪是指二人以上共同故意犯罪。二人以上共同过失犯罪，不以共同犯罪论处；应当负刑事责任的，按照他们所犯的罪分别处罚。因此，甲、乙的共同过失行为不成立共同犯罪，应按照甲、乙所犯的罪分别处罚。

2. BD。共同犯罪是两人以上的共同故意犯罪，所以，成立共同犯罪需要行为人具有共同犯罪的故意。而本案中甲、乙只有共同盗窃的故意，而没有共同强奸的故意，所以，甲、乙应当在盗窃罪的范围内成立共同犯罪，而甲单独成立强奸罪，乙对甲的强奸行为不承担刑事责任。

3. CD。《刑法》第26条第3款规定：对组织、领导犯罪集团的首要分子，按照集团所犯的全部罪行处罚。这里的“集团所犯的全部罪行”只是指其成员所实施的集团组织、策划范围内的全部犯罪，集团成员所实施的其他犯罪不在其中。因此，选项A错误。《刑法》第27条第2款规定：对于从犯，应当从轻、减轻处罚或者免除处罚。对于从犯，也应当按照其所参与的全部犯罪承担责任，只是从轻、减轻处罚或者免除处罚而已。因此，选项B错误。《刑法》第26条第1款规定：组织、领导犯罪集团进行犯罪活动的或者在共同犯罪中起主要作用的，是主犯。可见，犯罪集团的首要分子都是主犯。但是，刑法分则对部分聚众犯罪只处罚首要分子和积极参与者，因此，聚众犯罪可能不成立共同犯罪，从而其首要分子也就无法成为主犯，故选项C正确。《刑法》第28条规定：对于被胁迫参加犯罪的，应当按照他的犯罪情节减轻处罚或者免除处罚。需要注意的是，部分被胁迫参加犯罪的，之后表现非常积极，成为主要犯罪人的，当依据其作用认定其为主犯。因此，选项D正确。

简答题

1. 共同犯罪是相对于单独犯罪的一种特殊的犯罪形式，即二人以上共同故意犯罪。因此，共同犯罪的主体必须是二人以上。这里的“人”，一般是指自然人，但是根据刑法的规定，单位也可以成为某些犯罪的主体，因此，无论是两个以上的自然人还是两个以上的单位，乃至一方是自然人、另一方是单位，都可以构成共同犯罪。不论是自然人还是单位，要成为共同犯罪的主体，都必须符合犯罪主体的资格。自然人构成犯罪主体，必须是达到刑事责任年龄、具有刑事责任能力的人。如果一个达到刑事责任年龄、具有刑事责任能力的人，利用不具有刑事责任能力的人去共同实施危害社会的行为，则不能构成共同犯罪。作为共同犯罪主体的单位也必须是符合法律规定能够成为犯罪主体的公司、企业、事业单位、机关和团体。非法组织之间相互勾结实施犯罪的，不能认为是单位构成的共同犯罪，而应当认为是自然人相互之间构成的共同犯罪。

2. 根据我国刑法规定，共同犯罪是指二人以上共同故意犯罪。以下几种情况不构成共同犯罪：

（1）二人以上共同过失行为，不构成共同犯罪。根据刑法规定，二人以上共同过失犯罪，不以共同犯罪论处；应当负刑事责任的，按照他们所犯的罪分别处罚。

（2）单方故意行为与单方过失行为共同造成某种危害结果的，不构成共同犯罪。在这两个行为之间，缺乏共同的犯罪故意，故不能成立共同犯罪。通常包括两种情形：一是过失地引起或者帮助他人实施故意犯罪，二是故意地教唆或者帮助他人实施过失犯罪。无论属于这两种情形中的哪一种，均应根据法律的相应规定分别处理。

（3）二人以上实施犯罪时故意内容不同的，不构成共同犯罪。共同犯罪的故意是二人以上共同实施同种犯罪的故意。如果实施犯罪时故意的内容不同，就背离了共同犯罪故意的本意，因而也不能构成共同犯罪。

（4）同时犯、先后犯不构成共同犯罪。同时犯是指二个以上的人在同一或者极为接近的时间、场所，对同一犯罪对象实施同种犯罪，主观上没有犯意联系的情况。先后犯是指二个以上的人在同一或者极为接近的时间、场所，对同一犯罪对象先后实施同种犯罪，而主观上没有犯意联系的情况。

（5）超出共同犯罪故意的犯罪，不构成共同犯罪。这种情况是指数人事先谋议实施某种特定的共同犯罪，但在共同故意实施犯罪的过程中，个别共同犯罪人超出共同犯罪的故意，又实施了其他犯罪。就个别共同犯罪人所实施的其他犯罪而言，只能由实施该种犯罪的行为人负责，对其他人不能按共同犯罪论处。

（6）事前未通谋的窝藏行为、包庇行为，不构成共同犯罪。事后的窝藏行为、包庇行为如果事前没有通谋，与危害结果的发生就不存在因果关系，因而不能构成共同犯罪。

3. 教唆犯是指教唆他人犯罪的人，即故意引起他人实施犯罪意图的人。教唆犯主要具有两方面的特征：（1）在客观上，行为人必须实施了教唆他人犯罪的行为。需要注意：1）教唆内容的特定性，即行为人教唆他人实施的是犯罪行为；2）教唆对象的限定性，即行为人教唆的对象是未曾产生犯罪意图的人；3）教唆行为的独立性，即只要行为人实施了教唆，无论被教唆人是否接受了教唆，对教唆行为本身的成立不产生影响；4）教唆行为的表现形式是多种多样的。（2）在主观上，行为人必须具有教唆他人实施犯罪的故意，即行为人明知自己的教唆行为会引起他人产生犯罪的意图，进而实施犯罪，并且希望或者放任他人去犯罪。

根据《刑法》第29条的规定，教唆他人犯罪的，应当按照他在共同犯罪中所起的作用处罚。教唆不满18周岁的人犯罪的，应当从重处罚。如果被教唆的人没有犯被教唆的罪，对于教唆犯，可以从轻或者减轻处罚。

案例分析题

1. 甲、乙、丙事前通谋盗窃并共同实施盗窃犯罪，成立盗窃罪的共同犯罪。在共同实施盗窃过程中，丙为窝藏赃物抗拒抓捕，当场对大楼值班人员使用暴力，根据《刑法》第269条的规定，其盗窃行为转化为抢劫罪。共同犯罪是两人以上的共同故意犯罪，所以成立共同犯罪需要行为人具有共同犯罪的故意。本案中甲、乙、丙只有共同盗窃的故意，而没有共同抢劫的故意，所以丙使用暴力超出甲、乙、丙三人的共同故意，对丙只以抢劫罪定罪处罚，对甲、乙二人以盗窃罪定罪处罚。

2. 本案应作如下处理：(1) 乙已满14周岁，属于相对有刑事责任年龄，可以成为强奸罪的犯罪主体。甲与乙构成强奸罪的共同犯罪，其中甲为教唆犯，乙为实行犯。甲教唆的乙不满18周岁，所以对甲的犯罪行为应当从重处罚。乙属于犯罪的时候不满18周岁的人，所以，对他应当从轻或者减轻处罚。(2) 甲在缓刑考验期间犯罪，对甲应当撤销缓刑，对其强奸罪判处刑罚后，与其侮辱罪所判的2年有期徒刑实行数罪并罚。(3) 乙成立自首，对其可以从轻或者减轻处罚。虽然乙不是主动到公安机关投案，但根据有关司法解释的规定，犯罪嫌疑人经亲友规劝，由亲友送去投案的，也视为自动投案。乙在投案后如实交代了自己与甲的全部罪行，所以成立自首，对其可以从轻或者减轻处罚。

3. (1) 三人在某公园售票处商定，由李某负责望风，王某、张某混入购票的人群行窃。因此，王某、李某、张某系事前通谋盗窃并分工共同实施盗窃犯罪，成立盗窃罪的共同犯罪。

(2) 在共同实施盗窃过程中，王某向东逃离两百余米后，掏出随身携带的尖刀刺破胡某的主动脉，致胡某因急性失血性休克死亡，根据《刑法》第269条的规定，其盗窃行为转化为抢劫罪。共同犯罪是两人以上的共同故意犯罪，所以成立共同犯罪需要行为人具有共同犯罪的故意。本案中王某、李某、张某只有共同盗窃的故意，而没有共同抢劫的故意，所以王某使用暴力超出王某、李某、张某三人的共同故意，故对王某只以抢劫罪定罪处罚，对李某、张某二人以盗窃罪定罪处罚。

论述题与深度思考题

1. 共同犯罪简称共犯，是相对于单独犯罪的一种特殊的犯罪形式。根据我国刑法的规定，共同犯罪是指二人以上共同故意犯罪。

共同犯罪必须符合以下条件：(1) 犯罪主体必须是两人以上。这里的“人”，一般是指自然人，但是根据刑法的规定，单位也可以成为某些犯罪的主体，因此，无论是两个以上的自然人还是两个以上的单位乃至一方是自然人一方是单位都可以构成共同犯罪。不论是自然人还是单位，要成为共同犯罪的主体，都必须符合犯罪主体的资格。自然人构成的犯罪主体，必须是达到刑事责任年龄、具有刑事责任能力的人。如果一个达到刑事责任年龄、具有刑事责任能力的人，利用不具有刑事责任能力的人去共同实施危害社会的行为，则不能构成共同犯罪。作为共同犯罪主体的单位也必须是符合法律规定，能够成为犯罪主体的公司、企业、事业单位、机关和团体。非法组织之间相互勾结实施犯罪的，不能认为是单位构成的共同犯罪，而应当认为是自然人相互之间构成的共同犯罪。(2) 犯罪客观方面必须具有共同的犯罪行为。所谓的共同犯罪行为，是指各共同犯罪人的行为都是指向同一的目标，彼此联系，互相配合，结成一个有机的犯罪行为整体。共同犯罪行为的主要含义包括以下三层：一是各共同犯罪人所实施的行为都必须是具有社会危害性的、触犯刑法的、依照刑法的规定应当受到刑罚处罚的行为；二是尽管各个共同犯罪人的行为在具体的分工和表现形式上有所不同，但它们之间并不是孤立的，而是由共同犯罪的犯罪目标联系在一起，构成一个有机联系的犯罪活动整体；三是各共同犯罪人的行为都与发生的结果具有因果关系。(3) 犯罪主观方面必须具有共同的犯罪故意。所谓共同的犯罪故意是指各共同犯罪人通过彼此之间的意思联络，知道自己是在和他人配合共同实施犯罪，认识到他们的共同犯罪行为会发生危害社会的结果，并对这一危害社会的结果的发生持希望或者放任的态度。

根据我国刑法规定的共同犯罪的概念及成立条件，以下几种情形不构成共同犯罪：(1) 二人以上共同过失行为，不构成共同犯罪；(2) 单方故意行为与单方过失行为共同造成某种危害结果的，不构成共同犯罪；(3) 两个以上的人实施犯罪时故意内容不同的，不构成共同犯罪；(4) 同时犯不构成共同犯罪；(5) 超出共同故意范围的犯罪，不构成共同犯罪；(6) 事先未通谋的窝藏行为、包庇行为，不构成共同犯罪。

关于共同犯罪的形式，可以从不同的角度或者按照不同的标准进行多种划分。在我国，根据刑法学界的通说，共同犯罪的类型可以分为以下几种：(1) 以共同犯罪能否任意形成作为标准，可以将共同犯罪分为任意的共同犯罪与必要的共同犯罪。任意的共同犯罪，是指依照刑法分则的规定能够由一人单独实施的犯罪，而由二人共同实施的犯罪情况；必要的共同犯罪，是指二人以上共同故意实施刑法分则规定的必须由数人实施的犯罪。(2) 以共同犯罪形成的时间为标准，可以将共同犯罪分为事先有通谋的共同犯罪和事先无通谋的共同犯罪。(3) 以共同犯罪人之间有无分工为标准，可以将共同犯罪区分为简单的共同犯罪和复杂的共同犯罪。(4) 以共同犯罪有无组织形式，可以将共同犯罪分为一般共同犯罪与特殊共同犯罪。所谓一般共同犯罪，是指二人以上在结合程度上较为松散，没有特定组织形式的共同犯罪。所谓特殊共同犯罪，也就是有组织的共同犯罪，或犯罪集团。根据我国刑法立法的规定，法定的有组织犯罪有以下两种形式：一是一般的犯罪集团，二是黑社会性质的组织。所谓犯罪集团，是指三人以上为共同实施犯罪而组成的较为固定的犯罪组织。构成犯罪集团，必须具备如下条件：主体为三人以上，犯罪目的的明确性，犯罪活动的组织性，犯罪成员的稳定性。所谓黑社会性质组织，是指以暴力、威胁或者其他手段，有组织地进行违法犯罪活动，称霸一方，为非作恶，欺压、残害群众，严重破坏经济、社会生活秩序的犯罪组织。

2.《刑法》第 26 条第 1 款规定：组织、领导犯罪集团进行犯罪活动的或者在共同犯罪中起主要作用的，是主犯。据此，主犯包括如下两种犯罪分子：(1) 犯罪集团的首要分子，即组织、领导犯罪集团进行犯罪活动的犯罪分子。根据刑法规定，犯罪集团是指三人以上为共同实施犯罪而组成的较为固定的犯罪组织。只有在认定犯罪集团的前提下，才能认定这种类型的主犯。所谓组织、领导犯罪集团进行犯罪活动通常表现为负责组建犯罪集团，网罗犯罪集团成员，策划、制订犯罪活动计划，召集犯罪会议，布置犯罪任务，指挥犯罪集团成员进行具体犯罪活动，等等。(2) 在共同犯罪中起主要作用的犯罪分子，即犯罪集团首要分子以外的在共同犯罪中起主要作用的犯罪分子。此类主犯主要包括如下三类：第一，犯罪集团的骨干分子，即在犯罪集团中虽然不起组织、领导作用，但积极参与犯罪集团的犯罪活动的骨干成员。第二，某些聚众犯罪中的首要分子及其骨干成员。根据刑法规定，聚众犯罪可以分为三类：参与违法活动的人都构成犯罪的聚众犯罪；聚众进行违法活动的首要分子和积极参加者构成犯罪，而一般参与者不构成犯罪的聚众犯罪；只有聚众进行违法活动的首要分子才构成犯罪，而其他参与者不构成犯罪的聚众犯罪。在第一种聚众犯罪中起组织、指挥作用的首要分子，以及虽然不起主要作用但在聚众犯罪中起重要作用的犯罪分子为主犯；在第二种聚众犯罪中起组织、指挥作用的首要分子也是主犯；而在第三种聚众犯罪中，首要分子是犯罪成立的必要条件，如果只有一个首要分子，也就不存在成立主犯的问题了。第三，在聚众犯罪以外的一般共同犯罪中起主要作用的犯罪分子。

在此还需要特别注意的是单位犯罪中主犯的认定问题。2000 年 9 月 30 日最高人民法院《关于审理单位犯罪案件对其直接负责的主管人员和其他直接责任人员是否区分主犯、从犯问题的批复》规定，在审理单位故意犯罪案件时，对其直接负责的主管人员和其他直接责任人员，可不区分主犯、从犯，按照其在单位犯罪中所起的作用判处刑罚。2001 年 1 月 21 日《全国法院审理金融犯罪案件工作座谈会纪要》规定，两个以上单位以共同故意实施的犯罪，应根据各单位在共同犯罪中的地位、作用大小，确定犯罪单位的主、从犯。对单位犯罪中的直接负责的主管人员和其他直接责任人员，应根据其在单位犯罪中的地位、作用和犯罪情节，分别处以相应的刑罚。主管人员与直接责任人员，在个案中，不是当然的主、从犯关系，主管人员与直接责任人员实施犯罪行为的主从关系不明显的，可不分主、从犯。但具体案件中可以分清主、从犯，且不分清主、从犯，在同一法定刑档次、幅度内量刑无法做到罪刑相适应的，应当分清主、从犯，依法处罚。

总之，在刑事司法实务中如何具体认定共同犯罪的主犯，是一个比较复杂的问题。在司法实践中，应当以各共同犯罪人在共同犯罪中所起的作用为主要标准，具体分析案件情况，根据其在共同犯罪中所处的地位、分工以及对危害结果所起的作用等方面，全面综合地进行判断认定。

第十二章　罪　数

知识逻辑图

- 罪数
  - 判断标准
    - （1）犯意标准说；（2）目的标准说；（3）行为标准说；（4）法益标准说；（5）个别化标准或折中标准说；（6）构成要件该当性标准说；（7）因果关系标准说；（8）法规标准说；（9）犯罪构成说（我国刑法学界的通说）
  - 分类
    - 一罪
      - 实质的一罪
        - 想象竞合犯
          - 概念：一个行为触犯数种罪名的犯罪
          - 特征：（1）实施一个犯罪行为；（2）触犯数个罪名
          - 刑事责任：原则上择一重罪处断；特殊情况下按照该行为通常触犯的罪名处罚
        - 继续犯
          - 概念：违法行为着手实施后，在停止之前持续地侵害同一客体的犯罪
          - 特征：（1）着手实施了侵害同一客体的行为；（2）出于实施特定继续犯罪的故意；（3）行为对客体的侵害行为和不法状态必须同时继续
          - 刑事责任：刑罚要与行为持续侵害合法权益的时间长短和对合法权益侵害的程度相适应
        - 结果加重犯
          - 概念：行为人实施了一个基本的犯罪行为，同时该行为造成了一个更加严重的后果，法律规定加重其法定刑的犯罪
          - 特征：（1）实施了一个犯罪行为。（2）两种犯罪结果：基本结果与加重结果。（3）法律规定加重其法定刑。（4）对两种犯罪结果出于不同的罪过
          - 刑事责任：按照法律规定加重其刑
      - 法定的一罪
        - 结合犯
          - 概念：由于刑法的特别规定，本来的数种独立罪名结合为另一新罪名的犯罪
          - 特征：（1）行为符合数个独立且性质各异的犯罪构成要件；（2）数个独立的犯罪结合在一起，另成立一个新罪；（3）数个独立的犯罪行为同时发生；（4）关联性和法定性
          - 刑事责任：对结合犯的处罚要重于对原罪的处罚
        - 惯犯
          - 概念：常业惯犯＋常习惯犯
          - 特征：（1）犯某种特定犯罪的习性；（2）相当长时间内反复实施特定犯罪行为；（3）以犯罪所得为主要生活来源或腐化生活的来源；（4）现行行为构成惯犯
          - 刑事责任：注意考虑特殊预防的需要，对屡教不改、恶习很深的，应当在法定刑的范围内判处较重的刑罚
      - 处断的一罪
        - 连续犯
          - 概念：基于一个犯意，在一定时间内连续多次实施同一性质的犯罪行为，触犯同一罪名的犯罪
          - 特征：（1）基于一个犯意；（2）实施数个性质相同的犯罪行为；（3）在一定时间内连续实施；（4）触犯同一罪名
          - 刑事责任：一般按照一罪从重处罚或者在较高的法定刑档次内处罚

- 罪数
  - 分类
    - 一罪
      - 处断的一罪
        - 牵连犯
          - 概念：出于一个犯罪目的，实施数个犯罪行为，数行为之间存在牵连关系，分别触犯数个罪名的犯罪
          - 特征：(1) 出于一个犯罪目的；(2) 数个独立的犯罪行为；(3) 数行为之间具有牵连关系；(4) 触犯不同罪名
          - 刑事责任：根据法律规定，数罪并罚或者不数罪并罚，其中不数罪并罚又包括从一重罪处断、从一重罪并从重处罚，以及升格法定刑处罚
        - 吸收犯
          - 概念：数个性质不同的行为，其中一个行为吸收其他行为，仅按吸收行为定罪量刑的犯罪类型
          - 特征：(1) 数个性质不同的犯罪行为；(2) 数犯罪行为之间存有吸收关系；(3) 触犯数个罪名或者处于数个不同的犯罪形态；(4) 基于一个犯意
          - 刑事责任：按照一罪处断。(1) 主行为吸收从行为的，按主行为触犯的罪名处断；(2) 重行为吸收轻行为的，按重行为触犯的罪名处断；(3) 事中行为吸收事前、事后行为的，按事中行为触犯的罪名处断
    - 数罪
      - 同种数罪和异种数罪
      - 并罚的数罪和非并罚的数罪
      - 判决宣告以前的数罪和刑罚执行期间的数罪
  - 法条竞合
    - 概念：刑法条文对同一种犯罪行为的错综规定，造成该行为的性质与数个法条所规定的构成要件具有包容或者交叉关系的情形
    - 特点：(1) 一种犯罪行为；(2) 全部或者部分符合刑法分则规定的数个罪名的构成要件；(3) 竞合的数罪名之间具有内在的逻辑关系
    - 种类：包容竞合和交叉竞合
    - 适用原则：(1) 特别法优于普通法原则；(2) 有条件地适用重法优于轻法原则

名词解释

1. 继续犯（考研）
2. 想象竞合犯（考研）
3. 牵连犯（考研）
4. 吸收犯（考研）
5. 法条竞合

选择题

（一）单项选择题

1. 乙欲经营服装市场，需要一定的资金，于是盯上了个体户甲。一日，乙潜入甲家中，将甲杀死，然后将室内现金洗劫一空，共计 10 万元。对乙的行为应当如何定性？（　　）

A. 构成故意杀人罪和抢劫罪

B. 构成故意杀人罪和盗窃罪

C. 只构成抢劫罪一罪

D. 只构成故意杀人罪一罪

2. 组织、领导和参加黑社会性质组织后又具体实施杀人、绑架、爆炸等犯罪行为的，应当（　　）。

A. 以组织、领导、参加黑社会性质组织罪从重处罚

B. 从一重处断

C. 依照数罪并罚的规定处罚

D. 以故意杀人、绑架或爆炸罪从重处罚

3. 下列不属于实质的一罪的是（　　）。

A. 想象竞合犯　　B. 继续犯

C. 惯犯　　D. 结果加重犯

4. 甲与乙有仇。一日，甲向乙所居住的楼房投掷一枚手榴弹，结果不仅将乙炸死，还引起大火，烧毁房屋数间。甲的行为属于（　　）。

A. 牵连犯

B. 连续犯

C. 想象竞合犯

D. 构成数个犯罪，应当数罪并罚

视频讲题

5. 非法拘禁罪属于（ ）。

A. 继续犯 B. 连续犯

C. 牵连犯 D. 惯犯

6. 虐待罪属于（ ）。

A. 继续犯 B. 徐成犯

C. 连续犯 D. 惯犯

7. 甲盗窃了珍贵文物。为了便于运输所窃得文物，甲将该文物砸碎。对甲的行为如何定性？（ ）

A. 想象竞合犯

B. 盗窃罪与故意毁坏文物罪

C. 牵连犯

D. 状态犯

8. 甲盗窃了珍贵文物，为了不被他人发现，甲将珍贵文物埋在地下达 5 年之久。对甲埋藏珍贵文物达 5 年之久的行为应当如何定性？（ ）

A. 状态犯

B. 与盗窃文物的行为一起构成想象竞合犯

C. 与盗窃文物的行为一起构成连续犯

D. 与盗窃文物的行为一起构成继续犯

视频讲题

9. 甲为了杀害乙，购买了一种慢性毒药，每天在乙饮用的水中放入一定的剂量。这样持续一个月，乙饮入的毒物达到一定程度后，经抢救无效而死亡。甲的行为构成（ ）。

A. 继续犯 B. 持续犯

C. 徐成犯 D. 连续犯

10. 下列属于结合犯的结构形式的是（ ）。

A. 甲罪＋乙罪＝丙罪

B. 甲罪＋乙罪＝甲罪

C. 甲罪＋乙罪＝乙罪

D. 以上都不正确

11. 行为人以某种犯罪为常业，以犯罪所得为其主要生活来源或者生活腐化的来源，在较长时间内反复多次实施某种犯罪。这在罪数理论上被称为（ ）。

A. 继续犯 B. 连续犯

C. 惯犯 D. 吸收犯

12. 对于惯犯，我国现行刑法的规定是（ ）。

A. 既规定有常业惯犯，也规定有常习惯犯

B. 只规定有常业惯犯，未规定有常习惯犯

C. 只规定有常习惯犯，未规定有常业惯犯

D. 对于常业惯犯和常习惯犯都没有规定

13. 行为人基于一个犯意，在一定时间内连续多次实施同一性质的犯罪行为，触犯同一罪名的，在罪数理论上被称为（ ）。

A. 牵连犯 B. 连续犯

C. 想象竞合犯 D. 异种数罪

14. 甲与乙有仇。一日，甲实施了报复乙及其家人的行为：先在乙家中将乙杀死，然后在乙家不远处将正下班回家的乙妻杀死。甲的行为构成（ ）。

A. 继续犯

B. 连续犯

C. 牵连犯

D. 数个犯罪，应当数罪并罚

视频讲题

15. 甲欲强奸乙（女），先将乙关在室内，然后实施奸淫。甲的犯罪行为构成（ ）。

A. 想象竞合犯 B. 连续犯

C. 牵连犯 D. 继续犯

16. 我国刑法对牵连犯的刑事责任方式的规定是（ ）。

A. 按照数罪论处

B. 按照一罪从重处罚

C. 有的规定按照数罪论处，有的规定按照一罪从重处罚

D. 没有规定

17. 甲入室盗窃。对甲的行为应如何定性？（　　）

A. 构成侵入住宅罪和盗窃罪

B. 只构成侵入住宅罪

C. 只构成盗窃罪

D. 构成侵入住宅罪和盗窃罪，但从一重处断

18. 甲为组织他人偷越国境，而伪造了护照、签证。甲的行为构成（　　）。

A. 连续犯　　B. 牵连犯

C. 继续犯　　D. 数罪，应当数罪并罚

19. 甲基于强奸女主人的意图，非法侵入了一住宅，然后对女主人实施了奸淫。法院对甲以强奸罪判处有期徒刑10年。在法院看来，甲非法侵入住宅和实施强奸的行为成立（　　）。

A. 想象竞合犯　　B. 吸收犯

C. 连续犯　　D. 继续犯

20. 甲从A省拐骗16岁少女1人，欲卖至B省。在拐卖途中，甲几次强行奸淫该少女，并强迫其卖淫两次。甲的行为应当定性为（　　）。

A. 构成拐卖妇女罪、强奸罪和强迫卖淫罪，应实行数罪并罚

B. 构成拐卖妇女罪与强迫卖淫罪，此两罪应实行数罪并罚，其强奸行为不宜单独定罪，而应作为强迫卖淫罪中“强奸后迫使卖淫”这一从重处罚的条件

C. 只构成拐卖妇女罪，其强奸行为、强迫卖淫的行为只作为法定的从重处罚条件，不宜单独定罪

D. 只构成拐卖妇女罪，因为拐卖妇女的行为吸收了强奸、强迫卖淫的行为

视频讲题

21. 对下列哪一情形应当实行数罪并罚？（　　）（司考）

A. 在走私普通货物、物品过程中，以暴力、威胁方法抗拒缉私的

B. 在走私毒品过程中，以暴力方法抗拒检查，情节严重的

C. 在组织他人偷越国（边）境过程中，以暴力方法抗拒检查的

D. 在运送他人偷越国（边）境过程中，以暴力方法抗拒检查的

22. 关于罪数的说法，下列哪一选项是错误的？（　　）（司考）

A. 甲在车站行窃时盗得一提包，回家一看才发现提包内仅有一支手枪。因为担心被人发现，甲便将手枪藏在浴缸下。甲非法持有枪支的行为，不属于不可罚的事后行为

B. 乙抢夺他人手机，并将该手机变卖，乙的行为构成抢夺罪和掩饰、隐瞒犯罪所得罪，应当数罪并罚

C. 丙非法行医3年多，导致1人死亡、1人身体残疾。丙的行为既是职业犯，也是结果加重犯

D. 丁在绑架过程中，因被害人反抗而将其杀死，对丁不应当以绑架罪和故意杀人罪实行并罚

视频讲题

23. 关于罪数判断，下列哪一选项是正确的？（　　）（司考）

A. 冒充警察招摇撞骗，骗取他人财物的，适用特别法条以招摇撞骗罪论处

B. 冒充警察实施抢劫，同时构成抢劫罪与招摇撞骗罪，属于想象竞合犯，从一重罪论处

C. 冒充军人进行诈骗，同时构成诈骗罪与冒充军人招摇撞骗罪的，从一重罪论处

D. 冒充军人劫持航空器的，成立冒充军人招摇撞骗罪与劫持航空器罪，实行数罪并罚

24. 关于结果加重犯，下列哪一选项是正确的？（　　）（司考）

A. 故意杀人包含了故意伤害，故意杀人罪实际上是故意伤害罪的结果加重犯

B. 强奸罪、强制猥亵罪的犯罪客体相同，强奸、强制行为致妇女重伤的，均成立结果加重犯

C. 甲将乙拘禁在宾馆20楼，声称只要乙还债就放

人。乙无力还债，深夜跳楼身亡。甲的行为不成立非法拘禁罪的结果加重犯

D. 甲以胁迫手段抢劫乙时，发现仇人丙路过，于是立即杀害丙。甲在抢劫过程中杀害他人，因抢劫致人死亡包括故意致人死亡，故甲成立抢劫致人死亡的结果加重犯

25. 甲窃得一包冰毒后交乙代为销售，乙销售后得款3万元与甲平分。关于本案，下列哪一选项是错误的？（　　）（司考）

A. 甲的行为触犯盗窃罪与贩卖毒品罪

B. 甲贩卖毒品的行为侵害了新的法益，应与盗窃罪实行并罚

C. 乙的行为触犯贩卖毒品罪、非法持有毒品罪、转移毒品罪与掩饰、隐瞒犯罪所得罪

D. 对乙应以贩卖毒品罪一罪论处

26. 关于罪数的判断，下列哪一选项是正确的？（　　）（司考）

A. 甲为冒充国家机关工作人员招摇撞骗而盗窃国家机关证件，并持该证件招摇撞骗。甲成立盗窃国家机关证件罪和招摇撞骗罪，数罪并罚

B. 乙在道路上醉酒驾驶机动车，行驶20公里后，不慎撞死路人张某。因已发生实害结果，乙不构成危险驾驶罪，仅构成交通肇事罪

C. 丙以欺诈手段骗取李某的名画。李某发觉受骗，要求丙返还，丙施以暴力迫使李某放弃。丙构成诈骗罪与抢劫罪，数罪并罚

D. 已婚的丁明知杨某是现役军人的配偶，却仍然与之结婚。丁构成重婚罪与破坏军婚罪的想象竞合犯

（二）多项选择题

1. 根据犯罪构成理论，并结合刑法分则的规定，下列哪些说法是正确的？（　　）（司考）

A. 甲于某晚潜入胡某家中盗窃贵重物品时，被主人发现。甲夺门而逃，胡某也没有再追赶。甲就躲在胡某家墙根处的草垛里睡了一晚。第二天早上村长高某路过时，发现甲行踪诡秘，就对其盘问。甲以为高某发现了自己昨晚的盗窃行为，就对高某进行打击，致其重伤。甲构成盗窃罪、故意伤害罪，应数罪并罚

B. 乙在大街上见赵某一边行走一边打手机，即起歹意，从背后用力将其手机抢走。但因用力过猛，致使赵某绊倒摔成重伤。乙同时构成抢夺罪、过失致人重伤罪，但不应数罪并罚

C. 丙深夜入室盗窃，被主人李某发现后追赶。当丙跨上李某家院墙，正准备往外跳时，李某抓住丙的脚，试图拉住他。但丙顺势踹了李某一脚，然后逃离现场。丙构成抢劫罪

D. 丁骑摩托车在大街上见妇女田某提着一个精致皮包在行走，即起歹意，从背后用力拉皮包带，试图将皮包抢走。田某顿时警觉，拽住皮包带不放。丁见此情景，突然对摩托车加速，并用力猛拉皮包带，田某当即被摔成重伤。丁构成抢劫罪而不构成抢夺罪

2. 下列哪些犯罪行为，应按数罪并罚的原则处理？（　　）（司考）

A. 拐卖妇女又奸淫被拐卖妇女

B. 司法工作人员枉法裁判又构成受贿罪

C. 参加黑社会性质组织又杀人

D. 组织他人偷越国（边）境又强奸被组织人

3. 根据我国刑法规定，下列罪数形态通常不适用数罪并罚的有（　　）。

A. 违法行为着手实施以后，在停止之前持续地侵犯同一客体的犯罪

B. 以某一犯罪为目的，而其方法行为或者结果行为又触犯其他罪名的犯罪

C. 行为人基于一个犯意，在一定时间内连续多次实施同一性质的犯罪行为，触犯同一罪名的犯罪

D. 以一个故意或过失，实施一个犯罪行为，同时触犯数个罪名的犯罪

4. 甲欲开枪杀乙，射击的结果却是导致乙重伤，同时导致乙身边的丙死亡。关于本案，下列哪些说法是错误的？（　　）（司考）

A. 认定甲的行为成立一个故意杀人罪即可

B. 认定甲的行为成立一个故意杀人未遂和一个过失致人死亡罪

C. 认定甲的行为成立一个故意杀人罪和一个过失致人重伤罪

D. 认定甲的行为成立一个故意杀人罪和一个故意杀人未遂，实行并罚

5. 下列情况中属于结果加重犯的是（　　）。

A. 在公共场所当众强奸妇女的
B. 非法拘禁他人，致人重伤或死亡的
C. 奸淫被拐卖的妇女的
D. 组织他人偷越国（边）境，将被组织者强奸的

6. 下列哪些情形不属于结果加重犯？（　　）（司考）
A. 侮辱他人导致他人自杀身亡
B. 监管人员对被监管人进行殴打与体罚虐待致人死亡
C. 强制猥亵妇女致人死亡
D. 遗弃没有独立生活能力的人致其死亡

7. 陈某在街上趁刘某不备，将其手机（价值 2 590 元）夺走。随后，陈某反复使用该手机拨打国际长途电话，致使刘某损失话费 5 200 元。一周后，陈某将该手机丢弃在某邮局门口，引起保安人员的怀疑，经询问案发。下列有关此案的说法中，哪些是不正确的？（　　）（司考）
A. 对陈某的行为以抢夺罪从重处罚即可
B. 对陈某的行为以盗窃罪从重处罚即可
C. 对陈某的行为以抢夺罪与盗窃罪实行数罪并罚
D. 对陈某的行为以抢夺罪与故意毁坏财物罪实行数罪并罚

8. 下列哪些情形按非法拘禁罪定罪处罚？（　　）
A. 组织他人偷越国（边）境时，剥夺被组织人人身自由的
B. 为索取债务非法扣押他人，致人重伤的
C. 收买被拐卖的妇女后，非法剥夺人身自由的
D. 非法拘禁他人，使用暴力致人伤残、死亡的

9. 法定的一罪包括（　　）。
A. 结合犯　　B. 惯犯
C. 牵连犯　　D. 想象竞合犯

10. 下列对结合犯的表述中正确的有（　　）。
A. 将结合犯的行为分别来看，它符合数个独立的犯罪构成要件
B. 结合犯中数个独立的犯罪行为必须同时发生
C. 数个独立的犯罪结合在一起，另成立一个新罪，需要法律的明文规定
D. 我国现行刑法没有规定结合犯

11. 下列哪些行为属于牵连犯？（　　）
A. 入室盗窃的
B. 以暴力方法抗拒缉私的
C. 挪用公款进行贩毒行为的
D. 伪造公文诈骗钱财的

12. 吸收犯的吸收形式包括（　　）。
A. 主行为吸收从行为
B. 重行为吸收轻行为
C. 事中行为吸收事前行为
D. 事中行为吸收事后行为

13. 下列哪些情形属于吸收犯？（　　）（司考）
A. 制造枪支、弹药后又持有、私藏所制造的枪支、弹药的
B. 盗窃他人汽车后，谎称所盗汽车为自己的汽车出卖他人的
C. 套取金融机构信贷资金后又高利转贷他人的
D. 制造毒品后又持有该毒品的

14. 处断的一罪包括（　　）。
A. 继续犯　　B. 牵连犯
C. 连续犯　　D. 吸收犯

15. 下列哪些情形构成数罪，应当数罪并罚？（　　）
A. 组织他人偷越国（边）境的过程中，对被组织人有杀害、伤害、强奸、拐卖等犯罪行为的
B. 组织他人偷越国（边）境的过程中，以暴力、威胁方法抗拒检查的
C. 收买被拐卖的妇女，并强行与其发生性关系的
D. 组织他人偷越国（边）境，并将被组织的妇女拐卖到国外的

16. 根据刑法理论，下列犯罪形态哪些适用从一重处断原则？（　　）
A. 继续犯　　B. 想象竞合犯
C. 牵连犯　　D. 结合犯

17. 关于罪数的认定，下列哪些选项是正确的？（　　）（司考）
A. 甲使用暴力强迫赵某与自己进行商品交易，造成赵某重伤。对甲的行为应以故意伤害罪与强迫交易罪实行并罚
B. 乙借用李某的摩托车后藏匿不想归还。李某要求归还时，乙谎称摩托车被盗。乙欺骗李某的行为不单独构成诈骗罪
C. 丙为杀人而盗窃枪支，未及实施杀人行为而被抓获。丙的行为构成故意杀人（预备）罪与盗窃枪支罪的想象竞合犯
D. 丁盗窃信用卡并使用的行为，属于盗窃罪与信用卡诈骗罪的吸收犯

18. 关于罪数的认定，下列哪些选项是错误的？（ ）

A. 引诱幼女卖淫后，又容留该幼女卖淫的，应认定为引诱、容留卖淫罪

B. 既然对绑架他人后故意杀害他人的不实行数罪并罚，那么对绑架他人后伤害他人的就更不能实行数罪并罚

C. 发现盗得的汽车质量有问题而将汽车推下山崖的，成立盗窃罪与故意毁坏财物罪，应当实行并罚

D. 明知在押犯脱逃后去杀害证人而私放，该犯果真将证人杀害的，成立私放在押人员罪与故意杀人罪，应当实行并罚

19. 关于罪数，下列哪些选项是正确的（不考虑数额或情节）？（ ）（司考）

A. 甲使用变造的货币购买商品，触犯使用假币罪与诈骗罪，构成想象竞合犯

B. 乙走私毒品，又走私假币，构成犯罪的，以走私毒品罪和走私假币罪实行数罪并罚

C. 丙先后三次侵入军人家中盗窃军人制服，后身穿军人制服招摇撞骗。对丙应按牵连犯从一重罪处罚

D. 丁明知黄某在网上开设赌场，仍为其提供互联网接入服务。丁触犯开设赌场罪与帮助信息网络犯罪活动罪，构成想象竞合犯

20. 下列哪些情形不能数罪并罚？（ ）（司考）

A. 投保人甲，为了骗取保险金杀害被保险人

B. 15 周岁的甲，盗窃时拒捕杀死被害人

C. 司法工作人员甲，刑讯逼供致被害人死亡

D. 运送他人偷越边境的甲，遇到检查将被运送人推进大海溺死

21. 1990 年年初，张某强奸某妇女并将其杀害。2006 年年末，张某因酒后驾车致人重伤。两案在 2017 年年初被发现。关于张某的犯罪行为，下列哪些选项是错误的？（ ）

A. 应当以强奸罪、故意杀人罪和交通肇事罪追究其刑事责任，数罪并罚

B. 应当以强奸罪追究其刑事责任

C. 应当以故意杀人罪追究其刑事责任

D. 不应当追究任何刑事责任

22. 关于想象竞合犯的认定，下列哪些选项是错误的？（ ）（司考）

A. 甲向乙购买危险物质，商定 4 000 元成交。甲先后将 2 000 元现金和 4 克海洛因（折抵现金 2 000 元）交乙后收货。甲的行为成立非法买卖危险物质罪与贩卖毒品罪的想象竞合犯，从一重罪论处

B. 甲女、乙男分手后，甲向乙索要青春补偿费未果，将其骗至别墅，让人看住乙。甲给乙母打电话，声称如不给 30 万元就准备收尸。甲成立非法拘禁罪和绑架罪的想象竞合犯，应以绑架罪论处

C. 甲为劫财在乙的茶水中投放 2 小时后起作用的麻醉药，随后离开乙家。2 小时后甲回来，见乙不在（乙喝下该茶水后因事外出），便取走乙 2 万元现金。甲的行为成立抢劫罪与盗窃罪的想象竞合犯

D. 国家工作人员甲收受境外组织的 3 万美元后，将国家秘密非法提供给该组织。甲的行为成立受贿罪与为境外非法提供国家秘密罪的想象竞合犯

（三）不定项选择题

1. 甲找到在某国有公司任出纳员的朋友乙，提出向该公司借款 50 万元用于购买假币，并许诺出售假币获利后给乙好处费。乙便擅自从自己管理的公司款项中借给甲 50 万元。甲拿到 50 万元后，让丙从外地购得假币若干，然后在本地出售。出售一部分后，甲便送给乙 12 万元好处费。甲后来在出售假币的过程中被公安人员抓获。甲如实交代了让丙购买假币和自己出售假币的行为，还主动交代了自己使用面值 5 000 元的假币购买家电产品的事实，但未能如实说明购买假币的 12 万元现金的来源。乙得知甲被抓后，担心受刑罚处罚，便携带 100 万元公款潜逃外地，后被司法机关抓获归案。关于乙的全部犯罪行为，下列哪些说法是错误的？（ ）（司考）

A. 对乙应以挪用公款罪、贪污罪及出售、购买假币罪论处，实行数罪并罚

B. 对乙应以挪用资金罪、职务侵占罪及出售、购买假币罪论处，实行数罪并罚

C. 对乙应在挪用公款罪与受贿罪中择一重罪从重处罚

D. 对乙应以贪污罪、受贿罪论处，实行数罪并罚

2. 下列对继续犯的表述中正确的是（　　）。

A. 继续犯又被称作持续犯

B. 行为人着手实施了持续侵害同一客体的行为

C. 行为人必须出于实施特定继续犯罪的故意

D. 行为对客体的侵犯和不法状态必须是同时继续

3. 下列对想象竞合犯的理解正确的是（　　）。

A. 行为人只实施了一个犯罪行为

B. 一行为触犯了数罪名

C. 行为人只能具有一种罪过形式

D. 对于想象竞合犯，原则上应当从一重处断

4. 甲伪造乙公司的印章后又以该印章去签订合同，冒充乙公司工作人员，骗取他人预付款 10 万元后潜逃。对甲的行为应当如何定性？（　　）

A. 只构成伪造印章罪

B. 只构成合同诈骗罪

C. 同时构成伪造印章罪和合同诈骗罪，应实行数罪并罚

D. 同时构成伪造印章罪和合同诈骗罪，但属于牵连犯，只按合同诈骗罪处理

视频讲题

5. 下列对结果加重犯的表述中正确的是（　　）。

A. 行为人实施了一种犯罪行为

B. 一行为造成了两种犯罪结果

C. 法律规定加重其法定刑

D. 结果加重犯的成立以法律明文规定为限

简答题

1. 简述结果加重犯的概念和特征。（考研）

2. 想象竞合犯的概念及构成特征是什么？（考研）

3. 牵连犯的特征及处断原则是什么？

案例分析题

1. 甲为了牟取暴利，从事拐卖妇女的活动。一日，甲以外出介绍工作为名将本村妇女乙骗出，准备出卖给他人为妻。在拐卖途中，甲见乙年轻貌美，于是对乙实施了奸淫行为。在与买主交涉后，由于价格问题，双方没有达成一致。于是，甲继续找寻买主。为了谋取更多的利润，甲将乙卖给一实施强迫妇女卖淫活动的犯罪团伙。该卖淫团伙多次强迫乙实施卖淫活动。

问：甲的行为属于罪数形态中何种犯罪形态？对甲的行为应如何定罪处罚？

2. 甲素知乙家有钱，且每天白天只有一老妇看家，遂起抢劫意念。为使抢劫顺利，甲先盗窃军用手枪一支、子弹 10 发。一切准备就绪后，甲将枪弹藏于身上，来到乙家。适逢老妇偶然外出，甲撬门入室，发现室内无人，于是窃得现金及其他财物总价值 1 万余元。正准备逃离时，老妇回来，甲遂开枪致老妇重伤后，逃离现场。（法硕）

请回答以下问题：

（1）甲的行为属于罪数形态中何种犯罪形态？

（2）该犯罪形态的处断原则是什么？

（3）对甲的行为应如何定罪？

3. 陈某因没有收入来源，以虚假身份证明骗领了一张信用卡，使用该卡从商场购物十余次，金额达 3 万余元，从未还款。（事实一）

陈某为求职，要求制作假证的李某为其定制一份本科文凭。双方因价格发生争执，陈某恼羞成怒，长时间勒住李某脖子，致其窒息身亡。（事实二）

陈某将李某尸体拖入树林，准备逃跑时忽然想到李某身有财物，遂拿走李某手机、现金等物，价值 1 万余元。（事实三）

陈某在手机中查到李某丈夫赵某的手机号，以李某被绑架为名，发短信要求赵某交 20 万元“安全费”。由于赵某及时报案，陈某未得逞。（事实四）

陈某逃至外地。几日后，走投无路而向公安机关投案，如实交代了上述事实二与事实四。（事实五）

陈某在检察机关审查起诉阶段，将自己担任警察期间查办犯罪活动时掌握的刘某抢劫财物的犯罪线索告诉检察人员，经查证属实。（事实六）（司考）

问：

（1）对事实一应如何定罪？为什么？

（2）对事实二应如何定罪？为什么？

（3）对事实三，可能存在哪几种处理意见（包括结论与基本理由）？

(4) 对事实四应如何定罪？为什么？

(5) 事实五是否成立自首？为什么？

(6) 事实六是否构成立功？为什么？

论述题与深度思考题

1. 论吸收犯。

2. 如何区分一罪与数罪？

参考答案

名词解释

1. 继续犯，也称持续犯，是指违法行为着手实施以后，在停止之前持续地侵犯同一客体的犯罪。继续犯是比较少见的犯罪类型，理论界公认的继续犯为非法剥夺人身自由的犯罪，如非法拘禁罪。

2. 想象竞合犯，也称想象的数罪，是指一行为触犯数种罪名的犯罪。对于想象竞合犯，原则上应当从一重罪处断。

3. 牵连犯，是指出于一个犯罪目的，实施数个犯罪行为，数行为之间存在手段行为与目的行为或者原因行为与结果行为的牵连关系，分别触犯数个罪名的犯罪。牵连犯是我国刑法司法实践中常见的一种犯罪类型。

4. 吸收犯，是指行为人实施数个犯罪行为，因其符合的犯罪构成之间具有特定的依附与被依附关系，其中一个不具有独立性的犯罪被另一个具有独立性的犯罪吸收，对行为人仅以吸收之罪论处的犯罪形态。

5. 法条竞合，是指因刑法条文对同一种犯罪行为的错综规定，该行为的性质与数个法条所规定的构成要件具有包容或者交叉关系的情形。法条竞合具有如下特点：法条竞合中的行为是一种犯罪行为；法条竞合行为全部或者部分符合刑法分则规定的数个罪名的犯罪构成；竞合的数罪名之间具有内在的逻辑关系。

选择题

(一) 单项选择题

1. C。乙的行为符合了牵连犯的构成要件。牵连犯是指出于一个犯罪目的，实施数个犯罪行为，数行为之间存在手段行为与目的行为或者原因行为与结果行为的牵连关系，分别触犯数个罪名的犯罪。乙潜入甲家将甲杀死是服务于目的行为——抢劫财物的，因此，只能对其按照抢劫罪定罪处罚。

2. C。根据《刑法》第294条第4款的规定，组织、领导和积极参加黑社会性质组织，有其他犯罪行为的，依照数罪并罚的规定处罚。因此，答案为选项C。需要注意的是，判断是一罪还是数罪，除理论上的分析以外，对于刑法分则条文中的特殊规定也应注意把握。

3. C。在我国刑法理论上，实质的一罪包括想象竞合犯、继续犯和结果加重犯，而惯犯不属于实质的一罪。

4. C。甲的行为符合想象竞合犯的构成特征。想象竞合犯，也称想象的数罪，是指一行为触犯数种罪名的犯罪。甲向乙所居住的楼房投掷一枚手榴弹，结果不仅将乙炸死，还引起大火，烧毁房屋数间。因此，甲的行为同时符合了故意杀人罪和放火罪，符合了想象竞合犯的构成要件。

5. A。继续犯，也称持续犯，是指违法行为着手实施以后，在停止之前持续地侵犯同一客体的犯罪。继续犯是少见的犯罪类型，但是非法拘禁罪属于继续犯，已为理论界所公认。

6. B。徐成犯是指行为人经常以作为或不作为的形式侵犯某一直接客体，或者把一个犯罪行为分解为许多细小的行为，徐徐行之的犯罪。虐待罪以经常打骂、冻饿、有病不给治疗等行为逐渐侵害被害人的身心健康，符合徐成犯的构成特征。

7. C。牵连犯是指出于一个犯罪目的，实施数个犯罪行为，数行为之间存在手段行为与目的行为或者原因行为与结果行为的牵连关系，分别触犯数个罪名的犯罪。甲盗窃了珍贵文物，为了便于运输所窃得文物，其将该文物砸碎。这符合牵连犯中的原因行为和结果行为的牵连形式，构成牵连犯。

8. A。状态犯不是一种罪数形态，只是犯罪既遂后的不法状态。甲盗窃了珍贵文物，为了不被他人发现，将珍贵文物埋在地下达5年之久。甲埋藏珍贵文物达5年之久的行为应当认为是一种不法状态，不能再单独定罪。

9. C。徐成犯是指行为人经常以作为或不作为的形式侵犯某一直接客体，或者把一个犯罪行为分解为许多细小的行为，徐徐行之的犯罪。甲将一个杀人行为分解为若干个行为来实施，符合徐成犯的构成特征。

10. A。结合犯是指由于刑法的特别规定，本来的数种独立罪名结合为另一种新罪名的犯罪。因此，其结构形式只能是“甲罪＋乙罪＝丙罪”。

11. C。根据惯犯的定义判断。

12. B。惯犯包括常习惯犯和常业惯犯。我国刑法只规定了常业惯犯，如《刑法》第 303 条的赌博罪，对常习惯犯未作规定。

13. B。根据连续犯的定义判断。

14. B。连续犯是指行为人基于一个犯意，在一定时间内连续多次实施同一性质的犯罪行为，触犯同一罪名。从案例的情况来看，甲是基于报复乙这一犯意，连续实施了两个犯罪行为，符合连续犯的特征。

15. C。牵连犯是指出于一个犯罪目的，实施数个犯罪行为，数行为之间存在手段行为与目的行为或者原因行为与结果行为的牵连关系，分别触犯数个罪名的犯罪。题干中的情形属于手段行为与目的行为的牵连。

16. C。我国刑法对牵连犯的刑事责任方式的规定是：有的规定按照数罪论处，如《刑法》第 120 条第 2 款规定，组织、领导和参加恐怖活动组织，并实施杀人、爆炸、绑架等犯罪的，依照数罪并罚的规定处罚；有的规定按照一罪从重处罚，如邮政工作人员私自开拆或者隐匿、毁弃邮件、电报而窃取财物的，依照《刑法》第 264 条的规定定罪并从重处罚。

17. C。入室盗窃包括非法侵入住宅和盗窃两个犯罪行为，其中，非法侵入住宅是手段行为，盗窃是目的行为，因此，入室盗窃具备牵连犯的手段行为和目的行为的特征，按照从一重处断的原则定性即可，故入室盗窃只构成盗窃罪。

18. B。牵连犯是指出于一个犯罪目的，实施数个犯罪行为，数行为之间存在手段行为与目的行为或者原因行为与结果行为的牵连关系，分别触犯数个罪名的犯罪。题干中的情形属于手段行为与目的行为的牵连。

19. B。吸收犯是指事实上数个不同性质的行为，其中一个行为吸收其他行为，仅依吸收行为定罪量刑的犯罪类型。题干中的情形应当是主行为吸收从行为，以强奸罪论处。

20. C。根据《刑法》第 240 条第 1 款的规定，奸淫被拐卖的妇女的、强迫被拐卖的妇女卖淫的，都只构成拐卖妇女罪的结果加重犯。因此，选项 C 是正确的。

21. A。刑法总则有关于数罪并罚的一般规定，刑法分则对某些犯有数罪的情形是否并罚作出了特别规定。《刑法》第 157 条第 2 款规定：“以暴力、威胁方法抗拒缉私的，以走私罪和本法第二百七十七条规定的阻碍国家机关工作人员依法执行职务罪，依照数罪并罚的规定处罚。”故选项 A 正确。《刑法》第 347 条第 2 款规定：“走私、贩卖、运输、制造毒品，有下列情形之一的，处十五年有期徒刑、无期徒刑或者死刑，并处没收财产：……（四）以暴力抗拒检查、拘留、逮捕，情节严重的……”故选项 B 不符合要求。《刑法》第 318 条第 1 款规定：“组织他人偷越国（边）境的，处二年以上七年以下有期徒刑，并处罚金；有下列情形之一的，处七年以上有期徒刑或者无期徒刑，并处罚金或者没收财产：……（五）以暴力、威胁方法抗拒检查的……”故选项 C 不符合要求。《刑法》第 321 条第 2 款规定：“在运送他人偷越国（边）境中造成被运送人重伤、死亡，或者以暴力、威胁方法抗拒检查的，处七年以上有期徒刑，并处罚金。”故选项 D 不符合要求。

22. B。甲在车站盗窃提包的行为构成盗窃罪，而后发现提包中有一支手枪而私自藏于浴缸下，构成非法持有枪支罪，不属于不可罚的事后行为，应该数罪并罚，故选项 A 正确。犯罪后将其所获得的赃物销售的行为属于事后销赃的行为，不能单独再次进行评价。因此，乙将抢夺的手机变卖的行为不单独构成掩饰、隐瞒犯罪所得罪。故选项 B 错误，符合题目要求。非法行医罪属于以非法行医为业，系职业犯。《刑法》第 336 条第 1 款规定：“未取得医生执业资格的人非法行医，情节严重的，处三年以下有期徒刑、拘役或者管制，并处或者单处罚金；严重损害就诊人身体健康的，处三年以上十年以下有期徒刑，并处罚金；造成就诊人死亡的，处十年以上有期徒刑，并处罚金。”丙非法行医造成 1 人死亡、1 人身体残疾，根据刑法的规定属于结果加重犯。故选项 C 正确。《刑法》第 239 条第 1 款和第 2 款规定：“以勒索财物为目的绑架他人的，或者绑架他人作为人质的，处十年以上有期徒刑或者无期徒刑，并处罚金或者没收财产；情节较轻的，处五年以上十年以下有期徒刑，并处罚金。犯前款罪，杀害被绑架人的，或者故意伤害被绑架人，致人重伤、死亡的，处无期徒刑或者死刑，并处没收财产。”根据该法条，丁在绑架过程中，因被害人反抗而将其杀死的，只构成绑架罪，不应当对其以绑架罪和故意杀人罪实行并罚。故选项D正确。

23. C。最高人民法院、最高人民检察院《关于办理诈骗刑事案件具体应用法律若干问题的解释》第8条规定："冒充国家机关工作人员进行诈骗，同时构成诈骗罪和招摇撞骗罪的，依照处罚较重的规定定罪处罚。"同理，冒充军人进行诈骗，同时构成诈骗罪与冒充军人招摇撞骗罪的，也应当从一重罪论处，故选项C正确，选项ABD错误。

24. C。结果加重犯是指法律规定的一个犯罪行为，发生了与该行为的性质不相一致的严重结果，法律规定加重其法定刑的犯罪。故意杀人罪与故意伤害罪的主观故意不同，故意杀人罪并非故意伤害罪的结果加重犯。故选项A错误。强奸致妇女重伤的，成立强奸罪的结果加重犯；强制猥亵行为致妇女重伤的，不成立结果加重犯。故选项B错误。乙跳楼身亡系自杀，与非法拘禁行为之间没有直接因果关系，不属于非法拘禁罪的结果加重犯。故选项C正确，为应选项。抢劫致人重伤、死亡的，成立抢劫罪的结果加重犯。故选项D错误。

25. C。甲窃得一包冰毒后交乙代为销售，构成盗窃罪与贩卖毒品罪，应当数罪并罚。故选项A、B正确。乙实施了代为销售冰毒的行为，与甲成立贩卖毒品罪的共同犯罪。故选项D正确。选项C错误，为应选项。

26. A。甲为冒充国家机关工作人员招摇撞骗而盗窃国家机关证件，并持该证件招摇撞骗，二者之间不存在牵连关系，数罪并罚更为合适。故选项A正确。乙既成立危险驾驶罪，又成立交通肇事罪，宜择一重罪处断。故选项B错误。丙骗取李某的名画，成立诈骗罪既遂。丙使用暴力迫使李某放弃，不另成立抢劫罪，因为其施以暴力前已取财。如果暴力造成轻、重伤，则另行评价为故意伤害罪，与诈骗罪并罚，否则仅作为诈骗罪的酌定量刑情节予以考量。故选项C错误。丁的行为不是想象竞合，而是法条竞合。故选项D错误。

（二）多项选择题

1. ABD。甲的暴力行为与盗窃行为具有较长的时间间隔，不符合转化抢劫罪的时空条件，故构成两罪，应数罪并罚。所以，选项A正确。乙一行为同时触犯了两罪名，属想象竞合犯，不数罪并罚。所以，选项B正确。丙"顺势踹了李某一脚"，不构成"当场使用暴力"，不转化为抢劫罪。所以，选项C错误。丁的行为不符合抢夺罪的构成要件，而是构成抢劫罪。所以，选项D正确。

2. CD。根据《刑法》第240条的规定，奸淫被拐卖的妇女只构成拐卖妇女罪的结果加重犯。根据《刑法》第399条第4款的规定，司法工作人员枉法裁判又构成受贿罪的，依照处罚较重的规定定罪处罚。所以对选项AB所述情形不数罪并罚。根据《刑法》第294条第3款的规定，组织、领导、积极参加黑社会性质组织，又有其他犯罪行为的，依照数罪并罚的规定处罚。根据《刑法》第318条第2款的规定，组织他人偷越国（边）境，对被组织人有杀害、伤害、强奸、拐卖等犯罪行为，或者对检查人员有杀害、伤害等犯罪行为的，依照数罪并罚的规定处罚。因此，选项CD符合要求。

3. ABCD。违法行为着手实施以后，在停止之前持续地侵犯同一客体的犯罪是继续犯；以某一犯罪为目的，而其方法行为或者结果行为又触犯其他罪名的犯罪是牵连犯；行为人基于一个犯意，在一定时间内连续多次实施同一性质的犯罪行为，触犯同一罪名的犯罪是连续犯；以一个故意或过失，实施一个犯罪行为，同时触犯数个罪名的犯罪是想象竞合犯。这四种犯罪形态通常都不能数罪并罚。

4. BCD。甲的行为符合了想象竞合犯的特征，构成想象竞合犯。对于想象竞合犯，原则上应当从一重处断。所以选项BCD都是错误的。

5. ABC。根据《刑法》第236条第3款第3项的规定，在公共场所当众强奸妇女的，构成强奸罪的结果加重犯。故选项A正确。根据《刑法》第238条第2款的规定，非法拘禁他人，致人重伤或死亡的，构成非法拘禁罪的结果加重犯。故选项B正确。根据《刑法》第240条第1款第3项的规定，奸淫被拐卖的妇女的，只构成拐卖妇女罪的结果加重犯。故选项C正确。而根据《刑法》第318条第2款的规定，组织他人偷越国（边）境，对被组织人有杀害、伤害、强奸、拐卖等犯罪行为，或者对检查人员有杀害、伤害等犯罪行为的，依照数罪并罚的规定处罚。故选项D错误。

6. ABCD。结果加重犯必须以法律的明文规定为根据。而根据《刑法》第237、246、248、261条的规定，ABCD项所述情形都不构成结果加重犯。

7. ABD。“陈某在街上趁刘某不备，将其手机（价值2 590元）夺走”，符合抢夺罪的构成要件。同时，陈某在抢得刘某手机后，“反复使用该手机拨打国际长途电话，致使刘某损失话费5 200元”，应当认定为盗窃罪。《刑法》第265条规定：以牟利为目的，盗接他人通信线路、复制他人电信码号或者明知是盗接、复制的电信设备、设施而使用的，依照本法第264条的规定定罪处罚。也就是按照盗窃罪定罪处罚。最高人民法院《关于审理盗窃案件具体应用法律若干问题的解释》第2条规定：“刑法第二百六十五条规定的‘以牟利为目的’，是指为了出售、出租、自用、转让等谋取经济利益的行为。”本解释作为整体虽然被《关于办理盗窃刑事案件适用法律若干问题的解释》废止，但其对“以牟利为目的”的解释依然可以参考借鉴。根据上述规定，陈某使用刘某的手机拨打国际长途电话，无疑是以牟利为目的；同时，陈某在刘某不知情的情况下使用其手机，是盗用他人电信码号，属于盗窃行为。所以，陈某构成抢夺罪和盗窃罪，应数罪并罚。选项ABD都是错误的，属于应选项。

8. BC。根据《刑法》第318条第1款第4项的规定，在组织他人偷越国（边）境时，剥夺被组织人人身自由的，构成组织他人偷越国（边）境罪的结果加重犯。根据《刑法》第238条第2款的规定，为索取债务非法扣押他人，致人重伤的，构成非法拘禁罪的结果加重犯。根据《刑法》第241条第4款的规定，收买被拐卖的妇女后，非法剥夺其人身自由的，应当数罪并罚。根据《刑法》第238条第2款的规定，非法拘禁他人，使用暴力致人伤残、死亡的，依照故意伤害罪、故意杀人罪定罪处罚。因此，只有选项BC符合要求。

9. AB。根据刑法理论，法定的一罪包括结合犯和惯犯，牵连犯属于处断的一罪，想象竞合犯属于实质的一罪。

10. ABCD。选项ABC属于结合犯的特征，选项D的说法也是正确的。

11. ABCD。选项ABCD符合牵连犯的构成特征。

12. ABCD。选项ABCD都属于吸收犯的吸收形式。

13. AD。制造枪支、弹药后又持有、私藏所制造的枪支、弹药的，以及制造毒品后又持有该毒品的，属于事中行为吸收事后行为，成立吸收犯。故选项AD为应选项。盗窃他人汽车后，谎称所盗汽车为自己的汽车出卖他人的，属于盗窃行为的事后不可罚行为，不构成吸收犯。故选项B错误。根据《刑法》第175条第1款的规定，套取金融机构信贷资金后又高利转贷他人的，成立高利转贷罪，不属于吸收犯。故选项C错误。

14. BCD。处断的一罪包括牵连犯、连续犯和吸收犯。继续犯属于实质的一罪。

15. ACD。根据《刑法》第318条的规定，组织他人偷越国（边）境，对被组织人有杀害、伤害、强奸、拐卖等犯罪行为的，依照数罪并罚的规定处罚；而以暴力、威胁方法抗拒检查的，属于组织他人偷越国（边）境罪的结果加重犯。根据《刑法》第241条第2、4款的规定，收买被拐卖的妇女，并强行与其发生性关系的，应当数罪并罚。所以，选项ACD所述情形应当数罪并罚。

16. BC。根据刑法理论，想象竞合犯和牵连犯应当从一重处断。继续犯不存在从一重处断的问题，对于结合犯则是按照结合后的新罪处断。

17. BC。甲使用暴力强迫赵某与自己进行商品交易，造成赵某重伤，属于一行为触犯数罪名的情形，构成想象竞合犯，应从一重罪处断。故选项A错误。乙借用李某的摩托车后，在李某要求归还时，乙欺骗李某摩托车被盗只是为了非法占有摩托车，其行为构成侵占罪，乙欺骗李某的行为不单独构成诈骗罪。故选项B正确。丙为了杀人而盗窃枪支，未及实施杀人行为而被抓获，其行为同时触犯故意杀人（预备）罪与盗窃枪支罪，属于想象竞合犯。故选项C正确。《刑法》第196条第3款规定：“盗窃信用卡并使用的，依照本法第二百六十四条的规定定罪处罚。”因此，丁盗窃信用卡并使用的行为直接构成盗窃罪。故选项D错误。

18. ACD。引诱幼女卖淫后，又容留该幼女卖淫的，根据《刑法》第359条的规定，应当成立容留卖淫罪和引诱幼女卖淫罪，故选项A错误。根据《刑法》第239条第2款的规定，绑架他人后故意杀害他人的，成立结果加重犯，不实行数罪并罚。而对于绑架他人后伤害他人的，刑法也规定为结果加重犯，不实行数罪并罚。故选项B正确。发现盗得的汽车质量有问题而将汽车推下山崖的，属于盗窃既遂后处理财物的行为，不再单独评价，故不实行并罚，选项C错误。明知在押犯脱逃后去杀害证人而私放，该犯人果真将证人杀害的，应当成立吸收犯，不再以私放在押人员罪与故意杀人罪并罚，选项D错误。因此，选项ACD为应选项。

19. BD。使用假币罪的对象是伪造的货币，使用变造的货币的行为不构成此罪，应以诈骗罪论处。故选项A错误。乙走私毒品，又走私假币，构成犯罪的，应以走私毒品罪和走私假币罪实行数罪并罚。故选项B正确。丙盗窃军人制服的行为与招摇撞骗之间的牵连关系不明显，数罪并罚更为合理。故选项C错误。《刑法》第287条之二第1款规定："明知他人利用信息网络实施犯罪，为其犯罪提供互联网接入、服务器托管、网络存储、通讯传输等技术支持，或者提供广告推广、支付结算等帮助，情节严重的，处三年以下有期徒刑或者拘役，并处或者单处罚金。"据此，丁同时构成帮助信息网络犯罪活动罪和开设赌场罪，属于想象竞合犯。故选项D正确。

20. BC。投保人甲，为了骗取保险金杀害被保险人，根据《刑法》第198条第2款的规定，应当数罪并罚。故选项A错误。15周岁的甲对盗窃行为不负刑事责任，故其不构成盗窃罪。然而根据相关司法解释的规定，已满14周岁不满16周岁的人盗窃、诈骗、抢夺他人财物，为窝藏财物、抗拒抓捕或者毁灭罪证，当场使用暴力，故意伤害致人重伤或者死亡，或者故意杀人的，应当分别以故意伤害罪或者故意杀人罪定罪处罚。因此，甲的行为构成故意杀人罪，不能数罪并罚。故选项B正确。根据《刑法》第247条的规定，司法工作人员对犯罪嫌疑人、被告人实行刑讯逼供致人伤残、死亡的，依照《刑法》第234、232条的规定定罪从重处罚，故司法工作人员甲刑讯逼供致被害人死亡的，只能以故意杀人罪论处，不能数罪并罚。故选项C正确。根据《刑法》第318条第2款的规定，组织他人偷越国（边）境，对被组织人有杀害行为的，数罪并罚，故对于运送他人偷越边境的甲遇到检查时将被运送人推进大海溺死的行为应当数罪并罚，故选项D错误。选项BC为应选项。

21. ABD。根据《刑法》第87条的规定，2006年年末，张某因酒后驾车致人重伤，成立交通肇事罪，到2017年年初已过追诉时效，不应再追究其交通肇事的刑事责任。但是，1990年年初，张某强奸某妇女并将其杀害的行为到2017年年初未过追诉时效，仍应追究其刑事责任。因此，选项C正确；选项ABD错误，为应选项。

22. ABCD。想象竞合犯，也称想象的数罪，是指一行为触犯数个罪名的犯罪。甲先后将2 000元现金和4克海洛因交给乙，实施了两个行为，分别触犯非法买卖危险物质罪与贩卖毒品罪的规定，因而不是想象竞合犯。故选项A错误，为应选项。甲为向乙索要青春补偿费而非法拘禁乙，向乙母索要30万元。本案中，绑架罪与非法拘禁罪之间系法条竞合关系，应当优先适用特别法即有关绑架罪的规定。故选项B错误，为应选项。甲意图麻醉乙后劫财，成立抢劫罪；趁乙不在甲取走2万元现金，成立盗窃罪。因此对甲应当数罪并罚。故选项C错误，为应选项。甲收受境外组织的3万美元成立受贿罪，与后续实施的非法提供国家秘密的行为应当数罪并罚，而非成立想象竞合犯。故选项D错误，为应选项。

（三）不定项选择题

1. BCD。最高人民法院《关于审理挪用公款案件具体应用法律若干问题的解释》第7条第2款规定：挪用公款进行非法活动构成其他犯罪的，依照数罪并罚的规定处罚。从案例的情况来看，乙犯有挪用公款罪、贪污罪及出售、购买假币罪，应依法实行数罪并罚。因而只有选项A是正确的，其他三项是错误的。

2. ABCD。根据继续犯的概念和特征判断。

3. ABD。想象竞合犯可以有两种不同的罪过形式，所以选项C错误，而其他选项都正确。

4. D。甲的行为符合牵连犯的构成特征，属于手段行为与目的行为的牵连，所以同时构成伪造印章罪和合同诈骗罪。对于牵连犯，应当从一重处断，所以只按合同诈骗罪处理。

5. ABCD。根据结果加重犯的构成特征判断。

简答题

1. 结果加重犯，也称加重结果犯，是指法律规定的一个犯罪行为，由于发生了与该行为的性质不相一致的严重结果，法律规定加重其法定刑的犯罪。结果加重犯具有下述特征。

（1）行为人实施了一种犯罪行为。这是结果加重犯成立一罪的基础。

（2）一行为造成了两种犯罪结果：基本结果与加重结果。结果加重犯的本质特征是一行为两种结果。

其中，基本结果是行为在通常的情况下应有的结果，即正常的结果；而加重结果是行为通常不会产生的结果，而且是与基本犯罪的行为不相一致的结果。

（3）法律规定加重其刑，而不是加重其罪。这是构成结果加重犯的一个重要条件。

（4）行为人对两种结果出于不同的罪过。对于行为人对两种结果是出于一种罪过心理还是出于不同的罪过心理，在理论上有不同的看法。从实际情况来看，结果加重犯的心理形式一般是多重的，在多数情况下不是单一的。

2. 想象竞合犯，也称想象的数罪，是指一行为触犯数种罪名的犯罪。想象竞合犯具有下述特征。

（1）行为人实施了一个犯罪行为。所谓一个行为，从次数上讲是一次行为，而不是多次行为；从形式上看，可以是单一的动作，也可以是一系列的动作；从形态上看，想象竞合犯的一个行为总是表现为实行行为及既遂行为，不可能表现为预备行为或未遂行为等。

（2）一行为触犯了数个罪名。所谓一行为触犯了数个罪名，其客观表现是一个行为造成了数个实际的犯罪结果，这数个结果分别属于不同的犯罪，把这一个行为与其所造成的每一个结果联系起来，都构成一种犯罪。

3. 牵连犯是指出于一个犯罪目的，实施数个犯罪行为，数个行为之间存在手段行为与目的行为或者原因行为与结果行为的牵连关系，触犯数个罪名的犯罪。牵连犯是我国司法实践中常见的一种犯罪类型。牵连犯具有下述特征。

（1）行为人出于一个犯罪目的。行为人实施的数个行为，不论是手段行为还是结果行为，最终都附属于或服务于目的行为，为彻底实现犯罪目的而服务。

（2）行为人所实施的数个犯罪行为，单独看都是独立成罪的行为，即除目的行为独立符合犯罪构成以外，手段行为或者结果行为也独立符合刑法所规定的犯罪构成。

（3）数行为之间有必要的或必然的牵连关系。所谓牵连关系，是指相互依存、不可分离的关系。

（4）犯罪的手段行为或者结果行为分别触犯了不同罪名，即与目的行为或原因行为触犯的罪名不相同。

根据刑法理论的通说，对于牵连犯应当从一重处断，不实行数罪并罚。但是对于刑法已经明确作出规定的，则应依照刑法的规定定罪处罚。从我国刑法的规定来看，对牵连犯的处罚分为数罪并罚和不数罪并罚两种情况。

案例分析题

1. 甲的行为属于罪数形态中的结果加重犯。结果加重犯，也称加重结果犯，是指法律规定的一个犯罪行为，发生了与该行为的性质不相一致的严重结果，因而法律规定加重其法定刑的犯罪。对结果加重犯，应当依照刑法规定加重其刑。根据《刑法》第 240 条第 1 款的规定，拐卖妇女、儿童的，处 5 年以上 10 年以下有期徒刑，并处罚金；奸淫被拐卖的妇女的，诱骗、强迫被拐卖的妇女卖淫或者将被拐卖的妇女卖给他人迫使其卖淫的，处 10 年以上有期徒刑或者无期徒刑，并处罚金或者没收财产；情节特别严重的，处死刑，并处没收财产。根据这一规定，对于甲应当定拐卖妇女罪，处 10 年以上有期徒刑或者无期徒刑，并处罚金或者没收财产；或者情节特别严重的，处死刑，并处没收财产。

2. （1）甲的行为属于罪数形态中的牵连犯。牵连犯是指出于一个犯罪目的，实施数个犯罪行为，数行为之间存在手段行为与目的行为或者原因行为与结果行为的牵连关系，分别触犯数个罪名的犯罪。甲盗窃军用枪支的行为是抢劫行为的手段行为，因此，甲的行为属于手段行为和目的行为的牵连。

（2）根据刑法理论的通说，对于牵连犯应当从一重处断，不实行数罪并罚。但是对于刑法已经明确作出规定的，应依照刑法的规定定罪处罚。

（3）对甲的行为，应依抢劫罪定罪。

3. （1）对事实一应以信用卡诈骗罪定罪，理由是：首先，以虚假身份证明骗领信用卡的行为触犯了妨害信用卡管理罪；其次，使用以虚假身份证明骗领的信用卡消费，数额较大的，构成信用卡诈骗罪。由于上述两种行为之间具有手段行为与目的行为的牵连关系，应当从一重罪处断，因而应当认定为信用卡诈骗罪。

（2）对事实二应以故意杀人罪定罪，理由是：陈某长时间勒住李某脖子，可以判断出其主观上具有剥夺被害人生命的故意，且客观上实施了勒住被害人脖子，致其窒息身亡的杀人行为。因此，结合主、客观方面予以判断，应当认定为故意杀人罪。

(3) 对事实三，可能存在以下两种处理意见：1) 如果认为死者仍然对财物存在占有，则陈某属于盗窃李某的财物，对其应以盗窃罪定罪处罚；2) 如果认为死者对财物不存在占有，则陈某属于侵占财物，成立侵占罪。

(4) 事实四成立敲诈勒索罪（未遂）与诈骗罪（未遂）的想象竞合，应当从一重罪处断。理由是：陈某以李某被绑架为名，发短信要求赵某交20万元“安全费”，由于赵某报案而未能得逞，构成敲诈勒索罪（未遂），但该行为系隐瞒李某死亡的事实，意图使赵某“自愿”交出财物，同时构成诈骗罪（未遂），属于一行为触犯数罪名的情形，构成想象竞合犯，应当从一重罪处断。

(5) 事实五成立自首。理由是：陈某在走投无路的情况下向公安机关投案，成立自动投案，又如实交代了上述事实二与事实四，属于如实供述自己的罪行，故陈某就事实二和事实四所犯罪行成立自首。

(6) 事实六不构成立功。理由是：根据最高人民法院《关于处理自首和立功若干具体问题的意见》的规定，犯罪分子将本人以往查办犯罪职务活动中掌握的他人犯罪线索予以检举揭发的，不能认定为有立功表现。因此，陈某在检察机关审查起诉阶段，将自己担任警察期间查办犯罪活动时掌握的刘某抢劫财物的犯罪线索告诉检察人员，虽经查证属实，也不能认定为有立功表现。

论述题与深度思考题

1. 吸收犯，是指事实上数个性质不同的行为，其中一个行为吸收其他行为，仅按吸收行为定罪量刑的犯罪类型。吸收犯属于处断的一罪。

吸收犯具有如下特征：

(1) 行为人实施了构成数个犯罪的不同性质的行为。这数个不同性质的行为都有其独立的犯罪构成，如果行为人只实施了一个犯罪行为，则不构成吸收犯。

(2) 数个犯罪行为之间具有吸收关系。吸收关系来自行为之间的发展、更替或者派生的关系。发展或更替的关系，表现为犯罪行为在一个阶段或形态是一种性质，发展到另一个阶段或形态是另一种性质，但前一阶段或者形态的行为不再具有独立的意义，为后一阶段或状态的行为所包容或吸收。所谓派生的关系，是指一行为完成以后，在通常情况下行为人必须附带实施后面的行为，否则，实施前一行为的目的就不会完全达到。根据刑法理论的通说，吸收行为表现为以下三种：1) 主行为吸收从行为。这是以行为的主要特征为根据确定的吸收原则。所谓主行为，是指主要的行为或主干行为；所谓从行为，是指从属的行为或者次要的行为。当不同的犯罪行为有主次或者主从之分时，就成立主行为吸收从行为。2) 重行为吸收轻行为。这是根据行为的性质和社会危害性的严重程度确定的吸收原则。它是指在数个具有吸收关系的犯罪行为中，哪一个重，就按哪一个行为定罪量刑。3) 事中行为吸收事前、事后行为。这是根据数行为发生的时间顺序确定的吸收原则。一般来讲，犯罪实行行为为事中行为，其他行为为事前或事后的行为。事中行为吸收事前、事后行为，是指实行行为吸收预备行为或教唆行为，或者吸收事后毁灭证据的行为等。

(3) 必须触犯数个罪名或者处于数个不同的犯罪形态。第一种情况是吸收行为和被吸收行为分别触犯了不同性质的罪名。数行为触犯同一罪名的，不构成吸收犯。第二种情况是数行为呈现出不同的犯罪形态，一种形态吸收另一种形态，如犯罪的既遂形态吸收犯罪的预备形态等。

根据刑法规定和刑法理论通说，对于吸收犯，被吸收的行为不具有独立评价的意义，只按照吸收行为定罪量刑。

2. 正确区分一罪与数罪，实质是要解决判断一罪与数罪的标准问题。而这在刑法理论上是一个非常复杂的问题，颇具争议。在中外刑法理论界，关于判断一罪与数罪的标准，存在多种学说：(1) 犯意标准说。该说主张以行为人的主观犯意数量作为区分一罪与数罪的标准：具有一个犯意的为一罪，具有数个犯意的为数罪。(2) 行为标准说。该说主张以行为的数量为标准区分一罪与数罪：实施一个行为的为一罪，实施数个行为的为数罪。(3) 结果标准说，又称法益标准说。该说主张以侵犯法益的数量作为区分一罪与数罪的标准：行为侵犯一个法益的为一罪，侵犯数个法益的则为数罪。(4) 个别化标准说，又称折中标准说。该说认为罪数有不同的类型，以一个标准对所有类型的罪数进行区分是十分困难的，从而主张对不同的罪数类型采用不同的区分标准。(5) 构成要件标准说。该说主张以行为符合构成要件的次数作为区分一罪与数罪的标准：行为符合一个犯罪构成要件的为一罪，行为符合数个犯罪构成要件的为数罪，行为数次符合一个犯罪构成要件的也为数罪。该说为大陆法系刑法理论的通说。

综观上述观点，无论是犯意标准说、行为标准说还是结果标准说，都将犯罪的主观方面和客观方面割裂开来，以犯罪活动的某个因素作为区分一罪与数罪的标准，具有以偏概全的缺陷，难以将一罪与数罪区分开来。而个别化标准说虽认识到了前述观点的不足之处，但仍然没有注意到犯罪行为的主客观关联，且缺乏一个统一的标准。实际上，犯罪是主观和客观的有机结合体，区分一罪与数罪应当分析由行为人、罪过、危害行为、危害结果等各种因素汇聚而成的犯罪构成事实，只有分析这些犯罪构成事实是否符合具体的犯罪构成，才能准确区分一罪与数罪。新中国刑法学以辩证唯物主义为指导，在全面剖析国外学者关于罪数标准主张的利弊并吸收合理成分的基础上，普遍认为应以主客观相统一的构成要件标准说作为区分一罪与数罪的基本理论。根据构成要件标准说，区分一罪与数罪的标准应当是构成要件的个数，即行为人的犯罪事实符合一个犯罪构成的为一罪，符合数个犯罪构成的为数罪。构成要件标准说以我国刑事立法为基础，以犯罪现象的自身规律为出发点，贯彻了罪刑法定的刑事基本原则，是科学可取的。坚持构成要件标准说，不仅为司法实务准确区分一罪与数罪提供了可行和科学的标准，而且有助于罪数理论的深入研究和发展。

第十三章　刑事责任

知识逻辑图

- 刑事责任
  - 定义
    - 法律后果说
    - 法律关系说
    - 法律义务说
    - 否定评价说
    - 法律责任说
  - 特征：应然性、代价性、严重性、时效性、专属性
  - 根据
    - 理性根据
    - 法律根据
    - 现实根据
  - 有关时间
  - 刑事责任的承担方式
    - 定罪判刑
    - 定罪免刑
    - 特殊处理
  - 刑事责任的终结
    - 未实际承担
    - 实际承担
  - 刑事责任的消灭
  - 刑事责任的地位

名词解释

1. 刑事责任
2. 刑事责任的终结
3. 刑事责任的消灭

选择题

（一）单项选择题

1. 应当负刑事责任的时间开始于（　　）。

A. 犯罪成立之日

B. 司法机关追诉犯罪之日

C. 有罪判决生效之日

D. 刑罚执行完毕之日

视频讲题

2. 可能负刑事责任的时间开始于（　　）。

A. 犯罪成立之日

B. 司法机关追诉犯罪之日

C. 有罪判决生效之日

D. 刑罚执行完毕之日

3. 确定负刑事责任的时间开始于（　　）。

A. 犯罪成立之日

B. 追诉时效届满之日
C. 有罪判决生效之日
D. 刑罚执行完毕之日
4.《刑法》第 11 条规定：“享有外交特权和豁免权的外国人的刑事责任，通过外交途径解决。”这属于刑事责任承担方式中的（　　）。
A. 定罪判刑方式
B. 定罪免刑方式
C. 特殊处理方式
D. 非刑罚的处理方式

视频讲题

5.《刑法》第 449 条规定：“在战时，对被判处三年以下有期徒刑没有现实危险宣告缓刑的犯罪军人，允许其戴罪立功，确有立功表现时，可以撤销原判刑罚，不以犯罪论处。”这属于（　　）。
A. 刑事责任的承担
B. 刑事责任的终结
C. 刑事责任的消灭
D. 刑事责任仍然存在

（二）多项选择题

1. 刑事责任的特点是（　　）。
A. 严厉性　　B. 专属性
C. 应当性　　D. 时效性
2. 刑事责任的承担方式包括（　　）。
A. 定罪免刑方式
B. 定罪判刑方式
C. 特殊处理方式
D. 刑事责任的消灭
3. 下列属于实际没有承担的刑事责任的终结的是（　　）。
A. 超过追诉时效的公诉案件
B. 行为人在被追诉之前死亡的
C. 犯罪人执行完被判处的刑罚
D. 行为人被宣判有罪，但免予刑事处罚

视频讲题

4. 下列属于实际承担的刑事责任的终结的是（　　）。
A. 行为人被定罪免刑
B. 被判处刑罚的人在刑罚执行过程中死亡的
C. 行为人在被追诉之前死亡的
D. 被单处驱逐出境的犯罪的外国人被驱逐出境的
5. 下列对刑事责任、刑罚和犯罪的关系的认识中正确的是（　　）。
A. 犯罪与刑事责任是一个事物的两个方面
B. 犯罪与刑事责任之间是因果关系
C. 刑事责任、刑罚和犯罪三者互相依存
D. 有刑事责任未必有刑罚

（三）不定项选择题

1. 下列对刑事责任的认识中正确的是（　　）。
A. 刑事责任是一种负担
B. 刑事责任的本质是刑事义务问题
C. 有刑事责任未必有刑罚
D. 刑事责任具有一定的时效性
2. 根据刑法的规定，下列刑事责任的承担可以以定罪免刑的方式进行的是（　　）。
A. 中止犯且没有造成损害的
B. 又聋又哑的人或者盲人犯罪
C. 醉酒的人犯罪的
D. 未遂犯

视频讲题

3. 下列认识中正确的是（　　）。
A. 刑事责任的终结不同于刑事责任的消灭
B. 应当负刑事责任的时间是无期限的
C. 应当负刑事责任的时间是有期限的

D. 犯罪分子被确定承担的刑事责任与犯罪分子应当承担的刑事责任可能不一致

简答题

1. 刑事责任有哪些承担方式？
2. 刑事责任的终结有哪些方式？

论述题与深度思考题

1. 论刑事责任的根据。
2. 如何理解刑事责任的概念？

参考答案

名词解释

1. 刑事责任，是指行为人因为实施犯罪而承担法律谴责和刑事惩罚的义务。刑事责任的本质是刑事义务问题。刑事责任的义务是个双重构造：刑事责任是因违反刑事义务即第一性义务而产生的，而受到法律谴责和惩罚是违反第一性义务后应当承担的义务，属于第二性的义务。

2. 刑事责任的终结是指犯罪人所承担的刑事责任不再被追究，包括实际承担的刑事责任的终结和实际没有承担的刑事责任的终结。

3. 刑事责任的消灭是指不仅犯罪人所承担的刑事责任不再被追究，而且不认为行为人犯过罪。我国刑法规定的刑事责任消灭的法定理由只有一种，即军人戴罪立功。

选择题

（一）单项选择题

1. A。应当负刑事责任的时间是指从行为人实施的犯罪成立之日到追诉时效期满这段时间。所以，选项A正确。

2. B。可能负刑事责任的时间是指从司法机关开始追究犯罪到确定的判决生效的时间。所以，选项B正确。

3. C。确定负刑事责任的时间是指从确定的有效判决生效到刑罚执行完毕或者被赦免的时间。所以，选项C正确。

4. C。《刑法》第11条规定："享有外交特权和豁免权的外国人的刑事责任，通过外交途径解决。"这种刑事责任的承担方式是基于国际法中的外交惯例，出于国家之间的相互尊重和对等原则而确立的。对于这类人不是不追究刑事责任，而是采用特殊的方式追究其刑事责任。

5. C。刑事责任的消灭是指不仅犯罪人所承担的刑事责任不再被追究，而且不认为行为人犯过罪。《刑法》第449条规定："在战时，对被判处三年以下有期徒刑没有现实危险宣告缓刑的犯罪军人，允许其戴罪立功，确有立功表现时，可以撤销原判刑罚，不以犯罪论处。"这是我国刑法中唯一规定的刑事责任消灭的法定理由。所以，选项C符合题干要求。

（二）多项选择题

1. ABCD。刑事责任的特点是应当性、代价性、严厉性、专属性和时效性。所以选项ABCD都正确。

2. ABC。刑事责任的承担方式包括定罪免刑方式、定罪判刑方式和特殊处理方式。刑事责任的消灭不属于刑事责任的承担。所以，选项D错误。

3. AB。刑事责任的终结是指犯罪人所承担的刑事责任不再被追究，包括实际承担的刑事责任的终结和实际没有承担的刑事责任的终结。选项AB属于实际没有承担的刑事责任的终结，而选项CD属于实际承担的刑事责任的终结。

4. ABD。选项ABD都属于实际承担的刑事责任的终结，而行为人在被追诉之前死亡的，属于实际没有承担的刑事责任的终结，因此，选项C不符合要求。

5. ACD。犯罪与刑事责任之间不存在因果关系，二者同时成立、同时产生，没有先后之分。所以选项B是错误的。

（三）不定项选择题

1. ABCD。刑事责任的本质是刑事义务问题。刑事责任的义务是个双重构造：刑事责任是因违反刑事义务即第一性义务而产生的，而受到法律谴责和惩罚是违反第一性义务后应当承担的义务，属于第二性的义务。因此选项AB正确。由于刑事责任的承担方式有定罪免刑以及其他方式，因而有刑事责任未必有刑罚，因此，选项C也正确。时效性是刑事责任的特点，所以，选项D也应该选。

2. AB。《刑法》第24条第2款规定：对于中止犯，没有造成损害的，应当免除处罚。第19条规定：又聋又哑的人或者盲人犯罪，可以从轻、减轻或者免除处罚。第18条第4款规定：醉酒的人犯罪，应当负刑事责任。第23条第2款规定：对于未遂犯，可以比照既遂犯从轻或者减轻处罚。可见，只有选项AB符合题干要求。

3. ACD。刑事责任的终结是指犯罪人所承担的刑事责任不再被追究；而刑事责任的消灭是指不仅犯罪人所承担的刑事责任不再被追究，而且不认为行为人犯过罪。因此，二者是有区别的。所以选项A正确。应当负刑事责任的时间是指从行为人实施的犯罪成立之日到追诉时效期满这段时间。所以，选项B错误，选项C正确。由于各种原因，犯罪分子被确定承担的刑事责任与犯罪分子应当承担的刑事责任可能不一致。所以，选项D也正确。

简答题

1. 刑事责任的承担方式主要有以下几种。

（1）定罪处刑。刑罚是刑事责任最重要的实现方式，也是刑事责任与其他法律责任性质不同的要点所在。因此，应当负刑事责任的犯罪人被人民法院判处有罪后同时被处以某种刑罚，是行为人承担刑事责任的主要方式。

（2）定罪免刑。人民法院对行为人作出有罪判决，同时宣告免除刑罚。这是行为人承担刑事责任的又一种方式。以这种方式承担刑事责任，必须有法律明文规定的理由。

（3）特殊处理方式。《刑法》第11条规定："享有外交特权和豁免权的外国人的刑事责任，通过外交途径解决。"这种刑事责任的承担方式是基于国际法中的外交惯例，出于国家之间的相互尊重和对等原则而确立的。对于这类人不是不追究刑事责任，而是采用特殊的方式追究。

2. 刑事责任的终结是指犯罪人所承担的刑事责任不再被追究，包括实际承担的刑事责任的终结和实际没有承担的刑事责任的终结。

（1）实际承担的刑事责任的终结。被司法机关依法追究刑事责任的人，其刑事责任的终结，表现为以下几种情况：1）被宣告有罪但免除刑罚处罚的人，刑事责任在判决宣告后即终结。2）宣告有罪同时判处刑罚的人，刑事责任因刑罚执行完毕或者被赦免而终结；其中被判处缓刑，缓刑没有被撤销的，缓刑考验期满刑事责任即终结；犯罪分子被依法假释的，假释的考验期满，刑事责任即终结。3）被判处刑罚的人在刑罚执行过程中死亡的，刑事责任即告终结。4）犯罪后被判处驱逐出境的外国人，被我国司法机关驱逐出境后，其所负的刑事责任随之终结。

（2）实际没有承担的刑事责任的终结，主要包括：1）属于公诉范围的犯罪案件，行为超过追诉时效的期限，追诉时效期满以后刑事责任即告终结；2）属于自诉范围的犯罪案件，自诉人在追诉时效内没有起诉或者起诉后撤回起诉的，刑事责任即告终结；3）行为人在追诉时效前死亡或者失去刑事责任能力的，刑事责任即告终结。

论述题与深度思考题

1. 刑事责任的根据是指国家设定刑事责任的根据和行为人承担刑事责任的根据。在刑事责任的发展史上，先后存在神意责任论、道义责任论、社会责任论和综合责任论等不同的刑事责任理论。这些责任理论的实质，无非是国家设定刑事责任的根据和行为人负刑事责任的根据问题。

（1）理性根据。根据理性确定刑事责任，是指某一行为应负刑事责任，应当以该行为违反了刑事法律所设定的约束性义务、破坏了社会的共同行为准则、危害了刑事法律所保护的利益和社会关系为根据；某人能承担刑事责任，应当以行为人的生理和心理成熟到一定的程度、具有独立判断是非和选择行为的能力为根据；某种心理状态应受刑事法律的谴责，应当以行为人在可能实施正当合法行为的前提下，在该种心理状态的支配下没有实施正当的、合法的行为而实施违法有害的行为为根据。因此，建立普遍遵守的法治秩序和共同行为准则，促进国家和社会的全面发展、进步，充分保障和扩大公民的权利、自由，不仅是国家设定刑事责任所立足的根据，也是刑事责任获得正当性的根据。

（2）法律根据。刑事责任作为一种法律责任，它的有无、大小和评判必须由刑事法律作出规定。不属于法律规范的政策、道德、宗教等规范，都无权设定刑事责任。罪刑法定原则要求：什么人能承担刑事责任，应当以刑事法律的明文规定为前提；对什么样的行为应当承担刑事责任，一般也需要法律的明文规定；行为人在何种心理状态下实施犯罪行为应负刑事责任，同样离不开刑事法律的明文规定。可以说，刑事法律是刑事责任存在的根据之一。

（3）现实根据。刑法规定的刑事责任，只是为刑事责任的追究提供了可能性，这种可能性对于所有的社会主体都是平等地、客观地存在的。但是，对于一些单位或者自然人来说，这种可能性能够转变为现实，而对于另一些单位或者自然人来说，这种可能性永远不会成为现实。刑事责任由法律的假定到具体的现实，其根据就是行为人实施了符合犯罪构成的社会危害行为。国家追究刑事责任和行为人承担刑事责任的现实根据，都必须是符合犯罪构成的危害社会行为。

2. 在我国刑法学界，关于刑事责任的概念和本质，存在多种说法：（1）法律后果说。该说认为刑事责任是依照刑事法律的规定，行为人实施刑事法律禁止的行为所必须承担的法律后果。（2）法律责任说。该说认为刑事责任是国家司法机关依照法律规定，根据犯罪以及其他能够说明犯罪的社会危害性的事实，强制犯罪人负担的法律责任。（3）法律关系说。该说主张刑事责任是犯罪人和以具体的国家机关为代表的国家之间所形成的一定社会关系的总和。（4）刑罚处罚说。该说认为刑事责任是触犯刑事法律的人应当受到司法机关的追究，承担管制、拘役、有期徒刑、无期徒刑、死刑，或罚金、剥夺政治权利、没收财产共八种刑罚处罚。（5）否定评价说。该说认为刑事责任是行为人因其犯罪行为所应承受的，代表国家的司法机关根据刑事法律对该行为的否定评价和对行为人进行的谴责。（6）法律义务说。该说认为刑事责任是犯罪人因其犯罪行为根据刑法规定应向国家承担的，体现着国家最强烈否定评价的惩罚义务。

上述观点从不同角度对刑事责任进行界定，具有一定的合理性，但部分观点也存在明显的缺陷。理解刑事责任的概念：首先，应当注意犯罪、刑事责任、刑罚之间的关系。实施犯罪必然会带来刑事责任，但是之后的刑事责任的实现不一定通过刑罚实现，也可能只予以否定评价，即予以行政处罚甚至仅仅宣告有罪。其次，注意如下几对关系：其一，刑事责任与刑事责任的实现之间的关系。刑事责任与刑事责任的实现是两个不同的范畴，前者主要涉及的是刑事责任有无的判断，而后者主要涉及刑事责任在刑事诉讼法上的实现方法。其二，刑事责任与刑罚之间的关系。刑事责任是因为犯罪而产生的法律责任，刑罚则是实现刑事责任的主要方式，可见二者是不同的范畴。其三，刑事责任与其他法律责任之间的关系。刑事责任和其他法律责任同属于法律责任，但刑事责任有其特定的内涵，需要同其他法律责任区分开来。最后，还需要把握刑事责任的特点：刑事责任包含着对犯罪行为的非难和对犯罪人的谴责；刑事责任具有法律性与社会性；刑事责任具有必然性和强制性，只要犯罪，就必须承担相应的刑事责任；刑事责任具有特别的严厉性和专属性。

综上所述，对刑事责任的概念可以作如下理解：刑事责任是刑事法律规定的，因实施犯罪行为而必然产生的，由国家司法机关强制犯罪者承受的刑事处罚或者单独否定性法律评价的负担。

第十四章 刑罚概说

知识逻辑图

- 刑罚概说
  - 概念
  - 功能
    - 惩罚功能
    - 矫正功能
    - 安抚功能
    - 威慑功能
    - 教育功能
  - 目的
    - 特殊预防：通过对犯罪人适用刑罚，使他们不再犯罪
    - 一般预防：通过对犯罪人适用刑罚，使社会上那些不稳定、有可能犯罪的人不敢犯罪，对群众进行具体而生动的法制教育

名词解释

1. 刑罚
2. 刑罚功能
3. 刑罚目的
4. 特殊预防
5. 一般预防

选择题

（一）单项选择题

1. 刑罚的目的是（　　）。
A. 预防犯罪人再次犯罪
B. 预防不稳定、有可能犯罪的人不敢犯罪
C. 对群众进行具体而生动的法制教育
D. 预防犯罪

视频讲题

2. 对犯罪人适用刑罚，使刑法的规定从抽象变为具体，从而使社会上一些有犯罪倾向的人也不敢实施犯罪。这表明刑罚具有下述哪项功能？（　　）
A. 矫正功能　　B. 教育功能
C. 威慑功能　　D. 惩罚功能

3. 通过对犯罪人适用刑罚，剥夺或限制犯罪人的某种权益，使犯罪人感到痛苦。这表明刑罚具有（　　）。
A. 教育功能　　B. 改造功能
C. 惩罚功能　　D. 威慑功能

4. 通过对犯罪人判处有期徒刑，强制其参加劳动改造，使其养成自食其力的习惯。这表明刑罚具有（　　）。
A. 惩罚功能　　B. 矫正功能
C. 威慑功能　　D. 安抚功能

5. 刑罚的威慑功能的对象是（　　）。
A. 有可能犯罪的不稳定分子
B. 人民群众
C. 犯罪人
D. 犯罪被害人

6. 刑罚的威慑功能是通过（　　）实现的。
A. 秘密审判　　B. 公开审判
C. 改造犯罪人　　D. 安抚被害人

7. 刑罚的教育功能的对象是（　　）。
A. 犯罪人

B. 人民群众

C. 人民群众和犯罪人

D. 以上答案都不正确

8. 特殊预防是指通过对犯罪人适用刑罚，使他们不再犯罪。这里所说的“不再犯罪”（　　）。

A. 仅指主动不再犯罪

B. 仅指被动不再犯罪

C. 包括主动不再犯罪和被动不再犯罪

D. 以上答案都不正确

9. 判处死刑立即执行这种刑罚方式（　　）。

A. 只存在特殊预防

B. 不存在特殊预防

C. 存在一般预防和特殊预防

D. 不存在一般预防

10. 通过对实施经济犯罪的犯罪人适用财产刑，剥夺其再次实施经济犯罪的资金，体现了刑罚的（　　）。

A. 一般预防

B. 特殊预防

C. 法制教育

D. 以上选项都不正确

（二）多项选择题

1. 在我国的法律强制体系中，除刑罚这种强制方法以外，还有其他各种强制方法，如司法拘留、行政拘留、罚款等。与其他的法律强制方法相比较，刑罚所具有的特点是（　　）。

A. 严厉程度不同

B. 适用对象不同

C. 适用机关不同

D. 适用程序不同

视频讲题

2. 对于犯罪人而言，刑罚的功能表现为（　　）。

A. 惩罚功能　　B. 矫正功能

C. 教育功能　　D. 安抚功能

3. 刑罚的安抚功能的对象是（　　）。

A. 被害人　　B. 人民群众

C. 被害人亲属　　D. 犯罪人亲属

4. 对犯罪人适用刑罚，可能对下列主体中的哪一些产生影响？（　　）

A. 犯罪人

B. 被害人及其亲属

C. 社会上的不稳定分子

D. 广大人民群众

5. 下列不是刑罚一般预防的对象的是（　　）。

A. 人民群众

B. 犯罪被害人

C. 不稳定、有可能犯罪的人

D. 犯罪人

（三）不定项选择题

1. 马克思说：刑罚不外是社会对付违反它的生存条件——不管其性质如何——的行为的一种自卫手段。这句话表明（　　）。

A. 刑罚是国家对犯罪人的惩罚

B. 刑罚是国家对犯罪人的否定评价

C. 刑罚是以国家名义实施的

D. 刑罚是国家存在所必需的工具

2. 下列对刑罚的认识中正确的有（　　）。

A. 刑罚只是国家法律强制体系中的一种

B. 刑罚是维护统治阶级统治的一种工具

C. 刑罚是维护社会秩序的唯一手段

D. 犯罪是刑罚唯一的前提和基础

3. 下列对刑罚目的的认识中正确的有（　　）。

A. 所有的刑罚都具有特殊预防的目的

B. 特殊预防只针对犯罪人

C. 一般预防针对的是人民群众

D. 刑罚对人民群众的教育活动属于一般预防的范畴

视频讲题

4. 刑罚特殊预防的对象是（　　）。

A. 犯罪人

B. 可能再次实施犯罪的人

C. 不稳定、有可能犯罪的人

D. 人民群众

视频讲题

5. 一般预防和特殊预防之间的关系是（　　）。

A. 相互排斥

B. 相辅相成

C. 刑罚目的的两个方面

D. 互相作用

简答题

1. 刑罚与其他法律强制方法的区别表现在哪些方面？

2. 刑罚的目的和功能是什么？（考研）

案例分析题

甲好逸恶劳，并且染有赌博的恶习。一日，甲赌博时将所有积蓄全部输掉，遂产生了抢劫财产的念头。甲于某日进入一户人家抢劫，将该户男主人乙打成重伤后抢走了家中的现金 1 万余元。案发后，甲被公安机关缉拿归案。被害人乙及其亲属十分气愤，扬言要报复甲。通过公开审理，法院判处甲 15 年有期徒刑。在甲被判处刑罚之后，被害人乙及其亲属的情绪逐渐平稳。而甲在监狱中通过劳动改造，逐渐养成了劳动的习惯，并掌握了修理汽车的技能。甲通过减刑提前出狱后，在社区的帮助下，利用在监狱中所掌握的技能经营了一家汽车修理厂，开始自食其力。

问：(1) 本案主要体现了刑罚的哪些功能？

(2) 结合本案分析刑罚的目的包括哪些内容？

论述题与深度思考题

刑罚的目的包括一般预防和特殊预防，二者之间是什么关系呢？在制定刑罚、裁量刑罚和执行刑罚的各个阶段，应当如何处理一般预防和特殊预防的关系？

参考答案

名词解释

1. 刑罚是指国家对犯罪人实行惩罚的一种法律强制方法。刑罚是统治阶级为维护本阶级利益和统治秩序而使用的特殊工具，是为制裁犯罪而使用的一种特殊强制方法。

2. 刑罚功能是指刑罚自身所具有的不同于其他法律强制方法的特殊作用及社会影响。刑罚不仅对犯罪人产生影响，对被害人及其家属、对社会上的不稳定分子以及广大人民群众也具有不可忽视的功能。刑罚具有惩罚功能、矫正功能、安抚功能、威慑功能和教育功能。

3. 刑罚目的是指通过对犯罪人适用刑罚所要达到的最终结果。通过刑罚制裁，刑罚所要达到的最终目的是预防犯罪，包括特殊预防和一般预防两个方面。

4. 特殊预防是指预防犯罪对象的特殊性，即通过对犯罪人适用刑罚，使他们不再犯罪，包括主动不再犯罪和被动不再犯罪。

5. 一般预防是指预防对象的不特定性，即通过对犯罪人适用刑罚，使社会上那些不稳定、有可能犯罪的人由于看到了犯罪的必然结果是刑罚的惩罚，而不敢以身试法，不敢犯罪。

选择题

（一）单项选择题

1. D。刑罚目的是指通过对犯罪人适用刑罚所要达到的最终结果。通过刑罚制裁，刑罚所要达到的最终目的是预防犯罪，包括特殊预防和一般预防两个方面。预防犯罪人再次犯罪是特殊预防，预防不稳定、有可能犯罪的人犯罪是一般预防。因此，选项 AB 的表述都不完整，只有选项 D 符合题干要求。

2. C。国家对犯罪人适用刑罚，会使社会上有犯罪倾向的不稳定分子感受到思想上、心理上的影响和震撼，出于对刑罚的畏惧而不敢实施犯罪。这就是刑罚的威慑功能。因此，题干的情形是指刑罚的威慑功能，选项 C 符合要求。

3. C。任何人只要实施了犯罪，就要受到刑罚的制裁，即被剥夺或限制某种权益。权益的剥夺或限制对于犯罪人而言是痛苦的，刑罚正是通过这种对犯罪人的惩罚发挥其应有的作用。这就是刑罚的惩罚功能。因此，题干所述的情形指的是刑罚的惩罚功能，选项C符合要求。

4. B。刑罚对犯罪人的惩罚只是一种手段，刑罚的最终功能在于通过执行刑罚将犯罪人矫正成为社会的无害因素，使他们不再危害社会。因此，题干所述的情形指的是刑罚的矫正功能，选项B符合要求。

5. A。国家对犯罪人适用刑罚，会使社会上有犯罪倾向的不稳定分子感受到思想上、心理上的影响和震撼，出于对刑罚的畏惧而不敢实施犯罪。因此，刑罚威慑的对象只能是有可能犯罪的不稳定分子。故选项A正确。

6. B。只有通过公开审判，使刑罚从抽象变为具体，才能使社会上有犯罪倾向的不稳定分子感受到思想上、心理上的影响和震撼，出于对刑罚的畏惧而不敢实施犯罪。而秘密审判、改造犯罪人、安抚被害人都不能实现刑罚的威慑功能。因此，选项B正确。

7. C。刑罚的教育功能表现在两个方面：一方面，通过刑罚的惩罚，教育和改造犯罪人，使他们重新做人；另一方面，通过刑罚的惩罚，教育广大人民群众，使他们知道什么是犯罪、什么是刑罚，从而敢于同犯罪作斗争。因此，刑罚的教育功能的对象包括犯罪人和人民群众。故选项C正确。

8. C。特殊预防是指预防犯罪对象的特殊性，即通过对犯罪人适用刑罚，使他们不再犯罪，包括主动不再犯罪和被动不再犯罪。无论是主动不再犯罪还是被动不再犯罪，都能达到特殊预防的目的。因此，特殊预防中的“不再犯罪”包括主动不再犯罪和被动不再犯罪。故选项C符合要求。

9. C。判处死刑立即执行，通过剥夺犯罪人的生命，使他们永远不能再犯罪。这体现了刑罚的特殊预防。同时，判处死刑立即执行可以威慑其他不稳定分子，体现刑罚的一般预防的目的。因此，判处死刑立即执行这种刑罚方式存在一般预防和特殊预防。故选项C正确。

10. B。通过对实施经济犯罪的犯罪人适用财产刑，剥夺其再次实施经济犯罪的资金，是对犯罪分子再犯能力的剥夺，体现了刑罚的特殊预防。故选项B正确。

（二）多项选择题

1. ABCD。与其他的法律强制方法相比较，刑罚所具有的特点是：严厉程度不同，适用的对象不同，适用的机关和程序不同。因此，选项ABCD都符合要求。

2. ABC。刑罚具有惩罚功能、矫正功能、安抚功能、威慑功能和教育功能。但是，刑罚的安抚功能是针对被害人及其家属而言的，威慑功能是针对社会上的不稳定分子而言的。对于犯罪人而言，刑罚的功能表现为惩罚功能、矫正功能、教育功能。所以，选项ABC符合要求。

3. AC。刑罚的安抚功能是指通过对犯罪人适用刑罚，使被害人及其亲属在心理上获得平衡。因此，刑罚的安抚功能的对象是被害人及其家属。选项AC符合要求。

4. ABCD。刑罚功能是指刑罚自身所具有的不同于其他法律强制方法的特殊作用及社会影响。刑罚不仅对犯罪人产生影响，对被害人及其家属、对社会上的不稳定分子以及广大人民群众也具有不可忽视的功能。因此，对犯罪人适用刑罚，对犯罪人、被害人及其亲属、社会上的不稳定分子和广大人民群众都会产生影响。选项ABCD都符合要求。

5. ABD。一般预防是指预防对象的不特定性，即通过对犯罪人适用刑罚，使社会上那些不稳定、有可能犯罪的人看到了犯罪的必然结果是刑罚的惩罚，从而不敢以身试法、不敢犯罪。因此，犯罪一般预防的对象只可能是可能实施犯罪的不稳定分子，而不可能是人民群众、被害人，也不可能是犯罪人。所以，选项ABD符合要求。

（三）不定项选择题

1. ABCD。题中这句话表明：刑罚是指国家对犯罪人实行惩罚的一种法律强制方法；刑罚是统治阶级为维护本阶级利益和统治秩序而使用的特殊工具，是为制裁犯罪而使用的一种特殊强制方法。因此，选项ABCD都是正确答案。

2. ABD。刑罚只是国家法律强制体系中的一种特殊法律强制方式，是统治阶级维持其统治所不可或缺的手段。这种手段的适用以存在犯罪为前提。无犯罪则无刑罚，这已为现代各国所公认。所以选项ABD正确。刑罚并非维护社会秩序的唯一手段，其他的法律强制方法也可以维护社会秩序。故选项C错误。

3. AB。刑罚目的是指通过对犯罪人适用刑罚所要达到的最终结果。通过刑罚制裁，刑罚所要达到的最终目的是预防犯罪，包括特殊预防和一般预防两个方面。这是针对所有刑罚而言的，所有的刑罚都具有特殊预防的目的。所以选项A应当选。特殊预防是指预防犯罪对象的特殊性，即通过对犯罪人适用刑罚，使他们不再犯罪，包括主动不再犯罪和被动不再犯罪。因此，刑罚特殊预防的对象就是实施了犯罪行为的犯罪人。故选项B正确。一般预防虽然具有对象的不特定性，但只限于具有犯罪可能的不稳定分子，并不是人民群众。故选项C错误。刑罚对人民群众的教育活动不同于一般预防，不属于一般预防的范畴。因此，选项D错误。所以，正确答案为选项AB。

4. A。特殊预防是指预防犯罪对象的特殊性，即通过对犯罪人适用刑罚，使他们不再犯罪，包括主动不再犯罪和被动不再犯罪。因此，刑罚特殊预防的对象就是实施了犯罪行为的犯罪人。选项A符合要求。

5. BCD。一般预防和特殊预防是刑罚目的的两个方面，二者相辅相成、互相作用，共同实现预防犯罪的目的。因此，应当选择选项BCD。

简答题

1. 刑罚与其他法律强制方法的区别主要表现在以下方面。

(1) 严厉程度不同。刑罚是所有的法律强制方法中最严厉的一种强制方法，它不仅可以剥夺犯罪人的人身自由、财产、政治权利，而且可以剥夺犯罪人的生命。其他的法律强制方法都不可能达到刑罚的严厉程度。

(2) 适用的对象不同。刑罚这种强制方法只能依照刑法的规定对实施了危害社会的行为、触犯了刑事法律、应当受到刑罚惩罚的犯罪人适用，没有构成犯罪的人不能受到刑罚制裁。其他的法律强制方法虽然也能与刑罚一起对犯罪人适用，但主要的适用对象是违法、违纪的人。

(3) 适用的机关和程度不同。刑罚这种强制方法只能由人民法院依照刑事诉讼法规定的程序对犯罪人适用，其他任何机关、团体或者个人，都无权对即使是犯了罪的人适用刑罚。而其他的法律强制措施，有的虽然也是通过人民法院的判决实施的，但是所依照的是民事诉讼、行政诉讼程序而不是刑事诉讼程序。

2. 刑罚目的是指通过对犯罪人适用刑罚所要达到的最终结果。通过刑罚制裁，刑罚所要达到的最终目的是预防犯罪，包括特殊预防和一般预防两个方面：(1) 特殊预防是指预防犯罪对象的特殊性，即通过对犯罪人适用刑罚，使他们不再犯罪，包括主动不再犯罪和被动不再犯罪。所谓主动不再犯罪是指犯罪人在受到刑罚惩罚以后，在深刻反思自己所犯罪行的基础上，比较清楚地认识到了自己犯罪的根源及危害性，痛恨自己的犯罪行为，树立学法、知法、守法的信念，决心以后不再实施危害社会的行为；而被动不再犯罪是指犯罪人在受到刑罚制裁以后，对自己的犯罪行为还缺乏深刻认识，但知道犯罪的必然结果是刑罚的惩罚，出于对刑罚的畏惧，不敢再实施犯罪行为。无论是主动不再犯罪还是被动不再犯罪，都能达到特殊预防的目的。(2) 一般预防是指预防对象的不特定性，即通过对犯罪人适用刑罚，使社会上那些不稳定、有可能犯罪的人由于看到了犯罪的必然结果是刑罚的惩罚，而不敢以身试法、不敢犯罪。国家对犯罪人适用刑罚，会使社会上有犯罪倾向的不稳定分子感受到思想上、心理上的影响和震撼，出于对刑罚的畏惧而不敢实施犯罪，从而达到预防犯罪的目的。

刑罚功能是指刑罚自身所具有的不同于其他法律强制方法的特殊作用及社会影响。刑罚不仅对犯罪人产生影响，对被害人及其家属、对社会上的不稳定分子以及广大人民群众也具有不可忽视的功能。刑罚具有下述功能：(1) 惩罚功能。刑罚是犯罪的必然后果，任何人只要实施了犯罪，就要受到刑罚的制裁，即被剥夺或限制某种权益。权益的剥夺或限制对于犯罪人而言是痛苦的，刑罚正是通过这种对犯罪人的惩罚发挥其应有的作用。(2) 矫正功能。刑罚对犯罪人的惩罚只是一种手段，刑罚的最终功能在于通过执行刑罚将犯罪人矫正成为社会的无害因素，使他们不再危害社会。(3) 安抚功能。犯罪对被害人及其亲属造成了巨大的伤害，使其对犯罪人产生了痛恨，而刑罚的安抚功能就是指通过对犯罪适用刑罚，使被害人及其亲属在心理上获得平衡。(4) 威慑功能。国家对犯罪人适用刑罚，会使社会上有犯罪倾向的不稳定分子感受到思想上、心理上的影响和震撼，出于对刑罚的畏惧而不敢实施犯罪。刑罚的威慑功能主要是通过公开审判制度以及法制宣传教育实现的。(5) 教育功能。刑罚的教育功能表现在两个方面：一方面，通过刑罚的惩罚，教育和改造犯罪人，使他们重新做人；另一方面，通过刑罚的惩罚，教育广大人民群众，使他们知道什么是犯罪、什么是刑罚，从而敢于同犯罪作斗争。

案例分析题

(1) 该案例主要体现了刑罚的下述功能。

1) 惩罚功能。刑罚是犯罪的必然后果，任何人只要实施了犯罪，就要受到刑罚的制裁，即被剥夺或限制某种权益。甲由于入户抢劫被法院判处有期徒刑 15 年，体现了刑罚的惩罚功能。

2) 矫正功能。刑罚对犯罪人的惩罚只是一种手段，刑罚的最终功能在于通过执行刑罚将犯罪人矫正成为社会的无害因素，使他们不再危害社会。甲在刑罚执行过程中，通过劳动改造，逐渐养成了劳动的习惯，并掌握了修理汽车的技能，出狱后自食其力。这体现了刑罚的矫正功能。

3) 安抚功能。犯罪对被害人及其亲属造成了巨大的伤害，使其对犯罪人产生了痛恨，而刑罚的安抚功能就是指通过对犯罪人适用刑罚，使被害人及其亲属在心理上获得平衡。本案中，被害人乙及其亲属十分气愤，扬言要报复甲。在甲被判处刑罚之后，被害人乙及其亲属的情绪逐渐平稳。这体现了刑罚的安抚功能。

4) 威慑功能。国家对犯罪人适用刑罚，会使社会上有犯罪倾向的不稳定分子感受到思想上、心理上的影响和震撼，出于对刑罚的畏惧而不敢实施犯罪。刑罚的威慑功能主要是通过公开审判制度以及法制宣传教育实现的。通过公开审理，法院判处甲有期徒刑 15 年。这自然会威慑社会上的不稳定分子，使他们打消犯罪的念头。

5) 教育功能。刑罚的教育功能的表现之一是通过刑罚的惩罚，教育和改造犯罪人，使他们重新做人。甲在监狱中通过劳动改造，逐渐养成了劳动的习惯，并掌握了修理汽车的技能。甲通过减刑提前出狱后，在社区的帮助下，利用在监狱中所掌握的技能经营了一家汽车修理厂，开始自食其力、重新做人。这正体现了刑罚对犯罪人的教育功能。

(2) 刑罚目的是指通过对犯罪人适用刑罚所要达到的最终结果。通过刑罚制裁，刑罚所要达到的最终目的是预防犯罪，包括特殊预防和一般预防两个方面。

1) 特殊预防是指预防犯罪对象的特殊性，即通过对犯罪人适用刑罚，使他们不再犯罪，包括主动不再犯罪和被动不再犯罪。所谓主动不再犯罪是指犯罪人在受到刑罚惩罚以后，在深刻反思自己所犯罪行的基础上，比较清楚地认识到了自己犯罪的根源及危害性，痛恨自己的犯罪行为，树立学法、知法、守法的信念，决心以后不再实施危害社会的行为。甲在监狱中通过劳动改造，逐渐养成了劳动的习惯，并掌握了修理汽车的技能。甲通过减刑提前出狱后，在社区的帮助下，利用在监狱中所掌握的技能经营了一家汽车修理厂，开始自食其力、重新做人。这反映了甲对自己的犯罪行为有了深刻认识，主动不再犯罪，从而体现了刑罚的特殊预防目的。

2) 一般预防是指预防对象的不特定性，即通过对犯罪人适用刑罚，使社会上那些不稳定、有可能犯罪的人看到犯罪的必然结果是刑罚的惩罚，从而不敢以身试法、不敢犯罪。国家对犯罪人适用刑罚，会使社会上有犯罪倾向的不稳定分子感受到思想上、心理上的影响和震撼，出于对刑罚的畏惧而不敢实施犯罪，从而达到预防犯罪的目的。通过公开审理，法院判处甲 15 年有期徒刑。这自然会威慑社会上的不稳定分子，使他们打消犯罪的念头，从而体现了刑罚的一般预防的目的。

论述题与深度思考题

刑罚目的是指通过对犯罪人适用刑罚所要达到的最终结果。通过刑罚制裁，刑罚所要达到的最终目的是预防犯罪，包括特殊预防和一般预防两个方面。一般预防和特殊预防是刑罚目的的两个方面，二者相辅相成、互相作用，共同实现预防犯罪的目的。但是二者之间也是存在区别和对立的。

特殊预防与一般预防之间的对立主要是由二者的对象不同所引发的。某些特殊犯罪人，如累犯、惯犯等，再犯可能性较大，从特殊预防的角度而言，对这些犯罪人的需要判处较重的刑罚，以实现特殊预防的目的。但是，从一般预防的角度而言，由于这些特殊犯罪人以外的人不具备类似情况，难以实施类似犯罪，因而对这些特殊犯罪人判处较重的刑罚对一般预防而言是不必要的。相反，虽然某些再犯可能性不大的犯罪人难以或者根本不可能再犯，但是这类犯罪人以外的其他人有实施类似犯罪的可能。在这种情形下，特殊预防和一般预防之间也存在对立之处。

虽然特殊预防和一般预防之间存在对立，但二者的终极目的是一致的，即预防犯罪。无论是特殊预防还是一般预防，都是通过刑罚各种功能的有效发挥得到实现的，二者是刑罚目的中相辅相成的两个方面。

因此，在制定刑罚、裁量刑罚和执行刑罚的各个阶段，既要考虑特殊预防，又要考虑一般预防，以实现预防犯罪的目的。舍弃其中的任何一个方面，都会使刑罚预防犯罪的目的落空。但是，需要注意的是，在制定刑罚、裁量刑罚和执行刑罚的各个阶段，对一般预防和特殊预防的考虑是有所侧重的：在制定刑罚的刑法立法阶段应当侧重一般预防，在裁量刑罚的刑事审判阶段应当将特殊预防和一般预防并重，在执行刑罚的行刑阶段应当侧重一般预防。

特别需要注意的是，无论是对特殊预防还是对一般预防的考量，都应当限制在刑事法治的轨道内，确保刑事法治的健康发展。

第十五章　刑罚的体系和种类

知识逻辑图

- 刑罚的体系和种类
  - 刑罚
    - 主刑
      - 管制
        - 适用对象：罪行较轻，不需要关押的犯罪人
        - 执行内容：不予关押，遵守《刑法》第 39 条的规定
        - 执行机关：社区矫正机构
        - 执行场所：社会上
        - 刑期：3 个月以上 2 年以下
      - 拘役
        - 适用对象：罪行较轻但仍需关押的犯罪人
        - 执行内容：《刑法》第 43 条
        - 执行机关：公安机关
        - 执行场所：看守所或就近执行
        - 刑期：1 个月以上 6 个月以下
      - 有期徒刑
        - 适用对象：刑法规定的任何一种犯罪
        - 执行内容：《刑法》第 46 条
        - 执行机关：监狱或其他机关
        - 执行场所：监狱或其他场所
        - 刑期：6 个月以上 15 年以下，特殊情况下不超过 25 年
      - 无期徒刑
        - 适用对象：罪行严重但不够判处死刑的犯罪人
        - 执行内容：关押并强制参加劳动改造
        - 执行机关：监狱
        - 执行场所：监狱
        - 刑期：无期，但可以减刑为有期徒刑
      - 死刑
        - 死刑立即执行
          - 适用对象：罪行极其严重的犯罪分子
          - 执行内容：剥夺生命（枪决或者注射等方法）
          - 执行机关：法院
          - 执行场所：监狱或其他指定场所
        - 死缓
          - 适用对象：应当被判处死刑，但不是必须立即执行的犯罪分子
          - 执行内容：判处死刑，同时宣告缓期 2 年执行
          - 执行机关：监狱
          - 执行场所：监狱
    - 附加刑
      - 罚金
        - 适用对象：贪财图利及与财产有关的犯罪
        - 执行内容：根据犯罪情节决定罚金数额
        - 执行机关：法院

- 刑罚的体系和种类
  - 刑罚
    - 附加刑
      - 剥夺政治权利
        - 适用对象：《刑法》第 56、57 条
        - 执行内容：《刑法》第 54 条
        - 执行机关：公安机关
        - 刑期：《刑法》第 55、57 条
      - 没收财产
        - 适用对象：危害国家安全的犯罪分子、经济犯罪和贪财图利的犯罪分子
        - 执行内容：没收犯罪分子个人所有的财产的一部或全部
        - 执行机关：法院
      - 驱逐出境
        - 适用对象：犯罪的外国人
        - 执行内容：独立适用或附加适用
        - 执行机关：公安机关
  - 非刑罚性处置措施
    - 训诫或者责令具结悔过、赔礼道歉、赔偿损失
    - 由主管部门予以行政处罚或者行政处分
    - 禁止从事相关职业

名词解释

1. 主刑
2. 附加刑
3. 死缓
4. 驱逐出境
5. 非刑罚性处置措施

选择题

（一）单项选择题

1. 管制的刑期，从判决执行之日起计算；判决前先行羁押的，羁押一日折抵刑期（　　）。

A. 1 日　　B. 2 日

C. 3 日　　D. 先行羁押不折抵刑期

2. 对于被判处管制的犯罪分子，在劳动中（　　）。

A. 可以酌量发给报酬

B. 不发给报酬

C. 同工同酬

D. 发给部分工资

3. 死刑只适用于（　　）的犯罪分子。

A. 罪行极其严重

B. 罪大恶极

C. 多次实施严重罪行

D. 社会影响极其恶劣

4. 依据法律规定，在管制的判决和执行方面，下列说法哪个是不正确的？（　　）（司考）

A. 管制的期限为 3 个月以上 2 年以下，数罪并罚时不得超过 3 年

B. 被判处管制的犯罪分子，由社区矫正机构执行

C. 对于被判处管制的犯罪分子，在劳动中应酌量发给报酬

D. 被判处管制的罪犯，被剥夺政治权利的，附加刑与主刑刑期相等，同时执行

5. 孙某因犯抢劫罪被判处死刑，缓期 2 年执行。在死刑缓期执行期间，孙某在劳动时由于不服管理，违反规章制度，造成重大伤亡事故。对孙某应当如何处理？（　　）（司考）

A. 其所犯之罪查证属实的，由最高人民法院核准，立即执行死刑

B. 其所犯之罪查证属实的，由最高人民法院核准，2 年期满后执行死刑

C. 2 年期满后减为无期徒刑

D. 2 年期满后减为 15 年以上 20 年以下有期徒刑

视频讲题

6. 判处死刑缓期执行的，在死刑缓期执行期间，如果故意犯罪，（　　）的，报请（　　）核准后执行

死刑；对于故意犯罪未执行死刑的，死刑缓期执行的期间重新计算，并报（　　）备案。

A. 情节恶劣　最高人民法院　高级人民法院

B. 查证属实　最高人民法院　最高人民法院

C. 情节恶劣　最高人民法院　最高人民法院

D. 查证属实　高级人民法院　高级人民法院

7. 死刑缓期执行减为有期徒刑的刑期，从（　　）之日起计算。

A. 判决确定　　B. 判决执行

C. 死刑缓期执行期满　　D. 判决公布

8. 下列关于我国刑法规定的罚金刑执行方式的说法中不正确的是（　　）。

A. 在判决指定的期限内一次或者分期缴纳

B. 期满不能缴纳的，强制缴纳

C. 对于不能全部缴纳罚金的，人民法院不再追缴

D. 经人民法院裁定，可以延期缴纳、酌情减少或者免除

9. 甲被判处管制 6 个月，附加剥夺政治权利。剥夺政治权利的期限与执行如何确定才符合法律规定？（　　）

A. 期限为 1 年以上 5 年以下，从管制执行完毕之日起计算，剥夺政治权利的效力当然施用于管制执行期间

B. 期限为 1 年以上 5 年以下，与管制同时开始执行

C. 期限为 6 个月，与管制同时执行

D. 期限为 6 个月，从管制执行完毕之日起计算，剥夺政治权利的效力当然施用于管制执行期间

视频讲题

10. 下列关于没收财产的说法中不正确的有（　　）。

A. 没收财产是指没收犯罪分子个人所有财产的一部或者全部

B. 没收全部财产的，可以对犯罪分子个人及其扶养的家属保留必需的生活费用

C. 在判处没收财产时，不得没收属于犯罪分子家属所有或者应有的财产

D. 没收财产以前犯罪分子所负的正当债务，需要以没收的财产偿还的，经债权人请求，应当偿还

11. 下列关于驱逐出境的说法中不正确的有（　　）。

A. 驱逐出境适用于犯罪的外国人

B. 驱逐出境既可以独立适用，也可以附加适用

C. 驱逐出境附加适用时，应当在其他刑罚执行完毕后将犯罪的外国人驱逐出中国国境

D. 驱逐出境不可以适用于犯罪的无国籍人

12. 关于没收财产，下列哪一选项是正确的？（　　）（司考）

A. 甲抢劫数额巨大，对其可以判处罚金 1 万元并处没收财产

B. 乙犯诈骗罪被判处没收全部财产时，法院对乙未满 18 周岁的子女应当保留必需的生活费用，对乙的成年家属不必考虑

C. 丙组织、领导恐怖活动组织，被判处无期徒刑的，亦应当判处没收财产

D. 丁为治病向李某借款 5 万元，一年后丁因犯罪被判处没收财产。无论李某是否提出请求，一旦法院发现该债务存在，就应当判决以没收的财产偿还

13.《刑法》第 49 条规定：（　　）的时候不满 18 周岁的人和（　　）的时候怀孕的妇女，不适用死刑。（　　）的时候已满 75 周岁的人，不适用死刑，但（　　）的除外。下列哪一选项与题干空格内容相匹配？（　　）（司考）

A. 犯罪——审判——犯罪——故意犯罪致人死亡

B. 审判——审判——犯罪——故意犯罪致人死亡

C. 审判——审判——审判——以特别残忍手段致人死亡

D. 犯罪——审判——审判——以特别残忍手段致人死亡

视频讲题

14. 甲与乙女恋爱。乙因甲伤残提出分手，甲不同意，拉住乙不许离开，遭乙痛骂拒绝。甲绝望大喊

"我得不到你，别人也休想"，并连捅十几刀，致乙当场惨死。甲逃跑数日后，投案自首，有悔罪表现。关于本案的死刑适用，下列哪一说法符合法律实施中的公平正义理念？（　　）（司考）

A. 根据《刑法》规定，当甲的杀人行为被评价为"罪行极其严重"时，可判处甲死刑

B. 从维护《刑法》权威考虑，无论甲是否存在从轻情节，均应判处甲死刑

C. 甲轻率杀人，为严防效尤，即使甲自首悔罪，也应判处死刑立即执行

D. 应当充分考虑并尊重网民呼声，以此决定是否判处甲死刑立即执行

15. 关于职业禁止，下列哪一选项是正确的？（　　）（司考）

A. 利用职务上的便利实施犯罪的，不一定都属于"利用职业便利"实施犯罪

B. 行为人违反职业禁止的决定，情节严重的，应以拒不执行判决、裁定罪定罪处罚

C. 判处有期徒刑并附加剥夺政治权利，同时决定职业禁止的，在有期徒刑与剥夺政治权利均执行完毕后，才能执行职业禁止

D. 职业禁止的期限均为3年至5年

（二）多项选择题

1. 既可以独立适用又可以附加适用的刑罚方式有（　　）。

A. 管制

B. 罚金

C. 拘役

D. 剥夺政治权利

2. 依据法律规定，下列关于死刑的说法中哪些是不正确的？（　　）（司考）

A. 对不属于罪行极其严重的犯罪分子，既不能判处死刑立即执行，也不能判处死刑缓期执行

B. 死刑缓期执行的判决，可以由高级人民法院核准

C. 对犯罪时不满18周岁的人，不能判处死刑立即执行，但可以判处死刑同时宣告缓期2年执行

D. 对审判时怀孕的妇女，可以判处死刑，但必须在其生育或者流产后才能执行死刑判决

视频讲题

3. 我国刑罚中的剥夺政治权利，是指剥夺（　　）。

A. 选举权和被选举权

B. 担任国家机关职务的权利

C. 担任国有公司、企业、事业单位领导职务的权利

D. 言论、出版、集会、结社、游行、示威的权利

4. 下列关于剥夺政治权利附加刑如何执行问题的说法中哪些是正确的？（　　）（司考）

A. 被判处无期徒刑的罪犯，一般要剥夺政治权利，其刑期与主刑一样，同时执行

B. 被判处有期徒刑的罪犯，被剥夺政治权利的，从有期徒刑执行完毕或假释之日起，执行剥夺政治权利附加刑

C. 被判处拘役的罪犯，被剥夺政治权利的，从拘役执行完毕或假释之日起，执行剥夺政治权利附加刑

D. 被判处管制的罪犯，被剥夺政治权利的，附加刑与主刑刑期相等，同时执行

5. 下列有关剥夺政治权利的说法中哪些是正确的？（　　）（司考）

A. 刑法总则规定，对于故意杀人、强奸等严重破坏社会秩序的犯罪分子，可以附加剥夺政治权利。因此，对于严重盗窃、故意重伤等犯罪分子，也可以附加剥夺政治权利

B. 附加剥夺政治权利的刑期，从徒刑执行完毕之日或从假释之日起计算，剥夺政治权利的效力当然施用于主刑执行期间

C. 被剥夺政治权利的犯罪分子，无权参加村民委员会的选举

D. 刑法总则规定："对于危害国家安全的犯罪分子应当附加剥夺政治权利"。但如果人民法院对危害国家安全的犯罪分子独立适用剥夺政治权利，则不能再附加剥夺政治权利

6. 下列关于刑期起算的哪些选项是正确的？（　　）（司考）

A. 管制、拘役的刑期，从判决执行之日起计算

B. 有期徒刑的刑期，从判决确定之日起计算

C. 死刑缓期执行减为有期徒刑的刑期，从死刑缓期执行期满之日起计算

D. 附加剥夺政治权利的刑期，从徒刑、拘役执行完毕之日或者从假释期满之日起计算

7. 关于没收财产，下列哪些选项是错误的？（　　）（司考）

A. 甲受贿100万元，巨额财产来源不明200万元，甲被判处死刑并处没收财产。甲被没收财产的总额至少应为300万元

B. 甲抢劫他人汽车被判处死刑并处没收财产。该汽车应上缴国库

C. 甲因走私罪被判处无期徒刑并处没收财产。此前所负赌债，经债权人请求应予偿还

D. 甲因受贿罪被判有期徒刑10年并处没收财产30万元，因妨害清算罪被判有期徒刑3年并处罚金2万元。没收财产和罚金应当合并执行

视频讲题

8. 关于禁止令，下列哪些选项是错误的？（　　）（司考）

A. 甲因盗掘古墓葬罪被判刑7年，在执行5年后被假释，法院裁定假释时，可对甲宣告禁止令

B. 乙犯合同诈骗罪被判处缓刑，因附带民事赔偿义务尚未履行，法院可在禁止令中禁止其进入高档饭店消费

C. 丙因在公共厕所猥亵儿童被判处缓刑，法院可同时宣告禁止其进入公共厕所

D. 丁被判处管制，同时被禁止接触同案犯，禁止令的期限应从管制执行完毕之日起计算

（三）不定项选择题

1. 下列情形中不适用死刑的有（　　）。（司考）

A. 审判的时候怀孕的妇女

B. 羁押受审期间已自然流产的妇女

C. 羁押受审期间已人工流产的妇女

D. 犯罪时不满18周岁的人

2. 下列刑罚方法中，只能由人民法院执行的是（　　）。

A. 管制　　B. 死刑

C. 拘役　　D. 剥夺政治权利

3. 我国刑罚中的附加刑有（　　）。

A. 赔礼道歉　　B. 赔偿损失

C. 罚金　　D. 剥夺政治权利

4. 根据我国刑法规定，应当附加剥夺政治权利的对象有（　　）。

A. 危害国家安全的犯罪分子

B. 故意杀人、强奸、放火等严重破坏社会秩序的犯罪分子

C. 主刑为死刑、无期徒刑的犯罪分子

D. 主刑为15年以上有期徒刑的犯罪分子

视频讲题

5. 下列属于非刑罚性处置措施的是（　　）。

A. 赔偿损失　　B. 训诫

C. 责令具结悔过　　D. 赔礼道歉

6. 根据有关立法及司法解释的规定，对被判处死刑缓期执行的被告人可以同时决定对其限制减刑，因而涉及相关诉讼程序方面的问题。请回答第（1）（2）题。（司考）

（1）关于犯罪分子可以适用死刑缓期执行限制减刑的案件，下列选项中正确的是（　　）。

A. 绑架案件　　B. 抢劫案件

C. 爆炸案件　　D. 有组织的暴力性案件

（2）高级人民法院审理判处死刑缓期执行没有限制减刑的上诉案件，认为原判事实清楚、证据充分，但确有必要限制减刑的，下列处理程序中正确的是（　　）。

A. 直接改判

B. 发回重新审判

C. 维持原判不再纠正

D. 二审判决、裁定生效后，按照审判监督程序重新审判

简答题

1. 在我国刑罚体系中，主刑包括哪些基本内容？

2. 在我国刑罚体系中，附加刑包括哪些基本内容？

3. 简述我国刑法关于剥夺政治权利的规定。（考研）

4. 我国刑法规定的非刑罚性处置措施包括哪些基本内容？

案例分析题

1. 甲长期好逸恶劳，并染有赌博的恶习。2022年，甲因赌博欠下乙赌债10万元。2023年，甲因生活所迫，向丙借款50 000元。2024年，甲因犯盗窃罪被人民法院判处有期徒刑10年，并处没收个人全部财产。被没收财产以后，甲又向丁借款20 000元。鉴于甲已无财产偿还债务，乙、丙和丁同时向人民法院提出申请，要求以没收的财产偿还甲欠他们的债。

问：人民法院应当如何处理？

2. 甲，男，1970年生，一直无恶不作、为害乡邻。2022年，甲因犯盗窃罪，被判处管制6个月。2023年，甲因犯盗窃罪，被判处有期徒刑10年，并处罚金人民币1万元。2024年，甲因犯抢劫罪，被判处死刑，剥夺政治权利终身。

问：本案涉及哪些刑种？哪些是主刑？哪些是附加刑？

论述题与深度思考题

1. 谈谈你对我国刑罚体系的认识。

2. 死刑是一种历史悠久的古老刑罚，世界上很多国家已经逐渐废除了死刑。在我国，死刑在很大范围内还存在，但是，理论界主张限制、部分废除死刑的呼声日益高涨，主张立即废除死刑的也不乏其人。

请问：你如何看待死刑的存废？

参考答案

名词解释

1. 主刑是指只能独立适用而不能附加适用的刑罚方法。我国刑法规定的主刑有5种：管制、拘役、有期徒刑、无期徒刑、死刑。

2. 附加刑是指既可以附加适用也可以独立适用的刑罚方法。我国刑法所规定的附加刑包括罚金、剥夺政治权利、没收财产和驱逐出境。

3. 死缓，即死刑缓期2年执行，它是指判处死刑，缓期2年执行，强迫劳动，以观后效。死缓是我国刑罚执行制度的首创，对于贯彻少杀方针、促进犯罪分子改过自新，具有重要作用。

4. 驱逐出境是指将犯罪的外国人强制驱逐出中国国境的一种刑罚方法。驱逐出境只适用于犯罪的外国人，包括犯罪的无国籍人。

5. 非刑罚性处置措施，是指刑法规定在特殊情况下，由人民法院对犯罪人以刑罚以外的其他方法进行处理。非刑罚性处置措施不是刑罚方法，因此不具有刑罚处罚所产生的法律效果。

选择题

（一）单项选择题

1. B。《刑法》第41条规定：“管制的刑期，从判决执行之日起计算；判决执行以前先行羁押的，羁押一日折抵刑期二日。”

2. C。《刑法》第39条第2款规定：对于被判处管制的犯罪分子，在劳动中应当同工同酬。

3. A。《刑法》第48条第1款中规定：死刑只适用于罪行极其严重的犯罪分子。

4. C。《刑法》第38条中规定：“管制的期限，为三个月以上二年以下。”对判处管制的犯罪分子，依法实行社区矫正。第69条规定：“判决宣告以前一人犯数罪的，除判处死刑和无期徒刑的以外，应当在总和刑期以下、数刑中最高刑期以上，酌情决定执行的刑期，但是管制最高不能超过三年……”第55条第2款规定：判处管制附加剥夺政治权利的，剥夺政治权利的期限与管制的期限相等，同时执行。因此，选项ABD都正确。而《刑法》第39条第2款规定：对于被判处管制的犯罪分子，在劳动中应当同工同酬。因此，选项C不正确。

5. C。《刑法》第50条规定：判处死刑缓期执行的，在死刑缓期执行期间，如果没有故意犯罪，2年期满以后，减为无期徒刑；如果确有重大立功表现，2 年期满以后，减为 25 年有期徒刑；如果故意犯罪，情节恶劣的，由最高人民法院核准，执行死刑。在死刑缓期执行期间，孙某在劳动时由于不服管理，违反规章制度，造成重大伤亡事故，可见，孙某属于过失犯罪，因此，2 年期满以后，应当减为无期徒刑。选项 C 符合要求。

6. C。《刑法》第 50 条第 1 款规定："判处死刑缓期执行的，在死刑缓期执行期间，如果没有故意犯罪，二年期满以后，减为无期徒刑；如果确有重大立功表现，二年期满以后，减为二十五年有期徒刑；如果故意犯罪，情节恶劣的，报请最高人民法院核准后执行死刑；对于故意犯罪未执行死刑的，死刑缓期执行的期间重新计算，并报最高人民法院备案。"选项 C 为正确答案。

7. C。《刑法》第 51 条中规定：死刑缓期执行减为有期徒刑的刑期，从死刑缓期执行期满之日起计算。

8. C。《刑法》第 53 条规定：罚金在判决指定的期限内一次或者分期缴纳。期满不缴纳的，强制缴纳。对于不能全部缴纳罚金的，人民法院在任何时候发现被执行人有可以执行的财产，应当随时追缴。由于遭遇不能抗拒的灾祸等原因缴纳确实有困难的，经人民法院裁定，可以延期缴纳、酌情减少或者免除。可见，选项 ABD 都正确，选项 C 错误。

9. C。《刑法》第 55 条规定："剥夺政治权利的期限，除本法第五十七条规定外，为一年以上五年以下。判处管制附加剥夺政治权利的，剥夺政治权利的期限与管制的期限相等，同时执行。"因此，甲被判处管制 6 个月，附加剥夺政治权利的期限应当为 6 个月，与管制同时执行。

10. B。《刑法》第 59 条规定：没收财产是没收犯罪分子个人所有财产的一部或者全部。没收全部财产的，应当对犯罪分子个人及其扶养的家属保留必需的生活费用。在判处没收财产的时候，不得没收属于犯罪分子家属所有或者应有的财产。第 60 条规定：没收财产以前犯罪分子所负的正当债务，需要以没收的财产偿还的，经债权人请求，应当偿还。因此，选项 ACD 都正确，而选项 B 的表述是错误的。

11. D。《刑法》第 35 条规定：对于犯罪的外国人，可以独立适用或者附加适用驱逐出境。这里的"犯罪的外国人"，包括犯罪的无国籍人。因此，选项 D 错误，符合题干要求。

12. C。抢劫数额巨大的，应当并处罚金或者没收财产。因此，甲抢劫数额巨大，对其只能并处罚金或者没收财产，不能同时适用，选项 A 错误。根据《刑法》第 59 条的规定，没收全部财产的，应当对犯罪分子个人及其扶养的家属保留必需的生活费用，因此，法院在对乙判处没收全部财产时，应当对其未满 18 周岁的子女和成年家属均考虑保留必需的生活费用，可见，选项 B 错误。根据《刑法》第 120 条的规定，组织、领导恐怖活动组织的，处 10 年以上有期徒刑或者无期徒刑，并处没收财产，故即便丙没有可供执行的财产，亦应当判处没收财产。可见，选项 C 正确。根据《刑法》第 60 条的规定，没收财产以前犯罪分子所负的正当债务，需要以没收的财产偿还的，经债权人请求，应当偿还。因此，丁被判处没收财产后，李某的债务需要以丁被没收的财产偿还的，只有李某提出请求，法院才能判决以没收的财产偿还。可见，选项 D 错误。

13. D。《刑法》第 49 条规定："犯罪的时候不满十八周岁的人和审判的时候怀孕的妇女，不适用死刑。审判的时候已满七十五周岁的人，不适用死刑，但以特别残忍手段致人死亡的除外。"因此，选项 D 项正确。

14. A。《刑法》第 48 条第 1 款中规定："死刑只适用于罪行极其严重的犯罪分子。"因此，只有罪行极其严重时，才可以适用死刑，故选项 A 为正确答案。但是，罪行极其严重并非适用死刑的充分条件。BCD 项不符合刑法和司法解释的规定，也不符合刑事政策的要求，为错误答案。

15. B。《刑法》第 37 条之一规定："因利用职业便利实施犯罪，或者实施违背职业要求的特定义务的犯罪被判处刑罚的，人民法院可以根据犯罪情况和预防再犯罪的需要，禁止其自刑罚执行完毕之日或者假释之日起从事相关职业，期限为三年至五年。被禁止从事相关职业的人违反人民法院依照前款规定作出的决定的，由公安机关依法给予处罚；情节严重的，依照本法第三百一十三条的规定定罪处罚。其他法律、行政法规对其从事相关职业另有禁止或者限制性规定的，从其规定。"利用职务上的便利实施犯罪的，即为"利用职业便利"实施犯罪。故选项 A 错误。选项 B 符合上述规定，是正确答案。选项 C 不符合上述规定，是错误答案。刑法中的职业禁止期限为 3 年至 5 年，但其他法律、行政法规规定的职业禁止期限应当视具体规定而定。故选项 D 错误。

（二）多项选择题

1. BD。主刑只能独立适用，而不能附加适用。附加刑既可以附加适用，也可以独立适用。而选项中属于附加刑的只有罚金和剥夺政治权利。所以，应当选选项 BD。

2. CD。《刑法》第 48 条第 1 款规定：死刑只适用于罪行极其严重的犯罪分子。对于应当判处死刑的犯罪分子，如果不是必须立即执行的，可以判处死刑同时宣告缓期 2 年执行。可见，死刑缓期执行只是死刑的一种执行方式，其对象也只能是罪行极其严重的犯罪分子。因此选项 A 正确。《刑法》第 48 条第 2 款中规定：死刑缓期执行的，可以由高级人民法院判决或者核准。因此，选项 B 正确。而对于犯罪时不满 18 周岁的人，不能判处死刑立即执行，也不可以判处死刑同时宣告缓期 2 年执行。对于审判时怀孕的妇女，不可以判处死刑，包括在其生育或者流产后执行死刑。因此，选项 CD 不正确。

3. ABCD。《刑法》第 54 条规定：“剥夺政治权利是剥夺下列权利：（一）选举权和被选举权；（二）言论、出版、集会、结社、游行、示威自由的权利；（三）担任国家机关职务的权利；（四）担任国有公司、企业、事业单位和人民团体领导职务的权利。”因此选项 ABCD 都正确。

4. BCD。《刑法》第 57 条规定：对于被判处死刑、无期徒刑的犯罪分子，应当剥夺政治权利终身。因此，被判处无期徒刑的罪犯，“应当”剥夺政治权利，而不是“一般要”。所以，选项 A 错误。《刑法》第 58 条规定：附加剥夺政治权利的刑期，从徒刑、拘役执行完毕之日或者从假释之日起计算。因此，选项 BC 正确。《刑法》第 55 条第 2 款规定：判处管制附加剥夺政治权利的，剥夺政治权利的期限与管制的期限相等，同时执行。因此，选项 D 正确。

5. ABCD。《刑法》第 56 条第 1 款规定：对于危害国家安全的犯罪分子应当附加剥夺政治权利；对于故意杀人、强奸、放火、爆炸、投放危险物质、抢劫等严重破坏社会秩序的犯罪分子，可以附加剥夺政治权利。所以，选项 AD 正确。《刑法》第 58 条第 1 款规定：“附加剥夺政治权利的刑期，从徒刑、拘役执行完毕之日或者从假释之日起计算；剥夺政治权利的效力当然施用于主刑执行期间。”因此，选项 B 也正确。根据《宪法》《村民委员会组织法》的规定，政治权利中的选举权和被选举权包括村民委员会的选举，被剥夺政治权利的人无权参加村民委员会的选举，所以，选项 C 正确。

6. AC。《刑法》第 41 条规定：“管制的刑期，从判决执行之日起计算”。第 44 条中规定，“拘役的刑期，从判决执行之日起计算”。故选项 A 正确。《刑法》第 47 条中规定，“有期徒刑的刑期，从判决执行之日起计算”。是“判决执行之日”，而非“判决确定之日”，故选项 B 错误。《刑法》第 51 条中规定，“死刑缓期执行减为有期徒刑的刑期，从死刑缓期执行期满之日起计算”。故选项 C 正确。《刑法》第 58 条中规定：“附加剥夺政治权利的刑期，从徒刑、拘役执行完毕之日或者从假释之日起计算”。是“假释之日”，而非“假释期满之日”，故选项 D 错误。

7. ABC。甲受贿 100 万元，巨额财产来源不明 200 万元，对甲判处没收财产可以是没收全部财产，也可以是没收部分财产，可以是 300 万元以上，也可以是 300 万元以下，故选项 A 错误。根据《刑法》第 64 条的规定，对被害人的合法财产，应当及时返还。因此，甲抢劫他人汽车，汽车应当及时返还被害人，而非上缴国库，选项 B 错误。根据《刑法》第 60 条的规定，没收财产以前犯罪分子所负的正当债务，需要以没收的财产偿还的，经债权人请求，应当偿还。而选项 C 中甲所欠的为赌债，并非正当债务，故不应偿还。故选项 C 错误。罚金刑和没收财产刑均属财产刑，且具有包容关系，故应当合并执行。选项 D 正确。选项 ABC 为应选项。

8. ACD。《刑法》第 38 条第 2 款规定：“判处管制，可以根据犯罪情况，同时禁止犯罪分子在执行期间从事特定活动，进入特定区域、场所，接触特定的人。”第 72 条第 2 款规定：“宣告缓刑，可以根据犯罪情况，同时禁止犯罪分子在缓刑考验期限内从事特定活动，进入特定区域、场所，接触特定的人。”最高人民法院、最高人民检察院、公安部、司法部《关于对判处管制、宣告缓刑的犯罪分子适用禁止令有关问题的规定（试行）》第 1 条规定：“对判处管制、宣告缓刑的犯罪分子，人民法院根据犯罪情况，认为从促进犯罪分子教育矫正、有效维护社会秩序的需要出发，确有必要禁止其在管制执行期间、缓刑考验期限内从事特定活动，进入特定区域、场所，接触特定人的，可以根据刑法第三十八条第二款、第七十二条第二款的规定，同时宣告禁止令。”第 4 条规定：“人民法院可以根据犯罪情况，禁止判处管制、宣告缓刑的犯罪分子在管制执行期间、缓刑考验期限内进入以下一类或者几类区域、场所：（一）禁止进入夜总会、酒吧、迪厅、网吧等娱乐场所……（四）其他确有必要禁止进入的区域、场所。”第 6 条第 3 款规定：“禁止令的执行期限，从管制、缓刑执行之日起计算。”综上，选项 ACD 错误，属于应选项；选项 B 正确，不选。

（三）不定项选择题

1. ABCD。根据刑法规定及相关司法解释，审判的时候怀孕的妇女、羁押受审期间已自然流产的妇女、羁押受审期间已人工流产的妇女都属于“审判时怀孕的妇女”，不得判处死刑。犯罪时不满 18 周岁的人，也不适用死刑。

2. B。管制由社区矫正机构执行，剥夺政治权利由公安机关执行，拘役主要由看守所执行。选项中只有死刑由人民法院执行。

3. CD。我国刑法所规定的附加刑包括罚金、剥夺政治权利、没收财产。因此，选项 CD 正确，而选项 AB 属于非刑罚性处置措施。

4. AC。《刑法》第 56 条第 1 款规定：对于危害国家安全的犯罪分子应当附加剥夺政治权利；对于故意杀人、强奸、放火、爆炸、投放危险物质、抢劫等严重破坏社会秩序的犯罪分子，可以附加剥夺政治权利。《刑法》第 57 条第 1 款规定：对于被判处死刑、无期徒刑的犯罪分子，应当剥夺政治权利终身。因此，选项 AC 正确。

5. ABCD。《刑法》第 37 条规定：对于犯罪情节轻微不需要判处刑罚的，可以免予刑事处罚，但是可以根据案件的不同情况，予以训诫或者责令具结悔过、赔礼道歉、赔偿损失，或者由主管部门予以行政处罚或者行政处分。因此，选项 ABCD 都正确。

6.（1）ABCD。根据《刑法》第 50 条第 2 款的规定，对被判处死刑缓期执行的累犯以及因故意杀人、强奸、抢劫、绑架、放火、爆炸、投放危险物质或者有组织的暴力性犯罪被判处死刑缓期执行的犯罪分子，人民法院根据犯罪情节等情况可以同时决定对其限制减刑。因此，选项 ABCD 均正确。

（2）D。2011 年 4 月 25 日最高人民法院《关于死刑缓期执行限制减刑案件审理程序若干问题的规定》第 4 条第 1 款规定：高级人民法院审理判处死刑缓期执行没有限制减刑的上诉案件，认为原判事实清楚、证据充分，但应当限制减刑的，不得直接改判，也不得发回重新审判。确有必要限制减刑的，应当在第二审判决、裁定生效后，按照审判监督程序重新审判。因此，选项 D 为正确选项。

简答题

1. 主刑是指只能独立适用而不能附加适用的刑罚方法。我国刑法规定的主刑有以下五种。

（1）管制。管制是指对犯罪人不予关押而将其放在社会上由社区矫正机构依靠群众监督改造的一种刑罚方法。管制的期限为 3 个月以上 2 年以下。被判处管制的犯罪分子，在执行期间，应当遵守下列规定：1）遵守法律、行政法规，服从监督；2）未经执行机关批准，不得行使言论、出版、集会、结社、游行、示威自由的权利；3）按照执行机关的规定报告自己的活动情况；4）遵守执行机关关于会客的规定；5）离开所居住的市、县或者迁居，应当报经执行机关批准。对于被判处管制的犯罪分子，在劳动中应当同工同酬。

（2）拘役。拘役是指短期剥夺犯罪人的人身自由，就近强制其进行劳动改造的刑罚方法。拘役的期限为 1 个月以上 6 个月以下。被判处拘役的犯罪分子，由公安机关就近执行。在执行期间，被判处拘役的犯罪分子每月可以回家一天至两天；参加劳动的，可以酌量发给报酬。

（3）有期徒刑。有期徒刑是指在一定期限内剥夺犯罪分子的人身自由，在监狱或其他场所对其进行教育改造和劳动改造的刑罚方法。有期徒刑的期限为 6 个月以上 15 年以下。被判处有期徒刑的犯罪分子，在监狱或者其他执行场所执行；凡有劳动能力的，都应当参加劳动，接受教育和改造。

（4）无期徒刑。无期徒刑是指剥夺犯罪分子终身自由，在监狱强制对其进行教育改造和劳动改造的刑罚方法。被判处无期徒刑的犯罪分子，在监狱或者其他执行场所执行；凡有劳动能力的，都应当参加劳动，接受教育和改造。

(5) 死刑。死刑是指剥夺犯罪人生命的刑罚方法。死刑只适用于罪行极其严重的犯罪分子。对于应当判处死刑的犯罪分子，如果不是必须立即执行的，可以判处死刑，同时宣告缓期 2 年执行。死刑除依法由最高人民法院判决的以外，都应当报请最高人民法院核准。死刑缓期执行的，可以由高级人民法院判决或者核准。判处死刑缓期执行的，在死刑缓期执行期间，如果没有故意犯罪，2 年期满以后，减为无期徒刑；如果确有重大立功表现，2 年期满以后，减为 25 年有期徒刑；如果故意犯罪，情节恶劣的，由最高人民法院核准，执行死刑。

2. 附加刑是指既可以附加适用，也可以独立适用的刑罚方法。我国刑法所规定的附加刑包括以下几种。

(1) 罚金。罚金是指强制犯罪分子向国家缴纳一定数量金钱的刑罚方法。判处罚金，应当根据犯罪情节决定罚金数额。罚金在判决指定的期限内一次或者分期缴纳，期满不缴纳的，强制缴纳。对于不能全部缴纳罚金的，人民法院在任何时候发现被执行人有可以执行的财产，应当随时追缴。由于遭遇不能抗拒的灾祸被执行人缴纳确实有困难的，可以酌情减少或者免除。

(2) 剥夺政治权利。剥夺政治权利是指剥夺犯罪人参加国家管理和政治生活的权利的刑罚方法。剥夺政治权利是剥夺下列权利：1) 选举权和被选举权；2) 言论、出版、集会、结社、游行、示威自由的权利；3) 担任国家机关职务的权利；4) 担任国有公司、企业、事业单位和人民团体领导职务的权利。

(3) 没收财产。没收财产是指没收犯罪分子个人所有财产的一部或全部。没收全部财产的，应当对犯罪分子个人及其扶养的家属保留必需的生活费用。在判处没收财产的时候，不得没收属于犯罪分子家属所有或者应有的财产。没收财产以前犯罪分子所负的正当债务，需要以没收的财产偿还的，经债权人请求，应当偿还。

(4) 驱逐出境。驱逐出境是指将犯罪的外国人强制驱逐出中国国境的一种刑罚方法。驱逐出境只适用于犯罪的外国人，包括犯罪的无国籍人。

3. 剥夺政治权利，是指剥夺犯罪人参加国家管理和政治活动的权利的刑罚方法。我国刑法关于剥夺政治权利的规定有如下内容。

(1) 剥夺政治权利的对象包括三种：对于危害国家安全的犯罪分子，应当附加剥夺政治权利；对于故意杀人、强奸、放火、爆炸、投放危险物质、抢劫等严重破坏社会秩序的犯罪分子，可以附加剥夺政治权利；对于被判处死刑、无期徒刑的犯罪分子，应当附加剥夺政治权利终身。此外，有的刑法分则条文规定可以独立适用剥夺政治权利。

(2) 剥夺政治权利的执行内容包括四个方面：选举权和被选举权，言论、出版、集会、结社、游行、示威自由的权利，担任国家机关职务的权利，担任国有公司、企业、事业单位和人民团体领导职务的权利。

(3) 剥夺政治权利的执行期限包括以下四种情况：判处拘役、有期徒刑附加剥夺政治权利的，剥夺政治权利的期限为 1 年以上 5 年以下；判处管制附加剥夺政治权利的，剥夺政治权利的期限与管制的期限相等，同时执行；对于被判处死刑、无期徒刑的犯罪分子，应当剥夺政治权利终身；在死刑缓期执行减为有期徒刑或者无期徒刑减为有期徒刑的时候，应当把附加剥夺政治权利的期限改为 3 年以上 10 年以下。

(4) 剥夺政治权利的期限计算包括以下四种情况：判处管制附加剥夺政治权利的，剥夺政治权利的期限从管制判决执行之日起计算，剥夺政治权利的期限与管制的期限相等，同时执行；判处拘役剥夺政治权利的，剥夺政治权利的期限从拘役执行完毕之日起计算；判处有期徒刑附加剥夺政治权利的，剥夺政治权利的期限从有期徒刑执行完毕或者假释之日起计算；单独剥夺政治权利的，剥夺政治权利的期限从判决执行之日起计算。需要注意的是，判处拘役、有期徒刑附加剥夺政治权利的，剥夺政治权利的效力当然适用于主刑执行期间。

(5) 剥夺政治权利由公安机关执行。被剥夺政治权利的犯罪分子，在执行期间，应当遵守法律、行政法规和国务院公安部门有关监督管理的规定，服从监督；不得行使被剥夺的各项权利。剥夺政治权利期满，执行机关应当通知本人，并在相应的范围内宣布恢复其政治权利。

4. 非刑罚性处置措施，是指刑法规定在特殊情况下，由人民法院对犯罪人进行处理的刑罚以外的其他方法。非刑罚性处置措施不是刑罚方法，因此不具有刑罚处罚所产生的法律效果。

由于犯罪行为而使被害人遭受经济损失的，对犯罪分子除依法给予刑事处罚外，应根据情况判处赔偿经济损失。对于犯罪情节轻微，不需要判处刑罚的，可以免予刑事处罚，但是可以根据案件的不同情况，予以训诫或者责令具结悔过、赔礼道歉、赔偿损失，或者由主管部门予以行政处罚或者行政处分。

案例分析题

1.《刑法》第 60 条规定："没收财产以前犯罪分子所负的正当债务，需要以没收的财产偿还的，经债权人请求，应当偿还。"因此，人民法院应当偿还甲欠丙的债务。而甲欠乙的赌债属于非法债务，甲欠丁的债务属于没收财产以后所欠的债务，人民法院不应当偿还。

2. 主刑：管制、有期徒刑、死刑。

附加刑：罚金、剥夺政治权利。

论述题与深度思考题

1. 刑罚体系，是指根据刑法的规定以一定的顺序排列的各种刑罚方法的总和。犯罪是一种复杂的社会现象，社会上所发生的形形色色的犯罪不仅有质的差别，而且有量的差别。犯罪的复杂性决定了适用于不同犯罪的刑罚方法的多样性。

刑法所规定的刑罚方法按照一定的原则可以划分为不同的类型。我国刑法把刑罚划分为主刑和附加刑两类：（1）主刑是指只能独立适用而不能附加适用的刑罚方法。我国刑法规定的主刑有五种：1）管制。管制是指对犯罪人不予关押而将其放在社会上由社区矫正机构依靠群众监督改造的一种刑罚方法。管制的期限为 3 个月以上 2 年以下。2）拘役。拘役是指短期剥夺犯罪人的人身自由，就近强制其进行劳动改造的刑罚方法。拘役的期限为 1 个月以上 6 个月以下。3）有期徒刑。有期徒刑是指在一定期限内剥夺犯罪分子的人身自由，在监狱或其他场所对其进行教育改造和劳动改造的刑罚方法。有期徒刑期限为 6 个月以上 15 年以下。4）无期徒刑。无期徒刑是指剥夺犯罪分子终身自由，在监狱强制其进行教育改造和劳动改造的刑罚方法。5）死刑。死刑是指剥夺犯罪人生命的刑罚方法。死刑只适用于罪行极其严重的犯罪分子。对于应当判处死刑的犯罪分子，如果不是必须立即执行的，可以判处死刑，同时宣告缓期 2 年执行。（2）附加刑是指既可以附加适用，也可以独立适用的刑罚方法。我国刑法所规定的附加刑包括：1）罚金。罚金是指强制犯罪分子向国家缴纳一定数量金钱的刑罚方法。判处罚金，应当根据犯罪情节决定罚金数额。2）剥夺政治权利。剥夺政治权利是指剥夺犯罪人参加国家管理和政治生活的权利的刑罚方法。3）没收财产。没收财产是指没收犯罪分子个人所有财产的一部或全部。没收全部财产的，应当对犯罪分子个人及其扶养的家属保留必需的生活费用。4）驱逐出境。驱逐出境是指将犯罪的外国人强制驱逐出中国国境的一种刑罚方法。驱逐出境只适用于犯罪的外国人，包括犯罪的无国籍人。

我国刑法规定主刑和附加刑采用了从轻到重的排列方法，即较轻的刑种在前、较重的刑种在后。与此相应，刑法中凡有罪刑单位的条文，除少数条文外，基本采用了从重到轻的排列方法。这种排列方法不是任意的。排列方法的规律性说明，我国刑法在对犯罪规定刑罚方法的时候，既反对不管罪行轻重一律适用严刑峻罚，也不赞成不管犯罪的实际情况和国情一律倡导轻刑化。

我国刑罚的种类有主有从、有轻有重，宽严相济，互相配合、互相衔接，构成了一个完整的、科学的刑罚体系。我国刑罚体系的形成是我国长期与犯罪作斗争的实践经验的总结，体现了我国刑罚的目的，也体现了我国在规定刑罚时的严格化、人道化、教育化、个别化、社会化原则。

2. 死刑，又称生命刑、极刑，是指剥夺犯罪分子生命的刑罚方法。死刑以剥夺犯罪分子生命为内容，是最为严厉的刑罚。

死刑是一种历史悠久的古老刑罚。无论中外，死刑都具有长远的历史。特别是在奴隶社会和封建社会，统治阶级出于维护统治的需要，不仅大规模适用死刑，而且适用方法繁多，极其残酷。自 18 世纪资产阶级思想家贝卡里亚提出对死刑的质疑和废除死刑的主张以来，死刑存废成为刑法学界争论不休的一个主题。不难发现，由于死刑以剥夺人的生命为内容，因而其正当性日益遭到质疑。近代以来，不少西方国家采纳了废除死刑的观点，从法律上完全废除了死刑，而保留死刑的国家对死刑的适用也限制在尽可能小的范围以内。限制乃至废除死刑已经成为当今世界刑法发展的基本趋势。然而，西方刑法学界的死刑存废之争并没有尘埃落定，争论仍然存在，关于死刑的存废形成了各种观点与主张。在这种背景之下，我国对待死刑的态度也呈现不同的主张：极少数激进的学者质疑死刑存在的现实合理性，主张立即全面废除死刑；绝大多数学者从中国现阶段的国情出发，主张限制和逐步废除死刑，甚至为死刑的逐步废止进行了远景规划。

死刑是一种古老的刑罚，是同一个国家的文化和文明联系在一起的。一个国家能否废除死刑，取决于本国的经济条件、社会的文明程度和民众的死刑观念等众多因素。由我国现阶段的基本国情所决定，我国现阶段还不具备废除死刑的条件。但是，在不能立即废除死刑的现阶段，在立法上严格限制死刑、在司法中严格适用死刑是应当和必须的。不废除死刑，但慎用死刑，坚持少杀，防止错杀，严禁乱杀，是我们党和国家对待死刑的一贯政策。这一死刑政策在我国的刑事立法中得到了具体贯彻，刑法对死刑的适用有着严格的限制，这些限制主要体现在：(1) 对死刑适用范围的限制。根据刑法规定，死刑只适用于罪行极其严重的犯罪分子，即犯罪行为对国家、社会和人民利益造成了特别严重的危害，情节特别恶劣。(2) 对适用死刑的犯罪主体的限制。根据刑法规定，犯罪的时候不满 18 周岁的人和审判的时候怀孕的妇女，不适用死刑。审判的时候已满 75 周岁的人，不适用死刑，但以特别残忍手段致人死亡的除外。(3) 在死刑核准程序方面有严格限制。根据刑法规定，死刑除依法由最高人民法院判决的以外，都应当报请最高人民法院核准。这体现了我国对死刑的严格限制。(4) 创设了死刑缓期执行制度，从死刑执行上严格控制死刑立即执行的范围。死刑缓期执行制度是我国独创的死刑执行制度。对于应当判处死刑的犯罪分子，如果不是必须立即执行的，可以判处死刑，同时宣告缓期 2 年执行。这充分体现了少杀、慎杀的死刑政策，具有重要意义。

综上所述，在限制乃至废除死刑已经成为世界刑法发展的基本趋势的现阶段，我们应当从中国的具体国情出发，理性对待死刑的存废：保留死刑，但严格限制死刑的适用，通过切实可行的措施理性对待死刑这一最为严厉的刑罚。

第十六章　刑罚裁量

知识逻辑图

- 刑罚裁量
  - 内容
    - 确认对已经构成犯罪的被告人是否需要判处刑罚
    - 确认对犯罪人应当适用的刑种和刑度
    - 确认对犯罪人适用的刑罚方式和制度
  - 原则
    - 以犯罪事实为依据的罪责刑相适应原则
    - 以刑法为准绳的法治原则
  - 情节
    - 法定情节
      - 硬性刑罚裁量的情节
      - 弹性刑罚裁量的情节
    - 酌定情节
      - 犯罪的手段
      - 犯罪的环境
      - 犯罪的对象
      - 犯罪的结果
      - 犯罪的动机
      - 犯罪后的态度
      - 犯罪人的一贯表现
  - 刑罚裁量与宽严相济的刑事政策
    - 宽严相济的刑事政策概说：“宽”的含义，“严”的含义，“相济”的含义
    - 宽严相济的刑事政策在刑罚裁量中的贯彻：树立正确的刑罚裁量理念，准确应用刑罚裁量的情节，将宽严相济的刑事政策在刑罚裁量中具体化

名词解释

1. 刑罚裁量
2. 法定情节
3. 酌定情节
4. 从轻处罚（考研）

选择题

（一）单项选择题

1. 量刑的一般原则是（　　）。

A. 以犯罪事实为依据，以刑事法律为准绳

B. 罪责刑相适应

C. 罪责自负

D. 法律面前人人平等

2. 减轻处罚是指（　　）。

A. 在犯罪所适用刑罚幅度以下判处刑罚

B. 在犯罪所适用刑罚幅度的中线以下判处刑罚

C. 在犯罪所适用刑罚幅度内判处最轻的刑罚

D. 在犯罪所适用刑罚幅度内适用最轻的刑种和最短的刑期

3.《刑法》第 29 条中规定：“教唆不满十八周岁的人犯罪的，应当从重处罚。”这属于（　　）。

A. 法定量刑情节

B. 酌定量刑情节

C. 加重情节

D. 弹性量刑情节

视频讲题

4. 下列属于酌定情节的是（　　）。

A. 从犯

B. 犯罪后的表现

C. 中止犯

D. 挪用用于救灾、抢险、防汛、优抚、扶贫、移民、救济款物归个人使用

5. 甲强奸怀孕的妇女。在此案例中，甲的行为（　　）。

A. 应当加重处罚　　B. 可以从重处罚

C. 应当从重处罚　　D. 应当从轻处罚

6.《刑法》第 64 条前段规定："犯罪分子违法所得的一切财物，应当予以追缴或者责令退赔"。关于该规定的适用，下列哪一选项是正确的？（　　）（司考）

A. 甲以赌博为业，但手气欠佳输掉 200 万元。输掉的 200 万元属于赌资，应责令甲全额退赔

B. 乙挪用公款炒股获利 500 万元用于购买房产（案发时贬值为 300 万元），应责令乙退赔 500 万元

C. 丙向国家工作人员李某行贿 100 万元。除向李某追缴 100 万元外，还应责令丙退赔 100 万元

D. 丁与王某共同窃取他人财物 30 万元。因二人均应对 30 万元负责，故应向二人各追缴 30 万元

视频讲题

（二）多项选择题

1. 下列关于从重处罚的表述哪些是正确的？（　　）（司考）

A. 从重处罚是指应当在犯罪所适用刑罚幅度的中线以上判处

B. 从重处罚是在法定刑以上判处刑罚

C. 从重处罚是指在法定刑的限度以内判处刑罚

D. 从重处罚不一定判处法定最高刑

2. 下列哪些行为属于法定的从重处罚情节？（　　）（司考）

A. 国家机关工作人员甲利用职权对乙进行非法拘禁，时间长达 3 天

B. 军警人员甲持枪抢劫

C. 国家机关工作人员甲利用职权挪用数额巨大的救济款进行赌博

D. 国家机关工作人员甲徇私舞弊，滥用职权，致使公共财产、国家和人民利益遭受重大损失

视频讲题

3. 下列属于绝对确定的法定刑的有（　　）。

A. 处有期徒刑 15 年

B. 处死刑

C. 处无期徒刑

D. 处 5 年以上有期徒刑

4. 下列属于硬性刑罚裁量的情节的有（　　）。

A. 对于预备犯，可以比照既遂犯从轻、减轻处罚或者免除处罚

B. 对于中止犯，没有造成损害的，应当免除处罚

C. 对于从犯，应当从轻、减轻处罚或者免除处罚

D. 对于未遂犯，可以比照既遂犯从轻或者减轻处罚

5. 下列属于酌定刑罚裁量的情节的是（　　）。

A. 犯罪的手段　　B. 犯罪的环境

C. 犯罪的对象　　D. 犯罪的动机

（三）不定项选择题

1. 下列属于量刑的内容的是（　　）。

A. 确认是否需要判处刑罚

B. 确认应当适用的刑种和刑度

C. 确认适用的刑罚方式和制度

D. 执行所确定的刑罚

2. 下列对免除处罚的理解中正确的是（　　）。

A. 免除处罚的前提是行为人的行为已构成犯罪

B. 被免除处罚的行为人不被认为犯过罪

C. 免除处罚只是指免除行为人应当判处的刑罚

D. 被免除处罚的行为人仍然被认为犯过罪

视频讲题

3. 下列情节属于法定的从重处罚的情节的是（　　）。

A. 又聋又哑的人或者盲人犯罪

B. 被胁迫参加犯罪的

C. 索贿的

D. 已满 18 周岁的人犯罪的

4. 根据刑法的规定，下列情节中可以减轻或者免除处罚的有（　　）。

A. 正当防卫明显超过必要限度造成重大损害的

B. 行贿人在被追诉前主动交代行贿行为的

C. 又聋又哑的人或者盲人犯罪

D. 介绍贿赂人在被追诉前主动交代介绍贿赂行为的

5. 根据刑法规定，下列情节中应当减轻或者免除处罚的有（　　）。

A. 紧急避险超过必要限度造成不应有的损害的

B. 预备犯

C. 依据相关规定应追究刑事责任的不满 18 周岁的人犯罪

D. 间歇性的精神病人在精神正常的时候犯罪

简答题

试列举我国刑法总则关于可以从轻处罚的规定。（考研）

案例分析题

2023 年，甲因为盗窃罪被判处有期徒刑 1 年。刑满释放后，甲一直不思悔改，游手好闲。2024 年某日，甲将同村的乙（13 岁）奸淫。事后，甲威胁乙，叫她不要向别人说及此事，否则就要报复她家人。同年，甲教唆同村的丙（17 岁）强奸同村的怀孕妇女丁。丙在实施强奸的过程中，由于丁的苦苦哀求，加之看到丁怀孕在身，未对其实施奸淫。事后，丙主动向公安机关投案自首。

问：上述案例中，属于法定情节的有哪些？属于酌定情节的有哪些？对于这些情节，应当如何处理？

论述题与深度思考题

1. 论我国刑罚裁量的原则。

2. 试析酌定情节及其司法适用。（考研）

参考答案

名词解释

1. 刑罚裁量，简称量刑，是指人民法院对被指控犯罪的人，依照刑法规定裁量和决定刑罚的一种刑事审判活动。其内容包括：对已经构成犯罪的被告人是否需要判处刑罚的确认，对犯罪人应当适用的刑种和刑度的确认，对被告人适用刑罚的方式和制度的确认。

2. 法定情节是指刑法明文规定在裁量刑罚时审判机关应当考虑的情节。刑罚裁量的法定情节在刑法中具体表现为硬性刑罚裁量的情节和弹性刑罚裁量的情节。

3. 酌定情节是指虽然刑法中没有明文规定，但在司法实践中可以根据具体情况斟酌考虑的情节，主要包括犯罪的手段、犯罪的环境、犯罪的对象、犯罪的结果、犯罪的动机、犯罪后的态度以及犯罪人的一贯表现等。

4. 从轻处罚是指在刑法分则条文规定的刑罚幅度内选择较轻的刑种或者较短的刑期。从轻处罚包含两种情况：其一，在刑法分则条文规定的刑罚只有一个量刑幅度的情况下，从轻处罚就是在该条文规定的量刑幅度内选择较轻的刑种或者较短的刑期；其二，在刑法分则条文规定的刑罚有几个量刑幅度的情况下，从轻处罚就是在与犯罪人所犯之罪具体相对应的该条文规定的量刑幅度内选择较轻的刑种或者较短的刑期。

选择题

（一）单项选择题

1. A。《刑法》第 61 条规定：对于犯罪分子决定刑罚的时候，应当根据犯罪的事实、犯罪的性质、情节和对于社会的危害程度，依照本法的有关规定判处。因此，正确答案应为选项 A，选项 BCD 为刑法的基本原则。

2. A。减轻处罚是指在犯罪所适用刑罚幅度以下判处刑罚。选项 BCD 都只是从轻处罚的形式。

3. A。法定量刑情节是指刑法明文规定在裁量刑罚时审判机关应当考虑的情节。因此，刑法所规定的对教唆未成年人犯罪的从重处罚，属于法定量刑情节。

4. B。酌定情节是指虽然刑法中没有明文规定，但在司法实践中可以根据具体情况斟酌考虑的情节，主要包括犯罪的手段、犯罪的环境、犯罪的对象、犯罪的结果、犯罪的动机、犯罪后的态度以及犯罪人的一贯表现等。选项 ACD 在刑法中都有规定，属于法定情节。只有选项 B 属于酌定情节。

5. B。甲强奸怀孕的妇女，这里的犯罪对象属于从重处罚的酌定情节。所以选项 B 符合要求。

6. B。赌资不属于违法所得，不应责令退赔，故选项 A 错误。挪用公款炒股获得的 500 万元应当全部责令退赔，而不应为案发时的贬值所剩的 300 万元，故选项 B 正确。对于贿赂款项，不能重复进行追缴或者责令退赔，故选项 C 错误。对于共同犯罪的违法所得，应当根据共犯人所得份额进行追缴，故选项 D 错误。

（二）多项选择题

1. CD。从重处罚并不限于在犯罪所适用刑罚幅度的中线以上判处，因此，选项 A 错误；在法定刑以上判处刑罚属于加重处罚，所以，选项 B 也错误。

2. AC。法定的从重处罚情节是指刑法明文规定的在量刑时对犯罪分子从重处罚的情节。《刑法》第 238 条第 4 款规定："国家机关工作人员利用职权犯前三款罪的，依照前三款的规定从重处罚。"《刑法》第 384 条第 2 款规定：挪用用于救灾、抢险、防汛、优抚、扶贫、移民、救济款物归个人使用的，从重处罚。因此，选项 AC 符合要求。选项 BD 均不属于法定的从重处罚情节。

3. ABC。处 5 年以上有期徒刑属于相对确定的法定刑，所以选项 D 不符合题干要求。

4. BC。选项 AD 属于弹性刑罚裁量的情节，所以不选。

5. ABCD。根据酌定情节的定义判断。

（三）不定项选择题

1. ABC。根据刑罚裁量的定义判断。

2. ACD。免除处罚是指对犯罪人作出有罪宣告但免除其应当判处的刑罚。免除处罚的前提是行为人的行为已构成犯罪。免除处罚只是免除行为人应当被判处的刑罚，被免除处罚的行为人仍然被认为犯过罪。因此，选项 B 错误。

3. C。《刑法》第 19 条规定："又聋又哑的人或者盲人犯罪，可以从轻、减轻或者免除处罚。"第 28 条规定："对于被胁迫参加犯罪的，应当按照他的犯罪情节减轻处罚或者免除处罚。"第 386 条中规定："索贿的从重处罚。"已满 18 周岁的人犯罪，并不从重处罚。因此，选项 ABD 都错误。

4. BCD。《刑法》第 19 条规定："又聋又哑的人或者盲人犯罪，可以从轻、减轻或者免除处罚。"第 20 条第 2 款规定："正当防卫明显超过必要限度造成重大损害的，应当负刑事责任，但是应当减轻或者免除处罚。"第 390 条第 3 款规定："行贿人在被追诉前主动交待行贿行为的……可以减轻处罚或者免除处罚。"第 392 条第 2 款规定："介绍贿赂人在被追诉前主动交待介绍贿赂行为的，可以减轻处罚或者免除处罚。"所以，选项 BCD 都符合题干要求，只有选项 A 是硬性刑罚裁量的情节，不符合要求。

5. AC。《刑法》第 17 条第 4 款规定：对依照前 3 款规定追究刑事责任的不满 18 周岁的人犯罪，应当从轻或者减轻处罚。第 18 条第 2 款规定："间歇性的精神病人在精神正常的时候犯罪，应当负刑事责任。"第 21 条第 2 款规定："紧急避险超过必要限度造成不应有的损害的，应当负刑事责任，但是应当减轻或者免除处罚。"第 22 条第 2 款规定："对于预备犯，可以比照既遂犯从轻、减轻处罚或者免除处罚。"因此，符合题干要求的只有选项 AC。

简答题

我国刑法总则关于可以从轻处罚的规定主要有：

（1）尚未完全丧失辨认或者控制自己行为能力的精神病人犯罪的，应当负刑事责任，但是可以从轻或者减轻处罚。

（2）又聋又哑的人或者盲人犯罪，可以从轻、减轻或者免除处罚。

（3）对于预备犯，可以比照既遂犯从轻、减轻处罚或者免除处罚。

（4）对于未遂犯，可以比照既遂犯从轻或者减轻处罚。

（5）如果被教唆的人没有犯被教唆的罪，对于教唆犯，可以从轻或者减轻处罚。

（6）犯罪以后自动投案，如实供述自己的罪行的，是自首。对于自首的犯罪分子，可以从轻或者减轻处罚。

（7）犯罪分子有揭发他人犯罪行为，查证属实，或者提供重要线索，从而得以侦破其他案件等立功表现的，可以从轻或者减轻处罚。

案例分析题

（1）法定情节。

1）免除处罚情节。《刑法》第 24 条第 2 款规定："对于中止犯，没有造成损害的，应当免除处罚；造成损害的，应当减轻处罚。"丙在实施强奸的过程中，由于丁的苦苦哀求，加之看到丁怀孕在身，未对其实施奸淫，属于中止犯罪且没有造成损害，应当免除处罚。

2）法定从轻或减轻情节。《刑法》第 67 条第 1 款规定："……对于自首的犯罪分子，可以从轻或者减轻处罚。其中，犯罪较轻的，可以免除处罚。"丙主动向公安机关投案自首，属于法定的从宽处罚情节。

3）法定从重情节。《刑法》第 29 条规定："……教唆不满十八周岁的人犯罪的，应当从重处罚。"甲教唆同村的丙（17 岁）强奸同村的怀孕妇女丁，即为教唆未成年人犯罪，应当从重处罚。《刑法》第 236 条第 2 款规定："奸淫不满十四周岁的幼女的，以强奸论，从重处罚。"甲将同村的乙（13 岁）奸淫，属于奸淫不满 14 周岁的幼女，应当从重处罚。

（2）酌定情节。

甲多次犯罪，属于再犯。此为酌定从重处罚情节。

甲强奸乙后威胁乙，叫她不要向别人说及此事，否则就要报复她家人。这属于犯罪后态度恶劣的情节，为酌定从重处罚情节。

丙欲强奸怀孕妇女，属于酌定从重处罚情节。

论述题与深度思考题

1.《刑法》第 61 条规定：对于犯罪分子决定刑罚的时候，应当根据犯罪的事实、犯罪的性质、情节和对于社会的危害程度，依照本法的有关规定判处。这一规定就是对犯罪分子进行刑罚裁量时必须遵循的一般原则，这一原则实际上包含了对刑罚裁量工作的两个基本要求：一是必须以犯罪事实作为刑罚裁量的依据，二是必须以刑法作为刑罚裁量的准绳。

（1）以犯罪事实为依据的原则。犯罪事实是处理刑事案件最基本的客观依据，审判机关只有在查清并认定犯罪人的犯罪事实以后，才能确定犯罪人的犯罪性质、情节和对社会的危害程度，也才能对犯罪人作出判处哪一种刑罚处罚的决定。以犯罪事实为依据这一原则包含以下四个方面的内容：1）准确查清犯罪事实。所谓准确查清犯罪事实，是指查清犯罪人的犯罪行为是否具备犯罪构成要件，只有把握了犯罪构成要件，才能为确定犯罪性质、分析犯罪情节、衡量犯罪对社会的危害程度提供必需的基础。2）准确认定犯罪性质。所谓犯罪性质，是指行为人的行为究竟构成刑法分则条文所规定的哪种犯罪、应当被确定为哪种罪名。各种犯罪都有不同于其他犯罪的质的规定性，必须严格区分此罪与彼罪的界限。3）准确分析犯罪情节。犯罪情节是指与犯罪人及犯罪行为有关的各种事实。犯罪情节可以分为两种：一种是与定罪直接相关的情节，另一种是与定罪无关但与刑罚裁量直接相关的情节。4）准确衡量社会危害程度。犯罪最本质的特征就在于它的社会危害性，而社会危害性的大小表现了其对社会的危害程度。犯罪对社会的危害程度是通过犯罪事实、犯罪性质、犯罪情节表现出来的，不仅不同的犯罪对社会的危害程度不相同，而且即使同一种犯罪对社会的危害程度也不相同。在对犯罪人裁量刑罚时，必须准确衡量犯罪行为对社会的危害程度，只有这样才能做到量刑准确。

（2）以刑法为准绳的原则。以刑法为准绳的原则包含以下两个方面的内容：1）必须在刑法分则条文规定的刑罚种类和量刑幅度内裁量刑罚。刑法分则中凡是有量刑单位的条文都由对罪状的描述和对法定刑的规定两部分组成。在任何情况下，对犯罪人所适用的刑罚必须是刑法分则条文规定的刑罚种类，必须在刑法分则条文规定的量刑幅度内裁量刑罚。2）必须依照刑法总则规定的原则和制度裁量刑罚。刑法总则规定了关于刑罚的一般原理、原则，也规定了适用刑罚时的有关制度，而刑法分则是将刑法总则规定的犯罪与刑罚的一般原理、原则适用于各种具体犯罪。在对犯罪人裁量刑罚时，不仅要严格依照刑法分则条文所规定的法定刑，而且要严格依照刑法总则所规定的原则和制度。

2. 酌定情节是指虽然刑法中没有明文规定，但在司法实践中可以根据具体情况斟酌考虑的情节。酌定情节虽然不是刑法明文规定的，却是根据刑事立法精神和有关的刑事政策，从刑事审判实践经验中总结出来的，故而对于司法适用具有重要意义。酌定情节在司法适用中的作用主要包括：一是辅助法定情节的适用。特别是在多功能情节的适用、量刑情节竞合时的适用、应当型情节与可以型情节并存的适用条件下，酌定情节对于法定情节的最终适用起着重要的调节、修正和辅助判断的作用。二是在不具有法定情节的条件下独立发挥作用。在这种条件下，适用酌定情节是在相对确定的法定刑中确定最终应当判处的刑罚所不可缺少的根据之一。

在司法适用中，常见的酌定情节主要包括：(1) 犯罪的手段。除个别犯罪要求特定的手段是犯罪构成的要件以外，绝大多数犯罪对犯罪手段都没有特殊要求。在这种情形下，犯罪手段的不同直接体现着犯罪行为不同的社会危害程度，是在对犯罪人裁量刑罚时需要考虑的一个重要情节。(2) 犯罪的环境。犯罪的环境是指犯罪人在实施犯罪活动时所处的时间和地点。犯罪时间、地点的不同，所表现出来的社会危害程度也有所不同，是对犯罪人裁量刑罚时必须考虑的。(3) 犯罪的对象。犯罪人在犯罪时针对的对象不同，反映了犯罪社会危害程度的不同，是裁量刑罚的一个重要情节。(4) 犯罪的结果。犯罪的结果情节是指当犯罪结果不作为犯罪构成要件时在裁量刑罚中的作用。这里所说的犯罪结果，既包括犯罪的直接结果，也包括犯罪的间接结果。(5) 犯罪的动机。犯罪动机的不同表现出犯罪人的主观恶性的不同，也是在对犯罪人裁量刑罚时应当考虑的一个情节。(6) 犯罪后的态度。犯罪后的态度反映了犯罪人的人身危险程度和接受教育改造的难易程度，是在对犯罪人裁量刑罚时应当考虑的一个情节。(7) 犯罪人的一贯表现。犯罪人在犯罪之前的一贯表现，是在对犯罪人裁量刑罚时需要考虑的情节。

综上所述，酌定情节对于刑罚裁量具有重要意义。在司法适用中，在适用法定情节的同时，应当依法充分考量酌定情节，合理认定并科学适用。

第十七章　刑罚裁量制度

知识逻辑图

- 刑罚裁量制度
  - 累犯
    - 累犯的概念
    - 累犯的类型
      - 一般累犯
      - 特别累犯
    - 累犯的效果
  - 自首
    - 自首的概念
    - 自首的类型
      - 一般自首
      - 特别自首
    - 自首的效果/刑罚裁量
  - 坦白
  - 立功
    - 立功的种类
      - 一般立功
      - 重大立功
    - 立功的效果
      - 一般立功的效果
      - 重大立功的效果
      - 自首且有重大立功的效果
  - 数罪并罚
    - 数罪并罚的概念
    - 数罪并罚的原则
      - 吸收原则
      - 限制加重原则
      - 并科原则
    - 数罪并罚的方法
  - 缓刑
    - 缓刑的概念
    - 缓刑的适用条件
    - 缓刑的考察内容及考验期限
    - 缓刑的结局
    - 特别缓刑（战时缓刑）

名词解释

1. 累犯
2. 一般累犯
3. 特殊累犯
4. 自首
5. 立功
6. 数罪并罚
7. 缓刑

选择题

（一）单项选择题

1. 甲因盗窃罪被捕。在侦查人员对其审讯期间，他又交代了自己与李某合伙诈骗 4 万元的犯罪事实，并提供了李某可能隐匿的地点。根据这一线索，侦查机关顺利将李某追捕归案。对甲盗窃罪的处罚，下列哪一项是正确的？（　　）

A. 应当减轻或者免除处罚

B. 应当从轻或者减轻处罚

C. 可以从轻或者减轻处罚

D. 可以减轻或者免除处罚

视频讲题

2. 某监察委员会在查处一贪污案时，找犯罪嫌疑人同单位的证人王某了解情况。谈话结束时，侦查人员顺便问："你自己有无问题需要说清楚？"王某一时语塞，侦查人员见状便予以政策教育。王某遂交代了自己受贿 50 万元的犯罪事实，并提供了本单位领导李某受贿的线索。监察委员会经侦查，侦破了李某受贿 600 万元的特大案件。根据刑法规定，对王某受贿罪量刑时应如何处理？（　　）

A. 应当从轻或减轻处罚

B. 应当减轻或免除处罚

C. 可以减轻或者免除处罚

D. 可以从轻或减轻处罚

3. 下列哪种情形应当实行数罪并罚？（　　）

A. 伪造货币又出售、运输伪造的货币的

B. 因受贿而徇私枉法或者枉法裁判的

C. 为走私而骗购外汇的，为骗购外汇而伪造有关公文的

D. 行为人出售、运输假币构成犯罪，同时有使用假币行为且构成犯罪的

视频讲题

4. 下列哪种情形属于自首？（　　）

A. 甲犯罪后自动投案，被取保候审期间逃跑。在被公安机关通缉期间，甲又自动投案，并如实交代自己的罪行

B. 甲伙同他人盗掘古墓葬被抓获归案。在羁押审查期间，甲主动交代司法机关未掌握的单独一次盗掘古墓葬的犯罪事实

C. 甲犯罪后自动投案，被取保候审期间逃跑。后来被公安机关抓获，并如实供述自己的罪行

D. 甲因犯盗窃罪被逮捕审查，其间，甲还交代了和自己一同盗窃的共犯乙，并带领公安人员到乙家中，将乙抓获

5. 甲因为盗窃乙的自行车（价值 460 元）被抓获，公安机关对其作出行政拘留 15 日的处罚。在被行政拘留期间，甲主动交代了盗窃丙的摩托车（价值 2 万元）的犯罪事实，该事实经公安机关查证属实。对甲主动交代盗窃摩托车一事的行为应如何定性？（　　）

A. 自首　　B. 坦白

C. 立功　　D. 重大立功

6. 甲因为犯强奸罪被判处 8 年有期徒刑，在执行到了 6 年时主动交代曾经利用职务之便侵占公司 12 万元的事实，被以职务侵占罪判处 12 年。对甲应当在怎样的幅度内决定执行的刑期？（　　）

A. 20 年以下 12 年以上决定执行的刑期

B. 12 年以下 6 年以上决定执行的刑期

C. 18 年以下 6 年以上决定执行的刑期

D. 将 12 年与 6 年相加，直接决定执行 18 年

7. 下列哪种情形属于自首？（　　）

A. 甲犯破坏选举罪后，自动投案，但在投案以后又逃跑。后来被公安机关抓获，如实承认自己的罪行

B. 甲在犯敲诈勒索罪后，自动投案，如实供述自己的罪行，但是后来又翻供，拒不认罪。直到被检察机关起诉至法院，在庭审期间才又恢复原先如实的供述

C. 某饭店老板甲为了败坏丙饭店的声誉，挤垮丙的生意，指使本店的伙计乙往丙饭店的汤锅中投放老鼠药，结果造成多人中毒死亡。乙见罪责难逃，自动到公安机关投案自首，说此次投毒是自己一人所为，与甲无关，一人承担了案件的全部罪责

D. 甲盗窃银行时被当场抓获。在审问中，甲又主动交代曾经盗窃作案 5 起的犯罪事实

8. 下列哪一种情形不成立累犯？（　　）

A. 张某犯故意伤害罪被判处有期徒刑3年，缓刑3年，缓刑期满后的第三年又犯盗窃罪，被判处有期徒刑10年

B. 李某犯强奸罪被判处有期徒刑5年，刑满释放后的第四年，又犯妨害公务罪，被判处有期徒刑6个月

C. 王某犯抢夺罪被判处有期徒刑4年，执行3年后被假释，于假释期满后的第五年又犯故意杀人罪被判处无期徒刑

D. 田某犯叛逃罪被判处有期徒刑2年，刑满释放后第六年又犯为境外刺探国家秘密罪，被判处拘役6个月

视频讲题

9. 吴某一日与路人王某争执，继而发生打斗，吴某用随身携带的水果刀将王某刺死后逃回家。随即被其父发觉，经其父劝说，吴某与其父一同前往公安机关自首，在途中被公安机关抓获。随后，吴某向公安机关交代了全部犯罪事实。于此吴某（　　）。

A. 成立自首　　B. 只成立坦白

C. 不成立自首　　D. 上述三项都不对

10. 甲和乙共同入户抢劫并致人死亡后分头逃跑，后甲因犯强奸罪被抓获归案。在羁押期间，甲向公安人员供述了自己和乙共同所犯的抢劫罪行，并提供了乙因犯故意伤害罪被关押在另一城市的看守所的有关情况，使乙所犯的抢劫罪受到刑事追究。对于本案，下列哪一选项是正确的？（　　）

A. 甲的行为属于坦白，但不成立特别自首

B. 甲的行为成立特别自首，但不成立立功

C. 甲的行为成立特别自首和立功，但不成立重大立功

D. 甲的行为成立特别自首和重大立功

11. 高某在盗掘古墓葬的过程中，造成大量的珍贵文物严重毁损。对高某的行为如何认定？（　　）

A. 盗掘古墓葬罪的严重情节

B. 故意损毁珍贵文物罪

C. 盗掘古墓葬罪与故意损毁珍贵文物罪并罚

D. 盗掘古墓葬罪与故意损毁珍贵文物罪择一重罪处罚

12. 下列情况中，具备适用假释条件的是（　　）。

A. 姜某因盗窃被判处有期徒刑，2013年刑满释放后，2016年又犯诈骗罪被判处有期徒刑，执行过程中确有悔改表现

B. 张某因强奸罪被判处有期徒刑10年，执行中确有悔改表现

C. 王某因抢劫罪被判处有期徒刑8年，执行中确有悔改表现

D. 方某因诈骗罪被判处拘役，执行中确有悔改表现

13. 根据刑法的规定，下列情形中应当数罪并罚的是（　　）。

A. 某市中级人民法院民一庭庭长张三在接受了原告的巨额贿赂后，故意违背案件事实作枉法裁判

B. 在接受了一房地产开发商20万元的贿赂后，某国有大型企业副董事长李四挪用公款800万元让其使用

C. 某验资机构的工作人员王五在一重大项目上出具了虚假的验资报告，并为此向客户索取了价值人民币20万元的财物

D. 某交通局副局长赵六在任职期间，利用职务之便，大肆收取他人财物，为他人谋取不正当利益

14. 张某被判处有期徒刑2年，宣告缓刑。其缓刑考验期应是（　　）。

A. 2年以下

B. 2年以上5年以下

C. 5年以下

D. 至少1年

15. 甲因犯抢劫罪被判处有期徒刑7年，已执行5年后，甲又因犯放火罪应判处有期徒刑8年。对甲应在（　　）的幅度内决定应执行的刑罚。

A. 8年以上10年以下

B. 8年以上15年以下

C. 15年以下

D. 10年以下

16. 关于数罪并罚，下列哪一选项是错误的？（　　）

A. 甲在刑罚执行完毕以前被发现漏罪的，应当按照“先并后减”的原则实行数罪并罚

B. 乙在刑罚执行完毕以前再犯新罪的，应当按照“先减后并”的原则实行数罪并罚

C. 丙在刑罚执行完毕以前再犯新罪，同时又被发现漏罪的，应当先将漏罪与原判决的罪实行“先并后减”，再对新罪与前一并罚后尚未执行完毕的刑期实行“先减后并”

D. “先减后并”在一般情况下使犯罪人受到的实际处罚比“先并后减”轻

17. 宋某因犯受贿罪被判处有期徒刑3年，缓刑4年。在缓刑考验期内，又发现其过去曾犯有贪污罪。对宋某的处理应当是（　　）。

A. 对贪污罪另行判决

B. 撤销缓刑，实行数罪并罚

C. 采取重罪吸收轻罪的原则，从重判处

D. 不撤销原判宣告的缓刑，以累犯从重处罚

18. 吴某在缓刑考验期间，私自跑到海南去经商。检察机关得知后，多次发函督促其迅速返回原籍，吴某不予理睬。对其应该（　　）。

A. 抓回原籍予以行政拘留

B. 按脱逃罪论处

C. 撤销缓刑，执行原判刑罚

D. 撤销缓刑，按原判刑罚加重处罚

19. 齐某2017年8月，超速驾驶汽车轧死行人，被判有期徒刑2年，2019年8月释放。2024年6月，其因酒后开车，又将一路人轧死。对此案应如何判处？（　　）

A. 齐某的行为已构成累犯，应从重处罚

B. 齐某不构成累犯，因前后两罪皆非故意犯罪

C. 齐某构成累犯，但因是过失犯罪，因此不应从重处罚

D. 齐某虽构成累犯，但因为是酒后开车，可以从轻处罚

20. 陈某因故意伤害罪被人民法院判处有期徒刑5年。服刑期间，由于有立功表现陈某被假释。假释考验期满之日，几个朋友邀陈某到一饭店摆宴庆贺他获得新生，陈某喝酒较多。饭后，陈某驾车回家，途中撞倒一人，陈某下车一看人已死亡，驾车逃离现场，后被查获。对陈某的行为应当如何处理？（　　）

A. 按照交通肇事罪处理

B. 按照累犯处理

C. 按照“先减后并”的原则实行交通肇事罪与故意伤害罪的数罪并罚

D. 按照过失杀人罪处理

21. 有期徒刑的缓刑考验期为（　　）。

A. 原判刑期以上、3年以下，不得少于1年

B. 原判刑期以上、5年以下，不得少于6个月

C. 原判刑期以上、3年以下，不得少于6个月

D. 原判刑期以上、5年以下，不得少于1年

22. 关于缓刑，下列哪一选项是错误的？（　　）

A. 对于累犯和犯罪集团的首要分子，不适用缓刑

B. 对于危害国家安全的犯罪分子，不适用缓刑

C. 对于数罪并罚但宣告刑为3年以下有期徒刑的犯罪分子，可以适用缓刑

D. 虽然故意杀人罪的法定最低刑为3年有期徒刑，但只要符合缓刑条件，仍然可以适用缓刑

23. 关于累犯，下列哪一选项是正确的？（　　）

A. 甲因故意伤害罪被判7年有期徒刑，刑期自2016年8月30日至2023年8月29日。甲于2021年5月20日被假释，于2022年8月25日犯交通肇事罪。甲构成累犯

B. 乙因盗窃罪被判3年有期徒刑，2018年3月25日刑满释放，2023年3月20日因犯盗窃罪被判有期徒刑4年。乙构成累犯

C. 丙因危害国家安全罪被判处5年有期徒刑，2012年4月21日刑满释放，2022年4月20日再犯同罪。丙不构成累犯

D. 丁因失火罪被判处3年有期徒刑，刑期自2021年5月15日至2024年5月14日。丁于2024年5月15日在出狱回家途中犯故意伤害罪。丁构成累犯

24. 关于假释，下列哪一选项是错误的？（　　）

A. 甲系被假释的犯罪分子，即便其在假释考验期内再犯新罪，也不构成累犯

B. 乙系危害国家安全的犯罪分子，对乙不能假释

C. 丙因犯罪被判处有期徒刑2年，缓刑3年。缓刑考验期满后，发现丙在缓刑考验期内的第七个月犯有抢劫罪，应当判处有期徒刑8年，数罪并罚决定执行9年。丙服刑6年时，因有悔罪表现而被裁定假释

D. 丁犯抢劫罪被判有期徒刑9年，犯寻衅滋事罪

被判有期徒刑5年，数罪并罚后，决定执行有期徒刑13年。对丁不得假释

25. 关于缓刑的适用，下列哪一选项是错误的？（ ）

A. 被宣告缓刑的犯罪分子，在考验期内再犯罪的，应当数罪并罚，且不得再次宣告缓刑

B. 对于被宣告缓刑的犯罪分子，可以同时禁止其从事特定活动，进入特定区域、场所，接触特定的人

C. 对于黑社会性质组织的首要分子，不得适用缓刑

D. 被宣告缓刑的犯罪分子，在考验期内由公安机关考察，所在单位或者基层组织予以配合

26. 被宣告______的犯罪分子，在______考验期内犯新罪或者发现判决宣告以前还有其他罪没有判决的，应当撤销______，对新犯的罪或者新发现的罪作出判决，把前罪和后罪所判处的刑罚，依照《刑法》第69条的规定，决定执行的刑罚。

关于上述三个空格的填充内容，下列哪一选项是正确的？（ ）

A. 均应填“假释”

B. 均应填“缓刑”

C. 既可均填“假释”，也可均填“缓刑”

D. 既不能均填“假释”，也不能均填“缓刑”

27. 甲（民营企业销售经理）因合同诈骗罪被捕。在侦查期间，甲主动供述曾向国家工作人员乙行贿9万元，司法机关遂对乙进行追诉。后查明，甲的行为属于单位行贿，行贿数额尚未达到单位行贿罪的定罪标准。甲的主动供述构成下列哪一量刑情节？（ ）

A. 坦白　　B. 立功

C. 自首　　D. 准自首

28. 关于累犯，下列哪一选项是正确的？（ ）

A. 对累犯和犯罪集团的积极参加者，不适用缓刑

B. 对累犯，如假释后对所居住的社区无不良影响的，法院可决定假释

C. 对被判处无期徒刑的累犯，根据犯罪情节等情况，法院可同时决定对其限制减刑

D. 犯恐怖活动犯罪被判处有期徒刑4年，刑罚执行完毕后的第十二年又犯黑社会性质的组织犯罪的，成立累犯

29. 下列哪一选项成立自首？（ ）

A. 甲挪用公款后主动向单位领导承认了全部犯罪事实，并请求单位领导不要将自己移送司法机关

B. 乙涉嫌贪污被调查时，如实供述将该笔公款分给了国有单位职工，辩称其行为不是贪污

C. 丙参与共同盗窃后，主动投案并供述其参与盗窃的具体情况。后查明，系因分赃太少、得知举报有奖才投案

D. 丁因纠纷致程某轻伤后报警说自己伤人了。报警后见程某举拳冲过来，丁以暴力致其死亡，并逃离现场

30. 张某系某保洁公司的负责人，其受家乡熟人所托，带15周岁的赵某和17岁的刘某外出打工。一次，保洁公司承接了幕墙玻璃的高空清洗工作，赵某由于胆小不敢操作，张某威胁其要么上架清洗，要么回老家。赵某无奈，遂与刘某一同上架工作。其间，因偶遇大风，赵某未系紧安全绳，从操作架上坠落身亡。关于张某的责任，下列哪一说法是正确的？（ ）

A. 张某构成雇用童工从事危重劳动罪、重大责任事故罪，从一重罪处罚

B. 张某构成雇用童工从事危重劳动罪、重大劳动安全事故罪，从一重罪处罚

C. 张某构成雇用童工从事危重劳动罪、重大责任事故罪，数罪并罚

D. 张某构成雇用童工从事危重劳动罪、重大劳动安全事故罪，数罪并罚

31. 关于自首，下列哪一选项是正确的？（ ）

A. 甲绑架他人作为人质并与警察对峙，经警察劝说放弃了犯罪。甲是在“犯罪过程中”而不是“犯罪以后”自动投案，不符合自首条件

B. 乙交通肇事后留在现场救助伤员，并报告交管部门发生了事故。交警到达现场询问时，乙否认了自己的行为。乙不成立自首

C. 丙故意杀人后如实交代了自己的客观罪行，司法机关根据其交代认定其主观罪过为故意，丙辩称其为过失。丙不成立自首

D. 丁犯罪后，仅因形迹可疑而被盘问、教育，便交代了自己所犯罪行，但拒不交代真实身份。丁不属于如实供述，不成立自首

（二）多项选择题

1. 下列哪些情形不实行数罪并罚？（ ）

A. 在运送他人偷越（国）边境过程中以暴力、威胁方法抗拒检查的

B. 在走私过程中以暴力、威胁方法抗拒缉私的

C. 司法工作人员因收受贿赂而枉法裁判的

D. 同一行为人既向国家工作人员行贿又向国家机关行贿的

2. 下列情形中，应当数罪并罚的有（　　）。

A. 判决宣告前，查明甲分别实施了 3 次受贿行为，数额分别为 20 万元、30 万元、50 万元

B. 乙因受贿被判处有期徒刑 2 年，缓刑 3 年，在缓刑考验期内，又查明其另外一起受贿 20 万元的罪行

C. 丙因故意伤害罪被判处有期徒刑 3 年，在服刑期间又犯故意伤害罪

D. 丁因盗窃罪被判处有期徒刑 2 年，执行完毕后，又发现其在该次盗窃以前还有一起重大盗窃犯罪行为

3. 以下哪些被告人构成累犯？（　　）

A. 甲犯盗窃罪被判有期徒刑，刑罚执行完毕后第四年又犯强奸罪

B. 乙犯间谍罪被判有期徒刑，刑罚执行完毕后第二年又犯抢劫罪

C. 丙犯传染病菌种、毒种扩散罪被判有期徒刑，刑罚执行完毕后第三年又犯故意杀人罪

D. 丁犯故意伤害罪被判有期徒刑 20 年，执行 11 年后假释，假释后的第七年又犯诈骗罪

4. 下列关于数罪并罚的做法与说法中哪些是错误的？（　　）

A. 甲犯 A、B 罪，分别被判处有期徒刑 14 年和 7 年，法院决定合并执行 20 年。甲被执行 8 年后，又犯 C 罪，被判处有期徒刑 5 年。对此，法院应在 14 年以上 20 年以下有期徒刑的范围内决定合并执行的刑期，然后，减去已经执行的 8 年刑期

B. 乙犯 A、B 罪，分别被判处有期徒刑 14 年和 11 年，法院决定合并执行 20 年；在执行 2 年后，法院发现乙在判决宣告以前还有没有判决的 C 罪，并就 C 罪判处有期徒刑 5 年。这样，乙实际执行的有期徒刑必然超过 20 年

C. 丙犯 A、B 罪，分别被法院判处有期徒刑 14 年和 11 年，法院决定合并执行 20 年；在执行 2 年后，丙又犯 C 罪，法院就 C 罪判处有期徒刑 5 年。由于总和刑期不满 35 年，数罪并罚时有期徒刑不得超过 20 年，故丙实际上不可能执行 C 罪的刑罚

D. 丁因犯有 A、B 罪被起诉，法院对 A 罪判处有期徒刑 8 年，对 B 罪判处有期徒刑 12 年，决定合并执行 18 年有期徒刑。执行 5 年后发现丁还犯有 C 罪与 D 罪，法院判处 C 罪 5 年有期徒刑、D 罪 7 年有期徒刑。此次并罚的“数刑中的最高刑期”应是 18 年，而不是 12 年

5. 符合下列哪些情形而在 5 年以内再犯应当判处有期徒刑以上刑罚之罪的，可以构成累犯？（　　）

A. 前罪的刑罚执行完毕以后

B. 赦免以后

C. 缓刑考验期满以后

D. 假释考验期满以后

6. 下列哪些情形不实行数罪并罚？（　　）

A. 使用破坏的手段盗窃数额较大财物，又毁坏大量财物的

B. 犯保险诈骗罪，投保人、被保险人故意造成财产损失的保险事故，或者投保人、受益人故意造成被保险人死亡、伤残或者疾病，同时构成其他犯罪的

C. 甲非法闯入一户住宅，强奸了女主人

D. 盗窃汽车作为绑架犯罪的工具使用，在绑架过程中使用该汽车的

7. 甲将乙（女）强奸后刚刚离去。乙坐地哭泣时，恰逢丙路过，问乙为何而哭泣，乙将刚才被强奸一事相告。丙顿起歹念，也将乙强奸。强奸完毕，丙还以借用为由，将乙的手机拿走。对于此案，下列哪些说法是错误的？（　　）

A. 甲和丙构成强奸共犯

B. 丙具有轮奸情节

C. 丙构成诈骗罪和强奸罪，应当数罪并罚

D. 丙构成抢劫罪和强奸罪，应当数罪并罚

8. 对下列哪些情形依法应当从重处罚？（　　）

A. 甲在 2013 年 5 月 3 日因为犯信用卡诈骗罪被判处 7 年有期徒刑，2018 年 9 月 15 日被假释，2019 年 11 月 21 日假释考验期满。2024 年 11 月 20 日又犯奸淫幼女罪

B. 甲教唆不满 18 周岁的乙吸食毒品，构成教唆吸

毒罪

C. 甲非法拘禁乙并对其进行暴力殴打，造成乙受轻微伤

D. 甲利用职务之便挪用价值 3.5 万元的救灾物品，构成挪用公款罪

9. 被告人的下列哪些情况属于重大立功表现？（　　）

A. 张三检举、揭发某贩卖毒品犯罪分子贩卖海洛因 400 克的犯罪事实，经查证属实

B. 张三与李四犯故意杀人罪后，张三自动投案，并协助司法机关抓获李四。经查，李四是该案的主犯

C. 张三在同室关押的罪犯逃跑时，及时向看守所告发，制止其脱逃

D. 张三检举李四盗窃财物数额巨大的事实，经查证属实

视频讲题

10. 甲、乙、丙、丁四人共谋之后，盗窃某税务局增值税发票 800 本（4 万份）。在犯罪以后，甲自动投案，交代了自己的罪行和同案共犯，并且检举揭发丁曾经把自己妻子杀害的情况，经查证属实。关于本案说法正确的是（　　）。

A. 甲构成盗窃罪

B. 甲构成危害税收征管罪

C. 对甲可以从轻或者减轻处罚

D. 对甲应当减轻或者免除处罚

11. 下列关于累犯的表述，哪些是正确的？（　　）

A. 对被判处死刑缓期执行的累犯，人民法院根据犯罪情节等情况应当同时决定限制减刑

B. 前罪是在未满 18 周岁时实施的，后罪实施时已满 18 周岁的，不构成累犯

C. 犯恐怖活动犯罪的犯罪分子，在刑罚执行完毕或者赦免以后，再犯危害国家安全犯罪的，构成累犯

D. 对于累犯，既不能适用缓刑，也不能适用假释

12. 2019 年 8 月 21 日，甲因犯诈骗罪被人民法院判处有期徒刑 3 年，缓刑 5 年。2024 年 6 月 20 日，甲又犯盗窃罪。关于对甲的量刑，下列表述中哪些是正确的？（　　）

A. 甲具有法定从重处罚情节

B. 甲不构成累犯

C. 对甲的盗窃罪不能适用缓刑

D. 对甲应当数罪并罚

13. 下列哪些情形不得适用缓刑？（　　）

A. 甲因交通肇事罪被判处 3 年零 6 个月的有期徒刑

B. 甲 2018 年 5 月因为犯走私淫秽物品罪被判处 2 年有期徒刑，2020 年 5 月刑满释放。2024 年 8 月因为犯重大责任事故罪被依法判处 2 年有期徒刑

C. 甲 2017 年 7 月因为犯寻衅滋事罪被判处 2 年有期徒刑，2019 年 7 月刑满释放。2024 年 8 月因为犯聚众斗殴罪被依法判处 2 年有期徒刑

D. 甲因为无钱购买毒品吸食，情急之下，趁人不备，夺取一位老太太的手提包就跑（包内财物价值 4 000 元），被当场抓获，依法应当判处 2 年有期徒刑

14. 下列哪些犯罪行为，应按数罪并罚的原则处理？（　　）

A. 拐卖妇女又奸淫被拐卖的妇女

B. 司法工作人员枉法裁判又构成受贿罪

C. 参加黑社会性质组织又杀人

D. 组织他人偷越国边境又强奸被组织人

15. 可适用缓刑的刑罚有（　　）。

A. 管制

B. 拘役

C. 3 年以下有期徒刑

D. 没收财产

16. 在缓刑考验期内，（　　），应撤销缓刑。

A. 有犯罪行为的

B. 违反人民法院判决中的禁止令的

C. 发现在判决宣告前还有其他罪没有判决的

D. 有违法行为的

17. 自首必须具备的条件是（　　）。

A. 犯罪分子所犯的是轻罪

B. 犯罪后自动投案

C. 如实交代自己的罪行

D. 接受审查和裁判

18. 我国刑法对不同的刑种，采取了不同的数罪并罚原则，对判处（　　）的，采取吸收原则。

A. 死刑　　B. 无期徒刑
C. 有期徒刑　　D. 拘役

19. 一般累犯的构成条件是（　　）。

A. 前罪和后罪都是故意犯罪
B. 前罪和后罪所判处的刑罚都必须是有期徒刑以上
C. 后罪发生于前罪刑罚执行完毕或赦免以后 5 年以内
D. 前罪和后罪均触犯同一罪名

20. 根据我国刑法理论，不适用数罪并罚的情况有（　　）。

A. 犯罪行为在一定时间内处于持续状态的犯罪
B. 以一个故意或过失，实施一个犯罪行为，同时触犯数个罪名的犯罪
C. 出于数个故意，多次实施犯罪行为，触犯同一罪名的犯罪
D. 以某一犯罪为目的，而其犯罪方法行为或者结果行为又触犯其他罪名的犯罪

21. 缓刑的适用条件是（　　）。

A. 必须有自首情节
B. 必须是被判处拘役或 3 年以下有期徒刑的普通刑事犯罪
C. 罪犯必须有悔罪的表现
D. 对罪犯不关押也不致再危害社会

22. 被宣告缓刑的犯罪分子，在缓刑考验期限内具有下列哪些情形之一的，应当撤销缓刑，前罪和后罪实行数罪并罚？（　　）

A. 再犯故意犯罪
B. 再犯过失犯罪
C. 发现遗漏了其他故意犯罪
D. 发现遗漏了其他过失犯罪

视频讲题

23. 关于自首中的"如实供述"，下列哪些选项是错误的？（　　）

A. 甲自动投案后，如实交代自己的杀人行为，但拒绝说明凶器藏匿地点的，不成立自首
B. 乙犯有故意伤害罪、抢夺罪，自动投案后，仅如实供述抢夺行为，对伤害行为一直主张自己是正当防卫的，仍然可以成立自首
C. 丙虽未自动投案，但办案机关所掌握线索针对的贪污事实不成立，在此范围外丙交代贪污罪行的，应当成立自首
D. 丁自动投案并如实供述自己的罪行后又翻供，但在二审判决前又如实供述的，应当认定为自首

24. 下列哪些情形不能数罪并罚？（　　）

A. 投保人甲，为了骗取保险金杀害被保险人
B. 15 周岁的甲，盗窃时拒捕杀死被害人
C. 司法工作人员甲，刑讯逼供致被害人死亡
D. 运送他人偷越边境的甲，遇到检查时将被运送人推进大海溺死

25. 关于刑罚的具体运用，下列哪些选项是正确的？（　　）

A. 甲 2020 年因间谍罪被判处有期徒刑 4 年。2024 年，甲因参加恐怖组织罪被判处有期徒刑 8 年。甲构成累犯
B. 乙因倒卖文物罪被判处有期徒刑 1 年，罚金 5 000 元；因假冒专利罪被判处有期徒刑 2 年，罚金 5 000 元。对乙数罪并罚，决定执行有期徒刑 2 年 6 个月，罚金 1 万元。此时，即使乙符合缓刑的其他条件，也不可对乙适用缓刑
C. 丙因无钱在网吧玩游戏而抢劫，被判处有期徒刑 1 年，缓刑 1 年，并处罚金 2 000 元，同时被禁止在 12 个月内进入网吧。若在考验期限内，丙仍常进网吧，情节严重，则应对丙撤销缓刑
D. 丁系特殊领域的专家，因贪污罪被判处有期徒刑 8 年。丁遵守监规，接受教育改造，有悔改表现，无再犯危险。1 年后，因国家科研需要，经最高人民法院核准，可假释丁

26. 关于缓刑的适用，下列哪些选项是正确的？（　　）

A. 甲犯重婚罪和虐待罪，数罪并罚后也可能适用缓刑

B. 乙犯遗弃罪被判处管制 1 年，即使犯罪情节轻微，也不能宣告缓刑

C. 丙犯绑架罪但有立功情节，即使该罪的法定最低刑为 5 年有期徒刑，也可能适用缓刑

D. 丁 17 岁时因犯放火罪被判处有期徒刑 5 年，23 岁时又犯伪证罪，仍有可能适用缓刑

27. 判决宣告以前一人犯数罪，数罪中有判处（1）和（2）的，执行（3）；数罪中所判处的（4），仍须执行。将下列哪些选项内容填入以上相应括号内是正确的？（　）

A.（1）死刑（2）有期徒刑（3）死刑（4）罚金

B.（1）无期徒刑（2）拘役（3）无期徒刑（4）没收财产

C.（1）有期徒刑（2）拘役（3）有期徒刑（4）附加刑

D.（1）拘役（2）管制（3）拘役（4）剥夺政治权利

28. 以下哪些表述是正确的？（　）

A. 犯罪嫌疑人不具有法定的自首情节，但是如实供述自己罪行的，可以从轻处罚

B. 犯罪嫌疑人不具有法定的自首情节，但是如实供述自己罪行的，可以减轻处罚

C. 犯罪嫌疑人不具有法定的自首情节，但是如实供述自己罪行，避免特别严重后果发生的，可以从轻处罚。

D. 犯罪嫌疑人不具有法定的自首情节，但是如实供述自己罪行，避免特别严重后果发生的，可以减轻处罚。

29. 关于数罪并罚，下列哪些选项是正确的？（　）

A. 甲犯某罪被判处有期徒刑 2 年，犯另一罪被判处拘役 6 个月。对甲只需执行有期徒刑

B. 乙犯某罪被判处有期徒刑 2 年，犯另一罪被判处管制 1 年。对乙应在有期徒刑执行完毕后，继续执行管制

C. 丙犯某罪被判处有期徒刑 6 年，执行 4 年后发现应被判处拘役的漏罪。数罪并罚后，对丙只需再执行尚未执行的 2 年有期徒刑

D. 丁犯某罪被判处有期徒刑 6 年，执行 4 年后被假释，在假释考验期内犯应被判处 1 年管制的新罪。对丁再执行 2 年有期徒刑后，执行 1 年管制

30. 关于缓刑的适用，下列哪些选项是错误的？（　）

A. 甲犯抢劫罪，所适用的是“三年以上十年以下有期徒刑”的法定刑，缓刑只适用于被判处拘役或者 3 年以下有期徒刑的罪犯，故对甲不得判处缓刑

B. 乙犯故意伤害罪与代替考试罪，分别被判处 6 个月拘役与 1 年管制。由于管制不适用缓刑，对乙所判处的拘役也不得适用缓刑

C. 丙犯为境外非法提供情报罪，被单处剥夺政治权利，执行完毕后又犯帮助恐怖活动罪，被判处拘役 6 个月。对丙不得宣告缓刑

D. 丁 17 周岁时犯抢劫罪被判处有期徒刑 5 年，刑满释放后的第四年又犯盗窃罪，应当判处有期徒刑 2 年。对丁不得适用缓刑

（三）不定项选择题

1. 下列情形中不数罪并罚的有（　）。

A. 大地演艺公司的签约歌手陈某发行了一张新专辑，深受歌迷喜爱，销售情况很好。刘某为了牟利，未经大地演艺公司许可，擅自复制发行该专辑的 CD，并进行销售，获利二十余万元

B. 丁某从一专门制造假发票的团伙处购得大量伪造的增值税专用发票并将其出售

C. 张某为了牟利，以低价购买了一批不合格的残次产品，经过处理后冒充合格产品出售给消费者，非法获利约十万元。市场监督管理机构接到举报后，派工作人员王某、贾某来到张某的商店进行调查。面对市场监督管理人员的正常执法活动，张某气焰十分嚣张，不仅蛮横无理地进行谩骂，还抄起一根木棍将贾某打成轻伤

D. 村民熊某和黄某是邻居。一日，二人因琐事发生争吵，进而动起手来。事后，熊某觉得自己吃了亏，怀恨在心，遂于数日后的一个深夜携带砍刀闯入黄某家中。黄某由于外出务工当晚不在家中，其妻柳某惊醒后一边大声呼救，一边奋力反抗，但终因体力不支被熊某杀死。熊某刚要离去，突然听见大衣柜里有动静。拉开门一看，发现是黄某年仅 17 岁的表弟郑某。尽管郑某一再求饶，熊某仍然残忍地将其杀害

2. 根据刑法及相关司法解释的规定，下列情形应当数罪并罚的是（　　）。

A. 甲经营一间书画沙龙，制作、出售假冒著名画家署名的美术作品，同时销售从乙处获得的假冒另一著名书法家署名的书法作品，但甲对此并不知情

B. 丙在未获相关许可的情况下，大肆销售劣质卷烟

C. 丁潜入一工艺品商店进行盗窃，盗窃名贵工艺品价值数十万元，并致价值十余万元的工艺品受到损坏

D. 戊在组织他人偷越中越边境的过程中，对被组织人员中的一名妇女多次实施强奸

3. 下列情形不成立累犯的是（　　）。

A. 张某犯故意伤害罪被判处有期徒刑 3 年，缓刑 3 年，缓刑期满后的第三年又犯盗窃罪，被判处有期徒刑 10 年

B. 李某犯强奸罪被判处有期徒刑 5 年，刑满释放后的第四年，又犯妨害公务罪，被判处有期徒刑 6 个月

C. 王某犯抢夺罪被判处有期徒刑 4 年，执行 3 年后被假释，于假释期满后的第五年又犯故意杀人罪被判处无期徒刑

D. 2011 年，田某犯间谍罪被判处有期徒刑 2 年，刑满释放后，2016 年又犯为境外刺探国家秘密罪，被判处拘役 6 个月

4. 下列情况构成累犯的是（　　）。

A. 甲犯故意杀人罪被判处有期徒刑 10 年，刑满释放后的第四年又犯交通肇事罪

B. 2012 年 9 月 28 日，乙因诈骗罪被判处有期徒刑 2 年。服刑完毕后，乙于 2018 年 10 月 3 日又犯强奸罪

C. 2009 年，丙因间谍罪被判处有期徒刑 3 年，附加剥夺政治权利 2 年。2018 年，丙又犯故意伤害罪

D. 丁犯传染病菌种、毒种扩散罪被判处有期徒刑，刑罚执行完毕后的第三年又犯故意杀人罪

视频讲题

5. 常某驾车途中超速行驶，汽车右前大灯部位与横过马路的行人卜某碰撞，致使卜某当场死亡。肇事后，常某在驾车逃离现场约 2 公里处，在同车人的劝说下，停车打电话报警，并留在原地接受处理。经交警部门勘查认定，常某负事故的全部责任。此案中，（　　）。

A. 常某构成交通肇事罪，可以从轻处罚

B. 常某构成交通肇事罪，可以减轻处罚

C. 常某构成交通肇事罪，不具有从轻或减轻情节

D. 常某构成交通肇事罪，具有从轻或减轻情节

6. 下列情况中，属于累犯的是（　　）。

A. 阎某 2012 年因抢劫被判有期徒刑 10 年，2022 年刑满释放后，无事可做，便多次窃取自行车，2024 年销赃时被当场抓获，后人民法院判其有期徒刑 4 年

B. 郑某盗窃被邻居孙某告发，被判处拘役。刑满释放后到家的当晚，郑某越想越气，抓起菜刀直奔孙家。孙某正在门口吃饭，郑某见状冲上去，口中道："妈的，你找死啊!"举刀向孙某砍去，孙某躲闪不及，身中数刀而当场死亡

C. 赵某因犯危害国家安全罪而服刑 5 年，刑满释放。12 年后，因生意破产，赵某遂参加间谍组织再次进行危害国家安全的活动

D. 关某因盗窃罪而服刑 3 年，刑满释放回厂后多次打架，被领导批评。第二年，不慎造成集体宿舍失火，关某虽自己也努力扑救，但仍给工厂带来损失 18 万元

7. 下列关于累犯的说法中正确的有（　　）。

A. 累犯从重处罚属于法定情节

B. 任何性质的犯罪都可以构成累犯

C. 危害国家安全罪的累犯（特殊累犯）没有对再次犯罪的时间限制

D. 危害国家安全犯罪分子被判处拘役的，也可以构成特殊累犯

8. 以下关于追缴违法所得说法正确的有（　　）

A. 违法所得是指犯罪所得，行为人一般违法行为所得不在刑事追缴范围

B. 行为人将诈骗所得清偿赌债的，应当予以追缴

C. 行为人利用诈骗所得购置房屋，对该房屋应当予以追缴

D. 行为人将内幕信息泄露给他人使用，本人并未

获得利益的情况下，对于他人利用内幕信息获取的利益不属于行为人的违法所得范围

简答题

简述自首与坦白的异同。

案例分析题

1. 自 2016 年以来，李某先后盗窃十余次，窃得自行车 20 辆、电脑 10 台及烟、酒等物，价值十万余元。2022 年 6 月李某被公安机关拘留。李某在被拘留期间，出于悔罪，除如实交代了盗窃行为外，还交代了 2020 年 4 月 10 日夜间，伙同王某到某厂职工宿舍抢劫财物并杀死一人的罪行。司法机关经查证属实，依法将同案犯王某逮捕归案。王某对抢劫杀人的罪行供认不讳。

问：拘捕期间交代余罪是否属于自首？交代自己与他人伙同犯罪的罪行是否属于立功表现？

2. 2024 年夏的一天，某厂车间闷热，工人王某便找来一台旧电扇。接上电源时电扇不转动，王某以为是插头潮湿，便用打火机点燃一张纸烤插头。此时他想起车间禁止用明火，便将点燃的纸扔在地上想用脚踩灭。但点燃的纸片引起漂浮在地面上的汽油蒸气燃烧，迅即引燃了附近铁槽中的汽油，造成火灾，导致损失折合人民币 10 万余元。法院经审理以失火罪判处王某有期徒刑 3 年，缓刑 4 年。两年后，王某被控在缓刑宣告前曾盗窃工厂仓库的财物，经查证属实，构成盗窃罪。

问：王某的缓刑应否被撤销？我国刑法对撤销缓刑的条件有哪些规定？

3. 2022 年 7 月 1 日，汪某伙同李某、孙某在 A 县盗窃摩托车。次日汪某、李某来到 B 县，将冯某的摩托车盗走。之后二人又来到妇幼保健院门口，将金某的摩托车盗走。2022 年 7 月 3 日，B 县公安机关受理 B 县发生的这两起盗窃案并开展立案侦查。2024 年 1 月 3 日，公安机关发现汪某、李某作案的线索，遂对二人采取刑事强制措施。在这之前，李某因 A 县盗窃案于 2022 年 12 月被 A 县人民法院判处有期徒刑 6 个月，缓刑 1 年，缓刑考验期间为 2022 年 12 月 27 日至 2023 年 12 月 26 日。

问：对李某在 B 县的盗窃案应如何处理？

论述题与深度思考题

试论述我国刑法中的数罪并罚原则。

参考答案

名词解释

1. 累犯是指受过一定的刑罚处罚，刑罚执行完毕或者赦免以后，在一定的时间内又犯被判处一定刑罚之罪的犯罪分子。在我国刑法中，累犯分为一般累犯与特殊累犯。

2. 一般累犯又称普通累犯，是指因犯罪被判处有期徒刑以上刑罚，刑罚执行完毕或者赦免以后，在 5 年以内再犯应当判处有期徒刑以上刑罚之罪的犯罪分子，但是过失犯罪和不满 18 周岁的人犯罪的除外。

3. 特殊累犯又称特别累犯，根据《刑法》第 66 条的有关规定，危害国家安全犯罪、恐怖活动犯罪、黑社会性质的组织犯罪的犯罪分子，在刑罚执行完毕或者赦免以后，任何时候再犯上述任一类罪的，都以累犯论处。

4. 自首是指犯罪分子在犯罪以后自动投案，如实供述自己的罪行的行为，或者被采取强制措施的犯罪嫌疑人、被告人和正在服刑的罪犯，如实供述司法机关尚未掌握的本人其他罪行的行为。

5. 立功是指犯罪分子揭发他人的犯罪行为，查证属实的，或者提供重要线索，从而得以侦破其他案件等表现。立功包括一般立功和重大立功。

6. 数罪并罚是指一个人在判决宣告以前犯有数罪，或者在判决宣告以后、刑罚执行完毕以前，发现被判刑的犯罪分子在判决宣告之前还有其他罪没有判决，或者被判刑的犯罪分子又犯新罪，审判机关依照刑法规定的数罪并罚的原则和方法，对犯罪分子所犯的数罪合并处罚的刑法裁量制度，即对一行为人所犯数罪合并处罚的制度。

7. 缓刑是指对被判处一定刑罚的犯罪分子，在其具备法定条件的情况下，在一定的考验期内附条件地不执行原判刑罚的一种制度。根据我国刑法规定，对于被判处拘役或者 3 年以下有期徒刑的犯罪分子，根据其犯罪情节和悔罪表现，认为适用缓刑确实不致再

危害社会的，人民法院可以在宣判刑罚的同时宣告缓刑，规定一定的考验期限，暂缓执行所判的刑罚。

选择题

（一）单项选择题

1. C。立功分为一般立功与重大立功。一般立功主要表现为：犯罪分子到案后检举、揭发他人犯罪行为，包括共同犯罪案件中的犯罪分子揭发同案犯共同犯罪以外的其他犯罪，经查证属实的；提供侦破其他案件的重要线索，经查证属实的；阻止他人犯罪活动的；协助司法机关抓捕其他犯罪嫌疑人（包括同案犯）的；具有其他有利于国家和社会的突出表现。可见，甲构成一般立功。《刑法》第 68 条规定，犯罪人有立功表现的，可以从轻或者减轻处罚。

2. C。《刑法》第 67、68 条规定：对于自首的犯罪分子，可以从轻或者减轻处罚；有立功表现的，可以从轻或减轻处罚；有重大立功表现的，可以减轻或免除处罚。本案中，被告人王某既有自首情节又有重大立功情节，按刑法规定，对其可以减轻或免除处罚。

3. D。根据《刑法》第 171 条第 3 款的规定，伪造货币并出售或者运输伪造的货币的，依伪造货币罪从重处罚，因而排除选项 A。B 项中的徇私枉法或者枉法裁判是受贿罪的客观方面的构成要件（为他人谋取非法利益）。根据《刑法》第 399 条第 4 款的规定，司法工作人员收受贿赂枉法裁判，构成犯罪的，依照处罚较重的罪名处罚，因此不进行数罪并罚。C 项中的数行为之间构成牵连犯，应从一重处罚。只有 D 项构成数罪，即分别是出售、运输假币罪和使用假币罪。

4. A。投案后又逃跑，被公安机关抓回的，不认为是自动投案，但逃跑后又自动投案如实交代的，前一逃跑行为不影响后一自首的成立。B 项属于在案嫌疑人交代同种罪行的坦白，只有交代不同种罪行，才以自首论。D 项属于协助抓获同案犯的立功。

5. A。自首分为一般自首和特别自首：一般自首是指犯罪人在犯罪以后自动投案，如实供述自己罪行的行为；特别自首是指被采取强制措施的犯罪嫌疑人、被告人和正在服刑的罪犯，如实供述司法机关还未掌握的本人其他罪行的行为。甲的身份不属于特别自首的主体范围，也不符合一般自首主动投案的要求。有的观点将特别自首的主体范围作扩大解释，包括治安拘留的行为人；还有一种观点认为可以直接认定为一般自首。不论作何种解释，这种情况都属于自首。

6. A。《刑法》第 70 条规定：判决宣告以后，刑罚执行完毕以前，发现被判刑的犯罪分子在判决宣告以前还有其他罪没有判决的，应当对新发现的罪作出判决，把前后两个判决所判处的刑罚，依照本法第 69 条的规定，决定执行的刑罚。已经执行的刑期，应当计算在新判决决定的刑期以内。

7. B。A 项不是自首，因为行为人逃跑以后不是自己跑回来的而是被抓回来的，根本谈不上自首，只是交代坦白问题，相关司法解释对此有明确规定。B 项是自首，因为相关司法解释规定自动投案并如实供述自己的罪行又翻供的，不能认定为自首，但在一审判决前又如实供述的，应当认定为自首。C 项不是自首，因为只有行为人自动投案并且如实交代才能成立自首，虽然本案的行为人自动投案，但是行为人掩饰了主犯甲，没有如实交代，所以，不能成立自首。D 项不是自首，而是坦白。

8. A。由于累犯的成立以前罪“刑罚执行完毕或者赦免以后”5 年内再犯罪为条件，故被假释的犯罪人在假释考验期内再犯新罪的，被判处缓刑的犯罪人在缓刑考验期内再犯新罪的，以及被判处缓刑的犯罪人在缓刑考验期满后再犯新罪的，都不成立累犯。

9. A。《刑法》第 67 条第 1 款规定：“犯罪以后自动投案，如实供述自己的罪行的，是自首……”最高人民法院《关于处理自首和立功具体应用法律若干问题的解释》第 1 条中规定：“自动投案，是指犯罪事实或者犯罪嫌疑人未被司法机关发觉，或者虽被发觉，但犯罪嫌疑人尚未受到讯问、未被采取强制措施时，主动、直接向公安机关、人民检察院或者人民法院投案……经查实确已准备去投案，或者正在投案途中，被公安机关捕获的，应当视为自动投案。”本案中，吴某自动投案，并如实供述了全部罪行，是自首。

10. B。特别自首，是指被采取强制措施的犯罪嫌疑人、被告人和正在服刑的罪犯，如实供述司法机关还未掌握的本人其他罪行的情形。甲因强奸罪被抓获归案，但供述的是与乙入户抢劫的不同犯罪，符合特别自首的条件。共同犯罪的自首，不仅要求交代共同犯罪中行为人自己的罪行，还要求交代行为人了解的同案犯的共同犯罪的事实。因此，甲交代其与乙共同抢劫的事实不成立立功。

11. A。盗掘古墓葬并盗窃珍贵文物或者造成珍贵文物严重破坏的，属于盗掘古墓葬罪的加重罪状。参见《刑法》第328条。

12. C。刑法对假释的对象规定了限制条件，即累犯及因故意杀人、爆炸、抢劫、强奸、绑架等暴力性犯罪被判处10年以上有期徒刑、无期徒刑的犯罪分子不得假释。王某虽然犯抢劫罪，但判刑不到10年，具备假释的条件。

13. B。根据《刑法》第399条第4款的规定，司法工作人员收受贿赂，并在民事审判中故意违背事实和法律作枉法裁判的行为，构成受贿罪的加重情节。可见，对于选项A中的情形不实行数罪并罚。最高人民法院《关于审理挪用公款案件具体应用法律若干问题的解释》第7条第1款规定，行为人因挪用公款索取、收受贿赂构成犯罪的，依照数罪并罚的规定处罚。因而选项B中的情形应当数罪并罚。根据《刑法》第229条第2款的规定，中介组织人员索取他人财物或者非法收受他人财物，故意提供虚假证明文件的，按照处罚较重的规定定罪处罚。可见，对选项C中的情形不应当数罪并罚。选项D中，身为国家工作人员的赵六利用职务上的便利，非法收受他人财物，为他人谋取利益，是典型的受贿罪，因此对其应按照受贿罪一罪论处，谈不上数罪并罚。综上，本题的答案应当是选项B。

14. B。根据《刑法》第73条第2款的规定，有期徒刑的缓刑考验期限为原判刑期以上5年以下，但是不能少于1年。可见，正确答案为B项。

15. A。《刑法》第71条规定：判决宣告以后，刑罚执行完毕以前，被判刑的犯罪分子又犯罪的，应当对新犯的罪作出判决，把前罪没有执行的刑罚和后罪所判处的刑罚，依照本法第69条的规定，决定执行的刑罚。刑法理论把这种数罪并罚计算刑期的方法称为“先减后并”。本案中，对犯罪人甲数罪并罚后的刑期应在前罪剩余的2年（7年减去5年）和后罪的8年之间，依照《刑法》第69条的规定即限制加重原则所计算出的幅度，即8年到10年的幅度决定。可知正确答案是A项。

16. D。《刑法》第70条规定：判决宣告以后，刑罚执行完毕以前，发现被判刑的犯罪分子在判决宣告以前还有其他罪没有判决的，应当对新发现的罪作出判决，把前后两个判决所判处的刑罚，依照本法第69条的规定，决定执行的刑罚。已经执行的刑期，应当计算在新判决决定的刑期以内。第71条规定：判决宣告以后，刑罚执行完毕以前，被判刑的犯罪分子又犯罪的，应当对新犯的罪作出判决，把前罪没有执行的刑罚和后罪所判处的刑罚，依照本法第69条的规定，决定执行的刑罚。因此AB项正确。刑罚执行完毕前，既发现漏罪，又犯有新罪的，应该将漏罪与之前的判决“先并后减”，再将得出的刑罚与新罪“先减后并”，所以C项正确。由于“先并后减”总是在20年以内进行，而“先减后并”有可能使执行刑罚时间超过20年，所以D项错误，当选。

17. B。根据《刑法》第77条第1款，对于本案中的犯罪人宋某，因在其缓刑考验期内被发现过去曾犯的罪，所以应当撤销缓刑，实行数罪并罚。因此，正确答案是B项。

18. C。《刑法》第77条第2款规定，被宣告缓刑的犯罪分子，在缓刑考验期限内，违反法律、行政法规或者国务院有关部门关于缓刑的监督管理规定，或者违反人民法院判决中的禁止令，情节严重的，应当撤销缓刑，执行原判刑罚。本案中，犯罪人吴某在缓刑考验期间，私自跑到海南去经商，检察机关多次发函督促其迅速返回，他均不予理睬，可认定其违反监督管理规定，情节严重，应当撤销缓刑，执行原判刑罚。因此，正确答案是C项。

19. B。根据《刑法》第65条的规定，过失犯罪不构成累犯。本案中，由于犯罪人齐某所犯的前后两罪都是交通肇事罪，属过失犯罪，因而不可能构成累犯。故正确答案是B项。

20. C。《刑法》第86条第1款规定：“被假释的犯罪分子，在假释考验期限内犯新罪，应当撤销假释，依照本法第七十一条的规定实行数罪并罚。”又根据《刑法》第99条的规定，《刑法》所称以上、以下、以内，包括本数。可知，本案中犯罪人陈某假释考验期满之日又犯新罪，属在考验期以内，根据上述规定应按《刑法》第71条有关数罪并罚的规定即“先减后并”的原则数罪并罚。可见，正确答案是C项。

21. D。《刑法》第73条第2款规定，有期徒刑的缓刑考验期限为原判刑期以上5年以下，但是不能少于1年。可见，正确答案是D项。

22. B。《刑法》第74条规定，对于累犯和犯罪集团的首要分子，不适用缓刑。所以A项正确。第72条规定，对于被判处拘役、3年以下有期徒刑的犯罪分子，根据犯罪分子的犯罪情节和悔罪表现，适用缓刑确实不致再危害社会的，可以宣告缓刑。所以CD项正确。缓刑的成立条件中并没有犯罪类型的限制，所以B项不正确。

23. B。《刑法》第65条第1款规定："被判处有期徒刑以上刑罚的犯罪分子，刑罚执行完毕或者赦免以后，在五年以内再犯应当判处有期徒刑以上刑罚之罪的，是累犯，应当从重处罚，但是过失犯罪和不满十八周岁的人犯罪的除外。"第66条规定："危害国家安全犯罪、恐怖活动犯罪、黑社会性质的组织犯罪的犯罪分子，在刑罚执行完毕或者赦免以后，在任何时候再犯上述任一类罪的，都以累犯论处。"A项中甲在假释期间犯新罪，不满足刑罚执行完毕的条件。C项中丙符合特别累犯的条件。D项中丁之前罪为过失犯罪，不构成累犯。

24. B。假释期间犯新罪，不属于刑罚执行完毕犯新罪，因此A项正确。《刑法》第81条第2款规定：对累犯以及因故意杀人、强奸、抢劫、绑架、放火、爆炸、投放危险物质或者有组织的暴力性犯罪被判处10年以上有期徒刑、无期徒刑的犯罪分子，不得假释。因此B项不正确。C项中丙虽犯抢劫罪，但是在缓刑考验期内，不构成累犯，判处刑罚也不足10年，因此可以假释。D项中丁犯抢劫罪，且判处13年有期徒刑，不得假释。

25. D。《刑法》第77条第2款规定："被宣告缓刑的犯罪分子，在缓刑考验期限内，违反法律、行政法规或者国务院有关部门关于缓刑的监督管理规定，或者违反人民法院判决中的禁止令，情节严重的，应当撤销缓刑，执行原判刑罚。"可见，行为人在缓刑期间再犯罪的（属于违反法律的范畴），只能撤销缓刑，执行实刑；即使新罪是过失犯罪，数罪并罚仍是3年以下有期徒刑，也不例外。所以A项正确。《刑法》第72条第2款规定：宣告缓刑，可以根据犯罪情况，同时禁止犯罪分子在缓刑考验期限内从事特定活动，进入特定区域、场所，接触特定的人。所以B项正确。《刑法》第74条规定：对于累犯和犯罪集团的首要分子，不适用缓刑。黑社会性质的组织是犯罪集团的一种，所以C项正确。《刑法》第76条规定：对宣告缓刑的犯罪分子，在缓刑考验期限内，依法实行社区矫正……所以D项不正确。

26. B。题干内容为《刑法》第77条第1款规定原文。

27. B。A项错误：坦白，是指犯罪分子被动归案后，如实供述自己罪行的行为。这里如实供述的是自己所被指控的犯罪事实。本题中，甲主动供述的是自己被调查罪行以外的其他犯罪，不属于坦白。B项正确：立功，是指犯罪分子揭发他人的犯罪行为，查证属实，或者提供重要线索，从而得以侦破其他案件等的行为。犯罪分子被羁押或者归案后，不仅如实交代了自己的犯罪，而且主动地揭发了其他人犯罪的行为，包括揭发同案犯共同犯罪事实以外的其他犯罪行为，经司法机关查证属实，则成立立功。本题中，甲主动向司法机关供述了其向乙行贿的事实，且金额达到了9万元，也就是说乙成立受贿罪。因此，甲的供述属于"揭发他人的犯罪行为"，成立立功。C、D项错误：自首，是指犯罪以后自动投案，如实供述自己的罪行的行为。准自首又称特别自首，是指被采取强制措施的犯罪嫌疑人、被告人和正在服刑的罪犯，如实供述司法机关还未掌握的本人其他罪行的行为。本题中，就合同诈骗罪而言，甲是被动归案的，不成立一般自首。就行贿行为而言，甲的行为属于单位行贿，行贿数额尚未达到单位行贿罪的定罪标准，不构成犯罪。因此，就甲交代的行贿行为而言，甲不成立特别自首。

28. D。《刑法》第74条规定，对于累犯和犯罪集团的首要分子，不适用缓刑。故A项错。《刑法》第81条第2款规定，对累犯以及因故意杀人、强奸、抢劫、绑架、放火、爆炸、投放危险物质或者有组织的暴力性犯罪被判处10年以上有期徒刑、无期徒刑的犯罪分子，不得假释。故B项错。《刑法》第50条第2款规定，对被判处死刑缓期执行的累犯以及因故意杀人、强奸、抢劫、绑架、放火、爆炸、投放危险物质或者有组织的暴力性犯罪被判处死刑缓期执行的犯罪分子，人民法院根据犯罪情节等情况可以同时决定对其限制减刑。故C项错。《刑法》第66条规定，危害国家安全犯罪、恐怖活动犯罪、黑社会性质的组织犯罪的犯罪分子，在刑罚执行完毕或者赦免以后，在任何时候再犯上述任一类罪的，都以累犯论处。故D项正确。

29. C。自首分为一般自首与特别自首：一般自首是指犯罪人在犯罪以后自动投案，如实供述自己的罪行。特别自首是指被采取强制措施的犯罪嫌疑人、被告人和正在服刑的罪犯，如实供述司法机关还未掌握的本人其他罪行。选项A错误：甲虽然向单位领导交代罪行，但是没有将自己置于司法机关控制之下的意思，所以不成立自首。选项B错误：乙已经被调查，没有自动归案，所以不符合自首的条件。选项C正确：自首的成立条件中并没有对动机设立限制。选项D错误：犯罪嫌疑人自动投案后又逃跑的，不认定为自首。丁报案后又伤人逃离现场的，自然不构成自首。

30. C。《刑法》第244条之一规定，雇用未满16周岁的未成年人从事超强度体力劳动，同时造成事故，又构成其他犯罪的，依照数罪并罚的规定处罚。重大劳动安全事故罪，是指安全生产设施或者安全生产条件不符合国家规定，因而发生重大伤亡事故或者造成其他严重后果的。重大责任事故罪是指在生产、作业中违反有关安全管理的规定，因而发生重大伤亡事故或者造成其他严重后果的。故选C项。

31. B。《刑法》第67条规定，犯罪以后自动投案，如实供述自己罪行的，是自首。甲从现场对峙到放弃犯罪、接受抓捕是一个连续的过程，且甲从可以抵抗抓捕到放弃犯罪、不抗拒抓捕属自愿行为，故甲的行为应构成自首。故选项A说法不正确。丙如实交代自己的客观罪行，已经构成自首，其对行为的认定的辩解，属于辩护权利的行使。故选项C不正确。丁如实交代了自己的罪行，已经符合自首的条件。其对真实身份进行隐瞒，不影响自首的认定。故选项D不正确。乙虽然有报告事故救助伤员的行为，但这仅属于事后补救行为。其对行为否认，不符合自首的成立条件。故B项说法正确。

（二）多项选择题

1. AC。《刑法》第321条第1、2款规定："运送他人偷越国（边）境的，处五年以下有期徒刑、拘役或者管制，并处罚金；有下列情形之一的，处五年以上十年以下有期徒刑，并处罚金：……在运送他人偷越国（边）境中造成被运送人重伤、死亡，或者以暴力、威胁方法抗拒检查的，处七年以上有期徒刑，并处罚金。"可见，对A项中的情形不实行数罪并罚。另外，《刑法》第399条规定："司法工作人员徇私枉法、徇情枉法，对明知是无罪的人而使他受追诉、对明知是有罪的人而故意包庇不使他受追诉，或者在刑事审判活动中故意违背事实和法律作枉法裁判的，处五年以下有期徒刑或者拘役……司法工作人员收受贿赂，有前三款行为的，同时又构成本法第三百八十五条规定之罪（受贿罪——引者注）的，依照处罚较重的规定定罪处罚。"可见，对C项中的情形也不实行数罪并罚。《刑法》第157条第2款规定："以暴力、威胁方法抗拒缉私的，以走私罪和本法第二百七十七条规定的阻碍国家机关工作人员依法执行职务罪，依照数罪并罚的规定处罚。"可见，对B项中的情形要实行数罪并罚。另外，D项情形中，行为人既构成行贿罪，又构成对单位行贿罪，也应实行数罪并罚。综上，正确答案是选项AC。

2. BC。判决宣告前犯数罪，罪名相同的，在对数罪判决时，不实行数罪并罚；判决宣告前的数罪的罪名不同的，才实行数罪并罚。对于选项A的情形，犯罪数额累计计算，按一罪处理。对于选项D的情形，因为前罪刑罚已经执行完毕，所以当然没有并罚的问题。

3. AB。《刑法》第65条第1款规定："被判处有期徒刑以上刑罚的犯罪分子，刑罚执行完毕或者赦免以后，在五年以内再犯应当判处有期徒刑以上刑罚之罪的，是累犯……但是过失犯罪和不满十八周岁的人犯罪的除外。"第2款规定："前款规定的期限，对于被假释的犯罪分子，从假释期满之日起计算。"C项传染病菌种、毒种扩散罪是过失犯罪。D项中丁在假释期间又犯新罪，当然不属于累犯。

4. ABC。A项的错误在于：首先，对甲在刑罚执行期间又犯新罪的并罚，采取的是"先并后减"的方法。正确的应是采用"先减后并"的方法。其次，对于原判决是合并刑的，适用的是各罪的宣告刑期。正确方法应当是用合并刑期减去已经执行的刑期，得出剩余的刑期，然后再将该剩余刑期与新罪的刑期依法合并。B项的错误在于：于在刑罚执行期间发现"漏罪"的并罚的场合，确定实际执行的刑期不能超过20年。这与判决宣告前数罪并罚的有期徒刑不超过20年是一致的。C项的错误在于：原判决刑期为20年，新罪并罚采取"先减后并"的方法，先减去已经执行的2年，用原判决余刑18年与5年合并（总和刑期23年，数刑中最高刑期18年），在决定执行19年或20年的情况下，对丙实际上可能执行C罪的部分刑罚。D项没有错误：对于原判决是由数个宣告刑期合并形成执行刑期的，在与漏罪之刑期合并时，一般采取"执行刑说”，即把漏罪之刑期与原判决的执行刑期（合并刑期）依法合并。综上，正确答案是ABC项。

5. ABD。一般累犯是指被判处有期徒刑以上刑罚的犯罪分子，在刑罚执行完毕或者赦免以后，在5年以内再犯应当判处有期徒刑以上刑罚之罪的情形。所以AB项正确。缓刑和假释的区别在于缓刑是刑罚附条件地不执行，而假释是刑罚执行的一种形式，所以在假释考验期满之后再犯应当判处有期徒刑以上刑罚之罪的，符合一般累犯的条件，而缓刑考验期满后刑罚不执行，所以不符合一般累犯的条件。

6. AC。AC两项中，根据刑法理论中吸收犯的原理，后行为被前行为吸收，不构成数罪。至于B项中的情形，根据《刑法》第198条第4款的规定，应数罪并罚。对于D项中的情形，行为人构成盗窃罪和绑架罪，应数罪并罚。

7. ABC。甲和丙对乙（女）的强奸行为，一个在前、一个在后，且两人之间并没有犯罪意思的联络，不构成共同犯罪。因而A项错误。同理，丙和甲不构成共同犯罪，当然也谈不到轮奸的问题。故B项也错误。此外，丙强奸乙后，以借用为由将乙的手机拿走，实际上是利用了强奸这一暴力使乙不敢反抗而强行夺走了乙的财物，故应认定为抢劫罪而不是诈骗罪。所以，D项正确而C项错误。

8. ABCD。A项情形属于累犯从重，而其余的BCD三项均是刑法分则规定的从重处罚情节。

9. AB。检举、揭发、协助抓获罪该判处无期徒刑以上刑罚的案件、案犯的，属重大立功。参见关于自首、立功的司法解释。

10. AC。盗窃税票的也可构成盗窃罪，故A项正确。此外，甲有自首情节，根据《刑法》第67条的规定，可以从轻或减轻处罚；有重大立功表现，根据《刑法》第68条的规定，可以减轻或者免除处罚。综合考虑，对甲可以减轻或免除处罚，因而C项正确而D项错误。B项错误，因为虽然甲盗窃增值税发票的行为在客观上危害了税收征管秩序，但根据刑法的规定，其行为构成盗窃罪，且危害税收征管罪是类罪，并不是一个确定的罪名。综上，正确答案是AC项。

11. BCD。A项不正确：《刑法》第50条第2款规定，对被判处死刑缓期执行的累犯以及因故意杀人、强奸、抢劫、绑架、放火、爆炸、投放危险物质或者有组织的暴力性犯罪被判处死刑缓期执行的犯罪分子，人民法院根据犯罪情节等情况可以同时决定对其限制减刑。是“可以”而不是“应当”。B项正确：《刑法》第65条第1款规定，“被判处有期徒刑以上刑罚的犯罪分子，刑罚执行完毕或者赦免以后，在五年以内再犯应当判处有期徒刑以上刑罚之罪的，是累犯，应当从重处罚，但是过失犯罪和不满十八周岁的人犯罪的除外”。前罪、后罪只要有一罪是不满18周岁的人实施的，就不构成累犯。C项正确：《刑法》第66条规定，危害国家安全犯罪、恐怖活动犯罪、黑社会性质的组织犯罪的犯罪分子，在刑罚执行完毕或者赦免以后，在任何时候再犯上述任一类罪的，都以累犯论处。前罪是恐怖活动犯罪，后罪是危害国家安全犯罪，当然构成累犯。D项正确：根据《刑法》第74、81条，对累犯不得适用缓刑和假释。

12. BD。《刑法》第77条规定，被宣告缓刑的犯罪分子，在缓刑考验期限内犯新罪或者发现判决宣告以前还有其他罪没有判决的，应当撤销缓刑，对新犯的罪或者新发现的罪作出判决，把前罪和后罪所判处的刑罚，依照《刑法》第69条的规定，决定执行的刑罚。由于是缓刑，所以甲不构成累犯。故BD项正确。A项不正确。甲不构成一般累犯，一般累犯的成立条件，是前罪刑罚执行完毕或者被赦免后5年内再犯应当判处有期徒刑以上刑罚的故意犯罪的。缓刑期间前罪的刑罚没有执行，所以甲不构成一般累犯。对甲的盗窃罪能否适用缓刑，取决于数罪并罚后的刑期以及甲的人身危险性，所以C项不正确。

13. AD。缓刑只适用于被判处拘役、3年以下有期徒刑的犯罪分子，而A项中甲被判的刑期超过3年，故不得适用缓刑。至于D项，犯罪人因吸毒而犯罪的，在毒瘾未戒除时，往往认为不具备“不致危害社会”的缓刑条件。

14. CD。依《刑法》第240条的规定，拐卖妇女、儿童，“有下列情形之一的，处十年以上有期徒刑或者无期徒刑，并处罚金或者没收财产……（三）奸淫被拐卖的妇女的……”故不选A项。依《刑法》第399条第4款的规定，司法工作人员徇私枉法又收受贿赂，构成徇私枉法罪和受贿罪的，按照其中处罚较重的规定定罪处罚，故不选B项。依《刑法》第294条第4款的规定，犯组织、领导、参加黑社会性质组织罪，又有其他犯罪行为的，如指使组织成员杀人、放火或者接受组织派遣任务实行杀人、放火等犯罪行为的，应当实行数罪并罚，故选C项。依《刑法》第318条第2款的规定，组织他人偷越国（边）境的，对被组织人有杀害、伤害、强奸、拐卖等犯罪行为，或者对检查人员有杀害、伤害等犯罪行为的，依照数罪并罚的规定处罚，故选D项。

15. BC。《刑法》第72条第1款规定，对于被判处拘役、3年以下有期徒刑的犯罪分子，根据犯罪分子的犯罪情节和悔罪表现，适用缓刑确实不致再危害社会的，可以宣告缓刑。显然，正确答案是BC项。

16. ABCD。根据《刑法》第77条的规定，被宣告缓刑的犯罪分子，在缓刑考验期限内犯新罪或者发现判决宣告以前还有其他罪没有判决的，应当撤销缓刑、数罪并罚；被宣告缓刑的犯罪分子，在缓刑考验期限内，违反法律、行政法规或者国务院有关部门关于缓刑的监督管理规定，或者违反人民法院判决中的禁止令，情节严重的，应当撤销缓刑，执行原判刑罚。可知ABCD项正确。

17. BC。根据《刑法》第67条第1款之规定，犯罪以后自动投案，如实供述自己的罪行的，是自首。可知BC两项正确，而AD两项并不是刑法规定的自首成立条件。

18. AB。《刑法》第69条规定，判决宣告以前一人犯数罪的，除判处死刑和无期徒刑的以外，应当在总和刑期以下、数刑中最高刑期以上，酌情决定执行的刑期。上述规定的含义是，数刑中只要有一个是死刑或者无期徒刑，就应当执行死刑或者无期徒刑。这就是说，我国刑法对犯数罪的死刑犯和无期徒刑犯采取的是吸收原则。可知，AB两项正确。

19. ABC。《刑法》第65条第1款规定，被判处有期徒刑以上刑罚的犯罪分子，刑罚执行完毕或者赦免以后，在5年以内再犯应当判处有期徒刑以上刑罚之罪的，是累犯，应当从重处罚，但是过失犯罪和不满18周岁的人犯罪的除外。根据上述关于一般累犯的规定，可知ABC项是正确答案。D项不是我国刑法规定的一般累犯构成条件。

20. ABCD。根据我国刑法理论，犯罪行为在一定时间内处于持续状态的，叫作持续犯或继续犯，是实质的一罪，不是数罪，当然不适用数罪并罚。以一个故意或过失，实施一个犯罪行为，同时触犯数个罪名的情形，属刑法理论中的想象数罪，也不是数罪，不适用数罪并罚。而出于数个故意，多次实施犯罪行为，触犯同一罪名的犯罪，是连续犯，属处断的一罪，实际处罚时按一罪处理，不适用数罪并罚。D项中的情形属牵连犯，也属处断的一罪，实际处罚时也按一罪处理。综上，ABCD项所述情况均不适用数罪并罚。

21. BCD。《刑法》第72条第1款规定，对于被判处拘役、3年以下有期徒刑的犯罪分子，根据犯罪分子的犯罪情节和悔罪表现，适用缓刑确实不致再危害社会的，可以宣告缓刑。可见，BCD项是正确答案。

22. ABCD。考查要点是缓刑的撤销条件。根据我国《刑法》第77条第1款的规定，被宣告缓刑的犯罪分子，在缓刑考验期限内犯新罪或者发现判决宣告以前还有其他罪没有判决的，应当撤销缓刑，对新犯的罪或者新发现的罪作出判决，把前罪和后罪所判处的刑罚，依照《刑法》第69条的规定，决定执行的刑罚。可见，刑法对于发现的漏罪和又犯的新罪的罪过形态没有任何的限制，只要该行为构成犯罪即可。所以，本题选ABCD项。

23. AD。如实供述只要求犯罪人供述主要犯罪事实，不需要供述犯罪的全部细节。因此A项不正确。如实供述抢夺行为就可以成立自首，对故意伤害行为主张“正当防卫”，是对辩护权的行使，不影响抢夺自首的成立。所以B项正确。C项符合特别自首条件，正确。根据最高人民法院《关于处理自首和立功具体应用法律若干问题的解释》第1条，犯罪嫌疑人自动投案并如实供述自己的罪行后又翻供的，不能认定为自首，但在一审判决前又能如实供述的，应当认定为自首。在二审判决前如实供述的，不成立自首。所以D项错误。

24. BC。《刑法》第198条第2款规定，投保人、受益人故意造成被保险人死亡、伤残或者疾病，骗取保险金，同时构成其他犯罪的，依照数罪并罚的规定处罚。所以A项不选。BC项属于转化犯，按照较重刑罚处罚，不用数罪并罚。根据《刑法》第321条，D项情形下应数罪并罚，所以不选。

25. ACD。A项正确：《刑法》第66条规定，危害国家安全犯罪、恐怖活动犯罪、黑社会性质的组织犯罪的犯罪分子，在刑罚执行完毕或者赦免以后，在任何时候再犯上述任一类罪的，都以累犯论处。B项错误：《刑法》第72条规定，对于被判处拘役、3年以下有期徒刑的犯罪分子，同时符合下列条件的，可以宣告缓刑……《刑法》第74条规定，对于累犯和犯罪集团的首要分子，不适用缓刑。据此可知，乙被数罪并罚决定执行有期徒刑 2 年 6 个月，低于 3 年有期徒刑，并且题干中并未提示其属于累犯或犯罪集团的首要分子。因此，如果乙符合缓刑的条件，则可对其适用缓刑。C 项正确：《刑法》第 77 条第 2 款规定，被宣告缓刑的犯罪分子，在缓刑考验期限内，违反法律、行政法规或者国务院有关部门关于缓刑的监督管理规定，或者违反人民法院判决中的禁止令，情节严重的，应当撤销缓刑，执行原判刑罚。据此可知，丙违反禁止令的规定，常进入网吧，情节严重，应当撤销缓刑。D 项正确：《刑法》第 81 条第 1 款规定，被判处有期徒刑的犯罪分子，执行原判刑期 1/2 以上，被判处无期徒刑的犯罪分子，实际执行 13 年以上，如果认真遵守监规，接受教育改造，确有悔改表现，没有再犯罪的危险的，可以假释。如果有特殊情况，经最高人民法院核准，可以不受上述执行刑期的限制。按照相关司法解释，这里的“特殊情况”是指国家政治、国防、外交等方面的特殊需要。本案中，丁因贪污罪被判处有期徒刑 8 年，遵守监规，接受教育改造，有悔改表现，无再犯危险。1 年后，即使其刑罚未执行原判刑期 1/2 以上，但因国家科研需要，可以由最高人民法院核准假释，不受执行刑期的限制。

26. ABCD。缓刑是指对于被判处拘役、3 年以下有期徒刑的犯罪人，根据其犯罪情节和悔罪表现，如果暂缓执行刑罚没有再犯罪的危险，对所居住社区没有重大不良影响的，就规定一定的考验期，暂缓刑罚的执行；在考验期内，如果遵守一定条件，原判刑罚就不再执行的一项制度。对于累犯和犯罪集团的首要分子，不适用缓刑。据此可知，重婚罪和虐待罪并非禁止条件，数罪并罚后也可能适用缓刑。故选项 A 正确。选项 B 正确：《刑法》第 72 条第 1 款规定，对于被判处拘役、3 年以下有期徒刑的犯罪分子，同时符合下列条件的，可以宣告缓刑，对其中不满 18 周岁的人、怀孕的妇女和已满 75 周岁的人，应当宣告缓刑：(1) 犯罪情节较轻；(2) 有悔罪表现；(3) 没有再犯罪的危险；(4) 宣告缓刑对所居住社区没有重大不良影响。据此可知，缓刑仅适用于被判处拘役、3 年以下有期徒刑的犯罪分子。选项 C 正确：《刑法》第 68 条规定，犯罪分子有揭发他人犯罪行为，查证属实的，或者提供重要线索，从而得以侦破其他案件等立功表现的，可以从轻或者减轻处罚；有重大立功表现的，可以减轻或者免除处罚。据此可知，若丙因为立功可以减轻处罚，也可能符合缓刑的条件，适用缓刑。选项 D 正确：不满 18 周岁的人犯罪的，不构成一般累犯。同时，伪证罪的量刑与缓刑的适用条件也存在重合。因此，对丁可能适用缓刑。

27. ABC。选项 A、B 正确：吸收原则，是指在所犯数罪分别宣告的刑罚中，选择其中最重的一种刑罚作为执行的刑罚，其中较轻的刑罚被最重的刑罚吸收，不予执行。据此，数个刑罚中存在死刑、无期徒刑的，执行死刑或无期徒刑。选项 C 正确，选项 D 错误：《刑法》第 69 条第 2、3 款规定，数罪中有判处有期徒刑和拘役的，执行有期徒刑。数罪中有判处有期徒刑和管制，或者拘役和管制的，有期徒刑、拘役执行完毕后，管制仍须执行。数罪中有判处附加刑的，附加刑仍须执行，其中附加刑种类相同的，合并执行，种类不同的，分别执行。

28. AD。《刑法》第 67 条第 3 款规定，犯罪嫌疑人虽不具有前两款规定的自首情节，但是如实供述自己罪行的，可以从轻处罚；因其如实供述自己罪行，避免特别严重后果发生的，可以减轻处罚。故正确的选项是 AD。

29. ABCD。《刑法》第 69 条第 2 款规定，数罪中有判处有期徒刑和拘役的，执行有期徒刑。数罪中有判处有期徒刑和管制，或者拘役和管制的，有期徒刑、拘役执行完毕后，管制仍须执行。由此可知选项 ABCD 正确。

30. ABD。《刑法》第 72 条第 1 款规定：“对于被判处拘役、三年以下有期徒刑的犯罪分子，同时符合下列条件的，可以宣告缓刑，对其中不满十八周岁的人、怀孕的妇女和已满七十五周岁的人，应当宣告缓刑：（一）犯罪情节较轻；（二）有悔罪表现；（三）没有再犯罪的危险；（四）宣告缓刑对所居住社区没有重大不良影响。”因此，“拘役、三年以下有期徒刑”指的是宣告刑，而非法定刑。故选项 A 说法错误。乙分别被判处拘役和管制，对管制不可以适用缓刑，但对拘役可以适用缓刑。所以选项 B 说法错误。《刑法》第 74 条规定：“对于累犯和犯罪集团的首要分子，不适用缓刑。”《刑法》第 66 条规定：“危害国家安全犯罪、恐怖活动犯罪、黑社会性质的组织犯罪的犯罪分子，在刑罚执行完毕或者赦免以后，在任何时候再犯上述任一类罪的，都以累犯论处。”丙构成特别累犯，对累犯不适用缓刑。所以选项C说法正确。《刑法》第65条第1款规定："被判处有期徒刑以上刑罚的犯罪分子，刑罚执行完毕或者赦免以后，在五年以内再犯应当判处有期徒刑以上刑罚之罪的，是累犯，应当从重处罚，但是过失犯罪和不满十八周岁的人犯罪的除外。"丁犯抢劫罪时不满18周岁，不符合构成累犯的条件，所以对丁仍可以适用缓刑。故选项D说法不正确。

（三）不定项选择题

1. ABD。根据最高人民法院、最高人民检察院《关于办理侵犯知识产权刑事案件具体应用法律若干问题的解释》第14条，行为人在实施了《刑法》第217条规定的侵犯著作权犯罪后，又销售该侵权复制品，构成犯罪的，应当以侵犯著作权罪定罪处罚。A项中，行为人刘某未经录音录像制作者许可，复制发行其制作的录音录像，同时销售该侵权复制品，违法所得数额巨大。根据前述规定，对其应按侵犯著作权罪论处，不实行数罪并罚。根据《刑法》第208条第2款的规定，购买伪造的增值税专用发票又出售的，应当按照出售伪造的增值税专用发票罪论处。由此可见，对B项中的丁某也不应数罪并罚。最高人民法院、最高人民检察院《关于办理生产、销售伪劣商品刑事案件具体应用法律若干问题的解释》第11条规定，实施《刑法》第140条至第148条规定的犯罪，又以暴力、威胁方法抗拒查处，构成其他犯罪的，依照数罪并罚的规定处罚。C项符合上述规定，张某又构成妨害公务罪，根据前述规定，对张某应当数罪并罚。D项中，熊某杀害柳某的行为成立一个故意杀人罪，其在打算离开时发现了郑某并将之杀害的行为也成立一个故意杀人罪。这就是刑法理论所说的同种数罪，对同种数罪原则上不实行数罪并罚。综上所述，本题答案是ABD项。

2. D。最高人民法院、最高人民检察院《关于办理侵犯知识产权刑事案件具体应用法律若干问题的解释》第14条第2款规定，实施《刑法》第217条规定的侵犯著作权犯罪，又销售明知是他人的侵权复制品，构成犯罪的，应当实行数罪并罚。选项A中，甲制作、出售假冒某著名画家署名的美术作品，已经构成了《刑法》第217条规定的侵犯著作权罪。然而，尽管其同时销售从乙处获得的侵权复制品，但其对此并不知情，因而不能适用上述规定。所以对甲不能数罪并罚。最高人民法院、最高人民检察院《关于办理生产、销售伪劣商品刑事案件具体应用法律若干问题的解释》第10条规定，实施生产、销售伪劣商品犯罪，同时构成侵犯知识产权、非法经营等其他犯罪的，依照处罚较重的规定定罪处罚。选项B中，丙销售劣质卷烟的行为构成销售伪劣商品罪。此外，香烟是国家规定的专卖物品，丙在未获相关许可的情形下进行销售，又构成了非法经营罪。根据上述司法解释的规定，对丙应当按照处罚较重的罪名定罪处罚，也不实行数罪并罚。就选项C来说，最高人民法院、最高人民检察院《关于办理盗窃刑事案件适用法律若干问题的解释》第11条第1项规定，"采用破坏性手段盗窃公私财物，造成其他财物损毁的，以盗窃罪从重处罚；同时构成盗窃罪和其他犯罪的，择一重罪从重处罚"。据此，尽管丁在实施盗窃犯罪的过程中，故意毁坏了数额较大的财物，构成故意毁坏公私财物罪，但对其也不应当实行数罪并罚。选项D中，根据《刑法》第318条第2款的规定，行为人犯组织他人偷越国（边）境罪，同时对被组织人有杀害、伤害、强奸、拐卖等犯罪行为的，应当依照数罪并罚的规定处罚。可见，对戊应当实行数罪并罚。综上所述，四个选项中只有选项D中的情形应当予以数罪并罚。

3. A。本题是对一般累犯与特殊累犯制度的考查。A项中，张某前面的犯罪虽然被判处有期徒刑，但并没有实际执行，而是缓刑。一般累犯的时间要件是后罪发生在前罪执行完毕或者赦免后的5年之内，缓刑既非执行也非赦免，所以张某不构成累犯。B项中，强奸罪和妨害公务罪都是故意犯罪，且两罪都被判处有期徒刑，妨害公务罪发生在强奸罪执行完毕后的第四年，所以李某构成一般累犯。C项中，抢夺罪和故意杀人罪都是故意犯罪，且都被判处有期徒刑以上刑罚，前罪被假释，在假释期满后的第五年犯罪，也符合一般累犯的时间条件，故王某构成了一般累犯。D项中，间谍罪和为境外刺探国家秘密罪实质上都是危害国家安全犯罪，所以无论两罪被科以什么样的刑罚，也不论两罪的时间间隔多长，都构成危害国家安全罪的累犯。综上，只有A项不成立累犯。

4. B。本题是对一般累犯构成条件（尤其是主观条件）的考查。A项和D项的共同问题在于二者都不满足构成一般累犯的主观条件：A项中，交通肇事罪是过失犯罪；D项中，传染病菌种、毒种扩散罪是过失犯罪。B项中，乙的诈骗罪应于2014年9月28日执行完毕，此日期距离2018年10月3日不足5年，所以满足构成一般累犯的时间条件，再加上前后两罪均为故意犯罪，且强奸罪必须在有期徒刑以上量刑，故乙构成累犯。C项中，计算丙的累犯期间的起点到底是主刑执行完毕还是剥夺政治权利执行完毕，是决定其是否构成累犯的关键。事实上，如果前罪被判处有期徒刑并附加剥夺政治权利，那么5年的期间是从主刑执行完毕之日计算。所以丙的有期徒刑在2012年已经执行完毕，到2014年已满5年，丙于2018年犯新罪，已经超过了这一期间，所以丙不构成累犯。综上，只有B项构成累犯。

5. ABD。根据《刑法》第67条的规定，自首是指犯罪分子犯罪以后自动投案，如实供述自己的罪行，或者被采取强制措施的犯罪嫌疑人、被告人和正在服刑的罪犯，如实供述司法机关还未掌握的本人其他罪行的行为。本案中，常某如实供述自己的罪行没有问题，关键是常某“在驾车逃离现场约2公里处，在同车人的劝说下，停车打电话报警，并留在原地接受处理”是否属于自动投案。根据最高人民法院《关于处理自首和立功具体应用法律若干问题的解释》第1条的规定，即使并非出于犯罪嫌疑人主动，而是经亲友规劝、陪同投案的，仍然可以视为自首。本案中：(1)被告人常某是在同车人规劝下打电话报警的，最后的选择仍是自愿的结果；(2)打电话报警并留在原地接受处理，属于主动将自己置于司法机关的控制和支配之下，属于在司法机关控制之前主动投案。综上两点，被告人常某的行为已经符合了自动投案的要求。故对常某应认定为自首。

6. AC。A项中，由于阎某所犯前后两罪都是故意犯罪，两罪的刑罚也都是有期徒刑以上，且后罪是在前罪的刑罚执行完毕2年以内，因而符合一般累犯的成立条件。B项中，由于郑某犯的前罪被判拘役，未达到一般累犯的刑种要求，因而不是累犯。C项中，赵某所犯前后两罪都是危害国家安全犯罪，符合特别累犯的成立条件，是累犯。D项中，由于关某所犯后罪是过失犯罪，不符合一般累犯成立条件中有关罪过的要求，因而不是累犯。综上，AC两项构成累犯。

7. ACD。对累犯从重处罚，是我国刑法的明确规定，因而属法定情节。故A项正确。由于过失犯罪不可能构成一般累犯，因而B项中说法不成立。特殊累犯的成立条件既没有刑种的要求，也没有前后罪时间间隔的限制，故CD两项正确。

8. BCD。根据《刑法》第64条规定，对犯罪分子违法所得的一切财物，应当予以追缴，因此行为人一般违法行为所得也在追缴范围内，故A项不正确。根据最高人民法院《关于刑事裁判涉财产部分执行的若干规定》第11条的规定，第三人无偿取得涉案财物的，应当予以追缴，而且赌债本身不是法律保护的债权，当事人不具有债权请求权，无权请求行为人支付财物，因此对清偿赌债的违法所得应当予以追缴，故B项正确。根据最高人民法院《关于刑事裁判涉财产部分执行的若干规定》第10条的规定，行为人将赃款赃物用于投资或置业，由此形成的财产中与赃款赃物对应的份额及其收益，应当予以追缴，故C项正确。根据最高人民法院、最高人民检察院《关于办理内幕交易、泄露内幕信息刑事案件具体应用法律若干问题的解释》，“违法所得”，是指通过内幕交易行为所获利益或者避免的损失。未实际从事内幕交易的，其罚金数额按照因泄露而获悉内幕信息人员或者被明示、暗示人员从事内幕交易的违法所得计算。故D项正确。

简答题

坦白是指犯罪人被动归案后，如实交代自己被指控的犯罪事实的行为。自首与坦白的相同之处在于：都以自己实施了犯罪行为为前提，都是在归案后如实交代自己的犯罪事实，都是从宽处罚的情节。区别之处在于：一般自首与坦白的关键区别在于犯罪人是否自动投案，一般自首要求犯罪分子在犯罪之后归案之前，主动到有关机关交代自己的犯罪事实，听候司法机关处理，而坦白无此要求；特别自首与坦白的关键区别在于犯罪人是否如实供述司法机关还未掌握的本人其他罪行，特别自首要求行为人供述的是司法机关还没有掌握的自己的其他罪行，而坦白无此要求；自首是法定从宽量刑情节，坦白是酌定从宽量刑情节。

案例分析题

1.《刑法》第67条第1、2款规定：犯罪以后自动投案，如实供述自己的罪行的，是自首。对于自首的犯罪分子，可以从轻或者减轻处罚。其中，犯罪较轻的，可以免除处罚。被采取强制措施的犯罪嫌疑人、被告人和正在服刑的罪犯，如实供述司法机关还未掌握的本人其他罪行的，以自首论。自首必须同时具备以下三个条件：（1）犯罪分子必须自动投案。自动投案一般应是犯罪分子本人直接向司法机关主动投案。如果犯罪分子就近向所在单位、城乡基层组织或其他有关人员投案，也应认定为自动投案，接受投案的单位或个人应及时转报司法机关。犯罪分子由于某些客观原因不能亲自投案，而委托他人代为投案或不能立即亲自投案而先以信、电方式投案的，也可构成自动投案。（2）犯罪分子必须如实供述自己的罪行。如实供述自己的罪行，是自首的本质特征之一。参与共同犯罪的一般共犯，除应当如实交代自己的犯罪事实外，还必须交代他知道的同案犯；其中的主犯，还必须交代同案犯的罪行。（3）必须接受审查和裁判。

《刑法》第 68 条规定：犯罪分子有揭发他人犯罪行为，查证属实的，或者提供重要线索，从而得以侦破其他案件等立功表现的，可以从轻或者减轻处罚；有重大立功表现的，可以减轻或免除处罚。可见，立功是指犯罪分子揭发他人犯罪行为，查证属实的，或者提供重要线索，从而得以侦破其他案件的表现。最高人民法院《关于处理自首和立功具体应用法律若干问题的解释》第 5 条规定：犯罪分子到案后有检举、揭发他人犯罪行为，包括共同犯罪案件中的犯罪分子揭发同案犯共同犯罪以外的其他犯罪，经查证属实……应当认定为有立功表现。

综上所述，本案被告人李某的行为符合《刑法》第 67 条第 2 款之规定，应以自首论处。李某交代自己与他人伙同犯罪的罪行属于自首情节而不是立功情节。

2.《刑法》第 76 条规定：“对宣告缓刑的犯罪分子，在缓刑考验期限内，依法实行社区矫正，如果没有本法第七十七条规定的情形，缓刑考验期满，原判的刑罚就不再执行，并公开予以宣告。”所谓“第七十七条规定的情形”，即撤销缓刑的情形，分为四种：（1）犯新罪。所犯的新罪，是指根据所犯罪行应当判处刑罚的新罪，包括故意犯罪和过失犯罪；既可以是较重的罪，也可以是较轻的罪。如果在缓刑考验期内，又犯新罪，应当撤销缓刑，执行原判刑罚。（2）发现判决宣告前还有其他罪没有被判决。在缓刑考验期限内，发现犯罪分子还有“漏罪”没有被判决，说明犯罪分子在判决宣告以前犯数罪，依照刑法的有关规定，对犯数罪者应当依法数罪并罚，从严惩处。而缓刑是对犯罪轻微、有悔罪表现、确实不会再危害社会的犯罪分子适用的政策。因此，对于在缓刑考验期限内，发现“漏罪”没有被判决的，应当撤销缓刑。（3）违反法律、行政法规或者国务院有关部门有关缓刑的监督管理规定，情节严重的。这主要是指在缓刑考验期限内违反法律、法规或考察机关的监督规定，情节严重，但尚未构成犯罪的情形。对于违反该规定，情节严重的，可以撤销缓刑，执行原刑罚。（4）违反人民法院判决中的禁止令，情节严重的。这主要是指违反人民法院判决的禁止犯罪分子在缓刑考验期限内从事特定活动，进入特定区域、场所，接触特定的人的命令。

综上分析，本案被告人王某符合撤销缓刑条件，即“发现判决宣告以前还有其他罪没有判决”，应当撤销被告人王某的缓刑，将其前后两罪依照《刑法》第 69 条的规定，决定应执行的刑罚。

3.《刑法》第 77 条规定：被宣告缓刑的犯罪分子，在缓刑考验期限内犯新罪或者发现判决宣告以前还有其他罪没有判决的，应当撤销缓刑，对新犯的罪或者新发现的罪作出判决，把前罪和后罪所判处的刑罚，按照数罪并罚的规定，决定执行的刑罚。对于“犯新罪”要求在“缓刑考验期限内”无异议，问题是“发现判决宣告以前还有其他罪没有判决的”是否也要求在“缓刑考验期限内”。对此，由于刑法规定得不明确，既可以解释为在缓刑考验期限内，也可以解释为在缓刑考验期外。

解释为包括缓刑考验期外的依据在于，缓刑是刑罚裁量制度，其适用的前提是行为的社会危害性不严重，行为人的人身危险性不大。但刑法对此设置了一定的监督措施。刑法设定了四个基本条件，即：（1）犯罪情节较轻；（2）有悔罪表现；（3）没有再犯罪的危险；（4）宣告缓刑对所居住社区没有重大不良影响。体现人身危险性的重要标准，是悔罪表现，而这个悔罪表现，并非仅指被已确定的判决涵盖的犯罪，还指行为人所实施的犯罪行为的整体。就本案例而言，行为人显然为了逃避刑事责任，故意隐瞒了其他罪行，因此，也就不满足“有悔罪表现”的条件。考虑到缓刑是刑罚裁量制度，既然出现了不符合适用缓刑的情形，那么即使在缓刑考验期满后，只要未超过追诉时效，就应该撤销缓刑，将前后犯罪按照数罪并罚的规定，决定刑罚。

解释为仅在缓刑考验期内的理由主要是，依据刑法规定出现两种不同解释时，应采取有利于行为人的解释，且缓刑考验期已满，对行为人就其行为再次判决有违“一事不再理”的原则。然而这样解释的障碍在于：第一，刑法规定并非绝对地不明确，《刑法》第77条已经明确指出了撤销缓刑的适用条件，解释为包括缓刑考验期外与适用缓刑的条件是一致的。第二，“一事不再理”的前提是没有新的证据，缓刑是刑罚裁量制度，而非刑罚执行制度，在新证据表明生效裁判结果事实认定有误的情况下，启动审判监督程序改判在实体和程序上都不存在异议。

论述题与深度思考题

数罪并罚，是指一个人在判决宣告以前犯有数罪，或者在判决宣告以后，刑罚执行完毕以前，发现被判刑的犯罪分子在判决宣告以前还有其他罪没有被判决，或者被判刑的犯罪分子又犯新罪，审判机关依照刑法规定的原则和方法，对犯罪分子所犯的数罪合并处罚的刑罚裁量制度。数罪并罚的前提是犯罪人犯有数罪。在犯有不同种类的数罪时，当然应该进行数罪并罚。在犯有同种类数罪时，不能一概而论。一般而言，犯有同种类数罪不需要数罪并罚，只要按一罪从重处罚即可，但以下两种情形，必须数罪并罚：（1）判决宣告以后，刑罚执行完毕以前，发现犯罪分子在判决宣告以前还有其他罪没有被判决，即使没有被判决的罪和已经被判决的罪属于同种类的数罪，也应当数罪并罚；（2）判决宣告后、刑罚执行完毕以前，犯罪分子又犯新罪，即使所犯的新罪和已经判决的罪属于同种类数罪，也应数罪并罚。

从世界各国的立法例来看，数罪并罚的原则大体有四种，即吸收原则、并科原则、限制加重原则和折中原则。我国《刑法》第69条规定了我国数罪并罚的原则，包括：

（1）数刑中只要有一个是死刑或者无期徒刑的，就应当执行死刑或者无期徒刑，即对犯数罪的死刑犯和无期徒刑犯采用的是吸收原则。但对除死刑或无期徒刑之外的犯罪仍应当分别裁量作出判决。

（2）数刑中有两个以上有期徒刑、两个以上拘役或者两个以上管制的，应当在总和刑期以下、数刑中最高刑期以上，酌情决定应当执行的刑期。其中，管制最高不超过3年；拘役最高不超过1年；有期徒刑总和刑期不满35年的，最高不能超过20年，总和刑期在35年以上的，最高不能超过25年，即对数罪的有期徒刑犯、拘役犯、管制犯采用的是限制加重原则。

（3）数罪中判处有附加刑的，附加刑仍须执行，即对数罪的主刑和附加刑采用的是并科原则。

数罪并罚的具体情况，根据《刑法》第69～71条的规定，主要有：

（1）判决宣告以前，一个人犯有数罪的，应当对所犯各罪分别裁量刑罚，然后按照《刑法》第69条规定的原则和方法，决定应当执行的刑罚。

（2）判决宣告以后，刑罚执行完毕以前，发现被判刑的犯罪分子在判决宣告以前还有其他罪没有判决的，应当对新发现的罪作出判决，把前后两个判决所判处的刑罚依照《刑法》第69条的规定，决定应当执行的刑罚，已经执行的刑期，应当计算在新判决所决定的刑期内，即“先并后减”。

（3）判决宣告以后，刑罚执行完毕以前，被判刑的犯罪分子又犯罪的，应当对新犯的罪作出判决，把前罪没有执行的刑罚与后罪所判处的刑罚，依照《刑法》第69条的规定，决定执行的刑罚，犯罪分子已经执行的刑期，不计算在新判决确定的刑期之内，即“先减后并”。

“先并后减”和“先减后并”这两种数罪并罚的方法有较大的区别。“先并后减”是以前罪原判的刑罚为基础的，而“先减后并”以前罪没有执行的刑罚为基础。在“先减后并”的情况下，实际执行的刑期可能高于25年。刑法之所以作出这样的不同规定，是因为犯罪分子在服刑期间又犯新罪，说明其主观恶性深，当然要给予严厉的惩罚。

第十八章　刑罚执行制度

知识逻辑图

- 刑罚执行制度
  - 减刑
    - 减刑的概念
    - 减刑的条件
      - 对象条件
      - 实质条件
      - 限度条件
  - 假释
    - 假释的概念
    - 假释的条件
      - 对象条件
      - 刑期条件
      - 实质条件
      - 社区条件
    - 假释的考验期限
    - 假释的结局

名词解释

1. 减刑
2. 假释

选择题

（一）单项选择题

1. 吕某因绑架罪被判处有期徒刑 12 年。入狱后，吕某认真遵守法规，接受教育改造，确有悔改表现。根据刑法规定，对吕某应如何处理？（　　）

A. 既可以减刑，也可以假释

B. 可以减刑，但不能假释

C. 可以假释

D. 既不能减刑，也不能假释

视频讲题

2. 依照我国《刑法》的规定，哪一机关有权决定对罪犯实行假释？（　　）

A. 监狱的上一级主管机关

B. 省级以上司法行政机关

C. 监狱所在地的基层人民法院

D. 中级以上人民法院

3. 施某犯贪污罪，被判无期徒刑。服刑 14 年后，因表现良好而获假释。在假释考验期内的第六年，施某故意致人重伤，被判刑 9 年。根据刑法规定，对施某应撤销假释，按数罪并罚的规定处理。对施某应适用何种刑罚幅度或刑种？（　　）

A. 应在 9 年以上 20 年以下有期徒刑幅度内决定执行的刑期

B. 应在 9 年以上 15 年以下有期徒刑幅度内决定执行的刑期

C. 应在 12 年以上 20 年以下有期徒刑幅度内决定执行的刑期

D. 应决定执行无期徒刑

4. 对判处无期徒刑的罪犯（　　）。

A. 一律不能适用假释

B. 有条件地适用假释

C. 改为有期徒刑后，才能适用假释

D. 患有严重疾病的可能适用假释

视频讲题

5. 假释考验期限，从（　　）起计算。

A. 判决宣告之日

B. 判决执行之日

C. 判决确定之日

D. 假释之日

6. 下列情况中应当减刑的情形是（　　）。

A. 认真遵守监规

B. 确有悔改表现

C. 有立功表现

D. 有发明创造或者重大技术革新

7. 被判处无期徒刑的犯罪分子，减刑后实际执行的刑期是（　　）。

A. 不得少于 20 年

B. 不得少于 13 年

C. 不得少于原判刑期的 1/2

D. 不得少于 10 年

视频讲题

8. 在有关人士的帮助、监督、辅导下，罪犯能更好地适应社会自由生活，从而降低该罪犯再次犯罪的概率。下列选项中较能体现这一观念的制度是（　　）。

A. 缓刑　　B. 管制

C. 假释　　D. 减刑

9. 下列情况中，可适用假释的有（　　）。

A. 姜某因盗窃被判处有期徒刑，2015 年刑满释放后，2018 年又犯诈骗罪被判处有期徒刑，执行过程中确有悔改表现

B. 张某因强奸罪被判处有期徒刑 10 年，执行中确有悔改表现

C. 王某因抢劫罪被判处有期徒刑 8 年，执行中确有悔改表现

D. 方某因诈骗罪被判处拘役，执行中确有悔改表现

10. 被判处管制、拘役、有期徒刑的犯罪分子，经过一次或几次减刑后，实际执行的刑期不能少于原判刑期的（　　）。

A. 2/3　　B. 1/2

C. 3/4　　D. 1/4

11. 有期徒刑的假释考验期为（　　）。

A. 原判刑期的 1/2

B. 不得少于 10 年

C. 10 年

D. 没有执行完毕的刑期

12. 无期徒刑的假释考验期为（　　）。

A. 5 年　　B. 10 年

C. 15 年　　D. 20 年

13. 行使减刑裁定权的机关是（　　）。

A. 基层人民法院

B. 中级人民法院

C. 中级以上人民法院

D. 劳动改造机关

14. 关于假释，下列哪一选项是正确的?（　　）

A. 被假释的犯罪分子，未经执行机关批准，不得行使言论、出版、集会、结社、游行、示威自由的权利

B. 对于犯故意杀人、爆炸、抢劫、强奸、绑架等暴力性犯罪的犯罪分子，即使被判处 10 年以下有期徒刑，也不得适用假释

C. 对于累犯，只要被判处的刑罚为 10 年以下有期徒刑，均可适用假释

D. 被假释的犯罪分子，在假释考验期间再犯新罪的，不构成累犯

15. 关于减刑，下列哪一选项是正确的?（　　）

A. 减刑只适用于被判处拘役、有期徒刑、无期徒刑和死缓的犯罪分子

B. 对一名服刑犯人的减刑不得超过 3 次，否则有损原判决的权威性

C. 被判处无期徒刑的罪犯减刑后，实际执行时间可能超过 15 年

D. 对被判处无期徒刑、死缓的罪犯的减刑，需要

报请高级人民法院核准

16. 关于假释的撤销，下列哪一选项是错误的？（　　）

A. 被假释的犯罪分子，在假释考验期内犯新罪的，应撤销假释，按照“先减后并”的方法实行并罚

B. 被假释的犯罪分子，在假释考验期内严重违反假释监督管理规定，即使假释考验期满后才被发现，也应撤销假释

C. 在假释考验期内，发现被假释的犯罪分子在判决宣告前还有同种罪未判决的，应撤销假释

D. 在假释考验期满后，发现被假释的犯罪分子在判决宣告前有他罪未判决的，应撤销假释，数罪并罚

17. 在符合“执行期间，认真遵守监规，接受教育改造”的前提下，关于减刑、假释的分析，下列哪一选项是正确的？（　　）

A. 甲因爆炸罪被判处有期徒刑12年，已服刑10年，确有悔改表现，无再犯危险。对甲可以假释

B. 乙因行贿罪被判处有期徒刑9年，已服刑5年，确有悔改表现，无再犯危险。对乙可优先适用假释

C. 丙犯贪污罪被判处无期徒刑，拒不交代贪污款去向，一直未退赃。丙已服刑20年，确有悔改表现，无再犯危险。对丙可假释

D. 丁因盗窃罪被判处有期徒刑5年，已服刑3年，一直未退赃。丁虽在服刑中有重大技术革新，成绩突出，对其也不得减刑

（二）多项选择题

1. 被假释的犯罪分子具有下列哪些情形时，应当撤销假释？（　　）

A. 犯新罪

B. 发现其在判决宣告前还有其他罪没有判决

C. 有违反法律、行政法规的行为，尚未构成新的犯罪

D. 有违反国务院公安部门有关假释的监督管理规定的行为，尚未构成新的犯罪

2. 服刑的犯人，有如下哪些重大立功表现的，应当减刑？（　　）

A. 阻止他人重大犯罪活动的

B. 在日常生产、生活中舍己救人的

C. 检举狱内外重大犯罪活动，经查证属实的

D. 对国家和社会有重大贡献的

3. 适用假释必须具备的条件是（　　）。

A. 被判处有期徒刑或无期徒刑的犯罪分子

B. 服刑达到法定期限

C. 犯罪分子患有严重疾病或者因其他原因不能继续关押

D. 犯罪分子确有悔改表现，没有再犯罪的危险

视频讲题

4. 对累犯以及因（　　）等暴力性犯罪被判处10年以上有期徒刑、无期徒刑的犯罪分子，不得假释。

A. 绑架　　B. 爆炸

C. 抢劫　　D. 强奸

5. 减刑适用于被判处以下哪些刑罚的犯罪分子？（　　）

A. 拘役

B. 管制

C. 死刑缓期2年执行

D. 有期徒刑

视频讲题

6. 下列关于假释的说法，哪些是错误的？（　　）

A. 对于因故意杀人、绑架等暴力性犯罪被判处10年以上有期徒刑的犯罪分子，不得假释；当他们被减刑后，如果剩余刑期少于10年的，则可以假释

B. 被假释的犯罪分子，在假释考验期限内犯新罪的，应当撤销假释，按照“先并后减”的方法再实行数罪并罚

C. 被假释的犯罪分子，在假释考验期内，遵守了

各种相关规定，没有再犯新罪，也没有发现以前还有其他罪没有判决的，假释考验期满，剩余刑罚就不再执行

D. 被判处有期徒刑的犯罪分子，执行原判刑期 1/2 以上，符合假释条件的，可以假释，如果有特殊情况，经高级人民法院核准，可以不受上述执行刑期的限制

7. 我国刑法中的假释，是指被判处有期徒刑或者无期徒刑的犯罪分子，在同时具备（　　）等条件的情况下，将其附条件地提前释放的一项刑罚制度。

A. 有期徒刑已执行 1/2、无期徒刑已经执行 13 年以上

B. 确有悔改表现

C. 有立功表现

D. 没有再犯罪的危险

8. 吴某因伤害罪被判处 5 年有期徒刑，刑满释放后第四年又因盗窃罪被判处 3 年有期徒刑。在此情况下，下列哪些做法对吴某不能适用？（　　）

A. 假释　　B. 减刑

C. 缓刑　　D. 暂予监外执行

9. 下列人员中，不适用假释的有（　　）。

A. 累犯

B. 因故意杀人被判处无期徒刑的犯罪分子

C. 危害国家安全的犯罪分子

D. 有前科的罪犯

10. 按照刑法的规定，下列哪些犯罪分子不得假释？（　　）

A. 因抢劫罪被判处有期徒刑 15 年的甲

B. 因受贿罪被判处 10 年有期徒刑的乙

C. 因贩卖毒品罪被判处无期徒刑的丙

D. 因构成累犯而被从重处罚，判处有期徒刑 7 年的丁

11. 关于减刑、假释的适用，下列哪些选项是错误的？（　　）

A. 对所有未被判处死刑的犯罪分子，如认真遵守监规，接受教育改造，确有悔改表现，或者有立功表现的，均可减刑

B. 无期徒刑减为有期徒刑的刑期，从裁定被执行之日起计算

C. 被宣告缓刑的犯罪分子，不符合“认真遵守监规，接受教育改造”的减刑要件，不能减刑

D. 在假释考验期限内犯新罪，假释考验期满后才发现的，不得撤销假释

（三）不定项选择题

1. 许某犯故意伤害罪被判处有期徒刑 10 年，执行 6 年后获得假释，假释后的第七年又犯强奸罪被判处有期徒刑 8 年。那么法院对许某不能适用哪些制度？（　　）

A. 假释　　B. 保外就医

C. 缓刑　　D. 减刑

2. 某一监狱内同一监号住着 4 个犯人，为争取减刑，4 人分别有以下表现。对哪些人应当给予减刑？（　　）

A. 李某在工矿劳动中为抢救危险中的工友，右腿被砸成重伤

B. 陈某得知隔壁监号的 4 个犯人有越狱计划，极力劝其放弃并成功

C. 严某在监狱宿舍失火后，不顾火势凶猛，连救 3 名已经昏迷的犯人

D. 彭某长期钻研焊接技术，对焊接技术作出了一定改进

视频讲题

3. 犯罪分子在被假释期间，有下列哪些情节的，应当撤销假释？（　　）

A. 违反治安管理处罚法，但不构成犯罪

B. 违反有关部门关于假释的管理规定，但不构成犯罪

C. 有过失犯罪

D. 发现其在判决宣告之前还有其他犯罪行为，应当追究刑事责任

4. 根据我国刑法规定，下列关于假释考验期的表述哪些是正确的？（　　）

A. 拘役的考验期为原判刑期以上、1 年以下，但是不能少于 2 个月

B. 有期徒刑的考验期为 10 年

C. 有期徒刑的考验期为没有执行完毕的刑期

D. 无期徒刑的考验期为 10 年

视频讲题

5. 假释的性质是（　　）。

A. 附条件提前释放

B. 附条件不执行原判刑罚的剩余刑期

C. 变通的执行方式

D. 是刑罚执行的一种奖励措施

简答题

1. 简述我国刑法中减刑和假释的区别。

2. 简述假释犯在考验期内不同表现的法律后果。

案例分析题

1. 王某因犯数罪被人民法院依法判处有期徒刑 20 年，服刑 13 年后被假释。在假释考验期的第六年，王某盗窃一辆汽车而未被发现。假释考验期满后的第四年，王某因抢劫而被逮捕，交代了自己在假释考验期限内盗窃汽车的行为。

问：(1) 对王某是否需要撤销假释？为什么？

(2) 对王某假释考验期限内的盗窃行为应如何处理？

(3) 对王某假释考验期满后的抢劫罪应如何处理？

(4) 对王某最后的刑罚应当如何确定？

2. 1996 年 7 月，王某因实施暴力强奸而被人民法院依法以强奸罪判处有期徒刑 15 年。后因其服刑表现不错，2009 年 7 月被假释。2011 年 3 月的一天，王某盗窃一辆汽车（价值 8 万多元）而未被发现。2013 年 4 月，王某因人举报而被逮捕，其后交代了自己在假释考验期限内盗窃汽车的行为。

问：(1) 对王某适用假释是否合法？为什么？

(2) 对王某是否还需要撤销假释？为什么？

(3) 对王某上述盗窃行为应如何处理？

(4) 对王某最后的刑罚应当如何确定？

(5) 假设王某在假释考验期间并没有实施新的犯罪行为，表现正常。2013 年 4 月，其因参与以传播“××病毒”相威胁敲诈某市多所高校钱财行为而被逮捕。在侦查羁押期间侦查机关发现王某的真实姓名为“汪某”，因为在 1991 年 1 月份曾经实施了一起重大恶性爆炸案件，公安机关在全省发布通缉令而成为被通缉的重大犯罪嫌疑人，为了逃避侦查其改名为“王某”。请问：在此种情形下对其依法如何处理？为什么？

3. 杨某在拐卖妇女过程中，将被害妇女甲强行奸污，之后又强迫其卖淫。案发后，杨某被人民法院判处有期徒刑 15 年，服刑 10 年后被假释。在假释考验期的第三年，杨某抢劫一辆汽车但未被发现。假释考验期满后的第四年，杨某又因抢劫他人财物而被逮捕，并如实交代了其在假释考验期限内抢劫汽车的行为。同时，为争取宽大处理，杨某还将其知道的曾经在本省有重大影响但一直未能侦破的持枪抢劫恶性案件的重要线索告知了公安机关。公安机关根据这一线索顺利地侦破了这起特大抢劫案。

问：(1) 对杨某是否需要撤销假释？为什么？

(2) 对杨某假释考验期限内的抢劫行为应当如何处理？

(3) 杨某是否构成累犯？

(4) 如何确定杨某的最后刑罚？

论述题与深度思考题

试述假释适用的条件。

参考答案

名词解释

1. 减刑是被判处管制、拘役、有期徒刑、无期徒刑的犯罪分子，在执行期间，认真遵守监规、接受教育改造，确有悔改表现，或者立功表现的，可以适当减轻其原判刑罚的制度。减刑和刑罚裁量过程中的减轻处罚不同。减轻处罚发生在人民法院对犯罪分子裁量刑罚的过程中，是对具有减轻处罚情节的犯罪分子在法定刑以下判处刑罚。

2. 假释是指被判处有期徒刑、无期徒刑的犯罪分子，在执行一定刑罚之后，确有悔改表现，不致再危害社会的，司法机关可以附条件地将其提前释放的刑罚制度。假释与监外执行不同。监外执行是犯罪分子确实存在法律所规定的特殊情况而暂不在监内执行刑罚，一旦监外执行的条件消失而刑期未满，仍然需要将犯罪分子收监执行。

选择题

（一）单项选择题

1. B。《刑法》第81条第2款规定："对累犯以及因故意杀人、强奸、抢劫、绑架、放火、爆炸、投放危险物质或者有组织的暴力性犯罪被判处十年以上有期徒刑、无期徒刑的犯罪分子，不得假释。"据此，对吕某，法律禁止假释。《刑法》第78条规定："被判处管制、拘役、有期徒刑、无期徒刑的犯罪分子，在执行期间，如果认真遵守监规，接受教育改造，确有悔改表现的，或者有立功表现的，可以减刑……"因此对吕某可以减刑。故B项正确。

2. D。《刑法》第79条规定："对于犯罪分子的减刑，由执行机关向中级以上人民法院提出减刑建议书。人民法院应当组成合议庭进行审理，对确有悔改或者立功事实的，裁定予以减刑。非经法定程序不得减刑。"可见，D项正确。

3. D。《刑法》第86条规定："被假释的犯罪分子，在假释考验期限内犯新罪，应当撤销假释，依照本法第七十一条的规定实行数罪并罚。在假释考验期限内，发现被假释的犯罪分子在判决宣告以前还有其他罪没有判决的，应当撤销假释，依照本法第七十条的规定实行数罪并罚……"根据该规定：（1）原判刑期是无期徒刑的罪犯，被撤销假释的，应当执行无期徒刑；（2）在考验期内犯新罪的，数罪并罚，即以原判刑期"无期徒刑"与新罪故意伤害罪（重伤）之刑"9年有期徒刑"依法决定执行的刑罚；（3）"无期徒刑"与"9年有期徒刑"合并，适用吸收原则，决定执行无期徒刑。故D项正确。本题答案要点是：无期徒刑罪犯被撤销假释的，还是执行无期徒刑。有其他罪行要数罪并罚的，与无期徒刑依法合并决定执行的刑罚。没有所谓的"先并后减"或"先减后并"这一复杂问题。

4. B。《刑法》第81条中规定，被判处无期徒刑的犯罪分子，实际执行13年以上，如果认真遵守监规，接受教育改造，确有悔改表现，假释后没有再犯罪危险，可以假释。可见，对被判处无期徒刑的罪犯，是在满足刑法规定的条件下适用假释。上述各项中，只有B项正确。

5. D。参见《刑法》第83条第2款。

6. D。参见《刑法》第78条。

7. B。参见《刑法》第78条第2款。

8. C。缓刑，是指人民法院对于被判处拘役、3年以下有期徒刑的犯罪分子，根据其犯罪情节和悔罪表现，认为暂缓执行原判刑罚，确实不致再危害社会的，规定一定的考验期，暂缓其刑罚的执行，若在考验期内没有发生法定撤销缓刑的情形，原判刑罚就不再执行的制度。管制，是指对犯罪分子不予关押，但限制其一定自由，由公安机关予以执行的刑罚方法。假释，是指被判处有期徒刑、无期徒刑的犯罪分子，在执行一定刑期之后，因其认真遵守监规，接受教育改造，确有悔改表现，不致再危害社会，而附条件地将其予以提前释放的制度。减刑，是指对于被判处管制、拘役、有期徒刑或者无期徒刑的犯罪分子，因其在刑罚执行期间认真遵守监规，接受教育改造，确有悔改或者立功表现，而适当减轻其原判刑罚的制度。题干中要求"更好地适应社会自由生活"，即意味着该犯罪分子已经被剥夺人身自由，因此，应当排除选项AB。减刑只是减轻刑罚，鼓励服刑人员较好地接受教育改造，并未体现题干所要求的"更好地适应社会自由生活，降低该罪犯再次犯罪的概率"的观念。所以，选项D也应被排除。

9. C。《刑法》第81条第2款规定，对累犯以及因故意杀人、强奸、抢劫、绑架、放火、爆炸、投放危险物质或者有组织的暴力性犯罪被判处10年以上有期徒刑、无期徒刑的犯罪分子，不得假释。对被判处管制、拘役的，不能假释。因此，应选C项。

10. B。参见《刑法》第78条第2款。

11. D。参见《刑法》第83条第1款。

12. B。参见《刑法》第83条第1款。

13. C。参见《刑法》第79条。

14. D。《刑法》第84条规定，被宣告假释的犯罪分子，应当遵守下列规定：（1）遵守法律、行政法规，服从监督；（2）按照监督机关的规定报告自己的活动情况；（3）遵守监督机关关于会客的规定；（4）离开所居住的市、县或者迁居，应当报经监督机关批准。行为人如果没有被剥夺政治权利，就可以行使言论、出版等政治权利。所以A项不正确。《刑法》第81条第2款规定，对累犯以及因故意杀人、强奸、抢劫、绑架、放火、爆炸、投放危险物质或者有组织的暴力性犯罪被判处10年以上有期徒刑、无期徒刑的犯罪分子，不得假释。所以BC两项不正确。假释期间，在性质上仍属于刑罚执行阶段，而累犯是指刑罚执行完毕后犯罪的情形，所以D项正确。

15. C。减刑也适用于管制刑，所以A项不正确。刑法并未规定减刑不得超过3次，所以B项不正确。刑法规定，被判无期徒刑的犯罪分子减刑的，实际执行刑期不得少于13年，因此，C项正确。刑法规定，减刑由执行机关向中级以上人民法院提出减刑建议书，人民法院进行审理，裁定予以减刑。因此，无期徒刑的减刑，也可能由中级人民法院作出，所以D项不正确。

16. D。选项A说法正确：《刑法》第86条第1款规定，被假释的犯罪分子，在假释考验期限内犯新罪，应当撤销假释，依照本法第71条的规定（“先减后并”）实行数罪并罚。选项B说法正确：《刑法》第86条第3款规定，被假释的犯罪分子，在假释考验期限内，有违反法律、行政法规或者国务院有关部门关于假释的监督管理规定的行为，尚未构成新的犯罪的，应当依照法定程序撤销假释，收监执行未执行完毕的刑罚。选项C说法正确，选项D说法错误：《刑法》第86条第2款规定，在假释考验期限内，发现被假释的犯罪分子在判决宣告以前还有其他罪没有判决的，应当撤销假释，依照本法第70条的规定（“先并后减”）实行数罪并罚。

17. B。《刑法》第81条规定，“被判处有期徒刑的犯罪分子，执行原判刑期二分之一以上，被判处无期徒刑的犯罪分子，实际执行十三年以上，如果认真遵守监规，接受教育改造，确有悔改表现，没有再犯罪的危险的，可以假释……对累犯以及因故意杀人、强奸、抢劫、绑架、放火、爆炸、投放危险物质或者有组织的暴力性犯罪被判处十年以上有期徒刑、无期徒刑的犯罪分子，不得假释”。因此A项说法不正确，B项说法正确。最高人民法院《关于减刑、假释案件审理程序的规定》第5条第1款规定，人民法院审理减刑、假释案件，除应当审查罪犯在执行期间的一贯表现外，还应当综合考虑犯罪的具体情节、原判刑罚情况、财产刑执行情况、附带民事裁判履行情况、罪犯退赃退赔等情况。因此，罪犯退赃退赔是决定是否减刑、假释的综合因素之一，不是决定性条件。故D项说法不正确。另外，最高人民法院《关于办理减刑、假释案件具体应用法律的规定》第3条第2款规定，对职务犯罪、破坏金融管理秩序和金融诈骗犯罪、组织（领导、参加、包庇、纵容）黑社会性质组织犯罪等罪犯，不积极退赃、协助追缴赃款赃物、赔偿损失，或者服刑期间利用个人影响力和社会关系等不正当手段意图获得减刑、假释的，不认定其“确有悔改表现”。而悔改表现是减刑、假释的刑法明确规定的适用条件。故C项说法不正确。

（二）多项选择题

1. ABCD。《刑法》第86条规定：被假释的犯罪分子，在假释考验期限内犯新罪（A项——引者注），应当撤销假释……发现……在判决宣告以前还有其他罪没有判决的（漏罪，B项——引者注），应当撤销假释……有违反法律、行政法规（违法，C项——引者注）或者国务院有关部门关于假释的监督管理规定（违规，D项——引者注）的行为，尚未构成新的犯罪的，应当依照法定程序撤销假释，收监执行未执行完毕的刑罚。

2. ABCD。《刑法》第78条第1款规定，被判处管制、拘役、有期徒刑、无期徒刑的犯罪分子，在执行期间，如果认真遵守监规，接受教育改造，确有悔改表现的，或者有立功表现的，可以减刑；有下列重大立功表现之一的，应当减刑：（1）阻止他人重大犯罪活动的；（2）检举监狱内外重大犯罪活动，经查证属实的；（3）有发明创造或者重大技术革新的；（4）在日常生产、生活中舍己救人的；（5）在抗御自然灾害或者排除重大事故中，有突出表现的；（6）对国家和社会有其他重大贡献的。

3. ABD。参见《刑法》第81条第1款。

4. ABCD。参见《刑法》第81条第2款。

5. ABD。参见《刑法》第78条第1款。

6. ABD。减刑只是一种刑罚执行制度，不同于改判，即在减刑情况下不存在原判决错误的问题，因而对于因故意杀人、绑架等暴力性犯罪被判处10年以上有期徒刑的犯罪分子，即使被减刑后，剩余刑期少于10年，仍然不适用假释。可见，A项错误。此外，《刑法》第86条第1款规定，被假释的犯罪分子，在假释考验期限内犯新罪，应当撤销假释，依照本法第71条的规定（“先减后并”——引者注）实行数罪并罚。可见，B项错误。假释是根据犯罪分子在刑罚执行过程中的悔罪表现而附条件地予以提前释放，只要犯罪分子在假释考验期限内遵守假释的规定，考验期满，就认为原判刑罚已经执行完毕。可见，C项正确。根据《刑法》第81条的规定，假释的特殊情况下的处理，由最高人民法院核准，而非经高级人民法院核准。可见，D项错误。

7. ABD。参见《刑法》第81条第1款。

8. AC。根据《刑法》第65、74、81条的规定，累犯的法律后果有三个：（1）应当从重处罚；（2）不能适用缓刑；（3）不能适用假释。可见，AC项正确，BD项错误。

9. AB。本题考查的是假释的适用条件。根据《刑法》第81条第2款的规定，对累犯以及因故意杀人、强奸、抢劫、绑架、放火、爆炸、投放危险物质或者有组织的暴力性犯罪被判处10年以上有期徒刑、无期徒刑的犯罪分子，不得假释，故应当选AB项。值得注意的是，根据有关司法解释，对于在1997年9月30日以前犯罪、1997年10月1日以后仍在服刑的上述犯罪分子，适用修订前的《刑法》第73条的规定，可以假释。

10. AD。AD项属《刑法》第81条规定的不得假释的情形，故应选。

11. ABCD。A项说法错误：只有被判处主刑（死刑立即执行除外）的犯罪分子可以减刑，被独立适用附加刑的犯罪分子，不得减刑。B项说法错误：无期徒刑减为有期徒刑的刑期，从裁定减刑之日起计算。C项说法错误：最高人民法院《关于办理减刑、假释案件具体应用法律的规定》第18条规定：判处拘役或者3年以下有期徒刑并宣告缓刑的罪犯，一般不适用减刑。但是，前述规定的罪犯在缓刑考验期内有重大立功表现的，可以参照《刑法》第78条的规定，予以减刑，同时应依法缩减其缓刑考验期限。缩减后，拘役的缓刑考验期限不能少于2个月，有期徒刑的缓刑考验期限不能少于1年。D项说法错误：被假释的犯罪分子，在假释考验期限内犯新罪，无论是在考验期内发现，还是在假释考验期满后才发现，都必须撤销假释。

（三）不定项选择题

1. AC。本题是对前罪被假释的犯罪分子，又犯后罪，累犯的时间间隔的起算点以及累犯的法律后果的考查。首先，许某的行为构成累犯。故意伤害罪和强奸罪都是故意犯罪，且都被判处有期徒刑，满足了构成累犯的主观要件和刑期要件，关键是时间要件是否符合。构成累犯的后罪必须发生在前罪执行完毕或者赦免后的5年之内，如果前罪被假释，则5年期限的起算点就是假释期满之日。故意伤害罪执行6年后获得假释，那么假释的考验期应为4年，所以假释后的第七年，也就是假释考验期满的第三年，并没有超过5年，故满足了累犯的时间要件，构成了累犯。根据《刑法》第65、74、81条的规定，累犯的法律后果有三个：（1）应当从重处罚；（2）不能适用缓刑；（3）不能适用假释。本案中，许某构成累犯，所以不能对其适用缓刑和假释是正确答案，选择AC项。累犯并不影响减刑和保外就医的适用，这是出于鼓励犯罪分子积极改造以及人道主义的考虑。

2. ABC。《刑法》第78条第1款规定："……有下列重大立功表现之一的，应当减刑：（一）阻止他人重大犯罪活动的；（二）检举监狱内外重大犯罪活动，经查证属实的；（三）有发明创造或者重大技术革新的；（四）在日常生产、生活中舍己救人的；（五）在抗御自然灾害或者排除重大事故中，有突出表现的；（六）对国家和社会有其他重大贡献的。"可见，ABC三项符合刑法规定的减刑条件。

3. ABCD。参见《刑法》第86条之规定。

4. CD。根据《刑法》第81条的规定，假释只适用于被判处有期徒刑和无期徒刑的犯罪分子，而不能适用于被判处拘役的犯罪分子。显然，A项错误。另外，《刑法》第83条第1款规定，有期徒刑的假释考验期限，为没有执行完毕的刑期；无期徒刑的假释考验期限为10年。可知CD两项正确，而B项错误。

5. ABCD。假释是指被判处有期徒刑或者无期徒刑的犯罪分子，在执行了一定时间的刑罚以后，认真遵守监规，接受教育改造，确有悔改表现，不致再危害社会的，司法机关将其附条件地予以提前释放的一种刑罚执行制度。可知，A项正确。此外，假释是附条件地不执行原判刑罚的剩余刑期。可知，B项正确。假释是刑法规定的一种在一定条件下对犯罪分子采取的灵活、变通的刑罚执行措施，也是一种对犯罪分子采取的奖励措施。可知，CD项正确。

简答题

1. 减刑，是对被判处管制、拘役、有期徒刑或者无期徒刑的犯罪分子，因其在刑罚执行期间认真遵守监规，接受教育改造，确有悔过或者立功表现，而适当减轻其原判刑罚的制度。所谓减轻原判刑罚，既可以是将较重的刑种减为较轻的刑种，也可以是将较长的刑期减为较短的刑期。而我国刑法规定的假释，是对被判处有期徒刑、无期徒刑的犯罪分子，在执行一定刑期之后，因其认真遵守监规，接受教育改造，确有悔改表现，不致再危害社会，而附条件地将其予以提前释放的制度。

从我国刑法关于减刑和假释的规定可以看出，假释与减刑不同。两者虽然都是刑罚执行制度，且适用前提有相同之处，但仍在许多方面存在不同：(1) 适用范围不同。假释只适用于被判处有期徒刑和无期徒刑的犯罪分子；减刑适用于被判处管制、拘役、有期徒刑、无期徒刑的犯罪分子。(2) 假释只能宣告一次；而减刑不受次数的限制，可以减刑一次，也可减刑数次。(3) 假释附有考验期，如果发生法定情形，就撤销假释；减刑没有考验期，即使犯罪分子再犯新罪，已减的刑期也不恢复。(4) 适用方法不同。对被假释人当即解除监禁，附条件地释放；对被减刑人要视其减刑后是否有余刑，才能决定是否释放，有未执行完的刑期的，仍需继续执行。

2. 依照《刑法》第 85、86 条的规定，根据假释犯在假释考验期内的不同表现，分别作出不同的处理：第一，如果假释犯在假释考验期内又犯新罪，那么无论所犯的新罪是故意犯罪还是过失犯罪，是重罪还是轻罪，都要撤销假释，对新罪作出判决，将新罪所判处的刑罚与前罪没有执行完的刑罚，按照《刑法》第 71 条规定的数罪并罚原则，决定应当执行的刑罚。第二，在假释考验期内，如果发现假释犯在原判决宣告前还有没被判处的罪，而且该罪没有超过追诉时效，那么也应当撤销假释，对没有判决的罪作出判决，将未判之罪所判处的刑罚与前罪判处的刑罚，按照《刑法》第 70 条规定的数罪并罚原则，决定应当执行的刑罚。第三，在假释考验期内，假释犯有违反法律、行政法规或者国务院有关部门关于假释的监督管理规定的行为，尚未构成新的犯罪的，应当依照法定程序撤销假释，收监执行没有执行完毕的刑罚。第四，在假释考验期内，假释犯遵守关于假释的各项规定，没有以上所说的三种情况的，假释考验期满，就认为原判刑罚已经执行完毕，并应当公开予以宣告。

案例分析题

1. (1) 对王某需要撤销假释。根据《刑法》第 86 条的规定，被假释的犯罪分子，在假释考验期限内犯新罪的，应该撤销假释。

(2) 根据《刑法》第 86 条和第 69、71 条的规定，对王某假释考验期限内的盗窃行为应该处理如下：对新犯的罪作出判决，把前罪没有执行的刑罚和后罪所判处的刑罚按照数罪并罚的规定决定应执行的刑期。

(3) 根据《刑法》第 65 条的规定，对于被假释的犯罪分子，假释期满以后，在 5 年以内再犯应处有期徒刑以上刑罚之罪的，是累犯，应当从重处罚，所以对王某应按累犯从重处罚。

(4) 首先，对王某所犯的盗窃罪作出判决。王某盗窃数额巨大，处 3 年以上 10 年以下有期徒刑，并处罚金。其次，把盗窃罪所判处的刑罚和未服的 7 年刑期，在总和刑期以下、数刑中最高刑期以上，酌情决定执行的刑罚。再次，对王某的抢劫按累犯从重处罚。最后，把抢劫罪所判处的刑罚与前面判处的刑罚，按数罪并罚的原则决定执行的刑罚，罚金仍需执行。

2. (1) 对王某可以适用假释，因为 1979 年《刑法》没有对因暴力犯罪被判处 10 年以上有期徒刑的不适用假释的限制性规定。

(2) 应撤销假释。因为根据刑法规定，在假释期内犯罪的，一律撤销假释。

(3) 对王某的盗窃行为按照盗窃罪进行定罪处罚。

(4) 将强奸罪的刑期 15 年减去 12 年后与盗窃罪并罚，假释期间的考验期不能折抵刑期。

(5) 如果爆炸罪在 20 年后认为必须追诉，那么须报请最高人民检察院核准。如果认为不必追诉，那么直接以敲诈勒索罪按真实姓名提起公诉（有累犯情节）。

3. (1) 对杨某需要撤销假释。因为杨某在假释考验期限内又实施了抢劫行为，根据《刑法》第 86 条的规定，应当撤销假释。

(2) 由于杨某在假释考验期内抢劫汽车的行为未被发现，属于《刑法》第 86 条第 2 款规定的漏罪情形，因而应当对其假释考验期限内实施的抢劫罪依法作出判决，把前罪所判处的 15 年有期徒刑中尚未执行的 5 年刑罚与抢劫罪的刑罚按照数罪并罚的规定实行并罚。同时，杨某在又一起抢劫案中被逮捕后，交代了假释考验期间的抢劫行为，根据有关司法解释的规定，被采取强制措施的犯罪嫌疑人、被告人如实供述司法机关尚未掌握的本人其他罪行的，如果该罪行与司法机关掌握的罪行属于不同种类的罪行，则构成自首；如果属于同种罪行，则不成立自首，但可以酌情从轻处罚。而且，杨某还有重大立功表现，根据法律的规定，可以减轻或免除处罚。

（3）杨某假释考验期满后的抢劫罪是在假释考验期满后的5年内作出的，符合累犯的成立条件，构成累犯，应从重处罚。

（4）对杨某刑罚的确定：首先，应当撤销假释，并对其在假释考验期内的抢劫罪作出判决；其次，把对该抢劫罪所判处的刑罚与未执行完的5年刑罚，在总和刑期以下、两个刑罚中最高刑期以上，决定应当执行的刑罚；再次，对杨某在假释考验期满后的抢劫行为，按累犯从重处罚；最后，把假释考验期满后的抢劫行为所判处的刑罚与第二步所确定的应执行的刑罚，按数罪并罚的规定，并结合上述酌情从轻和重大立功表现，决定应当执行的刑罚。

论述题与深度思考题

假释，是指对被判处有期徒刑或者无期徒刑的犯罪分子，在执行了一定时间的刑罚后，认真遵守监规，接受教育改造，确有悔改表现，没有再犯罪危险的，司法机关将其附条件地予以提前释放的一种刑罚执行制度。由于假释是让犯罪分子在社会上改造，因而从维护社会秩序的角度出发，刑法对假释设置了如下的条件要求。

（1）适用假释的对象条件。适用假释的对象只能是被判处有期徒刑和无期徒刑的犯罪分子。被判处管制的犯罪分子本来就是在社会上服刑，不涉及假释问题；被判处拘役的犯罪分子由于刑期较短，也不适用假释制度。死缓的犯罪分子其最终刑尚未确定，只有在考验期满后减为无期徒刑或者有期徒刑，才会发生假释的问题。另外，《刑法》第81条第2款规定：对累犯以及因故意杀人、强奸、抢劫、绑架、放火、爆炸、投放危险物质或者有组织的暴力性犯罪被判处10年以上有期徒刑、无期徒刑的犯罪分子，不得假释。这部分犯罪分子人身危险性较大，难以保证其在社会上改造不会再犯罪，因而不适用假释。

（2）适用假释的刑期条件。被判处有期徒刑、无期徒刑的犯罪分子只有在执行了一定刑期之后才能适用假释，因为只有通过一定时间的刑罚执行，才能掌握犯罪分子是否有悔改表现，是否会再犯罪。《刑法》第81条第1款规定：被判处有期徒刑的犯罪分子，执行原判刑期1/2以上，被判处无期徒刑的犯罪分子，实际执行13年以上，才可以适用假释。另外，“如果有特殊情况，经最高人民法院核准，可以不受上述执行刑期的限制”。

（3）适用假释的实质条件。被判处有期徒刑、无期徒刑的犯罪分子，在刑罚执行期间必须认真遵守监规，接受教育改造，确有悔改表现，没有再犯罪的危险。只有符合这样的条件，才能够适用假释。

（4）适用假释的社区条件。《刑法》第81条第3款规定，对犯罪分子决定适用假释时，应当考虑其假释后对所居住社区的影响。这是因为假释的犯罪分子是附条件提前回到社会、回到社区，如果假释会对其所在社区产生不良影响，则应当对是否假释慎重考虑。

第十九章　刑罚消灭制度

知识逻辑图

- 刑罚消灭制度
  - 时效
    - 时效的概念
    - 时效的种类
      - 行刑时效
      - 追诉时效
        - 追诉时效的概念
        - 追诉时效的期限
  - 赦免
    - 赦免的概念
    - 赦免的种类
      - 大赦
      - 特赦

名词解释

1. 刑罚消灭
2. 追诉时效
3. 时效延长
4. 时效中断
5. 特赦

选择题

(一) 单项选择题

1. 甲于 2024 年 6 月与乙合谋共同诈骗李某 30 000 元，甲、乙平分各得 15 000 元。在审查本案期间，甲主动交代曾在 2018 年 3 月间诈骗张某 4 000 元而未被公安机关立案侦查的犯罪事实。在处罚甲的诈骗罪时其犯罪金额应为（　　）。

A. 34 000 元　　B. 30 000 元

C. 19 000 元　　D. 15 000 元

2. 甲犯诈骗罪，其法定刑为 3 年以上 10 年以下的有期徒刑。若甲在公安机关立案以后逃避侦查，则此案的追诉期限为（　　）。

A. 5 年

B. 10 年

C. 15 年

D. 不受追诉期限的限制

3. 按照刑法的规定，追诉时效中断的条件之一是追诉期限内（　　）。

A. 犯罪分子还有其他违法行为

B. 犯罪分子又犯新罪

C. 犯罪分子逃避侦查或者审判

D. 犯罪分子阻止被害人向公、检、法机关提出控告

4. 关于追诉时效，下列哪一选项是正确的？（　　）

A.《刑法》规定，法定最高刑为不满 5 年有期徒刑的，经过 5 年不再追诉。危险驾驶罪的法定刑为拘役，不能适用该规定计算危险驾驶罪的追诉时效

B. 在共同犯罪中，对主犯与从犯适用不同的法定刑时，应分别计算各自的追诉时效，不得按照主犯适用的法定刑计算对从犯的追诉期限

C. 追诉时效实际上属于刑事诉讼的内容，刑事诉讼采取从新原则，故对刑法所规定的追诉时效，不适用从旧兼从轻原则

D. 刘某故意杀人后逃往国外 18 年，在国外因伪造私人印章（在我国不构成犯罪）被通缉时潜回国内。4 年后，其杀人案件被公安机关发现。因追诉时效中断，应追诉刘某故意杀人的罪行

（二）多项选择题

1. 2022年2月起，张某与许某结伙盗窃，先后共同作案5次，共窃得财物价值25 000元，销赃后得赃款9 000元，二人平分。2022年10月，张某单独作案1次，窃得现金5 000元。2023年3月案发后，张某主动交代曾在2014年1月单独作案，窃得摩托车1辆，价值3 800元，而公安机关当时未立案侦查。在追究张某和许某的刑事责任时，张某和许某分别对下列何种数额负责？（　　）

A. 张某盗窃合计33 800元

B. 许某盗窃25 000元

C. 张某盗窃30 000元

D. 许某盗窃12 500元

2. 我国刑法规定，对犯罪分子追究刑事责任的有效期限，从（　　）开始计算。

A. 犯罪目的达到之日

B. 犯罪之日

C. 犯罪行为有连续状态的，自犯罪行为终了之日

D. 犯罪结果发生之日

3. 刑法上的时效种类可分为（　　）。

A. 时效延长　　B. 时效中断

C. 追诉时效　　D. 行刑时效

4. 关于追诉时效，下列哪些选项是正确的？（　　）

A. 甲犯劫持航空器罪，即便经过30年，也可能被追诉

B. 乙于2023年1月10日挪用公款50万元用于结婚，2023年7月10日归还。对乙的追诉期限应从2023年1月10日起计算

C. 丙于2010年故意轻伤李某，直到2018年李某才报案，但公安机关未立案。2024年，丙因他事被抓。不能追诉丙故意伤害的刑事责任

D. 丁与王某共同实施合同诈骗犯罪。在合同诈骗罪的追诉期届满前，王某单独实施抢夺罪。对丁之合同诈骗罪的追诉时效，应从王某犯抢夺罪之日起计算

（三）不定项选择题

1. 下列各种情形中哪些不受追诉期限的限制？（　　）

A. 付某因出国而未在法定期限内对钟某的侮辱行为提出控告

B. 连某向公安机关报案，称自己被强奸，但因连某精神上极度惊恐，说话语无伦次，接案人员对其报案有怀疑而没有给予立案

C. 蒋某在得知其同案犯薛某被公安机关逮捕以后，连夜赶往外地藏匿

D. 谭某在方某诉其侵占案由人民法院受理以后离家，后杳无音信

视频讲题

2. 吴某犯了情节严重的招摇撞骗罪，依照《刑法》第279条的规定，应处3年以上10年以下有期徒刑。对吴某行为的刑事追诉期限应当是（　　）。

A. 5年　　B. 10年

C. 15年　　D. 20年

3. 我国刑法中的时效是指（　　）。

A. 追诉时效

B. 刑法的溯及力

C. 行刑时效

D. 刑法的生效与失效

4. 下列有关特赦的论述中正确的是（　　）。

A. 我国宪法中既规定了大赦也规定了特赦

B. 特赦由全国人民代表大会决定，由中华人民共和国主席发布特赦令实施特赦

C. 自1959年以来，我国共实行过7次特赦

D. 我国的特赦既针对刑罚尚未开始执行的犯罪分子，也针对关押改造了一定期限、确实改恶从善的犯罪分子

简答题

1. 简述大赦与特赦的区别。

2. 简述我国特赦制度的特点。

案例分析题

1. 张某因犯盗窃罪，于2012年6月25日被判处

有期徒刑 8 年。在被投入监狱服刑后，张某认为原判量刑过重而产生脱逃恶念。2012 年 9 月 6 日下午，张某利用在监狱外工地单独劳动又无人看管的机会脱逃。脱逃后，张某化名方某，先后在海南省各地打工、谋生。其间，张某与女青年郑某以夫妻名义共同生活，并生育一儿一女。2024 年 1 月底，张某携全家回到某村老家，向当地村干部交代了自己的脱逃经过，并于同年 2 月 24 日主动到当地公安派出所投案自首，脱逃在外期间共计 11 年 5 个月 18 天。同年 8 月 24 日，张某被押解归案。

问：张某脱逃 11 年之久，是否超出追诉时效？如何确定追诉时效？

2. 2017 年 8 月 10 日，某公司经理刘某为增加公司注册资本，以假进账单向该市农行一办事处存入股款 1 971 万元，骗取验资证明，并于同年 9 月进行公司工商变更登记，将该公司注册资本增至 2 140 万元。2024 年 11 月案发。

对于刘某虚报注册资本行为是否已过追诉时效，存在两种不同意见：一种意见认为，根据《刑法》第 87 条的规定，法定最高刑为不满 5 年有期徒刑的，追诉时效为 5 年。《刑法》第 158 条规定的虚报注册资本罪的法定最高刑是 3 年以下有期徒刑，因此，该罪的追诉时效应为 5 年。本案中刘某虚报注册资本的时间是 2017 年 9 月，至 2024 年 11 月公安机关立案侦查时已经超过 5 年，因此，对其行为依法不应再追究刑事责任。另一种意见认为，虽然刘某最初实施虚报注册资本行为的时间是 2017 年 9 月，但该行为一直处于延续状态，根据《刑法》第 89 条“追诉期限从犯罪之日起计算；犯罪行为有连续或者继续状态的，从犯罪行为终了之日起计算”的规定，刘某虚报注册资本行为不存在超过追诉时效问题，仍应追究其刑事责任。

问：究竟应如何认定本案中的时效问题？

3. 2009 年 7 月，印刷厂工人康某利用工作之便，套色印刷 10 元面值的人民币 101 张。同年 8 月 3 日晚，康某在某商店里用伪造的货币购物时，引起售货员的怀疑。当售货员用验钞机查验货币时，康某心虚，拔腿就跑。售货员呼喊，康某被一恰好路过的公安人员抓获，被带回公安机关审查。在看守所羁押期间，康某脱逃，偷渡出境，到国外定居。2025 年 12 月 7 日，因其父病故，康某悄悄从国外赶回家中探望，公安机关得知后将其抓获。人民法院以伪造货币罪判处康某有期徒刑 5 年。康某不服判决，以追诉时效已过为由提起上诉。

请分析康某的行为是否超过追诉时效并简要说明理由。

4. 张某 2010 年 1 月 1 日将人打成重伤（追诉时效为 15 年）之后，当即逃之夭夭。被害人报警后，公安机关于次日（2010 年 1 月 2 日）立案侦查。被害人只能陈述张某相貌特征，无法提供其他具体信息，侦查机关积极侦查取证，但一直无法确定犯罪嫌疑人。张某在外地躲避风头一年后于 2011 年 1 月 1 日回到案发时的居住地正常生活，直到 2025 年 3 月，侦查机关掌握其犯罪线索，将其抓获归案。

请分析张某的行为是否超过追诉时效并说明理由。

参考答案

名词解释

1. 刑罚消灭是指国家赋予司法机关的刑罚权由于某种法定事由的出现而停止行使的一种制度。我国刑法对追诉时效和赦免两种刑罚消灭制度作了明确、严格的规定。

2. 追诉时效是指刑事法律所规定的，对犯罪人追究刑事责任的有效期限。犯罪分子的犯罪行为已经超过刑法规定的追诉时效期限的，不再追究刑事责任；如果已经被追究了刑事责任，该案件应当予以撤销。

3. 时效延长是指由于发生了法律规定的事由，追诉时效暂时停止进行，或者因法定事由而使对犯罪分子的追诉不受追诉时效期限限制的制度。

4. 时效中断是指在追诉时效进行期间，因发生法律规定的事由，已经经过的时效期限归于无效，法律规定的事由一旦消失，时效重新开始计算的制度。

5. 特赦是指国家元首或者国家最高权力机关对已受罪行宣告的特定犯罪人，免除其全部或者部分刑罚的制度。

选择题

（一）单项选择题

1. B。根据《刑法》第 87 条第 1 项的规定，犯罪法定最高刑为不满 5 年有期徒刑的，经过 5 年不再追诉。甲在 2018 年 3 月间诈骗张某 4 000 元的犯罪，法定最高刑为 3 年，因此对此行为的追诉时效为 5 年。该行为到 2024 年 6 月时，已经超过 5 年，因此对该 4 000 元的诈骗金额不予追究刑事责任。对共同诈骗犯罪，应当以行为人参与共同诈骗的数额认定其犯罪数额，并结合行为人在共同犯罪中的地位、作用和非法所得数额等情节依法处罚。甲与乙构成诈骗共犯，应当根据共同诈骗的财产数额认定犯罪金额，而非根据分赃数额认定犯罪金额。据此，应选选项 B。

2. D。本题考查的是追诉时效的延长。所谓追诉时效延长，是指在追诉期限内，因发生法定事由，追究犯罪人的刑事责任不受追诉期限限制的制度。我国《刑法》第 88 条第 1 款规定，在人民检察院、公安机关、国家安全机关立案侦查或者在人民法院受理案件以后，逃避侦查或者审判的，不受追诉期限的限制。第 2 款规定，被害人在追诉期限内提出控告，人民法院、人民检察院、公安机关应当立案而不予立案的，不受追诉期限的限制。也就是说，在司法机关立案侦查或者受理案件以后，犯罪分子逃避侦查或者审判的，或者被害人在追诉期限内提出控告，司法机关应当立案而不予立案的，不受追诉期限的限制，不论逃避状态持续多久，也不论应当立案而不予立案的状态持续多久，都可以对犯罪分子进行追诉。故应当选 D 项。

3. B。参见《刑法》第 89 条。

4. B。追诉时效期限以法定最高刑为标准，不是以实际应当判处的刑罚为标准。如果所犯罪行的刑罚分别规定了几条或几款，则按其罪行应当适用的条或款的法定最高刑计算；如果同一条或同一款中有几个量刑幅度，则按其罪行应当适用的量刑幅度的法定最高刑计算；如果条文只规定了单一的量刑幅度，则按此条的法定最高刑计算。危险驾驶罪的法定刑为拘役，但其仍属于法定最高刑 5 年以下的范围，追诉时效仍以 5 年计，故 A 项不正确。共同犯罪并非适用统一的追诉时效标准，而是按照各共犯人应当适用的法定刑幅度，分别计算追诉期限。故 B 项正确。追诉时效解决了行为人实体法上刑事责任的问题，因此同样适用从旧兼从轻的原则。故 C 项不正确。法定最高刑为无期徒刑、死刑的，经过 20 年不再追诉；若 20 年以后认为必须追诉的，须报请最高人民检察院核准。刘某犯故意杀人罪，追诉时效为 20 年，其在第 22 年（国外 18 年＋国内 4 年）时才被发现杀人的事实，因此如果要追究其刑事责任，需报最高人民检察院核准；其在国外伪造私人印章的行为在我国不构成犯罪，故不构成在追诉期限内又犯罪的条件，不构成追诉时效的中断。故 D 项不正确。

（二）多项选择题

1. BC。本题涉及四个问题：（1）犯罪金额的计算。通常以赃物的实际价值为准（如物价部门的鉴定、估价）；是商品的，以市场零售价为准。因为销赃额通常都低于物品的实际价额，所以一般不以其为确定犯罪金额的依据。但是销赃额高于物品实际价值的（这发生在商品紧缺、卖方市场的情况下），以销赃额为准。这体现了“就高不就低”的原则。（2）共犯总体责任，具体表现在共同犯罪人对共同犯罪的总额承担责任，而不是对各人分赃的数额承担责任。但是，如果是共犯人单独所为，则只由本人承担责任，其他人不对他人的“过限行为”或“独自”的犯罪行为承担责任。（3）同一种性质的犯罪数额累计处罚。根据以上三个要点，可以得出结论：张某、许某均应对 5 次共同作案的 25 000 元承担责任。但许某对张某单独作案的 5 000 元和 3 800 元不负责。按照这样的结论，许某犯罪金额是 25 000 元，张某犯罪金额是（25 000 元＋5 000 元＋3 800 元）＝33 800 元。（4）追诉时效。张某盗窃价值 3 800 元的摩托车是在 2014 年 1 月，距 2023 年 3 月有 9 年多时间。根据法律规定，法定最高刑不满 5 年的，经过 5 年不再追诉。张某 2014 年盗窃价值 3 800 元的摩托车，属于数额较大，法定最高刑为 3 年，经过 5 年就过了追诉时效。既然过了追诉时效，不能追诉，就不能将 3 800 元纳入处罚金额的范围。所以张某的犯罪金额应当是 30 000 元。

2. BC。《刑法》第 89 条第 1 款规定：追诉期限从犯罪之日起计算；犯罪行为有连续或者继续状态的，从犯罪行为终了之日起计算。可知，BC 项正确。

3. CD。刑法中的时效又分为追诉时效和行刑时效。追诉时效，是指刑事法律所规定的，对犯罪人追究刑事责任的有效期限。行刑时效，是指按照法律的规定对犯罪人执行刑罚的有效期限。我国刑法中只规定了追诉时效制度，而对行刑时效未作规定。

4. AC。《刑法》第 87 条规定，犯罪经过下列期限不再追诉：（1）法定最高刑为不满 5 年有期徒刑的，经过5年；(2) 法定最高刑为5年以上不满10年有期徒刑的，经过10年；(3) 法定最高刑为10年以上有期徒刑的，经过15年；(4) 法定最高刑为无期徒刑、死刑的，经过20年。如果20年以后认为必须追诉的，须报请最高人民检察院核准。据此可知，劫持航空器罪的法定最高刑为死刑，如果20年以后认为必须追诉的，报请最高人民检察院核准后，仍可追究甲的刑事责任。轻伤的追诉时效为5年，李某在8年后报案的，已过追诉时效。故A、C项正确。选项B错误：《刑法》第89条规定：追诉期限从犯罪之日起计算；犯罪行为有连续或者继续状态的，从犯罪行为终了之日起计算。在追诉期限以内又犯罪的，前罪追诉的期限从犯后罪之日起计算。据此可知，对乙的追诉期限应从2023年7月10日起算。选项D错误：本案中，王某单独实施抢夺罪，并非二人共同犯罪，丁对此无须承担责任，因此，对王某之合同诈骗罪的追诉时效，应从王某犯抢夺罪之日起计算，而对丁的合同诈骗罪的追诉时效从丁犯该罪时起算。

(三) 不定项选择题

1. BCD。所谓不受追诉期限的限制，也叫追诉时效延长。我国《刑法》第88条规定了追诉时效延长的两种情形：一是在人民检察院、公安机关、国家安全机关立案侦查或者在人民法院受理案件以后，逃避侦查或者审判的，不受追诉期限的限制；二是被害人在追诉期限内提出控告，人民法院、人民检察院、公安机关应当立案而不予立案的，不受追诉期限的限制。结合本题，B项中的情形属于应当立案而不予立案的情况，而CD两项属于犯罪人逃避侦查或者审判的情况。可见，BCD项是正确选项，A项不符合追诉时效延长的条件。

2. C。根据《刑法》第87条的规定，追诉时效的长短以法定最高刑为准，即“犯罪经过下列期限不再追诉：……(二) 法定最高刑为五年以上不满十年有期徒刑的，经过十年；(三) 法定最高刑为十年以上有期徒刑的，经过十五年……”本题中吴某的法定量刑幅度是3年以上10年以下有期徒刑，而根据《刑法》第99条的规定，“以上”“以下”均包括本数在内，因此，本案追诉期限应该是15年。可见，C项正确。

3. A。我国刑法只规定了追诉时效制度，而未对行刑时效作出规定。

4. B。我国在1954年制定的宪法中有大赦和特赦的规定，但1982年宪法只规定了特赦，因此A项错误。自1959年以来，我国一共实行过9次特赦，所以C项错误。我国的特赦不是针对刑罚尚未开始执行的犯罪分子，而是针对关押改造了一定期限、确实改恶从善的犯罪分子，因此D项错误。

简答题

1. 赦免，是国家对于犯罪分子宣告免予追诉或者免除执行刑罚的全部或者部分的法律制度。

赦免分为大赦和特赦两种。大赦是范围比较广泛的赦免，通常称为普遍的赦免，或者称为一般的赦免。大赦一般是规定某些种类的犯罪在一定期限内不再追诉，已经追诉的要终止；已经判处刑罚的，可以部分或者全面免除，或者将较重的刑种易科为较轻的刑种；或者规定已经刑满释放的某些人在大赦以后撤销其前科；等等。大赦的特点在于，它既赦免犯罪人的罪，也赦免犯罪人的刑，涉及的面比较宽。特赦，是指对某类或者某个特定的犯罪人免除其刑罚的一部或者全部。特赦的特点在于，它一般只赦免犯罪人的刑，而不赦免犯罪人的罪。大赦和特赦都由国家元首根据国家最高权力机关的决定，以命令的形式颁布发行。

2. 我国的特赦制度具有鲜明的特点，主要表现在以下四个方面。

第一，我国的特赦不是针对个别的犯罪分子，而是以某一类或者某几类犯罪分子为特赦的对象。

第二，我国的特赦不是针对刑罚尚未开始执行的犯罪分子，而是对关押改造了一定期限、确实改恶从善的犯罪分子实行的。

第三，我国的特赦不是免除犯罪分子的全部刑罚，而是只免除刑罚执行过程中的未执行部分，或者酌情减轻原来判处的刑罚。

第四，我国的特赦都是由中国共产党或者国务院提出特赦建议，由全国人民代表大会常务委员会作出决定，由中华人民共和国主席发布特赦令，而由最高人民法院和高级人民法院执行的。

案例分析题

1.《刑法》第87条规定：“犯罪经过下列期限不

再追诉：（一）法定最高刑为不满五年有期徒刑的，经过五年；（二）法定最高刑为五年以上不满十年有期徒刑的，经过十年；（三）法定最高刑为十年以上有期徒刑的，经过十五年；（四）法定最高刑为无期徒刑、死刑的，经过二十年。如果二十年以后认为必须追诉的，须报请最高人民检察院核准。”但第 88 条规定：“在人民检察院、公安机关、国家安全机关立案侦查或者在人民法院受理案件以后，逃避侦查或者审判的，不受追诉期限的限制。被害人在追诉期限内提出控告，人民法院、人民检察院、公安机关应当立案而不予立案的，不受追诉期限的限制。”关于追诉期限的计算方法，《刑法》第 89 条规定：“追诉期限从犯罪之日起计算；犯罪行为有连续或者继续状态的，从犯罪行为终了之日起计算。在追诉期限以内又犯罪的，前罪追诉的期限从犯后罪之日起计算。”

根据《刑法》第 316 条关于脱逃罪的规定，本案被告张某构成脱逃罪。脱逃罪是一种继续状态的犯罪。对于呈继续状态的犯罪，追诉期限应从犯罪行为终了之日起计算。本案张某脱逃罪的追诉期限应从其投案自首、自动归案之日起计算，因而尽管张某脱逃 11 年之久，但这 11 年都不能计入追诉期限内。依《刑法》第 316 条关于脱逃罪法定刑的规定及刑法关于追诉期限的规定，脱逃罪的追诉期限为 10 年。因而张某自首后，对之定罪量刑并未超过追诉期限。若其自首后因其他原因，司法机关对之未作出处理，则 10 年以后，便不能再对之进行追诉。

2. 认定本案中刘某虚报注册资本的行为是否已过追诉期限，关键在于分析其行为是否属于继续犯。

刑法理论通说认为，所谓继续犯，是指作用于同一对象的一个犯罪行为从着手实行到行为终了，犯罪行为与不法状态在一定时间内同时处于继续状态的犯罪。构成继续犯，一般来说，需要具备以下四个要件：(1) 行为人只实施了一个犯罪行为。(2) 行为人所实施的犯罪行为必须持续地作用于同一个对象。(3) 行为人的犯罪行为与不法状态同时处于继续状态，这是继续犯最典型的特征。这一要件包括以下三方面的内容：首先，行为人的犯罪行为必须具有继续性，即犯罪行为从着手实行到行为终了在时间上有一个过程。在这个过程中，实行行为一直处于不间断进行的状态中。其次，犯罪行为所引起的不法状态必须具有继续性。所谓不法状态，是指犯罪的实行行为使法益遭受侵害的状态。这种不法状态不是很快消失，而是在时间上处于继续存在的状态中。最后，行为人的犯罪行为与不法状态同时处于持续的过程中，而不只是犯罪行为所造成的不法状态继续。如果只是不法状态处于持续之中，而犯罪行为一经实行即告完成，则不是继续犯，而是状态犯。(4) 行为人的犯罪行为与不法状态必须持续一定的时间，具有时间上的延续性。如果犯罪行为与不法状态没有持续一段时间，就谈不到犯罪行为与不法状态的继续，因而也就不构成继续犯。

根据以上对继续犯构成要件的分析，刘某虚报注册资本的行为不是继续犯，而是状态犯。因为刘某虚报注册资本的行为在该公司取得变更登记后即告完成，之后处于继续状态的不是其实施的虚报注册资本行为，而是该行为所造成的不法状态。因此，刘某虚报注册资本的行为不符合继续犯最典型的特征——“犯罪行为与不法状态同时处于继续状态”，不是继续犯。

根据《刑法》第 87 条和第 158 条的规定，本罪经过 5 年之后便不再追诉。本案中刘某实施行为已经经过 5 年以上，因此依法不应再追究其刑事责任。综上，笔者赞成题干中的第一种观点。

3. 康某的行为未超过追诉时效。根据《刑法》第 88 条的规定，在公安机关采取强制措施后逃避侦查或者审判的，不受追诉时效的限制。

4. 根据《刑法》第 88 条的规定，追诉期限延长的条件包括：(1) 人民检察院、公安机关、国家安全机关已经立案侦查或者人民法院已经受理案件；(2) 行为人逃避侦查或者审判。立案包括对人立案和对事立案，从追诉时效的制度目的来看，追诉时效的立案是指对人立案；逃避侦查或者审判，应限于积极的、明显的、致使侦查、审判工作无法进行的逃避行为，不宜对逃避侦查或者审判作过于宽泛的解释，否则追诉时效制度就会丧失应有的意义。本案中，张某于 2010 年 1 月 1 日将人打成重伤（追诉时效为 15 年）之后，公安机关已经对事立案，但由于不确定犯罪嫌疑人，没有对张某采取针对性调查措施，因此，张某躲避风头的行为不能视为积极主动逃避侦查。因此，张某的行为不符合“立案侦查之后逃避侦查”的追诉时效延长条件，追诉时效在其犯罪之后的 15 年（2025 年 1 月 1 日）就到期了，故不能再对其进行刑事追诉。

第二十章　刑法各论概述

知识逻辑图

- 刑法各论概述
  - 刑法各论与刑法总论的关系：具体与抽象、个别与一般、特殊与普遍
  - 刑法分则的体系
    - 原则上以同类客体为分类标准
    - 原则上以同类客体的重要程度为排列标准
    - 类罪中原则上以各罪的社会危害程度和各罪之间的关系为排列标准
  - 具体犯罪条文的构成
    - 罪状：叙明罪状、简单罪状、空白罪状、引证罪状
    - 法定刑：绝对确定法定刑、绝对不确定法定刑、相对确定法定刑

名词解释

1. 罪状
2. 空白罪状
3. 引证罪状
4. 法定刑

选择题

（一）单项选择题

1. 下列哪种说法是正确的？（　　）

A. 我国刑法分则中没有绝对确定法定刑的条款

B. 我国刑法分则的条文都是包含罪刑关系的条文

C.《刑法》第 266 条规定：“诈骗公私财物，数额较大的……”该条文表述属于叙明罪状

D.《刑法》第 263 条第 5 项规定，“抢劫致人重伤、死亡的”。该条文没有表明犯罪的主观方面，根据罪状的基本原理，行为的主观方面可以是故意

2. 下列哪个条文属于空白罪状？（　　）

A.《刑法》第 277 条第 1 款：“以暴力、威胁方法阻碍国家机关工作人员依法执行职务的，处三年以下有期徒刑、拘役、管制或者罚金。”

B.《刑法》第 133 条：“违反交通运输管理法规，因而发生重大事故，致人重伤、死亡或者使公私财产遭受重大损失的……”

C.《刑法》第 451 条：“本章所称战时，是指国家宣布进入战争状态、部队受领作战任务或者遭敌突然袭击时。部队执行戒严任务或者处置突发性暴力事件时，以战时论。”

D.《刑法》第 177 条第 2 款：“单位犯前款罪的，对单位判处罚金，并对其直接负责的主管人员和其他直接责任人员，依照前款的规定处罚。”

视频讲题

3. 我国刑法分则条文多数采取（　　）原则。

A. 简单罪状　　B. 引证罪状

C. 叙明罪状　　D. 空白罪状

视频讲题

4. 下列规定法定刑的方式，未被我国刑法采取的是（　　）。

A. 绝对确定的法定刑　　B. 绝对不确定的法定刑
C. 相对确定的法定刑　　D. 以上都不正确

视频讲题

5. 我国刑法分则对犯罪进行分类的基本标准是犯罪的（　　）。
A. 一般客体　　B. 直接客体
C. 对象　　D. 同类客体

6. 某法院在判决书中以侵占罪判处行为人 3 年有期徒刑，根据抢劫罪判处行为人 10 年有期徒刑，最终决定执行 12 年有期徒刑。这 12 年有期徒刑属于（　　）。
A. 法定刑　　B. 宣告刑
C. 执行刑　　D. 宣告刑和执行刑

（二）多项选择题

1. 根据立法实践，在刑法理论上通常根据法定刑的刑种、刑度是否确定为标准，将法定刑分为（　　）。
A. 绝对确定的法定刑
B. 绝对不确定的法定刑
C. 相对确定的法定刑
D. 相对不确定的法定刑

2. 我国刑法理论上一般将罪状分为（　　）。
A. 简单罪状　　B. 叙明罪状
C. 引证罪状　　D. 空白罪状

3. 关于刑法总则与分则的关系，下列说法中正确的是（　　）。
A. 总则与分则是抽象与具体的关系
B. 总则与分则是一般与个别的关系
C. 总则与分则是普遍性与特殊性的关系
D. 总则与分则是本质与现象的关系

视频讲题

4. 下列关于我国刑法分则体系的特点的说法中正确的是（　　）。
A. 我国刑法分则的类罪名主要是按照同类客体进行划分的
B. 我国刑法分则的类罪名的排序主要是按照犯罪的社会危害性大小排列的
C. 我国刑法分则类罪名的设立还考虑到了主体的差异
D. 故意杀人罪规定在《刑法》分则第四章，所以故意杀人罪的客体的重要性不如危害公共安全罪中的任何罪的客体

5. 下列罪状中属于叙明罪状的是（　　）。
A. 伪证罪　　B. 妨害作证罪
C. 信用卡诈骗罪　　D. 盗窃罪

视频讲题

简答题

1. 简述我国刑法分则体系的特点。
2. 简述我国刑法中相对确定法定刑的表现形式。
3. 简述我国刑法分则中罪状的种类。

论述题与深度思考题

1. 试述刑法总论与刑法各论的关系以及研究刑法各论的重要意义。
2. 试述空白罪状与罪刑法定原则的关系。

参考答案

名词解释

1. 罪状，是指刑法典分则和附属刑法中包含罪刑关系的条文对具体犯罪及其构成特征（要件）的描述。罪状是犯罪构成的规范载体，作用在于说明什么样的行为构成什么罪。根据表述方式及繁简程度不同，罪状一般分为叙明罪状、简单罪状、空白罪状和引证

罪状。

2. 空白罪状，又称参见罪状，是指在罪状中只规定某种犯罪行为，但是具体特征要参照其他法律、法规的规定来确定。空白罪状规定的犯罪，都是以行为违反有关经济、行政管理法规为前提的。因此，认定这种犯罪，必须与上述法规相结合。

3. 引证罪状，是指引用同一法律中的其他条款来说明或确定某一具体犯罪构成的特点。采用引证罪状，是为了避免条文文字的重复，保持条文的简明性。

4. 法定刑，是指包含罪刑关系的条文规定的适用于具体犯罪的刑罚种类和幅度。法定刑不同于宣告刑：法定刑是立法机关根据某种犯罪的社会危害性和可能达到的危害程度所规定的刑罚种类和幅度，宣告刑则是审判机关对具体案件中的犯罪人依法判决并宣告的应当执行的刑罚。法定刑分为绝对确定法定刑、绝对不确定法定刑和相对确定法定刑。

选择题

（一）单项选择题

1. D。选项 A 不正确：我国刑法中规定了少数绝对确定的法定刑。所谓绝对确定的法定刑并不限于某种犯罪只有一种确定刑罚的情形，还包括在某种情节下、某种结果下只有一种确定刑罚的情形。例如，我国《刑法》第 121 条规定：“以暴力、胁迫或者其他方法劫持航空器的，处十年以上有期徒刑或者无期徒刑；致人重伤、死亡或者使航空器遭受严重破坏的，处死刑。”该条第二分句就是绝对确定的法定刑的表现。选项 B 不正确：我国刑法分则的条文并不都是包含罪刑关系的条文。例如，我国《刑法》第 367 条关于淫秽物品的界定、第 451 条关于战时的界定，都是对刑法分则术语的解释，这些条文中并没有罪刑关系的表述。选项 C 不正确：所谓叙明罪状是指对某个犯罪的构成特征作了比较详细的表述的罪状。《刑法》第 266 条关于诈骗罪的表述只是对罪状的简单表述，没有超出罪名的范围，所以应该属于简单罪状。选项 D 正确：我国刑法分则的表述规律是，对于故意犯罪，一般不直接规定故意的主观因素；对于过失犯罪，必须明确表达主观的态度。本规定中只是说致人重伤或者死亡，仅仅表明行为人的行为与他人的重伤或者死亡之间具有因果关系，不代表行为人主观上对结果是持过失的态度，所以行为人主观上可以是故意，当然，这是判断抢劫致人重伤或者死亡情形主观上可以是故意的理由之一。

2. B。空白罪状是指刑法并没有对犯罪的构成特征作详细的规定，确定犯罪的构成特征必须借助其他法律、法规的规定，这些法律、法规往往是经济、行政领域的法律、法规。选项 B 正确：“违反交通运输管理法规”的行为的种类和内容，只有依赖交通运输管理法规的规定才能够确定，本罪采取的是典型的空白罪状的表述方式。

3. C。罪刑法定原则是我国刑法的基本原则，罪刑法定原则要求法律规定明确。为了达到这个要求，必须对每个犯罪的构成特征作尽可能具体的规定，所以我国刑法分则条文多采用叙明罪状的方式。

4. B。我国刑法中主要采取的是相对确定的法定刑，赋予法官在适用刑法时一定的自由裁量权，以利于实现罪责刑相适应原则。我国刑法中没有规定绝对不确定的法定刑。所谓绝对不确定的法定刑，是指或者规定了犯罪，而犯罪的刑罚没有规定；或者规定了刑罚的种类，但是刑罚的幅度没有规定。历史证明绝对不确定的法定刑往往不利于人权保障，所以我国刑法没有规定绝对不确定的法定刑，这是我国刑法罪刑法定原则的必然要求。

5. D。我国刑法分则对犯罪进行分类的基本标准是犯罪的同类客体。犯罪的客体可以划分为三个层次，即一般客体、同类客体和直接客体。刑法分则要具有科学性和可操作性，必须对犯罪进行分类，形成一定的体系。一般客体是所有犯罪都侵犯的客体，不具有区别的功能。直接客体是每个个罪的客体，过于具体，不具有分类的功能。只有同类客体才具有区别和分类的功能。我国刑法分则不以对象作为分类的标准，是因为对象不是犯罪的必备要件，不具有构成要件的区别功能。

6. B。法定刑属于规范的范畴，实践中法院宣判的是宣告刑。执行刑是罪犯实际执行的刑罚，取决于罪犯在实际执行过程中有无减刑等事实。一般来说，如果没有减刑等发生，宣告刑和执行刑是等长的。但是在我国，刑罚惩罚与教育并重，一般犯人都有减刑的机会。就获得减刑的罪犯而言，宣告刑的期限一般长于执行刑。

（二）多项选择题

1. ABC。根据法定刑的刑种、刑度是否确定，将法定刑分为绝对确定的法定刑、绝对不确定的法定刑、相对确定的法定刑。相对不确定的法定刑的说法不符合刑法理论的约定俗成，尽管其意思和相对确定的法定刑可能相同。

2. ABCD。我国刑法理论根据罪状的表述方式以及繁简程度的不同，将罪状分为简单罪状、叙明罪状、引证罪状和空白罪状。

3. ABC。刑法总则与刑法分则之间是抽象与具体、一般与个别、普遍性与特殊性的关系。本质与现象的关系不适用于刑法总则与刑法分则之间。

4. ABC。我国刑法分则主要按照同类客体进行分类，并且原则上根据同类客体的重要性进行排列。但这只是原则上的做法，并不能因为故意杀人罪规定在第四章，就认为故意杀人罪的客体不如第二章危害公共安全罪中的任何犯罪的客体重要。

5. ABC。《刑法》第 305 条中规定，“在刑事诉讼中，证人、鉴定人、记录人、翻译人对与案件有重要关系的情节，故意作虚假证明、鉴定、记录、翻译，意图陷害他人或者隐匿罪证的”；第 307 条中规定，“以暴力、威胁、贿买等方法阻止证人作证或者指使他人作伪证的”；第 196 条中规定，“有下列情形之一，进行信用卡诈骗活动……（一）使用伪造的信用卡，或者使用以虚假的身份证明骗领的信用卡的；（二）使用作废的信用卡的；（三）冒用他人信用卡的；（四）恶意透支的”。以上都属于对犯罪构成特征作了具体的表述，所以都属于叙明罪状。《刑法》第 264 条中规定，“盗窃公私财物，数额较大的，或者多次盗窃、入户盗窃、携带凶器盗窃、扒窃的”。该表述并没有超出罪名的范围，所以属于简单罪状。

简答题

1. 我国刑法分则将犯罪行为分为十类，每一类为一章。概括起来说，我国刑法分则的体系具有如下特点。

（1）从分类标准来看，原则上是以同类客体为标准对犯罪进行分类。这种分类方法既反映了每一类犯罪的社会危害性，符合人们需要认识各类犯罪的不同危害性质的要求，又有利于理解惩治各类犯罪的立法精神，贯彻区别对待的政策。但是，以同类客体为标准也不是绝对的。有些犯罪被划分为一类，是考虑到其他因素。例如，把“军人违反职责罪”规定为一章，主要是考虑其主体为现役军人，有其特殊性。

（2）从排列顺序来看，无论是类罪的排列还是各类犯罪中具体犯罪的排列，原则上都以社会危害程度为标准由重到轻排列。类罪的先后排列顺序所表明的社会危害性的大小，是从总体上而言的，并不意味着排在前面的类罪中的每一种具体犯罪的社会危害性都大于排在后面的类罪中的所有具体犯罪的社会危害性。如危害公共安全罪的过失犯罪的社会危害性，显然轻于侵犯人身权利、民主权利罪中的故意杀人、强奸等犯罪的社会危害性。各类罪中的具体犯罪也大体上是根据社会危害程度的大小，并适当考虑犯罪与犯罪之间的性质是否具有近似性，由重到轻依次进行排列的。当然，各类犯罪中的每一种具体犯罪，并非绝对按照社会危害性的程度进行排列，有的考虑了犯罪与犯罪之间的性质是否具有近似性，兼顾罪与罪的相互逻辑关系。

（3）对于复杂客体的犯罪，依据犯罪的主要客体进行归类。复杂客体的犯罪是指侵犯了两种以上的合法权益的犯罪。对于这类犯罪，刑法分则是根据犯罪的主要（较为重要的）客体将其归入不同的类罪中。如抢劫罪既侵犯了公私财产的所有权，也侵犯了公民的人身权利，但立法者不可能在“侵犯财产罪”和“侵犯公民人身权利、民主权利罪”两章中对抢劫罪同时作出规定，因而根据抢劫罪侵犯的主要客体即公私财产所有权将其归入侵犯财产罪之中。将合同诈骗罪归入破坏社会主义市场经济秩序罪，而没有归入侵犯财产罪之中，也是基于同样的道理。

2. 我国刑法分则中的相对确定法定刑，有以下几种表现形式：（1）分则条文只规定一种刑罚，并且只规定最高期限。（2）分则条文规定两种以上刑罚，其中有期徒刑只规定最高刑期。（3）分则条文规定两种以上主刑、两个以上刑罚幅度，或者同时规定附加刑，其中有期徒刑只规定最低期限，其最高期限依照刑法总则的有关规定执行。（4）分则条文规定两种以上主刑、两个以上刑罚幅度，或者同时规定附加刑，其中有的刑罚幅度对有期徒刑规定了最高和最低期限。（5）规定援引法定刑，即分则条文规定，对某罪援引其他条文或同条的另一款的法定刑处罚。采用这种形式的法定刑，是为了简化分则条文，但是，被援引的条文所规定的犯罪，必须与本罪的性质近似。

3. 罪状，是指分则包含罪刑关系的条文对具体犯罪及其构成特征的描述，是犯罪构成的载体。罪状的主要作用，是说明什么样的行为构成什么罪。刑法理论一般根据罪状的表述方式及繁简程度的不同，将罪状分为以下四种。

（1）叙明罪状，即对具体犯罪的构成特征作出较为具体描述的罪状。因为犯罪的复杂性、多样性主要表现为犯罪客观方面的事实特征的复杂性和多样性，所以大多数叙明罪状只是着重对犯罪客观方面的描述，以区别罪与非罪、此罪与彼罪。叙明罪状的优点是便于理解，有助于分清罪与非罪、此罪与彼罪。

（2）简单罪状，即对犯罪构成的特征只作简单描述而没有超出罪名的概括的罪状。与叙明罪状相比，简单罪状只是描述犯罪的特征，没有超出罪名的范围。该罪状的优点在于可以使分则条文简化，避免烦琐。采用简单罪状，一般是因为立法者认为，有些罪的特征比较明确，且为人们所熟知，无须在罪状中作更具体的描述。但是有些条文采用简单罪状，造成简而不明，导致理解和执行该条规定的困难，则是立法的缺陷。因此，简单罪状不可不用，但不宜多用。

（3）空白罪状，即在罪状中只规定某种犯罪行为，但是其具体特征要参照其他法律、法规的规定来确定。空白罪状规定的犯罪，都是以行为违反有关经济、行政管理法规为前提的。因此，认定这种犯罪，必须与上述法规相结合。这是空白罪状的突出特点。

（4）引证罪状，即引用同一法律中的其他条款来说明或者确定某一具体犯罪构成的特征。采用引证罪状，主要是为了避免条文文字的重复，保持条文的简明性。

论述题与深度思考题

1. 各国刑法典的规定，一般都分为总则和分则两大部分，其中，刑法总则规定犯罪与刑罚的一般原理、原则，刑法分则则规定各种具体犯罪的罪状及刑事责任。刑法各论（也称罪刑各论、罪刑分论）即以刑法典分则为其研究的主要内容。但是，规定具体犯罪及其刑事责任的分则性规范除刑法典分则之外，还有单行刑法与附属刑法，因此，后两者也是刑法各论研究的内容。刑法总则与刑法分则是抽象与具体、一般与个别、普遍与特殊的关系。在刑法学的研究中，刑法总论和刑法各论也是其内容的两大部分，刑法总论研究刑法总则中关于刑法、犯罪、刑罚的一般原理、原则和制度，刑法各论则研究刑法分则规定的各种具体犯罪的认定和处罚。二者的关系同刑法总则与刑法分则的关系一样，也是抽象与具体、一般与个别、普遍性与特殊性的关系。有关刑法总论与刑法各论的关系以及研究刑法各论的意义的具体论述，参见王作富主编：《刑法》，7 版，239～241 页，北京，中国人民大学出版社，2021。

2. 空白罪状，又称参见罪状，是指在罪状中只规定某种犯罪行为，但是其具体特征要参照其他法律、法规的规定来确定。根据空白的程度不同，空白罪状又可以分为完全空白罪状和不完全空白罪状。从形式上看，空白罪状是刑法分则性条文中的罪状，而刑法分则性条文是全国人民代表大会及其常务委员会制定的，但行为规范不是通过刑事法律的犯罪构成来描述，而是由相关法律、法规中的其他条款来描述或者为其他制度所包含，行为构成与惩罚规范处于相脱离的状况。根据罪刑法定原则，犯罪只能由刑法规定，这是民主主义和保护人权的必然要求。但是，空白罪状的存在等于将犯罪构成特征的界定交给非刑法的法律或者法规，从而削弱了国民对刑法规范的预测性，与罪刑法定原则有龃龉之处。如何理解授权立法与罪刑法定原则的人民主权之间的关系，是理解空白罪状与罪刑法定原则之间关系的关键所在。另外，如今的社会是一个高速发展的社会，对许多社会矛盾和问题单由刑法来规定其特征，即使能够实现，也会使刑法本身“臃肿不堪”，显然是不现实的。所以，一些违反行政法规的犯罪的构成特征又不得不依赖其他法律或者行政法规来确定。可见，空白罪状既有合理的地方，也有不合理的地方。

第二十一章　危害国家安全罪

名词解释

1. 国家安全
2. 武装叛乱、暴乱罪
3. 间谍罪
4. 投敌叛变罪
5. 叛逃罪
6. 资助危害国家安全犯罪活动罪

选择题

（一）单项选择题

1. 下列危害国家安全犯罪可以由外国人单独实施的是（　　）。

A. 背叛国家罪
B. 投敌叛变罪
C. 叛逃罪
D. 间谍罪

2. 下列哪一行为构成叛逃罪？（　　）

A. 驻外使馆三秘甲在假日里离开使馆，逃至第三国家
B. 公务员乙生病住院期间以亲友邀请之名，逃至他国，与单位脱离关系
C. 曾经担任政府官员的丙（现已退休）出国探望国外友人
D. 军官丁在一次战斗中向敌国投降，为敌人指出我国部分军事部署

视频讲题

3. 依照我国《刑法》的规定，下列哪一行为构成间谍罪？（　　）（司考）

A. 为境外机构窃取、刺探国家秘密的
B. 为敌人指示轰击目标的
C. 为境外组织非法提供情报的
D. 为武装叛乱分子提供武器弹药的

视频讲题

4. 某国家机关工作人员甲借到M国探亲的机会滞留不归。一年后，甲受雇于N国的一个专门收集有关中国军事情报的间谍组织，随后受该组织的指派潜回中国，找到其在某军区参谋部工作的战友乙，以1万美元的价格从乙手中购买了3份军事机密材料。对甲的行为应如何处理？（　　）（司考）

A. 以叛逃罪论处
B. 以叛逃罪和间谍罪论处
C. 以间谍罪论处
D. 以非法获取军事秘密罪论处

5. 下列哪个犯罪需要有勾结外国的条件？（　　）

A. 背叛国家罪
B. 分裂国家罪
C. 武装叛乱、暴乱罪
D. 颠覆国家政权罪

6. 下列关于投敌叛变罪的表述中正确的是（　　）。

A. 投敌叛变罪的主体是一般主体，包括中国公民和外国人
B. 投敌叛变罪有时间上的要求，即需发生在战争状态下
C. 投敌叛变罪的主体是特定主体，即必须是中国军人
D. 投敌叛变罪的主观方面要求行为人有危害国家

安全的意思

视频讲题

7. 甲原系一国有企业干部，后来利用到国外出差的机会投奔敌人，加入该国间谍组织，后来在受该组织派遣回国执行间谍任务时被我国国家安全机关抓获。请问：对甲的行为应如何处断？（　　）（司考）

A. 以投敌叛变罪论处

B. 以间谍罪论处

C. 以投敌叛变罪和间谍罪数罪并罚

D. 构成牵连犯，应从一重罪处断

8. 某工厂工人齐某家庭生活比较困难，便想到他国谋生。在独自偷越国境的时候，齐某被我国边防人员抓获。齐某的行为构成（　　）。

A. 叛逃罪

B. 投敌叛变罪

C. 偷越国（边）境罪

D. 不构成犯罪

视频讲题

9. 甲是内地某通讯社的高级编辑，应香港地区某报社记者之请，设法为其获取有关对台政策的一份机密文件。按规定，该文件只下发到社长一级，通讯社只有社长那里有一份。甲到社长办公室时发现该文件就放在桌上，趁社长不注意将文件拿出复制一份，然后通过电子邮件发送给香港地区某报社记者。香港地区某报社记者为了表示感谢，给甲 20 000 港元。甲的行为（　　）。（司考改编）

A. 构成非法获取国家秘密罪和为境外窃取、刺探、收买、非法提供国家秘密、情报罪，应当实行数罪并罚

B. 构成为境外窃取、刺探、收买、非法提供国家秘密、情报罪和受贿罪，应当实行数罪并罚

C. 构成为境外窃取、刺探、收买、非法提供国家秘密、情报罪

D. 构成故意泄露国家秘密罪

10. 下列关于资助危害国家安全犯罪活动罪的表述中正确的是（　　）。

A. 行为人出于颠覆国家政权的目的在战时向敌人提供武器装备的行为构成资助危害国家安全犯罪活动罪

B. 资助危害国家安全犯罪活动罪的犯罪主体是境内外机构、组织和个人，因此，该罪的主体可以是单位

C. 资助危害国家安全犯罪活动罪的犯罪主体是境内外机构、组织和个人，但是，该罪的主体只能是自然人

D. 资助危害国家安全犯罪活动罪是指资助背叛国家罪、分裂国家罪、煽动分裂国家罪与为境外窃取、刺探、收买、非法提供国家秘密、情报罪等

11. 关于煽动分裂国家罪与煽动颠覆国家政权罪的区别，下列说法中不正确的是（　　）。

A. 煽动分裂国家罪的客体是国家的统一，而煽动颠覆国家政权罪的客体是人民民主专政政权以及社会主义制度

B. 煽动分裂国家罪客观上是煽动分裂国家，将国家一分为多，煽动地方独立；而煽动颠覆国家政权罪则是煽动推翻现政权和社会主义制度

C. 煽动分裂国家，同时煽动分裂地区后改变分裂地区的政权性质的行为还构成煽动颠覆国家政权罪

D. 煽动分裂国家罪的主观目的是分裂国家；煽动颠覆国家政权罪的主观目的是改变政权性质、社会制度

12. 关于颠覆国家政权罪与武装叛乱罪的区别，下列说法中不正确的是（　　）。

A. 颠覆国家政权罪的目标是全国性的，而武装叛乱罪的目标往往是局部性的

B. 颠覆国家政权罪虽然可能有借助国外敌对势力、依赖国外敌对势力的背景，但这不是本罪的必备要件；而武装叛乱罪要求行为人有投靠国外敌对势力的背景

C. 颠覆国家政权罪的行为表现和武装叛乱罪有很

多相像之处，从行为的客观方面不易区分两罪

D. 颠覆国家政权罪的行为不包括武装叛乱行为

13. 下列关于危害国家安全罪的处罚的理解中正确的是（　　）。

A. 对实施危害国家安全罪的行为人都应当附加剥夺政治权利的刑罚

B. 对实施危害国家安全罪的行为人都应当并处没收财产的刑罚

C. 对实施危害国家安全罪的行为人都可以判处死刑的刑罚

D. 对实施危害国家安全罪的行为人不可以判处缓刑

14. 下列关于危害国家安全罪中的国家秘密的表述中不正确的是（　　）。

A. 国家秘密按照秘密等级可以分为绝密、机密、秘密三级

B. 国家秘密在危害国家安全罪中不包括商业秘密

C. 国家秘密在一定时期内只限一定范围的人知道

D. 国家秘密是按照法定程序确定的事项

15. 关于为境外窃取、刺探、收买、非法提供国家秘密、情报罪与非法获取国家秘密罪的区别，下列说法中不正确的是（　　）。

A. 非法获取国家秘密罪的犯罪对象仅限于国家秘密，而为境外窃取、刺探、收买、非法提供国家秘密、情报罪的犯罪对象除国家秘密外，还包括情报

B. 非法获取国家秘密罪不要求行为人主观上有为境外组织、个人效力的意思，而为境外窃取、刺探、收买、非法提供国家秘密、情报罪要求行为人主观上有为境外组织、个人效力的意思

C. 非法获取国家秘密罪侵害的客体是国家的保密制度，而为境外窃取、刺探、收买、非法提供国家秘密、情报罪的主要客体是国家安全

D. 非法获取国家秘密罪存在犯罪中止形态，而为境外窃取、刺探、收买、非法提供国家秘密、情报罪不存在犯罪中止形态

16. 关于武装叛乱、暴乱罪，下列说法中错误的是（　　）。

A. 武装叛乱、暴乱罪，是指组织、策划、实施武装叛乱、武装暴乱的行为

B. 武装叛乱、暴乱罪可以不以聚众的形式实施

C. 策动、胁迫、勾引、收买国家工作人员进行武装叛乱、暴乱的，以武装叛乱、暴乱罪从重处罚

D. 与境外机构、组织、个人相勾结进行武装叛乱、暴乱的，从重处罚

17. 甲是我国某科研基地的工程师，在国外进修期间为了谋取金钱上的利益，接受境外间谍机构代理人的任务，回国后多次秘密非法侵入某科研基地计算机信息系统，窃取国家保密技术提供给间谍组织，后被抓获。对甲的行为该如何认定？（　　）

A. 非法侵入计算机信息系统罪

B. 故意泄露国家秘密罪

C. 间谍罪

D. 为境外窃取、刺探、收买、非法提供国家秘密罪

18. 下列关于背叛国家罪的表述中哪个是正确的？（　　）

A. 某外国公民在我国境内勾结其属人国政府，危害我国的主权、领土完整和安全，可以构成背叛国家罪

B. 只有与外国政府、政党以及敌视破坏我国社会主义制度的外国敌对势力相勾结，才可以构成背叛国家罪

C. 本罪属于行为犯，不以危害结果的实际发生为既遂条件

D. 本罪行为人在实施本罪的过程中又实施了其他危害国家安全的犯罪的，应按照数罪并罚的原则处理

19. 甲是一大型涉外国有企业的高级管理人员，经常接触到企业的商业秘密文件。在一次出国办公过程中，甲秘密会见该国的间谍组织（甲并不知道该组织的间谍性质）的代理人，并且以高价将涉及军事秘密的商业文件出售给对方。甲的行为构成（　　）。

A. 间谍罪

B. 故意泄露国家秘密罪

C. 为境外非法提供国家秘密、情报罪

D. 侵犯商业秘密罪

20. 某国间谍戴某，结识了我某国家机关机要员黄某。戴某谎称来华投资建厂需了解政策动向，让黄某借工作之便为其搞到密级为“机密”的《内参报告》四份。戴某拿到文件后送给黄某一部手机，并为其子

前往某国留学提供了60万元资金。对黄某的行为该如何定罪处罚？（ ）（司考）

A. 资助危害国家安全犯罪活动罪、非法获取国家秘密罪，数罪并罚

B. 为境外窃取、刺探、收买、非法提供国家秘密、情报罪与受贿罪，数罪并罚

C. 非法获取国家秘密罪、受贿罪，数罪并罚

D. 故意泄露国家秘密罪、受贿罪，从一重罪处断

（二）多项选择题

1. 国家机关工作人员在履行公务期间，实施了下列哪些行为，危害中华人民共和国国家安全的，可以构成叛逃罪？（ ）

A. 勾结外国政府

B. 擅离岗位

C. 叛逃境外

D. 在境外叛逃

2. 下列哪些是构成间谍罪的行为方式？（ ）（司考）

A. 参加间谍组织

B. 接受间谍组织及其代理人的任务

C. 为敌人指示轰击的目标

D. 投降敌人，为敌人效力

3. 资助危害国家安全犯罪活动罪，是指境内外机构、组织、个人资助实施特定危害国家安全犯罪的行为。该罪中的“特定危害国家安全犯罪的行为”应如何理解？（ ）

A. 包括背叛国家罪，分裂国家罪，煽动分裂国家罪，武装叛乱、暴乱罪，颠覆国家政权罪，煽动颠覆国家政权罪等

B. 要求所资助的“特定危害国家安全犯罪的行为”必须已经实施

C. 不要求所资助的“特定危害国家安全犯罪的行为”已经实施

D. “特定危害国家安全犯罪的行为”不能由境外人员实施

4. 国家机关工作人员赵某在履行公务期间擅离岗位，叛逃境外，并接受了境外间谍组织的任务，将其掌握的国家秘密提供给该间谍组织，后被查获。赵某的行为构成什么罪？（ ）

A. 故意泄露国家秘密罪

B. 为境外窃取、刺探、收买、非法提供国家秘密罪

C. 间谍罪

D. 叛逃罪

视频讲题

5. 下列关于危害国家安全罪的刑罚适用的表述中哪些是正确的？（ ）

A. 犯危害国家安全罪的，可以并处没收财产

B. 犯危害国家安全罪的，可以附加剥夺政治权利

C. 犯危害国家安全罪的，最高法定刑均为死刑

D. 犯危害国家安全罪的，应当附加剥夺政治权利

（三）不定项选择题

1. 甲原本是某市医院的医生，后来由于受到物质利益的引诱，受聘于某国外情报机构，成为该机构的专职医生。对甲的行为应如何处理？（ ）

A. 构成间谍罪

B. 构成背叛国家罪

C. 不构成犯罪

D. 间谍罪与背叛国家罪数罪并罚

2. 下列哪些属于颠覆国家政权罪的特征？（ ）

A. 本罪主体为一般主体，但必须是一些窃取国家重要职位、具有较大政治影响的人

B. 本罪要求至少必须具有组织、策划、实施三种行为方式之一

C. 本罪必须有颠覆国家政权、推翻社会主义制度的意图

D. 构成本罪要求已经造成了实际结果

视频讲题

3. 下列关于叛逃罪的说法中正确的是（ ）。

A. 叛逃要求行为人有投靠境外机构、组织的行

为，如果行为人没有投靠境外机构、组织的行为，只是滞留在境外，依靠自己的能力打工谋生，则不构成叛逃罪

B. 叛逃罪的成立要求行为人必须是在履行公职期间实施叛逃，如果行为人是在生病住院或者疗养期间逃到国外，则不能算叛逃罪

C. 国家机关、国有企业、事业单位公派出国留学的工作人员在国外学习期间不属于“履行公务期间”，这些人滞留在国外不回来，如果没有其他证据证明有危害国家安全的行为，一般不宜以叛逃罪处罚

D. 叛逃罪以掌握国家秘密的国家工作人员叛逃为从重处罚的情节，从而否定了叛逃罪只能由国家机关工作人员构成的观点

4. 关于投敌叛变罪与叛逃罪的区别，下列说法中正确的是（　）。

A. 投敌叛变罪要求发生在战时，而叛逃罪则不要求

B. 投敌叛变罪的主体是特殊主体，即中国公民；叛逃罪的主体是特殊主体，即国家机关工作人员或者掌握国家秘密的国家工作人员

C. 投敌叛变罪不可以单处剥夺政治权利，而叛逃罪可以单处剥夺政治权利的刑罚

D. 投敌叛变罪要求行为人必须投降或投靠敌对势力，而叛逃罪不要求叛逃地点的敌对性质

5. 关于叛逃罪与军人叛逃罪的关系，下列说法中正确的有（　）。

A. 叛逃罪侵犯的是国家安全利益，而军人叛逃罪侵犯的是国家军事安全利益，前者的范围比后者的要宽

B. 叛逃罪的主体是国家机关工作人员或者掌握国家秘密的国家工作人员，而军人叛逃罪的主体是军人

C. 叛逃罪与军人叛逃罪是法条竞合的关系，国家军事机关工作人员或者有军籍并掌握国家秘密的其他国家工作人员叛逃的，应以军人叛逃罪论处

D. 叛逃罪与军人叛逃罪在客观方面基本相同，都是在履行职务期间，叛逃境外或者在境外叛逃

简答题

1. 简述间谍罪的构成特征。

2. 简述叛逃罪的构成特征。

3. 简述武装叛乱与武装暴乱的区别。

4. 简述背叛国家罪的构成特征。

案例分析题

甲与乙、丙多次聚会并策划起草了“告同胞书”，成立了反动组织，印刷宣传文件，煽动推翻人民民主政权，并物色发展成员。乙策动其好友丁参加反动组织，却遭到丁一口拒绝。甲、乙、丙三人害怕罪行暴露，遂密谋杀人灭口。一天，乙借故将丁骗到自己家中，事先躲在乙家中的甲、丙二人用准备好的尖刀将丁杀死，并拿走了丁随身携带的皮包，内有人民币 3 000 元。事后，甲、乙、丙三人又将丁分尸，投入河中。

问：甲、乙、丙三人构成何罪？

论述题与深度思考题

试论叛逃罪与投敌叛变罪的区别。

参考答案

名词解释

1. 国家安全，不是泛指一切属于国家的利益，而是指我国人民经过几十年浴血奋斗建立起来的国家政权、国家独立、领土完整以及社会主义制度得以稳定存在和发展的保障。

2. 武装叛乱、暴乱罪，是指组织、策划、实施武装叛乱或者暴乱的行为。武装叛乱与武装暴乱的区别在于前者以投靠外国或者境外的敌对势力为背景，而后者没有此背景。

3. 间谍罪，是指参加间谍组织或者接受间谍组织及其代理人的任务，或者为敌人指示轰击目标，危害国家安全的行为。

4. 投敌叛变罪，是指中国公民背叛革命，投奔敌方或者被捕、被俘后投降敌人，危害国家安全的行为。

5. 叛逃罪，是指国家机关工作人员在履行公务期间，擅离岗位，叛逃境外或在境外叛逃，或者掌握国家秘密的国家工作人员叛逃境外或者在境外叛逃的行为。

6. 资助危害国家安全犯罪活动罪，是指境内外机

构、组织或者个人资助实施背叛国家罪，分裂国家罪，煽动分裂国家罪，武装叛乱、暴乱罪，颠覆国家政权罪，煽动颠覆国家政权罪的行为。

选择题

（一）单项选择题

1. D。选项ABC中的单独犯罪都只能由中国人实施。选项D的主体既可以是中国人，也可以是外国人。

2. A。选项B不正确：叛逃罪要求发生在国家机关工作人员或者掌握国家秘密的国家工作人员履行职务期间，生病住院期间不是履行公务期间，因此乙不构成叛逃罪。选项C不正确：首先，丙已经不是国家机关工作人员，不再具有叛逃罪主体的特征；其次，其目的是探望国外友人，没有危害国家安全的目的。因而丙不构成叛逃罪。选项D不正确：行为人并没有叛逃境外或者在境外叛逃，其行为是投降敌人，并且为敌人效力，符合投敌叛变罪的构成。选项A正确：驻外使馆的三秘属于国家机关工作人员，其即使是在假日离开使馆，仍然是在履行职务期间，所以符合叛逃罪的构成特征。

3. B。间谍罪的客观方面的构成特征有三：参加间谍组织，接受间谍组织或者其代理人的任务，为敌人指示轰击的目标。选项ABCD中，只有选项B符合。

4. C。选项A不正确：甲是在国外探亲期间叛逃的，并非在履行公务期间擅离岗位，叛逃境外或者在境外叛逃，而且不能仅从利用探亲机会不归就判断其有危害国家安全的目的。根据疑罪从无的原则，甲的行为不构成叛逃罪。选项D不正确：虽然甲有从乙手中购买军事秘密材料的行为，但这只是间谍行为的实际表现，况且，甲并非军人，而非法获取军事秘密罪的犯罪主体必须是军人，因此甲的行为不构成非法获取军事秘密罪。甲参加境外的间谍组织，并且接受该组织的任务收买我国的军事秘密，其行为已经符合间谍罪的“参加间谍组织或者接受间谍组织及其代理人的任务”的特征，所以甲的行为构成间谍罪。故选项C正确。

5. A。《刑法》第106条规定：“与境外机构、组织、个人相勾结，实施本章第一百零三条、第一百零四条、第一百零五条规定之罪的，依照各该条的规定从重处罚。”因此，勾结外国是分裂国家罪，煽动分裂国家罪，武装叛乱、暴乱罪，颠覆国家政权罪，煽动颠覆国家政权罪的法定从重情节，而非构成要件。《刑法》第102条规定：“勾结外国，危害中华人民共和国的主权、领土完整和安全的”，构成背叛国家罪。因此，选项A正确。

6. D。选项A不正确，因为投敌叛变罪的主体只能是中国人，外国人无所谓叛变。选项B不正确，因为投敌叛变罪没有时间上的要求，战时与和平时期都可能发生。选项C不正确，因为投敌叛变罪的犯罪主体是一般主体，即有中国国籍的自然人，并不要求必须是中国军人。选项D正确，因为所有危害国家安全的犯罪都要求有危害国家安全的意思。

7. A。投敌叛变罪是指行为人背叛革命，投奔敌方或者在被捕、被俘后投降敌人，危害国家安全的行为。该罪的客观行为包括两个方面：一是投奔或者投降敌人，二是有危害国家安全的行为。如果只有投奔或者投降敌人的行为，没有危害国家安全的行为，就不构成投敌叛变罪。本题中，甲投敌叛变，证明甲已经构成投敌叛变罪，而加入间谍组织、接受间谍组织的任务实施间谍行为，正是危害国家安全的客观表现，被投敌叛变罪所包括，所以对甲的行为应当以投敌叛变罪处罚。

8. D。叛逃罪要求犯罪主体必须是国家机关工作人员或者掌握国家秘密的国家工作人员，齐某是工厂的一名工人，主体上就不符合。故选项A不正确。投敌叛变罪的成立要求行为人有危害国家安全的行为，但齐某只是想到他国谋生而已，主观上没有危害国家安全的意思，客观上也没有危害国家安全的行为，所以不构成投敌叛变罪。故选项B也不正确。偷越国（边）境罪属于情节犯，其成立要求“情节严重”。根据有关司法解释，所谓情节严重是指具有下列情形之一：在境外实施损害国家利益的行为；偷越国（边）境3次以上或者3人以上结伙偷越国（边）境；拉拢、引诱他人一起偷越国（边）境；勾结境外组织、人员偷越国（边）境；因偷越国（边）境被行政处罚后1年内又偷越国（边）境或者其他情节严重的。齐某的行为虽然是偷越国（边）境，但是情节并不严重，所以齐某的行为不构成犯罪。

9. C。2001年最高人民法院《关于审理为境外窃取、刺探、收买、非法提供国家秘密、情报案件具体应用法律若干问题的解释》第6条规定，通过互联网将国家秘密或者情报非法发送给境外的机构、组织、个人的，依照《刑法》第111条的规定（即为境外窃取、刺探、收买、非法提供国家秘密、情报罪——编者注）定罪处罚。本题中，甲作为编辑，与境外记者勾结，将国家机密文件窃出并通过电子邮件方式发给该境外记者，符合《刑法》第111条和上述解释的规定，构成为境外窃取、刺探、收买、非法提供国家秘密、情报罪。甲的行为不构成非法获取国家秘密罪，因为非法获取国家秘密罪的客观行为在于获取，这已经被为境外窃取、刺探、收买、非法提供国家秘密、情报罪包含。所以选项A不正确。甲的行为也不构成故意泄露国家秘密罪，因为《刑法》第111条与第398条存在法条竞合关系，即特殊法与一般法竞合，第111条为特殊法，其处罚比后者重得多，应按照特殊法优于一般法的原则，适用第111条定罪处罚。所以选项D不正确。甲的行为也不构成受贿罪，因为受贿罪的主体必须是国家工作人员，而且必须是利用职务上的便利。本题中，甲窃取国家秘密的时候并不是利用职务上的便利，而是利用自己工作上的便利进行，所以不构成受贿罪。

10. C。选项A不正确：出于颠覆国家政权目的在战时向敌人提供武器装备的行为不一定构成资助危害国家安全犯罪活动罪。如果行为人与敌人相勾结，有颠覆国家政权的意思联络，当然构成颠覆国家政权罪，但是，如果行为人与敌人并没有颠覆国家政权的通谋，则行为人的行为只构成资敌罪。选项B不正确：因为刑法规定危害国家安全犯罪的犯罪主体只能是自然人，单位不可能成为本罪的主体。选项D不正确：因为资助危害国家安全犯罪活动罪的资助对象不包括资助为境外窃取、刺探、收买、非法提供国家秘密、情报罪。

11. C。煽动分裂国家的行为，往往伴随煽动分裂后改变分裂地区政权性质的言论。这应该属于一个行为同时侵犯两个不同客体的犯罪，构成想象竞合犯，按照一重罪从重处罚即可，不必数罪并罚。

12. D。颠覆国家政权罪的行为方式多种多样，武装叛乱行为是其中一种，所以选项D不正确。武装叛乱罪与颠覆国家政权罪在客观方面有很多相似之处，所以从客观上的确不容易区分，主要是看行为人在主观上是否有颠覆国家政权的故意。

13. A。根据《刑法》第56条，对实施危害国家安全罪的行为人都应当判处剥夺政治权利的刑罚，所以选项A正确。实施危害国家安全罪的行为人也不是都可以被判处死刑，《刑法》第113条第1款规定：“本章上述危害国家安全罪行中，除第一百零三条第二款、第一百零五条、第一百零七条、第一百零九条外，对国家和人民危害特别严重、情节特别恶劣的，可以判处死刑。”所以选项C不正确。同条第2款规定：“犯本章之罪的，可以并处没收财产。”所以选项B不正确。选项D不正确：因为判处缓刑的消极条件是行为人不是累犯，所以如果行为人不是累犯，只要其所判刑罚在3年有期徒刑以下，就可以判处缓刑。

14. B。所谓国家秘密，是指关系国家的安全和利益，在一定的时间内只限一定范围的人知悉的各种事项。国家秘密分为绝密、机密、秘密三级。所以选项ACD正确。选项B不正确：国家秘密也可以是商业秘密，如果犯罪对象是商业秘密，那么不一定构成侵犯商业秘密罪，商业秘密中有些也涉及国家安全。

15. D。选项ABC是关于为境外窃取、刺探、收买、非法提供国家秘密、情报罪与非法获取国家秘密罪的区别的正确说法，两罪的区别体现在犯罪对象、犯罪客体、犯罪主观方面等。选项D不正确，因为为境外窃取、刺探、收买、非法提供国家秘密、情报罪同样存在犯罪中止形态，例如，行为人在着手实施获取国家秘密、情报过程中自觉、主动停止行为的情形。

16. C。武装叛乱、暴乱罪是指组织、策划、实施武装叛乱、暴乱的行为，所以选项A正确。组织行为和实施行为可能采取聚众形式实施，但是策划行为未必聚众实施，所以选项B正确。《刑法》第104条第2款规定：策动、胁迫、勾引、收买国家机关工作人员、武装部队人员、人民警察、民兵进行武装叛乱或者武装暴乱的，依照前款的规定从重处罚。国家机关工作人员与国家工作人员是种属关系的概念，因此选项C不正确。根据《刑法》第106条，选项D是正确的。

17. C。间谍罪，是指行为人参加间谍组织、接受间谍组织及其代理人的任务或者为敌人指示轰击目标的行为。甲在国外接受间谍组织的任务回国窃取国家保密技术，该行为符合间谍罪的构成特征，应当构成间谍罪。非法侵入计算机信息系统的行为实际上是甲的间谍行为的表现形式，被间谍罪吸收，而泄露国家秘密是本案间谍罪的结果，所以不单独构成非法侵入计算机信息系统罪和故意泄露国家秘密罪。因为行为人明知是间谍组织而行为，所以也不构成为境外窃取、刺探、收买、非法提供国家秘密罪。

18. C。选项A不正确，因为背叛国家罪只能由中国公民实施。外国公民勾结国外势力，危害我国主权、领土完整和安全的，不构成背叛国家罪。选项B不正确，因为背叛国家罪并不要求与敌对势力相勾结才能构成。选项D不正确，因为背叛国家罪的客观行为包括危害国家安全的行为，行为人所实施的危害国家安全的行为都是背叛国家罪的客观表现，根据“一事不二罚”的原则，对行为人的行为只按照背叛国家罪处罚即可，无须数罪并罚。选项C正确，因为本罪的既遂只要求行为人有背叛国家的行为，不要求一定出现后果，否则，反而不利于保护国家安全。

19. C。选项A不正确，因为甲并不知道对方是间谍组织，甲仅仅是将国家秘密提供给境外组织，没有接受间谍组织任务的性质。选项B不正确，因为甲是将国家秘密卖给境外的组织，而不单纯是将国家秘密泄露出去，所以，甲的行为符合为境外非法提供国家秘密、情报罪。选项D不正确，因为甲所出售的是涉及军事秘密的商业文件，虽然同样属于商业秘密的范畴，但是相比侵犯商业秘密罪而言，为境外非法提供国家秘密、情报罪处罚更重，根据重法优于轻法的原则，应以后者定性。

20. B。为境外窃取、刺探、收买、非法提供国家秘密、情报罪是指为境外的机构、组织、个人窃取、刺探、收买、非法提供国家秘密或者情报的行为。非法获取国家秘密罪是指以窃取、刺探、收买方法，非法获取国家秘密的行为。两罪的区别在于前者是出于为境外机构、组织、个人获取秘密的目的，而后者没有。黄某为境外戴某获取、提供国家秘密的行为，符合为境外窃取、刺探、收买、非法提供国家秘密、情报罪的特征。另外，其利用职权获取秘密、收受财物的行为符合受贿罪的特征。因此B项正确。

（二）多项选择题

1. BCD。叛逃罪是指国家机关工作人员或者掌握国家秘密的国家工作人员，在履行职务期间，擅离岗位，叛逃境外，或者在境外叛逃的行为。所以选项BCD正确。勾结外国，是背叛国家罪的构成特征。

2. ABC。间谍罪，是指参加间谍组织、接受间谍组织及其代理人的任务或者为敌人指示轰击目标的行为。所以选项ABC正确。选项D中投降敌人，为敌人效力，是投敌叛变罪的构成特征。

3. AC。选项AC符合资助危害国家安全犯罪活动罪的构成。选项B不正确，因为即使危害国家安全犯罪活动还处于预备阶段，只要行为人实施了资助这些活动的行为，就构成本罪，否则不利于打击犯罪。选项D不正确，因为在这些特定的危害国家安全的犯罪活动中，有些犯罪如颠覆国家政权罪、武装暴乱罪、煽动颠覆国家政权罪等，可以由外国人实施。

4. CD。赵某的行为不构成故意泄露国家秘密罪，因为赵某的行为侵犯的是国家安全，而不是国家的保密制度，而且，赵某有间谍罪的客观行为，间谍罪的客观行为包含泄露国家秘密的行为。同理，赵某的行为不构成为境外窃取、刺探、收买、非法提供国家秘密罪。赵某先前有叛逃行为，其后又实施了间谍行为，两个行为之间没有牵连或者吸收的关系，属于独立的两个犯罪，所以对赵某应当以叛逃罪和间谍罪数罪并罚。

5. AD。根据刑法总则的规定，危害国家安全犯罪都必须附加判处剥夺政治权利（单处的除外），所以选项D正确；犯危害国家安全罪的，并非最高刑都是死刑，所以选项C不正确。根据《刑法》第113条第2款的规定——“犯本章之罪的，可以并处没收财产”，选项A正确。

（三）不定项选择题

1. C。甲虽然对该机构从事间谍行为有认识，但是他在该间谍组织并不接受该间谍组织的任务，也不参加该间谍组织，更没有为敌人指示轰击目标，所以甲的行为不构成间谍罪。背叛国家罪，要求行为人有勾结外国的行为，而甲不过是为了获取物质利益而在该机构做医生，没有危害我国主权、领土完整和安全的故意与行为，所以不构成背叛国家罪。

2. BC。选项A不符合颠覆国家政权罪的构成特征，因为本罪并不要求行为人是窃取国家重要职位、具有较大政治影响的人；选项D不符合本罪构成特征，因为组织、策划行为一般不会产生实际结果，但同样构成本罪。

3. ABCD。叛逃罪，是指国家机关工作人员或者掌握国家秘密的国家工作人员，在履行公务期间擅离职守，叛逃境外或者在境外叛逃。因此，行为人在国外打工谋生或者在国外学习滞留不归或者生病住院等，都不构成叛逃罪。

4. BCD。选项 A 不正确，因为投敌叛变罪并不要求发生在战时；选项 B 正确，因为投敌叛变罪的主体只能是中国人；选项 C 正确，根据在于《刑法》第 108、109 条的规定；选项 D 正确，因为符合两个罪的构成特征。

5. ABCD。叛逃罪与军人叛逃罪之间是法条竞合的关系：叛逃罪是一般法，军人叛逃罪是特别法，根据特别法优于一般法的原则，军人叛逃的，应优先适用《刑法》第 430 条的规定，构成军人叛逃罪。

简答题

1. 间谍罪，是指参加间谍组织或者接受间谍组织及其代理人的任务，或者为敌人指示轰击目标，危害国家安全的行为。该罪具有下列特征：(1) 该罪侵犯的客体是中华人民共和国的国家安全。(2) 该罪的客观方面表现为三种间谍行为：一是参加间谍组织，即成为该组织的正式成员；二是虽未正式加入间谍组织，但是接受间谍组织及其代理人的任务；三是为敌人指示轰击目标。行为人只要实施了这三种行为中的一种，即可构成间谍罪。“间谍组织”是指外国或敌对势力设立的，主要进行窃取、刺探、收集我国国家秘密或情报，或者进行其他危害我国国家安全活动的组织。(3) 该罪的主体是一般主体，包括中国公民、外国人或无国籍人。(4) 该罪的主观方面是故意，即明知是间谍组织而参加，明知是间谍组织及其代理人的任务而接受，或者明知是我国的敌人而为其指示轰击目标。

2. 叛逃罪，是指国家机关工作人员或者掌握国家秘密的国家工作人员，在履行公务期间擅离岗位，叛逃境外或在境外叛逃的行为。该罪具有下列特征：(1) 该罪侵犯的客体是中华人民共和国的国家安全。(2) 该罪的客观方面表现为在履行公务期间擅离岗位，叛逃境外，或者在境外叛逃的行为。叛逃是指背叛国家出逃境外，投靠境外机构、组织，为所在国家或地区的机构、组织效力的行为。叛逃后实际实施的危害国家安全的行为，不影响叛逃罪的构成。擅离岗位是指未经组织批准，放弃自己的职责而脱离所在单位，不能狭义理解为从行为人具体执行公务的地点叛逃。在履行公务期间是指行为人没有被依法解除或者暂停其执行职务，随时都可能执行其职务的期间。(3) 该罪的主体是特殊主体，即国家机关工作人员和掌握国家秘密的国家工作人员。(4) 该罪的主观方面是故意。犯罪动机可能多种多样，行为人出于什么动机，均不影响该罪的构成。

3. 武装叛乱、暴乱罪是指组织、策划、实施武装叛乱或者武装暴乱的行为。武装叛乱是指以投靠外国或者境外的敌对势力为背景，纠集多人利用武装进行暴力破坏活动。武装暴乱是指在境内纠集多人，利用武装进行暴力破坏活动。二者的行为方式多种多样，包括杀人，放火，砸、抢国家机关、企事业单位，破坏道路、桥梁等，可能造成社会秩序严重混乱。二者的区别主要体现在武装叛乱以投靠外国或者境外的敌对势力为背景，这在行为的客观方面和主观方面都会有所体现。

4. 背叛国家罪，是指勾结外国或者与境外机构、组织、个人相勾结，危害中华人民共和国的主权、领土完整和安全的行为。该罪具有下列特征：(1) 该罪侵犯的客体是中华人民共和国的主权、领土完整和安全。(2) 该罪的客观方面表现为勾结外国或与境外机构、组织、个人相勾结，危害中华人民共和国的主权、领土完整和安全的行为。这包括两个要点：一是勾结外国或与境外机构、组织、个人相勾结。“外国”是指外国政府、外国政党、外国政治集团，以及敌视、破坏我国社会主义制度的外国敌对势力和他们的代表人物。“境外机构、组织、个人”是指隶属于外国的机构、组织、个人以及中国大陆境外的机构、组织、个人。二是危害我国的主权、领土完整和安全。(3) 该罪的主体只能是中国公民，一般是窃据党和国家重要职务或者具有较高社会地位和较大社会影响的人物。但是，法律并没有规定该罪主体必须具有上述身份。外国人和无国籍人不能独立构成该罪，但可以成为该罪的共犯。(4) 该罪的主观方面是故意，并且具有危害中华人民共和国的主权、领土完整和安全的目的。出于何种动机不影响该罪的构成。

案例分析题

甲、乙、丙构成颠覆国家政权罪。颠覆国家政权罪是指组织、策划、实施颠覆国家政权，推翻社会主义制度的行为。甲、乙、丙企图发展丁为成员，属于组织行为。其杀人行为是为了防止颠覆国家政权的行为败露，为颠覆国家政权罪的实施行为所包括。事后获取丁财物的行为，属于“顺手牵羊”，在地位上从属于颠覆国家政权罪，为颠覆国家政权罪所吸收。另外，颠覆国家政权罪的最高刑是死刑，按照颠覆国家政权罪定性，也不至于放纵犯罪。所以对甲、乙、丙不以故意杀人罪和盗窃罪论处，而以颠覆国家政权罪定罪处罚。

论述题与深度思考题

叛逃罪是指国家机关工作人员或者掌握国家秘密的国家工作人员，在履行公务期间，擅离岗位，叛逃境外，或者在境外叛逃的行为。投敌叛变罪则是指中国公民背叛革命，投奔敌方或者被捕、被俘后投降敌人，危害国家安全的行为。叛逃罪与投敌叛变罪的区别主要有：犯罪主体不同，投靠的对象不同，有无时间限制不同，投靠的方式不同。详细区别参见王作富主编：《刑法》，7 版，258～259 页，北京，中国人民大学出版社，2021。

第二十二章　危害公共安全罪

名词解释

1. 投放危险物质罪
2. 重大责任事故罪
3. 交通肇事罪
4. 恐怖组织
5. 以危险方法危害公共安全罪
6. 劫持航空器罪
7. 危险驾驶罪
8. 不报、谎报安全事故罪
9. 非法持有宣扬恐怖主义、极端主义物品罪
10. 丢失枪支不报罪

选择题

（一）单项选择题

1. 甲在高速公路休息站开店经营汽车补胎业务，故意在靠近经营点附近的高速公路上撒钉子，长达数百米，造成很多汽车爆胎，足以导致车辆倾覆的危险。很多车主经常抱怨。司机问甲为什么会有这么多钉子在路上，甲闭口不谈，只是按照市场价格补胎收费。甲的行为构成何罪？（　　）（司考）

A. 故意毁坏财物罪

B. 破坏交通工具罪

C. 破坏交通设施罪

D. 诈骗罪

2. 甲于晚上潜入一仓库盗窃，因为黑暗以致辨认物品困难，于是划燃火柴察看，不料火柴掉落，点燃仓库存放的易燃物品。仓库外传来声响，甲以为被人发觉，遂逃离仓库。后火柴点燃易燃物品并导致火灾。事后查明直接财产损失 20 万元。对于甲划火柴引起火灾的行为的性质，正确的说法是（　　）。

A. 构成放火罪

B. 构成失火罪

C. 不构成犯罪

D. 构成故意毁坏财物罪

3. 2017 年 2 月，公交车司机陆某在当班驾驶一辆无人售票的公交车时，乘客张某上车并站在公交车前段。因公交车乘客较多，陆某要求张某往车厢中部走，张某不理睬。陆某再次要求后，张某反以陆某出言不逊为理由挥拳殴打陆某，击中其脸部。陆某一怒之下，置行驶车辆于不顾，离开驾驶座位抬腿踢向张某，与其扭打在一起。公交车因无人驾驶偏离行驶路线，接连撞坏一辆自行车并致骑车者当场死亡，撞坏一辆出租车并撞毁附近小区围墙，造成经济损失共计 20 000 余元。关于本案的分析，下列哪一选项是不正确的？（　　）。

A. 乘客张某虽非驾驶员，但其行为仍然可以认定为交通肇事罪

B. 司机陆某擅离岗位，置公交车于不顾的行为，也应认定为交通肇事罪

C. 司机陆某的行为同时构成以危险方法危害公共安全罪与交通肇事罪，属于想象竞合犯，最终应以以危险方法危害公共安全罪论处

D. 根据本案情节，法院可以依法对司机陆某宣告期限为 4 年的从业禁止

4. 在 SARS 疫情肆虐期间，甲因全身高烧，表现出 SARS 症状，被确定为 SARS 疑似病例而被强制隔离观察治疗。但甲认为自己是一般的感冒，不愿接受隔离而于一日晚间逃出隔离处。在回家途中，甲乘坐一辆公共汽车，导致车上数人感染其所携带的 SARS 病毒。对甲应定（　　）。

A. 以危险方法危害公共安全罪

B. 过失以危险方法危害公共安全罪

C. 妨害公务罪

D. 不构成任何犯罪

5. 甲发现自己所在村庄边上正在安装电力线路，想偷盗电缆一些拿去卖钱，于是，于一晚带着工具偷

剪电缆，并销赃得款数千元，导致安装工程进度严重受阻。对甲应定（　　）。

A. 破坏电力设备罪

B. 过失破坏电力设备罪

C. 盗窃罪

D. 故意毁坏财物罪

视频讲题

6. 丙参加了由境外组织所成立的某恐怖组织，并积极参与恐怖主义活动，在新疆某地策划了汽车爆炸，导致数人死亡。对丙应以何罪处罚？（　　）

A. 组织、领导、参加恐怖组织罪

B. 组织、领导、参加恐怖组织罪和爆炸罪进行数罪并罚

C. 组织、领导、参加恐怖组织罪和爆炸罪进行从一重处罚

D. 爆炸罪和杀人罪进行数罪并罚

7. 甲通过互联网散布谣言说有人在两个大型商场放置了定时炸弹，将于某时爆炸。为此，这两个商场停业，公安机关和武警动用数百人在商场周围建立隔离线，并疏散商场周围居住的市民数万人。关于甲的行为的性质，正确的选项应是（　　）。

A. 扰乱社会秩序罪

B. 以危险方法危害公共安全罪

C. 编造、故意传播虚假恐怖信息罪

D. 损害商业信誉罪

视频讲题

8. 关于危害公共安全罪的认定，下列哪一选项是正确的？（　　）（司考）

A. 猎户甲合法持有猎枪，猎枪被盗后没有及时报告，造成严重后果。甲构成丢失枪支不报罪

B. 乙故意破坏旅游景点的缆车的关键设备，致数名游客从空中摔下。乙构成破坏交通设施罪

C. 丙吸毒后驾车将行人撞成重伤（负主要责任），但毫无觉察，驾车离去。丙构成交通肇事罪

D. 丁被空乘人员告知“不得打开安全门”，仍拧开安全门，致飞机不能正点起飞。丁构成破坏交通工具罪

9. 火车司机田某为赶时间超速行驶造成火车多节车厢出轨，铁路交通中断 6 小时 19 分，直接经济损失一百余万元。田某的行为构成（　　）。

A. 破坏生产经营罪

B. 铁路运营安全事故罪

C. 交通肇事罪

D. 过失损坏交通设施罪

10. 甲原为一公安机关民警，因为严重违反纪律规范被依法清除出警察队伍，领导找其谈话要求其将此前依法配备的枪支、子弹上缴，但甲欺骗说不小心丢失，就是不依法上缴。对甲的行为应定性为（　　）。

A. 非法储存枪支罪　　B. 非法持有枪支罪

C. 非法私藏枪支罪　　D. 非法运输枪支罪

11. 某地质勘探队队长孙某将队里配发的手枪 2 支出租给他人使用。出租期间，租枪人使用该枪实施了抢劫行为。孙某的行为应被定性为（　　）。

A. 构成非法出租枪支罪

B. 不构成犯罪

C. 构成玩忽职守罪

D. 构成非法买卖枪支罪

12. 警察甲临时急用钱，便找乙借钱。乙同意借钱，但条件是有物品质押。甲将公务用枪交给乙质押，乙借给甲 5 万元现金，借期 1 个月。1 个月后，甲无力偿还借款，乙便向公安机关报案。关于甲、乙的行为的定性，下列哪种说法正确？（　　）

A. 甲、乙均无罪

B. 甲触犯非法出借枪支罪

C. 甲无罪，乙触犯非法持有枪支罪

D. 甲触犯非法出租、出借枪支罪，乙触犯非法持有枪支罪

13. 王某是某县公安局民警，在一次酒后不慎将装有警务配枪的手提包忘在酒楼而丢失。由于害怕受处分，王某未向单位报告枪支丢失一事，而是自己托朋友寻找。该枪支其实被无业青年陈某拾得，其在一次向朋友炫耀时，被派出所发现并收缴。王某的行为构

成（　　）。

A. 过失以危险方法危害公共安全罪

B. 以危险方法危害公共安全罪

C. 丢失枪支不报罪

D. 无罪

14. 万某游手好闲，以偷窃为生。一日，其在火车站跟随一提包男青年，乘隙偷得该提包，回家打开一看，发现除有数千元现金外，还有一把手枪和持枪证，原来该男青年为到外地出差的刑警。万某将该手枪藏在家中，后其被警察抓获，手枪被收缴。万某的行为构成（　　）。

A. 盗窃罪

B. 盗窃枪支罪

C. 盗窃罪和非法持有、私藏枪支罪

D. 盗窃枪支罪和非法持有、私藏枪支罪

15. 拖拉机厂电工张某自恃技术熟练在检修电路时不按规定操作，造成电路着火，部分设备被烧毁，损失十余万元。张某的行为构成（　　）。

A. 失火罪　　B. 玩忽职守罪

C. 破坏生产经营罪　　D. 重大责任事故罪

16. 苏某早上七八点的时候，骑着自行车将自己的小孩送到学校后回家，沿着公路由北向南骑自行车行驶，行至村路口附近，准备从西向东横穿公路进入村中。当苏某的自行车前轮已经越过路东机动车与非机动车的分道线时，适逢臧某驾驶两轮摩托车由南向北行驶，因躲闪不及，摩托车的前轮撞在苏某的自行车中部，两车均翻倒在地，摩托车倒地滑行六七米，苏某被撞入路东排水沟里，腰椎骨粉碎性骨折，并造成下身瘫痪。而臧某头部着地，造成重度颅脑损伤，经抢救无效死亡。关于该案的处理正确的是（　　）。

A. 苏某构成交通肇事罪

B. 苏某属于交通违规行为，但不构成交通肇事罪

C. 臧某的行为构成交通肇事罪

D. 臧某的行为属于交通违规，但不构成犯罪

17. 20××年7月20日下午，孙某酒后驾驶东风牌大货车往市区送货后返回郊区。正值天色不好，孙某遂加快车速超速行驶，途经一个三岔路口时，不慎将骑自行车迎面驶来的冯某撞倒在地，孙某赶紧下车，发现冯某已昏迷，身上有多处伤痕。由于当时有不少人围观，孙某抱起冯某放入驾驶室，表示要送医院抢救。但是，他在驾车离开现场后发现无人跟踪，便又把车驶往郊区，途中将已经昏迷不醒的冯某抱下，扔到马路200米开外的田野里，然后驾车逃走。冯某由于昏迷不醒，无人发现，失去抢救机会，最终因失血过多而死亡。孙某的行为（　　）。

A. 构成交通肇事罪

B. 构成故意杀人罪

C. 构成交通肇事罪和故意杀人罪，数罪并罚

D. 构成交通肇事罪和故意杀人罪，按一重罪处罚

18. 甲是某轮渡公司的经理，为了单位的创收和利润，明知渡船常常超载，对公司员工多次提出的不要超载否则会有危险的劝告置之不理，强令渡船驾驶员超载运输旅客。终有一日，渡船因超载而倾覆江中，造成多人死亡。甲的行为构成（　　）。

A. 交通肇事罪

B. 重大责任事故罪

C. 重大劳动安全事故罪

D. 工程重大安全事故罪

19. 李某是某公司的货运汽车驾驶员，一次在该公司货场卸货，倒车时未注意观察车后情况，将一卸货工人压死。李某的行为构成（　　）。

A. 过失致人死亡罪

B. 交通肇事罪

C. 重大责任事故罪

D. 重大劳动安全事故罪

20. 某工程监理单位负责对S市一商品房工程进行监理。该单位主要领导之一李某与该商品房工程的开发商高某是儿女亲家。为了降低造价，高某在建筑材料上做了手脚，同时找到李某，让其在工程监理时网开一面。对此李某表示同意。在李某授意之下，该单位具体负责此商品房工程监理的刘某违规降低工程质量标准。该工程竣工不久，其中一座房屋即发生了墙体倒塌，造成1死2伤的重大事故，另外一些房屋也出现了不同程度的质量问题和安全隐患。关于对该案的处理，下列说法中正确的有（　　）。

A. 对该工程监理单位、李某、刘某都应追究刑事责任

B. 追究该工程监理单位和李某的刑事责任，不追究刘某的刑事责任

C. 仅追究李某、刘某的刑事责任，对该工程监理单位不追究刑事责任

D. 仅追究该工程监理单位的刑事责任，不追究李

某、刘某的刑事责任

21. 甲到本村乙家买柴油时，因屋内光线昏暗，甲欲点燃打火机看油量。乙担心引起火灾，上前阻止。但甲坚持说柴油见火不会燃烧，仍然点燃了打火机，结果引起油桶燃烧，造成火灾，导致甲、乙及一旁观看的丙被火烧伤，乙、丙经抢救无效死亡。后经检测，乙储存的柴油闪点不符合标准。甲的行为构成何罪？（　　）（司考）

A. 危险物品肇事罪　　B. 失火罪

C. 放火罪　　D. 重大责任事故罪

22. 根据刑法规定与相关司法解释，下列哪一选项符合交通肇事罪中的“因逃逸致人死亡”？（　　）（司考）

A. 交通肇事后因害怕被现场群众殴打，逃往公安机关自首，被害人因得不到救助而死亡

B. 交通肇事致使被害人当场死亡，但肇事者误以为被害人没有死亡，为逃避法律责任而逃逸

C. 交通肇事致人重伤后误以为被害人已经死亡，为逃避法律责任而逃逸，导致被害人得不到及时救助而死亡

D. 交通肇事后，将被害人转移至隐蔽处，导致其得不到救助而死亡

23. 甲盗割正在使用中的铁路专用电话线。在构成犯罪的情况下，对甲应按照下列哪一选项处理？（　　）（司考）

A. 破坏公用电信设施罪

B. 破坏交通设施罪

C. 盗窃罪与破坏交通设施罪中处罚较重的犯罪

D. 盗窃罪与破坏公用电信设施罪中处罚较重的犯罪

24. 甲系某公司经理，乙是其司机。某日，乙开车送甲去洽谈商务，途中因违章超速行驶当场将行人丙撞死，并致行人丁重伤。乙欲送丁去医院救治，被甲阻止。甲催乙送其前去洽谈商务，并称否则会造成重大经济损失。于是，乙打电话给120急救站后离开肇事现场。但因时间延误，丁不治身亡。关于本案，下列哪一选项是正确的？（　　）（司考）

A. 甲不构成犯罪，乙构成交通肇事罪

B. 甲、乙均构成交通肇事罪

C. 乙构成交通肇事罪和不作为的故意杀人罪，甲是不作为的故意杀人罪的共犯

D. 甲、乙均构成故意杀人罪

25. 甲开办一间小汽修店，因修理一进口轿车缺零配件，便于晚间在一停车场将一同型号小轿车备用轮胎一个（价值1 200元）和发动机（价值50 000元）拆下盗走。甲的行为（　　）。（考研）

A. 构成盗窃罪和破坏交通工具罪，数罪并罚

B. 构成盗窃罪和破坏交通工具罪，属想象竞合犯，从一重罪即破坏交通工具罪定罪处罚

C. 只构成破坏交通工具罪

D. 只构成盗窃罪

26. 甲于夜晚在一条封闭的高速公路上驾车正常行驶时，乙突然翻越护栏横穿公路，甲刹车不及将乙撞死。交警认定甲的行为不构成交通肇事罪。下列说法中，不应当作为交警认定依据的是（　　）。（考研）

A. 甲的行为与乙的死亡结果之间没有因果关系

B. 甲的行为不违反交通法律法规，缺乏构成交通肇事罪的客观要件

C. 本案属于意外事件

D. 甲对乙的死亡结果没有罪过

27. 甲驾驶车辆在城市主干道不慎将乙撞成重伤，负事故主要责任。由于抢救乙的医疗费用不断增加，甲感到很紧张，遂到寺庙中祈祷乙快点死去。在其祈祷后的第二天，乙死亡。甲的行为构成（　　）。（考研）

A. 过失致人死亡罪

B. 交通肇事罪和故意杀人罪

C. 过失致人重伤罪和故意杀人罪

D. 交通肇事罪

28. 下列哪一行为成立以危险方法危害公共安全罪？（　　）（司考）

A. 甲驾车在公路转弯处高速行驶，撞翻相向行驶车辆，致2人死亡

B. 乙驾驶越野车在道路上横冲直撞，撞翻数辆他人所驾汽车，致2人死亡

C. 丙醉酒后驾车，刚开出10米就撞死2人

D. 丁在繁华路段飙车，2名老妇受到惊吓致心脏病发作死亡

29. 甲驾车接打电话没有注意闯了红灯，撞上正在公路上行走的乙、丙二人，撞死乙，同时将丙卷入汽车底盘。甲意识到汽车底盘下可能有人，为逃避法律追究而驾车飞奔，将被害人拖行800米，致其死亡。对此案的认定，下列错误的选项是（　　）。（司考）

A. 甲构成交通肇事罪

B. 甲构成故意杀人罪
C. 甲构成以危险方法危害公共安全罪
D. 对甲应数罪并罚

（二）多项选择题

1. 下列行为中，构成放火罪的有（　　）。
A. 以放火为手段杀人，烧毁了数十间房屋
B. 为了自杀，在木质结构的杂居四合院内采取倒洒汽油的方式自焚，结果人未烧死，却烧毁了四合院及邻近的房屋
C. 犯罪后，为掩盖罪证而放火，火势蔓延到附近的建筑物
D. 出于嫉妒放火烧毁了邻居的柴草垛

视频讲题

2. 爆炸罪与危险物品肇事罪的区别是（　　）。
A. 后者是过失犯罪，前者是故意犯罪
B. 后者是违反特定危险品管理规定，前者则无此限制
C. 后者是在生产、储存、运输、使用中发生重大事故造成严重后果，前者没有此限制
D. 后者是特殊主体，前者是一般主体

3. 投放危险物质罪投放的物品包括（　　）。
A. 毒害性物质　　B. 放射性物质
C. 刺激性物质　　D. 传染病病原体

4. 下列哪些行为构成投放危险物质罪？（　　）（司考）
A. 甲故意非法开启实验室装有放射性物质的容器，致使多名实验人员遭受辐射
B. 乙投放毒害性、放射性、传染病病原体之外的其他有害物质，危害公共安全
C. 丙欲制造社会恐慌气氛，将食品干燥剂粉末冒充炭疽杆菌，大量邮寄给他人
D. 丁在食品中违法添加易使人形成瘾癖的罂粟壳粉末，食品在市场上极为畅销

5. 破坏交通设施罪的对象有（　　）。
A. 轨道、桥梁　　B. 隧道、公路
C. 机场、航道　　D. 灯塔、标志

6. 魏某受恐怖活动组织的指派潜入我国进行恐怖活动，先后杀害3人、绑架1人。魏某的行为构成何种犯罪？（　　）
A. 参加恐怖活动组织罪
B. 故意杀人罪
C. 绑架罪
D. 以危险方法危害公共安全罪

7. 下列关于非法制造、买卖、运输、邮寄、储存枪支、弹药、爆炸物罪与违规制造、销售枪支罪的区别，说法正确的是（　　）。
A. 前罪的犯罪对象包括枪支、弹药、爆炸物，而后罪的犯罪对象仅限于枪支
B. 前罪表现为非法制造、买卖、运输、邮寄、储存枪支、弹药、爆炸物，后罪表现为超过限额或者不按规定的品种制造、配售枪支
C. 两罪的法定刑不一样
D. 前罪的主体是一般主体，自然人和单位都可以成为本罪的主体；而后罪的犯罪主体是特殊主体，且只能是单位，即必须是依法被指定、确定的枪支制造企业、销售企业

8. 为实施恐怖活动招募、运送人员的，应当如何处理？（　　）
A. 构成资助恐怖活动罪
B. 构成帮助恐怖活动罪
C. 构成相应恐怖活动的帮助犯
D. 属于拟制的正犯

9. 重大责任事故罪和交通肇事罪的区别在于（　　）。
A. 重大责任事故罪是故意犯罪，交通肇事罪是过失犯罪
B. 交通肇事罪的主体是一般主体，而重大责任事故罪的主体是特殊主体
C. 交通肇事罪是违反交通运输管理法规的结果，而重大责任事故罪是违反与生产、作业有关的规章制度的结果
D. 交通肇事行为必须是发生在交通管理的范围内，而重大责任事故罪一般发生在企业、事业单位内部或者其他作业场所

10. 甲雇凶手乙杀丙，言明不要造成其他后果。乙几次杀丙均未成功，后来采取爆炸方法，对丙的住宅

(周边没有其他人与物）进行爆炸，结果将丙的妻子丁炸死，但丙安然无恙。关于本案，下列哪些说法是错误的？（　　）（司考）

A. 甲与乙构成共同犯罪

B. 甲成立故意杀人罪（未遂）

C. 乙对丙成立故意杀人未遂，对丁成立过失致人死亡罪

D. 乙对丙成立爆炸罪，对丁成立过失致人死亡罪

11. 下列哪些情况不构成破坏交通工具罪？（　　）（司考）

A. 破坏正在制造或修理中的交通工具

B. 破坏已制造完工尚未交付使用的交通工具

C. 破坏交通工具的重要装置或零部件，制造隐患，足以使其具有发生倾覆或毁坏的危险

D. 彻底毁坏交通工具的重要部件，使其无法使用

12. 关于危害公共安全罪的论述，下列哪些选项是正确的？（　　）（司考）

A. 甲持有大量毒害性物质，乙持有大量放射性物质，甲用部分毒害性物质与乙交换了部分放射性物质。甲、乙的行为属于非法买卖危险物质

B. 吸毒者甲用毒害性物质与贩毒者乙交换毒品。甲、乙的行为属于非法买卖危险物质，乙的行为另触犯贩卖毒品罪

C. 依法配备公务用枪的甲，将枪赠与他人。甲的行为构成非法出借枪支罪

D. 甲父去世前告诉甲“咱家院墙内埋着5支枪”，甲说“知道了”，但此后甲什么也没做。甲的行为构成非法持有枪支罪

视频讲题

13. 关于危害公共安全犯罪，下列说法正确的是（　　）。（司考）

A. 以爆炸方法杀害多人，同时危害公共安全的，构成爆炸罪和故意杀人罪的想象竞合

B. 未发生火灾时，破坏消防栓，构成以危险方法危害公共安全罪

C. 实施放火，但未危害公共安全，不构成放火罪，但构成以危险方法危害公共安全罪

D. 高空抛物行为，即使未危害公共安全，也可能构成高空抛物罪

（三）不定项选择题

1. 放火罪既遂与未遂的界限是（　　）。

A. 目的物独立燃烧是放火罪的既遂标准

B. 行为人主观上认为火烧起来了

C. 放火罪是行为犯，行为人实施完毕放火行为即构成放火罪的既遂

D. 划火柴或者其他类似行为是实施的开始

视频讲题

2. 下列行为中构成破坏交通工具罪的是（　　）。

A. 王某经过一个汽车修理厂，发现停着一辆汽车，以为其已报废，于是盗窃了该车的一些零件，不料该车是一辆正在使用期间的汽车。后该车因缺乏这些零件在行驶过程中倾覆

B. 张某因心情恶劣，情绪失控，将公交车的座椅、门窗等大肆破坏

C. 李某对邻居杜某用于田间耕作的手扶拖拉机进行故意破坏，致使其制动系统严重受损

D. 陈某为泄愤将正在使用期间的电车的刹车系统故意破坏

3. 以下情形中属于交通肇事罪之“因逃逸致人死亡”的是（　　）。

A. 甲交通肇事后，见被害人躺在路上，怕事情败露，于是将被害人移到偏僻处，然后驾车逃走，致使被害人因失血过多死亡

B. 乙交通肇事后，由于害怕受到处罚即驾车离去，致使被害人因汽车撞击，无人救治而内出血死亡

C. 丙交通肇事后，不顾被害人在后面追赶而驾车离去，不料被害人被后面驶来的汽车压死

D. 丁交通肇事后，以为被害人已经死亡，驾车离去，但实际上被害人只是身受重伤，后因无人救治而死亡

视频讲题

4. 下列行为中构成重大责任事故罪的是（　　）。

A. 庄某是某无证开采小煤矿的矿主，为追求利润，强令工人冒险作业，因而发生重大伤亡事故

B. 杨某是某高科技企业的科研人员，正在开发某新型炸药，但在研制过程中，因两种新型材料混合而意外导致爆炸

C. 梁某是某建筑企业工人，不服从带班班长管理，违章冒险作业，导致房屋部分倒塌致 1 人死亡

D. 章某是在押罪犯，在某企业中从事生产，因违反规章制度而发生重大伤亡事故

5. 下列关于工程重大安全事故罪的论述中正确的是（　　）。

A. 该罪的犯罪客观方面表现为违反国家规定，降低工程的质量标准，以致造成重大安全事故

B. 该罪的犯罪主体是一般主体

C. 该罪的犯罪主观方面，对于发生重大事故表现为过失，但对于降低工程质量标准往往是明知故犯

D. 犯该罪的，对直接责任人员，处 3 年以下有期徒刑或者拘役，并处罚金；后果特别严重的，处 3 年以上 7 年以下有期徒刑，并处罚金

6. 甲曾向乙借款 9 000 元，后不想归还借款，便预谋毒死乙。甲将注射了“毒鼠强”的白条鸡挂在乙家门上，乙怀疑白条鸡有毒未食用。随后，甲又趁去乙家串门之机，将“毒鼠强”投放到乙家米袋内。后乙和其妻子、女儿喝过米汤中毒，乙死亡，其他人经抢救脱险。关于甲的行为，下列哪些选项是错误的？（　　）（司考）

A. 构成投放危险物质罪

B. 构成投放危险物质罪与抢劫罪的想象竞合犯

C. 构成投放危险物质罪与故意杀人罪的想象竞合犯

D. 构成抢劫罪与故意杀人罪的吸收犯

7. 下列哪些情形构成以危险方法危害公共安全罪？（　　）（司考）

A. 投放虚假的爆炸性、毒害性、放射性、传染病病原体等物质，严重扰乱社会秩序的

B. 故意破坏正在使用的矿井下的通风设备的

C. 违反国家规定，向土地大量排放危险废物，造成重大环境污染事故，导致多人死亡的

D. 故意传播突发性传染病病原体，危害公共安全的

8. 警察甲为讨好妻弟乙，将公务用枪私自送乙把玩。丙趁乙在人前炫耀枪支时，偷取枪支送交派出所，揭发乙持枪的犯罪事实。关于本案，下列哪些选项是正确的？（　　）（司考）

A. 甲私自出借枪支，构成非法出借枪支罪

B. 乙非法持有枪支，构成非法持有枪支罪

C. 丙构成盗窃枪支罪

D. 丙揭发乙持枪的犯罪事实，构成刑法上的立功

简答题

1. 简述破坏交通工具罪的客观方面。

2. 简述准备实施恐怖活动罪的客观方面。

3. 简述大型群众性活动重大安全事故罪的构成特征。

4. 简述危险驾驶罪与交通肇事罪的界限。

5. 简述妨害安全驾驶罪的概念和行为类型。

案例分析题

1. 郑某受雇于某钢铁厂开货车。在一天出车中，郑某违反交通管理法规逆向行驶，撞倒了一个过路的行人。他下车察看，见被害人昏迷不醒，血流如注，便将其抱上汽车，准备将他送往医院。但郑某转念一想，把被害人送到医院自己得承担医药费并可能承担法律责任，就产生了抛弃被害人的念头。于是他掉转车头，向荒郊开去，将被害人搁在荒郊的小树林里。后来被害人尸体被发现，经鉴定，系因撞伤未得到及时医治而死。

问：郑某的行为构成什么罪？

2. 村民甲因家中火药受潮，遂将家存约 15 千克黑色火药于自家院中摊晒，因事暂出时将院门关闭，将

门锁挂于门上伪装成已锁门。村民乙至甲家寻甲未遇，虽见院内晒了许多火药，但还是随手将未熄烟头掷于地上，不料失手掷在火药中，引起火药燃爆，火焰熊熊。乙见状慌忙逃走，甲家及邻居家十数间房屋悉数被焚毁。

问：甲和乙的行为是否构成犯罪？若构成犯罪，指出罪名并结合犯罪的客观方面说出理由。如不构成犯罪，理由是什么？

3. 王某是某煤矿矿长。因该矿设备比较陈旧，安全状况堪忧，主管部门及矿上其他职工多次提醒王某应该对设备进行检修，添置新的设备，但他置之不理。因该矿设备比较陈旧，所以采矿效率不高。为了完成当年的生产任务，王某强令工人违章冒险作业，但因设备陈旧发生重大伤亡事故。

问：对王某的行为应该怎样处理？

4. 20××年10月26日21时许，韩某酒后驾驶苏GJ9×××解放牌货车，行驶至××市××区X社区岛山巷时，将在路边行走的妇女徐某撞倒。韩某发现撞伤人后，为逃避法律追究，将徐某转移到岛山巷10号楼2单元道口藏匿，致使徐某无法得到救助而死亡。当晚，韩某又借用苏M00×××东风牌货车，将徐某的尸体运至××区Y镇，将尸体捆绑在水泥板上，沉入烧香河中。法院认为，韩某驾车撞伤人，又将被害人隐藏导致其死亡，其行为已构成故意杀人罪。

问：法院对被告人韩某的行为定性是否正确？为什么？

5. 20××年6月16日18时许，李某驾驶自己的豫A×××××号川路牌农用车，在从少洛高速公路上施工下班回家途中，由西向东行驶至××市××乡水磨湾村大桥东100米处，因该公路未正常开通通行，在变更车道时，与相反方向行驶的王甲驾驶的二轮摩托车相撞，致王甲和乘车人王乙当场死亡、乘车人王丙受伤。××市公安局交巡警大队事故责任书认定李某负此事故的主要责任。另据法院查明，案发时少林寺至洛阳的高速公路尚未开通使用；案发后李某系自己主动到公安机关投案自首。××市人民检察院以被告人李某犯交通肇事罪向××市人民法院提起公诉。

问：被告人李某构成何罪？为什么？

论述题与深度思考题

1. 试析丢失枪支不报罪的主观方面。

2. 如何理解以危险方法危害公共安全罪中的“其他危险方法”？

参考答案

名词解释

1. 投放危险物质罪，是指故意投放毒害性、放射性、传染病病原体等物质，危害公共安全的行为。

2. 重大责任事故罪，是指在生产、作业中违反有关安全生产的管理规定，因而发生重大伤亡事故或者造成其他严重后果的行为。

3. 交通肇事罪，是指违反交通运输管理法规，因而发生重大事故，致人重伤、死亡或者使公私财产遭受重大损失的行为。

4. 恐怖组织，是指3人以上出于政治的或者其他反社会的动机，为在国内或国外实施一系列杀人、爆炸、绑架等恐怖性的犯罪而建立的具有一定稳定性的犯罪组织。

5. 以危险方法危害公共安全罪，是指使用与放火、决水、爆炸、投放危险物质等危险性相当的，能够造成不特定人、特定多数人死伤或者公私财产被广泛破坏的其他危险方法，危害公共安全的行为。

6. 劫持航空器罪，是指以暴力、胁迫或者其他方法劫持航空器，危害公共安全的行为。

7. 危险驾驶罪，是指在道路上驾驶机动车追逐竞驶，情节恶劣；或者在道路上醉酒驾驶机动车；或者从事校车业务或者旅客运输，严重超过额定乘员载客或者严重超过规定时速行驶；或者违反危险化学品安全管理规定运输危险化学品，危及公共安全的行为。

8. 不报、谎报安全事故罪，是指在安全事故发生后，负有报告职责的人不报或者谎报，贻误事故抢救，情节严重的行为。

9. 非法持有宣扬恐怖主义、极端主义物品罪，是指明知是宣扬恐怖主义、极端主义的图书、音频视频资料或者其他物品而非法持有，情节严重的行为。

10. 丢失枪支不报罪，是指依法配备公务用枪的人员，丢失枪支不及时报告，造成严重后果的行为。

选择题

（一）单项选择题

1. C。虽然该案毁坏了他人财物（汽车），但定故意毁坏财物罪仅评价了行为侵犯财产权利的属性，而没有评价其危害公共安全的属性，选项A故意毁坏财物罪应被排除。如果仅仅是破坏了交通工具本身，定交通肇事罪并没有疑问，但该案中是破坏了大量的交通工具，而且对长达数百米的道路撒了铁钉，是破坏交通设施罪。如果认为该行为既触犯了破坏交通工具罪，也触犯了破坏交通设施罪，考虑到破坏交通设施本身亦会造成交通工具的破坏，破坏交通设施罪的包容性更强，以破坏交通设施罪定罪处罚更为合理。本案不成立诈骗罪，因为甲并没有实施欺骗行为，车主的损失不是因欺骗行为所致的。

2. A。失火罪，是指由行为人的过失引起火灾，危害公共安全，致人重伤、死亡或者使公私财产遭受重大损失的行为。本案中，甲已预见自己的行为可能引起火灾，但逃离而不顾，放任火灾的发生，故而构成不作为的放火罪。

3. C。根据刑法关于妨害安全驾驶罪的规定，陆某和张某的行为属于妨害安全驾驶行为。妨害安全驾驶罪与交通肇事罪属于基本犯和结果加重犯的关系。妨害安全驾驶，引起重大事故发生的，成立交通肇事罪。交通肇事罪并非身份犯，乘客的行为违反交通运输法规的，也可以构成交通肇事罪，所以陆某和张某均构成交通肇事罪。A、B项均正确。C项中，陆某的行为达不到放火、爆炸等行为的危险性程度，并且本案中的司机陆某主观心理为过失，故不构成以危险方法危害公共安全罪。所以，C项错误。D项中，根据《刑法》第37条之一的规定可知，因利用职业便利实施犯罪，或者实施违背职业要求的特定义务的犯罪被判处刑罚的，人民法院可以根据犯罪情况和预防再犯罪的需要，禁止其自刑罚执行完毕之日或者假释之日起从事相关职业，期限为3年至5年。D选项正确。

4. B。甲由于对SARS缺乏认识，对被强制隔离的意义不能正确理解，因而逃离隔离场所。其行为含有导致突发传染病传播的危险，并实际上导致了SARS病毒传播，情节严重，因而根据最高人民法院、最高人民检察院《关于办理妨害预防、控制突发传染病疫情等灾害的刑事案件具体应用法律若干问题的解释》的有关规定，成立过失以危险方法危害公共安全罪。

5. C。本题之所以选择C项而不是A项，是因为甲所盗窃的电缆属于正在安装的电力线路，该电力线路还未交付使用，不属于正在使用中的电力设备。行为人即使盗走其中架设好的部分的电线，也不至于对公共安全造成危害，其行为应以盗窃定性，对甲应认定为盗窃罪。

6. B。所谓恐怖活动，可以包括绑架、杀人、爆炸等多种形式的具有恐怖性的犯罪活动。但是刑法规定本罪旨在处罚组织、领导、参加恐怖活动组织的行为。对于实施组织、领导、参加恐怖活动组织的行为，又实施杀人、爆炸、绑架等犯罪的，依照《刑法》第120条第2款的规定，应当依照数罪并罚的规定处罚。

7. C。根据《刑法》第291条之一的规定，甲的行为构成编造、故意传播虚假恐怖信息罪。

8. C。丢失枪支不报罪的犯罪主体是依法配备公务用枪的人员，而甲是配置枪支而非配备公务用枪的人员，故A选项错。缆车不属于《刑法》第119条规定的交通工具或交通设施，对乙应以以危险方法危害公共安全罪论处。所以，B选项不正确。飞机尚未起飞，丁打开飞机安全门的行为不会危害公共安全，故不成立破坏交通工具罪。所以D选项错误。丙吸毒后驾车发生交通事故，致人重伤，且负主要责任，应成立交通肇事罪。故C选项正确。

9. B。田某的行为符合《刑法》第132条关于铁路运营安全事故罪的规定，即铁路职工违反规章制度，致使发生铁路运营安全事故，造成严重后果的，构成铁路运营安全事故罪。

10. C。解答此题的关键在于了解最高人民法院《关于审理非法制造、买卖、运输枪支、弹药、爆炸物等刑事案件具体应用法律若干问题的解释》第8条的规定，然后对照题干所提供的条件，便可得出答案。选项D中的非法运输枪支罪是指非法将枪支由一地运至他地，使枪支在空间位置上发生位移。而本题在题干中并未提到枪支位移的问题，所以容易排除选项D。剩下的便是对选项A、B、C的区分。明确了“非法储存”“非法持有”“私藏”这三种行为方式的区别，答案为C选项便明确了。

11. A。本案中，孙某所在的单位依法配备枪支，但其违反枪支管理规定，非法出租枪支给他人使用，并且造成了严重的后果，因而该行为触犯《刑法》第128条之规定，构成非法出租枪支罪。

12. D。最高人民检察院《关于将公务用枪用作借债质押的行为如何适用法律问题的批复》（1998年11月）规定："依法配备公务用枪的人员，违反法律规定，将公务用枪用作借债质押物，使枪支处于非依法持枪人的控制、使用之下，严重危害公共安全，是刑法第一百二十八条第二款所规定的非法出借枪支行为的一种形式，应以非法出借枪支罪追究刑事责任；对接受枪支质押的人员，构成犯罪的，根据刑法第一百二十八条第一款的规定，应以非法持有枪支罪追究其刑事责任。"

13. D。本题的关键在于成立丢失枪支不报罪要求依法配备公务用枪的人员丢失枪支不及时报告，并且造成了严重的后果。本题中依法配备公务用枪的王某丢失了枪支，也没有及时报告，但是所丢失的枪支被派出所及时寻获，并未造成严重后果，因此依法不构成丢失枪支不报罪。此外，其行为也不符合选项AB中的罪名以及其他犯罪。所以，王某的行为不构成犯罪。

14. C。本题中，万某的行为之所以成立盗窃罪，而不是盗窃枪支罪，是因为成立盗窃枪支罪主观上要求行为人明知是枪支而故意盗窃，并具有非法占有目的。万某是为了窃取一般财物而实际上窃取了枪支，由于其主观上并不明知是枪支，因而不能认定为盗窃枪支罪，只能认定为盗窃罪。万某盗窃后，非法持有、私藏所窃取的枪支，则另构成非法持有、私藏枪支罪。

15. D。因为玩忽职守罪的犯罪主体是国家机关工作人员，而电工张某不符合主体要件，所以排除B选项；因为破坏生产经营罪的犯罪主观要件是故意，而电工张某是过失导致火灾发生，所以排除C项；因为电工张某是在生产作业中，违反安全生产、作业的管理规定，导致发生火灾的严重后果，应构成重大责任事故罪，所以排除A项而选择D项。

16. A。从实践中看，交通肇事罪的主体主要是机动车、船只的驾驶人员，但是，非机动车的驾驶人员上路也必须遵守交通管理法规，其违反交通管理法规造成重大交通事故的，也构成交通肇事罪。本案苏某是否构成交通肇事罪，主要看苏某的行为是否符合交通肇事罪的构成要件。事故后经鉴定，两车的撞击点在机动车道内，认定苏某骑自行车横穿公路违反了《道路交通安全法》第62条关于行人通过路口或横过道路的具体规定：行人通过路口或者横过道路，应当走人行横道或者过街设施；通过有交通信号灯的人行横道，应当按照交通信号灯指示通行；通过没有交通信号灯、人行横道的路口，或者在没有过街设施的路段横过道路，应当在确认安全后通过。苏某在横穿公路时并非在确认安全后才通过，属于违法行驶，以致造成两车相撞、臧某死亡的严重后果，苏某应负事故的主要责任，构成交通肇事罪。

17. C。本案需要把孙某的行为拆解为两个阶段，即撞人前阶段和撞人后阶段，对两个阶段分别加以分析，再从整体上把握，才可得出答案。本案中，孙某酒后驾车撞伤冯某，孙某在主观上无疑是出于过失。但肇事后，孙某明知冯某已昏迷不醒，身上多处受伤，如果不及时抢救，可能会造成死亡结果，但他不仅不送冯某去医院抢救，反而将冯某扔到马路200米开外的田野里。此时孙某对冯某的死亡结果持放任的心理态度，并且被害人因丧失了被其他过路人抢救的机会，失血过多而死。根据最高人民法院《关于审理交通肇事刑事案件具体应用法律若干问题的解释》第6条的规定，行为人在交通肇事后为逃避法律追究，将被害人带离事故现场后隐藏或者遗弃，致使被害人无法得到救助而死亡或者严重残疾的，应当分别依照《刑法》第232条、第234条第2款的规定，以故意杀人罪或者故意伤害罪定罪处罚。鉴于孙某酒后超速行驶致冯某重伤这一行为本身已成立交通肇事罪，应认定孙某的行为构成交通肇事罪和故意杀人罪，实行数罪并罚。

18. A。从司法实践来看，交通肇事罪的主体多是驾驶机动车辆、船只的人，而本案的行为人是某轮渡公司的经理，但根据最高人民法院《关于审理交通肇事刑事案件具体应用法律若干问题的解释》的规定，单位主管人员、机动车辆所有人或者机动车辆承包人指使、强令他人违章驾驶造成重大交通事故，致人重伤、死亡或者使公私财物遭受重大损失的，也应以交通肇事罪定罪处罚。因此，本题中，甲作为轮渡公司的主管人员，强令他人违章驾驶船只，造成重大交通事故，致多人死亡，其行为构成交通肇事罪。

19. C。本题主要的考点在于重大责任事故罪和交通肇事罪之间的界限。在本题中，李某的行为并非发生在交通管理的范围内，而是发生在本单位内部的货场，且其造成他人死亡的结果是因为违反了与生产、作业相关的规章制度，而不是因为违反了交通运输管理法规，故应选C项。

20. C。《刑法》第137条规定了工程重大安全事故罪：建设单位、设计单位、施工单位、工程监理单位违反国家规定，降低工程质量标准，造成重大安全事故的，对直接责任人员，处5年以下有期徒刑或者拘役，并处罚金；后果特别严重的，处5年以上10年以下有期徒刑，并处罚金。在刑法分则规定的诸多单位犯罪中，本罪具有某些特别之处，主要表现在以下几个方面：第一，本罪不仅是单位犯罪，而且是纯正的单位犯罪，即犯罪主体只能是单位，而不能是自然人。第二，本罪采取的是单罚制，即不处罚单位本身，而仅仅处罚相关的自然人。第三，从刑法分则的规定来看，通常单位犯罪中承担刑事责任的自然人被表述为"直接负责的主管人员和其他直接责任人员"。而本罪的不同之处在于，承担刑事责任的主体是"直接责任人员"。对此应当如何理解呢？我们认为，这两种表述尽管存在一定的差异，但其含义应当是相同的。"直接责任人员"包括"直接负责的主管人员"和"其他直接责任人员"两种。前者是指在单位犯罪中起决定、批准、授意、纵容、指挥等作用的人员，一般担任一定的领导、管理职务；后者指的是在单位犯罪中具体实施犯罪行为或者说发挥了直接的、较大作用的人员。就本题来看，主管领导李某属于"直接负责的主管人员"，而具体负责该工程监理的刘某属于"其他直接责任人员"。综上所述，该工程监理单位违规降低工程质量标准，造成1死2伤的重大安全事故，已经构成工程重大安全事故罪，应当根据C项的表述进行处理。

21. B。失火罪是指过失引起火灾，致人重伤、死亡或者使公私财产遭受重大损失，危害公共安全的行为。本题中甲的行为属于过失引起火灾，确切一点说是过于自信的过失引起火灾，因此构成失火罪。危险物品肇事罪是指违反爆炸性、易燃性、放射性、毒害性、腐蚀性物品的管理规定，在生产、储存、运输、使用中发生重大事故，造成严重后果的行为，可见，A选项错误，不当选。放火罪的主观要件是故意，而不是过失，因此选项C错误，不当选。重大责任事故罪是指在生产、作业中违反有关安全管理的规定，因而发生重大伤亡事故或者造成其他严重后果的行为，因此选项D错误，不应选。本题正确答案是选项B。

22. C。最高人民法院《关于审理交通肇事刑事案件具体应用法律若干问题的解释》第3条规定，"交通运输肇事后逃逸"是指行为人具有本解释第2条第1款规定和第2款第1～5项规定的情形之一，在发生交通事故后，为逃避法律追究而逃跑的行为。该解释第2条第1款规定："交通肇事具有下列情形之一的，处三年以下有期徒刑或者拘役：（一）死亡一人或者重伤三人以上，负事故全部或者主要责任的；（二）死亡三人以上，负事故同等责任的；（三）造成公共财产或者他人财产直接损失，负事故全部或者主要责任，无能力赔偿数额在三十万元以上的。"第2条第2款规定："交通肇事致一人以上重伤，负事故全部或者主要责任，并具有下列情形之一的，以交通肇事罪定罪处罚：（一）酒后、吸食毒品后驾驶机动车辆的；（二）无驾驶资格驾驶机动车辆的；（三）明知是安全装置不全或者安全机件失灵的机动车辆而驾驶的；（四）明知是无牌证或者已报废的机动车辆而驾驶的；（五）严重超载驾驶的；（六）为逃避法律追究逃离事故现场的。"第5条第1款规定，"因逃逸致人死亡"，是指行为人在交通肇事后为逃避法律追究而逃跑，致使被害人因得不到救助而死亡的情形。A选项中行为人不救助被害人致其死亡是因为害怕被现场群众殴打，并不是为了逃避法律追究，所以A选项是错误的。《刑法》第133条规定，违反交通运输管理法规，因而发生重大事故，致人重伤、死亡或者使公私财产遭受重大损失的，处3年以下有期徒刑或者拘役。B选项中，由于被害人当场死亡，不存在逃逸致人死亡的问题，应直接认定为交通肇事罪。最高人民法院《关于审理交通肇事刑事案件具体应用法律若干问题的解释》第6条规定，行为人在交通肇事后为逃避法律追究，将被害人带离事故现场后隐藏或者遗弃，致使被害人无法得到救助而死亡或者严重残疾的，应当分别依照《刑法》第232条、第234条第2款的规定，以故意杀人罪或者故意伤害罪定罪处罚。所以选项D也是错误的。因而正确答案是选项C。

23. C。铁路通信线路应被视为交通设施，甲盗割正在使用中的铁路专用电话线，既触犯破坏交通设施罪，又触犯盗窃罪。一行为触犯两个罪名，属于想象竞合犯。对于想象竞合犯，应当择一重罪处罚，所以选C项。

24. B。根据最高人民法院《关于审理交通肇事刑事案件具体应用法律若干问题的解释》第 2 条第 2 款，乙违章超速驾驶，应对事故负全部或主要责任。其造成 1 人死亡、1 人重伤的严重后果，后又逃逸，其行为已构成交通肇事罪。故排除 C、D 两项。另根据该解释第 5 条第 2 款，交通肇事后，单位主管人员，机动车辆所有人、承包人或者乘车人指使肇事人逃逸，致使被害人因得不到救助而死亡的，以交通肇事罪的共犯论处。本题中在肇事后甲对乙的“阻止”和“催促”，使甲成为交通肇事罪的共犯。因此，甲和乙均构成交通肇事罪，正确答案为选项 B。

25. D。甲盗用备用轮胎和发动机的行为，构成盗窃罪，是毋庸置疑的。该行为不构成破坏交通工具罪，因为甲将发动机拆下并盗走之后当然就使该车无法使用，因而也谈不上危害公共安全。据此，应选选项 D。

26. A。在本题中，交警之所以认定甲的行为不构成交通肇事罪，是因为甲的行为不符合交通肇事罪的构成要件，即在客观上甲的行为不违反交通法律法规，主观上甲没有罪过，但是甲的行为与乙的死亡结果之间具有因果关系。所以，本题的正确答案是选项 A。

27. D。乙死亡的结果仅与甲的交通肇事行为存在因果关系，与甲在寺庙中祈祷乙快点死去的行为不存在因果关系。甲的行为仅构成交通肇事罪，所以正确答案是选项 D。

28. B。本题主要考查以危险方法危害公共安全罪、交通肇事罪、危险驾驶罪的联系与区别。A 项中，甲违反交通法规，致使发生重大交通事故，构成交通肇事罪。B 项中，乙驾驶越野车在道路上横冲直撞，造成重大伤亡事故，应以以危险方法危害公共安全罪论处。C 项中，丙醉酒后驾车，构成危险驾驶罪；致使发生重大交通事故，又构成交通肇事罪，属于想象竞合犯，择一重罪论处，以交通肇事罪定罪处罚。D 项中，丁在繁华路段飙车，致使 2 名老妇受到惊吓致心脏病发作而死，属于情节严重，构成危险驾驶罪。因此，本题答案为选项 B。

29. C。本案中，乙的死亡，是由甲的交通肇事行为引起，对此，甲成立交通肇事罪，该罪为过失犯罪；对于丙的死亡，甲是出于间接故意，成立故意杀人罪，应以交通肇事罪和故意杀人罪数罪并罚。以危险方法危害公共安全罪必须造成不特定人或者多数人的生命、财产受损，本案与此不符合。故 C 项当选。

（二）多项选择题

1. ABC。放火罪，是指故意用放火焚烧公私财物的方法，危害公共安全的行为。题中选项 AC 都符合这一定义。B 项中虽行为人的目的是自焚，但其应明知自焚的行为会给不特定人的人身或财产造成重大损失而放任该结果发生，因此其行为构成放火罪。D 项中的行为人选择特定的侵害对象和特定的环境，有意识地把危害控制在特定的对象范围内，确实不足以危害公共安全，因此不构成放火罪。

2. ABC。根据刑法有关爆炸罪和危险物品肇事罪的法条规定，可得出本题中选项 ABC 都是正确答案。选项 D 之所以不正确，是因为危险物品肇事罪和爆炸罪的犯罪主体都是一般主体。

3. ABD。根据《刑法》第 114、115 条，投放危险物质罪中的危险物质是毒害性、放射性、传染病病原体等物质。

4. AB。投放危险物质不限于将危险物质放置于固定的容器、场所内，还包括将危险物质投放（释放）于土地、大气中，因此，非法开启装有放射性物质的容器，危害公共安全的，也属于投放危险物质。故 A 选项正确。投放危险物质罪不限于投放毒害性物质、放射性物质、传染病病原体这三种有害物质。投放其他相当的有害物质危害公共安全的，也可成立该罪。故 B 选项正确。丙成立投放虚假危险物质罪而非投放危险物质罪，故 C 选项错误。易使人形成瘾癖的罂粟壳粉末并非毒害性物质、放射性物质、传染病病原体等有害物质，故 D 选项错误。

5. ABCD。参见《刑法》第 117 条之规定。

6. ABC。恐怖活动包括绑架、杀人、爆炸等多种形式的具有恐怖性的犯罪活动。刑法规定参加恐怖活动组织罪旨在处罚的仅是组织、领导、参加恐怖活动组织的行为。同时，根据《刑法》第 120 条第 2 款的规定，实施组织、领导、参加恐怖活动组织的行为，又实施杀人、爆炸、绑架等犯罪的，应当认定为数罪，实行数罪并罚。

7. ABCD。根据《刑法》第 125、126 条对两罪的犯罪构成及刑罚的规定，自然得出上述答案。

8. BD。为实施恐怖活动招募、运送人员的行为，原本属于相关恐怖活动犯罪的帮助行为，但经《刑法修正案（九）》修改后的《刑法》第 120 条之一第 2 款规定，为恐怖活动组织、实施恐怖活动或者恐怖活动培训招募、运送人员的，依照帮助恐怖活动罪定罪，从而使该行为获得了正犯性，属于拟制的正犯。

9. BCD。根据《刑法》第 133、134 条对两罪的犯罪构成及刑罚的规定，自然得出上述答案。

10. BCD。甲雇乙杀丙，甲、乙构成“二人以上共同故意杀人”，因此构成共同犯罪。选项 A 说法正确，不应选。同时，题干中说乙对丙的住宅进行爆炸，但是该住宅的周边没有其他人与物，因此，该爆炸行为不会危害到公共安全，故不应以爆炸罪论处，应该属于以爆炸的方式进行杀人的行为，依然应认定为故意杀人罪。因此，选项 D 说法错误，应选。乙本想杀害丙，结果把丙的妻子丁杀死，属于具体事实认识错误中的对象错误。因丙与丁体现相同的法益，行为人的认识内容与客观事实仍然属于同一犯罪构成的情况，所以，无论是把丙杀死还是把丁杀死，乙都成立故意杀人罪的既遂。所以，B、C 选项说法错误，应选。

11. ABD。破坏交通工具罪，是指故意破坏火车、汽车、电车、船只、航空器，已经或者足以使上述交通工具发生倾覆、毁坏危险，危害公共安全的行为。该罪侵犯的客体是交通运输安全，犯罪对象是火车、汽车、电车、船只、航空器等大型交通工具；客观方面表现为行为人实施了破坏火车、汽车、电车、船只、航空器等交通工具，已经或者足以使交通工具发生倾覆、毁坏危险的行为。行为人破坏交通工具的行为必须具有造成交通工具倾覆、毁坏的危险，即破坏的是交通工具的关键部件，与交通工具的安全运行紧密相连，或者使交通工具报废或严重毁损；行为人所破坏的还必须是正在使用期间的交通工具，如果破坏的是尚未投入使用、正在修理中或者封存不用的交通工具，不能构成破坏交通工具罪。故 ABD 三项当选。

12. ABCD。A、B 项中的“物物交换”本质上是一种买卖，非法买卖危险物质的行为属于双方可罚的对向犯；而吸毒者用危险物质交换毒品的行为中，在双方成立非法买卖危险物质的同时，提供毒品的一方构成贩卖毒品罪，但购买的一方不成立犯罪。选项 C 中的甲将公务用枪非法赠送他人的行为，属于非法出借枪支行为，构成非法出借枪支罪。选项 D 中，甲非法持有了枪支，且主观上具有故意，所以，甲构成非法持有枪支罪。

13. AD。爆炸罪是危害公共安全的犯罪，故意杀人罪是侵害个人法益的犯罪。以爆炸方法杀害多人，同时危害公共安全的，构成爆炸罪和故意杀人罪的想象竞合，择一重罪论处。A 项说法正确。以危险方法危害公共安全罪是具体危险犯，要求对公共安全造成具体危险（现实紧迫的危险）。未发生火灾时，破坏消防栓，不会对公共安全造成紧迫的危险，所以不构成以危险方法危害公共安全罪。如果在火灾发生时，破坏消防栓，产生了紧迫危险，构成以危险方法危害公共安全罪。注意，此时不构成放火罪，因为手段不是放火，而是破坏消防栓。B 项说法错误。以危险方法危害公共安全罪虽然是补充罪名（兜底罪名），但是与放火罪一样都是具体危险犯，危险程度是相同的。如果危险程度达不到放火罪的程度，不构成放火罪，也就不构成以危险方法危害公共安全罪。所以，C 项说法错误。高空抛物，如果是泼洒硫酸，会危害公共安全，同时构成高空抛物罪和以危险方法危害公共安全罪，系想象竞合，择一重罪论处。高空抛物，如果只是扔一块砖，由于没有危及多数人的可能性，所以没有危害公共安全，只可能构成高空抛物罪。D 项说法正确。

（三）不定项选择题

1. A。放火一般以烧毁公私财物为目的，但是，放火罪既遂不以上述目的的实现为标准。区分放火罪的既遂与未遂，关键是看犯罪行为是否具备了刑法分则条文规定的放火罪的全部构成要件。根据《刑法》第 114 条的规定，实施了放火行为，“危害公共安全，尚未造成严重后果的”，就应依照该条规定处罚，亦即视为犯罪既遂。故此本题中符合这一要求的只有 A 项。

2. D。A 项不正确，是因为行为人并不明知自己破坏的是正在使用期间的交通工具；B 项不正确，是因为破坏座椅等并不会产生导致汽车倾覆的危险；C 项不正确，是因为破坏交通工具罪的对象不包括农用拖拉机；D 项中行为人的行为有导致电车倾覆的危险，因此构成破坏交通工具罪。

3. BD。A 项中的行为人将被害人移至偏僻处致使其失血过多的行为构成故意杀人罪；C 项中被害人的死亡结果并非行为人逃逸所致，两者之间没有刑法上的因果关系。

4. CD。根据《刑法修正案（六）》及 2007 年 11 月 6 日起施行的最高人民法院、最高人民检察院《关于执行〈中华人民共和国刑法〉确定罪名的补充规定（三）》的规定，强令违章冒险作业的行为已从重大责任事故罪的构成要件中独立出来，单独构成强令违章冒险作业罪，并且其法定刑被提高。所以A项不应选。排除B项是因为杨某在研制炸药过程中导致爆炸是科研活动所存在的必要风险，且杨某也并不存在不服管理、违反规章制度操作的情形。

5. AC。工程重大安全事故罪的主体是特殊主体，即只能是建设单位、设计单位、施工单位、工程监理单位，因此B项错误。工程重大安全事故罪的法定刑是5年以下有期徒刑或者拘役，并处罚金；后果特别严重的，处5年以上10年以下有期徒刑，并处罚金，因此D项错误。

6. ABCD。投放危险物质罪，是指故意投放毒害性、放射性、传染病病原体等物质，危害公共安全的行为。本题中，甲是利用危险物质杀害特定个人，因此，不符合危害公共安全的客观要件要求，不构成投放危险物质罪，而构成故意杀人罪。抢劫罪（《刑法》第263条）是以非法占有为目的，对财物的所有人、保管人当场使用暴力、胁迫或其他方法，强行将公私财物抢走的行为。抢劫罪的暴力必须在取得他人财物的当场实施。本题中，虽然甲是因不想归还借款而实施杀人行为，但是暴力行为并不具有抢劫罪要求的当场性，因此，甲不构成抢劫罪。综上，ABCD项均当选。

7. BD。以危险方法危害公共安全罪，是指使用与放火、决水、爆炸、投放危险物质等危险性相当的，能够同时造成特定或者不特定的多数人死伤或者公私财产被广泛破坏的其他危险方法，危害公共安全的行为。《刑法》第291条之一规定，投放虚假的爆炸性、毒害性、放射性、传染病病原体等物质，或者编造爆炸威胁、生化威胁、放射威胁等恐怖信息，或者明知是编造的恐怖信息而故意传播，严重扰乱社会秩序的，处5年以下有期徒刑、拘役或者管制；造成严重后果的，处5年以上有期徒刑。所以A项的情形构成投放虚假危险物质罪，并不构成以危险方法危害公共安全罪，不应选。《刑法》第114条规定，放火、决水、爆炸以及投放毒害性、放射性、传染病病原体等物质或者以其他危险方法危害公共安全，尚未造成严重后果的，处3年以上10年以下有期徒刑。B项中故意破坏正在使用的矿井下通风设备以及D项中的故意传播突发性传染病病原体危害公共安全的行为，属于以危险方法危害公共安全行为的范畴，构成以危险方法危害公共安全罪，应选。《刑法》第338条规定，违反国家规定，排放、倾倒或者处置有放射性的废物、含传染病病原体的废物、有毒物质或者其他有害物质，严重污染环境的，处3年以下有期徒刑或者拘役，并处或者单处罚金；情节严重的，处3年以上7年以下有期徒刑，并处罚金。C项中的情形构成污染环境罪，不应选。综上，本案的正确答案是BD项。

8. AB。本题考查的是盗窃枪支罪，非法出租、出借枪支罪，非法持有、私藏枪支、弹药罪以及立功的认定。A项中，根据《刑法》第128条第2款的规定，甲身为警察，属于依法配备公务用枪主体，只要有出租、出借枪支行为即构成犯罪，无须发生危害后果；根据同条第3款的规定，对于依法配置枪支的人员，不仅要求有出租、出借行为，还要求造成严重后果。B项中，枪支在我国属于禁止流通物，受到严格管制，无持枪资格人员实际占有或控制枪支的，均可构成非法持有枪支罪；有持枪资格人员丧失资格后，拒不交出枪支的，构成私藏枪支罪。另根据司法解释的规定，非法持有军用枪支1支即入罪。故乙构成非法持有枪支罪。C项中，丙盗取枪支就是为了送交派出所，并非为了非法占有，因此，丙不构成盗窃枪支罪。D项中，丙的行为不构成犯罪，也就无所谓立功问题了。综上，本题答案为选项AB。

简答题

1. 破坏交通工具罪的客观方面表现为采用各种手段对正在使用中的火车、汽车、电车、船只、航空器等交通工具实施破坏，已经或者足以使交通工具发生倾覆、毁坏危险的行为。对此应当把握以下两点：其一，破坏的对象必须是正在使用期间的交通工具。所谓“正在使用期间的交通工具”不仅是指正在行驶或者飞行过程中的交通工具，而且指已经交付使用，随时准备执行运输任务的交通工具。其二，破坏的结果必须是足以使交通工具发生倾覆、毁坏危险。这里的“倾覆”是指翻车、列车出轨、翻船、飞机坠落等；“毁坏”是指使交通工具的整体或者局部受到破坏，以致使其完全毁灭或者不能正常使用。判断破坏的结果有无倾覆、毁坏危险，一般依破坏工具的手段有无危险性、破坏的部位是否关系运行安全的要害部位等加以确定。

2. 准备实施恐怖活动罪，是指为恐怖活动犯罪进行各种准备的行为。其客观方面具体表现为以下几个方面：(1) 为实施恐怖活动准备凶器、危险物品或者其他工具；(2) 组织恐怖活动培训或者积极参加恐怖活动培训；(3) 为实施恐怖活动与境外恐怖活动组织或者人员联络；(4) 为实施恐怖活动进行策划或者其他准备的行为。

3. 大型群众性活动重大安全事故罪，是指由于举办大型群众性活动违反安全管理规定，因而发生重大伤亡事故或者造成其他严重后果的行为。其构成特征是：(1) 犯罪客体是不特定或者多数人的生命健康安全或公私财产安全。(2) 客观方面表现为在举办大型群众性活动的过程中违反安全管理规定，导致重大伤亡事故发生或者造成其他严重后果。例如，举办庙会没有按规定设置疏散人群的安全通道，结果造成人群拥挤、踩踏，致多人死伤。(3) 犯罪主体是对举办大型群众性活动负有直接责任的主管人员和其他直接责任人员，一般参与者不能成为此种犯罪的主体。(4) 主观方面表现为行为人对事故后果出于过失，如果是故意制造安全事故，希望或放任多人死伤或重大公私财产损失的后果发生，则应按有关故意危害公共安全的犯罪定罪处罚。

4. 危险驾驶罪是指在道路上驾驶机动车，追逐竞驶，情节恶劣；或者在道路上醉酒驾驶机动车；或者从事校车业务或者旅客运输，严重超过额定乘员载客或者严重超过规定时速；或者违反危险化学品安全管理规定运输危险化学品，危及公共安全的行为。交通肇事罪是指违反交通运输管理法规，因而发生重大事故，致人重伤、死亡或者使公私财产造成重大损失的行为。两者的共同点在于都是违反交通运输管理法规的行为，侵犯的客体都是道路交通安全。两者的区别在于：(1) 客观方面表现不同。前者的客观方面表现为驾驶机动车在道路上追逐竞驶，情节恶劣；或者在道路上醉酒驾驶机动车；或者从事校车业务或旅客运输，严重超载或者超速；或者违规运输危险化学品。后者的客观方面表现为一切违反交通运输管理法规，因而发生重大交通事故的行为。(2) 主观罪过不同。前者的罪过是故意；后者的罪过是过失。(3) 于前者，除了违规运输危险化学品的犯罪属于具体危险犯，其他三种类型的危险驾驶均属于抽象危险犯；后者是实害犯，只有造成严重后果的才构成犯罪。(4) 实施危险驾驶行为，过失造成他人重伤、死亡或者重大公私财产损失，构成交通肇事罪的，应以交通肇事罪定罪处罚。

5. 妨害安全驾驶罪，是指对行驶中的公共交通工具的驾驶人员使用暴力或者抢控驾驶操纵装置，危及安全行驶，或者驾驶人员擅离职守，与他人互殴或者殴打他人，危及公共安全的行为。主要包括两种行为类型。

(1) 对行驶中的公共交通工具的驾驶人员使用暴力或者抢控驾驶操纵装置，危及公共安全。

构成该类型的妨害安全驾驶罪，应当具备以下条件：首先，行为必须发生在行驶中的“公共交通工具”上。对于非行驶中的公共交通工具的驾驶人员使用暴力或者抢控驾驶操纵装置的，因不具有危及公共安全的危险，所以不成立本罪。其次，行为内容是对驾驶人员使用暴力或者抢控驾驶操纵装置。这里的“暴力”，是指狭义的暴力，仅指对行驶中的公共交通工具上的驾驶人员不法行使有形力。暴力的行使只需要具有干扰公共交通工具的正常行驶，危及公共安全的危险即可，不需要达到压制驾驶人员反抗的程度；“抢控驾驶操纵装置”，是指抢夺控制方向盘、变速杆、加速踏板等驾驶操纵装置，但只要行为人实施了抢夺行为即可，而不需要实际控制了驾驶操纵装置。最后，行为必须干扰公共交通工具的正常行驶，危及公共安全。由此，此种类型的妨害安全驾驶罪属于具体危险犯，只有对驾驶人员的暴力行为或抢控驾驶操纵装置的行为现实地危及公共安全的，方能成立本罪。行为是否危及公共安全，应综合案件的全部事实情况进行综合判断。

(2) 驾驶人员擅离职守，与他人互殴或者殴打他人，危及公共安全。

本类型的妨害安全驾驶罪属于身份犯，其行为主体只能是正在行驶中的公共交通工具的驾驶人员。行为内容是擅离职守，与他人互殴或者殴打他人。具体言之，是指正在行驶中的公共交通工具的驾驶人员违背驾驶安全职责的要求，如擅自离开驾驶位置，或者双手离开方向盘等，与他人互殴，或者殴打他人。同样地，该类型的妨害安全驾驶罪属于具体危险犯，因此，对于虽有擅离职守，殴打他人的行为，但如果不具有危及公共安全的现实危险的，不成立本罪。

案例分析题

1. 本案中郑某的行为构成故意杀人罪。本案中，郑某违反交通管理法规逆向行驶撞伤行人致其昏迷不醒。之后他为了逃避法律追究，而将被害人遗弃在荒郊的小树林里，使其得不到救助而死亡。最高人民法院《关于审理交通肇事刑事案件具体应用法律若干问题的解释》第6条规定：行为人在交通肇事后为逃避法律追究，将被害人带离事故现场后隐藏或者遗弃，致使被害人无法得到救助而死亡或者严重残疾的，应当分别依照《刑法》第232条、第234条第2款的规定，以故意杀人罪或者故意伤害罪定罪处罚。因而，郑某的行为成立故意杀人罪。

2. 乙的行为构成放火罪，甲的行为不构成犯罪。乙在主观心态上是间接故意，乙扔掷烟头的先前行为导致火药燃爆，并有引起火灾之危险，乙有义务将火扑灭，但是他逃走了，放任火灾的发生。在客观上，乙的先前行为导致火灾，而没有尽自己应该尽的义务，其不作为导致十多间房屋被烧毁。因此，乙的行为构成不作为的放火罪。

甲的行为不构成犯罪。甲在自己的家里晒火药，但为防止自己的行为可能引发的火灾，在离家的时候将门关闭了，并伪装上锁，尽到了自己的注意义务。火灾的发生对其而言是意外事件，因此其行为不构成犯罪。

3. 在本案中，王某对劳动安全设施负有管理责任，在他人多次提醒应对设备进行检修的情况下，其置之不理，而且为完成生产任务，强令工人违章冒险作业，致使造成重大伤亡事故。在这种情况下，造成重大伤亡结果的原因有两个：一是行为人的不作为，二是作为。这两个行为中，前者构成重大劳动安全事故罪，后者构成强令他人违章冒险作业罪，似乎实行数罪并罚较为合理。但是，本案只有一个结果，将一个结果作为两个过失犯罪的构成要件事实，并不合适，故应从一重处罚，应成立强令他人违章冒险作业罪，而将对事故隐患不采取措施作为一个量刑情节加以考虑。

4. 韩某在交通肇事后将被害人带走藏匿，致其得不到及时救助而死亡的，属于伴随积极移置行为的逃逸致人死亡的情形，应构成不作为的故意杀人罪。法院对该逃逸行为致人死亡的定性是准确的。但是法院的判决忽略了前面的肇事行为构成交通肇事罪这一点，存在不足。实际上，本案中韩某的行为触犯两个罪名：前面的交通肇事行为致使1人重伤又逃逸，构成交通肇事罪；后面的伴随积极移置行为的逃逸构成故意杀人罪。只不过，此两罪之间具有吸收关系，最终不必数罪并罚，而以故意杀人罪一罪定罪处罚。

5. 重大责任事故罪、交通肇事罪以及过失致人死亡罪都是过失犯罪，区别在于：重大责任事故罪要求发生在生产、作业过程中；交通肇事罪要求发生在公共交通管理范围内，驾驶机动车辆或者其他交通工具致人重伤、死亡或者使公共财产遭受重大损失；而过失致人死亡罪不需要具备上述两罪的具体要求。本案中，李某是在完工后回家的途中，不是在生产、作业中不服从管理、违反规章制度造成的危害结果，因此不能认定为重大责任事故罪。同时，本案的案发地点是未开通使用的高速公路。在这种公路上驾车不慎而致人死亡的，不宜认定成立交通肇事罪，而宜认定为过失致人死亡罪。

论述题与深度思考题

1. 关于丢失枪支不报罪的主观方面的认定较为复杂，理论上的争议较大。有学者认为本罪只能是故意。持这种观点的学者主要考虑的是不及时报告的行为。有学者认为本罪只能是过失。持这种观点的学者主要考虑的是对造成严重后果的心理态度，即行为人应当预见丢失枪支不及时报告的行为可能导致严重后果，因为疏忽大意而没有预见，或者已经预见而轻信能够避免。也有学者认为本罪只能是过失或者间接故意。持这种观点的学者主要考虑的是行为人对严重后果的心理状态。

2. 关于以危险方法危害公共安全罪中的“其他危险方法”含义的理解，在我国刑法学界存在较大的争议。我们认为，所谓“其他危险方法”，是指放火、决水、爆炸、投放危险物质之外的，但与上述危险方法危险性相当的危害公共安全的犯罪方法。这里的“其他危险方法”包括两层含义：（1）是指放火、决水、爆炸、投放危险物质以外的危险方法；（2）是与放火、决水、爆炸、投放危险物质的危险性相当的，足以危害公共安全的方法，即这种危险方法一经实施就可能造成或造成不特定多数人的伤亡或重大公私财产的毁损。因此，司法实践中，对以“其他危险方法”危害公共安全罪的认定，不能任意地作扩大解释。也就是说，刑法规定的其他危险方法是有限制的，而不是无所不包的。只有行为人实施危害公共安全的行为所采用的危险方法与放火、决水、爆炸、投放危险物质的危险性相当，且行为的社会危害性达到相当严重的程度，才能按以危险方法危害公共安全罪论处。

第二十三章　破坏社会主义市场经济秩序罪

名词解释

1. 伪劣产品
2. 侵犯商业秘密罪
3. 假冒专利罪
4. 逃税罪
5. 侵犯著作权罪

选择题

（一）单项选择题

1. 李某等4名制假者在位于某市某村旁的一栋外观豪华的别墅内从事制假活动。他们伪造了“茅台”“五粮液”“酒鬼酒”“剑南春”“泸州老窖”等牌子的酒瓶、瓶盖、标签、防伪标志、内外包装盒（箱）等一整套材料，将几元一瓶的酒灌入名酒酒瓶，制造假冒名酒，并用某酒类经营部的名义向外推销。案发前，4名制假者已“制造”并售出名酒两千多瓶，获利近十万元。李某等4名制假者的行为构成何罪？（　　）

A. 生产、销售伪劣产品罪
B. 假冒注册商标罪
C. 虚假广告罪
D. 诈骗罪

2. 甲从停泊在公海的走私船上购得匕首、大砍刀、手铐、仿真枪支一批，价值30余万元，运到我国境内销售；同时，甲顺便购得伪造的美元10万元，一并运到我国境内，加价后出售给他人。甲的行为构成何罪？（　　）

A. 走私武器弹药罪、走私假币罪和出售假币罪
B. 走私管制刀具罪、走私假币罪和出售假币罪
C. 走私普通货物、物品罪，走私假币罪和出售假币罪
D. 走私普通货物、物品罪和走私假币罪

视频讲题

3. 境外走私人阿某向中国境内走私石油，偷逃关税50万元。王某得知后，向阿某收购了这批走私入境的石油。王某的行为构成何罪？（　　）

A. 非法经营罪
B. 走私普通货物、物品罪
C. 掩饰、隐瞒犯罪所得罪
D. 逃税罪

4. 甲纺织品公司经海关许可进口保税毛料300余吨（价值1 200万余元），计划加工后出口。甲公司将该批毛料加工后，经理乙擅自销售给国内的一家大百货商店，由该店在柜台出售。然后甲公司利用虚假的出口报关单核销了该批保税毛料，偷逃应缴税额400余万元。甲纺织品公司构成何罪？（　　）

A. 逃税罪
B. 走私普通货物、物品罪
C. 非法经营罪
D. 骗取出口退税罪

5. 甲、乙二人出资10万元，同时通过购买并使用伪造的商业零售发票，虚填商品实物价值人民币50万元，骗取审计事务所出具验资报告，欺骗公司登记主管部门，以60万元注册资本取得“××贸易有限公司”（普通公司）营业执照。后甲、乙又合谋将上述10万元资本金转移用于注册另一公司。甲、乙二人的行为构成何罪？（　　）（司考）

A. 虚报注册资本罪
B. 虚假出资罪
C. 虚报注册资本罪与抽逃出资罪
D. 不构成上述犯罪

视频讲题

6. 甲是某公立名牌大学负责后勤的工作人员，利用为大学采购桌椅的职务之便，向其弟弟经营的公司大量购买劣质桌椅，价格高出一般市价的30%，致使该大学多支出50余万元。甲也多次从其弟弟处收受财物价值达5万余元。甲的行为构成何罪？（　　）

A. 滥用职权罪和受贿罪

B. 受贿罪和为亲友非法牟利罪

C. 非国家工作人员受贿罪和为亲友非法牟利罪

D. 受贿罪

7. 不能成为徇私舞弊低价折股、出售公司、企业资产罪的犯罪主体的是（　　）。

A. 国有公司、企业直接负责的主管人员

B. 国有公司、企业上级主管部门直接负责的主管人员

C. 事业单位直接负责的主管人员

D. 民营企业直接负责的主管人员

8. 马某为制造在深圳证券交易所挂牌上市的A股份有限公司有良好业绩的假象，以达到接管北京B通信总公司、发行10亿元可转换债券的目的，以签订虚假合同、利用借款进行循环转账等手段，编造出4项虚假利润来源，虚构公司上年利润总额为5.66亿元人民币的事实，后授意班某将此虚假利润编入上年公司财务会计报告中送交C会计师事务所进行审计。马某在未经国有资产管理部门批准的情况下，授意班某等人配合D会计师事务所对公司资产进行评估，虚编资本公积金增加了6.57亿元，于当年1月份和2月份将上述两项数据在《证券时报》上公布，误导了广大投资者，严重损害A股份有限公司股东和社会公众的合法利益，造成股市混乱，扰乱了中国正常的金融秩序。马某和班某的行为构成何罪？（　　）

A. 欺诈发行证券罪

B. 诱骗投资者买卖证券、期货合约罪

C. 编造并传播证券、期货交易虚假信息罪

D. 违规披露、不披露重要信息罪

视频讲题

9. 苏某系深圳弘某财富管理有限公司（以下简称“弘某财富公司”）、深圳弘某基金管理有限公司（以下简称“弘某基金公司”）实际控制人，上述两家公司在中国证券投资基金业协会（以下简称“基金业协会”）登记为私募股权、创业投资基金管理人。2016年7月至2018年7月，苏某以弘某财富公司、弘某基金公司作为私募基金管理人，先后成立深圳弘某天成添富投资企业、深圳弘某汇富贰号投资企业等有限合伙企业，以多个房地产开发项目为投资标的，隐瞒投资项目均为苏某实际控制的公司开发或者与他人合作开发的实情，发行私募股权类基金产品5只（其中4只在基金业协会备案）。苏某指使高某、贺某组织销售团队以口口相传，召开产品推介会，通过其他金融机构和私募基金公司、同行业从业人员帮助推销等多种方式向社会公开宣传私募基金产品，允许不合格投资者通过“拼单”“代持”等方式突破私募基金投资人数和金额的限制，由苏某实际控制的关联公司与投资者签订回购协议，并由苏某个人提供无限连带责任担保，约定年利率10%至14.5%的回报，变相承诺保本付息。苏某、高某、贺某等人通过上述方式共非法公开募集资金人民币5.999亿元。上述资金进入合伙企业募集账户后划转至苏某控制的数个账户，各私募基金产品资金混同，由苏某统一支配使用。其中，以募新还旧方式兑付本息1.5亿余元，用于私募基金约定的投资项目1.3亿余元，用于苏某开发的其他房地产项目1.2亿余元，用于购买建筑材料1.01亿余元，用于支付员工薪酬提成、公司运营成本及归还公司债务0.9亿余元。因资金链断裂，苏某无法按期兑付本息。截至案发，投资人本金损失4.41亿余元。苏某的行为构成何罪？（　　）

A. 诈骗罪

B. 非法吸收公众存款罪

C. 集资诈骗罪

D. 诱骗投资者买卖证券、期货合约罪

10. 钱某持盗来的身份证及伪造的空头支票，骗取某音像中心 DVD 光盘 4 000 张，票面金额 3.5 万元。物价部门进行赃物估价鉴定的结论为：“盗版光盘无价值。”对钱某骗取光盘的行为应如何定性？（　　）

A. 钱某的行为不构成犯罪

B. 钱某的行为构成票据诈骗罪的既遂，数额按票面金额计算

C. 钱某的行为构成票据诈骗罪的未遂

D. 钱某的行为构成诈骗罪的既遂，数额按票面金额计算

11. 甲原是某公司总经理，年收入 20 万元。甲于 2017 年 4 月 4 日至 18 日，先后利用其个人持有的信用卡，共透支银行款 50 万元。后甲于 2017 年 5 月 19 日至 2018 年 10 月 7 日，先后归还透支款 29 万元。由于其在 2019 年 2 月时被解除总经理一职，收入锐减，虽经银行催还，仍有 21 万元没有归还。对甲的行为应如何定性？（　　）

A. 构成诈骗罪

B. 构成恶意透支罪

C. 构成信用卡诈骗罪

D. 不构成犯罪，属于借贷纠纷

12. 集资诈骗罪与非法吸收公众存款罪区别的关键是（　　）。

A. 是否涉及巨额资金

B. 是否涉及众多被害人

C. 是否具有非法占有目的

D. 是否由单位组织实施

13. 保险事故的证明人故意提供虚假的证明文件，为他人骗取保险金提供条件的，应当认定为（　　）。

A. 保险诈骗罪的共犯

B. 伪证罪

C. 诈骗罪的共犯

D. 提供虚假证明文件罪

14. 进口商宝诺公司（注册地为中国厦门市）与出口商千祥公司（注册地为英国伦敦）于 2016 年 3 月 4 日签订了一份进口热卷钢板 7 500 吨（总价值 225 万美元）的买卖合同，约定起运港为黑海港，目的港为中国镇江。合同签订后宝诺公司于 2016 年 7 月 1 日依照约定申请银行开出了一份金额为 60 万美元增减 5%、受益人为千祥公司的 180 天远期不可撤销信用证，付款日为 2017 年 1 月 14 日。后目的港被改为福州马尾。千祥公司在议付期内向议付行交付全套单据，提走信用证项下资金。海运提单上记载：“装船日期为 2016 年 6 月 26 日，承运船舶为舍勒公司（注册地意大利）所属，永行公司（注册地中国香港地区）代理舍勒公司签发，数量 165 捆。”装运单据上载明货物价值为 64.485 万美元。宝诺公司于 2016 年 7 月 18 日向开证行保证承兑并取得了整套转运单据。该开证行于 7 月 25 日对外承兑。但轮船到港后，宝诺公司发现该船上并没有提单上所记载的货物。后查明，舍勒公司未委托永行公司为船舶代理，也没有授权永行公司签发提单；千祥公司串通永行公司伪造已装船清洁提单及其他单证提交议付行，骗取货款。千祥公司、永行公司的行为应如何定性？（　　）

A. 不构成犯罪，属民事纠纷

B. 使用伪造、变造附随的单据、文件的方法进行信用证诈骗

C. 采用骗取信用证的方法进行信用证诈骗

D. 通过伪造虚假的产权证明作担保进行合同诈骗

15. 某企业生产的一批外贸供货产品因外商原因无法出口，该企业采用伪造出口退税单证和签订虚假买卖合同等方法，骗取出口退税款 50 万元（其中包括该批产品已征的产品税、增值税等税款 19 万元）。对该企业应当如何处理？（　　）（司考）

A. 以合同诈骗罪处罚

B. 以逃税罪处罚

C. 以骗取出口退税罪处罚

D. 以逃税罪和骗取出口退税罪并罚

视频讲题

16. 2017 年 12 月，被告人石某注册成立博通公司和金通公司。其中，博通公司作为软件企业享受税收优惠政策。石某通过其控制的上述两家公司，将单价 0.7 元购进的空白芯片，写入电流采样控制软件后，将价格虚抬至 200 元。2019 年 1 月至 8 月，博通公司以销售电流采样控制芯片的名义，向金通公司虚假销售并虚开增值税专用发票。之后，石某与同案被告人黄某商定，由后者控制的安叶公司代理金通公司的电流

采样控制模块出口事宜，以签订虚假采购合同形式，由金通公司将电流采样控制模块以230元左右的单价出售给安叶公司，再由安叶公司和黄某在香港成立的海大公司签订虚假的电流采样控制模块采购合同，将电流采样控制模块出口至香港。石某安排他人在香港接货后，将电流采样控制模块当作垃圾处理。货物出口后，石某、黄某等人筹集美元，回流资金，在安叶公司完成结汇，由金通公司将增值税专用发票邮寄到安叶公司，安叶公司用上述虚开的增值税专用发票及出口报关材料向税务机关申请出口退税。2018年12月至2019年，安叶公司共通过金通公司虚开的149份增值税专用发票，骗取出口退税款570余万元，在扣除代理出口及其他费用后，余款以货款形式回流至金通公司。经鉴定，博通公司生产的电流采样控制芯片市场价值1.32元，金通公司生产的电流采样控制模块市场价值7.31元。本案中，石某、黄某的行为构成何罪？（　　）

A. 诈骗罪

B. 逃税罪

C. 虚开增值税专用发票罪

D. 骗取出口退税罪

17. 某企业因产品出口得到国家出口退税款300万元，后因产品质量问题被国外客商退货1/3。该企业隐瞒这一事实且未补缴应缴的税款100万元。该企业的行为构成何罪？（　　）

A. 骗取出口退税罪

B. 逃避追缴欠税罪

C. 逃税罪

D. 虚开用于骗取出口退税、抵扣税款发票罪

18. 李某为了牟利，未经著作权人许可，私自复制了若干部影视作品的DVD，并以批零兼营等方式销售，销售金额为11万元，其中纯利润6万元。李某的行为构成何罪？（　　）

A. 销售侵权复制品罪

B. 侵犯著作权罪

C. 非法经营罪

D. 生产、销售伪劣产品罪

19. B公司是一家生产儿童饮料和食品的民营企业，生产多种儿童饮料。2012年年初，该公司总经理潘某设计生产出无须插管和打开瓶盖，只要用手一拧就可以饮用的旋转式吸管瓶盖，这项设计于2013年3月31日获得国家实用新型专利。由于其专利饮料瓶设计独特新颖，新产品推向市场后供不应求。A公司是一家食品饮料公司，见到B公司生产的饮料瓶设计新颖，便依照该样式仿制，用到自己生产的产品上。从2013年7月至2017年12月，该公司销售利用仿制的饮料瓶包装的儿童饮品1 600万箱，严重挤占了B公司的市场份额。对A公司的行为应如何处理？（　　）

A. 定假冒专利罪

B. 定侵犯著作权罪

C. 定非法经营罪

D. 属民事纠纷，不构成犯罪

视频讲题

20. 甲公司为了解决资金不足，以与虚构的单位签订供货合同的方法，向银行申请获得贷款200万元，并将该款用于购置造酒设备和原料，后因生产、销售假冒注册商标的红酒被查处，导致银行贷款不能归还。甲公司获取贷款的行为构成何罪？（　　）（司考）

A. 贷款诈骗罪

B. 合同诈骗罪

C. 集资诈骗罪

D. 民事欺诈，不构成犯罪

21. 根据我国《刑法》的规定，以非法占有为目的，在签订、履行合同的过程中，骗取对方当事人的财物，数额较大的，构成合同诈骗罪。下列哪种行为不符合上述条件，不构成合同诈骗罪？（　　）

A. 甲未经卢某同意即用卢某名义签订合同

B. 乙为取得对方当事人的信任，要求自己在审计事务所工作的同学杨某为自己出具一份假的产权证明作担保

C. 丙在签订合同后，携带对方当事人的2万元定金逃匿

D. 丁借用其他单位的公章和合同文本签订合同

22. 2018年3月份，××县天马镇某开发中心对土石方工程进行招标，工程量为41万余立方米。代理方是某市咨询评估公司××办事处。

招标公告发布后，共有陈某、周某、宋某所代表

的三家单位和其他两家单位参与投标。为保证顺利中标，陈某、周某、宋某结成共同体。2018年3月28日工程开标，陈某、周某、宋某三人支付给其他两家报名单位各1万元的好处费，并指示它们退出竞标。至此，便仅剩下陈某、周某、宋某三人所代表的三家单位。开标当日，天马镇政府给出的工程最高标价为每立方米4.6元，但因三位串标者所填标书的应标价均已超过4.6元而全成为废标，于是不得不进入二次报价。二次报价中，天马镇政府给出每立方米5元的最高限价，但陈某、周某、宋某三人一致以标价太低为由不肯报价，致使招投标行为再次失败，二次报价未成。

2018年4月初，天马镇政府发出重新招投标的信息，陈某、周某、宋某三人也开始再次布置计划。此次投标中，又有两家单位参与投标，陈某、周某、宋某三人同样采用支付好处费的手法使它们分别退出了竞标。4月11日开标时，经过二次报价投标后，由陈某挂靠的常山宏英公司中标，中标价为每立方米6.47元（天马镇政府最终给出的最高限价为每立方米6.5元）。中标后，由陈某负责，将该工程以每立方米5.2元的价格转包给他人施工。陈某、周某、宋某三人从中赚取差价52.3万余元。

陈某、周某、宋某的行为构成何罪？（　　）

A. 非法经营罪

B. 对非国家工作人员行贿罪

C. 串通投标罪

D. 强迫交易罪

23. 某日下午，钟某酒后带着4岁的女儿乘出租车回家，与司机李某谈好租车价格并告知目的地。行驶途中，钟某与李某因行车路线改变及租车价格的变化而发生争执。李某停车后，钟某掏出随身携带的匕首对李某进行威胁，令其交出车钥匙和随车证件，并对李某进行殴打，致使李某弃车离去。钟某发动汽车，欲驾车送女儿回家，因不会驾车将车倒至路基下。随后钟某带其女儿搭乘路过的小四轮拖拉机回家，到家后即打电话向“110”投案。钟某的行为，造成李某各项经济损失460元。对钟某的行为应如何处理？（　　）

A. 钟某的行为构成抢劫罪

B. 钟某的行为构成敲诈勒索罪

C. 钟某的行为构成强迫交易罪

D. 钟某的行为构成寻衅滋事罪

24. 下列哪一说法是正确的？（　　）

A. 甲违反海关法规，将大量黄金运输进境，不予申报，逃避关税。甲的行为成立走私贵重金属罪

B. 乙生产、销售劣药，没有对人体健康造成严重危害，但销售金额超过了5万元。乙的行为成立生产、销售伪劣产品罪

C. 丙在自己的35名同学中高息揽储，吸收存款100万元，然后以更高的利息贷给他人。丙向其同学还本付息后，违法所得达到数额较大标准。丙的行为成立非法吸收公众存款罪与高利转贷罪的想象竞合犯

D. 承担资产评估职责的丁，非法收受他人财物后，故意提供虚假证明文件。丁的行为构成非国家工作人员受贿罪与提供虚假证明文件罪，应实行数罪并罚

视频讲题

25. 2015年，A市高平村组建高平集团公司，时任该村书记的刘某为使自己的私营企业吉祥实业总公司、吉祥房地产综合开发有限责任公司、飞帆建筑安装工程有限责任公司（此三公司以下简称“吉祥实业公司”）顺利入股高平集团公司，遂委托杜某所在的会计师事务所承接资产评估工作。

2015年12月至2016年5月期间，杜某利用担任高平集团公司的资产评估主评人之机，在刘某的授意和利益驱动下，先后两次故意对吉祥实业公司的资产进行高调评估，虚增吉祥实业公司的资产1 408万元，并以会计师事务所的名义出具了虚假的资产评估报告，致使吉祥实业公司在净资产实为－2 018万元的情况下，以800万元的净资产进入高平集团公司（后高平集团公司为吉祥实业公司归还了其进入集团公司前的债务及其利息2 589.8万余元）。之后，杜某转到极华审计事务所工作，并将组建该集团公司的验资业务带至该所，杜某继续担任工商注册验资主评人。其间，他又故意以虚假的资产评估报告为依据，用极华审计事务所的名义出具了虚假的工商注册验资报告。事后，

杜某以化名的形式在高平集团公司领取了好处费 1.5 万元。案发后，杜某退回了全部赃款。

请问：杜某的行为构成何罪？（　　）

A. 非国家工作人员受贿罪

B. 违规披露、不披露重要信息罪

C. 提供虚假证明文件罪

D. 虚假出资罪

26. X 公司系甲、乙二人合伙依法注册成立的公司，以钢材批发零售为营业范围。丙因自己的公司急需资金，便找到甲、乙借款，承诺向 X 公司支付高于银行利息 5 个百分点的利息，并另给甲、乙个人好处费。甲、乙见有利可图，即以购买钢材为由，以 X 公司的名义向某银行贷款 1 000 万元，贷期半年。甲、乙将贷款按约定的利息标准借予丙，丙给甲、乙各 10 万元的好处费。半年后，丙将借款及利息还给 X 公司，甲、乙即向银行归还本息。关于甲、乙、丙行为的定性，下列哪一选项是正确的？（　　）

A. 甲、乙构成高利转贷罪，丙无罪

B. 甲、乙构成骗取贷款罪，丙无罪

C. 甲、乙构成高利转贷罪、非国家工作人员受贿罪，丙构成对非国家工作人员行贿罪

D. 甲、乙构成骗取贷款罪、非国家工作人员受贿罪，丙构成对非国家工作人员行贿罪

27. 对下列与扰乱市场秩序罪相关的案例的判断，哪一选项是正确的？（　　）

A. 甲所购某名牌轿车行驶不久，发动机就发生故障，经多次修理仍未排除。甲用牛车拉着该轿车在闹市区展示。甲构成损害商品声誉罪

B. 广告商乙在拍摄某减肥药广告时，以肥胖的郭某当替身拍摄减肥前的画面，再以苗条的影视明星刘某做代言人夸赞减肥效果。事后查明，该药具有一定的减肥作用。乙构成虚假广告罪

C. 丙按照所在企业安排研发出某关键技术，但其违反保密协议将该技术有偿提供给其他厂家使用，获利 400 万元。丙构成侵犯商业秘密罪

D. 章某因房地产开发急需资金，以高息向丁借款 500 万元，且按期归还本息。丁尝到甜头后，多次发放高利贷，非法获利数百万元。丁构成非法经营罪

28. 关于贷款诈骗罪的判断，下列哪一选项是正确的？（　　）（司考）

A. 甲以欺骗手段骗取银行贷款，给银行造成重大损失的，构成贷款诈骗罪

B. 乙以牟利为目的套取银行信贷资金，转贷给某企业，从中赚取巨额利益的，构成贷款诈骗罪

C. 丙公司以非法占有为目的，编造虚假的项目骗取银行贷款。该公司构成贷款诈骗罪

D. 丁使用虚假的证明文件，骗取银行贷款后携款潜逃的，构成贷款诈骗罪

29. 下列哪一行为可以构成使用假币罪？（　　）（司考）

A. 甲用总面额 1 万元的假币参加赌博

B. 甲（系银行工作人员）利用职务上的便利，以伪造的货币换取货币

C. 甲在与他人签订经济合同时，为显示自己的经济实力，将总面额 20 万元的假币冒充真币出示给对方看

D. 甲用总面额 10 万元的假币换取高某的 1 万元真币

30. 甲将邻居交售粮站的稻米淋洒农药，取出部分作饵料，毒死麻雀后售予饭馆，非法获利 5 000 元。关于甲行为的定性，下列哪一选项是正确的？（　　）（司考）

A. 构成故意毁坏财物罪

B. 构成以危险方法危害公共安全罪和盗窃罪

C. 仅构成以危险方法危害公共安全罪

D. 构成投放危险物质罪和销售有毒、有害食品罪

31. 关于货币犯罪，下列哪一选项是正确的？（　　）（司考）

A. 以货币碎片为材料，加入其他纸张，制作成假币的，属于变造货币

B. 将金属货币熔化后，制作成较薄的、更多的金属货币的，属于变造货币

C. 将伪造的货币赠与他人的，属于使用假币

D. 运输假币并使用假币的，按运输假币罪从重处罚

32. 张某窃得同事一张银行借记卡及身份证，向丈夫何某谎称路上所拾。张某与何某根据身份证号码试出了借记卡密码，持卡消费 5 000 元。关于本案，下列哪一说法是正确的？（　　）（司考）

A. 张某与何某均构成盗窃罪

B. 张某与何某均构成信用卡诈骗罪

C. 张某构成盗窃罪，何某构成信用卡诈骗罪

D. 张某构成信用卡诈骗罪，何某不构成犯罪

33. 杨某生产假冒避孕药品，其成分为面粉和白糖的混合物，货值金额达15万余元，尚未销售即被查获。关于杨某的行为，下列哪一选项是正确的？（　　）

A. 不构成犯罪

B. 以生产、销售伪劣产品罪（未遂）定罪处罚

C. 以生产、销售伪劣产品罪（既遂）定罪处罚

D. 触犯生产假药罪与生产、销售伪劣产品罪（未遂），依照处罚较重的规定定罪处罚

34. 关于走私犯罪，下列哪一选项是正确的？（　　）（司考）

A. 甲误将淫秽光盘当作普通光盘走私入境。虽不构成走私淫秽物品罪，但如按照普通光盘计算，其偷逃应缴税额较大时，应认定为走私普通货物、物品罪

B. 乙走私大量弹头、弹壳。由于弹头、弹壳不等于弹药，故乙不成立走私弹药罪

C. 丙走私枪支入境后非法出卖。此情形属于吸收犯，按重罪吸收轻罪的原则论处

D. 丁走私武器时以暴力抗拒缉私。此情形属于牵连犯，从一重罪论处

35. 关于洗钱罪的认定，下列哪一选项是错误的？（　　）

A.《刑法》第191条虽未明文规定侵犯财产罪是洗钱罪的上游犯罪，但是，黑社会性质组织实施的侵犯财产罪，依然是洗钱罪的上游犯罪

B. 将上游的毒品犯罪所得误认为贪污犯罪所得而实施洗钱行为的，不影响洗钱罪的成立

C. 上游犯罪事实上可以确认，因上游犯罪人死亡依法不能追究刑事责任的，不影响洗钱罪的认定

D. 单位贷款诈骗应以合同诈骗罪论处，合同诈骗罪不是洗钱罪的上游犯罪。为单位贷款诈骗所得实施洗钱行为的，不成立洗钱罪

36. 甲向乙借款50万元注册成立A公司，乙与甲约定在A公司取得营业执照的第二天，乙的B公司向A公司借款50万元。A公司取得营业执照后，由甲经手将A公司50万元借给B公司。关于甲的行为性质，下列哪一选项是正确的？（　　）（司考）

A. 虚报注册资本罪　　B. 虚假出资罪

C. 抽逃出资罪　　D. 无罪

37. 关于货币犯罪，下列哪一选项是错误的？（　　）（司考）

A. 伪造货币罪中的“货币”，包括在国内流通的人民币、在国内可兑换的境外货币，以及正在流通的境外货币

B. 根据《刑法》规定，伪造货币并出售或者运输伪造的货币的，依照伪造货币罪从重处罚。据此，行为人伪造美元，并运输他人伪造的欧元的，应按伪造货币罪从重处罚

C. 将低额美元的纸币加工成高额英镑的纸币的，属于伪造货币

D. 对人民币真币加工处理，使100元面额变为50元面额的，属于变造货币

38. 甲、乙为朋友。乙出国前，将自己的借记卡（背面写有密码）交甲保管。后甲持卡购物，将卡中1.3万元用完。乙回国后发现卡里没钱，便问甲是否用过此卡，甲否认。关于甲的行为性质，下列哪一选项是正确的？（　　）（司考）

A. 侵占罪　　B. 信用卡诈骗罪

C. 诈骗罪　　D. 盗窃罪

39. 关于破坏社会主义市场经济秩序罪的认定，下列哪一选项是错误的？（　　）（司考）

A. 采用运输方式将大量假币运到国外的，应以走私假币罪定罪量刑

B. 以暴力、胁迫手段强迫他人借贷，情节严重的，触犯强迫交易罪

C. 未经批准，擅自发行、销售彩票的，应以非法经营罪定罪处罚

D. 为项目筹集资金，向亲戚宣称有高息理财产品，以委托理财方式吸收10名亲戚300万元资金的，构成非法吸收公众存款罪

40. 甲急需20万元从事养殖，向某农商银行贷款时被行长乙告知，一个身份证只能贷款5万元，再借几个身份证可多贷。甲用自己的名义贷款5万元，另借用4个身份证贷款20万元，但由于经营不善，不能归还本息。关于本案，下列哪一选项是正确的？（　　）

A. 甲构成贷款诈骗罪，乙不构成犯罪

B. 甲构成骗取贷款罪，乙不构成犯罪

C. 甲构成骗取贷款罪，乙构成违法发放贷款罪

D. 甲不构成骗取贷款罪，乙构成违法发放贷款罪

41. 下列哪一行为不成立使用假币罪（不考虑数额）？（　　）

A. 用假币缴纳罚款

B. 用假币兑换外币

C. 在朋友结婚时，将假币塞进红包送给朋友

D. 与网友见面时，显示假币以证明经济实力

42. 甲系外贸公司总经理，在公司会议上拍板：为物尽其用，将公司以来料加工方式申报进口的原材料剩料在境内销售。该行为未经海关许可，应缴税款 90 万元，公司亦未补缴。关于本案，下列哪一选项是正确的？（　　）

A. 虽未经海关许可，但外贸公司擅自销售原材料剩料的行为发生在我国境内，不属于走私行为

B. 外贸公司的销售行为有利于物尽其用，从利益衡量出发，应认定存在超法规的犯罪排除事由

C. 外贸公司采取隐瞒手段不进行纳税申报，逃避缴纳税款数额较大且占应纳税额的 10%以上，构成逃税罪

D. 如海关下达补缴通知后，外贸公司补缴应纳税款，缴纳滞纳金，接受行政处罚，则不再追究外贸公司的刑事责任

43. 关于诈骗犯罪的论述，下列哪一选项是正确的（不考虑数额）？（　　）

A. 与银行工作人员相勾结，使用伪造的银行存单，骗取银行巨额存款的，只能构成票据诈骗罪，不构成金融凭证诈骗罪

B. 单位以非法占有目的骗取银行贷款的，不能以贷款诈骗罪追究单位的刑事责任，但可以该罪追究策划人员的刑事责任

C. 购买意外伤害保险，制造自己意外受重伤的假象，骗取保险公司巨额保险金的，仅构成保险诈骗罪，不构成合同诈骗罪

D. 签订合同时并无非法占有目的，履行合同过程中才产生非法占有目的，后收受被害人货款逃匿的，不构成合同诈骗罪

44. 关于生产、销售伪劣商品罪，下列哪一选项是正确的？（　　）（司考）

A. 甲未经批准进口一批药品销售给医院。虽该药品质量合格，甲的行为仍构成销售假药罪

B. 甲大量使用禁用农药种植大豆。甲的行为属于“在生产的食品中掺入有毒、有害的非食品原料”，构成生产有毒、有害食品罪

C. 甲将纯净水掺入工业酒精中，冒充白酒销售。甲的行为不属于“在生产、销售的食品中掺入有毒、有害的非食品原料”，不成立生产、销售有毒、有害食品罪

D. 甲利用“地沟油”大量生产“食用油”后销售。因不能查明“地沟油”的具体毒害成分，对甲的行为不能以生产、销售有毒、有害食品罪论处

（二）多项选择题

1. 甲为了获取超额利润，在明知其所经销的电器产品不符合保障人身安全的国家标准的情况下，仍然大量进货销售，销售金额总计达到 180 万元。一企业因使用这种电器而导致短路，引起火灾，造成 3 人轻伤，部分厂房被烧毁，直接经济损失 10 万元。下列关于甲的行为的说法中哪些是正确的？（　　）（司考）

A. 应当数罪并罚

B. 构成销售不符合安全标准的产品罪

C. 构成销售伪劣产品罪

D. 应按照销售伪劣产品罪和销售不符合安全标准的产品罪中的一个重罪定罪处罚

2. 甲为获利于某日晚向乙家的羊圈（共有 29 只羊）内投放毒药，待羊中毒后将羊运走，并将羊肉出售给他人。甲的行为构成何罪？（　　）（司考）

A. 盗窃罪

B. 投放危险物质罪

C. 故意毁坏财物罪

D. 生产、销售有毒、有害食品罪

3. 甲未获烟草专卖许可，擅自购进明知是假冒的“中华”牌香烟 100 箱进行批发和零售，在被查获时已销售出 80 箱，收款 120 万元。经检验，该批香烟属于不合格产品。甲的行为（　　）。

A. 构成非法经营罪

B. 构成销售假冒注册商标的商品罪

C. 构成销售伪劣产品罪

D. 属于想象竞合犯，从一重罪定罪处罚

4. 某化妆品厂系私营企业，所生产的婴儿护肤产品供不应求。为增加产量，厂长童某决定改变配方，增加添加剂，结果生产出不符合卫生标准的劣质产品，销售金额达 30 万元。消费者使用后不同程度地发生过

敏、脱皮等不良反应。在如何确定犯罪主体性质及定罪的罪名上，下列哪些选项是正确的？（　　）（司考）

A. 生产、销售伪劣产品罪

B. 生产销售不符合卫生标准的化妆品罪

C. 单位犯罪

D. 自然人犯罪

5. 黄某、王某二人从境外走私入境假币150万元。运载假币的渔船刚一到岸，即被海关缉私人员发现。黄某、王某手持铁棍、匕首将缉私人员打成重伤后携带假币逃走。对黄某、王某的行为应以哪些犯罪论处？（　　）（司考）

A. 走私假币罪　　B. 运输假币罪

C. 故意伤害罪　　D. 妨害公务罪

6.《刑法》第171条第1款前段规定："出售、购买伪造的货币或者明知是伪造的货币而运输，数额较大的，处三年以下有期徒刑或者拘役，并处二万元以上二十万元以下罚金"。关于本条的理解，下列哪些说法是错误的？（　）

A. 运输假币罪要求行为人明知是假币，但出售、购买假币罪不要求行为人明知是假币

B. 根据故意犯罪的刑法规定与刑法原理，出售、购买假币罪也以行为人明知是假币为前提

C. 出售、购买、运输假币罪都是故意犯罪，但运输假币罪只能是直接故意，而出售、购买假币罪只能是间接故意

D. "并处二万元以上二十万元以下罚金"是指可以并处罚金，而非应当并处罚金

7. 甲从A地购得面值2万元的假币，然后携带假币乘坐火车到B地。甲在车上与几个朋友赌博时被乘警发现，乘警按规定对甲处以罚款。甲欺骗乘警，以假币交纳罚款，被乘警发现。甲的行为构成下列哪些罪？（　　）（司考）

A. 购买、运输假币罪

B. 诈骗罪

C. 持有、使用假币罪

D. 赌博罪

8. 下列哪些掩饰、隐瞒走私、毒品、黑社会性质组织、恐怖活动组织违法所得及其收益的性质和来源的行为属于洗钱罪的行为？（　）

A. 提供资金账户的

B. 将财产转换为现金或者金融票据的

C. 通过转账或者其他支付结算方式协助资金转移的

D. 跨境转移资产的

9. 下列哪种犯罪必须以非法占有为目的？（　　）

A. 贷款诈骗罪　　B. 合同诈骗罪

C. 诈骗罪　　D. 走私淫秽物品罪

10. 使用下列哪种手段可以构成贷款诈骗罪？（　　）

A. 编造引进项目的虚假理由

B. 使用虚假的经济合同

C. 使用虚假的证明文件

D. 超出抵押物价值重复担保

11. 下列哪种行为属于信用卡诈骗罪？（　　）

A. 张某使用已经作废的信用卡购物

B. 李某借用杨某的信用卡买房

C. 赵某在使用信用卡时明知钱已不多仍透支使用

D. 孙某拾得刘某的信用卡并以刘某的名义使用

12. 李某租用某建筑公司场地开了一家酒店，并为酒店财产投了10万元人民币保险，后因经营不善，无力支付租金，场地被建筑公司封锁。李某决定放火烧毁酒楼，一是报复建筑公司（因酒店旁边还有建筑公司的其他建筑），二是可以获取保险赔偿金。李某放火后到保险公司理赔时被公安机关抓获归案。下列关于本案的意见哪些是正确的？（　　）（司考）

A. 李某的行为触犯放火罪和保险诈骗罪两个罪名

B. 放火罪与保险诈骗（未遂）罪应并罚

C. 放火罪与保险诈骗罪相竞合，只定放火罪

D. 放火罪与保险诈骗（预备）罪应并罚

13. 对涉及增值税专用发票的犯罪案件，下列哪些处理是正确的？（　　）（司考）

A. 非法购买增值税专用发票的，按非法购买增值税专用发票罪定罪处罚

B. 非法购买增值税专用发票后又虚开的，按非法购买增值税专用发票罪和虚开增值税专用发票罪并罚

C. 非法购买增值税专用发票后又出售的，按非法出售增值税专用发票罪定罪处罚

D. 非法购买伪造的增值税专用发票后又出售的，按出售伪造的增值税专用发票罪定罪处罚

14. 下列关于扰乱市场秩序罪的说法中哪些是正确的？（　　）

A. 单位可以构成刑法规定的各种扰乱市场秩序的

犯罪

B. 广告主、广告经营者和广告发布者之外的其他人不能单独构成虚假广告罪

C. 招标人不能构成串通投标罪

D. 不以牟利为目的，非法转让土地使用权的，不能构成非法转让土地使用权罪

视频讲题

15. 关于非法出版物问题，下列哪些说法是正确的？（　　）

A. 明知出版物中载有煽动分裂国家、破坏国家统一的内容而予以出版、印刷、复制、发行、传播的，以煽动分裂国家罪定罪处罚

B. 明知出版物中载有煽动颠覆国家政权、推翻社会主义制度的内容，而予以出版、印刷、复制、发行、传播的，以煽动颠覆国家政权罪定罪处罚

C. 以牟利为目的，出版淫秽物品的，以传播淫秽物品牟利罪定罪处罚

D. 违反国家规定，出版、印刷、复制、发行其他严重危害社会秩序和扰乱市场秩序的非法出版物，情节严重的，以非法经营罪定罪处罚

16. 以非法占有为目的，下列哪些行为构成合同诈骗罪？（　　）

A. 在签订、履行合同过程中，以虚构的单位或者冒用他人名义签订合同，骗取对方当事人财物，数额较大的

B. 在签订、履行合同过程中，以伪造、变造、作废的票据或者其他虚假的产权证明作担保，骗取对方当事人财物，数额较大的

C. 在签订、履行合同过程中，没有实际履行能力，以先履行小额合同或者部分履行合同的方法，诱骗对方当事人继续签订和履行合同，骗取对方当事人财物，数额较大的

D. 在签订、履行合同过程中，收受对方当事人给付的货物、货款、预付款或者担保财产后逃匿，骗取对方当事人财物，数额较大的

17. 下列哪些行为构成妨害信用卡管理罪？（　　）

A. 张某为境外犯罪集团将伪造的信用卡带到国内

B. 贾某在他人持信用卡消费时记录下其账号、密码等信息出售给他人

C. 赵某使用虚假的身份证办理信用卡

D. 李某购买他人伪造的信用卡

18. 某国有银行行长甲指使负责贷款业务的科长乙向申请贷款的丙单位索要财物。乙将索要所获 15 万元中的 9 万元交给甲，其余 6 万元自己留下。后来，甲、乙均明知丙单位不具备贷款条件，仍然向丙单位贷款 1 000 万元，使银行遭受 800 万元损失。对于本案，下列哪些选项是正确的？（　　）（司考）

A. 甲的受贿数额是 9 万元

B. 乙的受贿数额是 15 万元

C. 甲、乙均构成违法发放贷款罪

D. 对于甲、乙的违法发放贷款罪和受贿罪，应当数罪并罚

19.《刑法》第 204 条规定，以假报出口或者其他欺骗手段，骗取国家出口退税款，数额较大的，构成骗取出口退税罪。其中“假报出口或者其他欺骗手段”包括下列哪些情形？（　　）

A. 使用虚开、非法购买或者以其他非法手段取得的增值税专用发票或者其他可以用于出口退税的发票申报出口退税的

B. 将未负税或者免税的出口业务申报为已税的出口业务的

C. 伪造、签订虚假的销售合同，或者以伪造、变造等非法手段取得出口报关单、运输单据等出口业务相关单据、凭证，虚构出口事实申报出口退税的

D. 在货物出口后，又转入境内或者将境外同种货物转入境内循环进出口并申报出口退税的

20. 关于货币犯罪的认定，下列哪些选项是正确的？（　　）（司考）

A. 以使用为目的，大量印制停止流通的第三版人民币的，不成立伪造货币罪

B. 伪造正在流通但在我国尚无法兑换的境外货币的，成立伪造货币罪

C. 将白纸冒充假币卖给他人的，构成诈骗罪，不成立出售假币罪

D. 将一半真币与一半假币拼接，制造大量半真半

假面额 100 元纸币的，成立变造货币罪

视频讲题

21. ①纳税人逃税，经税务机关依法下达追缴通知后，补缴应纳税款，缴纳滞纳金，已受行政处罚的，一律不予追究刑事责任。

②纳税人逃避追缴欠税，经税务机关依法下达追缴通知后，补缴应纳税款，缴纳滞纳金，已受行政处罚的，应减轻或者免除处罚。

③纳税人以暴力方法拒不缴纳税款，后主动补缴应纳税款，缴纳滞纳金，已受行政处罚的，不予追究刑事责任。

④扣缴义务人逃税，经税务机关依法下达追缴通知后，补缴应纳税款，缴纳滞纳金，已受行政处罚的，不予追究刑事责任。

关于上述观点的正误判断，下列哪些选项是错误的？（　　）（司考）

A. 第①句正确，第②③④句错误

B. 第①②句正确，第③④句错误

C. 第①③句正确，第②④句错误

D. 第①②③句正确，第④句错误

22. 关于生产、销售伪劣商品罪，下列哪些判决是正确的？（　　）

A. 甲销售的假药无批准文号，但颇有疗效，销售金额达 500 万元，如按销售假药罪处理会导致处罚较轻，法院以销售伪劣产品罪定罪处罚

B. 甲明知病死猪肉有害，仍将大量收购的病死猪肉冒充合格猪肉在市场上销售。法院以销售有毒、有害食品罪定罪处罚

C. 甲明知贮存的苹果上使用了禁用农药，仍将苹果批发给零售商。法院以生产、销售不符合安全标准的食品罪定罪处罚

D. 甲以为是劣药而销售，但实际上销售了假药，且对人体健康造成严重危害。法院以销售劣药罪定罪处罚

23. 甲和女友乙在网吧上网时，捡到一张背后写有密码的银行卡。甲持卡去 ATM 机取款，前两次取出 5 000 元。在准备再次取款时，乙走过来说："注意，别出事。"甲答："马上就好。"甲又分两次取出 6 000 元，并将该 6 000 元递给乙。乙接过钱后站了一会儿说："我走了，小心点。"甲接着又取出 7 000 元。关于本案，下列哪些选项是正确的？（　　）

A. 甲拾得他人银行卡并在 ATM 机上使用，根据司法解释，成立信用卡诈骗罪

B. 对甲前两次取出 5 000 元的行为，乙不负刑事责任

C. 乙接过甲取出的 6 000 元，构成掩饰、隐瞒犯罪所得罪

D. 乙虽未持银行卡取款，也构成犯罪，犯罪数额是 1.3 万元

视频讲题

24. 下列哪些行为（不考虑数量），应以走私普通货物、物品罪论处？（　　）

A. 将白银从境外走私进入中国境内

B. 走私国家禁止进出口的旧机动车

C. 走私淫秽物品，有传播目的但无牟利目的

D. 走私无法组装并使用（不属于废物）的弹头、弹壳

25. 关于信用卡诈骗罪，下列哪些选项是错误的？（　　）（司考）

A. 以非法占有目的，用虚假身份证明骗领信用卡后又使用该卡的，应以妨害信用卡管理罪与信用卡诈骗罪并罚

B. 根据司法解释，在自动柜员机（ATM 机）上擅自使用他人信用卡的，属于冒用他人信用卡的行为，构成信用卡诈骗罪

C. 透支时具有归还意思，透支后经发卡银行两次催收，超过 3 个月仍不归还的，属于恶意透支，成立信用卡诈骗罪

D.《刑法》规定，盗窃信用卡并使用的，以盗窃罪论处。与此相应，拾得他人信用卡并使用的，就应以侵占罪论处

26. 违反药品管理法规，有下列哪些情形之一，足

以严重危害人体健康的，构成妨害药品管理罪？（　　）

A. 生产、销售国务院药品监督管理部门禁止使用的药品的

B. 未取得药品相关批准证明文件生产、进口药品或者明知是上述药品而销售的

C. 药品申请注册中提供虚假的证明、数据、资料、样品或者采取其他欺骗手段的

D. 编造生产、检验记录的

27. 下列哪类人可以成为非法经营同类营业罪的犯罪主体？（　　）

A. 中外合资企业的董事、经理

B. 国有公司的董事

C. 集体企业的经理

D. 私营公司的董事

28. 下列关于为亲友非法牟利罪表述正确的是（　　）。

A. 该罪名为《刑法修正案（十二）》新增罪名

B. 私营公司高级管理人员也可构成该罪

C. 从自己的亲友经营管理的单位采购、接受不合格商品、服务的，为该罪的客观方面之一

D. 以市场价格从自己的亲友经营管理的单位采购商品的，可构成该罪

（三）不定项选择题

1. 江某与郑某是同一家电脑公司的工作人员，二人同住一间集体宿舍。某日，郑某将自己的信用卡交江某保管，3天之后索回。一周后，郑某发现自己的信用卡丢失，到银行挂失时，得知卡上1.5万元已被人取走。郑某报案后，司法机关找到了江某。江某承认是其所为，但对作案事实前后供述不一。第一次供述称：在郑某将信用卡交其保管时，其利用以前与郑某一起取款时偷记下的郑某信用卡上的密码，私下在取款机上取款。第二次供述称：是仿制了一张信用卡后，用所获取的郑某信用卡上的有关信息取款。第三次供述却称：是拾得郑某的信用卡后，用该卡取款。但郑某怀疑是江某盗窃其信用卡后取走卡上所存的钱款。请回答以下各题。（司考）

（1）如果郑某将信用卡交江某保管时，江某私下用来取走了现金，下列说法中正确的是（　　）。

A. 江某构成侵占罪

B. 江某构成信用卡诈骗罪

C. 江某构成盗窃罪

D. 江某不构成犯罪

（2）如果江某用自己仿制的信用卡在自动取款机上提取了现金，下列说法中正确的是（　　）。

A. 江某构成伪造金融票证罪

B. 江某构成伪造信用卡罪

C. 江某构成信用卡诈骗罪

D. 应该实行数罪并罚

（3）如果江某拾得信用卡后，用该信用卡在自动取款机上提取了现金，下列说法中错误的是（　　）。

A. 江某构成侵占罪

B. 江某构成信用卡诈骗罪

C. 江某构成侵占遗失物罪

D. 江某不构成犯罪，其行为属不当得利

（4）如果江某盗窃信用卡后，用该信用卡在自动取款机上提取了现金，下列说法中正确的是（　　）。

A. 江某构成盗窃信用卡罪

B. 江某构成信用卡诈骗罪

C. 江某既构成盗窃罪又构成信用卡诈骗罪，应实行数罪并罚

D. 江某构成盗窃罪

2. 甲找到在某国有公司任出纳员的朋友乙，提出向该公司借款5万元用于购买假币，并许诺出售假币获利后给乙好处费。乙便擅自从自己管理的公司款项中借给甲5万元。甲拿到5万元后，让丙从外地购得假币若干，然后在本地出售。出售一部分后，甲便送给乙2万元好处费。甲后来在出售假币的过程中被公安人员抓获。甲如实交代了让丙购买假币和自己出售假币的行为，还主动交代了自己使用面值5 000元的假币购买家电产品的事实，但未能如实说明购买假币的5万元现金的来源。乙得知甲被抓后，担心受刑罚处罚，便携带10万元公款潜逃外地，后被司法机关抓获归案。请根据上述案情回答下列各题。（司考）

（1）关于出售、购买假币罪的共犯关系，下列哪些说法是错误的？（　　）

A. 甲、乙、丙三人成立出售、购买假币罪的共犯

B. 甲、乙二人成立出售、购买假币罪的共犯

C. 甲、丙二人成立出售、购买假币罪的共犯

D. 甲单独成立出售、购买假币罪，乙、丙不成立出售、购买假币罪

（2）关于挪用公司5万元的行为，下列哪些说法

是错误的？（　　）

A. 甲唆使乙挪用公司 5 万元，故甲与乙就挪用行为成立共同犯罪

B. 甲没有指使、参与策划挪用公司 5 万元，故甲与乙就挪用行为不成立共同犯罪

C. 甲明知是挪用的款项而使用，故甲与乙就挪用行为成立共同犯罪

D. 乙明知甲欲从事营利活动，却仍然挪用 5 万元，故即使没有超过 3 个月也构成犯罪

（3）关于甲出售、购买假币与使用假币的行为，下列哪些说法是错误的？（　　）

A. 使用假币罪应被出售、购买假币罪吸收

B. 使用假币罪与购买假币罪为牵连关系，应从一重处罚

C. 对使用假币罪与出售假币罪应实行并罚

D. 甲就使用假币罪成立自首

（4）关于乙携带 10 万元公款潜逃的行为，下列哪些说法是错误的？（　　）

A. 对该行为应认定为贪污罪

B. 对该行为应认定为职务侵占罪

C. 该行为属于挪用公款罪中的挪用公款数额巨大不退还

D. 该行为属于挪用资金罪中的挪用本单位资金数额较大不退还

（5）关于乙的全部犯罪行为，下列哪些说法是错误的？（　　）

A. 对乙应以挪用公款罪，贪污罪，出售、购买假币罪论处，实行数罪并罚

B. 对乙应以挪用资金罪，职务侵占罪，出售、购买假币罪论处，实行数罪并罚

C. 对乙应在挪用公款罪与受贿罪中择一重罪从重处罚

D. 对乙应以贪污罪、受贿罪论处，实行数罪并罚

3. 甲、乙预谋修车后以假币骗付。某日，甲、乙在某汽修厂修车后应付款 4 850 元，按照预谋甲将 4 900 元假币递给乙清点后交给修理厂职工丙，乙说："修得不错，零钱不用找了。"甲、乙随即上车。丙发现货币有假大叫"别走"，甲迅即启动驶向厂门，丙扑向甲车前风挡，抓住雨刮器。乙对甲说："太危险，快停车。"甲仍然加速，致丙摔成重伤。请回答（1）～（4）题。（司考）

（1）甲、乙用假币支付修车费被识破后开车逃跑的行为应定的罪名是（　　）。

A. 持有、使用假币罪　　B. 诈骗罪

C. 抢夺罪　　D. 抢劫罪

（2）对于丙的重伤，甲的罪过形式是（　　）。

A. 故意　　B. 有目的的故意

C. 过失　　D. 无认识的过失

（3）关于致丙重伤的行为，下列选项中错误的是（　　）。

A. 乙明确叫甲停车，可以成立犯罪中止

B. 甲、乙构成故意伤害的共同犯罪

C. 甲的行为超出了共同犯罪故意，对于丙的重伤后果，乙不应当负责

D. 乙没有实施共同伤害行为，不构成犯罪

（4）对甲的定罪，下列选项中错误的是（　　）。

A. 抢夺罪、故意伤害罪

B. 诈骗罪、以危险方法危害公共安全罪

C. 持有、使用假币罪，交通肇事罪

D. 抢劫罪、故意伤害罪

4. 甲在国外旅游，见有人兜售高仿真人民币，用 1 万元真币换取 10 万元假币，将假币夹在书中寄回国内。（事实一）

赵氏调味品公司欲设加盟店，销售具有注册商标的赵氏调味品，派员工赵某物色合作者。甲知道自己不符合加盟条件，仍找到赵某送其 2 万元真币和 10 万元假币，请其帮忙促成加盟事宜。赵某与甲签订开设加盟店的合作协议。（事实二）

甲加盟后，明知伪劣的"一滴香"调味品含有非法添加剂，但因赵氏调味品畅销，便在"一滴香"上贴上赵氏调味品的注册商标私自出卖，前后共卖出 5 万多元"一滴香"。（事实三）

张某到加盟店欲批发 1 万元调味品，见甲态度不好表示不买了。甲对张某拳打脚踢，并说"涨价 2 000 元，不付款休想走"。张某无奈付款 1.2 万元买下调味品。（事实四）

甲以银行定期存款 4 倍的高息放贷，很快赚了钱。随后，四处散发宣传单，声称为加盟店筹资，承诺 3 个月后还款并支付银行定期存款 2 倍的利息。甲从社会上筹得资金 1 000 万元，高利贷出，赚取息差。（事实五）

甲资金链断裂无法归还借款，但仍继续扩大宣传，

又吸纳社会资金 2 000 万元，以后期借款归还前期借款。后因亏空巨大，甲将余款 500 万元交给其子，跳楼自杀。（事实六）

（1）关于事实一的分析，下列选项中正确的是（　　）。

A. 用 1 万元真币换取 10 万元假币，构成购买假币罪

B. 扣除甲的成本 1 万元，甲购买假币的数额为 9 万元

C. 在境外购买人民币假币，危害我国货币管理制度，应适用保护管辖原则审理本案

D. 将假币寄回国内，属于走私假币，构成走私假币罪

（2）关于事实二的定性，下列选项中正确的是（　　）。

A. 甲将 2 万元真币送给赵某，构成行贿罪

B. 甲将 10 万元假币冒充真币送给赵某，不构成诈骗罪

C. 赵某收受甲的财物，构成非国家工作人员受贿罪

D. 赵某被甲欺骗而订立合同，构成签订合同失职被骗罪

（3）关于事实三的定性，下列选项中正确的是（　　）。

A. 在“一滴香”上擅自贴上赵氏调味品注册商标，构成假冒注册商标罪

B. 因“一滴香”含有有害人体的添加剂，甲构成销售有毒、有害食品罪

C. 卖出 5 万多元“一滴香”，甲触犯销售伪劣产品罪

D. 对假冒注册商标行为与出售“一滴香”行为，应数罪并罚

（4）关于事实四甲的定性，下列选项中正确的是（　　）。

A. 应以抢劫罪论处

B. 应以寻衅滋事罪论处

C. 应以敲诈勒索罪论处

D. 应以强迫交易罪论处

（5）关于事实五的定性，下列选项中正确的是（　　）。

A. 甲以同期银行定期存款 4 倍的高息放贷，构成非法经营罪

B. 甲虽然虚构事实吸纳巨额资金，但不构成诈骗罪

C. 甲非法吸纳资金，构成非法吸收公众存款罪

D. 对甲应以非法经营罪和非法吸收公众存款罪进行数罪并罚

（6）关于事实六的定性，下列选项中正确的是（　　）。

A. 甲以非法占有为目的，非法吸纳资金，构成集资诈骗罪

B. 甲集资诈骗的数额为 2 000 万元

C. 根据《刑法》规定，集资诈骗数额特别巨大的，可判处死刑

D. 甲已死亡，导致刑罚消灭，法院对余款 500 万元不能进行追缴

5. 张某对外宣传，自己的小额贷款公司可以低息快速发放贷款，部分贷款可以无抵押、无担保，部分贷款可以房产、汽车、企业股权做抵押。贷款“产品”月息从“2 分”（合年利率 24%）至“5 分”（合年利率 60%）不等。根据“行规”，借款人须在贷款前缴纳贷款金额 10%的“保证金”、5%的“咨询服务费”，并从贷款总额中事先扣除。当一些借款人无力偿还时，张某会安排其公司或者关联公司、关联人员为借款人偿还借款，继而与借款人续签金额更大的合同，但循环借贷的借款人须在放款前扣除“资金过桥费”和上笔资金的“违约金”等。在合同签订后，张某会要求借款人提供银行卡及支付密码等，按照借贷协议金额将资金转入该账户，将其中“保证金”“咨询服务费”“资金过桥费”“违约金”等转回自己控制的账户后，再将存有剩余资金的银行卡交还借款人。合同临近到期时，张某会故意不接电话、不回短信、不为借款人提供还款账号等，并指责对方违约，要求借款人不仅归还本金，还要偿还“违约金”等额外债务。对于不按要求还款的借款人，张某会指示手下通过电话骚扰，群发短信、微信，聚集多人上门讨债，对借款人及亲属采取人身威胁等方式催讨。其中多名借款人因无力还债，被砍断手指，住房和办公场所被毁坏。

（1）张某的行为（　　）。

A. 属于民间借贷　　B. 属于“套路贷”

C. 属合法行为　　D. 属非法行为

（2）张某的行为（　　）。

A. 构成违法发放贷款罪
B. 构成非法经营罪
C. 构成强迫交易罪
D. 构成故意伤害罪

（3）下列选项表述正确的是（　　）。

A. 张某从贷款总额中转回自己控制的账户的“保证金”“咨询服务费”“资金过桥费”“违约金”，应计入犯罪数额
B. 张某从贷款总额中扣除“保证金”“咨询服务费”“资金过桥费”“违约金”后的剩余金额，应计入犯罪数额
C. 张某月息“2分”（合年利率24%）的贷款合同所产生的利息非法，应计入犯罪数额
D. 张某月息“5分”（合年利率60%）的贷款合同所产生的利息非法，应计入犯罪数额

简答题

1. 简述票据诈骗罪的构成要件。
2. 简述操纵证券、期货市场罪的构成要件。
3. 简述假冒商标罪的构成要件。
4. 简述保险诈骗罪的构成要件。
5. 简述背信损害上市公司利益罪的构成要件。
6. 简述组织、领导传销组织罪。

案例分析题

1. 曾经在某化工厂工作的甲辞职后，为销售自己组织生产的产品，成立了A市汽车节能用油经销公司。该公司以其生产的重油膨化剂在掺水使用时可以节油20%以上为由骗取购货方信任，销售其伪劣产品，先后向多家单位销售重油膨化剂100余吨，违法所得近400万元。经查，甲所在公司所售产品根本达不到其许诺的基本使用性能，热值低，发热量随着掺水量的增加而成比例下降，无节油效果。

此外，司法机关还查明：甲开办的A市汽车节能用油经销公司于2017年12月底缴纳税款50万元后，编造虚假材料骗取出口退税款120万元。

问：（1）A市汽车节能用油经销公司的行为构成生产、销售伪劣产品罪还是诈骗罪？

（2）对A市汽车节能用油经销公司骗取出口退税款的行为应如何处理？

（3）本案属于单位犯罪还是自然人甲犯罪？

2. 丁某系某市东郊电器厂（私营企业，不具有法人资格）厂长，其工厂资金紧缺，多次向银行贷款未果。为此，丁某仿照银行存单上的印章模式，伪造了甲银行的储蓄章和行政章，以及银行工作人员的人名章，伪造了户名分别为黄某和唐某的在甲银行存款额均为50万元的存单两张。随后，丁某约请乙银行办事处（系国有金融机构）副主任朱某吃饭，并将东郊电器厂欲在乙银行办事处申请存单抵押贷款的打算告诉了朱某，承诺事后必有重谢。朱某见有利可图，就让丁某第二天到办事处找信贷科科长张某办理，并答应向张某打招呼。次日，丁某来到乙银行办事处。朱某将其介绍给张某，让其多加关照。

张某在审查丁某提交的贷款材料时，对甲银行的两张存单有所怀疑，遂发函给甲银行查询。此时，丁某通过朱某催促张某，张某遂打电话询问查询事宜。甲银行储蓄科科长答应抓紧办理。但张某未等回函，就为丁某办理了抵押贷款手续，并报朱某审批。后甲银行未就查询事宜回函。

朱某审批时发现材料有问题，就把丁某找来询问。丁某见瞒不过朱某，就将假存单之事全盘托出，并欺骗朱某说有一笔大生意保证挣钱，贷款将如期归还，并当场给朱某10万元好处费。朱某见丁某信誓旦旦，便收受了好处费，同意批给丁某100万元贷款。丁某获得贷款后，以感谢为名送给张某5万元，张某予以收受。丁某将贷款全部投入电器厂经营，结果亏损殆尽，致使银行贷款不能归还。检察机关将本案起诉至法院。

问：丁某、朱某和张某涉嫌犯罪的行为触犯了什么罪名？根据有关的刑法理论和法律规定，对三人分别应如何定罪处罚？

3. 甲是某私营工厂主（不具有法人资格）。2010年4月因为犯诈骗罪被判处有期徒刑9年，2015年11月12日假释。假释考验期至2019年2月6日。2018年5月，甲的工厂利用A厂“跳槽”职工非法获取的A厂专有的“神州”口杯生产技术资料，大量生产双层玻璃口杯。为了便于销售，该厂将自己生产的口杯贴上“神州”口杯注册商标，用“神州”口杯外包装包装好以后，以每只170元的价格销售。为了扩大销量，甲还大做广告，称自己的产品为“正宗名牌，质优价廉”。众商家纷纷与其签订合同购买，买后才发现

上当受骗。甲生产的口杯质量低劣，造成大量积压。同时，也给A厂造成500余万元经济损失，信誉降低。而甲的销售金额达1 800余万元。甲的好友乙见甲在银行存有巨款，心生歹念，乘机复制了甲的存单，伪造甲存款银行的储蓄章和行政专用章，并在仿制了甲的存单、套取密码之后，指使女友丙使用假存单从银行冒领甲的存款。丙虽然知道存单是假的，但认为这全是乙搞的鬼，与己无关，所以就使用该假存单冒领了甲的500万元存款。丙冒领巨款后，将其装在提包中拿到朋友丁家中存放。丁不知提包中为何物，某日打开一看发现全是现金，估计来路不正，产生据为己有的想法。丙来取提包时，丁谎称没有此事，拒不交出。乙、丙冒领甲存款案发后，公安机关按照丙的供述，找到丁，令其交出巨款。丁仍然拒不承认替丙保管过提包。

问：对甲、乙、丙、丁的行为应当如何认定、处罚？

4. 甲为了骗取保险金，花1万元买来一辆二手名牌轿车，通过在某国有保险公司担任业务员的好友乙经办，向该保险公司谎报轿车价值为20万元，投保车辆盗抢、毁损险。之后，甲找中学生丙（男，15岁），给丙5 000元报酬，请丙将停在甲自家平房前的轿车烧毁。丙问为什么，甲说那是邻居的车，要烧掉报复邻居。丙说没问题，10天以内解决。丙拿钱后带上同学丁（男，15岁）一起吃喝、上网吧。丁问丙哪来这么多钱，丙告以实情，并请丁帮忙。丁答应，并搞来一大瓶汽油放在丙家，准备点火用。

此间，甲担心轿车离自己家太近，烧车会烧到自家和邻居的房屋，就打电话告诉丙放弃烧车，并让丙将5 000元钱退回。丙已将钱花去大半，无法偿还，听后十分着急，一边答应停止行动、过几天退钱，一边通知丁就在当晚行动。丁答应，约定当晚在烧车地点会合。晚上，丙带上汽油瓶到烧车地点，丁因害怕未去。丙久等丁未果，遂决定单独行动。丙将汽油泼到车上，点火烧车，然后躲在一边察看动静。丙见火越烧越大，十分害怕，急忙打电话报火警，并急叫附近四邻灭火。由于丙报警、喊人救火及时，仅轿车烧毁，邻近该轿车的几间房屋的门窗和屋顶被烤煳了，未造成其他后果。

事后，甲向保险公司索赔，保险公司派乙核定险损事故。乙明知甲虚报保险标的价值、恶意制造了这起保险事故，但考虑是朋友关系，还是给其出具了保险事故评估证明，致使保险公司全额赔付甲20万元保险金。

案发后，乙在审讯期间主动交代：在3个月前曾利用职务上的便利虚构一起车险事故，从本公司骗领到5万元赔款，据为己有。

问：（1）甲、乙、丙各构成何罪？

（2）丁的行为是何种犯罪形态？请简要说明理由。

（3）根据本案给出的事实，指出哪些被告人具有何种法定量刑情节。

5. 甲被检察机关指控犯有三项罪行：第一项，伪造盖有中华人民共和国商务部公章的批文。第二项，持该伪造批文和所谓中国石材进出口公司出口业务合同，到某石材加工厂对该厂经理乙谎称能联系出口我国香港地区的石材业务。随后以虚构的中国香港地区某公司的名义与石材加工厂签订了500万吨石材的购销合同，收取合同定金50万元后即不见踪影。一年后公安机关将甲抓获，发现甲已将50万元定金挥霍一空。第三项，审讯中甲还主动交代以下犯罪事实：甲曾说服在国有银行某营业所工作的业务员丙、丁二人，在丙、丁值班时由甲前去营业所假装打劫，共同分赃。丙、丁同意。某日，在只有丙、丁值班时，甲冲进营业厅，用仿真手枪指向丙、丁。丙、丁假装害怕，将预先准备好的100万元巨款放入甲的提包中，甲携款逃走。之后甲、丙、丁三人平分赃款。

问：（1）甲构成何罪？并请简要说明定罪的理由。

（2）对甲被指控的第一项和第二项罪行是否需要数罪并罚？为什么？

（3）甲被指控的第三项罪行有何法定量刑情节？为什么？

6. 2017年3月，梁某伪造了某市供销贸易公司营业执照副本、公章和合同专用章。当月中旬，梁某结识了周某，梁某自称是供销贸易公司业务经理，提出聘周某为公司业务员，周某允诺。3月下旬的一天，梁某用伪造的公章以供销贸易公司的名义与一乡办衬衫厂签订合同一份，约定衬衫厂供应衬衫5 000件，价款15万元；供方3天内交货，需方提货时先付20%的货款，5日内付清全部货款。随后，梁某将假冒供销贸易公司签订合同一事告诉了周某，并让周某筹款1万元、联系衬衫销路，以便到衬衫厂提货后迅速出手。周某听后不悦，表示没钱，不愿到厂家提货，但可帮助联系衬衫销路。第二天，梁某雇车单独到衬衫厂，交了3万元货款后，提取衬衫5 000件。运到服装城后，卖给周某联系的客户 4 000 件，得款 8 万元。另 1 000 件推销给服装个体户李某，李某从梁某、周某小声言谈和急于出手的神态，知悉此货系骗来的，考虑到自己未骗人，且买卖自由，便将价格压至每件 10 元（该品牌衬衫市场零售价 50 元左右），梁某得款 1 万元。事后，梁某给周某 1.5 万元。（司考）

问：（1）梁某的行为构成何种犯罪？为什么？

（2）周某是否与梁某构成共同犯罪？为什么？

（3）李某是否构成犯罪？为什么？

7. 2022 年 2 月，私营企业主李某在负责私营企业注册登记工作的科长胡某的陪同下，来到某会计师事务所办理验资手续。会计师事务所负责人交代注册会计师王某从速办理。王某对李某提供的验资资料，按照执业规范指南（验资规定的程序），一一进行了审验。对其中最关键的材料——两张银行进账单，王某特别仔细地进行了查验：进账金额分别为 36 万元和 64 万元，合计 100 万元，收款人系被审验单位，用途为投资款，银行业务公章和工作人员私章一应俱全，无一涂改痕迹，其真实性不容置疑。在李某的催促下，王某起草了验资报告，经事务所负责人审核、签发，交付打印。李某当场拿到了验资报告。李某的公司从事商品批发和零售业务。公司开业以后，经营状况一直不佳。2023 年下半年，李某从事非法传销，在仅仅几个月的时间，获利达 50 多万元。2024 年 1 月，有人举报李某搞非法传销。公安机关在侦查过程中，发现李某的公司成立时实际只有 10 万元资金，其向会计师事务所提供的两张银行进账单，金额是变造的。变造方法是：先向银行分别存入 6 万元和 4 万元现金，在填写银行进账单时预留空格，银行盖章后，再在预留的空格处填补，由于笔迹相同，填补恰到好处，外人无法辨别。

问：对王某的行为应如何处理？

8. 2017 年夏，某海关副关长高某认识了港商李某，二人交往密切。2018 年春，高、李二人合谋从香港空运 575 只瑞士高档手表至某市入境。受高某指使，海关调查处副处长刘某明知该批货物未办理任何报关手续，却予以放行。经查，该批手表价值人民币 1 774 746.24 元，偷逃关税 763 494.80 元。2018 年 8 月，高某、李某找到浪潮通讯电子有限公司合谋进出口手机成套散件（税率 25%），但伪报成集成电路（税率 6%）以降低报关费用。9 月 12 日第一次进货时，高某亲自去机场接货，刘某受高的指使第二次去接货，使货物顺利通关。经查，该批货物价值人民币 19 867 110.30 元，偷逃关税 3 019 800.90 元。后案发，高、刘二人被捕，李某在逃。审判中，高某认为自己是从犯，应当从轻处罚。

问：（1）对高某的行为如何处理？

（2）对刘某的行为如何处理？

（3）高某称其并未直接参与各项活动，请求从轻处罚是否成立？

（4）对刘某处罚时应注意什么情节？

（5）浪潮通讯电子有限公司是否有犯罪行为？如何处罚？

9. 某日晚，郭某驾驶三轮出租车在某县城载客，见有一男一女（钟某夫妇）在等车，即上前询问二人是否坐车，双方协商到该县某乡付 20 元车费。行至途中，因路不好走，郭某不愿再送，即停车要车费。钟某夫妇二人从身上掏出零钱凑够 20 元递给郭某，郭某接过钱后说每人 20 元共计 40 元，钟某说当时讲好的是两人 20 元。双方因车费数额发生争吵，郭某掏出一把匕首威胁钟某夫妇说，不拿钱就在钟某脸上留个记号，并说自己是刚从监狱出来的，随后把 20 元钱又返给钟某。钟某见状从裤兜里掏出一卷钱，从中抽出一张 100 元的递给郭某，郭某接过钱后说没零钱找，钟某说："你狠，我不要了。"郭某即掉转车头往回走，后因钟某报案，郭某被公安机关抓获。庭审中，被告人郭某辩解：当初双方约定到达目的地后支付 40 元车费，但事后被害人反悔只付 20 元车费。对此，并无相应的证据加以证明。

问：郭某的行为构成何罪？

论述题与深度思考题

1. 试述抗税罪与妨害公务罪的界限。
2. 试述非法集资行为的定罪处罚。
3. 试述刑法意义上的信用卡。
4. 试述信用卡诈骗罪。

参考答案

名词解释

1. 伪劣产品是指内在质量不符合产品质量管理法

规要求的产品，包括在产品中掺杂、掺假，以假充真、以次充好或者以不合格产品冒充合格产品。根据最高人民法院、最高人民检察院《关于办理生产、销售伪劣商品刑事案件具体应用法律若干问题的解释》第1条的规定，“在产品中掺杂、掺假”，是指在产品中掺入杂质或者异物，致使产品质量不符合国家法律、法规或者产品明示质量标准规定的质量要求，降低、失去应有使用性能的行为；“以假充真”，是指以不具有某种使用性能的产品冒充具有该种使用性能的产品的行为；“以次充好”，是指以低等级、低档次产品冒充高等级、高档次产品，或者以残次、废旧零配件组合、拼装后冒充正品或者新产品的行为；“不合格产品”，是指不符合《产品质量法》第26条第2款规定的质量要求的产品。上述伪劣产品难以确定的，应当委托法律、行政法规规定的产品质量检验机构进行鉴定。

2. 侵犯商业秘密罪是指，侵犯商业秘密，情节严重的行为。《刑法修正案（十一）》对侵犯商业秘密罪进行了修改，该罪主要表现为下列几种形式：（1）以盗窃、贿赂、欺诈、胁迫、电子侵入或者其他不正当手段获取权利人的商业秘密的；（2）披露、使用或者允许他人使用以前项手段获取的权利人的商业秘密的；（3）违反保密义务或者违反权利人有关保守商业秘密的要求，披露、使用或者允许他人使用其所掌握的商业秘密的；（4）明知或者应知前述行为，获取、披露、使用或者允许他人使用该商业秘密的。根据《反不正当竞争法》的规定，商业秘密是指不为公众所知悉、具有商业价值并经权利人采取相应保密措施的技术信息、经营信息等商业信息。商业秘密应当具有信息性、秘密性、保密性、价值性。所称权利人，是指商业秘密的所有人和经商业秘密所有人许可的商业秘密使用人。

3. 假冒专利罪，是指违反专利管理法规，假冒他人专利，情节严重的行为。根据《专利法实施细则》第101条，最高人民法院、最高人民检察院《关于办理侵犯知识产权刑事案件具体应用法律若干问题的解释》第10条的规定，下列行为属于假冒他人专利的行为：（1）未经许可，在其制造的或者销售的产品、产品的包装上标注他人的专利号；（2）未经许可，在广告或者其他宣传材料中使用他人的专利号，使人将所涉及的技术误认为是他人的专利技术；（3）未经许可，在合同中使用他人的专利号，使人将合同所涉及的技术误认为是他人的专利技术；（4）伪造或者变造他人的专利证书、专利文件或者专利申请文件。

4.《刑法修正案（七）》对《刑法》第201条进行了修改。最高人民法院、最高人民检察院《关于执行〈中华人民共和国刑法〉确定罪名的补充规定》（法释〔2009〕13号）将原偷税罪改为逃税罪。逃税罪是指纳税人采取欺骗、隐瞒手段进行虚假纳税申报或者不申报，逃避缴纳税款数额较大并且占应纳税额10%以上的，处3年以下有期徒刑或者拘役，并处罚金；数额巨大并且占应纳税额30%以上的，处3年以上7年以下有期徒刑，并处罚金。扣缴义务人采取前款所列手段，不缴或者少缴已扣、已收税款，数额较大的，依照前款的规定处罚。对多次实施前两款行为，未经处理的，按照累计数额计算。有第一款行为，经税务机关依法下达追缴通知后，补缴应纳税款，缴纳滞纳金，已受行政处罚的，不予追究刑事责任；但是，5年内因逃避缴纳税款受过刑事处罚或者被税务机关给予2次以上行政处罚的除外。

5.《刑法修正案（十一）》对《刑法》第217条规定的侵犯著作权罪进行了修改。侵犯著作权罪是指以营利为目的，侵犯他人著作权，违法所得数额较大或者有其他严重情节的行为。本罪侵犯的客体是他人的著作权。本罪的客观方面表现为行为人实施了侵犯他人著作权的行为，这些行为包括：（1）未经著作权人许可，复制发行、通过信息网络向公众传播其文字作品、音乐、美术、视听作品、计算机软件及法律、行政法规规定的其他作品的；（2）出版他人享有专有出版权的图书的；（3）未经录音录像制作者许可，复制发行、通过信息网络向公众传播其制作的录音录像的；（4）未经表演者许可，复制发行录有其表演的录音录像制品，或者通过信息网络向公众传播其表演的；（5）制作、出售假冒他人署名的美术作品的；（6）未经著作权人或者与著作权有关的权利人许可，故意避开或者破坏权利人为其作品、录音录像制品等采取的保护著作权或者与著作权有关的权利的技术措施的。本罪的犯罪主体是一般主体，任何达到刑事责任年龄、具有刑事责任能力的自然人均可构成本罪，单位也可以成为本罪主体。本罪在主观上由故意构成，且以营利为目的。

选择题

（一）单项选择题

1. A。李某等的行为显然不构成虚假广告罪和诈骗罪，而应构成生产、销售伪劣产品罪。生产、销售伪劣产品罪的客观方面是生产者、销售者在产品中掺杂、掺假，以假充真、以次充好或者以不合格产品冒充合格产品。最高人民法院、最高人民检察院《关于办理生产、销售伪劣商品刑事案件具体应用法律若干问题的解释》第1条详细解释了"掺杂、掺假""以假充真""以次充好""不合格产品"的具体含义。本题中行为人以几元一瓶的低等白酒冒充档次较高的名牌白酒的行为应该属于"以次充好"，即以低等级、低档次产品冒充高等级、高档次产品的行为，故行为人的行为构成生产、销售伪劣产品罪。行为人在以次充好制造假冒名酒的过程中，未经商标权人的许可，伪造"茅台""五粮液""酒鬼酒""剑南春""泸州老窖"等牌子的酒瓶、瓶盖、标签、防伪标志、内外包装盒（箱）等一整套材料，用来制造、销售假冒名酒，该行为同时符合假冒注册商标罪的构成要件。但是对行为人的行为不应数罪并罚。利用伪造酒瓶作为容器盛装白酒，并在酒瓶、外包装上贴上名酒商标等行为实际上是生产过程的一部分，行为人实际上是一行为触犯两罪名的想象竞合犯，应择一重罪处断。由于生产、销售伪劣产品罪的法定刑高于假冒注册商标罪的法定刑，所以，对行为人应当按照生产、销售伪劣产品罪定罪处罚。

2. D。匕首、大砍刀、手铐、仿真枪支都属于普通货物、物品，甲走私这些物品构成走私普通货物、物品罪。甲走私伪造的美元入境的行为构成走私假币罪，其在境内销售假美元的行为构成出售假币罪。但是，其走私假币与出售假币两行为之间有原因与结果的牵连关系，根据牵连犯择一重罪处断的规则，对其走私假币入境并销售的行为定走私假币罪一罪。所以，对甲应以走私普通货物、物品罪与走私假币罪数罪并罚。

3. B。根据《刑法》第155条的规定，直接向走私人非法收购走私进口的普通货物、物品，数额较大的，属于间接走私，按走私普通货物、物品罪定罪处罚。非法经营罪与走私普通货物、物品罪，在犯罪客体上是不同的——前者的犯罪客体是市场秩序，后者的犯罪客体是国家海关管理秩序，而且王某的行为不符合非法经营罪的构成要件，因此，王某的行为不构成非法经营罪。王某收购这批走私进境的石油，也构成掩饰、隐瞒犯罪所得罪，但这种收购行为被刑法特别规定为走私罪，因此王某的行为成立掩饰、隐瞒犯罪所得罪与走私普通货物、物品罪的法条竞合犯，根据"特别法优于一般法"的原则，应当按走私普通货物、物品罪定罪处罚。王某不存在偷逃关税的直接行为，因此不构成逃税罪。

4. B。根据《刑法》第154条第1项的规定，未经海关许可并且未补缴应缴税额，擅自将批准进口的来料加工、来件装配、补偿贸易的原材料、零件、制成品、设备等保税货物，在境内销售牟利的，构成走私普通货物、物品罪。所以，甲纺织品公司构成走私普通货物、物品罪。

5. D。根据全国人大常委会《关于〈中华人民共和国刑法〉第一百五十八条、第一百五十九条的解释》规定，《刑法》第158条、第159条的规定，只适用于依法实行注册资本实缴登记制的公司。本题中，甲、乙成立的是普通公司，适用的是公司注册资本认缴制，因此，甲、乙的行为不构成虚报注册资本罪、虚假出资、抽逃出资罪。故选项D正确。

6. B。根据《刑法》第166条［《刑法修正案（十二）》］第2条，国有公司、企业、事业单位的工作人员，或者其他公司、企业的工作人员违反法律、行政法规规定，利用职务便利，将本单位的盈利业务交由自己的亲友进行经营的；以明显高于市场的价格从自己的亲友经营管理的单位采购商品、接受服务或者以明显低于市场的价格向自己的亲友经营管理的单位销售商品、提供服务的；或者从自己的亲友经营管理的单位采购、接受不合格商品、服务，致使国家利益或者公司、企业利益遭受重大损失的，构成为亲友非法牟利罪。甲身为大学负责后勤的工作人员，利用负责为大学采购桌椅的职务之便，向其弟弟经营的公司大量购买劣质桌椅，价格高出一般市价的30%，致使该大学多支出50余万元，该行为构成为亲友非法牟利罪。同时，甲多次从其弟弟处收受财物价值达5万余元，构成受贿罪。对其应当以为亲友非法牟利罪和受贿罪数罪并罚。

7. C。本题考查的是徇私舞弊低价折股、出售公司、企业资产罪的主体。该罪名原称为“徇私舞弊低价折股、出售国有资产罪”。《刑法修正案（十二）》对其进行了修改，将该罪犯罪主体的范围扩大到全部公司、企业。根据《刑法修正案（十二）》第3条，国有公司、企业或者其上级主管部门直接负责的主管人员，徇私舞弊，将国有资产低价折股或者低价出售，致使国家利益遭受重大损失的，处3年以下有期徒刑或者拘役；致使国家利益遭受特别重大损失的，处3年以上7年以下有期徒刑。其他公司、企业直接负责的主管人员，徇私舞弊，将公司、企业资产低价折股或者低价出售，致使公司、企业利益遭受重大损失的，依照前述规定处罚。因此，国有公司、企业或其上级主管部门直接负责的主管人员，非国有公司、企业直接负责的主管人员都可以构成本罪，但是事业单位工作人员不能。故应选C选项。

8. D。本题考查的是违规披露、不披露重要信息罪。《刑法修正案（十一）》第9条对该罪进行了修改，规定：“依法负有信息披露义务的公司、企业向股东和社会公众提供虚假的或者隐瞒重要事实的财务会计报告，或者对依法应当披露的其他重要信息不按照规定披露，严重损害股东或者其他人利益，或者有其他严重情节的，对其直接负责的主管人员和其他直接责任人员，处五年以下有期徒刑或者拘役，并处或者单处罚金；情节特别严重的，处五年以上十年以下有期徒刑，并处罚金。前款规定的公司、企业的控股股东、实际控制人实施或者组织、指使实施前款行为的，或者隐瞒相关事项导致前款规定的情形发生的，依照前款的规定处罚。犯前款罪的控股股东、实际控制人是单位的，对单位判处罚金，并对其直接负责的主管人员和其他直接责任人员，依照第一款的规定处罚。”

本罪的主体可为公司、企业，也可为公司、企业的控股股东、实际控制人；且该公司、企业须负有信息披露义务，A股份有限公司为上市公司，显然负有该义务。构成本罪在客观方面需要同时具备两个要件：一是向股东和社会公众提供虚假的或者隐瞒重要事实的财务会计报告，或者对依法应当披露的其他重要信息不按照规定披露。在本案中，马某和班某为了接管北京B通信总公司，使公司达到发行可转换债券的条件，编造了虚假利润和虚增资本公积金数额，并将虚构事实写入相关财务报表，之后又在《证券时报》上公布，误导了广大投资者。这符合本罪客观方面第一个条件。二是提供虚假的或隐瞒重要事实的财务会计报告的行为，必须严重地损害了股东和其他人的利益。本案中，马某和班某提供的上述两项虚假数据在《证券时报》上公布，误导了广大投资者，致使股民遭受了巨大的损失，符合本罪客观方面的第二个条件。故马某和班某的行为构成违规披露、不披露重要信息罪。

本题易错选项为A。A选项“欺诈发行证券罪”由原“欺诈发行股票、债券罪”修改而来。《刑法修正案（十一）》第8条对该罪的规定是：“在招股说明书、认股书、公司、企业债券募集办法等发行文件中隐瞒重要事实或者编造重大虚假内容，发行股票或者公司、企业债券、存托凭证或者国务院依法认定的其他证券，数额巨大、后果严重或者有其他严重情节的，处五年以下有期徒刑或者拘役，并处或者单处罚金；数额特别巨大、后果特别严重或者有其他特别严重情节的，处五年以上有期徒刑，并处罚金。控股股东、实际控制人组织、指使实施前款行为的，处五年以下有期徒刑或者拘役，并处或者单处非法募集资金金额百分之二十以上一倍以下罚金；数额特别巨大、后果特别严重或者有其他特别严重情节的，处五年以上有期徒刑，并处非法募集资金金额百分之二十以上一倍以下罚金。单位犯前两款罪的，对单位判处非法募集资金金额百分之二十以上一倍以下罚金，并对其直接负责的主管人员和其他直接责任人员，依照第一款的规定处罚。”

行为人马某的作案目的中有“发行10亿元可转换债券”，似乎符合欺诈发行证券罪的规定；而涉案公司做假账虚增利润的行为，既符合违规披露、不披露重要信息罪中“提供虚假的或者隐瞒重要事实的财务会计报告”，也符合欺诈发行证券罪中“编造重大虚假内容”。但是本案并不构成欺诈发行证券罪，要点有二：一是行为人做假账的目的有三个——粉饰业绩、接管B公司和发行可转换债券，其目的有多重性，这与欺诈发行证券罪的规定不符；二是行为人做假账的文件是“上年公司财务会计报告”，不同于“招股说明书、认股书、公司、企业债券募集办法等发行文件”，“上年公司财务会计报告”所载之虚假财务数据虽然可能会被用于“证券发行文件”中，但是此时企业尚未处于发行证券阶段，没有产生发行文件，所以不能构成欺诈发行证券罪。

9. B。本案系最高人民法院发布的典型案例。本案中，苏某的行为构成非法吸收公众存款罪。本案的关键在于私募基金管理人经登记、私募基金经备案或者部分备案的是否影响对非法集资行为“非法性”的认定。(1) 私募基金管理人经登记、私募基金经备案或者部分备案，不影响对非法集资行为“非法性”的认定。根据《证券投资基金法》《私募投资基金监督管理条例》(本案依据《私募投资基金监督管理暂行办法》) 的规定，私募基金是指以非公开方式向投资者募集资金设立的投资基金，具有“非公开”和“向特定合格投资者募集”两个基本属性；私募基金不设行政审批，私募基金管理人应当向基金业协会申请登记，募集完毕后办理基金备案，经登记、备案不属于“经有关部门依法许可”向社会公众吸收资金。根据《商业银行法》的规定，向不特定社会公众公开吸收存款是商业银行的专属业务，须经国务院银行业监督管理机构批准。违反上述规定，向不特定社会公众公开发行销售私募基金的，属于假借私募基金的合法经营形式，掩盖非法集资之实，既违反了私募基金管理法律规定，又违反了商业银行法的规定，无论是否经基金业协会登记、备案，均具有非法性。(2) 以私募基金为名非法集资的手段多样，实质上都是突破私募基金“私”的本质和投资风险自负的底线，以具有公开性、社会性和利诱性的方式非法募集资金。常用的手段有：通过网站、电话、微信、讲座、推介会、分析会、撒网式代销推荐等方式向不特定对象宣传，具有公开性；通过组织不合格投资者私下协议代持基金份额、允许“拼单团购”、将私募基金份额或者收益权进行拆分转让、同一融资项目设立多只私募基金等方式，降低合格投资者标准，规避投资者人数限制，具有社会性；除私募基金认购合同外，通过另行签订补充协议或者口头承诺回购、担保、年化收益率等方式，以预期利润为引诱，承诺还本付息或者给付回报，具有利诱性。发行销售私募基金的行为具备上述特征的，属于非法集资或者变相非法集资，应当依法追究刑事责任。(3) 是否具有非法占有目的，是区分非法吸收公众存款罪与集资诈骗罪的关键。私募股权类基金产品一般从事创业投资，以投资项目公司、企业的股权为标的，对于发行私募股权类基金产品符合非法集资犯罪“四性”特征，但大部分资金用于真实项目投资，没有抽逃、转移、隐匿、挥霍等情形的，可以不认定具有非法占有目的。本案中，苏某等人以私募基金为名实施非法集资活动，募集资金除返本付息和维持运营外，主要用于约定的投资项目、其他房地产项目以及与项目相关的建筑材料采购，项目真实，依法认定不具有非法占有目的，以非法吸收公众存款罪追究刑事责任。选项D诱骗投资者买卖证券、期货合约罪，是证券二级交易市场中的犯罪。本案中，苏某并未将募集资金投入股票二级交易市场，故不构成诱骗投资者买卖证券、期货合约罪。

10. B。票据诈骗罪，是指以非法占有为目的，利用金融票据进行诈骗活动，骗取财物数额较大的行为。钱某使用伪造的面额 3.5 万元的空头支票和盗来的身份证进行交易，其行为构成票据诈骗罪。由于交易已经完成，钱某使用该票据并取得光盘，因而其行为属于犯罪既遂。虽物价部门鉴定结论为“盗版光盘无价值”，但这是一个干扰因素：首先，不能因为是盗版光盘就否认其价值；其次，即使其诈骗对象为盗版光盘，也不能因此而否认其诈骗犯罪的成立，更不能否认其构成既遂。最高人民法院、最高人民检察院《关于办理侵犯知识产权刑事案件具体应用法律若干问题的解释》第 12 条规定：本解释所称“非法经营数额”，是指行为人在实施侵犯知识产权行为过程中，制造、储存、运输、销售侵权产品的价值。已销售的侵权产品的价值，按照实际销售的价格计算。制造、储存、运输和未销售的侵权产品的价值，按照标价或者已经查清的侵权产品的实际销售平均价格计算。侵权产品没有标价或者无法查清其实际销售价格的，按照被侵权产品的市场中间价格计算。因此，物价部门“盗版光盘无价值”的鉴定结论不能作为定案依据。而票据诈骗之数额应该以其伪造的空头支票 3.5 万元的票面金额计算。

11. D。甲的行为不构成信用卡诈骗罪。《刑法》第 196 条第 2 款规定，恶意透支是指持卡人以非法占有为目的，超过规定限额或者规定期限透支，并且经发卡银行催收后仍不归还的行为。2018 年修正的最高人民法院、最高人民检察院《关于办理妨害信用卡管理刑事案件具体应用法律若干问题的解释》第 6 条第 1 款规定：持卡人以非法占有为目的，超过规定限额或者规定期限透支，经发卡银行两次有效催收后超过 3 个月仍不归还的，应当认定为《刑法》第 196 条规定的“恶意透支”。对于是否以非法占有为目的，应当综合持卡人的信用记录、还款能力和意愿、申领和透支信用卡的状况、透支资金的用途、透支后的表现、未按规定还款的原因等情节作出判断，不得单纯依据持卡人未按规定还款的事实认定非法占有目的。具有以下情形之一的，应当认定为《刑法》第196条第2款规定的“以非法占有为目的”，但有证据证明持卡人确实不具有非法占有目的的除外：(1) 明知没有还款能力而大量透支，无法归还的；(2) 使用虚假资信证明申领信用卡后透支，无法归还的；(3) 透支后通过逃匿、改变联系方式等手段，逃避银行催收的；(4) 抽逃、转移资金，隐匿财产，逃避还款的；(5) 使用透支的资金进行犯罪活动的；(6) 其他非法占有资金，拒不归还的情形。

甲在任总经理期间，年收入20万元，对50万元透支款有足够的偿还能力。其先后归还透支款29万元，余款21万元没能归还是因为其被解除总经理一职，收入锐减，而非恶意透支。因此，其行为不属于信用卡诈骗罪中的恶意透支行为，不构成信用卡诈骗罪。甲没有虚构事实或隐瞒真相的行为，也没有非法占有的目的，因此其行为不构成诈骗罪。本案属于借贷纠纷，甲的行为不构成犯罪。

12. C。集资诈骗罪是指以非法占有为目的，使用诈骗方法非法集资，数额较大的行为。非法吸收公众存款罪，是指非法吸收公众存款或者变相吸收公众存款，扰乱金融秩序的行为。据此，选项C正确。集资诈骗罪与非法吸收公众存款罪，都可能涉及巨额资金，也都可能涉及众多被害人，而且单位都可构成该二罪，据此，排除选项A、B、D。不过，最高人民法院《关于审理非法集资刑事案件具体应用法律若干问题的解释》(2022年修正) 第7条规定，以非法占有为目的，使用诈骗方法实施本解释第2条规定所列行为（非法吸收公众存款）的，应当依照《刑法》第192条的规定，以集资诈骗罪定罪处罚。因此，非法吸收公众存款罪和集资诈骗罪区别的关键有两点：一是是否使用诈骗的方法，二是是否具有非法占有目的。

13. A。《刑法》第198条第4款规定：保险事故的鉴定人、证明人、财产评估人故意提供虚假的证明文件，为他人诈骗提供条件的，以保险诈骗的共犯论处。因此，选项A正确。

14. B。千祥公司、永行公司构成信用证诈骗罪。这是卖方使用伪造、变造附随的单据、文件的方法，骗取买方货款的信用证诈骗最为典型的案例。所谓“附随的单据、文件”，主要包括提单、商业发票、保险单据等。

信用证是用于国际贸易的结算工具，其有多种类型，本案涉及的是议付信用证。议付信用证的基本业务程序大致上是这样的：(1) 在信用证运行之前，买卖（进出口）双方签订买卖合同，并在合同中约定以信用证的方式结算。这一约定通常被称为信用证条款，该条款使买方负有如约开立信用证的义务。(2) 买方到其所在地银行（开证行）申请开立信用证。(3) 开证行开立信用证，该信用证要求受益人（卖方）开立以议付行之外的第三人（开证行或开证申请人）为付款人的汇票，信用证中同时规定了受益人应当提交的一些单据，主要有提单、商业发票、保险单据等。信用证一旦开立，就独立于基础买卖合同。(4) 受益人在收到信用证已经开出的通知后，发出货物并取得规定的单据，然后按照信用证的指示开立汇票，并将单据连同信用证向议付行提示付款。(5) 议付行接受受益人交来的单据并与信用证核对相符后买入汇票，并将收到的单据和汇票寄给开证行索汇。(6) 开证行对单单相符、单证相符的信用证承兑，在汇票到期时付款。(7) 买方同开证行清算，卖方赎单、提货。

根据信用证独立抽象性的原则，银行在处理信用证业务的时候不介入基础合同（国际买卖合同）业务，它只是根据开证申请人的指示开立信用证。银行只是审核单据表面相符，即“单单相符”“单证相符”。根据UCP600第34条，银行对单据的有效性免责：银行对于任何单据的形式、完整性、准确性、内容真实性，虚假性或法律效力，或对于单据上规定的或附加的一般性或特殊条件，概不负责；银行对于任何单据所代表的货物、服务或其他履约行为的描述、数量、重量、品质、状况、包装、交付、价值或其存在与否，或对发货人、承运人、货运代理人、收货人、货物的保险人或其他任何人的诚信与否、作为或不作为、清偿能力、履约或资信状况，也概不负责。因此，即使基础合同存在纠纷，即使受益人提供虚假单据恶意欺诈，只要单据形式上符合信用证的规定，银行就必须付款。而在开证行与开证申请人结算阶段，只要“单单相符”“单证相符”，开证申请人就不得以自己与受益人包括受益人欺诈在内的任何纠纷对抗银行。所以，如果受益人恶意欺诈的话，开证申请人将面临巨大的损失。

本案中，舍勒公司未委托永行公司为船舶代理，也没有授权永行公司签发提单；出口商千祥公司与承运人永行公司根本没有履行合同的真实意思，它们恶意串通，通过签订虚假合同使进口商开出信用证后，伪造已装船清洁提单及其他单证提交议付行，骗取出口商货款。因此，其行为属于“使用伪造、变造附随的单据、文件的方法进行信用证诈骗”。

15. D。《刑法》第204条第2款规定：纳税人缴纳税款后，采取前款规定的欺骗方法，骗取所缴纳的税款的，依照本法第201条的规定定罪处罚；骗取税款超过所缴纳的税款部分，依照前款的规定处罚。题中企业以伪造出口退税单证和签订虚假买卖合同等方法假报出口，骗取国家出口退税款50万元，其中包括已缴纳税款19万元。对该19万元应该定逃税罪，对剩余31万元定骗取出口退税罪，两罪并罚。

16. D。本案为最高人民法院发布的典型案例。本案中，石某、黄某的行为构成骗取出口退税罪。骗取出口退税罪是严重的危害税收征管犯罪之一。为了鼓励本国商品出口，增强国际竞争力，国家允许本国商品以不含税价格进入国际市场，即在货物出口后退还在国内生产和流通环节的已纳税款，避免国际双重课税，这也是国际通行惯例。不法分子利用国家这一税收政策，以假报出口或者其他欺骗手段，将没有出口或者虽出口但不应退税的业务等伪装成应退税业务，骗取出口退税款。这种行为从本质上是非法占有国家财产的诈骗犯罪，危害严重，应依法从严惩处。行为人虽有出口，但其通过将低廉的产品虚抬价格，虚开增值税专用发票，以虚增的出口退税额骗取国家出口退税款，数额特别巨大，造成国家巨额财产损失，应依法从严打击。骗取出口退税为较为专业的经济犯罪。为便于理解，本书将本案骗取出口退税的主要操作环节归纳如图23-1：

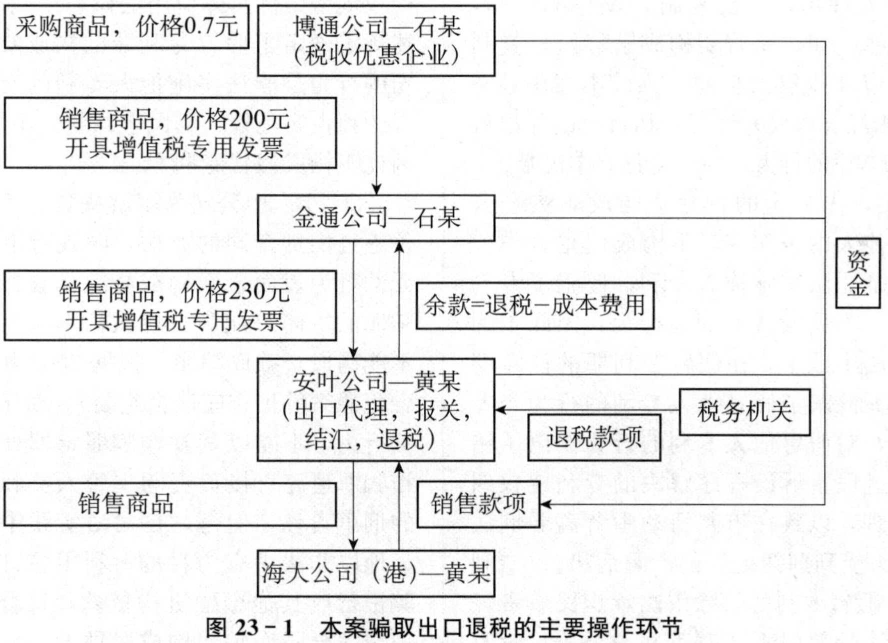

图23-1　本案骗取出口退税的主要操作环节

根据最高人民法院、最高人民检察院《关于办理危害税收征管刑事案件适用法律若干问题的解释》（法释〔2024〕4号）第7条规定，假报出口或者其他欺骗手段包括：（1）使用虚开、非法购买或者以其他非法手段取得的增值税专用发票或者其他可以用于出口退税的发票申报出口退税的；（2）将未负税或者免税的出口业务申报为已税的出口业务的；（3）冒用他人出口业务申报出口退税的；（4）虽有出口，但虚构应退税出口业务的品名、数量、单价等要素，以虚增出口退税额申报出口退税的；（5）伪造、签订虚假的销售合同，或者以伪造、变造等非法手段取得出口报关单、运输单据等出口业务相关单据、凭证，虚构出口事实申报出口退税的；（6）在货物出口后，又转入境内或者将境外同种货物转入境内循环进出口并申报出口退税的；（7）虚报出口产品的功能、用途等，将不享受退税政策的产品申报为退税产品的；（8）以其他欺骗手段骗取出口退税款的。本案中，石某、黄某的行为符合第（1）（4）（5）项的情形，应构成骗取出口退税罪。

17. C。《刑法》第 204 条第 2 款规定：纳税人缴纳税款后，采取前款规定的欺骗方法，骗取所缴纳的税款的，依照本法第 201 条的规定定罪处罚；骗取税款超过所缴纳的税款部分，依照前款的规定处罚。题中企业并不是以假报出口或者其他欺骗手段，骗取国家出口退税款，而是由于质量问题被外商退货而未补缴税款，所以不构成骗取出口退税罪，应只定逃税罪一罪。

18. B。《刑法》第 217 条第 1 项规定，以营利为目的，未经著作权人许可，复制发行、通过信息网络向公众传播其文字作品、音乐、美术、视听作品、计算机软件及其他作品，违法所得数额较大或者有其他严重情节的，构成侵犯著作权罪。根据《著作权法》的规定，“发行权”即以出售或者赠与方式向公众提供作品的原件或者复制件的权利。因此，侵犯著作权罪的客观方面包含未经著作权人许可出售其作品的行为。行为人未经著作权人许可，自己复制并发行的行为，仅构成侵犯著作权罪一罪。而若要构成销售侵权复制品罪，则销售者不应和侵权人是同一人。本案中，李某以牟利为目的，未经著作权人许可，私自复制并出售若干部影视作品的 DVD 的行为，构成侵犯著作权罪。

19. D。很显然，A 公司的行为不构成非法经营罪；其侵犯的不是他人的著作权，不构成侵犯著作权罪。A 公司的行为是非法实施他人专利，侵犯了专利权人的独占实施权，不是假冒专利的行为，因此不构成假冒专利罪。司法实践中，在假冒专利罪的认定问题上，部分司法机关混淆了假冒他人专利的行为与专利侵权行为的界限，对假冒他人专利的行为作出了错误解释，将本应通过民事诉讼程序解决的专利侵权纠纷作为刑事案件处理，以致在审判活动中背离罪刑法定原则，使无罪之人受到刑罚处罚的严重后果。《专利法》第 68 条规定：假冒专利的，除依法承担民事责任外，由负责专利执法的部门责令改正并予公告，没收违法所得，可以处违法所得 5 倍以下的罚款；没有违法所得或者违法所得在 5 万元以下的，可以处 25 万元以下的罚款；构成犯罪的，依法追究刑事责任。根据《专利法实施细则》第 101 条的规定，下列行为属于假冒专利的行为：(1) 在未被授予专利权的产品或者其包装上标注专利标识，专利权被宣告无效后或者终止后继续在产品或者其包装上标注专利标识，或者未经许可在产品或者产品包装上标注他人的专利号；(2) 销售第 (1) 项所述产品；(3) 在产品说明书等材料中将未被授予专利权的技术或者设计称为专利技术或者专利设计，将专利申请称为专利，或者未经许可使用他人的专利号，使公众将所涉及的技术或者设计误认为是专利技术或者专利设计；(4) 伪造或者变造专利证书、专利文件或者专利申请文件；(5) 其他使公众混淆，将未被授予专利权的技术或者设计误认为是专利技术或者专利设计的行为。《专利法实施细则》第 101 条的这一规定，为人们正确识别假冒他人专利行为提供了具体的判断标准。如果行为人的确实施了他人的专利——侵犯了他人的专利权，就不存在假冒他人专利的问题。因为，假冒他人专利以行为人没有实施他人专利为前提。就同一项专利来说，侵犯专利权的行为与假冒他人专利的行为是不相容的，根本不可能出现在侵犯他人专利权的同时又假冒他人专利的情形。最高人民法院、最高人民检察院《关于办理侵犯知识产权刑事案件具体应用法律若干问题的解释》，根据上述规定确定了假冒专利罪的构成要件。本案中，A 公司的行为是非法实施他人专利的行为，侵犯了专利权人的独占实施权，属民事纠纷，不是假冒专利的行为，因此不构成假冒专利罪。

20. B。甲公司为了解决资金不足，以与虚构的单位签订供货合同的方法，向银行申请获得贷款 200 万元的行为表面上看构成贷款诈骗罪。但是由于贷款诈骗罪的主体只能为自然人，不能为单位，因而甲公司不能构成贷款诈骗罪。根据 2001 年《全国法院审理金融犯罪案件工作座谈会纪要》，对于单位实施的贷款诈骗行为，不能以贷款诈骗罪定罪处罚，也不能以贷款诈骗罪追究直接负责的主管人员和其他直接责任人员的刑事责任，但是，在司法实践中，对于单位十分明显地以非法占有为目的，利用签订、履行借款合同诈骗银行或其他金融机构贷款，符合《刑法》第 224 条规定的合同诈骗罪构成要件的，应当以合同诈骗罪定罪处罚。因此，对甲公司的行为应该以合同诈骗罪定罪处罚。

21. D。《刑法》第 224 条规定，以非法占有为目的，在签订、履行合同过程中，以下列五种手段，骗取对方当事人财物，数额较大的，构成合同诈骗罪：(1) 以虚构的单位或者冒用他人名义签订合同的；(2) 以伪造、变造、作废的票据或者其他虚假的产权证明作担保的；(3) 没有实际履行能力，以先履行小额合同或者部分履行合同的方法，诱骗对方当事人继续签订和履行合同的；（4）收受对方当事人给付的货物、货款、预付款或者担保财产后逃匿的；（5）以其他方法骗取对方当事人财物的。选项A中，甲未经卢某同意即用卢某名义签订合同属于冒用他人名义签订合同。选项B中，乙为取得对方当事人的信任，要求自己在审计事务所工作的同学杨某为自己出具一份假的产权证明作担保，属于以虚假的产权证明作担保。选项C中，丙在签订合同后，携带对方当事人的2万元定金逃匿，属于收受对方当事人担保财产后逃匿。上述三种行为均构成合同诈骗罪。选项D中，丁借用其他单位的公章和合同文本签订合同，属于公章和合同文本出借者授权并认可丁签订的合同，因此丁不构成合同诈骗罪。

22. C。串通投标罪，指投标人相互串通投标报价，损害招标人或者其他投标人利益，情节严重的行为，或者投标人与招标人串通投标，损害国家、集体、公民的合法利益的行为。本案是一起典型的串通投标案。陈某、周某、宋某在竞标过程中采用支付给其他竞标者好处费的形式，收买其他竞标者，使其退出竞标；并且互相串通报价，两次以高于最高限价的报价，迫使招标人重新招标，最终以每立方米6.47元的价格，高于最初招标人最高限价（每立方米4.6元）1.87元的价格成交，给招标人造成了巨大的损失。尔后，陈某等人将该工程以每立方米5.2元的价格转包给他人施工，从中赚取差价52.3万余元。上述行为符合串通投标罪的构成要件，因此，陈某等的行为构成串通投标罪。

23. C。钟某的行为构成强迫交易罪。根据《刑法》第226条，强迫交易罪在客观方面主要表现为：以暴力、威胁手段，强买强卖商品，强迫他人提供或者接受服务，强迫他人参与或者退出投标、拍卖，强迫他人转让或者收购公司、企业的股份、债券或者其他资产，强迫他人参与或者退出特定的经营活动，情节严重的行为。钟某与李某因租车一事达成口头协议，双方系接受服务与提供服务的法律关系。当行车路线发生变化时，李某要求增加服务费，钟某不同意而发生争执并使用暴力相威胁，强迫李某提供低价服务，导致李某弃车而去。虽钟某有上述行为，但其主观目的并不是将李某的出租车据为己有，而是强迫李某为其提供服务。所以说钟某的行为构成强迫交易罪。钟某以暴力、威胁手段，临时占有他人车辆，其直接目的是利用受害人的交通运输工具，送女儿回家，强行完成服务交易，而不是为了将车非法据为己有。钟某因不会驾车而将车倒至路基下，其弃车并带其女儿搭乘路过的小四轮拖拉机回家的事实充分证明其没有将汽车非法据为己有的故意，所以不构成抢劫罪。

24. B。根据《刑法》第151条第2款的规定，走私贵重金属罪仅包括走私出境的行为，不包括走私入境的行为。所以A选项错误。

根据《刑法》第142条的规定，构成生产、销售、提供劣药罪，需要有该劣药对人体健康造成严重危害的结果，没有损害结果不构成生产、销售、提供劣药罪。但是《刑法》第149条规定，生产、销售本节第141条至第148条所列产品，不构成各该条规定的犯罪，但是销售金额在5万元以上的，依照本节第140条的规定定罪处罚。因此，乙的行为构成生产、销售伪劣产品罪。所以选项B正确。

另需注意，《刑法修正案（十一）》第6条在原“生产”“销售”的基础上增加了“提供”这一新的行为，最高人民法院、最高人民检察院《关于执行〈中华人民共和国刑法〉确定罪名的补充规定（七）》取消了生产、销售劣药罪罪名，改为生产、销售、提供劣药罪。

非法吸收公众存款罪，是指非法吸收公众存款或者变相吸收公众存款，扰乱金融秩序的行为。高利转贷罪，是指以转贷牟利为目的，套取金融机构信贷资金高利转贷他人，违法所得数额较大的行为。丙高息揽储100万元的行为构成非法吸收公众存款罪，但是其将存款贷出的行为不构成高利转贷罪。所以选项C错误。

《刑法修正案（十一）》对《刑法》第229条第1、2款规定的提供虚假证明文件罪进行了修改：承担资产评估、验资、验证、会计、审计、法律服务、保荐、安全评价、环境影响评价、环境监测等职责的中介组织的人员故意提供虚假证明文件，情节严重的，处5年以下有期徒刑或者拘役，并处罚金；有下列情形之一的，处5年以上10年以下有期徒刑，并处罚金：（1）提供与证券发行相关的虚假的资产评估、会计、审计、法律服务、保荐等证明文件，情节特别严重的；（2）提供与重大资产交易相关的虚假的资产评估、会计、审计等证明文件，情节特别严重的；（3）在涉及公共安全的重大工程、项目中提供虚假的安全评价、环境影响评价等证明文件，致使公共财产、国家和人民利益遭受特别重大损失的。有前款行为，同时索取他人财物或者非法收受他人财物构成犯罪的，依照处罚较重的规定定罪处罚。因此，丁非法收受他人财物后，故意提供虚假证明文件的行为仅构成提供虚假证明文件罪一罪。

25. C。杜某身为注册会计师，具有中介组织人员的主体资格；其在承担资产评估、验资服务中，收取吉祥实业公司现金 1.5 万元，为其提供虚假的资产评估、验资报告，给高平集团公司造成了极大的经济损失；其收受吉祥实业公司的贿赂，主观上具有故意，所以其行为构成提供虚假证明文件罪。

26. C。甲、乙构成高利转贷罪、非国家工作人员受贿罪，丙构成对非国家工作人员行贿罪。首先，甲、乙不构成骗取贷款罪。《刑法修正案（十一）》对《刑法》第 175 条之一骗取贷款罪的规定进行了修改，规定骗取贷款罪是指以欺骗手段取得银行或者其他金融机构贷款，给银行或者其他金融机构造成重大损失的行为。甲、乙虽以购买钢材的虚假理由，以 X 公司的名义从某银行贷款 1 000 万元，但是并没有给银行造成重大损失，而是按期归还本息，因此其行为不构成骗取贷款罪。但是二人的行为构成了高利转贷罪。根据《刑法》第 175 条的规定，高利转贷罪是指以转贷牟利为目的，套取金融机构信贷资金高利转贷他人，违法所得数额较大的行为。本案中，丙因自己的公司急需资金，便找到甲、乙借款，并承诺向 X 公司支付高于银行利息 5 个百分点的利息。甲、乙见有利可图，便编造理由从银行申请到贷款后转借给丙，并于半年后获得高额利差收益。其行为符合高利转贷罪的构成要件。为了获得转贷资金，丙给甲、乙各 10 万元好处费，属于《刑法》第 164 条第 1 款规定的“为谋取不正当利益，给予公司、企业或者其他单位的工作人员以财物，数额较大的”行为，应构成对非国家工作人员行贿罪。而甲、乙身为公司人员，收受 10 万元好处费的行为属于《刑法》第 163 条规定的“公司、企业或者其他单位的工作人员，利用职务上的便利，索取他人财物或者非法收受他人财物，为他人谋取利益，数额较大的”行为和“公司、企业或者其他单位的工作人员在经济往来中，利用职务上的便利，违反国家规定，收受各种名义的回扣、手续费，归个人所有的”行为，构成非国家工作人员受贿罪。因此选项 C 正确。

27. C。根据《刑法》第 221 条的规定，损害商品声誉罪是指捏造并散布虚伪事实，损害他人的商品声誉，给他人造成重大损失或者有其他严重情节的行为。商品声誉，是指生产、经营者向社会提供的商品，因其质地优良、价格合理而获得的消费者和社会公众良好的评价。构成本罪，行为人必须具有捏造并散布虚伪事实的行为。甲所购某名牌轿车行驶不久，发动机就发生故障，经多次修理仍未排除。这显然表明该商品并不具有商家所宣传的质量。因此其行为不是捏造事实。其用牛车拉着该轿车在闹市区展示的行为是对该缺陷产品的一种讽刺，但这是其表达自由，且有理有据，并非非法行为。因此，甲的行为不构成损害商品声誉罪。

虚假广告罪，是指广告主、广告经营者、广告发布者违反国家规定，利用广告对商品或者服务作虚假宣传，情节严重的行为。广告商乙的产品确实具有减肥效果，其用两人对比来宣传其产品，仅为广告制作与宣传之便，并非向社会提供虚假的商品信息，因此不构成虚假广告罪。

《刑法修正案（十一）》对侵犯商业秘密罪进行了修改，该罪主要表现为下列几种形式：（1）以盗窃、贿赂、欺诈、胁迫、电子侵入或者其他不正当手段获取权利人的商业秘密的；（2）披露、使用或者允许他人使用以前项手段获取的权利人的商业秘密的；（3）违反保密义务或者违反权利人有关保守商业秘密的要求，披露、使用或者允许他人使用其所掌握的商业秘密的；（4）明知或者应知前述行为，获取、披露、使用或者允许他人使用该商业秘密的。丙为企业关键技术研发人员，并签有保密协议，负有保守商业秘密的义务。其违反保密义务，将该技术有偿提供给其他厂家使用，获利 400 万元。此行为显然符合侵犯商业秘密罪的构成要件，应以此罪定罪处罚。

非法经营罪是指违反国家规定，从事非法经营行为，扰乱市场秩序，情节严重的行为。非法经营的具体行为表现为以下几种：（1）未经许可经营法律、行政法规规定的专营、专卖物品或者其他限制买卖的物品；（2）买卖进出口许可证、进出口原产地证明以及其他法律、行政法规规定的经营许可证或者批准文件；（3）未经国家有关主管部门批准非法经营证券、期货、保险业务，或者非法从事资金支付结算业务；（4）其他严重扰乱市场秩序的非法经营行为。其中第（4）项的具体犯罪行为一般由司法解释作出规定。民间高利借贷早已有之，刑法并没有将民间高利借贷作为犯罪加以规定，因此，根据罪刑法定的原则，丁高利借贷的行为不构成犯罪。

28. D。贷款诈骗罪是指以非法占有为目的，诈骗银行或者其他金融机构的贷款，数额较大的行为。该罪有下列几种行为方式：（1）编造引进资金、项目等虚假理由的；（2）使用虚假的经济合同的；（3）使用虚假的证明文件的；（4）使用虚假的产权证明作担保或者超出抵押物价值重复担保的；（5）以其他方法诈骗贷款的。根据《刑法》的规定，本罪只能由自然人实施，单位不构成本罪主体；本罪在主观方面为直接故意，且有非法占有目的。甲以欺骗手段骗取银行贷款，虽给银行造成重大损失，但不具有非法占有目的，因此不构成贷款诈骗罪，但可以构成骗取贷款罪。乙以牟利为目的套取银行信贷资金，转贷给某企业，从中赚取巨额利益的行为不符合贷款诈骗罪的构成要件，而符合高利转贷罪的构成要件，因此不应以贷款诈骗罪定罪处罚，而可以定高利转贷罪。丙公司以非法占有为目的，编造虚假的项目骗取银行贷款的行为不构成贷款诈骗罪，因为贷款诈骗罪的主体只能为自然人。丁使用虚假的证明文件，骗取银行贷款后携款潜逃的行为充分表明了其非法占有目的，因此应以贷款诈骗罪定罪处罚。

29. A。根据《刑法》第172条的规定，使用假币罪，是指明知是伪造的货币而使用，数额较大的行为。这里的使用指的是将假币冒充真币用于交易，并进入流通领域的行为。选项A中，甲用总面额1万元的假币参加赌博，虽系用于非法活动，但其冒充真币使用，并使其进入流通领域，故其行为构成使用假币罪。选项B中，甲系银行工作人员，其利用职务上的便利，以伪造的货币换取货币的行为构成《刑法》第171条规定的金融工作人员以假币换取货币罪。选项C中，甲在与他人签订合同时，为显示自己的经济实力，将总面额20万元的假币冒充真币出示给对方看，并没有将假币用于交易，进入流通领域，故其行为不构成使用假币罪。选项D中，甲用总面额10万元的假币换取高某的1万元真币的行为构成出售假币罪。故选项A正确。

30. D。甲显然不构成故意毁坏财物罪，故A项错误。就题中所述，甲将邻居交售粮站的稻米淋洒农药，取出部分作饵料的行为很可能由于数额过小，不构成盗窃罪。以危险方法危害公共安全罪，是指以放火、爆炸、决水、投放危险物质方法之外的其他危险方法危害公共安全的行为。甲将邻居交售粮站的稻米淋洒农药，属于投放危险物质的行为，而不构成以危险方法危害公共安全罪，故B项和C项错误。

生产、销售有毒、有害食品罪与投放危险物质罪之间存在以下区别：生产、销售有毒、有害食品罪表现为生产、销售掺入有毒、有害的非食品原料的食品，而投放危险物质罪表现为投放毒害性物质、放射性物质、传染病病原体等物质；生产、销售有毒、有害食品罪发生在生产、经营活动中，具有使食品数额增加、成本降低、吸引顾客等牟利目的。此外，两罪的主体不同，投放危险物质罪只能由已满14周岁的自然人构成，但不排除二者发生竞合的情形。本题中，甲将邻居交售粮站的稻米淋洒农药，该行为不属于“生产”，故不能构成生产有毒、有害食品罪。甲明知该稻米准备交售粮站，供不特定多数的购买者食用，而故意对稻米淋洒具有毒害性的农药，其行为应构成投放危险物质罪。而甲取出部分作饵料，毒死麻雀后售予饭馆，非法获利5 000元，其明知该麻雀属食用被淋洒农药的稻米致死，对人体具有毒害性，仍将麻雀销售给饭馆牟利，其行为构成销售有毒、有害食品罪。因此，甲同时构成投放危险物质罪和销售有毒、有害食品罪，故D项正确。

31. C。伪造货币是指没有货币发行权的人，非法制造外观上足以使一般人误认为货币的假货币，妨害货币的公共信用的行为。变造货币是指非法对真正的货币进行各种方式的加工，使其变为面额、含量不同的货币，数额较大的行为。根据2010年最高人民法院《关于审理伪造货币等案件具体应用法律若干问题的解释（二）》，仿照真货币的图案、形状、色彩等特征非法制造假币，冒充真币的行为，应当认定为《刑法》第170条规定的“伪造货币”。对真货币采用剪贴、挖补、揭层、涂改、移位、重印等方法加工处理，改变真币形态、价值的行为，应当认定为《刑法》第173条规定的“变造货币”。同时采用伪造和变造手段，制造真伪拼凑货币的行为，依照《刑法》第170条的规定，以伪造货币罪定罪处罚。以货币碎片为材料，此时原币已经消灭，另加入纸张制成货币属于伪造货币行为，故A项错误。将金属货币熔化后，原币已经消灭，以此为材料制作假币的，属于伪造货币行为，故B项错误。根据《刑法》第171条第3款，伪造货币并出售或者运输伪造的货币的，依照该法第170条伪造货币罪的规定定罪从重处罚。但是该条没有规定运输假币并使用的如何处理，因此不能据此判定按运输假币罪从重处罚。运输假币并使用，应为两个不同的犯罪行为。根据2000年最高人民法院《关于审理伪造货币等案件具体应用法律若干问题的解释》，行为人出售、运输假币构成犯罪，同时有使用假币行为的，依照《刑法》第171、172条的规定，实行数罪并罚，故D项错误。使用假币意味着使假币进入流通领域，并不一定要求使用假币从事交易。将伪造的货币赠与他人，虽未从事交易，但是已经使假币进入流通领域，应构成使用假币罪，故C项正确。

32. C。根据全国人民代表大会常务委员会《关于〈中华人民共和国刑法〉有关信用卡规定的解释》，刑法规定的“信用卡”，是指由商业银行或者其他金融机构发行的具有消费支付、信用贷款、转账结算、存取现金等全部功能或者部分功能的电子支付卡。根据该立法解释，借记卡具有转账结算、存取现金功能，被视为刑法意义上的信用卡。《刑法》第196条第3款规定，盗窃信用卡并使用的，定盗窃罪。本题中，张某窃得同事一张银行借记卡并使用，构成盗窃罪。根据2018年修正的最高人民法院、最高人民检察院《关于办理妨害信用卡管理刑事案件具体应用法律若干问题的解释》第5条第2款第1项的规定，拾得他人信用卡并使用的，属于“冒用他人信用卡”，应以信用卡诈骗罪论处。本题中，何某以为信用卡是拾得的并进行使用，构成信用卡诈骗罪。故正确答案为C项。

33. D。生产、销售、提供假药罪是行为犯，只要有从事生产、销售、提供假药行为之一的，无论是否具有危害人体健康的危险，都构成该罪。因此，杨某生产成分为面粉和白糖的假冒避孕药品，其行为构成生产假药罪。另：根据2001年最高人民法院、最高人民检察院《关于办理生产、销售伪劣商品刑事案件具体应用法律若干问题的解释》第2条第2款，伪劣产品尚未销售，货值金额达到《刑法》第140条规定的销售金额3倍以上（15万元以上）的，以生产、销售伪劣产品罪（未遂）定罪处罚。本题中，杨某生产假药的行为构成生产假药罪，其虽尚未销售，但其货值金额达15万余元，构成生产、销售、提供假药罪（未遂）。2022年最高人民法院、最高人民检察院发布《关于办理危害药品安全刑事案件适用法律若干问题的解释》，其中第11条规定：以提供给他人生产、销售、提供药品为目的，违反国家规定，生产、销售不符合药用要求的原料、辅料，符合《刑法》第140条规定的，以生产、销售伪劣产品罪从重处罚；同时构成其他犯罪的，依照处罚较重的规定定罪处罚。因此本题选D项。

《刑法修正案（十一）》第5条在原“生产”“销售”的基础上增加了“提供”这一新的行为，最高人民法院、最高人民检察院《关于执行〈中华人民共和国刑法〉确定罪名的补充规定（七）》取消了生产、销售假药罪罪名，改为生产、销售、提供假药罪。

34. A。《刑法》第152条规定，以牟利或者传播为目的，走私淫秽的影片、录像带、录音带、图片、书刊或者其他淫秽物品的，构成走私淫秽物品罪。甲误将淫秽光盘当作普通光盘走私入境，属于认识错误，其主观上不具有走私淫秽物品的故意，所以不能构成走私淫秽物品罪。但是将淫秽光碟误认为普通物品，此认识错误并不能排除其走私普通货物、物品的故意，如按照普通光盘计算，其偷逃应缴税额较大时，应认定为走私普通货物、物品罪。故A选项正确。

2014年最高人民法院、最高人民检察院《关于办理走私刑事案件适用法律若干问题的解释》第4条明确规定，走私各种弹药的弹头、弹壳，构成犯罪的，依照《刑法》第151条第1款规定，以走私弹药罪定罪处罚，故选项B错误。

走私武器、弹药和出售枪支、弹药属于两个行为，应数罪并罚，故选项C错误。

根据《刑法》第157条第2款，丁走私武器时以暴力抗拒缉私，应以走私罪和妨害公务罪并罚，故D选项错误。

35. D。根据《刑法修正案（十一）》修改后的规定，洗钱罪是指为掩饰、隐瞒毒品犯罪、黑社会性质的组织犯罪、恐怖活动犯罪、走私犯罪、贪污贿赂犯罪、破坏金融管理秩序犯罪、金融诈骗犯罪的所得及其产生的收益的来源和性质，有下列行为之一的：提供资金账户；将财产转换为现金、金融票据、有价证券；通过转账或者其他支付结算方式转移资金；跨境转移资产；以其他方法掩饰、隐瞒犯罪所得及其收益的来源和性质。2024年，最高人民法院、最高人民检察院发布《关于办理洗钱刑事案件适用法律若干问题的解释》，对洗钱犯罪的认定作出了详细的规定。该司法解释第3条第2款规定，被告人将《刑法》第191条规定的某一上游犯罪的犯罪所得及其收益认作《刑法》第191条规定的上游犯罪范围内的其他犯罪所得及其收益的，不影响“知道或者应当知道”的认定。因此，将上游的毒品犯罪所得误认为贪污犯罪所得而实施洗钱行为的，不影响洗钱罪的成立。实际上，很多洗钱案件中，被告人并不是“确知”涉案资产的非法来源，而只是“略知”或者“可能知道”。为了更准确地认定犯罪，《刑法修正案（十一）》改变了原条文的表述，删去了“明知”；同时2024年的司法解释在第2条进一步规定：“知道或者应当知道是他人实施刑法第一百九十一条规定的上游犯罪的所得及其产生的收益，为掩饰、隐瞒其来源和性质，实施该条第一款规定的洗钱行为的，依照刑法第一百九十一条的规定定罪处罚。”故B选项表述正确，不应选。

该司法解释第7条规定：“认定洗钱罪应当以上游犯罪事实成立为前提。有下列情形的，不影响洗钱罪的认定：（一）上游犯罪尚未依法裁判，但有证据证明确实存在的；（二）有证据证明上游犯罪确实存在，因行为人逃匿未到案的；（三）有证据证明上游犯罪确实存在，因行为人死亡等原因依法不予追究刑事责任的；（四）有证据证明上游犯罪确实存在，但同时构成其他犯罪而以其他罪名定罪处罚的。”故选项A和选项C表述正确，不应选。

贷款诈骗罪的主体只能为自然人，不能为单位。但根据2001年《全国法院审理金融犯罪案件工作座谈会纪要》，对于单位实施的贷款诈骗行为，不能以贷款诈骗罪定罪处罚，也不能以贷款诈骗罪追究直接负责的主管人员和其他直接责任人员的刑事责任。但是，在司法实践中，对于单位十分明显地以非法占有为目的，利用签订、履行借款合同诈骗银行或其他金融机构的贷款符合《刑法》第224条规定的合同诈骗罪构成要件的，应当以合同诈骗罪定罪处罚。单独的贷款诈骗不是洗钱罪的上游犯罪，但是不代表贷款诈骗、合同诈骗活动不能是毒品犯罪、黑社会性质的组织犯罪、恐怖活动犯罪、走私犯罪等洗钱活动上游犯罪的一部分，也不代表贷款诈骗、合同诈骗活动本身不是洗钱活动的一部分。2024年司法解释第5条第3项规定，通过虚构交易、虚设债权债务、虚假担保、虚报收入等方式，转移、转换犯罪所得及其收益的，也可以认定为“以其他方法掩饰、隐瞒犯罪所得及其收益的来源和性质”。而“通过虚构交易、虚设债权债务、虚假担保、虚报收入等方式，转移、转换犯罪所得及其收益的”行为，就很有可能包含贷款诈骗与合同诈骗。另外，从事贩毒、黑社会性质组织、恐怖活动组织及走私犯罪的犯罪集团从事贷款诈骗行为的，亦可成为洗钱犯罪的上游犯罪。因此不能简单地认为，为贷款诈骗、合同诈骗实施洗钱行为的，不成立洗钱罪。故应选选项D。

36. D。选项A、B错误：成立公司的注册资本既可以是股东自有的，也可以是借用的，甲向乙借款50万元注册成立A公司，没有违反法律规定，不构成虚报注册资本罪或虚假出资罪。选项C错误：在A公司成立后，B公司向A公司借款50万元。此时，出借50万元的主体是A公司，而不是甲个人。这意味着，在A公司将50万元借给乙的B公司后，A公司仍然拥有该50万元的所有权，只是将使用权暂时转移给乙的B公司，因此甲也不构成抽逃出资罪。

37. B。选项A说法正确：最高人民法院《关于审理伪造货币等案件具体应用法律若干问题的解释（二）》第3条规定，以正在流通的境外货币为对象的假币犯罪，依照《刑法》第170条至第173条的规定定罪处罚。据此可知，伪造货币罪中的“货币”，包括在国内流通的人民币、在国内可兑换的境外货币，以及正在流通的境外货币。

选项B说法错误：伪造货币并出售或者运输伪造的货币的，依照伪造货币罪从重处罚。此种情况下，伪造与出售、运输的必须是同宗货币。如果行为人伪造的是美元，但运输的是他人伪造的欧元，那么伪造与运输的不是同宗货币，伪造与运输之间不存在牵连关系。此种情况下应当数罪并罚。

选项C说法正确：伪造货币与变造货币的区别在于新币与旧币是否具有同一性：具有同一性的，是变造货币；不具有同一性的，是伪造货币。不同国家（地区）的货币的图案、形状、色彩等差别很大，将一个国家（地区）的货币加工成另一个国家（地区）的货币，新币与旧币差别很大，不具有同一性，因而是伪造货币。

选项D说法正确：变造货币，是指对真货币采用剪贴、挖补、揭层、涂改、移位、重印等方法进行加工处理，改变真币的形态、价值的行为。变造货币通常是使其数量增多、金额增加，但不限于此种情况，也可以是使其数量减少、金额减少。

38. B。选项A错误：受托为他人保管信用卡（包括借记卡在内），只是控制了他人信用卡的卡片，而没有控制信用卡中的款项，因而不构成侵占罪。选项B正确：将为他人保管的信用卡用于购物，属冒用他人信用卡的情况，构成信用卡诈骗罪。选项C错误：乙回国后发现卡里没钱，便问甲是否用过此卡，甲进行否认。这里的否认是其实施信用卡诈骗罪既遂后的掩饰行为，不需要定诈骗罪。选项D错误：甲的行为显然不符合盗窃罪的犯罪构成，不成立盗窃罪。

39. D。最高人民法院《关于审理非法集资刑事案件具体应用法律若干问题的解释》（2022年修正）第1条第2款规定：未向社会公开宣传，在亲友或者单位内部针对特定对象吸收资金的，不属于非法吸收或者变相吸收公众存款。

40. D。《刑法修正案（十一）》第11条对《刑法》第175条之一第1款骗取贷款、票据承兑、金融票证罪的规定进行了修改，规定："以欺骗手段取得银行或者其他金融机构贷款、票据承兑、信用证、保函等，给银行或者其他金融机构造成重大损失的，处三年以下有期徒刑或者拘役，并处或者单处罚金；给银行或者其他金融机构造成特别重大损失或者有其他特别严重情节的，处三年以上七年以下有期徒刑，并处罚金。"

贷款诈骗罪要求以非法占有为目的，甲向农商银行贷款时，只是用于从事养殖，并无非法占有的目的，甲的行为不成立贷款诈骗罪。所以，A项错误。虽甲借用他人身份证获取农商银行贷款，后不能归还本息，给农商银行造成重大损失，但甲是听取了农商银行行长乙的建议，不存在欺骗手段，故不符合骗取贷款罪的构成要件。《刑法》第186条第1款规定："银行或者其他金融机构的工作人员违反国家规定发放贷款，数额巨大或者造成重大损失的，处五年以下有期徒刑或者拘役，并处一万元以上十万元以下罚金；数额特别巨大或者造成特别重大损失的，处五年以上有期徒刑，并处二万元以上二十万元以下罚金。"乙作为农商银行行长，违反规定告知甲借身份证贷款，给农商银行造成重大损失，依法构成违法发放贷款罪。所以，BC项错误，D项正确。

综上所述，本题正确答案为D项。

41. D。无论是用假币缴纳罚款，还是用假币兑换外币，抑或在朋友结婚时将假币塞进红包送给朋友，都是将假币作为一般等价物投入流通领域，危害货币的公共信用，因而都属于"使用"假币。与网友见面时显示假币以证明经济实力的行为并未将假币作为一般等价物投入流通领域，客观上也不会扰乱金融秩序，故不属于"使用"假币。

42. D。此题为2017年司法考试卷二第13题。司法部司考办公室公布的答案是C项。但笔者对此答案保留异议，笔者认为，应该选D项。

《刑法》第154条规定，下列走私行为，根据本节规定构成犯罪的，依照本法第153条的规定，以走私普通货物、物品罪定罪处罚：（1）未经海关许可并且未补缴应缴税额，擅自将批准进口的来料加工、来件装配、补偿贸易的原材料、零件、制成品、设备等保税货物，在境内销售牟利的；（2）未经海关许可并且未补缴应缴税额，擅自将特定减税、免税进口的货物、物品，在境内销售牟利的。

题中公司为物尽其用，将来料加工的原料剩料在境内销售的行为属于《刑法》第154条规定的情形。该行为侵犯的是国家进出口法律关系，逃避的是关税而非其他税项。这是走私与偷逃税款的法律关系的本质区别。本题中甲的目的为"物尽其用"，将剩料在境内销售，与"牟利"稍有不同，其行为不一定构成犯罪，可予以行政处罚。

选项C的错误在于有罪推定，以一定要定甲的罪为目的。其表述中"隐瞒"二字没有事实依据，混淆了关税和其他税种在法律关系中的区别。

43. B。A选项错误：《刑法》第194条第1款规定了票据诈骗罪，其将"票据"限定在了《票据法》所规定的汇票、本票和支票的范围内；第194条第2款规定了金融凭证诈骗罪，并将"委托收款凭证、汇款凭证、银行存单等其他银行结算凭证"统称为"金融凭证"。伪造存单诈骗的，应该构成金融凭证诈骗罪。

B选项正确：根据《刑法》第200条的规定，贷款诈骗罪不能由单位构成，但单位以非法占有目的骗取银行贷款的，可以该罪追究相关人员的刑事责任。

C选项错误：保险合同是合同的一种，保险诈骗罪是合同诈骗罪的特别法，所以该情形既符合保险诈骗罪的构成，也符合合同诈骗罪的构成，根据"特别法优于一般法"的原则，一般应以保险诈骗罪论处。

保险诈骗罪的最高等刑罚是“十年以上有期徒刑”，而合同诈骗罪的最高刑是“无期徒刑”，所以在特殊情况下，也可以根据“重法优于轻法”的原则，以合同诈骗罪定罪处罚。

D选项错误：合同诈骗罪是指以非法占有为目的，在签订、履行合同过程中，骗取对方当事人财物，数额较大的行为。履行合同过程中产生非法占有的目的进行诈骗的，一样可以构成合同诈骗罪。

44. B。选项A错误。《药品管理法》第98条规定，有下列情形之一的，为假药：(1) 药品所含成分与国家药品标准规定的成分不符；(2) 以非药品冒充药品或者以他种药品冒充此种药品；(3) 变质的药品；(4) 药品所标明的适应症或者功能主治超出规定范围。由此可知，药品质量合格的，不属于假药范畴。故选项A错误。

选项B正确，选项C错误：根据《刑法》第144条的规定，生产、销售有毒、有害食品罪，是指在生产、销售的食品中掺入有毒、有害的非食品原料，或者销售明知掺有有毒、有害的非食品原料的食品的行为。刑法学界认为，对本罪应当作广义解释：(1) 使用禁用的药品种植农作物或者饲养动物，导致禁用的药品在农作物或动物制品中残留，危害消费者身体健康的，也构成生产、销售有毒、有害食品罪。(2) 这里的食品既可以是本来就适合人类食用的物品，也可以是本来就对人类有害、不适合人类食用的物品，如用工业酒精勾兑的白酒。

选项D错误：虽然在用“地沟油”生产的“食用油”中查不出具体的毒害成分，但食用以“地沟油”生产的“食用油”对人体是有害的，因而利用“地沟油”大量生产“食用油”后销售，构成生产、销售有毒、有害食品罪。

（二）多项选择题

1. BCD。销售伪劣产品罪，是指销售者在产品中掺杂、掺假，以假充真、以次充好或者以不合格产品冒充合格产品的行为；销售不符合安全标准的产品罪是指销售明知是不符合保障人身、财产安全的国家标准、行业标准的产品，造成严重后果的行为。这两个罪名是法条竞合，销售伪劣产品罪是一般法，而销售不符合安全标准的产品罪是特别法。《刑法》第149条规定：生产、销售本节第141条至第148条所列产品，不构成各该条规定的犯罪，但是销售金额在5万元以上的，依照本节第140条的规定定罪处罚。生产、销售本节第141条至第148条所列产品，构成各该条规定的犯罪，同时又构成本节第140条规定之罪的，依照处罚较重的规定定罪处罚。甲的一个行为同时触犯了销售伪劣产品罪和销售不符合安全标准的产品罪两个罪名，应按其中一重罪定罪处罚。

2. AD。甲以非法占有为目的，将乙的羊毒死后偷走的行为构成盗窃罪。其将死羊的羊肉出售给他人的行为构成生产、销售有毒、有害食品罪。甲的行为不构成投放危险物质罪，因为其没有危害公共安全。甲的行为也不构成故意毁坏财物罪，因为将他人的羊毒死是其盗窃手段的一部分，已被盗窃罪吸收，不另行定罪。

3. ABCD。根据《刑法》第225条第1项，未经许可经营法律、行政法规规定的专营、专卖物品或者其他限制买卖的物品，扰乱市场秩序，情节严重的行为构成非法经营罪。根据《刑法》第214条，销售明知是假冒注册商标的商品，违法所得数额较大或者有其他严重情节的，构成销售假冒注册商标的商品罪。根据《刑法》第140条，销售者以不合格产品冒充合格产品，销售金额5万元以上的，构成销售伪劣产品罪。据此，选项ABC均正确。甲的行为由于侵犯不同客体而构成不同罪名，构成想象竞合犯，因此选项D也应选。

4. AC。《刑法》第149条第1款规定：生产、销售本节第141条至第148条所列产品，不构成各该条规定的犯罪，但是销售金额在5万元以上的，依照本节第140条的规定定罪处罚。第2款规定：生产、销售本节第141条至第148条所列产品，构成各该条规定的犯罪，同时又构成本节第140条规定之罪的，依照处罚较重的规定定罪处罚。生产、销售不符合卫生标准的化妆品罪和生产、销售伪劣产品罪是法条竞合关系。题中化妆品厂生产出不符合卫生标准的劣质产品，销售金额达30万元，同时触犯生产、销售不符合卫生标准的化妆品罪和生产、销售伪劣产品罪，应择一重罪处断。生产、销售伪劣产品罪的法定刑高于生产、销售不符合卫生标准的化妆品罪的法定刑，所以应定生产、销售伪劣产品罪。《刑法》第150条规定：单位犯本节第140条至第148条规定之罪的，对单位判处罚金，并对其直接负责的主管人员和其他直接责任人员，依照本节各该条的规定处罚。某化妆品厂系私营企业，所以构成单位犯罪。

5. AC。黄某、王某二人从境外走私假币150余万元入境的行为构成走私假币罪。《刑法》第157条第2款规定，以暴力、威胁方法抗拒缉私的，以走私罪和本法第277条规定的阻碍国家机关工作人员依法执行职务罪，依照数罪并罚的规定处罚。黄某、王某手持铁棍、匕首将缉私人员打成重伤后携带假币逃走的行为属于妨害公务行为。但黄某、王某将缉私人员打成重伤，已经超出了妨害公务罪所涵盖的范围，因而构成故意伤害罪。因此，黄某、王某二人共同构成走私假币罪和故意伤害罪两个罪名，应该数罪并罚。

6. ACD。出售、购买假币罪也以行为人明知是假币为前提，直接故意、间接故意皆可。“并处二万元以上二十万元以下罚金”是指应当并处，而不是可以并处。

7. AC。甲从A地购得面值2万元的假币，然后携带假币乘坐火车到B地的行为构成购买、运输假币罪。持有、使用假币罪是指违反货币管理法规，明知是伪造的货币而持有、使用，数额较大的行为。甲以假币在车上赌博、以假币交纳罚款是在使用假币，因此构成持有、使用假币罪。根据《刑法》第303条第1款的规定，以营利为目的，聚众赌博或者以赌博为业的行为构成赌博罪。甲只是为将假币花掉而赌博，因此不构成赌博罪。甲的行为的确有使用假币骗取他人真币的故意，但是使用假币本身就包含着诈骗行为，诈骗被使用假币吸收，因此甲不构成诈骗罪。

8. ABCD。《刑法修正案（十一）》对《刑法》第191条洗钱罪进行了修改，其规定，单位或者自然人为掩饰、隐瞒毒品犯罪、黑社会性质的组织犯罪、恐怖活动犯罪、走私犯罪、贪污贿赂犯罪、破坏金融管理秩序犯罪、金融诈骗犯罪的所得及其产生的收益的来源和性质，有下列行为之一的，构成洗钱罪：（1）提供资金账户的；（2）将财产转换为现金、金融票据、有价证券的；（3）通过转账或者其他支付结算方式转移资金的；（4）跨境转移资产的；（5）以其他方法掩饰、隐瞒犯罪所得及其收益的来源和性质的。此次修改最重要的特点是将原本的洗钱“协助”行为，规定为实行行为，将洗钱罪由“帮助犯”改为“正犯”。因此，选项ABCD都正确。

9. ABC。诈骗类犯罪都需要具有非法占有目的，而走私淫秽物品罪不需要有该目的。因此选项ABC正确，选项D错误。

10. ABCD。根据《刑法》第193条的规定，行为人有下列情形之一，以非法占有为目的，诈骗银行或者其他金融机构的贷款，数额较大的，构成贷款诈骗罪：（1）编造引进资金、项目等虚假理由的；（2）使用虚假的经济合同的；（3）使用虚假的证明文件的；（4）使用虚假的产权证明作担保或者超出抵押物价值重复担保的；（5）以其他方法诈骗贷款的。因此，选项ABCD都正确。

11. AD。根据《刑法》第196条的规定，以非法占有为目的：（1）使用伪造的信用卡，或者使用以虚假的身份证明骗领的信用卡的；（2）使用作废的信用卡的；（3）冒用他人信用卡的；（4）恶意透支的，构成信用卡诈骗罪。张某使用已经作废的信用卡购物构成信用卡诈骗罪。李某借用杨某的信用卡买房是合法使用他人信用卡，不是冒用，所以不构成犯罪。透支是信用卡的基本功能，赵某在使用信用卡时明知钱已不多仍透支使用不属于刑法上的“恶意透支”（恶意透支，是指持卡人以非法占有为目的，超过规定限额或者规定期限透支，并且经发卡银行催收后仍不归还的行为），所以不构成信用卡诈骗罪。孙某拾得刘某的信用卡并以刘某的名义使用属于“冒用他人信用卡”，构成信用卡诈骗罪。因此，选项AD正确。

12. AD。投保人、被保险人故意造成财产损失的保险事故，骗取保险金是保险诈骗罪的行为方式之一，构成保险诈骗罪。有《刑法》第198条第1款第4、5项所列行为，同时构成其他犯罪的，依照数罪并罚的规定处罚。李某为报复建筑公司、获取保险赔偿金而放火，构成放火罪。因此应该两罪并罚。

13. ACD。《刑法》第208条第1款规定：非法购买增值税专用发票或者购买伪造的增值税专用发票的，处5年以下有期徒刑或者拘役，并处或者单处2万元以上20万元以下罚金。因此，非法购买增值税专用发票的，按非法购买增值税专用发票罪定罪处罚。

《刑法》第208条第2款规定，非法购买增值税专用发票或者购买伪造的增值税专用发票又虚开或者出售的，分别依照本法第205（虚开增值税专用发票罪）、206（出售伪造的增值税专用发票罪）、207（非法出售增值税专用发票罪）条的规定定罪处罚。

14. ABD。《刑法》第231条规定，单位犯本节第221条至第230条规定之罪的，对单位判处罚金，并对其直接负责的主管人员和其他直接责任人员，依照本节各该条的规定处罚。所以A选项正确。

《刑法》第222条规定，广告主、广告经营者、广告发布者违反国家规定，利用广告对商品或者服务作虚假宣传，情节严重的，处2年以下有期徒刑或者拘役，并处或者单处罚金。虚假广告罪的主体是广告主、广告经营者、广告发布者，所以，广告主、广告经营者和广告发布者之外的其他人不能单独构成虚假广告罪。因此选项B正确。

《刑法》第223条第2款规定，投标人与招标人串通投标，损害国家、集体、公民的合法利益的，依照前款的规定处罚。因此，招标人可以与投标人共同构成串通投标罪。所以选项C错误。

《刑法》第228条规定，以牟利为目的，违反土地管理法规，非法转让、倒卖土地使用权，情节严重的，处3年以下有期徒刑或者拘役，并处或者单处非法转让、倒卖土地使用权价额5%以上20%以下罚金；情节特别严重的，处3年以上7年以下有期徒刑，并处非法转让、倒卖土地使用权价额5%以上20%以下罚金。因此，不以牟利为目的，非法转让土地使用权的，不能构成非法转让土地使用权罪。所以，选项D正确。

15. ABCD。最高人民法院《关于审理非法出版物刑事案件具体应用法律若干问题的解释》第1条规定："明知出版物中载有煽动分裂国家、破坏国家统一或者煽动颠覆国家政权、推翻社会主义制度的内容，而予以出版、印刷、复制、发行、传播的，依照刑法第一百零三条第二款或者第一百零五条第二款的规定，以煽动分裂国家罪或者煽动颠覆国家政权罪定罪处罚。"第8条规定："以牟利为目的，实施刑法第三百六十三条第一款规定的行为，具有下列情形之一的，以制作、复制、出版、贩卖、传播淫秽物品牟利罪定罪处罚：……"第11条规定："违反国家规定，出版、印刷、复制、发行本解释第一条至第十条规定以外的其他严重危害社会秩序和扰乱市场秩序的非法出版物，情节严重的，依照刑法第二百二十五条第（三）项的规定，以非法经营罪定罪处罚。"

16. ABCD。《刑法》第224条规定，行为人以非法占有为目的，在签订、履行合同过程中，以下列手段骗取对方当事人财物，数额较大的，构成合同诈骗罪：(1)以虚构的单位或者冒用他人名义签订合同的；(2)以伪造、变造、作废的票据或者其他虚假的产权证明作担保的；(3)没有实际履行能力，以先履行小额合同或者部分履行合同的方法，诱骗对方当事人继续签订和履行合同的；(4)收受对方当事人给付的货物、货款、预付款或者担保财产后逃匿的；(5)以其他方法骗取对方当事人财物的。因此选项ABCD都正确。

17. ABCD。《刑法》第177条之一第1、2款规定，有下列情形之一，妨害信用卡管理的，构成妨害信用卡管理罪：(1)明知是伪造的信用卡而持有、运输的，或者明知是伪造的空白信用卡而持有、运输，数量较大的；(2)非法持有他人信用卡，数量较大的；(3)使用虚假的身份证明骗领信用卡的；(4)出售、购买、为他人提供伪造的信用卡或者以虚假的身份证明骗领的信用卡的。窃取、收买或者非法提供他人信用卡信息资料的，依照前款规定处罚。A选项中张某为境外犯罪集团将伪造的信用卡带到国内的行为属于"明知是伪造的信用卡而持有、运输的"；B选项中贾某在他人持信用卡消费时记录下其账号、密码等信息出售给他人属于"非法提供他人信用卡信息资料"；C选项中赵某使用虚假的身份证办理信用卡属于"使用虚假的身份证明骗领信用卡"；D选项中李某的行为属于"购买伪造的信用卡"。因此，选项ABCD都正确。

18. BCD。国有银行行长甲指使负责贷款业务的科长乙向申请贷款的丙单位索要财物的行为构成受贿罪无疑，二人构成共同犯罪，受贿数额应以15万元总额计，其分赃所得不影响15万元受贿总额的认定。因此A选项错误，B选项正确。《刑法》第186条规定，违法发放贷款罪是指银行或者其他金融机构的工作人员违反国家规定发放贷款，数额巨大或者造成重大损失的行为。甲、乙均明知丙单位不具备贷款条件，仍然向丙单位贷款1 000万元，使银行遭受800万元损失的行为符合违法发放贷款罪的构成要件，甲、乙二人为该罪的共犯。同时二人又有共同受贿行为，因此应二罪并罚。因此选项CD正确。

19. ABCD。根据2024年最高人民法院、最高人民检察院《关于办理危害税收征管刑事案件适用法律若干问题的解释》第7条的规定，具有下列情形之一的，应当认定为《刑法》第204条第1款规定的"假报出口或者其他欺骗手段"："（一）使用虚开、非法购买或者以其他非法手段取得的增值税专用发票或者其他可以用于出口退税的发票申报出口退税的；（二）将未负税或者免税的出口业务申报为已税的出口业务的；（三）冒用他人出口业务申报出口退税的；（四）虽有出口，但虚构应退税出口业务的品名、数量、单价等要素，以虚增出口退税额申报出口退税的；（五）伪造、签订虚假的销售合同，或者以伪造、变造等非法手段取得出口报关单、运输单据等出口业务相关单据、凭证，虚构出口事实申报出口退税的；（六）在货物出口后，又转入境内或者将境外同种货物转入境内循环进出口并申报出口退税的；（七）虚报出口产品的功能、用途等，将不享受退税政策的产品申报为退税产品的；（八）以其他欺骗手段骗取出口退税款的。”因此选项ABCD正确。

20. ABC。2010年最高人民法院《关于审理伪造货币等案件具体应用法律若干问题的解释（二）》第5条规定，以使用为目的，伪造停止流通的货币，或者使用伪造的停止流通的货币的，依照《刑法》第266条的规定，以诈骗罪定罪处罚。以使用为目的，大量印制停止流通的第三版人民币的，不成立伪造货币罪，而构成诈骗罪，故A选项正确。

根据2010年最高人民法院《关于审理伪造货币等案件具体应用法律若干问题的解释（二）》第3条的规定，伪造正在流通但在我国尚无法兑换的境外货币的，成立伪造货币罪，故B选项正确。

将白纸冒充假币卖给他人的，构成诈骗罪，不成立出售假币罪，故C选项正确。

最高人民法院《关于审理伪造货币等案件具体应用法律若干问题的解释（二）》第2条规定，同时采用伪造和变造手段，制造真伪拼凑货币的行为，依照《刑法》第170条的规定，以伪造货币罪定罪处罚，故D选项错误。

21. ABCD。《刑法》第201条第4款规定：有第1款行为，经税务机关依法下达追缴通知后，补缴应纳税款，缴纳滞纳金，已受行政处罚的，不予追究刑事责任；但是，5年内因逃避缴纳税款受过刑事处罚或者被税务机关给予二次以上行政处罚的除外。而“第1款行为”的主体是纳税人而非扣缴义务人，因此，第①②③④句均错误，A项、B项、C项、D项均应当选。

22. ACD。选项A考查的是法条竞合，此时应以量刑较重的罪名定罪处罚。根据2021年最高人民法院、最高人民检察院《关于办理危害食品安全刑事案件适用法律若干问题的解释》的规定，生产、销售死猪肉的，应以生产、销售不符合安全标准的食品罪定罪处罚，因此选项B错误。上述司法解释第5条第2款规定，在食用农产品种植、养殖、销售、运输、贮存等过程中，违反食品安全标准，超限量或者超范围滥用添加剂、农药、兽药等，足以造成严重食物中毒事故或者其他严重食源性疾病的，适用前款规定定罪处罚，因此选项C正确。选项D考查的是主客观统一原则。

23. ABD。根据立法解释，具有消费支付、信用贷款、转账结算、存取现金等全部功能或者部分功能的银行卡，在刑法上属于信用卡。本题中甲在网吧捡到他人的信用卡，并在ATM机上使用该卡取款。根据2018年修正的最高人民法院、最高人民检察院《关于办理妨害信用卡管理刑事案件具体应用法律若干问题的解释》第5条第2款第1项的规定，拾得信用卡并使用的，属于“冒用他人信用卡”，应以信用卡诈骗罪论处。故A项正确。

对于前两次取出5 000元的行为，甲、乙之间不存在共同犯罪的故意，对此乙自然不负刑事责任。故B项正确。

在甲准备再次取款时，乙走过来说：“注意，别出事。”该行为在刑法上具有重要的意义——甲在犯罪的过程中，乙强化甲继续犯罪的决心，对于继续利用银行卡非法取款这一点，二人达成了共识，甲、乙成立共同犯罪（乙属于承继的共犯）。此后，甲分两次取出6 000元，并将该6 000元递给乙，二人相互协作，共同实施犯罪。因此，乙也成立信用卡诈骗罪，而非构成掩饰、隐瞒犯罪所得罪，故C项不正确。

乙接过钱后站了一会儿说：“我走了，小心点。”这句话意味着乙同意甲继续犯罪，仅是要求甲自己小心点。甲认识到自己继续取款的行为获得了乙的赞同，乙在维持、强化甲继续犯罪的决心，故应认定共同犯罪行为并未因乙的离开而结束。甲接着又取出7 000元，仍属于甲、乙共同犯罪的所得，对此乙也应负刑事责任。乙虽未持银行卡取款，但因与甲构成共同犯罪，故对其参与之后的6 000元＋7 000元＝1.3万元承担刑事责任。故D项正确。

24. AD。根据《刑法》第151条第2款，走私国家禁止出口的黄金、白银和其他贵重金属的，构成走私贵重金属罪。这意味着将黄金、白银和其他贵重金属走私进境而不是出境的，不构成走私贵重金属罪。但这并不意味着该行为无罪，此时，可将黄金、白银等贵重金属评价为“普通货物、物品”，对此以走私普通货物、物品罪论处，故选项A正确。

根据《刑法》第151条第3款，走私珍稀植物及其制品等国家禁止进出口的其他货物、物品的，构成走私国家禁止进出口的货物、物品罪。走私国家禁止进出口的旧机动车的，应以走私国家禁止进出口的货物、物品罪论处，而不能以走私普通货物、物品罪论处，故选项B错误。

根据《刑法》第152条第1款，以牟利或者传播为目的，走私淫秽物品的，构成走私淫秽物品罪。走私淫秽物品，有传播目的但无牟利目的的，应以走私淫秽物品罪论处，故选项C错误。

根据《刑法》第151条第1款，走私武器、弹药的，构成走私武器、弹药罪。如果走私的是无法组装并使用的弹头、弹壳，由于弹头、弹壳无法发挥其作为武器的性能，故不属于走私武器、弹药罪的犯罪对象。2014年8月12日最高人民法院、最高人民检察院《关于办理走私刑事案件适用法律若干问题的解释》第4条第2款规定：走私报废或者无法组装并使用的各种弹药的弹头、弹壳，构成犯罪的，依照《刑法》第153条，以走私普通货物、物品罪定罪处罚；属于废物的，依照《刑法》第152条第2款，以走私废物罪定罪处罚。走私无法组装并使用（不属于废物）的弹头、弹壳，应以走私普通货物、物品罪论处，故选项D正确。

25. ACD。选项A错误：依《刑法》第196条第1款第1项，使用“以虚假的身份证明骗领的信用卡”的，构成信用卡诈骗罪，而非妨害信用卡管理罪。

选项B正确：2008年4月18日最高人民检察院《关于拾得他人信用卡并在自动柜员机（ATM机）上使用的行为如何定性问题的批复》中规定：“拾得他人信用卡并在自动柜员机（ATM机）上使用的行为，属于刑法第一百九十六条第一款第（三）项规定的‘冒用他人信用卡’的情形，构成犯罪的，以信用卡诈骗罪追究刑事责任。”根据2018年修正的最高人民法院、最高人民检察院《关于办理妨害信用卡管理刑事案件具体应用法律若干问题的解释》第5条第2款第1项的规定，拾得他人信用卡并使用的，属于“冒用他人信用卡”，应以信用卡诈骗罪论处。

选项C错误：恶意透支必须透支时具有非法占有的目的，否则不能认定为“恶意透支”并以信用卡诈骗罪论处。2018年修正的最高人民法院、最高人民检察院对《关于办理妨害信用卡管理刑事案件具体应用法律若干问题的解释》第6条第1款明确规定：“持卡人以非法占有为目的，超过规定限额或者规定期限透支，经发卡银行两次有效催收后超过三个月仍不归还的，应当认定为刑法第一百九十六条规定的‘恶意透支’。”因此，判断恶意透支有两个关键要素：一个是要“以非法占有为目的”，另一个是要经发卡银行“有效”催收。对于是否以非法占有为目的，应当综合持卡人的信用记录、还款能力和意愿、申领和透支信用卡的状况、透支资金的用途、透支后的表现、未按规定还款的原因等情节作出判断。不得单纯依据持卡人未按规定还款的事实认定非法占有目的。而有效催收必须同时符合下列条件：（1）在透支超过规定限额或者规定期限后进行；（2）催收应当采用能够确认持卡人收悉的方式，但持卡人故意逃避催收的除外；（3）两次催收至少间隔30日；（4）符合催收的有关规定或者约定。对于是否属于有效催收，应当根据发卡银行提供的电话录音、信息送达记录、信函送达回执、电子邮件送达记录、持卡人或者其家属签字以及其他催收原始证据材料作出判断。发卡银行提供的相关证据材料，应当有银行工作人员签名和银行公章。实践中，判断是否构成信用卡诈骗罪，不能单纯地以“两次催收”“超过三个月仍不归还”作为标准。

选项D错误：根据《刑法》第196条第3款，盗窃信用卡并使用的，以盗窃罪论处。根据2018年修正的最高人民法院、最高人民检察院《关于办理妨害信用卡管理刑事案件具体应用法律若干问题的解释》第5条第2款第1项的规定，拾得他人信用卡并使用的，属于“冒用他人信用卡”，应以信用卡诈骗罪论处。

26. ABCD。本题考查的是妨害药品管理罪。该罪是《刑法修正案（十一）》第7条新增罪名。该条规定：“违反药品管理法规，有下列情形之一，足以严重危害人体健康的，处三年以下有期徒刑或者拘役，并处或者单处罚金；对人体健康造成严重危害或者有其他严重情节的，处三年以上七年以下有期徒刑，并处罚金：（一）生产、销售国务院药品监督管理部门禁止使用的药品的；（二）未取得药品相关批准证明文件生产、进口药品或者明知是上述药品而销售的；（三）药品申请注册中提供虚假的证明、数据、资料、样品或者采取其他欺骗手段的；（四）编造生产、检验记录的。有前款行为，同时又构成本法第一百四十一条、第一百四十二条规定之罪或者其他犯罪的，依照处罚较重的规定定罪处罚。”本题ABCD选项分别表述的是该罪的四种情形，故全选。

27. ABCD。本题考查的是非法经营同类营业罪及其修改情况。1997年《刑法》第165条规定，国有公司、企业的董事、经理利用职务便利，自己经营或者为他人经营与其所任职公司、企业同类的营业，获取非法利益，数额巨大的，处3年以下有期徒刑或者拘役，并处或者单处罚金；数额特别巨大的，处3年以上7年以下有期徒刑，并处罚金。在《刑法修正案（十二）》通过前，本题应选B.《刑法修正案（十二）》第1条对《刑法》第165条修改如下：“国有公司、企业的董事、监事、高级管理人员，利用职务便利，自己经营或者为他人经营与其所任职公司、企业同类的营业，获取非法利益，数额巨大的，处三年以下有期徒刑或者拘役，并处或者单处罚金；数额特别巨大的，处三年以上七年以下有期徒刑，并处罚金。其他公司、企业的董事、监事、高级管理人员违反法律、行政法规规定，实施前款行为，致使公司、企业利益遭受重大损失的，依照前款的规定处罚。”即《刑法修正案（十二）》将本罪的主体从国有公司、企业的董事、经理扩大到所有公司、企业的董事、经理、高级管理人员。因此，本题正确答案是ABCD项。

28. BC。1997年《刑法》第166条规定了为亲友非法牟利罪，2023年《刑法修正案（十二）》第2条对本罪进行了修改，因此本罪不是《刑法修正案（十二）》新增罪名。1997年《刑法》原将该罪主体限定为“国有公司、企业、事业单位工作人员”，《刑法修正案（十二）》对此作了修改，增加了“其他公司、企业的工作人员”，因此私营公司高级管理人员也可构成该罪。1997年《刑法》原将该罪限定为“采购商品”《刑法修正案（十二）》增加了“接受服务”。根据《刑法修正案（十二）》第2条，从自己的亲友经营管理的单位采购、接受不合格商品、服务的，为该罪的客观方面之一。根据《刑法修正案（十二）》第2条第1款，“以明显高于市场的价格从自己的亲友经营管理的单位采购商品、接受服务或者以明显低于市场的价格向自己的亲友经营管理的单位销售商品、提供服务的”，可以构成本罪。该项明确要求“以明显高于市场的价格”从自己的亲友经营管理的单位采购商品。D选项中为“以市场价格”从自己的亲友经营管理的单位采购商品，与法律规定不符，故不构成本罪。故本题正确选项为BC。

（三）不定项选择题

1.（1）B。《刑法》第196条规定的信用卡诈骗罪的客观方面有以下几种表现：1）使用伪造的信用卡，或者使用以虚假的身份证明骗领的信用卡的；2）使用作废的信用卡的；3）冒用他人信用卡的；4）恶意透支的。冒用他人信用卡是指行为人未经持卡人同意，以持卡人名义使用持卡人的信用卡的行为。本案中，郑某虽将信用卡交给江某保管，但是没有同意江某使用该卡，江某私下用来取走现金，属于冒用他人信用卡的行为，构成信用卡诈骗罪。《刑法》第270条规定，将代为保管的他人财物非法占为己有，数额较大，拒不退还的，构成侵占罪。江某将代为保管的信用卡据为己有，取走卡中现金的行为构成了侵占罪。

江某先侵占他人信用卡，后冒用他人信用卡，两行为之间有牵连关系，构成牵连犯，应择一重罪处理，即定信用卡诈骗罪。

（2）C。《刑法》第196条规定，使用伪造的信用卡属于信用卡诈骗罪的行为方式之一。江某伪造信用卡，从自动取款机上提款，构成信用卡诈骗罪。《刑法》第177条第1款第2项规定，伪造、变造委托收款凭证、汇款凭证、银行存单等其他银行结算凭证的，构成伪造金融票证罪。信用卡属于该项规定的其他结算凭证，因此，江某伪造信用卡的行为构成伪造金融票证罪。但由于伪造信用卡是手段行为，而使用信用卡诈骗是目的行为，两者具有牵连关系，属于牵连犯，故应择一重罪处断。在本案中，应以信用卡诈骗罪对江某定罪处罚为宜。

（3）ACD。本题考查的是信用卡诈骗罪的认定。根据《刑法》第196条的规定，冒用他人信用卡，即未经持卡人同意，以持卡人名义使用持卡人的信用卡的行为，构成信用卡诈骗罪。根据2018年修正的最高人民法院、最高人民检察院《关于办理妨害信用卡管理刑事案件具体应用法律若干问题的解释》第5条第2款第1项的规定，拾得信用卡并使用的，属于“冒用他人信用卡”，应以信用卡诈骗罪论处。江某拾得信用卡后，用该信用卡在自动取款机上提取现金的行为属于冒用他人信用卡，因此构成信用卡诈骗罪。所以，选项B正确，其他选项错误。

（4）D。《刑法》第196条第3款规定，盗窃信用卡并使用的，依照本法第264条（盗窃罪——编者注）的规定定罪处罚。江某盗窃信用卡后，用该信用卡在自动取款机上提取现金的行为应构成盗窃罪一罪。因此，选项D正确。

2.（1）ACD。本题考查的是出售、购买假币罪和共同犯罪。出售、购买假币罪是指明知是伪造的货币而出售、购买，数额较大的行为。在此，甲构成出售、购买假币罪是毫无疑问的。共同犯罪是指二人以上共同故意犯罪。共同犯罪必须具有共同犯罪的故意。对于本案而言，甲从乙处借款5万元用于购买假币，并许诺出售假币获利后给乙好处费。由此可知，乙对于甲的购买、出售假币的行为是知情的并且提供了资金支持。所以，甲、乙二人构成出售、购买假币罪的共犯。甲让丙从外地购得假币若干，丙与甲构成购买假币罪的共犯。但是丙对于甲如何使用假币，是出售还是自己使用，并不知情，所以丙与甲不构成出售假币罪的共犯。所以甲、乙二人成立出售、购买假币罪的共犯是正确的，选项B不应选。

（2）BCD。最高人民法院《关于审理挪用公款案件具体应用法律若干问题的解释》第8条规定：挪用公款给他人使用，使用人与挪用人共谋，指使或者参与策划取得挪用款的，以挪用公款罪的共犯定罪处罚。本题中，甲向乙借款并答应给予好处费，符合该条中使用人与挪用人共谋，指使挪用人取得挪用款的行为。甲是唆使乙挪用公款的，而不仅仅是明知是挪用的公款而使用。所以A项正确，不应选。

（3）A。最高人民法院《关于审理伪造货币等案件具体应用法律若干问题的解释》第2条规定，行为人购买假币后使用，构成犯罪的，依照《刑法》第171条的规定，以购买假币罪定罪，从重处罚；行为人出售、运输假币构成犯罪，同时有使用假币行为的，依照《刑法》第171、172条的规定，实行数罪并罚。购买假币后使用假币的，仅定购买假币罪一罪。出售、运输假币且使用假币的，两罪并罚。因此，BC项正确，不应选。

自首可分为一般自首和准自首。一般自首是指犯罪以后自动投案，如实供述自己的罪行的行为。准自首是指被采取强制措施的犯罪嫌疑人、被告人和正在服刑的罪犯，如实供述司法机关还未掌握的本人其他罪行的行为。本题中甲使用假币不属于司法机关掌握的罪行，其主动交代的行为应以自首论。故D项正确，不应选。

因此，本题应选A项。

（4）BCD。根据最高人民法院《关于审理挪用公款案件具体应用法律若干问题的解释》第6条的规定，携带挪用的公款潜逃的，依照《刑法》第382、383条（贪污罪——编者注）的规定定罪处罚。所以乙携带公款潜逃的行为应该被认定为贪污罪。

（5）BCD。乙任国有公司出纳员，具有国家工作人员身份，其行为不能构成职务侵占罪，所以B选项错误；根据最高人民法院《关于审理挪用公款案件具体应用法律若干问题的解释》第7条的规定，“因挪用公款索取、收受贿赂构成犯罪的，依照数罪并罚的规定处罚”，所以C选项错误；D选项表述不够准确。乙构成挪用公款罪，贪污罪，出售、购买假币罪，对此三罪应该并罚。所以应选BCD项。

3.（1）A。甲、乙使用假币支付修车费的行为构成持有、使用假币罪。被识破后，甲开车逃走，并不能改变该罪的性质，不存在向其他罪名转化的问题。故应选A选项。

（2）A。丙扑向甲车前风挡，抓住雨刮器后，甲不顾乙的反对，仍然加速，致丙摔成重伤。甲对丙重伤持放任的故意。

（3）AB。本案由两个犯罪行为构成：第一个行为是使用假币，第二个行为是故意伤害。故意伤害的行为从丙扑向甲车前风挡时即开始。乙明确叫甲停车时，使用假币的行为已经完成，因此不构成使用假币罪的犯罪中止。由于乙要求甲停车，不具有伤害的故意，因而乙与甲不构成故意伤害的共同犯罪，对乙不应该定故意伤害罪，乙也不存在故意伤害罪的中止。因此选项A和选项B表述错误。

（4）ABCD。甲的行为构成使用假币罪和故意伤害罪。

4.（1）AD。甲用1万元真币换取10万元假币，构成购买假币罪，故A项正确，当选。甲购买假币的数额为10万元，故B项错误，不选。甲在境外购买人民币假币，危害我国货币管理制度，应适用属人管辖原则审理本案，故C项错误，不选。将假币寄回国内，属于走私假币，构成走私假币罪，故D项正确，当选。

(2) BC。甲将2万元真币送给赵某，构成对非国家工作人员行贿罪，故A项错误，不选。甲将10万元假币冒充真币送给赵某，不构成诈骗罪，故B项正确，当选。赵某收受甲的财物，构成非国家工作人员受贿罪，故C项正确，当选。虽赵某被甲欺骗而订立合同，但赵某不属国有公司、企业、事业单位直接负责的主管人员，因此其不构成签订合同失职被骗罪（构成本罪另外要求"致使国家利益遭受重大损失"），故D项错误，不选。

(3) ABC。在"一滴香"上擅自贴上赵氏调味品注册商标，构成假冒注册商标罪，故A项正确，当选。因"一滴香"含有有害人体的添加剂，甲构成销售有毒、有害食品罪，故B项正确，当选。因卖出5万多元"一滴香"，甲触犯销售伪劣产品罪，故C项正确，当选。对于假冒注册商标行为与出售"一滴香"行为，应当分作两步：先按照"择一重罪处断"的原则处理想象竞合犯问题，然后再按照"择一重罪处断"的原则处理牵连犯问题或者按照吸收犯处理，最终仅以一罪定罪处刑。因此，D项错误，不选。

(4) D。甲对张某拳打脚踢并迫使张某付款买下调味品的行为构成强迫交易罪，因此D项当选。

(5) BC。以同期银行定期存款4倍的高息放贷，不构成非法经营罪（无罪），故A项错误，不选。甲虽然虚构事实吸纳巨额资金，但不构成诈骗罪（构成非法吸收公众存款罪），故B项正确，当选。甲非法吸纳资金，构成非法吸收公众存款罪，故C项正确，当选。对甲应以非法吸收公众存款罪一罪定罪处罚，故D项错误，不选。

(6) AB。甲以非法占有为目的，非法吸纳资金，构成集资诈骗罪，故A项正确，当选。甲集资诈骗的数额为2 000万元，故B项正确，当选。根据《刑法修正案（九）》第12条集资诈骗罪的死刑被取消了，故C项不正确，不选。《刑法》第64条规定：犯罪分子违法所得的一切财物，应当予以追缴或者责令退赔；对被害人的合法财产，应当及时返还；违禁品和供犯罪所用的本人财物，应当予以没收。没收的财物和罚金，一律上缴国库，不得挪用和自行处理。因此，D项错误，不选。

5. (1) BD。张某的行为属于非法的"套路贷"。根据2019年最高人民法院、最高人民检察院、公安部、司法部《关于办理"套路贷"刑事案件若干问题的意见》，"套路贷"是对以非法占有为目的，假借民间借贷之名，诱使或迫使被害人签订"借贷"或变相"借贷""抵押""担保"等相关协议，通过虚增借贷金额、恶意制造违约、肆意认定违约、毁匿还款证据等方式形成虚假债权债务，并借助诉讼、仲裁、公证或者采用暴力、威胁以及其他手段非法占有被害人财物的相关违法犯罪活动的概括性称谓。"套路贷"与平等主体之间基于意思自治而形成的民事借贷关系存在本质区别，民间借贷的出借人是为了到期按照协议约定的内容收回本金并获取利息，不具有非法占有他人财物的目的，也不会在签订、履行借贷协议过程中实施虚增借贷金额、制造虚假给付痕迹、恶意制造违约、肆意认定违约、毁匿还款证据等行为。

(2) BD。根据2019年最高人民法院、最高人民检察院、公安部、司法部《关于办理非法放贷刑事案件若干问题的意见》，违反国家规定，未经监管部门批准，或者超越经营范围，以营利为目的，经常性地向社会不特定对象发放贷款，扰乱金融市场秩序，情节严重的，依照《刑法》第225条第4项的规定，以非法经营罪定罪处罚。为强行索要因非法放贷而产生的债务，实施故意杀人、故意伤害、非法拘禁、故意毁坏财物、寻衅滋事等行为，构成犯罪的，应当数罪并罚。因此，张某为催债而砍断他人手指的行为构成故意伤害罪。张某指示手下通过电话骚扰，群发短信、微信，聚集多人上门讨债，对借款人及亲属人身威胁等方式催讨的行为，属于"软暴力"，即为谋取不法利益或形成非法影响，对他人或者在有关场所进行滋扰、纠缠、哄闹、聚众造势等，足以使他人产生恐惧、恐慌进而形成心理强制，或者足以影响、限制人身自由、危及人身财产安全，影响正常生活、工作、生产、经营的违法犯罪手段。根据2019年最高人民法院、最高人民检察院、公安部、司法部《关于办理实施"软暴力"的刑事案件若干问题的意见》，张某的"软暴力"可以构成寻衅滋事罪；但根据《关于办理非法放贷刑事案件若干问题的意见》，纠集、指使、雇佣他人采用滋扰、纠缠、哄闹、聚众造势等手段强行索要债务，尚不单独构成犯罪，但实施非法放贷行为已构成非法经营罪的，应当按照非法经营罪的规定酌情从重处罚。本题中未涉及"软暴力"的考查，但是"软暴力"经常出现在此类案件中，在学习中应予以重视。

违法发放贷款罪规定在《刑法》第186条，是指银行或者其他金融机构的工作人员违反国家规定发放贷款，数额巨大或者造成重大损失的行为。其主体必须是银行或者其他金融机构的工作人员，其发放的贷款是合法贷款，但是发放的程序不合法，并不具有非法占有被害人财物的目的。本案中张某的行为显然不是违法发放贷款。

强迫交易罪是以暴力、威胁手段，强买强卖商品，强迫他人提供或者接受服务，强迫他人参与或者退出投标、拍卖，强迫他人转让或者收购公司、企业的股份、债券或者其他资产，或者强迫他人参与或者退出特定的经营活动，情节严重的行为。其实施强迫的时间必须是协议达成时，强迫他人与自己达成合同。本案中，张某与借款人在签订借贷合同的时候并未实施强迫，其实施强迫主要是在还债环节，所以不构成强迫交易罪。

(3) AD。根据《关于办理“套路贷”刑事案件若干问题的意见》《关于办理非法放贷刑事案件若干问题的意见》，在认定“套路贷”犯罪数额时，应当与民间借贷相区别，从整体上予以否定性评价，“虚高债务”和以“利息”“保证金”“中介费”“服务费”“违约金”等名目被犯罪嫌疑人、被告人非法占有的财物，均应计入犯罪数额。故A选项表述正确。但犯罪嫌疑人、被告人实际给付被害人的本金数额，不计入犯罪数额。张某从贷款总额扣除“保证金”“咨询服务费”“资金过桥费”“违约金”后的剩余金额，为其实际支付的本金，故B选项表述错误。根据规定，以超过36%的实际年利率实施“套路贷”的，超过部分利息金额计入犯罪数额；单次非法放贷行为实际年利率未超过36%的，定罪量刑时不得计入。张某月息“2分”的利息未超过36%，故不应计入犯罪数额；月息“5分”的，已超过36%，应计入犯罪数额。故C选项错误，D选项正确。

简答题

1. 票据诈骗罪，是指以非法占有为目的，利用金融票据进行诈骗活动，骗取财物数额较大的行为。本罪侵犯的客体是他人的财产所有权和国家的金融管理制度。本罪在客观方面表现为利用金融票据进行诈骗活动，骗取财物数额较大的行为，一般表现为以下五种行为方式：(1) 明知是伪造、变造的汇票、本票、支票而使用；(2) 明知是作废的汇票、本票、支票而使用；(3) 冒用他人的汇票、本票、支票；(4) 签发空头支票或者与其预留印鉴不符的支票，骗取财物；(5) 汇票、本票的出票人签发无资金保证的汇票、本票或者在出票时作虚假记载，骗取财物。本罪的主体是一般主体。本罪在主观上须由故意构成且以非法占有为目的。

2. 随着证券市场的发展，操纵证券、期货市场罪的客观行为愈加多样。为打击操作证券、期货市场的非法行为，刑法亦根据实践发展需要多次修改，不断完善。涉证券的最新一次修改是《刑法修正案（十一）》，其将操纵行为规定为七种。本罪侵犯的客体是国家证券管理制度和投资者的合法权益。本罪在客观方面表现为操纵证券、期货市场，影响证券、期货交易价格或者证券、期货交易量的行为，具体有以下几种行为方式：(1) 单独或者合谋，集中资金优势、持股或者持仓优势或者利用信息优势联合或者连续买卖的；(2) 与他人串通，以事先约定的时间、价格和方式相互进行证券、期货交易的；(3) 在自己实际控制的账户之间进行证券交易，或者以自己为交易对象，自买自卖期货合约的；(4) 不以成交为目的，频繁或者大量申报买入、卖出证券、期货合约并撤销申报的；(5) 利用虚假或者不确定的重大信息，诱导投资者进行证券、期货交易的；(6) 对证券、证券发行人、期货交易标的公开作出评价、预测或者投资建议，同时进行反向证券交易或者相关期货交易的；(7) 以其他方法操纵证券、期货市场的。本罪的主体为一般主体，单位亦能构成本罪。本罪在主观上只能由故意构成。

3. 假冒商标罪，是指未经注册商标所有人许可，在同一种商品上使用与其注册商标相同的商标，情节严重的行为。本罪侵犯的客体是国家商标管理制度和他人注册商标专用权。本罪在客观方面表现为未经注册商标所有人许可，在同一种商品上使用与其注册商标相同的商标，情节严重的行为。所谓“相同的商标”，是指与被假冒的注册商标完全相同，或者与被假冒的注册商标在视觉上基本无差别、足以对公众产生误导的商标。所谓“使用”，是指将注册商标或者假冒的注册商标用于商品、商品包装或者容器以及产品说明书、商品交易文书，或者将注册商标或假冒的注册商标用于广告宣传、展览以及其他商业活动等行为。本罪的主体是一般主体，任何达到刑事责任年龄、具有刑事责任能力的自然人均可构成本罪，单位也可以成为本罪的主体。本罪在主观上由故意构成，一般以营利为目的。

4. 保险诈骗罪，是指以非法占有为目的，用虚构事实或者隐瞒真相的方法，骗取保险金，数额较大的行为。本罪的犯罪客体是保险公司的财产所有权和国家金融制度。本罪在客观方面表现为：（1）投保人故意虚构保险标的，骗取保险金；（2）投保人、被保险人或者受益人对发生的保险事故编造虚假的原因或者夸大损失的程度，骗取保险金；（3）投保人、被保险人或者受益人编造未曾发生的保险事故，骗取保险金；（4）投保人、被保险人故意造成财产损失的保险事故，骗取保险金；（5）投保人、受益人故意造成被保险人死亡、伤残或者疾病，骗取保险金。本罪的犯罪主体是投保人、被保险人、受益人，包括单位。保险事故的鉴定人、证明人、财产评估人故意提供虚假的证明文件，为他人诈骗提供条件的，以保险诈骗罪的共犯论处。本罪的犯罪主观方面是故意，目的是非法占有保险金。

5. 背信损害上市公司利益罪是指上市公司的董事、监事、高级管理人员违背对公司的忠实义务，利用职务便利，操纵上市公司从事损害上市公司利益的活动，致使上市公司利益遭受重大损失的行为。其侵犯的客体是上市公司的管理制度及上市公司及其股东的合法利益；其客观方面表现为违背对公司的忠实义务，利用职务便利，操纵上市公司从事损害上市公司利益的活动，致使上市公司利益遭受重大损失的行为，具体表现为以下几种形式：（1）无偿向其他单位或者个人提供资金、商品、服务或者其他资产的；（2）以明显不公平的条件，提供或者接受资金、商品、服务或者其他资产的；（3）向明显不具有清偿能力的单位或者个人提供资金、商品、服务或者其他资产的；（4）为明显不具有清偿能力的单位或者个人提供担保，或者无正当理由为其他单位或者个人提供担保的；（5）无正当理由放弃债权、承担债务的；（6）采用其他方式损害上市公司利益的。其犯罪主体为上市公司的董事、监事、高级管理人员。上市公司的控股股东或者实际控制人，指使上市公司董事、监事、高级管理人员实施前述行为的，也构成本罪，上市公司的控股股东或者实际控制人也可以是单位。本罪的主观方面为故意，且为直接故意。

6. 组织、领导传销组织罪是指组织、领导以推销商品、提供服务等经营活动为名，要求参加者以缴纳费用或者购买商品、服务等方式获得加入资格，并按照一定顺序组成层级，直接或者间接以发展人员的数量作为计酬或者返利依据，引诱、胁迫参加者继续发展他人参加，骗取财物，扰乱社会经济秩序的传销活动的行为。在犯本罪的同时有其他犯罪行为的，实行数罪并罚。犯本罪的，处5年以下有期徒刑或者拘役，并处罚金；情节严重的，处5年以上有期徒刑，并处罚金。

案例分析题

1.（1）A市汽车节能用油经销公司的行为构成生产、销售伪劣产品罪。

根据《刑法》第140条的规定，生产、销售伪劣产品罪，是指在产品中掺杂、掺假，以假充真、以次充好或者以不合格产品冒充合格产品的行为。所有的伪劣产品，都是不符合产品质量标准的产品。A市汽车节能用油经销公司生产的重油膨化剂在没有国家标准、行业标准和地方标准的情况下，应达到其承诺的使用性能，但其生产、销售的产品未达到其承诺的基本使用性能，应成立生产、销售伪劣产品罪。在本案中，虽然该公司的行为有欺骗的成分存在，但是由于有基本的交易事实，其所销售的产品有一定的发热量，所以从本质上看其与诈骗罪中虚构交易事实，骗取财物的特征并不完全符合，所以不成立诈骗罪。

（2）对A市汽车节能用油经销公司骗取出口退税款的行为应区别处理。根据《刑法》第204条第2款的规定，纳税人缴纳税款后，采取假报出口或者其他欺骗手段，骗取所缴纳的税款的，依照逃税罪定罪处罚；骗取出口退税款超过所缴纳的税款的，超过部分依照骗取出口退税罪定罪处罚。A市汽车节能用油经销公司于2017年12月底缴纳税款50万元后，编造虚假材料骗取出口退税款120万元，在这120万元中，50万元属于逃税罪的犯罪数额，其余70万元属于骗取出口退税罪的犯罪数额。

（3）本案属于自然人犯罪，而不是单位犯罪。根据最高人民法院的有关司法解释，个人为进行违法犯罪活动而设立的公司、企业、事业单位实施犯罪的，或者公司、企业、事业单位设立后，以实施犯罪为主要活动的，不以单位犯罪论处。甲为销售自己组织生产的产品，成立了A市汽车节能用油经销公司，该公司设立后，以实施生产、销售伪劣产品，骗取出口退税等犯罪为主要活动，所以本案不属于单位犯罪，而是甲个人犯罪。

2.（1）丁某：构成伪造企业印章罪、伪造金融票证罪、金融凭证诈骗罪、贷款诈骗罪、行贿罪。其中：1）伪造企业印章罪和伪造金融票证罪之间存在牵连关系，按照从一重罪处断的原则，应定伪造金融票证罪；2）伪造金融票证罪与金融凭证诈骗罪之间又存在牵连关系，按照从一重罪处断的原则，应以金融凭证诈骗罪论处；3）金融凭证诈骗罪与贷款诈骗罪之间也存在法条竞合关系，虽贷款诈骗罪、金融凭证诈骗罪和伪造金融票证罪三者的最高刑都是无期徒刑，但是，贷款诈骗罪能够全面评价其犯罪行为，故应以贷款诈骗罪定罪处罚。

（2）朱某：构成金融凭证诈骗罪的共犯和受贿罪，应实行数罪并罚。

（3）张某：构成国有公司、企业、事业单位人员失职罪和受贿罪，应实行数罪并罚。

3.（1）甲构成侵犯商业秘密罪、假冒注册商标罪、虚假广告罪。

对甲应当以侵犯商业秘密罪和假冒注册商标罪实行数罪并罚：甲的虚假广告行为是假冒注册商标罪的手段行为，属于牵连犯，应定假冒注册商标罪一罪，再将假冒注册商标罪与侵犯商业秘密罪并罚。

甲的行为不属于单位犯罪：甲的工厂属于私营企业，不具有法人资格。根据最高人民法院的相关解释，没有法人资格的独资企业、合伙企业犯罪的，以个人犯罪论处。

对甲应当撤销假释，把对侵犯商业秘密罪和假冒注册商标罪合并决定的刑罚与原判决尚未执行完毕的刑罚，依法合并，决定执行的刑罚。

（2）乙伪造银行储蓄专用章、行政章，构成伪造企业印章罪。乙伪造大额存单的行为构成伪造金融票证罪。乙使用伪造的存单冒领银行存款，构成金融凭证诈骗罪。

鉴于伪造企业印章罪、伪造金融票证罪是金融凭证诈骗罪的手段行为，属于牵连犯，不需要数罪并罚，可择其重罪即金融凭证诈骗罪定罪处罚。

（3）丙构成乙金融凭证诈骗罪的共犯。因为丙主观上明知所使用的是伪造的金融凭证，客观上实施了诈骗行为。但丙对伪造企业印章罪、伪造金融票证罪不负刑事责任。

（4）丁构成侵占罪。因为其事先不知包中有何物，虽后来怀疑来路不正，但不明知是赃物，不构成掩饰、隐瞒犯罪所得罪。其将巨款据为己有，拒不归还，符合侵占罪的构成要件。案发后，公安机关令丁交出巨款，其仍不承认，仍是侵占行为的继续，不能认定为帮助毁灭、伪造证据罪。

4.（1）甲虚报保险标的价值、故意制造保险事故骗取保险金的行为，构成保险诈骗罪；唆使丙放火烧车，构成放火罪。乙明知甲虚报保险标的价值、故意制造保险事故骗取保险金而为其办理保险、出具虚假保险事故评估证明，构成保险诈骗罪共犯；虚假理赔5万元据为己有，构成贪污罪。丙放火烧车的行为，构成放火罪共犯。

（2）丁构成放火罪既遂，因为实行犯丙放火已造成具体危险，构成放火罪危险犯既遂。丁虽然未直接参与犯罪实行，但未能有效撤回已提供的帮助，不能单独成立犯罪中止，所以随丙放火罪既遂而既遂。

（3）丙、丁犯罪时不满18周岁，应从轻或者减轻处罚；丁在共同犯罪中起辅助作用，是放火罪的从犯，应当从轻、减轻或者免除处罚；乙主动交代不同种罪行（贪污），成立自首，可以从轻或者减轻处罚。甲不具有犯罪中止的有效性，因而不构成犯罪中止。

5.（1）甲构成伪造国家机关公文罪、合同诈骗罪和贪污罪。甲伪造盖有中华人民共和国商务部公章的批文，属于伪造国家机关公文的行为，侵犯了国家机关的正常的管理活动和信誉，构成伪造国家机关公文罪。甲持该伪造批文和所谓中国石材进出口公司出口业务合同，到某石材加工厂进行诈骗，并将所骗钱款挥霍一空，属于以虚构的单位名义骗取对方当事人财物的行为，因而构成合同诈骗罪。甲曾说服在国有银行某营业所工作的业务员丙、丁二人，在丙、丁值班时甲前去营业所假装打劫，共同分赃。《刑法》第382条规定：国家工作人员利用职务上的便利，侵吞、窃取、骗取或者以其他手段非法占有公共财物的，是贪污罪。受国家机关、国有公司、企业、事业单位、人民团体委托管理、经营国有财产的人员，利用职务上的便利，侵吞、窃取、骗取或者以其他手段非法占有国有财物的，以贪污论。与前两款所列人员勾结，伙同贪污的，以共犯论处。甲与具有国家工作人员身份的丙、丁勾结，伙同贪污，应以贪污罪的共犯论处。

（2）对甲的第一项和第二项罪行不需要进行数罪并罚，因为这是一种牵连犯的情形。所谓牵连犯是指行为人实施某种犯罪，其方法行为或手段行为又触犯其他罪名的情形。根据我国刑法理论和司法实践，对于牵连犯，如果刑法分则条文没有明确规定具体的处罚方法，那么，应当从一重罪处罚。对于案例中所说的情况，伪造国家机关公文是甲进行合同诈骗的手段行为，因而只需要按照合同诈骗罪这一重罪处罚即可。

（3）甲被指控的第三项罪行有自首情节。《刑法》第67条第2款规定：被采取强制措施的犯罪嫌疑人、被告人和正在服刑的罪犯，如实供述司法机关还未掌握的本人其他罪行的，以自首论。最高人民法院《关于处理自首和立功具体应用法律若干问题的解释》规定：共同犯罪案件中的犯罪嫌疑人，除如实供述自己的罪行，还应当供述所知的同案犯，主犯则应当供述所知其他同案犯的共同犯罪事实，才能认定为自首。甲在被审讯时，如实供述了与丙、丁二人共同进行的利用丙、丁的职务，采取欺骗的方法获得银行巨款并平分的犯罪事实，属于被采取强制措施的犯罪嫌疑人如实供述司法机关还未掌握的本人其他罪行的情况，并且他不仅如实供述自己的罪行，作为主犯，还供述所知其他同案犯的共同犯罪事实，因而应认定为自首。

6.（1）梁某的行为构成合同诈骗罪。《刑法》第224条规定：有下列情形之一，以非法占有为目的，在签订、履行合同过程中，骗取对方当事人财物，数额较大的，处3年以下有期徒刑或者拘役，并处或者单处罚金；数额巨大或者有其他严重情节的，处3年以上10年以下有期徒刑，并处罚金；数额特别巨大或者有其他特别严重情节的，处10年以上有期徒刑或者无期徒刑，并处罚金或者没收财产：1）以虚构的单位或者冒用他人名义签订合同的；2）以伪造、变造、作废的票据或者其他虚假的产权证明作担保的；3）没有实际履行能力，以先履行小额合同或者部分履行合同的方法，诱骗对方当事人继续签订和履行合同的；4）收受对方当事人给付的货物、货款、预付款或者担保财产后逃匿的；5）以其他方法骗取对方当事人财物的。梁某伪造了某市供销贸易公司营业执照副本、公章和合同专用章，自称是供销贸易公司业务经理，冒用该公司的名义，与乡办衬衫厂签订合同一份，骗取该厂价值15万元的产品，构成合同诈骗罪。

（2）周某与梁某构成共同犯罪。周某虽然一开始不知道梁某的诈骗行为，但是其后来知晓，梁某在签订虚假合同后找周某筹款和联系销路时，周某虽不筹款但表示愿代为联系销路，此时诈骗行为并未结束，周某的销赃是在梁某犯罪过程中与之达成合意，因此，二人是共同犯罪。

（3）李某构成犯罪。《刑法》第312条规定：明知是犯罪所得及其产生的收益而予以窝藏、转移、收购、代为销售或者以其他方法掩饰、隐瞒的，处3年以下有期徒刑、拘役或者管制，并处或者单处罚金；情节严重的，处3年以上7年以下有期徒刑，并处罚金。李某明知货物是骗得的而予以收购，构成掩饰、隐瞒犯罪所得、犯罪所得收益罪。

7. 王某的行为不构成出具证明文件重大失实罪。根据1999年7月12日财政部《关于明确注册会计师验资报告作用的通知》，注册会计师王某在执业的过程中遵守了相关的法律、法规、规章和职业纪律，并以应有的审慎态度履行了验资义务。虽然其出具的验资报告与委托人的真实出资情况不符，但这是委托人李某变造银行进账单蓄意欺诈造成的，王某不可能对该银行进账单的真伪性作出笔迹鉴定，即王某不存在业务上的过失。因此，王某的行为不构成出具证明文件重大失实罪。

8.（1）高某构成犯罪，因其担任副关长期间，违反海关法规，伙同他人走私，走私货物价值和偷逃税额超过法定犯罪数额，已构成走私普通货物、物品罪。

（2）刘某构成犯罪，因其身为海关工作人员，违反海关法规，徇私舞弊，明知是走私行为却予以放纵，且多次直接到机场接送走私货物，情节严重，已构成放纵走私罪。

（3）高某直接参与策划走私活动，并亲自到机场接运走私货物，在共同走私犯罪中起着主要的作用，系主犯，其从轻处罚的请求不成立。

（4）刘某的犯罪行为是在高某的指使下实施的，在共同犯罪中起着次要的、辅助的作用，是共同犯罪的从犯，依法应当从宽处罚。

（5）该公司构成走私普通货物、物品罪，属单位犯罪，应当实行双罚制：对单位判处罚金，并对其直接负责的主管人员或者其他直接责任人员判处刑罚。

9. 郭某的行为构成强迫交易罪。（1）强迫交易罪在客观方面主要表现为：以暴力、威胁手段，强买强卖商品，强迫他人提供或者接受服务，强迫他人参与或者退出投标、拍卖，强迫他人转让或者收购公司、企业的股份、债券或者其他资产，或者强迫他人参与或者退出特定的经营活动，情节严重的行为。本案起因系双方就车费数额问题产生分歧并引起争执。被告人郭某在被害人钟某夫妇不足额支付车费的情况下，对被害人实施暴力。其行为正符合强迫交易罪通过实施暴力以不公平的价格强迫他人接受服务的特征。(2) 强迫交易罪侵犯的主要客体是国家对市场的监督管理制度，即市场进入、市场竞争和市场交易秩序。被告人以暴力手段强迫他人以不公平的价格接受服务的行为，违反的是等价有偿、公平、自愿原则，所以，其行为所侵犯的客体必然是市场交易秩序，而并非被害人财物的所有权。(3) 被告人没有抢劫的故意。通观全案，第一，在发案现场，郭某因不同意 20 元车费，将手中的 20 元钱又还给了被害人钟某夫妇；第二，被害人钟某从裤兜内掏出一卷钱从中抽出一张 100 元，郭某只接过这张 100 元，并没有夺取剩余的现金；第三，被告人郭某没有找钱是因为没有零钱找不开。通过以上分析可以看出，在当时的客观情况下，被告人郭某主观上是想通过实施暴力来达到要 40 元车费的目的，因没有零钱找而多要 60 元钱。其不存在抢劫的故意，亦无非法占有被害人财物的目的。综上，被告人郭某在被害人不足额支付车费的情况下，对被害人实施暴力行为，构成强迫交易罪。

论述题与深度思考题

1. 抗税罪与妨害公务罪在主观上都表现为故意，在客观上都实施了暴力、威胁行为。两罪的不同之处在于以下几点。

(1) 犯罪客体不同。抗税罪侵犯的客体是我国的税收征收管理制度和税务机关工作人员的人身权利；妨害公务罪侵犯的客体是国家机关的正常管理活动和执行公务的国家机关工作人员的人身权利。两罪所侵犯的客体存在法条竞合关系，根据法条竞合原理，侵犯税收征管活动的，适用特殊法条的规定，以抗税罪论处；对于不负有纳税义务，又与纳税人事先无共谋的个人以暴力、威胁方法阻碍其他国家机关的正常管理活动的，应以妨害公务罪论处。

(2) 犯罪主体不同。抗税罪的主体是特殊主体，只有纳税人和扣缴义务人才能构成；妨害公务罪的主体是一般主体，任何达到刑事责任年龄、具有刑事责任能力的人均可以构成。

(3) 故意的内容不同。两罪在主观方面都属于故意，但故意的内容并不相同。抗税罪的故意是指行为人明知自己应当纳税，却故意向税务机关工作人员采取暴力、威胁手段以不缴或者少缴税款；妨害公务罪的故意则是指行为人明知是正在依法执行职务的国家机关工作人员，却为了使其不能依法执行职务，而对其采取暴力、威胁手段进行阻碍。如果行为人的目的是不缴或少缴税款，对税务人员实施暴力或威胁手段，那么对其行为应以抗税罪论处；如果不是出于少缴或不缴税款的目的，则应以妨害公务罪论处。

2. (1) 概念。

非法集资的概念有一个逐渐发展变化的过程。集资本身是一项民事活动、商业活动，但是受到法律法规的限制。国家允许合法的集资活动，但是限制和禁止非法的集资活动。根据 1995 年《商业银行法》第 11 条第 2 款的规定，未经国务院银行业监督管理机构批准，任何单位和个人不得从事吸收公众存款等商业银行业务。1998 年国务院《非法金融机构和非法金融业务活动取缔办法》(已失效) 对“非法金融业务活动”“非法吸收公众存款”“变相吸收公众存款”进行了界定。1999 年中国人民银行《关于取缔非法金融机构和非法金融业务活动中有关问题的通知》，对国务院《非法金融机构和非法金融业务活动取缔办法》中“非法集资”的概念作出了规定。2020 年 12 月 21 日国务院通过了《防范和处置非法集资条例》(以下简称《条例》)，于第 2 条第 1 款规定：“本条例所称非法集资，是指未经国务院金融管理部门依法许可或者违反国家金融管理规定，以许诺还本付息或者给予其他投资回报等方式，向不特定对象吸收资金的行为。”这是目前关于非法集资的最新规定。

(2) 关于“集资”的表现形式。

非法集资的手段很多，大多是以合法金融机构和金融活动的幌子和形式从事非法活动。根据《条例》第 19 条，下列行为如未经许可或者违反规定，可能被认定为非法集资：“(一) 设立互联网企业、投资及投资咨询类企业、各类交易场所或者平台、农民专业合作社、资金互助组织以及其他组织吸收资金；(二) 以发行或者转让股权、债权，募集基金，销售保险产品，或者以从事各类资产管理、虚拟货币、融资租赁业务等名义吸收资金；（三）在销售商品、提供服务、投资项目等商业活动中，以承诺给付货币、股权、实物等回报的形式吸收资金；（四）违反法律、行政法规或者国家有关规定，通过大众传播媒介、即时通信工具或者其他方式公开传播吸收资金信息；（五）其他涉嫌非法集资的行为。”

（3）关于“非法性”的认定。

《条例》第2条将“非法”分为两种情形：一是未经国务院金融管理部门依法许可，二是违反国家金融管理规定。根据2019年最高人民法院、最高人民检察院、公安部《关于办理非法集资刑事案件若干问题的意见》，人民法院、人民检察院、公安机关认定非法集资的“非法性”，应当以国家金融管理法律法规作为依据。对于国家金融管理法律法规仅作原则性规定的，可以根据法律规定的精神并参考中国人民银行、中国银行保险监督管理委员会、中国证券监督管理委员会等行政主管部门依照国家金融管理法律法规制定的部门规章或者国家有关金融管理的规定、办法、实施细则等规范性文件的规定予以认定。

但是这里应注意，并非所有的“未经国务院金融管理部门依法许可或者违反国家金融管理规定”的集资行为都是非法集资。《条例》第2条第2款规定：“非法集资的防范以及行政机关对非法集资的处置，适用本条例。法律、行政法规对非法从事银行、证券、保险、外汇等金融业务活动另有规定的，适用其规定。”也就是说，如果法律法规已经对某些集资行为作出了禁止性规定，则应根据法律法规的规定，界定其行为的性质。比如：在招股说明书等发行文件中隐瞒重要事实或者编造重大虚假内容，虽然是通过发行股票“集资”，也具有“非法”情形，但是根据《证券法》第9条的规定，由于其符合法律、行政法规规定的条件，并依法报经国务院证券监督管理机构或者国务院授权的部门注册，并不能认定为“非法集资”，但可能构成《刑法》第160条规定的欺诈发行证券罪。但是如果是一个普通公司，未经过IPO程序就向公众发行股票募集资金，就涉嫌非法集资。因为《证券法》第9条第1款中规定：“未经依法注册，任何单位和个人不得公开发行证券。”

（4）关于单位犯罪的认定问题。

集资诈骗罪可由单位构成。根据2019年最高人民法院、最高人民检察院、公安部《关于办理非法集资刑事案件若干问题的意见》，单位实施非法集资犯罪活动，全部或者大部分违法所得归单位所有的，应当认定为单位犯罪。个人为进行非法集资犯罪活动而设立的单位实施犯罪的，或者单位设立后，以实施非法集资犯罪活动为主要活动的，不以单位犯罪论处，对单位中组织、策划、实施非法集资犯罪活动的人员应当以自然人犯罪依法追究刑事责任。判断单位是否以实施非法集资犯罪活动为主要活动，应当根据单位实施非法集资的次数、频度、持续时间、资金规模、资金流向、投入人力物力情况、单位进行正当经营的状况以及犯罪活动的影响、后果等因素综合考虑认定。

（5）非法集资行为可能构成的主要犯罪。

非法集资本身不是一个罪名，而是一种行为。其主要可以构成非法吸收公众存款罪和集资诈骗罪，也可能构成其他罪名。

1）非法吸收公众存款罪。

根据《刑法》第176条，非法吸收公众存款或者变相吸收公众存款，扰乱金融秩序的，构成非法吸收公众存款罪。根据最高人民法院《关于审理非法集资刑事案件具体应用法律若干问题的解释》（2022年修正，以下简称《解释》）第1条的规定，违反国家金融管理法律规定，向社会公众（包括单位和个人）吸收资金的行为，同时具备下列四个条件的，除刑法另有规定的以外，应当认定为《刑法》第176条规定的“非法吸收公众存款或者变相吸收公众存款”：“（一）未经有关部门依法许可或者借用合法经营的形式吸收资金；（二）通过网络、媒体、推介会、传单、手机信息等途径向社会公开宣传；（三）承诺在一定期限内以货币、实物、股权等方式还本付息或者给付回报；（四）向社会公众即社会不特定对象吸收资金。”但未向社会公开宣传，在亲友或者单位内部针对特定对象吸收资金的，不属于非法吸收或者变相吸收公众存款。

此外，一些行为虽不是“吸收公众存款”，但是属于“非法集资”的，也以非法吸收公众存款罪定罪处罚。《解释》第2条列举了12种以非法吸收公众存款罪定罪处罚的非法集资行为。

根据2019年最高人民法院、最高人民检察院、公安部《关于办理非法集资刑事案件若干问题的意见》，认定犯罪嫌疑人、被告人是否具有非法吸收公众存款的犯罪故意，应当依据犯罪嫌疑人、被告人的任职情况、职业经历、专业背景、培训经历、本人因同类行为受到行政处罚或者刑事追究情况，以及吸收资金方式、宣传推广、合同资料、业务流程等证据，结合其供述，进行综合分析判断。办案机关在办理非法集资刑事案件时，应当根据案件具体情况注意收集运用涉及犯罪嫌疑人、被告人的以下证据：是否使用虚假身份信息对外开展业务；是否虚假订立合同、协议；是否虚假宣传，明显超出经营范围或者夸大经营、投资、服务项目及盈利能力；是否吸收资金后隐匿、销毁合同、协议、账目；是否传授或者接受规避法律、逃避监管的方法；等等。

2）集资诈骗罪。

根据《刑法》第 192 条，以非法占有为目的，使用诈骗方法非法集资，数额较大的，构成集资诈骗罪。根据《解释》第 7 条规定，以非法占有为目的，使用诈骗方法实施《解释》第 2 条规定所列行为的（即非法集资行为），应当依照《刑法》第 192 条的规定，以集资诈骗罪定罪处罚。因此，在非法吸收公众存款罪的基础上，只有具备非法占有目的和诈骗方法两个要件，才可以构成集资诈骗罪。

使用诈骗方法非法集资，具有下列情形之一的，可以认定为“以非法占有为目的”：“（一）集资后不用于生产经营活动或者用于生产经营活动与筹集资金规模明显不成比例，致使集资款不能返还的；（二）肆意挥霍集资款，致使集资款不能返还的；（三）携带集资款逃匿的；（四）将集资款用于违法犯罪活动的；（五）抽逃、转移资金、隐匿财产，逃避返还资金的；（六）隐匿、销毁账目，或者搞假破产、假倒闭，逃避返还资金的；（七）拒不交代资金去向，逃避返还资金的；（八）其他可以认定非法占有目的的情形。”

实践中，非法集资活动大多是人数较多的共同犯罪，行为人在“非法占有”上并非具有完全一致性；而在合法性方面，有部分合法的集资，也有借新还旧的情形。因此，对集资诈骗罪中的非法占有目的，应当区分情形进行具体认定：行为人部分非法集资行为具有非法占有目的的，对该部分非法集资行为所涉集资款以集资诈骗罪定罪处罚；非法集资共同犯罪中部分行为人具有非法占有目的，其他行为人没有非法占有集资款的共同故意和行为的，对具有非法占有目的的行为人以集资诈骗罪定罪处罚。

3）其他犯罪。

未经国家有关主管部门批准，向社会不特定对象发行、以转让股权等方式变相发行股票或者公司、企业债券，或者向特定对象发行、变相发行股票或者公司、企业债券累计超过 200 人的，应当认定为“擅自发行股票或者公司、企业债券”。构成犯罪的，以擅自发行股票、公司、企业债券罪定罪处罚。（《解释》第 10 条）

违反国家规定，未经依法核准擅自发行基金份额募集基金，情节严重的，以非法经营罪定罪处罚。（《解释》第 11 条）

广告经营者、广告发布者违反国家规定，利用广告为非法集资活动相关的商品或者服务作虚假宣传，可以构成虚假广告罪。（《解释》第 12 条）

通过传销手段向社会公众非法吸收资金，构成非法吸收公众存款罪或者集资诈骗罪，同时又构成组织、领导传销活动罪的，依照处罚较重的规定定罪处罚。（《解释》第 13 条）

3.（1）刑法及其司法解释对涉及信用卡犯罪的规定。

1997 年《刑法》在第 196 条规定了“信用卡诈骗罪”，该罪的客观方面表现为：1）使用伪造的信用卡，或者使用以虚假的身份证明骗领的信用卡；2）使用作废的信用卡；3）冒用他人信用卡；4）恶意透支，进行信用卡诈骗的活动。所谓“恶意透支”，是指持卡人以非法占有为目的，超过规定限额或者规定期限透支，并且经发卡银行催收后仍不归还的行为。盗窃信用卡并使用的，依照《刑法》第 264 条盗窃罪的规定定罪处罚。

2004 年 12 月 29 日全国人大常委会通过了《关于〈中华人民共和国刑法〉有关信用卡规定的解释》。该解释规定，刑法规定的“信用卡”，是指由商业银行或者其他金融机构发行的具有消费支付、信用贷款、转账结算、存取现金等全部功能或者部分功能的电子支付卡。

2005 年 2 月 28 日全国人大常委会审议通过的《刑法修正案（五）》对《刑法》中涉及信用卡犯罪的规定进行了修订。在《刑法》第 177 条后增加了“妨害信用卡管理罪”，作为第 177 条之一。该条第 1 款规定：妨害信用卡管理罪的客观方面表现为：1）明知是伪造的信用卡而持有、运输的，或者明知是伪造的空白信用卡而持有、运输，数量较大的；2）非法持有他人信用卡，数量较大的；3）使用虚假的身份证明骗领信用卡的；4）出售、购买、为他人提供伪造的信用卡或者以虚假的身份证明骗领的信用卡的。该条第2、3款规定：窃取、收买或者非法提供他人信用卡信息资料的，依照前款规定处罚。银行或者其他金融机构的工作人员利用职务上的便利，犯第2款罪的，从重处罚。另外，《刑法修正案（五）》还增加了“使用以虚假的身份证明骗领的信用卡”作为信用卡诈骗罪的客观方面之一种。

（2）刑法意义上的“信用卡”与金融法意义上的信用卡之不同。

中国人民银行1992年《信用卡业务管理暂行办法》（已失效）和1999年《银行卡业务管理办法》以及2011年中国银监会《商业银行信用卡业务监督管理办法》，对信用卡、银行卡、借记卡作出了明确的界定，银行卡包括信用卡和借记卡两类，而区分信用卡和借记卡的关键在于该银行卡是否具有透支功能：具有透支功能的为信用卡，不具有透支功能的为借记卡。透支即为银行向客户提供信用贷款，这是信用卡融资功能的集中体现。通过信用卡诈骗是指诈骗银行的信贷资金，这也是信用卡诈骗罪被归为金融诈骗罪的根本原因。

随着银行卡业务蓬勃发展，利用银行卡实施违法犯罪活动的现象也日益增多。这一领域的违法犯罪活动已经不局限于以信用卡为对象或以信用卡为手段，而是已扩大到其他类型的银行卡。在2004年12月29日全国人大常委会《关于〈中华人民共和国刑法〉有关信用卡规定的解释》出台之前，由于《刑法》中的“信用卡”不包括借记卡等其他类型的银行卡，因而无法对以信用卡以外的银行卡为对象或手段的犯罪行为直接适用刑法相关规定。为了打击利用信用卡以外的银行卡的犯罪，全国人大常委会将刑法中的信用卡解释为全部银行卡。

但是结合中国人民银行和中国银监会对信用卡的相关规定可以看出，金融监管当局一直严格区分信用卡和借记卡为两种不同的银行卡，并没有混淆两种银行卡的界限。2004年以前，《刑法》及相关解释和规定同样严格区分信用卡和借记卡为两种不同的银行卡，以保证与金融法的衔接。2004年12月29日全国人大常委会《关于〈中华人民共和国刑法〉有关信用卡规定的解释》的颁布，扩大了信用卡的范围，将刑法意义上的信用卡解释为“由商业银行或者其他金融机构发行的具有消费支付、信用贷款、转账结算、存取现金等全部功能或者部分功能的电子支付卡”。这个概念实际上包含了信用卡和借记卡。

（3）立法解释的缺陷。

1）立法解释超出了信用卡应有的含义。中国人民银行和中国银监会对信用卡和借记卡已经作出了明确的区分，并在实践中采取了不同的监管方式。广大持卡人通过申请和使用银行卡，也普遍了解并接受了信用卡与借记卡的区别。全国人大常委会对信用卡含义所作的立法解释无疑不适当地扩张了信用卡的本来外延，并且这种扩张超出了社会一般人以及银行专业人士的认识。这实属一种越权解释。如果一定要惩罚利用非信用卡银行卡的犯罪，可以通过修改法律的方式解决，而不应通过立法解释的方式解决。

2）刑法意义上的信用卡与金融法律中的信用卡概念不统一。前述立法解释将信用卡解释为全部的银行卡，破坏了银行卡、信用卡、借记卡概念的统一性和一贯性，造成了金融业管理法规与作为后盾法的刑法在规范上的冲突与矛盾，使社会公众对关于信用卡犯罪的规定的合理性产生怀疑。

3）违反了法不溯及既往的原则。该立法解释将信用卡的范围扩大为银行卡，其效果是将借记卡的相关违法行为也视为犯罪。由于法律解释的时间效力及于刑法的实施期间，因而2004年的立法解释实际上是将2004年前利用借记卡的相关违法行为规定为犯罪并追究其刑事责任，这违反了刑法的溯及力原则。

4）违反了罪刑均衡原则。该立法解释将信用卡解释为包括储蓄卡在内的所有银行卡，导致类似的行为将受到不同的处罚，比如，伪造借记卡和伪造银行存折、存单。伪造借记卡有可能被定为信用卡诈骗罪，而伪造银行存折、存单就有可能被定性为伪造金融票证罪。然而事实上，借记卡和存折、存单的功能基本相同，很多借记卡与存折相关联，属于同一账户下的不同支付工具。伪造同一账户下的借记卡和存折可能面临不同的罪名与处罚，这与罪刑相适应原则不符。

4. 信用卡诈骗罪，是指进行信用卡诈骗活动，数额较大的行为。单位亦可构成本罪。本罪客观方面表现为四种情形：使用伪造的信用卡，或者使用以虚假的身份证明骗领的信用卡；使用作废的信用卡；冒用他人信用卡；恶意透支。理解信用卡诈骗罪有以下一些关键问题：

（1）什么是刑法意义上的“信用卡”?（见上题参考答案）

（2）什么是“恶意透支”?

根据2018年修正的最高人民法院、最高人民检察院《关于办理妨害信用卡管理刑事案件具体应用法律若干问题的解释》第6条的规定，持卡人“以非法占有为目的”，超过规定限额或者规定期限透支，经发卡银行两次“有效催收”后超过3个月仍不归还的，应当认定为《刑法》第196条规定的“恶意透支”。认定“恶意透支”，除了“超过3个月”，还有两个关键要素：“以非法占有为目的”和“有效催收”。

第一，对于是否“以非法占有为目的”，应当综合持卡人的信用记录、还款能力和意愿、申领和透支信用卡的状况、透支资金的用途、透支后的表现、未按规定还款的原因等情节作出判断。不得单纯依据持卡人未按规定还款的事实认定非法占有目的。前述司法解释规定，具有以下情形之一的，应当认定为《刑法》第196条第2款规定的“以非法占有为目的”：1）明知没有还款能力而大量透支，无法归还的；2）使用虚假资信证明申领信用卡后透支，无法归还的；3）透支后通过逃匿、改变联系方式等手段，逃避银行催收的；4）抽逃、转移资金，隐匿财产，逃避还款的；5）使用透支的资金进行犯罪活动的；6）其他非法占有资金，拒不归还的情形。但前述司法解释没有将上述情形绝对地认定为以非法占有为目的的恶意透支，而是通过“但有证据证明持卡人确实不具有非法占有目的的除外”这一但书，为上述情形中的行为人举证和辩护作了保留。

第二，“有效催收”是前述司法解释根据司法实践确定的第二项关键要素，以防止银行和控方滥用该罪名追究持卡人的刑事责任，更多地保护持卡人的权利，体现了刑法的谦抑性。根据前述司法解释，“有效催收”必须同时符合下列条件：1）在透支超过规定限额或者规定期限后进行；2）催收应当采用能够确认持卡人收悉的方式，但持卡人故意逃避催收的除外；3）两次催收至少间隔30日；4）符合催收的有关规定或者约定。对于是否属于有效催收，应当根据发卡银行提供的电话录音、信息送达记录、信函送达回执、电子邮件送达记录、持卡人或者其家属签字以及其他催收原始证据材料作出判断。发卡银行提供的相关证据材料，应当有银行工作人员签名和银行公章。

（3）信用卡诈骗的数额。

构成信用卡诈骗罪需要满足一定的数额要件。虽然刑法规定的都是“数额较大”，但是不同的行为，数额较大的标准不同。根据前述司法解释第5条的规定，使用伪造的信用卡、以虚假的身份证明骗领的信用卡、作废的信用卡或者冒用他人信用卡，进行信用卡诈骗活动，数额在5 000元以上不满5万元的，应当认定为《刑法》第196条规定的“数额较大”。

恶意透支所要求的数额标准更高：恶意透支数额在5万元以上不满50万元的，应当认定为《刑法》第196条规定的“数额较大”。恶意透支的数额，是指公安机关刑事立案时尚未归还的实际透支的本金数额，不包括利息、复利、滞纳金、手续费等发卡银行收取的费用。归还或者支付的数额，应当认定为归还实际透支的本金。检察机关在审查起诉、提起公诉时，应当根据发卡银行提供的交易明细、分类账单（透支账单、还款账单）等证据材料，结合犯罪嫌疑人、被告人及其辩护人所提辩解、辩护意见及相关证据材料，审查认定恶意透支的数额；恶意透支的数额难以确定的，应当依据司法会计、审计报告，结合其他证据材料审查认定。人民法院在审判过程中，应当在对上述证据材料查证属实的基础上，对恶意透支的数额作出认定。

（4）从轻、减轻、免除处罚和不构成本罪的特殊情形。

恶意透支数额较大，在提起公诉前全部归还或者具有其他情节轻微情形的，可以不起诉；在一审判决前全部归还或者具有其他情节轻微情形的，可以免予刑事处罚。但是，曾因信用卡诈骗受过两次以上处罚的除外。

发卡银行违规以信用卡透支形式变相发放贷款，持卡人未按规定归还的，不适用《刑法》第196条“恶意透支”的规定。构成其他犯罪的，以其他犯罪论处。

（5）对行性共犯的处理。

违反国家规定，使用销售点终端机具（POS机）等方法，以虚构交易、虚开价格、现金退货等方式向信用卡持卡人直接支付现金，情节严重的，应当依据《刑法》第225条的规定，以非法经营罪定罪处罚。

持卡人以非法占有为目的，采用上述方式恶意透支，应当追究刑事责任的，依照《刑法》第196条的规定，以信用卡诈骗罪定罪处罚。

第二十四章　侵犯人身权利、民主权利罪

名词解释

1. 绑架罪
2. 拐卖妇女、儿童罪
3. 遗弃罪
4. 拐骗儿童罪
5. 雇用童工从事危重劳动罪

选择题

(一) 单项选择题

1. 甲在一豪宅院外将一个正在玩耍的男孩（3 岁）骗走，意图勒索钱财，但孩子说不清自己家里的联系方式，无法进行勒索。甲怕时间长了被发现，于是将孩子带到异地以 4 000 元卖掉。对甲应当如何处理？（　　）（司考）

A. 以绑架罪与拐卖儿童罪的牵连犯从一重处断

B. 以绑架罪一罪处罚

C. 以拐卖儿童罪一罪处罚

D. 以绑架罪与拐卖儿童罪并罚

2. 甲患有艾滋病。其以给予财物为诱饵，引诱邻居乙（女，甲知道其不满 14 周岁）多次发生性关系，后致使乙也感染艾滋病。甲的行为构成（　　）。

A. 奸淫幼女罪　　B. 强奸罪

C. 嫖宿幼女罪　　D. 传播性病罪

3. 2016 年 11 月 4 日，甲到娱乐场所游玩时，将卖淫女乙（2002 年 12 月 2 日生）带到住所嫖宿。一星期后甲请乙吃饭时，乙告知了自己年龄，并让甲到时为自己过生日。饭后，甲又带乙到住处嫖宿。甲的行为属于（　　）。（司考）

A. 奸淫幼女罪

B. 强奸罪

C. 嫖宿幼女罪

D. 应受治安处罚的嫖娼行为

4. 冉某因婚外恋产生杀害妻子李某之念。某日，冉某在给李某做面条时投放了可以致死的农药。冉某为防止其 7 岁的儿子吃饭中毒，将其子送到学校，并嘱咐妻子李某等他来接。不料李某当日提前下班后将其子接回，并与其子一起吃午饭。冉某得知后，赶忙回到家中，其妻、子已中毒身亡。关于本案，下列哪一说法是正确的？（　　）

A. 冉某对其妻、子的死亡具有直接故意

B. 冉某对其子的死亡具有间接故意

C. 冉某对其子的死亡具有过失

D. 其子的死亡属于意外事件

5. 甲为上厕所，将不满 1 岁的女儿放在外边靠着篱笆站立，刚进入厕所，就听到女儿的哭声，急忙出来，发现女儿倒地，疑是站在女儿身边的 4 岁男孩乙所为。甲一手扶起自己的女儿，一手用力推乙，导致乙倒地，头部刚好碰在一块石头上，流出鲜血，并一动不动。甲认为乙可能死了，就将其抱进一个山洞，用稻草盖好，正要出山洞，发现稻草动了一下，以为乙没死，于是拾起一块石头猛砸乙的头部，之后用一块磨盘压在乙的身上后离去。案发后，经法医鉴定，甲在用石头砸乙之前，乙已经死亡。依此情况，甲的行为构成何罪？（　　）（司考）

A. 过失致人死亡罪

B. 过失致人死亡罪与故意杀人罪（既遂）数罪

C. 过失致人死亡罪与故意杀人罪（未遂）数罪

D. 故意杀人罪

6. 甲于某日清晨在路边捡回一名弃婴，抚养了 3 个月后，声称是自己的亲生女儿，以 5 000 元卖给乙。甲的行为构成（　　）。

A. 遗弃罪　　B. 拐骗儿童罪

C. 诈骗罪　　D. 拐卖儿童罪

7. 甲与邻村女青年丙按传统仪式订了婚，但未领取结婚证。后丙退婚，另与他人订婚。甲极度不满，便与堂兄乙商议，让丙“出出丑”“臭了她的名声”。

某日，丙到县城逛庙会，甲、乙二人尾随其后。至人多繁华处，二人谩骂丙“破鞋”“狐狸精”“不要脸”等，引来多人围观。甲还对众人讲“她已经让我睡过了，怀过我的孩子，她小肚子上有黑毛，嫁谁克谁”等，无中生有地编造下流之词攻击丙。乙还将稀泥和粪便抹在丙的脸上，并欲撕破丙的衣服，但被别人制止。二人对丙肆意侮辱达半小时，围观者数百人，致使丙羞愤难当，回家后即服用农药自尽。甲、乙的行为（　）。

A. 不构成犯罪　　B. 构成侮辱罪

C. 构成强制猥亵罪　　D. 构成寻衅滋事罪

8. 吴某系新余市某单位职工，曾因嫖娼被公安机关抓获并受处罚，该单位根据公安机关的建议函对吴某作出留单位察看1年的决定。吴某认为是张某（张某时任该单位负责人）故意与他过不去，于是一直怀恨在心，伺机报复。后张某调离原单位，前往景德镇市任职。某日晚9时许（除夕之夜），吴某将早已购好的两个花圈分别放置在张某居住的楼梯口和某单位篮球场上，花圈挽联书写道：“张某腐败分子千古，张某是成克杰、胡长清式的漏网腐败分子，他在我单位受贿、贪污五百多万元，据我们了解他在某单位也受贿、贪污三百多万元，建议法制部门把这些钱追回上缴国库”，落款为“景德镇市某单位一大部分干群”。该单位保卫科于当晚收缴了这两个花圈，并向公安机关报案。吴某的行为（　）。

A. 构成诽谤罪　　B. 构成诬告陷害罪

C. 构成侮辱罪　　D. 不构成犯罪

9. 甲查监时，发现犯人乙私藏小锉刀一把，遂怀疑其妄图越狱潜逃。甲召集与乙同监的7名犯人，先向他们介绍了乙的情况，并且说：“今晚如果他不老实，就好好地收拾他（指拷打）。”随后，甲将乙押至中队办公室内审讯，令乙跪在地上。乙不肯交代，甲就一直罚乙跪着。晚上，甲找来看管禁闭室的职工丙、丁参加审讯，对乙用木棍、竹竿和浸湿打结的麻绳抽打，边审讯边抽打达两个多小时。乙被打得伏在地上昏迷过去，无法继续审讯。甲遂叫人用冷水将乙冲淋后抬回监房。甲的行为构成（　）。

A. 虐待被监管人罪　　B. 故意伤害罪

C. 刑讯逼供罪　　D. 滥用职权罪

10. 下列行为中，应以故意杀人罪定罪处罚的是（　）。

A. 甲在与钱某争吵中，突然抽出随身携带的匕首向钱某刺一刀后扬长而去，致其重伤

B. 乙在非法拘禁孙某过程中，使用暴力致孙某死亡

C. 丙在绑架李某、向李某家属勒索财物过程中，杀害李某

D. 丁对公共建筑物放火，大火烧毁该建筑物，并且烧死2人

11. 甲男（15岁）与乙女（13岁）在同一所中学上学，二人在参加校文体活动时相识并成为好友，关系日渐密切。某日，二人在公园发生性关系时被发现。据甲交代，二人还曾在自己家中发生过一次性关系。甲、乙均表示是双方自愿。乙的家长要求追究甲的刑事责任。经调查，二人确属自愿且未造成其他严重后果。甲的行为（　）。

A. 构成奸淫幼女罪

B. 构成强奸罪

C. 情节显著轻微危害不大，不认为是犯罪

D. 构成猥亵儿童罪

12. 齐某想出国，无奈手中缺钱，某日趁自己做生意的朋友吕某之子小东放学之机，骗其到自己事先租用的一所房子内，电话要挟吕某用20万元换孩子。吕某报警，齐某发现后将小东杀死。对齐某的行为应当（　）。

A. 以敲诈勒索罪和故意杀人罪并罚

B. 以绑架罪和故意杀人罪并罚

C. 以绑架罪和故意杀人罪的牵连犯，择一重罪处断

D. 以绑架罪定罪处罚

13. 葛某窜至某镇西关地下道上方铁路旁，冒充“警察”查验段某（女）和其同学王某（女）的身份证。因二人没带，葛某便以去“警区”了解情况为由，将王某和段某带至该镇冯园村一处房内，对二人说如果没有身份证，就不能回家。二人害怕，号啕大哭。葛某遂说：“看你们怪可怜的，没有身份证要回家也可以，不过要和我睡觉。谁完了事谁先回家。”二女生没有办法，便答应其要求，与之发生性关系。对葛某的行为应该如何处理？（　）

A. 以招摇撞骗罪定罪处罚

B. 以强制侮辱妇女罪定罪处罚

C. 以招摇撞骗罪和强制侮辱妇女罪定罪处罚

D. 以强奸罪定罪处罚

14. 田某与肖某绑架李某，向其家人索要赎金 40 万元。在绑架的过程中，他们发现李某身上携带有现金 5 400 元、金手表一只，遂据为己有。田某与肖某的行为（　　）。

A. 构成绑架罪一罪

B. 构成抢劫罪一罪

C. 构成绑架罪和抢劫罪，两罪并罚

D. 构成绑架罪和抢劫罪，但应择一重罪处罚

15. 甲与乙系某国家机关的同事，平时有隙。为报复乙，甲向公安机关作虚假匿名举报，诬告乙曾在一歌舞厅嫖娼，有“陪侍女”丙为证。公安机关调查时，丙对此作了虚假指证，乙因而受到了公安机关的处分。在公安机关查处乙的过程中，甲在公开场合多次渲染乙嫖娼的事实。对甲的行为应如何定性？（　　）

A. 诬告陷害罪　　B. 报复陷害罪

C. 诽谤罪　　D. 不构成犯罪

16. 20××年 10 月 13 日晚，利辛县春店乡村民刘某因涉嫌故意伤害找到电视台职工孙某，孙某便为刘某写了控告状，在控告状中捏造了主审法官马某“开车故意撞人、故意伤害、非法绑架、非法侵入他人住宅和公开敲诈”等事实，要求追究主审法官马某的刑事责任，后又安排刘某等人到法院、县纪委等单位上访。11 月 11 日，刘某被依法逮捕。其妻又找到孙某写控告状，孙某在控告状中分别捏造了“法院院长徇私枉法、渎职犯罪、指使手下将刘某腿打断、非法关押”和县纪委的刘某某“执法犯法、上蹿下跳、公开包庇”等事实，并安排刘某之妻到市级有关机关上访控告。孙某构成何罪？（　　）

A. 侮辱罪　　B. 诬告陷害罪

C. 诽谤罪　　D. 妨害公务罪

17. 某日晚 11 时，被告人曹某为获取“线人费”，给公安机关值勤的警察张某打电话称，在辽宁兴城市某公司住宅楼内有卖淫嫖娼案件。此时，被告人张某、李某等四人（值勤警察）聚齐后前去查处。在未办理任何法律手续情况下，张某等四名被告人先后爬梯子通过窗户进入受害人常某家中。在未查到室内有卖淫嫖娼人员后，四名被告人离去，造成受害人常某受惊吓而患病。经权威部门鉴定：常某患上急性应激性障碍。张某、李某、曹某等人的行为（　　）。

A. 构成非法搜查罪

B. 构成非法侵入住宅罪

C. 构成非法搜查罪和非法侵入住宅罪，两罪并罚

D. 不构成犯罪

18. 20××年 10 月，内蒙古自治区武川县两家公司在河北省石家庄市销售羊肉时被骗，后向武川县公安局报案。武川县公安局某镇派出所副所长王某未经调查，认定智某、杜某、刘某等人构成了诈骗罪，经武川县公安局局长徐某批准，在没有办理任何立案手续的情况下，王某与另一公安人员领着货主一起到石家庄市抓人。同年 11 月 27 日晚，王某等人在石家庄刘某家附近，将下班回家的刘某截住，强行带回武川县公安局。经徐某同意，次日对刘某实行拘留。在徐某的同意下，王某先后 5 次将货主带进看守所，违法提审刘某，并对刘某进行殴打和使其罚跪。同年 12 月 4 日，杜某被抓获，王某又以同样手段，非法提审杜某。王某在提审刘某、杜某时，擅自责成刘某赔偿货主人民币 8 万元，杜某赔偿人民币 6 万元。刘某被抓后，其家人多方寻找不见人影，便向当地公安机关报案。经查找，方知人在内蒙古自治区武川县。刘家在王某等人的电话威胁下，于同年 12 月 20 日，卖掉住房携款来武川县赎人，在交给王某 8 万元人民币后，刘某才得以取保候审。杜某也是在其家人交 3 万元后，被取保候审。徐某、王某二人（　　）。

A. 系正常履行职责，不构成犯罪

B. 在履行职责过程中有违法之处，但不构成犯罪

C. 超越管理范围，滥用职权，程序违法，构成非法拘禁罪

D. 超越管理范围，滥用职权，程序违法，构成滥用职权罪

视频讲题

19. 债主汪某 2023 年 5 月将 3 万元钱借给何某做生意，还款期已到，但何某就是拖着不还，汪某在几次催促后非常恼火。2024 年 2 月 8 日晚 8 时许，汪某打电话叫来王某，说欠债人何某现在在家，请王某一起去帮忙向何某要回欠款。王某二话没说就答应了。因何某无力偿还，汪某和王某二人一起将何某带到县

城的一处宾馆内，让何某重新开具两张借款本金为人民币 3 万元和加上高利共计人民币 5.8 万元的欠条，并逼迫何某打电话借钱还款。此后，汪某和王某不断将何某转移看管地方，直到 2 月 10 日下午 4 时许在一个宾馆内，何某才被得到消息的公安机关解救。何某被剥夺自由时间达四十余小时。汪某和王某二人构成何罪？（　　）

A. 抢劫罪　　B. 绑架罪

C. 非法拘禁罪　　D. 敲诈勒索罪

20. 2009 年，曹宏某之妻离家出走，留下曹宏某与其子曹某（2005 年 8 月 28 日出生）共同生活。因曹某年幼顽皮，曹宏某经常对其进行殴打，致使曹某嘴唇被打破裂变形，右手拇指扭断，常常遍体鳞伤。2014 年 5 月，曹某因不堪其父殴打虐待，离家出走，被人发现并送至公安机关。公安机关在对曹宏某进行教育后，让其将曹某领回。2014 年 6 月某日（农历端午节），曹某因在外玩耍而未归。次日凌晨 2 时，曹宏某将曹某找回后，先用竹棍进行毒打，然后施加拳脚进行殴打达 3 个小时，致曹某于当日下午 5 时死亡。在公安机关接到群众举报立案侦查后，曹宏某向公安机关投案自首。应如何评价曹宏某的行为？（　　）

A. 属管教儿子的正常行为，但是儿子的死亡是意外事件，不构成犯罪

B. 构成过失致人死亡罪

C. 构成虐待罪

D. 构成故意伤害罪

21. 江西省修水县××镇原副镇长卢某于 20××年 3 月××镇人民代表大会召开前，先后到十余名镇人大代表家中走访，并为每名代表送上 50 元现金。之后，又找到时任镇党委书记兼镇人大主席的徐某，送上 2 000 元的银行储蓄卡。在正式选举前，徐某即召集所辖村党支部书记开会，通报卢某等人的业绩，要求他们做好各自村代表的工作，确保“组织意图”实现。被走访的人大代表当即答应了他的要求。在正式投票选举中，卢某被代表联名推荐为副镇长候选人，接着高票当选为××镇副镇长。卢某构成何罪？（　　）

A. 行贿罪

B. 破坏选举罪

C. 行贿罪与破坏选举罪并罚

D. 行贿罪与破坏选举罪择一重罪处罚

22. 甲（男，2001 年 8 月 13 日出生）于 2017 年 6 月 7 日，为“找点零用钱用”，将邻居王某 1 岁的儿子乙偷出，然后打电话向王某勒索 8 万元，在要求迟迟得不到满足的情况下，杀害了乙。后因恐惧，甲向公安机关投案自首。对甲的行为应该如何处理？（　　）

A. 甲不满 16 周岁，不负刑事责任

B. 定绑架罪

C. 定故意杀人罪

D. 定敲诈勒索罪

23. 甲拐骗了 5 名儿童，偷盗了 2 名婴儿，并准备全部卖往 A 地。在运送过程中甲因害怕他们哭闹，给他们注射了麻醉药。由于麻醉药过量，致使 2 名婴儿死亡，5 名儿童处于严重昏迷状态，后经救治康复。对甲的行为应以何罪论处？（　　）（司考）

A. 拐卖儿童罪　　B. 拐骗儿童罪

C. 过失致人死亡罪　　D. 绑架罪

24. 严某自 2015 年 8 月起到杨家当保姆，照顾未满 2 岁的婴儿杨某。2016 年 5 月 16 日下午，杨某单独在屋里玩耍时，在沙发上大小便。严某用苍蝇拍手柄部打了杨某臀部、腿部等处，杨某哭了一声就憋住了气。严某接着将杨某口鼻朝下推倒在沙发上，就去做家务。约四十分钟后，严某擦桌子时发现杨某的双脚已冰凉，抱起杨某发现其脸、嘴亦是青的，即用手拍杨某的胸部欲使他缓过气来，未果。严某又将杨某抱到大床上，盖上被子，将热水装入盐水瓶用于暖杨某的双脚，并压了杨某的胸部两下，杨某仍未缓过来。后严某将杨某送到医院，经医生检查，杨某已死亡。经法医鉴定，杨某系窒息死亡。对严某的行为应该如何处理？（　　）

A. 严某的行为构成故意伤害（致人死亡）罪

B. 本案应属意外事件

C. 严某的行为构成间接故意杀人罪

D. 严某的行为构成过失致人死亡罪

25. 下列哪种情形构成诬告陷害罪？（　　）（司考）

A. 甲为了得到提拔，便捏造同事曹某包养情人并匿名举报，使曹某失去晋升机会

B. 乙捏造“文某明知王某是实施恐怖活动的人而向其提供资金”的事实，并向公安部门举报

C. 丙捏造同事贾某受贿 10 万元的事实，并写成 500 份传单在县城的大街小巷张贴

D. 丁匿名举报单位领导王某贪污救灾款 50 万元。事后查明，王某只贪污了救灾款 5 000 元

26. 甲得知乙一直在拐卖妇女，便对乙说："我的表弟丙没有老婆，你有合适的就告诉我一下"。不久，乙将拐骗来的两名妇女带到甲家，甲与丙将其中一名妇女买下给丙做妻子。关于本案，下列哪一选项是错误的？（　　）（司考）

A. 乙构成拐卖妇女罪

B. 甲构成拐卖妇女罪的共犯

C. 甲构成收买被拐卖的妇女罪

D. 丙构成收买被拐卖的妇女罪

27. 甲持刀将乙逼入山中，让乙通知其母送钱赎人。乙担心其母心脏病发作，遂谎称开车撞了人，需付5万元治疗费。其母信以为真。关于甲的行为性质，下列哪一选项是正确的？（　　）（司考）

A. 非法拘禁罪　　B. 绑架罪

C. 抢劫罪　　D. 诈骗罪

28. 甲欠乙10万元久不归还，乙反复催讨。某日，甲持凶器闯入乙家，殴打乙致其重伤，迫乙交出10万元欠条并在已备好的还款收条上签字。关于甲的行为性质，下列哪一选项是正确的？（　　）（司考）

A. 故意伤害罪

B. 抢劫罪

C. 非法侵入住宅罪

D. 抢夺罪

29. 甲任邮政中心信函分拣组长期间，先后三次将各地退回信函数万封（约500公斤），以每公斤0.4元的价格卖给废品收购站，所得款项占为己有。关于本案，下列哪一选项是正确的？（　　）（司考）

A. 退回的信函不属于信件，甲的行为不成立侵犯通信自由罪

B. 退回的信函虽属于信件，但甲没有实施隐匿、毁弃与开拆行为，故不成立侵犯通信自由罪

C. 退回的信函处于邮政中心的管理过程中，属于公共财物，甲的行为成立贪污罪

D. 退回的信函被当作废品出卖也属于毁弃邮件，甲的行为成立私自毁弃邮件罪

30. 某孤儿院为谋取单位福利，分两次将38名孤儿交给国外从事孤儿收养的中介组织，共收取30余万美元的"中介费""劳务费"。关于本案，下列哪一选项符合依法治国的要求？（　　）（司考）

A. 因《刑法》未将此行为规定为犯罪，便不能由于本案社会影响重大，就以刑事案件查处

B. 本案可追究孤儿院及其主管人员、直接责任人的刑事责任，以利于促进政治效果与社会效果的统一

C. 报请全国人大常委会核准后，本案可作为单位拐卖儿童犯罪处理，以利于进一步发挥法律维护社会稳定的作用

D. 可追究主管人员与其他直接责任人的刑事责任，以利于促进法律效果、政治效果与社会效果的统一

31. 关于自伤，下列哪一选项是错误的？（　　）（司考）

A. 军人在战时自伤身体、逃避军事义务的，成立战时自伤罪

B. 帮助有责任能力成年人自伤的，不成立故意伤害罪

C. 受益人唆使60周岁的被保险人自伤，骗取保险金的，成立故意伤害罪与保险诈骗罪

D. 父母故意不救助自伤的12周岁儿子而致其死亡的，视具体情形成立故意杀人罪或者遗弃罪

32. 关于故意伤害罪与组织出卖人体器官罪，下列哪一选项是正确的？（　　）（司考）

A. 非法经营尸体器官买卖的，成立组织出卖人体器官罪

B. 医生明知是未成年人，虽征得其同意而摘取其器官的，成立故意伤害罪

C. 组织他人出卖人体器官并不从中牟利的，不成立组织出卖人体器官罪

D. 组织者出卖一个肾脏获15万元，欺骗提供者说只卖了5万元的，应认定为故意伤害罪

33. 下列哪一行为不应以故意伤害罪论处？（　　）（司考）

A. 监狱监管人员吊打被监管人，致其骨折

B. 非法拘禁被害人，大力反扭被害人胳膊，致其胳膊折断

C. 经本人同意，摘取17周岁少年的肾脏1只，支付少年5万元补偿费

D. 黑社会成员因违反帮规，在其同意之下，被截断一截小指头

34. 关于侵犯人身权利罪的论述，下列哪一选项是错误的？（　　）（司考）

A. 强行与卖淫幼女发生性关系，事后给幼女500

元的，构成强奸罪

B. 使用暴力强迫单位职工以外的其他人员在采石场劳动的，构成强迫劳动罪

C. 雇用16周岁未成年人从事高空、井下作业的，构成雇用童工从事危重劳动罪

D. 收留流浪儿童后，因儿童不听话将其出卖的，构成拐卖儿童罪

35. 关于侮辱罪与诽谤罪的论述，下列哪一选项是正确的？（　　）（司考）

A. 为寻求刺激在车站扒光妇女衣服，引起他人围观的，触犯强制猥亵、侮辱罪，未触犯侮辱罪

B. 为报复妇女，在大街上边打妇女边骂“狐狸精”，情节严重的，应以侮辱罪论处，不以诽谤罪论处

C. 捏造他人强奸妇女的犯罪事实，向公安局和媒体告发，意图使他人受刑事追究，情节严重的，触犯诬告陷害罪，未触犯诽谤罪

D. 侮辱罪、诽谤罪属于亲告罪，未经当事人告诉，一律不得追究被告人的刑事责任

36. 关于故意杀人罪、故意伤害罪的判断，下列哪一选项是正确的？（　　）（司考）

A. 甲的父亲乙身患绝症，痛苦不堪。甲根据乙的请求，给乙注射过量镇静剂致乙死亡。乙的同意是真实的，对甲的行为不应以故意杀人罪论处

B. 甲因口角，捅乙数刀，乙死亡。如甲不顾乙的死伤，则应按实际造成的死亡结果认定甲构成故意杀人罪，因为死亡与伤害结果都在甲的犯意之内

C. 甲谎称乙的女儿丙需要移植肾脏，让乙捐肾给丙。乙同意，但甲将乙的肾脏摘出后移植给丁。因乙同意捐献肾脏，甲的行为不成立故意伤害罪

D. 甲征得乙（17周岁）的同意，将乙的左肾摘出，移植给乙崇拜的歌星。乙的同意有效，甲的行为不成立故意伤害罪

37. 甲男（15周岁）与乙女（16周岁）因缺钱，共同绑架富商之子丙，成功索得50万元赎金。甲担心丙将来可能认出他们，提议杀丙，乙同意。乙给甲一根绳子，甲用绳子勒死丙。关于本案的分析，下列哪一选项是错误的？（　　）（司考）

A. 甲、乙均触犯故意杀人罪，因而对故意杀人罪成立共同犯罪

B. 甲、乙均触犯故意杀人罪，对甲以故意杀人罪论处，但对乙应以绑架罪论处

C. 丙系死于甲之手，乙未杀害丙，故对乙虽以绑架罪定罪，但对乙不能适用“杀害被绑架人”的规定

D. 对甲以故意杀人罪论处，对乙以绑架罪论处，与二人成立故意杀人罪的共同犯罪并不矛盾

38. 甲为勒索财物，打算绑架富商之子吴某（5岁）。甲欺骗乙、丙说：“富商欠我100万元不还，你们帮我扣押其子，成功后给你们每人10万元。”乙、丙将吴某扣押，但甲无法联系上富商，未能进行勒索。三天后，甲让乙、丙将吴某释放。吴某一人在回家路上溺水身亡。关于本案，下列哪一选项是正确的？（　　）（司考）

A. 甲、乙、丙构成绑架罪的共同犯罪，但对乙、丙只能适用非法拘禁罪的法定刑

B. 甲未能实施勒索行为，属绑架未遂；甲主动让乙、丙放人，属绑架中止

C. 吴某的死亡结果应归责于甲的行为，甲成立绑架致人死亡的结果加重犯

D. 不管甲是绑架未遂、绑架中止还是绑架既遂，乙、丙均成立犯罪既遂

39. 下列表述正确的是（　　）。

A. 甲为农村留守女童，15岁，父母均在外地打工，常年跟随爷爷生活。邻居乙和甲父关系较好，甲认其为干爹。乙时常以购买食品、赠予金钱为诱饵，与甲发生性关系。乙的行为构成强奸罪

B. 丙15岁，女，母亲与其亲生父亲离婚后改嫁丁。丁时常趁丙母不在时，与丙发生性关系，事后给丙财物，直至丙17岁案发。丁的行为构成强奸罪

C. 戊13岁，女。其继父己时常趁戊母不在时，对戊进行威逼利诱，与戊发生性关系，已构成强奸罪

D. 庚已满16岁，女。在学校时，班主任教师辛经常找其以辅导功课为名约其独处，以许诺帮助其考试提分为诱饵发生性关系，事后又给予财物。辛构成负有照护职责人员性侵罪

40. 王某、孙某原系幼儿园教师。在工作中，王某、孙某因幼儿穿衣慢或不听话等原因，在幼儿园教室内、卫生间等地点，多次恐吓所看护的幼儿，用针状物等尖锐工具将肖某等10余名幼儿的头部、面部、四肢、臀部、背部等处刺扎致伤。本案中，王某、孙某构成何罪？（　　）

A. 故意伤害罪　　B. 虐待罪

C. 虐待被看护人罪　　D. 虐待被监管人罪

41. 关于侵犯公民人身权利的犯罪，下列哪一选项是正确的？（　　）

A. 甲对家庭成员负有扶养义务而拒绝扶养，故意造成家庭成员死亡。甲不构成遗弃罪，成立不作为的故意杀人罪

B. 乙闯入银行营业厅挟持客户王某，以杀害王某相要挟，迫使银行职员交给自己20万元。乙不构成抢劫罪，仅成立绑架罪

C. 丙为报复周某，花5 000元路费将周某12岁的孩子带至外地，以2 000元的价格卖给他人。丙虽无获利目的，也构成拐卖儿童罪

D. 丁明知工厂主熊某强迫工人劳动，仍招募苏某等人前往熊某工厂做工。丁未亲自强迫苏某等人劳动，不构成强迫劳动罪

42. 关于诬告陷害罪的认定，下列哪一选项是正确的（不考虑情节）？（　　）（司考）

A. 意图使他人受刑事追究，向司法机关诬告他人介绍卖淫的，不仅触犯诬告陷害罪，而且触犯侮辱罪

B. 法官明知被告人系被诬告，仍判决被告人有罪的，法官不仅触犯徇私枉法罪，而且触犯诬告陷害罪

C. 诬告陷害罪虽是侵犯公民人身权利的犯罪，但诬告企业犯逃税罪的，也能追究其诬告陷害罪的刑事责任

D. 15周岁的人不对盗窃负刑事责任，故诬告15周岁的人犯盗窃罪的，不能追究行为人诬告陷害罪的刑事责任

（二）多项选择题

1. 甲承包经营某矿井采矿业务。甲为了降低采矿成本、提高开采量，动员当地矿工和村民将子女带到矿井上班，并许诺给他们的子女以高工资。矿工和村民纷纷将他们的子女带到矿井上班，从事井下采矿作业，其中有二十余人为10周岁至16周岁的未成年人。后因甲所承诺的高工资未兑现，二十余名童工表示不想再干，要求离开矿井。甲不同意，并在矿井周围布上电铁丝网，雇用数十名守卫，禁止包括这二十余名童工在内的所有矿工离开矿井，强制他们为自己采矿，其中一名年约12岁的童工因体质瘦弱而累死在井下。甲的行为构成何罪？（　　）（司考）

A. 非法拘禁罪

B. 强迫劳动罪

C. 雇用童工从事危重劳动罪

D. 重大责任事故罪

2. 根据我国刑法的规定，偷盗婴幼儿的行为可因主观目的的不同而构成下列哪些犯罪？（　　）

A. 偷盗婴幼儿罪　　B. 绑架罪

C. 拐卖儿童罪　　D. 拐骗儿童罪

3. 甲、乙合谋勒索丙的钱财，甲与丙及丙的儿子丁（17岁）相识。某日下午，甲将丁邀到一家游乐场游玩，然后由乙向丙打电话。乙称丁被绑架，令丙赶快送3万元现金到约定地点，不许报警，否则杀害丁。丙担心儿子的生命安全而没有报警，傍晚7点左右准备了3万元后送往约定地点。乙取得钱后通知甲，甲随后与丁分手回家。下列哪些罪名不符合甲、乙的行为性质？（　　）（司考）

A. 绑架罪　　B. 抢劫罪

C. 敲诈勒索罪　　D. 非法拘禁罪

4. 甲欲开枪杀乙，射击的结果却是乙重伤，同时乙身边的丙死亡。关于本案，下列哪些说法正确？（　　）

A. 甲的行为成立一个故意杀人罪和一个过失致人死亡罪

B. 甲的行为是故意杀人罪的未遂

C. 甲的行为属于想象竞合犯，应择一重罪处断

D. 对甲的行为应该数罪并罚

5. 甲以出卖为目的，将乙女拐骗至外地后关押于一地下室，并曾强奸乙女。甲在寻找买主的过程中因形迹可疑被他人告发。国家机关工作人员前往解救时，甲的朋友丙却聚众阻碍解救行动。对本案应如何处理？（　　）

A. 对甲的行为以拐卖妇女罪论处

B. 由于甲尚未出卖乙女，应认定为拐卖妇女罪的未遂

C. 对丙应以聚众阻碍解救被收买的妇女罪论处

D. 对丙应以拐卖妇女罪的共犯论处

6. 下列哪些情形应当认定为强奸罪？（ ）

A. 甲，男，2001 年 3 月 28 日出生，在 2015 年 4 月 2 日至 2017 年 3 月 25 日，多次与幼女乙、丙、丁发生两性关系，并导致丁怀孕

B. 甲强奸乙之后，乙因为害怕张扬出去影响自己的声誉，没有告发。甲则以将此事告诉其男友相要挟，多次逼迫乙与其发生性关系。乙忍无可忍，向司法机关告发

C. 甲（男）在假期遇到同厂职工乙（女），邀其到家中坐坐，然后提出跳舞。甲以为乙对其有意，乘势把乙推到床上，意欲发生性关系。乙意识到甲的意图之后，将甲从身上推开，斥责甲下流。甲立即跪地道歉，并求乙不要告诉他人

D. 甲、乙、丙、丁四人在公园见戊（女）。甲即对乙、丙、丁说信不信我能把她搞到手（指发生性关系），乙、丙、丁说不信。甲即上前和戊搭话，结果遭到斥责。甲恼羞成怒，打了戊一个耳光，并上前撕扯戊的衣服，并在戊的乳房上乱摸。戊叫喊，甲因害怕触犯众怒，慌忙逃走

7. 下列哪些行为构成强奸罪？（ ）

A. 人贩子奸淫被拐卖的妇女

B. 收买人强行与被收买的妇女发生性关系

C. 运送他人偷越国（边）境，对被运送人有强奸行为

D. 利用从属关系以胁迫手段奸淫现役军人妻子

8. 下列强奸行为中可以判处死刑的有（ ）。

A. 李某、贾某在公共汽车上抢劫时，发现一女子貌美，便将其拖至汽车后座轮奸

B. 赵某 3 年间强奸妇女 8 人，奸淫幼女 4 人

C. 章某于某日深夜，潜入李女家，使用凶器殴打将其制服后进行奸淫，致使李女死亡

D. 刘某强奸马女后，马女受到极大刺激，精神失常

视频讲题

9. 张三为杀害嗜酒如命的邻居李四，而在自己家里配制好毒酒，准备第二天给李四喝。当天中午，张三将毒酒放在堂屋的桌上就掩上门去睡午觉。李四准备到张三家借农具，推门发现桌上的酒，如获至宝，端起就喝，很快死亡。对张三的行为应如何处理？（ ）

A. 张三为杀人而配制毒酒的行为属于投放危险物质罪未遂；张三自己配制了毒酒，却对其任意处置，使李四错误饮用了该毒酒属于过失投放危险物质罪

B. 张三为杀人而配制毒酒的行为属于故意杀人罪预备，张三自己配制了毒酒，却对其任意处置，使李四错误饮用了该毒酒属于过失致人死亡罪

C. 对张三的行为应该并罚

D. 对张三的两行为应该择一重罪处罚

10. 关于侵犯人身权利犯罪的说法，下列哪些选项是错误的？（ ）（司考）

A. 私营矿主甲以限制人身自由的方法强迫农民工从事危重矿井作业，并雇用打手对农民工进行殴打，致多人伤残。甲的行为构成非法拘禁罪与故意伤害罪，应当实行并罚

B. 砖窑主乙长期非法雇用多名不满 16 周岁的未成年人从事超强度体力劳动，并严重忽视生产作业安全，致使一名未成年人因堆砌的成品砖倒塌而被砸死。对乙的行为应以雇用童工从事危重劳动罪从重处罚

C. 丙以介绍高薪工作的名义从外地将多名成年男性农民工骗至砖窑主王某的砖窑场，以每人 1 000 元的价格卖给王某从事强迫劳动。由于《刑法》仅规定了拐卖妇女、儿童罪，所以，对于丙的行为，无法以犯罪论处

D. 拘留所的监管人员对被监管人进行体罚虐待，致人死亡的，以故意杀人罪论处，不实行数罪并罚

11. 甲欲绑架女大学生乙卖往外地，乙强烈反抗，甲将乙打成重伤，并多次对乙实施强制猥亵行为。甲尚未将乙卖出便被公安人员抓获。关于甲行为的定性和处罚，下列哪些判断是错误的？（ ）（司考）

A. 构成绑架罪、故意伤害罪与强制猥亵、侮辱罪，实行并罚

B. 构成拐卖妇女罪、故意伤害罪、强制猥亵、侮辱罪，实行并罚

C. 构成拐卖妇女罪、强制猥亵、侮辱罪，实行并罚

D. 构成拐卖妇女罪、强制猥亵、侮辱罪，实行并罚，但由于尚未出卖，对拐卖妇女罪应适用未遂犯的规定

12.《刑法》第 238 条第 1 款与第 2 款分别规定："非法拘禁他人或者以其他方法非法剥夺他人人身自由的，处三年以下有期徒刑、拘役、管制或者剥夺政治权利。具有殴打、侮辱情节的，从重处罚。""犯前款罪，致人重伤的，处三年以上十年以下有期徒刑；致人死亡的，处十年以上有期徒刑。使用暴力致人伤残、死亡的，依照本法第二百三十四条、第二百三十二条的规定定罪处罚。"关于该条款的理解，下列哪些选项是正确的？（　　）（司考）

A. 第 1 款所称"殴打、侮辱"属于法定量刑情节

B. 第 2 款所称"犯前款罪，致人重伤"属于结果加重犯

C. 非法拘禁致人重伤并具有侮辱情节的，适用第 2 款的规定，侮辱情节不再是法定的从重处罚情节

D. 第 2 款规定的"使用暴力致人伤残、死亡"，是指非法拘禁行为之外的暴力致人伤残、死亡

13. 关于刑讯逼供罪的认定，下列哪些选项是错误的？（　　）（司考）

A. 甲系机关保卫处处长，采用多日不让小偷睡觉的方式，迫其承认偷盗事实。甲构成刑讯逼供罪

B. 乙系教师，受聘为法院人民陪审员，因庭审时被告人刘某气焰嚣张，乙气愤不过，一拳致其轻伤。乙不构成刑讯逼供罪

C. 丙系检察官，为逼取口供殴打犯罪嫌疑人郭某，致其重伤。对丙应以刑讯逼供罪论处

D. 丁系警察，讯问时佯装要实施酷刑，犯罪嫌疑人因害怕承认犯罪事实。丁构成刑讯逼供罪

14. 关于侵犯人身权利罪，下列哪些选项是错误的？（　　）（司考）

A. 医生甲征得乙（15 周岁）同意，将其肾脏摘出后移植给乙的叔叔丙。甲的行为不成立故意伤害罪

B. 丈夫甲拒绝扶养因吸毒而缺乏生活能力的妻子乙，致乙死亡。因吸毒行为违法，乙的死亡只能由其本人负责，甲的行为不成立遗弃罪

C. 乙盗窃甲价值 4 000 余元财物，甲向派出所报案被拒后，向县公安局告发乙抢劫价值 4 000 余元财物。公安局立案后查明了乙的盗窃事实。对甲的行为不应以诬告陷害罪论处

D. 成年妇女甲与 13 周岁男孩乙性交，因性交不属于猥亵行为，甲的行为不成立猥亵儿童罪

15. 关于侵犯公民人身权利罪的认定，下列哪些选项是正确的？（　　）

A. 甲征得 17 周岁的夏某同意，摘其一个肾脏后卖给他人，所获 3 万元全部交给夏某。甲的行为构成故意伤害罪

B. 乙将自己 1 岁的女儿出卖，获利 6 万元用于赌博。对乙出卖女儿的行为，应以遗弃罪追究刑事责任

C. 丙为索债将吴某绑于地下室。吴某挣脱后，驾车离开途中发生交通事故死亡。丙的行为不属于非法拘禁致人死亡

D. 丁和朋友为寻求刺激，在大街上追逐、拦截两位女生。丁的行为构成强制侮辱罪

16. 甲在公园游玩时遇见仇人胡某，顿生杀死胡某的念头，便欺骗随行的朋友乙、丙说："我们追逐胡某，让他出洋相。"三人捡起木棒追逐胡某，致公园秩序严重混乱。将胡某追到公园后门偏僻处后，乙、丙因故离开。随后甲追上胡某，用木棒重击其头部，致其死亡。关于本案，下列哪些选项是正确的？（　　）

A. 甲触犯故意杀人罪与寻衅滋事罪

B. 乙、丙的追逐行为是否构成寻衅滋事罪，与该行为能否产生救助胡某的义务是不同的问题

C. 乙、丙的追逐行为使胡某处于孤立无援的境地，但无法预见甲会杀害胡某，不成立过失致人死亡罪

D. 乙、丙属寻衅滋事致人死亡，应从重处罚

17. 甲与乙（女）2012 年开始同居，生有一子丙。甲、乙虽未办理结婚登记，但以夫妻名义自居，周围群众公认二人是夫妻。对甲的行为，下列哪些分析是正确的？（　　）

A. 若甲长期虐待乙，则构成虐待罪

B. 甲伤害丙（致丙轻伤）时，乙不阻止的，乙构

成不作为的故意伤害罪

C. 甲如与丁（女）领取结婚证后，不再与乙同居，也不抚养丙的，可能构成遗弃罪

D. 甲如与丁（女）领取结婚证后，不再与乙同居，某日采用暴力强行与乙性交的，构成强奸罪

18. 关于强奸罪及相关犯罪的判断，下列哪些选项是正确的？（　　）（司考）

A. 甲欲强奸某妇女遭到激烈反抗，一怒之下卡住该妇女喉咙，致其死亡后实施奸淫行为。甲的行为构成强奸罪的结果加重犯

B. 乙为迫使妇女王某卖淫而将王某强奸，对乙的行为应以强奸罪与强迫卖淫罪实行数罪并罚

C. 丙在组织他人偷越国（边）境过程中，强奸了被组织的妇女李某。丙的行为虽然触犯了组织他人偷越国（边）境罪与强奸罪，但只能以组织他人偷越国（边）境罪定罪量刑

D. 丁在拐卖妇女的过程中，强行奸淫了该妇女。丁的行为虽然触犯了拐卖妇女罪与强奸罪，但根据刑法规定，只能以拐卖妇女罪定罪量刑

19. 下列哪些行为构成侵犯公民个人信息罪（不考虑情节）？（　　）（司考）

A. 甲长期用高倍望远镜偷窥邻居的日常生活

B. 乙将单位数据库中病人的姓名、血型、DNA 等资料，卖给某生物制药公司

C. 丙将捡到的几本通讯簿在网上卖给他人，通讯簿被他人用于电信诈骗犯罪

D. 丁将收藏的多封 20 世纪 50 年代的信封（上有收件人姓名、单位或住址等信息）高价转让他人

20. 下列哪些情形被害人同意亦可构成犯罪？（　　）

A. 与不满 14 周岁幼女发生性关系的

B. 甲为 15 岁女学生，经常购买避孕套后主动与养父乙发生性关系

C. 雇用 15 周岁未成年人从事高空、井下作业的

D. 丙和丁发生纠纷，激烈争吵中，丙说“有本事你打我”，丁盛怒之下殴打丙致重伤

视频讲题

（三）不定项选择题

1. A 为某国家机关工作人员，依法配备有公务用枪。A 在有配偶（B 女，生活在外地）的情况下，长期与 C 女共同生活，并生有一子（周围群众均认为 A 与 C 为夫妻关系），为此借用了 D 的 3 万元现金。D 多次讨债，A 无力偿还，于是 A 把公务用枪（无子弹）用作借债质押物交给 D，约定 A 还款时，将枪支归还 A。3 个月后，A 仍然未能归还借款，D 便将枪支送给其外甥 E 玩耍。E 在一周后使用该枪支抢劫某银行储蓄所现金二十余万元。请根据案情回答下列问题。（司考）

（1）关于 A 与 C 女共同生活的行为，下列哪些说法是错误的？（　　）

A. 法律不承认事实婚姻，所以，A 不成立重婚罪

B. 事实婚姻是无效的，所以，A 不成立重婚罪

C. A 与 C 女属于同居而非事实婚姻，所以，A 不成立重婚罪

D. 重婚罪侵犯的是配偶权，如果 B 女同意，则 A 不成立重婚罪

（2）关于 A 将枪支质押给 D 的行为，下列哪些说法是错误的？（　　）

A. A 的行为既不属于非法出租，也不属于非法出借，根据罪刑法定原则，不成立非法出租、出借枪支罪

B. A 的行为本身没有造成严重后果，故不成立非法出租、出借枪支罪

C. 由于枪内无子弹，A 的行为不可能危害公共安全，故不成立非法出租、出借枪支罪

D. 对 A 的行为以滥用职权罪论处较为合适

（3）关于 D 的行为，下列哪些说法是错误的？（　　）

A. D 的行为仅成立非法持有枪支罪

B. D 的行为成立非法持有枪支罪和抢劫罪

C. D 的行为虽然不成立抢劫罪，但应对 E 抢劫银行的犯罪行为承担一定的刑事责任

D. D 的行为不成立犯罪

2. 甲花 4 万元收买被拐卖妇女周某做智障儿子的妻子，周某不从，伺机逃走。甲为避免人财两空，以 3 万元将周某出卖。（事实一）

乙收买周某，欲与周某成为夫妻。周某不从，乙多次暴力强行与周某发生性关系。（事实二）

不久，周某谎称怀孕要去医院检查，乙信以为真，周某乘机逃走并向公安机关报案。警察丙带人先后抓获了甲、乙。讯问中，乙仅承认收买周某，拒不承认强行与周某发生性关系。丙恼羞成怒，当场将乙的一只胳膊打成重伤。乙大声呻吟，丙以为其佯装受伤，不予理睬。（事实三）

深夜，丙上厕所，让门卫丁（临时工）帮忙看管乙。乙发现丁是老乡，请求丁放人。丁说："行，但你以后如被抓住，一定要说是自己逃走的。"乙答应后逃走，丁未阻拦。（事实四）（司考）

（1）关于事实一的定性，下列选项正确的是（　）。

A. 甲的行为应以收买被拐卖的妇女罪与拐卖妇女罪实行并罚

B. 甲虽然实施了收买与拐卖两个行为，但由于二个行为具有牵连关系，对甲仅以拐卖妇女罪论处

C. 甲虽然实施了收买与拐卖两个行为，但根据《刑法》的特别规定，对甲仅以拐卖妇女罪论处

D. 由于收买与拐卖行为侵犯的客体相同，而且拐卖妇女罪的法定刑较重，对甲的行为仅以拐卖妇女罪论处，也能做到罪刑相适应

（2）关于事实二的定性，下列选项错误的是（　）。

A. 乙的行为成立收买被拐卖的妇女罪与强奸罪，应当实行并罚

B. 乙的行为仅成立收买被拐卖的妇女罪，因乙将周某当作妻子，故周某不能成为乙的强奸对象

C. 乙的行为仅成立收买被拐卖的妇女罪，因乙将周某当作妻子，故缺乏强奸罪的故意

D. 乙的行为仅成立强奸罪，因乙收买周某就是为了使周某成为妻子，故收买行为是强奸罪的预备行为

（3）关于事实三的定性，下列选项正确的是（　）。

A. 丙的行为是刑讯逼供的结果加重犯

B. 对丙的行为应以故意伤害罪从重处罚

C. 对丙的行为应以刑讯逼供罪与过失致人重伤罪实行并罚

D. 对丙的行为应以刑讯逼供罪和故意伤害罪实行并罚

（4）关于事实四，下列选项错误的是（　）。

A. 乙构成脱逃罪，丁不构成犯罪

B. 乙构成脱逃罪，丁构成私放在押人员罪

C. 乙离开讯问室征得了丁的同意，不构成脱逃罪，丁构成私放在押人员罪

D. 乙与丁均不构成犯罪

视频讲题

简答题

1. 简述刑讯逼供罪的构成要件。
2. 简述非法侵入住宅罪的构成要件。
3. 简述强迫劳动罪的构成要件。
4. 简述侵犯公民个人信息罪的构成要件。
5. 简述暴力干涉婚姻自由罪的构成要件。
6. 简述报复陷害罪的构成要件。

案例分析题

1. 甲男与乙男于20××年7月28日共谋入室抢劫某中学暑假留守女教师丙的财物。7月30日晚，乙在该中学校园外望风，甲翻院墙进入校园内。甲持水果刀闯入丙居住的房间后，发现房间内除有简易书桌、单人床、炊具、餐具外，没有其他贵重财物，便以水果刀相威胁，喝令丙摘下手表（价值2 100元）给自己。丙一边摘手表一边说："我是老师，不能没有手表。你拿走其他东西都可以，只要不抢走我的手表就行。"甲立即将刀装入自己的口袋，然后对丙说："好吧，我不抢你的手表，也不拿走其他东西，让我看看你脱光衣服的样子我就走。"丙不同意，甲又以刀相威胁，逼迫丙脱光衣服。丙一边顺手将摘下的手表放在桌子上，一边流着泪脱完衣服。甲不顾丙的反抗强行摸了丙的乳房后对丙说："好吧，你可以穿上衣服了。"在丙背对着甲穿衣服时，甲趁机将丙放在桌上的手表拿走。甲逃出校园后与乙碰头，乙问抢了什么东西，甲说

就抢了一只手表。甲将手表交给乙出卖，乙以1 000元的价格卖给他人后，甲与乙各分得500元。（司考）

问：请根据刑法规定与刑法原理，对本案进行全面分析。

2. 赵某拖欠张某和郭某6 000多元的打工报酬一直不付。张某与郭某商定后，将赵某15岁的女儿甲骗到外地扣留，以迫使赵某支付报酬。在此期间（共21天），张、郭多次打电话让赵某支付报酬，但赵某仍以种种理由拒不支付。张、郭遂决定将甲卖给他人。在张某外出寻找买主期间，郭某奸淫了甲。张某找到买主陈某后，张、郭二人以6 000元将甲卖给了陈某。陈某欲与甲结为夫妇，遭到甲的拒绝。陈某为防甲逃走，便将甲反锁在房间里一月余。陈某后来觉得甲年纪小、太可怜，便放甲返回家乡。陈某找到张某要求退回6 000元钱。张某拒绝退还，陈某便于深夜将张某的一辆价值4 000元的摩托车骑走。（司考）

问：请根据上述案情，分析张某、郭某、陈某的刑事责任。

3. 甲对乙的财富垂涎已久，某日强行将被害人乙的儿子丙（6岁）绑架，并将其藏在一山洞里。然后，甲托不知情的丁给乙带信，向乙勒索100万元，否则就杀死其儿子，并威胁乙不得报警，否则立即撕票。乙回答："我手上一时没这么多钱。"甲怂恿乙去偷盗其家附近银行的存款，以支付赎金。乙救儿子心切，某夜果然进入银行，盗窃100万元放到甲指定的地方，甲随后立即将乙的儿子丙放回。但是，丙由于在被甲扣押期间受到虐待，生活环境极其恶劣，回家后第二天即因身体极度虚弱而死亡。

问：(1) 乙可否以紧急避险为由，为自己盗窃金融机构的行为进行辩解？

(2) 对于盗窃金融机构一事，甲、乙是否成立共同犯罪？各自的罪责如何确定？

(3) 对甲应如何处刑？

4. 某厂采购员童某于2014年因贪污罪被判处有期徒刑3年，缓刑3年。2016年10月，童某起意强奸厂里的同龄女青年平某，并同其姘妇林某商量，由林某以请平某帮助修理缝纫机为名，将平某诱骗至林某家中。晚饭时，童、林二人设法用酒将平某灌醉，林某故意离家去别处睡觉。童某正欲行奸时，平某惊醒，大喊救命。童某唯恐被邻居发觉，用手扣住平某的嘴，被平某狠咬一口。童某又用手猛扼平某的颈部，致平某窒息死亡。林某次日回家，发现平某已死，惊恐之余，答应为童某掩盖罪行。当晚，童、林二人将平某的尸体装入麻袋运送到郊外，投进了江里。

问：(1) 童某的行为构成何罪？

(2) 林某的行为构成何罪？

(3) 对童某与林某依法应当如何处罚？

5. 2018年9月14日上午9时许，个体金匠黄某在经营黄金首饰交易过程中，被一名外省人骗走交易款3 400元。黄某随即骑车到××县城关的公共场所寻找作案者。当天10时许，黄某在××县客车站的候车室看到乘客张某像作案者，即坐在他旁边与之攀谈。谈话中，黄某认定此人就是骗走交易款的人，欲向公安派出所报案，又觉得没有证据可以证明，便拿出自己带在身上的一张自书的记有黄金重量、价格的纸条，趁张某不备之机，塞进张某的行李袋中，而后叫人帮助监视，自己赶到城关公安派出所报案。民警接到报案后，随同黄某到车站将张某带回派出所审查，并从张某的行李袋中搜出黄某塞进的纸条。张某在被审查中，一直说明自己当天上午9时30分以前没有外出，更没有向黄某购买首饰。此时在场的黄某也发现自己认错了人，此人并非骗财者。但黄某为了掩盖自己的过错，将错就错，仍然指认张某就是诈骗者，导致张某被拘留三个多月，违心地承认有诈骗行为，交出人民币3 400元。经公安机关调查核实，张某当天上午9时30分以前没有离开住宿地，不具有作案时间。最后黄某如实交代了事情的经过，主动向张某赔礼道歉，退回非法所得3 400元，并赔偿张某的损失1 000元。

问：对黄某的行为应该如何认定？

6. 高某（男）与钱某（女）在网上相识，后发展为网恋关系。其间，钱某知晓了高某一些隐情，并以开店缺钱为由，骗取了高某20万元现金。

见面后，高某对钱某相貌大失所望，相处不久更感到她性格古怪，便决定断绝关系。但钱某百般纠缠，最后竟以公开隐情相要挟，要求高某给予500万元补偿费。高某假意筹钱，实际打算除掉钱某。

随后，高某找到密友夏某和认识钱某的宗某，共谋将钱某诱骗至湖边小屋，先将其掐昏，然后扔入湖中溺死，并称事后将给夏某、宗某各20万元作为酬劳。

按照事前分工，宗某发微信将钱某诱骗到湖边小屋。但宗某得知钱某到达后害怕出事后被抓，给高某打电话说："我不想继续参与了。一日网恋十日恩，你也别杀她了。”高某大怒说：“你太不讲义气啦，算了，别管我了!”宗某又随即打钱某电话，打算让其离开小屋，但钱某的手机关机。

高某、夏某到达小屋后，高某寻机抱住钱某，夏某掐钱某的脖子。待钱某不能挣扎后，二人均误以为钱某已昏迷（实际上已经死亡），便准备给钱某身上绑上石块将其扔入湖中溺死。此时，夏某也突然反悔，对高某说：“算了吧，教训她一下就行了。”高某说：“好吧，没你事了，你走吧!”夏某离开后，高某在钱某身上绑石块时，发现钱某已死亡。为了湮灭证据，高某将钱某的尸体扔入湖中。

高某回到小屋时，发现了钱某的“LV”牌手提包（价值5万元），包内有5 000元现金、身份证和一张储蓄卡。高某将现金据为己有。

三天后，高某将“LV”牌提包送给前女友尹某，尹某发现提包不是新的，也没有包装，问：“是偷来的还是骗来的?”高某说：“不要问包从哪里来。我这里还有一张储蓄卡和身份证，身份证上的人很像你，你拿着卡和身份证到银行柜台取钱后，钱全部归你。”尹某虽然不知道全部真相，但能猜到包与卡都可能是高某犯罪所得，但由于爱财还是收下了手提包，并冒充钱某从银行柜台取出了该储蓄卡中的2万元。

问：请根据《刑法》相关规定与刑法原理分析高某、夏某、宗某和尹某的刑事责任（要求注重说明理由，并可以同时答出不同观点和理由）。

论述题与深度思考题

1. 试述强奸罪的认定及与其他犯罪的关系。
2. 试述绑架中故意杀人行为之罪数认定。
3. 试述故意伤害中行为人对结果的认识与实际伤害结果的关系。

参考答案

名词解释

1. 绑架罪，是指以勒索财物或者其他要求为目的，绑架他人作为人质的行为。本罪侵犯的客体是他人的人身自由和财产及其他个人、社会利益。本罪的客观方面表现为以暴力、胁迫、麻醉或其他方法，强行拘禁被害人作为人质的行为。以勒索财物为目的偷盗婴幼儿的也构成绑架罪。本罪的主体是一般主体，即年满16周岁具有刑事责任能力的人。本罪的主观方面为故意，行为人除具有一般意义上的故意以外，还具有将被害人作为人质的目的。《刑法修正案（九）》第14条修改《刑法》第239条第2款，规定：犯绑架罪，杀害被绑架人的，或者故意伤害被绑架人，致人重伤、死亡的，处无期徒刑或者死刑，并处没收财产。

2. 拐卖妇女、儿童罪，是指以出卖为目的，拐骗、绑架、收买、贩卖、接送、中转妇女、儿童的行为。

3. 遗弃罪，是指对于年老、年幼、患病或者其他没有独立生活能力的人，负有扶养义务而拒绝扶养，情节恶劣的行为。

4. 拐骗儿童罪，是指以欺骗、引诱或者其他方法，使不满14周岁的未成年人脱离家庭或者监护人的行为。

5. 雇用童工从事危重劳动罪，是指违反劳动管理法规，雇用未满16周岁的未成年人从事超强度体力劳动，或者从事高空、井下作业，或者在爆炸性、易燃性、放射性、毒害性等危险环境下从事劳动，情节严重的行为。

选择题

（一）单项选择题

1. D。本案中，甲的行为显然符合绑架罪和拐卖儿童罪两罪的构成要件，但是甲的行为不是牵连犯。牵连犯是指出于一个犯罪目的，其方法行为或结果行为又触犯其他罪名的犯罪形态。甲的绑架行为与拐卖行为既不是目的行为和手段行为的关系，也不是原因行为和结果行为的关系，因此，不具有牵连关系。所以对甲应该以绑架罪与拐卖儿童罪并罚，选项D正确。

2. B。奸淫幼女罪罪名已于2002年被取消，并入强奸罪当中，2015年《刑法修正案（九）》删除了《刑法》第360条第2款，嫖宿幼女罪被废除。传播性病罪是指明知自己患有梅毒、淋病等严重性病卖淫、嫖娼的行为。甲、乙之间的关系不是卖淫嫖娼，故不能构成传播性病罪。甲在明知乙是不满14周岁的幼女的情况下，仍然与其发生性关系，构成强奸罪，故选项B正确。此外，根据最高人民法院、最高人民检察院

《关于办理强奸、猥亵未成年人刑事案件适用法律若干问题的解释》（法释〔2023〕3号）第4条，强奸已满14周岁的未成年女性或者奸淫幼女，致使其感染艾滋病病毒的，应当认定为《刑法》第236条第3款第6项规定的“致使被害人重伤”。

3. B。奸淫幼女罪罪名已于2002年被取消，并入强奸罪当中，2015年《刑法修正案（九）》删除了《刑法》第360条第2款，嫖宿幼女罪被废除。甲在明知乙是不满14周岁的幼女的情况下，仍然与其发生性关系，构成强奸罪，故选项B正确。

4. C。直接故意，是指行为人明知自己的行为必然或可能发生危害社会的结果，希望这种结果发生的心理状态。冉某因婚外恋产生杀害妻子李某之念，在饭中投毒，显然是在追求其妻死亡的结果，所以冉某对其妻子的死亡具有直接故意。然而冉某不希望自己儿子死亡，所以冉某对其子的死亡不具有直接故意。

间接故意，是指行为人明知自己的行为可能发生危害社会的结果，放任这种结果发生的心理态度。冉某在给李某做面条时下毒，但其为防止儿子吃饭中毒，将其子送到学校，并嘱咐妻子李某等他来接。不料李某当日提前下班后将其子接回，并与其子一起吃午饭。冉某得知后，赶忙回到家中。这充分说明儿子的死亡违背冉某的意愿，冉某对儿子的死亡不是抱有放任的心态，所以他对其子的死亡不具有间接故意。

意外事件是指虽然行为在客观上造成了损害结果，但不是出于行为人的故意或者过失，而是由不能预见的原因所引起的。冉某下毒时已经预见到其子可能会食用有毒的面条，因此，其子的死亡不是意外事件。

过失分为过于自信的过失和疏忽大意的过失。过于自信的过失是指行为人预见到自己的行为可能发生危害社会的结果，但轻信可以避免，以致发生这种结果的心理态度。疏忽大意的过失是指行为人应当预见到自己的行为可能发生危害社会的结果，因疏忽大意没有预见到，以致发生这种结果的心理态度。冉某已经预见到自己下毒的行为可能导致儿子的死亡，但其轻信可以通过自己的计划避免这种结果的发生，所以冉某对其子的死亡具有过于自信的过失。

因此，选项C正确。

5. C。本题中，甲用手推乙，致乙倒地，头碰在石头上死亡的行为构成过失致人死亡罪。甲在掩埋乙的尸体时发现稻草动了一下，以为乙没死，为了杀死乙，甲拾起一块石头猛砸乙的头部，用磨盘压乙的行为构成故意杀人罪。由于在用石头砸乙之前，乙已经死亡，因而甲属故意杀人罪的未遂。

6. D。根据《刑法》第261条的规定，遗弃罪是指对于年老、年幼、患病或者其他没有独立生活能力的人，负有扶养义务而拒绝扶养，情节恶劣的行为。甲与该婴儿没有亲属关系，不负有抚养义务，因此不能构成遗弃罪。拐骗儿童罪是指使用欺骗、利诱或其他方法，使不满14周岁的未成年人脱离家庭或者监护人的行为。该婴儿是弃婴，其脱离家庭或者监护人并不是甲的行为所致，因此，不能定拐骗儿童罪。甲的行为显然不能构成诈骗罪。拐卖妇女、儿童罪是指以出卖为目的，拐骗、绑架、收买、贩卖、接送、中转妇女、儿童的行为。甲的行为符合拐卖儿童罪的构成要件，应该以该罪定罪处罚。故选项D正确。

7. B。侮辱罪，是指使用暴力或者以其他方法，公然贬损他人人格，破坏他人名誉，情节严重的行为。本案中，甲、乙采用辱骂、向丙脸上涂抹粪便的方式公然贬损丙的人格，情节严重，因此构成侮辱罪。甲、乙不构成强制猥亵罪。所谓猥亵，是指行为人为了追求性刺激，满足其变态性欲而实施的非性交的有伤风化的行为。甲的行为不是猥亵行为，所以不能构成强制猥亵罪。

《刑法》第293条规定，有下列寻衅滋事行为之一，破坏社会秩序的，构成寻衅滋事罪：（1）随意殴打他人，情节恶劣的；（2）追逐、拦截、辱骂他人，情节恶劣的；（3）强拿硬要或者任意损毁、占用公私财物，情节严重的；（4）在公共场所起哄闹事，造成公共场所秩序严重混乱的。“追逐、拦截、辱骂他人”是指为无端挑起事端、争执，对他人实施上述行为。本案中，甲、乙的行为显然是有目的性的，并非无端生事，所以不能构成寻衅滋事罪。

8. A。诬告陷害罪，是指捏造事实诬告陷害他人，意图使他人受到刑事追究，情节严重的行为。本案中，吴某虽然捏造了张某受贿、贪污的事实，但是其目的仅仅是贬损张某人格，没有使其受到刑事追究的目的，没有向有关机关告发的行为，所以其不构成诬告陷害罪。侮辱罪，是指使用暴力或者以其他方法，公然贬损他人人格，破坏他人名誉，情节严重的行为。诽谤罪，是指故意捏造并散布虚构的事实，足以贬损他人人格、破坏他人名誉，情节严重的行为。虽侮辱罪与诽谤罪都具有贬损他人人格的特点，但是诽谤罪要求故意捏造并散布虚构的事实，这是这两个罪名的本质区别所在。吴某故意捏造并散布张某受贿、贪污的事实，贬损张某人格，破坏张某名誉，使他人对张某的社会评价降低，情节严重，符合诽谤罪的构成要件，因此应定诽谤罪。所以选项A正确。

9. C。甲的行为构成刑讯逼供罪。刑讯逼供罪，是指司法工作人员对犯罪嫌疑人、被告人使用肉刑或者变相肉刑，逼取口供的行为。甲怀疑乙有越狱的企图，便在审讯乙的时候，使用罚跪、抽打等肉刑方式强迫乙供述自己的罪行的行为，符合刑讯逼供罪的构成要件，应以该罪论处。刑讯逼供的过程必然包含滥用职权和故意伤害的行为，滥用职权和故意伤害致人轻伤的行为被刑讯逼供罪吸收。刑讯逼供超出轻伤范围，致人伤残、死亡的，以故意伤害罪、故意杀人罪从重处罚。虐待被监管人罪，是指监狱、拘留所、看守所等监管机构的监管人员，对被监管人进行殴打或者体罚虐待，情节严重的行为。刑讯逼供罪和虐待被监管人罪的本质区别在于行为人的犯罪目的不同：刑讯逼供罪是以逼取口供为目的，虐待被监管人罪是以压服被监管人或泄愤报复等为目的。本案中，甲具有逼取口供的目的，显然应该构成刑讯逼供罪。

10. B。选项A中，甲有伤害他人的直接故意，对死亡结果怀有间接故意，由于没有造成他人死亡的结果，所以不构成故意杀人罪，而只构成故意伤害罪。因此，选项A不选。根据《刑法》第238条第2款，非法拘禁他人或者以其他方法非法剥夺他人人身自由，并使用暴力致人死亡的，依照故意杀人罪定罪处罚。因此，选项B应选。根据《刑法》第239条第1、2款，以勒索财物为目的绑架他人的，或者绑架他人作为人质，杀害被绑架人的，或者故意伤害被绑架人，致人重伤、死亡的，仍按照绑架罪定罪处罚。因此，选项C不选。选项D中的行为客观上危害了公共安全，构成放火罪；致人死亡，构成放火罪的结果加重犯。因此，选项D不选。

11. C。奸淫幼女罪的罪名已经被取消，排除选项A。猥亵儿童罪的对象是不满14周岁的儿童，猥亵行为既可以是强制性的，也可以是非强制性的；猥亵是指行为人为了追求性刺激，满足其变态性欲而实施的非性交的有伤风化的行为。因此，选项D排除。2013年最高人民法院、最高人民检察院、公安部、司法部发布的《关于依法惩治性侵害未成年人犯罪的意见》（已废止）曾在第27条规定："已满十四周岁不满十六周岁的人偶尔与幼女发生性关系，情节轻微、未造成严重后果的，不认为是犯罪。"在本案，甲男尽管已满14周岁，但尚未成年，其与乙女发生性关系，确属双方自愿且未造成其他严重后果，因此不构成强奸罪，选项C正确。

12. D。《刑法》第239条第1、2款规定："以勒索财物为目的绑架他人的，或者绑架他人作为人质的，处十年以上有期徒刑或者无期徒刑，并处罚金或者没收财产；情节较轻的，处五年以上十年以下有期徒刑，并处罚金。犯前款罪，杀害被绑架人的，或者故意伤害被绑架人，致人重伤、死亡的，处无期徒刑或者死刑，并处没收财产。"可见，在绑架过程中杀死被绑架人的行为被视为绑架罪的加重情节，并不单独构成故意杀人罪。所以应以绑架罪一罪定罪处罚。

13. D。葛某的行为构成强奸罪。葛某使用冒充警察欺骗、非法限制人身自由的手段迫使二女生违背自己意志，与其发生性行为的行为构成强奸罪。招摇撞骗罪，是指为谋取非法利益，假冒国家机关工作人员的身份或职称行骗，损害国家机关的威信及其正常活动的行为。本案中，葛某虽然冒充警察欺骗二位女生，以达到满足自己性欲的目的，但是招摇撞骗罪不足以评价葛某的全部行为，该招摇撞骗行为是为了对被害人施加精神强制，已经被强奸罪吸收，所以葛某的行为不单独构成招摇撞骗罪。强制侮辱妇女罪不能包括与妇女发生性行为这种情况，所以葛某的行为不构成强制侮辱妇女罪。

14. D。最高人民法院《关于对在绑架过程中以暴力、胁迫等手段当场劫取被害人财物的行为如何适用法律问题的答复》规定：行为人在绑架过程中，又以暴力、胁迫等手段当场劫取被害人财物，构成犯罪的，择一重罪处罚。因此，应选D项。

15. C。甲的行为构成诽谤罪。诽谤罪，是指故意捏造并散布虚构的事实，足以贬损他人人格，破坏他人名誉，情节严重的行为。甲故意捏造并散布乙嫖娼的事实，贬损乙的人格，破坏乙的名誉，情节严重，所以构成诽谤罪。报复陷害罪，是指国家机关工作人员滥用职权、假公济私，对控告人、申诉人、批评人、举报人实行报复陷害的行为。虽甲身为国家机关工作人员，但是其行为不属于滥用职权，被害人乙也不属于控告人、申诉人、批评人、举报人，所以不构成报复陷害罪。诬告陷害罪，是指捏造事实诬告陷害他人，意图使他人受刑事追究，情节严重的行为。嫖娼这一虚构事实最多使乙受到《治安管理处罚法》的处罚，不构成犯罪，所以对甲的行为不能定诬告陷害罪。

16. B。诬告陷害罪，是指捏造事实诬告陷害他人，意图使他人受刑事追究，情节严重的行为。孙某捏造他人违法犯罪的事实，诬告陷害他人，意图使他人受刑事追究，情节严重，因此构成诬告陷害罪。

17. A。《治安管理处罚法》第 87 条第 1 款规定："公安机关对与违反治安管理行为有关的场所、物品、人身可以进行检查。检查时，人民警察不得少于二人，并应当出示工作证件和县级以上人民政府公安机关开具的检查证明文件。对确有必要立即进行检查的，人民警察经出示工作证件，可以当场检查，但检查公民住所应当出示县级以上人民政府公安机关开具的检查证明文件。"本案中，张某、李某、曹某等人违反《治安管理处罚法》的规定，没有办理并向被害人出示法律规定的证件，入室搜查，构成非法搜查罪。其没有检查手续检查公民住所，非法侵入住宅，符合非法侵入住宅罪的构成要件，但是作为非法搜查的过程，非法侵入住宅的行为已经被非法搜查罪吸收，因此不单独定非法侵入住宅罪。

18. C。《公安机关办理刑事案件程序规定》（2020 年修正）第 15 条第 1 款规定："刑事案件由犯罪地的公安机关管辖。如果由犯罪嫌疑人居住地的公安机关管辖更为适宜的，可以由犯罪嫌疑人居住地的公安机关管辖。"第 24 条第 1、2 款规定，县级公安机关负责侦查发生在本辖区内的刑事案件。设区的市一级以上公安机关负责重大的危害国家安全犯罪、恐怖活动犯罪、涉外犯罪、经济犯罪、集团犯罪、跨区域犯罪案件的侦查。徐某、王某在没有办理任何立案手续的情况下，带人到异地抓人，并违反《刑事诉讼法》和《公安机关办理刑事案件程序规定》，先后 5 次将货主带进看守所，违法提审刘某，并对刘某进行殴打和使其罚跪，因此，二人的行为超越管理范围，滥用职权，程序违法，构成非法拘禁罪。

19. C。本罪主要考查催收债务行为的司法认定。催收合法债务与催收非法债务在定罪上是有区别的。就催收非法债务而言，2000 年最高人民法院《关于对为索取法律不予保护的债务，非法拘禁他人行为如何定罪问题的解释》规定，行为人为索取高利贷、赌债等法律不予保护的债务，非法扣押、拘禁他人的，依照《刑法》第 238 条非法拘禁罪的规定定罪处罚。2020 年《刑法修正案（十一）》增加了催收非法债务罪，规定："有下列情形之一，催收高利放贷等产生的非法债务，情节严重的，处三年以下有期徒刑、拘役或者管制，并处或者单处罚金：（一）使用暴力、胁迫方法的；（二）限制他人人身自由或者侵入他人住宅的；（三）恐吓、跟踪、骚扰他人的。"该罪中的"非法债务"除因高利放贷产生的债务外，还包括吸毒、赌博、嫖娼等违法犯罪行为产生的债务。用非法手段催收合法债务的，仅能就非法手段进行定罪。汪某和王某二人以非法剥夺他人人身自由的方式催收合法债务，应构成非法拘禁罪。

20. C。本案中，曹宏某的行为显然已经超出了管教儿子的正常范围，其子的死亡和他的殴打有直接因果关系。曹宏某对年幼的儿子进行长时间、明显超出正常管教范围的毒打，其主观方面显然不是过失，而是故意，因此不能构成过失致人死亡罪。虐待罪是指对共同生活的家庭成员经常以打骂、捆绑、冻饿、限制自由、凌辱人格、不给治病或者强迫做过度劳动等方法，从肉体上和精神上进行摧残迫害，情节恶劣的行为。曹宏某与其子共同生活，儿子顽皮，曹宏某进行管教是其权利，但是曹宏某以殴打的手段进行管教，远远超出正常管教的范围和程度，致使儿子死亡，其行为应该构成虐待罪。曹宏某毒打其子致死的行为构成故意伤害罪是正确的，但是虐待罪评价的是长时间内多次故意伤害的行为，当然包括故意伤害致人死亡的情况，而故意伤害罪不足以全面评价曹宏某的行为，所以本案应定虐待罪。

21. B。破坏选举罪是指在选举各级人民代表大会代表和国家机关领导人员时，以暴力、威胁、欺骗、贿赂、伪造选举文件、虚报选举票数等手段破坏选举或者妨害选民和代表自由行使选举权和被选举权，情节严重的行为。破坏选举罪包括通过贿赂的方式破坏选举的行为。本案中，卢某为达到当选副镇长的目的，以金钱收买人大代表，其行为妨碍了人大代表选举权的正常行使，构成破坏选举罪。向徐某行贿 2 000 元的行为，由于行贿数额没达到法定标准，因而不构成行贿罪。

22. C。《刑法》第 17 条第 2 款规定："已满十四周岁不满十六周岁的人，犯故意杀人、故意伤害致人重伤或者死亡、强奸、抢劫、贩卖毒品、放火、爆炸、投放危险物质罪的，应当负刑事责任。”这里的故意杀人罪，是指行为人实施的杀人“行为”，而非法院经审理后具体确定的“故意杀人罪”这一罪名。在本案中，虽然不满16周岁的甲实施绑架的行为根据上述规定不构成绑架罪，但其因不法要求没有被满足而故意杀害人质，应认定其实施了《刑法》第17条所规定的故意杀人行为，应当追究刑事责任。《刑法》第239条规定，绑架他人并杀害被绑架人的，属于绑架罪的结果加重犯，这一规定应当视为只适用于已满16周岁者。已满14周岁不满16周岁的人，绑架他人并杀害被绑架人的，仍然只构成故意杀人罪，而不成立绑架罪。所以，在《刑法》第17条对甲的刑事责任范围有规定的情况下，对甲以故意杀人罪追究刑事责任，符合罪刑法定原则。

23. A。根据《刑法》第240条规定，以出卖为目的，实施拐骗、绑架、收买、贩卖、接送、中转妇女、儿童的行为之一的，构成拐卖妇女、儿童罪，处5年以上10年以下有期徒刑，并处罚金；有下列情形之一的，处10年以上有期徒刑或者无期徒刑，并处罚金或者没收财产；情节特别严重的，处死刑，并处没收财产：（1）拐卖妇女、儿童集团的首要分子；（2）拐卖妇女、儿童3人以上的；（3）奸淫被拐卖的妇女的；（4）诱骗、强迫被拐卖的妇女卖淫或者将被拐卖的妇女卖给他人迫使其卖淫的；（5）以出卖为目的，使用暴力、胁迫或者麻醉方法绑架妇女、儿童的；（6）以出卖为目的，偷盗婴幼儿的；（7）造成被拐卖的妇女、儿童或者其亲属重伤、死亡或者其他严重后果的；（8）将妇女、儿童卖往境外的。甲拐骗儿童、偷盗婴儿后准备卖出，在运送过程中使用麻醉药致使婴儿死亡，其行为构成拐卖儿童罪。因此选项A正确。

24. D。严某的行为构成过失致人死亡罪。严某作为保姆，有照顾、保护婴儿的义务。婴儿因大小便不当被严某打哭后憋住气，严某已知被害人憋住气了，却将被害人口鼻朝下推倒在沙发上。严某应当预见被害人正处于危险状态，须尽其照顾义务并采取救护措施，却疏忽大意，最终致使被害人窒息而死。因此，其主观上是有过失的，应定过失致人死亡罪。

25. B。根据《刑法》第243条的规定，诬告陷害罪是指，捏造事实诬告陷害他人，意图使他人受刑事追究，情节严重的行为。不是有意诬陷，而是错告，或者检举失实的，不构成诬告陷害罪。

选项A中甲虽然捏造了事实并举报，但是其仅仅是想让曹某失去晋升机会，并没有使其受到刑事追究的目的，故不构成诬告陷害罪。选项C中丙虽然捏造了同事贾某受贿的事实，但是并没有实行向有关机关告发的行为，也没有使其受到刑事追究的目的，故也不能构成诬告陷害罪，但是可以构成诽谤罪。选项D中丁虽然将王某贪污5 000元救灾款夸大成贪污50万元，但是王某贪污属实，应该受到追究，故丁不构成诬告陷害罪。选项B中乙捏造“文某明知王某是实施恐怖活动的人而向其提供资金”的事实并向公安部门举报的行为，是捏造事实诬告陷害他人，意图使他人受刑事追究，构成诬告陷害罪。故选项B正确。

26. B。乙一直从事拐卖妇女的行为，因此构成拐卖妇女罪无疑。丙与甲一起将一名妇女买下作为自己的妻子，构成收买被拐卖的妇女罪。甲向乙表示，想为丙购买一妇女，并和丙一起收买，其行为构成收买被拐卖的妇女罪。根据《刑法》第240条第2款的规定，拐卖妇女是指以出卖为目的，拐骗、绑架、收买、贩卖、接送、中转妇女的行为。由于《刑法》规定收买行为若要构成拐卖妇女罪必须以出卖为目的，但本案中甲并没有以再次出卖为目的，因而选项B的表述错误，为应选项。

27. B。甲的行为属于绑架勒索。虽然乙向其母亲谎称发生交通事故，但是这并不影响甲绑架罪的性质。

28. B。甲的行为构成抢劫罪。甲的目的是非法占有欠条，借此强迫乙消灭债权凭证。其抢劫的对象不是10万元，而是该欠条。因此，甲的行为构成抢劫罪。

29. D。《邮政法》第33条规定：邮政企业对无法投递的邮件，应当退回寄件人。无法投递又无法退回的信件，自邮政企业确认无法退回之日起超过6个月无人认领的，由邮政企业在邮政管理部门的监督下销毁。无法投递又无法退回的其他邮件，按照国务院邮政管理部门的规定处理；其中无法投递又无法退回的进境国际邮递物品，由海关依照《海关法》的规定处理。甲未作退回处理即将退回信函卖给废品收购站，属销毁行为之一种。其行为构成私自毁弃邮件罪。

30. D。本案源自“邵氏弃婴”案，该孤儿院工作人员的行为可构成拐卖儿童罪。

31. C。除非法律有特别规定，自伤行为一般不构成犯罪。选项A中，战时自伤罪为法律对自伤行为的特别规定。选项B中，有责任能力的成年人自伤，不构成犯罪，因此提供帮助的人也不构成犯罪。选项C中，被保险人自伤，受益人的教唆行为不构成故意伤害罪，但是他们共同构成保险诈骗罪。选项D中，父母对未成年子女负有法定保护义务，其坐视儿子自伤致死，成立杀人或者伤害等犯罪的间接故意；不上前制止救助，成立违反法定保护义务的犯罪行为，应视具体情况定罪处罚。

32. B.《刑法》第234条之一组织出卖人体器官罪中的人体器官是指活人体器官，尸体上的器官不属于人体器官，因此，非法经营尸体器官买卖的不构成组织出卖人体器官罪，故选项A错误。人体器官买卖的组织、中介方是否牟利，不影响其构成本罪，因此选项C错误。

《刑法》第234条之一第2款和第3款还规定：未经本人同意摘取其器官，或者摘取不满18周岁的人的器官，或者强迫、欺骗他人捐献器官的，依照故意伤害罪、故意杀人罪的规定定罪处罚。违背本人生前意愿摘取其尸体器官，或者本人生前未表示同意，违反国家规定，违背其近亲属意愿摘取其尸体器官的，依照本法盗窃、侮辱、故意毁坏尸体罪的规定定罪处罚。因此选项B正确。选项D中仅是在数额上进行欺骗，而非欺骗他人捐献器官，因此应认定为组织出卖人体器官罪，而不应认定为故意伤害罪。

33. D。监狱监管人员吊打被监管人，致其骨折，根据《刑法》第248条第1款，构成故意伤害罪，故A项不选。非法拘禁被害人，大力反扭被害人胳膊，致其胳膊折断，根据《刑法》第238条第2款，构成故意伤害罪，故B项不选。经本人同意，摘取17周岁少年的肾脏1只，支付少年5万元补偿费，根据《刑法》第234条之一第2款，构成故意伤害罪，故C项不选。黑社会成员因违反帮规，在其同意之下，被截断一截小指头，构成轻伤且得到被害人承诺，属刑法正当行为，因此，D项不应以故意伤害罪论处，当选。

34. C。强行与卖淫幼女发生性关系，事后给幼女500元的，构成强奸罪。故A项正确，不选。使用暴力强迫单位职工以外的其他人员在采石场劳动的，构成强迫劳动罪（无论被害人是否属自己单位的职工）。故B项正确，不选。雇用16周岁未成年人从事高空、井下作业的，不构成雇用童工从事危重劳动罪（无罪）。故C项错误，当选。收留流浪儿童后，因儿童不听话将其出卖的，构成拐卖儿童罪，故D项正确，不选。

35. B。选项A错误：为寻求刺激在车站扒光妇女衣服，引起他人围观的，既符合强制猥亵、侮辱罪的成立要件，也符合侮辱罪的成立要件。选项B正确：诽谤罪，是指捏造并散布虚假的事实，意图损害他人人格、毁坏他人名誉的行为。边打妇女边骂“狐狸精”，并没有捏造具体的事实，因而不构成诽谤罪；情节严重的，构成侮辱罪。选项C错误：捏造他人强奸妇女的犯罪事实，向公安局告发，意图使他人受刑事追究，情节严重的，构成诬告陷害罪；捏造他人强奸妇女的犯罪事实，向媒体告发，情节严重的，构成诽谤罪。选项D错误：根据《刑法》第246条的规定，侮辱罪、诽谤罪，通常情况下，告诉的才处理，但是严重危害社会秩序和国家利益的除外。据此可知，选项D中说“一律”过于绝对。

36. B。选项A是关于“安乐死”或被害人承诺能否免除行为人刑事责任的问题。我国法律没有关于“安乐死”或被害人承诺能够免除行为人刑事责任的规定，因此甲仍应该承担刑事责任。选项B中甲持间接的故意，造成他人死亡的结果在其故意范围内，应根据实际损害结果认定故意杀人罪。选项C中甲的行为属于欺骗乙捐献器官，根据《刑法》第234条之一第2款，未经本人同意摘取其器官，或者摘取不满18周岁的人的器官，或者强迫、欺骗他人捐献器官的，以故意伤害罪或故意杀人罪的规定定罪处罚。选项D中属于摘取不满18周岁的人的器官，根据《刑法》第234条之一第2款规定，应以故意伤害罪或故意杀人罪的规定定罪处罚。

37. C。甲、乙二人属于共同犯罪，实施了故意杀人和绑架的行为。之所以甲、乙二人罪名不同，是因为甲未满16周岁，不能以绑架罪对其定罪处罚，而乙已满16周岁，可以以绑架罪对其定罪处罚。所以选项C表述错误。

38. D。《刑法》第238条第3款规定：“为索取债务非法扣押、拘禁他人的，依照前两款的规定处罚。”本题中，乙、丙二人以索取债务的主观意图扣押吴某三天，成立非法拘禁罪既遂犯。所以，D项正确。共同犯罪需要共同犯罪的合意，本题中，乙、丙是受到甲的欺骗，并无实施绑架的故意，不成立绑架罪的共同犯罪，所以，A 项错误。《刑法》第 239 条第 1 款规定："以勒索财物为目的绑架他人的，或者绑架他人作为人质的，处十年以上有期徒刑或者无期徒刑，并处罚金或者没收财产；情节较轻的，处五年以上十年以下有期徒刑，并处罚金。"绑架行为一旦结束，本罪即既遂，不存在未遂和中止等未完成形态。所以，B 项错误。《刑法》第 239 条第 2 款规定："犯前款罪，杀害被绑架人的，或者故意伤害被绑架人，致人重伤、死亡的，处无期徒刑或者死刑，并处没收财产。"本题中，甲并无伤害及杀害吴某的故意，吴某系自己溺水身亡，故甲不成立本罪的结果加重犯。所以，C 项错误。综上所述，本题正确答案为 D 项。

39. C。本罪主要考查的是强奸罪和负有照护职责人员性侵罪。负有照护职责人员性侵罪是《刑法修正案（十一）》新增罪名。据《刑法修正案（十一）》第 27 条新增的《刑法》第 236 条之一规定："对已满十四周岁不满十六周岁的未成年女性负有监护、收养、看护、教育、医疗等特殊职责的人员，与该未成年女性发生性关系的，处三年以下有期徒刑；情节恶劣的，处三年以上十年以下有期徒刑。有前款行为，同时又构成本法第二百三十六条规定之罪的，依照处罚较重的规定定罪处罚。"A 选项中，乙虽然为甲的干爹，但是并非负有监护、收养、看护职责，因此其与甲发生性关系不能构成负有照护职责人员性侵罪。甲已满 14 周岁，乙又没有使用暴力、胁迫手段，因此乙不构成强奸罪。B 选项中，丁作为丙的继父，负有监护、收养职责，与 15 岁的丙发生性关系，构成负有照护职责人员性侵罪。在丙已满 16 周岁后，丁与丙发生性关系的行为不构成负有照护职责人员性侵罪，也不构成强奸罪。C 选项中，戊 13 岁，为未满 14 周岁的幼女，继父己与戊发生性关系，不论是否进行威逼利诱，都构成强奸罪。D 选项中，班主任辛虽对其负有教育职责，但庚已满 16 周岁，因此辛不构成负有照护职责人员性侵罪。故 C 选项正确。

40. C。本案系最高人民法院公布的典型案例。本案中，王某、孙某构成虐待被看护人罪。本罪是《刑法修正案（九）》新增罪名。据《刑法修正案（九）》第 19 条新增的规定："对未成年人、老年人、患病的人、残疾人等负有监护、看护职责的人虐待被监护、看护的人，情节恶劣的，处三年以下有期徒刑或者拘役。单位犯前款罪的，对单位判处罚金，并对其直接负责的主管人员和其他直接责任人员，依照前款的规定处罚。有第一款行为，同时构成其他犯罪的，依照处罚较重的规定定罪处罚。"王某、孙某原系幼儿园教师，负有对未成年人的看护职责，其恐吓和用针状物刺扎儿童的行为构成虐待被看护人罪。如果造成儿童轻伤、重伤，同时构成故意伤害罪，属于想象竞合犯，依照处罚较重的规定定罪处罚。本案中，王某、孙某的行为未对儿童造成轻伤，因此不能同时构成故意伤害罪。虐待罪必须是行为人和被害人属于同一家庭成员，幼儿园教师和幼儿园儿童显然不属于同一家庭。虐待被监管人罪是监狱、拘留所、看守所等监管机构的监管人员对被监管人进行殴打或者体罚虐待，情节严重的行为。本案中，王某、孙某的行为显然不属于虐待被监管人罪。因此，本题应选 C 选项。

41. C。选项 A 错误：此种情况不能排除成立遗弃罪的可能。选项 B 错误：乙成立抢劫罪。选项 C 正确：拐走儿童当作商品一样买卖，不论出于什么动机，不论是否获利，都成立拐卖儿童罪。选项 D 错误：《刑法》第 244 条第 2 款规定，明知他人实施（强迫劳动）行为，为其招募、运送人员或者有其他协助强迫他人劳动行为的，依照前款的规定处罚。实际上，这种行为也是强迫劳动罪的共犯。丁虽然未亲自强迫他人劳动，但为他人强迫劳动招工，根据刑法规定，也构成强迫劳动罪。

42. C。选项 A 错误：诬告他人介绍卖淫，不成立侮辱罪。选项 B 错误：法官明知被告人系被诬告，仍判决被告人有罪的，只成立徇私枉法罪。选项 C 正确：虽然是诬告企业，但是刑法对逃税罪的单位主体采用双罚制，诬告会使企业直接负责的主管人员和其他直接责任人员受到刑事追究。选项 D 错误：诬告未达到刑事责任年龄人犯罪的，同样可以成立诬告陷害罪。

（二）多项选择题

1. BC。《刑法》第 244 条规定，强迫劳动罪，是指以暴力、威胁或者限制人身自由的方法强迫他人劳动的行为。甲在矿井周围布上电铁丝网，雇用数十名守卫，禁止所有矿工离开矿井，强制他们为自己采矿的行为构成强迫劳动罪。

《刑法》第 244 条之一规定，雇用童工从事危重劳动罪，是指违反劳动管理法规，雇用未满 16 周岁的未成年人从事超强度体力劳动，或者从事高空、井下作业，或者在爆炸性、易燃性、放射性、毒害性等危险环境下从事劳动，情节严重的行为。甲雇用二十余名10周岁至16周岁的未成年人从事井下采矿作业，致使其中一名年约12岁的童工因体质瘦弱而累死在井下的行为构成雇用童工从事危重劳动罪。

所以选项BC正确。

2. BCD。根据《刑法》第239条之规定，以勒索财物为目的偷盗婴幼儿的，构成绑架罪；根据《刑法》第240条之规定，以出卖为目的偷盗婴幼儿的，构成拐卖儿童罪；根据《刑法》第262条之规定，拐骗不满14周岁的未成年人，脱离家庭或者监护人的，构成拐骗儿童罪。因此应选BCD项。

3. ABD。抢劫罪要求以暴力、胁迫或其他手段，当场劫取被害人财物，甲、乙没有当场对丁采取强制手段，所以不能构成抢劫罪。甲将丁邀到一家游乐场游玩，谎称丁被绑架，但实际上甲、乙二人既没有绑架丁，也没有限制丁的人身自由，所以不构成绑架罪和非法拘禁罪。敲诈勒索罪，是指以非法占有为目的，以威胁或者要挟的方法，强索公私财物的行为。甲、乙二人以非法占有为目的，将丙之子丁约出后向丙打电话称丁被绑架，令丙赶快送3万元现金到指定地点，不许报警，否则杀害丁的行为符合敲诈勒索罪的构成要件，应定敲诈勒索罪。所以应选ABD项。

4. ABC。本案中，甲开枪射击乙的行为构成故意杀人罪，但是由于没有将乙杀死，因而属于故意杀人罪未遂。甲开枪导致丙死亡的行为构成过失致人死亡罪。甲的一个开枪行为触犯了故意杀人罪和过失致人死亡罪两个罪名，属于想象竞合犯，应该择一重罪处断。因此，对甲的行为应该定一个故意杀人罪，而不应该数罪并罚。所以选项ABC正确。

5. AD。甲的行为构成拐卖妇女罪。虽然甲有强奸乙女的行为，但是强奸被拐卖的妇女已经被规定为拐卖妇女罪的加重情节之一，因而对甲仅定拐卖妇女罪一罪即可，不另定强奸罪。拐卖妇女、儿童罪是行为犯，只要实施了拐卖行为，不论是否卖出，均构成本罪既遂。乙并未被卖出，所以丙不能构成聚众阻碍解救被收买的妇女罪。丙知道甲拐卖妇女的情况，在国家机关工作人员解救的时候聚众阻碍，为甲拐卖妇女提供帮助，其行为应构成拐卖妇女罪的共犯。因此，选项AD正确。

6. AB。选项A中，甲已满14周岁，幼女与之发生性关系虽属自愿，但甲与三位被害人发生性关系并导致其中一人怀孕，已经不属于“情节显著轻微危害不大的，不认为是犯罪”的情况，因而应追究其强奸罪的刑事责任。

选项B中，甲第一次强奸乙，已构成强奸罪，后又以将此事告诉其男友相要挟，对乙施加精神上的强制，强行与之发生性关系，同样构成强奸罪，故甲的行为属于强奸罪的连续犯。

选项C中，甲虽有与乙性交之故意，但是没有采用强制手段，并在乙斥责后下跪道歉，求乙不要告诉他人，因此其行为不构成强奸罪。

选项D中，甲采用殴打等强制行为撕扯戊的衣服，在戊的乳房上乱摸的行为构成强制猥亵、侮辱罪，而不构成强奸罪。虽甲对乙、丙、丁表示要和戊发生性关系，但从其后的行为来看，这仅仅是犯意表示，不能认定为具有强奸的故意。

7. BCD。根据《刑法》第240条的规定，强奸被拐卖的妇女为拐卖妇女罪的加重情节之一，因此，对人贩子奸淫被拐卖的妇女的行为仅定拐卖妇女罪一罪即可，不另定强奸罪。所以选项A错误。

根据《刑法》第241条的规定，收买被拐卖的妇女，强行与其发生性关系的，定强奸罪。所以选项B正确。

根据《刑法》第321条第3款的规定，运送他人偷越国（边）境，对被运送人有强奸行为的，依照数罪并罚的规定处罚。所以选项C正确。

根据《刑法》第259条第2款的规定，利用职权、从属关系，以胁迫手段奸淫现役军人的妻子的，以强奸罪定罪处罚。所以选项D正确。

8. ABCD。《刑法修正案（十一）》对《刑法》第236条强奸罪进行了修改，增加了强奸罪的加重处罚情节，规定：强奸妇女、奸淫幼女，有下列情形之一的，处10年以上有期徒刑、无期徒刑或者死刑：(1)强奸妇女、奸淫幼女情节恶劣的；(2)强奸妇女、奸淫幼女多人的；(3)在公共场所当众强奸妇女、奸淫幼女的；(4)二人以上轮奸的；(5)奸淫不满10周岁的幼女或者造成幼女伤害的；(6)致使被害人重伤、死亡或者造成其他严重后果的。选项A中，李某、贾某的行为同时具有在公共场所当众强奸妇女和二人以上轮奸的情节，可以判处死刑；选项B中，赵某的行为属于强奸妇女、奸淫幼女多人的情节，可以判处死刑；

选项C中，章某的行为属于致使被害人死亡的情节，可以判处死刑；选项D中刘某的行为使被害人精神失常，属于造成其他严重后果的情节，可以判处死刑。因此，选项ABCD都正确。

9. BD。张三为杀人而配制毒酒的行为，属于为了犯罪而准备工具、制造条件。由于尚未着手实施投毒行为，所以只能是故意杀人罪预备，而不是未遂。

张三自己配制了毒酒，对其毒性十分清楚。对这种危险物品，张三本人有对其妥善加以保管的义务，却对其任意处置，使被害人错误饮用了该毒酒，所以张三应当成立（疏忽大意）过失致人死亡罪。

由于张三的一个配制毒酒的行为同时触犯故意杀人罪和过失致人死亡罪两个罪名，成立想象竞合犯，所以对张三应以两罪中的重罪处断，而不实行数罪并罚。

10. ABC。《刑法》第244条规定，以暴力、胁迫或限制人身自由的方法强迫职工劳动的，构成强迫劳动罪。私营矿主甲以限制人身自由的方法强迫农民工从事危重矿井作业的行为构成了强迫劳动罪；其雇用打手对农民工进行殴打，致多人伤残的行为构成故意伤害罪，应数罪并罚。故选项A错误，当选。

《刑法》第244条之一规定："违反劳动管理法规，雇用未满十六周岁的未成年人从事超强度体力劳动的，或者从事高空、井下作业的，或者在爆炸性、易燃性、放射性、毒害性等危险环境下从事劳动，情节严重的，对直接责任人员，处三年以下有期徒刑或者拘役，并处罚金；情节特别严重的，处三年以上七年以下有期徒刑，并处罚金。有前款行为，造成事故，又构成其他犯罪的，依照数罪并罚的规定处罚。"其中并没有规定从重处罚的情节。乙的行为虽构成雇用童工从事危重劳动罪，但是从重处罚于法无据。故选项B错误，当选。

《刑法》第244条第2款明确规定，明知他人实施前款（强迫劳动——编者注）行为，为其招募、运送人员或者有其他协助强迫他人劳动行为的，依照前款的规定处罚。丙以介绍高薪工作的名义从外地将多名成年男性农民工骗至砖窑主王某的砖窑场，以每人1 000元的价格卖给王某从事强迫劳动的行为，可以构成强迫劳动罪的共犯。故选项C错误，当选。

《刑法》第248条规定，监狱、拘留所、看守所等监管机构的监管人员对被监管人进行殴打或者体罚虐待，情节严重的，处3年以下有期徒刑或者拘役；情节特别严重的，处3年以上10年以下有期徒刑。致人伤残、死亡的，依照该法第234条（故意伤害罪——编者注）、第232条（故意杀人罪——编者注）的规定定罪从重处罚。因此，虐待被监管人员，致人伤残、死亡的，属转化犯。所以拘留所的监管人员对被监管人进行体罚虐待，致人死亡的，以故意杀人罪论处，不实行数罪并罚。故选项D正确，不选。

11. ABD。根据刑法规定，在拐卖妇女过程中，为了控制妇女而使用暴力的行为属于拐卖妇女罪的加重情节，因此，甲将乙打成重伤的行为不单独构成故意伤害罪。强制猥亵妇女的行为不属于拐卖妇女罪的加重情节，因此可以单独成罪，与拐卖妇女罪并罚。拐卖妇女罪是否既遂，取决于是否已经控制被拐卖的妇女，而不取决于是否卖出。因此，应选ABD项。

12. ABD。凡是法律规定的影响量刑的情节，均属于法定量刑情节，审判时必须予以考量。

13. ACD。甲系机关保卫处处长，采用多日不让小偷睡觉的方式，迫其承认偷盗事实，甲构成虐待被监管人罪。因此A项错误，当选。乙系教师，受聘为法院人民陪审员，因庭审时被告人刘某气焰嚣张，乙气愤不过，一拳致其轻伤，乙不构成刑讯逼供罪（不构成任何犯罪）。因此B项正确，不选。丙系检察官，为逼取口供殴打犯罪嫌疑人郭某，丙构成故意伤害罪（《刑法》第247条），因此C项错误，当选。丁系警察，讯问时佯装要实施酷刑，犯罪嫌疑人因害怕承认犯罪事实。丁仅仅是佯装要实施酷刑，并无刑讯逼供之实，因此不构成刑讯逼供罪，故D项错误，当选。

14. ABD。选项A说法错误：15周岁的乙没有处分自己器官的能力，其承诺无效，因而医生甲征得乙同意，将其肾脏摘出后移植给乙的叔叔丙，仍然构成故意伤害罪。选项B说法错误：《民法典》规定，夫妻有相互扶养的义务。妻子乙缺乏独立生活能力，即使是因为吸毒造成的，丈夫甲也有扶养的义务。其能够履行该义务而不履行，导致乙死亡的，构成遗弃罪。选项C说法正确：诬告陷害罪打击的是情节最严重的一种情况（相对人无罪，告其有罪）；情节相对较轻的另一种情况（相对人构成轻罪，告其构成重罪）不构成本罪。选项D说法错误：猥亵通常不包括性交，但成年妇女与男童性交的，构成猥亵儿童罪。

15. AC。A项正确：《刑法》第234条之一第2款规定："未经本人同意摘取其器官，或者摘取不满十八周岁的人的器官，或者强迫、欺骗他人捐献器官的，依照本法第二百三十四条、第二百三十二条的规定定罪处罚。"夏某不满18周岁，对摘除其肾脏的后果不具有充分的认识，不能承诺可能造成其身体永久性伤残的伤害行为，也不能承诺违背法律、公共秩序或善良风俗的伤害行为，甲的行为成立故意伤害罪。C项正确：《刑法》第238条第3款规定："为索取债务非法扣押、拘禁他人的，依照前两款的规定处罚。"非法拘禁致人死亡需要行为人存在过失，且被害人的死亡与行为人的拘禁之间存在因果关系。吴某的死亡是驾车发生交通事故所致，不属于非法拘禁致人死亡。B项错误：遗弃罪是指对于年老、年幼、患病或者其他没有独立生活能力的人，负有扶养义务而拒绝扶养，情节恶劣的行为。遗弃罪侵犯的客体是家庭成员的生存权。乙以非法获利为目的，出卖自己的亲生女儿，应以拐卖儿童罪论处。D项错误：强制侮辱罪是指以暴力、胁迫或其他方法强制侮辱妇女的行为，侵犯的客体为他人的人格尊严，主观上行为人存在故意，客观上行为人以暴力、胁迫或其他使被害人不能反抗、不知反抗、不敢反抗的方法侮辱妇女。丁和朋友追逐、拦截的行为的暴力程度尚未达到强制侮辱程度，不构成强制侮辱罪。

16. ABC。就甲基于杀人故意将胡某追赶到偏僻处杀人而言，甲触犯故意杀人罪；就甲在公园和乙、丙一起持木棒追逐胡某，致公园秩序严重混乱而言，属于"在公共场所起哄闹事，造成公共场所秩序严重混乱"，对此甲在主观上也存在认识，符合寻衅滋事罪的构成要件。因此，甲的行为同时触犯故意杀人罪与寻衅滋事罪。故意杀人罪和寻衅滋事罪有时能够形成竞合关系，故A项正确。若错误地认为故意杀人罪和寻衅滋事罪是对立的关系，就会错选A项。

乙、丙的追逐行为是否构成寻衅滋事罪，涉及的是追逐行为是否符合寻衅滋事罪的构成要件问题，解决的是对于乙、丙导致公园秩序严重混乱的行为应如何评价的问题。乙、丙二人和甲将胡某追到公园后门偏僻处，致使胡某被甲杀害的危险剧增。此时要讨论的是乙、丙是否负有避免胡某被甲杀死的义务的问题，涉及的是乙、丙是否另行成立不作为犯的问题，解决的是乙、丙对胡某的死亡应否负责的问题。因此，乙、丙的追逐行为是否构成寻衅滋事罪，与该行为能否产生救助胡某的义务是不同的问题，故B项正确。

乙、丙只有寻衅滋事的故意，没有杀人的故意。在将胡某追到公园后门偏僻处但尚未追上胡某之时，乙、丙因故离开，此时应认定寻衅滋事共同犯罪已经结束，乙、丙对于此后甲基于杀意的行为不负刑事责任。甲说"我们追逐胡某，让他出洋相"。据此，离开现场的乙、丙难以预见其追逐行为实际上具有致胡某于死地的危险，二人对胡某的死亡不存在过失，故不成立过失致人死亡罪。故C项正确。

胡某是在乙、丙离开之后被甲基于杀人故意用木棒打死的，胡某的死亡与乙、丙的寻衅滋事行为之间没有因果关系，因此，乙、丙不属于寻衅滋事致人死亡。故D项错误。

17. ABCD。虽甲、乙未在民政部门进行结婚登记，但二人以夫妻名义自居，周围群众公认二人是夫妻，应当认定甲、乙形成事实婚姻关系，属于存在婚姻关系，故甲、乙属于家庭成员，因此，甲长期虐待乙的，构成虐待罪（如在刑法上否认事实婚姻是婚姻关系，则事实婚姻中一方虐待另一方的，将无法按照虐待罪处理，就会出现处罚上的空隙），故A项正确。不论事实婚姻是否属于婚姻关系，乙都是丙的母亲。在儿子丙遭受伤害时，乙作为母亲在法律上负有保护子女安全的义务，但乙未履行义务，没有阻止甲的伤害行为，致使丙被轻伤，乙构成不作为的故意伤害罪，故B项正确。甲如与丁女领取结婚证后，不再与乙同居，也不抚养丙，因为丙尚未成年，没有独立生活能力，甲作为父亲对于没有独立生活能力的子女，负有扶养义务而拒绝扶养的，起码对丙构成遗弃罪，故C项正确。甲如与丁女领取结婚证后，不再与乙同居，可以认为甲、乙之间的婚姻合意不复存在，因而事实婚姻关系已不复存在。此时，甲采用暴力强行与乙性交的，属于强奸妇女，甲应当构成强奸罪。即便认为甲、乙的事实婚姻关系仍然存在，甲的行为属于婚内强奸，司法实务中也主张，在婚姻关系非正常存续期间，丈夫可以构成强奸罪的主体，因而甲的行为同样构成强奸罪，故D项正确。

18. BD。根据《刑法》第236条第3款第6项的规定，强奸妇女致使被害人重伤、死亡或者造成其他严重后果的，处10年以上有期徒刑、无期徒刑或者死刑，因此，强奸妇女致人死亡是强奸罪的结果加重犯。但是选项A中，甲是在强奸的过程中遭遇反抗，先将妇女杀死，再行奸淫，其杀死妇女前的强奸行为属于强奸罪未遂；而杀死妇女的行为构成故意杀人罪；该妇女死后，甲实施奸淫的行为的对象为尸体，因此不构成强奸罪，可以构成侮辱尸体罪。因此，本案中甲的行为不构成强奸罪的结果加重犯。故选项A错误。

《刑法》第358条规定，组织、强迫他人卖淫并有杀害、伤害、强奸、绑架等犯罪行为的，依照数罪并罚的规定处罚。故选项B正确。

根据《刑法》第318条第2款的规定，组织他人偷越国（边）境，对被组织人有杀害、伤害、强奸、拐卖等犯罪行为，或者对检查人员有杀害、伤害等犯罪行为的，依照数罪并罚的规定处罚。丙在组织他人偷越国（边）境过程中，强奸了被组织的妇女李某，应将组织他人偷越国（边）境罪和强奸罪两罪并罚。故选项C错误。

根据《刑法》第240条的规定，在拐卖妇女的过程中，有奸淫被拐卖的妇女情节的，处10年以上有期徒刑或者无期徒刑，并处罚金或者没收财产；情节特别严重的，处死刑，并处没收财产。因此，奸淫被拐卖妇女是拐卖妇女罪的加重情节，不另行构成强奸罪。因此，对选项D中的丁只能以拐卖妇女罪定罪量刑。本题应选D项。

19. BC。根据《刑法》第253条之一，侵犯公民个人信息罪是指，违反国家有关规定，向他人出售或者提供公民个人信息，情节严重的行为。该罪还包括，违反国家有关规定，将在履行职责或者提供服务过程中获得的公民个人信息，出售或者提供给他人的行为，或者窃取或以其他方法非法获取公民个人信息的行为。

虽然偷窥行为侵犯他人隐私，但是隐私不是个人信息，偷窥行为不构成本罪。所以A选项错误。

个人信息在电脑、手机、信件等很多载体中都有。但这里要注意，本罪中出售、提供、窃取等行为指向的对象是个人信息，而非信息载体。选项D中，交易的对象是有历史价值或纪念价值的信封，上面虽然载有个人信息，但是出售的内容不是信息而是信封，所以不能构成本罪。

根据2017年最高人民法院、最高人民检察院《关于办理侵犯公民个人信息刑事案件适用法律若干问题的解释》第1条的规定，“公民个人信息”是指以电子或者其他方式记录的能够单独或者与其他信息结合识别特定自然人身份或者反映特定自然人活动情况的各种信息，包括姓名、身份证件号码、通信通讯联系方式、住址、账号密码、财产状况、行踪轨迹等。本题中的血型、DNA信息虽然没有明确出现在上述解释中，但属于“等”其他个人信息，出售这些物品的行为可以构成本罪。所以BC选项正确。

20. ABCD。A选项中的情形属于奸淫幼女，由于被害人不满14周岁，无民事行为能力，即使被害人同意，行为人亦构成强奸罪。B选项中的情形属于《刑法修正案（十一）》第27条规定的负有照护职责人员性侵罪，为避免负有监护等职责的人员利用其特殊地位侵害少女，对已满14周岁不满16周岁的未成年女性负有监护、收养、看护、教育、医疗等特殊职责的人员，与该未成年女性发生性关系的，即使被害人同意，行为人亦构成本罪。C选项中的情形属于雇佣童工从事危重劳动罪，由于是“雇佣”关系，即便未成年工人同意，雇主亦构成本罪。D选项中的情形属于故意伤害罪，丙在纠纷中说“有本事你打我”，是假意“同意”，故丁殴打丙致重伤的行为亦构成故意伤害罪。

（三）不定项选择题

1.（1）ABCD。《刑法》第258条规定：有配偶而重婚的，或者明知他人有配偶而与之结婚的，处2年以下有期徒刑或者拘役。重婚包括四种情况：已婚者又和第三人登记结婚；明知他人有配偶而与之登记结婚；已婚者又与他人建立事实婚姻关系；明知他人有配偶而与之建立事实婚姻关系。虽然事实婚姻是无效的，但是为了保护一夫一妻制的正常婚姻秩序，刑法对于通过事实婚姻破坏正常婚姻关系的人予以刑事处罚，因此不能以事实婚姻无效为理由否认后两种情况构成重婚罪。A与C女共同生活，并生有一子，且周围群众均认为A与C女为夫妻关系，故A与C女的这种关系已经不是同居，而构成事实婚姻，对A应当以重婚罪定罪处罚。《刑事诉讼法》规定了三种自诉案件：第一种是告诉才处理的案件。对于这种案件如果没有当事人向法院起诉，那么行为人是不能被认定构成犯罪的。第二种是人民检察院没有提起公诉，被害人有证据证明的轻微刑事案件。对于这种案件可以公诉也可以自诉。第三种是被害人有证据证明对被告人侵犯自己人身、财产权利的行为应当依法追究刑事责任，而公安机关或者人民检察院已经作出不予追究的书面决定的案件。重婚罪属于第二种案件，所以如果检察院和当事人均不起诉，则行为人不构成犯罪。虽然B女同意，但是检察院为维护正常的婚姻制度，对A提起公诉的，则A仍然构成重婚罪。

(2) ABCD。最高人民检察院《关于将公务用枪用作借债质押的行为如何适用法律问题的批复》规定，依法配备公务用枪的人员，违反法律规定，将公务用枪用作借债质押物，使枪支处于非依法持枪人的控制、使用之下，严重危害公共安全的，是《刑法》第128条第2款所规定的非法出借枪支行为的一种形式，应以非法出借枪支罪追究刑事责任；对接受枪支质押的人员，构成犯罪的，根据《刑法》第128条第1款的规定，应以非法持有枪支罪追究其刑事责任。

(3) BCD。非法持有枪支罪是指违反枪支管理规定，非法持有枪支的行为。D接受枪支质押，对枪支的持有没有合法根据，因此其行为构成非法持有枪支罪。虽D将枪支送给其侄子E玩耍，但其不知道E会使用该枪支抢劫某银行，故D与E之间没有共同犯罪的故意，不属于共同犯罪，因此，D不构成抢劫罪，也无须对E抢劫银行的行为承担刑事责任。因此应选BCD项。

2. (1) CD。《刑法》第241条规定，收买被拐卖的妇女后又出卖的，依照本法第240条拐卖妇女罪定罪处罚。在这种情况下，收买和出卖是两个独立的行为，不具有牵连关系，而是法定的一罪。

(2) BCD。根据《刑法》第241条的规定，收买被拐卖的妇女，强行与其发生性关系的，依照强奸罪的规定定罪处罚；收买被拐卖的妇女，非法剥夺、限制其人身自由或者有伤害、侮辱等犯罪行为的，依照相应的罪名定罪处罚。审判时对该数个罪名予以并罚。故选BCD项。

(3) B。《刑法》第247条规定，司法工作人员对犯罪嫌疑人、被告人实行刑讯逼供或者使用暴力逼取证人证言的，处3年以下有期徒刑或者拘役。致人伤残、死亡的，依照本法第234、232条的规定定罪从重处罚。

(4) 司法部司考办公室公布的答案为ABCD。

乙的行为显然构成脱逃罪。但是对于门卫丁（临时工）的行为，有不同意见：第一种意见认为，根据最高人民法院《关于未被公安机关正式录用的人员、狱医能否构成失职致使在押人员脱逃罪主体问题的批复》（现已失效）和最高人民检察院《关于工人等非监管机关在编监管人员私放在押人员行为和失职致使在押人员脱逃行为适用法律问题的解释》的精神，不负有法定监管职责的人员在受委托监管时亦应承担监管职责，其私放在押人员的行为构成私放在押人员罪。故持此观点者认为应选ACD项。第二种意见认为，丁为门卫临时工，不负有法定监管职责，警察丙亦无权委托丁监管犯罪嫌疑人，其委托不产生法律效力，故丁不构成私放在押人员罪，但是丁帮助乙脱逃的行为可以构成脱逃罪的共犯。故持此观点者认为应选ABCD项。

简答题

1. 刑讯逼供罪，是指司法工作人员对犯罪嫌疑人、被告人使用肉刑或者变相肉刑，逼取口供的行为。本罪侵犯的客体是公民的人身权利和国家司法机关的正常活动。本罪的客观方面表现为行为人对犯罪嫌疑人、被告人使用肉刑或者变相肉刑，逼取口供的行为。本罪的主体是特殊主体，即必须是司法工作人员。本罪的主观方面是直接故意，且具有逼取口供的目的。

2. 非法侵入住宅罪，是指非法闯入他人住宅或者经要求退出仍拒不退出的行为。本罪侵犯的客体是他人的住宅安全。其客观方面表现为两种情况：一是未经主人同意，无正当理由擅自闯入他人住宅；二是经主人要求退出仍拒不退出住宅。本罪的犯罪主体为一般主体。主观方面为故意。

3. 强迫劳动罪是指以暴力、威胁或者限制人身自由的方法强迫他人劳动的行为。其客观方面表现为以暴力、威胁或者限制人身自由的方法强迫他人劳动。明知他人强迫职工劳动，而为其招募、运送人员或者有其他协助强迫他人劳动行为的，也构成本罪。其犯罪主体可以为自然人和单位。在强迫劳动中，使用暴力导致他人重伤、死亡的，应以故意伤害罪和故意杀人罪定罪处罚。犯本罪的，处3年以下有期徒刑或者拘役，并处罚金；情节严重的，处3年以上10年以下有期徒刑，并处罚金。

4. 侵犯公民个人信息罪是指，违反国家有关规定，向他人出售或者提供公民个人信息，情节严重的行为。2017年最高人民法院、最高人民检察院《关于办理侵犯公民个人信息刑事案件适用法律若干问题的解释》第1条规定："公民个人信息"，是指以电子或者其他方式记录的能够单独或者与其他信息结合识别特定自然人身份或者反映特定自然人活动情况的各种信息，包括姓名、身份证件号码、通信通讯联系方式、住址、账号密码、财产状况、行踪轨迹等。窃取或者以其他方法非法获取公民个人信息的，也构成该罪。向特定人提供公民个人信息，以及通过信息网络或者其他途径发布公民个人信息的，应当认定为“提供公民个人信息”。未经被收集者同意，将合法收集的公民个人信息向他人提供的，属于“提供公民个人信息”，但是经过处理无法识别特定个人且不能复原的除外。违反国家有关规定，通过购买、收受、交换等方式获取公民个人信息，或者在履行职责、提供服务过程中收集公民个人信息的，属于“以其他方法非法获取公民个人信息”。

犯本罪的，处3年以下有期徒刑或者拘役，并处或者单处罚金；情节特别严重的，处3年以上7年以下有期徒刑，并处罚金。单位犯该罪的，对单位判处罚金，并对其直接负责的主管人员和其他直接责任人员，依照该罪相应的规定处罚。

5. 暴力干涉婚姻自由罪是指使用暴力干涉他人婚姻自由的行为。本罪侵犯的客体，是他人的婚姻自由，婚姻自由包括结婚自由和离婚自由。本罪在客观方面表现为使用暴力干涉他人婚姻自由的行为：首先，要求行为人实施暴力行为；其次，实施暴力行为是为了干涉他人婚姻自由。本罪的主体为一般主体，凡达到刑事责任年龄且具备刑事责任能力的自然人均能构成本罪，包括父母、兄弟姐妹、其他亲属或第三人，其中以父母干涉子女婚姻自由的居多数，其他人一般不可能成为暴力干涉婚姻自由罪的主体。本罪在主观方面表现为直接故意，即明知自己的行为是干涉他人的婚姻自由而故意为之。犯本罪的，告诉的才处理，但致使被害人死亡的除外。

6. 报复陷害罪，是指国家机关工作人员滥用职权、假公济私，对控告人、申诉人、批评人、举报人实行报复陷害的行为。本罪侵犯的客体是公民的民主权利和国家机关的正常活动。本罪侵害的对象，只限于控告人、申诉人、批评人、举报人这四种人。本罪在客观方面表现为滥用职权、假公济私，对控告人、申诉人或批评人、举报人实行报复陷害的行为。本罪的主体是特殊主体，即国家机关工作人员。本罪在主观方面表现为直接故意，并且具有报复陷害他人的目的。

案例分析题

1.（1）关于甲和乙的行为。

1）甲、乙二人有抢劫的共同故意和抢劫的共同行为，构成抢劫罪共犯。甲、乙的抢劫属于入户抢劫，因为丙的房间属于其生活的与外界相对隔离的住所；由于乙与甲共谋入户，甲事实上也实施了入户抢劫行为，所以乙虽没有入户，但对乙也应适用入户抢劫的法定刑。综合本案主、客观方面的事实，可以认定甲为主犯、乙为从犯，对于从犯乙应当从轻、减轻或者免除处罚。

2）甲、乙虽构成抢劫罪共犯，但二人的犯罪形态不同：其一，甲的抢劫属于犯罪中止，因为在当时的情况下，甲完全能够达到抢劫既遂，但他自动放弃了抢劫行为。由于抢劫中止行为没有造成任何损害，所以，对于甲的抢劫中止，应当免除处罚。其二，乙的抢劫属于犯罪未遂：一方面，不能因为甲事实上取得了手表，就认定乙抢劫既遂，因为该手表并非甲抢劫既遂所得的财物；另一方面，乙并没有自动放弃自己的抢劫行为，甲的中止行为对于乙来说，属于意志以外的原因。根据刑法规定，对于未遂犯乙，可以比照既遂犯从轻或者减轻处罚。

（2）关于甲的行为。

1）甲逼迫丙脱光衣服并猥亵丙的行为，成立强制猥亵罪。

2）甲乘机拿走丙手表的行为，成立盗窃罪。因为手表是在丙未发觉的情况下被拿走的，甲的行为完全符合盗窃罪的构成要件。拿走手表已不属于抢劫罪中的强取财物的行为，即不属于因暴力、胁迫或其他方法压制或足以压制了被害人反抗而取得手表的情形。所以，不能将取得手表的事实评价为抢劫，而应另认定为盗窃罪。

（3）关于乙的行为。

1）乙的行为不成立盗窃罪。乙客观上为甲盗窃手表起到了一定作用（望风），但乙并不明知甲会盗窃财物。这种情况在刑法理论上被称为“共犯过限”，其他共同犯罪人不对“过限”行为承担刑事责任。所以，乙并不与甲构成盗窃罪的共犯。

2）基于同样的理由，乙的行为也不成立强制猥亵罪的共犯。

3）乙将手表卖与他人的行为不成立掩饰、隐瞒犯罪所得、犯罪所得收益罪。掩饰、隐瞒犯罪所得、犯罪所得收益罪是指代为销售他人犯罪所得的赃物，对于销售自己犯罪所得的赃物的行为并不成立掩饰、隐瞒犯罪所得、犯罪所得收益罪。乙虽在事实上销售了甲盗窃所得的财物，但乙误以为该手表为其与甲共谋抢劫所得的财物，并不知道手表是甲单独犯罪所得的财物，所以，乙没有代为销售他人犯罪所得赃物的故意，不成立掩饰、隐瞒犯罪所得、犯罪所得收益罪。

2.（1）张某构成非法拘禁罪、拐卖妇女罪。

（2）郭某构成非法拘禁罪、拐卖妇女罪。《刑法》第238条第1款规定："非法拘禁他人或者以其他方法非法剥夺他人人身自由的，处三年以下有期徒刑、拘役、管制或者剥夺政治权利。具有殴打、侮辱情节的，从重处罚。"第3款规定："为索取债务非法扣押、拘禁他人的，依照前两款的规定处罚。"张某与郭某为索取工作报酬，将赵某15岁的女儿甲骗到外地扣留达21天之久，构成非法拘禁罪。

张某、郭某索债不成，遂决定将甲卖给他人的行为构成拐卖妇女罪。

本案中对张某和郭某应定非法拘禁罪、拐卖妇女罪两罪，依照刑法规定数罪并罚。因为二人是在索债未果的情况下另起拐卖妇女的犯意，所以是两个不同的犯罪；二人的非法拘禁行为不属于拐卖妇女的手段行为，不是牵连犯，不能仅定一个拐卖妇女罪。

（3）张某和郭某是非法拘禁罪、拐卖妇女罪的共同犯罪人。对二人均应按非法拘禁罪和拐卖妇女罪，数罪并罚。

（4）对郭某和张某拐卖妇女罪应适用不同的法定刑，其中对张某按拐卖妇女罪的基础法定刑量刑，郭某奸淫被拐卖的妇女，法定刑升格。

（5）陈某构成收买被拐卖的妇女罪、非法拘禁罪和盗窃罪，应当数罪并罚。

（6）陈某所犯的收买被拐卖的妇女罪，由于他中途自愿将被害人放回家，属犯罪中止，因而依照刑法规定，可以不追究该罪的刑事责任。

3.（1）乙不能以紧急避险为由，为自己盗窃金融机构的行为进行辩解。

紧急避险必须同时符合以下条件。1）避险起因：有自然现象带来的危险、人为形成的危险、动物的侵害等紧急危险存在。2）避险意图：使合法权益免受正在发生的危险。3）避险对象：第三人。4）避险必要性：别无选择，即紧急避险行为在客观上必须是行为人在别无选择情况下为达到避险目的而采用的必要手段。

在这里，乙的行为不符合紧急避险的第四个条件（紧急避险必须是"不得已"）。本案中，乙并非处于"别无选择"的境地，其在自己儿子被甲绑架的情况下，完全可以去司法机关报案。而他没有选择这种救助措施，反而采取盗窃的方法取得财物，以满足犯罪人甲的要求，可见，其行为不具有正当性。

（2）对盗窃金融机构一事，甲、乙成立共同犯罪。

甲有盗窃金融机构的意思，并教唆他人实施盗窃行为，是教唆犯。乙在甲的教唆下，亲自实施窃取行为，属于盗窃罪的实行犯。虽然乙是在儿子被绑架的情况下实施的犯罪，原本属于被害人，但是其在意思自由并未完全丧失的情况下，实施窃取行为，助长了甲的犯罪习气和心理。所以，乙的行为在法律上应当受到否定评价，将其与甲作为盗窃罪的共犯看待，是妥当的。

（3）对甲应当判处无期徒刑或死刑。

甲分别构成绑架罪、盗窃罪（教唆犯）。《刑法修正案（九）》对《刑法》第239条绑架罪的第2款对进行了修改，规定："犯前款罪，杀害被绑架人的，或者故意伤害被绑架人，致人重伤、死亡的，处无期徒刑或者死刑，并处没收财产。"本案中，甲绑架乙的儿子，并在绑架期间对其进行虐待，导致其回家不久就死亡，属于绑架致人死亡的情形。

4.（1）童某的行为构成强奸罪未遂、故意杀人罪。

（2）林某的行为构成强奸罪未遂、包庇罪。

第一，童某2016年10月起意强奸平某，并同林某商量，让林某帮助，林某实施了具体的帮助行为，可见，童某、林某二人形成了共同的强奸故意，客观上分别（分工）实施了相应的犯罪行为。林某虽然作为一名女性，不能单独作为强奸罪的犯罪主体，但可以成为强奸罪的共犯。在本案中，林某就是作为童某强奸罪的帮助犯出现的，所以对其应当以强奸罪共同犯罪论处，也应当定强奸罪。第二，童某在强奸平某的过程中，已经实施了强奸罪的着手实行行为，采取暴力、威胁以外的其他方法（灌醉酒的方法）使被害妇女失去反抗能力，强行与其发生性关系，但是由于平某被惊醒而极力反抗，童某的强奸行为未能最终得逞。这显然是童某意志以外的因素造成的，根据故意犯罪停止形态基本理论，应当属于强奸罪的未遂。同理，根据共同犯罪的基本理论，共犯林某的强奸罪也是未遂。第三，童某强奸未能得逞，由于被害妇女平某大喊救命，其害怕邻居发觉，所以产生了杀人灭口的故意，实施了非法剥夺平某生命的行为，此行为构成故意杀人罪。第四，对于童某的故意杀人行为，林某是不负刑事责任的，因为童、林二人仅有强奸的共同故意，而没有杀人的共同故意，林某也没有实施故意杀人的犯罪行为，即杀害平某的行为与结果仅由童某一人负刑事责任。第五，林某明知童某实施了故意杀人行为，而为其掩盖罪行，将被害人尸体投进江中企图隐藏罪证。这一行为属于包庇的性质，构成包庇罪。所谓包庇罪，是指明知是犯罪的人而为其作假证明，隐匿证据，毁灭证据，伪造犯罪现场的行为，目的是帮助犯罪分子逃避法律制裁。本案中，林某在童某故意杀人之后的行为符合这一基本特征，构成包庇罪。

(3) 童某与林某构成强奸的共同犯罪，其中童某应为主犯，林某为从犯（帮助犯），所以对于林某的强奸罪可以从轻、减轻或者免除处罚。对于童某，因其强奸罪与故意杀人罪发生在贪污罪缓刑的考验期内，故应撤销缓刑，把贪污罪 3 年有期徒刑与强奸罪未遂、故意杀人罪三罪实行数罪并罚；对林某则应以强奸罪未遂、包庇罪两罪进行并罚。

5. 本题考查的是如何区分错告和诬告。错告与诬告的主观方面有着本质的不同：前者是由于情况不明或者认识片面而在控告、检举中发生差错，属于错告行为；后者是故意捏造事实作虚假告发以诬陷他人，属于犯罪行为。区分错告与诬告的最基本的标准在于行为人是否具有诬陷的故意。就本案而言，黄某在黄金首饰交易过程中，被一外省人骗去交易款 3 400 元，这是事实。他在寻找此人时错将被害人当作骗财者，是认错了人。他把自己记有黄金重量和价格的纸条偷偷塞入被害人的行李袋中虽然是错误的，似乎带有栽赃的性质，但其主观上只是想以此使公安机关介入调查，获取证据，追回被骗去的钱款，并没有诬陷他人的故意。黄某在这一阶段的行为应认定为错告而不是诬告。当公安机关审查被害人时，黄某已经发现自己认错了人，明知此人并非骗财者，但他没有向公安机关提出纠正，反而将错就错，一口咬定被害人就是诈骗犯。从这时起黄某就具有诬陷他人的故意，其行为也由错告转化为诬告，导致被害人无辜被拘留达三个多月之久。正因为如此，其行为应认定为诬告陷害罪。

6. (1) 高某的刑事责任。

1) 高某对钱某成立故意杀人罪。判断其是成立故意杀人既遂，还是成立故意杀人未遂与过失致人死亡罪的想象竞合，关键在于如何处理构成要件的提前实现。

答案一：虽然构成要件结果提前发生，但掐脖子本身有致人死亡的紧迫危险，能够认定掐脖子时就已经实施杀人行为，故意存在于着手实行时即可，故高某应对钱某的死亡承担故意杀人既遂的刑事责任。

答案二：高某、夏某掐钱某的脖子时只是想致钱某昏迷，没有认识到掐脖子的行为会导致钱某死亡，亦即缺乏既遂的故意，因而不能对故意杀人既遂负责，只能认定高某的行为是故意杀人未遂与过失致人死亡的想象竞合。

2) 关于拿走钱某的手提包和 5 000 元现金的行为性质，关键在于如何认定死者的占有。

答案一：高某对钱某的手提包和 5 000 元现金成立侵占罪，理由是死者并不占有自己生前的财物，故手提包和 5 000 元现金属于遗忘物。

答案二：高某对钱某的手提包和 5 000 元现金成立盗窃罪，理由是死者继续占有生前的财物，高某的行为属于将他人占有财产转移给自己占有的盗窃行为，成立盗窃罪。

3) 将钱某的储蓄卡与身份证交给尹某取款 2 万元的行为性质。

答案一：构成信用卡诈骗罪的教唆犯。因为高某不是盗窃信用卡，而是侵占信用卡，利用拾得的他人信用卡取款的，属于冒用他人信用卡。高某唆使尹某冒用，故属于信用卡诈骗罪的教唆犯。

答案二：构成盗窃罪。高某的行为是盗窃信用卡。盗窃信用卡并使用的，不管是自己直接使用还是让第三者使用，均应认定为盗窃罪。

(2) 夏某的刑事责任。

1) 夏某参与杀人共谋、掐钱某的脖子，构成故意杀人罪既遂。（或：夏某成立故意杀人未遂与过失致人死亡的想象竞合，理由与高某的相同。）

2) 由于发生了钱某死亡结果，夏某的行为是钱某死亡的原因，夏某不可能成立犯罪中止。

(3) 宗某的刑事责任。

宗某参与共谋，并将钱某诱骗到湖边小屋，成立故意杀人既遂。虽然宗某后来没有实行行为，但其前行为与钱某死亡之间具有因果性，没有脱离共犯关系；虽然宗某给钱某打过电话，但该中止行为未能有效防止结果发生，不能成立犯罪中止。

（4）尹某的刑事责任。

1）尹某构成掩饰、隐瞒犯罪所得罪。因为从客观上说，该包属于高某犯罪所得，而且尹某的行为属于掩饰、隐瞒犯罪所得的行为；尹某认识到可能是高某犯罪所得，因而具备明知的条件。

2）尹某冒充钱某取出 2 万元的行为性质。

答案一：构成信用卡诈骗罪。因为尹某属于冒用他人信用卡，完全符合信用卡诈骗罪的构成要件。

答案二：构成盗窃罪。尹某虽然没有盗窃储蓄卡，但认识到储蓄卡可能是高某盗窃所得，并且实施了使用行为，属于承继的共犯，故应以盗窃罪论处。

论述题与深度思考题

1. 强奸罪，是指行为人违反我国刑法的相关规定，违背被害人的意志，采用暴力、威胁、伤害或其他手段，强迫与被害人发生性行为的行为。

客观方面表现为采用暴力、胁迫或者其他手段，强行与妇女性交。犯罪主体一般是男子，其中单独的直接正犯只能是男子。妇女可以成为强奸罪的教唆犯、帮助犯，也可以成为强奸罪的间接正犯与共同正犯。犯罪对象是“妇女”，妇女使用暴力、胁迫等手段与男子性交的，以及男子强行与其他男子实施非自然性交的（如口交、肛交），不成立强奸罪，但可成立强制猥亵罪。

强奸行为的“违背妇女意志”侵犯了妇女性自主权利，因此是强奸罪的必备要求。即使行为人以为自己的行为违背妇女意志，而实际上妇女完全同意或者自愿的，也不应认定为强奸罪。是否违背妇女意志，应考虑妇女是否能够反抗、是否知道反抗、是否敢于反抗等情况。由于强奸行为违背妇女意志，所以，行为人必须采取某种足以使妇女不能反抗、不敢反抗或不知反抗的手段，这便是暴力、胁迫或者其他手段，这些手段是强奸行为的组成部分。但如果被害人是不满 14 周岁幼女，或者具有精神疾病，或者处于昏迷状态之中，则行为人的奸淫行为即使不具有强迫性，也属于违背妇女意志。

关于婚内强奸是否构成强奸，即在婚姻存续期间丈夫本人以暴力、胁迫或者其他违背妻子意志的手段与妻子发生性行为，是否构成强奸罪这一问题，存在一些争议。因为配偶间的自愿性生活已作为婚姻中的一个当然组成部分而受到法律认可，只要婚姻契约不解除，性生活的合法性就不容置疑。丈夫与妻子进行性行为是在行使自己受法律保护的权利，妻子有义务应丈夫的要求与其进行性行为。因而，丈夫在当时的情况下虽然采用的手段不当，但不能因此而定其为强奸罪。因为在这种情况下，虽然性行为是违背妻子意志的，但不属非法行为。在我国，从习惯到法律，都没有认定丈夫强行与妻子发生性关系的行为构成强奸罪。但特定情形下丈夫仍可构成强奸罪：如男女双方虽已经登记结婚，但并无感情，并且尚未同居，也未曾发生性关系，而女方坚持要求离婚，男方进行强奸的；夫妻感情确已破裂，并且长期分居，丈夫进行强奸的。

关于强奸罪与故意杀人罪、故意伤害罪的联系。强奸罪的手段中包括暴力行为，如果在强奸案中发生了暴力致人伤亡的情形，应具体问题具体分析：如果是实施暴力制止妇女反抗以实施奸淫，则构成强奸罪，致人重伤、死亡的，则成为强奸罪的加重情节；在强奸的过程中遭遇反抗，先将妇女杀死，再行奸淫，其杀死妇女前的强奸行为属于强奸罪未遂，而杀死妇女的行为构成故意杀人罪；如果是强奸后实施暴力杀人灭口，则其杀害行为构成故意杀人罪，应另定故意杀人罪；如果在强奸过程中实施超出制止反抗的暴力，伤害被害人，如对被害人实施烫、割等行为，则另定故意伤害罪。

与强奸罪相关的还有负有照护职责人员性侵罪，此为《刑法修正案（十一）》新增罪名。对已满 14 周岁不满 16 周岁的未成年女性负有监护、收养、看护、教育、医疗等特殊职责的人员，与该未成年女性发生性关系的，处 3 年以下有期徒刑；情节恶劣的，处 3 年以上 10 年以下有期徒刑。本罪和强奸罪的区别有三：一是被害人为已满 14 周岁不满 16 周岁的未成年女性；二是被害人同意亦可构成本罪；三是行为人须负有特定照护职责。实践中，很多负有照护职责的男性多次，甚至反复侵犯其照护的未成年女性，被害人有时被迫，有时同意。针对此种情况如何定罪，《刑法修正案（十一）》特别规定，犯负有照护职责人员性侵罪，同时又构成强奸罪的，依照处罚较重的规定定罪处罚。

与强奸罪相关的还有拐卖妇女、儿童罪。奸淫被拐卖的妇女，是拐卖妇女、儿童罪的加重情节，如果在拐卖中有强奸行为，不另定强奸罪。收买被拐卖的妇女，强行与其发生性关系的，依照强奸罪定罪处罚，并与收买被拐卖的妇女、儿童罪并罚。

运送他人偷越国（边）境，对被运送人有杀害、伤害、强奸、拐卖等犯罪行为的，将运送他人偷越国（边）境罪和强奸罪并罚。

组织、强迫他人卖淫，并具有强奸等犯罪行为的，将组织卖淫罪、强迫卖淫罪与强奸罪并罚。

相关和相近的罪名曾经还有奸淫幼女罪和嫖宿幼女罪，但奸淫幼女罪罪名已于2002年被取消，并入强奸罪当中。2015年《刑法修正案（九）》删除了《刑法》第360条第2款，嫖宿幼女罪被废除。

2. 与绑架有关的杀人行为有几种不同情况，应分别处理。

第一类情况是杀害人质。

《刑法》第239条第1、2款规定："以勒索财物为目的绑架他人的，或者绑架他人作为人质的，处十年以上有期徒刑或者无期徒刑，并处罚金或者没收财产；情节较轻的，处五年以上十年以下有期徒刑，并处罚金。犯前款罪，杀害被绑架人的，或者故意伤害被绑架人，致人重伤、死亡的，处无期徒刑或者死刑，并处没收财产。"

（1）行为人在实施绑架行为之时杀害被绑架人，之后又谎称将被绑架人扣作人质，对被绑架人近亲属相威胁索要财物的，应以绑架罪与敲诈勒索罪两罪并罚。根据刑法规定，对于行为人在实施绑架的过程中对被绑架人施加暴力致使被绑架人死亡的情形，应定绑架罪。但由于没有成功地将被绑架人置于自己的控制之下，因而这种情况属于绑架罪的未遂。行为人谎称将被绑架人扣作人质，对被绑架人近亲属相威胁，索要财物的行为，构成敲诈勒索罪。

（2）行为人在绑架勒索得逞后杀害人质的定绑架罪一罪。

（3）行为人在绑架人质后，知道勒索不可能得逞而杀害被绑架人的，应定绑架罪一罪。

第二类情况是在犯罪过程中故意杀害他人的行为。

（1）行为人为了排除第三人对被绑架人的保护而将第三人杀死。此时，行为人使用暴力排除第三人保护实际上属于对被绑架人实施强制，应该定绑架罪一罪。

行为人为了对被绑架人实施精神强制，而杀害无辜的第三人的，也应该定绑架罪一罪。

行为人在实施绑架的过程中使用暴力，包含对被绑架人和第三人采取强制、伤害、杀害等手段，因此在实施绑架的过程中，为排除第三人对被绑架人的保护，对被绑架人实施精神强制而伤害、杀害第三人的，不应另定故意杀人罪，而只定绑架罪一罪。

（2）为抗拒抓捕、窝藏赃物而杀害他人的。这种情况主要是对执行抓捕、侦查任务的警察实施暴力。该行为属于妨害公务，但是杀人行为已经远远超出了妨害公务罪的范围，应该对杀人行为定故意杀人罪，与绑架罪并罚。

3. 故意伤害中行为人对结果的认识与实际伤害结果的关系可能出现以下几种情况。

（1）行为人意图给他人造成轻伤或重伤的目的明确，实际造成了轻伤或重伤。

（2）行为人有伤害的故意，但对于可能造成轻伤或重伤，抱着不确定的态度，放任任何一种结果发生。

（3）有证据证明行为人只有轻伤的故意，却过失造成重伤。

（4）意图给他人造成重伤，但是只造成轻伤。

（5）故意重伤他人，结果由于重伤引起了死亡。

第二十五章　侵犯财产罪

名词解释

1. 破坏生产经营罪
2. 挪用资金罪
3. 职务侵占罪
4. 聚众哄抢罪

选择题

（一）单项选择题

1. 甲到乙的办公室送文件，乙不在。甲看见乙办公桌下的地上有一活期存折（该存折未设密码），便将存折捡走。乙回办公室后找不着存折，但看见桌上的文件，便找到甲问是否看见其存折。甲说没看到。甲下班后去银行将该存折中的 5 000 元取走。甲的行为构成（　　）。（司考）

A. 侵占罪　　B. 盗窃罪
C. 诈骗罪　　D. 金融凭证诈骗罪

视频讲题

2. 甲在某证券交易大厅偷窥获得在该营业部开户的乙的资金账号及交易密码后，通过电话委托等方式在乙的资金账号上高吃低抛某一只股票，同时通过自己的资金账号低吃高抛同一只股票，造成乙损失 30 万元，甲从中获利 20 万元。对甲应当如何处理？（　　）（司考）

A. 属于法无明文规定的情形，不以犯罪论处
B. 以盗窃罪论处
C. 以故意毁坏财物罪论处
D. 以操纵证券市场罪论处

3. 甲、乙为劫取财物将在河边散步的丙杀死，当场取得丙随身携带的现金 2 000 余元。甲、乙随后从丙携带的名片上得知丙是某公司总经理。两人经谋划后，按名片上的电话给丙的妻子丁打电话，声称丙已被绑架，丁必须于次日中午 12 点将 10 万元现金放在某处，否则杀害丙。丁立即报警，甲、乙被抓获。关于本案的处理，下列哪一种说法是正确的？（　　）（司考）

A. 以抢劫罪和绑架罪并罚
B. 以故意杀人罪、盗窃罪和绑架罪并罚
C. 以抢劫罪和敲诈勒索罪并罚
D. 以故意杀人罪、侵占罪和敲诈勒索罪并罚

视频讲题

4. 2008 年 9 月，政府有关部门公布了部分批次“施恩”牌奶粉含有三聚氰胺的消息。郭某因女儿曾食用过该品牌奶粉，遂带女儿到医院检查，结果显示：“双肾中央集合系统内可见数个点状强回声”。之后，郭某将家中剩下的和新购买的部分“施恩”牌奶粉送检，检出两个批次奶粉中三聚氰胺含量较高。随后，郭某多次找销售商和施恩公司索赔，并向媒体曝光。2009 年 6 月 13 日，施恩公司与郭某达成和解协议，施恩公司补偿郭某一方人民币 40 万元，郭某出具书面材料表示不再追诉并放弃赔偿要求。2009 年 6 月 25 日，北京电视台播出了题为《一个男人，如何使“施恩”奶粉低头》的报道，内容主要是郭某向该台反映“施恩”奶粉问题。同年 6 月 29 日，施恩公司及其控股股东广东雅士利公司派员主动与郭某取得联系。在双方沟通的过程中，郭某提出要求对方再赔偿 300 万元。雅士利公司认为郭某提出过高要求是犯罪，郭某被抓获。郭某的行为应当如何认定？（　　）

A. 不构成犯罪

B. 构成敲诈勒索罪

C. 构成诈骗罪

D. 构成损害商业信誉、商品声誉罪

5. 乙与丙因某事发生口角，甲得知此事后，找到乙，谎称自己受丙所托带口信给乙，如果乙不拿出2 000元给丙，丙将派人来打乙。乙害怕被打，就托甲将2 000元带给丙。甲将钱占为己有。对甲的行为应当如何处理？（　　）（司考）

A. 按诈骗罪处理

B. 按敲诈勒索罪处理

C. 按侵占罪处理

D. 按抢劫罪处理

6. 甲、乙二人身着联防队员制服，潜伏在某卖淫窝点旁边，见有嫖客进入，便冒充联防队员执行公务，进屋搜查，将正在进行性交易的嫖客和卖淫女“抓住”，对他们说要么拘留要么罚款3 000元，嫖客和卖淫女没有办法，只能各缴3 000元给甲、乙二人。甲、乙二人的行为构成（　　）。

A. 诈骗罪

B. 抢劫罪

C. 招摇撞骗罪

D. 敲诈勒索罪

7. 陈某在商场金店发现柜台内放有一条价值4 700元的纯金项链，与自己所戴的镀金项链样式相同。陈某以挑选金项链为名，趁售货员不注意，用自己的镀金项链调换了上述纯金项链。陈某的行为（　　）。

A. 构成盗窃罪

B. 构成诈骗罪

C. 构成诈骗罪与盗窃罪的想象竞合犯

D. 构成诈骗罪与盗窃罪二罪

8. 李某多次尾随盗伐林木人员，将其砍倒、尚未运走的林木偷偷运走，销赃获利数千元。此外，他还盗伐了他人自留地、责任田等地边田坎种植的零星树木5个多立方米。对李某的上述行为应当如何定罪处罚？（　　）（司考）

A. 以盗伐林木罪定罪处罚

B. 以盗窃罪定罪处罚

C. 以盗伐林木罪和盗窃罪定罪，实行数罪并罚

D. 以盗伐林木罪、盗窃罪和销售赃物罪定罪，实行数罪并罚

9. 赵某花5 000元购得摩托车一辆。3个月后，其友王某提出借用摩托车，赵某同意。王某借用数周不还，赵某碍于情面，一直未讨还。某晚，赵某趁王某家中无人，将摩托车推回。次日，王某将摩托车丢失之事告诉赵某，并提出用4 000元予以赔偿。赵某故意没有告知其已经将车取回的事实，并称：“你要赔就赔吧。”王某于是给付赵某摩托车款4 000元。后赵某恐事情败露，又将摩托车偷偷卖给丁某，获得款项3 500元。赵某的行为构成何罪？（　　）

A. 盗窃罪

B. 诈骗罪

C. 销售赃物罪

D. 盗窃罪和诈骗罪的牵连犯

10. 甲伪造了一份乙向甲借款24万元的借据，并仿冒乙的签名，用私刻的乙的印章在借据上盖章，向法院提起诉讼，要求乙偿还借款24万元，并向法院提供了该伪造的借据及其复印件，法院据此判决乙向甲偿还“借款”24万元。乙不服，提起申诉，最终查明上述借据及附件均系甲伪造，乙根本没有向甲借款。甲的行为属于什么性质？（　　）

A. 构成妨害作证罪

B. 构成诈骗罪

C. 伪造证据，妨害民事诉讼行为，不构成犯罪

D. 构成票据诈骗罪

11. 王某利用计算机知识获取某公司上网账号和密码后，以每3个月100元的价格出售上网账号和密码，从中获利5 000元，给该公司造成4万元的损失。对此，下列哪个说法正确？（　　）

A. 王某的行为构成盗窃罪，盗窃数额为5 000元

B. 王某的行为构成诈骗罪，诈骗数额为5 000元

C. 王某的行为构成盗窃罪，盗窃数额为4万元

D. 王某的行为构成诈骗罪，诈骗数额为4万元

12. 强某于2013年10月15日早8：10左右，骑着摩托车行驶在312国道的瓜市桥上。与他同向的一辆绿色混凝土搅拌卡车突然将他撞倒，并把他甩出约10米。肇事司机见状后，立即加快油门逃逸。强某放在摩托车后箱的4.8万元现金因后箱破损而洒了一地。张某与朋友李某驾驶一辆载满乘客的中巴车经过，李某发现倒在地上的强某和满地的钱，便叫张某停了下来，鼓动乘客纷纷下车“捡”钱，一些过路群众也加入进来。5分钟后地上已经分文未剩。捡完钱后，乘客

上车，张某驾车逃走。张某与李某构成何罪？（　　）

A. 聚众哄抢罪　　B. 抢劫罪

C. 抢夺罪　　D. 盗窃罪

视频讲题

13. 甲在公共汽车上盗得乙、丙的手机（价值合计4 000余元），乙未发觉。丙后来觉察并揪住了甲的衣领。无奈甲趁到站停车之机迅速挣脱并下车逃走，丙追逐不及，使甲逃脱。甲的行为应（　　）。

A. 构成盗窃罪

B. 构成抢夺罪

C. 以盗窃罪和抢夺罪进行并罚

D. 构成抢劫罪

14. 乙持甲的借条要甲还钱，甲不仅不还钱，反而指使丙、丁将乙强行扣留在乡下的偏僻房屋里，并对其进行殴打。两天后，乙交出借条，承诺永不索还，甲才将乙释放。甲的行为构成（　　）。

A. 非法拘禁罪　　B. 绑架罪

C. 敲诈勒索罪　　D. 抢劫罪

15. 甲于2018年6月与乙合谋共同诈骗李某30 000元，甲、乙平分各得15 000元。在审查本案期间，甲主动交代曾在2012年3月间诈骗张某4 000元的犯罪事实。在处罚甲诈骗罪时其犯罪金额应为（　　）。

A. 34 000元　　B. 30 000元

C. 19 000元　　D. 15 000元

视频讲题

16. 王某见一男子喝得酩酊大醉、神志模糊，躺在马路边，旁边放着一只皮包。王某就对周围的人谎称该男子为其朋友，将该男子扶到僻静无人之处，悄悄拿走其皮包（内有现金3 500余元）。王某的行为构成（　　）。

A. 诈骗罪　　B. 盗窃罪

C. 抢劫罪　　D. 抢夺罪

17. 下列情形中，不属于《刑法》第263条规定的对抢劫罪加重法定刑情形的是（　　）。

A. 在公共交通工具上抢劫的

B. 抢劫致人重伤、死亡的

C. 在办公大楼抢劫的

D. 入户抢劫的

18. 某民政局工作人员冯某利用职务便利挪用救济金5万元进行营利活动。冯某的行为构成何种犯罪？（　　）

A. 挪用特定款物罪

B. 挪用公款罪

C. 挪用资金罪

D. 职务侵占罪

19. 甲、乙二人于某日晚将私营业主丙从工厂绑架至市郊的一空房内，将丙的双手铐在窗户铁栏杆上，强迫丙答应交付3万元的要求。约两小时后，甲、乙强行将丙带回工厂，丙从保险柜取出仅有的1.7万元交给甲、乙。甲、乙的行为构成何罪？（　　）

A. 抢劫罪　　B. 绑架罪

C. 敲诈勒索罪　　D. 非法拘禁罪

20. 某日傍晚，黄某、兰某驾驶摩托车外出伺机抢夺他人财物，在该市胜利大街南段，发现一女士脖子上佩戴一条金项链，便从该女士身后驾车飞驶过来，坐在摩托车后座上的兰某趁机抓取项链。由于项链没有被扯断，该女士被拽倒，头部撞到马路护栏，造成颈骨折断死亡。黄某、兰某的行为构成（　　）。

A. 盗窃罪　　B. 抢夺罪

C. 抢劫罪　　D. 过失致人重伤罪

21. 2015年8月至2017年8月，黄某受聘佛山市南海区某印刷包装公司，负责印刷电脑设计及制作工作。刚入职的时候，有关负责人承诺：工作满一年之后每月提升15%工资。但一年后公司并没有兑现加薪的承诺。2017年8月，公司老板找黄某谈继续签约的事，黄某再次提出加薪，但仍遭拒绝，然后黄某对电脑中的80多份制版文件进行了删改，并将她认为属于“自己的工作方式”的单版文件的“啤线”（模切丝，包括成品规格线和压痕线）删除了。随后黄某离开了该企业。不久，该公司需要调出文件印刷包装盒，打开电脑发现颜色有些不对；再核对电脑，发现80多处有删改。模切线等文件被删改后，要恢复需要多次输

出胶片并重新制作“啤版”，公司因此损失 5 000 余元。该公司遂向有关单位报案。对黄某的行为应该如何处理？（　　）

A. 黄某与公司之间系民事纠纷，不构成犯罪

B. 黄某删改电脑文件的行为是在维护自己的民事权利，不具有违法性

C. 黄某的行为构成破坏生产经营罪

D. 黄某的行为构成故意毁坏财物罪

视频讲题

22. 振兴中学系一所依靠社会力量由个人投资参股并制定有董事会章程的私立高中。由于管理上的原因，2003 年，董事会及全体股东讨论决定，将该学校发包给个人管理，并采取公开、公正方式向股东招标，董事 A 竞标成功，于同年 1 月 30 日作为乙方与 B、C 等其他 6 位董事（甲方）签订了“振兴中学承包协议”。该协议规定：承包期 5 年，从 2003 年 1 月 30 日至 2008 年 1 月 30 日，乙方每年向甲方交利润 5.6 万元，每年交押金 5.6 万元，5 年共计 28 万元。其中，交现金 5.6 万元，其余部分以本人股金或借他人股金折抵，承包期满甲方将上述股金交还给乙方。乙方如有情况不包或退包，上述押金全部没收。该协议还规定，押金 5.6 万元现金存入银行，存折由 C 保管，密码由被告人 B 保管。承包协议签订当天，A 将该 5.6 万元押金存入中国农业银行鄱阳县支行××分理处。2003 年 3 月，B、C 互相串通，在未经甲方董事会其他成员同意或其不知晓的情况下，私自将 5.6 万元押金全部取出，B 将 3.4 万元与他人合伙做稻谷生意，C 将 2.2 万元借给其妹夫购买中巴车。2004 年 12 月，振兴中学资金周转困难，A 以借条方式，并由两大股东成员签字同意，暂借押金 5.6 万元用于学校周转，但遭到 B、C 拒绝。后在其他董事逼迫下，B、C 才各自拿出 1 万元给 A，其余 3.6 万元至案发后才退还。对 B、C 的行为应如何处理？（　　）

A. B、C 与振兴中学之间系民事纠纷，不构成犯罪

B. B、C 的行为构成挪用公款罪

C. B、C 的行为构成挪用资金罪

D. B、C 的行为构成职务侵占罪

23. 甲路过某自行车修理店，见有一辆名牌电动自行车（价值 1 万元）停在门口，欲据为己有。甲见店内货架上无自行车锁便谎称要购买，催促店主去 50 米之外的库房拿货。店主临走时对甲说：“我去拿锁，你帮我看一下店。”店主离店后，甲骑走电动自行车。甲的行为构成何罪？（　　）（司考）

A. 诈骗罪　　B. 盗窃罪

C. 侵占罪　　D. 职务侵占罪

24. 甲趁在路上行走的妇女乙不注意之际，将乙价值 12 000 元的项链一把抓走，然后逃跑。跑了 50 米之后，甲以为乙的项链根本不值钱，就转身回来，跑到乙跟前，打了乙两耳光，并说：“出来混，也不知道戴条好项链”，然后将项链扔给乙。对甲的行为，应当如何定性？（　　）（司考）

A. 抢夺罪（未遂）

B. 抢夺罪（中止）

C. 抢夺罪（既遂）

D. 抢劫罪（转化型抢劫）

25. 关于侵犯财产罪及相关犯罪，下列哪一选项是正确的？（　　）（司考）

A. 甲用假币到电器商场购买手机，甲的行为构成诈骗罪

B. 乙受王某之托将价值 5 万元的手表送给 10 公里外的朱某，乙在路上让许某捆绑自己，伪造了抢劫现场，将表据为己有。报案后，乙向警方说自己被抢。乙的行为构成侵占罪

C. 丙假冒某部委名义，以组织某高层论坛为名发布广告、寄送材料，要求参会人员每人先邮寄会务费 1 万元。丙收款 50 万元后潜逃。丙的行为构成虚假广告罪

D. 丁为孩子升学，买了一辆假冒某名牌的摩托车送给教育局局长何某。丁的行为构成诈骗罪

26. 关于盗窃罪的理解，下列哪一选项是正确的？（　　）（司考）

A. 扒窃成立盗窃罪的，以携带凶器为前提

B. 扒窃仅限于窃取他人衣服口袋内体积较小的财物

C. 扒窃时无论窃取数额大小，即使窃得一张白纸，也成立盗窃罪既遂

D. 入户盗窃成立盗窃罪的，既不要求数额较大，

也不要求多次盗窃

27. 2017年年初，吴某从某建筑公司承包了一项工程的瓦工、钢筋工、力工、木工等五项分包工程，雇用了一百多名农民工来干活，工程在8月末完工。当工人找吴某领工资时却发现吴某手机关机，在其租住的房屋也找不到人。工程施工期间，一百多名工人中，一部分人从吴某处领到了全数工资，少数人领到了部分工资，有两个工种的工人一分钱未拿到，合计有40多人被拖欠了35万元工资。其中，最多的被拖欠约1.5万元，少的也被拖欠几千元。经查，8月中旬，经过全体农民工签字同意，吴某从开发商处拿到了69万元的支票，其中包括全体农民工工资35万余元。但吴某拿到支票后一再拖延，不为农民工发放工资，并在政府相关部门责令其支付时，采取关闭手机、频繁更换住址等方式逃匿。在检察院提起公诉前，吴某仍未支付所欠农民工工资。吴某的行为（　　）。

A. 不构成犯罪

B. 构成拒不支付劳动报酬罪

C. 构成诈骗罪

D. 构成拒不执行法院判决裁定罪

视频讲题

28. 老板甲春节前转移资产，拒不支付农民工工资。劳动主管部门下达责令支付通知书后，甲故意失踪。公安机关接到报警后，立即抽调警力，迅速将甲抓获。在侦查期间，甲主动支付了所欠工资。起诉后，法院根据《刑法修正案（八）》规定的拒不支付劳动报酬罪认定甲的行为，甲表示认罪。关于此案，下列哪一说法是错误的？（　　）（司考）

A.《刑法修正案（八）》增设拒不支付劳动报酬罪，体现了立法服务大局、保护民生的理念

B. 公安机关积极破案解决社会问题，发挥了保障民生的作用

C. 依据《刑法修正案（八）》对欠薪案的审理，体现了惩教并举，引导公民守法、社会向善的作用

D. 甲已支付所欠工资，可不再追究甲的刑事责任，以利于实现良好的社会效果

29. 不计数额，下列哪一选项构成侵占罪？（　　）（司考）

A. 甲是个体干洗店老板，洗衣时发现衣袋内有钱，将钱藏匿

B. 乙受公司委托外出收取货款，隐匿收取的部分货款

C. 丙下飞机时发现乘客钱包掉在座位底下，捡起钱包离去

D. 丁是宾馆前台服务员，客人将礼品存于前台让朋友自取。丁见久无人取，私吞礼品

30. 乙驾车带甲去海边游玩。到达后，乙欲游泳。甲骗乙说："我在车里休息，把车钥匙给我。"趁乙游泳，甲将该车开往外地卖给他人。甲构成何罪？（　　）（司考）

A. 侵占罪

B. 盗窃罪

C. 诈骗罪

D. 盗窃罪与诈骗罪的竞合

31. 公司保安甲在休假期内，以"第二天晚上要去医院看望病人"为由，欺骗保安乙，成功和乙换岗。当晚，甲将其看管的公司仓库内价值5万元的财物运走变卖。甲的行为构成下列哪一犯罪？（　　）（司考）

A. 盗窃罪　　B. 诈骗罪

C. 职务侵占罪　　D. 侵占罪

32. 乙（16周岁）进城打工，用人单位要求乙提供银行卡号以便发放工资。乙忘带身份证，借用老乡甲的身份证以甲的名义办理了银行卡。乙将银行卡号提供给用人单位后，请甲保管银行卡。数月后，甲持该卡到银行柜台办理密码挂失，取出1万余元现金，拒不退还。甲的行为构成下列哪一犯罪？（　　）

A. 信用卡诈骗罪

B. 诈骗罪

C. 盗窃罪（间接正犯）

D. 侵占罪

33. 贾某在路边将马某打倒在地，劫取其财物。离开时贾某为报复马某之前的反抗，往其胸口轻踢了一脚，不料造成马某心脏骤停死亡。设定贾某对马某的死亡具有过失，下列哪一分析是正确的？（　　）

A. 贾某踢马某一脚，是抢劫行为的延续，构成抢劫致人死亡

B. 贾某踢马某一脚，成立事后抢劫，构成抢劫致人死亡

C. 贾某构成抢劫罪的基本犯，应与过失致人死亡罪数罪并罚

D. 贾某构成抢劫罪的基本犯与故意伤害（致死）罪的想象竞合犯

34. 李某趁正在遛狗的老妇人王某不备，抢下王某的装有 4 000 元现金的手包就跑。王某让名贵的宠物狗追咬李某。李某见状在距王某 50 米处转身将狗踢死后逃离。王某眼见一切，因激愤致心脏病发作而亡。关于本案，下列哪一选项是正确的？（　　）

A. 李某将狗踢死，属事后抢劫中的暴力行为

B. 李某将狗踢死，属对王某以暴力相威胁

C. 李某的行为满足事后抢劫的当场性要件

D. 对李某的行为应整体上评价为抢劫罪

35. 乙全家外出数月，邻居甲主动帮乙照看房屋。某日，甲谎称乙家门口的一对石狮为自家所有，将石狮卖给外地人，得款 1 万元据为己有。关于甲的行为定性，下列哪一选项是错误的？（　　）

A. 甲同时触犯侵占罪与诈骗罪

B. 如认为购买者无财产损失，则甲仅触犯盗窃罪

C. 如认为购买者有财产损失，则甲同时触犯盗窃罪与诈骗罪

D. 不管购买者是否存在财产损失，甲都触犯盗窃罪

36. 菜贩刘某将蔬菜装入袋中，放在居民小区路旁长条桌上，写明“每袋 20 元，请将钱放在铁盒内”。然后，刘某去 3 公里外的市场卖菜。小区理发店的店员经常好奇地出来看看是否有人偷菜。甲数次公开拿走蔬菜时假装往铁盒里放钱。关于甲的行为定性（不考虑数额），下列哪一选项是正确的？（　　）

A. 甲乘人不备，公然拿走刘某所有的蔬菜，构成抢夺罪

B. 蔬菜为经常出来查看的店员占有，甲构成盗窃罪

C. 甲假装放钱而实际未放钱，属诈骗行为，构成诈骗罪

D. 刘某虽距现场 3 公里，但仍占有蔬菜，甲构成盗窃罪

37. 郑某冒充银行客服发送短信，称张某手机银行即将失效，需重新验证。张某信以为真，按短信提示输入银行卡号、密码等信息后，又将收到的编号为 135423 的“验证码”输入手机页面。后张某发现，其实是将 135 423 元汇入了郑某账户。关于本案的分析，下列哪一选项是正确的？（　　）（司考）

A. 郑某将张某作为工具加以利用，实现转移张某财产的目的，应以盗窃罪论处

B. 郑某虚构事实，对张某实施欺骗并导致张某处分财产，应以诈骗罪论处

C. 郑某骗取张某的银行卡号、密码等个人信息，应以侵犯公民个人信息罪论处

D. 郑某利用电信网络，为实施诈骗而发布信息，应以非法利用信息网络罪论处

38. 下列哪一行为成立侵占罪？（　　）（司考）

A. 张某欲向县长钱某行贿，委托甲代为将 5 万元贿赂款转交钱某。甲假意答应，拿到钱后据为己有

B. 乙将自己的房屋出售给赵某，虽收取房款却未进行所有权转移登记，后又将房屋出售给李某

C. 丙发现洪灾灾区的居民已全部转移，遂进入居民房屋，取走居民来不及带走的贵重财物

D. 丁分期付款购买汽车，约定车款付清前汽车由丁使用，所有权归卖方。丁在车款付清前将车另售他人

39. 关于诈骗罪的认定，下列哪一选项是正确的（不考虑数额）？（　　）（司考）

A. 甲利用信息网络，诱骗他人点击虚假链接，通过预先植入的木马程序取得他人财物。即使他人不知点击链接会转移财产，甲也成立诈骗罪

B. 乙虚构可供交易的商品，欺骗他人点击付款链接，取得他人财物的，由于他人知道自己付款，故乙触犯诈骗罪

C. 丙将钱某门前停放的摩托车谎称是自己的，卖给孙某，让其骑走。丙就钱某的摩托车成立诈骗罪

D. 丁侵入银行计算机信息系统，将刘某存折中的 5 万元存款转入自己的账户。对丁应以诈骗罪论处

40. 乙女在路上被铁丝绊倒，受伤不能动，手中钱包（内有现金 5 000 元）摔出七八米外。路过的甲捡起钱包时，乙大喊“我的钱包不要拿”，甲说“你不要喊，我拿给你”。乙信以为真，没有再喊。甲捡起钱包后立

即逃走。关于本案，下列哪一选项是正确的？（　　）

A. 甲以其他方法抢劫他人财物，成立抢劫罪

B. 甲以欺骗方法使乙信以为真，成立诈骗罪

C. 甲将乙的遗忘物据为己有，成立侵占罪

D. 只能在盗窃罪或者抢夺罪中，择一定性甲的行为

41. 韩某经常同张某、李某等人玩麻将赌博，张某曾陆续输给韩某 7 000 元。韩某在向张某催要赌债无果的情况下，纠集好友把张某挟持至他处，并给张家打电话，声称如果再不还钱，就砍掉张某一只手。韩某的行为（　　）。

A. 构成非法拘禁罪

B. 构成绑架罪

C. 构成催收非法债务罪

D. 构成敲诈勒索罪

（二）多项选择题

1. 关于盗窃罪的认定，下列结论中哪些是正确的？（　　）

A. 甲因饮酒过量醉卧街头。乙向围观群众声称甲系其好友，将甲扶于无人之处，掏走甲身上的 1 000 余元离去。乙的行为构成盗窃罪

B. 甲与乙在火车上相识，下车后同到一饭馆就餐。乙殷勤劝酒，将甲灌醉，掏走甲身上 1 000 余元离去。乙的行为构成盗窃罪

C. 甲去一餐馆吃晚饭，时值该餐馆打烊，服务员已下班离去，只有老板乙在清账。在甲再三要求之下，乙无奈亲自下厨准备饭菜。甲趁机将厨房门反锁，致乙欲出不能，只能从递菜窗口眼看着甲打开柜台抽屉拿走 1 000 余元离去。甲的行为构成盗窃罪

D. 甲在街头出售报纸时发现乙与一摊主因买东西发生纠纷，乙携带的箱子（内有贵重物品）放在身旁的地上，便提起该箱子悄悄溜走。乙发现后紧追不舍。为摆脱乙的追赶，甲将手中剩余的几张报纸卷成一团扔向乙，击中乙的脸，乙受惊吓几乎滑倒。随后又追，终于抓住甲。甲的行为构成盗窃罪

2. 下列哪些行为应被认定为抢劫罪一罪？（　　）

A. 甲为报仇将杀父仇人杀死后，取走其身上的 8 000 元现金

B. 甲持刀拦路行抢，故意将受害人杀死后取走其财物

C. 甲在抢劫过程中，为压制被害人的反抗，故意将被害人杀死，取走其财物

D. 甲实行抢劫罪后，为防止被害人报案，将其杀死

3. 某事业单位负责人甲决定以单位名义将本单位资金 150 余万元贷给另一公司，所得高额利息归本单位所有。甲虽未谋取个人利益，但最终使本金无法收回。关于该行为的定性，下列哪几种是可以排除的？（　　）

A. 挪用公款罪　　B. 挪用资金罪

C. 违法发放贷款罪　　D. 高利转贷罪

4. 甲某日晚到洗浴中心洗浴。甲进入该中心后，根据服务员乙的指引，将衣服、手机、手提包等财物锁入 8 号柜中，然后进入沐浴区。半小时后，乙为交班而准备打开自己一直存放衣物的 7 号柜，忙乱中将钥匙插入 8 号柜的锁孔，但居然能将 8 号柜打开。乙发现柜中有手提包，便将其中的 3 万元现金拿走。为迅速逃离现场，乙没有来得及将 8 号柜柜门锁上。稍后另一客人丙见 8 号柜半开半掩，就将柜中的手机（价值 3 000 元）以及信用卡拿走。由于信用卡的背后写有密码，第二天，丙持该信用卡到商场购买价值 2 万元的手表。关于本案，下列哪些说法是错误的？（　　）（司考）

A. 乙的行为构成侵占罪，丙的行为构成盗窃罪

B. 乙的行为构成盗窃罪，丙的行为构成侵占罪

C. 乙的行为构成盗窃罪，丙的行为构成盗窃罪与信用卡诈骗罪

D. 乙的行为构成职务侵占罪，丙的行为构成侵占罪与信用卡诈骗罪

视频讲题

5. 某晚，甲潜入乙家中行窃，被发现后携所窃赃物（价值 900 余元）逃跑，乙紧追不舍。甲见杂货店旁有一辆未熄火的摩托车，车主丙正站在车旁吸烟，便骑上摩托车继续逃跑。次日，丙在街上发现自己的摩托车和甲，欲将甲扭送公安局，甲一拳将丙打伤，后经法医鉴定为轻伤。应当以下列哪些罪名追究甲的

刑事责任？（　　）（司考）

A. 抢劫罪　　B. 抢夺罪

C. 盗窃罪　　D. 故意伤害罪

6. 某晚，崔某身穿警服，冒充交通民警，骗租到女个体司机何某的出租车。当车行至市郊时，崔某持假枪抢走何某人民币 1 000 元，并将何某一脚踹出车外，使何某身受重伤，崔某乘机将出租车开走。本案中属于抢劫罪法定加重情节的有哪些？（　　）

A. 持枪抢劫

B. 冒充军警人员抢劫

C. 抢劫致人重伤

D. 在公共交通工具上抢劫

7. 结合犯罪构成理论以及刑法分则的相关规定分析，以下案件哪些不构成侵占罪？（　　）（司考）

A. 某游戏厅早上 8 点刚开门，甲就进入游戏厅玩耍，发现 6 号游戏机上有一个手机，甲马上装进自己口袋，然后逃离。事后查明，该手机是游戏厅老板打扫房间时顺手放在游戏机上的。甲被抓获后称其始终以为该手机是其他顾客遗忘的财物

B. 乙知道邻居肖某的 8 岁小孩被他人绑架，肖某可能会按照歹徒的要求交付赎金，即终日悄悄跟随在肖某身后。某日，见肖某将一塑料口袋塞入某桥洞下，即在肖某离开 10 分钟后，将口袋挖出，取得现金 20 万元

C. 丙到某装饰城购买价值 2 万元的装修材料，委托三轮车夫田某代为运输。田某骑三轮车在前面走，丙骑自行车跟在后面。在经过一路口时，田某见丙被警察拦住检查自行车证，即将装修材料拉走倒卖，获款 4 000 元

D. 丁闲极无聊在一自动取款机按键上胡乱敲击。在准备离开时，丁无意中触动了一个按钮，取款机即吐出一张 100 元钞票。丁见此情景，就连续不断地进行操作，直至取出现金 1 万元，然后迅速离去

8. 下列行为中构成盗窃罪的有（　　）。

A. 王某在商场盗窃他人信用卡之后，随即用该卡在商场购买了价值 6 000 元的手表

B. 李某在商场试衣间试穿大衣是否合适的时候，趁售货员与别的顾客聊天的机会，将价值 6 000 元的大衣穿走

C. 张某在商店购买首饰的时候，趁售货员不注意，将自己准备好的假首饰与从售货员那里拿来的价值 8 000 元的真首饰调换

D. 郑某潜入他人家中，将他人价值 2 万元的海洛因拿走

9. 下列哪些行为构成盗窃罪？（　　）

A. 邮政工作人员私拆邮件窃取财物的

B. 窃取信用卡后使用的

C. 公司人员利用职务便利窃取本单位财物的

D. 盗窃可用于骗取出口退税的发票的

10. 下列哪些情形应以抢劫罪论处？（　　）

A. 犯盗窃罪、诈骗罪、抢夺罪，为窝藏赃物而当场使用暴力

B. 携带凶器抢夺

C. 聚众哄抢公私财物，为抗拒抓捕而以暴力相威胁

D. 聚众“打砸抢”因而毁坏公私财物的首要分子

11. 2014 年 2 月起，张某与许某结伙盗窃，先后共同作案 5 次，共窃得财物价值 25 000 元，销赃后得赃款 9 000 元，二人平分。2014 年 10 月，张某单独作案 1 次，窃得现金 5 000 元。2015 年 3 月案发后，张某主动交代曾在 1998 年 1 月单独作案，窃得摩托车一辆，价值 1 800 元。在追究张某和许某刑事责任时，张某和许某分别对下列何种数额负责？（　　）

A. 张某盗窃合计 31 800 元

B. 许某盗窃 25 000 元

C. 张某盗窃 30 000 元

D. 许某盗窃 12 500 元

12. 甲请乙为其在丙家盗窃时望风，乙同意。某日晚，甲、乙按约定前往丙家，乙在门外望风。甲进入丙家后，见丙一人在家，便对丙实施暴力，抢劫了丙的 1 万元现金。对本案应如何认定？（　　）

A. 甲、乙构成抢劫罪的共犯

B. 甲、乙在盗窃罪范围内构成共犯

C. 甲与乙都成立抢劫罪

D. 甲成立抢劫罪、乙成立盗窃罪

视频讲题

13. 丁某盗窃了农民程某的一个手提包，发现包里有大量现金和一把手枪。丁某将真情告诉崔某，并将手枪交给崔某保管，崔某将手枪藏在家里。关于本案，下列哪些选项是正确的？（　　）（司考）

A. 丁某构成盗窃罪

B. 丁某构成盗窃枪支罪

C. 崔某构成窝藏罪

D. 崔某构成非法持有枪支罪

14. 关于诈骗罪，下列哪些选项是正确的？（　　）（司考）

A. 收藏家甲受托为江某的藏品进行鉴定，甲明知该藏品价值100万元，但故意贬低其价值后以1万元收买。甲的行为构成诈骗罪

B. 文物贩子乙收购一些赝品，冒充文物低价卖给洪某。乙的行为构成诈骗罪

C. 店主丙在柜台内陈列了两块标价5万元的玉石，韩某讲价后以3万元购买其中一块，周某讲价后以3 000元购买了另一块。丙对韩某构成诈骗罪

D. 画家丁临摹了著名画家范某的油画并署上范某的名章，通过画廊以5万元出售给田某，丁非法获利3万元。丁的行为构成诈骗罪

视频讲题

15. 关于敲诈勒索罪的判断，下列哪些选项是正确的？（　　）（司考）

A. 甲将王某杀害后，又以王某被绑架为由，向其亲属索要钱财。甲除构成故意杀人罪外，还构成敲诈勒索罪与诈骗罪的想象竞合犯

B. 饭店老板乙以可乐兑水冒充洋酒销售，向实际消费数十元的李某索要数千元。李某不从，乙召集店员对其进行殴打，致其被迫将钱交给乙。乙的行为构成抢劫罪而非敲诈勒索罪

C. 职员丙被公司辞退，要求公司支付10万元补偿费，否则会将所掌握的公司商业秘密出卖给其他公司使用。丙的行为构成敲诈勒索罪

D. 丁为谋取不正当利益送给国家工作人员刘某10万元。获取不正当利益后，丁以告发相要挟，要求刘某返还10万元。刘某担心被告发，便还给丁10万元。对丁的行为应以行贿罪与敲诈勒索罪实行并罚

视频讲题

16. 下列哪些行为应以职务侵占罪论处？（　　）（司考）

A. 甲系某村民小组的组长，利用职务上的便利，将村民小组集体财产非法据为己有，数额达到5万元

B. 乙为村委会主任，利用协助乡政府管理和发放救灾款物之机，将5万元救灾款非法据为己有

C. 丙是某国有控股公司部门经理，利用职务上的便利，将本单位的5万元公款非法据为己有

D. 丁与某私营企业的部门经理李某内外勾结，利用李某职务上的便利，共同将该单位的5万元资金非法据为己有

视频讲题

17. 下列说法不正确的是（　　）。（司考）

A.《刑法》第266条规定的诈骗罪的法定最高刑为无期徒刑，而第198条规定的保险诈骗罪的法定最高刑为15年有期徒刑。为了保持刑法的协调和实现罪刑相适应原则，对保险诈骗数额特别巨大的，应以诈骗罪论处

B. 已满14周岁不满16周岁的人，伙同他人强奸妇女后迫使卖淫的，不负刑事责任，因为《刑法》第17条没有规定已满14周岁不满16周岁的人应对强迫卖淫罪承担刑事责任

C.《刑法》第382条明文规定一般公民与国家工作人员勾结伙同贪污的，以共犯论处，所以，一般公民可以与国家工作人员构成贪污罪的共

犯；《刑法》第 385 条对于受贿罪没有类似规定，所以，一般公民不可能与国家工作人员构成受贿罪的共犯

D.《刑法》第 399 条第 4 款规定，“司法工作人员收受贿赂”有徇私枉法等行为的，依照处罚较重的规定定罪处罚。但是，司法工作人员索取贿赂并有徇私枉法等行为的，应实行数罪并罚

18. 下列哪些选项的行为人具有非法占有目的？（　　）（司考）

A. 男性基于癖好入户窃取女士内衣

B. 为了燃柴取暖而窃取他人木质家具

C. 骗取他人钢材后作为废品卖给废品回收公司

D. 杀人后为避免公安机关识别被害人身份，将被害人钱包等物丢弃

19. 关于侵占罪的认定（不考虑数额），下列哪些选项是错误的？（　　）（司考）

A. 甲将他人停放在车棚内未上锁的自行车骑走卖掉。甲的行为构成侵占罪

B. 乙下车取自己行李时将后备箱内乘客遗忘的行李箱一并拿走变卖。乙的行为构成侵占罪

C. 丙在某大学食堂将学生用于占座的手机拿走卖掉。丙的行为成立侵占罪

D. 丁受托为外出邻居看房，将邻居锁在柜里的手提电脑拿走变卖。丁的行为成立侵占罪

20. 关于抢夺罪，下列哪些判断是错误的？（　　）（司考）

A. 甲驾驶汽车抢夺乙的提包，汽车能致人死亡属于凶器。甲的行为应认定为携带凶器抢夺罪

B. 甲与乙女因琐事相互厮打时，乙的耳环（价值 8 000 元）掉在地上。甲假装摔倒在地迅速将耳环握在手中，乙见甲摔倒便离开了现场。甲的行为成立抢夺罪

C. 甲骑着摩托车抢夺乙的背包，乙使劲抓住背包带，甲见状便加速行驶，乙被拖行十多米后松手。甲的行为属于情节特别严重的抢夺罪

D. 甲明知行人乙的提包中装有毒品而抢夺，毒品虽然是违禁品，但也是财物。甲的行为成立抢夺罪

21. 下列哪些行为属于盗窃？（　　）（司考）

A. 甲穿过铁丝网从高尔夫球场内“拾得”大量高尔夫球

B. 甲在夜间翻入公园内，从公园水池中“捞得”旅客投掷的大量硬币

C. 甲在宾馆房间“拾得”前一顾客遗忘的笔记本电脑一台

D. 甲从一辆没有关好门的小轿车内“拿走”他人公文包

22. 张某等人于 2008 年至 2009 年间，利用电信设备，向该市居民、企业、商户、机关、学校等单位拨打语音提示电话，语音电话内容为“×××中级人民法院提醒你，这是最后一次通知，你有一张刑事传票未领取，您的财产现已被法院扣押，请您将执行款 20 万元打入本院账号×××××××，否则本院将于下午 4:30 采取强制措施……人工咨询请按 9。”部分市民在按“9”之后，张某等自称是法院的法官，向居民索要身份证号码等信息。张某等人的行为（　　）。

A. 构成诈骗罪

B. 构成招摇撞骗罪

C. 应数罪并罚

D. 应依照处罚较重的规定定罪处罚

视频讲题

23. 甲、乙等人佯装乘客登上长途车。甲用枪控制司机，令司机将车开到偏僻路段；乙等人用刀控制乘客，命乘客交出随身财物。一乘客反抗，被乙捅成重伤。财物到手下车时，甲打死司机。关于本案，下列哪些选项是正确的？（　　）（司考）

A. 甲等人劫持汽车，构成劫持汽车罪

B. 甲等人构成抢劫罪，属于在公共交通工具上抢劫

C. 乙重伤乘客，无须以故意伤害罪另行追究刑事责任

D. 甲开枪打死司机，需以故意杀人罪另行追究刑事责任

24. 甲潜入他人房间欲盗窃，忽见床上坐起一老妪，哀求其不要拿她的东西。甲不理睬而继续翻找，拿走一条银项链（价值 400 元）。关于本案的分析，下列哪些选项是正确的？（　　）（司考）

A. 甲并未采取足以压制老妪反抗的方法取得财

物，不构成抢劫罪

B. 如认为区分盗窃罪与抢夺罪的关键在于是秘密取得财物还是公然取得财物，则甲的行为属于抢夺行为；如甲作案时携带了凶器，则对甲应以抢劫罪论处

C. 如采取B选项的观点，因甲作案时未携带凶器，也未秘密窃取财物，又不符合抢夺罪“数额较大”的要件，无法以侵犯财产罪追究甲的刑事责任

D. 如认为盗窃行为并不限于秘密窃取，则甲的行为属于入户盗窃，可按盗窃罪追究甲的刑事责任

25. 关于诈骗罪的理解和认定，下列哪些选项是错误的？（　　）（司考）

A. 甲曾借给好友乙1万元。乙还款时未要回借条。1年后，甲故意拿借条要乙还款。乙明知但碍于情面，又给甲1万元。甲虽获得1万元，但不能认定为诈骗既遂

B. 甲发现乙出国后其房屋无人居住，便伪造房产证，将该房租给丙住了1年，收取租金2万元。甲的行为构成诈骗罪

C. 甲请客（餐费1万元）后，发现未带钱，便向餐厅经理谎称送走客人后再付款。经理信以为真，甲趁机逃走。不管怎样理解处分意识，对甲的行为都应以诈骗罪论处

D. 乙花2万元向甲购买假币，后发现是一堆白纸。由于购买假币的行为是违法的，乙不是诈骗罪的受害人，甲不成立诈骗罪

26. 甲的下列哪些行为属于盗窃（不考虑数额）？（　　）（司考）

A. 某大学的学生进食堂吃饭时习惯于用手机、钱包等物占座后，再去购买饭菜。甲将学生乙用于占座的钱包拿走

B. 乙进入面馆，将手机放在大厅6号桌的空位上，表示占座，然后到靠近窗户的地方看看有没有更合适的座位。在7号桌吃面的甲将手机拿走

C. 乙将手提箱忘在出租车的后备箱。后甲搭乘该出租车时，将自己的手提箱也放进后备箱，并在下车时将乙的手提箱一并拿走

D. 乙全家外出打工，委托邻居甲照看房屋。有人来村里购树，甲将乙家山头上的树谎称为自家的树，卖给购树人，得款3万元

27. 下列哪些行为触犯了诈骗罪（不考虑数额）？（　　）

A. 甲对李某家的保姆说：“李某现在使用的手提电脑是我的，你还给我吧。”保姆信以为真，将电脑交给甲

B. 甲对持有外币的乙说：“你手上拿的是假币，得扔掉，否则要坐牢。”乙将外币扔掉，甲乘机将外币捡走

C. 甲为灾民募捐，一般人捐款几百元。富商经过募捐地点时，甲称：“不少人都捐一两万元，您多捐点吧。”富商信以为真，捐款2万元

D. 乙窃取摩托车，准备骑走。甲觉其可疑，装成摩托车主人的样子说：“你想把我的车骑走啊？”乙弃车逃走，甲将摩托车据为己有

28. 关于抢劫罪的认定，下列哪些选项是正确的？（　　）（司考）

A. 甲欲进王某家盗窃，正撬门时，路人李某经过。甲误以为李某是王某，会阻止自己盗窃，将李某打昏，再从王某家窃走财物。甲不构成抢劫既遂

B. 乙潜入周某家盗窃，正欲离开时，周某回家，进屋将乙堵在卧室内。乙掏出凶器对周某进行恐吓，迫使周某让其携带财物离开。乙构成入户抢劫

C. 丙窃取刘某汽车时被发现，驾刘某的汽车逃跑，刘某乘出租车追赶。途遇路人陈某过马路，丙也未减速，将陈某撞成重伤。丙构成抢劫致人重伤

D. 丁抢夺张某财物后逃跑，为阻止张某追赶，出于杀害故意向张某开枪射击。子弹未击中张某，但击中路人汪某，致其死亡。丁构成抢劫致人死亡

29. 甲为要回30万元赌债，将乙扣押，但2天后乙仍无还款意思。甲等5人将乙押到一处山崖上，对乙说：“3天内让你家人送钱来，如今天不答应，就摔死你。”乙勉强说只有能力还5万元。甲刚说完“一分都不能少”，乙便跳崖。众人慌忙下山找乙，发现乙已坠亡。关于甲的行为定性，下列哪些选项是错误的？（　　）

A. 属于绑架致使被绑架人死亡

B. 属于抢劫致人死亡

C. 属于催收非法债务致人死亡

D. 成立非法拘禁，但不属于非法拘禁致人死亡

30. 下列哪些行为构成盗窃罪（不考虑数额）？（　）

A. 酒店服务员甲在帮客人拎包时，将包中的手机放入自己的口袋据为己有

B. 客人在小饭馆吃饭时，将手机放在收银台边上充电，请服务员乙帮忙照看。乙假意答应，却将手机据为己有

C. 旅客将行李放在机场的托运柜台旁，到相距 20 余米的另一柜台问事时，机场清洁工丙将该行李拿走据为己有

D. 顾客购物时将车钥匙遗忘在收银台，收银员问是谁的，丁谎称是自己的，然后持该钥匙将顾客的车开走

（三）不定项选择题

1. 甲（2002 年 5 月 6 日出生）、乙（2004 年 8 月 29 日出生）、丙（2001 年 1 月 26 日出生）三人为了庆祝乙的生日，在 2018 年 8 月 29 日晚上商量出去打（偷）狗，回来煮了下酒。甲向他人借了一支单筒猎枪带上。次日凌晨 1 时许，三人持猎枪未找到狗，便到一居民家偷鸡。乙、丙进院偷鸡，甲持猎枪在院外望风。当偷出三只鸡时，被事主发现，乙、丙二人即跑出院外。甲见状，即向房门开了一枪后逃跑，枪弹击中事主家房门的门框。事主兄弟二人闻声跑出房外，追撵三人未果，返回时，在院门外拾得猎枪护木一块，事主两兄弟即蹲藏在院内守候。甲等三人逃离现场后，甲发现猎枪的护木丢失，担心无法还枪，便提出返回寻找。三人在返回事主家途中，丙害怕被抓，未敢继续前行。当乙持猎枪与甲一起寻找护木时，在事主家门前，被正欲抓捕他们的事主兄弟二人发现。事主丁刚一起身，乙即向他开了一枪，击中丁致死。甲、乙、丙各构成何罪？应当如何处罚？（　）

A. 甲构成抢劫罪

B. 乙构成盗窃罪和故意杀人罪

C. 丙构成盗窃罪

D. 对甲和乙应依法从轻或者减轻处罚

2. 甲将一只壶的壶底落款“民國叁年”磨去，放在自己的古玩店里出卖。某日，钱某看到这只壶，误以为是明代文物。甲见钱某询问，谎称此壶确为明代古董。钱某信以为真，按明代文物交款买走。又一日，顾客李某看上一幅标价很高的赝品，以为名家亲笔，但又心存怀疑。甲遂拿出虚假证据，证明该画为名家亲笔。李某以高价买走赝品。请回答第（1）（2）题。（司考）

（1）关于甲对钱某是否成立诈骗罪，下列选项错误的是（　）。

A. 甲的行为完全符合诈骗罪的犯罪构成，成立诈骗罪

B. 钱某自己有过错，甲不成立诈骗罪

C. 钱某已误以为是明代古董，甲没有诈骗钱某

D. 古玩投资有风险，古玩买卖无诈骗，甲不成立诈骗罪

（2）关于甲对李某是否成立诈骗罪，下列选项正确的是（　）。

A. 甲的行为完全符合诈骗罪的犯罪构成，成立诈骗罪

B. 标价高不是诈骗行为，用虚假证据证明该画为名家亲笔则是诈骗行为

C. 李某已有认识错误，甲强化其认识错误的行为不是诈骗行为

D. 甲拿出虚假证据的行为与结果之间没有因果关系，甲仅成立诈骗未遂

视频讲题

3. 2014 年 5 月，中石化北京分公司某油库与司机张某（该油库职员）订立了承包送油合同，张某用公司的油罐车给下属加油站送油，从中赚取运费。后张某雇用犯罪嫌疑人司机贾某，双方口头协议每月付贾某工资 1 600 元。同年 7 月 21 日，贾某驾驶油罐车在送油途中私自将签封开启，后将油罐车上的 5 桶 0 号柴油卖与他人，其价值人民币 8 390 余元。下列说法中正确的是（　）。

A. 贾某的行为构成盗窃罪。贾某主观上明知自己驾驶的油罐车不是自己的财物，却以非法占有为目的，在送油途中秘密将油罐车签封开启，

窃油后卖予他人而获利，其行为完全符合盗窃罪的构成要件，且数额较大（2 000 元以上），构成盗窃罪

B. 贾某的行为构成职务侵占罪。贾某与张某订有协议、成立雇佣关系，其职责是为张某开车将油送到指定地点，其私自卖油并将卖油收益据为己有的行为构成职务侵占罪

C. 贾某私自卖油的行为是将他人交给自己代为保管的财物非法占为己有，属于侵占，且侵占财物价值已达到侵占罪所规定的数额较大（5 000 元）的标准，所以构成侵占罪

D. 张某与贾某构成共同犯罪

视频讲题

4. 因天缆公司拖欠巨能公司厂房、设备租金，且经交涉仍未支付，巨能公司股东杨某遂产生报复泄愤的念头。2014 年 6 月 25 日晚，杨某电话通知杨某某、喻某、何某等人帮忙。6 月 26 日上午 10 时许，被告人杨某、喻某、何某聚集五十余人，由被告人何某带人值守天缆公司门口，被告人杨某则带领被告人杨某某、喻某等四十余人不顾门卫叶某阻拦，强行进入天缆公司正在生产的车间，就地用厂里的砖头、钢管、铁棒等物，将变压器、仪表、设备、玻璃窗等砸烂、断电后离去，造成天缆公司经济损失合计 23 万余元。下列说法中正确的是（　　）。

A. 巨能公司与天缆公司之间系民事纠纷，不构成犯罪

B. 杨某的行为构成破坏生产经营罪

C. 杨某的行为构成故意毁坏财物罪

D. 杨某的行为构成寻衅滋事罪

5. 雷某原系江西××县建筑工程公司（集体企业）经理。2013 年 3 月，经该公司班子成员会议决定，用公司的 9 间店面抵押贷款，对其原木材加工厂和办公楼进行改建。贷款后不进公司账，由雷某保管，专用于改建项目，不得挪作他用。2013 年 4 月 1 日，9 间店面经房产评估后，抵押贷款 67.8 万元，雷某垫付房产评估等费用 5 500 元。2013 年 4 月 2 日，雷某将 67.5 万元存入个人账户，私自留下 3 000 元零用。2013 年 3 月至 5 月，公司多次向县政府提交改建报告，均未获得批准，故改建工程未启动。2013 年 5 月 3 日，雷某偿还贷款本金 7.5 万元。2013 年 5 月 28 日至 2013 年 7 月 10 日，雷某取出存款，支付了公司的其他工程款和税款 13.86 万元，陆续偿还此笔贷款的利息 7.15 万元，向公司交纳 2 万元退休职工生活费。2013 年 9 月 10 日雷某交给公司现金 3.4 万元。余款 33 万余元被雷某用于购买私用轿车、偿还私人债务等个人开支。2014 年 10 月，公司班子追查 33 万余元余款下落，雷某表示该款已被用于个人开支，目前无力偿还。下列说法中正确的是（　　）。

A. 公司从银行贷款后不进公司账，而存入雷某个人账户，因此，雷某用该款购买私用轿车、偿还私人债务的行为是合法的

B. 虽然公司从银行贷款后不进公司账，存入雷某个人账户，但雷某用该款购买私用轿车、偿还私人债务的行为是非法的

C. 雷某的行为构成职务侵占罪

D. 雷某的行为构成挪用资金罪

6. 郑某等人多次预谋通过爆炸抢劫银行运钞车。为方便跟踪运钞车，郑某等人于 2018 年 4 月 6 日杀害一车主，将其面包车开走。（事实一）

后郑某等人制作了爆炸装置，并多次开面包车跟踪某银行运钞车，了解运钞车到某储蓄所收款的情况。郑某等人摸清运钞车情况后，于同年 6 月 8 日将面包车推下山崖。（事实二）

同年 6 月 11 日，郑某等人将放有爆炸装置的自行车停于储蓄所门前。当运钞车停在该所门前，押款人员下车提押款时（当时附近没有行人），郑某遥控引爆爆炸装置，致 2 人死亡、4 人重伤（均为运钞人员），运钞车中的 230 万元人民币被劫走。（事实三）

请回答第（1）～（3）题。（司考）

（1）关于事实一（假定具有非法占有目的），下列选项中正确的是（　　）。

A. 抢劫致人死亡包括以非法占有为目的的故意杀害他人后立即劫取财物的情形

B. 如认为抢劫致人死亡仅限于过失致人死亡，则对事实一只能认定为故意杀人罪与盗窃罪（如否认死者占有，则成立侵占罪），实行并罚

C. 事实一同时触犯故意杀人罪与抢劫罪

D. 事实一虽是为抢劫运钞车服务的，但依然成立独立的犯罪，应适用“抢劫致人死亡”的规定

（2）关于事实二的判断，下列选项中正确的是（　）。

A. 非法占有目的包括排除意思与利用意思

B. 对抢劫罪中的非法占有目的应与盗窃罪中的非法占有目的作相同理解

C. 郑某等人在利用面包车后毁坏面包车的行为，不影响非法占有目的的认定

D. 郑某等人事后毁坏面包车的行为属于不可罚的事后行为

（3）关于事实三的判断，下列选项中正确的是（　）。

A. 虽然当时附近没有行人，郑某等人的行为仍触犯爆炸罪

B. 触犯爆炸罪与故意杀人罪的行为只有一个，属于想象竞合

C. 爆炸行为亦可成为抢劫罪的手段行为

D. 对事实三应适用“抢劫致人重伤、死亡”的规定

7. 某小区 3 号楼 5 层刘某家的抽油烟机发生故障，王某与李某上门检测后，决定拆下搬回维修站修理。刘某同意。王某与李某搬运抽油烟机至四楼时，王某发现其中藏有一包金饰，遂暗自将之塞入衣兜。（事实一）

王某与李某将抽油烟机搬走后，刘某想起自己此前曾将金饰藏于其中，追赶前来，见王某神情可疑，便要其返还金饰。王某为洗清嫌疑，乘乱将金饰转交李某，李某心领神会，接过金饰藏于裤兜中。刘某确定王某身上没有金饰后，转身再找李某索要。李某突然一拳击倒刘某，致其倒地重伤。李某与王某随即逃走。（事实二）

后王某建议李某将金饰出售，得款二人平分，李某同意。李某明知金饰价值 1 万元，却向亲戚郭某谎称金饰为朋友委托其出售的限量版，售价 5 万元。郭某信以为真，花 5 万元买下金饰。拿到钱后，李某心生贪念，对王某称金饰仅卖得 1 万元，分给王某 5 000 元。（事实三）

请回答第（1）～（3）题。（司考）

（1）关于事实一的分析，下列选项中正确的是（　）。

A. 王某从抽油烟机中窃走金饰，破除刘某对金饰的占有，构成盗窃罪

B. 王某未经李某同意，窃取李某与其共同占有的金饰，应构成盗窃罪

C. 刘某客观上已将抽油烟机及机内金饰交给王某代为保管，王某取走金饰的行为构成侵占罪

D. 刘某将金饰遗忘在抽油烟机内，王某将其据为己有，是非法侵占他人遗忘物，构成侵占罪

（2）关于事实二的分析，下列选项中正确的是（　）。

A. 李某接过金饰，协助王某拒不返还他人财物，构成侵占罪的帮助犯

B. 李某帮助王某转移犯罪所得的金饰，构成掩饰、隐瞒犯罪所得罪

C. 李某为窝藏赃物将刘某打伤，属事后抢劫，构成抢劫（致人重伤）罪

D. 王某利用李某打伤刘某的行为顺利逃走，也属事后抢劫，构成抢劫罪

（3）关于事实三的分析，下列选项中正确的是（　）。

A. 李某对郭某进行欺骗，导致郭某以高价购买赃物，构成诈骗罪

B. 李某明知金饰是犯罪所得而出售，构成掩饰、隐瞒犯罪所得罪

C. 李某欺骗王某放弃对剩余 2 万元销赃款的返还请求，构成诈骗罪

D. 李某虽将金饰卖得 5 万元，但王某所犯财产犯罪的数额为 1 万元

简答题

1. 简述抢劫罪与敲诈勒索罪的界限。
2. 简述侵占罪与盗窃罪的异同。
3. 简述诈骗罪的构成要件。
4. 简述挪用特定款物罪的构成要件。

案例分析题

1. 李某深夜潜入本单位财务室，意图盗窃保险柜中的财物。李某用尽了各种方法，也未能将保险柜打开，感到十分沮丧。李某正要离开时，恰逢保安员巡逻至此。保安员发现财务室的门虚掩，即进去查看，

与李某撞个正着。李某用撬棍将保安员打昏后逃走。回到家中后，李某恐保安员醒来后认出自己，就拿了一把匕首，欲将保安员杀死灭口。刚刚返回单位大门，即被接到报案赶来的公安人员抓获。

问：(1) 李某的盗窃未遂属于犯罪中的哪种类型？

(2) 李某盗窃未遂后将保安员打昏的行为应当如何定性？为什么？

(3) 李某返回作案现场（本单位）欲将保安员杀死灭口的行为属于犯罪的哪种形态？

(4) 对李某应当如何定罪处罚？

2. 2019 年 1 月某日，赵某去金某家议论要偷木头，后赵某又纠集了关某、韩某、申某、沈某。第二日晚 10 时许，六被告骑三轮车到英山检查站。金某带着钢丝鞭，同申某去检查站探听动静，见屋内亮着灯，没发现来人。金某告诉说：现在可以装车了。其余四人在赵某的指挥下，用两辆三轮车各装数根红松，拉回村子卸在河边。当第二趟去盗拉时，被检查站管林员孙某、蒋某发现，他们正要出屋制止，申某即拿圆木把门顶住并用脚踩着，金某也找一圆木顶住门。孙、蒋二人出不去，用钎子撬门没撬开，便砸坏门心板向外泼水，又用电话报警。金某即转到房后将电话线拉断，其他案犯抢拉 4 车圆木卸在河边。因已被人发现，金某不想再拉。金某告诉申某去叫其他案犯再来拉一趟。因房门被顶住，窗户上又安有钢筋护栏，孙、蒋二人眼看着价值五千多元的圆木被拉走。

问：对本案中的各行为人应如何定罪判刑（判刑只答处刑原则，不答具体刑期）？请说明理由。

3. 一天，张某到某住宅区行窃。当他从阳台进入屋内时，看见邹某正在撬箱子，遂喊道："你小子在这里干活！"邹受惊，弃箱欲逃，被张拉住。邹转头一看，原来是老相识，便说："这箱子真难撬。"两人便合作起来干，终于将箱子撬开，窃得人民币两千余元。在逃离现场时，邹某为了破坏现场，将房间内的一个电炉插上，并在上面扔了一个纸箱。离开房间后，张问邹："你在后面磨蹭什么？"邹答："我把电炉插上了。"张听后未吱声。当晚，该住宅区发生火灾。

问：本案应如何处理？请说明理由。

4. 2016 年 2 月，××省××县玄滩镇 H 村男青年陈某与 J 村女青年宋甲建立恋爱关系后，两人去浙江打工。同年 5 月，双方自愿解除恋爱关系。2016 年 12 月，陈某与赵某恋爱，准备结婚。2017 年 3 月 10 日，陈某随身携带 6 000 元与未婚妻赵某一起回家，备办其母 50 岁生日宴。

宋甲之父宋乙得知后，于 3 月 12 日下午 3 时许，纠集其兄宋丙、其妻万某以及其他亲朋好友共 7 人，闯入陈某家，使用暴力拍桌打凳，并进行恶言恐吓说："陈某你不该与宋甲分手，你要是和赵某结婚，就必须赔偿我家名誉损失费、青春损失费和抚养费 3.6 万元，否则我永远都要找你的麻烦，让你永远结不成婚，就是结了婚也别想过上一天安宁日子。"当陈某申辩是宋甲自愿与其解除恋爱关系时，宋乙多次冲上前去欲殴打陈某，被他人拦阻。宋乙一直纠缠要陈某赔钱，陈某之母刘某向宋乙等人求情。到当晚 11 时许，陈某被迫将其带回的 6 000 元交给宋乙，宋乙还逼陈某打了 3 万元的欠条，才带人离去。次日凌晨 4 时许，陈某跳入附近堰塘溺水死亡。

问：本案应如何处理？

视频讲题

5. 冯某是某村的一名村民小组组长。2014 年，国家因建设需要征用了该村民小组的部分土地，按政策规定向该村民小组支付了征地补偿费 50 余万元，该补偿费用于被占土地村民的生活补偿。2016 年 9 月，冯某为他人说情所动，放弃原则，擅自决定将村民小组 30 万元的土地征用补偿费借给他人用于营利性经营活动，至案发时未能归还，造成经济损失近 30 万元。

问：对冯某挪用本村民小组的土地征用补偿费 30 万元如何定性？

6. 2018 年 11 月 5 日，某民营公司司机王某开车带着总经理刘某及会计张某出去办事。途经某银行分理处时，刘某说借用王某的身份证用一下，但未说明作何用途。随后，刘某与张某以王某的名义在该分理处存入 30 万元钱，该钱是公司刚收到的一笔货款。王某估计刘某与张某可能以自己的名义存钱了，便打算通过挂失方法将该钱取走。一周后，王某来到该分理处，称自己 11 月 5 日在该行存钱的存单丢了，要求挂失。银行在验证了王某的身份证后，便依规定将该存单挂失。其后，王某将这 30 万元钱取走。同年 12 月 20 日，公司会计张某去银行取钱时，发现钱已被王某挂失取走，便与公司总经理刘某一起要求王某退钱，但遭到王某拒绝。于是张某代表公司去公安机关报案。

问：关于该案如何定性，主要有诈骗罪、职务侵占罪、侵占罪、不构成犯罪四种意见。对王某的行为应如何处理？

7. 甲与余某有一面之交，知其孤身一人。某日凌晨，甲携匕首到余家盗窃，物色一段时间后，未发现可盗财物。此时，熟睡中的余某偶然大动作翻身，且口中念念有词。甲怕被余某认出，用匕首刺死余某，仓皇逃离。（事实一）

逃跑中，因身上有血迹，甲被便衣警察程某盘查。程某上前拽住甲的衣领，试图将其带走。甲怀疑遇上劫匪，与程某扭打。甲的朋友乙开“黑车”经过此地，见状停车，和甲一起殴打程某。程某边退边说：“你们不要乱来，我是警察。”甲对乙说：“别听他的，假警察该打。”程某被打倒，摔成轻伤。（事实二）

司机谢某见甲、乙打人后驾车逃离，对乙车紧追。甲让乙提高车速并走“蛇形”，以防谢某超车。汽车开出2公里后，乙慌乱中操作不当，车辆失控，撞向路中间的水泥隔离墩。谢某刹车不及，撞上乙车受重伤。赶来的警察将甲、乙抓获。（事实三）

在甲、乙被起诉后，甲父丙为使甲获得轻判，四处托人，得知丁的表兄刘某是法院刑庭庭长，遂托丁将15万元转交刘某。丁给刘某送15万元时，遭到刘某坚决拒绝。（事实四）

丁告知丙事情办不成，但仅退还丙5万元，其余10万元用于自己炒股。在甲被定罪判刑后，无论丙如何要求，丁均拒绝退还余款10万元。丙向法院自诉丁犯有侵占罪。（事实五）

问：(1) 就事实一，对甲的行为应当如何定性？理由是什么？

(2) 就事实二，对甲、乙的行为应当如何定性？理由是什么？

(3) 就事实三，甲、乙是否应当对谢某重伤的结果负责？理由是什么？

(4) 就事实四，丁是否构成介绍贿赂罪？是否构成行贿罪（共犯）？是否构成利用影响力受贿罪？理由分别是什么？

(5) 就事实五，有人认为丁构成侵占罪，有人认为丁不构成侵占罪。你赞成哪一观点？具体理由是什么？

论述题与深度思考题

1. 论述转化型抢劫罪的认定。
2. 论述“入户抢劫”的认定。
3. 论述如何认定“携带凶器抢夺”。
4. 思考盗窃罪未遂与既遂的界限。
5. 思考诈骗罪之客观要件。

参考答案

名词解释

1. 破坏生产经营罪，是指出于泄愤报复或者其他个人目的，毁坏机器设备、残害耕畜或者以其他方式破坏生产经营的行为。

2. 挪用资金罪，是指公司、企业或者其他单位的工作人员，利用职务上的便利，挪用本单位资金归个人使用或者借贷给他人，数额较大、超过3个月未还，或者虽未超过3个月，但数额较大、进行营利活动，或者进行非法活动的行为。《刑法修正案（十一）》对本罪的量刑进行了修改，犯本罪的，处3年以下有期徒刑或者拘役；挪用本单位资金数额巨大的，处3年以上7年以下有期徒刑；数额特别巨大的，处7年以上有期徒刑。

3. 职务侵占罪，是指公司、企业或者其他单位的工作人员，利用职务上的便利，将本单位财物非法占为己有，数额较大的行为。《刑法修正案（十一）》对本罪的量刑进行了修改，犯职务侵占罪数额较大的，处3年以下有期徒刑或者拘役，并处罚金；数额巨大的，处3年以上10年以下有期徒刑，并处罚金；数额特别巨大的，处10年以上有期徒刑或者无期徒刑，并处罚金。

4. 聚众哄抢罪，是指以非法占有为目的聚集多人公然夺取公私财物的行为。

选择题

（一）单项选择题

1. B。侵占罪是指以非法占有为目的，将代为保管的他人的财物，或者合法持有的他人的遗忘物、埋藏物非法据为己有，数额较大，拒不退还的行为。本案中，乙办公桌下的地上的活期存折既不是由甲代管，也不是遗忘物或埋藏物。因此，甲的行为不构成侵占罪。

诈骗罪是指以非法占有为目的，使用虚构事实或者隐瞒真相的方法，使他人陷入错误的认识，骗取他人财物的行为。乙找到甲问是否看见其存折，甲说没看到的行为虽然属于隐瞒真相，但是乙并没有形成错误的认识并将存折的所有权转移给甲。因此甲的行为不构成诈骗罪，更不构成金融凭证诈骗罪。

盗窃罪是指以非法占有为目的，将他人财物秘密据为己有的行为。甲趁乙不在的时候将乙的存折据为己有，属于以非法占有为目的，秘密窃取他人财物的行为，其行为构成盗窃罪。

2. B。本案中，股票属于记名有价证券之一种，甲盗取乙的资金账号及交易密码，通过乙的资金账号高吃低抛某一只股票，同时通过自己的资金账号低吃高抛同一只股票，将乙的财产非法据为己有。其行为构成盗窃罪。

甲的行为不构成操纵证券市场罪。《刑法》第 182 条第 1 款第 3 项规定，在自己实际控制的账户之间进行证券交易，或者以自己为交易对象，自买自卖期货合约，影响证券、期货交易价格或者证券、期货交易量，情节严重的，构成操纵证券、期货市场罪。本案中甲虽控制了乙的资金账号及交易密码，一人操纵两个账号买卖股票从中获利，但是甲的行为并没有造成“影响证券、期货交易价格或者证券、期货交易量”的后果。另外，甲控制的乙的资金账号及交易密码是通过秘密窃取的方式取得的，其目的为非法占有他人财产，而非操纵市场。因此其行为与操纵证券市场罪的构成要件不符。

3. C。甲、乙为劫取财物将在河边散步的丙杀死，当场取得丙随身携带的现金 2 000 余元的行为构成抢劫罪。但是其谎称将丙绑架并勒索丙妻子的行为，不能构成绑架罪，而只能构成敲诈勒索罪。甲、乙并没有真的绑架丙，而只是以加害丙为要挟，迫使丙的妻子交出财物。这符合敲诈勒索罪的构成要件。

4. A。本题由真实案例改编而来。本案中雅士利公司认为郭某提出过高要求是对其敲诈勒索遂而报案，广东省潮安县人民法院一审认定被告人郭某犯敲诈勒索罪，判处 5 年有期徒刑。潮州市中级人民法院二审及再审均维持原判。郭某的父母提出申诉，广东省高级人民法院审查后按照审判监督程序提审该案。广东省高级人民法院再审认为：从本案发生、发展的过程看，尚不能认定郭某的行为性质超出民事纠纷的范畴。现有证据不足以证明郭某具有非法占有他人财物的目的，也不足以证明郭某实施了敲诈勒索行为。故判决撤销两审法院的原裁判，改判原审被告人郭某无罪。审判长当庭告知郭某可依法申请国家赔偿。

2008 年三聚氰胺奶粉事件是一起具有广泛社会影响的特别重大食品安全事故。事故起因是很多食用三鹿集团生产的奶粉的婴儿被发现患有肾结石，随后在其奶粉中发现化工原料三聚氰胺。随后国家质检总局公布对国内的乳制品厂家生产的婴幼儿奶粉的三聚氰胺检验报告，包括伊利、蒙牛、光明、圣元及雅士利在内的 22 个厂家 69 批次产品中都检出三聚氰胺。三鹿集团犯生产、销售伪劣产品罪，被判处罚金，前董事长田文华等人分别被判处无期徒刑、死刑、有期徒刑。

本案中，“施恩”牌奶粉中含有三聚氰胺，是生产企业自行添加，属于生产销售伪劣产品的行为，其商业信誉、商品声誉的损失是自己造成的，并非郭某“捏造并散布虚伪事实”造成的，因此不构成损害商业信誉、商品声誉罪。郭某向社会公众和新闻媒体反映的是事实，并非“虚构事实、隐瞒真相”，因此，不构成诈骗罪。本案一审、二审法院判决郭某构成敲诈勒索罪，是错判，已被再审撤销，郭某的行为属于民事纠纷范畴，不构成犯罪。人身损害赔偿、精神损害赔偿本身无法量化，更何况生产企业本身存在生产销售伪劣产品的行为。因此，只要是在事实的基础上反映问题，在法律框架下协商、仲裁和诉讼，就不能以索取民事赔偿超出法定数额为由，认为其具有非法占有的目的，认定其构成敲诈勒索罪。

5. A。本案中，甲显然不构成侵占罪和抢劫罪，但在认定其是构成诈骗罪还是敲诈勒索罪上有一定难度。敲诈勒索罪的客观方面表现为行为人以对他人实施威胁或要挟的方法，迫使他人交出财物。甲不构成敲诈勒索罪主要是因为，甲对乙说的“如果乙不拿出 2 000 元给丙，丙将派人来打乙”并非丙真实的意思表示，丙打乙的威胁不存在，不符合敲诈勒索罪的构成要件。诈骗罪的客观方面表现为行为人以虚构事实或隐瞒真相的方法使他人陷入错误的意思表示，从而错误地处分自己财物的行为。甲的言辞实际上是虚构了“如果乙不拿出2 000元给丙，丙将派人来打乙”的事实，以达到骗取乙财物的目的，故符合诈骗罪的构成要件。因此，甲构成诈骗罪而不构成敲诈勒索罪。

6. D。对治安联防工作目前尚无专门立法。全国人大常委会《关于加强社会治安综合治理的决定》已经明确指出：治安联防组织属于群众性自防自治的治安保卫组织。因此，治安联防队员不是国家工作人员，其冒充联防队员“抓赌”“抓嫖”不能构成招摇撞骗罪。最高人民法院《关于审理抢劫、抢夺刑事案件适用法律若干问题的意见》第9条规定：“行为人冒充正在执行公务的人民警察‘抓赌’、‘抓嫖’，没收赌资或者罚款的行为，构成犯罪的，以招摇撞骗罪从重处罚；在实施上述行为中使用暴力或者暴力威胁的，以抢劫罪定罪处罚。行为人冒充治安联防队员‘抓赌’、‘抓嫖’、没收赌资或者罚款的行为，构成犯罪的，以敲诈勒索罪定罪处罚；在实施上述行为中使用暴力或者暴力威胁的，以抢劫罪定罪处罚。”

7. A。陈某趁售货员不备，以镀金项链调换纯金项链的行为属于秘密窃取他人财物，应构成盗窃罪。由于陈某在调换过程中没有虚构事实或隐瞒真相的行为，也没有使售货员形成错误的认识，所以陈某的行为不构成诈骗罪，更不能构成两罪的想象竞合犯或者同时构成两罪。

8. B。最高人民法院《关于审理破坏森林资源刑事案件适用法律若干问题的解释》第11条规定，盗窃国家、集体、他人所有并已经伐倒的树木，以及偷砍他人在自留地或者房前屋后种植的零星树木，符合《刑法》第264条规定的，以盗窃罪定罪处罚。因此，李某盗伐他人自留地、责任田等地边田坎种植的零星树木5个多立方米的行为构成盗窃罪。对于李某尾随盗伐林木人员，将其砍倒、尚未运走的林木偷偷运走的行为不能定盗伐林木罪，而只能以盗窃罪定罪处罚。

9. B。本案中，赵某的行为不构成盗窃罪。盗窃罪是指以非法占有为目的，将他人财物秘密据为己有的行为。赵某虽未经借用人王某的同意，并在王某不知情的情况下将摩托车推回，但是由于以下几点原因，其行为不能构成盗窃罪：（1）该摩托车系赵某所有，赵某将车借给王某占有并使用，不论王某是否知情，也不论王某是否同意，赵某以任何方式取回自己的摩托车都是合法的。既然是合法的，也就无所谓盗窃摩托车。（2）本案中赵某并没有侵犯他人的摩托车所有权。（3）如果说赵某构成盗窃罪，那么其盗窃的对象应该为摩托车，但是其想要得到的是王某的摩托车赔偿款4 000元。其犯罪目的与犯罪对象相矛盾，因此，其不能构成盗窃罪。

赵某的行为构成诈骗罪。诈骗罪是指以非法占有为目的，使用虚构事实或者隐瞒真相的方法，使他人陷入错误的认识，骗取他人财物的行为。赵某已经将自己的摩托车取回，但是其在王某将摩托车丢失之事告诉自己并提出用4 000元予以赔偿的时候，故意没有告知其已取回摩托车的事实，所以，此时其出于非法占有王某摩托车赔偿款的目的，隐瞒其已经取回摩托车的真相，使王某形成错误的认识而支付车款。因此，其行为构成诈骗罪。

10. C。最高人民检察院法律政策研究室《关于通过伪造证据骗取法院民事裁判占有他人财物的行为如何适用法律问题的答复》规定，以非法占有为目的，通过伪造证据骗取法院民事裁判占有他人财物的行为，所侵害的主要是人民法院正常的审判活动，可以由人民法院依照《民事诉讼法》的有关规定作出处理，不宜以诈骗罪追究行为人的刑事责任。如果行为人伪造证据时，实施了伪造公司、企业、事业单位、人民团体印章的行为，构成犯罪的，应当依照《刑法》第280条第2款的规定，以伪造公司、企业、事业单位、人民团体印章罪追究刑事责任；如果行为人有指使他人作伪证行为，构成犯罪的，应当依照《刑法》第307条第1款的规定，以妨害作证罪追究刑事责任。因此，甲的行为是伪造证据，妨害民事诉讼行为，不构成犯罪。

11. C。最高人民法院《关于审理扰乱电信市场管理秩序案件具体应用法律若干问题的解释》第8条规定，盗用他人公共信息网络上网账号、密码上网，造成他人电信资费损失数额较大的，依照《刑法》第264条的规定，以盗窃罪定罪处罚。所以，王某利用计算机知识获取上网账号和密码进行出售牟利的行为，构成了盗窃罪。对其盗窃数额的认定应该依据最高人民法院、最高人民检察院《关于办理盗窃刑事案件适用法律若干问题的解释》第4条第1款第4项的规定，即明知是盗接他人通信线路、复制他人电信码号的电信设备、设施而使用的，盗窃数额按合法用户为其支付的费用认定盗窃数额；无法直接确认的，以合法用户的电信设备、设施被盗接、复制后的月缴费额减去被盗接、复制前6个月的月均电话费推算盗窃数额；合法用户使用电信设备、设施不足6个月的，按实际使用的月均电话费推算盗窃数额。所以王某的盗窃数额应以该公司“为其支付的费用”计算，即以4万元计算。所以正确答案为C项。

12. A。聚众哄抢罪是指纠集多人，哄抢公私财物，数额较大或者情节严重的行为。本罪侵犯的客体是公私财产的所有权；本罪在客观方面表现为聚众哄抢公私财物，数额较大或情节严重的行为；本罪的主体为一般主体；本罪在主观方面表现为故意，即具有聚众哄抢的故意，目的是非法占有公私财物。本案中，张某与李某的行为符合聚众哄抢罪的构成要件，应以本罪定罪处罚。

13. A。本题中，甲盗窃乙、丙手机的行为均构成盗窃罪。其盗窃丙的手机后即被发现并被追逐不能改变其行为的性质。甲获得丙的手机的过程是秘密的而不是公然的，在窃取当时丙并未发觉，因此，甲的行为构成盗窃罪。如果甲在盗窃丙的手机的过程中即被发觉，甲见盗窃不成便用力从丙手中夺取的，应构成抢夺罪。

14. A。甲的行为显然不构成绑架罪，因为其勒赎的对象与其实施强制的对象是同一人。甲的行为不构成抢劫罪，因为抢劫罪要求实施暴力时当场劫取对方财物，甲要乙当场交出借条，该借条没有价值，只是债权的证明；甲扣押和殴打乙前，已经获得乙的借款，扣押和殴打乙的目的不是获得该借条，而是使乙丧失债权凭证并承诺放弃债权。甲的行为不构成敲诈勒索罪，因为敲诈勒索罪是指以威胁或要挟的方法，迫使被害人交付财物的行为。而甲实施的是现实的暴力以使乙作出承诺，放弃债权，而非以或然性的暴力相威胁，迫使乙日后交付财物，乙也没有交付财物之表示或行为。甲非法扣押他人的行为剥夺了他人的人身自由，所以应该定非法拘禁罪。

15. B。根据《刑法》第87条第1项，犯罪行为的法定最高刑为不满5年有期徒刑的，经过5年不再追诉。甲在2012年3月间诈骗张某4 000元的犯罪，法定最高刑为3年。此行为的追诉时效为5年，该行为到2018年6月时，已经超过5年，因此对甲2012年3月诈骗他人4 000元的行为不应再追究刑事责任。对共同诈骗犯罪，应当以行为人参与共同诈骗的数额认定其犯罪数额，并结合行为人在共同犯罪中的地位、作用和非法所得数额等情节依法处罚。甲与乙构成诈骗共犯，应当根据共同诈骗的财产数额认定犯罪金额，而非根据分赃数额认定犯罪金额。据此，选项B正确。

16. B。王某没有对被害人使用暴力、胁迫或其他手段，所以不构成抢劫罪；王某没有对被害人虚构事实或隐瞒真相，所以也不构成诈骗罪；王某没有公然夺取他人财物，所以也不构成抢夺罪。本案中，王某的行为构成盗窃罪。盗窃罪是以非法占有为目的，以秘密窃取的手段将他人财物据为己有的行为。王某趁他人酩酊大醉之际拿走其皮包，属于以秘密手段窃取他人财物的行为，因此其行为应构成盗窃罪。

17. C。《刑法》第263条规定，以暴力、胁迫或者其他方法抢劫公私财物的，处3年以上10年以下有期徒刑，并处罚金；有下列情形之一的，处10年以上有期徒刑、无期徒刑或者死刑，并处罚金或者没收财产：(1) 入户抢劫的；(2) 在公共交通工具上抢劫的；(3) 抢劫银行或者其他金融机构的；(4) 多次抢劫或者抢劫数额巨大的；(5) 抢劫致人重伤、死亡的；(6) 冒充军警人员抢劫的；(7) 持枪抢劫的；(8) 抢劫军用物资或者抢险、救灾、救济物资的。因此，应选C项。

18. B。挪用资金罪和职务侵占罪的主体是公司、企业或其他单位的人员等不具有国家工作人员身份的主体。而本案中，冯某为民政局工作人员，具有国家工作人员身份，所以不能构成挪用资金罪和职务侵占罪。《刑法》第273条规定的挪用特定款物罪是指挪用用于救灾、抢险、防汛、优抚、扶贫、移民、救济款物，情节严重，致使国家和人民群众利益遭受重大损害的行为。其对主体没有特别要求。冯某利用职务便利挪用救济金5万元，可以构成本罪。但冯某是国家工作人员，根据《刑法》第384条的规定，可以构成挪用公款罪。《刑法》第384条第2款特别规定：挪用用于救灾、抢险、防汛、优抚、扶贫、移民、救济款物归个人使用的，从重处罚。因此，在国家工作人员挪用特定款物的情况下，挪用公款罪是挪用特定款物罪的特别法，应优先适用。因此，对冯某应定挪用公款罪。

19. A。甲、乙的行为不构成绑架罪：绑架罪的特点是绑架人质后，向第三人勒赎。虽甲、乙二人有绑架丙的行为，但是其强迫的是被绑架人本人而不是第三人交出财物，所以不构成绑架罪。甲、乙的行为不构成敲诈勒索罪：敲诈勒索罪的特点是威胁和取财两个行为在时间上不具有同一性，或者当场实施威胁、日后取财，或者以日后实施伤害为要挟而当场或在其指定的时间取财。而甲、乙二人是在暴力强制的同时取财，所以不构成敲诈勒索罪。甲、乙二人的行为符合非法拘禁罪的构成要件，但是非法拘禁罪本身并不能全面评价二人的行为，所以不能定非法拘禁罪。甲、乙的行为构成抢劫罪。抢劫罪是指以非法占有为目的，对公私财产的所有人或管理人、持有人当场使用暴力、胁迫或者其他方法，迫使被害人当场交出财物或将财物抢走的行为。甲、乙二人绑架丙，将丙的双手铐在窗户铁栏杆上，强迫丙答应交付 3 万元的要求，又强行将丙带回工厂，丙从保险柜取出仅有的 1.7 万元交给甲、乙。整个过程完全符合抢劫罪客观方面的两个基本特征：实施强制行为和当场抢走财物。二人的强制行为从绑架之时起，持续到得财之时止。在此过程中，二人取走财物。绝不能认为二人的强制行为仅包括绑架和将丙铐在窗户铁栏杆上两小时，其强制行为还包括强行将丙带回工厂。所以，对甲、乙二人应定抢劫罪。

20. C。最高人民法院《关于审理抢劫、抢夺刑事案件适用法律若干问题的意见》第 11 条第 3 项规定，行为人明知其驾驶车辆强行夺取他人财物的手段会造成他人伤亡的后果，仍然强行夺取并放任造成财物持有人轻伤以上后果的，应当以抢劫罪定罪处罚。黄某、兰某高速驾驶摩托车，抓取他人佩戴的项链，其已经预见到他人可能受到伤害的后果而放任这种结果的发生，应该定抢劫罪。

21. C。黄某的行为并不是在维护自己的权利。黄某没有得到自己应有的劳动报酬，应该通过正常渠道维护自己的权利，所以 B 项不正确。故意毁坏财物罪中的财物指的是有体物，而非无体物。有体物为存在于自然界、能为人的五官所感觉到的物质，如土地、房屋；而无体物是法律拟制的关系，为人的五官不可及者，如土地使用权、知识产权等。只有有体物才能受到损毁，无体物不能受到损毁。由于本案中黄某删改的是电脑文件这一著作权的载体，所以其行为仅仅侵犯了著作权人的保护作品完整权，不应定故意毁坏财物罪。其对公司没有给她加薪怀恨在心，为了报复泄愤，删改电脑文件，为公司生产经营制造障碍，给公司造成较大的损失，其行为构成破坏生产经营罪。

22. C。B、C 身为私立振兴中学的董事会成员，利用自己保管学校董事会押金的职务之便，在未经董事会其他成员同意或其不知晓的情况下，互相串通，共同挪用该学校承包者乙方 A 交给学校董事会的押金 5.6 万元用于营利活动，其行为构成挪用资金罪。

23. B。根据《刑法》第 271 条的规定，职务侵占罪，是指公司、企业或者其他单位的人员，利用职务上的便利，将本单位财物非法占为己有，数额较大的行为。甲显然不构成本罪。诈骗罪是指以非法占有为目的，使用虚构事实或者隐瞒真相的方法，使被害人形成错误的认识，从而骗取数额较大的财物的行为。虽然甲谎称要购买自行车锁，但是其目的不是通过虚构事实来诱使他人错误地交付车锁，以达到非法占有的目的，而是“调虎离山”，为自己窃取其电动自行车创造条件，因此甲的行为不构成诈骗罪。侵占罪是指将代为保管的他人财物非法占为己有，数额较大，拒不退还的行为，或者将他人的遗忘物或埋藏物非法占为己有，数额较大，拒不交出的行为。行为人须先合法占有他人财产，非法占有的故意应产生于合法占有后，如果在占有他人财产前即有非法占有目的，则构成其他罪名。本案中甲先欲将电动自行车据为己有，然后才将店主引开，迫使店主委托其代为看店，因此其行为不能构成侵占罪，而只能构成盗窃罪。故选项 B 正确。

24. C。首先要判断的是甲的行为构成何罪。甲趁在路上行走的妇女乙不注意之际，将乙的价值 12 000 元的项链一把抓走然后逃跑的行为，并没有对被害人的人身使用暴力、胁迫或其他手段，其行为针对的是被害人的项链，因此不构成抢劫罪，而是构成抢夺罪。选项 D 中的转化型抢劫指的是《刑法》第 269 条规定的犯盗窃、诈骗、抢夺罪，为窝藏赃物、抗拒抓捕或者毁灭罪证而当场使用暴力或者以暴力相威胁的，依照该法第 263 条抢劫罪的规定定罪处罚的情形。甲跑了 50 米后，就转身回来，跑到乙跟前，打了乙两耳光，并说：“出来混，也不知道戴条好项链”，然后将项链扔给乙的行为不属于“窝藏赃物”“抗拒抓捕”“毁灭罪证”中的任何一种，其暴力行为也并不以上述三种行为为目的，因此，其行为不构成转化型抢劫。抢夺罪的既遂以行为人可以实际控制财物为标准。甲抢夺成功后，逃出50米，已经可以实际控制财物，因此构成既遂。其后来返还的行为不影响既遂的成立，但是可以在量刑时予以考虑。

25. B。选项A中甲用假币到电器商场购买手机的行为构成使用假币罪。选项B中乙的行为符合《刑法》第270条关于“将代为保管的他人财物非法占为己有，数额较大，拒不退还”的规定，构成侵占罪。选项C中丙的行为是冒充国家机关工作人员招摇撞骗的行为，应定招摇撞骗罪。选项D中丁购买假冒某名牌的摩托车的行为属于自愿购买假冒产品，不构成犯罪；但是其为孩子升学，将该车赠送给教育局局长何某的行为可以构成行贿罪。故选项B正确。

26. D。根据2013年最高人民法院、最高人民检察院《关于办理盗窃刑事案件适用法律若干问题的解释》，扒窃是指在公共场所或公共交通工具上从被害人身上窃取财物的行为，故携带凶器不是扒窃的特征。扒窃也不仅限于从口袋偷拿他人财物，被害人身上穿戴的财物也可以是扒窃的对象。刑法虽以行为和形式规定扒窃，但不可能不考虑财产价值的大小，一味扩大刑罚处罚范围，故扒窃一张白纸不可能构成盗窃罪。入户盗窃由于入户的情节较严重，故不要求数额和次数。综上，选项D正确。

27. B。《刑法》第276条之一规定了“拒不支付劳动报酬罪”：以转移财产、逃匿等方法逃避支付劳动者的劳动报酬或者有能力支付而不支付劳动者的劳动报酬，数额较大，经政府有关部门责令支付仍不支付的，处3年以下有期徒刑或者拘役，并处或者单处罚金；造成严重后果的，处3年以上7年以下有期徒刑，并处罚金。单位犯本罪的，对单位判处罚金，并对其直接负责的主管人员和其他直接责任人员，依照前款的规定处罚。《刑法》第276条之一同时规定，对于拒不支付劳动报酬，尚未造成严重后果，在提起公诉前支付劳动者的劳动报酬，并依法承担相应赔偿责任的，可以减轻或者免除处罚。本案中，吴某采取关闭手机、频繁更换住址等方式逃避支付劳动报酬，构成了拒不支付劳动报酬罪。

28. D。本题实属借“社会主义法治理念”之壳考查考生对拒不支付劳动报酬罪的掌握。A项、B项、C项表述均符合社会主义法治理念的要求，不当选。《刑法》第276条之一第3款规定：“有前两款行为，尚未造成严重后果，在提起公诉前支付劳动者的劳动报酬，并依法承担相应赔偿责任的，可以减轻或者免除处罚。”显然，“可以减轻或者免除处罚”并非“可不再追究刑事责任”。因此，D项错误，当选。

29. A。甲构成侵占罪（衣袋内的钱有别于封缄物，甲的行为相当于将代为保管的财物非法占为己有），故A项当选。乙构成职务侵占罪，故B项不选。丙构成盗窃罪（钱包掉在乘客座位底下仍属乘客占有，因此不属遗忘物），故C项不选。丁构成职务侵占罪，故D项不选。

30. B。本题中，乙并未同意甲对其财产进行处分，所以不构成诈骗罪。甲实际上是采用秘密手段获取乙的财产，因此构成盗窃罪。

31. C。甲利用看管公司仓库的职务便利，将货物运走变卖的行为属于典型的“监守自盗”，构成职务侵占罪。

32. D。乙从甲处借得身份证办理银行卡以便用人单位发工资，甲保有该银行卡，属于代他人保管财物，因此，甲将该卡资金取出并拒不退还的行为构成了侵占罪。

33. C。贾某轻踢马某一脚，却不料造成马某心脏骤停死亡。此时贾某对马某的死亡具有过失，主观上无伤害或杀害的故意，依法构成过失致人死亡罪。因为是不同行为导致的罪行，应当数罪并罚。所以，C项正确，D项错误。贾某将马某打倒在地，劫取其财物的行为成立抢劫罪，离开时其抢劫行为已经完成，轻踢一脚的行为只是为了报复马某的反抗，并非为了劫取财物而使用暴力。故贾某踢马某一脚不属于抢劫行为，只成立抢劫罪的基本犯。所以，AB项错误。综上所述，本题正确答案为C项。

34. C。本题考查的是转化型抢劫。《刑法》第269条规定：犯盗窃、诈骗、抢夺罪，为窝藏赃物、抗拒抓捕或者毁灭罪证而当场使用暴力或者以暴力相威胁的，依照抢劫罪的规定定罪处罚。“使用暴力或者以暴力相威胁的”，其暴力或暴力威胁指向的是人。而本题中李某对狗使用暴力不符合对人的暴力条件，且有一定的避险因素在里面，故选项ABD都错。而“当场”，是指行为人尚未脱离被害人可能追及的范围。本题中李某与王某相距50米，应当认定为具有当场性，故选项C正确。李某虽不构成抢劫罪，但仍可构成抢夺罪。

35. A。虽然邻居甲主动帮乙照看房屋，但石狮不属于甲代为保管的财物，在社会观念上石狮仍为屋主乙所占有，故甲将石狮卖出的行为不构成侵占罪。故选项A错误，当选。甲属于采取不为乙所知的方法秘密窃取了乙的石狮，或者说甲采取不会危及人身安全的平和手段、利用不知情的外地人窃取了石狮，故甲的行为构成盗窃罪。如认为购买者没有财产损失（因为其已经得到了石狮），甲的行为就不符合诈骗罪中“被害人遭受财产损失”的构造，从而不构成诈骗罪，只能以盗窃罪追究甲的刑事责任。如认为购买者有财产损失（因为乙可能要求甲返还石狮），甲属于欺骗购买者，使其基于认识错误交付财物，从而给购买者造成了财产损失，故甲的行为对购买者而言成立诈骗罪，同时对乙而言成立盗窃罪。可见，不管购买者是否存在财产损失，甲都触犯盗窃罪。故选项BCD正确，不当选。

36. D。甲属于采取不为刘某所知的方法秘密窃取了刘某的蔬菜，或者说甲采取不会危及人身安全的平和手段取得了刘某的蔬菜，在不考虑数额的前提下，该行为构成盗窃罪。甲并未以对财物实施强力（暴力）的手段取得蔬菜，故其行为不构成抢夺罪。甲的行为也不属于使刘某产生认识错误，进而基于认识错误交付蔬菜，故其行为不构成诈骗罪。

37. B。解析：本题是2017年司考试卷二第17题。官方参考答案是A项。但笔者认为，此种情况是电信诈骗的典型情况，答案应为B项。

38. D。解析：本题是2017年司考试卷二第18题。官方参考答案是D项。但笔者有不同意见。

A选项中，甲占有的乙的5万元是否合法，不对本案性质认定产生影响，关键在于甲“假意答应”，属于诈骗行为中的“隐瞒真相”，所以甲的行为构成诈骗罪。

B选项中，乙的行为属于“一屋两卖”，买卖双方不存在“代为保管”的关系，因此不构成侵占罪，但乙的行为可能构成诈骗。

C选项中，居民因受灾来不及带走的贵重财物不属于遗忘物，丙的行为应构成盗窃罪。

D选项中，二者的关系属于“保留所有权的买卖”。我国《合同法》第134条规定：“当事人可以在买卖合同中约定买受人未履行支付价款或者其他义务的，标的物的所有权属于出卖人。”（现为《民法典》第641条）由此确定了我国的所有权保留制度。此种情形下，买卖双方不构成代为保管关系，因此，笔者认为丁的行为不构成侵占罪，其与卖方之间是普通民事纠纷。

39. B。诈骗罪的行为过程是：行为人以非法占有为目的实施欺诈行为，对方产生或者继续维持错误认识并基于错误认识处分财产，行为人取得财物，被害人遭受财产损失。B项中虽乙虚构了可供交易的商品，欺骗他人点击付款链接，但他人是基于对付款网站的错误认识而处分了财产，故乙成立诈骗罪。所以，B项正确。A项中甲通过预先植入的木马程序获取财物，并非使对方产生错误认识而处分财产，故甲成立盗窃罪。所以，A项错误。C项中被骗人是孙某，被害人是钱某，不符合三角诈骗的构成要件，且孙某支付了对价获得摩托车，并无财产的损失，所以丙就钱某的摩托车不成立诈骗罪。所以，C项错误。D项中丁实施的是秘密窃取的行为，并非诈骗罪的行为方式。所以，D项错误。综上所述，本题正确答案为B项。

40. D。A项错误：抢劫罪中的“其他方法”是指除暴力、胁迫以外的造成被害人不能反抗的强制方式。本题中甲并未对乙女采取任何的强制行为，不属于其他方法的抢劫罪。B项错误：乙女的钱包摔出七八米外，虽然甲欺骗了乙，但是甲获取钱包并非基于乙女的错误认识，故依法不成立诈骗罪。C项错误：《刑法》第270条前两款规定：“将代为保管的他人财物非法占为己有，数额较大，拒不退还的，处二年以下有期徒刑、拘役或者罚金；数额巨大或者有其他严重情节的，处二年以上五年以下有期徒刑，并处罚金。将他人的遗忘物或者埋藏物非法占为己有，数额较大，拒不交出的，依照前款的规定处罚。”本题中钱包并非乙女的遗忘物，钱包也并未脱离乙女的占有，故不成立侵占罪。所以，C项错误。盗窃罪是以非法占有为目的，窃取公私财物数额较大的行为，通常违背了他人的意志，不限于秘密盗取；抢夺罪是对物暴力。二者均针对他人占有的物，均为不法取得。应根据对物的暴力程度，在二者中择一定性甲的行为。本案对到底是应认定为盗窃还是抢夺确实存在一定的争议，但是可以排除抢劫罪、诈骗罪和侵占罪。故本题应选D项。

41. C。2000年最高人民法院《关于对为索取法律不予保护的债务非法拘禁他人行为如何定罪问题的解释》规定：行为人为索取高利贷、赌债等法律不予保护的债务，非法扣押、拘禁他人的，依照《刑法》第

238条非法拘禁罪的规定定罪处罚。2020年《刑法修正案（十一）》增加了催收非法债务罪，规定有下列情形之一，催收高利放贷等产生的非法债务，情节严重的，处3年以下有期徒刑、拘役或者管制，并处或者单处罚金：(1) 使用暴力、胁迫方法的；(2) 限制他人人身自由或者侵入他人住宅的；(3) 恐吓、跟踪、骚扰他人的。该罪中的“非法债务”除因高利放贷产生的债务外，还包括因吸毒、赌博、嫖娼等违法犯罪行为产生的债务。因此，在《刑法修正案（十一）》通过后，韩某的行为构成催收非法债务罪。

（二）多项选择题

1. AD。盗窃罪是以非法占有为目的，以秘密窃取的手段将他人财物据为己有的行为。A选项中甲趁乙酩酊大醉之际拿走其皮包，属于以秘密手段窃取他人财物的行为，因此其行为应构成盗窃罪。

B选项中乙将甲灌醉，使其陷入不能反抗之境地，取走他人财物，应该定抢劫罪。

C选项中甲将乙反锁是非法限制人身自由，使他人受到强制的行为，反锁后取财的行为应构成抢劫罪。

D选项中考查的是此种情况是否适用《刑法》第269条的规定，即犯盗窃、诈骗、抢夺罪，为窝藏赃物、抗拒抓捕或者毁灭罪证而当场使用暴力或者以暴力相威胁的，依照《刑法》第263条的规定定罪处罚。在这个案件中，甲将报纸扔向乙，不能使乙受到伤害，不属于使用暴力。此一行为不能被认定为“为窝藏赃物、抗拒抓捕或者毁灭罪证而当场使用暴力或者以暴力相威胁”，所以不能构成抢劫罪，而只能构成盗窃罪。

2. BC。根据最高人民法院《关于抢劫过程中故意杀人案件如何定罪问题的批复》，行为人为劫取财物而预谋故意杀人，或者在劫取财物过程中，为制服被害人反抗而故意杀人的，以抢劫罪定罪处罚。行为人实施抢劫后，为灭口而故意杀人的，以抢劫罪和故意杀人罪定罪，实行数罪并罚。BC项中的行为显然构成抢劫罪一罪；而D项中的行为应构成抢劫罪和故意杀人罪两罪，应该两罪并罚；A项中的行为应构成故意杀人罪和盗窃罪两罪，应该两罪并罚。

3. ABCD。高利转贷罪是指以转贷牟利为目的，套取金融机构信贷资金高利转贷他人，违法所得数额较大的行为。甲没有套取金融机构信贷资金高利转贷他人的行为，显然不构成高利转贷罪。

根据《刑法》第186条，违法发放贷款罪是指银行或者其他金融机构的工作人员违反国家规定发放贷款，数额巨大或者造成重大损失的行为。甲系事业单位负责人，不具有金融机构的工作人员身份，显然不能构成违法发放贷款罪。

全国人民代表大会常务委员会对《刑法》第384条第1款规定的国家工作人员利用职务上的便利，挪用公款“归个人使用”的含义问题作出了立法解释，有下列情形之一的，属于挪用公款“归个人使用”：(1) 将公款供本人、亲友或者其他自然人使用的；(2) 以个人名义将公款供其他单位使用的；(3) 个人决定以单位名义将公款供其他单位使用，谋取个人利益的。甲以单位负责人的身份决定以单位的名义将款贷给他人，没有从中谋取个人利益。这是正常、合法的商业行为，不属于挪用资金或挪用公款的行为。本金无法收回可能是由于正常的商业风险或对方的道德风险，该损失与放贷行为没有刑法上的因果关系，因此，甲不构成挪用公款罪或挪用资金罪。

4. ABCD。乙将甲的财物拿走的行为应当被认定为秘密窃取行为，构成盗窃罪。丙的行为也是秘密窃取他人财物的行为，构成盗窃罪。这里需要注意的是，根据《刑法》第196条的规定，丙盗窃信用卡并使用的行为，应当被认定为盗窃罪，而非信用卡诈骗罪。

5. BCD。甲潜入乙家中窃得价值900余元赃物的行为构成盗窃罪。甲被乙发现后逃跑，见杂货店旁有一辆未熄火摩托车，趁车主不备，骑上摩托车继续逃跑的行为构成抢夺罪。次日，丙在街上发现自己的摩托车和甲，欲将甲扭送公安局，而甲一拳将丙打成轻伤的行为构成故意伤害罪。《刑法》第269条规定，犯盗窃、诈骗、抢夺罪，为窝藏赃物、抗拒抓捕或者毁灭罪证而当场使用暴力或者以暴力相威胁的，以抢劫罪定罪处罚。甲在盗窃后逃跑的过程中，抢夺了他人的摩托车，但其没有使用暴力或者以暴力相威胁，所以不能定抢劫罪。次日，甲为抗拒丙将自己扭送公安局而殴打丙的行为，由于没有发生在盗窃的现场，所以也不能定抢劫罪，而应定故意伤害罪。因此选项BCD正确。

6. BC。根据《刑法》第263条的规定，抢劫罪的法定加重情节有8种：(1) 入户抢劫的；(2) 在公共交通工具上抢劫的；(3) 抢劫银行或者其他金融机构的；（4）多次抢劫或者抢劫数额巨大的；（5）抢劫致人重伤、死亡的；（6）冒充军警人员抢劫的；（7）持枪抢劫的；（8）抢劫军用物资或者抢险、救灾、救济物资的。行为人持假枪抢劫，不能认定为持枪抢劫。所谓“公共交通工具”，一般认为不包括出租车。因此，应该选 BC 项。

7. ABCD。侵占罪是指将代为保管的他人财物或他人的遗忘物或者埋藏物非法占为己有，数额较大，拒不退还的行为。

选项 A 中的手机是游戏厅老板打扫房间时顺手放在游戏机上的，但手机仍在游戏厅内，在老板的控制之下。因此，手机不是遗忘物。甲实际上是秘密窃取了手机，构成盗窃罪。

埋藏物是指隐匿于动产或者不动产中不易从外部发现且所有人不明的动产。选项 B 中，肖某为支付赎金而将钱装入一塑料口袋中并塞入某桥洞下，这些钱的所有权归属明确，既不是遗忘物也不是埋藏物，乙为了占有赎金而将口袋挖出的行为构成盗窃罪。

“代为保管”是基于委托、保管合同等原因使受托人、保管人等占有委托人的财物并加以管理。选项 C 中，田某骑三轮车在前，丙骑自行车在后，丙未将财物委托给田某保管，田某只是负责运输，因此田某的行为不构成侵占罪。田某的行为属于秘密窃取他人财物，构成盗窃罪。

选项 D 中，丁取出的现金既非代为保管的他人财物，又非遗忘物、埋藏物，所以其行为不构成侵占罪。丁的行为是秘密窃取他人财物，构成盗窃罪。

8. ABCD。选项 A 的行为符合《刑法》第 196 条第 3 款规定的“盗窃信用卡并使用的，依照本法第二百六十四条的规定定罪处罚”，因此王某构成盗窃罪。选项 BCD 中的行为人都是以秘密窃取的手段占有他人财物，因此应该定盗窃罪。最高人民法院、最高人民检察院《关于办理盗窃刑事案件适用法律若干问题的解释》第 1 条第 4 款规定，“盗窃毒品等违禁品，应当按照盗窃罪处理的，根据情节轻重量刑”。选项 D 中，行为人盗窃他人海洛因的行为属于盗窃违禁品，在按盗窃罪处理时，应不计数额，根据情节轻重量刑。

9. ABD。《刑法》第 253 条第 2 款规定：犯前款罪而窃取财物的，依照本法第 264 条的规定定罪从重处罚。因此，邮政工作人员私拆邮件窃取财物的，以盗窃罪从重处罚。《刑法》第 196 条第 3 款规定：盗窃信用卡并使用的，依照本法第 264 条的规定定罪处罚。公司人员利用职务便利窃取本单位财物的行为构成职务侵占罪。《刑法》第 210 条第 1 款规定：盗窃增值税专用发票或者可以用于骗取出口退税、抵扣税款的其他发票的，依照本法第 264 条的规定定罪处罚。因此，盗窃可用于骗取出口退税的发票的，构成盗窃罪。

10. ABD。《刑法》第 269 条规定：犯盗窃、诈骗、抢夺罪，为窝藏赃物、抗拒抓捕或者毁灭罪证而当场使用暴力或者以暴力相威胁的，依照本法第 263 条的规定定罪处罚。

《刑法》第 267 条第 2 款规定：携带凶器抢夺的，依照本法第 263 条的规定定罪处罚。

《刑法》第 289 条规定：聚众“打砸抢”……毁坏或者抢走公私财物的，除判令退赔外，对首要分子，依照本法第 263 条的规定定罪处罚。

11. BC。本题考查的是共同犯罪的处罚。在共同犯罪中，每个共犯的犯罪行为都是整个犯罪的一部分。虽然犯罪后分赃的数额不同，但是共同盗窃的总数额是各个共同犯罪人共同行为的结果，因此，每个共犯都应对整个犯罪结果承担责任，个人分赃数额的大小只作为量刑的情节予以考虑，绝不能以各个行为人的分赃数额来决定其刑罚，应当根据案件的具体情形对各被告人分别作出处理：（1）对犯罪集团的首要分子，应当按照集团盗窃的总数额处罚；（2）对共同犯罪中的其他主犯，应当按照其所参与的或者组织、指挥的共同盗窃的数额处罚；（3）对共同犯罪中的从犯，应当按照其所参与的共同盗窃的数额确定量刑幅度，并依照《刑法》第 27 条第 2 款的规定，从轻、减轻处罚或者免除处罚。

本案要注意的是，张某 1998 年 1 月单独作案，窃得摩托车一辆（价值 1 800 元）的行为已过追诉时效，因此不应追究张某该行为的刑事责任。

12. BD。甲请乙为其在丙家盗窃时望风，甲、乙二人构成盗窃罪的共犯。甲入室盗窃，却见机对丙实施暴力进行抢劫，构成抢劫罪。甲的抢劫行为超出了二人共同犯罪的故意，属于理论上的共犯过限问题，故甲应对过限的抢劫行为承担责任，定抢劫罪。乙不对过限行为承担责任，不应定抢劫罪，而只应定盗窃罪。所以选项 BD 正确。

13. AD。丁某盗窃手提包的时候不知包内装有手枪，因此不构成盗窃枪支罪，而仅仅构成盗窃罪。丁某将手枪交给崔某保管，而崔某将手枪藏在家里，崔某的行为构成了非法持有枪支罪。窝藏罪是指明知是犯罪的人，而为其提供隐藏处所、财物，帮助其逃匿的行为。崔某没有窝藏丁，不构成窝藏罪。故选项AD正确。

14. AB。诈骗罪是指以非法占有为目的，使用虚构事实或者隐瞒真相的方法，使他人陷入错误的意思表示，骗取他人财物的行为。选项A中，甲受托为他人的藏品进行鉴定，明知该藏品价值100万元，但故意隐瞒真相，贬低其价值后以1万元收买，以实现其非法占有目的，因此构成诈骗罪。选项B中，文物贩子乙收购一些赝品，冒充文物低价卖给洪某，是以非法占有为目的，以隐瞒真相的方法骗取钱财的行为，故构成诈骗罪。选项C中，两块相同的玉石虽不值3万元，但是其为明码标价，虽然价格虚高，但是没有虚构事实和隐瞒真相的行为，因此不构成诈骗罪。选项D中丁某的行为属于《刑法》第217条规定的制作、出售假冒他人署名的美术作品的行为，构成侵犯著作权罪，不构成诈骗罪。

15. ABCD。敲诈勒索罪是指以非法占有为目的，以威胁或要挟的方法，迫使被害人交付财物的行为。选项A中甲将王某杀害，显然构成故意杀人罪。其又以王某被绑架为由，向其亲属索要钱财，既使用了威胁的方法，也使用了虚构事实、隐瞒真相的方法，迫使对方交付数额较大的财物，因此，构成敲诈勒索罪与诈骗罪的想象竞合犯。（此为原司考参考答案，不当，应为仅构成敲诈勒索罪，而非同时构成两罪，以想象竞合犯处断。诈骗罪有两个阶段：第一个阶段是行为人虚构事实、隐瞒真相欺骗被害人；第二个阶段是被害人形成错误认识，自愿交付财物，该“交易”具有形式上的合法性和自愿性。本案中甲确实虚构了事实向死者亲属索要财物，但是死者亲属并非基于错误认识，而是基于对方胁迫造成的精神恐惧交付财物，虽然被害人已死，但是甲的勒索仍具有精神压迫性质，交易不具有形式上的合法性和自愿性，故不构成诈骗罪，而仅构成敲诈勒索一罪。）选项B中，饭店老板乙已经超出了以暴力相威胁的范围而实施了暴力行为，并且是当场实施而非日后实施暴力（这是区别敲诈勒索罪与抢劫罪的一个关键点），因此乙的行为构成抢劫罪而非敲诈勒索罪。选项C中职员丙以将所掌握的公司商业秘密出卖给其他公司使用为要挟，要求公司支付10万元补偿费的行为显然构成了敲诈勒索罪。选项D中，丁为谋取不正当利益送给国家工作人员刘某10万元的行为构成行贿罪；丁以告发相要挟，要求刘某返还10万元的行为构成敲诈勒索罪，因此应两罪并罚。

16. ACD。本题的关键是区分国家工作人员与非国家工作人员。选项A中，甲系某村民小组的组长，不具有国家工作人员身份，故其行为构成职务侵占而非贪污。选项B中，乙为村委会主任，其协助乡政府管理和发放救灾款物，属于全国人大常委会《关于〈中华人民共和国刑法〉第九十三条第二款的解释》中规定的村民委员会等村基层组织人员协助人民政府从事救灾、抢险、防汛、优抚、扶贫、移民、救济款物的管理，此时其应被认定为国家工作人员，相关行为构成贪污罪。选项C中，丙是某国有控股公司部门经理，但不是受国家机关、国有公司、企业、事业单位委派从事公务，根据最高人民法院《关于在国有资本控股、参股的股份有限公司中从事管理工作的人员利用职务便利非法占有本公司财物如何定罪问题的批复》的规定，不是国家工作人员。其利用职务上的便利，将本单位财物非法占为己有，数额较大的，不能构成贪污罪，而只能构成职务侵占罪。选项D中丁某为私营企业工作人员，其利用职务便利侵吞财物的行为构成职务侵占罪。

17. ABCD。A选项中，诈骗罪是一般法，保险诈骗罪是特别法。根据罪刑法定原则，犯保险诈骗罪的，只应依保险诈骗罪这一特别法定罪处罚，不能因为其他原因对保险诈骗行为定其他罪名。

B选项中，已满14周岁不满16周岁的人不需要对强迫卖淫行为负刑事责任，但是仍应当对强奸行为负刑事责任。

C选项中，贪污罪和受贿罪属于身份犯，行为人须具有国家工作人员这一特殊身份，但是不具有该身份的人仍可与之构成共同犯罪，所以普通公民仍可与国家工作人员一起构成受贿罪。

D选项中，《刑法》第399条第4款规定：司法工作人员收受贿赂，有前3款行为的，同时又构成本法第385条规定之罪的，依照处罚较重的规定定罪处罚。因此，司法工作人员索取贿赂并有徇私枉法等行为的，应择一重罪处罚。

18. ABC。ABC三选项中的行为人显然具有非法占有他人财物的目的，D选项中行为人杀人后将被害人钱包等物丢弃，其目的不在于占有该钱包，而在于隐匿、销毁罪证，因此不具有非法占有目的。

19. ABCD。A选项中甲的行为构成盗窃罪。B选项中乙并未与该遗忘行李的乘客达成保管协议，因此其行为构成盗窃罪而不是侵占罪。C选项中占座者并未遗忘手机，也未委托他人保管，因此丙的行为构成盗窃罪而非侵占罪。D选项中丁的邻居委托丁看房，但将手提电脑锁在柜中，因此，该委托管理合同并不包含单独管理手提电脑一项，丁超出受托管理权限占有他人物品，不能构成侵占罪，而应构成盗窃罪。

20. ABC。根据2005年最高人民法院《关于审理抢劫、抢夺刑事案件适用法律若干问题的意见》第11条的规定，具有下列情形之一的，应当以抢劫罪定罪处罚：(1) 驾驶车辆，逼挤、撞击或强行逼倒他人以排除他人反抗，乘机夺取财物的；(2) 驾驶车辆强抢财物时，因被害人不放手而采取强拉硬拽方法劫取财物的；(3) 行为人明知其驾驶车辆强行夺取他人财物的手段会造成他人伤亡的后果，仍然强行夺取并放任造成财物持有人轻伤以上后果的。A选项中汽车不属于凶器，驾驶机动车夺取他人财物的，一般以抢夺罪从重处罚。在符合前述《意见》规定的情况下，甲的行为可能构成抢劫罪。因此A选项的判断是错误的。B选项中甲的行为应构成盗窃罪。C选项中甲的行为属于“驾驶车辆强抢财物时，因被害人不放手而采取强拉硬拽方法劫取财物的”行为，因此构成抢劫罪。根据前述《意见》第7条第1款的规定，“以毒品、假币、淫秽物品等违禁品为对象，实施抢劫的，以抢劫罪定罪”。该解释没有规定抢夺毒品、假币、淫秽物品等违禁品的定罪，但是抢劫和抢夺类似，只是缺少暴力因素，因此抢夺违禁品的可以认定为抢夺。因此D选项是正确的。

21. ABCD。A选项中甲所“拾得”的高尔夫球仍属于高尔夫球场的财产，并非无主物，所以甲构成盗窃罪。B选项中游客投掷于水池中的硬币属于公园所有，所以甲的行为属于盗窃。C选项中虽然前一客人没有拿走笔记本，但是宾馆负有管理该封闭空间内客人财物的义务，笔记本并未脱离所有权人的控制，所以甲的行为属于盗窃而不构成侵占。D选项中虽然车主没有把车门锁好，但是车内公文包仍然处于车主控制之下，所以甲的行为构成盗窃。

22. ABD。张某等冒充法官，利用语音电话实施诈骗，同时构成诈骗罪和招摇撞骗罪。2011年最高人民法院、最高人民检察院《关于办理诈骗刑事案件具体应用法律若干问题的解释》第5条第2款规定，利用发送短信、拨打电话、互联网等电信技术手段对不特定多数人实施诈骗，可以诈骗罪定罪处罚。该解释第8条规定，冒充国家机关工作人员进行诈骗，同时构成诈骗罪和招摇撞骗罪的，依照处罚较重的规定定罪处罚。

23. ABCD。甲、乙等人劫持汽车，构成劫持汽车罪，因此A项正确，当选。甲、乙等人构成抢劫罪，属于在公共交通工具上抢劫（《刑法》第263条第2项），因此B项正确，当选。乙重伤乘客，无须以故意伤害罪另行追究刑事责任（仍然构成抢劫罪，即《刑法》第263条第5项的结果加重犯或者结合犯），因此C项正确，当选。最高人民法院《关于抢劫过程中故意杀人案件如何定罪问题的批复》规定：“行为人实施抢劫后，为灭口而故意杀人的，以抢劫罪和故意杀人罪定罪，实行数罪并罚。”因此，甲开枪打死司机，需以故意杀人罪另行追究刑事责任。故D项正确，当选。

24. ABCD。选项A正确。抢劫罪是采用暴力、胁迫等方式压制被害人反抗，然后取得被害人的财产，甲并未采取足以压制老妪反抗的方法取得财物，不构成抢劫罪。

选项B正确。刑法学界主流观点认为，盗窃罪与抢夺罪的关键区别在于是秘密取得财物还是公然取得财物：秘密取得财物的是盗窃，公开取得财物的是抢夺。依据这一观点，甲当着被害人的面取得被害人的财产，属于抢夺；如甲作案时携带了凶器，则对甲应以抢劫罪论处。

选项C正确。依据上述观点，由于甲作案时未携带凶器，也未秘密窃取财物，又不符合抢夺罪“数额较大”的要件，所以无法以侵犯财产罪追究甲的刑事责任。

选项D正确。有学者提出另外一种观点：抢夺罪必须是采用一定的力量夺取他人紧密占有之物；采用和平的方式夺取他人财物或者夺取他人未紧密占有之物，都不构成抢夺，属“公开盗窃”。按照这一观点，甲的行为属于入户盗窃，可按盗窃罪追究甲的刑事责任。

25. BCD。选项A说法正确：诈骗罪既遂包括五大环节：(1) 实施了欺诈的行为；(2) 被害人陷入了错误的认识；(3) 被害人基于错误的认识对财产作出了处分；(4) 犯罪人财产增加；(5) 被害人财产减少。其中第二个环节是被害人陷入了错误的认识。这意味着，如果犯罪人进行了欺诈，但被害人没有陷入错误的认识，而是基于其他原因，如碍于情面、同情被害人等原因，交付财产，那么由于犯罪人获得的财产实际上并非其骗来的，因而应认定为诈骗罪未遂，而非既遂。

选项B说法错误：甲未对房主进行欺诈，房主也未对自己的房产进行处分，因此对房主不构成诈骗罪；虽然甲对租房的丙进行了欺诈，但丙并非房主，对房子没有处分权，因此就房子而言，甲对丙不构成诈骗罪；就丙支付的租金而言，由于丙在支付租金后如约获得了房子1年的居住权，因此甲的行为也不构成诈骗罪。

选项C说法错误：就吃的食物而言，甲是在吃下食物以后才产生非法占有意图的，这不符合诈骗罪的成立要件，因为成立诈骗罪，必须是行为人先产生非法占有的意图，然后再采用欺诈手段将财产据为己有。就消费完毕后餐厅对甲享有的债权而言，在甲向餐厅经理谎称送走客人后再付款时，经理也只是同意其暂缓付款，而没有同意免除其债务，因此甲的行为也不构成诈骗罪。

选项D说法错误：乙花2万元向甲购买假币，构成购买假币罪（未遂）。甲以出售假币为名，实际上交付的是白纸，构成诈骗罪。也就是说，乙的行为构成购买假币罪，不影响甲的行为构成诈骗罪。

26. ABCD。占座的物品虽无物主在场，亦在物主控制范围内，将占座物品拿走属于盗窃，故选项A、B当选。选项C中手提箱放在出租车后备箱中，未脱离物主控制，甲将其拿走，也属于盗窃，故C选项当选。选项D中，甲虽受托帮助乙照看房屋，但是未受托帮助乙照看树木，因此甲不构成侵占，而是构成盗窃，故D选项当选。

27. ABD。保姆到底在什么范围内对主人的财产享有处分权限，是个难以说清楚的问题。根据何种标准认定被骗人具有处分被害人财产的权限或地位？对此若无明确的标准，争议将会永无休止。对该问题，存在不同观点，其中一种观点认为，应以被骗人是与行为人的关系密切还是与被害人的关系密切为标准，换言之，以被骗人是属于行为人阵营还是属于被害人阵营为标准，如果属于被害人阵营，就应认定被骗人具有处分被害人财产的权限或地位。只要被骗人与被害人之间存在一种事实上的接近关系，就可以把被骗人看作属于被害人的阵营。按照阵营说，保姆更贴近被害人李某这一方的阵营，而与行骗者甲没有关系，因而应当认定保姆具有处分李某手提电脑的权限或者地位，所以甲的行为构成诈骗罪（三角诈骗），而不构成盗窃罪，故A选项正确。在B选项中，甲欺骗乙外币是假币，使乙产生认识错误，并基于认识错误处分了外币（将外币扔掉），甲趁机取得了这些外币。甲的行为符合诈骗罪的构造，成立诈骗罪。故B选项正确。在D选项中，甲的行为属于以欺诈的手段使乙产生认识错误，乙基于认识错误放弃了已经盗窃到手、准备骑走的摩托车（这属于乙的处分行为）。可见，甲的行为符合诈骗罪的构造，触犯诈骗罪，故D选项正确。在C项中，甲说："不少人都捐一两万元，您多捐点吧。"虽然这一劝说行为存在虚假成分，但是，富商对于自己捐款的数额、捐款的用途存在正确的认识，并且实现了捐款的目的。因此，应认定富商的同意是其真实意思的表示，其捐款2万元不属于基于认识错误交付财物，故甲的行为不构成诈骗罪。故C选项错误。

28. ABD。A选项正确：甲盗窃的对象和伤害的对象无关，无法构成转化型抢劫。甲进王某家盗窃的行为构成盗窃罪，打昏李某的行为构成故意伤害罪。

B选项正确：乙为抗拒抓捕，使用暴力威胁，已由盗窃转化为抢劫，且行为发生在户内，入户具有非法性，构成入户抢劫。

C选项错误：此种情形不属于转化型抢劫。转化抢劫为抗拒抓捕使用暴力，必须针对的是抓捕他的人。丙盗窃后驾车逃逸，为逃避抓捕没有减速，撞伤路人，属于放任结果发生，构成故意伤害罪。

D选项正确：丁开枪是为了抗拒抓捕，其行为符合打击错误的条件。根据法定符合说，丁构成抢劫致人死亡。

29. ABD。本题由原司考真题改编而来。根据2000年最高人民法院《关于对为索取法律不予保护的债务，非法拘禁他人行为如何定罪问题的解释》的规定，行为人为索取高利贷、赌债等法律不予保护的债务，非法扣押、拘禁他人的，以非法拘禁罪定罪处罚。2020年《刑法修正案（十一）》新增了催收非法债务罪，规定："有下列情形之一，催收高利放贷等产生的非法债务，情节严重的，处三年以下有期徒刑、拘役或者管制，并处或者单处罚金：（一）使用暴力、胁迫方法的；（二）限制他人人身自由或者侵入他人住宅的；（三）恐吓、跟踪、骚扰他人的。”该罪中的“非法债务”除因高利放贷产生的债务外，还包括因吸毒、赌博、嫖娼等违法犯罪行为产生的债务。因此，在《刑法修正案（十一）》通过前，甲的行为属于非法拘禁致人死亡；在《刑法修正案（十一）》通过后，甲的行为属于催收非法债务致人死亡。因此，选项ABD错误。

30. ABCD。A项正确：酒店服务员帮客人拎包，此时客人对其包仍然是占有的状态，服务员将手机放入自己的口袋，违背他人的意志，将他人占有财物转为自己占有，且主观为故意，构成盗窃罪。B项正确：客人在小饭馆吃饭，对其放在收银台边充电的手机仍处于占有状态。客人请服务员乙照看，并非委托其保管。此时乙将手机据为己有违背了客人的意志，属于盗窃行为，构成盗窃罪。C项正确：旅客在20余米外，并未丧失对其行李的占有，故丙拿走据为己有的行为，构成盗窃罪。D项正确：车钥匙属于遗忘物，顾客对车钥匙的占有处于松弛状态。此时丁以非法占有为目的，谎称是自己的车钥匙，开走顾客车子的行为，系违法行为，构成盗窃罪。综上所述，本题正确答案为选项ABCD。

（三）不定项选择题

1. CD。在本案发生时，甲已满14周岁、未满16周岁，属相对负刑事责任年龄阶段；乙刚过完14岁生日，其已满14周岁，属相对负刑事责任年龄阶段；丙已满16周岁，属完全刑事责任年龄阶段。

甲的刑事责任：根据最高人民法院《关于审理未成年人刑事案件具体应用法律若干问题的解释》第10条第1款的规定，已满14周岁不满16周岁的人盗窃、诈骗、抢夺他人财物，为窝藏赃物、抗拒抓捕或者毁灭罪证，当场使用暴力，故意伤害致人重伤或者死亡，或者故意杀人的，应当分别以故意伤害罪或者故意杀人罪定罪处罚。甲已满14周岁、未满16周岁，在盗窃过程中，为了抗拒抓捕，当场向事主开枪，应构成故意杀人罪。鉴于开枪是他单独实施的行为，不具有共同故意，因而只能由他个人负责，乙、丙不应对此负责。

乙的刑事责任：乙已满14周岁、未满16周岁，其与甲、丙二人偷鸡的行为不构成盗窃罪。后来，甲、乙在返回寻找护木的过程中，与事主两兄弟相遇，乙开枪将其中一人打死，后果严重，构成故意杀人罪。甲虽然一同前往，但并无杀人的故意。而丙在此之前已经离去，与此事件已经脱离关系。这是乙临时起意、单独实行的杀人行为，只能由他个人承担刑事责任，与甲、丙无关，甲、丙不对乙的故意杀人行为承担刑事责任。

丙的刑事责任：丙已满16周岁，参与盗窃活动，构成盗窃罪。

甲和乙犯罪时未满18周岁，应依法对其从轻或者减轻处罚。

所以，选项CD正确。

2.（1）BCD。在诈骗罪中，被害人都有不同程度的过错，被害人的过错不能成为免除行为人刑事责任的理由。虽钱某将民国时期的物品误认为明代古董，但是甲隐瞒了该物品的真实情况，没有将真实年代告知钱某，属于诈骗罪客观方面中的“隐瞒真相”。虽然古玩市场有较高的风险，但是在任何商品市场中均须遵循诚实信用原则，市场风险不能阻却甲的刑事责任。所以应选BCD选项。

（2）AB。标价高不是诈骗行为，但是出具虚假证明则构成诈骗罪。甲与李某达成交易并交付该画，因此甲的行为已经既遂。所以应选AB选项。

3. C。贾某私自卖油的行为属于将他人交给自己代为保管的财物非法占为己有的侵占行为，且其侵占财物价值已达到侵占罪所规定的数额较大（5 000元）的标准，所以构成侵占罪。

在民事上，本案中油的所有权属于中石化北京分公司，张某因合同关系成为受托人（负责运输，赚取运费），贾某基于与张某的协议成为受托人的代理人，因此对本案造成的损失，张某与犯罪嫌疑人贾某应承担连带赔偿责任，但两人没有共同犯罪的故意，因此，不构成共同犯罪。

贾某的行为不是秘密窃取，因此不构成盗窃罪。

贾某没有公司、企业或其他单位人员身份，只是受雇从事运输，不符合职务侵占罪的主体要件，不构成职务侵占罪。所以选项C正确。

4. BCD。杨某等人将天缆公司的变压器、仪表、设备、玻璃窗等砸烂、断电后离去，造成天缆公司经济损失合计23万余元的行为，同时构成破坏生产经营罪和故意毁坏财物罪两个罪名，是想象竞合犯，应择一重罪处断。两罪的法定刑相同，但是破坏生产经营罪更能全面地评价行为人的行为，因此应以破坏生产经营罪定罪处罚。杨某的行为属于任意损毁公私财物，符合寻衅滋事的构成，故同时构成寻衅滋事罪。

5. BD。虽然公司从银行贷款后不进公司账，而存入雷某的个人账户，但该款仍属公司所有，雷某用该款购买私用轿车、偿还私人债务的行为是非法的。《刑法》第272条规定，挪用资金罪是指公司、企业或者其他单位的工作人员，利用职务上的便利，挪用本单位资金归个人使用或者借贷给他人，数额较大、超过3个月未还的，或者虽未超过3个月，但数额较大、进行营利活动的，或者进行非法活动的行为。雷某身为集体企业负责人员，挪用存入自己账户的公司款项购买私用轿车、偿还私人债务，超过3个月没有归还，其行为构成挪用资金罪。

6.（1）ABCD。故意杀人是暴力的一种，故意杀人后取财属于抢劫致人死亡，故A选项正确；如果对“致人死亡”作狭义理解，将其仅限于过失致人死亡的话，则郑某的行为构成故意杀人罪和盗窃罪，故B选项正确；杀人后取财属于故意杀人罪和抢劫罪的想象竞合犯，故C选项正确；即便抢劫面包车是为后续犯罪服务，也应独立成罪，故D选项正确。

（2）ABCD。非法占有目的包括排除他人占有和控制，供自己使用的意思；盗窃罪和抢劫罪的非法占有目的是相同的；非法占有目的是实施犯罪行为时的目的，与后续行为无关；事后毁坏面包车，表面上看可能构成其他犯罪，但是其属于抢劫罪的自然延续，无须单独处罚。故ABCD项都正确。

（3）ABCD。爆炸罪是危害公共安全的犯罪，不论犯罪现场是否有人，只要危害了公共安全，都构成爆炸罪，故A选项正确。通过爆炸的方式杀人，只实施了一个犯罪行为，属于想象竞合犯，故B选项正确。爆炸行为属于暴力之一种，可以成为抢劫罪的手段行为，故C选项正确。致2人死亡、4人重伤，应适用“抢劫致人重伤、死亡”的规定，故D选项正确。

7.（1）A。刘某只是将抽油烟机根据维修的需要交由王某和李某保管，并未将金饰交由二人保管。虽然刘某事后想起自己此前曾将金饰藏于抽油烟机中，但金饰既不属于遗忘物，也不属于埋藏物。王某和李某占有金饰的行为仍属于秘密窃取，构成盗窃罪。

（2）B。司法部司考办公室公布的本题参考答案是选项B，但是笔者有不同意见。王某和李某二人共同上门检测，搬走抽油烟机，虽然王某先发现的金饰，且李某并不知晓，但在刘某赶来后，王某为洗清嫌疑，乘乱将金饰转交李某，李某“心领神会”，“接过金饰藏于裤兜中”。“心领神会”地接过金饰并藏于裤兜中，充分说明了此二人是共同犯罪，只不过与通常的事前共犯不同，此案是事中共犯，因此二人构成盗窃罪的共犯。二人共同盗窃时被刘某发现，虽然是李某为逃避抓捕动手将刘某打伤，但是王某与李某是共同盗窃，并在使用暴力后为逃避抓捕“一起逃走”，所以二人都构成抢劫罪。这里要注意，不是只有亲自使用暴力的当事人才构成转化型抢劫，共犯虽未使用暴力，亦可转化。官方参考答案认为李某帮助王某转移犯罪所得的金饰，构成掩饰、隐瞒犯罪所得罪的观点站不住脚，因为掩饰、隐瞒犯罪所得罪是其他犯罪的下游犯罪，所有的上游犯罪的行为人都会在犯罪后销赃获利，这是他们犯罪的目的，所以上游犯罪的当事人一般不会被单独认定为构成掩饰、隐瞒犯罪所得罪。只有事前不同谋、不参与上游犯罪的行为人，才可能构成该罪。既然李某与王某共同盗窃，又身处犯罪现场，那么李某不构成掩饰、隐瞒犯罪所得罪。综上，笔者认为A、B选项错误，C、D选项正确。

（3）AD。司法部司考办公室公布的本题参考答案是选项AD。笔者对此有不同意见。

笔者认为，首先，不是所有的违法行为都构成犯罪，不是所有的超过一定数额的不法行为都要以犯罪论处，也不是所有反映在司法考试试题中的行为都要当然地认为“构成”犯罪。将价值1万元的东西在销赃时卖出5万元，属于“交易（销售）策略”，不属于犯罪。实际销售中，“限量”是不存在的，因为所有的商品都有一定的数量和交付周期，不可能无限供给。消费者如果轻信“限量”而付出高价，那是自愿行为，是自己的眼光问题，自身存在重大过错而多愿意支付超额费用。如果连“限量版”之类的销售策略都认为是诈骗的话，几乎所有的商家都会在“限量”问题上构成犯罪。所以选项A显然错误。

选项C错误：这个情节属于“分赃不均”，不单独构成犯罪。

选项D正确：“犯财产犯罪”首先要界定此案中有“几个”犯罪。笔者认为只有一个犯罪，就是抢劫罪。因为李某销赃的行为虽然违法，但是其盗窃、抢劫金饰违法犯罪行为的自然后果。因此销赃和分赃的数额不能再和抢劫犯罪的数额累加，其销赃的超额收益，并不能被认定为“犯罪数额”，但可以被认定为犯罪所得的非法收益，予以没收。

选项B错误：解析见上一题。

综上，笔者认为本题正确答案为D。

简答题

1. 抢劫罪和敲诈勒索罪均属财产犯罪。从犯罪客体上看，两者不仅侵犯了他人财物的所有权，还侵犯了公民的人身权利。从犯罪主观方面来看，两者都具有非法占有的目的。二者在犯罪客观方面也有相似之处，例如都可能当场使用威胁方式，恐吓被害人，迫使其立即交付财物。

但是两者也存在许多重要区别：

（1）威胁针对的对象和实施的方式不同。抢劫罪的威胁，当场直接向被害人发出，具有直接的公开性；而敲诈勒索罪的威胁可以面对被害人公开实行，也可以利用书信、通信设备或者通过第三人转告被害人的方法实施。

（2）威胁的内容不同。抢劫罪的威胁，都是直接侵犯人的生命、健康的暴力威胁，如以杀害相威胁；敲诈勒索罪的威胁的内容较为广泛，可以是以对人身实施暴力、伤害相威胁，也可以是以毁人名誉、毁坏财产、设置困境等相威胁，例如，以揭发被害人隐私或举报其犯罪行为等相威胁。

（3）威胁的内容可能付诸实施的时间不同。抢劫罪的暴力威胁一般在当场予以实施，而敲诈勒索罪的威胁一般是在将来某个时间付诸实施。

（4）威胁索取的利益的性质不同。抢劫罪索取的利益，只能是动产；而敲诈勒索罪索取的利益，可以是动产，也可以是不动产。

（5）非法取得利益的时间不同。抢劫罪非法取得利益的时间只能是当场；敲诈勒索罪非法取得利益的时间，可以是当场，但更多的是在若干时日后（一般是犯罪嫌疑人指定或同意的时间）。

（6）威胁的效果有所不同。敲诈勒索罪中的威胁手段，是为了使被害人产生恐惧感和压迫感，但是并没有达到使被害人不能反抗的地步，被害人在决定是否交付财物上尚有考虑、选择的余地；而抢劫罪中的威胁，是为了使被害人当场受到精神强制，使其完全丧失反抗意志，除了将财产当场交出，被害人没有其他考虑、选择的余地。

2. 侵占罪与盗窃罪在许多方面相似，关键的区别是：（1）犯罪故意产生的时间不同。侵占罪的行为人在合法持有财物之后才产生将他人财物据为己有的目的；而盗窃罪的行为人是在占有财物之前就产生了将他人财物据为己有的目的。（2）犯罪对象不尽相同。侵占罪的对象是行为人业已合法持有的公私财物，公私财物已经在行为人的合法控制之下；盗窃罪的对象则是他人所有、管理、持有的公私财物，公私财物在被害人的控制之下。（3）客观方面不尽相同。侵占罪的客观方面表现为侵占行为，即将已经在自己控制下的公私财物非法据为己有；盗窃罪的客观方面表现为，行为人采取自以为不会被财物的所有人、保管人、看护人、持有人等发觉的方法，将他人控制下的财物窃取到手。

3. 诈骗罪，是指以非法占有为目的，使用虚构事实或者隐瞒真相的方法，使他人形成错误的认识，交付数额较大的公私财物的行为。本罪侵犯的客体是公私财物所有权；犯罪的客观方面表现为，使用虚构事实或者隐瞒真相的方法，使他人形成错误的认识，骗取数额较大的公私财物；本罪的主体是一般主体；犯罪的主观方面为故意，且具有非法占有目的。

4. 挪用特定款物罪，是指挪用用于救灾、抢险、防汛、优抚、扶贫、移民、救济款物，情节严重，致使国家和群众利益遭受重大损害的行为。本罪侵犯的客体是复杂客体，即国家对特定款项物资专款专用的财经制度和公共财物的使用权；犯罪的客观方面表现为挪用用于救灾、抢险、防汛、优抚、扶贫、移民、救济款物，情节严重，致使国家和人民群众利益遭受重大损害的行为；本罪的犯罪主体为特殊主体，仅限于掌管、经手特定款物的直接责任人员；本罪的主观方面为故意。

案例分析题

1. （1）李某的盗窃未遂属于工具不能犯的未遂。所谓工具不能犯的未遂，是指行为人由于认识错误而使用了依其客观性质不能实现行为人犯罪意图，不能构成既遂的犯罪工具，以致犯罪未遂。李某深夜潜入本单位财务室，意图盗窃保险柜中的财物，但用尽了各种方法，也未能将保险柜打开。李某对工具的性能认识错误，使用了不能实现犯罪意图的工具，这种情况属于工具不能犯的未遂。

（2）李某盗窃未遂后将保安员打昏的行为应当定抢劫罪。《刑法》第 269 条规定，犯盗窃、诈骗、抢夺罪，为窝藏赃物、抗拒抓捕或者毁灭罪证而当场使用暴力或者以暴力相威胁的，依照本法第 263 条的规定定罪处罚。李某行窃，被保安发现，其为了抗拒抓捕或者毁灭罪证用撬棍将保安员打昏后逃走的行为属于当场使用暴力，因此，应当定抢劫罪。

（3）李某返回作案现场（本单位）欲将保安员杀死灭口的行为属于故意杀人罪的犯罪预备。犯罪预备是指为了犯罪，准备工具、创造条件，由于行为人意志以外的原因而未能着手实行犯罪的犯罪停止形态。犯罪未遂是指行为人已经着手实行犯罪，但由于意志以外的原因，犯罪没有既遂的犯罪停止形态。区分犯罪预备和犯罪未遂的关键就是看行为人是否已经着手实施犯罪。本案中，李某恐保安员醒来后认出自己，欲返回单位，用匕首将保安员杀死灭口，刚刚返回单位大门，即被接到报案赶来的公安人员抓获。李某还没有来得及着手实行杀害行为就被抓获，其行为成立犯罪预备，而不是犯罪未遂。

（4）李某盗窃未遂后将保安员打昏的行为应当定抢劫罪，其还没有来得及着手实行杀害行为就被抓获，其行为成立故意杀人罪的犯罪预备。应以抢劫罪与故意杀人罪预备两罪并罚。

2. 全部案犯应定抢劫罪。虽然赵某、金某商量是要“偷木头”，并纠集了关某、韩某、申某、沈某去实施“偷木头”的行为，但是“金某带着钢丝鞭，同申某去检查站探听动静”的行为实际上是对在盗窃过程中遇到阻碍之时实施暴力的准备，而且该准备已被各个行为人事实上认可，因此，各个行为人均具备盗窃和抢劫两种故意。在没有被检查站管林员发现之时其行为属盗窃；在被发现后，金某、申某两人将两检查站管林员关在屋内，金某将电话线拉断以阻止二人报警的行为属于“为窝藏赃物、抗拒抓捕或者毁灭罪证而当场使用暴力”，这种行为使盗窃转化为抢劫。并且其他人员均认可这种对被害人实施强制的行为，并在这种情况下继续实施取财行为。因此，各个行为人均构成抢劫罪。

金某、赵某、申某系主犯。赵某与金某策划了这起案件，赵某纠集其他行为人共同实施犯罪；金某、申某在作案中实施对被害人的强制，在犯罪中起到主要作用，应该被认定为主犯，依照主犯定罪量刑原则处理。关某、沈某、韩某起次要作用，系从犯，依照从犯定罪量刑原则处理。

3.（1）本案中，张某、邹某系盗窃罪的共犯。在二人没有认出对方之前，是同时犯。同时犯指二人以上同时以各自行为侵犯同一对象，但彼此之间无意思联络的情况。同时犯虽有相同的犯罪故意，却无共同故意，各行为人应只对各自实行的犯罪行为负刑事责任。但在二人认出对方之后，便达成了犯罪的合意，共同实施盗窃，因此成立盗窃罪的共犯。

（2）邹某同时构成放火罪，张某不构成放火罪。邹某为了破坏现场，将房间内的一个电炉插上，并在上面扔了一个纸箱，从而引起火灾的行为构成放火罪。邹某的放火行为系超出共同故意范围的犯罪，这是指在共同犯罪过程中，有的共犯者超出了共同犯罪故意的范围，单独地实施其他犯罪。由于其他共犯者对此缺乏共同故意，因而由行为人单独对超出共同犯罪故意范围部分的行为承担责任。从本案情况来看，张某不知道邹某在电炉子上面放了纸箱，因此其对于放火行为没有共同故意，不构成放火罪。

（3）对邹某应该以盗窃罪和放火罪并罚。

（4）两人均为入室盗窃。

4. 宋乙之行为构成敲诈勒索罪。敲诈勒索罪是以非法占有公私财物为目的，采用威胁或者要挟的方法，迫使被害人交付数额较大的公私财物的行为。

（1）宋乙是一名智力健全、具有完全刑事责任能力的自然人，符合敲诈勒索罪的主体要件。

（2）宋乙在主观上具有非法占有陈某财物的目的，他指责陈某不该解除恋爱关系，提出要陈某给 3.6 万元。由此可见，宋乙干涉陈某的婚姻自由只是一种幌子或者说一种手段，并非其真实意图，要陈某给钱才是他的目的。他既不对陈某享有债权，也非索回陈某与宋甲恋爱期间其赠送的彩礼。其索要钱财之名目于法无据，其非法占有的目的显而易见。

（3）宋乙纠集 7 人闯入陈某家，单就人数众多而言也可能致陈某母子精神恐惧、不敢反抗。况且，宋乙在言辞上采用了恶语威胁：陈某不给钱就永远不能了结此事，就永远找麻烦，就休想与他人恋爱、结婚。

在行动上表现出陈某不给钱就要对其殴打。因此，在客观方面，宋乙实施了威胁和要挟的手段，致陈某精神上受到强制，心理上产生恐惧，被迫交出6 000元。

综上，宋乙非法占有陈某之6 000元人民币，不仅达到数额较大，而且这6 000元是陈某为庆贺其母50岁生日所准备的，有其特殊的用途，结果被宋乙敲诈而丧失其所有权和支配权，致陈某无法接受这种现实，因不能尽孝感到内疚，内心极度痛苦而溺水死亡。陈某的死亡结果与宋乙之敲诈勒索行为存在刑法上的因果关系。根据《刑法修正案（八）》第40条修改后的《刑法》第274条规定："敲诈勒索公私财物，数额较大或者多次敲诈勒索的，处三年以下有期徒刑、拘役或者管制，并处或者单处罚金；数额巨大或者有其他严重情节的，处三年以上十年以下有期徒刑，并处罚金；数额特别巨大或者有其他特别严重情节的，处十年以上有期徒刑，并处罚金。"宋乙之行为构成敲诈勒索罪，而且具有其他严重情节，应在3年以上10年以下有期徒刑的幅度内裁量其刑罚。

5. 冯某挪用本村民小组的土地征用补偿费的行为不论是在本质上还是在犯罪构成上，均与《刑法》第272条的规定相符，宜认定为挪用资金罪。

首先，从犯罪本质上看，冯某为个人感情，擅自动用村民小组用于补偿被占土地村民生活的土地征用补偿费30万元，不仅挪用数额巨大，而且严重危及该补偿资金的占有、使用和收益权，加之使用人生意亏空，至案发时未能归还被挪用的资金，造成了近30万元的经济损失，情节特别恶劣，具有严重的社会危害性。可见，冯某的行为具备了犯罪的本质特征。

其次，挪用资金罪的主体是非国有单位的公司、企业或其他单位的人员，侵害的对象是这些非国有单位的资金。村民小组是最基层的村民集体经济组织，不是国有单位。国家支付给村民小组的土地征用补偿费应由村民小组直接管理使用，该补偿费的性质已由国有资金转化为集体组织的资金，村民小组组长对该补偿资金的直接管理支配，已经不具有在村民委员会等中间环节上协助管理的性质。至此，挪用该补偿资金已不属挪用公款性质而是挪用集体单位资金的性质。可见，村民小组组长利用其职权挪用其直接管理的村民小组的土地征用补偿费的行为不符合全国人大常委会《关于〈中华人民共和国刑法〉第九十三条第二款的解释》的相关规定，而应属《刑法》第272条挪用资金罪惩治的范围。

最后，挪用资金罪与职务侵占罪在刑法上是由具有相同特殊身份的犯罪主体采取挪用、侵吞等不同手段侵害非国有单位财物的犯罪。《刑法》第272条规定的挪用资金罪虽然没有具体规定村民小组组长挪用村民小组资金的行为，只作了公司、企业或其他单位的工作人员利用职务之便挪用本单位资金行为的原则性规定，但是，职务侵占罪也没有明确规定村民小组组长利用职权侵吞村民小组财物的行为，而最高人民法院《关于村民小组组长利用职务便利非法占有公共财物行为如何定性问题的批复》规定，对村民小组组长利用职务上的便利，将村民小组集体财产非法占为己有，数额较大的行为，应当依照《刑法》第271条第1款的规定，以职务侵占罪定罪处罚。由此可见，村民小组组长利用职权挪用村民小组的土地征用补偿资金以挪用资金罪认定，在犯罪主体、犯罪客体等犯罪构成方面同刑法理论和司法实践相一致。

综上所述，冯某利用村民小组组长的职务之便挪用国家支付给村民小组的土地征用补偿费的行为应以挪用资金罪论处。

6. 首先，王某的行为不是诈骗行为。虽王某实施了"虚构事实、隐瞒真相"的行为，但该行为是针对银行的，而不是针对被害人的。而且，作为该存款的名义所有人，王某有权通过挂失的方式将钱取出，银行无权干涉。因此，王某的行为不构成诈骗罪。

其次，王某的行为不是职务侵占行为。职务侵占行为要求行为人有利用职务便利的要件。在本案中，王某虽然利用了公司将钱存在自己名下的便利，但该便利与其司机的职务无关，不具备利用职务便利的条件，因而王某的行为不是职务侵占行为。

最后，刘某、张某未经王某同意将公司的钱存在王某名下，虽然王某在事实上能对该款进行处置，但是王某与公司间未订立合同、成立代为保管关系，王某没有保管公司财产的义务。因此，王某不能构成侵占罪。

王某的行为属于民法上的不当得利。不当得利是指没有法律上的依据，使他人受损而自己获得利益。公司总经理刘某在未征得王某同意的情况下，将公司财产以王某的名义存入银行，并不能形成任何合同或法律上的保管依据。王某将财产取出，使公司遭受损失而使自己获得利益，因此构成民法上的不当得利，不构成犯罪。

7. (1) 甲携带凶器盗窃、入户盗窃，应当成立盗窃罪。如暴力行为不是作为压制财物占有人反抗的手段而使用的，只能视情况单独定罪。在盗窃过程中，为窝藏赃物、抗拒抓捕、毁灭罪证而使用暴力的，才能定抢劫罪。甲并非出于上述目的而使用暴力，因而不应认定为抢劫罪。在本案中，被害人并未发现罪犯的盗窃行为，并未反抗；甲也未在杀害被害人后再取得财物，故对甲的行为应以盗窃罪和故意杀人罪并罚，不能对甲定抢劫罪。

(2) 甲、乙的行为系假想防卫。假想防卫视情况成立过失犯罪或意外事件。在本案中，甲、乙在程某明确告知是警察的情况下，仍然对被害人使用暴力，主观上有过失。但是，过失行为只有在造成重伤结果的场合，才构成犯罪。甲、乙仅造成轻伤结果，因此，对于事实二，甲、乙均无罪。

(3) 在被告人高速驾车走“蛇形”和被害人重伤之间，介入被害人的过失行为（如对车速的控制不当等）。谢某的重伤与甲、乙的行为之间，仅有条件关系。从规范判断的角度看，重伤是谢某自己驾驶的汽车对乙车追尾所造成的，该结果不应当由甲、乙负责。

(4) 第一，丁没有在丙和法官刘某之间牵线搭桥，没有促成行贿、受贿事实的介绍行为，不构成介绍贿赂罪。第二，丁接受丙的委托，帮助丙实施行贿行为，构成行贿罪（未遂）共犯。第三，丁客观上并未索取或者收受他人财物，主观上并无收受财物的意思，不构成利用影响力受贿罪。

(5) 如认为构成，理由是：1) 丁将代为保管的他人财物非法占为己有，数额较大，拒不退还，完全符合侵占罪的犯罪构成。2) 无论丙对10万元是否具有返还请求权，这10万元都不属于丁的财物，因此该财物属于“他人财物”。3) 虽然民法不保护非法的委托关系，但刑法的目的不是确认财产的所有权，而是打击侵犯财产权的犯罪行为，如果不处罚侵占代为保管的非法财物的行为，将可能使大批侵占赃款、赃物的行为无罪化，这并不合适。

如认为不构成，理由是：1) 10万元为贿赂款，丙没有返还请求权，该财物已经不属于丙，因此，丁没有侵占“他人的财物”。2) 该财产在丁的实际控制下，不能认为其已经属于国家财产，故该财产不属于代为保管的“他人财物”。据此，不能认为丁虽未侵占丙的财物但侵占了国家财产。3) 如认定为侵占罪，会出现民法上丙没有返还请求权，但刑法上认为其有返还请求权的情形，刑法和民法对相同问题会得出不同结论，法秩序的统一性会受到破坏。

论述题与深度思考题

1.《刑法》第269条规定，犯盗窃、诈骗、抢夺罪，为窝藏赃物、抗拒抓捕或者毁灭罪证而当场使用暴力或者以暴力相威胁的，依照本法第263条的规定定罪处罚。该条规定在理论上被称为转化型抢劫罪（亦称准抢劫罪）。

(1) 对“犯盗窃、诈骗、抢夺罪”的理解。转化型抢劫罪是刑法理论中转化犯的一种，而转化犯是指某一违法行为或者犯罪行为在实施过程中或者在非法状态持续过程中，由于行为人主客观表现的变化，整个行为的性质转化为犯罪或更为严重的犯罪，从而应以转化后的犯罪定罪或应按法律拟制的某一犯罪论处的犯罪形态。它既可以在此罪与彼罪之间转化，即从轻罪向重罪转化；也可以在非罪（违法行为）与罪之间转化，即从违法行为向犯罪行为转化。因此，对于先前行为是不构成犯罪之盗窃、诈骗、抢夺的行为，只有在其后续实施的暴力或者以暴力相威胁的行为达到犯罪或者相当于犯罪的程度时才能转化为转化型抢劫罪。

(2) 处在犯罪未遂、预备、中止状态的盗窃、诈骗、抢夺行为的转化问题。对这类问题，在实践中我们应该区分不同的情况区别对待。

犯罪未遂尽管是一种犯罪的未完成形态，但毕竟犯罪分子已着手实行了犯罪行为，对客体产生了实际损害，只是由于意志以外的原因才没有完成犯罪。因此，未遂的盗窃、诈骗、抢夺行为完全有可能构成盗窃、诈骗、抢夺罪，也完全有可能转化为抢劫罪。

《刑法》第269条规定的犯“盗窃、诈骗、抢夺罪”应当理解为不包括预备行为。该条所说的“为窝藏赃物、抗拒抓捕或者毁灭罪证而当场使用暴力或者以暴力相威胁的”，是指只有在已经着手实施盗窃、诈骗、抢夺行为的当场，才具备向抢劫罪转化的前提条件。因此，盗窃、诈骗、抢夺的预备或中止行为，行为人使用暴力、胁迫的目的完全是逃避追究而不是非法占有财物，所以，不可能把它和以暴力、胁迫等方法窝藏赃物、抗拒抓捕、毁灭罪证行为同等看待，给予抢劫罪的评价，从而认定为转化型抢劫。

(3) 转化型抢劫罪共同犯罪的认定。转化型抢劫罪共同犯罪的认定，应当结合行为人犯罪时的客观情形对行为人当场实施暴力或以暴力相威胁的主观意志进行分析。共同故意的内容包括希望与希望的结合，也包括希望与放任的结合。注意把握没有共同故意的"实行犯过限"。在分析有无共同的故意的基础之上再结合出于窝藏赃物、抗拒抓捕或者毁灭罪证的目的运用证据，做到准确定性。

(4) 关于实施其他类型的盗窃、诈骗、抢夺的行为能否转化为抢劫罪。这些罪名包括金融诈骗罪，盗窃、抢夺枪支、弹药、爆炸物罪，盗窃、抢夺国家机关公文、证件、印章罪，盗伐林木罪等。它们属于普通盗窃罪、诈骗罪、抢夺罪的特别法，其本质属性和普通盗窃罪、诈骗罪、抢夺罪是一样的，但危害性更为严重。根据刑法举轻以明重的原则，其他类型的盗窃、诈骗、抢夺是可以转化为抢劫罪的，但是如果有这类抢劫罪的特别法，如抢劫枪支罪，则应依特别法定罪处罚。

(5) 转化型抢劫罪的结果加重犯的认定。最高人民法院《关于审理抢劫案件具体应用法律若干问题的解释》第1条第2款规定，对于入户盗窃，因被发现而当场使用暴力或以暴力相威胁的行为，应当认定为入户抢劫。入户抢劫的"当场"只能理解为实施盗窃犯罪的现场即户内，而不应包括现场的延伸，即追捕的过程中（户外）。另外，对于为了诈骗、抢夺财物而进入他人户内，因被揭穿和制止而当场使用暴力或者以暴力相威胁的，也应当认定为入户抢劫。

(6) 关于相对有刑事责任能力人实施的盗窃、诈骗、抢夺行为是否转化为抢劫罪的认定。以前实践中存在两种截然相反的观点：能转化和不能转化。2006年最高人民法院《关于审理未成年人刑事案件具体应用法律若干问题的解释》第10条第1款规定，已满14周岁不满16周岁的人盗窃、诈骗、抢夺他人财物，为窝藏赃物、抗拒抓捕或者毁灭罪证，当场使用暴力，故意伤害致人重伤或者死亡，或者故意杀人的，应当分别以故意伤害罪或者故意杀人罪定罪处罚。我们认为，相对有刑事责任能力人不具有对其盗窃、诈骗、抢夺行为性质的认知能力，也不可能犯盗窃、诈骗、抢夺罪，当然更不具备对当场实施暴力转化为抢劫的认知能力，所以不能转化。

2. (1)"入户"的认定。

1)"入"者的行为具有"非法性"。"入"的"非法性"可根据非法侵入住宅罪的客观要件的行为标准来界定，即行为人入户时是否征得住户里的人同意或有合理、正当理由需要进入。行为人在入户前就蓄谋抢劫的，不管其进入方式是否合理，均被视为非法侵入。实际上，这种情形是"预谋入户抢劫"。

2) 关于"户"的含义，在理论上目前主要有这样一些观点：一是认为"户"是指公民私人住宅，不包括其他场所；二是认为"户"是指固定场所，即以此为家的场所，如私人住宅及学生宿舍等，但不包括宾馆房间及值班宿舍等临时住宅场所；三是认为"户"是指人长期或固定生活、起居或者栖息的场所，包括私人住宅以及宾馆房间、固定值班人员的宿舍等场所。最高人民法院《关于审理抢劫、抢夺刑事案件适用法律若干问题的意见》规定，认定"入户抢劫"时，应当注意以下三个问题：一是"户"的范围。"户"在这里是指住所，其特征表现为供他人家庭生活和与外界相对隔离两个方面，前者为功能特征，后者为场所特征。一般情况下，集体宿舍、旅店宾馆、临时搭建工棚等不应被认定为"户"，但在特定情况下，如果确实具有上述两个特征的，也可以被认定为"户"。二是"入户"目的的非法性。进入他人住所须以实施抢劫等犯罪为目的。虽然抢劫行为发生在户内，但行为人并非以实施抢劫等犯罪为目的进入他人住所，而是在户内临时起意实施抢劫的，不属于"入户抢劫"。三是暴力或者暴力胁迫行为必须发生在户内。入户实施盗窃被发现，行为人为窝藏赃物、抗拒抓捕或者毁灭罪证而当场使用暴力或者以暴力相威胁的，如果暴力或者暴力胁迫行为发生在户内，则可以认定为"入户抢劫"；如果发生在户外，则不能认定为"入户抢劫"。

(2)"入户抢劫"是否存在犯罪未完成形态？

我们认为"入户抢劫"应存在犯罪未完成形态。

1) 刑法规定"入户抢劫"的行为属于第二个量刑档次，"处十年以上有期徒刑、无期徒刑或者死刑，并处罚金或者没收财产"。这只能说明在具有"入户抢劫"的情形时，行为具有更严重的社会危害性，因此给予更重的处罚，并不能就此否认"入户抢劫"未遂的存在。

2) 抢劫罪的既遂标准是行为人是否劫得财物，劫得财物者为既遂，反之则是未遂。"入户抢劫"中，行为人也有劫得财物与否之别，因此"入户抢劫"存在未遂。

3）“入户抢劫”既遂与未遂量刑之区别如下：不论既遂与未遂，凡入户抢劫者先考虑在“处十年以上有期徒刑、无期徒刑或者死刑，并处罚金或者没收财产”这一量刑档次上处罚，对于未遂者，适用《刑法》第23条第2款，“可以比照既遂犯从轻或者减轻处罚”。

（3）转化型“入户抢劫”的认定。

《刑法》第269条规定，犯盗窃、诈骗、抢夺罪，为窝藏赃物、抗拒抓捕或毁灭罪证而当场使用暴力或者以暴力相威胁的，依照本法第263条的规定定罪处罚。对转化型“入户抢劫”的认定应从以下三个方面的条件来把握：第一，转化的前提条件是已实施了盗窃行为；第二，转化的目的条件是为窝藏赃物、抗拒抓捕或毁灭罪证；第三，转化的客观条件是当场使用暴力或以暴力相威胁。最高人民法院《关于审理抢劫案件具体应用法律若干问题的解释》第1条第2款规定：对于入户盗窃，因被发现而当场使用暴力或者以暴力相威胁的行为，应当认定为入户抢劫。该规定是转化型“入户抢劫”罪的直接法律依据。

3.《刑法》第267条第2款规定，携带凶器抢夺的，以抢劫罪定罪处罚。该规定有三个方面的问题需要讨论：本规定的性质，凶器的含义与认定，携带的含义与认定。

（1）本规定属于法律拟制。

法律拟制的特点是将原本不符合某种规定的行为也按照该规定处理。“携带凶器抢夺”就是法律拟制的规定，只要行为人携带凶器抢夺，就以抢劫罪论处，而不要求行为人使用暴力、胁迫或者其他方法。

首先，虽然刑法同时规定了抢劫罪与抢夺罪，但对于这两种犯罪的区别，刑法没有特别提示。

其次，刑法所规定的是“携带”凶器抢夺，携带凶器与使用凶器具有原则区别。携带凶器抢夺原本并不符合抢劫罪的构成要件，如果没有《刑法》第267条第2款的规定，司法机关对于携带凶器抢夺的行为，只能认定为抢夺罪。但是，刑法规定对携带凶器抢夺的行为以抢劫罪论处，未要求使用凶器，就说明本款属于法律拟制。行为人携带凶器抢夺的行为，客观上为自己抗拒抓捕、窝藏赃物创造了便利条件，再加上其主观上具有使用凶器的意识，使用凶器的盖然性非常高，所以其行为的危害程度与抢劫罪没有实质区别。

（2）凶器的含义与认定。

最高人民法院《关于审理抢劫、抢夺刑事案件适用法律若干问题的意见》规定，“携带凶器抢夺”，是指行为人随身携带枪支、爆炸物、管制刀具等国家禁止个人携带的器械进行抢夺，或者为了实施犯罪而携带其他器械进行抢夺的行为。行为人随身携带国家禁止个人携带的器械以外的其他器械抢夺，但有证据证明该器械确实不是为了实施犯罪准备的，不以抢劫罪定罪；行为人将随身携带的凶器有意加以显示、能为被害人察觉到的，直接适用《刑法》第263条关于抢劫罪的规定定罪处罚；行为人携带凶器抢夺后，在逃跑过程中为窝藏赃物、抗拒抓捕或者毁灭罪证而当场使用暴力或者以暴力相威胁的，适用《刑法》第267条第2款的规定定罪处罚。凶器并不包括仿真“凶器”，携带仿真凶器抢夺的，不应认定为“携带凶器抢夺”。

（3）携带的含义与认定。

1）携带凶器应具有随时可能使用或当场能够及时使用的特点，即具有随时使用的可能性，否则，不能认定为携带凶器抢夺。例如，农民工外出打工时，将菜刀放在棉被中捆好后背在背后，实施抢夺时，被警察抓获，警察查看棉被时发现了菜刀。对此，不能认定为携带凶器抢夺。

2）携带凶器不要求行为人显示凶器，也不要求行为人向被害人暗示自己携带着凶器。从用语来看，携带一词并不具有显示、暗示物品的含义；从构成要件符合性方面来看，显示或者暗示自己携带凶器进行抢夺的行为，本身就符合普通抢劫罪的构成要件；再者，抢夺行为表现为乘人不备而夺取财物，既然是“乘人不备”，通常也就没有显示或者暗示凶器的现象。

4.区分盗窃罪的既遂、未遂的标准有“接触说”“转移说”“藏匿说”“控制说”“失控说”“失控说加控制说”“损失说”等不同的观点，回答本题时可陈述每种观点，并指出你认为更加合理的观点。[具体可参见王作富主编：《刑法分则实务研究》（中），945～946页，北京，中国方正出版社，2013。]

5.诈骗罪的客观要件由四部分构成：（1）行为人采用了欺骗的手段，该欺骗手段一般包括虚构事实或隐瞒真相；（2）受害人由于受到行为人的欺骗而发生错误认识；（3）受害人基于错误的认识而作出了处分财产的行为；（4）行为人获取财物或财产性利益，且数额较大。[对这四部分内容的具体理解，可参见王作富主编：《刑法分则实务研究》（中），957～963页，北京，中国方正出版社，2013。]

第二十六章　妨害社会管理秩序罪

名词解释

1. 编造、故意传播虚假信息罪
2. 伪证罪（考研）
3. 医疗事故罪
4. 污染环境罪（考研）
5. 非法持有毒品罪
6. 披露、报道不应公开的案件信息罪
7. 掩饰、隐瞒犯罪所得、犯罪所得收益罪
8. 使用虚假身份证件、盗用身份证件罪
9. 代替考试罪
10. 侵害英雄烈士名誉、荣誉罪
11. 组织参与国（境）外赌博罪

选择题

（一）单项选择题

1. 孙某制作、复制大量的淫秽光盘，除出卖外，还多次将淫秽光盘借给许多人观看。对其行为应如何处理？（　　）

A. 以制作、复制、贩卖、传播淫秽物品牟利罪处罚

B. 以组织播放淫秽音像制品罪从重处罚

C. 以制作、复制、贩卖淫秽物品牟利罪和传播淫秽物品罪数罪并罚

D. 以传播淫秽物品罪从重处罚

视频讲题

2. 贾某为牟利，在其所在乡的各村采集血液，然后卖给血站。某医院多名患者因输了贾某采集的不符合国家规定的血液而致感染严重疾病。贾某的行为构成何罪？（　　）

A. 非法采集、供应血液罪

B. 采集、供应血液事故罪

C. 医疗事故罪

D. 过失致人死亡罪

视频讲题

3. 律师王某在代理一起民事诉讼案件时，编造了一份对自己代理的一方当事人有利的虚假证言，指使证人李某背熟以后向法庭陈述，致使本该败诉的己方当事人因此而胜诉。王某的行为构成何罪？（　　）

A. 伪证罪

B. 诉讼代理人妨害作证罪

C. 妨害作证罪

D. 帮助伪造证据罪

视频讲题

4. 甲、乙、丙三人合谋放火制造事故后越狱，最后只有丙越狱成功。下列哪一说法是错误的？（　　）

A. 甲、乙、丙三人的行为均构成脱逃罪既遂

B. 丙的行为构成脱逃罪的既遂，甲、乙的行为构成脱逃罪的未遂

C. 甲、乙的帮助、鼓励，对丙的脱逃成功起了作用，即便甲、乙没有脱逃成功，甲、乙的行为亦构成脱逃罪既遂

D. 认定甲、乙构成脱逃罪既遂与甲、乙未越狱成功并不矛盾，因为丙的越狱成功与甲、乙二人的行为之间有因果关系

视频讲题

5. 2003 年，SARS 肆虐。有人向疫情防控部门报告陈某从疫区返乡，但未进行医学隔离观察，陈某出现发热、咳嗽等症状。防疫部门遂派工作人员来到陈某家，要求对其进行隔离观察。此时，陈某的妻子李某，母亲何某，哥哥陈大、陈二将防疫工作人员围住，不让对陈某进行隔离，并说："陈某没有病，就是有病，死也要死在家里。"工作人员要进行强制隔离时，陈大、陈二、李某拿出铁锹、锄头等农具进行阻拦，使防疫工作拖延达 2 小时之久，并将工作人员魏某打成轻伤，造成极坏的影响。陈大、陈二及李某的行为构成（　　）。

A. 妨害公务罪
B. 聚众扰乱社会秩序罪
C. 故意伤害罪
D. 妨害传染病防治罪

视频讲题

6. 朱某，无业，苦于没有一技之长，后发现在街道上贩卖毕业证、学位证是个不错的赚钱机会。于是朱某先后到 K 市制售高校学历、学位证明的江某处，分三次购得伪造的高等院校毕业证、学位证 52 本，售出 33 本，得款近 6 000 元。江某的行为构成何罪？（　　）

A. 不构成犯罪
B. 买卖国家机关证件罪
C. 伪造事业单位印章罪
D. 非法经营罪

视频讲题

7. 刘某内心空虚，便萌发了搞恶作剧的念头。2017 年 3 月 17 日晚上 7 时 34 分，刘某用公用电话拨打国内某国际机场的总机电话，对话务员恐吓称："机场候机楼内有炸弹，过 10 分钟后爆炸。"隔了 13 分钟后，刘某又用另一公用电话拨打该机场总机电话，恐吓称："炸弹要爆炸了，再过 2 分钟就爆炸。"当天晚上，该机场候机楼内有出港旅客近两千人。接到爆炸威胁电话后，机场公安分局出动警力五十多人、机场员工三百多人，迅速对机场候机楼进行安全控制，将已登机或者已通过安全检查的旅客、行李、货物撤离，搬运到安全地点，并对飞机机舱、候机楼进行全面清查，致使当晚有 7 架次航班延误起飞，造成候机楼内治安秩序混乱和一定的经济损失，并在社会上造成了不良影响。刘某的行为构成何罪？（　　）

A. 投放虚假危险物质罪
B. 投放危险物质罪
C. 编造、故意传播虚假恐怖信息罪
D. 扰乱社会秩序、交通秩序罪

视频讲题

8. 甲身为铁路派出所民警，一日在执勤时遇到其友乙，乙告知甲其因犯杀人罪正在被追捕。甲给乙 1 000 元钱，将乙送上火车逃往外地。追捕乙的公安人员赶到时，甲上前搭讪，故意拖延追捕的时间，使乙逃脱。甲的行为构成（　　）。

A. 窝藏罪　　B. 包庇罪
C. 徇私枉法罪　　D. 私放在押人员

9. 张某（女）为某医学院四年级的学生，受朋友之托，为楚某（女）做节育复通手术，因缺少临床经验，对突然发生的大出血束手无策，致使楚某因失血过多死亡。张某的行为构成何罪？（　　）

A. 医疗事故罪

B. 非法行医罪

C. 非法进行节育手术罪

D. 过失致人死亡罪

10. ××县巩店镇卫生院院长魏某在临近退休之际，利用职权大量购进国家严格控制的麻醉药品杜冷丁和盐酸二氢埃托啡，而后开假处方将药品从医院以平价卖出，再以高价销售给贩毒人员，非法获利1万余元。对于魏某的行为该如何认定？（　）

A. 贩卖毒品罪

B. 非法提供麻醉药品罪

C. 非法提供精神药品罪

D. 滥用职权罪

11. 邢某是“大世界”娱乐城经理，其为了招揽生意，在娱乐城提供色情服务，遂招募8名卖淫女从事卖淫活动，其中包括一名不满14周岁的幼女甲。为了逼迫甲卖淫，其对甲实施强奸后迫使其卖淫。对邢某的行为应如何认定？（　）

A. 组织卖淫罪

B. 强奸罪

C. 强迫卖淫罪

D. 组织卖淫罪和强奸罪数罪并罚

12. 冯某，到A市出差时住迎宾酒店。服务员蒋某在打扫卫生时问冯某是否需要特殊服务，冯某一听便明白何谓特殊服务，便让蒋某安排一个。当晚蒋某带来了卖淫女李某（未满14周岁）。冯某看到李某后觉得李某看上去很小，便对蒋某说：“她还未成年吧？我可不想惹麻烦。”蒋某便对冯某保证说没有问题，让冯某放心。随后冯某与李某发生了性行为，并付给李某1 000元。冯某的行为构成何罪？（　）

A. 强奸罪　　B. 奸淫幼女罪

C. 嫖宿幼女罪　　D. 不构成犯罪

13. 2016年10月，为了牟取暴利，阎某以每年8 800元的租金租用了上海某公司的网络服务器，在自己经营的两个网站里加入大量淫秽内容，并在网上建立信息平台，利用北京某信息咨询公司的信息联盟代码，通过网上宣传，吸引网民进行手机注册，使网民成为会员后浏览下载其网站中的淫秽内容。郭某于2016年12月初成为会员。为了多吸引客人到自己所开的网吧上网，郭某从阎某的网站上下载九十余部淫秽色情“小电影”，并拷贝到网吧的服务器中，同时在服务器上建立了一个专门用于保存和观看淫秽色情电影的文件夹。在有客人到网吧要求看“猛片”时，郭某便将客人带到一个较“安全”的位置，指导客人看淫秽色情电影，从中赚取非法收入。经查，阎某的两个网站被点击5万人次，从中获利10万元。郭某通过在网吧播放淫秽色情电影收入2万余元。对于郭某和阎某的行为该如何认定？（　）

A. 郭某构成传播淫秽物品牟利罪，阎某构成传播淫秽物品罪

B. 郭某和阎某构成传播淫秽物品牟利罪的共犯

C. 郭某和阎某构成传播淫秽物品罪的共犯

D. 郭某和阎某均构成传播淫秽物品牟利罪，但不构成共犯

14. 洪某从2018年5月份开始，租用服务器，利用家中的电脑在互联网上建立并管理维护含有色情淫秽内容的网站“蚂蚁影院”。2018年7月初，洪某又用以别人名字租用的服务器，在互联网上建立并管理维护含有色情淫秽内容的网站“免费电影”。经公安局鉴定确认“免费电影”网站的淫秽影片有9部，色情电影链接的点击率是29 392次。洪某的行为构成何罪？（　）

A. 传播淫秽物品罪

B. 传播淫秽物品牟利罪

C. 组织播放淫秽音像制品罪

D. 出版淫秽物品牟利罪

15. 甲窃得一包冰毒后交乙代为销售，乙销售后得款3万元与甲平分。关于本案，下列哪一选项是错误的？（　）（司考）

A. 甲的行为触犯盗窃罪与贩卖毒品罪

B. 甲贩卖毒品的行为侵害了新的法益，应与盗窃罪实行并罚

C. 乙的行为触犯贩卖毒品罪、非法持有毒品罪、转移毒品罪与掩饰、隐瞒犯罪所得罪

D. 对乙应以贩卖毒品罪一罪论处

16. 下列行为中，不属于妨害公务罪的行为的是（　）。

A. 甲以暴力、威胁方法阻碍市场监督管理机关工作人员依法查处伪劣商品的行为

B. 乙以暴力、威胁方法阻碍国有公司经理依法履行组织生产经营职责的行为

C. 丙以暴力、威胁方法阻碍市人大代表依法执行

代表职务的行为

D. 在发生重大洪灾中，丁以暴力、威胁方法阻碍红十字会工作人员依法履行防疫职责的行为

视频讲题

17. 对下列哪一情形应当实行数罪并罚？（　　）

A. 在走私普通货物、物品过程中，以暴力、威胁方法抗拒缉私的

B. 在走私毒品过程中，以暴力方法抗拒检查，情节严重的

C. 在组织他人偷越国（边）境过程中，以暴力方法抗拒检查的

D. 在运送他人偷越国（边）境过程中，以暴力方法抗拒检查的

18. 下列关于袭警罪的说法中，错误的是（　　）。

A. 袭警罪中的“暴力”不包括对警用装备实施的有形力

B. 袭警罪的成立至少应以造成警察轻伤为前提

C. 袭警罪和妨害公务罪是特别法条和一般法条的关系

D. 袭警行为造成人民警察重伤、死亡的，应以故意伤害罪或者故意杀人罪定罪处罚

视频讲题

19. 李某担任辩护人时，找到被告人王大的弟弟王二，向其索取50万元现金，并讲明用于向法官行贿（实际上他自己私吞），并编造一份供词让王二转交证人钱某在法庭上陈述。王二照此办理。对于上述行为的定性，下列正确的选项是（　　）。（司考）

A. 李某的行为构成辩护人妨害作证罪和诈骗罪

B. 李某和王二构成妨害作证罪的共犯

C. 王二构成伪证罪

D. 钱某构成妨害作证罪

20. 甲路过偏僻路段，看到其友乙强奸丙的犯罪事实。甲的下列哪一行为构成包庇罪？（　　）（司考）

A. 用手机向乙通报公安机关抓捕乙的消息

B. 对侦查人员的询问沉默不语

C. 对侦查人员声称乙、丙系恋人，乙因另有新欢遭丙报案诬陷

D. 经法院通知，无正当理由，拒绝出庭作证

21. 依据我国《刑法》规定，应认定招摇撞骗罪的情形是（　　）。（司考）

A. 冒充正在执行公务的人民警察“抓赌”，没收赌资数额较大的

B. 冒充正在执行公务的人民警察“抓嫖”，使用暴力或者暴力威胁，罚款数额较大的

C. 冒充治安联防队员“抓赌”，没收赌资数额较大的

D. 冒充中央某领导的亲属，宣称可以请托该领导办理相关事务，收受财物数额较大的

22. 首要分子甲通过手机指令所有参与者“和对方打斗时，下手重一点”。在聚众斗殴过程中，被害人被谁的行为重伤致死这一关键事实已无法查明。关于本案的分析，下列哪一选项是正确的？（　　）（司考）

A. 对甲应以故意杀人罪定罪量刑

B. 甲是教唆犯，未参与打斗，应认定为从犯

C. 所有在现场斗殴者都构成故意杀人罪

D. 对积极参加者按故意杀人罪定罪，对其他参加者按聚众斗殴罪定罪

23. 下列行为中，应以窝藏罪定罪处罚的是（　　）。（司考）

A. 甲利用担任司法警察的便利，将正在服刑的李某放走

B. 乙明知赵某的现金为贩毒所得，仍将其兑换外币汇往境外

C. 丙明知刘某的3辆摩托车是盗窃所得，仍将其藏匿在自家车库中

D. 丁明知蔡某刚从监狱脱逃出来，仍为他提供1万元的现金助他逃跑

24.《刑法》第310条第1款规定了窝藏、包庇罪，第2款规定：“犯前款罪，事前通谋的，以共同犯罪论处。”《刑法》第312条规定了掩饰、隐瞒犯罪所得罪，但没有规定“事前通谋的，以共同犯罪论处”。关于上述规定，下列哪一说法是正确的？（　　）（司考）

A. 若事前通谋之罪的法定刑低于窝藏、包庇罪的法定刑，即使事前通谋的，也应以窝藏、包庇罪论处

B. 即使《刑法》第 310 条没有第 2 款的规定，对于事前通谋事后窝藏、包庇的，也应以共同犯罪论处

C. 因缺乏明文规定，事前通谋事后掩饰、隐瞒犯罪所得的，不能以共同犯罪论处

D. 事前通谋事后掩饰、隐瞒犯罪所得的，属于想象竞合，应从一重罪处罚

25. 甲以牟利为目的复制淫秽物品后，又将其销毁。关于甲的行为，下列哪一说法是正确的？（　　）

A. 甲的行为成立复制淫秽物品牟利罪的既遂

B. 甲的行为成立复制淫秽物品牟利罪的犯罪中止

C. 甲的行为不构成犯罪，因为甲没有牟利

D. 甲的行为不构成犯罪，因为甲没有将该物品传播出去

（二）多项选择题

1. 下列哪些人可以成为脱逃罪的主体？（　　）

A. 被判处管制的犯罪分子

B. 依法被关押的罪犯

C. 依法被关押的被告人

D. 依法被关押的犯罪嫌疑人

2. 陈某购买了 30 克海洛因。一天，魏某来到陈某家，陈某便说："这种粉末很提神"，欺骗魏某吸食了一些。后来，胡某也来到陈某处，陈某强迫胡某也吸食了一些，则陈某构成（　　）。

A. 欺骗他人吸毒罪

B. 强迫他人吸毒罪

C. 非法持有毒品罪

D. 窝藏毒品罪

3. 王某种植了罂粟 4 000 株，收获后将罂粟全部卖给毒贩，将未经灭活的大量罂粟种子卖给有意种植罂粟的李某。其行为构成何罪？（　　）

A. 非法种植毒品原植物罪

B. 制造毒品罪

C. 贩卖毒品罪

D. 非法买卖毒品原植物种子罪

4. 胡某没有医生执业资格，却在某地开设一诊所，几位病人服用其研究的抗癌药后死亡。此外，胡某还为一些妇女进行节育复通手术，造成 1 名妇女因感染而死亡。胡某的行为构成（　　）。

A. 医疗事故罪

B. 非法行医罪

C. 过失致人死亡罪

D. 非法进行节育手术罪

5. 2010 年 3 月和 4 月，陈某先后在某市"雪卿发廊""小旺发廊"要求发廊小姐为他全身按摩。按摩后，陈某出示其伪造的假"公安工作证"，冒充公安机关执法人员，借口发廊搞色情按摩，要处以罚款。陈某以此为手段，骗得"雪卿发廊"经营者的人民币共 2 850 元。但在向"小旺发廊"要求罚款时，该店老板黄某以罚款太多为由，拒不交钱，于是陈某对黄某拳打脚踢，称不交钱就打断她的腿，然后强行从发廊的钱柜里拿走人民币 1 500 元。对陈某的行为定性错误的是（　　）。

A. 诈骗罪和抢劫罪，数罪并罚

B. 招摇撞骗罪和伪造国家机关证件罪，数罪并罚

C. 招摇撞骗罪和伪造国家机关证件罪择一重罪论处，然后与抢劫罪并罚

D. 招摇撞骗罪、伪造国家机关证件罪和抢劫罪，数罪并罚

6. 沛县 L 镇与鱼台县 Z 乡接壤，两地农民经常有往来。L 镇农民周某因一次偶然的机会见到了鱼台县 Z 乡农民张甲的女儿张乙，心血来潮的他将当时未满 14 周岁的张乙强行奸污。此事案发后，为减轻丈夫的责任，2013 年 4 月，周某之妻李某和周某等 4 位、两个村的村民共同去做受害人张乙之父张甲的工作，让张甲改变女儿的出生日期，许诺事成之后，付给张甲好处费人民币 8 000 元并签订了一份荒唐的协议。同年 4 月 24 日，沛县人民法院审理此案时，受害少女张乙的父亲张甲出庭时按照李某的要求作了不利于女儿的证明。关于本案，以下说法中正确的有（　　）。

A. 张甲构成伪证罪

B. 李某构成伪证罪

C. 李某构成妨害作证罪

D. 李某构成帮助毁灭、伪造证据罪

7. 顾某、王某、李某通过上海的一家旅行社办理了 15 天的出国旅游签证，还通过某一中等专业学校，花钱为没有经过正规培训的出国劳务人员办理了"职业资格证书"和"职业岗位技能证书"，然后带他们乘

船从海路出境。在马来西亚，李某通过非法途径为劳务人员办理“工作准证”“安全证”。就这样，他们先后11次成功偷渡142人到马来西亚打工，收取了劳务费约400万元。其中第十次，在办理出境手续时，三人对检查人员进行威胁，抗拒检查；第十一次时，顾某见谢某颇有姿色，威胁她说，如果不和他睡一晚，到马来西亚就把她一个人扔下不管，谢某害怕，只得和顾某发生了性关系。对本案中各个行为人的行为应该如何定性？（ ）

A. 三人的行为构成组织他人偷越国（边）境罪、妨害公务罪共犯

B. 三人的行为构成骗取出境证件罪、组织他人偷越国（边）境罪共犯

C. 顾某的行为构成强奸罪

D. 三人的行为构成组织他人偷越国（边）境罪共犯

视频讲题

8. 甲的下列哪些行为成立帮助毁灭证据罪（不考虑情节）？（ ）（司考）

A. 甲、乙共同盗窃了丙的财物。为防止公安人员提取指纹，甲在丙报案前擦掉了两人留在现场的指纹

B. 甲、乙是好友。乙的重大贪污罪行被丙发现。甲是丙的上司，为防止丙作证，将丙派往境外工作

C. 甲得知乙放火致人死亡后未清理现场痕迹，便劝说乙回到现场毁灭证据

D. 甲经过犯罪嫌疑人乙的同意，毁灭了对乙有利的无罪证据

9. 甲、乙通过丙向丁购买毒品，甲购买的目的是为自己吸食，乙购买的目的是为贩卖，丙则通过介绍毒品买卖从丁处获得一定的好处费。对于本案，下列哪些选项是正确的？（ ）（司考）

A. 甲的行为构成贩卖毒品罪

B. 乙的行为构成贩卖毒品罪

C. 丙的行为构成贩卖毒品罪

D. 丁的行为构成贩卖毒品罪

10. 下列哪些行为不构成包庇罪？（ ）（司考）

A. 国家机关工作人员包庇黑社会性质的组织的

B. 帮助当事人毁灭、伪造证据的

C. 明知他人有间谍行为，在国家安全机关向其收集有关证据时，拒绝提供，情节严重的

D. 包庇走私、贩卖、运输、制造毒品的犯罪分子的

11. 下列哪些行为构成包庇罪？（ ）（司考）

A. 甲帮助强奸罪犯毁灭证据

B. 乙（乘车人）在交通肇事后指使肇事人逃逸，致使被害人因得不到救助而死亡

C. 丙明知实施杀人、放火犯罪行为是恐怖组织所为，而作假证明予以包庇

D. 丁系歌舞厅老板，在公安机关查处卖淫嫖娼违法行为时为违法者通风报信，情节严重

12. 甲抢劫出租车，将被害司机尸体藏入后备箱后打电话给堂兄乙，请其帮忙。乙帮助甲把尸体埋掉，并把被害司机的证件、衣物等烧掉。两天后，甲把抢来的出租车送给乙。乙的行为构成何罪？（ ）（司考）

A. 抢劫罪

B. 包庇罪

C. 掩饰、隐瞒犯罪所得罪

D. 帮助毁灭证据罪

13. 关于国家机关工作人员包庇黑社会性质组织，或者纵容黑社会性质组织进行违法犯罪活动的定罪处罚，下列说法中正确的有（ ）。

A. 依照包庇罪定罪处罚

B. 依照包庇、纵容黑社会性质组织罪定罪处罚

C. 国家机关工作人员实施上述行为又有其他犯罪行为的，依照包庇、纵容黑社会性质组织罪从重处罚

D. 国家机关工作人员实施上述行为又有其他犯罪行为的，依照包庇、纵容黑社会性质组织罪和另犯的罪行数罪并罚

14. 下列关于甲的行为，不构成掩饰、隐瞒犯罪所得、犯罪所得收益罪的有（ ）。（司考）

A. 甲教唆乙实施盗窃行为，乙窃得财物后，甲又窝藏了乙所盗窃的财物

B. 乙为了制作标本贩卖牟利，盗窃尸体后，由于怕人发现，对甲说明实情将尸体存放于甲的仓库

C. 甲明知乙骑的摩托车为乙盗窃所得而将摩托车偷走
D. 乙为了抢劫财物对丙实施暴力致其死亡，正在这时熟人甲途中经过，得知真相后与乙商定，由乙负责将丙尸体藏匿

15. 下列选项中，构成医疗事故罪的有（　　）。（司考）
A. 医生甲在诊疗时未对患者认真检查，致其病情恶化，不治身亡
B. 护士乙在监护重症病人时，玩手机游戏，致该病人因缺氧成为植物人
C. 药剂师丙在配药时心不在焉，错发药品，幸被护士发现，未造成严重后果
D. 家庭接生员丁给同村村民做阑尾炎手术，致患者并发感染，丧失劳动能力

16. 根据有关司法解释，关于利用互联网实施的犯罪行为，下列哪些说法是正确的？（　　）（司考）
A. 在网络上建立赌博网站的，属于开设赌场
B. 通过网络传播淫秽视频的，属于传播淫秽物品
C. 在网络上传播电子盗版书的，属于复制发行他人文字作品
D. 盗用他人网络账号、密码上网，造成他人电信资费损失的，属于盗窃他人财物

17. 下列关于高空抛物罪的说法中，正确的选项有（　　）。
A. 高空抛物罪侵犯的法益是公共安全
B. 高空抛物中的“物”必须足以危及人身安全或者较大财产安全
C. 高空抛物的行为可能成立故意杀人罪
D. 高空抛物致人死亡的也可能构成过失致人死亡罪

视频讲题

18. 盗用、冒用他人身份，顶替他人取得的哪些资格构成冒名顶替罪？（　　）
A. 高等学历教育入学资格
B. 公务员录用资格
C. 就业安置待遇
D. 国有企业录用资格

视频讲题

19. 关于网络犯罪，下列说法正确的有（　　）。（司考）
A. 乙以为甲可能利用网络实施诈骗，为甲提供了网络接入服务。实际上，甲根本未实施犯罪。乙构成帮助信息网络犯罪活动罪
B. 乙明知甲欲利用网络实施诈骗，仍为其提供了网络接入服务。甲利用乙的网络接入服务实施了诈骗罪。乙构成帮助信息网络犯罪活动罪和诈骗罪（帮助犯），属想象竞合，择一重罪论处
C. 甲为了实施网络诈骗，建立了 10 个微信群，成员有 2 000 人。甲准备实施诈骗时被公安机关抓捕。甲构成非法利用信息网络罪
D. 某民营公司职员甲无权登录公司的某个网络系统，利用技术手段偷偷登录，获取公司采取保密措施的客户名单（十几位客户），然后离职，联系相关客户，让客户选择与自己合作。甲构成侵犯商业秘密罪

20. 甲不符合在某地落户的条件，但为了能够在某地落户，便请求某私营企业的老板乙，由乙代表企业提交虚假的人才引进证明材料，上报申请。甲给乙 10 万元感谢费。后甲获得当地政府开具的人才引进证明（国家机关公文）。由于该企业提交的是虚假的证明，所以政府开具的人才引进证明的信息不真实，但是政府人员并不知情。关于该案，下列说法正确的有（　　）。（司考）
A. 甲构成对非国家工作人员行贿罪
B. 甲因为骗取政府给予落户资格，所以构成诈骗罪
C. 乙构成提供虚假证明文件罪
D. 乙构成伪造国家机关公文罪的间接正犯

21. 关于帮助信息网络犯罪活动罪，下列说法正确的有（　　）。（司考）

A. 乙对甲谎称："我要实施网络赌博，请提供银行卡给我"。甲相信并照办。实际上，乙使用银行卡用于网络诈骗。甲构成诈骗罪的帮助犯

B. 乙对甲谎称："我要实施网络诈骗，请提供银行卡给我"。甲相信并照办。实际上，乙使用银行卡用于网络洗钱。甲构成诈骗罪的帮助犯

C. 乙对甲称："我要实施网络诈骗，请提供银行卡给我"。甲相信并照办。乙使用银行卡实施了网络诈骗。甲构成诈骗罪的帮助犯和帮助信息网络犯罪活动罪，想象竞合

D. 乙对甲称："我要去澳门赌博，请提供银行卡给我"。甲相信并照办。乙使用银行卡在澳门赌博。甲不构成犯罪

22. 甲、乙合伙开娱乐场所，经营卖淫业务。甲的父亲丙和乙的父亲丁商量对策。丙说，如果乙被抓，能找关系使乙免于处罚，前提是乙不能供出甲。丁同意，并劝乙同意，乙也同意。此后，乙因涉嫌组织卖淫罪被抓捕，乙谎称是自己一个人开的娱乐场所，使甲逃避了刑事追究。关于本案，下列说法正确的有（　　）。（司考）

A. 乙构成伪证罪

B. 乙构成包庇罪

C. 丁构成妨害作证罪

D. 丙构成妨害作证罪

23. 关于窝藏罪，下列说法正确的有（　　）。（司考）

A. 犯罪人甲没有逃匿的意图。朋友乙给甲的水杯投放安眠药，待甲熟睡，开车载着甲逃至外地，将甲藏匿起来。乙不构成窝藏罪

B. 犯罪人甲本想去投案，乙劝甲赶紧逃跑，引起了甲逃走的想法，甲便逃往外地。乙不构成窝藏罪

C. 甲犯罪后和妻子乙逃往外地生活，乙照顾甲的日常起居。乙不构成窝藏罪

D. 乙对犯罪人甲声称，会定期给甲的妻子打钱，让甲安心逃跑。乙并且照办。乙不构成窝藏罪

24. 某旅游公司法定代表人王某组织12人偷越国边境，王某让下属吴某将12人带至国内边境某城市，然后将人分成两组，由甲带领其中7人，由乙带领其中5人，分别偷越边境。甲带领的这组人顺利偷越了边境。乙带领的这组人尚未出境便被抓。下列说法正确的有（　　）。（司考）

A. 甲构成犯罪既遂

B. 王某和吴某构成犯罪既遂

C. 乙构成犯罪既遂

D. 本案应按照单位犯罪处理

25. 关于运输毒品罪，下列说法正确的有（　　）。（司考）

A. 刘某为了自己吸食毒品，向张某购买了毒品，给张某发送了收件地址。张某顺利将毒品寄了过来。尽管刘某没有亲自运输毒品，但依然构成运输毒品罪的共犯

B. 马某携带毒品前往某地，准备交给赵某，到了该地后未能联系到赵某，又携带毒品返回原地。马某构成运输毒品罪的既遂

C. 陈某发现某种电子烟中的大麻素能够使人精神成瘾，但不知道其具体成分，仍出售这种电子烟。陈某构成贩卖毒品罪

D. 李某为了吸食，在外地购买毒品，携带毒品回程，中途被警方抓住。李某构成运输毒品罪

（三）不定项选择题

1. 扰乱法庭秩序罪在客观方面表现为下列何种情形？（　　）

A. 聚众哄闹、冲击法庭，严重扰乱法庭秩序的

B. 侮辱、诽谤、威胁司法工作人员或者诉讼参与人，不听法庭制止，严重扰乱法庭秩序的

C. 殴打司法工作人员，严重扰乱法庭秩序的

D. 毁坏法庭设施，抢夺、损毁诉讼文书、证据，情节严重的

2. 某年4月至10月中旬，一心想靠林木发财的金某看着贵州煤井坑木价格一天天上涨，便利用宣威市普立乡半坡村地处边远山区、执法人员不易发现之便，11次指使当地群众盗伐云南松1 200棵，制成2.2米长的坑木。然后，金某以每根9元或10元的价格进行收购。接着，金某又以每根1元钱的运费交由驾驶员陈某用农用车运往贵州省水城县，在该县都格乡煤矿出售。该乡煤矿矿长罗某和收木员李某则以每根12元、13元、15元不等的低于市场价的价格非法收购，用作煤井坑木。以下说法中哪些是正确的？（　　）

A. 金某构成非法收购、运输盗伐林木罪

B. 陈某构成非法运输盗伐林木罪

C. 金某构成盗伐林木罪

D. 罗某、李某构成非法收购盗伐林木罪

3. 黄某和于某于某年 5 月在广州购得海洛因 360 克，乘火车携带到天津、北京等地出售。同年 7 月，二人再次到广州购得海洛因 500 克，当其在郑州准备出卖时，被公安人员发现。为抗拒抓捕，黄某、于某二人使用钝器将民警打伤。黄某、于某的行为构成什么罪？（　　）

A. 贩卖、运输毒品罪

B. 贩卖、运输毒品罪与妨害公务罪数罪并罚

C. 故意伤害罪

D. 非法持有毒品罪

视频讲题

4. 曹某系个体商贩，某日曾与其一起服过刑的高某找到他，拿出 3 万元现金让曹某为其保管。当曹问“是什么钱”时，高某做了一个“偷”的手势，让其不要多问。半月后，高某取走 2 万元，数日后交给曹某一个塑料包，说是“白面”（毒品），找到买主就取走。高某被公安机关查获。按其交代公安人员从曹某处起获毒品和剩余 1 万元。曹某的行为触犯什么罪名？（　　）

A. 掩饰、隐瞒犯罪所得、犯罪所得收益罪

B. 非法持有毒品罪

C. 窝藏、转移、隐瞒毒品、毒赃罪

D. 包庇毒品犯罪分子罪

5. 雷某为购买正式书号用于出版淫秽录像带，找某音像出版社负责人任某帮忙。雷某向任某谎称自己想制作商业宣传片，需要一个书号，并提出付给出版社 1 万元“书号费”。任某同意，但要求雷某给自己 2 万元好处费，雷某声称盈利后会考虑。任某随后指示有关部门立即办理。雷某拿到该书号出版了淫秽录像带，发行数量极大，影响极坏。雷某获利后给任某 2 万元好处费，任某收下。关于本案，下列哪些说法是错误的？（　　）

A. 雷某与任某的行为构成为他人提供书号出版淫秽书刊罪的共犯

B. 雷某的行为构成传播淫秽物品罪，任某的行为构成为他人提供书号出版淫秽书刊罪

C. 雷某的行为构成出版淫秽物品牟利罪，任某的行为构成出版淫秽物品牟利罪的共犯

D. 雷某与任某的行为构成非法经营罪的共犯

6. 关于毒品犯罪，下列哪些选项是正确的？（　　）（司考）

A. 甲容留未成年人吸食、注射毒品，构成容留他人吸毒罪

B. 乙随身携带藏有毒品的行李入关，被现场查获，构成走私毒品罪既遂

C. 丙乘广州至北京的火车运输毒品，快到武汉时被查获，构成运输毒品罪既遂

D. 丁以牟利为目的容留刘某吸食毒品并向其出卖毒品，构成容留他人吸毒罪和贩卖毒品罪，应数罪并罚

7. 下列关于非法处置进口的固体废物罪的说法中正确的是（　　）。

A. 这里的废物，是指人们在日常建设、日常生活及其他活动中产生的固态、半固态、液态废弃物质，即工业废弃物和生活垃圾

B. 本罪是行为犯，只要行为人实施违反国家对进境的固体废物污染的防治管理制度，将境外的固体废物进境倾倒、堆放、处置的行为，就构成犯罪，并不要求行为造成一定的后果

C. 本罪在主观方面，行为人既可以是故意，也可以是过失。如果行为人出于故意的心态，通常还要求行为人具有谋取非法利益的目的

D. 本罪的主体是自然人，单位不构成本罪主体。如果单位实施了本罪规定的行为，只能依照共同犯罪处罚单位内部直接负责的主管人员和其他直接责任人员

8. 农民刘某一日在其父的衣柜里发现了一包罂粟种子，由于种植农作物一直收入甚微，刘某就与村民王某一起，将罂粟种子和油菜籽混合种在各自的责任田和荒地里，准备收割后将鸦片卖出。后来乡政府发现刘某和王某种植的是罂粟，在刘某和王某的地里共拔除罂粟 4 200 株。刘某、王某的行为（　　）。

A. 构成非法种植毒品原植物罪

B. 构成制造毒品罪

C. 构成非法持有毒品原植物种子罪

D. 不构成犯罪

视频讲题

9. 个体户徐某为了招揽顾客，连续一个多月，在其烤鸭佐料中加入罂粟壳等佐料。一个月内，徐某大约使用了 1 千克的罂粟壳，出售烤鸭约 5 000 只。徐某的行为（　　）。

A. 不构成犯罪

B. 构成欺骗他人吸毒罪

C. 构成强迫他人吸毒罪

D. 构成引诱他人吸毒罪

10. 对下列哪些行为不应当认定为脱逃罪？（　　）（司考）

A. 犯罪嫌疑人在从甲地押解到乙地的途中，趁押解人员不备，偷偷溜走

B. 被判处管制的犯罪分子未经执行机关批准到外地经商，直至管制期满未归

C. 被判处有期徒刑的犯罪分子组织多人有计划地从羁押场所秘密逃跑

D. 被判处无期徒刑的 8 名犯罪分子采取暴动方法逃离羁押场所

11. 甲、乙均为吸毒人员，且关系密切。乙因买不到毒品，多次让甲将自己吸食的毒品转让几克给乙，甲每次均以购买价转让毒品给乙，未从中牟利。关于本案，下列哪些选项是错误的？（　　）（司考）

A. 贩卖毒品罪必须以营利为目的，故甲的行为不成立贩卖毒品罪

B. 贩卖毒品罪以获利为要件，故甲的行为不成立贩卖毒品罪

C. 甲属于无偿转让毒品，不属于贩卖毒品，故不成立贩卖毒品罪

D. 甲只是帮助乙吸食毒品，《刑法》没有将吸食毒品规定为犯罪，故甲不成立犯罪

12. 关于毒品犯罪，下列哪些选项是正确的？（　　）（司考）

A. 明知他人实施毒品犯罪而为其居间介绍、代购代卖的，即使没有牟利目的，也成立贩卖毒品罪

B. 为便于隐蔽运输，对毒品掺杂使假的行为，或者为了销售，去除毒品中的非毒品物质的行为，不成立制造毒品罪

C. 甲认为自己保管毒品不安全，将数量较大毒品委托给乙保管时，甲、乙均成立非法持有毒品罪

D. 行为人对同一宗毒品既走私又贩卖的，量刑时不应重复计算毒品数量

13. 甲盗掘国家重点保护的古墓葬，窃取大量珍贵文物，并将部分文物偷偷运往境外出售牟利。司法机关发现后，甲为毁灭罪证将剩余珍贵文物损毁。关于本案，下列哪些选项是错误的？（　　）（司考）

A. 运往境外出售与损毁文物，属于不可罚的事后行为，对甲应以盗掘古墓葬罪、盗窃罪论处

B. 损毁文物是为自己毁灭证据的行为，不成立犯罪，对甲应以盗掘古墓葬罪、盗窃罪、走私文物罪论处

C. 盗窃文物是盗掘古墓葬罪的法定刑升格条件，对甲应以盗掘古墓葬罪、走私文物罪、故意损毁文物罪论处

D. 盗掘古墓葬罪的成立不以盗窃文物为前提，对甲应以盗掘古墓葬罪、盗窃罪、走私文物罪、故意损毁文物罪论处

视频讲题

14. 丁某系精神病人，丁之妻郭某系丁某监护人。一日，二人到丁父母家吃饭时，丁某和其父母争吵，拿起菜刀将其父母砍死（实际未死），郭某未制止，未呼救也未报警，而是关了门走了，丁父母流血休克而亡，郭某事后还洗了丁某的血衣。事后证明，丁某当时精神病发作没有责任能力。关于郭某，下列说法正确的是（　　）。

A. 妻子郭某构成不作为犯的故意杀人罪和帮助毁灭证据罪，应数罪并罚

B. 妻子郭某构成不作为的故意杀人罪

C. 如果认为即使及时送医仍会死亡，也不应认为

与妻子郭某不作为的故意杀人无因果关系

D. 妻子构成帮助毁灭证据罪

15. 下列行为中哪些属于协助组织卖淫的行为？（　　）

A. 为组织卖淫的人充当打手的

B. 为组织卖淫的人管账的

C. 为组织卖淫的人招募人员的

D. 为组织卖淫的人运送人员的

16. 甲捏造乙欠其款 10 万元的借条，向法院提起诉讼。法院据此判决乙还甲借款 10 万元。关于甲的行为，下列说法中正确的是（　　）。

A. 成立虚假诉讼罪

B. 成立诈骗罪

C. 应以虚假诉讼罪和诈骗罪数罪并罚

D. 触犯虚假诉讼罪的同时又触犯了诈骗罪，应择一重罪处罚

视频讲题

简答题

1. 简述妨害公务罪的客观方面。

2. 如何理解黑社会性质组织？

3. 简述窝藏、包庇罪的概念和特征。

案例分析题

1. 某年 11 月 29 日，山东省兰陵县村民徐某同本村村民张某等三人结伙驾驶机动三轮车，携带渔叉、线网等工具来到江苏省邳州市境内作案。在盗得几只鸡后，转而寻找新的盗窃目标，路遇公安巡逻民警。民警见其形迹可疑，遂进行盘查。为逃避盘查，徐某等人见状驾车逃离。民警遂紧追抓捕。在逃跑途中，徐某等人驾驶的三轮车不慎翻倒，徐某等人弃车徒步而逃，民警和随后赶来的村民继续追赶。徐某等人为逃跑方便，先是趁村民王某不备，夺下其自行车一辆，后又采用暴力手段先后夺取了前来追赶他们的民警和村民的摩托车 4 辆，并将公安人员打伤。后徐某被当场抓获，张某驾驶其中一辆摩托车逃离。

问：对本案中徐某的行为如何定性？

2. 陈某受朋友所托，伪造了李某、张某、万某为上海某公司职员的身份材料以及其他用于申领出入境证件的虚假材料，并通过上海外事服务中心向日本驻上海总领事馆骗得 3 份商务签证，随后分别出售给上述 3 人，共收取人民币 12 万元。同年 4 月 9 日，李某等 3 人持证分别非法出境。

问：陈某的行为构成何罪？

3. 2016 年 12 月 18 日，胡某在某旅馆卖淫时被当地公安机关抓获，受治安罚款处罚。第二年 8 月，某妇幼保健所在对胡某做身体检查时发现胡某四肢起红色皮疹、发痒、溃疡并伴有充血，确诊为淋病。胡某被告知此事后未进行医治，继续从事卖淫。2017 年 11 月某日，胡某在某旅社向出租车司机张某卖淫时被公安人员当场抓获。

问：对本案胡某的行为如何定性？

论述题与深度思考题

1. 论述招摇撞骗罪与诈骗罪的主要区别。

2. 组织男性向男性提供性服务的行为是否构成组织卖淫罪？

3. 论催收非法债务罪的概念和犯罪构成。

参考答案

名词解释

1. 编造、故意传播虚假信息罪，是指编造虚假的险情、疫情、灾情、警情，在信息网络或者其他媒体上传播，或者明知是上述虚假信息，故意在信息网络或者其他媒体上传播，严重扰乱社会秩序的行为。

2. 伪证罪，是指在刑事诉讼中，证人、鉴定人、记录人、翻译人对与案件有重要关系的情节，故意作虚假证明、鉴定、记录、翻译，意图陷害他人或者隐匿罪证的行为。

3. 医疗事故罪，是指医务人员在医务工作中由于严重不负责任，造成就诊人死亡或者严重损害就诊人身体健康的行为。

4. 污染环境罪，是指违反国家规定，排放、倾倒或者处置有放射性的废物、含传染病病原体的废物、有毒物质或者其他有害物质，严重污染环境的行为。

5. 非法持有毒品罪，是指违反国家毒品管理法规，非法持有毒品且数量较大的行为。

6. 披露、报道不应公开的案件信息罪，是指自然人或者单位公开披露、报道依法不公开审理的案件中应当公开的信息，情节严重的行为。

7. 掩饰、隐瞒犯罪所得、犯罪所得收益罪，是指明知是犯罪所得及其产生的收益而予以窝藏、转移、收购、代为销售或者以其他方法掩饰、隐瞒的行为。

8. 使用虚假身份证件、盗用身份证件罪，是指在依照国家规定应当提供身份证明的活动中，使用伪造、变造的或者盗用他人的居民身份证、护照、社会保障卡、驾驶证等依法可以用于证明身份的证件，情节严重的行为。

9. 代替考试罪，是指代替他人或者让他人代替自己参加法律规定的国家考试的行为。

10. 侵害英雄烈士名誉、荣誉罪，是指侮辱、诽谤或者以其他方式侵害英雄烈士的名誉、荣誉，损害社会公共利益，情节严重的行为。

11. 组织参与国（境）外赌博罪，是指组织中华人民共和国公民参与国（境）外赌博，数额巨大或者有其他严重情节的行为。

选择题

（一）单项选择题

1. C。《刑法》第 363 条第 1 款规定了制作、复制、出版、贩卖、传播淫秽物品牟利罪，第 364 条第 1 款规定了传播淫秽物品罪，第 364 条第 2 款规定了组织播放淫秽音像制品罪。制作、复制、出版、贩卖、传播淫秽物品牟利罪必须以牟利为目的，孙某有“出卖”的行为，这表明孙某“制作、复制大量的淫秽光盘”是为了牟利，孙某的行为符合制作、复制、出版、贩卖、传播淫秽物品牟利罪的“以牟利为目的”这一要件，孙某的行为构成制作、复制、出版、贩卖、传播淫秽物品牟利罪。传播淫秽物品罪和组织播放淫秽音像制品罪不需要“以牟利为目的”，孙某“多次将淫秽光盘借给多人观看”，属于“情节严重”，但由于孙某只有出借淫秽光盘的行为，而没有组织播放淫秽光盘的行为，因而孙某这一行为只构成传播淫秽物品罪。一人犯数罪，应当数罪并罚，故应选择 C 项。

2. A。本题容易混淆的是 A 项和 B 项。非法采集、供应血液罪，是指违反血液制品管理法规，未经有关机构许可，擅自采集、供应血液，不符合国家规定的标准，足以危害人体健康的行为。采集、供应血液事故罪，是指经国家主管部门批准采集、供应血液的部门，不依照规定进行检测或者违背其他操作规定，造成严重危害他人身体健康后果的行为。故本题应选 A 项。

3. C。A 选项伪证罪的犯罪主体为“证人、鉴定人、记录人、翻译人”，不包括律师。伪证罪和诉讼代理人妨害作证罪依照法律的规定必须是在刑事诉讼中才能构成，而本案发生在民事诉讼过程中，所以排除选项 AB。妨害作证罪和帮助伪造证据罪的区别在于是否是帮助当事人伪造证据的行为，是否有和当事人共同伪造证据的行为。有共同行为的，帮助者应定帮助伪造证据罪，否则，定妨害作证罪。本案中王某自己编造虚假证言，指使证人作伪证，应定妨害作证罪。

4. B。共同犯罪中，一人既遂，全体行为人都成立犯罪既遂，故丙的行为成立犯罪既遂。因为共同正犯者之间具有相互利用，相互协作的关系。对于任一共犯者惹起的法益侵犯结果，都应肯定与其他共犯者的行为之间的因果性，从而所有的共犯者都要对该结果负责。正所谓“一人既遂，全部既遂”。

5. A。根据《刑法》第 277 条的规定，妨害公务罪包括四种情况：(1) 以暴力、威胁方法阻碍国家机关工作人员依法执行职务的；(2) 以暴力、威胁方法阻碍全国人民代表大会和地方各级人民代表大会代表依法执行代表职务的；(3) 在自然灾害和突发事件中，以暴力、威胁方法阻碍红十字会工作人员依法履行职责的；(4) 故意阻碍国家安全机关、公安机关依法执行国家安全工作任务，虽未使用暴力、威胁方法，但造成严重后果的。最高人民法院、最高人民检察院《关于办理妨害预防、控制突发传染病疫情等灾害的刑事案件具体应用法律若干问题的解释》第 8 条规定：以暴力、威胁方法阻碍国家机关工作人员、红十字会工作人员依法履行为防治突发传染病疫情等灾害而采取的防疫、检疫、强制隔离、隔离治疗等预防、控制措施的，依照《刑法》第 277 条第 1 款、第 3 款的规定，以妨害公务罪定罪处罚。本案发生的时间正是突发传染病暴发的时期，防疫工作人员依法采取强制隔离、强制治疗措施的时候，陈大、陈二、李某使用暴力手段对防疫工作进行阻拦，并将防疫工作人员魏某打成轻伤，使防疫工作拖延达 2 小时之久，其行为构成了妨害公务罪。所以选项 A 是正确的。如果行为人在妨害公务时使用暴力造成国家机关工作人员重伤，同时触犯了故意伤害罪，则按想象竞合犯择一重罪处断，即按故意伤害罪论处。本案中，陈大、陈二和李某的行为只造成了魏某轻伤，还是应按妨害公务罪一罪处罚，所以不选 C 项。聚众扰乱社会秩序罪的对象是工作、生产、经营、教学、科研秩序，且限于聚众扰乱的方式，所以选项 B 不正确。妨害传染病防治罪的主观要求是过失，而妨害公务罪的主观要求是故意，本案行为人明知防疫人员在执行防疫职务，而使用暴力手段进行阻碍，主观上是故意，所以选项 D 也是不正确的。

6. C。最高人民法院、最高人民检察院《关于办理伪造、贩卖伪造的高等院校学历、学位证明刑事案件如何适用法律问题的解释》规定：明知是伪造高等院校印章制作的学历、学位证明而贩卖的，以伪造事业单位印章罪的共犯论处。我国刑法只对伪造事业单位印章的行为进行处罚，而没有规定买卖事业单位的证件构成犯罪。伪造高等院校的学历、学位证明，一般都要使用伪造的高等院校印章，因此对于伪造高等院校印章制作学历、学位证明的行为，应当以伪造事业单位印章罪定罪处罚。贩卖伪造的高等院校学历、学位证明的行为人都是明知是假证而进行贩卖的，他们大多与伪造高校学历、学位证书的犯罪分子有固定的合作关系，根据购买者的要求向造假者定制假证，所以对其应按照伪造事业单位印章罪的共犯论处。

7. C。根据《刑法》第 291 条之一，编造爆炸威胁、生化威胁、放射威胁等恐怖信息，或者明知是编造的恐怖信息而故意传播，严重扰乱社会秩序的，构成编造、故意传播虚假恐怖信息罪。本罪的行为包括编造和传播两种，具有其中之一即可。行为对象是虚假的恐怖信息，如爆炸威胁、生化威胁、放射威胁等。行为在客观上要造成严重后果。本案中，刘某虚构机场有炸弹的恐怖信息，引起航班延误起飞，造成候机楼内治安秩序混乱和一定的经济损失，并在社会上造成了不良影响，其行为构成编造、故意传播虚假恐怖信息罪。

8. A。根据《刑法》第 310 条的规定，明知是犯罪的人而为其提供隐藏处所、财物，帮助其逃匿的，是窝藏罪。行为人只要实施了前两种行为之一，其目的是帮助犯罪人逃匿的，就构成本罪。行为人在主观上是故意，必须明知是犯罪的人仍为其提供帮助的才构成窝藏罪。本案中，甲明知乙杀人被追捕，而为其提供财物，并拖延追捕人员的时间，故意帮助乙逃脱，其行为符合窝藏罪的构成要件。包庇罪是作假证明包庇犯罪人的行为；徇私枉法罪要求司法工作人员利用司法职务便利；私放在押人员罪要求帮助的对象是在押人员。本案中，甲的行为不符合以上三种罪的要求，所以选择 A 项。

9. C。根据《刑法》第 336 条第 2 款的规定，未取得医生执业资格的人擅自为他人进行节育复通手术、假节育手术、终止妊娠手术或者摘取宫内节育器，情节严重的，构成非法进行节育手术罪；严重损害就诊人身体健康或者造成就诊人死亡的，属于本罪的结果加重犯，按照本罪定罪处罚。本罪侵犯的客体是国家的计划生育制度和就诊人的健康及生命权利；犯罪的客观方面表现为擅自为他人进行节育复通手术、假节育手术、终止妊娠手术或者摘取宫内节育器，情节严重的行为；犯罪主体是一般主体，但只能是无医生执业资格和无助产士资格的人；犯罪的主观方面是故意。本案中，张某是医学院的学生，没有医生执业资格，其为楚某做节育复通手术并且造成了楚某死亡的结果，其行为构成非法进行节育手术罪。

10. A。根据《刑法》第 355 条第 1 款的规定，依法从事生产、运输、管理、使用国家管制的麻醉药品、精神药品的人员，违反国家规定，向走私、贩卖毒品的犯罪分子或者以牟利为目的，向吸食、注射毒品的人提供国家规定管制的能够使人形成瘾癖的麻醉药品、精神药品的，依照走私、贩卖毒品罪定罪处罚。本案中，魏某是镇卫生院院长，其违反国家关于麻醉药品、精神药品的管理制度，利用职务上的便利，获取大量国家严格控制的麻醉药品，向贩卖毒品的犯罪分子提供，获取利益的行为符合《刑法》第 355 条第 1 款的规定，构成贩卖毒品罪。

11. D。组织卖淫罪是指以招募、雇佣、纠集、强迫、引诱、容留等手段，控制多人从事卖淫活动的行为。《刑法》还专门规定了强迫卖淫罪，引诱、介绍、容留卖淫罪。对于组织卖淫者强迫、引诱、介绍、容留被组织者卖淫的，以组织卖淫罪一罪定罪处罚，不实行数罪并罚。根据《刑法》第 358 条第 3 款的规定，对于在组织、强迫卖淫过程中，又有强奸行为的，应予数罪并罚。本题答案为选项 D。

12. A。在解释论上，嫖宿幼女的行为属于和幼女发生性交的行为，而且在主观上冯某知道被害人可能是幼女，故冯某构成强奸罪。

13. D。根据《刑法》第 363 条的规定，以牟利为目的，制作、复制、出版、贩卖、传播淫秽物品的，是制作、复制、出版、贩卖、传播淫秽物品牟利罪。所谓淫秽物品，根据《刑法》第 367 条第 1 款的规定，是指具体描绘性行为或者露骨宣扬色情的诲淫性的书刊、影片、录像带、录音带、图片及其他淫秽物品。近年来由于互联网络和移动通讯工具的快速普及，互联网、移动通讯终端成为传播淫秽物品的新方式。根据最高人民法院、最高人民检察院《关于办理利用互联网、移动通讯终端、声讯台制作、复制、出版、贩卖、传播淫秽电子信息刑事案件具体应用法律若干问题的解释》的规定，《刑法》第 367 条中的“其他淫秽物品”应当包括淫秽视频文件、音频文件、电子刊物、图片、文章、短信息等互联网、移动通讯终端电子信息和声讯台语音信息。本案中，阎某为牟取利益，在自己经营的网站上提供大量淫秽内容，供会员浏览、下载，提供的淫秽色情影片超过 20 部（郭某从阎某的网站上下载了九十余部），该网站点击次数超过 5 万次，获利 10 万元，其行为已经构成传播淫秽物品牟利罪。郭某以牟利为目的，在经营的网吧的服务器上向网民提供淫秽色情电影，获利 2 万元的行为也构成了传播淫秽物品牟利罪。阎某和郭某都有传播淫秽物品牟利的故意，也有传播淫秽物品的行为，但是由于他们之间没有共同实施传播淫秽物品的故意，所以不成立传播淫秽物品牟利罪的共犯，而应对其分别以传播淫秽物品牟利罪定罪处罚。

14. A。根据最高人民法院、最高人民检察院《关于办理利用互联网、移动通讯终端、声讯台制作、复制、出版、贩卖、传播淫秽电子信息刑事案件具体应用法律若干问题的解释》的规定，淫秽物品包括淫秽视频文件、音频文件、电子刊物、图片、文章、短信息等互联网、移动通讯终端电子信息和声讯台语音信息。本案中，行为人洪某利用家中电脑在互联网上建立并管理维护含有色情淫秽内容的网站，提供色情电影的行为属于使用互联网传播淫秽电子信息。洪某免费提供色情电影，主观上不具有牟利的故意，因此不构成传播淫秽物品牟利罪。根据上述司法解释第 1、3 条的规定，不以牟利为目的，利用互联网传播的淫秽电子信息，实际被点击数达到 2 万次以上的，按照传播淫秽物品罪定罪处罚。洪某提供的色情电影链接点击率达到 29 392 次，其行为构成传播淫秽物品罪。

15. C。盗窃、抢劫、抢夺毒品的，应分别以盗窃罪、抢劫罪、抢夺罪定罪（但不计算犯罪数额，根据情节轻重予以定罪量刑），不应认定为非法持有毒品罪。甲盗窃毒品后贩卖该毒品的，该贩卖行为成立贩卖毒品罪，应与盗窃罪数罪并罚。故 AB 项正确。关于 C 选项：乙明知是盗窃来的毒品而进行贩卖，触犯贩卖毒品罪。根据《刑法》第 349 条的规定，转移毒品罪的对象仅限于走私、贩卖、运输、制造毒品的犯罪分子所走私、贩卖、运输、制造的毒品，因此，乙不成立转移毒品罪。转移毒品罪是一种特殊的赃物犯罪，与掩饰、隐瞒犯罪所得罪是特殊与一般的关系，因此乙也不成立掩饰、隐瞒犯罪所得罪，仅触犯了贩卖毒品罪。所以，C 选项错误。关于 D 选项：贩卖毒品的人必定要持有毒品，因此，非法持有毒品罪应被贩卖毒品罪吸收，不用再认定为非法持有毒品罪。所以 D 选项正确。本题答案为 C 项。

16. B。根据《刑法》第 277 条的规定，下列任一行为均构成妨害公务罪：（1）以暴力、威胁方法阻碍国家机关工作人员依法执行职务；（2）以暴力、威胁方法阻碍各级人大代表依法执行代表职务；（3）在自然灾害和突发事件中，以暴力、威胁方法阻碍红十字会工作人员依法履行职责；（4）故意阻碍国家安全机关、公安机关依法执行国家安全工作任务，虽未使用暴力、威胁方法，但造成严重后果。据此，选项 A、C、D 构成妨害公务罪。选项 B 中，国有公司经理不属于国家机关工作人员，因此，该行为不构成妨害公务罪。

17. A。根据《刑法》第 157 条第 2 款的规定，以暴力、威胁方法抗拒缉私的，以走私罪和《刑法》第 277 条规定的妨害公务罪，依照数罪并罚的规定处罚，所以 A 项情形下应当数罪并罚。《刑法》第 347 条第 2 款规定，走私、贩卖、运输、制造毒品，有下列情形之一的，处 15 年有期徒刑、无期徒刑或者死刑，并处没收财产："……（四）以暴力抗拒检查、拘留、逮捕，情节严重的……"由此可知，以暴力抗拒检查、拘留、逮捕，情节严重的，应当以走私、贩卖、运输、制造毒品罪一罪定罪处罚，所以B项不选。《刑法》第318条第1款规定，组织他人偷越国（边）境的，处2年以上7年以下有期徒刑，并处罚金；有下列情形之一的，处7年以上有期徒刑或者无期徒刑，并处罚金或者没收财产："……（五）以暴力、威胁方法抗拒检查的……"所以C项中的暴力情节是组织他人偷越国（边）境罪的加重情节，仍是一罪，不应当选。《刑法》第321条第2款规定，在运送他人偷越国（边）境中造成被运送人重伤、死亡，或者以暴力、威胁方法抗拒检查的，处7年以上有期徒刑，并处罚金，所以，D项中的暴力也是加重情节，应定一罪，不选。故本题正确答案为A项。

18. B。《刑法修正案（十一）》规定的袭警罪，是指对人民警察实施暴力，妨害公务。本罪的暴力是指狭义的暴力，其行为对象只能是人民警察的人身，而不包括警用装备等。故A选项正确。袭警罪属于抽象危险犯，只要暴力袭警行为具有妨害公务的抽象危险，就可以成立本罪。故B选项错误。本罪与妨害公务罪存在法条竞合关系，暴力袭警的行为是一种特别的妨害公务。故C选项正确。袭警罪与故意伤害罪、故意杀人罪之间属于想象竞合，因此，暴力袭警行为造成人民警察重伤、死亡的，以故意伤害罪和故意杀人罪定罪处罚。故D选项正确。

19. A。《刑法》第305条规定："在刑事诉讼中，证人、鉴定人、记录人、翻译人对与案件有重要关系的情节，故意作虚假证明、鉴定、记录、翻译，意图陷害他人或者隐匿罪证的，处……"第306条规定："在刑事诉讼中，辩护人、诉讼代理人毁灭、伪造证据，帮助当事人毁灭、伪造证据，威胁、引诱证人违背事实改变证言或者作伪证的，处……"第307条规定："以暴力、威胁、贿买等方法阻止证人作证或者指使他人作伪证的，处……"由上述法条可知李某的行为构成辩护人妨害作证罪，向王二索取50万元的行为属于诈骗。王二的行为构成妨害作证罪，钱某的行为构成伪证罪。因此A项正确，BCD项错误。

20. A。本题主要考查包庇罪的认定。A项正确：窝藏、包庇罪中的窝藏、包庇行为属于同性质的行为，该罪的客观方面表现包括为犯罪的人提供隐藏处所、财物和帮助其逃匿。向罪犯通报公安机关的抓捕信息，属于帮助逃匿的行为表现。B项错误：依据《刑事诉讼法》的相关规定，证人虽有作证的义务，不享有沉默权，但保持沉默并不会给证人带来相应的法律制裁。C项错误：在本项的描述中，透露了3个信息：(1)甲是以证人身份在表述；(2)本案已经进入刑事诉讼阶段；(3)甲有意为乙作假证明以对其包庇。据此，甲构成伪证罪。若尚未进入刑事诉讼程序，则甲构成包庇罪。D项错误：本项情形下依据《刑事诉讼法》的规定，可以强制甲到庭作证，并予以罚款或拘留处罚，尚不构成刑事犯罪。综上，本题答案选A项。

21. A。行为人冒充正在执行公务的人民警察"抓赌""抓嫖"，没收赌资或者罚款的行为，构成犯罪的，以招摇撞骗罪从重处罚，因此A项正确。在实施上述行为中使用暴力或者暴力威胁的，以抢劫罪定罪处罚，因此，B项应定抢劫罪而不是招摇撞骗罪。行为人冒充治安联防队员"抓赌""抓嫖"，没收赌资或者罚款的行为，构成犯罪的，以敲诈勒索罪定罪处罚，因此，C项为敲诈勒索罪；在实施上述行为中使用暴力或者暴力威胁的，以抢劫罪定罪处罚。招摇撞骗罪中的"冒充"可以是非国家机关工作人员冒充国家机关工作人员，也可以是下级国家机关工作人员冒充上级国家机关工作人员，如果冒充的不是国家机关工作人员，而是他们的亲戚，则不构成此罪。

22. A。《刑法》第292条第2款规定，聚众斗殴，致人重伤、死亡的，依照本法第234条（故意伤害罪——编者注）、第232条（故意杀人罪——编者注）的规定定罪处罚。A选项中，首要分子甲指令所有参与者和对方打斗时"下手重一点"，显而易见，"下手重一点"意味着至少包括对被害人重伤、死亡后果的放任心态。因此，甲对被害人被重伤致死的后果应当承担刑事责任，即甲构成故意杀人罪。故A选项正确。B选项错误：虽然甲没有实际参与打斗，但其在共同犯罪中起主要作用，因此其应成立主犯。C、D选项错误：由于被害人被谁的行为重伤致死这一关键事实已无法查明，按照疑罪从无的原则，只能认定所有参与打斗的人对被害人的死亡都不承担刑事责任。

23. D。窝藏罪，是指明知是犯人而为其提供隐藏处所、财物或帮助其逃匿的行为。A选项中司法警察甲的行为构成私放在押人员罪，而非包庇罪；B选项中乙将贩毒所得赃款兑换成外币汇往境外，构成洗钱罪；C选项中丙明知3辆摩托车是盗赃而予以藏匿，构成掩饰、隐瞒犯罪所得罪。只有D选项中丁为刚从监狱中脱逃出来的蔡某提供资金助其逃匿，构成窝藏罪。

24. B。事前通谋，为共同犯罪，只是分工不同而已。《刑法》第310条第2款只是一种提示性条款。

25. A。A项正确。行为人以牟利为目的实施了复制淫秽物品的行为，复制行为本身已经实施完毕，而牟利的目的并不需要行为人已经实际取得利益。未实际获利或者获利较少的，均不影响本罪的成立。

（二）多项选择题

1. BCD。脱逃罪的犯罪主体是特殊主体，即依法被逮捕、关押的罪犯、被告人、犯罪嫌疑人，包括已经拘留、逮捕而尚未判决的未决犯和已被判处拘役以上剥夺自由刑罚的罪犯。故选BCD项。

2. AB。根据《刑法》第353条第1款规定的引诱、教唆、欺骗他人吸毒罪和第2款规定的强迫他人吸毒罪，陈某的行为构成欺骗他人吸毒罪和强迫他人吸毒罪。

3. AD。王某贩卖的只是毒品原植物和种子，而非毒品，故排除C项。而A项与B项的区别在于行为不同：前者为种植行为，后者为将制毒原料加以加工、提炼的行为。因此，本题选AD。

4. BD。医疗事故罪的构成要件要求主体具有行医资格，故A项不应入选；胡某在非法行医的过程中，兼施节育复通手术，应予数罪并罚，致人死亡是加重情节，不单独定罪。

5. ABD。根据《刑法》第279条的规定，招摇撞骗罪是指冒充国家机关工作人员招摇撞骗的行为。招摇撞骗罪的显著特点是冒充国家机关工作人员的身份，这是其与诈骗罪最主要的区别。本案中，陈某冒充警察招摇撞骗，骗取他人财物，其行为已构成招摇撞骗罪。而其伪造公安执法人员工作证的行为也构成了伪造国家机关证件罪。但是，陈某伪造国家机关证件是为了招摇撞骗，这两个行为之间存在牵连关系，按照牵连犯的处罚原则，择一重罪论处。此外，陈某还构成了抢劫罪，应与前罪实行数罪并罚。

6. AC。根据《刑法》第305条的规定，伪证罪是指在刑事诉讼中，证人、鉴定人、记录人、翻译人对与案件有重要关系的情节，故意作虚假证明、鉴定、记录、翻译，意图陷害他人或者隐匿罪证的行为。本案中，张甲作为被害人的父亲，以证人的身份出庭作证，具备伪证罪的主体条件。张乙的年龄属于与案件有重要关系的情节，如果张乙在案发时未满14周岁，周某的行为就属于奸淫幼女，对其应以强奸罪从重处罚；如果张乙案发时已满14周岁，则周某的犯罪行为就缺少法定从重处罚的情节。张甲在出庭作证时，接受犯罪嫌疑人之妻李某的贿买，对张乙的年龄作了虚假的证明，证明受害时张乙已满14周岁，意图隐匿罪证。其行为阻碍了司法机关的正常活动。据此，张甲的行为符合伪证罪的构成要件，对其应按照伪证罪定罪处罚。故选项A正确。此外，根据《刑法》第307条第1款的规定，妨害作证罪是指以暴力、威胁、贿买等方法阻止证人作证或者指使他人作伪证的行为。本案中，李某为了减轻丈夫的责任，采用贿买的方法，指使证人作伪证。其行为符合妨害作证罪的构成要件，构成妨害作证罪。故选项C正确。

7. CD。根据《刑法》第318条以及最高人民法院、最高人民检察院《关于办理妨害国（边）境管理刑事案件应用法律若干问题的解释》第1条的规定，领导、策划、指挥他人偷越国（边）境或者在首要分子指挥下，实施拉拢、引诱、介绍他人偷越国（边）境等行为的，属于“组织他人偷越国（边）境”。本案中，顾某、王某、李某三人组织多人以劳务输出方式组织他人偷越国（边）境的行为符合刑法关于组织他人偷越国（边）境罪的规定。顾某、王某、李某通过旅行社办理了15天的出国旅游签证，属于目的行为与手段行为的牵连，按照择一重罪处断的原则，选择处罚较重的组织他人偷越国（边）境罪定罪处罚，而无须与骗取出境证件罪数罪并罚。但如果该旅行社明知出境证件是被他人用于组织他人偷越国（边）境的，那么该旅行社及其直接责任人员应对骗取出境证件行为负刑事责任。如果行为人之间事先有分工，由部分人实施组织行为，由部分人实施骗取出境证件的行为，那么应当按照组织他人偷越国（边）境罪共同犯罪论处。以暴力、威胁方法抗拒检查是组织他人偷越国（边）境罪的行为情形之一，因此不再单独评价为妨害公务的行为。至于顾某通过胁迫手段和被害人发生性关系的行为，自然应被认定为强奸罪。

8. CD。帮助毁灭、伪造证据罪是指帮助诉讼活动的当事人毁灭、伪造证据，情节严重的行为。本罪的主体必须是除当事人之外的人。毁灭、伪造自己是当事人的案件的证据的，不成立犯罪。选项A中，甲毁灭的是自己的犯罪证据，因而不成立帮助毁灭证据罪。选项B中，帮助毁灭、伪造证据罪针对的对象必须是实物性证据，甲将丙派往境外工作，阻止公安、司法机关收集丙提供的言词证据的，不符合帮助毁灭、伪造证据罪的对象要求，因而不构成帮助毁灭证据罪。选项C中，甲得知乙放火致人死亡后未清理现场痕迹，便劝说乙回到现场毁灭证据，甲实施了教唆当事人实施毁灭证据的行为，教唆毁灭证据也是一种帮助，构成本罪的正犯。故该项当选。选项D中，在刑事诉讼中，即使经过当事人（犯罪嫌疑人、被告人）同意，帮助其毁灭无罪证据，由于妨害了刑事司法的客观公正性，仍构成帮助毁灭证据罪。

9. BCD。贩卖毒品罪是指违反毒品管理法规，明知是毒品而非法销售或者以贩卖为目的而非法收买的行为。不以牟利为目的，如单纯为了本人或亲友吸食而购买毒品的，则不构成贩卖毒品罪。由此可知，甲为吸食而购买毒品，不构成贩卖毒品罪。故A项错误，不应选。乙为了贩卖而购买，丙介绍毒品买卖以获利，丁销售毒品而获利，三人皆构成贩卖毒品罪。故本题应选BCD项。

10. ABCD。《刑法》第294条第3款规定，国家机关工作人员包庇黑社会性质的组织，或者纵容黑社会性质的组织进行违法犯罪活动的，处5年以下有期徒刑；情节严重的，处5年以上有期徒刑。故A项构成包庇黑社会性质组织罪。注意，包庇黑社会性质组织罪与包庇罪之间存在法条竞合关系，包庇、纵容黑社会性质组织罪由于其犯罪主体是国家机关工作人员，所以此罪的规定属于特别法，应优于一般法适用。

《刑法》第307条第2款规定，帮助当事人毁灭、伪造证据，情节严重的，处3年以下有期徒刑或者拘役。B项可构成帮助毁灭、伪造证据罪。注意：包庇罪与帮助毁灭、伪造证据罪的区别主要是发生的场合和行为的对象不同。包庇罪的作假证明限于在刑事诉讼中为犯罪分子作假证明；而帮助毁灭、伪造证据罪，可以是在任何诉讼案件中帮助伪造任何证据（包括伪造假证明）。

《刑法》第311条规定，明知他人有间谍犯罪行为，在国家安全机关向其调查有关情况、收集有关证据时，拒绝提供，情节严重的，处3年以下有期徒刑、拘役或者管制。C项构成拒绝提供间谍犯罪证据罪。

《刑法》第349条规定，包庇走私、贩卖、运输、制造毒品的犯罪分子的，为犯罪分子窝藏、转移、隐瞒毒品或者犯罪所得的财物的，处3年以下有期徒刑、拘役或者管制；情节严重的，处3年以上10年以下有期徒刑。缉毒人员或者其他国家机关工作人员掩护、包庇走私、贩卖、运输、制造毒品的犯罪分子的，依照前款的规定从重处罚。故D项构成包庇毒品犯罪分子罪。注意：包庇毒品犯罪分子罪与包庇罪的区别要点是行为对象不同，前罪的包庇对象限于实施特定毒品犯罪的犯罪分子。综上，题目中的四个选项都是相关犯罪中以“包庇”方式实施的犯罪行为，都不构成包庇罪，ABCD项均为应选答案。

11. CD。本题考查的是包庇罪。A选项错误：《刑法》第307条第2款规定，帮助当事人毁灭、伪造证据，情节严重的，处3年以下有期徒刑或者拘役。A选项中甲的行为构成帮助毁灭、伪造证据罪，而非包庇罪。B选项错误：最高人民法院《关于审理交通肇事刑事案件具体应用法律若干问题的解释》第5条第2款规定，交通肇事后，单位主管人员、机动车辆所有人、承包人或者乘车人指使肇事人逃逸，致使被害人因得不到救助而死亡的，以交通肇事罪的共犯论处。B选项中的乙构成交通肇事罪，而非包庇罪。C选项正确：《刑法》第310条第1款规定，明知是犯罪的人而为其提供隐藏处所、财物，帮助其逃匿或者作假证明包庇的，处3年以下有期徒刑、拘役或者管制；情节严重的，处3年以上10年以下有期徒刑。C选项中丙作假证明包庇犯罪人，构成包庇罪。D选项正确：《刑法》第362条规定，旅馆业、饮食服务业、文化娱乐业、出租汽车业等单位的人员，在公安机关查处卖淫、嫖娼活动时，为违法犯罪分子通风报信，情节严重的，依照本法第310条的规定定罪处罚。因此，D选项中丁的行为构成包庇罪。

12. CD。本题考查的是抢劫罪、包庇罪与掩饰、隐瞒犯罪所得罪和帮助毁灭证据罪。A选项错误：乙并没有在甲刚着手实行或者实行抢劫的过程中以共同抢劫故意参与犯罪，故乙并不构成抢劫罪共同犯罪。帮助当事人毁灭证据，情节严重的，构成帮助毁灭证据罪。该罪与包庇罪的区别要点在于：包庇罪具有向司法机关提供虚假的证据材料欺骗司法机关，从而包庇犯罪人的性质；而帮助毁灭证据罪只是单纯地帮助犯罪人毁灭证据，并没有做假证明欺骗司法机关，从而包庇犯罪人。本题中，乙的行为并不是提供假证明欺骗司法机关，只是单纯帮助当事人毁灭证据，构成帮助毁灭证据罪。D选项正确：根据《刑法》第312条的规定，明知是犯罪所得及其产生的收益而予以窝藏、转移、收购、代为销售或者以其他方法掩饰、隐瞒的行为，构成掩饰、隐瞒犯罪所得、犯罪所得收益罪。本题中，乙明知出租车是犯罪所得而收受，构成掩饰、隐瞒犯罪所得罪。

13. BD。《刑法》第294条第3款规定，国家机关工作人员包庇黑社会性质的组织，或者纵容黑社会性质的组织进行违法犯罪活动的，构成包庇、纵容黑社会性质组织罪；犯前款罪又有其他犯罪行为的，依照数罪并罚的规定处罚。所以，选项BD正确。

14. ACD。A项中甲构成盗窃罪的共犯，B项中甲构成掩饰、隐瞒犯罪所得、犯罪所得收益罪，C项中甲构成盗窃罪，D项中甲的行为构成《刑法》第307条第2款规定的帮助毁灭、伪造证据罪。

15. AB。根据刑法的规定，医疗事故罪是指医务人员由于严重不负责任，造成就诊人死亡或者严重损害其身体健康的行为。该罪的成立要求医务人员在医疗护理工作中严重不负责任（违反了相关规章制度和诊疗护理常规），致就诊人死亡或健康严重受损，并且二者之间有因果关系。选项C中没有造成严重后果，选项D中实施诊疗活动的并非医务人员，因此不构成医疗事故罪。

16. ABCD。自2005年5月13日起施行的最高人民法院、最高人民检察院《关于办理赌博刑事案件具体应用法律若干问题的解释》第2条规定：以营利为目的，在计算机网络上建立赌博网站，或者为赌博网站担任代理，接受投注的，属于《刑法》第303条规定的“开设赌场”。故A选项正确。最高人民法院、最高人民检察院《关于办理利用互联网、移动通讯终端、声讯台制作、复制、出版、贩卖、传播淫秽电子信息刑事案件具体应用法律若干问题的解释》第1条规定，利用互联网、移动通讯终端传播淫秽电子信息的，属于传播淫秽物品。故B选项正确。2004年最高人民法院、最高人民检察院《关于办理侵犯知识产权刑事案件具体应用法律若干问题的解释》第11条第3款规定，通过信息网络向公众传播他人文字作品、音乐、电影、电视、录像作品、计算机软件及其他作品的行为，视为“复制发行”。故C选项正确。自2000年5月24日起施行的最高人民法院《关于审理扰乱电信市场管理秩序案件具体应用法律若干问题的解释》第8条规定，盗用他人公共信息网络上网账号、密码上网，造成他人电信资费损失数额较大的，以盗窃罪论处。故D选项正确。

17. CD。高空抛物的行为是对公共秩序的侵犯，而非危害公共安全，故A项错误。由于本罪侵犯的法益是公共秩序，只要高空抛物行为严重扰乱公共秩序，就能成立本罪，而无须要求行为一定危及人身安全或者财产安全，故B项错误。高空抛物行为造成他人重伤、死亡的，可能同时成立故意杀人罪、故意伤害罪、过失致人死亡罪、过失致人重伤罪，属于想象竞合犯，应从一重罪处断。所以C、D选项正确。

18. ABC。根据《刑法》第280条之二的规定，冒名顶替罪是指盗用、冒用他人身份，顶替他人取得的高等学历教育入学资格、公务员录用资格、就业安置待遇的行为。

19. BCD。A项：帮助信息网络犯罪活动罪的成立，应遵守共犯从属性原则。如果实行者不构成犯罪，则帮助者不构成帮助信息网络犯罪活动罪。乙不构成帮助信息网络犯罪活动罪。A项说法错误。B项：甲构成诈骗罪的实行犯。乙提供帮助，一方面构成诈骗罪的帮助犯，另一方面构成帮助信息网络犯罪活动罪，想象竞合，择一重罪论处。B项说法正确。C项：根据《刑法》第287条之一的规定，设立用于实施诈骗犯罪的通讯群组，情节严重的，构成非法利用信息网络罪。C项说法正确。D项：(1)公司采取保密措施的客户名单和相关信息，是公司的商业秘密。甲通过电子侵入的方式非法获取该商业秘密，构成侵犯商业秘密罪。(2)甲不构成非法侵入计算机信息系统罪，因为该罪所侵入的计算机信息系统要求是国家事务、国防建设、尖端科学技术领域的计算机信息系统。(3)甲不构成非法获取计算机信息系统数据罪，因为该罪所获取的数据要求达到一定的数量。(4)甲不构成非法利用信息网络罪，因为该罪的行为方式要求设立网站、通讯群组、发布信息等。甲没有实施这些行为。D项说法正确。

20. ACD。A项：对非国家工作人员行贿罪（《刑法》第164条），是指自然人或单位为谋取不正当利益，给予公司，企业或者其他单位的非国家工作人员以财物，数额较大的行为。甲为谋取不正当利益，给予非国家工作人员乙以数额较大的财物，构成本罪。A

项说法正确。B项：诈骗罪要求骗取的是财物。落户资格不属于财物，所以甲不构成诈骗罪。B项说法错误。C项：提供虚假证明文件罪（《刑法》第229条），是指承担资产评估、验资等职责的中介组织的人员故意提供虚假证明文件的行为。关于该罪的行为主体，注意两点：第一，不限于承担资产评估、验资等职责的中介组织的人员，还包括其他领域的中介组织的人员。第二，不限于有资质的中介组织的人员，还包括无资质的中介组织的人员。本题中，乙的企业去办理人才引进事项，此时就属于这个领域的中介组织，无论其是否具有人才引进的资质，只要向政府提供虚假证明，就构成提供虚假证明文件罪。C项说法正确。D项：关于伪造国家机关公文罪，第一，伪造包括有形伪造与无形伪造。有形伪造，是指没有制作权限的人，冒用国家机关名义制作公文、证件。无形伪造，是指有制作权限的人，擅自以国家机关的名义制作与事实不符的公文、证件；如果未经授权，擅自制作与事实相符的公文、证件，不属于伪造。第二，本罪可以由间接正犯构成。本题中，乙欺骗国家机关工作人员，使其开具了公文，构成伪造国家机关公文罪的间接正犯。D项说法正确。乙的一个行为同时构成提供虚假证明文件罪和伪造国家机关公文罪的间接正犯，属想象竞合，应择一重罪论处。

21. CD。A项：甲在客观上帮助乙实施了诈骗罪，但是，甲在主观上没有帮助乙实施诈骗罪的故意。所以，甲不构成诈骗罪的帮助犯。同时，甲也不构成赌博罪的帮助犯，因为在客观上乙没有实施赌博。甲构成帮助信息网络犯罪活动罪，因为甲在客观上帮助乙实施了网络犯罪，甲在主观上有帮助乙实施网络犯罪的故意。A项说法错误。B项：第一，甲不构成诈骗罪的帮助犯，因为乙在客观上没有实施诈骗罪。第二，甲不构成洗钱罪的帮助犯，因为甲主观上没有帮助乙洗钱的故意。第三，甲构成帮助信息网络犯罪活动罪，因为甲在客观上帮助乙实施了网络犯罪，甲在主观上有帮助乙实施网络犯罪的故意。B项说法错误。C项：第一，乙构成诈骗罪的实行犯，甲构成诈骗罪的帮助犯。第二，甲还构成帮助信息网络犯罪活动罪。甲构成的两罪想象竞合，择一重罪论处。C项说法正确。D项：乙在澳门赌博，不构成赌博罪。因此，甲帮助乙在澳门赌博，也不构成犯罪。D项说法正确。

22. CD。犯罪人作虚假供述，不构成伪证罪，因为不具有期待可能性。故A项说法错误。乙专门为了帮助甲，实施包庇行为。乙不构成窝藏、包庇罪，因为甲、乙构成共同犯罪，对共犯人乙不具有期待可能性。故B项说法错误。妨害作证罪，是指以暴力、威胁、贿买等方法阻止证人作证或者指使他人作伪证的行为。这里的“等方法”包括教唆、指使。丙和丁教唆、指使乙作伪证，构成妨害作证罪。故CD项说法正确。

23. CD。窝藏罪，是指帮助犯罪人逃匿的行为。这种帮助行为可以违背犯罪人意愿。因此，A项中的乙构成窝藏罪，A项说法错误。窝藏罪中的“帮助犯罪人逃匿”，这里的“帮助”应作扩大解释，包括狭义的帮助行为，还包括实行行为、教唆行为。故B项说法错误。成立窝藏罪，要求帮助行为对逃匿行为起到实质的、直接的帮助效果，也即给司法机关抓捕犯罪人直接增加难度。妻子乙的行为并没有达到这种效果，所以其不构成窝藏罪。故C项说法正确。D选项中，乙的行为对甲的逃跑行为没有起到实质的、直接的帮助效果，没有给司法机关抓捕甲直接增加难度，故乙不构成窝藏罪。D项说法正确。

24. AB。组织偷越国（边）境罪的既遂标准是，被组织者非法出境或入境。甲构成该罪既遂。A项说法正确。王某、吴某与甲构成共同犯罪，根据“部分实行、全部负责”原则，当甲构成犯罪既遂，则王某、吴某也构成犯罪既遂。B项说法正确。C项中，甲、乙相互之间不构成共同犯罪。第一，甲、乙只是王某的“马仔”，只是执行者的角色，并不是领导层成员。第二，甲、乙各自分别执行，对对方的执行任务并没有提供物理性的贡献。第三，甲、乙虽然在主观上可能知道对方和自己一样，在组织偷渡，但是这种“知道”并不会给自己或对方产生实质的心理性贡献。大家都是“马仔”，各自完成好任务即可。第四，如果组织中的某个成员知道其他成员在犯罪，便让其对其他成员的犯罪负责，则与该成员的角色地位明显不符。因此，乙不用对甲的既遂结果负责，乙构成犯罪未遂。C项说法错误。组织偷越国（边）境罪是自然人犯罪，不是单位犯罪。即使是单位行为，也仅对主管人员和其他直接责任人追究自然人的刑事责任。D项说法错误。

25. BCD。刑法不处罚为了自己吸食的购买毒品行为。例如，甲为了自己吸食，向乙购买毒品，乙向甲出售毒品。乙构成贩卖毒品罪，甲不构成贩卖毒品罪的共犯（教唆犯、帮助犯）。同理，本题中，张某构成贩卖、运输毒品罪，但刘某不构成贩卖、运输毒品罪的共犯。故A项说法错误。运输毒品罪的既遂标准是，毒品离开原存放地，发生较长距离的位移。马某运输毒品，发生较长距离的位移，便构成运输毒品罪。至于未能找到接收者，不影响既遂的成立。故B项说法正确。贩卖毒品罪的行为对象是“毒品”，毒品是指能够使人精神成瘾的精神药品。陈某只要认识到大麻素是能够使人精神成瘾的物品，就认识到贩卖这种物品会产生危害社会的结果，便具有了贩卖毒品罪的犯罪故意，构成贩卖毒品罪。至于陈某不知道大麻素的具体成分，不知道大麻素已经属于“毒品”，这一点并不重要。“毒品”只是对能够使人成瘾的精神药品的一种称谓、名称。这种称谓、名称不需要行为人认识到。行为人需要认识到的是物品的实质特征。例如，行为人认为自己贩卖的是“毛片”，声称自己没有认识到贩卖的是“淫秽物品”。但是，行为人只要认识到自己贩卖的物品是露骨描述性器官、性行为、专门刺激人性欲的音像制品，便具有贩卖淫秽物品的犯罪故意。故C项说法正确。为了自己吸食而运输毒品，应认定为运输毒品罪。故D项说法正确。

（三）不定项选择题

1. ABCD。参见《刑法》第309条。

2. BCD。根据《刑法》第345条第3款的规定，明知是盗伐、滥伐的林木而非法收购、运输，情节严重的，构成非法收购、运输盗伐、滥伐的林木罪。这里的“明知”，应当根据涉案林木的销售价格、来源以及收购、运输行为违反有关规定等情节，结合行为人的职业要求、经历经验、前科情况等作出综合判断。具有下列情形之一的，可以认定行为人明知是盗伐、滥伐的林木，但有相反证据或者能够作出合理解释的除外：(1) 收购明显低于市场价格出售的林木的；(2) 木材经营加工企业伪造、涂改产品或者原料出入库台账的；(3) 交易方式明显不符合正常习惯的；(4) 逃避、抗拒执法检查的；(5) 其他足以认定行为人明知的情形。本案中，金某要求将木材运往非法的木材交易场所（煤矿）销售，可以就此判断出陈某应当知道该木材是盗伐或者滥伐的。陈某非法运输明知是盗伐的林木，数量较大，情节严重，其行为符合非法运输盗伐林木罪的特征，构成非法运输盗伐林木罪。而罗某和李某为贪图便宜，在煤矿收购他人非法出售的盗伐林木的行为也符合非法收购盗伐林木罪的特征，构成非法收购盗伐林木罪。因此，选项BD正确。另外，对于金某的行为是应认定为盗伐林木罪还是认定为非法收购盗伐林木罪呢？从案情来分析，金某具有盗伐林木牟利的故意，以经济利益为诱饵，教唆他人实施盗伐林木的行为，是盗伐林木罪的教唆犯。虽然表面上看金某实施的是收购非法盗伐的林木的行为，但实际上金某具有盗伐林木的故意，盗伐林木的行为是在金某的指使下由被教唆的人实施的，金某与实施盗伐林木行为的人成立盗伐林木罪的共犯。所以，对金某应当以盗伐林木罪而不是非法收购盗伐林木罪定罪处罚，因此排除A项而选C项。

3. A。走私、贩卖、运输、制造毒品罪是选择性罪名，只要实施其中一种行为，即构成犯罪。实施其中一个行为的，以该行为确定罪名；实施了数种的，以数行为确定罪名。黄某、于某二人购买并出售海洛因的行为构成了贩卖毒品罪。黄某与于某将毒品从广州携带到天津、北京、郑州等地出售，也构成了运输毒品罪，对于黄、于二人的行为应按照贩卖、运输毒品罪定罪处罚。根据《刑法》第347条第2款第4项的规定，走私、贩卖、运输、制造毒品，有以暴力抗拒检查、拘留、逮捕行为，情节严重的，处15年有期徒刑、无期徒刑或者死刑，并处没收财产，也即按照最高的量刑幅度量刑，而无须数罪并罚。根据《刑法》第347条第7款的规定，对多次走私、贩卖、运输、制造毒品，未经处理的，毒品数量累计计算，所以，应当认定黄某、于某贩卖、运输毒品860克。

4. AC。根据《刑法》第312条的规定，明知是犯罪所得及其产生的收益而予以窝藏、转移、收购、代为销售或者以其他方法掩饰、隐瞒的，构成掩饰、隐瞒犯罪所得、犯罪所得收益罪。根据《刑法》第349条的规定，窝藏、转移、隐瞒毒品、毒赃罪，是指为走私、贩卖、运输、制造毒品的犯罪分子窝藏、转移、隐瞒毒品或者犯罪所得财物的行为。本罪可以说是一种特殊的赃物犯罪。本案中，曹某明知高某存放在他那里的是偷来的赃款和毒品而予以保存，其行为符合掩饰、隐瞒犯罪所得、犯罪所得收益罪与窝藏毒品罪、转移、隐瞒毒品、毒赃罪的主客观要件，构成掩饰、隐瞒犯罪所得、犯罪所得收益罪与窝藏毒品罪、转移、隐瞒毒品、毒赃罪。

5. ABCD。为他人提供书号出版淫秽书刊罪是过失犯罪，过失犯罪不能成立共同犯罪。因此，选项A不正确。雷某通过任某获得正式书号，用于出版淫秽录像带，并将出版的淫秽录像带出售牟利，其行为符合《刑法》第363条第1款的规定，构成出版、贩卖淫秽物品牟利罪，因此，选项B不正确。任某主观上不知道雷某购买书号用于出版淫秽录像带，不具有出版淫秽物品牟利的故意，而是违反国家关于书号管理的规定，向雷某提供正式书号，使雷某的淫秽录像带得以出版，其行为符合《刑法》第363条第2款的规定，构成为他人提供书号出版淫秽书刊罪。但是，雷、任二人没有共同犯罪的故意，客观上没有在共同故意支配下的协同一致的犯罪行为，属于故意犯与过失犯的某些行为彼此有联系的情形，但不成立共同犯罪。因此，选项C不正确。根据最高人民法院《关于审理非法出版物刑事案件具体应用法律若干问题的解释》的规定，违反国家规定，出版、印刷、复制、发行载有煽动分裂国家、破坏国家统一或者煽动颠覆国家政权、推翻社会主义制度的内容的出版物；侵犯著作权的出版物；公然侮辱他人或者捏造事实诽谤他人，情节严重的出版物；刊载歧视、侮辱少数民族内容的出版物、淫秽物品以外的其他严重危害社会秩序和扰乱市场秩序的非法出版物，情节严重的，依照《刑法》第225条的规定，以非法经营罪定罪处罚。雷某出版的是淫秽录像带，属于淫秽物品，对其行为不应按非法经营罪定罪处罚，雷、任二人也不成立非法经营罪的共犯，故选项D错误。

6. ABCD。容留成年人或未成年人吸食、注射毒品，均成立容留他人吸毒罪。故A选项正确。携带毒品入关，进入中国领域即为既遂。故B选项正确。运输行为使毒品离开原处或者转移了存放地的，为运输毒品罪的既遂。故C选项正确。容留他人吸毒，并向被容留者出售毒品的，是不同的行为、不同的犯罪，应予以数罪并罚。故D选项正确。

7. B。非法处置进口的固体废物罪，是指违反国家规定，将境外的固体废物进境倾倒、堆放、处置的行为。本罪中的废物指的仅仅是固体的废物，并不包括液态或者气态的废物，因此选项A是错误的。我国刑法没有规定本罪必须造成某种后果才构成犯罪，只要行为人实施了本罪规定的行为即构成犯罪，因此本罪属于行为犯，而非结果犯。因此选项B是正确的。在主观方面本罪要求行为人必须是故意，过失不构成本罪，因为过失只能存在于结果犯和部分危险犯之中，行为犯的行为人主观上不能是过失。因此选项C是错误的。本罪的主体，根据我国刑法的规定，既包括自然人，也包括单位，单位犯罪的，既要处罚单位，也要处罚单位内直接负责的主管人员和其他直接责任人员。因此，选项D也是错误的。所以，本题的答案是B项。

8. A。根据我国刑法的规定，非法种植毒品原植物罪是指违反国家有关规定，私自种植罂粟、大麻等毒品原植物，数量较大或有其他严重情节的行为。制造毒品罪是指非法从毒品原植物中直接提炼毒品，或者用化学方法加工、配制毒品的行为。非法持有毒品原植物种子罪是指违反国家有关规定，非法持有未经灭活的罂粟等毒品原植物的种子、幼苗，数量较大的行为。本案中，首先，刘某、王某对毒品原植物种子的持有是短暂的，也是为其种植毒品原植物做准备，应该归属于非法种植毒品原植物的行为，被其吸收。其次，刘某、王某的行为是种植行为，而非毒品的制造行为，制造毒品表现为用一定的原料进行毒品的加工、提炼或配制。所以，本题的答案应该是A项。

9. B。根据我国刑法的规定，欺骗他人吸毒罪是指采取隐瞒、掩盖真相的方法，使他人在不知道是毒品的情况下，被骗吸食、注射毒品的行为。强迫他人吸毒罪是指违背他人意志，以暴力、威胁或者其他手段，迫使他人吸食、注射毒品的行为。引诱他人吸毒罪是指以金钱、物质利益为诱饵，或者通过渲染吸食毒品后的精神变异或快感使他人吸食、注射毒品的行为。本案中，徐某将毒品罂粟壳放在烤鸭的佐料中一起使用，欺骗消费者，使消费者吸食毒品。从行为表现来看，徐某的行为是欺骗他人吸食毒品，构成的是欺骗他人吸毒罪。故本题答案是B项。

10. BCD。《刑法》第316条规定，依法被关押的罪犯、被告人、犯罪嫌疑人脱逃的，处5年以下有期徒刑或者拘役。故A项应认定为脱逃罪，不应选。根据《刑法》第39条第1款第5项的规定，B项是被判处管制的犯罪分子，在执行期间未遵守规定的行为。管制是对罪犯不予关押，但限制其一定自由，由社区矫正机构执行和群众监督改造的刑罚方法。由于被判处管制的犯罪分子不属于“依法被关押”，所以不构成脱逃罪。故B项为应选答案。C项为组织越狱罪。组织越狱罪，是指狱中的罪犯有组织、有计划地逃往狱外的行为。D项为暴动越狱罪。故本题应选BCD项。

11. ABCD。根据刑法规定，贩卖毒品罪中的“贩卖”，是指在境内非法转手倒卖或者销售自行制造的毒品。贩卖毒品罪不是必须以营利为目的，只要实行了倒卖和销售的行为，即可以构成该罪，因此A项的说法错误。贩卖毒品罪也不以获利为要件，故B项的说法错误。甲以购买价格转让毒品，实际上是倒卖，因此成立贩卖毒品罪，故C项的说法错误。虽然《刑法》没有将吸食毒品规定为犯罪，但是这并不影响甲贩卖毒品罪的成立。因此，本题正确答案是ABCD项。

12. BCD。选项A错误：有证据证明行为人不以牟利为目的，为他人代购仅用于吸食的毒品，毒品数量超过《刑法》第348条规定的最低数量标准的，对托购者、代购者应以非法持有毒品罪定罪。代购者从中牟利，变相加价贩卖毒品的，对代购者应以贩卖毒品罪定罪。明知他人实施毒品犯罪而为其居间介绍、代购代卖的，无论是否牟利，都成立相关毒品犯罪的共犯，但不必然成立贩卖毒品罪的共犯。选项B正确：制造毒品一般是指使用毒品原植物制成毒品。如果为了便于隐蔽运输、销售、使用、欺骗购买者，或者为了增重，对毒品掺杂使假、添加或去除其他非毒品物质，不属于制造毒品的行为。选项C正确：非法持有毒品罪中的持有不要求是直接持有，介入第三者，也不影响持有的成立。如行为人认为自己保管毒品不安全，将毒品委托给第三人保管，行为人与第三人均成立非法持有毒品罪。选项D正确：对于走私、贩卖、运输、制造毒品罪，行为人对同一宗毒品实施了两种以上犯罪行为并有相应确凿证据的，应按照所实施的行为性质确定罪名，毒品数量不重复计算，不实行数罪并罚。

13. ABD。本题考查的是文物犯罪。选项A说法错误：盗掘古墓葬后将其中文物据为已有的，只成立盗掘古墓葬罪一罪，不另外成立盗窃罪。盗掘古墓葬罪包含了对盗窃文物行为的评价，所以只成立盗掘古墓葬罪。运往境外出售和损毁文物行为侵犯了新的法益，不是不可罚的事后行为。选项B说法错误：损毁文物行为虽是自己毁灭证据，不成立帮助毁灭证据罪，但由于侵犯了新的法益，因而应成立故意损毁文物罪。选项C说法正确：盗掘古墓葬罪的法定刑升格条件包括：(1)盗掘确定为全国重点文物保护单位和省级文物保护单位的古文化遗址、古墓葬的；(2)盗掘古文化遗址、古墓葬集团的首要分子；(3)多次盗掘古文化遗址、古墓葬的；(4)盗掘古文化遗址、古墓葬，并盗窃珍贵文物或者造成珍贵文物严重破坏的。可见，盗窃文物是法定刑升格条件。选项D说法错误：盗掘古墓葬罪包含了对盗窃文物行为的评价，所以不成立盗窃罪。

14. BC。AD项错误，B项正确。郭某作为监护人，有制止义务，不履行该义务的，成立不作为犯的故意杀人罪。其后续帮助毁灭证据的行为，属于不具有合法行为的期待可能性的情形，阻却责任。C项正确，即便认为及时送医仍会死亡，也只能说不救助的行为与死亡结果无因果关系。但是，本案中妻子郭某还有制止丁某的故意杀人义务，其没有制止的行为(不作为犯)与死亡结果之间存在刑法上的因果关系。

15. ABCD。根据我国《刑法》第358条第4款的规定，为组织卖淫的人招募、运送人员或者有其他协助组织他人卖淫行为的，构成协助组织卖淫罪。显而易见，为组织卖淫的人充当打手、保镖、管账的，是典型的协助组织卖淫行为。

16. ABD。根据《刑法》第307条之一的规定，以捏造的事实提起民事诉讼，妨害司法秩序或者严重侵害他人合法权益的，应成立虚假诉讼罪。实施虚假诉讼行为，非法占有他人财产或者逃避合法债务，又构成其他犯罪的，依照处罚较重的规定定罪处罚。

简答题

1. 妨害公务罪，是指以暴力、威胁方法阻碍国家机关工作人员依法执行职务，阻碍人民代表大会代表执行代表职务，阻碍红十字会工作人员依法履行职责的行为，或者故意阻碍国家安全机关、公安机关依法执行国家安全工作任务，未使用暴力、威胁方法，造成严重后果的行为。妨害公务罪的客观方面表现为以暴力、威胁的方法阻碍国家机关工作人员、人大代表依法执行职务；或者在自然灾害或突发事件中，以暴力、威胁方法阻碍红十字会工作人员依法履行职责；或者虽未使用暴力、威胁的方法，但故意阻碍国家安全机关、公安机关依法执行国家安全工作任务，造成严重后果的行为。所谓暴力，是指对正在依法执行职务的国家机关工作人员、人大代表和正在履行职责的红十字会人员实行打击或者人身强制，如殴打。这里的暴力不包括故意致人重伤或者死亡的行为。以致人重伤或者死亡的方法阻碍执行职务的，属于牵连犯，应择一重罪处断，即以故意伤害罪（重伤）或故意杀人罪论处。所谓威胁，是指进行精神强制。以暴力、威胁方法阻碍红十字会工作人员依法履行职责，还必须是发生在自然灾害或突发事件中，否则不能以本罪论处。对于故意阻碍国家安全机关、公安机关依法执行国家安全机关工作任务的，即使没有采取暴力、威胁的方法也构成本罪的手段要件。所谓严重后果，通常是指使国家安全工作任务受挫，未能及时制止、侦破危害国家安全的犯罪致使国家安全遭受损害，致使严重危害国家安全的犯罪分子漏网、脱逃，等等。

2. 根据《刑法》第 294 条第 5 款的规定，黑社会性质组织一般具有以下几个特征：(1) 形成较稳定的犯罪组织，人数较多，有明确的组织者、领导者，骨干成员基本固定；(2) 有组织地通过违法犯罪活动或者其他手段获取经济利益，具有一定的经济实力，以支持该组织的活动；(3) 以暴力、威胁或者其他手段，有组织地多次进行违法犯罪活动，为非作恶，欺压、残害群众；(4) 通过实施违法犯罪活动，或者利用国家工作人员的包庇或者纵容，称霸一方，在一定区域或者行业内，形成非法控制或者重大影响，严重破坏经济、社会生活秩序。

3. 窝藏、包庇罪，是指明知是犯罪的人，而为其提供隐藏处所、财物，帮助其逃匿或者作假证明包庇的行为。其特征如下：(1) 本罪侵犯的客体是国家司法机关的正常活动。(2) 犯罪的客观方面表现为为犯罪分子提供隐藏处所、财物，帮助其逃匿或者为犯罪分子作假证明以掩盖其罪行的行为。(3) 犯罪的主观方面是故意。行为人确实不知道对方是犯罪分子而为其提供藏身之处、提供物质帮助的，或者不了解事实而讲了客观上有利于犯罪人的证词的，不能以犯罪论处。(4) 本罪的主体是年满 16 周岁、具有刑事责任能力的自然人。

案例分析题

1. 徐某的行为构成妨害公务罪。徐某等人在其盗窃行为被公安机关发觉后，为逃避审查，以暴力或以暴力相威胁的手段夺取公安人员的车辆并将公安人员打伤，阻碍公安人员依法履行公务，其行为构成妨害公务罪。

首先，徐某不构成由盗窃转化而来的抢劫罪。转化型抢劫罪的构成，依《刑法》第 269 条的规定，须同时具备四个条件：第一，行为人“犯盗窃、诈骗、抢夺罪”；第二，行为人的主观目的是“窝藏赃物、抗拒抓捕或者毁灭罪证”；第三，行为人实施的手段是“暴力或以暴力相威胁”；第四，实施暴力或以暴力相威胁的时间必须是“当场”。通过上文分析，徐某是具备转化抢劫的前三个条件的，问题在于是否属于“当场”。从立法本意而言，条文中的“当场”，应是指犯罪分子实施盗窃、诈骗、抢夺行为的犯罪现场，或者在现场发现犯罪分子随即追赶的过程（亦即现场的延伸）。窝藏赃物、抗拒抓捕或者毁灭罪证的现场，不属“当场”，否则是对“当场”的过度扩张。从案情反映，徐某已离开盗窃现场，且民警并不是在盗窃现场发现徐某等人进而抓捕的，因而该案不具备转化为抢劫的时间条件即“当场”，故徐某不构成由盗窃转化而来的抢劫罪。

其次，徐某不构成由抢夺转化而来的抢劫罪。依上述第一点分析理由，徐某在本案中虽然符合转化抢劫的后三个条件，但是并不符合转化抢劫的前提条件即“犯抢夺罪”。虽然从理论上讲，此处的“犯抢夺罪”并不强求行为人抢夺的财物达到“数额较大”的定罪起点，但至少作为抢夺罪的构成要件之一，行为人在主观方面须“以非法占有为目的”。所谓“以非法占有为目的”，即行为人意图非法地改变公私财物的所有权。侵犯财产犯罪的行为人的动机在于追求财产价值的最大化。本案徐某因害怕被民警抓获，而在逃跑途中趁村民王某不备将其自行车夺下骑走，貌似抢夺行为，但这与转化抢劫的前提“犯抢夺罪”所要求的抢夺行为有质的不同。徐某夺取王某自行车的行为并不是以非法占有为目的，而是在民警的追赶抓捕下作为逃跑的交通工具使用。在当时的环境下，徐某等人连自己驾驶的机动三轮车都弃而不顾，不可能临时起意生劫财之念，况且事实上，徐某等人夺取的王某的自行车被其在逃跑途中丢弃，这足以说明其主观上不以非法占有为目的，只是基于暂时支配使用的心态，因而徐某的行为亦缺乏由抢夺行为转化为抢劫的前提。

再次，徐某的行为不构成牵连犯。所谓牵连犯，即以实施某一犯罪为目的，其方法行为或结果行为又触犯其他罪名的犯罪形态。构成牵连犯必须具备这样一个前提，即行为人的行为成立数罪，而非一罪。在牵连犯中，无论是目的行为、手段行为还是原因行为、结果行为都有其特定的含义，均可独立成罪，不能将其与通常的犯罪目的或犯罪手段、犯罪结果混为一谈。结合本案，如同上述，徐某夺取摩托车和先前的夺取王某自行车的行为性质并无二致，主观上都不是以非法占有为目的，不构成抢劫罪，缺乏构成牵连犯的前提。徐某等人夺取前来追赶抓捕他们的民警及村民的摩托车，目的是抗拒抓捕，这不过是妨害公务的手段而已，与牵连犯所要求的“手段行为”不可同日而语，因而徐某等夺取摩托车作为妨害公务的犯罪手段只能作为妨害公务罪中的一个酌定处罚情节。虽然本案中一名联防队员的摩托车被徐某的同伙张某驾驶逃离，未能追回，那也只能作为妨害公务行为所造成的后果，这种犯罪结果同样是一个酌定处罚情节，不能因为该摩托车实际被张某骑走造成事实上的非法占有，而认定其主观上“以非法占有为目的”，否则，将陷入“客观归罪”的误区。

最后，徐某的行为构成妨害公务罪。徐某在其实施盗窃违法行为后，因形迹可疑被民警发觉，不但拒不接受民警的盘查，反而为逃避司法追究，以暴力或以暴力相威胁的手段阻碍民警依法履行职务，其行为已构成妨害公务罪。

2. 根据《刑法》第 320 条的规定，陈某的行为构成出售出入境证件罪。认定陈某的行为性质的关键在于其行为与骗取出境证件罪、组织他人偷越国（边）境罪之间的界限：首先，本案不符合骗取出境证件罪的构成要件。根据刑法的规定，在骗取出境证件罪中，骗取的证件必须是为组织他人偷越国（边）境使用。本案中，陈某弄虚作假骗取了 3 份商务签证，但是其骗取证件不是为组织他人偷越国（边）境使用，故本案可以排除骗取出境证件罪。其次，本案也无法认定为组织他人偷越国（边）境罪。根据最高人民法院、最高人民检察院《关于办理妨害国（边）境管理刑事案件应用法律若干问题的解释》的规定，组织他人偷越国（边）境罪中的组织行为，系领导、策划、指挥他人偷越国（边）境或者在首要分子指挥下实施拉拢、引诱、介绍他人偷越国（边）境等行为。在本案中，陈某伪造他人身份材料以及其他用于申领出入境证件的虚假材料，并骗得 3 份签证，通过贩卖，获利 12 万元。显然，陈某纯粹是为营利而帮助他人骗取出境证件，其骗取行为并非组织偷越国（边）境行为的组成部分，是一种一手交证件、一手交钱的简单的买卖关系；同时，陈某也没有实施其他具体的组织行为，且偷越国（边）境人员在得到相关证件后，偷越国（边）境成功与否和陈某的获利多少没有任何关系。因此，本案也不符合组织他人偷越国（边）境罪。

3. （1）胡某的行为构成传播性病罪。所谓传播性病罪，是指明知自己患有梅毒、淋病等严重性病而卖淫、嫖娼的行为。胡某在某妇幼保健所告知其已患上淋病后仍然从事卖淫活动，其行为符合传播性病罪的构成要件，构成传播性病罪。

即使胡某事实上并没有造成张某等染上性病，对其行为仍应定传播性病罪。因为传播性病罪是行为犯，不以是否造成性病传播的后果为要件，只要行为人明知自己患有梅毒、淋病等严重性病仍然实施卖淫、嫖娼行为就构成该罪。

（2）如果某妇幼保健所没有告知胡某患有淋病，那么胡某的行为是否构成传播性病罪应视其是否明知自己患有严重性病而定。因为明知自己已患有严重性病是行为人犯传播性病罪的主观要件之一，如果卖淫、嫖娼行为人明知自己患有严重性病则构成犯罪；如果没有明知，则不构成犯罪。

论述题与深度思考题

1. 招摇撞骗罪，是指为了谋取非法利益，冒充国家机关工作人员或者人民警察进行招摇撞骗的行为。招摇撞骗罪和诈骗罪都包含有骗取他人财物的行为，但两者仍有明显的区别：其一，侵犯的客体不同。招摇撞骗罪侵犯的客体主要是国家机关的正常活动；诈骗罪侵犯的客体则是公私财产所有权。其二，犯罪手段不同。招摇撞骗罪的行为方式只能是冒充国家机关工作人员或人民警察行骗；而诈骗罪的行为手段则是多种多样的，其中包括冒充国家机关工作人员和人民警察行骗。其三，成立犯罪的标准不同。招摇撞骗罪不要求行为人诈骗所得财物数额较大，只要行为人实施了冒充国家机关工作人员或人民警察招摇撞骗的行为，原则上便构成犯罪；而诈骗罪的成立，必须是行为人诈骗所得的财物数额较大。行为人冒充国家机关工作人员或者人民警察骗取公私财物，达到数额较大以上标准，同时触犯诈骗罪的，一般认为属于交叉型法条竞合。但也有观点认为，该行为明显侵害了两个犯罪的保护法益，应认定为想象竞合。当然，不论认为是法条竞合还是想象竞合，都应采取从一重处断原则。

2. 本题的关键是如何理解组织卖淫罪中“卖淫”一词在刑法上的语义。我们认为，组织男性向男性提供性服务（同性卖淫）的，构成组织卖淫罪。理由如下：

第一，根据一般人的观念，卖淫是指女性向男性出卖肉体，男性支付相应对价的性交易行为。尽管如此，但是《刑法》本身及相关立法、司法解释均未曾对刑法中“卖淫”一词的内涵作出过明确界定，均未曾明确限定“卖淫”仅限于异性之间的性交易行为。鉴于此，认为“卖淫”也包括同性卖淫，并不与现行立法和有效刑法解释相抵触；或者说，至少在形式上并不违背罪刑法定原则。

第二，由于种种原因，辞典，尤其是非专业性辞典，对某一刑法用语的解释，往往与我们对该刑法用语所作的规范解释不尽一致，有的甚至与刑法本身规定相冲突。例如，根据有关辞典的解释，“卖淫”是“指妇女出卖肉体”。但是，辞典对刑法用语的解释不能成为我们办理具体案件的“法律依据”，不能以辞典的解释取代我们对刑法用语的规范解释；对刑法用语作出不同于辞典解释的专业解释并不必然违背罪刑法定原则，相反，在有些场合下，这是坚持罪刑法定原则的当然要求。

第三，刑法所规定的“卖淫”的本质特征在于，其是以营利为目的，向不特定的人出卖肉体的行为。至于行为人的性别是男是女以及其对象是异性还是同性，均不是判断、决定行为人的行为是否构成“卖淫”所要考察的因素。之所以这样理解，是因为无论是女性卖淫、男性卖淫还是异性卖淫、同性卖淫，均违反了基本伦理道德规范，毒害了社会风气，败坏了社会良好风尚。从此角度看，将同性卖淫归入“卖淫”范畴，以组织卖淫罪追究组织同性卖淫的行为人的刑事责任，并不违背而是完全符合刑法有关卖淫嫖娼犯罪规定的立法精神。

第四，根据刑法解释原理，对刑法用语，应当适应社会发展，结合现实语境，作出符合同时代一般社会观念和刑法精神的解释。这不仅不违背罪刑法定原则，相反是贯彻罪刑法定原则的当然要求。因为在解释刑法时，必须正视刑法文本的开放性，适应社会生活事实的发展变化科学界定法律用语的准确含义，不能将“熟悉与必须”相混淆，否则，便会人为窒息刑法的生命，使刑法惩治犯罪、保护法益的功能无法有效实现。结合目前社会生活事实的发展变化（已出现同性卖淫行为）、现时代一般社会观念对男性之间以营利为目的的性交易行为的认识（人们已习惯用同性“卖淫”来指称这种现象）以及刑法精神（禁止任何有伤风化的淫媒行为），应认为，组织男性向男性提供性服务的行为构成犯罪。［参见陈兴良主编：《判例刑法教程（总则篇）》，8～13页，北京，北京大学出版社，2015.］

3. 催收非法债务罪，是指使用暴力、胁迫等方法催收高利放贷等产生的非法债务，情节严重的行为。构成本罪，需要满足以下要件。

（1）行为人催收的对象必须是非法债务。除因高利放贷产生的债务外，还包括因吸毒、赌博、嫖娼等违法犯罪行为产生的债务。这里“产生”的既包括因高利放贷等非法行为直接产生的债务，也包括由非法债务产生、衍生的孳息、利息等。催收合法债务（如借款）及其产生的利息，不成立犯罪。但是，即使是合法债务，如果用非法拘禁或伤害他人的方法催收，也可能构成非法拘禁罪或者故意伤害罪。

（2）必须是通过暴力、胁迫，或者限制他人人身自由或侵入他人住宅，或者恐吓、跟踪、骚扰他人的方法催收非法债务。具体包括三种方法：一是使用暴力、胁迫。这里的“暴力”是最广义的暴力，包括不法行使有形力的一切情况，其不仅可以是对人，而且可以是对物。只要所采用的暴力足以压制被害人的反抗，均属于暴力。“胁迫”是指对被害人及其亲属以恶害相通告，如以伤害他人及其亲属、毁坏被害人及其亲属财产或者揭发被害人及其亲属隐私等相威胁，进行精神上的强制，迫使被害人就范，不敢抗拒。二是限制他人人身自由或者侵入他人住宅。这里的“限制他人人身自由”，是指采用捆绑、关押、扣留身份证件等不让被害人随意外出或者与外界联系的方式。“侵入他人住宅”，是指未经被害人同意，非法强行闯入其住宅，或者无正当理由进入被害人住宅，经被害人要求退出仍拒不退出的行为。三是恐吓、跟踪、骚扰他人。这里的“恐吓”，是指使他人产生心理恐惧或者形成心理强制的手段，如破坏生活设施、设置生活障碍、贴报喷字、拉挂横幅、燃放鞭炮、播放哀乐、摆放花圈、泼洒污物、断水断电、堵门阻工以及聚众哄闹滋扰、拦路闹事、驱赶从业人员、派驻人员据守等等，从而直接或者间接地控制厂房、办公区、经营场所等扰乱他人正常生活、工作、生产、经营秩序的行为。采用上述手段催收非法债务的，其手段行为可能同时构成其他犯罪，如故意伤害罪、非法拘禁罪、非法侵入住宅罪，应从一重罪处断。

只有行为人采用上述三种行为方式之一催收非法债务的，才构成本罪。如果是采用上述三种方式之外的手段催收非法债务的，不成立本罪。

成立本罪，必须是情节严重。对于情节显著轻微危害不大的，如为催收非法债务，限制他人人身自由或侵入他人住宅，持续时间较短或者偶尔跟踪、骚扰他人，等等，不应作为犯罪处理，而只需给予治安管理处罚。

第二十七章　危害国防利益罪

名词解释

1. 国防利益
2. 破坏武器装备、军事设施、军事通信罪
3. 阻碍军人执行职务罪

选择题

（一）单项选择题

1. 村民张某，为了筹集结婚费用，起了盗窃国防通信线路的念头，先后三次用钢丝钳等工具，偷剪该线路电缆两千余米，价值 2 万元，销赃后得赃款 3 000 元，致使该线路中断通信 3 个多小时。张某的行为构成何罪？（　　）（司考）

A. 盗窃罪

B. 破坏公用通信设备罪

C. 破坏军事通信罪

D. 故意毁坏财物罪

视频讲题

2. 军人甲经常对新兵说：现在当兵没有意思，你们不如早点逃离部队、下海挣钱。战士乙等 6 人听了甲的“说教”后，相继趁外出训练或值夜班之机逃离部队。甲的行为构成（　　）。

A. 煽动军人逃离部队罪

B. 逃离部队罪（教唆犯）

C. 阻碍军事行动罪

D. 不构成犯罪

视频讲题

3. 下列关于“战时”理解不正确的是（　　）。

A. 国家宣布进入战争状态

B. 部队受领作战任务

C. 部队执行戒严任务

D. 国家宣布进入全国总动员状态

4. 赵某利用民众对解放军的爱戴和信任，冒充解放军某部指导员，实施诈骗行为，非法获取财物价值约 2 000 元。赵某的行为构成（　　）。

A. 诈骗罪

B. 招摇撞骗罪

C. 冒充军人招摇撞骗罪

D. 滥用职权罪

5. 现役军人张某由于过不惯军队生活，开小差回到城市，并且通过招工，成为一家私人酒店的保安人员，后被抓获。该酒店负责人（　　）。

A. 构成阻碍军人执行职务罪

B. 构成雇用逃离部队军人罪

C. 构成煽动军人逃离部队罪

D. 不构成犯罪

6. 某军需工厂接了某部队一份军服订单，但是由于该工厂拖欠外债较多，为了降低成本，制作中偷工减料，致使军服质量低劣，许多士兵因为军服御寒不佳患病。该工厂的行为构成（　　）。

A. 生产伪劣产品罪

B. 故意提供不合格武器装备罪

C. 非法经营罪

D. 过失提供不合格武器装备罪

视频讲题

7. 甲是负责部队征兵的国家工作人员。其所征兵的地区十分贫穷，入伍应征是当地人的一种改变生活的方式，当地人经常将自家不足征兵年龄的孩子交给甲，托甲帮忙。甲因此将数名不足法定年龄的人征入部队。甲的行为构成（　　）。

A. 接送不合格兵员罪

B. 滥用职权罪

C. 招收公务员、学生徇私舞弊罪

D. 玩忽职守罪

8. 公民甲购买了一张“军官证”，利用旅游场所对于解放军的优惠措施，凭借此证，去多个旅游场所旅游，偷逃应交门票金额数百元，后偶然被一位细心的检票人员发现并扭送至公安机关。甲当即交代了自己购买假证并且逃票的事实。甲的行为构成（　　）。

A. 购买国家机关证件罪

B. 冒充军人招摇撞骗罪

C. 购买武装部队证件罪

D. 诈骗罪

9. 下列哪项犯罪不可以由单位构成？（　　）

A. 故意提供不合格武器装备、军事设施罪

B. 非法提供武装部队专用标志罪

C. 战时拒绝、故意延误军事订货罪

D. 战时拒绝军事征收、征用罪

（二）多项选择题

1. 关于阻碍军人执行职务罪的下列表述中哪些是正确的？（　　）

A. 本罪是以暴力、威胁方法阻碍军人依法执行职务的行为

B. 本罪的主观方面是故意，过失不构成犯罪

C. 本罪的主体是军人

D. 本罪的主体是非军人

2. 关于战时拒绝军事征用罪的表述正确的是（　　）。

A. 该罪的发生必须是在战时

B. 本罪的主体为一般主体

C. 单位可以成为本罪主体

D. 本罪的主观方面为故意

3. 下列人员中，哪些可以单独成为接送不合格兵员罪的主体？（　　）

A. 地方负有征兵责任的工作人员

B. 部队的接收人员

C. 对兵员进行体检的医务人员

D. 兵员的父母、亲友

4. 关于战时拒绝、故意延误军事订货罪，表述正确的有（　　）。

A. 战时是本罪的成立要件之一

B. 本罪的主体包括单位

C. 本罪的成立要求情节严重

D. 本罪的主观方面是故意

（三）不定项选择题

1. 王某在偷越国境时被边防军人发现，王某当场使用暴力致使该军人受轻伤。后王某被边防战士发现，并被抓获。王某的行为构成（　　）。

A. 偷越国境罪

B. 偷越国境罪与故意伤害罪并罚

C. 故意伤害罪

D. 阻碍军人执行职务罪

视频讲题

2. 冒充军人招摇撞骗罪与招摇撞骗罪的区别有哪些？（　　）

A. 主体不同：前者是特殊主体，后者是一般主体

B. 冒充的对象不同：前者是冒充军人，后者是冒充国家机关工作人员

C. 侵犯的客体不同：前者是国防利益，后者是社会管理秩序

D. 两者是法条竞合的关系

简答题

1. 简述阻碍军事行动罪的构成要件。

2. 简述破坏武器装备、军事设施、军事通信罪的构成要件。

3. 简述接送不合格兵员罪的构成要件。

案例分析题

某适龄青年甲一心想参军，但因文化程度太低，未获批准。甲于是通过熟人找到市武装部征兵办公室的主任乙，请他帮忙。乙说："帮忙可以，但是办这事难度很大，我还需要做多方面的工作。我尽量办，有消息我会通知你。"第二天，甲给乙送去2万元钱，乙收下当即填写了入伍通知书和批准书，加盖该市武装部征兵办公室公章，使甲当年应征入伍。第二年，乙更加有恃无恐，采取类似手段使6名不合格的青年入伍，非法获取17万元，严重影响了兵员质量。案发后，上述不合格人员都被部队清退。

问：乙的行为构成何罪？

论述题与深度思考题

试论阻碍军人执行职务罪。

参考答案

名词解释

1. 国防是国家生存和发展的安全保障。国防利益是指国家为捍卫国家主权、领土完整和安全，防备和抵御侵略与颠覆，维护部队声誉而进行的军事及与军事有关的建设和斗争等活动的利益，具体包括国防物质基础、作战与军事行动、国防自身安全、武装力量建设、国防管理秩序等方面利益。国防利益是关系国家生存、发展和安全保障的重要利益。

2. 破坏武器装备、军事设施、军事通信罪，是指出于泄愤报复或者其他个人目的，对武器装备、军事设施以及军事通信进行破坏的行为。

3. 阻碍军人执行职务罪，是指以暴力、威胁方法阻碍军人依法执行职务的行为。暴力，是指对人身进行强制的各种方法；威胁，是指用伤害身体、毁坏财物、破坏名誉、揭穿隐私等手段相恐吓。

选择题

（一）单项选择题

1. C。张某的行为同时构成盗窃罪和破坏军事通信罪。由于张某的行为只有一个，符合想象竞合犯，所以对张某仅按破坏军事通信罪定罪即可。新近有观点认为此行为符合牵连犯，剪断电缆与偷取电缆是两个独立的行为。然而，实际上，剪断电缆正是偷取电缆行为的着手。认为此行为是牵连犯的观点，实际上是对剪断电缆的行为作了两次评价：一次在盗窃行为里，一次在破坏军事通信行为里。这种观点违反了一事不二罚的原则，所以是不正确的。

2. A。选项B不正确，因为逃离部队的教唆犯必须是对特定的人实施教唆行为，题干中甲显然不是唆使特定的新兵逃离部队，所以甲不构成逃离部队罪的教唆犯。行为人也不构成阻碍军事行动罪，因为甲实施煽动行为时不存在军事行动。甲的行为构成煽动军人逃离部队罪。

3. D。根据《刑法》第451条，战时，是指国家宣布进入战争状态、部队受领作战任务或者遭敌突然袭击时。部队执行戒严任务或者处置突发性暴力事件时，以战时论。国家宣布进入全国总动员状态不属于战时，故选项D不正确。

4. C。招摇撞骗罪与诈骗罪同是采取欺骗的手段，但是招摇撞骗是利用特定的身份，而诈骗是利用虚构事实或者隐瞒真相。赵某在欺骗的手段上显然是利用了特定的身份，所以赵某的行为不构成诈骗罪。招摇撞骗罪与冒充军人招摇撞骗罪是法条竞合的关系，前者是一般法，后者是特别法，行为人所冒充的是特别法上的军人，根据特别法优于一般法的原则，赵某的行为构成冒充军人招摇撞骗罪。

5. D。行为人客观上实施了雇用逃离部队的军人的行为，但是构成雇用逃离部队军人罪需要情节严重。情节严重一般是指雇用多名逃离部队的现役军人，或因雇用逃离部队的现役军人给部队造成重大损失或者造成恶劣社会影响。题中酒店负责人只是雇用了一名逃离部队的军人，情节轻微，即使负责人明知其是逃离部队的军人，也不构成犯罪。

6. A。故意或者过失提供不合格武器装备罪的犯罪对象是武器装备。武器装备是指直接用于实施和保障作战行动的武器、武器系统和军事技术器材。军服显然不属于武器装备的范畴，所以选项BD不正确。非法经营罪，是指违反国家规定，从事非法经营，扰乱市场秩序，情节严重的行为。而该军需工厂所从事的并非非法经营行为，所以不构成非法经营罪而构成生产伪劣产品罪。

7. A。甲将不足法定年龄的人招进部队的行为符合接送不合格兵员罪的构成特征。行为人招收的是新兵，不属于公务员、学生范畴，故选项C不正确；选项D主观上要求过失，而行为人显然是故意的，所以选项D也是错误的。甲的行为虽然也构成滥用职权罪，但接送不合格兵员罪与其在此是法条竞合关系，所以只能选A项。

8. B。行为人通过购买“军官证”逃交门票的行为，符合冒充军人招摇撞骗罪的构成特征。冒充军人招摇撞骗罪与诈骗罪之间存在法条竞合的关系。在此，应该按照特别法（冒充军人招摇撞骗罪）定罪处罚。购买证件的行为与本罪之间存在牵连关系，且前者是手段行为，后者是目的行为，故本题应按目的行为即冒充军人招摇撞骗罪从一重处断，不再单独定罪。

9. D。根据刑法分则规定，选项ABC的主体都可以由单位构成，选项D没有规定单位犯罪，所以不能由单位构成。

（二）多项选择题

1. ABD。阻碍军人执行职务罪的主体不能是军人，军人实施类似行为的，应该构成阻碍执行军事职务罪。因此，选项C不正确。

2. ABD。战时拒绝军事征用罪的主体是一般主体，即自然人，不能是单位。因此，选项C不正确。

3. AB。接送不合格兵员罪的主体是部队和地方负责征兵的工作人员。因此，AB项可以是本罪的主体。进行体检的医务人员与兵员的父母、亲友不能单独成为接送不合格兵员罪的主体。

4. ACD。战时拒绝、故意延误军事订货罪是指有关单位在战时拒绝或者故意延误军事订货，情节严重的行为。所以选项ACD正确。本罪是纯正的单位犯罪，不能由自然人实施，所以选项B称“包括”是不正确的说法。

（三）不定项选择题

1. D。行为人对边防军人实施的暴力行为符合阻碍军人执行职务罪的特征，同时其造成被害人轻伤，构成故意伤害罪。行为人实施上述行为的目的是偷越国境，其暴力行为与偷越国（边）境罪之间存在牵连关系。综合而言对行为人应该从一重罪处断。所以对行为人定性为阻碍军人执行职务罪，是正确的。

2. BCD。两罪的主体都是一般主体，所以选项A错误。选项BC符合两罪的构成特征。冒充军人招摇撞骗罪与招摇撞骗罪是法条竞合的关系，所以选项D正确。

简答题

1. 阻碍军事行动罪，是指故意阻碍武装部队的军事行动，造成严重后果的行为。本罪具有如下构成特征：(1) 本罪侵犯的直接客体是武装部队的军事行动。军事行动，是指为达到一定政治目的而有组织地使用武装力量的活动。(2) 本罪在客观方面表现为行为人实施了阻碍军事行动，造成严重后果的行为。所谓军事行动，既指战时的军事行动，也指平时的军事行动。(3) 本罪的犯罪主体为一般主体。(4) 本罪的主观方面是故意，即明知是武装部队的军事行动而予以阻碍。过失不构成本罪。

2. 破坏武器装备、军事设施、军事通信罪，是指出于泄愤报复或者其他个人目的，对武器装备、军事设施以及军事通信进行破坏的行为。本罪具有如下构成特征：(1) 本罪侵犯的直接客体是军队战斗力的物质保障，犯罪对象是武器装备、军事设施、军事通信。(2) 本罪在客观方面表现为实施了破坏武器装备、军事设施、军事通信的行为。武器装备，是指直接用于武装部队实施和保障作战行动的武器、武器系统和作战设施。军事设施是指国家直接用于军事目的的建筑、场地和设备，如军需仓库、射击场、教练飞机、军事禁区的围墙等。军事通信是指军队运用各种通信手段，为实施指挥和武器控制而进行的信息传送。(3) 本罪的犯罪主体是一般主体。(4) 本罪的主观方面是故意，即明知是武器装备、军事设施、军事通信而破坏，过失不构成本罪。

3. 接送不合格兵员罪是指在征兵工作中徇私舞弊，接送不合格兵员入伍，情节严重的行为。本罪具有如下构成要件：(1) 本罪侵犯的直接客体是国家征兵工作的正常活动。(2) 本罪的客观方面表现为行为人实施了在征兵工作中徇私舞弊，接送不合格兵员入伍，情节严重的行为。（3）本罪的犯罪主体是特殊主体，即只能是那些在征兵工作中具有征兵职责的征兵工作人员。（4）本罪的主观方面是故意，即行为人明知自己徇私舞弊的行为是违反国家有关规定的，明知自己的行为可能产生危害征兵工作的后果，仍然希望或者放任这种结果发生。

案例分析题

乙作为某市武装部征兵办公室主任，属于国家机关工作人员之列。其收受他人贿赂，为他人办事的行为，构成受贿罪；其为他人办事的具体行为又符合接送不合格兵员罪的特征。虽然乙客观上实施了两个行为，但两个行为之间具有刑法上的牵连关系，即乙受贿是乙实施其他犯罪行为的原因，乙所实施的其他犯罪行为是乙受贿行为所产生的结果，两个行为之间的这种因果关系，不是牵强附会地人为臆造出来的，而是内在的、必然发生的。因此，上述情况符合牵连犯的情形。根据牵连犯"从一重处断"的原则，应对乙以受贿罪定性。

论述题与深度思考题

阻碍军人执行职务罪，是指以暴力、威胁方法阻碍军人依法执行职务的行为。

阻碍军人执行职务罪具有以下主要构成特征。

（1）本罪侵犯的客体是军人依法执行职务的活动。所谓依法执行职务，是指军人依照上级合法军事命令而执行职务。

（2）本罪的客观方面表现为以暴力、威胁方法阻碍军人依法执行职务的行为。暴力，是指对人身进行强制的各种方法，如捆绑、伤害、殴打等。威胁，是指用伤害身体、毁坏财物、破坏名誉、揭穿隐私等手段相恐吓。至于威胁是直接还是间接的，并不影响本罪的成立。阻碍军人执行职务，是指对军人依法执行职务造成障碍，使其不能顺利执行职务，如推翻或者烧毁军车，从而使执行职务的军人行动受阻等。军人的职务行为"合法"是行为人的行为构成本罪的一个十分重要的前提。因此，如果阻碍军人不合法的行为，则不能构成本罪。

（3）本罪的犯罪主体是除军人以外的其他公民，即非军人。

（4）本罪的主观方面是故意，即明知是正在依法执行军事职务的军人而对其使用暴力、威胁，迫使其停止、放弃、变更执行职务或者无法执行职务。行为人阻碍军人执行职务的动机、目的如何不影响定罪。过失不构成本罪。

本罪与相关犯罪的界限如下。

（1）本罪与阻碍执行军事职务罪的区别。首先，主体不同：前者的主体为非军人，后者的主体为具有现役军人身份的军职人员。其次，对象不同：前者主要侵害的是正在依法执行职务的现役军人，包括指挥人员和普通士兵；后者侵害的则是正在执行职务的军事指挥人员或者正在值班、值勤的军人。

（2）本罪与妨害公务罪的区别。首先，客体不同：前者侵犯的客体是军人依法执行职务的活动，后者侵犯的则是军事机关以外的其他国家机关工作人员、人大代表的公务活动以及红十字会的部分活动。其次，对象不同：前者侵犯的对象是正在依法执行职务的军人，后者侵犯的则为正在依法执行职务的国家机关工作人员、人大代表以及在自然灾害突发事件中正在依法履行职责的红十字会工作人员。

第二十八章　贪污贿赂罪

名词解释

1. 国家工作人员
2. 挪用公款罪
3. 公共财产
4. 斡旋受贿

选择题

（一）单项选择题

1. 某民政局工作人员冯某利用职务便利挪用救济金 5 万元进行营利活动。冯某的行为构成何种犯罪？（　　）（司考）

A. 挪用特定款物罪　　B. 挪用公款罪
C. 挪用资金罪　　D. 职务侵占罪

视频讲题

2. 甲被聘在国有公司担任职务，后因该国有公司与某外商企业合资，国有公司占 10%的股份，甲被该国有公司委派到合资企业担任副总经理。在任职期间，甲利用职务上的便利将合资企业价值 5 万元的财物非法据为己有。对甲的行为应如何定罪？（　　）（司考）

A. 侵占罪　　B. 职务侵占罪
C. 盗窃罪　　D. 贪污罪

视频讲题

3. 关于贪污贿赂罪的犯罪客体下列说法中正确的是（　　）。

A. 本类罪的犯罪客体是单一客体，即国家工作人员公务行为的廉洁性
B. 本类罪的犯罪客体主要是单一客体，即国家工作人员公务行为的廉洁性，也有一些罪的客体是复杂客体，包括公共财产所有权
C. 本类罪的犯罪客体是复杂客体，即国家公务人员公务行为的廉洁性和公共财产所有权
D. 上述说法都不正确

4. 下列关于贪污贿赂罪的主体的表述中正确的是（　　）。

A. 本类罪的主体是特殊主体
B. 本类罪的主体是一般主体
C. 本类罪的主体主要是特殊主体，少数犯罪的主体是一般主体
D. 本类罪的主体不包括单位

5. 下列关于贪污贿赂罪的主观方面的表述中正确的是（　　）。

A. 本类罪的主观方面只能是直接故意，间接故意不能构成本罪
B. 本类罪的主观方面多数是直接故意，少数犯罪可以由间接故意构成
C. 本类罪的主观方面都具有一定的非法占有的目的
D. 以上说法都不正确

6. 甲公司是一大型国有参股公司，国有资产占 30%，其他私有资产占 70%。王某是上级委派到该参股公司从事公务的国家工作人员。王某平时利用职务便利，向公司虚报开支，骗取数万元。对王某的行为定性，正确的说法是（　　）。

A. 因为是混合所有制单位，所以王某的行为构成职务侵占罪
B. 因为是混合所有制单位，所以王某骗得的数万元中，30%按贪污罪定罪，70%按职务侵占罪定罪
C. 尽管是混合所有制单位，但因为可以视为是在

国有单位中使用的其他财产，所以整体按照贪污罪定罪处罚

D. 这是一种特殊的贪污形式，按照贪污罪定罪处罚即可

7. 贪污罪的客观行为方式不可以是以下哪种形式？（　　）

A. 盗窃　　B. 侵占

C. 诈骗　　D. 抢夺

8. 关于贪污罪的既遂，下列说法中正确的是（　　）。

A. 贪污罪是行为犯，只要行为人实施了贪污的行为，就构成既遂

B. 贪污罪是结果犯，只要行为人使财物脱离单位控制，就构成既遂

C. 贪污罪是数额犯，根据刑法规定，只有当贪污财物的数额达到5 000元时，才构成既遂

D. 以上说法都不正确

9. 甲是某派出所的值班警察，在值班室接到一群众上交的他人丢失的皮包。甲打开皮包后发现里面有高档手机一部、信用卡若干张、现金数百元，产生非法占有的念头，遂将该皮包内的物品转放进自己的皮包，失主来认领时，仅将空包返还给失主。甲的行为可能构成（　　）。

A. 盗窃罪　　B. 滥用职权罪

C. 职务侵占罪　　D. 贪污罪

10. 某国家参股的股份有限公司中，甲为受国家委托从事公务的国家工作人员，乙是该公司管理财务的非国家工作人员。甲、乙相互勾结，分别利用自己职务上的便利，共同将公司财产非法占为己有，数额高达数十万元。其中，乙不仅主谋，而且直接实施骗取行为，甲予以协助。甲和乙的行为构成（　　）。

A. 贪污罪

B. 职务侵占罪

C. 侵占罪

D. 甲构成贪污罪，乙构成职务侵占罪

视频讲题

11. 甲是国家机关的管理财务的工作人员，其利用职务上的便利，伪造收支凭证，将单位5万元公款从单位银行账户上提出来占为己有。一年后一次偶然的查账中，甲的行为败露。则甲的贪污数额应该是（　　）。

A. 5万元

B. 5万元加上银行的利息

C. 5万元加上单位用5万元可能产生的效益

D. 以上都不正确

视频讲题

12. 甲为非国家工作人员，是某国有公司控股的股份有限公司主管财务的副总经理；乙为国家工作人员，是该公司财务部主管。甲与乙勾结，分别利用各自的职务便利，共同侵吞了本单位财物100万元。对甲、乙的行为应当如何定性？（　　）

A. 甲定职务侵占罪，乙定贪污罪，两人不是共同犯罪

B. 甲定职务侵占罪，乙定贪污罪，但两人是共同犯罪

C. 甲定职务侵占罪，乙是共犯，也定职务侵占罪

D. 乙定贪污罪，甲是共犯，也定贪污罪

13. 甲是国有保险公司的工作人员，甲唆使配偶乙向自己所在的保险公司投保，乙于是以虚假身份给自己的“私家车”投了全险（事后查明乙根本就没有“私家车”），甲利用自己职务的便利，在不审查手续是否合格的情况下办理了此项业务。事后半年，乙伪造了交通事故文件，向保险公司索要赔偿，甲再次利用职务便利办理了赔付业务。甲的行为构成（　　）。

A. 保险诈骗罪

B. 国有公司人员滥用职权罪

C. 贪污罪

D. 保险诈骗罪和贪污罪数罪并罚

14. 税务稽查员甲发现A公司欠税80万元，便私下与A公司有关人员联系，要求对方汇10万元到自己的存折上以了结此事。A公司将10万元汇到甲的存折上后，甲利用职务上的便利为A公司办理了手续。对

甲的行为应如何处理？（　　）（司考）

A. 认定为徇私舞弊不征、少征税款罪，从重处罚

B. 认定为受贿罪，从重处罚

C. 认定为徇私舞弊不征、少征税款罪与受贿罪的竞合，从一重罪处罚

D. 认定为徇私舞弊不征、少征税款罪与受贿罪，实行并罚

15. 甲是某国家机关的工作人员，乙是非国家工作人员，二人相互勾结，共同利用甲职务上的便利，将单位20万元现金据为己有。事后甲分得15万元，乙分得5万元。经查，甲属于从犯，乙属于主犯。则甲、乙的贪污数额应该是（　　）。

A. 分别按照甲15万元、乙5万元的数额定罪量刑

B. 因为甲是从犯，乙是主犯，所以对甲按照15万元、对乙按照20万元定罪处罚

C. 因为是共同犯罪，所以对甲和乙都是按照20万元定罪处罚

D. 以上说法都不正确

16. 关于贪污罪与挪用公款罪的犯罪主体，下列说法中不正确的是（　　）。

A. 贪污罪的犯罪主体包括国家工作人员，挪用公款罪的犯罪主体是国家工作人员

B. 贪污罪的犯罪主体包括村委会工作人员，挪用公款罪的犯罪主体不包括村委会工作人员

C. 贪污罪的犯罪主体包括受国家机关、国有公司、企事业单位、人民团体委托管理、经营国有财产的人员，挪用公款罪的犯罪主体不包括这部分人员

D. 贪污罪的犯罪主体范围比挪用公款罪的要广

17. 下列犯罪中犯罪主体是特殊主体的是（　　）。

A. 行贿罪　　B. 介绍贿赂罪

C. 隐瞒境外存款罪　　D. 对单位行贿罪

18. 王某系某省公安厅某处副处长，在对外交往中收到很多赠送给该省的贵重礼物。王某把其中的一部分礼物据为己有，数额较大。对王某的行为应如何认定？（　　）

A. 受贿罪　　B. 职务侵占罪

C. 贪污罪　　D. 挪用公款罪

19. 国家工作人员利用职务之便，挪用何种款物归个人使用，应从重处罚？（　　）

A. 救灾、抢险、防汛、优抚、扶贫、救济款物

B. 救灾、抢险、防汛、教育、移民、救济款物

C. 救灾、抢险、防汛、优抚、教育、救济款物

D. 救灾、抢险、防洪、优抚、移民、救济款物

20. 下列哪一行为属于挪用公款从事非法活动？（　　）

A. 甲挪用公款后，用公款赌博、嫖娼

B. 乙挪用公款后，给自己盖了栋别墅

C. 丙挪用公款后，将公款存入银行，达到“钱生钱”的目的

D. 丁挪用公款后，将公款用于炒股，结果股市大跌，丁损失惨重

21. 下列对于《刑法》第384条规定的“挪用公款数额巨大不退还”理解正确的是（　　）。

A. 不退还是指行为人出于非法占有的目的，不打算退还

B. 不退还是指行为人在公安机关立案时仍不退还

C. 不退还是指行为人在公诉机关提起公诉后仍不退还

D. 不退还是指行为人在一审宣判前因客观原因不退还

22. 甲是某国有商业银行省支行的副行长，主管企业贷款业务。乙是某民办企业的企业主，因为资金短缺向甲所在银行贷款，但因为条件不够无法获得贷款。于是乙经人介绍认识了甲，甲对乙说：“现在企业贷款挺难，主要是怕贷出去收不回来。要能贷到，必须打通很多环节。”乙明白了甲的意思，次日给甲送去50万元现金，甲先是推辞，但推辞几下就收下了，对乙说：“我收下不是贪你的钱，主要是有很多方面要做工作。”于是甲运用自己的职权，指使下面的部门将200万元贷给乙，后乙经营得当，将贷款和利息均返还。甲的行为构成（　　）。

A. 受贿罪

B. 受贿罪与挪用公款罪数罪并罚

C. 受贿罪与违法发放贷款罪

D. 受贿罪与挪用公款罪从一重处罚

23. 国家工作人员甲利用职务上的便利为某单位谋取利益。随后，该单位的经理送给甲一张购物卡，并告知其购物卡的价值为5万元、使用期限为1个月。甲收下购物卡后忘记使用，导致购物卡过期作废，卡内的5万元被退回到原单位。关于甲的行为，下列哪一选项是正确的？（　　）

A. 甲的行为不构成受贿罪
B. 甲的行为构成受贿（既遂）罪
C. 甲的行为构成受贿（未遂）罪
D. 甲的行为构成受贿（预备）罪

24. 某市公安局的领导曾经违反规定将应当上交国家的罚没财产变卖成现金然后装备公安局，给每一个科室配备一台电脑。后来因市政规划，该公安局要迁址，公安局领导为了避免麻烦，决定将每个科室的电脑分给科室的办公人员，每人只要交100元即可将价值为2 000元（折旧后的价格）的电脑拿回家。几乎所有科室的人员都“买”了单位的电脑。请问：该公安局领导的出售电脑的行为构成（　　）。

A. 私分罚没财物罪
B. 私分国有资产罪
C. 私分罚没财物罪和私分国有资产罪数罪并罚
D. 私分罚没财物罪和私分国有资产罪从一重处罚

25. 某国有公司出纳甲意图非法占有本人保管的公共财物，但不使用自己手中的钥匙和所知道的密码，而是使用铁棍将自己保管的保险柜打开并取走现金3万元。之后，甲伪造作案现场，声称失窃。关于本案，下列哪一选项是正确的？（　　）

A. 甲虽然是国家工作人员，但没有利用职务上的便利，故应认定为盗窃罪
B. 甲虽然没有利用职务上的便利，但也不属于将他人占有的财物转移为自己占有，故应认定为侵占罪
C. 甲将自己基于职务保管的财物据为己有，应成立贪污罪
D. 甲实际上是通过欺骗手段获得财物的，应认定为诈骗罪

26. 某市的国有钢铁公司会计甲利用职务之便挪用单位公款10万元去经营买卖，因经营不善，导致亏本。1个月后归还单位3万元，另7万元无力归还。则甲的行为构成（　　）。

A. 挪用公款罪
B. 贪污罪
C. 挪用公款罪和贪污罪，实行数罪并罚
D. 不以犯罪论处，给予行政处理

27. 某县民政局局长甲利用职务上的便利，擅自将国家拨给的用于救灾的款项用来购买小轿车供领导上下班使用，给救灾工作造成重大损失。甲的行为构成（　　）。

A. 贪污罪　　B. 挪用公款罪
C. 职务侵占罪　　D. 挪用特定款物罪

28. 下列关于介绍贿赂罪的说法，正确的是（　　）。

A. 介绍贿赂罪的主体是一般主体，非国家工作人员也可以构成本罪
B. 介绍贿赂罪是结果犯，必须有被介绍双方行贿受贿事实的发生
C. 介绍贿赂罪是行为犯，只要行为人实施了介绍贿赂的行为，就构成本罪
D. 介绍贿赂的行为人被追诉前主动交代犯罪事实的，应当减轻或者免除处罚

29. 甲原为某机关处长，现已退休。现任处长乙是他的老下级，关系很熟。丙有求于乙，但是与乙不熟悉，于是找到甲并告知想送钱给乙，但是怕乙不收。甲于是邀请乙一同吃饭，席间将丙引见给乙认识。后丙向乙行贿3万元，乙为丙取得了利益。事后，丙为了表示感谢，给了甲1万元。甲的行为构成（　　）。

A. 贿赂罪
B. 介绍贿赂罪
C. 贿赂罪和介绍贿赂罪数罪并罚
D. 贿赂罪和介绍贿赂罪，从一重处罚，定贿赂罪

30. 关于单位行贿罪，下列说法中不正确的是（　　）。

A. 必须是为了谋取不正当利益
B. 必须是所获得的不正当利益归于单位
C. 必须是单位实施
D. 单位行贿罪不处罚单位，只处罚单位的负责人

31. 甲是税务机关的稽查人员，A公司是其辖区内的一家经营电器的有限公司。甲在工作中发现A公司有长年逃税的嫌疑，于是打电话给A公司经理，告诉他如果不给自己一点好处，就追究该公司逃税的行为。A公司害怕被追究责任，于是就给甲送去10万元人民币。事后A公司发现本公司并没有逃税事实，于是向检察机关告发了甲。甲和A公司的行为分别构成何罪？（　　）

A. 甲构成敲诈勒索罪，A公司构成行贿罪
B. 甲构成徇私舞弊不移交刑事案件罪，A公司构成行贿罪
C. 甲构成受贿罪，A公司不构成犯罪
D. 甲构成受贿罪，A公司构成行贿罪

32. 何经理为了销售本公司经营的医疗器械，安排公司监事刘某在与某市立医院联系销售业务过程中，按销售金额25%的比例给医院四位正、副院长回扣共计25万余元。本案中，该公司提供回扣的行为构成何罪？（　）（司考）

A. 行贿罪
B. 对非国家工作人员行贿罪
C. 单位行贿罪
D. 对单位行贿罪

33. 下列哪一情形不属于“挪用公款归个人使用”？（　）

A. 国家工作人员甲，将公款借给其弟炒股
B. 国家机关工作人员甲，以个人名义将公款借给原工作过的国有企业使用
C. 某县市场监督管理局局长甲，以单位名义将公款借给某公司使用
D. 某国有公司总经理甲，擅自决定以本公司名义将公款借给某国有事业单位使用，以安排其子在该单位就业

34. 大学生甲为获得公务员面试高分，送给面试官乙（某机关领导）2瓶高档白酒，乙拒绝。次日，甲再次到乙家，偷偷将一块价值1万元的金币放在茶几上离开。乙不知情。保姆以为乙知道此事，将金币放入乙的柜子。对于本案，下列哪一选项是错误的？（　）（司考）

A. 甲的行为成立行贿罪
B. 乙的行为不构成受贿罪
C. 认定甲构成行贿罪与乙不构成受贿罪不矛盾
D. 保姆的行为成立利用影响力受贿罪

35. 乙的孙子丙因涉嫌抢劫被刑拘。乙托甲设法使丙脱罪，并承诺事成后付其10万元。甲与公安局副局长丁早年认识，但多年未见面。甲托丁对丙作无罪处理，丁不同意，甲便以揭发隐私要挟，丁被迫按甲的要求处理案件。后甲收到乙10万元现金。关于本案，下列哪一选项是错误的？（　）

A. 对于“关系密切”应根据利用影响力受贿罪的实质进行解释，不能仅从形式上限定为亲朋好友
B. 根据A选项的观点，“关系密切”包括具有制约关系的情形，甲构成利用影响力受贿罪
C. 丁构成徇私枉法罪，甲构成徇私枉法罪的教唆犯
D. 甲的行为同时触犯利用影响力受贿罪与徇私枉法罪，应从一重罪论处

36. 交警甲和无业人员乙勾结，让乙告知超载司机“只交罚款一半的钱，即可优先通行”。司机交钱后，乙将交钱司机的车号报给甲，由在高速路口执勤的甲放行。二人利用此法共得32万元，乙留下10万元，余款归甲。关于对本案的分析，下列哪一选项是错误的？（　）

A. 甲、乙构成受贿罪共犯
B. 甲、乙构成贪污罪共犯
C. 甲、乙构成滥用职权罪共犯
D. 乙的受贿数额是32万元

37. 根据《刑法》规定，国家工作人员利用本人职权或者（1）形成的便利条件，通过其他（2）职务上的行为，为请托人谋取（3），索取请托人财物或者收受请托人财物的，以（4）论处。这在刑法理论上称为（5）。将下列哪一选项内容填充到以上相应位置是正确的？（　）

A.（1）地位（2）国家机关工作人员（3）利益（4）利用影响力受贿罪（5）间接受贿
B.（1）职务（2）国家工作人员（3）利益（4）受贿罪（5）斡旋受贿
C.（1）职务（2）国家机关工作人员（3）不正当利益（4）利用影响力受贿罪（5）间接受贿
D.（1）地位（2）国家工作人员（3）不正当利益（4）受贿罪（5）斡旋受贿

38. 国家工作人员甲听到有人敲门，开门后有人扔进一个包就跑。甲发现包内有20万元现金，推测是有求于自己职务行为的乙送的。甲打电话问乙时被告知“不要问是谁送的，收下就是了”（事实上是乙安排丙送的），并且乙重复了前几天的请托事项。甲虽不能确定是乙送的，但还是允诺为乙谋取利益。关于本案，下列哪一选项是正确的？（　）

A. 甲没有主动索取、收受财物，不构成受贿罪
B. 甲没有受贿的直接故意，间接故意不可能构成受贿罪，故甲不构成受贿罪
C. 甲允诺为乙谋取利益与收受20万元现金之间无因果关系，故不构成受贿罪
D. 即使认为甲不构成受贿罪，乙与丙也构成行贿罪

39. 国有甲公司领导王某与私企乙公司签订采购合同，以10万元的价格向乙公司采购一批设备。后王某发现，丙公司销售的相同设备仅为6万元。王某虽有权取消合同，但与乙公司老总刘某商议，由王某花6万元从丙公司购置设备交给乙公司，再由乙公司以10万元的价格卖给甲公司。经王某签字批准，甲公司将10万元货款支付给乙公司后，刘某再将10万元返给王某。刘某为方便以后参与甲公司的采购业务，完全照办。关于对本案的分析，下列哪一选项是正确的？（　　）

A. 王某利用职务上的便利套取公款，构成贪污罪，贪污数额为10万元

B. 王某利用与乙公司签订合同的机会谋取私利，应以职务侵占罪论处

C. 刘某为谋取不正当利益，事后将货款交给王某，刘某的行为构成贪污罪

D. 刘某协助王某骗取公款，但因其并非国家工作人员，故构成诈骗罪

（二）多项选择题

1.《刑法》第389条第1款规定："为谋取不正当利益，给予国家工作人员以财物的，是行贿罪。"同条第3款规定："因被勒索给予国家工作人员以财物，没有获得不正当利益的，不是行贿。"关于上述规定，下列哪些选项是正确的？（　　）

A. "为谋取不正当利益"是客观的构成要件要素

B. "不正当利益"是规范的构成要件要素

C. "给予国家工作人员以财物"是客观的构成要件要素、积极的构成要件要素

D. 第3款规定的内容，属于消极的构成要件要素

2. 下列行为中构成贪污罪的有（　　）。

A. 甲是某国有保险公司委派到其他保险公司从事公务的人员，其利用职务之便伪造保险事故，骗取保险理赔金30万元

B. 乙是政府的行政人员，其利用办公地点靠近财务科的条件，从财务科窃取现金2万元

C. 丙是某市外事局的局长，其在接见外国来访客人的时候，收到客人送给该市的价值5 000美元的纪念品一件，丙见该纪念品做工精美、价格不菲，于是据为己有

D. 丁是村委会的工作人员，在一次协助征兵工作中，丁收受他人的钱财，将他人的子女征兵入伍

3. 下列哪些行为构成挪用公款罪？（　　）（司考）

A. 王某是政府的一名办事员，因为结婚缺少部分现金，向主管财务的副处长李某请求从单位借点钱，李某要求王某立下字据，然后将单位1万元钱借给王某使用，李某的行为构成挪用公款罪

B. 钱某是某国有单位主管财务的工作人员，利用职务便利，用单位公款100万元购买住房，一个月后，以120万元将所买房屋售出，100万元现金返还单位，另20万元现金据为己有

C. 赵某是某国有单位的负责人，其以个人名义将单位10万元人民币借给一个民办企业从事生产活动

D. 侯某是某国有单位的负责人，其以单位名义将单位10万元人民币借给一个民办企业，该企业给侯某好处费3万元

4. 下列关于私分国有资产罪与贪污罪的界限的说法中正确的是（　　）。

A. 私分国有资产罪是一种纯正的单位犯罪

B. 两罪的犯罪对象相同

C. 两罪的犯罪主体相同

D. 单位的少数成员秘密地私分国有财产，应认定为共同贪污

5. 下列哪些行为构成挪用公款罪？（　　）（司考）

A. 挪用扶贫款物归个人使用，超过3个月未还

B. 挪用公款归个人使用，进行走私活动

C. 挪用公款归个人使用，数额较大，进行股票交易活动

D. 挪用公款借给他人使用，进行经营活动

6. 甲系某市国有博物馆的馆长。某日，市政府领导带某国博物馆代表团来参观。甲当即决定将本馆收藏的一件战国时期的青铜奔马赠送给市政府，作为新落成的市政府办公大楼的装饰；同时，将一件国家禁止出口的珍贵文物赠送给该外国博物馆代表团。另外，甲还偷偷将本馆的一件珍贵文物据为己有。甲的行为构成（　　）。

A. 贪污罪

B. 私赠文物藏品罪

C. 非法向外国人赠送珍贵文物罪

D. 盗窃珍贵文物罪

7. 挪用公款给他人使用的，使用人在下列何种情况下，构成挪用公款罪的共犯？（　　）（司考）

A. 知道是挪用的公款仍然使用

B. 指使挪用人挪用公款

C. 应当知道其使用的是挪用款

D. 参与策划取得挪用款

8. 甲找到某国有企业出纳乙称自己公司生意困难，让乙想办法提供点资金，并许诺给乙好处。乙便找机会从公司账户中拿出 15 万元借给甲。甲从中拿了 3 万元给乙。之后，甲被公安机关逮捕，乙害怕受牵连，携带 100 万元公款潜逃。关于乙的全部犯罪行为，下列哪些说法是错误的？（　　）

A. 挪用公款罪与受贿罪，应择一重罪从重处罚

B. 应以挪用资金罪、职务侵占罪论处，实行数罪并罚

C. 应以挪用公款罪、贪污罪论处，实行数罪并罚

D. 应以挪用公款罪、贪污罪、受贿罪论处，实行数罪并罚

视频讲题

9. 甲公司为获取该省国有医药公司某药品的配方，送给该医药公司总工程师 50 万元现金，获得了配方。之后甲公司大批量生产该药，大量获利，使国有公司损失达 5 000 万元。甲公司的行为构成（　　）。

A. 单位行贿罪　　B. 侵犯商业秘密罪

C. 非法经营罪　　D. 行贿罪

10. 甲在同外商进行贸易洽谈时，为了谋取私利，竟利用职务便利，故意向外商泄露国家谈判机密，外商为此先后送给其人民币 10 万元作为回报。甲的行为构成（　　）。

A. 受贿罪

B. 故意泄露国家秘密罪

C. 间谍罪

D. 应定受贿罪与故意泄露国家秘密罪，实行数罪并罚

11. 下列关于受贿罪的说法不正确的是（　　）。（司考）

A. 甲系地税局局长，2003 年向王某借款 3 万元。2004 年王某所办企业希望免税，得到甲的批准，王某当时就对甲说："上次借给你的钱就不用还了，算我给你的感谢费。"但甲始终不置可否。2013 年 5 月甲因其他罪被抓获时，主动交代了借钱不还的事实。甲不构成受贿罪

B. 乙的妻子在乡村小学教书，乙试图通过关系将其妻调往县城，就请县公安局局长胡某给教育局局长黄某打招呼，果然事成。事后，乙给胡某 2 万元钱，胡某将其中 1 万元送给黄某，剩余部分自己收下。本案中，黄某构成受贿罪，胡某构成介绍贿赂罪，乙构成行贿罪

C. 丙为贷款而给某银行行长李某 5 万元钱，希望在贷款审批时多多照顾。李某收过钱，点了点头。但事后，在行长办公会上，由于其他领导极力反对发放此笔贷款，丙未获取分文贷款资金。李某虽然收受他人财物，但由于没有为他人谋取利益，所以不构成受贿罪

D. 丁系工商局局长，2008 年在对赵某所办企业进行年检时，发现该企业并不完全符合要求，就要求其补充资料。在主要资料难以补齐的情况下，赵某多次找到丁，希望他高抬贵手。丁就为其办理了年检材料，但未向赵提出任何不法要求。2014 年丁退休后欲自己开办公司，向赵某提出自己 6 年前帮助过他，希望赵某给 2 万元作为启动资金，赵推托不过，只好给钱。丁的行为构成受贿罪

12. 对挪用公款归个人使用，理解正确的是（　　）。（司考）

A. 将公款供本人、亲友或者其他人使用的

B. 以个人名义将公款供其他单位使用的

C. 个人决定以单位名义将公款供其他单位使用的

D. 个人决定以单位名义将公款供其他单位使用，谋取个人利益的

13. 甲向乙行贿 5 万元，乙收下后顺手藏于自家沙发垫下，匆忙外出办事。当晚，丙潜入乙家盗走该 5 万元。事后查明，该现金全部为假币。下列哪些选项是正确的？（　　）（司考）

A. 甲用假币行贿，其行为成立行贿罪未遂，是实行终了的未遂

B. 丙的行为没有侵犯任何人的合法财产，不构成盗窃罪

C. 乙虽然收受假币，但其行为仍构成受贿罪

D. 丙的行为侵犯了乙的占有权，构成盗窃罪

14. 关于贿赂犯罪，下列哪些选项是错误的？（　　）（司考）

A. 国家工作人员利用职务便利，为请托人谋取利益并收受其财物而构成受贿罪的，请托人当然构成行贿罪

B. 因被勒索给予国家工作人员以财物的，当然不构成行贿罪

C. 行贿人在被追诉前主动交代行贿行为的，可以从轻或者减轻处罚

D. 某国家机关利用其职权或地位形成的便利条件，通过其他国家机关的职务行为，为请托人谋取利益，索取请托人财物的，构成单位受贿罪

15. 根据《刑法》与司法解释的规定，国家工作人员挪用公款进行营利活动、数额达到 1 万元或者挪用公款进行非法活动、数额达到 5 000 元的，以挪用公款罪论处。国家工作人员甲利用职务便利挪用公款 1.2 万元，将 8 000 元用于购买股票、4 000 元用于赌博，在 1 个月内归还 1.2 万元。关于对本案的分析，下列哪些选项是错误的？（　　）

A. 对挪用公款的行为，应按用途区分行为的性质与罪数；甲实施了两个挪用行为，对两个行为不能综合评价，甲的行为不成立挪用公款罪

B. 甲虽只实施了一个挪用公款行为，但由于既未达到挪用公款进行营利活动的数额要求，也未达到挪用公款进行非法活动的数额要求，故不构成挪用公款罪

C. 国家工作人员购买股票属于非法活动，故应认定甲属于挪用公款 1.2 万元进行非法活动，甲的行为成立挪用公款罪

D. 可将赌博行为评价为营利活动，认定甲属于挪用公款 1.2 万元进行营利活动，故甲的行为成立挪用公款罪

16. 关于贿赂犯罪的认定，下列哪些选项是正确的？（　　）

A. 甲是公立高校普通任课教师，在学校委派其招生时，利用职务便利收受考生家长 10 万元。甲成立受贿罪

B. 乙是国有医院副院长，收受医药代表 10 万元，承诺为病人开处方时多开相关药品。乙成立非国家工作人员受贿罪

C. 丙是村委会主任，在村集体企业招投标过程中，利用职务收受他人财物 10 万元，为其谋利。丙成立非国家工作人员受贿罪

D. 丁为国有公司临时工，与本公司办理采购业务的副总经理相勾结，收受 10 万元回扣归二人所有。丁构成受贿罪

17. 关于受贿罪，下列哪些选项是正确的？（　　）

A. 国家工作人员明知其近亲属利用自己的职务行为受贿的，构成受贿罪

B. 国家工作人员虚假承诺利用职务之便为他人谋利，收取他人财物的，构成受贿罪

C. 国家机关工作人员实施渎职犯罪并收受贿赂，同时构成渎职罪和受贿罪的，除《刑法》有特别规定外，以渎职罪和受贿罪数罪并罚

D. 国家工作人员明知他人有请托事项而收受其财物，视为具备“为他人谋取利益”的构成要件，是否已实际为他人谋取利益，不影响受贿的认定

（三）不定项选择题

1. 甲通过内部消息得知乙即将上任为本辖区的税务稽查人员，于是提前给乙送去 3 万元的祝贺费，希望乙上任后能够在收税上给自己“特别照顾”。之后，乙果然上任该辖区的税务稽查人员。则对甲、乙的行为应如何评价？（　　）

A. 甲构成行贿罪，乙构成受贿罪

B. 甲构成行贿罪，乙不构成犯罪

C. 甲不构成犯罪，乙构成受贿罪

D. 甲、乙都不构成犯罪

2. 甲在国家机关任职，乙有求于他的职务行为，给甲送上 5 万元的好处费。甲答应给乙办事，但因故未办成。乙见事未办成，要求甲退回好处费。甲拒不退还，并威胁乙如果再来要钱就告乙行贿。对甲的行为应如何定罪？（　　）（司考）

A. 受贿罪

B. 诈骗罪

C. 敲诈勒索罪

D. 受贿罪与敲诈勒索罪

3. 甲多次挪用公款，第一次挪用 3 万元用于自家房屋的装修，两个月后挪用 3 万元用于归还第一次挪用的公款，第三次又挪用 5 万元用于赌博。期间甲曾利用职务便利为他人谋取利益，收受他人 2 万元。对甲如何定罪处罚？（　　）

A. 认定甲共挪用公款 11 万元

B. 认定甲受贿 2 万元

C. 认定甲挪用公款 8 万元

D. 认定甲挪用公款 5 万元

4. 国有公司财务人员甲于 2017 年 6 月挪用单位救灾款 100 万元，供自己购买股票，后股价大跌，甲无力归还该款项。2018 年 1 月，甲挪用单位办公经费 70 万元为自己购买商品房。两周后，甲采取销毁账目的手段，使挪用的办公经费 70 万元中的 50 万元难以在单位财务账上反映出来。甲一直未归还上述所有款项。关于甲的行为定性，下列选项中正确的是（　　）。

A. 甲挪用救灾款的行为，不构成挪用特定款物罪

B. 甲挪用办公经费的行为构成挪用公款罪，挪用数额为 70 万元

C. 甲挪用办公经费后销毁账目且未归还的行为构成贪污罪，贪污数额为 50 万元

D. 对于甲应当以挪用公款罪、贪污罪实行并罚

5. 甲为某国有企业出纳，为竞争公司财务部主任职位欲向公司副总经理乙行贿。甲通过涂改账目等手段从公司提走 20 万元，委托总经理办公室秘书丙将 15 万元交给乙，并要丙在转交该款时一定为自己提升一事向乙“美言几句”。乙收下该款。8 天后，乙将收受钱款一事报告了公司总经理，并将 15 万元交到公司纪检部门。关于甲从公司提出公款 20 万元并将其中一部分行贿给乙的行为，下列选项错误的是（　　）。（司考）

A. 甲构成贪污罪，数额是 20 万元；行贿罪与贪污罪之间是牵连关系，不再单独定罪

B. 甲构成贪污罪、行贿罪，数罪并罚，贪污数额是 5 万元，行贿 15 万元

C. 甲构成贪污罪、行贿罪，数罪并罚，贪污数额是 20 万元，行贿 15 万元

D. 甲对乙说过要“去把公司钱款补上”，应当构成挪用公款罪，数额是 20 万元，再与行贿罪并罚

视频讲题

6. 甲送给国有收费站站长吴某 3 万元，与其约定：甲在高速公路另开出口帮货车司机逃费，吴某想办法让人对此不予查处，所得由二人分成。后甲组织数十人，锯断高速公路一侧隔离栏、填平隔离沟（恢复原状需 3 万元），形成一条出口。路过的很多货车司机知道经过收费站要收 300 元，而给甲 100 元即可绕过收费站继续前行。甲以此方式共得款 30 万元，但骗吴某仅得款 20 万元，并按此数额分成。围绕吴某的行为，下列论述正确的是（　　）。

A. 利用职务上的便利侵吞本应由收费站收取的费用，成立贪污罪

B. 贪污数额为 30 万元

C. 收取甲 3 万元，利用职务便利为甲谋利益，成立受贿罪

D. 贪污罪与受贿罪成立牵连犯，应从一重罪处断

7. 朱某系某县民政局副局长，率县福利企业年检小组到同学黄某任厂长的电气厂年检时，明知该厂的材料有虚假、残疾员工未达法定人数，但朱某以该材料为准，使其顺利通过年检。为此，电气厂享受了不应享受的退税优惠政策，获取退税 300 万元。黄某动用关系，帮朱某升任民政局局长。监察委在调查朱某时发现，朱某有 100 万元财产明显超过合法收入，但其拒绝说明来源。在审查起诉阶段，朱某交代 100 万元系在澳门赌场所赢，经查证属实。关于朱某帮助电气厂通过年检的行为，下列说法正确的是（　　）。

A. 其行为与国家损失 300 万元税收之间，存在因果关系

B. 属滥用职权，构成滥用职权罪

C. 属徇私舞弊，使国家税收遭受损失，同时构成徇私舞弊不征、少征税款罪

D. 事后虽获得了利益（升任局长），但不构成受贿罪

8. 甲是 A 公司（国有房地产公司）领导，因私人事务欠蔡某 600 万元。蔡某让甲还钱，甲提议以 A 公司在售的商品房偿还债务，蔡某同意。甲遂将公司一

套价值600万元的商品房过户给蔡某，并在公司财务账目上记下自己欠公司600万元。三个月后，甲将账作平，至案发时亦未归还欠款。

下列选项中正确的是（　　）。

A. 甲将商品房过户给蔡某的行为构成贪污罪

B. 甲将商品房过户给蔡某的行为构成挪用公款罪

C. 甲虚假平账，不再归还600万元，构成贪污罪

D. 甲侵占公司600万元，应与挪用公款罪数罪并罚

9. A国有房地产公司有工程项目招标。为让和自己关系好的私营公司老板程某中标，甲（A公司领导）刻意安排另外两家公司与程某一起参与竞标。甲让这两家公司和程某分别制作工程预算和标书，但各方约定，若这两家公司中标，就将工程转包给程某。程某最终在A公司预算范围内以最优报价中标。为感谢甲，程某花5 000元购买仿制古董赠与甲。甲以为是价值20万元的真品，欣然接受。

下列选项中正确的是（　　）。

A. 程某虽与其他公司串通参与投标，但不构成串通投标罪

B. 甲安排程某与他人串通投标，构成串通投标罪的教唆犯

C. 程某以行贿的意思向甲赠送仿制古董，构成行贿罪既遂

D. 甲以受贿的意思收下程某的仿制古董，构成受贿罪既遂

10. 甲（国有房地产公司领导）曾因公务为A公司垫付各种费用5万元，但由于票据超期，无法报销。为挽回损失，甲指使知情的程某（A公司老板）虚构与A公司的劳务合同并虚开发票。甲在合同上加盖公司公章后，找公司财务套取“劳务费”5万元。

下列选项中错误的是（　　）。

A. 甲以非法手段骗取国有公司的财产，构成诈骗罪

B. 甲具有非法占有公共财物的目的，构成贪污罪

C. 程某协助甲对公司财务人员进行欺骗，构成诈骗罪与贪污罪的想象竞合犯

D. 程某并非国家工作人员，但帮助国家工作人员贪污，构成贪污罪的帮助犯

11. 某地政府为村民发放扶贫补贴，由各村村委会主任审核本村申请材料并分发补贴款。某村村委会主任王某、会计刘某以及村民陈某合谋伪造申请材料，企图每人套取5万元补贴款。王某任期届满，周某继任村委会主任后，政府才将补贴款拨到村委会。周某在分发补贴款时，发现了王某、刘某和陈某的企图，便只发给三人各3万元，将剩余6万元据为己有。三人心知肚明，但不敢声张。（事实一）

后周某又想私自非法获取土地征收款，欲找县国土局局长张某帮忙，遂送给县市监局局长李某10万元，托其找张某说情。李某与张某不熟，送5万元给县财政局局长胡某，让胡某找张某。胡某找到张某后，张某碍于情面，违心答应，但并未付诸行动。（事实二）

周某为感谢胡某，从村委会账户取款20万元购买玉器，并指使会计刘某将账做平。周某将玉器送给胡某时，被胡某拒绝。周某只好将玉器退还商家，将退款20万元返还至村委会账户，并让刘某再次平账。（事实三）

（1）关于事实一的分析，下列选项中正确的是（　　）。

A. 王某拿到补贴款时已经离任，不能认定其构成贪污罪

B. 刘某参与伪造申请材料，构成贪污罪，贪污数额为3万元

C. 陈某虽为普通村民，但参与他人贪污行为，构成贪污罪

D. 周某擅自侵吞补贴款，构成贪污罪，贪污数额为6万元

（2）关于事实二的分析，下列选项中正确的是（　　）。

A. 周某为达非法目的，向国家工作人员行贿，构成行贿罪

B. 李某请托胡某帮忙，并送给胡某5万元，构成行贿罪

C. 李某未利用自身职务行为为周某谋利，但构成受贿罪既遂

D. 胡某收受李某财物进行斡旋，但未成功，构成受贿罪未遂

（3）关于事实三的分析，下列选项中正确的是（　　）。

A. 周某挪用村委会20万元购买玉器行贿，属挪用公款进行非法活动，构成挪用公款罪

B. 周某使用村委会20万元购买玉器，属贪污行

为，但后又将 20 万元还回，构成犯罪中止

C. 刘某第一次帮周某将账面做平，属于帮周某成功实施犯罪行为，与周某构成共同犯罪

D. 刘某第二次帮周某将账面做平，属于作假证明掩护周某的犯罪行为，构成包庇罪

简答题

1. 简述贪污罪的构成要件。
2. 简述挪用公款罪的构成要件。
3. 简述巨额财产来源不明罪的构成要件。
4. 简述贪污罪与职务侵占罪的区别。
5. 简述挪用公款罪与挪用资金罪的区别。
6. 简述利用影响力受贿罪的构成要件。
7. 简述行贿罪的从重处罚情节。

案例分析题

1. 某市国有经济技术协作公司通过他人介绍与某公司的业务科主任陆某进行联系，托其帮忙联系购买冷轧薄钢板 15 吨，陆某答应可以帮忙。陆某与某轧钢厂联系，厂方同意出售，但有关技术人员向其提出每吨钢板在货款之外要加收业务费 700～800 元。陆某向经济技术协作公司谎称厂方索取业务费每吨 1 000 元。该公司遂交给陆某 1.5 万元业务费让其转交。陆某付给厂方 1.1 万元，余下 4 000 元据为己有。

问：陆某的行为构成什么罪？理由何在？

2. 某国家机关招聘一名工作人员，王某、朱某和李某三人竞争。就综合素质而言，王某最优，朱某次之，李某再次之。王某和朱某都担心招聘不上，各自分别向有关领导送去 1 万元和 8 000 元。后来王某被招聘上。李某得知王某、朱某行贿遂告发。

问：王某、朱某的行为分别构成什么罪？理由何在？

3. 甲系某法院民庭庭长。甲在承办一起民事纠纷案件时，多次对被告乙称：此案乙如果给他 20 万元，保证让乙胜诉，如果不给，就让他败诉。乙权衡利弊，被迫给甲送去现金 20 万元。在审判委员会会议上，甲试图为乙额外争取违反法律的利益，但未能得逞，于是甲将所收受的 20 万元退还给乙。待判决时，法院依法判决被告乙败诉。乙遂向有关部门告发。

问：甲、乙分别构成什么罪？什么理由？

4. 甲系某国有公司经理。生意人乙见甲掌管巨额资金，就以小恩小惠拉拢甲。后乙以做生意需要资金为由，劝诱甲出借公款，并与甲共同策划了挪用的方式，还送给甲好处费 5 万元。甲未经公司董事会决定就将 100 万元资金借给乙。乙得到巨款以后，告知银行职员丙该款的真实来源，丙为乙提供资金账户，乙随即提款用于贩卖毒品。在甲的催促下，一年后，乙归还 30 万元，后来就拒绝和甲见面。甲见追回剩余 70 万元无望，就携带乙归还的 30 万元潜逃。甲半年内将 30 万元挥霍一空，走投无路后向司法机关投案，并交代了借公款给乙、接受乙贿赂和携款潜逃的事实，并提供线索协助司法机关将乙捉拿归案。乙归案后主动交代了行贿和司法机关尚未掌握的贩卖毒品的犯罪事实。

问：甲、乙、丙分别构成什么罪？

论述题与深度思考题

1. 试论斡旋受贿的成立条件。
2. 对国家工作人员事前为他人谋取利益，事后收取财物的行为应当如何定性？理由是什么？
3. 从《联合国反腐败公约》看我国贿赂犯罪立法的完善。
4. 论介绍贿赂罪与行贿罪、受贿罪的共犯如何界定。
5. 论终身监禁的法律定位。
6. 试论《刑法修正案（十二）》对行贿罪法定刑修改的意义。

参考答案

名词解释

1. 根据《刑法》第 93 条的规定，国家工作人员是指国家机关中从事公务的人员。国有公司、企业、事业单位、人民团体中从事公务的人员和国家机关、国有公司、企业、事业单位委派到非国有公司、企业、事业单位、社会团体从事公务的人员，以及其他依照法律从事公务的人员，以国家工作人员论。根据全国人大常委会 2000 年《关于〈中华人民共和国刑法〉第九十三条第二款的解释》（2009 年修正），村委会等村

基层组织人员在协助人民政府从事下列行政管理工作时，属于《刑法》第93条第2款规定的“其他依照法律从事公务的人员”：（1）救灾、抢险、防汛、优抚、扶贫、移民、救济款物的管理；（2）社会捐助公益事业款物的管理；（3）国有土地的经营和管理；（4）土地征收、征用补偿费用的管理；（5）代征、代缴税款；（6）有关计划生育、户籍、征兵工作；（7）协助人民政府从事的其他行政管理工作。从事公务是国家工作人员的本质特征。

2. 挪用公款罪是指国家工作人员利用职务上的便利，挪用公款归个人使用，进行非法活动，或者挪用公款数额较大，进行营利活动，或者挪用公款数额较大、超过3个月未还的行为。根据2002年全国人大常委会《关于〈中华人民共和国刑法〉第三百八十四条第一款的解释》，有下列情形之一的，属于挪用公款“归个人使用”：（1）将公款供本人、亲友或者其他自然人使用的；（2）以个人名义将公款供其他单位使用的；（3）个人决定以单位名义将公款供其他单位使用，谋取个人利益的。

3. 根据《刑法》第91条第1款的规定，公共财产包括：（1）国有财产；（2）劳动群众集体所有的财产；（3）用于扶贫和其他公益事业的社会捐助或专项基金的财产。此外，根据该条第2款的规定，在国家机关、国有公司、企业、集体企业、人民团体管理、使用、运输中的私人财产，以公共财产论。

4. 斡旋受贿是指国家工作人员利用本人职权或者地位形成的便利条件，通过其他国家工作人员职务上的行为，为请托人谋取不正当利益，索取或者收受请托人财物的行为。构成斡旋受贿，需要具备以下条件：（1）利用本人职权或者地位形成的便利条件；（2）通过其他国家工作人员的职务行为；（3）为请托人谋取不正当利益。

选择题

（一）单项选择题

1. B。冯某是民政局工作人员，属于国家工作人员。其利用职务便利挪用救济金营利的行为，属于挪用公款罪中的“挪用公款数额较大、进行营利活动”，所以构成挪用公款罪，且因为挪用的是救济金，故按照刑法规定，应当从重处罚。挪用特定款物罪是指将特定款物挪作公用，而冯某不是将公款挪作公用，所以不构成挪用特定款物罪。选项C、D都是破坏社会主义市场经济秩序罪中的犯罪，因为其主体不能是国家工作人员，所以冯某不构成这两罪。

2. D。贪污公款是贪污罪的典型形式，其所侵犯的客体是公共财产的所有权。但是随着所有制形式的多样化，现实中出现了一些混资的企业形式，在这些企业中，从事公务的人员将企业的资金据为已有，应当如何定性？《刑法》第271条第2款规定：“国有公司、企业或者其他国有单位中从事公务的人员和国有公司、企业或者其他国有单位委派到非国有公司、企业以及其他单位从事公务的人员有前款行为（利用职务上的便利，将本单位财物非法据为己有，数额较大——编者注）的，依照本法第三百八十二条、第三百八十三条的规定定罪处罚。”这就是贪污罪的特殊形式。贪污的本质在于行为人利用国家赋予的职务上的便利，盗窃、侵占、骗取以及使用其他方法非法将财物据为已有。贪污公共财产是典型形式，贪污混合财产、非公共财产是非典型形式，二者都构成贪污罪。

3. B。贪污贿赂罪的犯罪客体主要是国家工作人员公务行为的廉洁性，部分犯罪同时侵犯公共财产所有权，所以本类罪的客体主要是单一客体，即国家工作人员公务行为的廉洁性，也有一些罪的客体是复杂客体，包括公共财产所有权。

4. C。贪污贿赂罪的多数犯罪主体如贪污罪、挪用公款罪、受贿罪、巨额财产来源不明罪、隐瞒境外存款罪的主体是特殊主体，即必须是国家工作人员或者受国有单位委托管理、经营国有财产的人员。少数犯罪如行贿罪和介绍贿赂罪的主体则是一般主体。在本章犯罪中，大多数犯罪只能由自然人实施，但少数犯罪如单位受贿罪、单位行贿罪只能由单位实施。

5. A。贪污贿赂罪在主观方面只能是直接故意，行为人一般具有明确的犯罪目的，如贪污罪的犯罪目的是非法占有公共财物，受贿罪的犯罪目的是收受或者索取贿赂，行贿罪的犯罪目的是谋取不正当利益。间接故意和过失都不能构成本章所规定的犯罪。

6. D。是否构成贪污罪，主要看行为人是否利用国家授予的职务上的便利实施侵吞、窃取、骗取或者以其他方法占有财物的行为，而不是看所占有的财物是否是公共财产。将行为人的一个行为根据对象所有权性质不同分开定罪的做法违背了一事不二罚的原则。将混合所有制单位中的私有财产看作是在国有单位中使用的财产，更是没有根据。根据《刑法》第271条的规定，对于王某的行为，应当按照贪污罪定罪处罚。

7. D。根据《刑法》第382条第1款，贪污罪是指国家工作人员利用职务上的便利，侵吞、窃取、骗取或者以其他手段非法占有公共财物的行为。贪污罪的行为方式可以是侵占、窃取、诈骗或者其他手段。其他手段，是指除侵吞、窃取、骗取以外的方法，例如，根据《刑法》第394条的规定，国家工作人员在国内公务活动或者对外交往中接受礼物，依照国家规定应当交公而不交公，数额较大的，应当以贪污罪论处。这就属于以其他手段非法占有公共财物的情况。至于抢夺，由于带有强力的色彩，与贪污不相容，所以不应是贪污罪的客观表现形式。

8. B。贪污罪的客体是复杂客体，即国家工作人员公务行为的廉洁性和公共财产所有权。因为行为人主观上有将财物非法据为己有的目的，所以贪污罪的既遂要求行为人使公共财产失控。因此贪污罪是结果犯。至于贪污罪是数额犯的说法，并不正确。贪污数额达到5 000元固然是既遂，贪污数额在5 000元以下，也可以成立既遂。数额犯与既遂、未遂是不同的理论问题。

9. D。甲是值班警察，属于国家工作人员的范畴，其对他人丢失的财物有保管的职责。甲利用这个便利，将皮包中的财物占为己有，符合利用职务便利侵吞财物的性质（在派出所保管中的私人财物，以公共财物论），所以甲的行为构成贪污罪而不是盗窃罪。如果甲是利用其他便利条件，将上交给其他警察的财物窃为己有，则构成盗窃罪。

10. B。关于共同犯罪中行为人分别利用自己职务上的便利，将单位财物据为己有行为的定性，有专门的司法解释。2000年最高人民法院《关于审理贪污、职务侵占案件如何认定共同犯罪几个问题的解释》第3条规定："公司、企业或者其他单位中，不具有国家工作人员身份的人与国家工作人员勾结，分别利用各自的职务便利，共同将本单位财物非法占为己有的，按照主犯的犯罪性质定罪。"本题中，乙起到主谋和直接实施的作用，甲予以协助，所以乙是主犯，甲是从犯。乙不是国家工作人员，其利用职务上的便利窃取、侵吞单位财物的行为构成职务侵占罪，所以甲、乙的行为共同构成职务侵占罪。

11. A。根据1993年最高人民法院《关于贪污、挪用公款所生利息应否计入贪污、挪用公款犯罪数额问题的批复》（已失效）的规定，贪污、挪用公款所生利息，不应作为贪污、挪用公款的犯罪数额计算。但该利息是贪污、挪用公款行为给被害单位造成实际经济损失的一部分，应当作为被告人的非法所得，连同其贪污、挪用的公款一并依法追缴。虽然这个批复历史比较久远，但是其规定是合理的。一般而言不应将间接损失算为犯罪嫌疑人的犯罪数额，否则，会无形中加重犯罪嫌疑人的刑事责任。

12. D。2003年最高人民法院《全国法院审理经济犯罪案件工作座谈会纪要》规定："对于国家工作人员与他人勾结，共同非法占有单位财物的行为，应当按照《最高人民法院关于审理贪污、职务侵占案件如何认定共同犯罪几个问题的解释》的规定定罪处罚。对于在公司、企业或者其他单位中，非国家工作人员与国家工作人员勾结，分别利用各自的职务便利，共同将本单位财物非法占有的，应当尽量区分主从犯，按照主犯的犯罪性质定罪。司法实践中，根据案件的实际情况，各共同犯罪人在共同犯罪中的地位、作用相当，难以区分主从犯的，可以贪污罪定罪处罚。"此处虽然使用的是"可"（可以），但是倾向性已经十分明显。因此正确答案应该是D项。

13. C。根据1999年最高人民检察院《关于人民检察院直接受理立案侦查案件立案标准的规定（试行）》的规定，国有保险公司的工作人员和国有保险公司委派到非国有保险公司从事公务的人员利用职务上的便利，故意编造未曾发生的保险事故进行虚假理赔，骗取保险金归自己所有的，以贪污罪追究刑事责任。本题中，甲唆使配偶虚构保险标的、虚构保险事故并最终骗得保险金的行为，实际上是利用职务上的便利骗取财物的行为，因此构成贪污罪。至于保险诈骗的行为，已为贪污罪的客观方面所包括，所以对其不再单独定罪。

14. B。本题涉及受贿后为他人谋取利益的行为是按照牵连犯从一重处罚还是按照数罪并罚原则处罚的问题。司法部司考办公室公布的本题参考答案为B项，其遵循的是通说的理论，但是对于牵连犯应当数罪并罚的观点已经获得越来越多学者的支持，正变成有力的学说（详见高铭暄主编：《刑法专论》，2版，409～

412页，北京，高等教育出版社，2006)。而且对于受贿之后徇私舞弊不征、少征税款的行为如何处断，刑法没有作出明确规定。对于类似案件，《刑法》明文规定按照从一重处断原则处罚的行为只有第399条规定的徇私枉法罪和枉法裁判罪。因此有的学者以此说明，主张立法支持对牵连犯按照从一重处断原则处罚的观点并不足信，因为刑法同样有对牵连犯数罪并罚的规定，而且1988年全国人大常委会通过的《关于惩治贪污罪贿赂罪的补充规定》(已失效)规定，“因受贿而进行违法活动构成其他罪的，依照数罪并罚的规定处罚”。虽然刑法修订后不再适用本条款，但是也不能说明这一条款没有正确的理论基础。所以，笔者认为，D项主张按照徇私舞弊不征、少征税款罪与受贿罪，实行数罪并罚也是正确的。

15. C。2003年最高人民法院《全国法院审理经济犯罪案件工作座谈会纪要》就共同贪污犯罪中“个人贪污数额”的认定作出了规定：“刑法第三百八十三条第一款规定的‘个人贪污数额’，在共同贪污犯罪案件中应理解为个人所参与或者组织、指挥共同贪污的数额，不能只按个人实际分得的赃款数额来认定。对共同贪污犯罪中的从犯，应当按照其所参与的共同贪污的数额确定量刑幅度，并依照刑法第二十七条第二款的规定，从轻、减轻处罚或者免除处罚。”所以甲、乙的贪污数额都是20万元。

16. B。贪污罪的犯罪主体，除了国家工作人员，还包括受国家机关、国有公司、企业、事业单位、人民团体委托管理、经营国有财产的人员，而挪用公款罪的犯罪主体并不包括这些人员。根据立法解释的规定，贪污罪的犯罪主体包括村委会工作人员，而挪用公款罪的犯罪主体不包括村委会工作人员的说法并不正确，因为只要是协助人民政府从事公务的村委会工作人员就以国家工作人员论。

17. C。选项ABD的犯罪主体都是一般主体，而隐瞒境外存款罪的犯罪主体是国家工作人员。

18. C。《刑法》第394条规定：“国家工作人员在国内公务活动或者对外交往中接受礼物，依照国家规定应当交公而不交公，数额较大的，依照本法第三百八十二条、第三百八十三条的规定定罪处罚。”王某在对外交往中所接受的礼物，是赠送给该省而并非其本人的，按照规定应当交公，而王某将部分礼物据为己有，所以王某构成贪污罪。

19. A。《刑法》第384条第2款规定，挪用用于救灾、抢险、防汛、优抚、扶贫、移民、救济款物归个人使用的，从重处罚，所以A项正确。之所以对挪用这些特定财物的行为从重处罚，是因为这类行为对国家和人民利益的危害比一般的挪用公款行为要严重得多。

20. A。选项B属于挪用公款给自己使用的行为，选项CD属于挪用公款进行营利活动的行为。赌博、嫖娼是违法行为，所以选项A正确。

21. D。1998年最高人民法院《关于审理挪用公款案件具体应用法律若干问题的解释》第5条规定：“挪用公款数额巨大不退还的”，是指挪用公款数额巨大，因客观原因在一审宣判前不能退还的。主观上不打算退还不是挪用公款案件的主观特征，因此选项A不正确。选项BC不符合前述司法解释的规定，因而也不正确。

22. A。违法发放贷款罪要求造成严重损失，而事实上银行并无损失，所以甲的行为不构成违法发放贷款罪。挪用公款罪是指挪用公款归个人使用、进行营利活动或者违法犯罪活动或者其他活动的行为。甲将贷款拨给乙完全是遵照金融制度，所以也不构成挪用公款罪。甲收受贿赂的行为构成受贿罪。

23. B。受贿罪，是指国家工作人员利用职务上的便利，索取他人财物，或者非法收受他人财物，为他人谋取利益的行为。本罪的既遂情况，要区别对待：索取他人财物的，以行为人实施索取行为为既遂标准；而收受贿赂的，应该以收受贿赂为既遂标准。甲收受了购物卡，受贿行为已经既遂，至于是否实际使用到这部分财物，属于既遂后的行为，不影响受贿罪既遂的成立。

24. B。公安局领导先将应当上交国家的罚没财物变卖成现金，给每个科室配备一台电脑，但是电脑并没有归科室个人所有，而仍然属于公安局的财产，所以并不构成私分罚没财物罪。其后搬迁时，公安局领导以明显低于正常水平的价格将旧电脑出卖，表面上是一种买卖行为，实质是私分国有财产的行为，虽然这些国有财产来源不明，但是已经不再是罚没财物，所以该单位构成私分国有资产罪。

25. C。贪污罪，是指国家工作人员利用职务上的便利，侵吞、窃取、骗取或者以其他手段非法占有公共财物的行为。其在手段上可以是盗窃的方式。本题区分盗窃罪与贪污罪的关键在于认定行为人是否利用了职务上的便利。甲虽然没有使用自己的钥匙和所知道的密码，但是甲能够接近保险柜并实施盗窃行为，仍然是利用了自己职务上保管保险柜的便利，所以构成贪污罪。

26. A。甲的行为属于挪用公款从事营利活动。其后来无力归还 7 万元，说明其并非本意上不想归还，而是因为没有经济能力，由此不能得出其有非法占有的目的，所以定性为贪污罪是不正确的。因为其挪用的数额较大，所以尽管有退赃的表现，但不能不以犯罪论处。

27. D。挪用特定款物罪与挪用公款罪的客观区别在于：挪用特定款物罪是公款公用，破坏了单位的财经管理制度，而挪用公款罪是挪用公款归自己使用、进行营利活动或者违法犯罪活动。题中甲将救灾款项挪用于购买小轿车，属于公款公用，所以构成挪用特定款物罪。

28. A。选项 A 正确：介绍贿赂罪的犯罪主体是一般主体。选项 BC 不正确：介绍贿赂罪的成立除了要有介绍人在行贿人与受贿人之间沟通、撮合、牵线搭桥的介绍行为，还要情节严重。介绍贿赂罪的成立既不是必须产生受贿的结果，也不是只要有介绍行为即可，因此，选项 BC 都不正确。《刑法》第 392 条第 2 款规定："介绍贿赂人在被追诉前主动交待介绍贿赂行为的，可以减轻处罚或者免除处罚"，所以选项 D"应当减轻或者免除处罚"是不正确的。

29. B。甲因为不再是国家工作人员，所以不符合斡旋受贿的主体条件。所谓斡旋受贿是指国家工作人员利用本人职权或者地位形成的便利条件，通过其他国家工作人员职务上的行为，为请托人谋取不正当利益，索取请托人财物或者收受请托人财物的行为。丙通过甲引见认识乙并实施贿赂行为，所以甲构成介绍贿赂罪。

30. D。《刑法》第 393 条规定，单位行贿构成犯罪的，对单位处以罚金，所以选项 D"单位行贿罪不处罚单位"的说法是不正确的。单位行贿罪是指单位为谋取不正当利益，给予国家工作人员以财物，或者违反国家规定，给予国家工作人员以回扣、手续费，情节严重的行为。本罪是纯正的单位犯罪。如果所获得的不正当利益没有归于单位而是归于个人，则构成行贿罪而不是单位行贿罪。

31. C。甲利用职权对 A 公司进行恐吓，勒索财物的行为构成受贿罪。因为 A 公司并没有犯罪行为，所以谈不上构成徇私舞弊不移交刑事案件罪。A 公司被勒索，被迫交给甲财物，但是其并没有获得不正当利益，所以 A 公司不构成行贿罪。

32. C。市立医院的正、副职领导属于国家工作人员，因此，B 项不正确。行为人系公司经理，属于管理人员，其行贿行为与公司监事共同实施，因此不是个人行贿，而是单位行贿。所以 C 项正确。

33. C。根据全国人大常委会《关于〈中华人民共和国刑法〉第三百八十四条第一款的解释》，有下列情形之一的，属于挪用公款归个人使用：将公款供本人、亲友或者其他自然人使用的；以个人名义将公款供其他单位使用的；个人决定以单位名义将公款供其他单位使用，谋取个人利益的。所以，C 项不属于挪用公款归个人使用。

34. D。甲为谋取不正当利益而给予财物的行为构成行贿罪，所以 A 项正确。乙不知情，没有犯罪故意，不构成受贿罪，所以 B 项正确。同理 C 项也正确。利用影响力受贿罪，是指非国家工作人员利用国家工作人员的职务行为，或者利用国家工作人员职权或者地位形成的便利条件，为请托人谋取不正当利益，索取或者收受请托人财物，数额较大或者有其他较重情节的行为。保姆将金币放入乙柜中的行为，不符合本罪的构成，所以 D 项不正确。

35. D。刑法设置利用影响力受贿罪，其目的是增加对国家工作人员的"身边人"参与受贿行为的规范，故而这种"关系密切"，指的是能够达到影响国家工作人员职务行为程度的一种联系，至于是不是亲朋好友，不是考虑的重点。所以 A、B 项说法正确。本题中，丁被迫利用职权使他人脱罪，构成徇私枉法罪无异议，而甲实施了引起丁犯意（胁迫也是教唆的一种形式）的行为，构成徇私枉法罪的教唆犯是正确的。在身份犯的共同犯罪中，正犯是必须有身份的，而教唆犯、从犯不要求必须具有身份，所以 C 项的说法正确。丁不是司法工作人员，不符合《刑法》第 399 条从一重罪处罚的规定，其分别实施了两个犯罪行为，侵犯了两个法益，应该数罪并罚，所以 D 项的说法不正确。

36. B。A 项正确：《刑法》第 385 条第 1 款规定，国家工作人员利用职务上的便利，索取他人财物的，或者非法收受他人财物，为他人谋取利益的，是受贿罪。本题中，交警甲利用其职务上的便利，指使乙非法向超载司机索取钱财，成立受贿罪。另外，不具有构成身份的人与具有构成身份的人共同实施真正身份犯罪时，成立共同犯罪。因此，乙与甲成立受贿罪的共犯。B项错误：《刑法》第382条第1款规定，国家工作人员利用职务上的便利，侵吞、窃取、骗取或者以其他手段非法占有公共财物的，是贪污罪。贪污罪的客观方面之一要求必须非法占有公共财物，而本题中交警甲和无业人员乙从超载司机处收获的“罚款”此时尚未成为公共财物，而属于司机的贿赂款项，因此不构成贪污罪。C项正确：《刑法》第397条第1款规定：“国家机关工作人员滥用职权或者玩忽职守，致使公共财产、国家和人民利益遭受重大损失的，处……”本题中，甲滥用其放行车辆的权力，与无业人员乙共谋让提前给其缴纳半数罚款的超载车辆通行，致使国家损失64万元，并威胁到高速公路上的行车安全，构成滥用职权罪。D项正确：按照“部分行为，全部责任”原则，在共同受贿犯罪中，应按照共同犯罪涉及的总金额来认定犯罪金额。因此，甲、乙的受贿罪金额均为32万元。

37. D。根据《刑法》第388条规定，斡旋受贿，是指国家工作人员利用本人职权或者地位形成的便利条件，通过其他国家工作人员职务上的行为，为请托人谋取不正当利益，索取请托人财物或者收受请托人财物的行为。故D项正确。

38. D。索贿是主动行为，收受贿赂可以是被动行为。甲虽然不是明确知道，但通过推测大概知道现金是乙所送，故不能认为甲不构成受贿罪。故A项不正确。受贿罪的主观是故意，包括直接故意和间接故意，从题干中可以看出甲通过推测很大程度上已经确定乙送现金的事实，故不能认为甲不构成受贿罪。所以B项不正确。甲明知乙有具体请托事项，仍收受其财物，故甲允诺的行为与收受行为之间存在因果关系，所以甲构成受贿罪，乙构成行贿罪，丙构成行贿罪的共犯。所以C项不正确。D项正确，因行贿罪不以受贿罪成立为条件。

39. C。甲公司用10万元购买了本可用6万元购买的设备，即甲公司的公共财产受到的损失是4万元，因此A项说法不正确。《刑法》第271条第2款规定，国有公司、企业或者其他国有单位中从事公务的人员和国有公司、企业或者其他国有单位委派到非国有公司、企业以及其他单位从事公务的人员有前款行为的，依照本法第382条、第383条的规定定罪处罚。因此，王某的行为应该构成贪污罪，而非职务侵占罪。因此B项说法不正确。刘某对于王某的行为完全知晓，其配合王某完成犯罪行为，构成共犯，因此C项说法正确，D项说法不正确。

（二）多项选择题

1. BCD。如果将“为谋取不正当利益”作为客观的构成要件要素，则行为人必须实际谋取到不正当利益才构成行贿罪，这显然不符合行贿罪的处罚目的，而且从语义上分析，“为……”也指行为人出于实现某一目的而行为，所以A项不正确。“不正当利益”只有通过法官的规范的、评价的价值判断才能认定，所以属于规范的构成要件要素，B项正确。“给予国家工作人员以财物”，是行贿罪的客观行为要件，且没有此要件则不成立行贿罪，所以C项正确。第3款规定的是行为人虽然有给予财物行为，但不构成行贿罪的情形，属于消极的构成要件要素。

2. AC。根据1999年最高人民检察院《关于人民检察院直接受理立案侦查案件立案标准的规定（试行）》的规定，国有保险公司的工作人员和国有保险公司委派到非国有保险公司从事公务的人员，利用职务上的便利，故意编造未曾发生的保险事故进行虚假理赔，骗取保险金归自己所有的，以贪污罪追究刑事责任，所以选项A正确。刑法规定，国家工作人员在国内公务活动或者对外交往中接受礼物，依照国家规定应当交公而不交公，数额较大的，以贪污罪定罪处罚，所以选项C正确。选项B不正确，因为乙窃取单位现金的行为并没有利用职务上的便利，所以不构成贪污罪。选项D不正确，因为根据有关立法解释的规定，村委会工作人员在协助人民政府从事行政管理工作时，以国家工作人员论，因而丁收受他人钱财的行为构成受贿罪。

3. BCD。A项不正确，因为李某有调配单位财物的权力，而且其行为也没有违反单位的财务管理制度。B项属于挪用公款从事营利活动。根据2002年全国人大常委会通过的《关于〈中华人民共和国刑法〉第三百八十四条第一款的解释》的规定，挪用公款归个人使用包括：将公款供本人、亲友或者其他自然人使用的；以个人名义将公款供其他单位使用的；个人决定以单位名义将公款供其他单位使用，谋取个人利益的。

所以CD项都构成挪用公款罪。

4. AD。私分国有资产罪，是指国家机关、国有公司、企业、事业单位、人民团体违反国家规定，集体决定或者以单位名义将国有资产集体私分给本单位的全部或者大部分职工，数额较大的行为。本罪是一种纯正的单位犯罪。私分国有资产罪与贪污罪相比，犯罪对象并不相同，贪污罪典型的犯罪对象是公共财产，但是混合所有制的单位的财产，以及派到非国有单位从事公务人员贪污的财产，可能不是公共财产；而私分国有资产罪的犯罪对象必然是国有资产，不包括私有资产。二者在犯罪主体上明显不同：前者的主体是单位，后者的主体是自然人。

5. BC。挪用公款罪的成立，在客观上有三种形式：挪用公款归自己使用，数额较大，超过3个月未归还的；挪用公款数额较大，进行营利活动的；挪用公款进行违法犯罪活动的。由于A项没有说明是否数额较大，所以不构成挪用公款罪。D项中挪用公款借给他人使用，没有说明是否数额较大，也没有说明是否超过3个月没有归还，所以同样不构成挪用公款罪。

6. AC。私赠文物藏品罪，是指国有博物馆、图书馆等单位违反文物保护法规，将国家保护的文物藏品私自赠送给非国有单位或者个人的行为。甲将文物赠与市政府，不符合该罪的构成要件，所以B项不正确。甲身为国有博物馆馆长，将本馆文物据为己有，符合贪污罪的构成，所以A项正确、D项不正确。将禁止出口的珍贵文物赠送给外国人，符合非法向外国人赠送珍贵文物罪的构成要件，所以C项正确。

7. BD。使用人即使知道挪用的是公款，但只要事先没有与行为人共谋，没有共同挪用的意思联络，就不构成挪用公款罪的共犯，所以选项A不正确。使用人应当知道的情形就更加不正确。所谓应当知道，有两层含义：一是犯罪故意意义上的知道，但是是根据证据的推断；二是犯罪过失意义上的知道，即行为人实际不知道，但是有知道的义务。这两种情形都不构成挪用公款罪的共犯，所以选项C不正确。

8. ABC。选项A错：因受贿而挪用公款构成数罪的，数罪并罚。选项B错：乙是国企出纳，属于从事公务人员，利用职务便利挪用、侵占单位财产的，不是挪用资金罪、职务侵占罪。选项C错：漏掉了受贿罪。

9. AB。甲公司为了谋取不正当的利益，对工程师行贿的行为构成单位行贿罪，所以选项A正确；因为不是为了个人利益行贿，所以选项D不正确；甲公司获取药品配方后使用的行为，属于侵犯商业秘密的行为，所以选项B正确；立法、司法解释中有关于非法经营罪的详细的客观方面的规定，但不包含题中的情形，所以不构成非法经营罪。

10. AB。甲的行为属于受贿后泄露国家秘密的行为。甲的行为符合受贿罪与故意泄露国家秘密罪的构成要件，但是对甲的行为不必进行数罪并罚（当然这只是通说的观点），原因在于甲受贿后为对方谋取不正当利益的行为，能够吸收故意泄露国家秘密的行为。

11. ABCD。选项A不正确：虽然甲替王某办事的时候没有收受贿赂，也没有收受贿赂的表示，但是事后，王某向其挑明借款不用还、作为报酬的意思，甲仍然接受，故属于事后受贿的行为。因此甲应当构成受贿罪。选项B不正确：公安局局长胡某是利用自己职务上的便利，通过其他国家工作人员职务上的行为，为请托人谋取不正当利益，收受请托人财物，符合斡旋受贿的特征，所以胡某的行为应构成受贿罪，而不是介绍贿赂罪。选项C不正确：李某在收受贿赂款的时候对请托人有同意为其办事的意思表示，受贿罪的成立并不要求行为人实际为请托人谋取到利益，所以李某的行为仍然构成受贿罪。选项D不正确：丁已经退休，与选项A中情形不同，其不再是国家工作人员，所以不属于事后受贿的情形。至于赵某给丁某财物的行为，属于赵某自愿的民事行为，没有违反法律的规定，所以丁不构成受贿罪。

12. ABD。2002年全国人民代表大会常务委员会通过的《关于〈中华人民共和国刑法〉第三百八十四条第一款的解释》规定，挪用公款归个人使用包括：将公款供本人、亲友或者其他自然人使用的；以个人名义将公款供其他单位使用的；个人决定以单位名义将公款供其他单位使用，谋取个人利益的。所以选项ABD正确。

13. CD。行贿罪的既遂，不要求谋取到不正当利益，只要交付财物就构成，至于财物是否真实，不影响行贿罪既遂。因此A项不正确。盗窃罪窃取的财物，不要求是合法财物，非法财物也是盗窃罪的对象，因此B项不正确。CD项正确。

14. ABCD。行贿罪要求行为人是为了谋取不正当利益，行为人为谋取正当利益而给予财物的，不构成行贿罪，所以A项不正确。因被勒索给予国家工作人员以财物，获得了不正当利益的，仍成立行贿罪，所以B项不正确。《刑法》第390条第2款规定，行贿人在被追诉前主动交代行贿行为的，可以减轻处罚或者免除处罚，所以C项错误。《刑法》第388条规定：国家工作人员利用本人职权或者地位形成的便利条件，通过其他国家工作人员职务上的行为，为请托人谋取不正当利益，索取请托人财物或者收受请托人财物的，以受贿论处。但该条限于国家工作人员，国家机关不符合该条规定，所以D项错误。

15. ABC。A、B项错误：甲利用职务便利挪用了公款1.2万元，应对这个行为进行总体评价，认定为一个挪用行为。若按用途区分行为的性质与罪数，会导致行为人实际上实施了侵害职务廉洁性的行为而得不到惩罚的不公正的结果出现，因此不能按用途区分行为的性质与罪数。如果认定甲不构成挪用公款罪，将导致不公正。C项错误：国家工作人员购买股票属于营利活动，而不是非法活动。D项正确：甲参与赌博的行为属于非法活动，其目的是希望通过赌博行为获取利益，具有一定的营利性质，为了遵循罪责刑相适应原则，可以将赌博行为评价为营利活动，认定甲属于挪用公款1.2万元进行营利活动，对甲应认定为挪用公款罪。

16. ABCD。高校招生权的行使，属于行使公务的行为，甲虽然只是普通教师，但在履行招生公务时，具有国家工作人员的身份，所以构成受贿罪。故A项正确。受贿罪成立要求是利用职务行为或便利，乙身份上是国有医院副院长，属于国家工作人员，但其利用的是开处方的行为，而开处方的行为不属于职务行为，所以不构成受贿罪，根据最高人民法院、最高人民检察院《关于办理商业贿赂刑事案件适用法律若干问题的意见》的规定，该行为构成非国家工作人员受贿罪。所以B项正确。村委会属于基层自治组织，根据全国人大常委会《关于〈中华人民共和国刑法〉第九十三条第二款的解释》，村委会人员只有协助人民政府从事行政管理工作时，才属于国家工作人员，村集体企业招投标不属于行政管理工作，故丙属于非国家工作人员，构成非国家工作人员受贿罪。故C项正确。国家工作人员和非国家工作人员同谋，共同收受他人财物的，构成共同犯罪，利用国家工作人员职务行为或便利的，构成受贿罪。故D项正确。

17. ACD。国家工作人员明知近亲属利用自己职务行为受贿的，表明其对以其职务行为换取贿赂的事实是认可的，可以认定为国家工作人员与其近亲属就受贿行为形成了共同故意，构成受贿罪的共同犯罪，所以A项正确。国家工作人员一开始即以虚假承诺的方式收受他人财物，本身并无为他人谋取利益的意思的，则职务行为的不可收买性或者公正性都没有受到侵害，受贿罪的法益没有受到侵害，给付财物的人实际上是基于行为人虚构的事实交付财物，故应该构成诈骗罪。所以B项不正确。最高人民法院、最高人民检察院《关于办理贪污贿赂刑事案件适用法律若干问题的解释》第17条规定："国家工作人员利用职务上的便利，收受他人财物，为他人谋取利益，同时构成受贿罪和刑法分则第三章第三节、第九章规定的渎职犯罪的，除刑法另有规定外，以受贿罪和渎职犯罪数罪并罚。"这体现了我国对贪污贿赂犯罪和渎职犯罪从严处罚的刑事政策。因此，C项正确。该解释第13条规定，明知他人有具体请托事项的，应当认定为"为他人谋取利益"。因此，D项正确。

（三）不定项选择题

1. D。甲在送给乙金钱的时候，乙并非国家工作人员，其收受甲金钱的行为，不属于受贿罪。而由于乙不是国家工作人员，所以甲给乙财物的行为也不构成行贿罪。

2. A。甲是国家工作人员，收受乙的财物承诺为乙办事的行为符合受贿罪的特征，事未办成并不影响受贿罪的成立。至于后来乙向甲讨要行贿款，甲威胁乙的行为不构成敲诈勒索罪，因为敲诈勒索罪表现为行为人强迫他人给付、交出财产，而本题中该财产已经在甲处，不符合敲诈勒索罪的构成特征。

3. BC。根据1998年最高人民法院《关于审理挪用公款案件具体应用法律若干问题的解释》第4条的规定，多次挪用公款不还，挪用公款数额累计计算；多次挪用公款，并以后次挪用的公款归还前次挪用的公款，挪用公款数额以案发时未还的实际数额认定。所以，甲共挪用公款8万元。

4. ACD。挪用特定款物罪，是指将特定款物挪作其他公用；挪作私用的，构成挪用公款罪，所以A项正确。甲挪用办公经费后又采取销毁账目的方法使其中50万元难以在单位财务账上反映出来，对这50万元甲的犯罪故意已经从挪用转变为非法占有，所以这部分应构成贪污罪，C项正确；而另外20万元应构成挪用公款罪，D项正确。

5. ABD。甲通过涂改账目方式提走20万元的行为，属于贪污行为，数额为20万元。甲事后虽然声称要将钱补上，但是这只是在行贿目的实现不了后的说辞。从整体案情来看，甲本来并无补上钱款的意图，因此，不成立挪用公款罪，所以B、D项错误。牵连犯要求存在原因与结果、手段与目的上的定型关系，贪污行为不必然发生行贿行为，因此不构成牵连犯，应当是数罪并罚，所以A项不正确。

6. ABC。选项A、B正确：贪污罪，是指行为人是利用职务之便实施的，并且非法获取的是本单位的财产。本案中，如果不是存在吴某和甲的行为，那么这些司机只有到国有收费站交费后才能离开高速公路。因此，这笔钱虽然尚未交给国有收费站，但是属于国有收费站必然能够获得的财产，是国有收费站确定的债权。所以，国家工作人员吴某与甲勾结，侵吞本应由收费站收取的费用，二人均成立贪污罪。因吴某与甲构成共同犯罪，均应对总的犯罪金额承担刑事责任，因此，贪污罪的犯罪金额为30万元。选项C正确：受贿罪是指国家工作人员利用职务上的便利，索取他人财物，或者非法收受他人财物，为他人谋取利益的行为。本案中，国有收费站站长吴某收受贿赂，为他人谋取非法利益，构成受贿罪。选项D错误：受贿后为请托人谋取利益，构成其他犯罪的，应当数罪并罚。因此，对吴某应以贪污罪与受贿罪并罚。

7. ABD。根据国家法律规定，企业雇用残疾人达到一定标准的，在税收方面有优惠。朱某明知电气厂雇用残疾员工未达到标准，仍然仅以材料为准，以致电气厂获得退税，所以其行为与国家退税损失之间有因果关系。故A项正确。朱某明知材料有假，仍然不依法履行职务，构成滥用职权罪。故B项正确。徇私舞弊不征、少征税款罪的犯罪主体是税务机关工作人员，朱某是民政局工作人员，故主体不符。所以C项不正确。受贿罪，是指国家工作人员利用职务上的便利，索取他人财物的，或者非法收受他人财物，为他人谋取利益的行为。在本案中，升任民政局局长并非财产性利益，不构成受贿罪。所以D项正确。

8. C。贪污罪是以非法占有为目的将公共财产非法据为己有的行为。挪用公款罪是利用职务之便将公款非法挪为己用的行为。挪用公款者具有偿还公款的意图，没有将公款非法据为己有的故意。本案中，甲用A公司在售的商品房偿还自己的债务，但是甲并没有直接将账做平，而是在公司财务账目上记下自己欠公司600万元。这说明在一开始，甲并没有贪污这套房子的故意。他只有挪用这套房子还债的故意。所以，甲将商品房过户给蔡某的行为不构成贪污罪。故A项不正确。甲挪用的是公司现实控制的房子，不是公司现实控制的600万元现金，所以，甲的行为只能被认定为挪用公物。根据《刑法》第384条的规定，挪用一般的公物不构成犯罪，挪用用于救灾、抢险、防汛、优抚、扶贫、移民、救济款物归个人使用的，才构成挪用公款罪。因此，甲的行为不构成挪用公款罪。故B项不正确。甲“将账作平，至案发时亦未归还欠款”，行为人此时的犯罪主观方面已经发生变化，由原来的记在公司账上，改为做假账掩饰未归还的事实，有侵占公司财物的意图，而贪污罪的对象包括公款和公物，故构成贪污罪。所以C项正确。甲侵占公司600万元，这是从其挪用公物600万元发展过来的。将这一行为认定为贪污罪，就不能再将甲的挪用行为认定为犯罪了，不然就是重复评价了，而且，甲的行为本来也不构成挪用公款罪。故D项错误。

9. A。串通投标罪，是指投标人相互串通投标报价，损害招标人或者其他投标人利益，情节严重的，或者投标人与招标人串通投标，损害国家、集体、公民的合法利益的行为。据此可知，要构成串通投标罪，行为人必须相互串通投标报价或者串通投标损害国家、集体、公民的合法利益。本案中，甲让这两家公司和程某分别制作工程预算和标书，这说明三家公司之间并没有串通投标报价。程某最终在A公司预算范围内以最优报价中标。这说明他们串通的行为也没有损害国家、集体、公民的合法利益。所以甲和这三家公司之间不构成串通投标罪。同时，甲当然也不构成教唆犯。故A项正确，B项不正确。国家工作人员收受请托人交付的赝品的，应当区分情况处理：请托人明知是赝品，给予国家工作人员，国家工作人员误认为是真品的，以赝品的购入价格认定数额是没有疑问的，也符合客观主义的立场。请托人事先被骗，高价买入赝品给予国家工作人员的，按照客观主义的立场，也不能以请托人购入价格认定受贿数额，而应该综合案件客观情节进行认定。根据最高人民法院、最高人民检察院《关于办理贪污贿赂刑事案件适用法律若干问题的解释》第1条的规定，要构成受贿罪，受贿数额至少应为1万元（有其他较重情节的），通常为3万元。本案中，程某明知是赝品而购入后给予甲，因数额太低，虽然行为本身属于完成形态，但由于情节明显轻微，不构成犯罪，故CD项不正确。

10. ABCD。无论是诈骗罪还是贪污罪都必须具有非法占有的目的。甲是为拿回自己因公务而垫付的钱，其虚开发票报销套取现金的行为不具有非法占有公司财物的故意。这是违反财会制度的行为而不是诈骗或者贪污行为。

11. (1) C。根据全国人大常委会《关于〈中华人民共和国刑法〉第九十三条第二款的解释》，村民委员会等村基层组织人员发放扶贫补贴的行为，属于公务行为。他们利用职务上的便利，非法占有公共财物的，构成贪污罪。本题中王某利用职务之便，实施侵占扶贫款的行为。虽然其实际取得财物时已经离任，但不影响贪污罪的认定。故选项A错误。王某、刘某、陈某三人对贪污罪的实施具有共同的故意，每人企图套取5万元补贴款。对于共同犯罪的数额，不以每人实际取得的数额单独计算，而应按照共同犯罪将其数额合计，故刘某的贪污数额应为15万元。故选项B错误。同理，周某作为后加入共同犯罪的行为人，其贪污的数额也不能以其实际取得的财物金额为限。故选项D错误。有身份者与无身份者共同实施基本犯是身份犯的行为的，应当认定为构成共同犯罪，故选项C正确。

(2) ABC。为谋取不正当利益，给予国家工作人员以财物的，是行贿罪。因此周某、李某的行为都构成行贿罪。故AB项正确。《刑法》第388条规定，国家工作人员利用本人职权或者地位形成的便利条件，通过其他国家工作人员职务上的行为，为请托人谋取不正当利益，索取请托人财物或者收受请托人财物的，以受贿论处。因此，C项正确。胡某收受贿赂，且实施了联络请托其他国家工作人员的行为，已经构成受贿罪既遂。是否实际为请托人谋取到不当利益，不是判断是否构成既遂的标准。所以D项错误。

(3) C。周某挪用村委会20万元购买玉器行贿，并让刘某平账，其行为目的并非挪用，因此应成立贪污罪。刘某对做假账明知，因此，周某、刘某构成贪污罪的共犯。共同犯罪人相互之间的掩饰犯罪行为的行为，不构成包庇罪，因此，正确答案为C项。

简答题

1. 贪污罪，是指国家工作人员和受国家机关、国有公司、企业、事业单位、人民团体委托管理、经营国有财产的人员，利用职务上的便利，侵吞、窃取、骗取或者以其他手段非法占有公共财物的行为。本罪有如下构成要件。

(1) 贪污罪侵犯的客体是复杂客体，即本罪既侵犯国家工作人员的职务廉洁性，也侵犯相关单位的财产所有权。其中，国家工作人员的职务廉洁性是本罪的主要客体。本罪的犯罪对象是公共财物。

(2) 贪污罪的客观方面表现为行为人利用职务上的便利，侵吞、窃取、骗取或者以其他手段非法占有财物的行为。首先，必须利用职务上的便利。利用职务上的便利，是指利用本人职务范围内的权力和地位所形成的主管、经手、管理财物的便利条件。其次，必须侵吞、窃取、骗取或以其他手段非法占有财物。侵吞，是指行为人利用职务上的便利，将暂时由自己合法管理、支配、使用或经手的财物，非法占为己有。窃取，是指行为人利用职务上的便利，采取秘密方式将自己合法管理的财物占为己有。骗取，是指行为人利用职务上的便利，采用虚构事实或者隐瞒真相的方法非法占有财物。至于其他手段，是指行为人利用职务上的便利，采用侵吞、窃取、骗取以外的方法，非法占有财物。

(3) 贪污罪的主体是特殊主体。具体包括两类人员：一类是国家工作人员，另一类是受国家机关、国有公司、企业、事业单位、人民团体委托管理、经营国有财产的人员。这类人员不属于国家工作人员，而是受国家机关、国有公司、企业、事业单位、人民团体委托，以承包、租赁等方式管理、经营国有财产的人员。

(4) 贪污罪的主观方面是直接故意，并且以非法占有为目的，即行为人明知自己的行为侵犯了职务行为的廉洁性，会发生侵害公共财产的结果，并且希望这种结果发生的心理态度。

2. 挪用公款罪，是指国家工作人员利用职务上的便利，挪用公款归个人使用，进行非法活动，或者挪用公款数额较大进行营利活动，或者挪用公款数额较大，超过3个月未还的行为。本罪的构成要件如下。

（1）挪用公款罪侵犯的客体是复杂客体。其既侵犯国家工作人员的职务廉洁性，也侵犯公共财产的占有、使用、收益权。本罪的犯罪对象是公款，即公共财产中呈货币或者有价证券形态的部分。

（2）挪用公款罪的客观方面表现为行为人利用职务上的便利，挪用公款归个人使用，进行非法活动，或者挪用公款数额较大进行营利活动，或者挪用公款数额较大超过3个月未还的行为。所谓利用职务上的便利，是指行为人利用主管、经手、管理公款的便利条件，既包括行为人直接经手、管理公款的便利条件，也包括行为人因其职务关系而具有的调拨、支配、使用公款的便利条件。根据2002年4月28日全国人大常委会通过的《关于〈中华人民共和国刑法〉第三百八十四条第一款的解释》的规定，有下列情形之一的，属于挪用公款“归个人使用”：第一，将公款供本人、亲友或者其他自然人使用的；第二，以个人名义将公款供其他单位使用的；第三，个人决定以单位名义将公款供其他单位使用，谋取个人利益的。挪用公款行为的具体表现形式包括：其一，挪用公款进行非法活动。非法活动是指国家法律、法规所禁止的活动，包括犯罪活动和一般违法活动。其二，挪用公款归个人使用进行营利活动，且数额较大。营利活动是指国家法律所允许的牟利活动。其三，挪用公款归个人使用，数额较大且超过3个月未还。

（3）挪用公款罪的主体是特殊主体，即只能由国家工作人员构成。

（4）挪用公款罪的主观方面是直接故意，即明知是公款而有意违反有关规定予以挪用，其目的是非法取得公款的使用权。

3. 巨额财产来源不明罪，是指国家工作人员的财产或者支出明显超过合法收入，差额巨大，本人不能说明其来源合法的行为。本罪具有如下构成要件。

（1）本罪侵犯的客体是国家工作人员职务的廉洁性。

（2）本罪的客观方面表现为行为人的财产或者支出明显超出合法收入，且差额巨大，而本人不能说明其来源合法的行为。财产指行为人实际拥有的财物，包括现金、有价证券以及物品；支出是指行为人已经支付的款物；合法收入指行为人依法获得的财物，如工资、奖金等。不能说明来源合法，包括拒不说明财产或者支出来源合法，故意编造财产或者支出来源的合法途径，但经调查被否定的。

（3）本罪主体是特殊主体，即只能由国家工作人员构成。

（4）本罪的主观方面是直接故意，即行为人明知超过自己合法收入的差额巨大的财产或支出的来源，在被责令说明其来源的情况下，能够说明来源而故意不予说明。

4. 贪污罪是指国家工作人员和受国家机关、国有公司、企业、事业单位、人民团体委托管理、经营国有财产的人员，利用职务上的便利，侵吞、窃取、骗取或者以其他手段非法占有公共财产的行为；职务侵占罪，是指公司、企业或者其他单位的人员，利用职务上的便利，将本单位财物非法占为己有，数额较大的行为。

贪污罪与职务侵占罪的区别在于：其一，犯罪主体不同。前者的主体是国家工作人员和受国家机关、国有公司、企业、事业单位、人民团体委托管理、经营国有财产的人员，而后者的主体是公司、企业中不具有国家工作人员身份的工作人员。其二，犯罪客体不同。前者的犯罪客体是国家公职人员的职务廉洁性和公共财产所有权，而后者的犯罪客体是单位财物所有权。

5. 挪用公款罪是指国家工作人员利用职务上的便利，挪用公款归个人使用，进行非法活动的，或者挪用公款数额较大进行营利活动的，或者挪用公款数额较大，超过3个月未还的行为。挪用资金罪，是指公司、企业或者其他单位中的非国家工作人员利用职务上的便利，挪用本单位资金归个人使用或借给他人，数额较大、超过3个月未还的，或者数额较大进行营利活动的，或者进行非法活动的行为。

挪用公款罪与挪用资金罪的区别主要有：其一，犯罪主体不同。前者的犯罪主体是国家工作人员，而后者的犯罪主体是非国有公司、企业或者其他单位的不具有国家工作人员身份的人员。受国有公司、企业或者其他国有单位委派到非国有公司、企业以及其他单位中从事公务的人员挪用资金的，以挪用公款罪定罪处罚。其二，犯罪客体和对象不同。前者的犯罪客体是复杂客体，包括国家公职人员职务的廉洁性和公共财产所有权，犯罪对象是公款，而后者的犯罪客体是单位资金的所有权，犯罪对象是非国有单位的资金。

6. 利用影响力受贿罪，是指非国家工作人员利用国家工作人员的职务行为，或者利用国家工作人员职权或者地位形成的便利条件，为请托人谋取不正当利益，索取或者收受请托人财物，数额较大或者有其他较重情节的行为。利用影响力受贿罪具有如下构成要件。

（1）犯罪客体是国家对国家工作人员的监督管理权力。国家工作人员“身边人”以及已离职的国家工作人员所实施的上述行为，虽然不是国家工作人员直接实施的，但是对国家的公务人员的管理制度造成了严重的冲击，侵害了国家工作人员职务行为的廉洁性，严重危害了国家对国家工作人员的监督管理权力。

（2）犯罪的客观方面表现为利用国家工作人员的职务行为，或者利用国家工作人员职权或者地位形成的便利条件，为请托人谋取不正当利益，索取或者收受请托人财物，数额较大或者有其他较重情节的行为。具体包括：国家工作人员的近亲属或者其他关系密切的人，通过该国家工作人员职务上的行为为请托人谋取不正当利益，索取或者收受请托人财物；上述人员利用该国家工作人员职权或者地位形成的便利条件，通过其他国家工作人员的职务行为，为请托人谋取不正当利益，索取或收受请托人财物；已经离职的国家工作人员或者其近亲属以及其他关系密切的人，利用该离职的国家工作人员原职权或者地位形成的便利条件，通过在职的国家工作人员的职务行为，为请托人谋取不正当利益，索取或者收受请托人财物。

（3）犯罪主体是特殊主体，具体包括：已经离职的国家工作人员，包括离退休人员和辞职、被开除公职以及病休不在职的人员；国家工作人员以及已经离职的国家工作人员的近亲属；与国家工作人员和已经离职的国家工作人员关系密切的人。

（4）犯罪的主观方面是故意，而且是为了谋取不正当利益。

7. 根据《刑法修正案（十二）》的规定，行贿罪的从重处罚情节包括：（1）多次行贿或者向多人行贿的；（2）国家工作人员行贿的；（3）在国家重点工程、重大项目中行贿的；（4）为谋取职务、职级晋升、调整行贿的；（5）对监察、行政执法、司法工作人员行贿的；（6）在生态环境、财政金融、安全生产、食品药品、防灾救灾、社会保障、教育、医疗等领域行贿，实施违法犯罪活动的；（7）将违法所得用于行贿的。

由于《刑法修正案（十二）》将上述七种情节规定为从重处罚情节，故最高人民法院、最高人民检察院《关于办理贪污贿赂刑事案件适用法律若干问题的解释》关于上述情节导致成立行贿罪的数额降低的规定，不应再适用。因为《刑法修正案（十二）》将上述情节作为从重处罚情节规定，就不能再将其作为定罪情节予以适用。

案例分析题

1. 陆某的行为构成诈骗罪。贪污罪与诈骗罪的界限在于行为人是否属于国家工作人员或者受国家机关、国有公司、企业、事业单位、人民团体委托经营、管理国有财产，以及行为人在侵吞公共财产时，是否利用了职务上的便利。在本案中，因为陆某不是国家工作人员，所以其骗取财产的行为不构成贪污罪。

2. 王某不构成行贿罪，朱某构成行贿罪。行贿罪是指行为人为了谋取不正当的利益，给予国家工作人员以财物的行为，以及在经济往来中，违反国家规定，给予国家工作人员以财物，数额较大，或者违反国家规定，给予国家工作人员以各种名义的回扣、手续费的行为。构成行贿罪，要求行为人在主观上是为了谋取不正当的利益。在本案中，王某综合素质最优，虽然其获得被招聘的利益的手段不正当，但不能否定其所获利益的正当性。所以王某的行为不构成行贿罪。相反，朱某的综合素质不及王某，但是其为了获取不正当的被招聘上的利益，实施了行贿的行为，所以构成行贿罪。

3. 甲的行为构成受贿罪，乙的行为构成行贿罪。构成受贿罪，并不要求行为人实际上为他人谋取到利益。只要行为人有为他人谋取利益的表示，就可以认定行为人为他人谋取利益的特征。所以甲的行为构成受贿罪。至于乙，由于其是为了谋取不正当的裁判利益，且客观上实施了行贿的行为，所以构成行贿罪，而不论其是否实际获取了该不正当利益。

4. 甲的行为最初是挪用公款（100 万元），之后是受贿（5 万元），再然后是贪污（30 万元），其中，挪用 100 万元的行为、受贿 5 万元的行为和贪污 30 万元的行为之间没有牵连，因此应该各自定罪，实行数罪并罚。乙构成挪用公款进行营利活动的教唆犯。根据最高人民法院《关于审理挪用公款案件具体应用法律若干问题的解释》第 8 条的规定，挪用公款给他人使用，使用人与挪用人共谋，指使或者参与策划取得挪用款的，以挪用公款罪的共犯定罪处罚。乙为了获取这部分公款，给甲5万元的好处费，构成行贿罪；用公款贩卖毒品，构成贩卖毒品罪。丙得知甲、乙挪用公款的行为的时候，甲、乙二人挪用公款行为已经既遂。所以，丙的行为不成立挪用公款罪的共犯。乙只是告知丙该款项是贪污贿赂犯罪所得，并没有告诉丙是用于贩卖毒品，所以乙、丙不构成贩卖毒品罪的共犯，丙的行为只构成洗钱罪。

论述题与深度思考题

1. 斡旋受贿是指国家工作人员利用本人职权或者地位形成的便利条件，通过其他国家工作人员的职务行为，为请托人谋取不正当利益，索取请托人财物或者收受请托人财物的行为。根据斡旋受贿的概念，其成立条件由三部分组成：第一，必须是国家工作人员利用本人职权或者地位形成的便利条件。对此，我国学者有制约关系说、特殊关系说、无制约关系说。第二，必须是通过其他国家工作人员职务上的行为为请托人谋取利益。通过其他国家工作人员的非职务行为，或者通过非国家工作人员为请托人谋取利益，不能成立斡旋受贿。第三，为请托人谋取的利益必须是不正当利益。所谓“不正当利益”，我国学者有非法利益说、违法利益说、非法利益和不确定利益说。[详见王作富主编：《刑法》，7版，587～588页，北京，中国人民大学出版社，2021；马克昌：《论斡旋受贿罪》，载《浙江社会科学》，2006（3）。]

2. 对国家工作人员事前为他人谋取利益，事后收取财物的行为的定性，学界存在不同看法。对于事先有共谋的事后受贿行为，定性为受贿罪并没有问题，但是如果事先没有受贿的意思，那么事后受贿如何定性，有肯定说与否定说之分。（详见高铭暄主编：《刑法专论》，2版，836～841页，北京，高等教育出版社，2006。）

3. 我国已经签署了《联合国反腐败公约》。作为国际刑法的一部分，该公约对于签约国家具有重大的借鉴意义。以该公约为参照物，我国贿赂犯罪立法的完善可以从下列几个方面着手：将我国贿赂犯罪“贿赂”的范围由“财物”扩大至一切不正当利益，取消受贿罪中“为他人谋取利益”的定罪要件和行贿罪定罪中“为谋取不正当利益”的主观要件，并增设贿赂外国公职人员或国际公共组织官员罪。[详见王作富、但未丽：《〈联合国反腐败公约〉与我国贿赂犯罪之立法完善》，载《法学杂志》，2005（4）。]

4. 关于介绍贿赂罪与行贿罪、受贿罪共犯的界限，学界有两种意见。

一种意见认为应当区别。具体区别标准，有观点认为，介绍贿赂罪与行贿、受贿的帮助行为极为相似，其关键区别在于：由于行贿罪、受贿罪的帮助犯认识到自己是在帮助行贿一方或者受贿一方，因而其行为主要是为一方服务；而由于介绍贿赂的行为人认识到自己是处于第三者的地位介绍贿赂，因而其行为主要是促成双方的行为内容得以实现。有观点认为，主要区别如下：一是在犯罪主体上，受贿罪的共犯，无论是帮助犯还是教唆犯，都是依附于受贿罪，不能独立存在；而介绍贿赂罪的主体是不依赖于受贿方和行贿方的第三者。二是在主观方面，受贿罪的共犯的目的在于以权换钱，通过利用职务上的便利为他人谋取利益，从行贿一方取得非法财物；而介绍贿赂的行为人实施撮合介绍的目的，在于从行贿和受贿双方的非法交易中获取利益。三是在客观方面，受贿罪的共犯只为受贿的一方服务，以取得行贿人的财物；介绍贿赂的行为人是为行、受贿双方沟通关系、提供服务。有观点认为，二者的区别表现在：首先，中介人不同于行贿、受贿的帮助犯，他必须与贿赂行为的两个主体均有联系；其次，中介人不同于行贿、受贿的教唆犯，其行为非因自己的主动意图，而是根据行贿人或受贿人的请示或委托。有观点认为，介绍贿赂的，只在国家工作人员与行贿人中间起牵线搭桥的作用，没有介入为行贿人谋取利益的具体行为。介绍贿赂人即使从行贿人处得到钱物，也只是行贿人单独给他的好处、感谢费，而不是行贿。共同受贿罪中的非国家工作人员，则参与了国家工作人员利用职务便利为他人谋取利益的行为。没有该非国家工作人员的参与，国家工作人员一般无法独自利用职务便利为他人谋取利益。

另一种意见认为，介绍贿赂的行为实质上是共同犯罪的一种形式，在受贿与行贿之间，总是有倾向性地代表某一方，或者是受某一方的委托进行活动；进而主张取消这一不切实际的罪名。[参见朱铁军：《介绍贿赂罪与行贿、受贿共犯界限之分析——由浙江腐败“名托”被判刑所引发的思考》，载《中国刑事法杂志》，2003（1）。]

5. 终身监禁，并非一种全新的刑罚制度，也不是一个新的刑种，而是在我国刑法总则确定的既有刑罚体系和刑罚制度的基础上，充分调度死刑缓期执行制度、无期徒刑执行制度的实有功能，仅适用于特定贪污受贿犯罪的刑罚裁量和刑罚执行特殊措施。它是加大惩处腐败犯罪力度的国家政策激活刑法规定的既有刑罚裁量、刑罚执行制度，宽严相济的刑事政策实现法律化、制度化的重要立法实践。

作为一种刑罚措施，终身监禁与既有刑罚制度的关系表现如下。

首先，它是依附于死刑缓期执行制度而存在的特殊刑罚措施。换言之，终身监禁的适用，首要的前提是，犯贪污罪、受贿罪者被依法判处死刑缓期执行。从一定意义上讲，依附于死刑缓期执行制度而存在，是终身监禁作为中间刑罚并具有相应功能的根本原因。中间刑罚，就是在同一种刑罚中因执行方式不同而形成的、介于最重刑罚执行方法与最轻刑罚执行方法之间的、严厉程度居中的刑罚执行方法或特殊刑罚措施。终身监禁介于死刑立即执行与纯粹死刑缓期执行之间，是典型的中间刑罚。中间刑罚虽然不是独立的刑种，只是特定刑种的执行方法之一，但其在刑事司法中的实际适用效果类似于独立刑种，甚至能够产生与独立刑种相同的作用。

其次，终身监禁是依附于无期徒刑执行制度而存在的特殊刑罚措施，即终身监禁的适用，必须属于《刑法》第50条第1款规定的“判处死刑缓期执行的，在死刑缓期执行期间，如果没有故意犯罪，二年期满以后，减为无期徒刑”的情形。就基本性质而言，无期徒刑，是剥夺犯罪人的终身自由，强制其参加劳动并接受教育和改造的刑罚方法。由无期徒刑的基本性质和减刑、假释制度的适用条件所决定，终身监禁只是无期徒刑的执行方式之一或法律后果之一。在《刑法修正案（九）》施行之前，依据法定的刑罚执行制度的规定，无期徒刑的实际执行方式包括：可以减刑、假释的无期徒刑；可以减刑、不得假释的无期徒刑；因不符合适用减刑、假释的条件，实际终身监禁的无期徒刑（可简称“事实终身监禁”）。所以，终身监禁，是我国刑法规定的无期徒刑应然的属性和可能的后果；结合法定的刑罚执行制度，从实际执行的状况看，我国刑法中的无期徒刑分为未终身监禁的无期徒刑与终身监禁的无期徒刑。在《刑法修正案（九）》施行之后，无期徒刑的执行方式中依法增加了新的种类，即不得减刑、假释，予以终身监禁的无期徒刑（可简称“法定终身监禁”）。

最后，作为新的特殊刑罚措施，法定终身监禁必须以刑罚裁量特别措施与刑罚执行特别措施结合适用的方式实现。从一定意义上讲，《刑法修正案（九）》增设的终身监禁所依附的死刑缓期执行制度、无期徒刑执行制度，都是既有的刑罚制度，其作为适用于重特大贪污受贿犯罪的专门刑罚措施所具有的或所形成的新的刑罚处罚后果，只能通过特殊刑罚裁量措施与特殊刑罚执行措施相互结合、衔接适用的方式来实现。其中，特殊刑罚裁量措施的要义包括：终身监禁实际是介于死刑立即执行与纯粹死刑缓期执行之间的中间刑罚，即由死刑立即执行、终身监禁与纯粹死刑缓期执行形成严厉程度梯次衔接的刑罚处罚结构；对于符合《刑法》第383条第1款第3项后段规定的犯罪人，即使属于本应当判处死刑立即执行者，审判机关依然有依法决定适用终身监禁的裁量权；终身监禁的适用对象为，判处死刑立即执行偏重、单纯判处死刑缓期执行偏轻、适用终身监禁罚当其罪的贪污受贿犯罪人。特殊刑罚执行措施的要义，主要是指审判机关依法决定适用终身监禁的裁判生效之后，必须在依法减为无期徒刑后，才能获得终身监禁的实际法律后果；若因法定事由没有依法减为无期徒刑，则生效裁判的执行内容发生调整；若在死刑缓期执行期满，依法减为有期徒刑时，则终止终身监禁的执行。

6.《刑法修正案（十二）》对行贿罪法定刑的修改主要表现在如下方面：第一，调低了行贿罪的法定最低刑（法定最高刑除外）；第二，明确了情节严重的七种情形；第三，明确了“调查突破重大案件”的刑罚减轻或免除功能。在反腐败的立法司法实践中，一直存在着“重受贿、轻行贿”的现象。一般认为，受贿是侵犯公职人员职务公正性或者不可收买性的犯罪，属于具有国家机关工作人员身份的人才能实施的身份犯，而行贿则是任何人都能实施的非身份犯，其不能直接侵害公职人员职务行为的廉洁性，只能通过具有国家工作人员身份的人的行为造成间接影响，因此，受贿的社会危害性大于行贿。党的十九大报告明确提出腐败是我们党面临的最大威胁，要深化标本兼治，坚持无禁区、全覆盖、零容忍，坚持重遏制、强高压、长震慑，“坚持受贿行贿一起查”。《刑法修正案（十二)》正是对这一反腐败刑事政策的回应。

不过"受贿行贿一起查"强调的是"一起查",并没有要求"一起罚"或者"同等罚"。事实上由于受贿行为的主体是国家工作人员,他们手中握有相应的公权力,即使在行贿行为与受贿行为均侵害了职务行为的不可收买性与公正性时,受贿行为的侵害程度也重于行贿行为的侵害程度。《刑法修正案(十二)》将行贿罪的法定刑与受贿罪的对齐,在一定意义上解决了此前行贿罪第一档法定刑重于受贿罪的问题。

最高人民法院、最高人民检察院《关于办理行贿刑事案件具体应用法律若干问题的解释》《关于办理贪污贿赂刑事案件适用法律若干问题的解释》规定了行贿罪情节严重的情形,但没有规定从重处罚情节,《刑法修正案(十二)》对司法解释的内容进行了相应的吸收整合,规定了从重处罚情节,为在同一档内的量刑提供指引,具有其合理性。

由于行贿、受贿犯罪的隐蔽性,以及行贿、受贿人攻守同盟现象的存在,争取行贿人是调查行贿、受贿案件的常见方式,因此,区分"调查突破重大案件"和"侦破重大案件",具有证据层面的现实意义。

第二十九章　渎职罪

名词解释

1. 国家机关工作人员
2. 司法工作人员
3. 滥用职权罪
4. 徇私枉法罪
5. 食品、药品监管渎职罪

选择题

（一）单项选择题

1. 关于渎职罪的犯罪主体，下列说法中不正确的是（　　）。

A. 本类罪的主体只包括自然人主体，单位不能构成本类罪

B. 本类罪的主体是特殊主体，即国家机关工作人员

C. 本类罪的主体的国家机关工作人员包括中国共产党的各级机关、中国人民政治协商会议的各级机关的公职人员

D. 国家机关工作人员是国家工作人员中的一部分

2. 下列关于滥用职权罪的客观方面的表述中不正确的是（　　）。

A. 滥用职权的行为包括不依法正当行使职权的情形

B. 滥用职权的行为包括超越权限的行为

C. 滥用职权的行为只能是作为，不作为不能构成滥用职权

D. 滥用职权的行为既可以是作为，也可以是不作为

3. 下列哪一行为不属于滥用职权罪的客观形式？（　　）

A. 甲是某公安局的警察，在发现某商贩逃税的情况下，向该商贩开出罚款的单据

B. 乙是某环保局的工作人员，在发现某大学门口聚集过多商贩，阻碍交通的情况下，将商贩的交通工具、货物扣押

C. 丙是某地方公安局的警察，在发现走私犯罪的情况下，进行立案侦查，并将案件移送至地方检察机关

D. 丁是某税务局的工作人员，在执行职务中发现某逃税商人没有按期缴纳税款的情况下，采取税收扣押行为

视频讲题

4. 下列关于滥用职权罪的说法中哪一项是不正确的？（　　）

A. 滥用职权罪是行为犯，只要行为人实施了滥用职权的行为就构成本罪

B. 滥用职权罪是结果犯，必须行为人的行为导致公共财产、国家和人民利益遭受重大损失才构成本罪

C. 滥用职权罪与渎职罪中其他以滥用职权行为为构成要件的罪名之间存在法条竞合关系，适用时一般遵循特别法优于一般法的原则

D. 滥用职权罪的主观方面是故意，既可以是直接故意，也可以是间接故意

5. 张某是国家外汇管理部门的工作人员，一次因为疏忽大意，导致大量外汇被骗购，致使国家利益遭受重大损失，则张某的行为构成（　　）。

A. 滥用职权罪　　B. 玩忽职守罪

C. 非法经营罪　　D. 不构成犯罪

6. 以下犯罪行为的主体哪一种不限于国家机关工作人员？（　　）（司考）

A. 玩忽职守罪
B. 帮助犯罪分子逃避处罚罪
C. 失职造成珍贵文物损毁、流失罪
D. 故意泄露国家秘密罪

7. 某国家机关的机要人员林某利用职务上的便利，将其所知悉、掌握的大量国家机密、绝密提供给境外的反动组织。对该行为如何认定？（　　）（司考）
A. 故意泄露国家秘密罪
B. 为境外非法提供国家秘密、情报罪
C. 故意泄露国家秘密罪与为境外非法提供国家秘密、情报罪
D. 非法获取国家秘密罪与为境外非法提供国家秘密、情报罪

8. 玩忽职守罪在客观方面的表现是什么？（　　）（司考）
A. 在行使职权时超越权限
B. 不正确地行使职权
C. 不正确履行职责或者在履行职责时粗心大意
D. 在行使职权时超越权限或者不正确地行使职权

9. 王某是某地公安局招聘的合同制警察。在一次执行任务过程中，因为王某的疏忽大意，本应避免却没有避免严重结果发生（导致3人死亡）。王某的行为构成（　　）。
A. 玩忽职守罪
B. 过失致人死亡罪
C. 滥用职权罪
D. 不构成犯罪

10. 关于滥用职权罪与玩忽职守罪的关系，下列说法中不正确的是（　　）。
A. 两罪的犯罪主体相同，都是国家机关工作人员
B. 两罪规定在同一条中，所以主观方面是一样的
C. 两罪的客观表现有所不同，前者是不正确行使职权或者超越权限，后者是不负责、不认真或者不正确行使职权
D. 两者的处罚有所不同，同样的行为和结果，滥用职权罪的处罚要比玩忽职守罪的重

11. 某公安机关负责人张某，因为邻里矛盾与某工矿企业厂长王某有私仇。为了报复王某，张某以环境污染为由对王某负责的工矿企业处以罚款等行政处罚，给该工矿企业造成直接经济损失8万元、间接损失3万元。请问：张某的行为构成何罪？（　　）
A. 报复陷害罪　　B. 滥用职权罪
C. 玩忽职守罪　　D. 不构成犯罪

12. 下列行为中构成国家机关工作人员签订、履行合同失职被骗罪的有（　　）。
A. 某国家机关工作人员在不了解对方资信的情况下，为其提供经济担保，致使国家利益遭受重大损失，造成恶劣的社会影响
B. 某国有企业负责人未经调查，盲目同无资金来源的另一方进行购销活动而被诈骗，单位损失严重
C. 某事业单位工作人员对供方提供的质次价高的产品，未经检查而自行同意接受货物，给国家带来重大损失
D. 某国家机关工作人员与对方签订购销合同，但由于意外事件的发生，致使合同目的不能实现，国家利益遭受重大损失

13. 徇私舞弊减刑、假释、暂予监外执行罪的主体是（　　）。
A. 法官　　B. 检察官
C. 监狱管理人员　　D. 司法工作人员

14. 甲是海关工作人员，发现A公司有走私活动。A公司负责人知悉此事，为了使走私顺利进行，送给甲好处费10万元，并让甲不要声张。甲同意，对A公司的走私活动予以放纵，使之不受追究。对甲的行为应如何处罚？（　　）
A. 走私罪（共犯）与受贿罪数罪并罚
B. 放纵走私罪与受贿罪数罪并罚
C. 放纵走私罪与受贿罪从一重罪处断
D. 走私罪（共犯）与受贿罪从一重罪处断

15. 王某为公安局治安队队长，与某歌厅老板李某是朋友。一次李某请王某吃饭，席间李某告知王某自己要请几个小姐来“搞活”市场，就是害怕被查。王某说：没关系，有事我顶着，不过收的钱我要提一点。李某同意。日后，群众举报该歌厅有容留卖淫嫖娼活动，王某接到举报后立即通知李某，使其逃避处罚。王某的行为构成（　　）。
A. 帮助犯罪分子逃避处罚罪
B. 包庇罪
C. 容留卖淫罪的共犯
D. 妨害公务罪

视频讲题

16. 张某在一次民事案件中赢了官司。在其后的申请法院执行期间，张某发现对方当事人正在将自己的资产转移到国外，于是张某向法院请求采取强制措施，阻止对方当事人财产转移的行为。赵某是负责本案执行的法官，其对张某的请求不以为然，认为对方当事人在其他地方还有财产不至于导致财产无法执行。结果对方当事人将财产全部转移到国外。张某因为没有得到法院的及时帮助，而最终无法实现自己的债权。赵某的行为构成（　　）。

A. 玩忽职守罪　　B. 滥用职权罪
C. 执行判决失职罪　　D. 不构成犯罪

17. 个体户刘某因经常在家聚众赌博而被公安机关拘留审查。刘某的家属找到其邻居李某某（此人系公安局民警），求其帮忙。当案件承办人秦某某和刘某某就刘某涉嫌赌博一案向李某某了解情况时，李某某否认刘某经常在家聚众赌博，并作证说，在最近几个月里，刘某在自学法律课程，几乎每晚都会来自己家中向自己请教有关法律知识。李某某的行为构成（　　）。

A. 包庇罪
B. 徇私枉法罪
C. 帮助犯罪分子逃避处罚罪
D. 赌博罪的共犯

视频讲题

18. 某法院刑庭审判员刘某某，因与邻居张某素有嫌隙，遂匿名写信给公安机关，捏造张某贩卖毒品的“犯罪事实”。公安机关遂以“涉嫌贩卖毒品”为由拘留了张某，并对其住宅进行了搜查，但是并未发现任何证据。刘某某的行为构成（　　）。

A. 徇私枉法罪　　B. 诬告陷害罪
C. 滥用职权罪　　D. 报复陷害罪

19. 某公安局民警黄某，在承办犯罪嫌疑人陈某盗窃一案中，发现可认定的盗窃数额较小，不足以构成盗窃罪。但黄某觉得陈某在预审中，对自己不够恭敬，使自己在同事面前“丢脸面”，遂生报复心理。于是，在对陈某盗窃一案的讨论中，黄某故意提出，陈某与两年前发生的一起强奸案（未侦破）有关，有重大作案嫌疑。黄某还列举了种种“证据”来证明自己的“合理怀疑”。公安局立即将陈某列为重大犯罪嫌疑人，延长其被羁押的时间，并指定黄某所在的办案组对陈某强奸一案进行调查。在调查过程中，该强奸案的真正作案人在邻县因实施抢劫而被抓获，在其供述中，如实供认了其曾经犯的强奸罪行。黄某的行为构成（　　）。

A. 徇私枉法罪　　B. 诬告陷害罪
C. 滥用职权罪　　D. 打击报复罪

20. 在“严打”期间，某县公安局民警孙某于某日工作会议结束后，回到办公室，随手将会议记录放在办公桌上。下班后，孙某正欲离开，其初中同学贾某、刘某来找孙某办点事情。三人围桌而坐，孙某未将会议记录收进保险柜或抽屉。谈话中，贾某拿起会议记录看了看。孙某说，“别看了，和你没关系”，但仍未收起该文件。随后，三人一同离开了办公室。当晚，贾某将所看到的有关“严打”的工作部署情况告诉了犯罪嫌疑人张某，张某连夜潜逃，至今尚未被抓获。孙某的行为（　　）。

A. 构成故意泄露国家秘密罪
B. 构成过失泄露国家秘密罪
C. 构成帮助犯罪嫌疑人逃避处罚罪
D. 不构成犯罪

21. 武警某下属单位因资金紧张，经人联系介绍，同私营企业老板张某签订借款协议，借款10万元。后还款期限届满，该单位因缺少资金，要求延期偿还。张某大为恼火，遂通过熟人找到本市中级人民法院的审判员蔡某，求蔡某帮忙。根据法律规定，这类案件不属于中级人民法院管辖。但蔡某让张某向本院起诉，并且采取欺骗手段瞒过院领导和其所在审判庭的领导，私自受理此案。而后，为使张某的追债能如愿以偿，蔡某与张某合谋串通一名“黑律师”（即冒充律师代理他人诉讼的人），让该“黑律师”冒充被告一方的诉讼代理人，参加诉讼。此案由蔡某独任审判。在诉讼过程中，蔡某枉法调解，“当事人双方”当庭达成调解协议。随后，张某持蔡某为其制作的调解书向该中级人民法院申请强制执行了该武警下属单位的财产。蔡某的行为构成（　　）。

A. 枉法裁判罪

B. 滥用职权罪

C. 徇私枉法罪

D. 诈骗罪

22. 驻看守所检察干部张某，擅自将看守所在押已决犯孙某提出监室为自己打扫办公室。随后张某到外边看电视，一个小时后返回办公室，发现孙某已经不在办公室。张某随即出去寻找，后在街上找到孙某，之后，张某与孙某一起逛街。到下午 3 时许，孙某提出要回家去看女朋友，让张某等一下。张某稍做犹豫，但随即表示同意。孙某乘机脱逃，至今未能抓获。张某的行为（　　）。

A. 构成玩忽职守罪

B. 构成滥用职权罪

C. 构成私放在押人员罪

D. 不构成犯罪

（二）多项选择题

1. 派出所所长陈某在“追逃”专项斗争中，为得到表彰，在网上通缉了 7 名仅违反《治安管理处罚法》并且已受过治安处罚的人员。虽然陈某通知本派出所人员不要“抓获”这 7 名人员，但仍有 5 名人员被外地公安机关“抓获”后关押。关于陈某行为的性质，下列哪些说法是错误的？（　　）（司考）

A. 陈某的行为构成滥用职权罪

B. 陈某的行为构成玩忽职守罪

C. 陈某的行为构成非法拘禁罪

D. 陈某的行为不构成犯罪

2. 某税务局稽查局对某电缆厂的逃税案件进行查处。该厂厂长甲送给税务局稽查局局长乙 3 万元，要求给予关照。乙收钱后，将某电缆厂已涉嫌构成偷税罪的案件仅以罚款了事。次年 8 月，上级主管部门清理税务违法案件。为避免电缆厂逃税案件移交司法机关处理，乙私自更改数据，隐瞒事实，使该案未移交司法机关。对乙应以何罪论处？（　　）（司考）

A. 受贿罪

B. 滥用职权罪

C. 帮助犯罪分子逃避处罚罪

D. 徇私舞弊不移交刑事案件罪

视频讲题

3. 公安局预审员王某在审理某卷烟厂女工陈某盗窃案时，对陈某犯盗窃甲级香烟 209 条（价值 2 000 余元）的罪行，不追查，不取证，还将罪证材料销毁，掩护陈某逃避惩罚。陈某在王某的掩护下获得释放后，王某以此要挟，将陈某多次奸污。对王某的行为下列各项哪些表述不正确？（　　）（司考）

A. 包庇罪和强奸罪

B. 徇私枉法罪和强奸罪

C. 伪证罪和强奸罪

D. 玩忽职守罪与强奸罪

4. 下列哪些犯罪行为，应按数罪并罚的原则处理？（　　）（司考）

A. 拐卖妇女又奸淫被拐卖妇女

B. 司法工作人员枉法裁判又构成受贿罪

C. 参加黑社会性质组织又杀人

D. 组织他人偷越国（边）境又强奸被组织人

5. 农民王某办了一个私营建筑公司，搞工程承包成为村里的首富。王某不再满足于只当一个普通农民，该村选举村长前，王某让公司会计从银行提取 8 万余元现金，自己并通过亲友给全村每户村民送去内装 1 000 元的红包，请他们在选举村长时“多关照”，结果在选举中王某以微弱多数当选为村长。就任村长后，王某逐渐显露出横行霸道的作风，办事自己一个人说了算。他私下将村中一部分位置较好的耕地以低价承包出去，得到 400 余万元，吹嘘为自己带领全村致富的“政绩”，剩下的山地、荒地让村民承包，村民怨声载道。王某还以小恩小惠手段先后奸淫了 3 名妇女。王某的所作所为引起村民的愤怒，私下商议要“教训”王某。王某听到这一消息，即通过熟人介绍从尤某处购买其走私的手枪一支带在自己身上，还找了 4 名保镖整日不离左右。县检察院听到群众的反映，派员到该村了解情况，被王某派去的保镖拒之村外。后由公安机关在王某到镇里开会时拘捕了他。王某私下出卖土地的行为在下列几项犯罪中有哪几项是可以排除的？

（　　）（司考）

A. 破坏生产经营罪

B. 非法占用农用地罪

C. 滥用职权罪

D. 非法低价出让国有土地使用权罪

6. 下列哪些人员可以作为渎职罪的主体？（　　）

A. 属行政执法事业单位的镇财政所中按国家机关在编干部管理的工作人员

B. 经人事部门任命，但为工人编制的乡工商所所长

C. 企业事业单位的公安机构在机构改革中虽尚未列入公安机关建制但其人员已经行使侦查职责的

D. 合同制民警

7. 某市监局工作人员段某收受贿赂，对一不符合法律规定成立条件的公司予以登记。后该公司进行走私活动，致使国家利益遭受重大损失。段某的上述行为符合下列哪些犯罪的构成？（　　）

A. 滥用职权罪

B. 滥用管理公司职权罪

C. 受贿罪

D. 滥用管理公司职权罪与受贿罪数罪并罚

8. 下列哪些人员可以成为故意泄露国家秘密罪的犯罪主体？（　　）

A. 泄露国家军事秘密的军职人员

B. 泄露国家秘密的立法机关工作人员

C. 泄露国家秘密的行政机关工作人员

D. 泄露国家秘密的中国共产党机关工作人员

9. 犯罪主体必须是税务工作人员的犯罪有（　　）。

A. 徇私舞弊不征、少征税款罪

B. 徇私舞弊发售发票、抵扣税款、出口退税罪

C. 违法提供出口退税凭证罪

D. 商检徇私舞弊罪

10. 甲系某村村民小组组长，2015 年从人贩子手中花 5 000 元买来一女孩做老婆。后被当地公安机关获悉，公安机关前来解救该女孩。甲带领村民，手持斧头、镰刀等堵住警察，并将其中一名警察打成重伤。下列说法中正确的是（　　）。

A. 甲构成聚众阻碍解救被收买的妇女罪

B. 甲构成阻碍解救被拐卖的妇女罪

C. 村民构成帮助犯罪分子逃避处罚罪

D. 使用了暴力手段的村民构成妨害公务罪

视频讲题

11. 某公司因不符合法定条件而被公司登记管理部门注销，其主要负责人找到在市场监督管理机关工作的熟人李某。李某明知该公司不符合法律规定的条件，却违法为其办理公司登记手续。后该公司因实施非法经营、虚开增值税专用发票、合同诈骗等活动而被司法机关查处。关于李某的行为构成，下列说法中不正确的是（　　）。

A. 李某的行为与该公司的违法犯罪行为之间没有因果关系，所以李某的行为只是一般的违法违纪行为，不构成犯罪

B. 李某的行为与该公司的违法犯罪行为之间有因果关系，所以李某的行为应构成滥用管理公司职权罪

C. 李某的行为与该公司的违法犯罪行为之间没有因果关系，但是李某违反了国家的规定，所以李某的行为构成滥用管理公司职权罪

D. 李某的行为与该公司的违法犯罪事实之间有因果关系，但是因为李某不可能预见到该公司成立后会实施违法犯罪行为，所以李某的行为不构成犯罪

12. 下列说法中，错误的有（　　）。

A. 某税务机关工作人员工作严重不负责，马虎草率，不征或者少征大量税款，致使国家税收遭受重大损失。该工作人员构成徇私舞弊不征、少征税款罪

B. 某国有大型企业领导（非国家机关工作人员）对本单位职工的健康严重不负责任，导致传染病在本单位传播，造成严重后果。该领导构成传染病防治失职罪

C. 某环境保护监督管理部门的国家机关工作人员，严重不负责任，导致发生环境污染事故。由于其及时发现并采取有效措施，控制了危害结果的蔓延，但仍造成直接经济损失 3 万元，并无人员伤亡。该工作人员的行为构成环境监

管失职罪

D. 某县教育局局长伪造两份档案，使自己的子女（本应高考落榜）被重点大学录取。该局长的行为构成招收学生徇私舞弊罪

13. 关于渎职犯罪，下列哪些选项是正确的？（ ）

A. 县财政局副局长秦某工作时擅离办公室，其他办公室人员操作电炉不当，触电身亡并引发大火将办公楼烧毁。秦某触犯玩忽职守罪

B. 县卫计局执法监督大队队长武某，未能发现何某在足疗店内非法开诊所行医，该诊所开张三天即造成一患者死亡。武某触犯玩忽职守罪

C. 负责建房审批工作的干部柳某，徇情为拆迁范围内违规修建的房屋补办了建设许可证，房主凭此获得补偿款 90 万元。柳某触犯滥用职权罪

D. 县长郑某擅自允许未经环境评估的水电工程开工，导致该县水域内濒危野生鱼类全部灭绝。郑某触犯滥用职权罪

14. 关于渎职罪，下列哪些选项是正确的？（ ）

A. 省渔政总队验船师郑某，明知有 8 艘渔船存在套用船号等问题，按规定应注销，却为船主办理船检证书，船主领取国家柴油补贴 640 万元。郑某构成滥用职权罪

B. 刑警曾某办理冯某抢劫案，明知冯某被取保候审后未定期到派出所报到，曾某也未依法传唤冯某或将案件移送起诉或变更强制措施。其间，冯某再次犯罪。曾某构成徇私枉法罪

C. 律师于某担任被告人马某的辩护人，从法院复印马某贪污案的案卷材料，允许马某亲属朱某查阅。朱某随后游说证人，使数名证人向于某出具了虚假证明材料。于某构成故意泄露国家秘密罪

D. 公安局协警闫某，在协助抓捕行动中，向领导黑社会性质组织的李某通风报信，导致李某等主要犯罪分子潜逃。闫某构成帮助犯罪分子逃避处罚罪

（三）不定项选择题

1. 某监狱监管员张某，工作严重不负责任，不认真检查犯人亲友送来的物品，致使一把斧头被送入监狱，十多名罪犯利用此斧头越狱脱逃。对张某的行为如何认定？（ ）

A. 私放在押人员罪

B. 玩忽职守罪

C. 失职致使在押人员脱逃罪

D. 脱逃罪的共犯

2. 国家机关工作人员签订、履行合同失职被骗罪的客观方面在对内贸易中表现为（ ）。

A. 未向主管部门或者有关方面了解，盲目同无资金来源的另一方进行购销活动而被诈骗

B. 不了解对方情况，擅自将本单位资金借出或者擅自作经济担保受骗

C. 对供方销售的质次价高的货物，应检查未检查而自行同意收货，又不能坚持按合同索赔

D. 对方的资信能力由于意外事件降低，致使合同不能兑现

3. 甲因其丈夫在公安局看守所工作，所以与看守所的监管人员都很熟悉。一天，甲收受在押重刑犯乙的亲戚 3 万元钱，在没有和丈夫商量的情况下，利用自己出入看守所的方便，帮助乙从看守所逃走。甲的行为构成（ ）。

A. 受贿罪

B. 私放在押人员罪

C. 脱逃罪

D. 私放在押人员罪和受贿罪

视频讲题

4. 某海关负责人甲，在负责查处一起案值巨大的走私汽车案件时，本应移送检察机关追究行为人的刑事责任，但甲由于在查处过程中接受行为人贿赂人民币 20 万元，便大事化小，以行政处罚替代刑事处罚。甲的行为构成（ ）。

A. 徇私舞弊不移交刑事案件罪

B. 放纵走私罪

C. 受贿罪

D. 走私普通货物罪

5. 叶某为做木材生意赚钱，以造林为由提出申请，

经乡林业站同意后，到县林业局办理了在那地坡（地名）采伐250立方米青冈木的采伐许可证。其中，在县林业局办证时，主管许可证发放的张某听说叶某是为了做木材生意，遂产生趁此机会赚笔钱的念头。在发放许可证的时候，授意叶某可以多砍一些，然后对半分。叶某即提出多增加100立方米的采伐额，张某同意，并发放了该250立方米的采伐许可证。随后，叶某在那地坡和邻近的青山坡砍伐了400立方米的青冈木。后被告发。张某的行为构成（　　）。

A. 违法发放林木采伐许可证罪

B. 滥伐林木罪

C. 滥用职权罪

D. 贪污罪

简答题

1. 简述滥用职权罪的构成特征。

2. 简述玩忽职守罪的构成特征。

3. 简述徇私枉法罪、包庇罪、诬告陷害罪之间的关系。

4. 简述放纵制售伪劣商品犯罪行为罪与徇私枉法罪之间的联系和区别。

5. 简述徇私舞弊发售发票、抵扣税款、出口退税罪的构成特征。

案例分析题

1. 某县公安局某派出所民警刘某某，趁该乡下巴村村民马某不在家之机，将马某之妻强奸。次日，马某夫妇到派出所报案。该所所长焦某某在当晚查看了案发现场，并先后向县公安局副局长李某某和政委姚某某汇报了案情，提出了“私了”的要求。李、姚二人明知刘某某有强奸犯罪嫌疑，不但不向局长汇报和采取立案查处措施，反而同意焦某某“私了”的要求。姚某某和焦某某一起参与了“调解”，让刘某某筹款7 000元交给马某，致使刘某某强奸一案以钱“私了”。

问：本案中刘某某、焦某某、李某某、姚某某分别构成什么罪，理由何在?

2. 甲为某地区矿山管理局副局长，主管安全生产工作，乙为该地区某矿山矿长。2016年，乙的矿山二矿区悬崖出现裂缝，滚石砸断了水泥高压电线杆，裂缝有继续扩大的趋势，即将危及职工和设备的安全。乙及时向地区矿山管理局报告了险情。甲表示，要向党委汇报，向上级请示，但事后他并未向党委汇报，也未向上级请示。后矿区滚石频繁，情况更加紧急，乙数次要求，但险情仍未引起甲的重视。矿场的工人非常不满，要求停止工作。但乙看到矿山管理局没有采取任何措施，也认为没什么事。为了赶工期进度，在危险的情况下，乙仍然让工人继续照常作业，结果发生山崩事故，造成众多人员死亡，直接经济损失达600万元。

问：甲、乙分别构成什么犯罪？理由是什么？

3. 甲原系某公安局预审员，在审理金某故意杀人案时，接受金某之父、甲的老同学乙的请托，将金某的年龄由19岁改成17岁，又将起诉意见书中的“金某用砍刀连砍数刀”改成“金某被迫用砍刀自卫”等，尽力为金某开脱。办案期间，甲接受金某家属给的现金、项链、钻戒等财物，折合人民币1万元。

问：对甲的行为如何定罪处罚？理由是什么？

论述题与深度思考题

1. 试论放纵走私罪。

2. 试述滥用职权罪的主观方面。

参考答案

名词解释

1. 国家机关工作人员，是指在各级、各类国家机关中从事公务的人员。根据我国宪法和法律的规定，在各级国家行政机关、权力机关、审判机关、检察机关、军事机关中从事公务的人员，都属于国家机关工作人员。考虑到我国的具体国情和政治制度，在中国共产党中央和地方（乡以上）机关和中国人民政治协商会议各级机关中从事公务的人员，也应当属于国家机关工作人员。

2. 司法工作人员，根据《刑法》第94条的规定，是指有侦查、检察、审判、监管职责的工作人员。

3. 滥用职权罪，是指国家机关工作人员不依法正当行使职权或者任意扩大自己的职务权限，致使公共财产、国家和人民利益遭受重大损失的行为。滥用职权的表现形式大致可以归纳为三种情形：第一种情形是擅权妄为，即行为人不正当地行使自己职务范围内的权力，对有关事项作出不符合法律、法规规定的决定或者处理；第二种情形是超越职权，即行为人超出了职务权限，处理了其无权处理的事项；第三种情形是不履行自己的职责，即表现为职务上的不作为。

4. 徇私枉法罪，是指司法工作人员徇私枉法、徇情枉法，对明知是无罪的人而使他受到追诉、对明知是有罪的人而故意包庇不使他受到追诉，或者在刑事审判活动中，故意违背事实和法律作枉法裁判的行为。

5. 食品、药品监管渎职罪，是指负有食品药品安全监督管理职责的国家机关工作人员，滥用职权或者玩忽职守，造成严重后果或者有其他严重情节的行为。食品、药品监管渎职罪的行为类型包括：(1) 瞒报、谎报食品安全事故、药品安全事件的；(2) 对发现的严重食品药品安全违法行为未按规定查处的；(3) 在药品和特殊食品审批审评过程中，对不符合条件的申请准予许可的；(4) 依法应当移交司法机关追究刑事责任不移交的；(5) 有其他滥用职权或者玩忽职守行为的。

选择题

(一) 单项选择题

1. B。渎职罪的犯罪主体虽然主要是国家机关工作人员，但是也有些犯罪，如故意泄露国家秘密罪，其犯罪主体也可以是非国家机关工作人员，所以选项 B 不正确。根据刑法规定，渎职罪的犯罪主体只能是自然人，单位不能成为渎职罪的主体；中国共产党、中国人民政治协商会议的各级机关因为行使着一定的国家权力，有些职权行为还相当重要，所以这些机关的公职人员也在国家机关工作人员范围之内；国家机关工作人员是国家工作人员中的一部分显然正确。

2. C。滥用职权罪的客观方面表现为超越职权范围或者不依法正当行使职权的行为。行为方式既可以是作为，也可以是不作为，如应当行使职权而不行使。所以选项 C 不正确。

3. D。警察没有对逃税的商贩罚款的权力，所以甲的行为构成超越职权的滥用职权行为；环保局的工作人员没有权力对交通进行管制，所以乙也超越了职权；根据海关法相关规定，地方公安局的警察没有权力管辖走私犯罪案件，其发现走私犯罪案件应当将案件移送海关下设的走私犯罪侦查机关，所以丙的行为也超越了职权；税务工作人员可以采取税务扣押行为，所以丁没有超越职权。

4. A。滥用职权罪是指国家机关工作人员不依法正当行使职权或者任意扩大自己的职务权限，致使公共财产、国家和人民利益遭受重大损失的行为。滥用职权罪是结果犯，其成立要求有一定结果的发生。滥用职权罪与渎职罪中许多以滥用职权行为为内容的罪名之间存在法条竞合的关系，对于同时触犯滥用职权罪与相关渎职罪的，一般遵循特别法优于一般法的处罚原则。通说认为，在主观上滥用职权罪既可以是直接故意也可以是间接故意。

5. B。张某身为国家外汇管理部门的工作人员，属国家机关工作人员之列。其疏忽大意导致国家利益受到重大损失的，构成玩忽职守罪。玩忽职守罪与滥用职权罪的重大区别在于前者主观上是过失，后者主观上是故意。

6. D。选项 ABC 的犯罪主体都是特殊主体，即国家机关工作人员。根据《刑法》第 398 条的规定，选项 D 中故意泄露国家秘密罪的犯罪主体主要是国家机关工作人员，不过非国家机关工作人员也可以构成本罪。

7. B。故意泄露国家秘密罪，是指违反保守国家秘密的规定，故意泄露国家秘密，情节严重的行为。为境外非法提供国家秘密、情报罪是指为境外机构、组织、个人非法提供国家秘密、情报的行为。两罪的客观方面的区别表现在：前者是违反国家保密法的规定，将国家秘密泄露给其他依法不应知悉该秘密的人；后者则是与境外机构、组织、个人有意思联络，将国家的秘密情报提供给对方。与境外机构、组织、个人联络，将国家秘密泄露给对方的行为，既符合故意泄露国家秘密罪，也符合为境外非法提供国家秘密、情报罪，属于法条竞合的情况。由于为境外非法提供国家秘密、情报罪的危害较故意泄露国家秘密罪的危害严重，所以根据从一重处断的原则，应该以为境外非法提供国家秘密、情报罪定罪处罚。

8. C。玩忽职守罪在客观方面的表现是行为人不正确履行职责或者履行职责时粗心大意。玩忽职守罪的客观方面与滥用职权罪的客观方面在不正确履行职责时有相同之处，但是玩忽职守罪在主观上是过失，而滥用职权罪在主观上是故意。

9. A。2000 年最高人民检察院《关于合同制民警能否成为玩忽职守罪主体问题的批复》指出，依据《刑法》第 93 条第 2 款的规定，合同制民警在依法执行公务活动期间，属其他依照法律从事公务的人员，应以国家机关工作人员论。对合同制民警在依法执行公务活动中的玩忽职守行为，符合《刑法》第 397 条规定的玩忽职守罪构成条件的，依法以玩忽职守罪追究刑事责任。所以王某的行为构成玩忽职守罪。至于导致 3 人死亡，包含在玩忽职守罪的构成要件中，不单独定罪。

10. B。滥用职权罪与玩忽职守罪虽然规定在同一条中，但是主观方面并不相同。玩忽职守罪的主观方面是过失，滥用职权罪的主观方面则比较复杂，通说认为滥用职权罪的主观方面是故意，包括直接故意与间接故意。选项 ACD 是关于滥用职权罪与玩忽职守罪之间关系的正确说法。

11. B。报复陷害罪是指国家机关工作人员滥用职权，假公济私，对控告人、申诉人、批评人、举报人实行报复陷害的行为。本题中，王某并非控告人、申诉人、批评人、举报人之一，所以无从构成报复陷害罪。张某身为公安机关负责人，对环境污染并没有处罚的权力，但是其超越职权实施处罚权，所以张某的行为构成滥用职权罪。

12. A。国家机关工作人员签订、履行合同失职被骗罪，是指国家机关工作人员在签订、履行合同过程中，因严重不负责任而被诈骗，致使国家利益遭受重大损失的行为。主体上要求必须是国家机关工作人员，所以选项 B 中的国有企业负责人和选项 C 中的事业单位工作人员在主体上就不符合本罪的要求。选项 A 的主体是国家机关工作人员，因为其不负责任，在不调查对方资信的情况下就给对方提供担保，符合本罪的构成特征；而选项 D 中造成国家利益重大损失的原因不在于国家机关工作人员的疏忽，而是意外事件的发生，所以选项 D 不构成本罪。

13. D。徇私舞弊减刑、假释、暂予监外执行罪是指司法工作人员徇私舞弊，对不符合减刑、假释、暂予监外执行条件的罪犯，予以减刑、假释、暂予监外执行的行为。本罪的主体是司法工作人员，具体是指监狱管理人员和法官、检察官。所以选项 D 正确。

14. D。构成放纵走私罪还是走私罪的共犯，区别在于行为人事先与走私犯罪分子是否有通谋。甲发现 A 公司有走私活动时应当对该行为进行查处，但是其在收受 A 公司负责人的贿赂后，就没有采取任何措施，以致 A 公司的走私行为在没有受到阻碍的情况下完成。可见，甲与走私犯罪分子就走私行为事前达成了通谋，所以甲的行为构成走私罪的共犯，而不是放纵走私罪。如果甲是事后发现 A 公司的走私行为，且甲不是负责犯罪侦查的工作人员，则其行为同时符合徇私舞弊不移交刑事案件罪与放纵走私罪的构成，放纵走私罪在这里属于特别法，根据法条竞合时特别法优于一般法的原则，应该以放纵走私罪论。甲收受贿赂的行为与走私罪（共犯）的行为之间具有刑法上的牵连关系，根据牵连犯从一重处断的处罚原则，因此选项 D 正确。

15. C。王某的行为不构成帮助犯罪分子逃避处罚罪，因为王某事先与李某已经有了容留卖淫的通谋，所以二人应当构成容留卖淫罪的共同犯罪。如果王某事先与李某没有通谋，则王某为李某通风报信，帮助李某逃避追究的行为应构成帮助犯罪分子逃避处罚罪。

16. C。赵某工作不负责，在没有调查债务人资产的情况下主观臆断债务人的财产情况，对债权人的合理要求不予采纳，导致债权人的债权无法实现，符合执行判决失职罪的特征。

17. A。李某某的行为不构成徇私枉法罪，因为李某某并不是办理刘某赌博案件的司法工作人员，而徇私枉法罪客观方面故意让犯罪的人不受追究的行为，必须是由办理案件的司法工作人员实施；李某某的行为也不构成帮助犯罪分子逃避处罚罪，因为帮助犯罪分子逃避处罚罪是指有查禁犯罪活动职责的国家机关工作人员，向犯罪分子通风报信、提供便利，帮助犯罪分子逃避处罚的行为，而李某某并非本案的办案人员，所以不构成帮助犯罪分子逃避处罚罪。而李某某实施的是提供否定刘某实施赌博行为言词证据的行为，其目的在于使刘某逃避刑事追究，所以李某某的行为构成包庇罪。因为李某某事先没有与刘某通谋，所以李某某不构成赌博罪的共犯。

18. B。徇私枉法罪是指司法工作人员徇私枉法、徇情枉法，对明知是无罪的人而使他受追诉、对明知是有罪的人而故意包庇不使他受到追诉，或者在刑事审判活动中故意违背事实和法律作枉法裁判的行为。刘某某并非张某“贩毒”案件的司法工作人员，所以不构成徇私枉法罪。报复陷害罪是指国家机关工作人员滥用职权，假公济私，对控告人、申诉人、批评人、举报人实行报复陷害的行为，张某并非控告人、申诉人、批评人、举报人之一，所以刘某某的行为也不构成报复陷害罪。刘某某捏造张某的“犯罪事实”，意图使张某受到追究，符合诬告陷害罪的构成特征，所以刘某某的行为构成诬告陷害罪。

19. A。民警黄某提出陈某的“强奸案”嫌疑，是利用自己办理该案件的职权，对陈某进行报复的行为，因此，黄某的行为符合徇私枉法罪的“徇私枉法、徇情枉法，对明知是无罪的人而使他受到追诉”的特征，构成徇私枉法罪。如果黄某不是利用自己办理该“强奸案”的便利条件，而是在案外捏造陈某“强奸”事实来陷害陈某，则构成诬告陷害罪。

20. A。孙某并没有实施给犯罪人通风报信、帮助其逃避刑罚处罚的行为，主观上也没有帮助犯罪嫌疑人逃避处罚的意思，尽管其泄露国家秘密的行为与犯罪嫌疑人逃避处罚之间存在客观上的因果关系，但是孙某的行为不构成帮助犯罪嫌疑人逃避处罚罪。孙某没有对国家秘密采取保护措施，违反了国家保密法规的规定，构成泄露国家秘密的行为无疑。因为孙某事先没有采取保密措施，在国家秘密被贾某看到之后，仍然没有采取保护措施，其对泄露国家秘密的结果显然是一种间接故意的态度，所以孙某的行为构成故意泄露国家秘密罪。

21. A。因为属于民事纠纷案件，所以蔡某的行为不可能构成徇私枉法罪。蔡某在处理该民事纠纷过程中，对于不属于自己管辖范围的案件予以受理，并且违背事实和法律对不是当事人的对方进行调解，行为符合枉法裁判罪的构成特征，所以选项A正确。至于诈骗罪，虽然蔡某的行为过程有欺骗的性质，但是欺骗行为已经为枉法裁判行为所包含，故不单独定罪。

22. C。张某负有监管职责，违反规定，擅自将在押罪犯提出监室，给罪犯脱逃提供了机会。而且，张某竟将罪犯独自留在办公室而自己外出看电视长达一个小时，以致发生罪犯孙某的第一次脱离监管。张某却未吸取教训，在找到孙某后，竟然陪其逛街，甚至答应其看望女朋友的要求。其稍做犹豫，表明其认识到了孙某可能会再次脱逃，而且其排除孙某脱逃的可能毫无根据，所以不可能是出于过于自信的过失，而是放任脱逃的间接故意，因此，张某构成私放在押人员罪。

（二）多项选择题

1. BCD。陈某对不应通缉的对象发布通缉令，导致对象被外地公安局“抓获”。陈某对这种结果是故意的态度，所以陈某构成滥用职权罪而非玩忽职守罪。陈某的行为之所以不构成非法拘禁罪，是因为：一则行为人没有实施非法拘禁的行为，二则即使行为人实施了“抓捕”行为，也因为是在其职权范围内，不构成非法拘禁罪。

2. AD。选项A正确：乙利用职务便利非法收受他人财物，为他人谋取利益的行为构成受贿罪。选项B错误：徇私舞弊不移交刑事案件罪与滥用职权罪是特别法与普通法的法条竞合关系，行为人的行为同时触犯滥用职权罪的规定和其他有关条款规定的，对其应当按照特别法的规定定罪处罚。选项C错误：帮助犯罪分子逃避处罚罪表现为有查禁犯罪活动职责的国家机关工作人员，向犯罪分子通风报信、提供便利，帮助犯罪分子逃避处罚的行为，其主体只能是对犯罪活动有查禁职责的国家机关工作人员，如公安、国家安全部门的人员。

3. ACD。王某是陈某盗窃案件的预审员，其利用职权之便，帮助本应受到刑事追诉的陈某逃避追诉，行为构成徇私枉法罪。包庇罪与徇私枉法罪的区别在于包庇罪不可能由办理案件的司法人员实施，办理案件的司法人员实施上述行为的构成徇私枉法罪。伪证罪要求行为人是证人、鉴定人、翻译人、记录人，而王某不是，故不构成此罪。王某主观上是故意帮助陈某逃避追诉，因此也不可能构成主观方面只能是过失的玩忽职守罪。

4. CD。《刑法》第240条第1款规定，“……有下列情形之一的，处十年以上有期徒刑或者无期徒刑，并处罚金或者没收财产……（三）奸淫被拐卖的妇女的……”《刑法》第399条第4款规定：“司法工作人员收受贿赂，有前三款行为的，同时又构成本法第三百八十五条规定之罪的，依照处罚较重的规定定罪处罚。”所以选项AB不并罚。选项C中参加黑社会性质组织单独构成犯罪，属于预备犯单独定罪的类型，其后的杀人行为应当单独定罪，所以应该数罪并罚。选项D中组织他人偷越国（边）境与强奸被组织人的情形虽然在有些案件中多发，但是二者没有吸收或者牵连的关系，所以也应该数罪并罚。

5. ACD。王某通过贿赂的方式当选为本村的村长，但是村长不是国家机关工作人员。根据我国刑法规定和相关立法解释，村长只是农村自治组织的领导者，其在协助政府机关办理公务时具有国家工作人员的身份，除此之外，其并非国家工作人员，更谈不上国家机关工作人员。据此，王某出卖土地的行为不可能构成滥用职权罪和非法低价出让国有土地使用权罪；王某也没有实施残害耕畜、破坏生产工具的行为，所以也不构成破坏生产经营罪；王某将耕地承包出去，属于改变耕地的用途，符合非法占用农用地罪的特征，所以构成非法占用农用地罪。

6. ABCD。具体依据参见 2000 年最高人民检察院《关于镇财政所所长是否适用国家机关工作人员的批复》、2000 年最高人民检察院《关于合同制民警能否成为玩忽职守罪主体问题的批复》、2000 年最高人民检察院《关于属工人编制的乡（镇）工商所所长能否依照刑法第 397 条的规定追究刑事责任问题的批复》、2002 年最高人民检察院《关于企业事业单位的公安机构在机构改革过程中其工作人员能否构成渎职侵权犯罪主体问题的批复》。

7. BC。段某作为国家工作人员，收受贿赂的行为构成受贿罪。其徇私舞弊为不符合条件的公司登记，结果致使国家利益遭受重大损失，构成滥用管理公司职权罪。但是受贿罪与滥用管理公司职权罪之间有牵连关系，根据牵连犯从一重处断的原则，所以不数罪并罚。

8. BCD。选项 A 中掌握国家军事秘密的军职人员故意泄露军事秘密的，应该构成故意泄露军事秘密罪。故意泄露国家秘密罪的犯罪主体主要是国家机关工作人员，非国家机关工作人员也能构成本罪，所以 BCD 项正确。

9. AB。选项 C 的主体是税务工作人员以外的其他国家机关工作人员，选项 D 的主体是国家商检部门、商检机构的工作人员。

10. AD。甲是某村村民小组组长，不是国家机关工作人员，也没有解救职责，所以不构成阻碍解救被拐卖的妇女罪；甲的聚众阻碍行为只能构成聚众阻碍解救被收买的妇女罪；根据《刑法》第 242 条的规定，在聚众阻碍解救被收买的妇女罪中，使用暴力、威胁手段阻碍解救的，依照妨害公务罪定罪，所以 D 项正确。

11. ACD。如果李某没有为该公司办理登记手续，该公司就不会继续存在，该公司不继续存在就不会实施违法犯罪行为，所以李某的行为与该公司的违法犯罪事实之间存在因果关系。李某在滥用管理公司职权的时候应该预见到自己的行为会造成严重的后果，所以李某的行为构成滥用管理公司职权罪。

12. ABC。徇私舞弊不征、少征税款罪要求行为人主观上是故意，所以选项 A 不正确。传染病防治失职罪被规定在渎职罪一章，其主体应该是国家机关工作人员，国有大型企业领导不属于国家机关工作人员，所以不构成传染病防治失职罪。环境监管失职罪的立案标准根据相关司法解释，要求造成直接经济损失 30 万元，所以选项 C 不正确。

13. CD。玩忽职守是指行为人严重不负责任，不履行或者不认真履行职责。其他办公室人员操作电炉不当造成严重后果，与秦某擅离岗位没有因果关系，故不构成玩忽职守罪。所以 A 项不正确。武某“未能发现何某在足疗店内非法开诊所行医”，但题干并未交代是否因为严重不负责任，应当发现而未能发现，因此武某的行为并不符合“严重不负责任”的要求，不构成玩忽职守罪。故 B 项不正确。滥用职权罪是指国家机关工作人员故意逾越职权，违反法律决定、处理其无权决定、处理的事项，或者违反规定处理公务，致使公共财产、国家和人民利益遭受重大损失的行为。柳某为“违建”办理建设许可证和郑某允许未经环评的水电工程开工，都属于不按照法律履行职务的行为，构成滥用职权罪。故 CD 项正确。

14. AD。选项 A 正确：滥用职权罪，是指国家机关工作人员不依法正当行使职权或者任意扩大自己的职务权限，致使公共财产、国家和人民利益遭受重大损失的行为。郑某“明知有 8 艘渔船存在套用船号等问题，按规定应注销，却为船主办理船检证书”，构成违反规定处理公务，导致“船主领取国家柴油补贴 640 万元”，因此构成滥用职权罪。选项 B 错误：徇私枉法罪是指司法工作人员徇私枉法、徇情枉法，对明知是无罪的人而使他受追诉，对明知是有罪的人而故意包庇不使他受追诉或者在刑事审判活动中故意违背事实和法律作枉法裁判的行为。刑警曾某并未实施上述行为，因此不构成徇私枉法罪。选项 C 错误：所谓国家秘密是指关系国家的安全和利益，依照法定程序确定，在一定时间内只限一定范围的人员知情的事项。刑事案件的案件材料有些属于国家秘密，但如属于国家秘密的资料，在案件材料上一般会有相应的标准，但题干中并未透露此信息，因此不能得出于某构成故意泄露国家秘密罪的结论。选项D正确：《刑法》第417条规定，有查禁犯罪活动职责的国家机关工作人员，向犯罪分子通风报信、提供便利，帮助犯罪分子逃避处罚的，处3年以下有期徒刑或者拘役；情节严重的，处3年以上10年以下有期徒刑。全国人大常委会《关于〈中华人民共和国刑法〉第九章渎职罪主体适用问题的解释》规定，在依照法律、法规规定行使国家行政管理职权的组织中从事公务的人员，或者在受国家机关委托代表国家机关行使职权的组织中从事公务的人员，或者虽未列入国家机关人员编制但在国家机关中从事公务的人员，在代表国家机关行使职权时，有渎职行为，构成犯罪的，依照刑法关于渎职罪的规定追究刑事责任。虽然闫某是协警，不具有国家机关工作人员身份，但其实施了协助抓捕的行为，应认定其实施了公务行为，因此，其应构成帮助犯罪分子逃避处罚罪。

（三）不定项选择题

1. C。张某并非故意让被监管人脱逃，因此不构成私放在押人员罪；张某也没有与被监管人的预谋，因此不构成脱逃罪的共犯。张某的行为属于失职致使在押人员脱逃的行为，所以选项C正确。

2. ABC。国家机关工作人员签订、履行合同失职被骗罪的客观方面表现为行为人不负责任，不正确行使自己的职权，致使国家利益遭受重大损失的行为。选项ABC都是行为人极不负责的结果。选项D属于意外事件。

3. C。甲并非国家工作人员，且其收受赃款的行为并没有和其身为国家工作人员的丈夫同谋，所以甲不具有国家工作人员的主体身份，不构成受贿罪。甲也不是监管人员，不能构成私放在押人员罪。甲与乙的亲戚有同谋，其利用出入看守所的便利，帮助乙脱逃的行为，符合脱逃罪共同犯罪的特征，所以应该构成脱逃罪。

4. C。虽然甲的行为也有放纵走私和不移交刑事案件的性质，但是因为甲有收受他人贿赂的行为，其放纵走私或者说不移交刑事案件（两罪存在法条竞合关系，其中放纵走私罪属于特殊法）的行为与受贿罪存在牵连关系，根据通说对牵连犯从一重处断的原则，不再单独处罚，故甲的行为仅构成受贿罪。

5. B。张某的行为不构成违法发放林木采伐许可证罪。因为张某事前与叶某有滥伐林木的共同故意，所以张某与叶某构成滥伐林木罪的共同犯罪。

简答题

1. 滥用职权罪，是指国家机关工作人员不依法正当行使职权或者任意扩大自己的职务权限，致使公共财产、国家和人民利益遭受重大损失的行为。本罪具有如下构成特征：（1）本罪侵犯的客体是国家机关的正常的管理秩序。（2）本罪在客观方面表现为滥用职权，致使公共财产、国家和人民利益遭受重大损失的行为。具体而言，包括两个方面的内容：1）行为人有滥用职权的行为。表现形式大致可以归纳为三种情形：第一种情形是擅权妄为，即行为人不正当地行使自己职务范围内的权力，对有关事项作出不符合法律、法规规定的决定或者处理；第二种情形是超越职权，即行为人超出了职务权限，处理了其无权处理的事项；第三种情形是不履行自己的职责，即表现为职务上的不作为。2）行为人滥用职权的行为造成了公共财产、国家和人民利益的重大损失。（3）本罪的主体必须是国家机关工作人员。（4）本罪的主观方面只能由故意构成。

2. 玩忽职守罪，是指国家机关工作人员严重不负责任，不履行或者不认真履行职责，致使公共财产、国家和人民利益遭受重大损失的行为。玩忽职守罪具有如下特征：（1）本罪侵犯的客体是国家机关的正常管理活动。（2）本罪在客观方面表现为行为人实施了玩忽职守的行为，并使公共财产、国家和人民利益遭受了重大损失。所谓玩忽职守，是指行为人严重不负责任，不履行职责、义务或者不正确履行职责、义务的行为。不履行职责，是指行为人应当履行职责而没有履行。不履行职责的玩忽职守表现为行为人完全没有履行其应当履行的职责，因而表现为不作为的方式。不正确履行职责，是指不认真、不严格地履行职责。不正确履行职责的玩忽职守，表现为形式上具有履行职责的行为，但是没有完全按照职责的要求去做。其行为方式可表现为作为或者不作为。（3）本罪的主体必须是国家机关工作人员。（4）本罪的主观方面是过失，即行为人应当预见自己对工作严重不负责任可能造成公共财产、国家和人民利益的重大损失，由于疏忽大意而没有预见或者虽然已经预见但轻信能够避免的一种心理态度。

3. 徇私枉法罪，是指司法工作人员徇私枉法、徇情枉法，对明知是无罪的人而使他受追诉，对明知是有罪的人而故意包庇不使他受追诉，或者在刑事审判活动中故意违背事实和法律作枉法裁判的行为。

（1）徇私枉法罪与包庇罪都发生在刑事司法活动中，在主观方面都是故意，且主体具有交叉关系，即包庇罪的主体也可以是司法工作人员，徇私枉法罪在客观方面也包括包庇的内容，因此，二者容易混淆。二者的区别主要表现在：1）犯罪主体的范围不同。徇私枉法罪的主体只能是司法工作人员，而包庇罪的主体是一般主体，既可以是司法工作人员，也可以是其他任何达到刑事责任年龄、具有刑事责任能力的人。2）主观故意的内容不尽相同。徇私枉法罪的意图既可以是使他人受到不应有的刑事追诉或受到冤判、错判，也可以是放纵犯罪分子；包庇罪的意图则仅限于放纵犯罪分子。3）客观方面的表现不同。徇私枉法罪表现为行使职权枉法追诉无罪的人或者枉法不使有罪人受到刑事追究，因而徇私枉法罪就其本质而言，实际上是一种特殊的滥用职权的行为；包庇罪则表现为为犯罪人提供隐藏处所、财物，帮助其逃匿或者作虚假证明包庇。徇私枉法罪和包庇罪在客观方面的这一差异，是区别二者的关键。

（2）徇私枉法罪与诬告陷害罪的区别。两者的主要区别表现为：1）犯罪主体不同。徇私枉法罪的犯罪主体是司法工作人员，属于特殊主体；诬告陷害罪的犯罪主体是一般主体。2）客观方面的表现不同。徇私枉法罪在客观方面表现为司法工作人员利用职权进行枉法追诉、枉法不追诉或者枉法裁判；诬告陷害罪的客观方面表现为捏造他人犯罪事实并实施告发行为，一般不存在利用职权的问题。3）主观故意的内容不同。诬告陷害罪的行为人在主观上只是具有使无罪的人受到刑事追究的意图，而徇私枉法罪的行为人在主观上既可以是意图使无罪的人受到刑事追究，也可以是意图使有罪的人不受追究，即出于包庇的动机。

4. 放纵制售伪劣商品犯罪行为罪，是指对生产、销售伪劣商品犯罪行为负有追究责任的国家机关工作人员，徇私舞弊，不履行法律规定的追究责任，情节严重的行为。

其与徇私枉法罪都被规定在渎职罪一章，犯罪主体都是国家机关工作人员，客观方面都表现为广义上滥用职权的行为，只是具体行为形式有所不同。其区别在于：（1）主体不同。前者的主体是对生产、销售伪劣商品犯罪行为负有追究责任的国家机关工作人员，多为市场监督、司法机关等部门的工作人员，后者只是司法工作人员。（2）客观方面的表现不同。前者只是放纵行为；后者不仅可以是放纵行为，还可以是故意使他人受到追究的行为或者重罪轻判、轻罪重判的行为。

放纵制售伪劣商品犯罪行为罪的行为也可能发生在刑事诉讼的过程中，这时，对放纵制售伪劣商品犯罪行为是定放纵制售伪劣商品犯罪行为罪还是定徇私枉法罪就成为一个值得研究的问题。我们认为，在这种情况下，放纵制售伪劣商品犯罪行为罪与徇私枉法罪之间存在交叉竞合，应按照从一重处断原则处罚。

5. 徇私舞弊发售发票、抵扣税款、出口退税罪，是指税务机关的工作人员违反法律、行政法规的规定，在办理发售发票、抵扣税款、出口退税的工作中，徇私舞弊，致使国家利益遭受重大损失的行为。本罪具有如下构成特征：（1）本罪侵犯的客体是国家发票和税收征管制度；（2）本罪在客观方面表现为行为人违反法律、行政法规，在办理发售发票、抵扣税款、出口退税的工作中，徇私舞弊，致使国家利益遭受重大损失的行为；（3）本罪的犯罪主体是特殊主体，即只有税务机关的工作人员才能成为本罪主体；（4）本罪的主观方面是故意。

案例分析题

1. 刘某某构成强奸罪，焦某某、李某某、姚某某构成徇私枉法罪。刘某某构成强奸罪显而易见，即使事后“私了”也不为国家法律所允许。焦某某是案件的负责人，其不追究刘某某的刑事责任，反而提出“私了”，符合徇私枉法罪的构成特征。李某某、姚某某身为焦某某的上级，在知道整个事件由来的情况下，对焦某某徇私枉法的事实予以认同并积极参与的行为，同样构成徇私枉法罪。

2. 甲构成玩忽职守罪，乙构成重大责任事故罪。甲是主管某地区生产安全工作的矿山管理局副局长，身份上属国家机关工作人员，因为乙的报告行为，甲对乙的矿山存在的安全隐患是有所了解的，但是其工作马虎、漫不经心，对乙报告的事实总是置若罔闻、不加重视。这说明甲对严重损失的态度不是一种希望或者放任的态度，而是过于自信的过失，因此甲的行为构成玩忽职守罪。乙身为矿区的矿长，虽然认识到矿区生产所存在的安全隐患，但是其以为上级没有采取措施便没有事，强令职工违章冒险作业，符合重大责任事故罪的构成，应以该罪定罪处罚。

3. 甲的行为应定性为受贿罪。甲身为国家工作人员，收受他人钱财为他人办事的行为构成受贿罪。其竭力为犯罪嫌疑人开脱的行为符合徇私枉法罪的构成特征。甲的受贿行为与徇私枉法罪之间存在牵连关系，之所以不数罪并罚，是因为《刑法》第399条第4款规定这种情况下不并罚。

论述题与深度思考题

1.（1）放纵走私罪是指海关工作人员徇私舞弊，违反国家规定，明知是走私行为而予以放纵，使之不受追究，情节严重的行为。其构成特征如下。

本罪侵犯的客体是国家海关对进出口业务的监管职能。海关是我国对进出口业务进行监管的主要机构，其监管职能是通过海关工作人员的日常工作活动来实现的。如果海关工作人员徇私舞弊，放纵走私，就严重侵害了海关对进出口业务的监管职能。

本罪在客观方面表现为行为人徇私舞弊、放纵走私，且情节严重。所谓徇私舞弊，是指行为人为了私情而做不合法的事情和以欺骗的方式做违法乱纪的事情；放纵走私，就是指行为人明知是走私行为而放任不管。徇私舞弊、放纵走私的表现多种多样，可以是作为，也可以是不作为，如海关工作人员在过关检查中发现走私物品而佯装不知，或者放弃职守，对过关人员与物品不作验关检查，致使走私物品出入境，等等。根据司法解释，所谓情节严重，是指放纵走私犯罪的；因放纵走私致使国家应收税额损失累计达10万元以上的；3次以上放纵走私行为或者一次放纵3起以上走私行为的；因索取或收受贿赂而放纵走私的。

本罪的犯罪主体是特殊主体，即只有海关工作人员才能成为犯罪主体。

本罪的主观方面是故意。因工作上的过失致使走私物品进出境的，不构成本罪，但有可能构成玩忽职守罪。

（2）本罪与走私罪共犯的界限。海关工作人员事前与走私犯罪分子共谋走私，而在海关监管工作中放纵走私的，对行为人应按走私罪共犯论处。行为人与走私犯罪分子没有共同犯罪故意，只是利用职权放纵走私的，应按放纵走私罪定罪处罚。

（3）本罪与徇私舞弊不移交刑事案件罪的界限。海关工作人员在海关监管工作中，明知有走私行为，且可能构成走私罪，而加以放纵或者不移交刑事司法机关处理而自行按海关法处理的，如何认定，乃是一个值得研究的问题。我们认为，行为人明知有走私行为，且可能构成走私罪，而加以放纵，不作任何处理的，应定放纵走私罪；行为人明知有走私行为，且可能构成走私罪，但不移交刑事司法机关处理而自行按海关法处理的，应按徇私舞弊不移交刑事案件罪论处。（参见王作富主编：《刑法》，7版，626～627页，北京，中国人民大学出版社，2021。）但也有观点认为，海关工作人员（走私犯罪侦查局的工作人员除外）明知走私行为构成犯罪，应当移送司法机关追究刑事责任而不移交，而是枉法作出行政处罚、以罚代刑的行为，虽然是一种徇私舞弊不移交刑事案件的行为，但也是放纵走私的行为，属于交叉关系的法条竞合，应当按照重法即放纵走私罪处理。［参见王作富主编：《刑法分则实务研究》（下），5版，1818～1819页，北京，中国方正出版社，2013。］

2. 对于滥用职权罪的主观方面是故意还是过失，抑或是故意、过失皆有可能，学界存在不同的看法，大致说来，有以下几种：认为滥用职权罪的罪过形式只能是过失；认为该罪的罪过形式是间接故意和过失；认为该罪的罪过形式是间接故意；认为该罪的罪过形式是直接故意；认为该罪的罪过形式可以是故意，也可以是过失，故意包括直接故意和间接故意，过失则只包括过于自信的过失而不包括疏忽大意的过失；认为该罪的罪过形式是故意，包括直接故意和间接故意，但是不能是过失。（详见高铭暄主编：《刑法专论》，2版，889～894页，北京，高等教育出版社，2006。）

第三十章　军人违反职责罪

名词解释

1. 军人
2. 战时
3. 阻碍执行军事职务罪
4. 战时违抗命令罪

选择题

（一）单项选择题

1. 甲是入伍多年的老兵，与乙是老朋友。乙的儿子丙很爱玩枪，于是甲乘自己休假之日私自携带枪支外出去乙家。甲与丙开玩笑，将枪口对准丙吓唬他，并趁丙不注意取下实弹夹，本以为不会出现危险了，就扣动了扳机。可是因为枪膛里还留下一发子弹，导致丙当场受枪击死亡。对甲的行为应如何认定？（　　）

A. 武器装备肇事罪
B. 故意杀人罪
C. 过失致人死亡罪
D. 擅自改变武器装备编配用途罪

视频讲题

2. 关于隐瞒、谎报军情罪的构成要件，下列说法中不正确的是（　　）。

A. 本罪的主体是特殊主体
B. 本罪是行为犯，只要行为人实施了隐瞒、谎报的行为就构成本罪
C. 本罪是结果犯，必须造成危害作战的结果才构成本罪
D. 本罪的主观方面是故意，包括间接故意

3. 某军官携带一批重要军事机密，在火车上因管理不善，被小偷当作财物偷走，使国家军事利益受到严重损失。该军官的行为构成（　　）。

A. 故意泄露军事秘密罪
B. 过失泄露军事秘密罪
C. 过失泄露国家秘密罪
D. 玩忽职守罪

4. 张某听说部队营区里面的有些东西十分值钱，一日黑夜潜入部队营区，窃得机关枪 3 挺、子弹 1 000 发。对张某的行为应如何认定？（　　）

A. 构成盗窃武器装备罪
B. 构成盗窃枪支、弹药罪
C. 若张某是受现役军人李某指使盗窃，则构成盗窃枪支、弹药罪
D. 若张某是受其他人指使盗窃，则构成盗窃武器装备罪

5. 新兵甲看到本中队室内有手枪，遂产生玩手枪的想法。甲趁人不备，将一支手枪藏在身上，离开兵器室，后将其一直藏在宿舍角落里，半年后案发。甲的行为构成（　　）。

A. 盗窃枪支罪　　B. 盗窃武器装备罪
C. 盗窃罪　　D. 非法持有枪支罪

6. 关于拒传、假传军令罪的说法，下列哪一个是不正确的？（　　）

A. 拒传、假传军令罪的犯罪主体是军人
B. 拒传、假传军令罪是行为犯，行为人只要实施了行为就可以构成本罪
C. 拒传、假传军令罪是结果犯，必须对作战造成危害才可以构成本罪
D. 拒传、假传军令罪不能以作为的方式实施

（二）多项选择题

1. 可能构成战时自伤罪的情况是（　　）。

A. 预备役人员张某在战时为逃避征召，自伤身体

B. 战士李某为尽早脱离战场，在敌人火力猛烈向我方阵地射击时，故意将手臂伸于掩体之外，被敌人子弹击中，无法继续作战

C. 战士王某战时奉命守卫仓库，站岗时因困倦睡着，导致仓库失窃。为了掩盖过错，他用匕首自伤身体，谎称遭到抢劫

D. 战士陈某为了立功当英雄，战时自伤身体，谎称在与偷袭的敌人交火时受伤

2. 下列哪些行为构成遗弃伤病军人罪？（ ）

A. 战士甲在战场上发现战友乙身负重伤，在周围没有其他战友帮助的情况下，甲在撤退的时候没有帮助乙撤退，导致乙被敌人杀害

B. 公民甲在一场战斗后经过战场，发现战壕里有一名士兵身负重伤，因为公民甲家中有事，所以甲没有救这名士兵，结果这名士兵死亡

C. 军医甲看到野战医院里还有其他伤病军人，但是机动车辆数量不足，于是决定不带这些军人撤退，致使这些伤病军人被敌人杀害

D. 军官甲在撤退时为了不使队伍的速度拖累下来，让伤病军人步行到指定地点，自己却坐汽车，一些军人因为腿部受伤行动不便，被追上来的敌人杀害

视频讲题

3. 下列犯罪由过失构成的是（ ）。

A. 遗失武器装备罪　　B. 遗弃武器装备罪

C. 武器装备肇事罪　　D. 擅离军事职守罪

4. 下列关于武器装备肇事罪与危险物品肇事罪的关系的说法中正确的是（ ）。

A. 武器装备肇事罪的犯罪主体是军职人员，而危险物品肇事罪的犯罪主体是生产、储存、运输、使用危险性物品的人员

B. 武器装备肇事罪的客观方面表现为军职人员违反武器装备使用规定，从而发生严重后果，危险物品肇事罪的客观方面表现为违反危险物品的管理规定，发生重大事故，造成严重后果

C. 武器装备肇事罪侵犯的客体是部队武器装备的使用管理制度，危险物品肇事罪侵犯的客体是危险物品的安全管理制度

D. 武器装备肇事罪与危险物品肇事罪之间是法条竞合的关系

5. 下列说法中不正确的是（ ）。

A. 武装警察不能构成军人违反职责罪

B. 战时是所有军人违反职责罪从重处罚的法定情节

C. 服刑的军人一概不能构成军人违反职责罪

D. 军内在编职工，如军队锅炉房的工人不能构成军人违反职责罪

6. 下列关于故意泄露军事秘密罪与间谍罪之间的关系的说法中正确的是（ ）。

A. 前者侵犯的犯罪客体是国家保守军事秘密的管理制度，后者侵犯的犯罪客体是我国的国家安全

B. 前者表现为违反规定，泄露军事秘密，后者表现为参加间谍组织、接受间谍组织任务和为敌人指示轰击目标

C. 前者只能由军职人员实施，后者除军职人员外还可以由非军职人员实施

D. 前者没有危害国家安全的目的，后者有危害国家安全的目的

（三）不定项选择题

1. 甲为某部队班长，在某日夜间站岗时，将两发子弹压入冲锋枪的弹夹内，并将子弹上膛，未关保险。在换岗时，两名士兵走过来与甲说话，甲无意中触动扳机，造成走火，将一名战士击倒，经抢救无效死亡。下列说法哪些是错误的？（ ）（司考）

A. 甲的行为构成过失致人死亡罪

B. 甲的行为构成武器装备肇事罪

C. 枪支走火导致该战士死亡是意外事件

D. 对甲应以过失致人死亡罪与武器装备肇事罪数罪并罚

视频讲题

2. 军官甲回家探亲，假期 3 个月，后来假期结束，甲逾期不归。部队多次发送电报，甲仍然以家中有事推托，部队派人劝其回部队，甲反而劝对方帮自己请假。则甲的行为构成（　　）。

A. 逃离部队罪　　B. 擅离军事职守罪
C. 不构成犯罪　　D. 以上都不正确

简答题

1. 简述战时违抗命令罪的构成特征。
2. 简述战时临阵脱逃罪与逃离部队罪、投敌叛变罪的区别。
3. 简述武器装备肇事罪与重大责任事故罪的区别。
4. 简述虐待部属罪与虐待罪的区别。
5. 简述军人叛逃罪的构成特征。

案例分析题

甲系某舰队训练班副班长。某日，训练班营地南门岗哨值班任务由甲负责。甲于晚上 7 点准时来到岗哨值班，突然想起次日外出游玩的事还没有与朋友商量好，遂将值班使用的 54 式手枪放在岗楼内，并委托居住在岗楼旁边的农民丁某照看岗楼。甲离开岗楼后到本团招待所，找到朋友商量好游玩的事并一起玩耍。到晚上 8 点 50 分左右，甲返回执勤的岗楼，却发现岗楼的门锁被撬，岗楼内的手枪被人盗走。

问：甲的行为构成何罪？理由何在？

论述题与深度思考题

试论故意泄露军事秘密罪。

参考答案

名词解释

1. 根据《刑法》第 450 条，军人是指中国人民解放军的现役军官、文职干部、士兵及具有军籍的学员和中国人民武装警察部队的现役警官、文职干部、士兵、有军籍的学员以及文职人员、执行军事任务的预备役人员和执行军事任务的其他人员。

2. 根据《刑法》第 451 条，战时是指国家宣布进入战争状态、部队受领作战任务或者遭敌突然袭击时；部队执行戒严任务或者处置突发性暴力事件时，以战时论。

3. 阻碍执行军事职务罪，是指以暴力、威胁方法阻碍指挥人员、值班、值勤人员执行职务的行为。本罪的犯罪主体是特殊主体，即现役军人；犯罪的主观方面只能是故意。

4. 战时违抗命令罪，是指军人在战时对上级的命令、指示故意违抗、拒不执行，对作战造成危害的行为。本罪只能发生在战时。这里的命令，不仅指战斗命令，还应包括一切与战斗有关的命令，如战时军需物资调遣命令、拖延执行命令等。

选择题

（一）单项选择题

1. A。行为人违反武器装备使用规定，发生责任事故，致使他人死亡的行为构成武器装备肇事罪。行为人没有故意杀人的意思，所以不构成故意杀人罪。行为人的行为同时符合过失致人死亡罪，不过根据法条竞合犯的处罚原则，对行为人仅按照武器装备肇事罪论处。

2. B。隐瞒、谎报军情罪的成立要求对作战造成危害，属于结果犯的范畴，而不属于行为犯的范畴。行为人必须是负有报告军情义务的军人，行为人在主观上对隐瞒、谎报行为是明知，但对作战受到危害的结果可能持放任的故意。

3. B。军事秘密属于国家秘密的范畴，由于行为人是管理不善，而非故意的意思，所以行为人同时构成过失泄露军事秘密罪和过失泄露国家秘密罪。两个罪名之间是法条竞合的关系，其中过失泄露军事秘密罪是特别法，过失泄露国家秘密罪是一般法，根据特别法优于一般法的原则，对此仅按泄露军事秘密罪论。

4. B。《刑法》第 438 条第 1 款规定了盗窃、抢夺武器装备、军用物资罪。第 2 款规定盗窃、抢夺枪支、弹药、爆炸物的，依照本法第 127 条的规定处罚。由此可见，盗窃、抢夺武器装备罪中的武器装备不包括枪支、弹药、爆炸物，因此，张某窃取机关枪和子弹的行为只能构成盗窃枪支、弹药罪。不论张某是否受现役军人指使，对张某的行为定性都不受影响。

5. A。根据《刑法》第438条第2款的规定，军人盗窃枪支的行为构成盗窃枪支罪。盗窃枪支后的自然状态是非法持有，因此，甲后续的非法持有枪支的行为属于事后不单罚的行为。

6. B。拒传、假传军令罪要求对作战造成危害，所以属于结果犯的范畴。本罪因为要求纯正的作为义务，即真实传递军事命令的义务，所以不可能以作为的方式实施，而只能是纯正的不作为犯。

（二）多项选择题

1. AB。战时自伤罪的犯罪主体是特殊主体，即军人。选项A中预备役人员张某属于军人范畴，所以构成本罪。选项B中从表面上看是敌人所致，但是李某受伤乃是其故意行为，且其主观上有逃避军事义务的目的，所以构成本罪。战时自伤罪，要求行为人主观上有逃避军事义务的目的，如果行为人没有这一目的，那么即使有自伤行为，也不构成本罪，所以选项CD不构成本罪。

2. ACD。本罪中的遗弃是指有能力而且有可能救助而不救助，在主体上必须是军人。所以选项B不正确。选项ACD都构成遗弃伤病军人罪。

3. ACD。遗弃是故意的行为，所以选项B不正确。擅离职守的行为虽然是故意，但是行为人对于所发生的结果是过失，所以选项ACD正确。

4. ABC。武器装备肇事罪是指违反武器装备使用规定，情节严重，因而发生责任事故，致人重伤、死亡或者造成其他严重后果的行为。危险物品肇事罪是指违反爆炸性、易燃性、放射性、毒害性、腐蚀性物品的管理规定，在生产、储存、运输、使用中发生重大事故，造成严重后果的行为。这两罪的主体与犯罪对象都属于不同的范畴，外延上没有交叉的部分，因此这两罪之间不存在法条竞合的关系。

5. ABCD。武装警察属于军人；战时并非所有军人违反职责罪的法定从重处罚情节，像战时自伤罪，战时就是其构成要件；服刑的军人如果保有军籍，一样可以构成军人违反职责罪；军内在编职工，如果有军籍，就可以构成军人违反职责罪。

6. ABCD。故意泄露军事秘密罪是指军职人员违反保守国家秘密法规，故意泄露军事秘密，情节严重的行为；间谍罪是指参加间谍组织或者接受间谍组织及其代理人的任务，或者为敌人指示轰击目标的行为。这两罪在四个构成要件上都有所不同。

（三）不定项选择题

1. ACD。甲违反武器装备的使用规定，致使他人死亡，符合武器装备肇事罪的构成特征。致人死亡已经包括在武器装备肇事罪的构成之中，不再单独定罪。

2. A。甲回家探亲，已经不在军事岗位上，谈不上擅离军事职守。其屡次不顾部队的召回，情节严重，行为已经变相构成逃离部队的行为，所以构成逃离部队罪。

简答题

1. 战时违抗命令罪，是指军人在战时对上级的命令、指示故意违抗、拒不执行，对作战造成危害的行为。战时违抗命令罪的构成特征是：（1）本罪侵犯的客体为作战指挥秩序。所谓作战指挥秩序，是指在战时，部队在上级指挥下有条不紊地各司其职、各就各位、相互配合，顺利完成战斗任务的状况。（2）本罪在客观方面表现为战时违抗命令，对作战造成危害的行为。首先，必须有违抗命令的行为，其行为表现可以是作为，也可以是不作为；其次，违抗命令的行为必须发生在战时；最后，违抗命令的行为必须对作战造成了危害。（3）本罪的主体是应接受命令或指示的部属人员。本罪的主体不应被理解为仅指参加战斗的人员，也包括为战斗服务的救护人员、勤务人员等。（4）本罪的主观方面是故意，即明知是上级的命令而予以违抗，拒不执行。

2. 战时临阵脱逃罪是指军人在战场上或战斗状态下，贪生怕死，脱离战斗岗位，逃避战争的行为。

（1）本罪与逃离部队罪的区别在于：主体不同。前者的犯罪主体限于参战的军职人员，而后者的犯罪主体可以是任何现役军人；犯罪的主观方面不同，前者的主观目的是逃避履行战斗义务，并具有贪生怕死的动机，后者的主观目的通常是逃避服兵役；发生时间不同，前者只发生在战时，后者既可发生在战时，也可发生在和平时期。

（2）本罪与投敌叛变罪的区别在于：犯罪主体不同，前者的犯罪主体只能是战时参战的军职人员，后者的犯罪主体则是一般主体；主观目的不同，前者的主观目的是逃避履行战斗义务，后者的主观目的是投奔敌方，并有危害国家安全的目的；客观方面的表现不同，前者是在战场或者战斗状态下逃离部队，并非投奔敌方，后者是投奔敌方或者在被捕、被俘后投降敌人，并进行危害国家安全的活动。

3. 武器装备肇事罪，是指违反武器装备使用规定，情节严重，因而发生责任事故，致人重伤、死亡或者造成其他严重后果的行为。重大责任事故罪是指在生产作业中违反有关安全管理规定，因而发生重大伤亡事故或者造成其他严重后果的行为。二者虽都是行为人违反某种规定，造成人员重伤、死亡或其他严重后果的犯罪，但也有明显的区别：(1) 武器装备肇事罪的主体是军职人员；重大责任事故罪的主体是厂矿企业等单位的生产作业人员、生产指挥人员。(2) 武器装备肇事罪的客观方面表现为军职人员违反武器装备使用规定，因而发生严重后果的行为；重大责任事故罪的客观方面表现为生产人员不服管理、违反规章制度，或者生产指挥人员强令工人违章冒险作业，因而造成严重后果的行为。

4. 虐待部属罪，是指滥用职权，虐待部属，情节恶劣，致人重伤或者造成其他严重后果的行为。虐待罪是指经常以打骂、冻饿、禁闭、强迫过度劳动、有病不给治疗等方法，对共同生活的家庭成员从肉体上、精神上肆意摧残、折磨，情节恶劣的行为。本罪与虐待罪之间的区别在于：主体不同，本罪的犯罪主体是特殊主体，即军人，而后者的犯罪主体是一般主体；犯罪对象不同，本罪的犯罪对象是部属，后者的犯罪对象是一同生活的家庭成员；犯罪客体不同，本罪侵犯的客体是国家对待部属的制度和部属的人身权利，后者侵犯的客体是家庭成员之间相互平等的关系和被害人的人身权利。

5. 军人叛逃罪，是指军职人员在履行公务期间，擅离职守，叛逃境外或者在境外叛逃，危害国家军事利益的行为。本罪的构成特征有：

(1) 犯罪客体是国家的军事利益以及军人永不叛国的义务。

(2) 犯罪的客观方面表现为行为人在履行公务期间，擅离岗位，叛逃到境外的有关国家或者地区或者在境外叛逃。所谓叛逃是指逃往国外、境外不归，或者利用公务出境之机滞留国外、境外不归，以及逃往外国和有关地区驻华使领馆等行为。

(3) 犯罪主体是正在履行公务的军职人员，因此，军职人员如果不是在履行公务期间逃越国（边）境，则不成立本罪。

(4) 犯罪主观方面是具有叛逃的故意。

案例分析题

甲的行为构成擅离、玩忽军事职守罪。擅离、玩忽军事职守罪，是指指挥人员、值班、值勤人员擅离职守或者玩忽职守，因而造成严重后果的行为。所谓擅离职守，是指擅自离开正在工作的岗位，玩忽职守则是指行为人在军事指挥、值班、值勤工作中不负责任。所谓严重后果，是指擅离职守或者玩忽职守的行为引起重大军事利益的损失。本案中，甲在值班期间擅自离开自己的工作岗位，违反规定将岗亭交给与职权无关的农民照看，并且外出长时间不归，导致出现枪支被盗的重大损失，符合擅离、玩忽军事职守罪的构成特征。

论述题与深度思考题

故意泄露军事秘密罪，是指违反保守国家秘密法规，故意泄露军事秘密，情节严重的行为。

本罪的构成特征如下：

(1) 本罪侵犯的客体是国家军事秘密的管理制度。

(2) 本罪的客观方面表现为实施了违反保守国家秘密法规，泄露军事秘密的行为。所谓违反保守国家秘密的法规，是指不遵守国家有关保守军事秘密的法规。所谓泄露军事秘密，是指将军事秘密泄露出去，至于以何种方式泄露，并不影响本罪的成立。

(3) 本罪的主体是军职人员。

(4) 本罪的主观方面为故意。

故意泄露军事秘密的行为，只有情节严重的才能构成犯罪。所谓情节严重，一般是指机要人员或者其他负有特殊保密义务的人员泄密的；泄密的动机恶劣的；出卖军事秘密的；等等。

本罪与其他犯罪的界限如下。

(1) 本罪与故意泄露国家秘密罪的界限。两者的区别在于：首先，犯罪主体不同，前者的犯罪主体是军职人员，后者的犯罪主体主要是国家机关工作人员；其次，犯罪的客观方面不同，前者在客观方面表现为泄露军事秘密的行为，后者在客观方面表现为泄露国家秘密的行为。两者存在包容和被包容的法条竞合关系，前者属于特别规定，后者属于普通规定。

（2）本罪与间谍罪之间的界限。两者的区别在于：首先，侵犯的客体不同，前者侵犯的客体是国家保守军事秘密的管理制度，后者侵犯的客体是国家安全。其次，犯罪的行为不同，前者在客观方面表现为违反保守国家秘密的法规，泄露军事秘密的行为，后者在客观方面表现为参加间谍组织或者接受间谍组织及其代理人的任务或者为敌人指示轰击目标的行为。再次，犯罪主体不同，前者的主体只能是军职人员，后者的主体是一般主体。最后，犯罪的主观方面不同，前者不具有危害国家安全的目的，后者有危害国家安全的目的。

综合测试题（一）

一、名词解释（共 4 题，每题 5 分，共 20 分）

1. 罪刑法定原则
2. 特殊防卫
3. 国家工作人员
4. 妨害公务罪

二、选择题（共 20 题，共 30 分）

（一）单项选择题（共 10 题，每题 1 分，共 10 分）

1. 我国对刑法的立法解释的方式不包括（　　）。

A. 刑法中用条文明确规定的解释

B. 国家立法机关在法律的起草说明中所作的解释

C. 全国人大常委会对刑法实施中发生的歧义所进行的解释

D. 国家立法机关工作人员撰写的刑法释义

2. 有权进行司法解释的主体包括（　　）。

A. 全国人民代表大会常务委员会　　B. 公安部

C. 最高人民法院和最高人民检察院　　D. 司法部

3. 防卫过当的罪过形式不包括（　　）。

A. 直接故意　　B. 间接故意

C. 疏忽大意的过失　　D. 过于自信的过失

4. 某日深夜，甲与乙共同前往丙的住处实施盗窃行为。根据分工，乙在丙家楼下望风，甲入室窃取财物。甲进入丙家后，见丙的妻子在床上熟睡，便对其实施了强奸。对本案应如何处理？（　　）

A. 甲、乙构成强奸罪的共犯

B. 甲、乙在盗窃范围内构成共犯，甲单独构成强奸罪

C. 甲、乙构成强奸罪和盗窃犯的共犯

D. 以上选项都不正确

5. 根据《刑法》第 72 条的规定，对于被判处（　　）的犯罪分子，根据犯罪分子的犯罪情节和悔罪表现，适用缓刑确实不致再危害社会的，可以宣告缓刑。

A. 拘役、5 年以下有期徒刑　　B. 拘役、3 年以下有期徒刑

C. 罚金　　D. 剥夺政治权利

6. 由于发生了法律规定的事由，致使追诉时效暂时停止进行，或者因法定事由而使对犯罪分子的追诉不受追诉期限的限制的制度，被称为（　　）。

A. 时效延长　　B. 时效中断

C. 时效中止　　D. 以上选项都不正确

7. 下列哪项行为不是间谍罪的行为方式？（　　）

A. 参加间谍组织　　B. 接受间谍组织及其代理人的任务

C. 为敌人指示轰击的目标　　D. 投降敌人，为敌人效力

8. 甲因家中火药受潮，遂将家存的约50千克黑色火药于自家院中摊晒。虽然院内晒了许多火药，但甲仍然在院内抽烟，并随手将未熄烟头掷于地上，不料失手掷在火药中，引起火药燃爆，导致火灾。甲及邻居奋力扑救，但无济于事，甲及邻家十数间房屋悉数焚毁。对甲的行为应如何评价？（　　）

A. 放火罪　　B. 失火罪

C. 危险物品肇事罪　　D. 故意毁坏公私财物罪

9. 甲于2017年就任某矿山矿长。该矿山的劳动保护设施不符合国家规定，即将危及职工的安全。甲虽然发现了险情，但认为没什么事，为了赶工期进度，在危险的情况下，仍然让工人继续照常作业。结果，由于对该不符合国家规定的劳动保护设施未采取任何措施，发生重大事故，造成众多人员死亡，直接经济损失500余万元。甲的行为构成（　　）。

A. 重大劳动安全事故罪　　B. 重大责任事故罪

C. 滥用职权罪　　D. 玩忽职守罪

10. 李某系某村民小组组长。2018年8月，李某利用职务上的便利，将村民小组集体财产10万元非法占为己有。对李某的行为如何定性？（　　）

A. 构成挪用公款罪　　B. 构成贪污罪

C. 构成挪用资金罪　　D. 构成职务侵占罪

（二）多项选择题（共5题，每题2分，共10分）

1. 甲，男，30岁，2022年4月因犯侮辱罪被判处有期徒刑2年，缓刑3年。2024年5月，甲教唆乙（2008年10月生）与一名痴呆女性强行发生性关系，甲在一旁观看取乐，但其本身并未与该痴呆女子发生性关系。乙回家后，其父发现其异常，随后追问出真情。乙父将乙捆绑后送至当地公安机关。乙到案后说出行为的前因后果，公安机关遂将甲抓获归案。本案应如何处理？（　　）

A. 对甲的犯罪行为应当从重处罚

B. 对甲的犯罪行为应当加重处罚

C. 对甲应当撤销缓刑，对其强奸罪判处刑罚后，与其侮辱罪所判的2年有期徒刑实行数罪并罚

D. 乙成立自首，对其可以从轻或者减轻处罚

2. 刑罚与其他法律强制方法的区别主要表现为（　　）。

A. 严厉程度不同　　B. 适用的对象不同　　C. 适用的机关不同　　D. 适用的程序不同

3. 故意投放（　　）等物质，危害公共安全的行为，构成投放危险物质罪。

A. 毒害性物质　　B. 放射性物质　　C. 传染病病原体　　D. 污染环境的物质

4. 下列行为构成假冒专利罪的有（　　）。

A. 伪造或者变造他人的专利证书、专利文件或者专利申请文件，情节严重的

B. 未经许可，在其制造的产品、产品包装上标注他人专利号，情节严重的

C. 未经许可，在其销售的产品、产品包装上标注他人专利号，情节严重的

D. 未经许可，在合同、产品说明书或者广告等宣传材料中使用他人的专利号，使人误认为是他人发明、实用新型或者外观设计，情节严重的

5. 以下犯罪行为的主体限于国家机关工作人员的是（　　）。

A. 玩忽职守罪　　B. 帮助犯罪分子逃避处罚罪

C. 失职造成珍贵文物损毁、流失罪　　D. 故意泄露国家秘密罪

（三）不定项选择题（共5题，每题2分，共10分）

甲、乙共谋教训其共同的仇人丙。乙由于对丙有夺妻之恨，暗藏杀丙之心，但未将此意告诉甲。某日，甲、乙二人共同去丙处。为确保万无一失，甲、乙以入室盗窃为由邀请不知情的丁在楼下望风。进入丙的房间后，甲、乙同时对丙拳打脚踢，致丙受伤死亡。甲、乙二人旋即逃离现场。在逃离现场前甲在乙不知情的情况下从丙家的

箱子里拿走人民币 5 万元。出门后，甲背着乙向丁谎称从丙家窃取现金 3 万元，分给丁 1 万元，然后一起潜逃。潜逃期间，甲窃得一张信用卡，向乙谎称该卡是从街上捡的，让乙到银行柜台取出了信用卡中的 3 万元现金。犯罪所得财物挥霍一空后，丁因生活无着，向公安机关投案，交代了自己和甲共同盗窃的事实，但隐瞒了事后知道的甲、乙致丙死亡的事实。请回答 1～5 题。（司考）

1. 就被害人丙的死亡而言，下列对甲、乙所应成立犯罪的何种判断是错误的？（　　）

A. 甲、乙均成立故意杀人（既遂）罪，属于共同犯罪

B. 甲、乙均成立故意伤害（致人死亡）罪，属于共同犯罪

C. 甲成立故意伤害（致人死亡）罪，乙成立故意杀人（既遂）罪，不属于共同犯罪

D. 甲成立故意伤害（致人死亡）罪，乙成立故意杀人（既遂）罪，在故意伤害罪的范围内成立共同犯罪

2. 就被害人丙死亡这一情节，下列对与丁有关行为的何种判断是错误的？（　　）

A. 丁成立故意杀人罪的共犯　　B. 丁成立故意伤害罪的共犯

C. 丁成立抢劫罪（致人死亡）的共犯　　D. 丁对丙的死亡不承担刑事责任

3. 对于甲从丙家的箱子里拿走人民币 5 万元，丁望风并分得赃物这一情节，下列何种判断是正确的？（　　）

A. 对甲应定抢劫罪、对丁应定盗窃罪

B. 对甲、丁的行为应定盗窃罪

C. 甲、丁都应对 5 万元承担刑事责任

D. 甲对 5 万元承担刑事责任，丁只对 3 万元承担刑事责任

4. 对于甲、乙盗窃和使用信用卡的行为，下列何种判断是错误的？（　　）

A. 甲、乙构成盗窃罪的共同犯罪　　B. 甲、乙构成信用卡诈骗罪的共同犯罪

C. 甲构成盗窃罪，乙构成信用卡诈骗罪　　D. 甲构成盗窃罪，乙构成诈骗罪

5. 对于丁的投案行为，下列何种判断是正确的？（　　）

A. 丁虽然投案，但隐瞒了甲、乙致丙死亡的事实，因而不构成自首

B. 丁虽然隐瞒了甲、乙致丙死亡的事实，但交代了本人与甲共同犯罪的事实，因而构成自首

C. 丁构成自首且揭发甲与自己共同犯罪的行为成立立功

D. 丁构成坦白，但揭发甲与自己共同犯罪的行为成立立功

三、简答题（共 2 题，每题 5 分，共 10 分）

1. 共同犯罪的成立条件包括哪些？

2. 放纵走私罪的构成特征是什么？

四、案例分析题（共 2 题，每题 10 分，共 20 分）

1. 李某长期在甲市行人较多的马路边询问行人是否需要身份证，然后将需要身份证的人的照片、住址等资料送交何某伪造。何某伪造后，李某再交给购买者。在此期间，李某使用伪造的身份证办理手机入网手续并使用手机，造成电信资费损失 3 000 余元。为了防止司法人员的抓捕，李某一直将一把三角刮刀藏在内衣口袋中。2017 年 4 月下旬的一天晚上，李某在马路上询问行人是否需要身份证时，发现钱某孤身一人行走，便窜至其背后将其背包（内有价值 2 000 元的财物）夺走后迅速逃跑。钱某大声呼喊抓强盗。适逢民警赵某经过此地，赵某将李某拦住。此时李某掏出三角刮刀，朝赵某的腰部捅了一刀后逃离，致赵某重伤。甲市公安机关抓获李某后，与李某居住地乙市公安机关联系，发现李某是因为在乙市使用信用卡透支 1 万元后，为逃避银行催收而逃至甲市的。

请结合上述案情，分析李某各行为的性质，并请说明理由。

2. 2018 年 8 月 27 日 21 时 30 分许，于某骑自行车在江苏省昆山市震川路正常行驶，刘某醉酒驾驶小轿车（经检测，血液酒精含量为 87mg/100ml），向右强行闯入非机动车道，与于某险些碰擦。刘某的一名同车人员下车与

于某争执，经同行人员劝解返回时，刘某突然下车，上前推搡、踢打于某。虽经劝解，刘某仍持续追打，并从轿车内取出一把砍刀（系管制刀具），连续用刀面击打于某的颈部、腰部、腿部。刘某在击打过程中将砍刀甩脱，于某抢到砍刀，刘某上前争夺，在争夺中于某捅刺刘某的腹部、臀部，砍击其右胸、左肩、左肘。刘某受伤后跑向轿车，于某继续追砍2刀均未砍中，其中1刀砍中轿车。刘某跑离轿车，于某返回轿车，将车内刘某的手机取出放入自己的口袋。民警到达现场后，于某将手机和砍刀交给处警民警（于某称，拿走刘某的手机是为了防止对方打电话召集人员报复）。刘某逃离后，倒在附近绿化带内，后经送医抢救无效，因腹部大静脉等破裂致失血性休克于当日死亡。于某经人身检查，见左颈部条形挫伤1处、左胸季肋部条形挫伤1处。

8月27日当晚公安机关以“于某故意伤害案”立案侦查。8月31日公安机关查明了本案的全部事实。9月1日，江苏省昆山市公安局根据侦查查明的事实，依据《刑法》第20条第3款的规定，认定于某的行为属于正当防卫，不负刑事责任，决定依法撤销于某故意伤害案。其间，公安机关依据相关规定，听取了检察机关的意见，昆山市人民检察院同意公安机关的撤销案件决定。

请结合上述案情，评析于某案的处理结果，并请说明理由。

五、论述题（共1题，共20分）

论正当防卫和紧急避险的异同。

参考答案

一、名词解释

1. 罪刑法定原则是刑法明文规定的基本原则之一，是指何种行为构成犯罪、成立犯罪需要哪些条件、对犯罪应当如何处罚，都必须由刑法明文规定。对刑法没有明文规定为犯罪的行为，不得定罪处罚。概而言之，就是“法无明文规定不为罪，法无明文规定不处罚”。

2. 特殊防卫，是指对正在进行行凶、杀人、抢劫、强奸、绑架以及其他严重危及人身安全的暴力犯罪，采取的制止不法侵害并对不法侵害人造成损害的行为。特殊防卫属正当防卫的一种形式，但对正当防卫的限度条件有条件地放宽。特殊防卫造成不法侵害人伤亡的，不属于防卫过当，不负刑事责任。

3. 根据《刑法》第93条，国家工作人员是指在国家机关中从事公务的人员，在国有公司、企业、事业单位、人民团体中从事公务的人员和国家机关、国有公司、企业、事业单位委派到非国有公司、企业、事业单位、社会团体从事公务的人员，以及其他依照法律从事公务的人员。根据全国人大常委会《关于〈中华人民共和国刑法〉第九十三条第二款的解释》，村委会等村基层组织人员协助人民政府从事下列行政管理工作时，属于《刑法》第93条第2款规定的“其他依照法律从事公务的人员”：（1）救灾、抢险、防汛、优抚、扶贫、移民、救济款物的管理；（2）社会捐助公益事业款物的管理；（3）国有土地的经营和管理；（4）土地征收、征用补偿费用的管理；（5）代征、代缴税款；（6）有关计划生育、户籍、征兵工作；（7）协助人民政府从事的其他行政管理工作。

4. 妨害公务罪是指以暴力、威胁方法阻碍国家机关工作人员依法执行职务或者以暴力、威胁方法阻碍人大代表依法执行代表职务，或者在自然灾害和突发事件中以暴力、威胁方法阻碍红十字会的工作人员依法履行职责的行为，或者故意阻碍国家安全机关、公安机关工作人员依法执行国家安全工作任务，虽未使用暴力、威胁方法但造成严重后果的行为。

二、选择题

（一）单项选择题

1. D。立法解释是国家最高立法机关对刑法规范的含义所作的阐明。立法解释可分为三种情况：（1）在刑法中用条文对有关刑法术语所作的解释；（2）在法律的起草说明或修订说明中所作的解释；（3）刑法施行过程中，立法机关对发生歧义的规定所作的解释。因而，选项ABC都正确。国家立法机关工作人员撰写的刑法释义没有法律效力，不属于立法解释的方式。因此，选项 D 符合题干要求。

2. C。司法解释是国家最高司法机关对刑法规定的含义所作的阐明。在我国，最高司法机关是指最高人民法院和最高人民检察院。全国人民代表大会常务委员会授权上述最高司法机关进行司法解释，因而司法解释的主体只能是最高人民法院和最高人民检察院。因此，本题应选选项 C。公安部和司法部是行政机关，无司法解释权。

3. A。对于防卫过当的罪过形式，刑法学界存在争议。根据通说，防卫过当的罪过形式包括直接故意以外的所有罪过形式，即包括间接故意、疏忽大意的过失和过于自信的过失。

4. B。共同犯罪是二人以上共同故意犯罪，所以成立共同犯罪需要行为人具有共同犯罪的故意。而本案中甲、乙只有共同盗窃的故意，没有共同强奸的故意。所以，甲、乙只对盗窃罪成立共同犯罪，而乙对甲的强奸行为既无预谋也未参与，故甲单独成立强奸罪，乙对甲的强奸行为不承担刑事责任。

5. B。根据《刑法》第 72 条第 1 款，对于被判处拘役、3 年以下有期徒刑的犯罪分子，同时符合犯罪情节较轻、有悔罪表现、没有再犯罪的危险、宣告缓刑对所居住社区没有重大不良影响条件的，可以宣告缓刑；对于其中不满 18 周岁的人、怀孕的妇女和已满 75 周岁的人，应当宣告缓刑。因此，正确答案为选项 B。

6. A。时效延长是指由于发生了法律规定的事由，致使追诉时效暂时停止进行，或者因法定事由而使得对犯罪分子的追诉不受追诉期限的限制的制度。我国《刑法》第 88 条对此作了明文规定。所以，正确答案为选项 A。

7. D。《刑法》第 110 条规定："有下列间谍行为之一，危害国家安全的，处十年以上有期徒刑或者无期徒刑；情节较轻的，处三年以上十年以下有期徒刑：（一）参加间谍组织或者接受间谍组织及其代理人的任务的；（二）为敌人指示轰击目标的。"因此，选项 ABC 都属于间谍罪的行为方式，只有选项 D 不是间谍罪的行为方式，从而符合题干要求。

8. B。甲在院内摊晒火药，应当预见自己吸烟及乱扔未熄灭的烟头的行为可能导致火药爆炸，发生火灾的结果，但因为疏忽大意而没有预见，所以，甲的主观心态是过失。因此，甲的行为完全符合我国刑法关于失火罪的规定，甲的行为构成了失火罪。

9. A。根据《刑法》第 135 条的规定，安全生产设施或者安全生产条件不符合国家规定，因而发生重大伤亡事故或者造成其他严重后果的，对直接负责的主管人员和其他直接责任人员，处 3 年以下有期徒刑或者拘役；情节特别恶劣的，处 3 年以上 7 年以下有期徒刑。甲身为矿山矿长，其所在矿区的劳动保护设施不符合国家规定，对事故隐患不采取措施，因而发生重大伤亡事故和财产损失，符合重大劳动安全事故罪的构成，应以该罪定罪处罚。所以，选项 A 是正确的。

10. D。《刑法》第 272 条第 1 款规定："公司、企业或者其他单位的工作人员，利用职务上的便利，挪用本单位资金归个人使用或者借贷给他人，数额较大、超过三个月未还的，或者虽未超过三个月，但数额较大、进行营利活动的，或者进行非法活动的，处三年以下有期徒刑或者拘役；挪用本单位资金数额巨大的，处三年以上七年以下有期徒刑；数额特别巨大的，处七年以上有期徒刑。"这一条款没有明确村民小组组长可以成为挪用资金罪的主体。但是，最高人民法院《关于村民小组组长利用职务便利非法占有公共财物行为如何定性问题的批复》中认为：对村民小组组长利用职务上的便利，将村民小组集体财产非法占为己有，数额较大的行为，应当依照《刑法》第 271 条第 1 款的规定，以职务侵占罪定罪处罚。根据这一司法解释，李某系某村民小组组长，其利用职务上的便利，将村民小组集体财产 10 万元非法占为己有的行为构成职务侵占罪，因而选项 D 为正确答案。

（二）多项选择题

1. ACD。乙已满 14 周岁，属于相对负刑事责任年龄，可以构成强奸罪。甲与乙构成强奸罪的共同犯罪，其中甲为教唆犯，乙为实行犯。甲教唆的乙不满 18 周岁，根据《刑法》第 29 条第 1 款的规定，对甲的犯罪行为应当从重处罚。所以，选项 A 正确，选项 B 错误。甲在缓刑考验期间犯罪，对甲应当撤销缓刑，对其强奸罪判处刑罚后，与侮辱罪所判的 2 年有期徒刑实行数罪并罚。所以，选项 C 正确。乙虽然不是主动到公安机关投案，但根据有关司法解释的规定，犯罪嫌疑人经亲友规劝、由亲友送去投案的，也视为自动投案。乙在投案后如实交代了自己与甲的全部罪行，所以成立自首，对其可以从轻或者减轻处罚。因此，选项 D 正确。因此，正确答案为选项 ACD。

2. ABCD。刑罚与其他法律强制方法的区别主要表现为：（1）严厉程度不同。刑罚是所有的法律强制方法中最严厉的一种强制方法，它不仅可以剥夺犯罪人的人身自由、财产、政治权利，而且可以剥夺犯罪人的生命。其他的法律强制方法都不可能达到刑罚的严厉程度。（2）适用的对象不同。刑罚这种强制方法只能依照刑法的规定对实施了危害社会的行为、触犯了刑事法律、应当受到刑罚惩罚的犯罪人适用，没有构成犯罪的人不能受到刑罚处罚。其他的法律强制方法虽然也能与刑罚一起对犯罪人适用，但主要的适用对象是违法、违纪的人。（3）适用的机关和程序不同。刑罚这种强制方法只能由人民法院依照刑事诉讼法规定的程序对犯罪人适用，其他任何机关、团体或者个人，都无权对任何人，即使是犯了罪的人适用刑罚。而其他的法律强制方法，有的虽然也是通过人民法院的判决实施的，但是所依照的是民事诉讼、行政诉讼的程序而不是刑事诉讼程序。因此，选项 ABCD 都符合要求。

3. ABC。根据《刑法》第 114 条的规定，投放危险物质罪是指投放毒害性、放射性、传染病病原体等物质。不具有上述性质的一般污染环境的物质，不属于本罪对象的范围。因此，选项 ABC 正确。

4. ABCD。《刑法》第 216 条规定：“假冒他人专利，情节严重的，处三年以下有期徒刑或者拘役，并处或者单处罚金。”最高人民法院、最高人民检察院《关于办理侵犯知识产权刑事案件适用法律若干问题的解释》（法释〔2025〕5 号）第 9 条规定：“下列情形之一的，应当认定为刑法第二百一十六条规定的‘假冒他人专利’：（一）伪造或者变造他人的专利证书、专利文件或者专利申请文件的；（二）未经许可，在其制造或者销售的产品、产品包装上标注他人专利号的；（三）未经许可，在合同、产品说明书或者广告等宣传材料中使用他人的专利号，使人误认为是他人发明、实用新型或者外观设计的。”因此，ABCD 都符合要求。

5. ABC。选项 ABC 的犯罪主体都是特殊主体，即国家机关工作人员。根据《刑法》第 398 条的规定，选项 D 中故意泄露国家秘密罪的犯罪主体主要是国家机关工作人员，不过非国家机关工作人员也可以构成本罪。因此，正确答案为选项 ABC。

（三）不定项选择题

1. ABC。根据刑法规定，共同犯罪是指二人以上共同故意犯罪。共同犯罪的成立必须满足主体条件、客观条件和主观条件。主观条件为行为人具有共同的犯罪故意。本案中，甲、乙共谋教训其共同的仇人丙，甲只有伤害的故意，对乙暗藏杀丙之心并不知情。因此，根据主客观相统一的原则，甲成立故意伤害（致人死亡）罪，乙成立故意杀人（既遂）罪，只在故意伤害罪的范围内成立共同犯罪。因此，选项 ABC 均为错误的。

2. ABC。本案中，甲、乙以入室盗窃为由邀请不知情的丁在楼下望风，因此丁在主观上只对实施盗窃具有故意。而且，从客观方面来看，丁也没有参与甲、乙伤害丙的犯罪。根据主客观相统一原则，丁对丙的死亡不承担刑事责任。因此，选项 D 正确，选项 ABC 均为错误的。

3. BC。2005 年 6 月 8 日最高人民法院《关于审理抢劫、抢夺刑事案件适用法律若干问题的意见》第 8 条规定：行为人实施伤害、强奸等犯罪行为，在被害人未失去知觉，利用被害人不能反抗、不敢反抗的处境，临时起意劫取他人财物的，应以此前所实施的具体犯罪与抢劫罪实行数罪并罚；在被害人失去知觉或者没有发觉的情形下，以及实施故意杀人犯罪行为之后，临时起意拿走他人财物的，应以此前所实施的具体犯罪与盗窃罪实行数罪并罚。因此，甲应成立盗窃罪，而不是抢劫罪。故选项 A 错误。而且，甲与丁都具有盗窃的共同故意和行为，成立盗窃的共同犯罪。故选项 B 正确。最高人民法院、最高人民检察院《关于审理盗窃案件具体应用法律若干问题的解释》（已失效）第 7 条第 3 项规定：对共同犯罪中的从犯，应当按照其所参与的共同盗窃的数额确定量刑幅度，并依照《刑法》第 27 条第 2 款的规定，从轻、减轻处罚或者免除处罚。虽然该解释已失效，但对于处理盗窃案件共同犯罪刑事责任，仍有指导意义。本案中，丁在其与甲实施共同盗窃中起次要作用，属于从犯，但是其参与的共同盗窃数额为 5 万元，故应当对 5 万元承担刑事责任。故选项 C 正确，选项 D 不正确。

4. ABD。《刑法》第 196 条规定：“有下列情形之一，进行信用卡诈骗活动，数额较大的，处五年以下有期徒刑或者拘役，并处二万元以上二十万元以下罚金；数额巨大或者有其他严重情节的，处五年以上十年以下有期徒刑，并处五万元以上五十万元以下罚金；数额特别巨大或者有其他特别严重情节的，处十年以上有期徒刑或者无期徒刑，并处五万元以上五十万元以下罚金或者没收财产……（三）冒用他人信用卡的……盗窃信用卡并使用的，依照本法第二百六十四条的规定定罪处罚。”本案中，甲盗窃信用卡指使乙使用的行为，符合《刑法》第196条第3款盗窃信用卡并使用的情形，构成盗窃罪。乙不知信用卡系盗窃所得，以为是甲捡拾而来，但其主观上具有冒用他人信用卡的故意，符合第196条第1款第3项的规定，构成信用卡诈骗罪。因此，选项C正确，选项ABD错误。

5. B。1998年5月9日最高人民法院《关于处理自首和立功具体应用法律若干问题的解释》第1条第2项规定：“……共同犯罪案件中的犯罪嫌疑人，除如实供述自己的罪行，还应当供述所知的同案犯，主犯则应当供述所知其他同案犯的共同犯罪事实，才能认定为自首……”第5条规定：“根据刑法第六十八条第一款的规定，犯罪分子到案后有检举、揭发他人犯罪行为，包括共同犯罪案件中的犯罪分子揭发同案犯共同犯罪以外的其他犯罪，经查证属实；提供侦破其他案件的重要线索，经查证属实；阻止他人犯罪活动；协助司法机关抓捕其他犯罪嫌疑人（包括同案犯）；具有其他有利于国家和社会的突出表现的，应当认定为有立功表现。”根据上述规定，丁到案后如实供述了自己和甲的共同盗窃事实，成立自首，其隐瞒了事后知道的甲、乙致丙死亡的事实不影响自首的成立。因此，选项B是正确的，选项ACD均错误。

三、简答题

1. 共同犯罪的成立必须符合以下条件：（1）犯罪主体必须是二人以上。这里的“人”，一般是指自然人，但是根据刑法的规定，单位也可以成为某些犯罪的主体，因此，无论是两个以上的自然人还是两个以上的单位抑或一方是自然人、另一方是单位，都可以构成共同犯罪。不论是自然人还是单位，要成为共同犯罪的主体，就必须符合犯罪主体的资格。自然人作为犯罪主体，必须是达到刑事责任年龄、具有刑事责任能力的人。如果一个达到刑事责任年龄、具有刑事责任能力的人，利用不具有刑事责任能力的人去共同实施危害社会的行为，则不能构成共同犯罪。作为共同犯罪主体的单位也必须是符合法律规定、能够成为犯罪主体的公司、企业、事业单位、机关和团体。非法组织之间相互勾结实施犯罪的，不能认为是单位构成的共同犯罪，而应当认为是自然人相互之间构成的共同犯罪。（2）犯罪的客观方面必须具有共同的犯罪行为。所谓的共同犯罪行为，是指各共同犯罪人的行为都是指向同一个目标，彼此联系、互相配合，结成一个有机的犯罪行为整体。共同犯罪行为包括以下三层含义：一是各共同犯罪人所实施的行为都必须是具有社会危害性的、触犯刑法的、依照刑法的规定应当受到刑罚处罚的行为；二是各个共同犯罪人的行为尽管在具体的分工和表现形式上有所不同，但它们之间并不是孤立的，而是由共同的犯罪目标将这些单个的行为联系在一起，形成一个有机联系的犯罪活动整体；三是各共同犯罪人的行为都与发生的结果具有因果关系。（3）犯罪的主观方面必须具有共同的犯罪故意。所谓共同的犯罪故意是指各共同犯罪人通过彼此之间的意思联络，知道自己是在和他人配合共同实施犯罪，认识到他们的共同犯罪行为会发生危害社会的结果，并对这一危害社会的结果的发生持希望或者放任的态度。

2. 放纵走私罪是指海关工作人员徇私舞弊，违反国家规定，明知是走私行为而予以放纵，使之不受追究，情节严重的行为。其构成特征如下：（1）本罪侵犯的客体是国家海关对进出口业务的监管职能。海关是我国对进出口业务进行监管的主要机构，其监管职能通过海关工作人员的日常管理活动来实现。如果海关工作人员徇私舞弊，放纵走私，就严重侵害了海关对进出口业务的监管职能。（2）本罪的客观方面表现为行为人徇私舞弊，放纵走私，且情节严重。所谓徇私舞弊，是指行为人为了私情而做不合法的事情和以欺骗的方式做违法乱纪的事情；放纵走私，就是指行为人明知是走私行为而放任不管。徇私舞弊，放纵走私的表现多种多样，可以是作为，也可以是不作为，如海关工作人员在过关检查中发现走私物品而佯装不知，或者放弃职守，对过关人员与物品不作验关检查，致使走私物品出入境，等等。根据有关司法解释的规定，所谓情节严重，包括：放纵走私犯罪的；因放纵走私致使国家应收税额损失累计达10万元以上的；3次以上放纵走私行为或者一次放纵3起以上走私行为的；因收受贿赂而放纵走私的。（3）本罪的主体是特殊主体，即只有海关工作人员才能成为本罪主体。（4）本罪的主观方面是故意。海关工作人员因工作上的过失致使走私物品进出境的，不构成本罪，但有可能构成玩忽职守罪。

四、案例分析题

1.（1）李某与何某构成伪造身份证件罪的共犯。《刑法》第 280 条第 3 款规定：“伪造、变造……居民身份证……的，处三年以下有期徒刑、拘役、管制或者剥夺政治权利，并处罚金；情节严重的，处三年以上七年以下有期徒刑，并处罚金。”从本案的情况来看，李某与何某相互分工，共同伪造居民身份证，因此构成伪造身份证件罪的共犯。（2）2000 年 4 月 28 日最高人民法院《关于审理扰乱电信市场管理秩序案件具体应用法律若干问题的解释》第 9 条规定：“以虚假、冒用的身份证件办理入网手续并使用移动电话，造成电信资费损失数额较大的，依照刑法第二百六十六条的规定，以诈骗罪定罪处罚。”本案中，李某使用伪造的居民身份证，办理了手机入网手续，造成电信资费损失三千余元，应当构成诈骗罪。（3）《刑法》第 269 条规定：“犯盗窃、诈骗、抢夺罪，为窝藏赃物、抗拒抓捕或者毁灭罪证而当场使用暴力或者以暴力相威胁的，依照本法第二百六十三条的规定定罪处罚。”从本案的情况来看，李某实施抢夺行为后，在抗拒抓捕过程中将民警扎伤的行为构成抢劫罪。（4）根据《刑法》第 196 条规定，恶意透支，进行信用卡诈骗活动，数额较大的，构成信用卡诈骗罪。所谓恶意透支，是指持卡人以非法占有为目的，超过规定限额或者规定期限透支，并且经发卡银行催收后仍不归还的行为。李某在乙市使用信用卡透支 1 万元后，为逃避银行催收而逃至甲市，属于恶意透支，且数额较大，故构成信用卡诈骗罪。

2.《刑法》第 20 条第 3 款规定，“对正在进行行凶、杀人、抢劫、强奸、绑架以及其他严重危及人身安全的暴力犯罪，采取防卫行为，造成不法侵害人伤亡的，不属于防卫过当，不负刑事责任”。司法实践通常称这种正当防卫为“特殊防卫”。就于某案而言，应当适用特殊防卫的有关规定。具体而言：

第一，关于刘某的行为是否属于“行凶”的问题。特殊防卫针对的对象包括“行凶”。根据最高人民法院、最高人民检察院、公安部《关于依法适用正当防卫制度的指导意见》（法发〔2020〕31 号，以下简称《正当防卫指导意见》）第 15 条的规定，下列行为应当认定为“行凶”：（1）使用致命性凶器，严重危及他人人身安全的；（2）未使用凶器或者未使用致命性凶器，但是根据不法侵害的人数、打击部位和力度等情况，确已严重危及他人人身安全的。虽然尚未造成实际损害，但已对人身安全造成严重、紧迫危险的，可以认定为“行凶”。在具体案件中，有些暴力行为的主观故意尚未通过客观行为明确表现出来，或者行为人本身就是持概括故意予以实施。这类行为的故意内容虽不确定，但已表现出多种故意的可能，其中只要已对人身安全造成严重、紧迫危险的，均应当认定为“行凶”。本案中，刘某仅使用刀面击打于某，犯罪故意的具体内容不确定。但是，对行凶的认定，应当遵循《刑法》第 20 条第 3 款的规定，以“严重危及人身安全的暴力犯罪”作为把握的标准。刘某开始阶段的推搡、踢打行为不属于“行凶”，但从持砍刀击打后，行为性质已经升级为暴力犯罪。刘某攻击行为凶狠，所持凶器可轻易致人死伤，随着事态发展，接下来会造成什么样的损害后果难以预料，于某的人身安全处于现实的、急迫的和严重的危险之下。刘某具体抱持杀人的故意还是伤害的故意不确定，这正是许多行凶行为的特征，而不是认定的障碍。因此，刘某的行为符合“行凶”的认定标准，应当认定为“行凶”。

第二，关于刘某的侵害行为是否属于“正在进行”的问题。正当防卫以不法侵害正在进行为前提。所谓正在进行，是指不法侵害已经开始但尚未结束。不法侵害行为多种多样、性质各异，判断是否正在进行，应就具体行为和现场情境作具体分析。《正当防卫指导意见》第 6 条中规定：“对于不法侵害虽然暂时中断或者被暂时制止，但不法侵害人仍有继续实施侵害的现实可能性的，应当认定为不法侵害仍在进行”，“对于不法侵害是否已经开始或者结束，应当立足防卫人在防卫时所处情境，按照社会公众的一般认知，依法作出合乎情理的判断，不能苛求防卫人”。本案中，于某抢到砍刀后，刘某立刻上前争夺，侵害行为没有停止，刘某受伤后又立刻跑向之前藏匿砍刀的汽车，于某此时作不间断的追击也符合防卫的需要。于某追砍两刀均未砍中，刘某从汽车旁边跑开后，于某也未再追击。因此，在于某抢得砍刀顺势反击时，刘某既未放弃攻击行为也未实质性脱离现场，不能认为侵害行为已经停止。

总之，在刘某的行为因具有危险性而属于“行凶”的前提下，于某采取防卫行为致刘某死亡，依法不属于防卫过当，不负刑事责任。于某本人是否受伤或伤情轻重，对正当防卫的认定没有影响。公安机关认定于某的行为系正当防卫、决定依法撤销案件的意见，完全正确。

五、论述题

正当防卫是指为了使国家、公共利益、本人或者他人的人身、财产和其他权利免受正在进行的不法侵害，而采取的制止不法侵害并对不法侵害人造成损害的行为。正当防卫的成立包括：（1）前提条件。必须有实际的不法侵害的存在，这是正当防卫得以成立的客观基础和根据。所谓实际的不法侵害的存在，是指不法侵害是客观的、现实的。实际上并不存在不法侵害，但是行为人自以为不法侵害存在而实施防卫行为的，属于假想防卫。（2）时机条件。不法侵害必须正在进行，即不法侵害人已经着手实施侵害行为且侵害行为尚未结束。（3）主观条件。防卫人的主观目的必须是使国家、公共利益，本人或者他人的人身、财产和其他权利免受正在进行的不法侵害。（4）对象条件。防卫必须针对不法侵害者本人，而不能针对第三者。（5）限度条件。正当防卫没有超过必要限度，未造成重大损害，否则就可能构成防卫过当。关于对正当防卫的限度的判断，存在基本适应说、必要说和折中说等多种观点。

紧急避险是指为了使国家、公共利益、本人或者他人的人身、财产和其他权利免受正在发生的危险，不得已采取的以损害较小权益的方法保护较大权益免遭侵害的行为。紧急避险的成立条件包括：（1）前提条件。必须存在现实的危险，即作为损害结果发生的前兆的危险信号已经存在。本来没有现实的危险而误认为有现实的危险，实施避险行为的，属于假想避险。（2）时机条件。必须存在现实危险，即危险已经开始或者迫在眉睫，合法权益正处在危险之中。（3）主观条件。避险人在实施紧急避险而损害某一合法权益时，必须是出于避免合法权益或者较大的合法权益遭受损失的正当目的。（4）限制条件。必须是不损害某种合法权益就无法避免更大的损失，紧急避险要求别无其他选择。（5）限度条件。紧急避险通常是牺牲较小的利益保护较大的利益，紧急避险不能超过必要限度，造成不应有的损害，否则就可能构成避险过当。

根据上述分析，可以看出正当防卫和紧急避险的异同。

正当防卫与紧急避险的相同点包括：（1）目的相同。正当防卫与紧急避险都是为了保护国家、公共利益、本人或者他人的人身、财产和其他权利。（2）前提条件都包含不法侵害。正当防卫的前提条件是必须有实际的不法侵害的存在；紧急避险的前提条件是必须存在现实的危险，即作为损害结果发生的前兆的危险信号已经存在。无论是正当防卫还是紧急避险，前提条件都包含不法侵害的存在。

正当防卫与紧急避险的区别在于：（1）行为对象不同。正当防卫的对象是不法侵害人，而紧急避险针对第三者。（2）危险的来源不同。正当防卫的危险来源只能是不法侵害行为；而紧急避险的危险的来源较为广泛，除人的不法侵害行为以外，还可以是动物的侵袭或者自然力的破坏等。（3）紧急避险要求别无其他选择，而正当防卫无此要求。（4）对损害程度的限度不同。正当防卫的限度条件是不超过必要限度、造成重大损害；而紧急避险的限度条件是不超过必要限度、造成不应有的损害。具体说，就是因紧急避险而造成的损害程度应当轻于行为人所意图避免的损害程度。

综合测试题（二）

一、名词解释（共 4 题，每题 5 分，共 20 分）

1. 直接故意与间接故意
2. 减刑
3. 拒不支付劳动报酬罪
4. 非法出售、提供公民个人信息罪

二、选择题（共 20 题，共 30 分）

（一）单项选择题（共 10 题，每题 1 分，共 10 分）

1. 我国刑法关于刑法溯及力问题采取的原则是（　　）。

A. 从新原则　　B. 从旧原则

C. 从新兼从轻原则　　D. 从旧兼从轻原则

2. 下列说法中正确的是（　　）。

A. 15 周岁的甲在拐卖幼女的过程中，与该幼女发生了性关系，甲对其行为不负刑事责任

B. 15 周岁的乙为勒索财物绑架人质并杀害人质，乙虽不构成绑架罪，但应对故意杀人的行为承担刑事责任

C. 因走私、运输、制造毒品的行为同贩卖毒品的社会危害性相当，因而 15 周岁的丙参与走私、运输、制造毒品的，应承担刑事责任

D. 15 周岁的丁抢劫了爆炸物，由于刑事责任年龄的原因，不承担刑事责任

3. 甲男明知乙女只有 13 周岁，误以为法律并不禁止征得幼女同意后的性交行为，于是在征得乙女的同意后与乙女发生了性关系。甲的行为属于下列哪些情形？（　　）

A. 法律认识错误，构成奸淫幼女罪　　B. 法律认识错误，构成强奸罪

C. 法律认识错误，不构成强奸罪　　D. 客体认识错误，不构成强奸罪

4. 甲是间歇性精神病人。某日，甲喝醉了酒，把某酒店老板打成重伤，在群众抓捕他时，甲因惊恐而精神病发作，则甲（　　）。

A. 应当负刑事责任，但可以减轻处罚　　B. 应当负刑事责任，但可以从轻处罚

C. 不负刑事责任，因其是精神病人　　D. 应当负刑事责任

5. 甲与乙素有仇怨。一日，两人在市场相遇。乙故意拦住甲，百般辱骂，甲挥舞拳头作势欲打乙。乙拿起旁边卖肉摊上的一把屠刀将甲杀死。乙的行为属（　　）。

A. 正当防卫　　B. 紧急避险　　C. 防卫过当　　D. 故意杀人

6. 甲因故意杀人罪被判处有期徒刑 12 年。在服刑 6 年整时因与同监舍的犯人乙发生打斗，结果将乙的一只眼睛打瞎，被判处有期徒刑 15 年。对甲应当如何决定执行的刑期？（　　）

A. 应当在 15 年以上 21 年以下酌情决定执行的刑期

B. 应当在 15 年以上 20 年以下酌情决定执行的刑期

C. 应当在 6 年以上 15 年以下酌情决定执行的刑期

D. 应当在 6 年以上 20 年以下酌情决定应当执行的刑期

7. 甲是某厂车间电气设备维修工。某日在其值班期间发现本车间电气设备受损，明知有引起火灾的危险，但由于对车间主任的批评不满，甲故意不予维修，结果引起火灾，造成重大损失。甲的行为构成（　　）。

A. 放火罪　　B. 失火罪　　C. 重大责任事故罪　　D. 玩忽职守罪

8. 下列属于招摇撞骗罪的客观方面表现的有（　　）。

A. 工人甲冒充某县县长骗取钱财　　B. 乙冒充某国外商，以投资为名，骗取钱财

C. 丙冒充某高干子弟，骗取钱财　　D. 丁冒充某名校博士生，骗取大一女生的感情

9. 甲（女）与乙（女）系同事。某日，乙被评为“先进个人”，甲不服气，遂到处造谣说乙生活作风不检点、与三个男人有染，并将这些东西整理成材料寄到本单位纪检监察部门。乙因心理压力过大，精神失常。问：甲构成何罪？（　　）

A. 诬告陷害罪　　B. 报复陷害罪　　C. 诽谤罪　　D. 伪证罪

10. 张某以请客为名将高某灌醉，然后扶高某到一偏僻无人处，将高某的钱包（内有人民币 5 000 元）拿走。张某的行为构成（　　）。

A. 诈骗罪　　B. 盗窃罪　　C. 抢劫罪　　D. 侵占罪

（二）多项选择题（共 5 题，每题 2 分，共 10 分）

1. 中国公民李某在美国强奸了中国公民黄某（女），被美国法院以强奸罪追究刑事责任。李某回到中国后，依中国刑法该如何处理？（　　）

A. 不受该外国判决约束，仍然可以依照中国刑法追究李某的刑事责任

B. 鉴于李某在外国已受过刑罚处罚，应当免除处罚

C. 受一事不再理原则的约束，不能依照中国刑法再行追究李某的刑事责任

D. 鉴于李某在外国已受过刑罚处罚，可以减轻或者免除处罚

2. 甲、乙二人在市场买菜发生纠纷，甲推了乙一下，乙倒地而亡。尸体解剖表明，乙患有严重心脏病，被甲推倒在地后因情绪过分激动，导致心脏病发作而亡。以下说法中正确的是（　　）。

A. 甲的行为与乙的死亡之间不存在因果关系

B. 甲的行为与乙的死亡之间存在因果关系

C. 甲构成故意伤害（致人死亡）罪

D. 因甲不能预见乙患有心脏病，属于意外事件

3. 下列说法中正确的是（　　）。

A. 某女甲长期从事卖淫活动，在得知自己患有严重性病后，歇业治疗。其间，其丈夫提出与其离婚的要求，甲为报复其夫，答应离婚，但要求离婚之前，甲必须再与其同房一次，结果致其夫也染上严重性病并花掉治疗费数千元。甲的行为构成故意伤害罪

B. 乙、丙素有宿怨。一日，乙为了报复丙，故意于当日晚上将自己装扮成鬼神的模样，潜入丙的卧室，并惊醒丙。丙醒后见状，精神受到强烈刺激，以致精神严重失常。乙的行为构成故意伤害罪

C. 丁在抢劫过程中使用暴力将被害人打成重伤，抢走财物。丁的行为构成抢劫罪和故意伤害罪

D. 戊欠戌现金 3 万元，戌多次索要未果。戌遂与他人将戊骗出并非法拘禁，对其使用暴力逼其还债，致使戊左眼伤残，丧失视力。戌的行为构成故意伤害罪

4. 关于走私贵重金属罪，下列说法中正确的是（　　）。

A. 走私贵重金属罪的客观方面表现为违反海关法律、法规，非法运输、携带、邮寄黄金、白银和其他贵重金属出国（边）境的行为

B. 走私贵重金属罪的客观方面表现为违反海关法律、法规，非法运输、携带、邮寄黄金、白银和其他贵重金属进出国（边）境的行为

C. 若非法运输、携带、邮寄黄金、白银和其他贵重金属进国（边）境的不以本罪定罪处罚；如其偷逃关税数额达 5 万元以上的，以走私普通货物、物品罪定罪处罚

D. 若非法运输、携带、邮寄黄金、白银和其他贵重金属出国（边）境的不以本罪定罪处罚；如其偷逃关税数

额达5万元以上的，以走私普通货物、物品罪定罪处罚

5. 下列哪些情形构成以危险方法危害公共安全罪？（　　）

A. 投放虚假的爆炸性物质、毒害性物质、放射性物质、传染病病原体等，严重扰乱社会秩序的

B. 故意破坏正在使用的矿井下的通风设备的

C. 违反国家规定，向土地大量排放危险废物，造成重大环境污染事故，导致多人死亡的

D. 故意传播突发性传染病病原体，危害公共安全的

（三）不定项选择题（共5题，每题2分，共10分）

1. 吴某因憎恨自己所在学校的校长将自己开除，意欲夜晚潜入学校将其杀死，后来在情急之中误将校长的秘书当作校长杀死。吴某该行为应属于（　　）。

A. 行为对象错误　　B. 故意杀人既遂　　C. 故意杀人未遂　　D. 因果关系认识错误

2. 下列哪些情形可以判处死刑？（　　）

A. 因被害人反抗而杀死被害人后抢劫的　　B. 持枪抢劫的

C. 盗窃银行或其他金融机构，数额特别巨大的　　D. 盗窃珍贵文物，情节严重的

3. 李某（男）持刀入室欲行强奸张某（女），张某苦苦哀求，李某答应可以放过她，但要求其必须脱光衣服让其摸摸。张某无奈，只好将衣服脱光，含泪任李某随便在自己的身体上抠摸。李某的行为构成何罪？（　　）

A. 强奸中止　　B. 侮辱罪　　C. 强奸未遂　　D. 强制猥亵罪

4. 下列应当附加适用剥夺政治权利的是（　　）。

A. 甲犯煽动分裂国家罪被判处有期徒刑5年　　B. 乙犯绑架罪被判处无期徒刑

C. 丙犯抢劫罪被判处有期徒刑15年　　D. 丁犯放火罪被判处有期徒刑12年

5. 下列有关教唆犯、主犯、胁从犯的说法中不正确的是（　　）。

A. 首要分子不一定是主犯

B. 教唆犯不一定是主犯

C. 胁从犯是指被胁迫、被诱骗参加犯罪的人

D. 教唆未满18周岁的人犯罪，应当从重处罚

三、简答题（共2题，每题10分，共20分）

1. 简述我国刑法中间接故意与过于自信的过失的相同点和不同点。

2. 简述事后抢劫的成立条件。

四、案例分析题（共1题，共10分）

某年7月12日晚，甲（20岁）、乙（19岁）二人相约去某个体户商店盗窃，并约定由乙望风，甲进入店内盗窃。甲在盗窃过程中，发现只有妇女丙一人在店内睡觉，于是起意强奸丙。丙被惊醒，极力反抗，甲未能得逞。甲担心丙以后认出自己，欲杀人灭口，就掏出随身携带的刀子，扎向丙胸部（致丙重伤），随后甲顺手拿走店内现金5 000元和10条中华香烟。甲在店外分给乙香烟5条。二人在准备离开之际，被联防队员丁发现。二人分开逃跑。丁追赶乙，乙见联防队员穷追不舍，就拿出随身携带的匕首进行威胁，后被赶来的警察抓获，而甲乘机得以逃脱。乙被抓后，如实交代了自己和甲的盗窃事实以及自己一年前抢劫2 000元的犯罪事实（后经查证属实），并告发甲在两年前有一起绑架行为，后经查纯属捏造。

问：依据刑法规定和相关刑法理论，对甲、乙二人的行为应如何定罪处罚？

五、论述题（共1题，共20分）

试根据我国刑法规定，论述犯罪未遂的特征和处罚原则，以及犯罪未遂与犯罪预备、犯罪中止、犯罪既遂的界限。

参考答案

一、名词解释

1. 犯罪故意可以分为直接故意和间接故意。直接故意是指明知自己的行为必然或者可能发生危害社会的结果，并且希望这种结果发生的心理态度。间接故意是指行为人明知自己的行为可能发生危害社会的结果，并且放任这种结果发生的心理态度。

2. 减刑，是指被判处管制、拘役、有期徒刑、无期徒刑的犯罪分子，在刑罚执行期间，认真遵守监规，接受教育改造，确有悔改表现，或者有立功表现的，将其原判刑罚予以适当减轻的一种刑罚执行制度。

3. 拒不支付劳动报酬罪，是指以转移财产、逃匿等方法逃避支付劳动者的劳动报酬或者有能力支付而不支付劳动者的劳动报酬，数额较大，经政府有关部门责令支付仍不支付的行为。

4. 非法出售、提供公民个人信息罪，是指国家机关或者金融、电信、交通、教育、医疗等单位的工作人员，违反国家规定，将本单位在履行职责或者提供服务过程中获得的公民个人信息，出售或者非法提供给他人，情节严重的行为。

二、选择题

（一）单项选择题

1. D。我国《刑法》第 12 条规定了刑法的溯及力，即新法施行之前未经审判或者判决尚未确定的行为，根据行为当时刑法的规定处理。但是，新刑法不认为是犯罪或者处刑较轻的，按照新刑法处理。此即从旧兼从轻原则。

2. B。本题考查的是相对有刑事责任年龄承担刑事责任的范围。《刑法》第 17 条第 2 款规定的已满 14 周岁不满 16 周岁的人承担刑事责任的 8 种犯罪，是指具体犯罪行为，而不是具体罪名。拐卖妇女过程中的奸淫行为、绑架过程中的杀害人质行为以及抢劫爆炸物的行为无疑都在这 8 种犯罪行为之列，因而均需负刑事责任。至于有关毒品的犯罪行为，《刑法》第 17 条第 2 款明确规定了只有贩卖毒品行为才属于已满 14 周岁不满 16 周岁的人承担刑事责任之列，因而只有选项 B 是正确的。

3. B。法律认识错误是行为人对自己行为的法律性质的误解，包括误认无罪为有罪、误认有罪为无罪以及对定罪量刑的误认。法律上的认识错误不影响依法对行为人的行为性质的认定。根据刑法新条文，奸淫幼女的罪名已取消，对奸淫幼女的行为应以强奸罪定罪处罚。

4. D。我国《刑法》第 18 条第 2 款规定："间歇性的精神病人在精神正常的时候犯罪，应当负刑事责任。"是否属于精神病人应以其在实施犯罪行为时的精神状态为准，在犯罪后精神病发作的，对其刑事责任没有影响。

5. D。正当防卫成立的主观条件是防卫人的主观目的必须是使国家、公共利益、本人或者他人的人身、财产和其他权利免受正在进行的不法侵害。而乙的行为不符合这一条件，属于防卫挑拨，乙应当负故意杀人罪的刑事责任。

6. B。本题考查的是数罪并罚。本题中涉及的是刑罚执行期间又犯新罪的并罚。根据《刑法》第 71 条的规定，对于这种犯新罪的并罚，应采用"先减后并"的原则，即先把前罪判决中已经执行的刑罚扣除，再把没有执行的刑罚和后罪所判处的刑罚按照《刑法》第 69 条的规定实行并罚。所以，本案应当在两刑中最高刑期以上、总和刑期以下，决定应当执行的刑罚。虽然甲的有期徒刑总和为 21 年，但根据《刑法》第 69 条，有期徒刑综合刑期不满 25 年的，最高不能超过 20 年，因此甲的最高刑期为 20 年。故而，本题正确答案为选项 B。

7. A。本题考查放火罪的行为方式。放火一般是通过点火物点燃犯罪对象，因此一般是作为的方式；放火也可表现为不作为的方式，即负有防止火灾义务的人故意不履行特定义务导致火灾发生的，就构成放火罪。甲身为电气设备的维修工，明知本车间电气设备有发生火灾的危险，应当并且能防止火灾发生，却故意不加防止，放任火灾的发生，构成放火罪，因此，选项 A 正确。

8. A。本题考查招摇撞骗罪的构成。本罪在客观方面表现为非国家机关工作人员冒充国家机关工作人员，或者此国家机关工作人员冒充彼国家机关工作人员，或者一般国家机关工作人员冒充上级国家机关工作人员进行招摇撞骗。冒充非国家机关工作人员如高干子弟，达到犯罪程度的可以构成诈骗罪或者其他犯罪。因县长属于国家机关工作人员，所以冒充县长可以构成招摇撞骗罪。

9. C。甲并没有使乙受刑事追究的目的，且所告发的仅系不道德的事实，故不构成诬告陷害罪。报复陷害罪，是指国家机关工作人员滥用职权、假公济私，对控告人、申诉人、批评人、举报人实行报复陷害的行为。很显然，甲不符合报复陷害罪的主体，乙也非控告人、申诉人、批评人、举报人，不符合本罪对象的身份要求。伪证罪，是指证人、鉴定人、记录人、翻译人在刑事诉讼中，对与案件有重要关系的情节，故意作虚假的证明、鉴定、记录、翻译，意图陷害他人或者隐匿罪证的行为，本罪并非发生在刑事诉讼中，甲不是证明人、鉴定人、记录人或翻译人，故甲不构成伪证罪。选项D也是错误的。本题中，甲的行为系捏造乙生活不检点的事实，加以散布，严重损害乙的名誉，情节严重的行为，符合诽谤罪的犯罪构成。故选项C是正确的。

10. C。抢劫罪的手段行为包括暴力、胁迫或者其他方法。这里的其他方法，是指行为人实施暴力、胁迫方法以外的其他使被害人不知反抗、不能反抗或者不敢反抗的方法，例如，用药物麻醉、用酒灌醉、使用催眠术等。所以，本题正确答案为选项C。

（二）多项选择题

1. AD。本题考查对于外国判决的效力我国是否承认的问题。《刑法》第7条规定，中华人民共和国公民在中华人民共和国领域外犯本法规定之罪的，适用本法，但是按本法规定的最高刑为3年以下有期徒刑的，可以不予追究。第10条规定，凡在中华人民共和国领域外犯罪，依照本法应当负刑事责任的，虽然经过外国审判，仍然可以依照本法追究，但是在外国已经受过刑罚处罚的，可以免除或者减轻处罚。可见，我国作为独立自主的社会主义国家，从维护国家主权出发，规定外国法院的刑事判决对我国没有约束力，仍可以依照我国刑法对之追究刑事责任。不过，考虑到在外国已经受到过刑事处罚，可以对被告人减轻或者免除处罚。所以本题答案为选项AD。

2. BD。本题考查的是因果关系判断的问题。刑法上的因果关系，是危害行为与危害结果之间的一种引起与被引起的关系。它是客观存在的，不以人们的主观认识为标准。因此，对刑事案件中的因果关系存在与否应进行客观的判断与认定。尽管在一般情况下，推搡他人一下不会造成他人死亡的结果，但我们不能因此否认甲的行为与乙的死亡之间的因果关系的存在。所以，A选项是错误的。但应注意的是，虽甲的行为与乙的死亡有因果关系，但乙患有严重心脏病非甲所能预见，因而甲的行为引起乙的死亡结果发生，应认定为意外事件。故而，本题的正确答案为选项BD。

3. ABD。伤害行为的结果多种多样，如内伤、外伤、肉体伤害、精神伤害等。伤害行为可以是有形的和无形的，前者如使用暴力殴打、行凶等方法致使他人受到伤害，后者如故意以性行为等方式使他人染上性病，欺骗被害人服用毒药而造成生理机能损伤。所以AB选项中的行为人的行为均构成故意伤害罪。抢劫罪中的暴力行为包括故意伤害或杀害他人的行为，因而为抢到财物而致他人重伤的，对其中的重伤他人的行为不单独定罪量刑，而作为抢劫罪的加重情节来处理。所以C项错误，不应选。非法拘禁过程中致人重伤、死亡，是指非法拘禁行为本身导致被害人重伤、死亡，行为人对结果只能是出于过失。如果是故意使用暴力致人重伤或死亡，则属于转化犯，以故意伤害罪或故意杀人罪定罪量刑。所以D项正确。

4. AC。《刑法》第151条第2款规定：走私国家禁止出口的文物、黄金、白银和其他贵重金属或者国家禁止进出口的珍贵动物及其制品的，分别构成走私文物罪、走私贵重金属罪和走私珍贵动物、珍贵动物制品罪。可见，走私文物罪和走私贵重金属罪只限于走私出口的行为，而不包括进口的行为。对于非法运输、携带、邮寄贵重金属、文物进境的行为不成立走私贵重金属罪和走私文物罪。但偷逃关税达5万元以上的，可构成走私普通货物、物品罪。因此，选项AC正确。

5. BD。以危险方法危害公共安全罪，是指故意以放火、决水、爆炸、投放危险物质以外的并与之相当的危险方法实施，足以危害公共安全的行为。《刑法》第291条之一规定，投放虚假的爆炸性、毒害性、放射性、传染病病原体等物质，或者编造爆炸威胁、生化威胁、放射威胁等恐怖信息，或者明知是编造的恐怖信息而故意传播，严重扰乱社会秩序的，处5年以下有期徒刑、拘役或者管制；造成严重后果的，处5年以上有期徒刑。选项A的情形构成投放虚假危险物质罪，并不构成以危险方法危害公共安全罪。所以，选项A不应选。《刑法》第114条规定，放火、决水、爆炸以及投放毒害性、放射性、传染病病原体等物质或者以其他危险方法危害公共安全，尚未造成严重后果的，处3年以上10年以下有期徒刑。选项B中故意破坏正在使用的矿井下的通风设备以及选项D中的故意传播突发性传染病病原体，危害公共安全的行为，属于以危险方法危害公共安全行为的范畴，构成以危险方法危害公共安全罪。所以选项BD应当选。《刑法》第338条规定，违反国家规定，排放、倾倒或者处置有放射性的废物、含传染病病原体的废物、有毒物质或者其他有害物质，严重污染环境的，处3年以下有期徒刑或者拘役，并处或者单处罚金；情节严重的，处3年以上7年以下有期徒刑，并处罚金。选项C中的情形构成重大环境污染事故罪，不应选。综上，本题的正确答案是选项BD。

（三）不定项选择题

1. AB。吴某本想杀害校长却将校长的秘书当成校长，这属于对象的认识错误。解决对象认识错误的要诀就是看预定加害的对象与因错误认识而加害的对象之间在法律性质上是否一致。如果一致，就可让行为人对因错误认识而加害的对象承担故意罪责。本题就是此种典型的对法律性质相同的对象的认识错误。吴某欲加害的校长与实际加害的秘书都是“人”，都被涵盖在故意杀人罪之“人”的范围，法律性质相同。因而，对吴某的行为应认定为故意杀人既遂。所以，本题的正确答案为选项AB。

2. AB。本题考查抢劫罪和盗窃罪可判死刑的加重处罚的情形。根据我国《刑法》第263条的规定，可判死刑的抢劫罪的加重情节包括8种情形：入户抢劫的；在公共交通工具上抢劫的；抢劫银行或者其他金融机构的；多次抢劫或者抢劫数额巨大的；抢劫致人重伤、死亡的；冒充军警人员抢劫的；持枪抢劫的；抢劫军用物资或者抢险、救灾、救济物资的。所以，本题的正确答案为选项AB。

3. AD。李某在强奸过程中，出于自己的意愿自动放弃了本可以继续进行下去的犯罪，应当认定为强奸中止，但其随后逼迫被害人张某脱光衣服并强制抠摸张某的行为已构成强制猥亵罪，因而AD选项是正确的。

4. AB。应当附加剥夺政治权利的情形有两种情况：(1)《刑法》第56条第1款规定：对于危害国家安全的犯罪分子应当附加剥夺政权利；对于故意杀人、强奸、放火、爆炸、投放危险物质、抢劫等严重破坏社会秩序的犯罪分子，可以附加剥夺政治权利。(2)《刑法》第57条第1款规定：对于被判处死刑、无期徒刑的犯罪分子，应当剥夺政治权利终身。所以，本题的正确答案为选项AB。

5. C。我国刑法中的首要分子有两类，即集团犯罪中的首要分子和聚众性犯罪的首要分子。组织、指挥集团犯罪的首要分子，必然是主犯，这是由刑法明文规定的。而对于聚众性犯罪的首要分子，需要注意，其中存在仅对首要分子才处罚的聚众性犯罪的类型，如《刑法》第291条规定的聚众扰乱公共场所秩序、交通秩序罪。对于这种类型的聚众性犯罪，刑法规定只处罚首要分子的，如果首要分子只有一人，就谈不上成立共同犯罪，因此也就不能成立主犯。原因在于主犯是共犯之一，是相对于共犯中的从犯而言的，且以共同犯罪的成立为前提。没有从犯也就无所谓主犯，故而，选项A说法是正确的。对于教唆犯，刑法明确规定应按其在共同犯罪中所起的作用处罚，也就是说，如果其在共同犯罪中起主要作用，就按主犯处罚；如果在共同犯罪中起次要作用，就按从犯处罚，因而选项B说法是正确的。根据刑法规定，胁从犯是被胁迫参加犯罪的人，不包括被诱骗参加犯罪的人。刑法明确规定教唆未满18周岁的人犯罪的，应当从重处罚。这主要是考虑到未成年人分辨是非的能力差，容易被犯罪分子利用进行犯罪活动，教唆未成年人犯罪具有较大的社会危害性。同时，教唆未成年人犯罪反映出教唆者较大的主观恶性，所以，选项D说法也是正确的。综上，只有选项C说法不正确。

三、简答题

1. 间接故意是指行为人明知自己的行为可能发生危害社会的结果，并且放任这种危害结果发生的心理态度。间接故意的构成因素有两个方面：其认识因素是行为人明知自己的行为可能发生危害社会的结果；其意志因素是放任危害结果的发生。过于自信的过失，是指行为人已经预见到自己的行为可能发生危害社会的结果，但轻信能够避免，以致发生这种结果的心理态度。过于自信的过失的特征有二：一是行为人已经预见到自己的行为可能发生危害社会的结果；二是行为人轻信能够避免但未能避免，以致发生了危害结果。

间接故意与过于自信的过失的相同点是：（1）二者在认识因素上都预见到自己的行为可能会发生危害社会的结果；（2）在意志因素上都不是希望危害结果的发生，也即对危害结果的发生并不是一种积极追求的心理态度。

间接故意与过于自信的过失的不同点是：（1）在认识因素上，间接故意对实际发生危害结果的现实性并未产生错误的认识，而过于自信的过失虽然也认识到危害结果发生的可能性，但主观上认为存在避免危害结果发生的有利条件，认为发生危害结果的可能性不会成为现实性，也就是存在错误认识。（2）在意志因素上，间接故意的行为人虽不希望危害结果发生，但也并不反对、不防止危害结果的发生，而是听之任之，有意放任危害结果的发生；而过于自信的过失的行为人不仅不希望危害结果的发生，而且不放任危害结果的发生，而是希望危害结果不要发生，希望避免危害结果的发生，即排斥、反对危害结果的发生。

2. 根据《刑法》第 269 条的规定，犯盗窃、诈骗、抢夺罪，为窝藏赃物、抗拒抓捕或者毁灭罪证而当场使用暴力或者以暴力相威胁的，依照《刑法》第 263 条关于抢劫罪的规定定罪处罚。这种情况在理论上被称为事后抢劫罪或转化型的抢劫罪。事后抢劫的成立条件如下。

（1）前提条件：行为人实施了盗窃、诈骗、抢夺罪。行为人实施盗窃、诈骗、抢夺行为，未达到“数额较大”，为窝藏赃物、抗拒抓捕或者毁灭罪证而当场使用暴力，致人轻微伤以上后果的，使用凶器或者以凶器相威胁的，入户或者在公共交通工具上盗窃、诈骗、抢夺后在户外或者公共交通工具外实施上述行为的，依照《刑法》第 269 条的规定，以抢劫罪定罪处罚。但是，如果未能取得财物或者财物数额很小，当场使用暴力或者以暴力相威胁，情节不严重，危害不大的，不宜认定为事后抢劫。

（2）实质条件：当场使用暴力或者以暴力相威胁。“当场”是指行为人实施盗窃、诈骗、抢夺行为的现场以及被人追捕的整个现场。

（3）目的条件：使用暴力或者以暴力相威胁的目的是窝藏赃物、抗拒抓捕或者毁灭罪证。如果行为人在实行盗窃、诈骗、抢夺过程中，尚未取得财物时被他人发现，为了取得财物，而使用暴力或者以暴力相威胁的，应直接认定为抢劫罪。如果行为人为挣脱他人的反抗而推搡他人的，即便导致他人受伤了，也不成立抢劫罪。

四、案例分析题

（1）在本案中，具有刑事责任能力的甲、乙二人具有盗窃的故意，且在共同的故意支配下实施了盗窃行为，因而，构成盗窃罪的共犯。

（2）甲在盗窃过程中超出共同盗窃的故意实施的强奸行为和杀人行为属于过限行为。所谓过限行为，是指在共同犯罪过程中，共同犯罪人实施的超出共同犯罪故意范围的犯罪行为。对于共同犯罪过程中的过限行为，由实施者单独承担刑事责任，其他共犯者不承担责任。由此，对于甲超出盗窃故意实施的强奸行为和故意杀人行为，乙不承担责任，而由甲单独承担刑事责任。因甲的强奸行为和另起杀人灭口之犯意而实施的故意杀人行为均是未遂形态，所以可以比照既遂犯从轻或者减轻处罚。

（3）我国《刑法》第 269 条规定：“犯盗窃、诈骗、抢夺罪，为窝藏赃物、抗拒抓捕或者毁灭罪证而当场使用暴力或者以暴力相威胁的，依照本法第二百六十三条的规定定罪处罚。”这在刑法理论上被称为转化型抢劫罪。在本案中，乙为抗拒抓捕而当场实施暴力，应构成转化型抢劫罪。由于甲对此行为与乙缺乏共同的犯罪故意和共同行为，故而甲对之不承担刑事责任。

（4）根据《刑法》第 67 条的规定，自首是指犯罪人在犯罪以后自动投案，如实供述自己的罪行，或者被采取强制措施的犯罪嫌疑人、被告人和正在服刑的罪犯，如实供述司法机关还未掌握的本人的其他罪行的行为。另根据有关司法解释，共同犯罪案件中的犯罪嫌疑人，除如实供述自己的罪行外，还应当供述其所知的同案犯，主犯则应当供述其所知其他同案犯的共同犯罪事实，才能认定为自首。因此，本案中的乙被抓后，交代自己和甲的共同犯罪事实，不属于自首，但属于坦白，根据《刑法》第 67 条第 3 款的规定，可以依法从轻处罚。乙被抓后交代自己一年前抢劫的犯罪事实，与司法机关掌握的盗窃罪不属于同种罪行，因而成立自首，可以从轻或者减轻处罚。

（5）根据我国《刑法》第 243 条的规定，捏造事实诬告陷害他人，意图使他人受刑事追究，情节严重的，应构成诬告陷害罪。在本案中，乙捏造甲有绑架犯罪行为，并向司法机关告发，应构成诬告陷害罪。

五、论述题

犯罪未遂，是指行为人已经着手实行犯罪行为，由于其意志以外的原因而未能得逞的一种停止形态。犯罪未遂形态具有如下特征。

（1）行为人已经着手实行犯罪。所谓着手实行犯罪，是指已经开始实行刑法分则类型性规定的具有侵害法益的现实危险性的行为。行为人已经着手实行犯罪，是犯罪未遂形态必须具备的特征之一，也是犯罪未遂形态与犯罪预备形态相区别的主要标志。这是因为犯罪未遂形态和犯罪预备形态都是由于行为人意志以外的原因被迫停止继续实施犯罪，而二者区别的关键就在于是否着手实行犯罪。

（2）犯罪没有得逞。行为人在着手实行犯罪后，犯罪未能得逞，即犯罪未完成而停止下来。这是犯罪未遂形态的又一重要特征，是犯罪未遂形态区别于犯罪既遂形态的主要标志。

关于犯罪未得逞的含义，学界主要有三种观点：第一种观点认为，犯罪未得逞，是指犯罪的结果没有出现。第二种观点认为，犯罪未得逞是指犯罪人的目的没有达到。第三种观点认为，犯罪未得逞是指犯罪的构成要件没有齐备。具体而言：其一，对于结果犯，以法定的犯罪结果没有发生作为犯罪未得逞的标志，如故意杀人罪以未造成被害人死亡之结果为犯罪未得逞的标志；其二，对于行为犯，以法定的犯罪行为未能完成作为犯罪未得逞的标志，如脱逃罪以在押人员（犯罪嫌疑人、被告人、罪犯）未达到逃脱监禁羁押的程度为犯罪未得逞的标志；其三，对于危险犯，以法定的危险状态尚未具备作为犯罪未得逞的标志，如破坏交通工具罪以破坏行为未能造成可导致交通工具倾覆的危险为犯罪未得逞的标志。其中第三种观点为刑法理论界的通说。

（3）犯罪未能完成是犯罪分子意志以外的原因所致。这是犯罪未遂形态的另一个重要特征，是犯罪未遂形态与着手实施犯罪后的犯罪中止相区别的关键，后者是由于行为人个人意志的原因而未完成犯罪。

所谓犯罪分子意志以外的原因，包括以下两个方面的具体含义：1）应当是阻碍犯罪分子完成犯罪的原因。这是意志以外的原因质的规定性。在实践中，这种原因大致包括以下三种类型：第一，犯罪分子本人以外的原因，包括被害人、第三人、自然力、物质障碍、环境时机等对完成犯罪具有阻碍作用的因素；第二，行为人自身对完成犯罪具有阻碍作用的因素，如其能力、力量、身体状况、常识技巧等的缺乏或不佳状况；第三，行为人主观上的认识错误，如对犯罪工具的性能、犯罪对象情况等存在错误的认识。2）应当是足以阻碍犯罪分子完成犯罪的原因。这是意志以外原因量的规定性。如果不足以阻碍犯罪分子完成犯罪，而行为人自动放弃，不能认定为犯罪未遂，应认定为犯罪中止。当然，行为人对这些因素是否足以阻碍其完成犯罪存在错误认识的另当别论。总之，犯罪分子意志以外的原因应当是以上质的规定性和量的规定性的统一。

我国《刑法》第23条第2款规定："对于未遂犯，可以比照既遂犯从轻或者减轻处罚。"在成立未遂犯的场合，尽管行为人的主观恶性不比既遂犯的轻，但对社会的客观危害性往往要比既遂犯的小。因此，对未遂犯的处罚一般要比既遂犯轻，即一般要比照既遂犯从轻或者减轻处罚。

综合测试题（三）

一、名词解释（共4题，每题5分，共20分）

1. 时效
2. 单位犯罪
3. 逃税罪
4. 滥用职权罪

二、选择题（共20题，共30分）

（一）单项选择题（共10题，每题1分，共10分）

1. 下列有关刑法的空间效力问题，理解错误的是（　　）。

A. 在我国民用船舶中发生的犯罪适用我国刑法的规定

B. 在我国民用航空器中发生的犯罪适用我国刑法的规定

C. 在我国驻外大使馆里发生的犯罪适用我国刑法的规定

D. 在我国火车里发生的犯罪适用我国刑法的规定

2. 下列关于犯罪对象与犯罪客体的说法中正确的是（　　）。

A. 侵害犯罪客体的行为必然侵害犯罪对象　　B. 所有的犯罪都有犯罪对象

C. 犯罪对象也可以作为犯罪分类的基础　　D. 犯罪对象只是某些犯罪的必备构成要件

3. 下列关于教唆犯的说法，正确的是（　　）。

A. 甲对乙说："你去犯罪吧。"则甲构成教唆犯

B. 甲已经打算实施杀人行为，但是还在犹豫。乙见状给甲打气，鼓励甲实施行为。结果甲实施了故意杀人行为，则乙构成教唆犯

C. 甲、乙共同约定实施了盗窃行为，在盗窃得逞之后，甲临时起意，向乙使了个眼色，乙心领神会，放了把火毁灭现场，致使大量财物被烧毁，则甲构成放火罪的教唆犯

D. 甲教唆乙实施杀害丙的行为，结果乙口头允诺，但实际只是去丙家盗窃了一台彩电，则甲不构成教唆犯

4. 下列关于想象竞合犯的说法中正确的是（　　）。

A. 想象竞合犯只有一个行为，但触犯了数个的罪名

B. 想象竞合犯是形式的一罪、实质的数罪

C. 想象竞合犯按照数罪并罚的处罚原则处罚

D. 想象竞合犯按照从一重处断的原则处罚

5. 下列关于主刑与附加刑的说法中正确的是（　　）。

A. 主刑只适用于比较严重的犯罪，附加刑只适用于比较轻微的犯罪

B. 对于一个犯罪人来说，一次判刑的最终结果可以是两个以上的主刑

C. 附加刑不能够单独适用，只能附加于主刑适用

D. 对于一个犯罪人来说，一次判刑的最终结果可以是两个以上不同种的附加刑

6. 关于减刑，下列说法中正确的是（　　）。

A. 减刑只适用于拘役、有期徒刑、无期徒刑，管制不存在减刑

B. 被判处缓刑的犯罪分子主刑减刑的，其缓刑考验期不受影响

C. 被判处缓刑的犯罪分子主刑减刑的，其缓刑考验期相应缩短

D. 无期徒刑减为有期徒刑的，其有期徒刑的刑期，自行为人被羁押之日起计算

7. 关于没收财产，下列说法中正确的是（　　）。

A. 没收财产，就是没收犯罪人的全部财产

B. 没收财产之前，法院应主动用将要没收的财产偿还犯罪分子所负的债务

C. 没收财产可以适用于所有的犯罪

D. 没收财产只适用于危害国家安全的犯罪、经济犯罪和贪财图利型犯罪

8. 甲男欲强奸丙女，但怕自己力量不够，于是让乙女来帮忙，乙女帮助甲男按住丙女的双手，甲男顺利完成强奸行为。以下关于乙女的行为分析，说法正确的是（　　）。

A. 乙因为是女性，所以不能成为强奸罪的主体

B. 乙虽然是女性，但是其与甲构成共同犯罪，所以本案中乙是强奸罪的主体

C. 乙按住丙双手的行为，属于帮助甲的行为，因此乙是从犯

D. 此案中，如果没有乙的帮助行为，甲就不能顺利实施强奸，所以甲是从犯

9. 甲欲出卖自家的一架价值 5 000 元的钢琴，雇一板车车夫帮忙拉到买方那里。甲自己骑自行车伴同着板车车夫运送钢琴。在经过某商店时，甲被商店外面的促销表演吸引，在路边停下来观看，让车夫也停在他身旁。车夫趁甲不注意，将钢琴拉走，低价卖给他人，得款 1 000 元。车夫的行为构成（　　）。

A. 盗窃罪　　B. 侵占罪

C. 销售赃物罪　　D. 民事侵权，不构成犯罪

10. 甲秘密挖掘某古墓葬，窃得珍贵文物若干件，出售给他人。对甲的行为的分析，正确的是（　　）。

A. 甲构成盗窃罪　　B. 甲构成盗掘古墓葬罪

C. 甲的行为应当数罪并罚　　D. 甲的行为构成倒卖文物罪

（二）多项选择题（共 5 题，每题 2 分，共 10 分）

1. 关于假释制度，下列说法中不正确的是（　　）。

A. 假释适用于被判处拘役、有期徒刑、无期徒刑的犯罪分子

B. 累犯和犯有杀人、爆炸、抢劫、强奸、绑架等暴力性犯罪的犯罪分子不适用假释

C. 被判处有期徒刑的犯罪分子获得假释，必须已经执行原判刑罚 1/2 以上

D. 被假释的犯罪分子，在假释考验期限内，如果没有犯新罪或者发现漏罪或者违反有关法律、法规或者有关假释监督管理的规定，假释考验期满，就认为原判刑罚已经执行完毕

2. 下列哪些情形可以认定为构成自首？（　　）

A. 共同犯罪案件的主犯自动投案后，只是如实向司法机关供述自己所犯罪行，对其他共同犯罪人的罪行只字不提

B. 被羁押的犯罪嫌疑人如实供述司法机关还没有掌握的其他同种罪行的

C. 被羁押的犯罪嫌疑人如实供述司法机关还没有掌握的其他异种罪行的

D. 犯有数罪的犯罪嫌疑人自动投案，如实供述部分罪行的，对该部分罪行，可以成立自首

3. 偷盗婴幼儿的行为可能构成（　　）。

A. 绑架罪　　B. 拐卖儿童罪　　C. 拐骗儿童罪　　D. 敲诈勒索罪

4. 下列哪些行为属于制造毒品罪的共犯行为？（　　）

A. 明知他人制造毒品而为其提供制毒原料的

B. 与制毒分子事前共谋，为其提供窝藏毒品方便的

C. 被制毒分子蒙蔽，误以为是观赏花卉而大面积种植毒品原植物的

D. 明知他人制造毒品，而为其提供制毒场所、设备的

5. 甲是某歌舞厅老板，其以招募服务员为名骗来女青年二十多名，这些女青年一到甲处，便丧失了人身自由。甲对这些女青年或以杀害、破相为要挟，或对女青年先实施强奸，然后以向他人揭发隐私为要挟，命令这些女青年从事卖淫活动。关于甲行为的定性，下列说法中不正确的是（　　）。

A. 构成强迫卖淫罪　　B. 构成强奸罪　　C. 构成组织卖淫罪　　D. 构成敲诈勒索罪

（三）不定项选择题（共 5 题，每题 2 分，共 10 分）

1. 甲、乙二人商量好一起越狱，在一同越狱过程中，甲顺利翻过了监狱的围墙，到了监狱的外面，乙在试图翻越时，被狱警发现并捕获，则对甲、乙行为的说法中正确的是（　　）。

A. 甲、乙构成脱逃罪的共同犯罪　　B. 甲、乙都构成既遂

C. 甲构成既遂，乙构成未遂　　D. 甲构成既遂，乙构成中止

2. 下列哪些行为构成犯罪中止？（　　）

A. 甲守候在某纺织厂夜班女工回宿舍的路上，见过来一人便扑了上去，正欲强奸，却发现对方是男性，于是停止了强奸行为

B. 甲在银行外截住刚取款的乙，威胁其交出所取款项，乙哀求说这是给老母治病的钱，甲怜悯乙，于是放弃了抢劫

C. 甲为了杀人，四处购买枪支，结果尚未购到枪支就被公安部门逮捕

D. 甲出于好奇，听说行动中的火车遇到极小的障碍物极容易倾覆，于是在铁轨上放置一个大石块，但是后来清道夫发现并将该大石块移走

3. 关于抢劫罪与敲诈勒索罪的区别，下列说法中正确的是（　　）。

A. 抢劫罪必须是当场使用暴力或者以暴力威胁，敲诈勒索罪则不是必须当场使用暴力或者以暴力威胁

B. 抢劫罪必须是当场取得被害人的财物，敲诈勒索罪则不是必须当场取得被害人的财物

C. 抢劫罪的犯罪对象不包括不动产，敲诈勒索罪的犯罪对象包括不动产

D. 抢劫罪的犯罪客体是复杂客体，敲诈勒索罪的犯罪客体不是复杂客体

4. 关于首要分子的理解，下列说法中正确的是（　　）。

A. 首要分子是共同犯罪特有的概念

B. 首要分子未必是共同犯罪才有

C. 犯罪集团的首要分子对集团所犯的全部罪行承担刑事责任

D. 犯罪集团的首要分子对自己所知晓的犯罪集团的罪行负责

5. 甲是某法院民事审判庭的庭长，其在作为审判长审理某一桩民事案件时，收受原告送来的 10 万元人民币，对有利于被告的证据置之不顾，判决原告胜诉，则对甲应当如何处罚？（　　）

A. 按照受贿罪处罚　　B. 按照民事枉法裁判罪处罚

C. 按照受贿罪与民事枉法裁判罪数罪并罚　　D. 以上说法都不正确

三、简答题（共 2 题，每题 5 分，共 10 分）

1. 如何理解我国刑法规定的刑事责任年龄？

2. 如何理解交通肇事罪“逃逸致人死亡”的情形？

四、案例分析题（共 2 题，每题 10 分，共 20 分）

1. 张某与李某相互认识。张某去李某家盗窃财物，当张某搬起李某的电视机走到李某家门口时，恰巧碰到回家的李某的妻子刘某，刘某见状质问张某，张某说李某欠他的钱，让他搬他们家的电视机抵债，刘某犹豫之际，张某将电视机搬走。

问：张某的行为如何定性？

2. 甲凌晨1点持板砖到被害人乙（独居女性）家中，威胁被害人乙拿钱给甲用于偿还赌债等，被害人乙害怕，拿出了200元，说只有200元，甲嫌少没要，继续威胁被害人乙，让被害人乙次日准备好2 000元后离去。甲离去后，被害人乙随即报警。次日早上8时许，甲再次电话和短信威胁被害人乙要钱，被害人乙告知甲准备好了1 400元，甲于在被害人乙处取钱的过程中被公安民警现场抓获。

问：对甲的行为应如何定性处理?

五、论述题（共1题，共20分）

受贿罪的概念和特征。

参考答案

一、名词解释

1. 刑法中的时效分为追诉时效和行刑时效。追诉时效，是指按照刑法的规定追究犯罪分子刑事责任的有效期限。行刑时效，是指按照法律的规定对犯罪人执行刑罚的有效期限。在我国刑法中，只规定了追诉时效制度，而对行刑时效未作规定。

2. 单位犯罪，是指由公司、企业、事业单位、机关、团体实施的依法应当承担刑事责任的危害社会的行为。单位犯罪以刑法分则的规定为存在依据，对单位犯罪一般采取双罚制，既处罚犯罪单位，也处罚直接负责的主管人员及其他直接责任人员。

3. 逃税罪，是指纳税人或者扣缴义务人违反税收法律、法规，采用虚构事实、隐瞒真相或者其他手段逃避缴纳，不缴或者少缴应纳税款或者已扣、已收税款，数额较大的行为。

4. 滥用职权罪，是指国家机关工作人员不依法正当行使职权或者任意扩大自己的职务权限，致使公共财产、国家和人民利益遭受重大损失的行为。

二、选择题

（一）单项选择题

1. D。根据国际条约和惯例，在我国船舶、航空器、驻外使领馆内发生的案件，我国刑法都应该适用。至于火车中发生的犯罪则没有通例。对此是否适用我国刑法，需要考察很多因素，如我国是否与相关国家签订有管辖上的协议，我国是否对案件有实质上的控制，等等。

2. D。侵害犯罪客体的行为未必侵害犯罪对象，有的犯罪本身没有犯罪对象，有的犯罪本身就是为了保全犯罪对象，前者如脱逃罪，后者如盗窃罪。由于犯罪对象不是所有犯罪都必须具备的构成要件，而且许多侵害同一客体的犯罪有着不同的犯罪对象，因而犯罪对象不能成为犯罪分类的基础，所以选项ABC不正确。

3. C。教唆犯必须是教唆他人实施特定的犯罪，笼统地说“你去犯罪吧”，不足以构成教唆犯，所以选项A不正确。教唆犯教唆的对象必须是尚未有特定犯罪意思的人，如果行为人已经有实施某个犯罪的意思，只是还没有下决心，那么此时劝说行为只是精神上的帮助行为，不构成教唆，所以选项B不正确。行为人教唆他人实施某个特定犯罪，行为人却实施了其他犯罪，根据《刑法》第29条第2款的规定，行为人仍然构成对特定犯罪的教唆，只是可以从轻或者减轻处罚，所以选项D不正确。教唆行为的形式多种多样，不一定是语言，也可以只是一个眼神、一个动作，所以选项C正确。

4. D。想象竞合犯是只有一个行为，却触犯了不同性质的数个罪名，且数个罪名之间没有法条竞合的关系，单纯说触犯了数个罪名，不足以说明是想象竞合犯，也可能是法条竞合犯，所以选项A不正确。想象竞合犯只有一个行为，却有数个结果，因此想象竞合犯应该是实质的一罪、形式的数罪，所以选项B不正确。对于想象竞合犯，我国通说观点认为应当从一重处断，而非数罪并罚，所以选项C不正确，选项D正确。

5. D。一个犯罪人的最终判决结果只能是一个主刑，即使一个人犯有数罪，裁判过程中数罪并罚时对数个犯罪可能判处有期徒刑、拘役、管制等数个主刑，但最终都要换算成一个主刑，所以选项B不正确。而由于不同种的附加刑执行起来相互之间没有冲突，因而可以有两个以上不同种的附加刑。附加刑可以并处，所以选项C不正确。主刑也可以适用于比较轻微的犯罪，所以选项A不正确。本题应选D选项。

6. C。减刑适用于管制，所以选项A不正确。根据2017年最高人民法院《关于办理减刑、假释案件具体应用法律的规定》第18条，被宣告缓刑的犯罪分子主刑减刑的，其缓刑的考验期相应缩短，所以选项C正确，选项B不正确。无期徒刑减为有期徒刑的，刑期自裁定减刑之日起计算，所以选项D不正确。

7. D。没收财产可以是没收犯罪人财产的全部或者一部分，所以选项A不正确。没收财产之前，犯罪人所负的正当债务，需要以没收的财产偿还的，只有经债权人请求，才应当偿还，法院不主动偿还，所以选项B不正确。没收财产作为财产刑，适用于危害国家安全的犯罪、经济犯罪和贪财图利型犯罪，而不可能适用于一切犯罪，所以选项C不正确，选项D为正确答案。

8. B。女性不能单独成为强奸罪的犯罪主体，因为强奸罪的主体是特殊主体。但是如果女性和男性共同犯罪，则女性可以成为强奸罪的主体，所以选项A不正确。在强奸中，排除对方反抗的行为对于强奸行为的顺利实施而言，作用不小，因此，不能说按住丙双手的行为仅仅是帮助行为，因为我国的主犯与从犯区分的标准是行为人的行为在共同犯罪中的作用，所以乙应该是主犯。同样，虽然有乙的行为，但强奸行为的最终实现需要甲的行为，所以甲也是主犯。因此选项CD不正确。

9. A。整个案件过程中，甲始终与车夫保持适当的距离，钢琴始终处于甲的实际控制之下，车夫趁甲不注意将钢琴拉走的行为，符合盗窃罪的构成。之所以不构成侵占罪，是因为车夫虽然占有钢琴但是没有排斥甲的实际控制，不符合侵占罪的构成。

10. B。盗掘古墓葬罪的构成中，就包含了盗窃文物的行为，所以甲构成盗掘古墓葬罪。盗窃罪与盗掘古墓葬罪之间实际上存在着交叉的法条竞合关系，盗掘古墓葬罪在此属于特别法，按照特别法优于一般法的原则，不能定盗窃罪。甲出售文物牟利的行为属于盗掘古墓葬罪的自然延伸，属于事后不可罚的行为，其为盗掘古墓葬罪所吸收，不再单独处罚，所以选项B正确。

（二）多项选择题

1. ABC。假释只适用于被判处有期徒刑、无期徒刑的犯罪分子，而不适用于被判处拘役这样的短期监禁刑的犯罪分子，所以选项A不正确。假释不适用的对象必须是累犯以及因故意杀人、强奸、抢劫、绑架、放火、爆炸、投放危险物质或者有组织的暴力性犯罪被判处10年以上有期徒刑、无期徒刑的犯罪分子，所以选项B不正确。假释的条件包括被判处有期徒刑的已经执行1/2以上，但是如果有特殊情况，报最高人民法院核准，也可以不受已执行刑期的限制，所以选项C不正确。

2. CD。根据1998年最高人民法院《关于处理自首和立功具体应用法律若干问题的解释》，共同犯罪的主犯，应当供述其所知的其他同案犯的共同犯罪事实，才能认定自首，所以选项A不正确。同样，根据该司法解释，选项B不正确，选项CD正确。

3. ABC。以勒索财物为目的偷盗婴幼儿的，构成绑架罪。以出卖为目的偷盗婴幼儿的，构成拐卖儿童罪。以收养等非出卖目的偷盗婴幼儿的，构成拐骗儿童罪。所以选项ABC正确。

4. ABD。刑法规定，明知他人制造毒品而为其提供制毒原料的行为按制造毒品罪的共犯论处。另外，明知他人制造毒品，而为其提供制毒场所、设备，也属于制毒的帮助行为，同样按照制毒的共犯处理，所以选项AD正确。与制毒分子共谋，为其提供窝藏毒品方便的，因为事先的共谋，所以构成共同犯罪，也以制造毒品罪的共犯处理，所以选项B正确。被蒙蔽种植毒品原植物，由于没有共同犯罪的意思联络，所以不构成共同犯罪。

5. ABD。行为人实施的行为为强迫方式的组织卖淫行为，符合组织卖淫罪的构成特征，其中虽然有强奸行为，但其只是迫使被害人卖淫的一种手段，包含在组织卖淫罪的构成中，所以，行为人的行为构成组织卖淫罪。

（三）不定项选择题

1. AC。甲、乙商量一起越狱并共同行为构成共同犯罪。脱逃罪属于行为犯，在行为犯的场合不适用“部分行为全部责任”的原则。所以甲构成既遂，乙构成未遂。

2. B。甲欲实施强奸行为，却发现对象是男性，致使强奸行为无法实施，属于未遂犯的对象不能的情形，因此选项A不正确。为了杀人购买枪支，尚处于犯罪预备阶段，行为人因为意志以外的原因被迫停止犯罪，构成犯罪预备，所以选项C不正确。破坏交通工具罪属于危险犯，将大石块放在铁轨上已经造成危险，其后清道夫移开石块的行为，属于既遂后的排除实害结果发生的行为，不影响破坏交通工具罪的既遂。

3. ABC。抢劫罪与敲诈勒索罪的犯罪客体都是复杂客体，所以选项D不正确。选项ABC是关于两罪区别的正确说法。

4. BC。首要分子分两种：一是犯罪集团的首要分子，二是聚众犯罪的首要分子。因此选项B正确。根据《刑法》第26条第3款的规定，犯罪集团的首要分子对集团所犯的全部罪行承担刑事责任，所以选项C正确。

5. A。《刑法》第399条第4款规定，“司法工作人员收受贿赂，有前三款行为的，同时又构成本法第三百八十五条规定之罪的，依照处罚较重的规定定罪处罚”，考虑到受贿罪的处罚较重，故选项A正确。

三、简答题

1. 刑事责任年龄，是指法律所规定的行为人对自己实施的刑法所禁止的危害社会行为负刑事责任必须达到的年龄，达到刑事责任年龄，是自然人具备刑事责任能力的前提条件之一。我国刑法中的刑事责任年龄制度，主要解决不同年龄阶段的人的刑事责任有无问题，同时规定了对未成年犯的从宽处罚原则。我国刑事责任年龄分三个阶段：

(1) 完全不负刑事责任年龄阶段。根据我国《刑法》第17条的规定，不满12周岁，完全不负刑事责任。

(2) 相对负刑事责任年龄阶段。根据我国《刑法》第17条，已满14周岁不满16周岁的人，只对故意杀人、故意伤害致人重伤或者死亡、强奸、抢劫、贩卖毒品、放火、爆炸、投放危险物质8种严重犯罪行为承担刑事责任。

(3) 完全负刑事责任年龄阶段。根据我国《刑法》第17条，已满16周岁的人犯罪，应当负刑事责任。

(4) 年满12周岁不满14周岁刑事责任的特别规定。已满12周岁不满14周岁的人，犯故意杀人、故意伤害罪，致人死亡或者以特别残忍手段致人重伤造成严重残疾，情节恶劣，经最高人民检察院核准追诉的，应当负刑事责任。

此外，我国刑法还规定，对依照《刑法》第17条前3款规定追究刑事责任的不满18周岁的人犯罪，应当从轻或者减轻处罚，犯罪时不满18周岁的人不适用死刑。

2. 交通肇事罪是指违反交通运输管理法规，因而发生重大事故，致人重伤、死亡或者使公私财产受到重大损失的行为。“逃逸致人死亡”是指行为人在交通肇事后为逃避法律追究而逃跑，致使被害人因得不到救助而死亡的情形。理解“逃逸致人死亡”，应注意：

首先，逃逸与死亡结果应具有因果关系。受害者的死亡是由肇事者的逃逸所导致的。如果受害者的死亡结果超出了行为人已经制造的危险结果的范围，则这一死亡结果客观上不能归责于交通肇事者，但要令其对肇事的普通结果负刑事责任。

其次，在定性上仍然按照交通肇事罪一罪处罚。行为人在交通肇事后逃逸致使被害人得不到救助而死亡的，只以交通肇事罪定罪量刑，不以其他罪论。

再次，行为人在主观上认识到发生了交通肇事事故。行为人没有认识到有交通肇事事故的发生而继续前进的，当然不能够认定为“逃逸致人死亡”。

最后，行为人在交通肇事后为逃避法律追究，将被害人带离事故现场后隐藏或者遗弃，致使被害人无法得到救助而死亡的，以故意杀人罪定罪处罚。

四、案例分析题

1. 本案应构成盗窃罪。是盗窃行为吸收诈骗行为，还是诈骗行为吸收盗窃行为，是解决本案定性问题的关键。这个问题的解决与案件中盗窃罪是否既遂有着紧密的联系。我们认为，本案中行为人的行为已经构成盗窃罪的既遂。理由如下：

对于盗窃罪的既遂标准，学界存在不同看法。比较有影响力的是“失控说”和“失控＋控制说”。比较两种既遂的标准，“失控说”显然更具有合理性。因为盗窃罪的本质在于使所有人或者占有人丧失对所有物或者占有物的支配权，而不在于行为人是否因此获得对财物的控制权。有典型的案例佐证：行为人去仓库行窃，将窃得的物品丢出围墙外，恰巧他人经过将赃物取走。对于该行为按照“失控＋控制说”属于未遂，显然不具有合理性。而按照“失控说”则属于既遂，既符合盗窃罪的本质，又可以解决实际案件。应当说，“失控说”是更加合理的盗窃罪既遂标准。

在本案中，行为人在将被害人的财物搬出被害人的住所时被被害人的亲属发现，是否就说明财物没有失控？我们持否定观点。什么算“失控”是问题的关键。有观点认为，行为人被所有人发现，就说明行为人没有使财物处于“失控”状态，这种观点具有片面性。本案中能够标志“失控”的“临界点”是所有人的住所，出了住所，财物的所有权行使就应当被认为受到限制，财物位置在住所里移动，只要没有移出住所，仍然属于盗窃行为实行阶段，一旦移出住所，就达到既遂。这是因为住所在民法上有着特别的含义。在英美法上，住所甚至是主人人格的一部分，将财物搬出所有人的住所，已经使所有人对财物的支配权受到了本质上的侵害。如果不以住所作为确定是否“失控”的界限，入室盗窃的既遂标准就会变得模糊、不确定，既不利于保护行为人的合法权益，也不利于司法机关认定行为的既遂形态。因此，本案行为人的盗窃行为构成既遂，而不是有些观点所认为的“未遂”。本案其实是行为人盗窃行为既遂后，当场被所有人发现的类型。

诈骗行为在本案中的作用在于摆脱所有人对财物恢复控制，使行为人自己实际控制财物。因此，诈骗行为属于盗窃既遂后的事后行为，不能认为本案诈骗行为起了关键作用。所以，认为应该由诈骗罪吸收盗窃罪，是本末倒置的观点。因为行为人将财物搬出所有人的住所，已经使财物失控，所有人想恢复对财物的控制，行为人不过采取诈骗行为来排除所有人对财物恢复控制的努力。诈骗行为实际是盗窃行为的附随行为，应当被盗窃罪吸收。因此，根据主行为吸收从行为的理论，本案行为人的行为应当定性为盗窃罪。

2. 首先，入户抢劫是抢劫罪的情节加重犯，入户抢劫未实际抢劫到财物的，构成抢劫罪的未遂。问题在于，甲嫌乙给的钱少，继续威胁乙，让乙次日准备更多钱财的行为，应被认定为因意志以外的原因而未得逞，还是自动放弃犯罪。表面来看，甲在能够继续抢劫 200 元的情况下没有抢劫，属于自动放弃犯罪，但是甲并没有选择离开犯罪现场，反而是继续威胁乙，让乙准备更多的钱财。因此，对于甲为了能够实现自己的目的继续威胁乙的行为，不能认定为自动放弃犯罪，而是应认定为基于意志以外的原因未得逞。因此，甲的行为首先构成抢劫罪的未遂。

其次，能否认定甲的抢劫行为延续到了次日在乙处取钱呢？对此，应持否定的态度。一种观点认为，“行为人对被害人实施了足以压制其反抗的暴力、威胁后，迫使其日后交付财物的行为，宜认定为抢劫罪”。按照这种观点，行为人的暴力、威胁行为必须足以压制被害人反抗，且这一作用是持续的。就本案而言，甲离开后，乙并没有丧失反抗的能力，相反，乙向公安机关报警，并协助公安机关抓获甲的行为，说明乙实施了有效的反抗行为。因此，甲的抢劫行为不具有持续性，甲实施的威胁他人取得财物的行为，应被评价为敲诈勒索罪。由于甲没有实际取得财物即被公安机关抓获，故甲构成敲诈勒索罪的未遂。

五、论述题

受贿罪，是指国家工作人员利用职务上的便利，索取他人财物，或者非法收受他人财物，为他人谋取利益的行为。

受贿罪具有如下构成特征。

(1) 受贿罪侵犯的客体是国家工作人员的职务廉洁性。受贿罪是腐败的一种主要表现形式，禁止受贿是我国廉政建设的基本内容。受贿行为严重腐蚀国家机体，妨碍国家职能的正常履行。本罪的犯罪对象是贿赂。从字面意义理解，贿赂即行为人索取或收受的他人财物。然而就贿赂的外延，刑法理论界存在分歧，主要有财物说、财产性利益说、利益说三种不同观点。

（2）受贿罪的客观方面表现为利用职务上的便利，索取他人财物或者非法收受他人财物，为他人谋取利益的行为。具体包括以下三个方面的内容：1）利用职务上的便利。利用职务上的便利，是指利用行为人现有职务范围内的权力或者与职务相关的便利条件。国家工作人员利用职务上的便利为请托人谋取利益，并与请托人事先约定，在其离退休后收受请托人的财物，构成犯罪的，以受贿罪定罪处罚。2）索取或者非法收受他人财物。受贿罪的行为表现形式包括两种：一是索取贿赂，即行为人主动向他人索要、勒索并收受财物。基本特征是索要行为的主动性和交付财物行为的被动性。二是收受贿赂，即行为人对他人给付的财物予以接受。基本特征是给付财物行为的主动性、自愿性和收受财物行为的被动性。3）为他人谋取利益。收受贿赂者构成犯罪，必须同时具备收受他人财物和为他人谋取利益两方面的内容。只收受他人财物而没有为他人谋取利益的，不能构成犯罪。谋取的利益，包括正当利益与不正当利益、物质性利益与非物质性利益。

此外，《刑法》第 388 条规定了受贿罪客观方面的一种特殊表现形式：斡旋受贿。斡旋受贿，是指国家工作人员利用本人职权或者地位形成的便利条件，通过其他国家工作人员职务上的行为，为请托人谋取不正当利益，索取或者收受请托人财物的行为。斡旋受贿，符合受贿罪的数额和情节要求的，按受贿罪定罪处罚。构成斡旋受贿，需要具备以下条件：1）利用其他国家工作人员的职务行为。2）利用本人职权或者地位形成的便利条件。利用本人职权或者地位形成的便利条件，是指行为人利用因其职权或者地位对其他国家工作人员形成的政治上或经济上的制约条件。如果行为人利用与其他国家工作人员之间的单纯亲友关系，则不能成立斡旋受贿。3）为请托人谋取不正当利益。不正当利益是指根据法律及政策不应当得到的利益。如果行为人通过其他国家工作人员职务上的行为为请托人谋取的是正当利益，从中索取或者收受请托人的财物，则不能构成斡旋受贿。

除一般索取、收受贿赂和斡旋受贿之外，《刑法》第 385 条第 2 款规定，国家工作人员在经济往来中，违反国家规定，收受各种名义的回扣、手续费归个人所有的，以受贿论处。《刑法》第 387 条第 2 款规定，国家机关、国有公司、企业、事业单位、人民团体在经济往来中在账外暗中收受各种名义的回扣、手续费的，以受贿论处。

（3）受贿罪的主体是特殊主体。

（4）受贿罪的主观方面是直接故意，即行为人明知利用职务上的便利索取他人财物或者非法收受他人财物并为他人谋取利益的行为会损害国家工作人员的职务廉洁性，仍希望并追求该结果发生的心理态度。

图书在版编目（CIP）数据

刑法练习题集 / 王作富，黄京平主编. --8 版. 北京：中国人民大学出版社，2025. 6. --（21 世纪法学系列教材配套辅导用书）. -- ISBN 978-7-300-33965-8

Ⅰ. D920.4

中国国家版本馆 CIP 数据核字第 2025BV9783 号

21 世纪法学系列教材配套辅导用书

刑法练习题集（第八版）

主　编　王作富　黄京平

Xingfa Lianxitiji

出版发行	中国人民大学出版社		
社　　址	北京中关村大街 31 号	**邮政编码**	100080
电　　话	010－62511242（总编室）		010－62511770（质管部）
	010－82501766（邮购部）		010－62514148（门市部）
	010－62511173（发行公司）		010－62515275（盗版举报）
网　　址	http://www.crup.com.cn		
经　　销	新华书店		
印　　刷	唐山玺诚印务有限公司	**版　　次**	2006 年 6 月第 1 版
开　　本	890 mm×1240 mm　1/16		2025 年 6 月第 8 版
印　　张	29	**印　　次**	2025 年 6 月第 1 次印刷
字　　数	862 000	**定　　价**	78.00 元

《　　　　　　》※任课教师调查问卷

为了能更好地为您提供优秀的教材及良好的服务，也为了进一步提高我社法学教材出版的质量，希望您能协助我们完成本次小问卷，完成后您可以在我社网站中选择与您教学相关的 1 本教材作为今后的备选教材，我们会及时为您邮寄送达！如果您不方便邮寄，也可以申请加入我社的**法学教师 QQ 群：436438859（申请时请注明法学教师）**，然后下载本问卷填写，并发往我们指定的邮箱（cruplaw@163.com）。

邮寄地址：北京市海淀区中关村大街 59 号文化大厦中国人民大学出版社 1202 室收

邮　　编：100872

再次感谢您在百忙中抽出时间为我们填写这份调查问卷，您的举手之劳，将使我们获益匪浅！

基本信息及联系方式：※

姓名：＿＿＿＿＿＿ 性别：＿＿＿＿＿＿ 课程：＿＿＿＿＿＿＿＿＿＿＿＿

任教学校：＿＿＿＿＿＿＿＿＿＿＿＿ 院系（所）：＿＿＿＿＿＿＿＿＿＿＿＿

邮寄地址：＿＿＿＿＿＿＿＿＿＿＿＿ 邮编：＿＿＿＿＿＿＿＿＿＿＿＿

电话（办公）：＿＿＿＿＿＿ 手机：＿＿＿＿＿＿ 电子邮件：＿＿＿＿＿＿＿＿

调查问卷：※

1. 您认为图书的哪类特性对您选用教材最有影响力？（　　）（可多选，按重要性排序）

   A. 各级规划教材、获奖教材　　B. 知名作者教材

   C. 完善的配套资源　　D. 自编教材

   E. 行政命令

2. 在教材配套资源中，您最需要哪些？（　　）（可多选，按重要性排序）

   A. 电子教案　　B. 教学案例

   C. 教学视频　　D. 配套习题、模拟试卷

3. 您对于本书的评价如何？（　　）

   A. 该书目前仍符合教学要求，表现不错将继续采用。

   B. 该书的配套资源需要改进，才会继续使用。

   C. 该书需要在内容或实例更新再版后才能满足我的教学，才会继续使用。

   D. 该书与同类教材差距很大，不准备继续采用了。

4. 从您的教学出发，谈谈对本书的改进建议：＿＿＿＿＿＿＿＿＿＿＿＿＿＿＿＿

＿＿＿＿＿＿＿＿＿＿＿＿＿＿＿＿＿＿＿＿＿＿＿＿＿＿＿＿＿＿＿＿

＿＿＿＿＿＿＿＿＿＿＿＿＿＿＿＿＿＿＿＿＿＿＿＿＿＿＿＿＿＿＿＿

选题征集：如果您有好的选题或出版需求，欢迎您联系我们：

联系人：黄　强　联系电话：010-62515955

索取样书：书名：＿＿＿＿＿＿＿＿＿＿＿＿＿＿＿＿＿＿＿＿＿＿＿＿

书号：＿＿＿＿＿＿＿＿＿＿＿＿＿＿＿＿＿＿＿＿＿＿＿＿＿＿＿＿

备注：※ 为必填项。

使用说明

学习卡使用说明：

1. 扫描封二学习卡上二维码，点击“确定”，激活本书
2. 点击“学习中心”，点击“确定”，激活配套课程

加群流程：

1. 进入课程学习界面，点击题目下“立即扫码”
2. 长按识别二维码
3. 扫码加入专属答疑群

题库使用说明：

1. 关注“人大社法律出版”微信公众号
2. 点击“电子书”菜单栏下“芸题库”
3. 手机注册进入芸题库，点击“添加新题库”，选择法学题库进行学习